# 泰州市高港区志

（上册）

泰州市高港区地方志编纂委员会 编

TAIZHOUSHI GAOGANGQUZHI

江东明珠

方志出版社

**图书在版编目（C I P）数据**

泰州市高港区志 / 泰州市高港区地方志编纂委员会编.-- 北京：方志出版社，2017.12
ISBN 978-7-5144-2428-7

Ⅰ. ①泰… Ⅱ. ①泰… Ⅲ. ①区（城市）- 地方志 -泰州 Ⅳ. ①K295.34

中国版本图书馆 CIP 数据核字（2017）第 136942 号

**泰州市高港区志（上下册）**

**编　　者：** 泰州市高港区地方志编纂委员会
**责任编辑：** 王笃银　陈　菁

**出 版 人：** 冀祥德
**出 版 者：** 方志出版社
地址　北京市朝阳区潘家园东里9号（国家方志馆4层）
邮编　100021
网址　http://www.fzph.org
**发　　行：** 方志出版社图书经销中心
电话（010）67110500
**经　　销：** 各地新华书店
**印　　刷：** 南京凯德印刷有限公司

**开　　本：** 889×1194　1/16
**印　　张：** 80.75
**字　　数：** 2116千字
**版　　次：** 2017年12月第1版　2017年12月第1次印刷
**印　　数：** 0001~3800册

ISBN 978-7-5144-2428-7　全套定价：980.00元

# 泰州市高港区地方志编纂委员会

## 2009年3月



## 2012年4月

# 泰州市高港区地方志编纂委员会

2017年11月

## 《泰州市高港区志》编辑部

**主　　编：** 李秀年（2016.11—2017.12）
阙　进（2008.04—2016.11）
包志明（2007.08—2008.04）

**副 主 编：** 卢　峰　王小萍　朱家瑞　周昌军

**统　　编：** 卢　峰　查云富

**特邀编审：** 吉　祥　张越善　申万霞　何春龙

**编　　辑：** 阙　进　卢　峰　查云富　高蓓蓓　俞德斌　孙乃庆　鞠介华
贾美明　陈　敏

**校　　对：** 李秀年　卢　峰　查云富　高蓓蓓　俞德斌　王小明　高加虎

**编　　务：**（按姓氏笔画排列）
朱素芹　许俊宝　李建东　李爱云　杨　菲　杨建铭　季秀琴　金　国
周文君　胡琳娟　俞　峰　祝　媛　徐丽霞　菊　也　黄芹侠　戚继胜
薛　睿　薛继男

## 《泰州市高港区志》终审验收单位

泰州市党史方志档案办公室

## 《泰州市高港区志》审核单位

江苏省地方志编纂委员会办公室

## 《泰州市高港区志》批准出版单位

中共泰州市高港区委员会　泰州市高港区人民政府

# 撰稿人员名单

（按姓氏笔画排列）

丁书华　丁允洁　丁庆元　于勇军　马宗佑　仇春林　孔　萍　孔繁喜
尹　曦　毛春帮　毛梅林　王　伟　王　军　王　健　王　峰　王　浩
王　睿　王劲松　王志春　王阿林　王昕炜　王海涛　王海翔　王莹月
王银生　王筛根　冯　坤　卢　峰　史平凤　史庆东　白　伟　乔　峰
乔恒碧　仲伯荣　任泽南　刘　峰　刘卫平　刘克军　刘秀霞　刘艳平
刘登仙　华桂栋　吉锡林　吉鹏军　吕德刚　孙　伟　孙乃庆　孙小平
孙宏许　孙晓红　曲朝霞　朱　俊　朱　娟　朱　群　朱文正　朱建军
朱俊茂　朱春生　朱新忠　羊剑锋　许　钧　许　巍　严　鹏　严小龙
严国斌　余　涛　吴　强　吴　慧　吴金灯　张　明　张　波　张　玥
张　俊　张　峰　张宏山　张宏泉　张国太　张金发　张根华　张海宁
张智颖　时　彬　李　江　李　艳　李　彬　李　琴　李　缙　李　誉
李文华　李正彬　李明荣　李葛敏　李德江　杨　帆　杨冬琴　杨兆海
杨茂平　杨振中　杨雪霞　沈　飞　沙　亮　肖　颖　肖云鹏　言文峰
邹　群　陆　红　陆　波　陈　业　陈　乔　陈　雯　陈　敏　陈　群
陈　磊　陈兰芳　陈军（城管办）　陈向锋　陈志平　陈连龙　陈国栋
陈建华　陈金花　周　旦　周　斌　周峻嵘　周越星　周静（南京银行）
周静（科技局）　季　丹　季　京　季　玲　季晓东　宗　芬　宗家林
姚　莹　封云举　施菊琴　查云富　祝正峰　赵　明　赵桂银　倪志鹏
唐立新　夏　艳　夏华俊　徐　洪　徐　新　徐为进　徐会兰　徐旭东
徐承平　栾　勇　殷正全　秦勇华　耿　丹　耿　艳　郭尚彬　钱锦江
顾忠林　顾宪章　高庆东　高余胜　高志勇　贾美明　崔正彬　常　虎
常文军　戚斐斐　曹舒扬　梅久琴　隆四清　黄文静　黄维民　嵇晓东
彭铁官　程　宙　程伟倩　童　丽　葛鹏顺　蒋曙光　韩久峰　韩立军
虞荣章　鲍　馨　管国栋　蔡　萍　蔡长生　樊庆勇　潘　浒　薛　佳
薛兰云　薛荣明　戴　华　戴　静　戴建斌　鞠介华　魏金山　瞿　颖

（以上名单由各承编单位和区史志档案办公室提供）

# 序

今年是高港建区二十周年的喜庆之年。经过广大修志工作者十年不懈努力,《泰州市高港区志》终于付梓出版。区志记载的是高港的发展历程,反映的是高港人的奋斗精神,留住的是高港的根与魂。区志的出版对于展现地方魅力,服务科学决策,弘扬优秀传统文化,加强爱国主义教育,激励高港儿女奋发向上、求索进取、接续奋斗具有十分重要的意义。我们谨向为编纂这部志书付出心血的全体修志工作者以及关心、支持修志工作的社会各界人士表示衷心的感谢!

高港历史悠久,南唐即为泰兴县治所在地;南宋岳飞在此抗击金兵;清代留下了特色建筑雕花楼;1949年,中国人民解放军第三野战军从境内横渡长江,人民海军在白马庙宣告成立,高港由此成为人民海军诞生地。高港区位优越,地处江苏地理中心,自古为出江入海重要门户,泰州港一直是长江流域的重要港口。高港钟灵毓秀,人杰地灵,孕育出潘及甫、储巏、戚世光、徐左柱等一批历史名人和赵友琴、李煦春、刘慕云、马麟童、马秀英等一批社会贤达以及曹起溍、吴正清、叶明章等一批革命英烈,诞生了扬子江药业集团等一批全国知名企业。

1997年,泰州市高港区成立,翻开了历史新篇章。20年来,历届区委、区政府团结带领近30万大江儿女,自立自强,开拓创新,齐心协力,奋勇争先,实现了经济社会的全面跨越发展。2016年,高港区人均主要经济指标超过苏南平均水平,进入长三角"第一方阵",在泰州市"四个文明"建设综合考评中实现"七连冠"。"江东明珠·美好高港"的美誉度和影响力不断扩大。

盛世修志是中华民族的优良传统。我们要充分运用修志成果,弘扬先贤先烈先辈的奋斗精神,不忘初心,牢记使命,在泰州市委、市政府的坚强领导下,抓住建设扬子江城市群的战略机遇,全力打造实力高港、精致高港、魅力高港、幸福高港,为建设"强富美高"港口名城而努力奋斗。

中共泰州市高港区委书记

中共泰州市高港区委副书记
泰州市高港区人民政府区长

2017年12月

## 1997 年地区生产总值构成

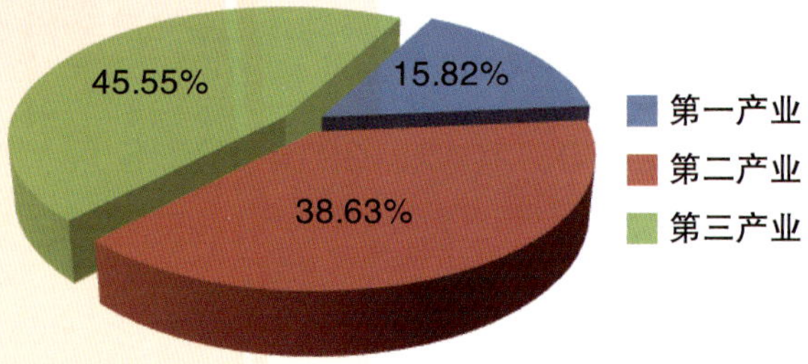


## 2008 年地区生产总值构成

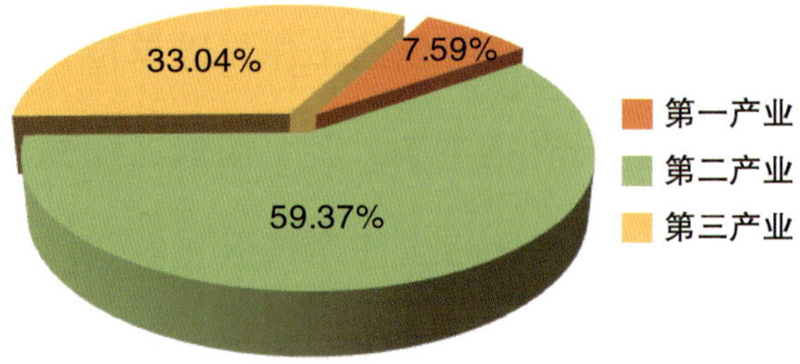


## 地区生产总值

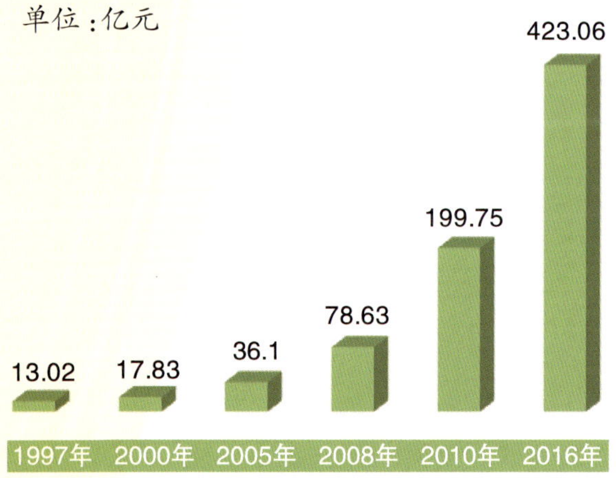


## 一般公共预算收入

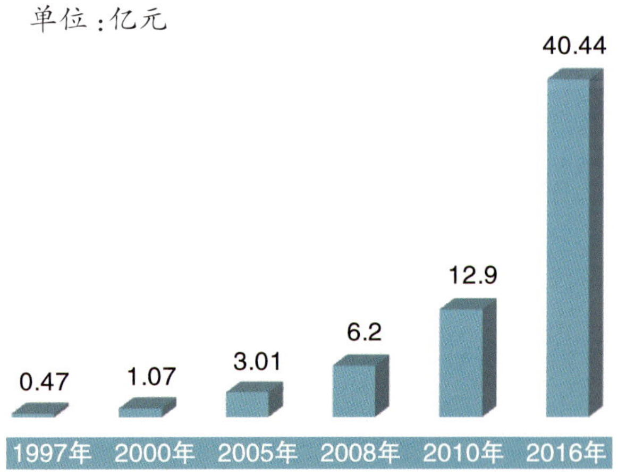


## 列统工业产值

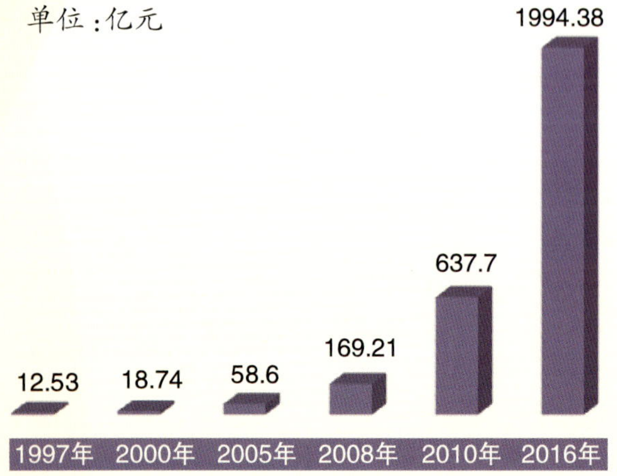


## 社会消费品零售总额

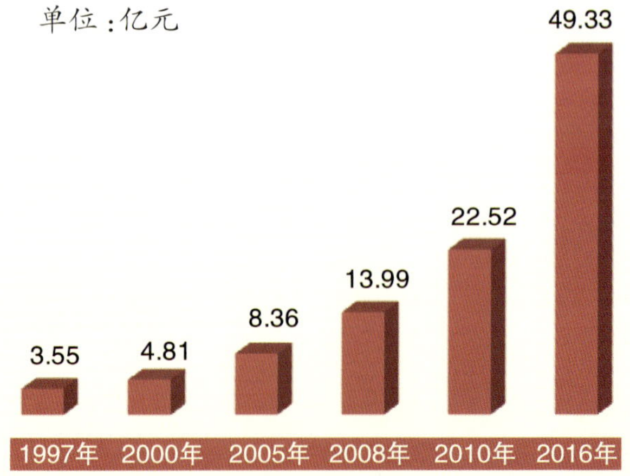

## 2016年地区生产总值构成

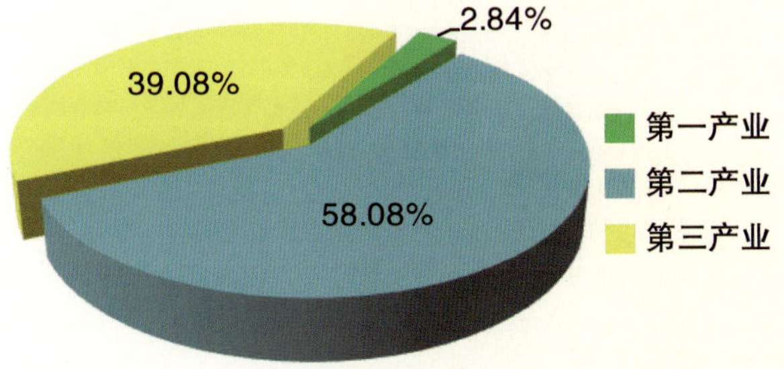


## 实际利用外资和港澳台资

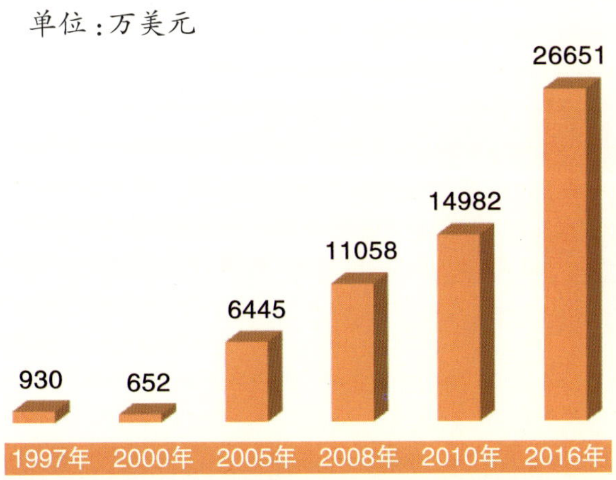


## 农民人均纯收入

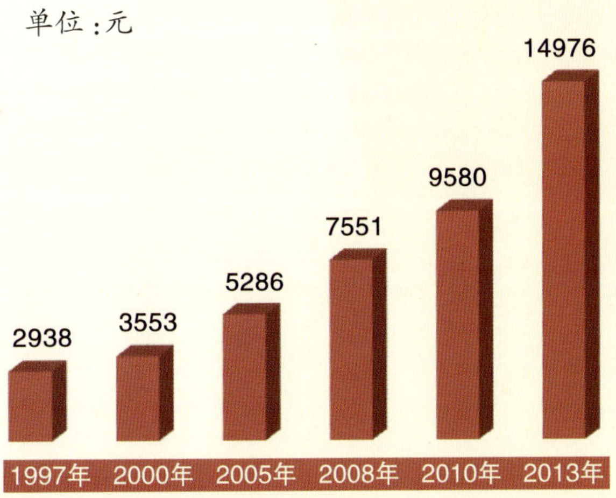


## 城镇居民人均可支配收入

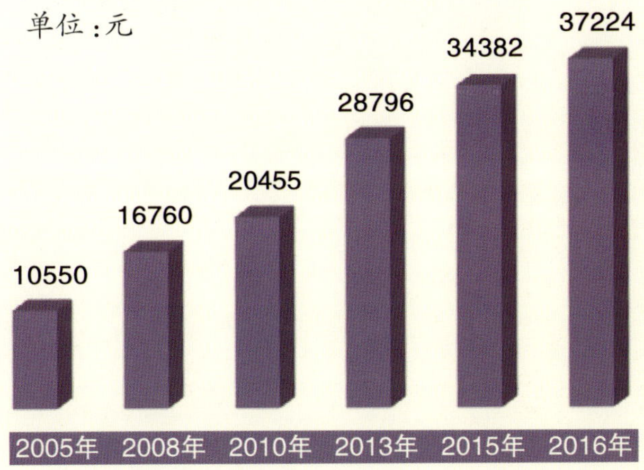


## 全体居民人均可支配收入

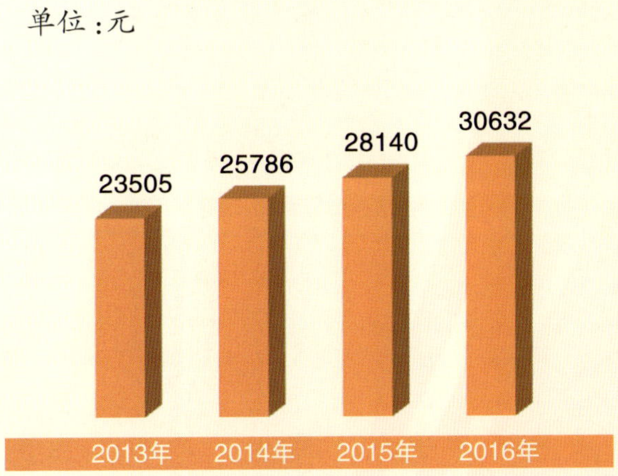

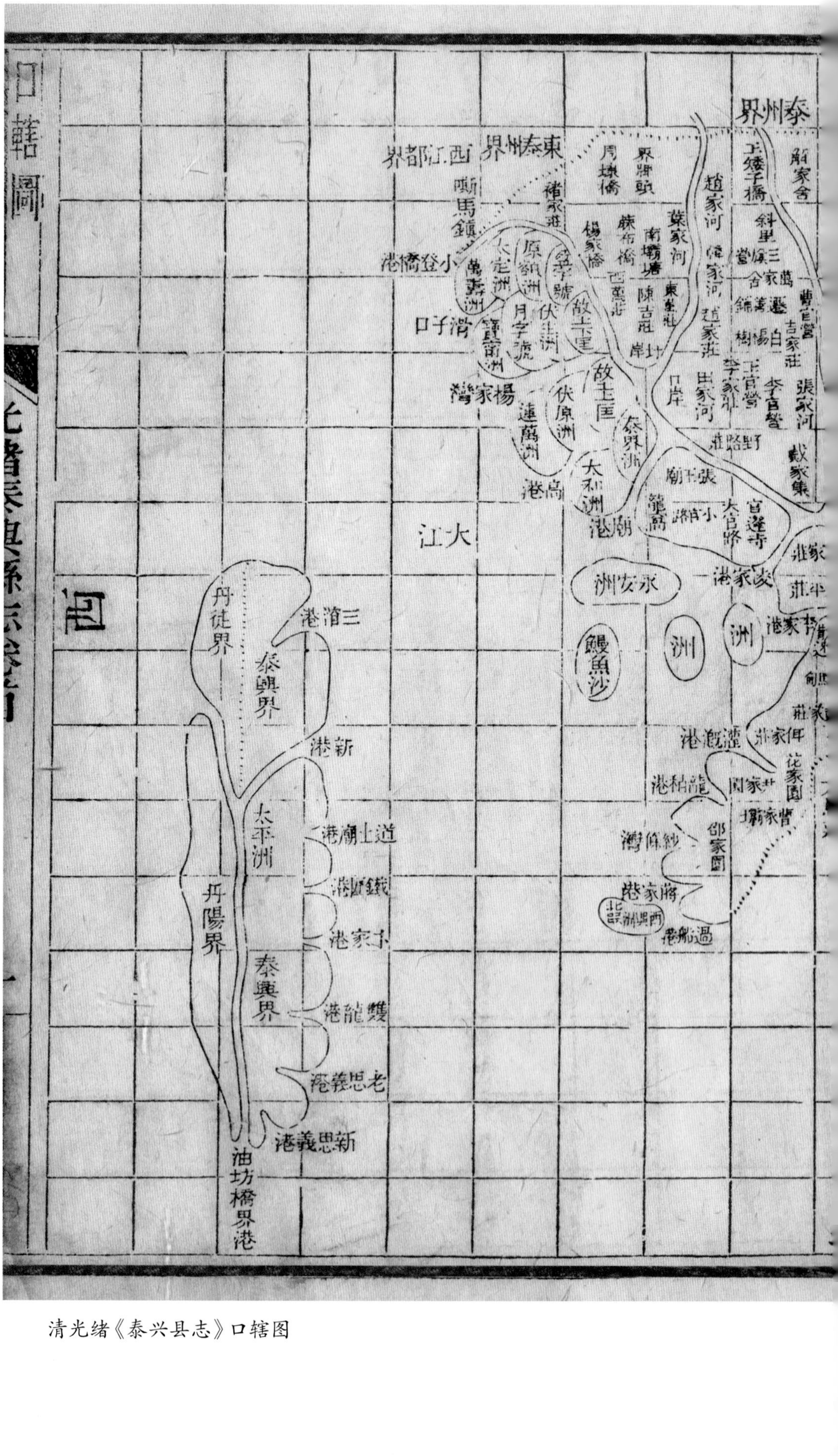
口轄圖
泰州界
東泰州界
西江都界
斷馬鎮
小登橋港
滑子口
楊家灣
大江
永安洲
鰻魚沙
丹徒界
泰興界
新港
太平洲
丹陽界
卞家港
雙龍港
老思義港
新思義港
油坊橋界港
高港
廟港
張王廟
野路莊
張家河
戴家集
凌家港
灌澱港
龍稍港
過船港

清光绪《泰兴县志》口辖图

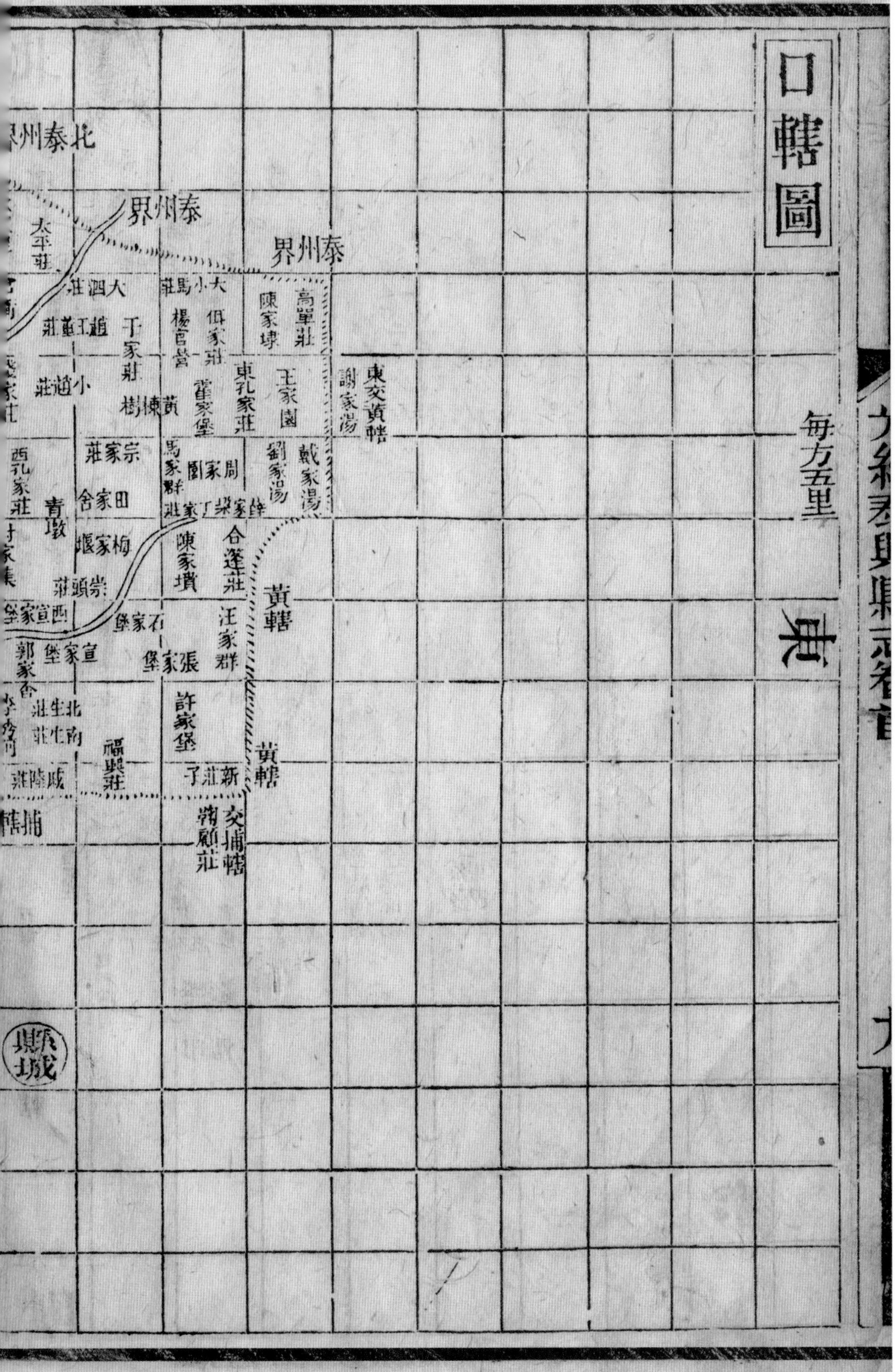
口轄圖
光緒泰興縣志卷首
六
每方五里
東
北泰州界
泰州界
泰州界
太平莊
大泗莊
大小馬莊
高單莊
陳家埭
佴家莊
楊官營
于家莊
趙王董莊
小趙莊
黃楝樹
霍家堡
東孔家莊
王家園
東交黃轄
謝家湯
宗家莊
馬家群
周家劉
劉家湯
戴家湯
田家舍
西孔家莊
青墩
徐家梁丁家莊
梅家堰
陳家墳
合蓬莊
崇頭莊
西宣家堡
石家堡
黃轄
汪家群
宣家堡
張家堡
郭家舍
北生莊
南生莊
許家堡
福興莊
咸陸莊
新莊子
黃轄
交捕轄
鞠顧莊
捕轄
縣城

1997年4月30日，中共泰州市高港区工作委员会、泰州市人民政府高港区管理委员会成立大会召开

1998年1月3—6日，泰州市高港区第一届人民代表大会第一次会议召开

## 泰州市高港区成立

1997年4月16日，中共泰州市高港区工作委员会、泰州市人民政府高港区管理委员会成立。4月30日，中共泰州市高港区工作委员会、泰州市人民政府高港区管理委员会挂牌。8月20日，国务院批准设立泰州市高港区。10月25日，中共泰州市高港区工作委员会撤销，成立中共泰州市高港区委员会。12月29—30日，中国人民政治协商会议泰州市高港区第一届委员会第一次会议召开，选举产生政协第一届委员会主席、副主席、秘书长、常务委员。1998年1月3—6日，泰州市高港区第一届人民代表大会第一次会议召开，选举产生第一届区人大常委会主任、副主任、委员，区人民政府区长、副区长，区人民法院院长，区人民检察院检察长。1998年3月27—29日，中国共产党泰州市高港区第一次代表大会召开，选举产生中共泰州市高港区第一届委员会、中共泰州市高港区纪律检查委员会。

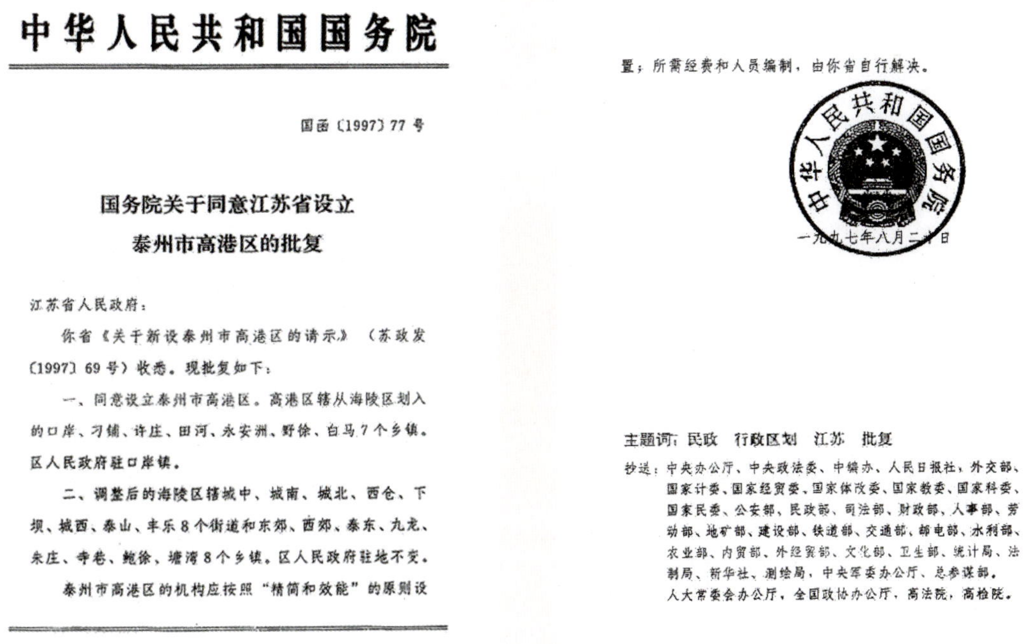

**中华人民共和国国务院**

国函〔1997〕77号

**国务院关于同意江苏省设立泰州市高港区的批复**

江苏省人民政府：

你省《关于新设泰州市高港区的请示》（苏政发〔1997〕69号）收悉。现批复如下：

一、同意设立泰州市高港区。高港区辖从海陵区划入的口岸、刁铺、许庄、田河、永安洲、野徐、白马7个乡镇。区人民政府驻口岸镇。

二、调整后的海陵区辖城中、城南、城北、西仓、下坝、城西、泰山、丰乐8个街道和东郊、西郊、泰东、九龙、朱庄、寺巷、鲍徐、塘湾8个乡镇。区人民政府驻地不变。

泰州市高港区的机构应按照“精简和效能”的原则设置；所需经费和人员编制，由你省自行解决。

中华人民共和国国务院

一九九七年八月二十日

主题词：民政　行政区划　江苏　批复

抄送：中央办公厅、中央政法委、中编办、人民日报社、外交部、国家计委、国家经贸委、国家体改委、国家教委、国家科委、国家民委、公安部、民政部、司法部、财政部、人事部、劳动部、地矿部、建设部、铁道部、交通部、邮电部、水利部、农业部、内贸部、外经贸部、文化部、卫生部、统计局、法制局、新华社、测绘局，中央军委办公厅、总参谋部。人大常委会办公厅，全国政协办公厅，高法院，高检院。

1999年4月29日，中国人民解放军海军诞生地纪念馆开馆

中国人民解

中国人民解放军海军成立六十周年纪念邮资封首发仪式（2009年摄）

野战军渡江战役指挥部、海军诞生地旧址（2014年摄）

## 中国人民解放军海军诞生地纪念馆开馆

1989年2月17日，中央军委批复海军党委，同意以一九四九年四月二十三日成立华东军区海军的日期为中国人民解放军海军的成立日期。1999年4月29日，中国人民解放军海军诞生地纪念馆开馆。2006年，人民海军诞生地被确定为全国重点文物保护单位。

停泊在春江湿地公园的海军退役舰艇（2016年摄）

2014年10月28日，泰州港核心港区（高港）集装箱码头开港试运行仪式现场

杨湾作业区（2011年摄）

高港作业区（2007年摄）

## 泰州港高港港区三大作业区建成　集装箱码头开港运行

高港港是长江25个干线港口之一。1992年11月，经国务院批准为一类开放港口。1997年，高港港更名为泰州港。1999年，建成杨湾作业区。2002年，泰州市整合高港区、泰兴市、靖江市三地的沿江港口，统称泰州港，高港区段称高港港区。2005年，建成永安作业区。至此，高港港区三大作业区建成。2014年，泰州港核心港区（高港）集装箱码头开港。2016年，泰州港高港港区拥有高港、杨湾、永安三大作业区，有长江泊位22座，其中万吨级泊位9座，完成货物吞吐量2369万吨、集装箱吞吐量25万标准箱。

永安作业区（2012年摄）

扬子江药业集团“生命之源”雕像（2014年摄）

扬子江药业集团总部全景（2014年摄）

## 扬子江药业集团领跑全国医药行业
## 成功举办博鳌亚洲论坛国际医药产业大会

扬子江药业集团创建于1971年，系产学研相结合、科工贸一体化的国家大型医药企业集团，为药物制剂新技术国家重点实验室依托建设单位。1997年起，连续多年跻身全国医药行业前五强。2006年4月26—27日，成功举办以“共创和谐未来：健康与繁荣”为主题的博鳌亚洲论坛国际医药产业大会。2016年，集团实现产值592亿元、销售590亿元，列中国医药工业百强企业第一位。

2006年4月26—27日，博鳌亚洲论坛国际医药产业大会在扬子江药业集团召开

## 国电泰州发电有限公司建成投产

2004年1月，国电泰州发电有限公司成立，位于永安洲镇，地处江苏电网负荷中心，是江苏电网北电南送枢纽。2007年12月4日、2008年3月31日，一期两台百万千瓦机组分别投入运行。2015年，建成世界首台百万千瓦超超临界二次再热燃煤发电机组，成为江苏省装机规模最大的电厂。

国电泰州发电有限公司全貌（2016年摄）

2012年9月19

泰州发电有限公司举行二期百万千瓦超超临界二次再热燃煤发电示范项目主机设备、设计、监理合同签字暨奠基仪式

雕花楼（2010年摄）

水景街区（2014年

雕花楼景区夜景（2016年摄）

## 口岸雕花楼景区创成国家AAAA级旅游景区

口岸雕花楼景区于2014年建成并对外开放，当年创成国家AAA级旅游景区。景区总占地面积8.8万平方米，集楼景、水景、桥景、街景于一体，形成包括“一桥、两街、三庙、四宅”在内的主要景点。2016年，创成国家AAAA级旅游景区。

雕花楼枕涛榭（2015年摄）

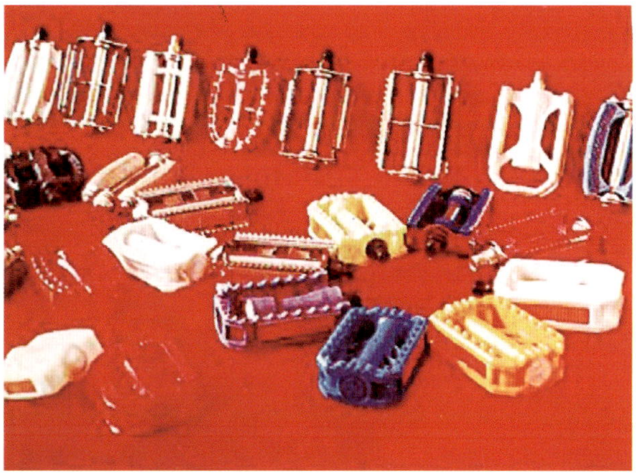

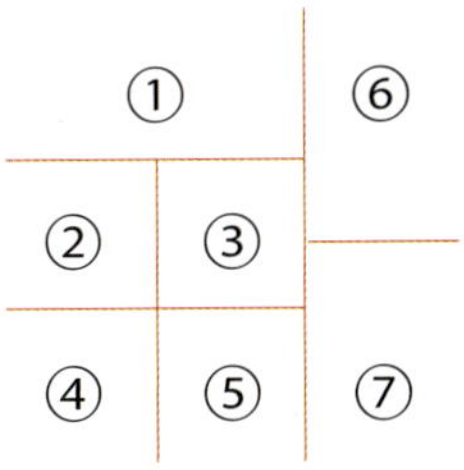


① 扬州美容化妆品厂生产流水线

② 泰兴县自行车脚蹬厂产品

③ 泰申联合制鬃厂生产的出口猪鬃产品

④ 泰兴啤酒厂啤酒灌装流水线

⑤ 泰兴电光源材料厂工人进行产品检验

⑥ 扬子江制药厂生产车间

⑦ 泰兴壁纸厂

（均为20世纪90年代初摄）

①　②　③

④　⑤

① 扬子江药业集团获中国质量奖提名奖证书

② 扬子江药业集团口服液生产线（2010年摄）

③ 扬子江药业集团生产车间（2011年摄）

④ 扬子江药业集团获江苏省质量奖证书

⑤ 扬子江药业集团医药名人大道（2007年摄）

董建华
苍生大医
中医泰斗
中国工程院院士

泰州市高港区志
TAIZHOUSHIGAOGANGQUZHI

①
② ③

① 益海(泰州)粮油工业有限公司

(2009年摄)

② 益海(泰州)粮油工业有限公司生产线

(2011年摄)

③ 汇福粮油江苏有限公司

(2016年摄)

① ③
② ④

① 华润雪花啤酒（泰州）有限公司生产线（2014年摄）

② 华润雪花啤酒（泰州）有限公司（2015年摄）

③ 泰州统一企业有限公司、泰州统实企业有限公司（2015年摄）

④ 统一饮料生产线（2012年摄）

泰州统一企业有限公司

饮料无菌线
饮料热线

① ②

③ ④

① 江苏港城中药养生有限公司王老吉凉茶生产线（2015 年摄）

② 江苏康贝食品有限公司（2009 年摄）

③ 江苏苏萨食品有限公司（2016 年摄）

④ 泰州市乐太食品有限公司（2014 年摄）

生榨椰子汁 1.25千克　胶原蛋白型生榨椰子汁 1.25千克　铁罐装生榨椰子汁 245克　玻璃瓶装生榨椰子汁 245克

乳钙型/胶原蛋白型生榨椰子汁 125克X瓶

| | | |
|---|---|---|
| ① | ② | ③ |
| ④ | ⑤ | ⑥ |

① 江苏港城中药养生有限公司生产的“杏润”饮料

② 华润雪花啤酒(江苏)有限公司生产的“雪花”啤酒

③ 泰州统实企业有限公司生产的“统一”饮料、食品

④ 江苏苏萨食品有限公司生产的“特种兵”饮料

⑤ 益海(泰州)粮油工业有限公司“金龙鱼”系列产品

⑥ 泰州市赵王酒厂生产的银杏荞麦酒

泰州中航船舶重工

STAR VIVIAN
精细管理

① ③
②

① 泰州中航船舶重工有限公司厂区（2012年摄）

② 泰州口岸船舶有限公司64000吨散货船下水（2013年摄）

③ 泰州口岸船舶有限公司厂区（2016年摄）

10

①　②
③　④

① 江苏乐彩印刷材料有限公司生产线（2015年摄）

② 江苏能建机电实业集团有限公司蓝宝石生产线（2012年摄）

③ 江苏天华索具有限公司车间（2016年摄）

④ 江苏宇马铝业有限公司生产线（2012年摄）

② ① ③ ④

① 口岸街道徐庄村水稻田机插秧现场（2014年摄）

② 2016年3月14日，全省春耕备耕“送农机送科技送服务下乡”暨农机“3·15”活动（高港区活动点）在口岸街道引江社区举行

③ 水稻丰收（2013年摄）

④ 许庄街道飞行器防治稻麦病虫害现场（2014年摄）

VP6

高港城区（2005年摄）

高港城区（2016年摄）

① 太阳神广场（2009年摄）

② 杏林广场（2009年摄）

③ 银杏广场一角（2005年摄）

高港基督教堂（2015年摄）

全民健身中心游泳馆（2016年摄）

大汇广告
窗帘布艺

格林豪泰酒店

① ② ③

⑥ ④ ⑤

① 金港路（2006年摄）

② 东风南路快速路高港区段（2016年摄）

③ 新港大道（2015年摄）

④ 锦江路（2014年摄）

⑤ 海军东路（2016年摄）

⑥ 扬子江路（2015年摄）

① ②

③

① 格林美郡小区（2012年摄）

② 百年豪景小区（2006年摄）

③ 泰州明发国际广场（2015年摄）

① ②
③

① 府后人家小区 （2013年摄）

② 省级城市管理示范社区——永安洲镇润洲社区 （2015年摄）

③ 龙湖美景小区 （2016年摄）

红星美凯龙国际家居生活广场
Red Star Macalline International Home Furniture Mall
Shopping Mall

大润发
大润发 RT-Mart
KFC
361
2012年11月23日
试营业
RT-Mart
欢迎光临

① ④
② ③

红星美凯龙国际家居广场
（2013年摄）
大润发超市 （2012年摄）
高港义乌大市场
（2009年摄）
金港国际家居建材广场
（2012年摄）

口岸街道党工委、办事处综合楼（2008年摄）

永安洲镇区（2014年摄）

刁铺街道商业街——解放路（2006年摄）

许庄集镇区（2015年摄）

白马镇世泽雕艺园（2014年摄）

胡庄镇区（2015年摄）

大泗镇江苏中药科技园（2016年摄）

野徐镇区（2006年摄）

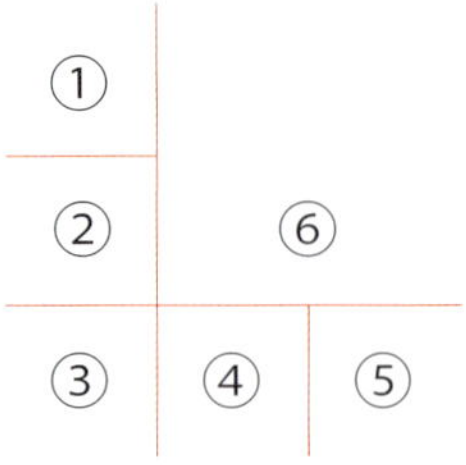

① 城隍庙（2015年摄）

② 泰昌生木号（2007年摄）

③ 马家班戏台（2014年摄）

④ 庆元桥（2016年摄）

⑤ 古寿佛寺旧貌（2006年摄）

⑥ 古寿佛寺新颜（2016年摄）

古寿佛寺
阿彌陀佛

慶元橋

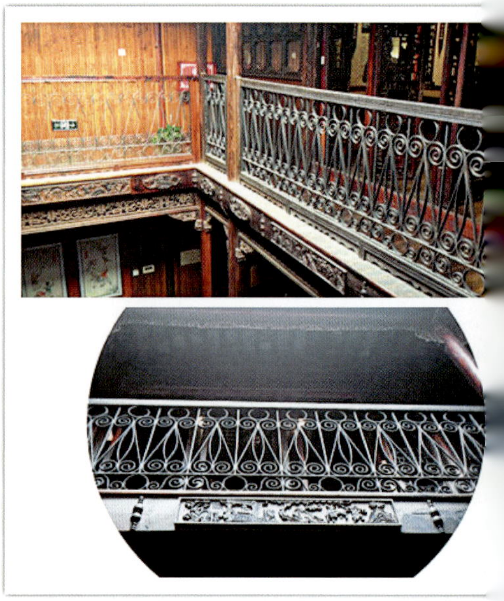

| ① | ② | ③ |
|---|---|---|
| ⑥ | ⑤ | ④ |

① 孙氏四方楼（国学文化启蒙馆）（2015年摄）

② 孙氏四方楼（国学文化启蒙馆）内景（2016年摄）

③ 戚宅（中华武进士馆）正厅（2015年摄）

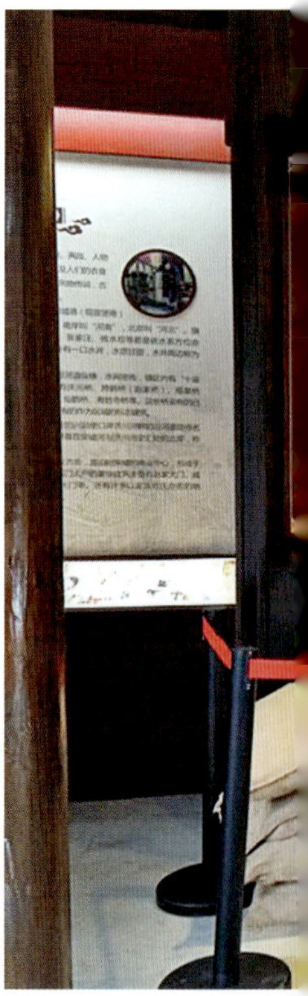

④ 戚宅黄杨树（2016 年摄）

⑤ 李信昌过载行（高港历史文化展示馆）内景（2015 年摄）

⑥ 李信昌过载行（高港历史文化展示馆）（2016 年摄）

明代砖室墓葬出土的瓷器

雕花楼雕花

戚氏诰封龛盒

20世纪50年代被拆除的刁铺箭楼“环溪古镇”遗石

民国年间韩国钧所题“口岸商会”遗碑

刁铺劳动街磨子巷（2008年摄）

拆迁前的口岸庆元街武庙巷

拆迁前的口岸庆元老街

刁铺关桥口老街（2008年摄）

# 非物质文化遗产

| ① | ⑤ |
| --- | --- |
| ② ③ | ④ |

① 白马镇世泽木雕 （2016年摄）

② 刁铺宫灯 （2009年摄）

③ 口岸虎头鞋 （2010年摄）

④ 许庄太平金橘嫁接技艺展示 （2014年摄）

⑤ 高港根雕作品 （2012年摄）

“大江放歌”庆祝国际护士节专场文艺演出（2013年摄）

大江艺术团“文化港城行”基层巡演走进口岸街道徐庄村（2013年摄）

“三下乡”送福字（2015年摄）

“苏演院线”高港大江剧院“京韵流芳 星耀高港”专场演出（2013年摄）

第六届长三角地区民族乐团展演活动在高港区举行（2010年摄）

2014年"高港杯"首届全国象棋青年大师赛

高港区第三届全民健身运动会
开幕式

①
③
②

① “高港杯”首届全国象棋青年大师赛（2014年摄）

② 高港区第三届全民健身运动会开幕式（2016年摄）

③ “全民健身日”活动（2009年摄）

高港区庆祝中华人民共和国成立60周年
群众歌咏大会

德

天地玄黄 宇宙洪荒 日月盈昃
寒来暑往 秋收冬藏 闰馀成岁
云腾致雨 露结为霜 金生丽水
剑号巨阙 珠称夜光 果珍李柰
海咸河淡 鳞潜羽翔
孝敬 友善
节俭 诚信
华经典诵读

① ②

③ ④

① 庆祝中华人民共和国成立60周年群众歌咏大会 （2009年摄）

② 泰州市中学生“书写经典”比赛在高港实验小学举行 （2012年摄）

③ 泰州市暨高港区中华经典诵读活动在高港实验小学举行 （2014年摄）

④ 民乐大师走进口岸船舶 （2007年摄）

美德善行在高港
高港区培育和践行社会主义核心价值观暨"大江儿女·诚信之星"
颁奖仪式

江苏
发

| ① | ⑤ | |
|---|---|---|
| ② | ③ | ④ |

④ 区级机关党员义工服务队 （2009年摄）

⑤ “真情送温暖，助困进万家”活动 （2012年摄）

① 培育和践行社会主义核心价值观暨“大江儿女·诚信之星”颁奖仪式 （2014年摄）

② “爱心妈妈”情系留守儿童 （2011年摄）

③ “江苏最美人物”徐勤生事迹发布会 （2014年摄）

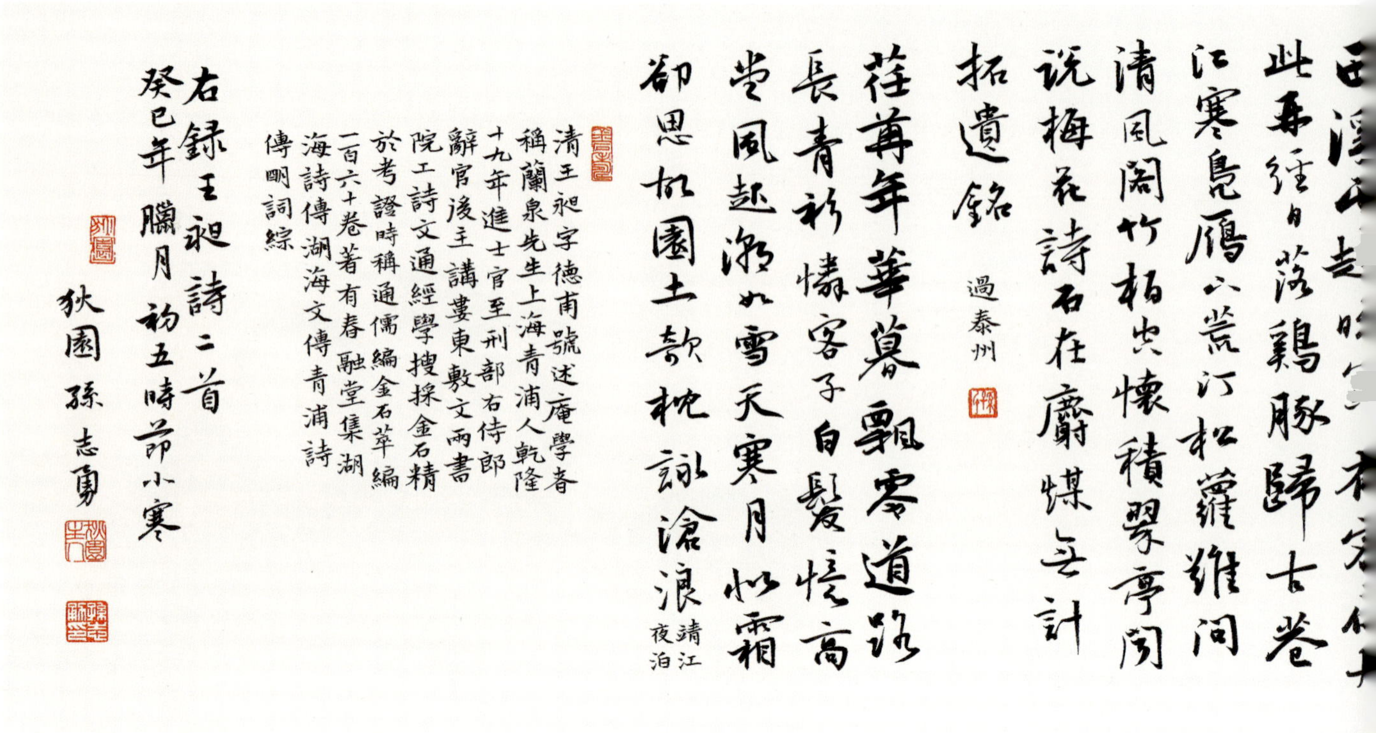

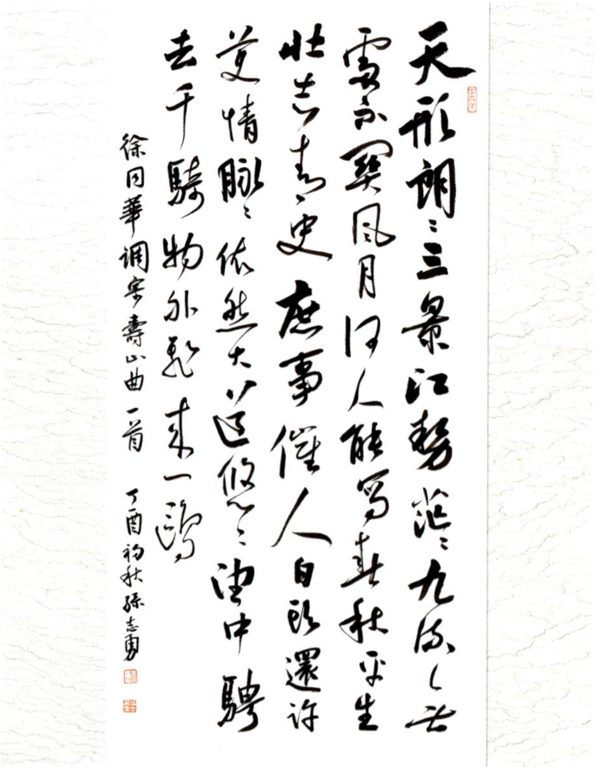

孙志勇书法作品

曹明德绘画作品

李俊绘画作品

曹明德绘画作品

李俊绘画作品

① ②
③

① 沿江湿地风光（2013年摄）

② 渔港夕照（2006年摄）

③ 海军文化公园（2016年摄）

海軍文化公園

① ③
② ④

① 古银杏生态公园（2008年摄）

② 银杏林秋韵（2007年摄）

③ 银杏产品

④ “大佛指”银杏（2005年摄）

超级银杏粉
100年
1+3
Ginkgo
净含量
640克
泰州市润禾食品科技有限公司出品
香港集森食品公司总代理

银杏奶茶
160克

yinxingjing
银杏晶
160克

## 高港特色美食之 高港土菜

东南片区区人大代表工作日活动

① ③ ②

① “人大代表工作日”活动（2013年摄）

② “政协委员工作日”活动（2012年摄）

③ “党代表工作日”活动（2013年摄）

①　②　③
⑤　④

① 村民直评民生部门及村干部现场会

（2010年摄）

② “法制教育进课堂”现场观摩会

（2013年摄）

③ 社区公共服务查阅平台　（2012年摄）

④ “微警务”科技志愿者服务站启动仪式

（2014年摄）

⑤ “新高港　新女性”法律知识讲座

（2009年摄）

进课堂”现场观摩会

劳动争议调

知识讲

严厉打击电信网络诈骗犯罪 切实保障人民群众财产安全
高港区“微警务”科技志愿者服务站
启动仪式

① ②
③ ④

① 幸福童年
（2008年摄）

② “金玉良缘”青年联谊会
（2014年摄）

③ 欢乐锣鼓
（2008年摄）

④ 祈愿（2008年摄）

36
13

① ④
② ③

老年人门球比赛

（2010年摄）

村头健身场其乐融融

（2013年摄）

区摄影家协会志愿者为

敬老院老人拍年照

（2014年摄）

第二届邻里节石锁比赛

（2010年摄）

# 凡　例

一、本志坚持以马克思列宁主义、毛泽东思想、邓小平理论、“三个代表”重要思想、科学发展观、习近平新时代中国特色社会主义思想为指导，坚持辩证唯物主义和历史唯物主义的立场、观点、方法，存真求实，全面、客观、系统地记述高港区域的发展状况。

二、本志为通代志书。上限不限，因事而异，尽量溯源；下限为2008年。志首图片、大事记延至2016年。

三、本志记述范围包括口岸街道、刁铺街道、许庄街道和永安洲镇、白马镇、大泗镇、胡庄镇、野徐镇，建区后曾经管辖的滨江工业园区和其他事物以附记形式记述。

四、本志综合运用述、记、志、传、图（照）、表、录、索引等体裁，以志为主，使用规范的现代语体文和第三人称，记述各种事物和各行各业在不同历史时期的兴衰起伏。志首设图片、序、凡例、总述、大事记，志末设附录、索引、编后记。

五、本志主体共设31篇分志，每篇一般下设章、节、目3个层次。目下根据需要设子目、细目。目标题用小四号黑体字表示并以汉字数字标序号，子目标题用五号楷体字加【 】，细目标题用五号黑体字表示。各篇设无题序，章和节下无题序根据记述需要设置。

六、本志按照现代社会分工和科学分类相结合的原则设置各篇。同时，针对本地实际情况，将泰州港高港港区、扬子江药业集团升格单独设篇，泰州长江公路大桥、南水北调东线水源工程、渡江战役与人民海军诞生分别在交通篇、水利篇、军事篇中单独设章。另，不单独设篇集中记述各种体制改革内容，在相关篇设“农业经济综情”“工业经济综情”“商贸服务业综情”，记述制度变革、体制改革内容。

七、本志人物篇采用传略、表、名录形式，收录古今人物。以本籍人物为主，兼收对本地经济社会发展有较大影响的客籍人物。人物传略坚持“生不立传”原则。

八、本志历史纪年：民国以前采用朝代年号，使用汉字书写；民国年份使用阿拉伯数字书写；在同一记述单元仅首次括注相同朝代年号、民国年份的公元纪年。中华人民共和国成立后一律使用公元纪年。“新中国成立前”“新中国成立后”，以1949年10月1日为界。

九、本志按当时称谓书写各历史时期的事物全称，如全称较长则在同一篇首次出现时括注简称。中华人民共和国简称“新中国”。本志对所记行政区域的简称，高港区成立前为“境内”，高港区成立后为“区”。

十、本志所用基础资料主要由各承编单位提供，部分资料为编者查阅史志、档案、书刊及其他文献所得，经考证后载入，一般不注明出处。新中国成立前使用的计量单位，一般照旧记载；新中国成立后，一般采用法定计量单位。各类统计数据以统计部门公布的为准，统计部门未作统计的则采用行业管理部门的统计数据。

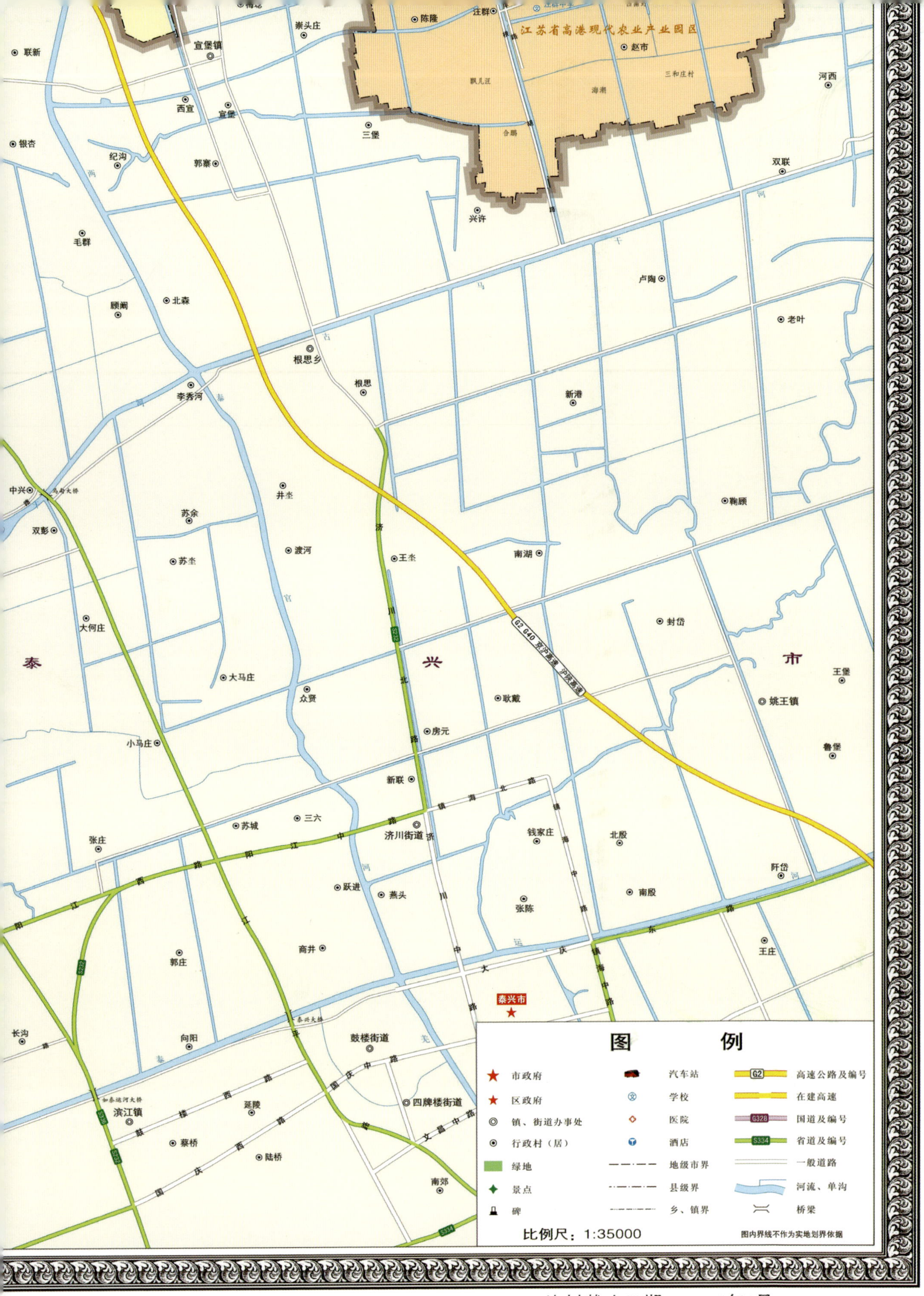


审图号：苏S（2015）018

资料截止日期：2015年1月

泰州市高港区民政局　监制　　　　南京星光测绘科技有限公司　编制

说明：野徐镇、滨江工业园由泰州医药高新区代管。

# 总 目 录

## 上 册

# 下　册

# General Catalogue

# 目　录

## 上　册



## 第一篇　政区　自然环境　人口

# 第二篇　交通　运输



# 第三篇　泰州港高港港区

# 第四篇　水　利

## 第五篇 邮政 电信



## 第六篇 城乡建设

## 第七篇　国土资源管理与环境保护

# 第八篇　经济综情



# 第九篇　农　业

## 第十篇　工　业

## 第十一篇　扬子江药业集团



## 第十二篇　建筑业与房地产

# 第十三篇　商贸服务业

## 第十四篇　金融业

## 第十五篇　财政　税务



## 第十六篇　经济综合管理

# 泰州市高港区志

## 总　述

# 总　述

泰州市高港区位于长江下游北岸、江苏省中部、泰州市区南部，具有“承接南北，贯穿东西”的独特区位优势。2008年末，东西直线最长距离16.5千米，南北直线最长距离29.3千米，全区总面积314.33平方千米。高港区地貌大致可分为高沙平原、沿江平原、江边滩地。长江高港区段岸线长25.6千米，江面宽4～5千米，长江自西向东流至高港取道向南，带来-12米以下的深水岸线，成为这条黄金水道的白金岸线，适宜建设深水良港。长江高港港区已有百年历史，是国家一类开放口岸泰州港的重要组成部分。引江河、南官河连接长江和新通扬运河，是泰州和里下河地区出江入海的主要通道。宁通高速、泰高公路、江平公路、沿江高等级公路从区内穿过。泰州长江公路大桥将高港区与镇江市、常州市连成一体，成为连接泰州与苏南的快速通道。

周代以前，境内为淮夷区。西周初期，境域为邗国地，后改属吴、越、楚国。秦王政二十四年（前223）后，境内属晦（海）陵县。南唐烈祖昇元元年（937），境内分属泰兴县、海陵县，其中泰兴县治设于济川镇，济川镇位于境内济川河（今南官河）河口附近。北宋乾德二年（964），因济川镇坍没江中，泰兴县治移至柴墟（今口岸街道西）。明洪武元年（1368），境内分属泰兴县、泰州。民国元年（1912），境内分属泰兴县、泰县。1997年8月，经国务院批准，成立泰州市高港区，将口岸、刁铺、许庄、田河、永安洲、白马、野徐7个乡镇划归高港区管辖，后又从泰兴市、姜堰市各划入1个乡镇。至2008年末，全区下设口岸、刁铺、许庄3个街道和永安洲、白马、大泗、胡庄、野徐5个镇，共辖行政村79个、社区（居委会）21个、村（居）民小组215个，人口29.48万人。

高港钟灵毓秀、人文荟萃。东汉末年，秣陵尉蒋子文死后被谥“白骕将军”。宋代，潘及甫成百官楷模，深得宋神宗赏识，在其影响下，潘氏“一门八进士”。元代，屠申駉仕至福建廉访，为官清正，政绩显著。明代，泰州大儒储巏少时常居柴墟古寿胜寺读书，著有《柴墟文集》；镇淮参戎武进士戚世光两受皇帝封赏。清代，康熙侍卫徐左柱治台、抗倭有功；赵良礼、栾启元急公好义，造福乡里。革命年代，中共扬州特支负责人曹起溍在境内开展农运工作，播下革命的火种；以赵易亚、栾仲丹、李民为代表的爱国青年奔赴陕北参加革命；吴正清、叶明章等一批英烈为革命抛头颅洒热血。当代，有高港新式教育奠基人赵友琴、李煦春，名中医刘慕云、万少山、戴作善，资深记者吉彭信，淮剧名家马麟童、马秀英父女，九华山知名法师仁德，江苏省优秀共产党员徐大圣，工程力学专家、中国石油机械教育专家蔡强康，俄苏文学专家李兆林，著名作家陈模等，群星闪耀，熠熠生辉。

## 一

高港自古就是苏北通江达海的重要门户之一，为兵家必争之地。

南宋初年，地处沿江的高港地区一度成为南宋将士与金兵交战的前沿地带。南宋在柴墟镇驻水寨1路、斥堠2所。建炎四年(1130),抗金名将岳飞任通泰镇抚使兼泰州知州,屯兵柴墟,扼守金兵南犯之道,大败金兵于南坝塘南坝桥。

元至正二十五年(1365)十月,朱元璋派大将徐达率兵由江南攻泰州,因水道不通,徐达调兵自大江口(今口岸街道境内)开通济川河(今南官河),直抵泰州南门。明洪武年间(1368—1398),境内先后设有王官营、曹官营等八营,一度是泰州城外和沿江地区重要的驻军基地。济川河开通后,将泰州城以北的淮河水系与城南的长江水系沟通起来,成为长江以北苏中地区极其重要的交通和经济文化走廊。

19世纪50年代,受战争影响,清政府将盐运中心从扬州转移至泰州,江南、皖南、扬州一带居民纷纷迁居泰州及其周边地区。清咸丰三年(1853)至同治四年(1865),泰属十一场和通属九场的淮盐由口岸掣验开江。人口转移和交通经济地理的变化直接促成口岸镇的商贸繁荣。战后重建,使沿江的木材集散应运而生。光绪初年,湖北大冶、鄂州等地木商择口岸和龙窝两地作为木材销售市场,口岸成为苏北地区木材业经销集散地。随着木材业的兴起,饭店、旅馆、商店、过载行等服务业也迅速发展,口岸镇凭借区位优势成为"苏北咽喉,江淮通道""水陆辐辏,为邑重镇"。

清代末民国初,随着长江轮船航运的开辟,口岸、龙窝一带成为长江航运码头,由此奠定高港港成为长江沿线重要的客货运码头的基础。口岸一头衔接江南及上海工业品市场,一头辐射苏中、苏北地区,是南北货的批发和中转中心,是农副产品、土特产品外销的集散地。其时,口岸、龙窝、刁铺商业发达,商贾云集,交易兴旺,口岸、龙窝有"苏北小上海"之美称。长江航运和木材集散也催生了地方重要的文化瑰宝——金寿会馆、口岸雕花楼。

民国28年(1939),日本侵略军偷袭口岸,烧毁木商的大本营——金寿会馆,使口岸的木材集散业以及连带的一系列商贸服务业陷于衰落。抗日战争期间,中国共产党领导的新四军从苏南转移苏中、苏北,境内大泗等乡镇成为黄桥革命老区的一部分。

民国38年4月上旬,中国人民解放军第三野战军副司令员兼第二副政治委员粟裕、参谋长张震率指挥机关进驻白马庙(位于今白马镇),设三野渡江战役指挥部。4月21日晚,第8兵团第20军由龙窝口至永安洲一举突进扬中。4月23日,中国人民解放军华东军区海军在白马庙宣布成立,张爱萍任司令员,白马庙由此成为中国人民解放军海军诞生地。

## 二

境内口岸街道、永安洲镇为沿江农业区,野徐镇、白马镇、刁铺街道、许庄街道、胡庄镇、大泗镇为高沙土农业区,全境以种植稻麦和旱谷杂粮为主。境内栽植银杏树历史较早,素有"银杏之乡"的美誉。境内长江段盛产鲥鱼、刀鱼、河豚,"长江三鲜"名闻天下。

历史上,境内盛产生猪、花生、大豆、高粱、棉花等,逐步形成以加工猪、油、酒产品为主体的传统手工业格局。近代长江航线的开辟促进了手工业的不断壮大,粮油加工、纺织等产业有所发展。抗日战争爆发后到新中国成立前夕,兵燹、天灾使境内农、工、商业遭到严重破坏,经济日渐衰萎,民生维艰。20世纪50年代初,兴办集体所有制手工业生产合作社(组),逐步恢复生产。1956年,完成对私营工商业的社会主义改造,形成以国营、集体为主导的新型工商业体系。1957年,工业门类有食品、建材、缝纫、机械纺织、烟草加工、粮油加工等。1958年,农村全面实行人民公社化,大办社队工业,形成乡镇工业发展的第一个高潮。20世纪60年代，工业有机械、五金、电器制造、金属铸造加工和猪鬃、服装、塑料加工等行业。农村开展大规模农田基本建设，兴修水利，发展机电排灌，治沙改土，进行“旱改水”耕作制度改革，推广优良品种，农业生产不断发展。1978年，境内平均粮食亩产272千克，比1949年提高196千克。

1978年后，境内经过农村经济体制改革，不断完善家庭联产承包责任制，农、林、牧、副、渔业得到全面发展。1984年，平均粮食亩产338千克，比1978年增加66千克。20世纪80年代，乡镇工业继1958年、20世纪70年代后形成第三个发展高潮，乡镇工业的异军突起，为发展区域经济、增加乡镇财力和农民收入奠定坚实的基础。1987—1996年，境内实施“以工业经济为主体”的发展战略，通过改革企业经营管理体制、企业产权制度等举措，培植了一批重点骨干企业。同时，通过贯彻执行“对内搞活，对外开放”政策，商贸业得到大发展，逐步建立起多种经济形式、多种经营方式、多条流通渠道和开放式的商贸流通体制。至1996年末，境内工业企业总数1162个，其中乡镇工业企业1132个、市属工业企业30个。刁铺、口岸两镇乡镇工业尤为发达，涌现出江苏扬子江药业集团、虹雨集团、国内贸易部口岸船舶工业公司、江苏三泰啤酒集团有限公司、江苏登月脚蹬集团公司、江苏郁金香集团有限公司等明星企业，为高港建区后的工业发展奠定较好基础。刁铺镇经济总量和财政税收一度领跑苏中各乡镇。

## 三

1997年建区后，历届区委、区政府大力弘扬“精神状态也是生产力”这一传家宝，领导全区人民先后实施“科教兴区、兴港促城、对外开放、规模经济、城乡一体化、可持续发展”战略、“工业主体、外向带动、私营个体、科教兴区、城市化发展”战略和“工业立区、外向带动、港城兴区、城乡统筹、以人为本、科学发展”战略，为建设苏中“两个率先”（率先全面建成小康社会，率先基本实现现代化）先导区而努力奋斗，走出一条具有高港特色的科学发展之路。

以港兴区，转型发展。1997年6月，长江25个干线港口之一的高港港更名为泰州港（2002年，整合全市沿江港口，辖高港、泰兴、靖江3个港区，其中，高港港区为泰州港主港区，辖高港、杨湾、永安3个作业区）。1998年11月，泰高公路通至杨湾作业区和高港作业区。2000年11月，泰(州)镇(江)公路建至高港码头。涉外查验机构泰州出入境检验检疫局、泰州海关、泰州海事处、泰州边防检查站等相继设立。区委、区政府致力于发展沿江产业，培育和引进了扬子江药业集团、口岸船舶、三福船舶、益海粮油等一批基地型企业。2008年，泰州港高港港区码头总长1822.5米（不含企业专用码头），三大作业区面积81.4万平方米，成为通用码头与专用码头、散杂货与集装箱、内贸与外贸相结合，集装卸、仓储、运输、船舶代理、货物代理、配送等现代物流服务于一体的多功能综合性现代港口。

重大工程，彪炳史册。1999年，泰州引江河高港枢纽工程建成。泰州引江河是国家南水北调东线工程的取水口之一，该河的建成，既增加南水北调的供水能力，又提高里下河地区和通南地区的灌溉标准，还促进苏中、苏北地区的航运发展，为苏中、苏北地区改善水质，沿海冲淤保港、实施滩涂开发提供充足水源。同年，泰州市第三自来水厂在永安洲建成，后又完成改扩建工程，全市区域供水工程实现突破，250万市民喝上长江水。2005年，国家“十一五”重点项目、江苏电网北电南送枢纽电站——国电泰州发电项目开工建设，至2008年，4组1000兆瓦国产超超临界燃煤发电机组在永安洲分2期先后建成投产发电，项目动态总投资88.4亿元。国电泰州发电项目的建成，有效缓解江苏缺电压力。2007年，泰州长江公路大桥在高港启动建设，工程的建成对于连通京沪、沪蓉2条国家交通大动脉，密切长江两岸经济和交通联系，促进全省沿江开发和区域协调发展，推动长江三角洲地区经济一体化等具有十分重要的意义。同时，也加速泰州市融入苏南的进程，使高港区获得更加优越的经济发展环境。

城乡面貌，焕然一新。建区之初，区委、区政府提出"一年打基础，二年见成效，三年大变样"的城区建设目标，努力打造花园式滨江工贸城市。2000年，城区基本框架初步形成。2002年12月、2007年4月，先后完成第二轮城市总体规划（2002—2020）、近期城市建设规划（2006—2010）编制工作。2008年，建成"四纵十横"主干道，累计投入建设资金145.27亿元，建成区面积10.8平方千米，主城区城市化率达57.9%。区级行政机关、商店（场）、文化娱乐设施集中分布于港城中路与金港中路，居民生活区集中于口岸和刁铺集镇区，工业区分布于主城区外围。随着海燕大酒店、区政府大楼等地标建筑，银杏广场、生态公园等城市绿地，金港中路商业街、春江路商业街、江平路商业街、解放路商业街、金港南路商业街等商业街区，以及府后人家、银杏苑、百年豪景等25个住宅小区的建成，文峰千家惠等百货商场和江苏阳光、苏果，上海华联、星地等一批连锁超市的进驻，工、农、中、建、交五大银行及海阳农村合作银行的设点，供电、供气、电信、公交、绿化等公共设施的实施，一座现代化滨江港城初具规模。同时，全区小城镇建设、新农村建设取得长足发展，城乡一体化格局初步形成。

工业立区，工业强区。1998年、2002年、2004年，高港区先后建设规划面积分别为5.33平方千米、45.5平方千米、55.9平方千米的滨江工业园区、高港科技创业园、永安洲工业园。口岸、白马、野徐等镇也相继建立工业集聚区。2006年，高港科技创业园升格为省级经济开发区，并更名为江苏泰州高港高新技术产业园区。2008年，高新技术产业园区发展成为以电子信息、汽摩配件、医疗器械、壁纸、专业市场、仓储物流等产业为主的高科技产业园区；永安洲工业园发展成为现代物流园区、现代制造业基地，主要有粮油及食品、船舶及配套、能源及建材、高分子新材料四大产业；滨江工业园区于2000年划归泰州经济开发区，成为泰州对外开放的重要窗口。扬子江药业集团系产学研相结合、科工贸一体化的国家大型医药企业集团，年销售收入156亿元，实现利税18.6亿元。当年，全区有各类工业企业1669个，实现全部工业总产值261.7亿元、列统工业总产值169.21亿元（不含扬子江药业集团）。

农村经济，快速发展。建区后，全区加快农村产业结构调整、农业产业化建设、农业生产科技推广和农村现代化建设步伐，粮食生产出现新的突破，农、林、牧、副、渔产业全面发展。花卉种植成为农业结构调整的重点产业，高港花卉园艺中心引进种植的台湾蝴蝶兰香飘海内外，成为省重点农业产业化龙头企业和全国重点花卉出口基地。奶牛、伊普吕兔、珍珠鸡、波尔山羊等特色畜禽养殖方兴未艾，江水养殖河豚、鳜鱼、叉尾鮰鱼、江虾、河蟹初具规模，"大佛指"银杏驰名中外。农业产业化龙头企业江苏三泰啤酒集团有限公司年产"三泰"系列啤酒和银杏饮料近10万吨，江苏奔仙丝绸服装有限公司生产的"奔仙"牌睡衣闻名全国。至2008年，全区形成水产品科技示范区、农作物科技示范区、特色林果示范区、农业旅游示范区，初步实现经济、生态、社会效益的统一。与农业相关，高港全鱼席、刁铺全羊席、大泗全牛席成为享誉泰州及周边地区的特色餐饮品牌。全区农业增加值由1997年的2.06亿元提高至5.97亿元，增长189.8%。粮食总产量由1997年的9.77万吨提高至15.29万吨，增长56.5%。

商贸流通，繁荣活跃。建区后，商贸服务业在大开放中得到大发展。个体商业快速发展，极大地促进商贸市场的繁荣。新兴商贸服务不断涌现，市场商品丰富，购销两旺，商贸流通综合实力显著增强。2008年，全区批发、零售、住宿、餐饮营业面积15.47万平方米；从事商贸服务业的人数7997人；全区社会消费品零售总额13.99亿元，比1997年增加294%。

社会事业，全面发展。1997年起，区委、区政府实施科教兴区战略，深化教育教学改革，调整学校布局，加大教育投入，普及义务教育，加强师资队伍建设，教育事业得到长足发展。至2008年，全区有各类学校40所。其中，幼儿园13所，在园幼儿5137人，在职教师345人；小学12所，在校学生13398人，在职教师894人；初中12所，在校学生8175人，在职教师870人；普通高中2所，在校学生4244人，在职教师422人；职业教育中心校1所，在校学生3596人，在职教师321人。高港职教中心建成国家重点职业技术学校，口岸中学创建成省四星级高中，刁铺中学创建成省三星级高中，新建高港实验学校（南京艺术学院尚美附中）、高港实验小学。科技事业发展迅速，连续3次通过全国科技进步区考核，组织实施省级以上火炬计划、星火计划43项，开发省级以上高新技术产品78项，获批省级以上高新技术企业29个，有59项科技成果获市级以上科技进步奖。高港建有广播电视分局，建成文化馆、图书馆、档案馆和大江剧院，全区有镇（街道）文化站、广播电视服务站各8个，电视覆盖面达99%，永安洲、白马、大泗、胡庄、野徐5个镇为省级群众文化先进镇，中国人民解放军海军诞生地旧址（第三野战军渡江战役指挥部旧址）、雕花楼分别被认定为国家级和省级文物保护单位，太平金橘嫁接技艺、口岸虎头鞋制作技艺、传统绳带编织技艺、高港宫灯制作技艺、刁铺羊肉制作技艺、河豚烹饪技艺、大泗霍堡牛肉制作技艺、毛庄石雕、高港根雕、雅妙河戴氏中医喉科疗法、白马庙传说等非物质文化遗产项目得到传承和发展。高港人民医院移址新建，全区共有医疗单位80个（区属医院1个，镇、街道卫生院10个，村卫生室69个），总建筑面积16万平方米，分别是1997年的1.5倍、2倍；核定病床748张，卫生技术人员599人，每千人拥有病床2.87张、技术人员2人。全面完成万村体育工程建设，并建成10个门球场、2个室内游泳池、18个健身点，口岸街道先后被评为江苏省体育先进乡镇、国家亿万农民健身活动先进乡镇、全国群众体育先进单位，永安洲镇被评为1996—2000年全国群众体育先进单位，刁铺街道先后被评为江苏省体育先进乡镇、江苏省群众体育先进单位。

人民生活，幸福安康。2008年，全区人均地区生产总值28147元，是1997年的4.45倍；农村居民人均纯收入7551元，城镇居民人均可支配收入16760元，分别是1997年的2.31倍和3.11倍。在物质生活得到显著提高的同时，人们的精神生活也有了相应的提升。尊老爱幼、乐善好施、扶贫帮困等传统美德在高港得到弘扬，涌现出以刘绍安为代表的一批在省、市有影响的道德模范，文明城市、文明单位、文明行业、文明社区、文明家庭创建工作取得明显成效。社会保障体系有了显著改善，养老保险、失业保险、医疗保险、工伤保险、生育保险、被征地农民基本生活保障、下岗职工基本生活保障、城乡居民最低生活保障、大病医疗救助、城镇特困职工帮扶、贫困残疾人社会救助、孤儿扶助、经济困难家庭子女入学救助、城乡居民临时救助、困难群体就业援助等制度基本实现全覆盖。平安、法治建设全省领先，获评全国平安建设先进区，连续5年被命名为全省社会治安安全区，为法治江苏合格区创建工作先进单位、全省首批法治县（市、区）创建工作先进单位。

随着国家长江三角洲一体化战略、长江经济带发展战略和江苏沿海开发战略、建设扬子江城市群战略的实施，高港加快发展迎来更多重要历史机遇。全区人民在区委、区政府的领导下，正以争创一流、追求卓越的雄心壮志，以敢为人先、开拓创新的锐气豪情，扎实工作、奋发进取，不忘初心、继续前进，共创高港更加美好的明天。

图 总述-1 荷香

# 泰州市高港区志

## 大事记

# 大事记

## 南唐

### 昇元元年(937)

置泰兴县，隶属于泰州，县治设于济川镇。济川镇位于境内济川河河口附近。

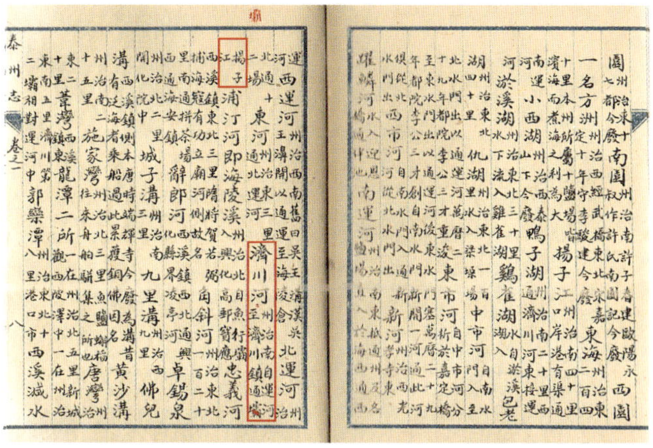

图　大事记-1　明万历《泰州志》记载“济川河，州治南，自运河坝至济川镇通扬子江。”济川河即今南官河

## 北宋

### 乾德二年(964)

泰兴县治由济川镇迁至柴墟(今口岸街道西)，并于四周累土为城，肖龟，周9里，号为龟城。

### 太平兴国年间(976—984)

张鉴监管柴墟税务。

### 靖康年间(1126—1127)

金兵来犯，柴墟城被毁坏殆尽。

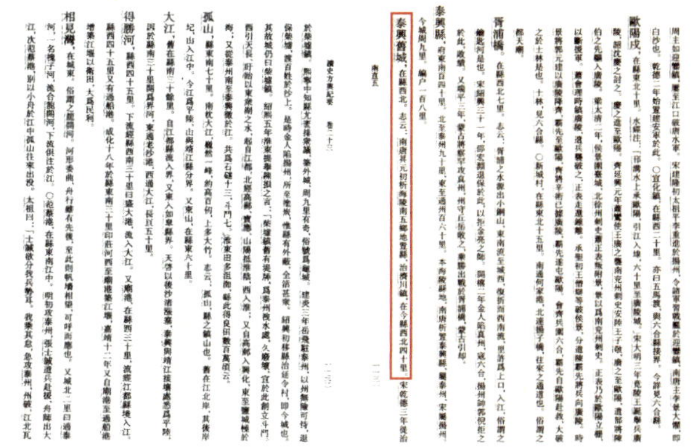

图　大事记-2　清顾祖禹《读史方舆纪要》记载“南唐昇元初析海陵南五乡地置县，治济川镇，在今县西北四十里。”

## 南宋

### 建炎元年(1127)

泰兴知县马尚在柴墟城旧址上用土坯重新修筑县城。

### 建炎四年(1130)

十一月，通泰镇抚使岳飞率兵抗金，大败金兵于南坝塘南坝桥。

### 绍兴初年(1131后)

泰兴县治由柴墟镇迁至延令村(今泰兴市泰兴镇)。

## 元

### 大德二年（1298）

七月，暴风，江水上涨，高达四五丈，人畜漂溺无数。

### 至正二十五年（1365）

徐达进军泰州，兵至境内江岸，水道不通，调兵自大江口挑河15里，开济川河（今南官河）通贯口岸，直抵泰州南门湾。

## 明

### 洪武年间（1368—1398）

镇江卫在境内设8处军垦农场，史称“屯田”。

大批苏州居民迁移境内。

### 永乐二年（1404）

修筑沿江圩岸。

图 大事记–3　柴墟古镇图（地方文史爱好者陈德润2014年作）

# 清

**雍正十三年（1735）**

废乡都，裁革里甲，泰兴县设四辖，其中以口岸巡检司所治之地域为口辖。

**乾隆五十一年（1786）**

自春至六月不雨，大旱，瘟疫流行。

**嘉庆十六年（1811）**

泰兴知县朱一慊离任后，析俸金留浚鸭子河。

**道光元年（1821）**

夏，水灾。秋，瘟疫流行。

**道光三十年（1850）**

泰兴知县张行澍修筑北自庙港、南至王家港（今天星港）江堤，人称张公堤。

**咸丰三年（1853）**

两淮盐运江口行掣由仪征天池改至口岸。

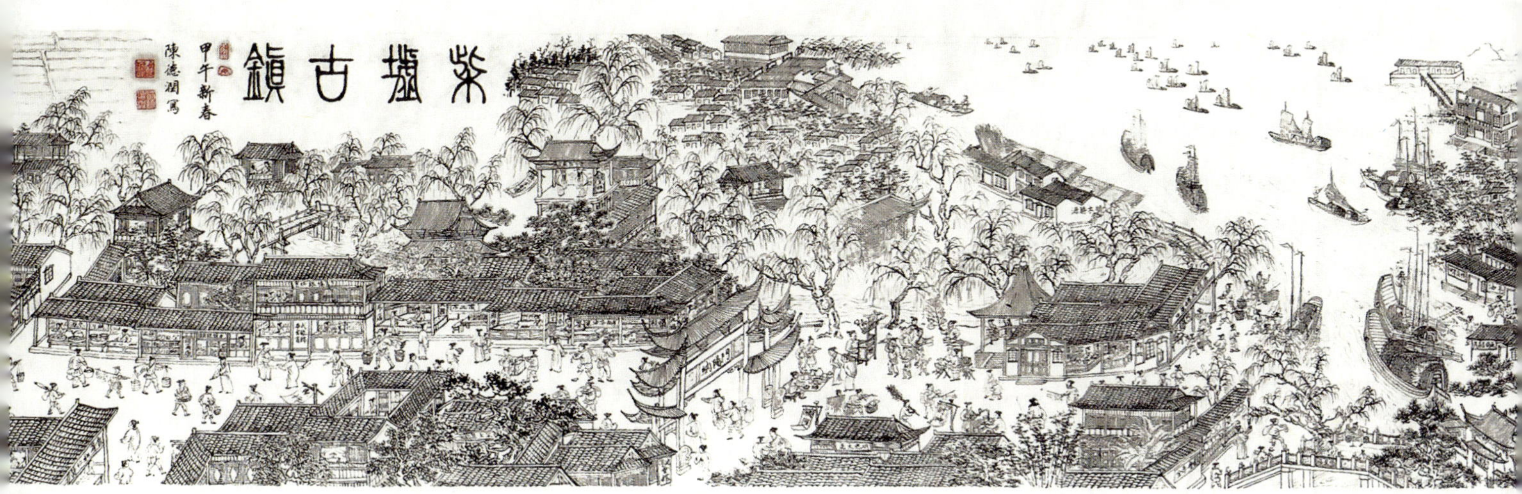

**咸丰十年(1860)**

八月,泰州盐运司乔松年在口岸镇设立淮盐分栈。

**同治四年(1865)**

淮盐从口岸港改道瓜洲新河口出江。

**光绪初年(1875后)**

口岸镇、迁善铺(今刁铺街道)各设水龙局。

**光绪九年(1883)**

泰兴知县陈谟修筑北自庙港、南至靖泰界河江堤。

**光绪十年(1884)**

泰兴知县陈谟在口岸庙港、太平洲三滑港设义渡分局。

## 中华民国

**民国9年(1920)**

泰州大源轮局开通泰州至龙窝口航线。

**民国15年(1926)**

墟明电灯公司建成并发电。

**民国18年(1929)**

9月,泰兴县实行闾邻制。泰兴县分8个区,口岸为第七区。

**民国19年(1930)**

省属公路浦(口)启(东)线口岸至泰兴县城段通车,为境内最早的公路(今江平公路前身)。

**民国20年(1931)**

夏,暴风疾雨,发大水,江潮暴涨,人畜伤,有外出逃荒现象。

**民国21年(1932)**

利民长途汽车股份有限公司在口岸设站(站址在镇东首)带客,为境内最早的营业性汽车客运。

## 民国25年(1936)

春,进步青年栾仲丹、李民、张曼君、赵易亚等在刁铺出版刊物《五月》,宣传抗日救亡。

## 民国26年(1937)

夏,大水,陆地水深1～1.5米。

10月,口(岸)泰(州)公路通车。

## 民国27年(1938)

四五月间,黄克孚、盛坚夫、戴为然等组织泰县文化界抗战工作团,并在白马设分团。

## 民国28年(1939)

秋,大旱,内河港汊枯竭见底。

12月14日,日本侵略军从杨湾登陆,杀害军民40余人。

## 民国29年(1940)

1月15日,日本侵略军山崎部队侵占龙窝口、口岸。

7月25日,新四军苏北指挥部率部东进黄桥,路经刁铺时,李明扬、李长江驻刁铺部队退至万家厦,遵约让道。7月26日,陈毅在刁铺海春饭馆召集地方人士,宣传团结抗日。

## 民国30年(1941)

3月,汪伪第24师某部占刁铺,汪伪第19师蔡鑫元部占永安洲。

4月5日,泰县抗日武装袭击白马庙、李家庄、太平桥、大泗庄等汪伪军据点。

## 民国31年(1942)

8月23日,泰兴县六区地方武装活捉口岸汪伪军据点步哨2人。次日,在口岸—泰兴线上伏击,毙汪伪军1人,俘汪伪军2人。

## 民国32年(1943)

夏,泰县塘湾区农抗会组织贫雇农至白马庙两户大地主家中开展说理斗争,两户地主同意减租。

是年,口岸创办同光电灯公司,发三相交流电供口岸和龙窝照明。民国35年倒闭。

## 民国33年(1944)

5月,泰兴实行新乡制后,第七区改称口岸区。

9月7日,驻徐家桥汪伪军孙国政部强迫各乡群众缴粮,群众配合民兵袭击汪伪军据点,孙国政逃至泰兴城内。

## 民国34年(1945)

2月19日,民兵口岸区队袭击永安洲姚家庄汪伪军据点。

6月26日，民兵口岸区队夜袭汪伪区公所和警察局。

8月30日，侵占黄桥镇、泰兴城、口岸镇的日本侵略军在龙窝口缴械投降。

12月31日，国民党军第26师75、77团进犯泰兴城后，派兵进占口岸、徐家桥、田家河等村镇，并设据点。

### 民国35年（1946）

7月，境内解放区进行土地改革。

10月上旬，口泰宣中心区委、行政办事处、游击营成立。

### 民国36年（1947）

9月19日，泰兴县独立团团长赵容率2个连在白马庙南歼曹于乡自卫队。

10月19日，苏中一分区第1团攻打大泗庄，歼国民党保安队1个中队。24日，国民党军队重占大泗庄。26日，第1团再度突袭，歼国民党军1个班。

12月11日，泰兴县独立团在白马庙伏击国民党省保安支队一中队及泰县保安二中队。

### 民国37年（1948）

9月，口岸、大泗组织民工中队赴徐州、蚌埠一带，随华东野战军十一纵队参加淮海战役支前工作。

### 民国38年（1949）

2月，为支援渡江作战，2万余名民工整修口岸至泰州公路。月末，口泰公路恢复通车。

4月4日，粟裕、张震率中国人民解放军第三野战军指挥机关进驻白马庙（位于今白马镇），成立渡江战役东线作战指挥部。

4月8—19日，华东警备第6旅在第23军、20军配合下，解放龙窝口、平安洲、永安洲和北沙岛等地。至此，全境解放。

4月23日，中国人民解放军华东军区海军领导机构在白马庙成立，张爱萍任司令员兼政委。

4月，春荒严重，农民吃"观音粉"（埋在土中的一种石粉，久食则腹胀而亡），人民政府拨粮救济灾民。

7月下旬，暴雨、台风袭击，海潮顶托，江潮最高水位达5.16米，永安洲受灾最重，被淹农田2万余亩。

7月，永安洲办事处成立，下辖7个乡。

## 中华人民共和国

### 1950年

春，粮荒严重，政府拨粮、款救济，组织群众生产自救。

8月，境内开展土地改革运动，其中口岸区没收地主、富农土地2万余亩，分给无地少地农民，至

1952年全面结束。

是年，境内第一次全面修复江堤，口岸地段全长9.3千米。

## 1951年

6月，口岸区改称临江区。永安洲办事处改为永安区公所。增设口岸办事处，辖口岸、龙窝、环溪三镇。

## 1952年

9月，口岸、龙窝、高港划属泰州市，撤销口岸办事处，临江区改为刁铺区。

11月25日，泰州市私立临江初级中学改公办，更名为泰州市口岸初级中学。

## 1953年

1月下旬，寒潮袭击，继之久旱不雨，麦苗干枯冻死，农田受灾面积达93%。

11月，口岸、龙窝、高港由泰州市复归泰兴县，并增设口岸区。

## 1954年

5月18日至8月末，共降雨935.5毫米，江潮最高水位达5.37米，口岸沿江圩区大部分田、河不分，陆水行舟。南官河以西田间积水高达1米，积水时间长达2个月。

9—10月，口岸区撤销，口岸、龙窝两镇合并为口岸镇。

冬，修建高港至杨湾段江堤，全长3.2千米。

## 1955年

1月16日，长江航运公司口岸办事处常驻荫沙代办站接客木船翻沉，淹死、冻死旅客32人。

2月4日，境内第二次全面修复江堤。

## 1956年

1月，高港码头第一座木质栈桥和400平方米候船室建成投运，结束木划船接送旅客、露天候船的历史。

9月，高港港务局余龙弼获全国交通先进工作者称号，出席交通部先进代表会议。

是年，私营汽车运输业纳入国营，由扬州地区汽车公司管理，龙窝设有车站。

## 1957年

9月10日，建（湖）口（岸）线水运客班终点站由龙窝口移至高港。

11月20日，在口岸镇南官河入江口处始建口岸节制闸。1958年，建成，总造价102.2万元。

是年，刁铺区120户家庭迁移江浦县。

## 1958年

4月3日，口泰公路改建工程开工。5月，竣工通车。

8月，开工建设全省首座新型船闸——口岸船闸。1959年8月，建成。闸室长135米，净宽12米，底真高-3米，过闸通过量1000吨级，总投资150万元。

9月，境内农村全面实现人民公社化，设有口岸、永安、寺巷、塘湾、大泗人民公社。

## 1959年

3月，成立刁铺人民公社。

5月，成立许庄、田河人民公社。

7月，成立野徐人民公社。

8月，动员青壮年及其家庭支援新疆建设。至1960年5月，援疆人员先后分两批离乡。

10月，口岸船闸工地便桥断，死2人，重伤20余人，轻伤40余人。

10月，高港闸开工建设。1960年9月，竣工，总造价11万元。

## 1960年

春，粮食奇缺，加之浮夸风、自然灾害等，农民营养不足，仅口岸人民公社就有800余人患浮肿病。

春，部分复员退伍军人随带家属赴海南岛参加生产建设。

5月7日，高港遣送站成立。

是年，张伯珍获全国三八红旗手称号。后于1979年、1983年，分别再获此殊荣。

## 1961年

大旱大涝，农田受灾，粮食减产，城乡人民生活极端困难，政府拨粮、款救灾。

## 1962年

5月，成立白马人民公社。

## 1963年

5月，设口岸区、刁铺区、宣堡区。

## 1964年

先后三次疏浚、整治南官河。

## 1965年

7月，交通部副部长于眉和考察高港港务局。

## 1966年

8月，境内开展“文化大革命”运动。

## 1967年

1月28日，口岸区（镇）政府机关遭造反派冲击，无法正常工作。

夏秋之间，杨湾五圩上角、十九圩坍江严重，迁移杨湾大队34户、146人至双新大队。

## 1968年

秋，口岸人民公社龙窝、合乐、故土、复原4个大队使用柴油拖拉机耕作。

10月末，口岸区成立上山下乡办公室。动员和组织城镇1966—1968年初、高中毕业生273人下乡插队。

## 1969年

11月19日，撤销区建制，调整人民公社规模，口岸为县直属镇不变，成立胡庄人民公社。

11月，部分机关干部下放农村。

是年，永安人民公社建成泰兴县第一个合作医疗站。

是年，电力供应始向农村普及。

## 1970年

冬，内河水位跌落至1.18米，水上运输受阻。

是年，口岸圩区开展水利建设，开挖配套中沟18条。

## 1971年

8月25日，19时13分至48分，长江水面突刮8～11级暴风，高港永长圩上角江面翻帆船5条，死2人，伤7人。

## 1972年

6月11日，龙卷风袭击白马等人民公社。

7月3日，凌晨起，口岸镇及周边人民公社16小时连降暴雨242毫米，为新中国成立后出现的最大日降雨量。

冬，修复江堤。至1974年春，完成江堤修复工程，全长1.3千米。

是年，口岸至南京客运线开通。

## 1973年

春，杨湾闸开工建设。1974年春，竣工，总造价13万元。

## 1974年

冬，实施江堤加固工程。1976年初，工程竣工。江堤加高2米，顶宽4米，外坡1:3，内坡1:2。

## 1975年

5月30日，雹雨交加，境内多个人民公社受灾。

6月24—27日，陡降暴雨，农田受涝严重。

## 1976年

年初，口岸人民公社建5个流量太平闸排涝站。

是年，开展防震抗震工作，居民在室外搭防震棚居住，时近半年。

## 1977年

4月，口岸影剧院开工建设，年末竣工，建筑面积1780平方米。

## 1978年

7月，铺设江平公路泰兴至口岸段柏油路面。1980年，竣工，为境内第一条沥青路面。

7月，地方国营泰兴造船厂首条千吨钢质船顺利下水，为泰兴县第一艘大吨位货船。

夏，大旱。5—9月降雨仅194.7毫米，为常年同期雨量的22%，同时连续11天出现35℃以上的高温天气，最高温度为39.8℃。4月15日至8月15日，4次潮汛长江水位最高3.87米，为新中国成立后水位最低一年，境内受旱面积近1万亩。

## 1979年

9月，高港港务局变电所建成，主变容量1000千伏安。

## 1980年

6月27—28日，暴风雨持续13个小时，口岸、永安人民公社降雨150毫米左右。高港港务局磷矿码头的1台5吨40米桥吊遭龙卷风袭击倾翻，损失46万元。

8月29日，永安人民公社盘头、北沙大队发生坍江，长120米，宽20米。

12月，实施江堤加高培厚工程，按1954年最高洪水位加高江堤2米，顶宽4.5米。1983年，竣工。

## 1981年

11月9日，省政府批准同意永安人民公社改称永安洲人民公社。

## 1982年

3月，中国人民解放军第三野战军渡江战役指挥部（海军诞生地）旧址被认定为省级文物保护单位。

是年，口岸人民公社建5个流量高港排涝站。

## 1983年

是年，境内农村实行家庭联产承包责任制。政社分设，撤销人民公社管理委员会，建立乡（镇）人民政府和经济联合委员会，废除大队、生产队建制，设村民委员会、村民小组。

是年，口岸中心幼儿园赵玉英获全国三八红旗手称号。

## 1984年

1月17—19日，连续降雪45小时，平均积雪深度25厘米。

8月2日，口岸撤乡建镇。

冬，对江堤进行加固培厚，其中顶宽增至6.5米。

## 1985年

1月，口岸至永安洲公路通车，砂石路面。

7月，刁铺撤乡建镇。

10月，口岸镇自来水厂建成投产。

## 1986年

12月26日，苏北第一个乡镇级自动电话交换机系统——1000门纵横自动电话交换机在口岸邮电支局开通使用。

12月，刁铺镇蒋庄村开办全省第一个村办邮电所。

## 1987年

4月2日，泰兴县颁发居民身份证试点工作在口岸镇开展。

是年，泰申联合制鬃厂获江苏省乡镇企业明星企业称号。

是年，中国人民解放军第三野战军渡江战役指挥部（海军诞生地）旧址修缮完工。

## 1988年

4月，全国人大常委会委员、秘书长曾涛考察泰兴壁纸厂。

5月26日，高港港获交通部和中国人民解放军总后勤部颁发的水陆军运基础建设合格证书。

7月16日，高港港被省政府批准为对外开放二类港口。

7月28日，口岸、刁铺、永安洲被省政府批准为第一批对外开放重点工业卫星乡镇。

9月10日，电视剧《银杏仙子》在田河乡开拍。

9月22日下午，永安洲乡盘头段江岸发生严重坍塌，坍没江滩长125米。11月8日下午至9日凌晨，盘头段江岸再次发生强崩，坍口南北长160米，东西宽130米。

10月，口岸镇开通直拨国际、国内自动电话。

11月15日，省委书记、省人大常委会主任韩培信考察口岸镇工业情况。

是年，扬州市粮食局和泰兴县粮食局投资231万元建成扬州市高港粮食中转站，库容量为7500吨。

是年，扬州市美容化妆品厂获江苏省乡镇企业明星企业称号。

## 1989年

1月4日，许庄乡被省政府批准为第二批对外开放重点工业卫星乡镇。

3月，建设永安洲乡盘头长江段退堤工程，堤长2.3千米，高7.6米。

4月23日，泰县县委、县政府在白马庙举行纪念人民海军诞生、渡江战役胜利40周年活动。

7月5日凌晨，永安洲北沙西南角沙滩发生大面积坍江，坍塌4万平方米，坍深-24米，距主江堤400米。

8月11日，泰兴县自行车脚蹬厂"登月"牌和"环球"牌脚蹬获首届北京国际博览会银奖。

12月23日17时30分，境内电话号码由4位升6位，电话交换机全部由共电式改为纵横制。

是年，泰兴县船舶修造厂戚俊宏获全国三八红旗手称号。

是年，白马中心校王厚宏获全国优秀教师称号。

## 1990年

8月29日，孟加拉国军队代表团参观海军诞生地旧址。

11月，口岸镇输电线路改造工程竣工，结束两线一地制供电历史。

是年，口岸与泰兴、黄桥三镇利用数字微波实现农话模拟交换机的联网，并在口岸建成微波塔，开通泰兴至口岸的三次群数字微波电路，实现数字传输。下半年，刁铺镇开通500门HJZ-26纵横制电话交换机。

是年，商业部口岸船舶修造厂曾杰生获全国五一劳动奖章。

## 1991年

6月28日至7月16日，连降大雨和大暴雨，总降雨量683毫米，境内遭受新中国成立后第二次重大洪涝灾害。7月21日、8月5日，省人大常委会主任韩培信、省委副书记曹克明先后察看南官河、永安洲乡坍江险段水情，指导防汛抗灾工作。

10月4日，巴拿马籍货轮“室女星座号”停靠高港港装载水泥，此为外轮首次停靠高港港。

12月26—27日，普降大雪，地面积雪21厘米，最低气温-10.7℃。

是年，扬州美容化妆品厂实现产值1.07亿元，成为泰兴县首个产值过亿元的乡镇企业。

## 1992年

11月29日，高港港被国务院批准为对外开放一类港口。

## 1993年

4月11日，高港港通过国家验收，从1993年4月26日起对外开放。

4月26日，扬子江制药厂研制的“董氏胃苏冲剂”通过卫生部鉴定，获国家级新药证书。

5月25—26日，省委书记沈达人考察扬州虹雨集团。

7月6日，水利部副部长何璟、电力部副部长汪恕诚、交通部副部长刘松金等检查杨湾至泰兴过船一线的江岸坍塌情况及防汛工作。

7月28日，泰兴市首个钢丝绳生产企业——泰兴钢丝绳厂在田河乡建成。

是年，口岸BP机差转台工程完成。刁铺建成“大哥大”基站。

是年，扬州虹雨集团以年产值3.1亿元跻身全国乡镇企业五百个最大企业行列。

是年，口岸中学李俊仁获全国优秀教师称号。

## 1994年

6月16日，泰兴市口岸管理委员会在高港港挂牌成立。

6月18日，高港—扬中汽渡试运营。1995年12月，正式运营。

6月，永安洲撤乡建镇。

8月19日，申—渝航线客班轮正式停靠高港。2003年4月，申—渝航线客班轮不再停靠高港码头，境内长江客运从此结束。

8月23日，泰兴啤酒厂获1992—1993年度国内贸易部优秀企业金桥奖。

10月，中国人民建设银行口岸办事处存款余额突破1亿元，为建行系统苏中、苏北地区首个存款余额超1亿元的乡镇办事处。

是年，交通运输部同意建设高港港杨湾港区（今泰州港高港港区杨湾作业区）一期工程。1996年11月29日，开工建设。1999年1月20日，建成投产。

是年，110千伏口岸变电所建成。

## 1995年

1月，田河撤乡建镇。

7月11日上午，口岸镇高港村永长圩发生坍江，坍长150米、宽70～75米，坍深–12米～–15米，距江堤仅2米。下午，杨湾二十四圩坍江长70米、宽40米，距主江堤约60米。

8月，高港港国际集装箱运输业务正式开通。

9月14日下午，口岸镇高港村12组江滩发生坍江。至16日上午，坍江面积2.67万平方米，距主江堤最短距离约20米。

10月，口岸自来水厂被评为全国农村百佳水厂。

11月25日，泰州引江河试挖段开工，省领导陈焕友、郑斯林等出席开工仪式。次年9月完工，开挖河道1.5千米，征用土地89.33公顷，总投资3895万元。

图 大事记–4 泰州引江河试挖段开工典礼（1995年摄）

12月17日零时，境内电话号码由6位升至7位。

是年，泰兴啤酒厂开发的银杏系列饮料被列入国家科委星火计划和国家经贸委“双加”（加大投资力度，加快技术改造步伐）工程；江苏三泰啤酒集团有限公司成立。

## 1996年

3月，国内贸易部口岸船舶工业公司工会被中华全国总工会授予全国模范职工之家称号。

4月19日，水利部部长钮茂生、副省长姜永荣考察引江河工程建设情况。

4月24日，江苏三泰啤酒集团有限公司被国内贸易部授予全国扭亏为盈十佳明星企业称号。

6月，上海至高港客班轮航线停航。

7月15日零时20分，口岸镇5个村、3个居委会遭强龙卷风袭击，倒塌房屋456间，死2人，伤13人。

7月，长江水位猛涨，加之前期连续大到暴雨，致内河水位居高不下，境内沿江全线超历史警戒水位。31日，最高水位达6.17米（口岸闸水位）。

9月1日下午，口岸镇永长圩北段发生坍江，坍长124米，坍宽200米。

9月，国内第一条采用冷冻、结晶工艺装备的冰啤酿造生产线在江苏三泰啤酒集团有限公司建成投产。

10月，口岸镇被评为全国亿万农民健身活动先进乡镇。

10月，口岸区公所撤销。

## 1997年

1月10日，安徽省远洋运输公司所属“如意2号”轮与浙江宁波金兰船舶有限公司所属“东吉轮”在境内长江段碰撞后沉没，死亡、失踪12人。

1月13日，江苏省高港港务局更名为江苏省泰州港务管理局。2月19日，高港港更名为泰州港。

1月，开工建设泰州市第三自来水厂。2000年，一期工程竣工。2008年，二期工程建成。

4月14日，口岸、刁铺、许庄、田河、永安洲、白马、野徐7个乡镇划归泰州市海陵区管辖。

4月16日，中共泰州市委决定成立中共泰州市高港区工作委员会（正处级），泰州市人民政府高港区管理委员会（正处级），分别为市委、市政府的派出机构，葛玉书任区工委书记，张文彬任区管委会主任。区工委、区管委会下设区工委（管委会）办公室、组织人事办公室、纪检（监察）办公室、宣传科教办公室、农业办公室、工业办公室、财贸办公室、城建办公室、政法办公室共9个办公室。30日，中共泰州市高港区工作委员会、泰州市人民政府高港区管理委员会揭牌。

6月9日，口岸镇被省政府命名为第一批新型示范小城镇。

6月16日，海军原政委魏金山中将参观海军诞生地旧址。

6月25日，口岸船舶工业公司为新加坡万邦公司建造的1.2万吨甲板驳下水。

6月，泰州供电局高港分局、泰州市国家税务局高港分局成立。2001年、2003年，泰州市国家税务局高港分局先后更名为第二管理分局、第二税务分局。

7月，泰州市公安局高港分局、泰州工商行政管理局高港分局、泰州市地方税务局高港分局成立。2003年，泰州市地方税务局高港分局更名为第三税务分局。

8月17日，第11号强台风登陆高港，造成直接经济损失1200万元。

8月，根据《国务院关于同意江苏省设立泰州市高港区的批复》，泰州市高港区正式成立，口岸、刁铺、许庄、田河、永安洲、白马、野徐7个乡镇由海陵区划归高港区管辖。

9月，110千伏高港枢纽变电所开工建设，于1999年6月竣工并投入运行。

10月18日，区府路（今港城路）开工建设。1998年，一期工程竣工。2001年、2005年、2008年，三次东延扩建，全长4000米。

10月25日，泰州市委决定：撤销中共泰州市高港区工作委员会，设立中共泰州市高港区委员会，葛玉书任区委书记。

10月，高港区启动江堤达标工程建设。1998年，完成一期工程。2000年，完成二期工程。

10月，中国建设银行泰州市分行高港支行成立。

11月22日，国务委员陈俊生考察泰州引江河工程。

11月28日，江苏扬子江药业集团暨江苏扬子江药业集团有限公司揭牌成立。

11月，泰州市交通运输局高港分局成立。

11月，口岸中心小学雏鹰假日小队被评为全国文明雏鹰假日小队。

12月18日，区政府办公楼奠基。1999年4月，交付使用。

12月25日，泰高（泰州—高港）公路一期工程竣工通车，全长17千米，其中境内长4.6千米，该工程于1997年1月8日开工建设。1998年11月28日，泰高公路二期工程建成通车，长6.64千米，宽26.5米。

图 大事记-5 江苏扬子江药业集团暨江苏扬子江药业集团有限公司成立大会（1997年摄）

12月29日，接市委、市政府《关于高港区区级党政机构设置方案的批复》，高港区设区级党政工作机构25个，部门管理机构3个，归口管理机构1个。

12月29—30日，区政协一届一次会议召开，选举张文彬为区政协主席。

12月，区供销合作总社、泰州市国土管理局高港分局成立。1998年8月，泰州市国土管理局高港分局更名为泰州市国土资源局高港分局。

是年，新建金港中路。2001年，改建通泰南、北路，并更名为金港南路。2003年，金港路北延打通至刁铺段接镇溪路，并更名为金港北路。

## 1998年

1月3—6日，区第一届人民代表大会第一次会议召开，选举葛玉书为区人大常委会主任，张文彬为区政府区长。

1月12日，中国农业银行泰州市新城支行成立。2001年6月，更名为中国农业银行泰州市高港支行。

1月，中国人民解放军江苏省泰州市高港区人民武装部成立。

3月3日，共青团泰州市高港区委员会成立。

3月19—20日，40年未遇的寒潮暴雪袭境，20小时降雪量达29毫米，最大积雪深度20厘米；24小时降温达14.5℃，最低气温-1.6℃。

3月25日，泰兴市第三人民医院更名为泰州市高港人民医院。

3月27—29日，中共泰州市高港区第一次代表大会召开。会议听取并审议通过区委书记葛玉书代表区委所作的《振奋精神，加快发展，努力把高港区现代化建设事业全面推向二十一世纪》工作报告。区委一届一次全委会选举葛玉书为区委书记。

3月，许庄撤乡建镇。

4月23日，海军原副司令员张序三中将参观海军诞生地旧址。

4月，泰州市广播电视局高港分局成立。

5月，开工建设开发路。12月，竣工通车，全长1.2千米。1999年，更名为春江路。

6月2日，泰州市高港区建筑安装工程总公司挂高港区建筑业管理局牌子。

6月8日，高港区举行人民法院、人民检察院揭牌仪式。

6月，开工建设高港花卉园艺中心。

图 大事记-6 泰州市高港区人民法院、人民检察院揭牌仪式（1998年摄）

6月，中国工商银行泰州市高港支行成立。

6月，泰州市高港区国防动员委员会成立。

7月6日，区政府组成人员全体（扩大）会议召开。

7月7日，泰州市高港区职教中心成立。

7月，高港区环境保护局升格为一级局（正科级）。

8月，区卫生局增挂区爱国卫生运动委员会办公室牌子。

10月6日，刁铺镇被省政府命名为第二批新型示范小城镇。

10月，中保财产保险有限公司泰州分公司高港办事处成立。1999年，更名为中国人民保险公司高港办事处。2000年，更名为中国人寿保险股份有限公司泰州市分公司高港营业部。

11月1日，代省长季允石考察扬子江药业集团。

12月11日，高港区滨江工业园区成立，规划面积5.33平方千米，辖11个村和1个社区。2000年7月，滨江工业园区整建制划归泰州经济开发区管理。

12月28日，泰州引江河正式通水，泰州引江河高港枢纽船闸正式通航。省领导陈焕友、季允石等出席通水、通航仪式。工程历时3年完成，总投资12.4亿元，其中高港枢纽工程投资3.56亿元；泰州引江河全长24千米。1999年9月28日，泰州引江河工程竣工典礼暨庆功表彰大会在高港区举行，省委书记陈焕友出席并讲话，省长季允石宣读表彰决定。

是年，刁铺中心小学朱菊兰获全国优秀教师称号。

## 1999年

1月29—30日，区委一届二次全委（扩大）会议召开。

2月，野徐撤乡建镇。

3月2—4日，区政协一届二次会议召开。

3月2—5日，区第一届人民代表大会第二次会议召开。

3月3日，海军总部向泰州市捐赠200万元，支援海军诞生地纪念馆建设。

3月，区工商业联合会成立。

4月27日，海军原司令员张连忠上将参观海军诞生地纪念馆。

4月27—28日，高港区举办“让世界聆听扬子江涛声——高港之夜”文艺晚会。

4月28—30日，高港区举办首次投资贸易洽谈会，共签约项目36个，合计协议利用外资和港澳台资1738万美元。

4月29日，中国人民解放军海军诞生地纪念馆落成典礼在白马镇举行。海军原政治委员魏金山中将，海军政治委员杨怀庆中将，海军副政治委员李俊琏中将，南京军区副司令员兼海军东海舰队司令员杨玉书中将，南京军区副司令员何其宗中将，省政协主席、省委副书记、省纪委书记曹克明等出席。“泰州舰”全体官兵应邀出席，“泰州舰”停泊高港客运码头。晚，海政歌舞团进行慰问演出。纪念馆占地2.31万平方米，总投资1150万元。

5月25日，中央军委原副主席张震参观海军诞生地纪念馆。

6月17日，中国常驻联合国代表、特命全权大使秦华荪参观海军诞生地纪念馆。

6月19日，《人民日报》第1版刊登《寻找支点——江苏扬子江药业集团科技兴企纪实》。

6月，区残疾人联合会成立。

7月4—7日，全国政协常委、南京军区原副司令员郭锡章中将参观海军诞生地纪念馆和扬子江药业集团。

7月23—24日，区委一届三次全委（扩大）会议召开。

8月9日，区政府组成人员全体（扩大）会议召开。

9月9日，原中顾委委员江渭清等30余人在副省长姜永荣陪同下参观泰州引江河高港枢纽及河道。

9月28日，高港区组建江苏省陆军预备役步兵师第2团直属警侦连、工兵连。

12月，开工建设高港汽车站。2000年9月28日，建成投运。

## 2000年

1月26—29日，区政协一届三次会议召开，选举刘时根为区政协主席。

1月27—30日，区第一届人民代表大会第三次会议召开，选举胡冬生为区政府区长。

1月，九三学社高港小组成立。

2月，田河镇并入口岸镇。

2月17—18日，区委一届四次全委（扩大）会议召开。

3月22日，南京军区副司令员郑炳清中将参观海军诞生地纪念馆。

3月，许庄镇并入刁铺镇，汪群乡、胡庄乡合并成立胡庄镇。

4月16日，国家旅游局副局长孙钢参观海军诞生地纪念馆。

4月，泰州市高港实验学校（南京艺术学院尚美附中）成立。

5月2日，海军北海舰队司令员王继英中将参观海军诞生地纪念馆。

5月8日，中共泰州市委决定胡冬生任区委书记，免去葛玉书区委书记职务。

6月，泰州市规划局高港分局成立。

6月，开工建设220千伏白马变电所、220千伏高港变电所，分别于2001年6月、8月竣工并投入运行。

7月21—22日，区委一届五次全委（扩大）会议召开。

8月8日，南京军区司令员梁光烈上将参观海军诞生地纪念馆。

10月7日，南京军区政治部原主任、原副政治委员孙克骥参观海军诞生地纪念馆。

10月20日，泰州市港城建设投资发展中心成立。

11月2日，中华全国总工会副主席方嘉德参观海军诞生地纪念馆。

11月9日，高港区农村信用合作联社成立。

12月中旬，泰州市面向全国发行首套以海军诞生地纪念馆为背景的“海军贺年有奖明信片”。

12月，区城市建设管理委员会办公室与区建设局分设。2004年4月，泰州市城市管理行政执法局高港分局成立，与区城市管理委员会办公室合署办公。

是年，高港区推行以置换资产、置换职工集体身份、置换土地使用权和对职工实施生活保障为主要内容的企业产权制度改革。至2004年末，企业改制基本结束。

是年，高港区成立会计管理总站，区属行政、事业单位全面实行会计委派。

是年，扬子江药业集团徐镜人、刁铺镇北栾村栾福登获全国劳动模范称号。

是年，分三期实施解放路改造工程，于2004年完成，总投入1.55亿元。

## 2001年

图 大事记-7 政协泰州市高港区第一届委员会第四次会议（2001年摄）

1月18日，泰州海事处高港办事处成立。

2月2—5日，区政协一届四次会议召开。

2月3—6日，区第一届人民代表大会第四次会议召开，选举陈明冠为区政府区长。

3月27—29日，中共泰州市高港区第二次代表大会召开，会议听取并审议通过区委书记胡冬生代表区委所作的《实践“三个代表”，推进富民强区，为圆满实现第十个五年计划而努力奋斗》工作报告、区纪委书记张伟代表区纪委所作的工作报告。区委二届一次全委会选举胡冬生为区委书记。

3月，江西省委书记孟建柱参观海军诞生地纪念馆。

4月25日，泰州市口岸中学通过国家级示范高中评估验收。

4月，全区行政村合并工作完成，设57个村委会和13个居委会。

4月，高港人民医院眼科与上海五官科医院眼科合作，在全市率先实施眼角膜移植手术、羟基磷灰石生物陶瓷义眼安装手术。

6月26日，市委、市政府印发《泰州市高港区党政机关机构改革方案》。区委工作机构仍为5个，区政府工作机构由20个改为18个。

7月11日，区委二届二次全委（扩大）会议召开。

7月23日，区委、区政府印发《高港区镇事业单位机构改革和人员分流的实施意见》，各镇设置事业单位控制在8个以内。9月，镇事业单位机构改革和人员分流工作结束。

9月4日，国务院副总理温家宝在水利部部长汪恕诚、省委书记回良玉、省长季允石陪同下考察泰州引江河高港枢纽。

10月16日，区委二届三次全委（扩大）会议召开。

11月22日，劳动保障部副部长王东劲参观海军诞生地纪念馆。

12月11日，台湾农田水利会联合考察团参观泰州引江河高港枢纽。

12月13日，全国人大常委会副委员长、农工民主党中央主席蒋正华在省人大常委会副主任方之焯陪同下，考察扬子江药业集团。

是年，全区城乡电网改造工程结束，该工程历时3年，总投资1亿元。

是年，江苏华狮啤酒有限公司年产能力达15万吨，成为省内规模最大的啤酒生产企业。

是年起，扬子江药业集团连续3年开展关爱西部健康行动。共出资4000余万元。

## 2002年

1月7日，省长季允石考察扬子江药业集团。

1月16日，口岸镇设柴墟街道办事处（副乡级），刁铺镇设环溪街道办事处（副乡级）。

1月18日，区委二届四次全委（扩大）会议召开。

2月27日至3月2日，区政协一届五次会议召开。

2月28日至3月4日，区第一届人民代表大会第五次会议召开。

4月3日，海军司令员石云生上将、副司令员金矛中将参观海军诞生地纪念馆。

4月初，高港区科技创业园启动建设。

4月24日，国土资源部常务副部长孙文盛参观海军诞生地纪念馆。

4月，泰州市刁铺中学通过省重点中学验收。

5月14日，中央政法委秘书长王胜俊和省委常委、省委政法委书记孙安华考察扬子江药业集团，检查高港职教中心法治教育工作，并参观海军诞生地纪念馆。

5月17日，全国人大常委会副委员长、两院院士吴阶平考察扬子江药业集团。

5月18日，白马镇人民医院与解放军454医院实现挂钩共建。2004年5月，合作成立泰州市白马肝胆疾病治疗中心和高港区无痛分娩中心。

5月24日，南京军区政委雷鸣球中将参观海军诞生地纪念馆。

6月，春港路开工建设。2003年4月，一期工程竣工。2005年6月25日，东延工程竣工通车。

7月4日，省人大常委会主任陈焕友参观海军诞生地纪念馆。

7月8日，区财政局增挂区财政监督稽查局牌子。

7月，沿江高等级公路（336省道）高港段开工建设。2005年12月，竣工通车，全程16.32千米。

8月，泰州市花卉园艺中心建成全国较大的蝴蝶兰生产出口基地。

10月22日，口岸雕花楼被认定为第五批省级文物保护单位。

10月，高港建筑安装工程有限公司深圳分公司中标中国国际高新技术成果交易会深圳展览馆工程，工程总造价6.68亿元。

10月，刁铺镇与江苏省农业科学研究所合作组建泰州市绿特农业有限公司。

12月3日，区委二届五次全委（扩大）会议召开。

12月3日，口岸船舶工业公司为上海港务工程公司建造的国内桩架最高的打桩船交付使用。该船于1月10日开工建设，桩架高度85米。

12月9日，在口岸镇蔡滩村发掘明代早期砖室墓1座，出土碟、碗、罐、盘等20余件，其中完整的青瓷器11件。

12月30日，扬子江药业集团董事长徐镜人当选第十届全国人大代表。此后，连续当选第十一届、十二届全国人大代表。

12月30日，高港区公路普查工作完成，公路总里程453.08千米。

是年，扬子江药业集团吉寿如、口岸船舶工业公司朱连兵获全国五一劳动奖章。

## 2003年

1月3—7日，区政协二届一次会议召开，选举刘时根为区政协主席。

1月5—9日，区第二届人民代表大会第一次会议召开，选举胡冬生为区人大常委会主任，陈明冠为区政府区长。

1月15日，省委常委、副省长张连珍参观海军诞生地纪念馆。

1月17日，中共泰州市高港区科技创业园工作委员会、泰州市高港区科技创业园管理委员会成立。

1月26日，中央电视台综艺频道播出电视纪实片《生命之约》，报道永安洲供销社原支部书记刘绍安感人事迹。

1月29日，省委书记李源潮调研扬子江药业集团。

2月19日，泰州港海泰油品码头、中转库区建成，总投资1.5亿元。

2月28日，泰州市福太面粉有限公司小麦生产基地被省农林厅认定为江苏省无公害农产品生产基地。

3月，区直机关党委更名为区级机关党工委。

3月，农工党高港人民医院支部委员会成立。

4—5月，高港人民医院被定为非典型肺炎定点救治医院，成立发热门诊，改建隔离病区，在永安洲卫生院建成集中临床观察分院。

6月7日，省长梁保华考察扬子江药业集团。

6月11日，中央电视台《焦点访谈》摄制组在口岸镇朱营村、大石村采访“三讲一树”（讲文明、讲卫生、讲科学、树新风）及农村“四清”（清垃圾、清杂物、清残垣断壁、清庭院）工作中涌现出的先进典型。

6月12日，江苏扬子江药业集团与中关村生命科学园举行入园签约仪式，成立扬子江药业北京技术研究中心（北京海燕药业有限公司），总投资2.5亿元。

6月26日，省委书记李源潮考察扬子江药业集团。

7月，武警泰州市消防支队高港大队（高港区公安消防大队）成立。

8月26日，扬子江慈善会成立。

9月16日，由中国医师协会、中华护理学会和江苏扬子江药业集团共同主办的抗击非典型肺炎扬子江药业救助基金捐赠仪式在北京人民大会堂举行，全国人大常委会副委员长韩启德出席。江苏扬子江药业集团捐赠100万元，救助殉职的医务人员家庭。

9月22日，江苏省泰州港务管理局实行政企分开，成立泰州港务有限公司。2007年7月，泰州港务有限公司更名为泰州港务集团有限公司。

10月25日，台湾商城项目开工建设。2006年4月，一期工程——文峰千家惠百货商场建成开业。2008年8月，义乌小商品市场入驻台湾商城。

10月，泰州引江河风景区被水利部批准为第三批国家水利风景区。

11月17日，信息产业部副部长苟仲文参观海军诞生地纪念馆。

11月26日，泰州港集装箱码头年吞吐能力为1.8万吨标准箱的一期工程竣工，该工程于2003年

2月1日开工建设。

11月，口岸农贸市场改建工程完成。口岸农贸市场始建于1985年，改建后占地1.28万平方米，建筑面积8680平方米。

12月19日，区委二届六次全委（扩大）会议召开。

12月31日，区第二次党代会第一次年会召开。会议听取并审议通过区委书记胡冬生代表区委所作的《深入贯彻落实十六届三中全会精神，把"富民强区"的宏伟事业不断推向前进》工作报告、区纪委书记张伟代表区纪委所作的工作报告。

## 2004年

1月11日，澳大利亚拉特罗布市艺术团到口岸中学访问演出。

1月11日，高港区被评为2003年度江苏省社会治安安全区。至2016年，高港区连续13年获此殊荣。

1月，刁铺镇环溪小学的课本剧《抬驴》获第五届江苏省"五个一工程奖"金奖。7月，《抬驴》获全国第十三届"群星奖"。

1月，中共泰州市委决定张爱平任区委书记，免去胡冬生的区委书记职务。

2月16日，江苏扬子江药业集团更名为扬子江药业集团，集团母公司（江苏扬子江药业集团有限公司）更名为扬子江药业集团有限公司。

2月16—19日，区政协二届二次会议召开。

2月16—20日，区第二届人民代表大会第二次会议召开，补选张爱平为区人大常委会主任、王群为区政府区长。

2月，区发展计划局更名为区发展和改革委员会，区物价局与其合署办公；区经济贸易局更名为区经济贸易委员会，挂区乡镇企业管理局、区中小企业局牌子，区粮食局与其合署；区信访局增挂区人民建议征集办公室牌子。

3月12日，江苏省兰花引繁工程研究中心落户高港花卉园艺中心。

3月上旬，高港波尔山羊纯种繁育项目被列为2004年度国家农业综合开发产业化项目。

3月25日，区政府二届一次全体（扩大）会议召开。

4月8日，海军政治部主任毕惠义中将参观海军诞生地纪念馆。

4月8日，白马镇中心小学更名为泰州市海军小学。

4月，江苏三泰啤酒集团有限公司史彬文获全国五一劳动奖章。

5月9日，区对外贸易合作局被调整为区政府工作部门。2008年，更名为对外经济贸易局。

6月23日，区监察局增挂区经济环境监察中心牌子，区科技局增挂区知识产权局牌子，区行政服务中心成立。

7月5日，中国民主建国会泰州市高港区支部成立。

7月16日，区委二届七次全委（扩大）会议召开。

7月28日，纳米比亚埃龙戈省代表团参观高港区科技创业园。

7月29日，刁铺镇选举产生全市首位公推竞选镇长。

8月12—16日，高港区举办首届"三泰啤酒文化节"活动。

8月17日，省委书记李源潮考察扬子江药业集团。

8月，刁铺、新区压缩式垃圾中转站建成。

图 大事记-8 首届"三泰啤酒文化节"开幕式(2004年摄)

9月28日，泰州市高港区应急救援队成立。

10月10日，口岸镇新城社区居委会成立，为全区首个社区居委会。

10月21日，高港区开通数字电视业务。2008年12月20日起，在全区实施模拟电视信号向数字电视信号的整体转换。

10月，中国国民党革命委员会泰州市委员会高港区支部委员会成立。

10月，区政府投资近200万元修缮雕花楼。2005年12月28日，修缮工程完成，雕花楼对外开放。

11月4日，交通银行泰州高港支行成立。

11月6—9日，中央军委原副主席、国防部原部长迟浩田，中央组织部原部长张全景，中华医学会会长、卫生部原部长张文康先后参观海军诞生地纪念馆。

11月19日，区信访局机构规格由副科级调整为正科级。

12月27日，区第二次党代会第二次年会召开。会议听取并审议通过区委书记张爱平代表区委所作的《深入贯彻党的十六届四中全会精神，为实现全区经济社会跨越式发展而努力奋斗》工作报告和区纪委书记张伟代表区纪委所作的工作报告。

12月28日，区文化中心开工建设。2005年12月28日，一期工程主体封顶，内设文化馆、图书馆、大剧院。2007年投入使用。

12月28日，市委办公室、市政府办公室印发《泰州市高港区人民政府机构改革方案》，区政府工作部门由18个改为20个。

12月，区精神文明建设指导委员会办公室被调整在区委宣传部挂牌（正科级）。

是年，白马庙列入全国红色旅游精品线路之泰州—盐城—淮安—徐州线。

是年，江苏省高港职业教育中心校通过国家级重点职业学校评估验收。

2004—2006年，扬子江药业集团销售、利税指标位居全国医药行业首位。

## 2005年

1月，开工建设220千伏观五变电所。6月29日，投入运行。

2月1日，省委书记李源潮考察扬子江药业集团。

2月18—21日，区第二届人民代表大会第三次会议、区政协二届三次会议召开。

2月25日，区政府二届二次全体（扩大）会议召开。

4月29日，口岸中学更名为江苏省口岸中学。

4月30日，扬子江药业集团吉寿如被评为全国劳动模范。

4月，高港区在口岸街道蔡滩社区开展失地农民基本生活保障试点工作。2006年，全面推广实施。

4月，开工建设腾龙桥。2006年6月，竣工通车。桥跨径总长154米，全长566米，总投资6700万元。

7月22日，区委二届八次全委（扩大）会议召开。

7月23—24日，中国泰州"战舰与城市"论坛暨征文总结表彰大会在高港区举行。海军副政委邬华扬中将，副省长张桃林，16艘海军战舰代表和30个舰艇命名城市代表出席。

9月5日，江苏省口岸中学新疆高中班开班。

10月25日，亚美工商会会长、全美中国和平统一促进会联合会副会长、美中工商联合会荣誉会长、美国庄讯控股有限公司董事长谢新坦一行考察高港区。

10月，泰州港高港港区永安作业区一期工程开工建设。2006年11月29日，工程竣工，总投资1.2亿元，设计年吞吐量310万吨。2008年，启动二期工程建设。

11月4日，扬子江药业集团年产10亿片银杏叶片高技术产业化示范工程被国家发改委确定为国家高技术产业化示范工程。

12月12日，国电泰州发电有限公司2×100万千瓦一期工程开工建设，工程动态总投资86.6亿元。2007年12月6日、2008年3月31日，1号、2号百万千瓦超临界燃煤发电机组分别投产发电。2015年，国电泰州发电有限公司建成世界首台百万千瓦级超超临界二次再热燃煤发电机组，成为江苏省装机规模最大的电厂。

12月19日，区委非公有制经济组织党工委成立，为区委派出机构，与区委组织部合署。

12月23日，区委二届九次全委（扩大）会议召开。

是年，扬子江药业集团产值、销售均突破100亿元。扬子江药业集团总工会被评为全国模范职工之家。

## 2006年

图 大事记-9 博鳌亚洲论坛国际医药产业大会出席代表在高港生态公园博鳌园植树（2006年摄）

1月11日，农业部畜牧基建项目泰州肉用山羊种羊场、省农科院波尔山羊繁育研究基地在泰州绿特农业有限公司揭牌成立。

1月，撤销口岸镇、柴墟街道办事处，成立口岸街道办事处；撤销刁铺镇、环溪街道办事处，成立刁铺街道办事处、许庄街道办事处。

2月7日，区政府二届三次全体（扩大）会议召开。

2月7—9日，区政协二届四次会议召开。

2月7—10日，区第二

届人民代表大会第四次会议召开。

2月10日，高港生态公园开工建设。4月22日竣工。总投资2580万元，占地7万余平方米，主要由中央水景区、密林过渡区和休闲娱乐区构成。

4月3日，区级机关事务管理局机构规格由副科级调整为正科级。

4月22日，中共中央政治局常委、全国政协主席贾庆林在省委书记李源潮、省长梁保华、省政协主席许仲林等陪同下，考察扬子江药业集团。

4月26—27日，博鳌亚洲论坛国际医药产业大会在扬子江药业集团召开，全国政协副主席张怀西、副省长李全林、博鳌亚洲论坛秘书长龙永图、新西兰前总理詹妮·希普利、哈萨克斯坦前总理捷列先科等出席。

4月，高港科技创业园升格为省级经济开发区，并更名为江苏泰州高港高新技术产业园区。2007年12月17日，园区机构规格由正科级调整为副处级。

4月，江苏三泰啤酒集团有限公司销往台湾近3000箱银爽啤酒，成为江苏省首个销售啤酒到台湾的企业。

5月25日，人民海军诞生地被认定为全国重点文物保护单位。

6月13日，区委二届十次全委（扩大）会议召开。

6月16—19日，中共泰州市高港区第三次代表大会召开。会议听取并审议通过区委书记张爱平代表区委所作的《全面落实科学发展观，开启建设苏中"两个率先"先导区新征程》工作报告、区纪委书记任寿南代表区纪委所作的工作报告。区委三届一次全委会选举张爱平为区委书记。

6月，高港区慈善协会成立。

7月14日，区政府教育督导室由在区文教局挂牌调整为与区文教局合署办公。

7月28日，埃塞俄比亚驻华大使海勒·科若斯·格赛斯参加"谢贝利号"船下水仪式。该船系口岸船舶工业公司为埃塞俄比亚航运公司建造的2.5万吨多用途集装箱船。

8月1日，高港人民医院迁至春江路98号，医院新址占地面积3.3万平方米，建筑面积3.8万平方米，总投资1.5亿元。

图 大事记-10 长江三角洲城市经济协调会第七次会议在高港区召开（2006年摄）

8月28日，全区首个爱心平价超市在文峰千家惠揭牌。

9月，新谷香大酒店两道菜肴（薄荷鮰鱼狮子头、田螺鳝鱼）和两道小吃（荞面汤、柴墟蝉翼饼）入选《中国名菜大典》。

10月18日，全市第一个社区股份合作社——许庄街道马厂股份合作社成立。

10月19日，泰州港务有限公司与新加坡丰益集团、邦建航运合资组建泰州永益港务有限公司。

10月，中国民主促进会泰州市支部高港小组成立。

11月6日，国家食品药品监督管理总局局长邵明立考察扬子江药业集团。

11月24日，长江三角洲城市经济协调会第七次会议在高港区召开。全国人大常委会副委员长何鲁丽及16个成员城市代表出席。会议期间，签署《长三角地区城市合作（泰州）协议》。

12月30日，区委三届二次全委（扩大）会议召开。

是年，高港区实施“引长江水达镇”工程。至2008年1月30日，该工程全面完成。

## 2007年

1月15—18日，区政协二届五次会议召开。

1月16—19日，区第二届人民代表大会第五次会议召开。

1月，高港区被评为2006年度法治江苏合格区创建工作先进单位。

2月5日，区政府二届四次全体（扩大）会议召开。

3月3日，区专家工作站揭牌，共有60余名省内外专家加盟。

3月24日，美国陆军参谋考察团一行17人参观海军诞生地旧址和纪念馆。

3月25日，全国政协原副主席王文元参观海军诞生地纪念馆。

3月，高港区首个村级党委——许庄街道马厂社区党委成立。

4月14日，国务委员唐家璇在省长梁保华的陪同下考察扬子江药业集团。

4月23日，高港区召开建区10周年庆祝大会。海军政治部代表、“泰州舰”代表、泰州市四套班子领导参加。会议表彰“携手共建新高港十佳标兵”。海政文工团应邀举行“我们在春天起航”专场文艺演出。

图 大事记-11 建区10周年庆祝大会（2007年摄）

6月，扬子江药业集团技术中心被评为江苏省“十五”期间优秀企业技术中心。

7月27日，区委三届三次全委（扩大）会议召开。

8月18日零时，全区固定电话号码由7位升为8位。

8月，泰州长江公路大桥配套输变电工程——110千伏古马变电所开工建设。2008年3月1日，建成投运。

9月13日，南京军区副政委兼东海舰队政委徐建中中将参观海军诞生地纪念馆。

9月13日，世纪华联高港购物广场开业。

9月20日，永安洲供销社原支部书记、电影《生命之约》原型——刘绍安获全国道德模范提名奖。2008年2月25日，刘绍安当选首届江苏省道德模范（诚实守信模范）。

9月26日，区文化馆、图书馆、档案馆同时开馆。

9月，高港书画院成立。

10月7日，省委书记李源潮考察扬子江药业集团。

10月18日，水岸帝景住宅小区项目奠基，规划建筑面积46.3万平方米，总投资约10亿元。

10月，全区首个"万村千乡市场工程"村级连锁店——白马镇金世纪超市陈家店开业。

11月13日，许庄街道组建太平金橘专业合作社。

11月16日，泰州口岸船舶有限公司、中国航空技术北京有限公司合资成立泰州中航船舶重工有限公司，注册资本2亿元。2008年8月，一期工程投产。

11月，中共泰州市委决定王建任区委书记，免去张爱平的区委书记职务。

11月，益海（泰州）粮油工业有限公司建成投产。

12月20日，区第三次党代会第一次年会召开。会议听取并审议通过区委书记王建代表区委所作的《全面贯彻党的十七大精神，把高港的明天建设得更加美好》工作报告、区纪委书记张兆洋代表区纪委所作的工作报告。

12月24—27日，区政协三届一次会议召开，选举刘时根为区政协主席。

12月25—28日，区第三届人民代表大会第一次会议召开，选举王建为区人大常委会主任，选举张小兵为区政府区长。

12月26日，泰州长江公路大桥开工建设。交通运输部副部长徐祖远，省委书记梁保华，省委副书记张连珍，省委常委、常务副省长赵克志等出席开工仪式。

12月，区政府法制局机构规格由副科级调整为正科级，由区政府办公室挂牌机构调整为与区政府办公室合署办公。

12月，泰州市气象局高港分局成立。

## 2008年

1月，高港区古银杏生态公园建成。

2月17日，省长罗志军调研扬子江药业集团、国电泰州发电有限公司。

3月5日，中共中央总书记胡锦涛参加十一届全国人大一次会议江苏代表团审议后，专门听取扬子江药业集团董事长徐镜人关于企业发展情况的介绍。

3月14日，省委常委、副省长黄莉新调研高港区林业绿化工作。

3月21日，科技部党组书记、副部长李学勇考察扬子江药业集团。

3月25日，全国人大常委会副委员长韩启德调研扬子江药业集团科技创新工作。

3月，区妇联邱晓红被评为全国农村妇女"双学双比"活动先进工作者。

3月，区级机关事务管理局张鸭红被评为全国三八红旗手。

4月29日，泰州永盛彩印包装有限公司徐良升获全国五一劳动奖章。

5月4日，高港区电子政务专网启用，实现区级机关部门之间的联网办公。

5月7日，区政府三届一次全体（扩大）会议召开。

5月8日，中国民主同盟泰州市委员会高港支部委员会成立。

5月13日，为支援四川汶川特大地震灾区，扬子江药业集团紧急调配价值1000余万元药品，全区捐款359.28万元、衣物3000余件，全区党员缴纳特殊党费114.74万元。

5月26日，扬子江药业集团董事长徐镜人和区花卉园艺中心主任李杰参加北京奥运会火炬传递泰州站的传递活动。

5月28日，高港综合物流园被省发改委确定为江苏省现代服务业集聚区。

图 大事记-12 汶川大地震发生后，扬子江药业集团向灾区捐赠药品（2008年摄）

6月19日，高港区被省委、省政府评为江苏省首批法治县（市、区）创建工作先进单位。

6月24日，商务部副部长蒋耀平考察扬子江药业集团。

7月28日，区委三届四次全委（扩大）会议召开。

7月29日，省长罗志军调研泰州苏中天线集团有限公司自主创新和生产研发情况。

7月，白马镇朱穆村和野徐镇殷蒋村、陈庄村划归泰州市周山河街区管委会代管。

8月11日，区政府三届二次全体（扩大）会议召开。

8月12日，省委常委、政法委书记林祥国考察扬子江药业集团。

8月30日，国家文物局局长单霁翔参观海军诞生地纪念馆。

8月，扬子江药业集团被授予国家级创新型企业称号。

9月17日，区青少年科普馆在高港实验学校开馆，展区面积300平方米。

9月，泰兴市胡庄镇划归高港区代管；泰兴市宣堡镇赵王、乔杨、明河、钱赵、管营、孔桥、蔡庄7个村划归高港区代管，隶属于许庄街道办事处；泰兴市第二捕捞公司划归高港区代管，隶属于永安洲镇，领导关系归区农委；姜堰市大泗镇划归高港区代管。

10月25日，泰州三福船舶工程有限公司董事长戚俊宏出席中国妇女第十次全国代表大会。

10月27日，全国政协副主席、科技部部长万钢考察扬子江药业集团。

10月，高港区泰半夏种植模式（专业合作社+基地+农户）被列为江苏省地方标准。

10月，扬子江药业集团被中国扶贫基金会评为“中国民生行动先锋”。

11月7日，高港区首个镇总工会——永安洲镇总工会成立。

11月，泰州旺灵绝缘材料厂获中国航天科技集团颁发的神舟七号载人航天飞行任务飞船、火箭系统协作配套单位荣誉证书和牌匾。

12月8日，区纠正行业不正之风办公室（与区监察局合署）、区考核工作办公室（与区委办公室合署）成立，机构规格均相当于正科级。

12月10日，省委常委、副省长黄莉新考察高港区农村水利建设工作。

12月18日，海军东海舰队司令员徐洪猛中将参观海军诞生地纪念馆。

12月18日，泰州市高港区三泰农村小额贷款有限公司成立，为全区首个农村小额贷款公司。

12月18日，泰州质量技术监督局城区（高港）分局成立。

12月19日，南京银行股份有限公司泰州高港支行成立。

12月29日，区第三次党代会第二次年会召开。会议听取并审议通过区委书记王建代表区委所作的《审时度势抓机遇，坚定信心保增长，全面推进滨江港城区建设》工作报告、区纪委书记张兆洋代表区纪委所作的工作报告。

12月31日，区服务业发展办公室成立，机构规格为正科级，与区发展和改革委员会合署办公；区科学技术局增挂区地震局牌子。

是年，区总工会封六生被中华全国总工会授予全国优秀工会工作者称号。

## 2009年

1月6—8日，区第三届人民代表大会第二次会议召开；区政协三届二次会议召开，选举任寿南为区政协主席。

1月，高港区获批江苏省知识产权工作示范区。

2月下旬，泰州港核心港区投资有限公司注册成立。

图 大事记-13 区第三届人民代表大会第二次会议（2009年摄）

2月，扬子江药业集团董事长徐镜人被评为全国工商联抗震救灾先进个人。

2月，泰州市首座公用液体化工码头——江苏海企化工仓储有限公司码头通过省级验收，并对外开放。

2月，高港区青年书法家孙志勇所作的行草条屏获江苏省第八届“五星工程奖”银奖。

3月5日，副省长史和平考察扬子江药业集团。

3月10日，高港区启动“家电下乡”活动，至2012年结束。

3月15日，区妇联、泰州高伟化机有限公司在四川省绵竹市拱星镇创办的“高伟”春蕾班开班，资助该镇50名贫困女童就学，资助标准为每人每学年400元。

3月19日，省委书记梁保华考察扬子江药业集团高科技园区。

3月26日，国务院国资委国有重点大型企业监事会主席季晓南考察高港区港口建设工作。

3月，全市首个高效农业主题公园——高港农业生态园启动建设。该公园位于许庄街道许庄村和曹官营村，总面积3000亩，其中一期工程面积1000亩（银杏园440亩、花卉生态园和金橘种植园560亩）。

4月23日、29日，纪念中国人民解放军海军成立60周年邮资封首发仪式、史料展览先后在海军诞生地纪念馆举办。海军政委刘晓江、省委书记梁保华为史料展揭幕。

4月，高港区获批成为第一批江苏省船舶及配套特色产业基地。

5月5—6日，古巴国务委员路易斯·赫雷拉·马蒂尼一行考察扬子江药业集团。

5月12日，市政府决定，将许庄街道唐家村、老庄村划归野徐镇代管，调整后的野徐镇划归泰州经济开发区代管；刁铺街道界牌村的5～10组划归二桥村管理，同时将刁铺街道居桥村、二桥村划归泰州经济开发区寺巷镇代管。

5月18日，在全国社会治安综合治理表彰电视电话会议上，高港区被授予2005—2008年全国平安建设先进区称号，王建、张小兵、张兆洋、邱爱平获中央综治委及中组部嘉奖。

5月21日，海军诞生地纪念馆被中宣部授予第四批全国爱国主义教育示范基地称号。

5月，高港区被评为江苏省第二批白内障无障碍区。

6月6日，2009年长江下游水生生物增殖放流活动暨泰州首届放鱼节在高港长江段龙窝码头举行，共放流鱼苗100万尾。

图 大事记-14　2009年长江下游水生生物增殖放流活动暨泰州首届放鱼节

6月9日，区政府三届三次全体（扩大）会议召开。

6月18日，交通运输部部长李盛霖考察泰州长江公路大桥建设情况。

6月19日，省人大常委会副主任朱龙生调研高港区重大项目建设情况。

7月1日起，高港区全面提高城乡低保标准，城市低保由每人每月270元提高到320元，农村低保由每人每月140元提高到185元。

7月3日，由北京语言大学与江苏省口岸中学联合创办的全市首个出国留学人才选拔基地揭牌。

7月8日，中共泰州市高港区泰州港核心港区工作委员会、泰州市高港区泰州港核心港区管理委员会成立，为区委、区政府派出机构。2010年10月，市委、市政府明确核心港区为其派出机构，副处级建制，委托区委、区政府管理。

7月20—29日，区委三届五次全委（扩大）会议召开。

7月29日，第六届全国蛋白质组学大会在扬子江药业集团召开。副省长曹卫星出席。

7月，高港区职教中心与韩国骊州大学开展合作办学，学生可申请工业、社会、艺术体育、自然4个系别39个热门专业留学，留学时间2年，部分专业3年。

7月，江苏佩蒂食品有限公司成为全国首个出口宠物食品检验检疫监管模式改革试点企业。

7月，泰州市御庐园生态农业有限公司被确定为国家葡萄产业技术体系建设——综合实验站示范点。

8月3日，胡庄镇国家级万亩土地整理项目通过省国土资源厅、财政厅、水利厅和省农委等部门检查验收。

8月15日，全市首个土地流转交易服务中心——胡庄镇农村土地流转交易服务中心运营。

8月，世界最大的单一开口货舱重吊船——泰州口岸船舶有限公司建造的1万吨重吊船（TK0301）下水，货舱开口94.25×16.2米，最大可载重10400吨。11月21日，该船被命名为“帕玛特号”。

9月20日、29日，高港区先后举办庆祝中华人民共和国成立60周年群众歌咏大会、专场文艺演出。

9月，省人大常委会副主任朱龙生一行调研高港区“保增长、促发展，调整产业结构，转变经济发展方式”情况。

9月，泰州市集泰农产品有限公司银杏冷储加工中心落户大泗镇。该中心占地面积近3万平方米，一期工程投资1500万元，建有银杏检测中心、银杏出口产品加工中心和1000吨冷储仓库，是苏中地区最大的银杏收购、销售、加工、冷储集散中心。

9月，大泗镇前进社区卫生服务站于荣斌被卫生部评为2008年度全国优秀乡村医生。

10月26日，江苏泰州高港高新技术产业园区与红星美凯龙家居集团股份有限公司签约，建造8万平方米大型家具市场，总投资8亿元。2013年7月14日，泰州红星美凯龙全球家居广场开业。

11月13日，泰州市创新电子有限公司在台湾台北县中和市设立办事处，成为全省首个到台湾投资的企业。

11月26日，省人大常委会副主任柏苏宁带领全国人大代表省直三组一行20人调研高港区新兴产业发展规划、工业经济转型升级情况。

11月30日，金港国际商业广场奠基。该广场在金港装饰城基础上兴建，总占地面积13.33万平方米，建筑面积25万平方米，总投资8亿元。

11月，高港区职教中心校通过省四星级中等职业学校验收。

12月4—6日，由江苏省教育学会、团省委少年儿童研究会主办，白马镇政府和泰州市海军小学承办的长江三角洲地区教育与文化发展（校园红色文化论坛）研讨会在高港区召开，论坛主题“社会主义核心价值体系在中小学的构建”，100余名教育界专家、学校少先队辅导员参加。

12月，口岸雕花楼维修保护工程获第二届江苏省文物保护优秀工程奖。

12月，扬子江药业集团董事长徐镜人被民政部评为全国优秀复员退伍军人。

图 大事记-15 第六届长江三角洲地区民族乐团展演活动开幕式（2010年摄）

12月，高港建筑安装工程有限公司承建的深圳星河世纪大厦工程获2009年度国家优质工程银质奖。

是年，扬子江药业集团实现销售收入180.3亿元，重新成为全国主营业收入第一的医药企业。

## 2010年

1月1—2日，第六届长江三角洲地区民族乐团展演活动在高港区举行，浙江、上海和省内南通、常州等地的30余个民族乐团参加表演。中国音乐家协会副主席、二胡演奏家闵惠芬出席。中央电视台、江苏电视台、上海电视台等新闻媒体专题报道。

1月10日，区第三次党代会第三次年会召开。会议听取并审议通过区委书记王建代表区委所作的《推进开放创新，加快转型升级，为实现“五年翻两番”目标而团结奋斗》工作报告、区纪委书记张兆洋代表区纪委所作的工作报告。

1月12—14日，区政协三届三次会议召开。

1月13—15日，区第三届人民代表大会第三次会议召开。

1月18日，高港区被评为全省发展高效设施农业先进市（县、区）。

1月26日，高港人民医院升级为二级乙等医院。

2月3日，高港时代广场项目奠基。该项目占地面积4.5万平方米，总投资5.2亿元。4月8日，台湾润泰集团大润发超市项目正式签约入驻，营业面积2.6万平方米，总投资1000万美元。2012年11月23日，大润发超市营业。

3月17日，区政府三届四次全体（扩大）会议召开。

4月14—15日，泰州市第四届“银星杯”退休人员中国象棋比赛在高港区举办，6支代表队的36名象棋爱好者参赛。泰州籍中国象棋特级国际大师徐天红应邀出席。

图 大事记-16 泰州市第四届“银星杯”退休人员中国象棋比赛在高港区举办（2010年摄）

4月27日，泰州三福船舶工程有限公司戚俊宏被评为全国劳动模范。

4月28日，区委、区政府印发《泰州市高港区人民政府机构改革实施意见》。区政府机构改革后，设置工作部门20个，机构规格均为正科级。

4月，高港区全面小康建设通过市级检查组验收，顺利实现“提前一年全面达小康”目标。

5月25日，2010年长江下游水生生物增殖放流暨泰州市第二届放鱼节活动在高港区长江段举行，共放流鱼种100余万尾。

5月，高港区柴墟大鼓队代表泰州市参加在连云港举办的“中翔钢材市场杯”江苏省农民健身鼓王大赛，获二等奖。

6月上旬，高港区被省信访工作领导小组评为2009年度全省信访工作“三无”区。

6月13日，白马镇曹斌被中国科协和财政部联合评为全国农村科普带头人。

6月23日，高港建筑安装工程有限公司安哥拉公司与安哥拉安安国际公司签订总造价为2340万美元的建筑工程项目，为全区最大的境外工程总承包项目。

6月29日，高港区经省委、省政府复核确认，继续保留江苏省法治县（市、区）创建工作先进单位称号。

6月，扬子江药业集团质量检测中心取得国家实验室认可资格。

6月，口岸城隍庙、刁铺龙王庙、泰昌生木号、口岸龙泉池浴室、口岸解放街戚氏住宅、口岸解放街孙氏住宅和大泗佴家庄战斗纪念碑入选泰州市文物保护单位名录。

6月，泰州市港城驾驶员培训中心开工建设。项目占地40万平方米，总投资1.3亿元，于2011年建成投入使用。

7月3日，高港区举办首期“大江讲堂”活动。

7月22日，泰州市环太电器有限公司在全区率先通过国家AAA级标准化良好行为企业评审。

8月4日，省长罗志军调研高港区，实地察看许庄街道马厂社区社会事业工作站、社区卫生室，走访国电泰州发电有限公司。

9月上旬，江苏省口岸中学在新疆伊犁哈萨克自治州察布查尔锡伯族自治县第一中学开设江苏班。

9月11日，高港区哲学社会科学界联合会成立。

9月中旬，全市最大的电动集装箱轨道式厂桥（50吨）在泰州港务集团有限公司建成。

9月27—28日，区委三届六次全委（扩大）会议召开。

10月9日，国内第一艘拥有全部自主知识产权的海洋疏浚工程船舶——“华夏重工1号”在江苏华夏重工有限公司建成下水。

10月11日，高港区红十字会第一次会员代表大会召开。

10月24—25日，泰州市直属学校首届学生田径运动会在泰州市第三高级中学举行，138名运动员参加比赛。

10月26日，开工建设口岸水景街区。2014年11月，财神庙、关帝庙、城隍庙对外开放。2015年初，历史文化展示馆、国学文化启蒙馆、中华武进士馆对外开放。

10月29日，全国政协副主席王刚考察许庄街道马厂社区新农村建设情况。

11月24日，国家知识产权局局长田力普调研高港区知识产权工作，考察扬子江药业集团、泰州三福船舶工程有限公司。

11月24日，高港区被全国普法办评为首批全国法治县（市、区）创建活动先进单位。

11月，扬子江药业集团入选江苏省首批信息化与工业化融合示范企业，成为全市唯一入选企业、全省医药行业唯一入选企业。

11月，武汉理工大学和泰州口岸船舶有限公司联合建立博士工作指导站、研究生联合培养基地。

12月8日，教育部“蓝火计划”泰州启动仪式在高港区举行，由教育部科技发展中心与高港区政府共同建设的中国高校技术转移中心泰州中心在高港区揭牌成立。

12月14日，省委副书记、代省长李学勇考察高港区许庄街道马厂社区。

12月16日，高港区体育总会成立。

12月中旬，高港建筑安装工程有限公司安哥拉公司通过省商务厅审核，成为高港区首个获批的境外投资企业。

12月22日，明发城市综合体项目落户高港区，总投资10亿美元，占地133万平方米。

12月23日，台湾统一企业食品有限公司、昆山统一企业食品有限公司等总投资1.3亿美元的5个项目签约落户江苏泰州高港高新技术产业园区。

12月28日，泰州市“120”急救中心高港急救站成立。

12月下旬，高港区被民政部、卫生部、中国残联联合评为全国残疾人社区康复示范县（市、区）。

12月，雕花楼景区通过AA级旅游景区验收。

图 大事记-17 2010年12月8日，教育部“蓝火计划”泰州启动仪式在高港区举行

12月，高港区青年书法家孙志勇创作的书法条屏获江苏省第九届“五星工程奖”书法成人组金奖。

## 2011年

1月4—5日，区第三次党代会第四次年会召开。会议听取并审议通过区委书记王建代表区委所作的《推进富民强区，建设美好高港，为加快建成现代化滨江港城而努力奋斗》工作报告、区纪委书记张兆洋代表区纪委所作的工作报告和《中共泰州市高港区委关于制定高港区国民经济和社会发展第十二个五年规划的建议》。

1月5日，高港区召开民主直评大会，区四套班子负责人及人民法院院长、人民检察院检察长作述职述廉述法报告。区党代表、人大代表、政协委员、企业家代表共400余人对述职人的思想政治建设、领导能力、工作实绩、反腐倡廉、学法用法等情况进行民主直评。

1月上旬，海军诞生地纪念馆通过AAA级旅游景区验收。

1月10—12日，区政协三届四次会议召开。

1月11—13日，区第三届人民代表大会第四次会议召开。

1月，江苏江阴农村商业银行高港支行成立。

1月，区文体旅游局被国家体育总局评为2010年全民健身活动先进单位。

2月中旬，泰州三福船舶工程有限公司与英国诺丁汉大学合作创建的三福诺丁汉数字化造船研究中心被省科技厅确认为省级外资研发机构。

2月，扬子江药业集团在美国加利福尼亚州投资50万美元，成立泛太平洋生物医药公司。该公司为高港区第二个境外投资企业。

3月31日，中国文明网公布2010年2月“中国好人榜”，胡庄镇薛垛村党支部书记张晓兰当选“敬业奉献好人”。

3月，高港区获2010年度泰州市工作目标考评先进市（区）一等奖，至2016年度，高港区连续7年获一等奖。

4月12日，区政府三届五次全体（扩大）会议召开。

4月27日，高港区成立全省首个村（社区）干部协会。

4月，泰州市创新电子有限公司美国办事处成立。

4月，扬子江药业集团全资子公司江苏扬子江计算机科技公司获得计算机系统集成四级资质，成为全市首个获得计算机系统集成资质的企业。

5月5日，全市首个涉罪外来人员帮护基地在泰州口岸船舶有限公司成立。

5月13日，中央电视台《新闻联播》专题介绍江苏省工农业协调发展经验，头条播出高港区高效农业发展经验。

5月21—22日，中纪委、中组部换届风气督导组由中纪委副部级巡视专员吴振钧带队督查高港区区、镇换届工作。

5月，海军诞生地纪念馆入选第二批全国红色旅游经典景区名录。

5月，区人民检察院驻重大民生工程检察官办公室在蔡滩集中居住区工程现场揭牌成立，为全市首个派驻工程建设领域的检察官办公室。

6月7日，省人大常委会副主任丁解民检查高港区贯彻落实《江苏省人大常委会关于促进农作物秸秆综合利用的决定》情况。

6月17日，全省长江渔业执法特别行动——集中销毁违法渔具活动在高港区举行。

6月23日，区委三届七次全委（扩大）会议召开。

6月24日，江苏省泰州供销产业园开发投资有限公司成立暨农副产品物流和再生资源签约仪式在泰州举行。该公司由市供销总社、区供销总社和大泗镇共同投资组建。

6月26—28日，中共泰州市高港区第四次代表大会召开。会议听取并审议区委书记王建代表区委所作的《推进富民强区，建设美好高港，全面开启率先基本实现现代化新征程》工作报告、区纪委书记张兆洋代表区纪委所作的工作报告。区委四届一次全委会选举王建为区委书记。

7月1日，高港区举办庆祝中国共产党成立90周年暨群众歌咏大会。

7月10日，区政府三届六次全体（扩大）会议召开。

7月24—29日，泰州市海军小学组织师生参加“尚德电力杯”第五届中国青少年创意大赛，获小学组团体金奖。

图 大事记-18 高港区组团至浙江省舟山市慰问“泰州舰”官兵（2011年摄）

8月9日，高港区开展“送清凉、送安全、送法律”活动，向一线职工赠送防暑降温用品和安全生产、法律方面的书籍。

8月28日，“北京·泰州高港缘”联谊会在北京举行。国务院港澳事务办公室副主任张晓明等在京工作的高港籍人士90余人参加。

8月，高港区被列为全国基本公共卫生服务

老年人中医药健康指导试点地区。

9月8日，高港区组团到浙江省舟山市慰问东海舰队某支队和“泰州舰”全体官兵。

9月8日，华润雪花啤酒（泰州）有限公司新建20万吨啤酒项目奠基仪式在江苏泰州高港高新技术产业园区举行。2012年7月，项目建成并举行出酒仪式。

9月9日，高港区首批3个平价商店揭牌营业。至2016年，共建成平价商店13个。

9月14日，澳大利亚维多利亚州教育部部长罗德尼·邓洛普一行在高港区进行教育教学交流访问活动。

9月27日，泰州市政府和武汉理工大学举办科技合作签约仪式，武汉理工大学泰州高技术产业研究院落户高港区。

9月，扬子江药业集团党委获全国非公有制企业“双强百佳”党组织称号。

10月5日，扬子江药业集团召开成立40周年庆祝大会。省人大常委会副主任丁解民、省政协副主席陈宝田出席。

10月，高港区申报“2011年中央财政小型农田水利设施建设补助专项资金项目”被批准，成为第三批小型农田水利设施建设重点县（市、区）。

10月，江苏省口岸中学与加拿大温哥华哥维根谷教育局建立友好协作关系。

10月，泰州壁纸专业标准化技术委员会、泰州吊索具专业标准化技术委员会在高港区成立。

11月11日，泰州市创新电子有限公司新厂区项目正式开工，成为临港经济园首个开工建设项目。

11月18日，泰州港年吞吐量突破1亿吨庆祝典礼在高港港区举行。

11月19日，高港中等专业学校通过省交通运输厅交通运输管理局评估验收，成为全市唯一的机动车维修从业人员从业资格考核点。

11月30日，中国首届国际墙纸布艺设计大赛新闻发布会暨中国墙纸产业基地授牌仪式在高港区举行。

11月，高港区通过全国科技进步先进区考核。2013年11月，再次通过考核。

11月，高港综合物流园被评为2011年中国最具投资价值物流园区。

11月，高港区首个连锁快捷酒店“尚客优”试营业。

11月，永安洲镇被环保部评为全国环境优美乡镇。

12月23日，市、区2012年文化科技卫生“三下乡”活动启动仪式在白马镇举行。

12月，高港区举行

图 大事记-19 泰州港年吞吐量突破1亿吨庆祝典礼（2011年摄）

城乡贫困家庭“五送”活动，向贫困家庭送岗位58人、送养老保险60人、送医疗保险89人、送就业技能3人、送创业项目1人。

12月，中国文明网公布2011年11月“中国好人榜”，许庄街道乔杨社区党总支书记乔向民当选“敬业奉献好人”。

12月，国家中医药管理局唯一国际合作重点研究室、首个企业级重点研究院——中药质量控制重点研究室在扬子江药业集团成立。

12月，高港区被省科协确认为2011—2013年度江苏省科普示范区。

12月，扬子江药业集团获省商务厅、财政厅批准，成为全省首批商务服务平台。

## 2012年

1月1日，高港大道（含通港路、环港大道）、柴墟路东延、春港路东延、迎江路、人民路5条城市主干道正式通车，总长14.95千米。

1月10日，高港区启动区级机关部门领导干部到村（居）“三解三促”“两送两增”（了解民情民意、破解发展难题、化解社会矛盾，促进干群关系融洽、促进基层发展稳定、促进机关作风转变；送温暖、送爱心，增进了解、增进友谊）活动。

1月，高港区被省政府评为江苏省社区卫生服务先进区。

1月，高港区被省农委、省海洋与渔业局、省财政厅评为全省发展高效设施农业先进区。

2月17日，区委四届二次全委（扩大）会议召开。

2月22日，世界卫生组织及美国药典会专家一行参观扬子江药业集团。

2月，中国文明网公布2012年1月“中国好人榜”，高港区市民李良当选“见义勇为好人”。

3月24日，高港区被省委、省政府评为江苏省法治建设示范县（市、区），被再度确认为法治县（市、区）创建工作先进单位。

3月25日，省长李学勇考察扬子江药业集团。

3月26—29日，区政协四届一次会议召开，选举任寿南为区政协主席。

3月27—30日，区第四届人民代表大会第一次会议召开，选举王建为区人大常委会主任，周裕昌为区政府区长。

4月9日，副省长傅自应考察扬子江药业集团。

4月9日，全市首个个人调解工作室——“蔡阿姨调解工作室”在许庄街道马厂社区成立。

4月9—10日，高港区举办“科学发展观在高港”媒体见面会，《人民日报》《经济日报》《农民日报》《新华日报》和人民网、江苏电视台等18个媒体单位参加。

4月23日，国防大学政委刘亚洲中将参观海军诞生地纪念馆。

4月27日，泰州市华强照明器材有限公司节能灯芯柱五车间被评为全国工人先锋号。

4月28日，高港区在北京举行北京高港商会成立大会。

5月6日，省委副书记石泰峰调研高港区农业农村发展、村庄环境整治、农民集中居住区建设和现代高效农业发展情况。

5月8日，高港区组队到扬州市江都区参加扬州泰州机场揭牌暨首航仪式。区四套班子全体负责人和劳模代表、五一劳动奖章获得者代表、三八红旗手代表、部分重点骨干企业负责人、基层群众代表等共50余人参加。

5月17日，中央电视台大型文献纪录片《领航中国》摄制组到高港区拍摄。

6月5日，区政府四届一次全体（扩大）会议召开。

6月6日，泰州市视力残疾康复技术指导中心在高港区泰州眼科医院挂牌成立。

6月21日，江苏银行股份有限公司泰州高港支行开业。

8月2日，区委四届三次全委（扩大）会议召开。

8月11日，高港区大江艺术团成立。

图 大事记-20 新高港建设特殊贡献奖表彰活动（2012年摄）

8月18日，高港区召开建区15周年庆祝大会。表彰新高港建设特殊贡献奖及提名奖获得者，组织参观“科学发展观在高港”图片展，观看建区15周年专题片和文艺演出。

8月23日，高港区食品药品监督管理局成立。

9月5日，海军诞生地纪念馆被评为国家级国防教育示范基地。

9月12日，区佛教协会第一次代表会议召开。

10月9日，省委副书记石泰峰调研高港区实施党建工作创新工程情况。

10月16日、26日，江苏泰州高港高新技术产业园区先后被认定为江苏省汽车零部件产业基地、中国通用动力产业基地。

10月27日，首届中国医药质量扬子江峰会在扬子江药业集团召开。国家食品药品监督管理总局副局长焦红，国务院参事、中国医药质量管理协会会长张鹤镛等出席。

10月，区政协启动“政协委员工作日”活动。

11月4日，高港区在江苏能建机电实业集团有限公司开展公推直选党委领导班子试点工作。

11月6日，南京师范大学研究生工作站在江苏能建机电实业集团有限公司成立，为全区首个省级研究生工作站。

11月25日，泰州长江公路大桥通车仪式在大桥北主线收费站南广场（口岸街道吴楼村）举行。交通运输部党组书记、部长杨传堂，省委书记罗志军，省长李学勇，省政协主席张连珍，南京军区党委常委、联勤部部长杨建华，省委常委、省委秘书长樊金龙，省人大常委会副主任朱龙生等出席。

11月，中国文明网公布2012年10月“中国好人榜”名单，大泗学校教师张卫东当选“敬业奉献好人”。

11月，区人大常委会启动“人大代表工作日”活动。

12月27—29日，国家主席胡锦涛在泰州考察。其间，胡锦涛考察泰州长江公路大桥和扬子江药业集团。中共中央政治局委员、书记处书记、中央办公厅主任栗战书，省委书记罗志军，省长李学勇等陪同。

12月，省质监局批复同意在江苏泰州高港高新技术产业园区、高港区临港经济园分别筹建省级墙纸检测中心和省级特防用品（吊索具）检测中心。2014年，两个省级检测中心建成并投入使用。

是年，高港中医院综合楼建成并投入使用，总建筑面积9764平方米，按二级乙等中医院标准建设，设计床位120张。

### 2013年

1月4日，区第四次党代会第一次年会召开。会议听取并审议通过市人大常委会副主任、区委书记王建代表区委所作的《推进综合改革，深化开放创新，在十八大精神指引下迈出转型升级新步伐》工作报告、区纪委书记张兆洋代表区纪委所作的工作报告。

1月16—18日，区政协四届二次会议召开。

1月17—19日，区第四届人民代表大会第二次会议召开。

1月，泰州市慕云儿童医院和高港中医院被市卫生局确定为第一批泰州市中医特色专科医院，泰州市慕云儿童医院刘富乐、高港中医院董青江、田河社区卫生服务中心戴永星被评为第二批泰州市基层名中医。

1月，高港区文体旅游局被国家体育总局评为2012年全民健身活动先进单位。

2月4日，高港区组团慰问海军东海舰队某支队和“泰州舰”官兵。

2月17日，高港区集中学习贯彻中共十八大精神培训班开班。

2月28日，市人大常委会副主任、区委书记王建接受江苏电视台和《新华日报》《扬子晚报》《现代快报》《泰州日报》等10余个省、市媒体集中采访。

2月，大泗镇卫生院实行“先看病，后付费”医疗政策，成为全市首推该措施的乡镇卫生院。

3月2日，全市首个统计代理机构——泰州市高港区新城统计事务所在永安洲镇成立。

3月14日，光普农场落户大泗镇康乐村，成为高港区首个持照经营的家庭农场，也是全市首个个人独资企业性质的家庭农场。

3月23日，许庄街道孔桥中心社区成立全区首个中心社区党委。

3月，区地税分局被全国妇联、全国维护妇女儿童权益暨平安家庭创建协调组评为全国维护妇女儿童权益先进集体。

5月3日，全区首个社区党员服务群众工作室——“余庆工作室”在口岸街道新城社区成立。

6月2日，省委书记罗志军、省长李学勇率出席全省苏中发展工作会议代表360余人参观扬子江药业集团。

6月6日，高港区企业家协会成立。

6月9日，白马庙的传说、高港根雕、高港传统绳带编织技艺和田河建房“说鸽子”入选第四批市级非物质文化遗产名录。

6月21日，高港区开展首期“道德讲堂”总堂活动。

6月26日，高港大江剧院正式加盟“苏演院线”，成为泰州市首个加盟该院线的剧院。

7月1日，高港区举行“谱写中国梦高港新篇章”媒体见面会，国内20余个新闻媒体单位参加。

7月9日，位于江苏泰州高港高新技术产业园区的高港区新型装饰材料产业集聚区被认定为第四批江苏省中小企业产业集聚示范区。

7月13日，中共中央政治局常委、全国人大常委会委员长张德江，在省委书记罗志军、省长李学勇等陪同下，考察扬子江药业集团。

8月2日，省人大常委会副主任、党组副书记张卫国考察高港区“人大代表工作日”活动开展情况。

8月9日，区委四届四次全委（扩大）会议召开。

8月21日，区政府四届二次全体（扩大）会议召开。

9月8日，捐赠给高港区海军舰艇主题公园的海军515（厦门）舰顺利抵达三福船舶码头。

图 大事记-21 高港区金融产品推介会暨银企签约仪式（2013年摄）

9月，中国文明网公布2013年8月“中国好人榜”，泰州市东方离合器有限公司董事长、总经理江国辉当选“敬业奉献好人”。

10月8日，高港区举办金融产品推介会暨银企签约仪式（首届“金融超市”活动）。金融机构与区内企业达成68个融资协议，融资17.66亿元。

10月25日，由区文体旅游局和口岸街道联合编排的广场健身舞《洲堤杨柳舞港城》获2013年全国广场健身操（舞）大赛特等奖。

11月，高港中医院创建成二级乙等中医院。

12月18日，全区首个民办非企业性质的物业管理服务站在口岸街道新城社区鑫港花苑小区成立。

12月26日，区老年养护院、残疾人托养中心投入运行。

12月31日，区第四次党代会第二次年会召开。会议听取并审议通过市人大常委会副主任、区委书记王建代表区委所作的《全面深化改革，加快转型升级，以十八届三中全会精神统领科学发展新实践》工作报告、区纪委书记张兆洋代表区纪委所作的工作报告。

12月，市第三人民医院创建成二级甲等综合医院。高港区以市第三人民医院为依托，整合区内11个医院医疗资源，组建高港区医疗集团。

## 2014年

1月6—8日，区政协四届三次会议召开。

1月7—9日，区第四届人民代表大会第三次会议召开。

1月，高港区首批20辆出租车上路试运营。

2月13日，全国人大教科文卫委员会副主任委员严以新考察扬子江药业集团。

3月5日，省委副书记石泰峰专题调研泰州统实企业有限公司转型升级情况。

3月5—8日，高港区举办第二届“金融超市”活动。

3月26日，泰州口岸船舶有限公司职工培训中心主任王海东获全国机械工业劳动模范称号。

3月，区政务服务管理办公室成立。

4月18—19日，高港区创建全国义务教育发展基本均衡区通过国家教育督导组检查验收。

4月20日，省委书记罗志军调研益海（泰州）粮油工业有限公司和万向精工江苏有限公司生产经营情况。

6月6日，中国文明网公布2014年5月“中国好人榜”，口岸街道张马社区姜玲玲当选“尊老爱亲好人”。

6月9日，高港区残疾儿童康复中心投入运行。

6月11日，全国政协常委、经济委员会副主任李毅中调研扬子江药业集团。

6月13日，扬子江药业集团、泰州口岸船舶有限公司、江苏大邦清洗有限公司被国家工商总局认定为2012—2013年度国家级“守合同重信用”企业。

6月18日，全国人大常委会办公厅研究室主任窦树华调研高港区人大工作。

6月26日，中央电视台《新闻联播》栏目组采访市委永安洲群众工作队。

6月，泰州市御庐园现代农业科技有限公司被评为全国农村科普示范基地。

7月1日，省人大常委会副主任、党组副书记张艳调研国电（泰州）发电有限公司大气污染防治工作。

7月26日，上膳源泰州农场开园。

7月27日，高港区经省委、省政府复核确认，继续保留江苏省法治县（市、区）创建工作先进单位、江苏省法治建设示范县（市、区）称号。

7月28日，永安洲实验学校开工建设，项目总投资2亿元，占地9万余平方米，建筑面积7.5万平方米，于2016年投入使用。

7月，高港区被国家卫生和计划生育委员会评为全国计划生育优质服务先进单位。

7月，口岸雕花楼景区获批AAA级旅游景区。

7月，白马镇岱白村被农业部认定为全国“一村一品”示范村。

8月8日，区全民健身中心揭牌。

8月19日，中央电视台《道德观察》栏目播放人物专题片《乡村晚歌——村支书徐勤生》。

8月26—29日，泰州口岸船舶有限公司通过造修船行业安全生产标准化（二级）评审，成为江苏省第一个通过评审的民营船舶企业。

9月5日，中国文明网公布2014年8月“中国好人榜”，胡庄镇史庄村赵玉芳、史记宏夫妇当选“助人为乐好人”。

9月11—14日，区人大常委会开展“五级人大代表回选区访选民”活动。

9月12—14日，2014年“高港杯”首届全国象棋青年大师赛在高港区举行。该赛事由邀请赛升格为全国常规赛，成为高港区传统赛事，每年举办一次。

9月18日，高港区举办“美德善行在高港”培育和践行社会主义核心价值观暨“大江儿女·诚信之星”颁奖晚会。

9月29日，区委四届五次全委（扩大）会议召开。

9月，口岸实验学校竣工交付。项目总投资2.2亿元，占地面积8万余平方米，建筑面积6.4万平方米。

10月10日，区政府四届三次全体（扩大）会议召开。

10月14—17日，高港区举办第三届“金融超市”活动，共有60余个金融单位和90余个企业参加，达成15个银企合作项目和9个上市辅导意向。

图 大事记-22 泰州港核心港区（高港）集装箱码头开港试运行（2014年摄）

10月18日，中广蓝海国际影城开业。

10月28日，泰州港核心港区（高港）集装箱码头开港试运行。

10月，水岸景城住宅小区一期工程竣工交付。水岸景城住宅小区总投资17亿元，占地面积17.87万平方米，建筑面积48万平方米，其中一期工程建筑面积29万平方米。

12月4日，中国文明网发布2014年11月“中国好人榜”，口岸街道徐庄村党总支书记徐勤生当选“敬业奉献好人”。

12月6日，农业部副部长于康震调研高港区畜牧业发展和疫病防控工作。

12月10日，高港区被评为江苏省2013—2014年度（内陆）平安渔业示范县。

12月，中信银行泰州高港支行开业。

12月，高港区被国家卫生和计划生育委员会评为国家慢性病综合防控示范区。

12月，高港区被评为2014年度省金融生态优秀区。

12月，许庄街道乔杨社区被评为国家级地震安全示范社区。

## 2015年

1月7—9日，区政协四届四次会议召开。

1月8—10日，区第四届人民代表大会第四次会议召开。

1月13日，在全省政府法制工作会议上，高港区政府被省全面推进依法行政工作领导小组确认为全市首个省级依法行政示范点。

1月16日，2015年度江苏省、泰州市暨高港区文化科技卫生“三下乡”集中服务活动在白马镇举行。

1月17日，总投资3300万美元的益海嘉里丸庄酱油项目落户泰州港核心港区。

1月18日，由中华医学会主办、扬子江药业集团协办的中国医药卫生行业最高科技奖——中华医学科技奖（2014）颁奖大会在高港区举行。

1月18—19日，高港区通过国家生态区创建技术评估。11月19—21日，通过验收。

1月20日，位于口岸街道蔡滩社区的全市首个地震主题科普馆开馆。

1月21日，高港区核发第一张加载营业执照号码、组织机构代码、税务登记号“三证合一”的营业执照。

2月5日，高港区组团到浙江省舟山市慰问“泰州舰”全体官兵。

2月8日，区第四次党代会第三次年会召开。会议听取并审议通过市人大常委会副主任、区委书记王建代表区委所作的《解放思想再发力，真抓实干勇担当，为泰州加快发展作出更大贡献》工作报告、区纪委书记薛永忠代表区纪委所作的工作报告。

2月8日，高港区举办重大项目集中签约和开工仪式。共签约1亿元以上项目17个，总投资超27亿元；共开工1亿元以上项目10个，总投资23亿元，其中超1亿美元项目1个。

3月6日，市委、市政府审批通过《泰州市高港区人民政府职能转变和机构改革方案》。6月8日，区委、区政府出台《泰州市高港区人民政府职能转变和机构改革实施意见》。机构改革后，区政府设置工作部门21个。

3月12日，高港区首个环保志愿服务实践基地在刁铺街道界牌社区揭牌。

4月8日，高港常农商村镇银行开业，2016年4月更名为高港兴福村镇银行。

4月10日，全国人大常委会原副委员长盛华仁考察扬子江药业集团，省人大常委会副主任张艳陪同。

4月11日，高港区首届风筝节开幕。

4月23日，台湾工业总会理事长、金仁宝集团董事长、海基会副董事长许胜雄考察高港区。

4月24日，高港区被评为江苏省农村电子商务示范县（市、区）。

4月，许庄街道乔杨社区党总支书记乔向民被评为全国先进工作者。

5月13日，省政协副主席罗一民带领省政协教育文化委员会、医卫体育委员会负责人和全省13个市政协分管副主席，考察高港区文体事业发展情况。

5月18日，区教育局与泰兴市教育局在明发国际广场举行联合办学签约仪式，成立泰兴市实验初中、襟江小学、实验幼儿园高港分校，均为区公办学校。

5月21日，高港区举办第四届“金融超市”金融形势分析会暨签约仪式。

5月28日，副省长徐南平调研益海（泰州）粮油工业有限公司和泰州中航船舶重工有限公司。

6月16日，泰州市华强照明器材有限公司在全区率先通过AAAA级标准化良好行为企业验收。

6月24日，区委机要保密局机构规格由副科级调整为正科级，仍为区委办公室部门管理机构；区效能建设领导小组下设办公室由设在区纪委监察局调整为设在区委办公室，具体工作由区督查考核工作办公室承担。

图 大事记-23 中央和省重点新闻媒体集中采访全国优秀县委书记王建（2015年摄）

6月30日，全国优秀县委书记表彰会议召开。市人大常委会副主任、区委书记王建获全国优秀县委书记称号，受到习近平、刘云山等中央领导接见。

7月20—22日，高港区召开区委工作会议。与会人员参观泰州医药高新区、靖江市、泰兴市、姜堰区、兴化市和海陵区。市人大常委会副主任、区委书记王建作题为《认清形势抓提升，把握方向再发力，努力开创“三大主题工作”新局面》工作报告。

7月24日，高港区召开派选机关干部担任村（居）“第一书记”工作部署会，从区级机关选派20名后备干部，到20个村（居）担任“第一书记”。

7月29日，《新华日报》、人民网、新华网、江苏广播电视台等媒体集中采访全国优秀县委书记——市人大常委会副主任、区委书记王建。

8月3日，中国文明网公布2015年7月“中国好人榜”，区人民检察院袁亚琴当选“敬业奉献好人”。

8月10日，高港区召开省委第三巡视组巡视高港动员部署会。是日起，省委巡视组进驻高港区，开展为期1个半月的巡视。

8月13日，高港区举办高校毕业生购房券发放仪式，为扬子江药业集团、益海（泰州）粮油工业有限公司等企业的229名应届毕业生和高层次人才发放1000万元购房券。

8月19日，省长李学勇调研泰州港核心港区，听取泰州港规划建设情况汇报，实地考察码头建设和岸线开发情况，现场会办解决相关问题。

9月2日，区第四届人大常委会第二十三次会议接受周裕昌辞去区政府区长职务请求，决定任命顾萍为区政府代理区长。

9月6日，海军东路一期工程（春兰路—海纪馆）通车运行。工程全长2.5千米，道路规划红线宽45米，设计双向6车道。

9月7日，省政协主席张连珍率住苏全国政协委员调研扬子江药业集团。

9月18日，区政府四届四次全体（扩大）会议召开。

9月23日，泰州口岸船舶有限公司为德国船东建造的20.8万吨散货船1号船出坞。2016年5月30日，2号船交付。9月26日，3号船交付。该系列散货船总长299.95米，型宽50米，型深24.9米，结构吃水18.4米，为泰州地区建造的最大散货船。

10月13日，高港基督教堂开堂。该教堂于2014年3月开工建设，占地面积1.73万平方米，建筑面积7500平方米，可同时容纳1000人聚会。

10月16日，王老吉（泰州）创新产业基地揭牌投产。

10月16—18日，“高港杯”第二届全国象棋青年大师赛在高港区举行，32名象棋特级大师参加，其中女选手8人。

10月22日，农工党高港支部换届暨总支部委员会成立大会召开，选举产生农工党高港区总支第一届委员会，为高港区首个民主党派总支。

10月28日，省委常委、省纪委书记弘强调研高港区经济社会发展和党风廉政建设工作。

10月29日，副省长张雷率全省安全生产工作会议与会人员参观口岸街道基层安监机构规范化建设情况。

10月30日，零时起，高港区启动城市公立医院医药价格改革，涉及泰州市第三人民医院和高港中医院。

10月31日，由中国造船工程学会主办，武汉理工大学和泰州口岸船舶有限公司承办的全国船舶与海洋工程发展论坛在高港区举办。

10月，扬子江药业集团获国际质量管理小组会议（ICQCC）最高奖项（金奖）2个，为中国医药企业首次获得ICQCC金奖。

11月19日，全国名老中医学术传承工作团队暨朱婉华、朱胜华名医工作室在刁铺街道社区卫生服务中心挂牌成立。该工作室为全市首个国医大师名医工作室。

11月25日，全国中小企业股份转让系统（简称"新三板"）正式批准泰州市海天电子科技股份有限公司在该系统挂牌。12月，批准泰州市榕兴医疗用品股份有限公司、泰州友润电子科技股份有限公司在"新三板"挂牌。2016年1月27日，"新三板"泰州市高港区专场在北京金融街举行，上述3个企业在"新三板"挂牌上市。

11月，在南京举办的中国化学制药行业年度峰会上，扬子江药业集团产品培德（注射用培美曲塞二钠）、氨苏（曲司氯铵片）、乙己苏（注射用生长抑素）、仁苏（罗红霉素胶囊）获评中国化学制药行业优秀产品。

12月7日，全国人大代表和省人大代表泰州组视察高港区新港大道建设现场、扬子江药业集团龙凤堂项目和口岸雕花楼景区项目建设情况。

12月9日，省人大常委会党组书记、常务副主任蒋定之调研高港区基层人大工作，实地察看新港大道、永安洲镇人大主席团活动室、扬子江药业集团、口岸街道城东片区人大代表工作室和口岸水景街区。

12月12日，扬子江药业集团以143.97亿元的品牌价值和913.3分的品牌强度上榜"2015年中国品牌价值评价信息"榜单，位列生物医药类品牌价值第一名、品牌强度第二名。

12月16日，高港区举行邮政管理局暨苏中快递产业园临港园区揭牌仪式。高港区邮政管理局是全市成立的首个县级邮政管理机构。

12月23日，区委党建工作领导小组办公室成立，设在区委组织部。不再保留区党代表大会常任制工作办公室。

12月25日，江苏（泰州）设施蔬菜生产机械化现场会在胡庄镇上膳源泰州农场召开。

12月31日，区委四届六次全委（扩大）会议召开。

12月，高港区获批国家知识产权强县工程试点区，试点时限为2015年12月至2017年12月。

12月，高港区获批江苏省可持续发展实验区。

12月，新港大道全线建成通车。项目总投资12.5亿元，道路起点位于创新大道，终点位于沿江高等级公路，全长10.44千米，按一级公路标准建设。

是年，天逸华府住宅小区一期工程、锦绣龙湾住宅小区一期工程、水岸景城住宅小区二期工程竣工交付，金通玉兰园和鹏欣瑞都住宅小区主体工程完工。

## 2016年

1月4日，在美国纳什维尔市举行的2016 UCWDC世界排舞联赛冠军赛团体赛中，高港区中老年排舞队参赛的两支排舞《洲堤杨柳舞港城》和《茉莉飘香中华情》分别获得Open Line Dance项目和Cabaret项目冠军。

1月5—7日，中共泰州市委四届十次全委会在高港区召开。

1月11日，区第四次党代会第四次年会召开。会议听取并审议市人大常委会副主任、区委书记王建代表区委所作的《加快转型升级，建设港口名城，奋力实现"十三五"良好开局》工作报告。

1月12—14日，区政协四届五次会议召开。会议同意任寿南辞去区政协主席职务，选举韩亚为区政协主席。

1月13—15日，区第四届人民代表大会第五次会议召开。会议补选赵晓玲为区人大常委会主任，顾萍为区政府区长。

1月30日，高港区举行亿元项目集中开工仪式，各园区、镇（街道）30个1亿元以上项目集中开工。

2月17日，高港区启动“机关干部百村行”活动。

2月23日，泰州市不动产登记中心高港分中心揭牌，结束土地、房产、林地等不动产分散登记的历史。

图 大事记-24 2016年1月7日，中共泰州市委四届十次全委会在高港区召开

2月，泰州市华强照明器材有限公司获评2015年度江苏省工业企业质量信用AA级企业，实现全区质量信用AA级企业零突破。

3月1日，高港区举办第五届“金融超市”金融恳谈会暨签约仪式。

3月3日，高港区举办“两学一做”学习教育动员暨党员干部读书班活动，对“两学一做”学习教育活动进行动员部署。

3月14日，全省春耕备耕“送农机送科技送服务下乡”暨农机“3·15”活动（高港区活动点）在口岸街道引江社区举行。

3月20日，中共中央政治局委员、国务院副总理汪洋率出席全国春季农业生产暨森林草原防火工作会议的代表实地考察上膳源泰州农场。农业部部长韩长赋，省委书记罗志军，省委常委、副省长、省政协副主席徐鸣陪同。

图 大事记-25 全省春耕备耕“送农机送科技送服务下乡”暨农机“3·15”活动（高港区活动点）在口岸街道引江社区举行（2016年摄）

3月29日，扬子江药业集团获第二届中国质量奖提名奖。

4月5日，高港烈士陵园开园、烈士纪念馆开馆。高港烈士陵园位于口岸街道引江社区，由革命烈士纪念碑、烈士纪念馆和烈士墓组成。

4月8日，全国政协原副主席李金华考察口岸雕花楼景区。

4月8日，马来西亚、比利时等15个国家的外交使节考察口岸雕花楼景区。

4月21日，2016年长江水生生物增殖放流暨泰州市第八届放鱼节活动在高港区泰州长江公路大桥水域举行。

5月3日，高港区开具首张代开增值税专用发票，标志着“营改增”正式上线运行。

5月4日，泰州市首支水上应急救援队——港城水上应急救援队在高港区成立。

5月6日，省人大常委会副主任许仲梓考察泰州市华强照明器材有限公司。

5月12日，国际桥梁及结构工程协会为泰州长江公路大桥颁发2014年度杰出结构工程奖，该奖项为国际桥梁工程界公认的最高奖项。

5月18日，省政协副主席程崇庆调研高港区义务教育优质均衡发展工作。

5月27日，孔桥实验学校开工建设，项目总投资9400万元，规划用地面积4.64万平方米，建筑面积2.36万平方米。

5月29—31日，安哥拉政府代表团考察高港区农业发展情况。

5月30日，高港区举行第三届全民健身运动会开幕式。此次运动会的赛期为6个月，共设置5个组别、12个项目。

5月31日，台湾将军机械集团泰州项目奠基，项目总投资11亿元。

5月，区工商联获评2015年全国“五好”县级工商联。

5月，胡庄镇史记宏、赵玉芳家庭被全国妇联评为2016年全国最美家庭。

5月，高港区公共自行车30个服务站点、500辆自行车投入使用。

6月12日，省社科院发布“2012—2015年泰州区域转型升级综合指数及排名”信息，高港区连续4年排名第一。

6月17日，中国少年先锋队高港区第一次代表大会召开。

6月22日，全国安全生产标准化样板地区建设首次培训会在高港区举行。

6月，口岸雕花楼景区获批国家AAAA级景区。

7月3日，高港区口岸雕花楼景区管理委员会成立，为区政府派出机构，机构规格正科级，归口区文体旅游局管理。

7月6日，高港区人民调解协会成立。

7月18日，接中共泰州市委通知，顾萍任区委书记，免去王建的区委书记职务。

7月19日，凤栖湖景区古寿胜寺项目开工，项目总投资13亿元，规划占地面积7.32万平方米，总建筑面积2.4万平方米。

7月25—28日，中共泰州市高港区第五次代表大会召开。会议听取并审议区委书记顾萍代表区委所作的《不忘初心，继续前进，为建设“强富美高”港口名城而努力奋斗》工作报告和区纪委书记薛永忠代表区纪委所作的工作报告。区委五届一次全委会选举顾萍为区委书记。

7月30日，高港龙窝渔港投入使用。

7月，高港区获评2015年度全省基层党员冬训工作示范县（市、区）。

8月10日，泰州大自然家居年产600万平方米地板项目奠基，项目总投资11亿元。

8月13日，高港区举行泰州书画院高港分院授牌暨高港美术馆（书画院）开馆仪式。

8月15日，区政府四届五次全体（扩大）会议召开。

8月22日，高港区启动第六届“金融超市”活动。

8月26日，区政府办公室增挂区口岸工作办公室牌子，不再保留区沿江开发领导小组办公室。

8月31日，高港区召开村（居）“两委”换届选举工作座谈会，全面启动村（居）“两委”换届选举工作。

8月，在泰国曼谷国际质量管理小组大会（ICQCC）上，扬子江药业集团获5项国际QC（质量管理）金奖。

图 大事记-26 中国共产党泰州市高港区第五次代表大会（2016年摄）

8月，亚太质量组织发布2016年度全球卓越绩效奖，扬子江药业集团入选，系国内首个获此荣誉的制药企业。

9月11日，万向精工泰州工厂新增1000万套轮毂轴承单元暨打造全球最先进智能制造示范工厂项目在杭州签约，项目投资超10亿元。

9月20日，泰州明发国际广场商业综合体项目开工，项目总投资超30亿元，占地面积4万平方米，主要建设5万平方米的商业区和3万平方米的酒店公寓。

9月30日，区教育局被中国教育学会评为2015—2016年度安全教育试验区全国示范单位，汪群小学被评为全国示范学校。

9月，中国文明网公布2016年9月“中国好人榜”，高港区口岸邮政支局投递员吴荣纪当选“助人为乐好人”。

10月3日，江苏中药产业产教融合高层论坛在大泗镇江苏中药科技园开幕。

10月9日，高港区举行城市建设发展基金签约仪式。共有12个金融机构参与签约，基金总规模288亿元。

10月11—13日，“高港杯”第三届全国象棋青年大师赛在高港区举行，此次比赛分男子组别和女子组别，共有36名棋手参加。

10月17日，省委书记李强、省长石泰峰率参加全省推动长江经济带发展工作座谈会代表观摩高港区长江经济带发展工作，实地参观滨江生态保护带、三河汇福粮油江苏基地、龙凤堂生态园区等项目。

10月27日，江苏苏萨食品有限公司植物蛋白饮料一期项目建成投产。项目总投资23亿元，主要建设20条植物蛋白饮料冲填生产线，形成年产“特种兵”椰子汁8000万箱生产能力。

10月28日，全市首批农村宅基地和农房统一登记不动产权证书首发仪式在高港区举行。高港区作为全省15个开展农村宅基地和农房统一调查登记发证试点地区之一，在全省率先完成试点工作。

10月，江苏泰州高港高新技术产业园区更名为江苏泰州港经济开发区。

10月，泰州市润农农业发展有限公司承担的“高港果蔬星创天地”获批为首批国家级“星创天地”。

10月，高港区获评2016年度江苏省知识产权强省建设区域示范工作创建单位。

11月25日，高港区残疾人福利基金会成立。

11月26日，高港旅港同乡会在香港成立。

11月，扬子江药业集团获评2016年度中国化学制药行业工业企业综合实力百强第一名。

11月，永安洲镇获评2016年度中国建制镇综合实力千强镇，列第447位。

12月2日，高港区光彩事业促进会成立。

12月16日，高港区举行泰州市银杏产业开发基地启动仪式。该基地以江苏港城中药养生有限公司为基础，结合前期建立的银杏种植基地、银杏储藏冷库、饮料生产线，打造完整的银杏种植、储藏、研发、生产、加工、销售等全产业链，总投资5.2亿元。

12月20日，清华启迪泰州智慧园开业。该园位于江苏泰州高港高新技术产业园区内，专门承接落地产业化的离岸孵化项目，总投资4亿元，建有11.5万平方米标准厂房、3万平方米人才公寓。

12月中旬，高港区启动"百团千村万企大走访大落实"活动。

12月28日，泰镇高速泰州至高港段开通。该路段北连启扬高速公路淤溪枢纽，南接泰州长江公路大桥北接线和京沪高速公路宣堡枢纽，全长27.83千米，设有海陵互通、泰州东互通、大泗互通、淤溪枢纽、宣堡枢纽和大泗服务区。

12月30日，区委五届二次全委（扩大）会议召开。

12月，江苏泰州高港高新技术产业园区获批国家知识产权试点园区，试点工作周期为2017年1月至2019年12月。

12月，许庄街道乔杨社区获评国家级美丽宜居村庄。

12月，口岸街道蔡滩社区获评国家级地震安全示范社区。

图　大事记-27　清华启迪泰州智慧园开业典礼（2016年摄）

泰州市高港区志

# 第一篇　政区　自然环境　人口

# 第一篇　政区　自然环境　人口

高港区位于江苏省中部、长江北岸。全境为长江冲积平原，地貌可分为高沙平原、沿江平原和江边滩地。境内河流纵横，1958年前为淮河和长江水系，1958年后单属长江水系，1999年再次沟通淮河水系。气候属于北亚热带湿润气候区。畴平壤沃，动植物资源较丰富。自然灾害主要有干旱、水涝、风雹、冻害等。

1997年4月，泰兴市5个乡镇和姜堰市2个乡镇划入泰州市海陵区。8月，这7个乡镇从海陵区划入新组建的泰州市高港区。2008年，从泰兴市、姜堰市又各划入1个乡镇。2008年末，全区总面积314.33平方千米，总人口29.48万人，设街道3个、镇5个、社区（居委会）21个、行政村79个、村（居）民小组215个、渔业公司1个。

# 第一章 政 区

## 第一节 建置隶属

西周，境内初属邗国，后改属吴、越、楚。秦王政二十四年（前223），为晦（海）陵县地。汉高帝五年（前202），属楚国。汉高帝六年，属荆国。汉高帝十二年，属吴国。汉武帝元狩六年（前117），属临淮郡海陵县。新莽天凤元年（14），属淮平郡亭间县。汉光武帝建武十三年（37），属广陵郡海陵县。汉明帝永平元年（58），属广陵国海陵县。永平十年，属广陵郡海陵县。三国魏文帝黄初五年（224），海陵县废，境内沦为魏、吴间弃地。晋武帝太康元年（280），属广陵郡海陵县。南朝梁武帝天监元年（502），属海陵郡海陵县。隋文帝开皇三年（583），属吴州海陵县。开皇九年，属扬州海陵县。隋炀帝大业三年（607），属江都郡海陵县。唐高祖武德三年（620），属吴州吴陵县。武德七年，属邗州海陵县。武德九年，属扬州海陵县。唐玄宗天宝元年（742），属广陵郡海陵县。唐肃宗乾元元年（758），属扬州海陵县。五代十国杨吴武义二年（920），属江都府海陵县。南唐烈主昇元元年（937），分属泰州泰兴县、海陵县，泰兴县治设于济川镇，济川镇位于济川河（今南官河）河口附近。北宋太祖乾德二年（964），因济川镇坍江，泰兴县治移至柴墟。北宋徽宗宣和四年（1122），分属扬州泰兴县、泰州海陵县。南宋高宗建炎四年（1130），分属泰州泰兴县、海陵县。南宋高宗绍兴五年（1135），分属扬州泰兴县、泰州海陵县。绍兴十年，分属泰州泰兴县、海陵县。绍兴十二年，分属扬州泰兴县、泰州海陵县。元世祖至元十四年（1277），分属扬州路泰兴县、泰州路海陵县。至元二十一年，分属扬州路泰兴县、扬州路泰州海陵县。元顺帝至正二十六年（1366），分属扬州府泰州海陵县、扬州府泰兴县。明太祖洪武元年（1368），分属扬州府泰州、泰兴县。清世祖顺治二年（1645），分属扬州府泰州、泰兴县。清世宗雍正二年（1724），分属泰州、通州泰兴县。清文宗乾隆九年（1744），分属扬州府泰州、泰兴县。

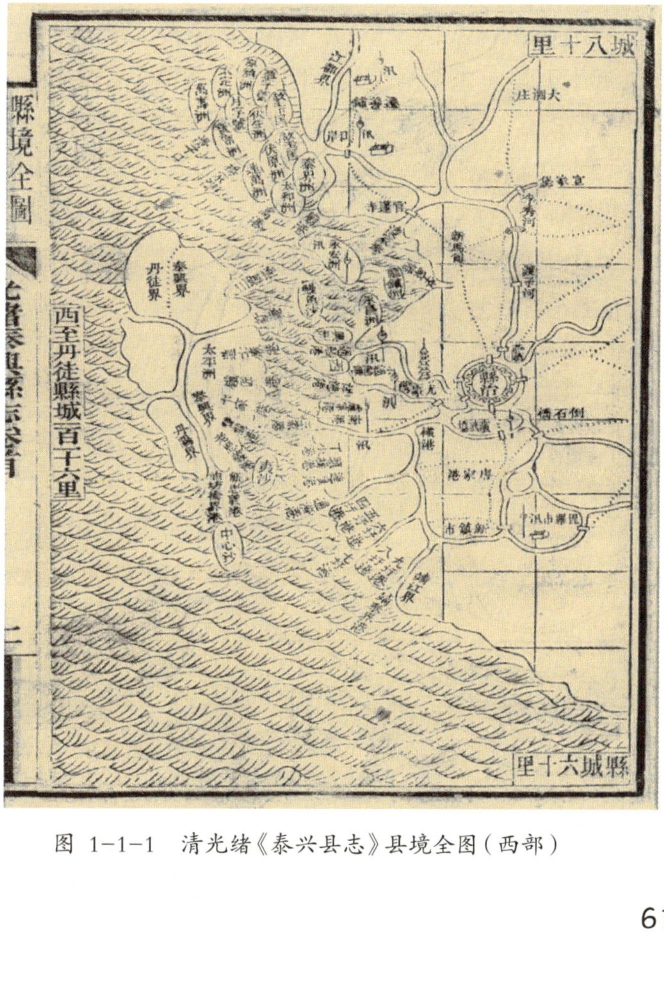

图 1-1-1 清光绪《泰兴县志》县境全图（西部）

民国元年（1912），境内分属泰兴县、泰县。民国29年7月后，分属泰兴、泰县抗日民主政府。民国34年11月，苏皖边区政府成立，境内分属第一行政区的泰兴县、泰县。民国38年4月，境内分属苏北行政公署泰州专区的泰州市、泰兴县。

1950年5月，境内分属泰兴县、泰县。1953年1月，境内分属扬州专区（后改称扬州市）泰兴县、泰县。1959年1月泰州市、泰县合并为泰州县，境内分属泰兴县、泰州县。1962年5月，境内分属泰州市、泰兴县、泰县。1964年9月，境内分属泰兴县、泰县。1992年9月，分属泰兴市、泰县。1994年10月，分属泰兴市、姜堰市。1996年7月，境内分属地级泰州市所辖泰兴市、姜堰市。1997年4月，属泰州市海陵区。1997年8月至2008年，设高港区，隶属于泰州市。

## 第二节　区　划

### 一、建区前属地区划

【明清时期区划】 明万历九年（1581）前，境内为太平乡，辖9都35里。清雍正十三年（1735），以口岸巡检司所治之地域为口辖，驻口岸，东接黄辖（以今泰兴市黄桥镇为中心），西临长江，北至泰州，南至捕辖（以今泰兴城为中心），共367.5平方千米。口辖之域大部分为今高港境内：泰兴城北二十五里有陈家圩、三官殿，三十里有合蓬庄、刁凌庄、田家舍、马家群，三十二里有丁家庄、刘家荡、周王薛刘李五园，三十五里有宗家庄、汪家群、蔡王二庄、黄楝树、孔家桥、范钱二庄、小赵庄、三汊口，三十七里有戴家集，四十里有霍家堡、薛家垛、戴谢二荡；城东北四十五里有于家庄、胡家庄、赵王董三庄、大泗庄，四十八里有花彭庄，五十里有史家庄、高单庄、佴家庄、杨官营、东孔家庄、陈家埭、太平庄、官沟、狄家里、庄家里、许家庄、朱官营、三旗营、斜里，五十二里有唐家庄、周梓庄、永丰庄，五十五里有大小马庄，六十里有解家舍、王矮子桥；城西北二十五里有张家庄、卞家桥，三十里有大小郎家庄、徐贾二庄、张林野路二庄、官蓬寺，三十五里有大小官路、张王庙、田家河、汊河、李家庄，三十八里有松杨树、龙窝，四十里有口岸镇、王官营、白杨树，四十五里有吉家庄、圩岸，四十八里有迁善铺、观音堂、万家舍、赵史二庄，五十里有赵家河、韩家河、叶家河，五十二里有东万庄、陈吉庄，五十五里有窑上、丰乐庄、南坝塘、界牌头。

【民国时期区划】 民国元年（1912），实行地方自治，设市、乡公所。境内有宣甸市、仁寿乡、口岸乡、联都乡、拱北乡、迁善乡、二泰乡、新民乡、泰和乡、沿平乡、屠家桥乡、寺巷口乡、塘湾乡、沈坞里乡、双河李家庄乡、大泗庄乡。民国16年，境内有泰县第二区（驻寺巷口）、第三区（驻塘湾），泰兴县第七区（驻口岸）、第六区（驻宣家堡）。民国23年，境内有属泰兴县乡镇31个、属泰县乡镇12个。民国23年，推行保甲制，境内共有4个镇、39个乡。

民国23年（1934）境内区、乡镇一览表

表1

| 县 | 区 | 境内乡镇 | 备　注 |
|---|---|---|---|
| 泰兴县 | 第七区（驻口岸） | 口岸镇、环溪镇、龙窝镇、东万乡、翟界乡、朱家乡、唐家乡、解家乡、许庄乡、马厂乡、观五乡、赵李乡、故土乡、复原乡、生宁乡、双太乡、大成乡、张马乡、启化乡、集成乡 | 另辖太字乡、西万乡、徐袁乡、崇德乡 |

续表1

| 县 | 区 | 境内乡镇 | 备　注 |
|---|---|---|---|
| 泰兴县 | 第六区（驻宣家堡） | 仁德乡、三和乡、桃果乡（部分）、刘垛乡、庵平乡、佴霍乡、马岱乡、永福乡、永安乡、永正乡、孔桥乡 | 另辖1镇15乡 |
| 泰　县 | 第二区（驻寺巷口） | 大泗镇、屠蒋乡、庙湾乡、泗龙乡、陈蒋乡、双河乡、曹河乡、朱塘乡、白马乡、二野乡、刘河乡、南塘乡 | 另辖2镇25乡 |

民国29年7月、10月，中国共产党领导下的泰兴县抗日民主政府、泰县抗日民主政府先后成立，境内区、乡（镇）基本不变。民国30年2月，境内部分地区属泰县泰南片的塘湾区。民国31年，泰县第二区屠蒋乡（后改称二桥乡）和泰兴县第七区太字乡、西万乡（后改称承仪乡）、徐袁乡、东万乡、翟界乡、赵李乡、故土乡、生宁乡、复原乡、双太乡划属邗东县杨桥区（后改属江都县嘶马区）。民国33年3月，泰县塘湾区划入泰兴县（次年4月复归泰县）；5月，泰兴县将第六区改称宣堡区、第七区改称口岸区。民国36年，为适应斗争环境，自天星桥向东经泰兴城至黄桥、自黄桥向北经蒋垛至姜堰、自姜堰向西经塘湾至泰州、自泰州向南经口岸至天星桥这一范围临时划为泰兴县辖地，分为14个区，境内分属宣堡区、口岸区、大泗区、塘湾区。民国37年，境内属塘湾区管辖的地区改属泰塘区。民国38年4月，泰塘区划归泰州市，改称塘湾区；7月，江都县嘶马区以东的二桥、东万、赵李、翟界、故土、生宁、复原、双太8个乡划归泰兴县口岸区，境内47个乡镇属泰兴县管辖，17个乡属泰州市管辖。

### 民国38年（1949）7月境内区、乡镇一览表

表2

| 县（市） | 区（办事处） | 境内乡镇 | 备　注 |
|---|---|---|---|
| 泰兴县 | 口岸区 | 口岸镇、龙窝镇、环溪镇、桃果乡（部分）、德智乡、集成乡、徐庄乡、许庄乡、联和乡、张马乡、仁德乡、唐家乡、朱家乡、马厂乡、三河乡、大成乡、启化乡、双太乡、复原乡、观五乡、生宁乡、赵李乡、故土乡、东万乡、翟界乡、二桥乡 | 另辖毛群乡、封银乡、张河乡、三义乡 |
| | 宣堡区 | 大泗镇、佴霍乡、薛垛乡、樊达乡、汪陈乡、刘荡乡、单野乡、庵桥乡、宗林乡、杨营乡、马李乡、孔庄乡、孔丁乡、钱赵乡 | 另辖1镇9乡 |
| | 永安洲办事处 | 永安乡、永正乡、北沙乡、天雨乡、广安乡、上桥乡、盘头乡 | — |
| 泰州市 | 塘湾区 | 陈蒋乡、沈坞乡、李庄乡、双彭乡、曹于乡、二陈乡、埭白乡、龙河乡、泗龙乡、褚野乡、解家乡、仲野乡、南塘乡（部分）、庙湾乡（部分）、马陈乡、白马乡、曹河乡 | 另辖13乡 |

【新中国成立后至建区前区划】 新中国成立初期，境内共设65个乡镇。1950年5月，泰州与泰县合并，增设大泗区。7月，实现城乡分开管理，属城区管辖的部分乡分别划入附近农村区，其他各区行政界线亦进行适当调整。10月，泰县与泰州分治，塘湾区、大泗区归泰县管辖。

## 1950 年 12 月境内区、乡镇一览表

表 3

| 县 | 区(办事处) | 境内乡镇 | 备　注 |
| --- | --- | --- | --- |
| 泰兴县 | 口岸区 | 口岸镇、龙窝镇、环溪镇、德智乡、张马乡、集成乡、徐庄乡、唐家乡、朱家乡、马厂乡、观五乡、大成乡、启化乡、双太乡、复原乡、生宁乡、赵李乡、故土乡、东万乡、翟界乡、二桥乡、许庄乡、临江乡、仁德乡 | — |
| | 宣堡区 | 汪陈乡、宗林乡、刘荡乡、孔丁乡、薛垛乡、马李乡、单野乡、孔庄乡、杨营乡、庵桥乡、樊达乡、钱赵乡、三河乡、联和乡、桃果乡(部分)、仁德乡 | 另辖1镇4乡 |
| | 永安洲办事处 | 永安乡、上桥乡、永正乡、广安乡、天雨乡、盘头乡、北沙乡 | — |
| 泰　县 | 塘湾区 | 陈蒋乡、仲野乡、马陈乡、沈坞乡、白马乡、李王乡、梅兴乡 | 另辖1镇3乡 |
| | 大泗区 | 大泗镇、岱白乡、龙河乡、褚野乡、解家乡、南塘乡、曹于乡、双马乡、泗龙乡、佴霍乡、二陈乡 | 另辖单桥乡、三彭乡、联朱乡、曹河乡 |

1951年6月，永安洲办事处改设永安区公所，口岸区改称临江区，另增设口岸办事处，辖口岸、龙窝、环溪3镇。1952年9月，口岸、龙窝、高港划属泰州市，撤销口岸办事处，临江区改为刁铺区。10月，增设孔桥区，环溪镇改为泰兴县直属镇，2500人以下的镇更名为乡。1953年6月，泰兴县撤销孔桥等5个区和环溪镇，境内属刁铺区、永安区、宣堡区。1953年11月，口岸、龙窝、高港复归泰兴县，并增设口岸区，刁铺区所属双太、复原、临江、故土、启化、生宁6个乡划归口岸区。1954年9—10月，为适应农业生产和互助合作发展的需要，进行区划调整，裁并3000人以下的乡。口岸区撤销，口岸、龙窝两镇合并为口岸镇，改为泰兴县直属镇；原口岸区的双太、复原、临江、故土、启化、生宁6个乡划归刁铺区。永安区所属的北沙乡并入盘头乡，永正、广安、上桥3乡划为上桥、广安2乡。刁铺区所属东万乡划归赵李、翟界2乡，复原划归双太、生宁2乡。1955年，永安区撤并为永安乡，划归城西区管辖。1956年，泰兴县、泰县全面进行区划调整，境内共有2个镇、27个乡。

## 1956 年境内区、乡镇一览表

表 4

| 县 | 区(县属乡镇) | 境内乡镇 | 备　注 |
| --- | --- | --- | --- |
| 泰兴县 | 刁铺区 | 刁铺镇、二桥乡、赵李乡、马厂乡、仁德乡、许庄乡、故土乡、徐庄乡、双太乡、德智乡、启化乡 | — |
| | 宣堡区 | 联和乡、桃果乡(部分)、庵桥乡、单野乡、薛垛乡、孔丁乡、孔达乡 | 另辖1镇2乡 |
| | 县属镇 | 口岸镇 | — |
| | 县属乡 | 永安乡 | — |
| 泰　县 | 张甸区 | 曹于乡、大泗乡、双陈乡、佴霍乡 | 另辖8乡 |
| | 塘湾区 | 李龙乡、白马乡、陈蒋乡、褚野乡、仲野乡 | 另辖7乡 |

1957年10月，随着高级合作社的发展，全面撤区建乡；12月，泰县塘湾区划归泰州市（含白马乡和野徐乡）。境内乡镇有：泰兴县的口岸镇、刁铺乡、许庄乡、德智乡、樊达乡、庵桥乡、薛垛乡、永安乡；泰县的大泗乡、曹于乡；泰州市的白马乡、野徐乡。1958年9月，全面实现人民公社化。境内口岸、永安人民公社属泰兴县管辖，大泗人民公社属泰县管辖。1959年3月，境内增设刁铺、樊达人民公社；5月，又增设薛垛、庵桥、许庄、田河人民公社；7月，寺巷人民公社划为寺巷、野徐2个人民公社。1960年4月，境内野徐、大泗人民公社属泰州县管辖。1962年5月，境内增设白马人民公社。1963年5月，泰兴县将40个人民公社调整为271个人民公社，设置13个区、1个县属人民公社、3个县属镇和4个县属场圃。境内复原、王营、故土、生宁、天如、时仙、戴集、李庄、大石、临江、江圣、田河、张马、徐桥、朱营人民公社属口岸区管辖，观五、刁铺、万庄、大丰、界牌、屠桥、二桥、朱家、唐家、老庄、官沟、马厂、曹营、许庄、赵王、乔杨人民公社属刁铺区管辖，杨营、樊达、赵钱、孔丁、孔庄、薛垛、庵桥、汪群、单王、宗林、刘荡、海联、汪陈、周马人民公社属宣堡区管辖，口岸镇仍为泰兴县直属镇，永安人民公社为泰兴县直属公社。1964年9月，野徐、白马人民公社由泰州划归泰县。1969年11月，泰兴县撤销13个区和271个公社建制，重新建立40个人民公社，县属镇口岸镇不变。境内有1镇8个人民公社共169个大队、1445个生产队属泰兴县管辖，有3个人民公社共59个大队、543个生产队属泰县所辖。

### 1969年11月境内人民公社（镇）所辖大队、生产队数一览表

表5

| 县 | 公社（镇） | 大队数（个） | 生产队数（个） |
|---|---|---|---|
| 泰兴县 | 汪群人民公社 | 20 | 160 |
| | 胡庄人民公社 | 20 | 182 |
| | 孔桥人民公社 | 21 | 148 |
| | 许庄人民公社 | 21 | 166 |
| | 刁铺人民公社 | 24 | 157 |
| | 口岸人民公社 | 24 | 230 |
| | 田河人民公社 | 21 | 210 |
| | 永安人民公社 | 18 | 192 |
| | 口　岸　镇 | 3 | 33 |
| 泰　县 | 野徐人民公社 | 14 | 142 |
| | 白马人民公社 | 15 | 149 |
| | 大泗人民公社 | 30 | 252 |

1974年，口岸镇并入口岸人民公社。1977年6月，成立口岸区工作委员会。口岸、刁铺、许庄、田河、永安5个人民公社属口岸区（另有马甸人民公社不属境内），胡庄、汪群、孔桥3个人民公社属宣

堡区。1981年，各区工作委员会改建为区公所。11月9日，泰兴县永安人民公社更名为永安洲人民公社。1983年7月，改变政社合一体制，设乡政权，公社改为乡，大队改为村，生产队改为村民小组。口岸人民公社和刁铺人民公社改为乡级镇，属口岸区。

## 1983年7月境内区、乡镇及村（居）委会一览表

表6

| 县 | 区 | 乡镇 | 村委会 | 居委会 |
|---|---|---|---|---|
| 泰兴县 | 口岸区 | 口岸镇（乡级） | 口岸、双新、太平、曹李、红园、龙窝、二闸、高港、江圣、三官殿、时仙、双太、灯湾、虹桥、复原、杨湾、许陈、蔡滩、合乐、长圩、生宁、白杨树、王营、故土、双复、天如、临都 | 口东、口西、口南、育才、高港、龙窝 |
| | | 刁铺镇（乡级） | 镇丰、刁东、潘庄、观五、圩岸、刁铺、河港、赵庄、刁西、万庄、祥丰、陈吉、大丰、薛李、旭光、北栾、界牌、南塘、居桥、长太、蒋庄、蒋桥、井丰、庙湾 | 环溪、通泰、关桥 |
| | | 田河乡 | 田河、集成、徐桥、江干、郎庄、东雅、西雅、广圣、凌港、大石、乔岱、李庄、栾庄、吴楼、戴集、戴东、戴西、张周、东徐、西徐、南马、殷戚、朱营 | — |
| | | 许庄乡 | 王戚、许东、许南、许西、小营、曹官、马厂、万厦、三旗、大东、周梓、唐东、唐西、肖薛、老宗、丰乐、狄家、庄佴、韩野、官沟、永太 | — |
| | | 永安洲乡 | 明沟、桥西、北沙、永福、同兴、天雨、胜利、盘头、新德、引江、永安、堂圩、新圩、同联、平安、保健、兴无、永正、福胜 | — |
| | 宣堡区 | 胡庄乡 | 孔庄、淘沟、单庄、单野、吉野、王园、刘园、周园、李园、马群、肖林、宗庄、胡家庄、史庄、和丰、黄楝、庵桥、于家、陆垛、杨营 | — |
| | | 汪群乡 | 大丁、孔丁、合鹏、海潮、薛垛、三和庄、赵狮、戴荡、刘东、刘西、陈庄、季野、田厦、三殿、陈兴、汪群、麻桥 | — |
| | | 孔桥乡 | 孔桥、范徐、张河、大张河、利民、仇巷、管营、乔杨、联和、栾王、董庄、赵王、李王、东明、西明、蔡庄、樊青、二青、西孔、晓潮、钱庄 | — |
| 泰　县 | 寺巷区 | 野徐乡 | 野徐、新联、永丰、褚家、解家、三桥、野东、雅茶、汤联、仲联、殷家、蒋庄、陈家社、陈民 | — |
| | | 白马乡 | 增产、李家、双龙、陈家、大坝、陆家、前港、袁家、南河、黄河、增荣、李家庄、马家、王庄、朱穆 | — |
| | 张甸区 | 大泗乡 | 大泗、东兴、佴南、佴庄、佴西、霍堡、小霍、小庄、河北、桥河、东平、佴陈、沙港、小马、金龙、康乐、三星、野桥、时南、时庄、前程、曹河、曹于、中陈、大马、北田、陈北、周垛、三港、陈西 | — |

1984年8月，口岸撤乡建镇。1985年7月，刁铺撤乡建镇。1992年9月、1994年10月，泰兴、姜堰先后撤县建市，高港境内乡镇名称不变。1994年6月，永安洲撤乡建镇。1995年1月，田河撤乡建镇。1996年1月，白马撤乡建镇。10月，口岸区公所撤销。1997年4月14日，口岸、刁铺、许庄、田河、永安洲、白马、野徐7个乡镇划归泰州市海陵区管辖。

## 二、建区后行政区划

1997年8月20日，国务院批准设立泰州市高港区，属地级泰州市管辖。将泰州市海陵区的口岸镇、田河镇、刁铺镇、永安洲镇、许庄乡、白马镇、野徐乡划归泰州市高港区管辖，区政府驻口岸镇，辖143个行政村、12个居委会。

### 1997年8月高港区行政区划一览表

表7

| 乡　镇 | 居委会 | 行政村 |
|---|---|---|
| 口岸镇 | 口东、口西、口南、育才、龙窝、高港 | 宁都村、天如村、故土村、合乐村、生宁村、长圩村、复原村、时仙村、虹桥村、双太村、高港村、杨湾村、双新村、曹李村、红园村、龙窝村、太平村、二闸村、江圣村、三官殿村、灯湾村、口岸村、许陈村、王营村、蔡滩村、白杨树村、双复村 |
| 田河镇 | — | 田河村、乔岱村、大石村、凌港村、广胜村、徐桥村、江干村、郎庄村、东雅村、西雅村、吴楼村、李庄村、栾庄村、戴集村、戴东村、戴西村、集成村、东徐村、西徐村、朱营村、南马村、张周村、殷戚村 |
| 刁铺镇 | 环溪、通泰、关桥 | 镇丰村、刁东村、潘庄村、观五村、圩岸村、刁铺村、河港村、赵庄村、刁西村、万庄村、祥丰村、陈吉村、大丰村、薛李村、旭光村、北栾村、界牌村、南塘村、居桥村、长太村、蒋庄村、井丰村、庙湾村、蒋桥村 |
| 许庄乡 | — | 王戚村、许东村、许南村、许西村、小营村、曹官村、马厂村、万厦村、三旗村、大东村、周梓村、唐东村、唐西村、肖薛村、丰乐村、狄家村、庄佴村、韩野村、官沟村、太平村、老宗村 |
| 永安洲镇 | 富民 | 明沟村、桥西村、北沙村、永福村、同兴村、天雨村、胜利村、盘头村、新德村、引江村、永安村、堂圩村、新圩村、同联村、平安村、保健村、兴无村、永正村、福胜村 |
| 野徐乡 | — | 野徐村、新联村、永丰村、褚家村、解家村、三桥村、野东村、雅茶村、汤联村、仲联村、殷家村、蒋庄村、陈庄村、陈民村 |
| 白马镇 | 白马 | 增产村、李家村、双龙村、陈家村、大坝村、陆家村、前港村、袁家村、南河村、黄河村、增荣村、王庄村、朱穆村、白马村、马家村 |

1998年3月，许庄撤乡建镇。1999年2月，野徐撤乡建镇。1999年10月，大泗撤乡建镇（时属姜堰市）。2000年2月，田河镇并入口岸镇（镇政府驻口岸）；3月，许庄镇并入刁铺镇（镇政府驻刁铺）；汪群乡、胡庄乡合并成立胡庄镇（镇政府驻胡庄）；7月，口岸镇南官河以西的故土、合乐、双复、

生宁、杨湾、复原、双太、高港、时仙、虹桥、长圩11个行政村和高港居委会划归泰州市经济开发区；10月，孔桥乡并入泰兴市宣堡镇（镇政府驻宣家堡），原属孔桥乡20个行政村归宣堡镇管辖。2001年4月，全区132个行政村合并成57个行政村13个居委会。其中，口岸镇39个行政村合并成20个行政村，5个居委会未变；刁铺镇45个行政村合并成16个行政村，4个居委会未变；永安洲镇19个行政村、1个居委会合并成8个行政村、1个居委会；野徐镇14个行政村合并成7个行政村、1个居委会；白马镇15个行政村合并成6个行政村、2个居委会。

### 2001年4月高港区行政村、居委会合并情况一览表

表8

| 镇 | 合并后村名 | 被合并村 | 居委会 |
|---|---|---|---|
| 口岸镇 | 引　江 | 宁都村、天如村 | 口东、口西、口南、育才、龙窝 |
| | 东　南 | 太平村、红园村 | |
| | 城　南 | 三官殿村、江圣村 | |
| | 王　营 | 王营村、白杨树村 | |
| | 徐　桥 | 徐桥村、广胜村、凌港村 | |
| | 雅　儒 | 东雅村、西雅村 | |
| | 田　河 | 田河村、殷戚村 | |
| | 戴　集 | 戴集村、戴东村、戴西村 | |
| | 张　马 | 南马村、张周村 | |
| | 朱　营 | （原）朱营村 | |
| | 新　明 | 双新村、曹李村 | |
| | 龙　口 | 龙窝村、二闸村 | |
| | 城　东 | 灯湾村、许陈村 | |
| | 大　石 | 大石村、乔岱村 | |
| | 郎　庄 | 郎庄村、江干村 | |
| | 吴　楼 | 吴楼村、李庄村 | |
| | 集　成 | 集成村、栾庄村 | |
| | 徐　庄 | 东徐村、西徐村 | |
| | 口　岸 | （原）口岸村 | |
| | 蔡　滩 | （原）蔡滩村 | |

续表8

| 镇 | 合并后村名 | 被合并村 | 居委会 |
|---|---|---|---|
| 刁铺镇 | 刁　铺 | 刁铺村、刁东村 | 环溪、通泰、关桥、三星 |
| | 官　河 | 镇丰村、赵庄村、刁西村 | |
| | 大　丰 | 大丰村、旭光村、北栾村 | |
| | 屠　桥 | 屠桥村、长太村、蒋庄村 | |
| | 官　沟 | 官沟村、太平村、庄佴村 | |
| | 老　庄 | 丰乐村、老宗村、肖薛村 | |
| | 三旗营 | 大东村、三旗村、河港村 | |
| | 曹官营 | 曹官村、小营村 | |
| | 观　五 | 观五村、潘庄村、圩岸村 | |
| | 万　庄 | 万庄村、祥丰村、陈吉村 | |
| | 界　牌 | 界牌村、薛李村、南塘村 | |
| | 二　桥 | 井丰村、蒋桥村、庙湾村 | |
| | 周　梓 | 周梓村、韩野村、狄家村 | |
| | 唐　家 | 唐东村、唐西村 | |
| | 马　厂 | 马厂村、万厦村、王戚村 | |
| | 许　庄 | 许东村、许西村、许南村 | |
| 永安洲镇 | 福　沙 | 北沙村、永福村 | 永安村1～7组、富民居委会合并为兴洲居委会 |
| | 永　兴 | 胜利村、天雨村 | |
| | 建　安 | 保健村、平安村 | |
| | 上　桥 | 兴无村、堂圩村、桥西村 | |
| | 新　街 | 同兴村、盘头村 | |
| | 兴　隆 | 新圩村、新德村（农场） | |
| | 永　胜 | 永正村、福胜村 | |
| | 中　心 | 明沟村、引江村、同联村、永安村8～13组 | |

续表 8

| 镇 | 合并后村名 | 被合并村 | 居委会 |
|---|---|---|---|
| 野徐镇 | 解　家 | 解家村、三桥村 | 野徐、野东、汤联3个村合并为城中居委会 |
| | 陈　庄 | 陈庄村、陈民村 | |
| | 新　联 | (原)新联村 | |
| | 仲　联 | (原)仲联村 | |
| | 褚　雅 | 褚家村、雅茶村 | |
| | 殷　蒋 | 蒋庄村、殷庄村 | |
| | 永　丰 | (原)永丰村 | |
| 白马镇 | 陈　家 | 陈家村、前港村 | 李家村、增产村、马家村、白马居委会合并为金马居委会，白马村改为白马居委会 |
| | 岱　白 | 增荣村、大坝村 | |
| | 朱　穆 | (原)朱穆村 | |
| | 陆　家 | 陆家村、双龙村 | |
| | 黄　河 | 黄河村、南河村 | |
| | 前　进 | 王庄村、袁家村 | |

2002年1月，口岸镇增设柴墟街道办事处，副镇级，辖6个行政村、6个居委会。刁铺镇设环溪街道办事处，副镇级，辖3个行政村、4个居委会。2004年10月，口岸镇新城社区成立，为全区首个社区。2006年1月，撤销口岸镇、柴墟街道办事处，成立口岸街道办事处；撤销刁铺镇、环溪街道办事处，设立刁铺、许庄街道办事处。2008年7月，白马镇的朱穆村、野徐镇的殷蒋村、陈庄村划归泰州市海陵区周山河街区。9月，姜堰市的大泗镇、泰兴市的胡庄镇整体划归高港区，泰兴市宣堡镇的赵王村、乔杨村、明河村、钱赵村、管营村、孔桥村、蔡庄村划归高港区许庄街道；泰兴市第二捕捞公司划归高港区代管，隶属于永安洲镇，领导关系归区农委。2008年，高港区共辖口岸、刁铺、许庄3个街道和永安洲、白马、野徐、大泗、胡庄5个镇，共有21个社区（居委会）、79个行政村、1个渔业公司。

## 2008年高港区行政区划一览表

表 9

| 街道、镇 | 社区、居委会 | 行政村 |
|---|---|---|
| 口岸街道 | 龙窝口社区、育才社区、柴墟社区、口岸社区、新城社区、城南社区、城东社区、王营社区、蔡滩社区 | 引江村、新明村、东南村、大石村、徐桥村、郎庄村、雅儒村、吴楼村、集成村、田河村、戴集村、徐庄村、张马村、朱营村 |
| 刁铺街道 | 通太社区、环溪社区、关桥社区 | 万庄村、大丰村、界牌村、屠桥村、二桥村 |

续表 9

| 街道、镇 | 社区、居委会 | 行政村 |
| --- | --- | --- |
| 许庄街道 | 三星社区、马厂社区 | 官沟村、周梓村、老庄村、唐家村、三旗营村、曹官营村、许庄村、赵王村、乔杨村、明河村、钱赵村、孔桥村、蔡庄村、管营村 |
| 永安洲镇 | 兴洲居委会 | 福沙村、新街村、永兴村、兴隆村、建安村、永胜村、上桥村、中心村 |
| 野徐镇 | 城中社区 | 解家村、褚家村、新联村、永丰村、仲联村 |
| 白马镇 | 白马社区、金马社区 | 陈家村、陆家村、岱白村、黄河村、前进村 |
| 大泗镇 | 大泗居委会（未组建班子） | 大泗村、时庄村、马龙村、霍堡村、大马村、北港村、二陈村、曹于村、前进村、佴陈村、佴庄村、康乐村 |
| 胡庄镇 | 胡庄居委会（未组建班子）、汪群居委会（未组建班子） | 赵市村、薛垛村、戴陈村、刘荡村、单王村、刘园村、史庄村、庵桥村、周马村、宗林村、田野村、丁庄村、陈隆村、杨营村、胡庄村、汪群村 |

说明：第二捕捞公司由永安洲镇代管。

# 第二章　自然环境

1997年，区域面积224平方千米，东部自北向南以白马镇与姜堰市张甸镇、大泗镇为界，野徐镇与大泗镇为界，许庄乡与泰兴市孔桥乡为界，田河镇与泰兴市孔桥乡、宣堡镇、马甸镇为界；东南以永安洲镇与泰兴市马甸镇、过船镇为界；西南止长江边；西以口岸镇与江都市嘶马镇为界，刁铺镇与江都市浦头镇为界；北以刁铺镇与海陵区寺巷镇为界，野徐镇、白马镇与海陵区塘湾镇为界。2008年末，区域面积314.33平方千米，东以白马镇、大泗镇与姜堰市张甸镇为界，胡庄镇与泰兴市新街镇为界，口岸街道与泰兴市宣堡镇、马甸镇为界；东南以永安洲镇与泰兴市马甸镇、滨江镇为界；西南止长江边；西以口岸街道与江都市嘶马镇为界，刁铺街道与江都市浦头镇为界；北以刁铺街道与泰州经济开发区寺巷镇为界，野徐镇、白马镇与泰州经济开发区凤凰路街道为界。

全境系长江冲积物持续聚集而成，地处宁—通构造带。地貌可分为高沙平原、沿江平原和江边滩地。内河有名常流主干河道、中沟120余条，无名小溪众多。

境域地处北亚热带海洋性季风气候区，兼受西风带、副热带和热带天气系统的共同影响。总的气候特征为：季风显著，温和湿润，四季分明，酷暑严寒不长；雨量充沛，日光充足，霜期较短，全年无霜期220天，有利于发展农业生产。一年四季中，间有灾害性天气发生，限制着气候资源的充分利用和农业生产效能的正常发挥。平均4月5日入春，春季68天；6月12日入夏，夏季96天；9月16日入秋，秋季57天；11月12日入冬，冬季144天。

境内生物种类繁多。植物有6大类499种，其中种子植物最多，占80%以上；药用植物百种以上。动物有4大类170余种，其中脊索动物最多，占70%以上，鱼类上百种。有许多国家保护动物和植物，对维持生物系统平衡具有十分重要的价值。许多动植物对生产生活有一定的利用价值。一些资源具备很高的经济价值，对改善民生和建设生态区起一定作用。

## 第一节　地质地貌

### 一、地质构造

高港区在地质构造上位于宁—通构造带。宣堡—口岸一线以北，口岸—许庄一线以东属于海安凹陷。这一凹陷北与泰州低凸起相接，为一北东—北东东向、北断南起的箕状凹陷，物探反映为北东—北东东向负异常，可能是受东西构造影响所致；口岸—许庄一线以西的较小区域，属于北东向泰州低凸起的西南末端部分。

### 二、地层

境内第四系以前主要发育地层自老至新有白垩系上统及新生界第三系。在区域构造的控制下，主要发育地层也存在区域性差异。

海安凹陷和泰州低凸起具有不同的沉积环境，发育的地层也有差异，表现在本区内属于海安凹陷区的部分有较厚和完整的白垩系上统至全新统的沉积；而属于泰州低凸起的部分，则缺失上第三系的戴南组（E2d）和白垩系上统的赤山组（K2C）。

高港区境域主要发育地层一览表

表 10

| 年代地层 | | 地层名称 | 代号 | 主要岩性特征 |
|---|---|---|---|---|
| 系 | 统 | | | |
| 第四系 | 全新统 | 全新统 | Q4 | 为一套黄棕、黄灰色粉细沙、黏土质粉砂，具水平层理，为冲积相沉积 |
| | 上更新统 | 上更新统 | Q3 | 上部上为暗绿、褐黄色亚黏土湖相为主的沉积；中为褐黄、青灰色粉细砂、中细砂夹亚黏土，为海陆过渡相—海相沉积；下为青灰、棕黄色亚黏土、夹砂层，为湖相为主的沉积。中部为灰黄、灰白、青灰色中细砂、含砾中粗砂，属海陆过渡相沉积。下部为灰、灰褐色细砂、含砾中砂、夹亚黏土，为河湖相沉积 |
| | 中更新统 | 中更新统 | Q2 | 上部为灰、灰白、灰黄色中细砂、中粗砂、含砾中粗砂；下部为黄褐色夹灰白、青灰、灰绿色亚黏土，含钙质结核及铁锰结核 |
| | 下更新统 | 下更新统 | Q1 | 上部为灰、灰黄、灰白色中粗砂、含砾中粗砂、中细砂、砂砾；下部为灰绿、黄褐色亚黏土、黏土 |

续表10

| 年代地层 | | | 地层名称 | 代号 | 主要岩性特征 |
|---|---|---|---|---|---|
| 系 | | 统 | | | |
| 第三系 | 上第三系 | 上新统中新统 | 盐城组 | N1-2gn | 上部为灰绿、棕黄、棕红色泥质砂岩、砂质泥岩、粉砂质泥岩、泥质粉砂岩、粉细砂岩、中粗砂岩；下部为棕红、浅棕、灰绿、黄绿色泥岩、泥质粉砂岩、细砂岩 |
| | 下第三系 | 渐新统 | 三垛组 | E3S | 上部为浅灰绿、浅红棕、咖啡色泥岩；下部为暗红色泥岩、粉细砂岩和灰棕、灰白色细砂岩 |
| | | 始新统 | 戴南组 | E2d | 上部为褐灰、暗棕红色泥岩、粉砂质泥岩、粉细砂岩；下部为褐灰、暗棕红、灰黑色泥岩和灰棕、灰白、灰绿色粉细砂岩 |
| | | | 阜宁群 | E1-2fn | 湖相沉积为主，夹河流相和海陆过渡相沉积。在纵向上由下而上岩性由粗—细—粗—细组成四段二大沉积旋回，一段和二段组成第一沉积旋回，三段和四段组成第二沉积旋回 |
| | | 古新统 | 泰州组 | E1t | 上部为灰、灰黑、棕红色泥岩、粉砂质泥岩；下部为棕红、灰白色块状细砂岩 |
| 白垩系 | | 上统 | 赤山组 | K2C | 红棕、砖红砂岩、泥岩构成明显的韵律层 |
| | | | 浦口组 | K2P | 上部为紫、紫红色钙质砂岩、岩屑砂岩及棕色、咖啡色粉质砂岩、泥岩、膏泥岩、膏质砂岩、泥质粉砂岩；下部为紫红、灰色厚层角砾岩、砾岩、砂砾岩 |

## 三、地震

据1993年版《泰兴县志》载，自北宋天圣五年（1027）有地震记载起至1987年，境内共出现20次地震，均属于震中在外地而波及境内的有感地震，未造成灾害。1987—2008年，境内出现10余次地震，均属于震中在外地而波及境内的有感地震，震级小，未造成损失。

## 四、地貌

全境属长江三角洲冲积平原，地势东北高、西南低，由东北向西南略呈倾斜。按地貌特征，大致可分为高沙平原、沿江平原、江边滩地。

【高沙平原】 该区域原为泰州以南长江北岸的河漫滩，由长江冲积物持续聚集而成陆。范围在口岸街道驻地以东、永安洲镇以北，涉及口岸街道部分、刁铺街道部分、许庄街道部分和野徐镇、白马镇、大泗镇、胡庄镇，约占全区面积的89%。区域内沟渠纵横，地势平缓，地势总体为东北部略高，由东北部向西南部微斜。地面高程一般为3.5～6米。

【沿江平原】 约在南唐时代（937—961），境内江边各个沙洲由于江滩水流所夹带的泥沙沉积作用，开始连接起来，构成一片洼地，后开辟为水田。涉及永安洲镇、口岸街道部分和刁铺街道部分，约占全区面积的11%。地势低而狭长。地面高程一般为1.8～3.5米，最低1.8米（永安洲镇北沙局部地面）。

【江边滩地】 分布在江岸线附近的狭长区域内，面积约250.77公顷。江岸线西北起南官河中心线，东南至东夹江河道中心线，全长25.6千米。由于人工护坡和修筑江堤等人为地貌作用，江边滩地和现代河漫滩的发育受到一定影响。

## 第二节 气 候

### 一、四季特征

【春季】 3—5月为春季。季内主要是过程性天气，气温回升较慢，常出现低温阴雨天气，降水比冬季增多。季平均（1959—2008年平均）雨量为226.6毫米，占全年雨量的22%。季内3—4月月际升温5.9℃，4—5月月际升温5.4℃，5—6月月际升温4.4℃，季平均气温13.8℃。气温日较差大，平均为9.4℃，多东风和东南风。春季平均相对湿度为77%，但年际间也有差别。3月份多闻初雷，偶有冰雹出现。

【夏季】 6—8月为夏季。季内由于海陆热力差异的影响，盛行东南季风，天气多雨炎热。初夏时，太平洋高压由南北进，与来自北方的冷空气交绥于长江流域，地面上出现准静止锋，一般6月中旬进入梅雨天气，7月上旬结束。梅雨期内阴雨连绵，时有雷暴雨、暴雨或冰雹等灾害性天气出现。历年夏季平均总雨量为476.1毫米，占全年雨量的46.6%，而梅雨量平均为240.1毫米，对夏季雨量大小起主导作用。梅雨结束后，常受副热带高压控制，多为高温、高湿天气，极端最高气温达39.4℃，相对湿度平均为83%，季平均气温25.9℃。气温日较差小，平均为7.7℃，闷热感不分昼夜。7—8月，副热带高压北进后常受台风影响，形成大风暴雨。1959—2008年，境内受台风影响56次。

【秋季】 9—11月为秋季。北方冷空气开始南侵，偏北风日渐增多，雨量减少，气温逐渐下降，9—10月月际降温5.6℃，10—11月月际降温6.4℃，11—12月月际降温6.2℃。湿度较小，季节的相对湿度平均为79%，出现天高气爽的宜人气候。初秋也会有高温出现，俗称“秋老虎”。1964年9月4日曾出现37℃的高温。秋季雨量平均为213.7毫米，占全年雨量的21%。9月雷雨尚多，平均日数3.2天；10月少见，平均日数0.1～0.4天。10月下旬可见初霜。秋季的灾害性天气较少，间有台风影响，带来大风暴雨。

【冬季】 12月至翌年2月为冬季。季内寒冷少雨，西伯利亚冷空气频繁南下，盛行西北风。空气干燥，季节的相对湿度平均为76%，降水很少，季平均雨量为119.1毫米，占全年雨量的10.5%。季平均气温3.4℃，最冷月在1月，月平均气温2.1℃，极端最低气温为-14.1℃。冬季有冷冬、暖冬之分。

### 二、气象要素

【气温】 常年最冷月为1月，平均气温2.1℃。1959—2008年，年平均气温为15.1℃；大于或等于35℃（高温）日数为385天，年平均7.7天。高温日较多的年份有：1959年（22天）、1966年（23天）、1967年（20天）。最暖年份是2007年，年平均16.9℃。未出现高温的年份有1965年、1968年、

1981年、1982年。1959—2008年,低于或等于-10℃的严寒天气为10天。最冷年份是1980年,年平均14℃。

## 1959—2008 年高港地区气温一览表

表 11　　单位:℃

| 项　目 | | 1月 | 2月 | 3月 | 4月 | 5月 | 6月 | 7月 | 8月 | 9月 | 10月 | 11月 | 12月 |
|---|---|---|---|---|---|---|---|---|---|---|---|---|---|
| 平均气温 | | 2.1 | 3.8 | 8.2 | 14.1 | 19.5 | 23.9 | 27.5 | 27.1 | 22.7 | 17.1 | 10.7 | 4.5 |
| 极端最高 | 极端值 | 20.2 | 25.9 | 29.1 | 32.7 | 35.7 | 38.3 | 38.7 | 39.4 | 36.9 | 31.8 | 28.7 | 21.3 |
| | 年份 | 1964 | 1987 | 1973 | 1963<br>1978 | 1987 | 2006 | 1978 | 1966 | 1995 | 2002 | 2003 | 1987 |
| | 日期 | 11 | 10 | 28 | 16<br>14 | 25 | 21 | 10 | 7 | 7 | 5 | 2 | 28 |
| 极端最低 | 极端值 | -12.1 | -14.1 | -5.4 | -1.3 | 4.8 | 12 | 15.3 | 17.2 | 9 | 1.1 | -4.4 | -10.8 |
| | 年份 | 1984 | 1969 | 1978<br>1988 | 1962 | 1961 | 1969<br>1981 | 1976 | 1972 | 1972 | 1966 | 1968 | 1991 |
| | 日期 | 23 | 6 | 1<br>7 | 4 | 4 | 6<br>2 | 5 | 31 | 29 | 28 | 10 | 29<br>30 |

资料来源:泰州站58246观测资料,后同。

【地温】 地面温度年平均为17.1℃,其中,1月平均2.9℃,4月平均16.4℃,7月平均30.4℃,10月平均18.8℃,一般高于气温2℃。地下温度年平均为17.1℃。地面温度最高值出现在8月,最低值出现在1月。地面温度的夏季增温、冬季降温都比地下变化快。以地下5厘米为例,2月至10月地面温度高于地下温度,11月至1月地面温度反而低于地下温度,这种现象愈向深处愈明显。

## 1959—2008 年高港地区月平均地温一览表

表 12　　单位:℃

| 深　度 | 1月 | 2月 | 3月 | 4月 | 5月 | 6月 | 7月 | 8月 | 9月 | 10月 | 11月 | 12月 | 年平均地温 |
|---|---|---|---|---|---|---|---|---|---|---|---|---|---|
| 0厘米 | 2.9 | 5 | 9.7 | 16.4 | 22.5 | 26.8 | 30.4 | 30.6 | 25.2 | 18.8 | 11.4 | 4.9 | 17.1 |
| 5厘米 | 3.1 | 4.8 | 9 | 15 | 21 | 25.3 | 29.1 | 29.3 | 24.3 | 18.3 | 11.4 | 5.2 | 16 |
| 10厘米 | 3.6 | 5 | 9 | 14.7 | 20.5 | 24.8 | 28.5 | 28.9 | 24.3 | 18.5 | 11.9 | 5.9 | 16 |

【降水】 1959—2008年，年平均雨日为114.5天。1978年雨日77天，为雨日最少的年份；2003年雨日135天，为雨日最多的年份。年平均降水量为1020.9毫米。1978年降水量395.6毫米，为降水量最少的年份；1991年降水量1796毫米，为降水量最多的年份。大量雨水主要集中在夏季，6—8月的降水量平均合计为476.1毫米，占年平均总降水量的46.6%。而夏季又以7月为最多，历年平均达186毫米，占平均夏季降水量的39%。降水量较少的月份是1月、2月、12月，3个月降水量106.9毫米，占全年总降水量的10%。日最大降水量极值为169.4毫米，发生于1970年7月27日。最长连阴雨发生于1970年8月21日至9月29日，连阴雨天数达到40天，总降水量401.9毫米。

### 1959—2008年高港地区月平均降水日数、平均降水量和日最大降水量一览表

表13

| 月份 | 平均降水日数（天） | 平均降水量（毫米） | 日最大降水量（1959—2008年） | |
|---|---|---|---|---|
| | | | 降水量（毫米） | 发生时间 |
| 1 | 7.7 | 38.4 | 36.2 | 2001.01.06 |
| 2 | 8.6 | 40.7 | 28.1 | 1981.02.16 |
| 3 | 10.5 | 69.1 | 58.7 | 1991.03.21 |
| 4 | 10 | 74.4 | 64.3 | 1993.04.28 |
| 5 | 10.8 | 83.1 | 107.2 | 1970.05.29 |
| 6 | 10.9 | 148.1 | 161.3 | 1975.06.24 |
| 7 | 13.3 | 186 | 169.4 | 1970.07.27 |
| 8 | 11.8 | 142 | 156.9 | 2001.08.01 |
| 9 | 9.5 | 106.7 | 149.6 | 1962.09.06 |
| 10 | 8 | 51.8 | 71.3 | 1981.10.07 |
| 11 | 7.3 | 53.1 | 64.8 | 1982.11.28 |
| 12 | 6.1 | 27.8 | 29.2 | 1974.12.31 |
| 全年 | 114.5 | 1020.9 | 169.4 | 1970.07.27 |

【风】 每年以东南风为最多，其次是东风、东北风，北风、西北风。季风明显，春、夏以东南风、东风为最多，秋季以东北风、东风为最多，冬季以东风、西北风、东北风为最多。年平均风速为3.1

米/秒，各风向出现的最大风速大多在14米/秒以上，其中，西北风最大风速为17米/秒，北风最大风速为20米/秒。

**1959—2008年高港地区各季各风向频率及最大风速一览表**

表14

| 项目＼频率%＼风向 | 静风 | 北 | 北北东 | 东北 | 东北东 | 东 | 东南东 | 东南 | 南南东 | 南 | 南南西 | 南西 | 西南西 | 西 | 西北西 | 西北 | 北北西 |
|---|---|---|---|---|---|---|---|---|---|---|---|---|---|---|---|---|---|
| 春 | 7 | 4 | 4 | 7 | 8 | 11 | 11 | 13 | 10 | 6 | 4 | 4 | 3 | 3 | 3 | 4 | 3 |
| 夏 | 10 | 2 | 3 | 5 | 8 | 11 | 10 | 14 | 8 | 6 | 3 | 5 | 4 | 2 | 2 | 2 | 2 |
| 秋 | 12 | 8 | 8 | 10 | 10 | 10 | 5 | 5 | 2 | 2 | 2 | 2 | 2 | 2 | 4 | 5 | 6 |
| 冬 | 11 | 6 | 6 | 5 | 8 | 9 | 6 | 5 | 4 | 3 | 3 | 4 | 3 | 3 | 5 | 8 | 7 |
| 最大风速（米/秒） | — | 20 | 14 | 14 | 14 | 14 | 12 | 14 | 14 | 12 | 9 | 10 | 14 | 14 | 14 | 17 | 17 |

【霜】 1959—2008年，年平均霜期为139.6天。其中，1979—1980年，霜期达177天；2005—2006年，霜期仅103天。霜日以1月为最多，12月和2月次之。初霜日一般在11月10日前后，最早为10月11日，出现在1968、1969、1985、1990年；最晚为12月11日，出现在1965年。终霜日一般在3月29日前后；最早为2月24日，出现在2002年；最晚为4月18日，出现在1961年。

【雪】 1959—2008年，每年初降雪一般在12月中旬。1976年11月17日，为最早降雪初日；1975年1月18日，为最晚降雪初日。年终雪日一般在3月初。2001年1月18日，为最早降雪终日；1979年4月14月，为最晚降雪终日。年平均降雪天数8.5天，积雪期主要在1—2月，最大积雪深度为30厘米（泰州气象站观测场内），出现在1984年1月19日。

【湿度】 1959—2008年，年平均相对湿度为79%。相对湿度较小的月份是1、2、3、12月，在75%～76%；相对湿度较大的月份是7、8、9月，为82%～85%。日最小相对湿度极值为7%，出现在1977年3月5日和1986年3月6日。

【日照】 根据日出日没推算，全年日照时间约为4000小时。受云量影响，实际年平均日照时数2155.9小时，占可照时数的53.9%。各月日照时数以8月最多，平均为228.7小时；2月最少，平均为146.3小时。因各年阴雨天有多有少，日照时数的年际变化较大，最多年份为2829.5小时（1961年），最少年份为1736.5小时（1972年），年际差1093小时。

【蒸发】 1959—2008年，年平均蒸发量为1399.2毫米。年蒸发量最大的为1978年，达1718.4毫米；最小的是1985年，仅1091毫米。全年中，月最大蒸发量在7月，达182.7毫米；月最小蒸发量在1月，仅45.6毫米。年平均降水量与年平均蒸发量之差为376.6毫米，降水量小于蒸发量。

## 三、主要灾害

【旱灾】 历史上，境内旱灾一般出现在7月下旬至8月，气温高，蒸发大，持续不雨，导致农作物凋萎枯死，高沙土地区受灾尤多。北宋大中祥符五年（1012）至清宣统三年（1911），有记载的旱灾共34次。一般干旱年多伴有虫灾，干旱愈久，虫害愈烈。历史上灾情最重的一次是明崇祯十四年（1641），“自春至冬不雨，溪河枯竭，蝗蝻复生，民大饥疫”。民国年间记载仅1次。新中国成立至2008年的59年中大旱灾有5次，分别发生于1959年、1962年、1967年、1978年、1994年，灾情最重的一次是1978年。20世纪80年代后，特别是建区后，境内兴修水利，灌溉条件改善，干旱危害比过去大为降低，偏旱年份一般尚能增产。

【水灾】 北宋乾德二年（964）至1987年，境内有记载的水灾110余次。其中，暴雨（大水）成灾40余次，多发生在6—7月间，灾情最重的一次是1954年；潮溢成灾40余次，全都发生在夏汛时期；特大水灾往往是风、雨、潮同时侵袭的结果，沿江水田地区受害最重，灾情最重的一次是明万历二年（1574）七月，“暴风雨、潮，没人畜无数”；连阴雨成灾19次，春、夏、秋三季都有发生。新中国成立后，筑堤防汛，兴建水闸，排水、降渍条件改善，虽有暴雨、潮汛发生，也不易危害农作物，但连阴雨成灾仍经常发生，少则连续降雨5～6日，多则20日，空气湿度大，光照严重不足。发生在春播期间，则影响早稻发育和引起三麦赤霉病；发生在夏收期间，则造成烂麦场；发生在秋收期间，则影响秋收秋种。1988—2008年，高港地区有记载的水灾14次，尤其是1991年，出现暴雨9次，其中梅雨期出现暴雨、大暴雨7次，形成百年一遇特大洪涝灾害。

【风灾】 明隆庆三年（1569）至清宣统三年（1911），有记载的风灾11次。民国年间4次。1954—1987年，共发生风灾21次。其中，大风成灾4次，发生在4—8月，出现时，气温骤降，常伴有雷雨或冰雹；台风成灾9次，出现在8—9月，风力常达9级左右，速度一般为5～10千米/小时，伴有暴雨，破坏力大；龙卷风成灾8次，发生在6—7月，以7月为多，风速达36千米/小时（100米/秒），所经路线气压很低，破坏力很大。1988—2008年，有记载的风灾23次，其中雷雨大风5次、台风11次、龙卷风7次。

【雹灾】 1953—1987年，境内共出现雹灾10次，发生时间多在4—6月，最早为4月17日（1964年），最晚为8月（1971年）。冰雹出现时，常伴有狂风、暴雨，轻则折枝伤苗，重则毁屋伤人。1988—2008年，发生雹灾3次。

【冻害】 北宋雍熙二年（985）至清宣统三年（1911），境内共发生异寒冰雪天气11次。灾情最重的一次是明景泰五年（1454）五月，“大雪，竹木多冻死。七月，复大雪，冰厚三尺”。1953—1987年，境内共出现强寒潮13次。每逢强寒潮来临，气温在48小时内突然下降14℃以上，常伴有降雨、降雪，给越冬作物的正常发育和交通车辆的正常运行带来不同程度的危害。1988—2008年，有记载的冻灾6次，分别发生在1991年12月26—27日、1995年1月31日至2月5日、1996年1月17日、1998年3月19—20日、2000年1月24—25日、2008年1月25—29日。

### 附：自然灾害录

宋乾德三年（965）六月，暴风，潮溢。

宋太平兴国四年（979），雨水害稼。

宋雍熙二年（985）十二月，江水冰。

宋咸平六年（1003），潮溢。

宋大中祥符二年（1009），大水。

宋大中祥符五年（1012），旱。

宋大中祥符六年（1013）七月，潮溢。

宋乾兴元年（1022），大水。

宋天圣四年（1026），大水。

宋天圣五年（1027）三月，地震。

宋明道元年（1032），大旱，饥。

宋嘉祐六年（1061），霪雨为灾。

宋熙宁七年（1074）三月至九月，不雨。

宋元丰四年（1081）春，大水。

宋元祐八年（1093）八月，大水。

宋大观二年（1108），大旱。

宋重和元年（1118），大水，漂溺无数。

宋绍兴三年（1133），大旱，疫。

宋绍兴六年（1136）五月，大旱。

宋绍兴二十七年（1157），大水。

宋隆兴二年（1164），霪雨伤稼。

宋乾道三年（1167）八月，霪雨，禾粟多腐。

宋淳熙三年（1176）夏，雨伤稼。

宋淳熙十六年（1189）五月，水。

宋绍熙二年（1191），大旱，蝗。

宋绍熙四年（1193），大水。

宋嘉定十六年（1223），大水，无麦禾。

宋绍定四年（1231），大水。

宋景定五年（1264）一月至六月，不雨。

元至元二十九年（1292），大水。

元元贞三年（1297），大水。

元大德二年（1298）七月，暴雨，江水溢，高四五丈。

元大德九年（1305）七月，大水。

元大德十一年（1307）六月，大水。

元泰定二年（1325），潮溢。

元泰定三年（1326），大水。

元天历三年（1330）五月，潮溢。翌年饥。

元至顺三年（1332），河水溢。

元元统元年（1333）夏，雨伤禾。

元至正二年（1342）八月，江水一夕枯竭。

明洪武十二年（1379），江溢。

明永乐七年（1409）十二月，江岸为风潮冲缺，沦为江。

明永乐九年（1411），江潮涨四日，漂人畜甚众。

明正统五年(1440),大旱,饥。

明正统九年(1444),潮溢。

明正统十四年(1449),大水。

明景泰五年(1454)五月,大雪,竹木多冻死。七月,复大雪,冰厚三尺。

明景泰六年(1455),潮溢。

明天顺元年(1457),大水。

明天顺四年(1460)九月,水灾。

明成化元年(1465),大水。

明成化六年(1470)秋至次年春,不雨,河竭成陆。

明成化八年(1472)夏,大旱。秋,江溢。

明成化十一年(1475),水灾。

明成化二十年(1484),大旱,河竭,斗粟易子女。

明弘治十六年(1503)夏、秋,大旱,疫。

明正德七年(1512)七月,大风雨,潮溢。

明正德十一年(1516),霪雨伤稼。

明正德十二年(1517),大水,无麦。

明嘉靖元年(1522)七月,大雨、雹,潮溢。

明嘉靖二年(1523)正月至六月,不雨。七月,霪雨不止,饿殍载道,盗贼四起。

明嘉靖十年(1531),潮溢。

明嘉靖十四年(1535),大旱,蝗。

明嘉靖十九年(1540)夏,旱。秋,大水。

明嘉靖二十年(1541)春,大水。夏,旱、蝗。

明嘉靖三十七年(1558),大水。

明嘉靖三十八年(1559)夏、秋,旱。翌年大饥,人食草木。

明隆庆二年(1568)七月,潮溢。

明隆庆三年(1569)六月,潮溢,大风坏屋。

明万历二年(1574)七月,暴风雨、潮,没人畜无数。

明万历三年(1575),大风,潮溢。

明万历六年(1578)冬,大雪,飞鸟堕地死。

明万历九年(1581)八月,狂风大作,屋瓦如飞,骤雨如注,坡塘圩埂尽决,漂浸官民屋舍,男妇死者无数。

明万历十六年(1588),大旱,饥而不害。

明万历十七年(1589),复旱,饥。

明万历二十一年(1593),大水。

明万历二十六年(1598),霪雨无麦。

明天启五年(1625)夏,大旱。

明崇祯元年(1628)七月至八月,连续大风19天,沿江田地半坍於江。十一月乙酉日,大昏雾,著草木皆冰。

明崇祯三年(1630)八月,潮溢。

明崇祯四年（1631）五月至七月，雨不止。

明崇祯六年（1633），大旱，河皆黾坼。

明崇祯十四年（1641）自春至冬，不雨，溪河涸竭，蝗蝻复生，民大饥疫。

清顺治三年（1646）三月，苦雨淹麦。

清顺治四年（1647），大旱，疫。

清顺治五年（1648）夏，雨伤稼。秋，大旱。

清顺治六年（1649）七月，大旱。

清顺治八年（1651），大水。十一月，木介（雪著于树枝，骤遇寒气而凝为冰）经旬。

清康熙二年（1663）五月至七月，不雨。九月，雨不止，江乡被汩，农民弃田转徙。

清康熙四年（1665），大水。

清康熙十年（1671）六月，旱，异暑，民有渴死道路者。

清康熙十二年（1673），潮溢。

清康熙十三年（1674）正月，木介三日。

清康熙十六年（1677），江溢，水入民舍，低洼处皆驾木以济。

清康熙二十二年（1683）春、夏，绵雨，黑虫食麦。

清康熙三十年（1691）正月初一，木介。越日复介。

清康熙三十五年（1696），潮溢，溺人无数。

清康熙三十七年（1698），水灾。

清康熙三十八年（1699），大旱，蝗。

清康熙四十四年（1705），大水。

清康熙五十三年（1714）夏，旱，异暑。

清康熙五十七年（1718），大雪盈丈。

清雍正元年（1723），霪雨伤稼。

清雍正十年（1732）秋，潮溢。翌年大饥。

清雍正十二年（1734）夏，大雨，行潦成渠。

清乾隆元年（1736）四月，大风雨，水溢市衢。

清乾隆三年（1738）秋，大旱，河竭。

清乾隆五年（1740）冬，异寒。

清乾隆十二年（1747），潮溢伤禾。

清乾隆十九年（1754）夏，大水。

清乾隆二十年（1755）二月至八月，雨，江暴溢。冬，大雪，大饥。翌年夏大疫，比户无免者。

清乾隆四十六年（1781）秋，大风，潮溢，伤害无数。

清乾隆五十年（1785），大旱。

清乾隆五十一年（1786）春，旱。六月始雨。大饥疫。

清乾隆五十五年（1790）四月，大雨冰，麦尽损。

清嘉庆四年（1799）七月，潮溢。

清嘉庆九年（1804）七月，潮溢，冲坍田地。

清嘉庆十九年（1814）夏，大旱，河尽涸。

道光元年（1821）夏，水灾。秋，瘟疫流行。

清道光三年（1823）七月，水灾。

清道光四年（1824）正月，水灾。

清道光十一年（1831）夏，大雨，潮溢，大饥。

清道光十三年（1833）秋，大风，潮溢。

清道光十八年（1838）六月，大风雨，江潮溢。

清道光二十年（1840）九月，水灾，漂溺人畜庐舍无数，饥。

清道光二十三年（1843）夏，旱。

清道光二十八年（1848）六月，飓风作，江暴溢，平地水深数尺。岁大歉。

清咸丰六年（1856），夏秋亢旱，飞蝗蔽天，岁大歉。

清咸丰十年（1860）三月，大雪。

清光绪八年（1882），潮灾。

清光绪九年（1883）七月，大风，淫雨伤稼，江暴溢。

清光绪十一年（1885）春，大水。

清光绪二十一年（1895），水灾。

清光绪二十七年（1901）七月，大水，江堤半数以上溃决成灾。

清光绪三十四年（1908）大水，冲倒圩堤，沿江地区失收。

清宣统二年（1910）秋，江暴溢。

清宣统三年（1911），大水。

民国3年（1914）夏，淫雨伤禾，行潦成渠。

民国7年（1918），飞蝗蔽天，蝻子成灾。

民国13年（1924），沿江水灾。

民国20年（1931）7月，沿江圩田地区一片汪洋，腹部低洼地区陆地行舟。

民国21年（1932），大旱。

民国24年（1935）7月，大水，稻谷损失严重。

民国26年（1937）夏，大水，陆地水深1～1.5米。

民国27年（1938）7月14日，暴风急雨，江潮暴涨，圩堤溃决成灾。接着，雨涝1个月，洪水位1.3米。

民国38年（1949）6月20日，大风，潮涨，圩堤溃决成灾，沿江田亩农作物颗粒无收。

民国38年（1949）7月24日，台风暴雨与江潮夹击，沿江圩堤多处溃决，农田被淹。

民国38年（1949）7月下旬，受暴雨、台风袭击，江滩并涨和海潮顶托的影响，江潮水位高，永安洲受灾严重，被淹农田2万余亩。

1950年7月，大泗发现蝗蝻与飞蝗。

1951年夏，30余日未雨。6月，各地区先后发现蝗虫。

1952年6月8日至7月2日，大泗等乡发生蝗灾。黄豆受灾严重。

1953年1月，大寒潮，麦苗受冻害面积占播种面积90%以上。

1953年5月6日，永安洲地区遭冰雹灾害。

1954年8月1日，长江大通来量达9.26万立方米/秒，洪峰过境时，恰逢农历七月半大汛，加之11号台风过境，江潮水位高涨，境内遭受历史罕见洪涝灾害，江堤缺口多处，干外圩堤近50%被冲垮，永安洲先后缺口90余处，除盘头一个半村露出水面外，其余全部堤破圩沉，汪洋一片，口岸沿江圩区也全部被淹没。

1956年5月下旬，气候常阴，暴雨，龙卷风袭击多次。

1956年夏，连续降雨340毫米，小麦发生秆锈病，受灾面积达80%。9月，台风、暴雨袭击，损坏众多房屋，农田大面积受涝。

1957年6月10日，口岸太平一线遭受冰雹、龙卷风袭击，倒塌房屋42间，伤2人。

1957年夏，雨水较多，三麦受涝渍影响。

1959年1月13日，江水一度枯竭。秋，旱。

1960年5月3日，口岸公社下冰雹半小时左右，大如鸡蛋，小麦、小秧损失20%。

1960年7月12日2—3时和13日19时左右，口岸、永安、刁铺、许庄2次遭受7～9级台风短时间袭击，民房、猪牛舍遭损，人员有伤亡。

1961年5月3日至4日下午，7～9级强台风袭击口岸，民房、猪舍遭损，人员有伤亡。刁铺公社祥丰生产大队46亩春玉米叶子被刮破，大部萎缩。

1961年6月6—9日，连续阴雨，总降雨量为74.6毫米。8月12日起又连续阴雨20天，农作物减产。

1962年4月3—4日，霜冻，三麦严重减产。

1962年5—6月，大旱，口岸农田受灾4000余亩。

1962年8月6—8日，8号台风过境，最大风力9级以上，口岸地区刮倒房屋100余间。

1962年9月5—7日，14号台风影响境内，风力达9级，降雨191.2毫米，山芋、花生霉烂，荞麦、萝卜受淹，水稻受淹歉收，受涝面积达1.2万亩，倒塌房屋600余间，政府拨款救灾。

1963年4—5月，阴雨连绵36天，降雨371.7毫米，最大日雨量80.9毫米。沿江圩区，尤其口岸西部受江潮影响，用机械及龙骨车排水收麦、栽秧，三麦受涝渍严重。

1964年4月5—7日，48小时内降温16.2℃，最低气温-3.7℃。

1964年4月17日，口岸、刁铺等地下冰雹，大如鸡蛋，一般如白果，受损农田万亩。

1965年6月15日下午，口岸遭龙卷风袭击，伴有暴雨、冰雹。房屋受损，人员有伤亡。

1965年8月19日下午至22日，境内受13号台风袭击，风力7级左右，阵风9级，伴有暴雨，降雨量92.6～123毫米；刁铺等地风力最强，雨量最大，低洼地区普遍积水，房屋有倒塌。

1965年12月22—24日，48小时内降温15.2℃，最低气温-5.6℃。

1966年7月中旬至8月上旬，高温干旱，其中21天超过35℃，为1949年以来仅见。

1967年2月21—24日，48小时内降温15.3℃，最低气温-1.7℃。

1967年7月22日至10月末，连续干旱，农作物受旱严重。

1968年11月7—10日，48小时内降温17℃，最低气温-4.5℃。

1969年7月1—21日，连续降雨，多次降大雨、暴雨，总雨量453.8毫米。

1969年11月14—17日，48小时内降温14.5℃，最低气温-0.4℃。

1970年1月3—5日，48小时内降温15.7℃，最低气温-10.9℃。

1970年5月28日，大暴雨，雨量102.5毫米，沿江地区成涝。

1971年8月，口岸公社遭受台风、冰雹袭击，倒塌房屋24间，折断电线杆2根，翻船5条，死2人，伤7人。9月13日，杨湾六圩、九圩等4个生产队坍入江中。

1972年6月11日，龙卷风袭击白马等公社，许多房屋被损坏，电线杆被刮断。

1972年7月3日，凌晨起，口岸地区连降暴雨242毫米，是新中国成立后当地最大日降雨量，受涝面积近2万亩。

1973年8月31日，雷雨大风，瞬时风力达9级。

1974年6月4日，胡庄、汪群等公社的部分大队受暴风雨和冰雹袭击，最大风力11级。秋收作物受害严重。

1974年6月9日18时，龙卷风起于长江水面，向东北推进，最大风力10级以上，历时约10分钟，永安和田河2个公社的13个大队、94个生产队受灾较重。

1974年6月24日，永安公社出现龙卷风，倒房92间，打伤6人，倒电灌站1座。

1974年7月12日，胡庄公社遭龙卷风袭击。

1975年6月24日，降特大暴雨，雨量312.2毫米。25—27日，又连续大暴雨3天，总降雨量391.6毫米。沿江圩区一片汪洋，江平公路被淹阻断多日。口岸受涝面积4万亩，其中积水1米以上1.5万亩，倒塌房屋172间、桥5座、涵洞189座、电灌站10座。

1976年12月24—26日，48小时内降温14.7℃，最低气温-7.14℃。

1977年3月1—2日，48小时内降温14.3℃，最低气温1.9℃。

1977年4月23日，永安等公社降雹18分钟，伴有大风。

1978年，大旱，全年总降雨量仅462.1毫米。

1980年1月30日，48小时内降温17.8℃，日平均气温为-7.6℃，最低气温-10.2℃，伴有中雪，严重结冰，早麦和油菜受冻害。

1980年6月27—28日，大风暴雨，口岸、永安公社降雨量150毫米左右。

1980年7月9日，大暴雨，日降雨量128.6毫米。

1981年5月1日，冰雹、大风袭击口岸、永安，降雹密度大，雹体大，时间长，平均风力7～8级，阵风9～10级。

1981年12月29日，48小时内降温17.4℃，最低气温-1.5℃。

1983年4月，雨日16天，雨量97.3毫米。三麦倒伏占播种面积的55.8%。

1983年5月19日10时多，永安洲等乡镇降雹20分钟，雹径最大8厘米。房屋、三麦、秧苗、玉米等受损，人受伤。

1984年1月17—19日，特大降雪45小时，平均积雪深度25厘米，交通、通信一度中断。

1984年，夏收期间，阴雨连绵，总雨量192.9毫米，造成烂麦场。

1987年2月11日，48小时内降温17.1℃，最低气温3.4℃。早播小麦冻害较严重。

1987年4月24日，雷雨大风。

1987年11月27—29日，先雨后雪，强寒潮影响白马、野徐。

1987年12月29日，48小时内降温16℃，最低气温-0.4℃。

1988年5月4日4时左右，大风暴雨。6月2日21—22时，冰雹袭击，房屋、树木、农作物、牲畜受损严重。

1988年5月10日，暴雨，小麦倒伏、减产。

1988年6月2日，冰雹袭击许庄、胡庄、宣堡、刁铺、田河、口岸、永安洲等乡镇，降雹持续20分钟左右。

1988年7月24日14时40分至25日4时，高港一号码头至永安洲乡盘头村的长江受间歇性龙卷风袭击，最大风力11级，32条驳船和旋浆船翻沉，4人落水身亡，12人受伤。口岸镇、田河乡部分地区刮倒16间房屋、10根低压线电杆、30根广播杆、1000余株银杏树和30余个烟筒，雷击时一生产队变压器被击坏。

1989年5月10日晚18时半前后，陡降暴雨，口岸镇三麦倒伏2000亩左右。

1989年8月13日，境内遭风雨袭击，最大风力12级，持续半小时。口岸镇倒塌房屋52间、电话杆12根、电线杆2根，沉船2条，伤5人。

1989年8月30日，受13号台风“辛乐克”影响，房屋、电线杆、树木、农作物受损。

1989年9月15—16日，受23号台风“薇拉”袭击，房屋、电线杆、树木、农作物受损。

1990年5月6日14时左右，口岸地区降一阵“黄雨”，系空气中尘埃较多所致。

1990年8月31日6时至9月1日15时，15号强台风袭扰，最大风力9级，降雨量200毫米以上，口岸镇杂交稻倒伏4500余亩，田间积水0.5米左右，电线杆、电话杆被刮倒20余根，房屋倒塌60余间。

1991年，出现暴雨9次，其中梅雨期出现暴雨、大暴雨7次，形成百年一遇特大洪涝。口岸镇区1小时降雨量29.6毫米，梅雨期降雨867.4毫米，是常年的3.8倍，梅雨期比常年多35天，是有记录以来最长的年份。加之里下河地区及通南地区大量客水压境，内涝加剧，内河水位猛涨，居高不下，口岸闸上游水位达4.54米，田间积水排不出，南官河口岸段及文胜河全线漫水，城乡直接经济损失1000余万元。

1991年12月26—27日，降雪量20毫米，地面积雪21厘米，气温降至−10.7℃，连日低温造成冰冻，供水设施冻坏严重。

1992年2月29日，口岸镇龙窝、双新一带普降冰雹，持续7～8分钟，最大的有白果大，部分农田受损。

1992年8月31日，受16号台风“宝利”影响，区内部分房屋受损。9月23—24日，受19号台风影响，出现大风大雨，瞬时风速18米/秒，过程雨量47.6毫米，中稻严重倒伏。

1993年6月中旬前后，天气干旱无雨，又逢长江低潮，境内部分地区用水紧张。

1993年8月25日，发生雷暴天气，部分变压器受损。

1994年5月2日，境内普降暴雨，伴有8级大风。

1994年夏季，持续高温，7月平均气温30.2℃，较常年偏高2.7℃，创历史同期平均气温最高记录，8月仍持续高温、干旱。

1994年12月起，气温持续偏高，出现典型的暖冬。12月平均气温7.2℃，是历年同期次高值，1995年1、2月平均气温仍偏高，较常年同期高出1℃。1月31日及2月4—5日，2次受北方较强冷空气影响，最低气温分别为−3.5℃和−4.5℃，造成三麦、油菜不同程度冻害。

1995年6月20日15时20分至21日6时，普降大暴雨，口岸降雨量125毫米。

1996年1月17日，境内降雪量11.8毫米，最大积雪深度14厘米，严重影响交通运输。

1996年7月15日零时20分，口岸镇5个村、3个居委会、13个工厂遭强龙卷风袭击，倒塌房屋456间，死2人，伤13人。泰兴市港务处口岸港区煤球厂、职工食堂、宿舍等20间房屋出现掀顶、倒损情况。口岸船闸17间房屋倒塌，21间房屋顶被掀，围墙倒塌长200余米，14个待闸船队受损。直接经济损失3450万元。野徐、白马的镇村在零时至1时也遭特大龙卷风袭击。

1996年7月末至8月初，长江水位猛涨，加之前期连续大到暴雨，致内河水位居高不下，形成上有洪水压境、下有江潮顶托、中有本地降雨之势，境内沿江全线超历史警戒水位。

1997年5月30日17时25分左右，境内部分乡镇遭龙卷风袭击。

1997年6月4日凌晨，汪群、胡庄等乡镇遭龙卷风袭击，房屋、树木、家畜、电灌站、变压器等受损严重。

1997年6月30日16时30分许，许庄乡许庄村刁一、刁二、刁三组遭龙卷风袭击，受灾房屋15间、低压线路900米，刮倒直径40厘米以上银杏树3株，折断银杏树干150株，直接经济损失约7万元。16时至17时25分，泰州引江河工地遭龙卷风袭击，倒塌工棚15间，门架移位6米，造成弯曲变形。17时30分，胡庄等乡镇遭龙卷风袭击，房屋、家畜、树木受损严重。

1997年8月18—19日，受11号台风“温妮”影响，降水81.1毫米，最大风速21米/秒，江潮水位高达5.83米（口岸闸水位），造成永安洲镇境内干外圩堤四处破圩，江堤损毁严重，主江堤流失土方4.5万立方米，干外圩堤流失土方6.5万立方米。口岸船舶工业公司、扬子江药业集团厂区进水，并经过厂内进入农田。全区直接经济损失1100万元。

1998年3月19—20日，高港区遭40年未遇的寒潮暴雪袭击，20小时降雪量达29毫米，最大积雪深度20厘米；24小时降温达14.5℃，20日最低气温-1.6℃。对工农业生产造成极严重影响，三麦、油菜倒伏，粮食减产，房屋倒塌，人员受伤。

1998年汛期，长江出现新中国成立后的第二大流量，境内遭罕见长江大洪峰袭击，防汛形势十分严峻。

1999年6月28日，降雨量88.5毫米，部分农田被淹，房屋倒塌。

2000年1月24—25日，降雪量13.5毫米，最大积雪深度9厘米，最低温度-7.2℃，积雪达5天，有严重冰冻，给交通运输、居民生活用水产生很大影响。

2000年5月，野徐镇受龙卷风、暴雨袭击，房屋倒塌严重。

2001年7月31日至8月1日晨，受8号台风“桃芝”影响，降水143.2毫米，部分民居和工厂进水。城区日降雨量171.7毫米，口岸老镇区大部分受淹，向阳路两侧最为严重，街道积水深达60厘米，沿街民居普遍进水，直接经济损失160余万元。

2002年4月5日18时30分，强暴风袭击口岸地区，三泰船业有限公司100吨门吊倒塌、25吨门吊出轨。

2003年7月5日，降雨量195.6毫米，达到大暴雨。境内部分农田受淹，城区部分小区大面积进水。

2004年6月24日，降雨量104.3毫米，25日降雨量108.6毫米，农田大面积积水，城区民居进水。南官河东港堤扬子江药业集团段约有30米发生塌方，区防汛指挥部组织抢险，共动用木桩100根、铁丝100千克、铁钉50千克、编织袋4000只、块石500吨，动用民工80人、计240工日。

2005年4月25日17—18时，发生强对流天气，出现24.9米/秒大风，白马镇遭龙卷风、暴雨袭击，倒塌房屋5间，损坏房屋10间。

2005年8月5—8日，受第9号台风“麦莎”影响，降水101.7毫米，最大风速19.5米/秒。7日凌晨4点，永安洲镇高伟化机厂临古马干河侧围墙发生管涌，区、镇两级政府组织干部群众抢险5个多小时，险情得到控制。9月11—13日，受15号台风“卡努”影响，降水85.4毫米，1小时最大降水47.7毫米，最大风速23.2米/秒，房屋、树木、牲畜、电线杆、农作物受损严重。

2007年8月6日15时左右，一场雷雨大风突袭许庄街道，110千伏高压线铁塔被刮倒4座，宁通高速公路因此被封2小时。

2007年9月18—19日，受第13号强台风“韦帕”影响，高港区出现暴雨和大风天气。“韦帕”强度和移速变化快，没有产生大的灾情。

2008年1月前期，气候较暖，高港区中低层大气频繁出现逆温层结，8—11日出现大雾天气。8日，过境高速相继封闭。8日1时，沿江封航，至10时，高港渡口滞留船只超过2000条、过江车辆500辆。长途客运临时停开70个班次，每条公交线路的班车均不同程度晚点。

2008年1月25日夜间至29日上午，受冷暖空气共同影响，区内出现连续暴雪天气，降雪量31.4毫米，积雪深度24厘米。暴雪过程持续时间长，强度大，为历史罕见，雪量和雪深历史排序仅次于1984年，给人民生活、交通、电力、通信等方面造成巨大影响。

2008年7月19日，受第7号热带风暴“海鸥”影响，区内出现暴雨，24小时降雨量达79.6毫米。

## 第三节　潮汐水位　河流

### 一、潮汐水位

境内水系原来分属淮河、长江2大水系，淮水自生产河（原名鸭子河）流入，江水通过古马干河、南官河等干河流入。1958年新通扬运河开成后，淮水被切断，境内河流统属长江水系。1999年泰州引江河工程建成，再次沟通淮河水系。

长江流经高港区西南部，呈西北—东南（偏南）走向。建区后至2005年，境内长江岸线西北起口岸镇老杨湾口（五圩上角）与江都市嘶马镇交界处，东南至永安洲镇东夹江中心线，全长29.6千米。2005年4月区划调整，长江南官河以西段（永长圩至五圩上角）划归泰州经济开发区滨江工业园区，境内长江岸线变更为西北起南官河中心线，东南至东夹江河道中心线，全长25.6千米。江面宽4千米～5千米，–12米等深线贯穿全境。沿江有口岸街道、永安洲镇2个镇（街道）。有引江河、南官河、古马干河等河道连通长江，内河水位变化主要受长江潮水的影响。

境内长江潮每日涨落各2次。正常情况下，第二天出现高低潮的时间比头天出现高低潮的时间迟45分钟，但遇风向、风力、上游来水量变化时，来潮时间有提前也有迟后。农历初五至十一日，二十至二十五日为小潮汛。十一、二十三日为换潮日，比往常日少一个高潮或一个低潮，潮水位在全月最低，有“十一、廿三，潮不上滩”之说。初二至初五和十五至二十日，潮水位全月最高，称为月头潮和月半潮。据口岸闸管理所1988—2008年观测资料分析，20年中，最高潮位多在7—9月份，最低潮位多在1—2月份。高潮中的最高潮位为6.17米（1996年7月31日），最低潮位为4.25米（2001年9月19日），平均潮位为3.39米；低潮中的最低潮位为–0.29米（1992年12月23日），最高潮位为0.73米（1998年2月21日），平均潮位1.22米。最大潮差6.05米，最小潮差4.07米，平均涨潮历时4.5小时，平均落潮历时7.5小时。

**1988—2008年高港区长江潮位情况一览表**

表15　　　　水位：米

| 年份 | 水位 | | | | | | | | | | 平均最高水位 | 平均最低水位 | 水位较差 |
|---|---|---|---|---|---|---|---|---|---|---|---|---|---|
| | 最高 | 公历 | | 农历 | | 最低 | 公历 | | 农历 | | | | |
| | | 月 | 日 | 月 | 日 | | 月 | 日 | 月 | 日 | | | |
| 1988 | 4.87 | 9 | 27 | 8 | 17 | –0.15 | 1 | 18 | 11 | 29 | 3.36 | 0.91 | 5.02 |
| 1989 | 5.25 | 7 | 22 | 6 | 20 | –0.01 | 1 | 13 | 12 | 6 | 3.69 | 1.27 | 5.26 |

续表 15

| 年份 | 水位 | | | | | | | | | | 平均最高水位 | 平均最低水位 | 水位较差 |
|---|---|---|---|---|---|---|---|---|---|---|---|---|---|
| | 最高 | 公历 | | 农历 | | 最低 | 公历 | | 农历 | | | | |
| | | 月 | 日 | 月 | 日 | | 月 | 日 | 月 | 日 | | | |
| 1990 | 4.9 | 6 | 24 | 5 | 2 | 0.3 | 1 | 8 | 12 | 12 | 3.71 | 1.28 | 4.6 |
| 1991 | 5.55 | 7 | 14 | 6 | 3 | −0.21 | 12 | 29 | 11 | 24 | 3.81 | 1.35 | 5.76 |
| 1992 | 4.7 | 7 | 4 | 6 | 5 | −0.29 | 12 | 23 | 11 | 30 | 3.51 | 0.96 | 4.99 |
| 1993 | 5.18 | 8 | 19 | 7 | 2 | −0.06 | 1 | 17 | 12 | 25 | 3.6 | 1.2 | 5.24 |
| 1994 | 4.68 | 6 | 25 | 5 | 17 | 0.02 | 1 | 25 | 12 | 14 | 3.5 | 1.03 | 4.66 |
| 1995 | 5.17 | 7 | 12 | 6 | 15 | 0.06 | 12 | 26 | 11 | 5 | 3.45 | 1.15 | 5.11 |
| 1996 | 6.17 | 7 | 31 | 6 | 16 | −0.12 | 3 | 13 | 1 | 24 | 3.62 | 1.05 | 6.29 |
| 1997 | 5.83 | 8 | 19 | 7 | 17 | −0.1 | 1 | 7 | 11 | 28 | 3.45 | 0.93 | 5.93 |
| 1998 | 5.51 | 7 | 26 | 6 | 4 | 0.73 | 2 | 21 | 1 | 25 | 4.19 | 1.63 | 4.78 |
| 1999 | 5.39 | 7 | 15 | 6 | 3 | −0.24 | 1 | 15 | 11 | 28 | 3.62 | 1.2 | 5.63 |
| 2000 | 5.12 | 8 | 30 | 8 | 2 | 0.04 | 2 | 1 | 12 | 26 | 3.6 | 1.13 | 5.08 |
| 2001 | 4.25 | 9 | 19 | 8 | 3 | 0.18 | 12 | 15 | 11 | 1 | 3.46 | 0.99 | 4.07 |
| 2002 | 5.48 | 9 | 8 | 8 | 2 | −0.02 | 1 | 24 | 12 | 12 | 3.78 | 1.24 | 5.5 |
| 2003 | 5.23 | 7 | 16 | 6 | 17 | 0.01 | 12 | 19 | 11 | 16 | 3.05 | 1.66 | 5.22 |
| 2004 | 4.61 | 7 | 5 | 5 | 18 | −0.02 | 2 | 23 | 2 | 4 | 2.71 | 1.27 | 4.63 |
| 2005 | 5.33 | 8 | 7 | 7 | 3 | −0.07 | 12 | 24 | 11 | 24 | 2.86 | 1.55 | 5.4 |
| 2006 | 4.83 | 7 | 15 | 6 | 20 | −0.13 | 2 | 10 | 1 | 13 | 2.61 | 1.15 | 4.96 |
| 2007 | 4.68 | 8 | 14 | 7 | 2 | −0.16 | 1 | 8 | 11 | 20 | 2.74 | 1.27 | 4.84 |
| 2008 | 4.58 | 8 | 30 | 7 | 30 | −0.04 | 1 | 3 | 11 | 25 | 2.79 | 1.37 | 4.62 |

### 二、内河

全区内河有干河11条，中沟119条，村庄河道1219条。干河东西向由南往北依次是古马干河、宣堡港、许庄河、南干河、生产河、周山河，南北向由西往东依次是泰州引江河、南官河、前进河、两泰官河、西干河。（详见第四篇第二章、第三章）

## 第四节　地下水

高港区属长江古河床沉积，其沉积物颗粒粗，以中砂、含砾粗砂为主。第四纪经历3次大的海侵海退旋回，形成一套海陆交替的砂—黏土沉积韵律层，发育有5个含水层（组），自上而下依次为潜水含水层、第Ⅰ承压含水层、第Ⅱ承压含水组、第Ⅲ承压含水组和第Ⅳ承压含水组。第Ⅰ、Ⅱ、Ⅲ承压含水层（组）之间几乎无隔水层，含水砂层最厚达147米，渗透性好，补给充沛，富水性强，单井涌水量大于3000立方米/日。据江苏三泰啤酒集团有限公司地下井水资料，水位下降3.82米，涌水量2448立方米/日，多年静水位为3～5米。从1992年开采起至2008年，累计开采170万立方米，2008年时静水位仍保持3米左右不变。第Ⅳ承压含水组在全区均有分布，含水砂层厚度一般由西南向东北逐步增厚，岩性以细砂、含砾中粗砂为主，上履第四系各含水层水质良好。该层在胡庄镇开采，用作生活用水。全域各层均以淡水为主，矿化度大多为0.4～0.6克/升，水化学类型以 HCO3–Ca·Na 与 HCO3–Na·Ca 型为主，局部为 HCO3·Cl–Na 与 Cl·HCO3–Na 型。

2006年全区实施引长江水达镇工程后，生活用深井基本停用，地下水开采量大幅减少。全区规划开采量为现状开采量的4.6倍，无超采区，第Ⅰ、Ⅱ、Ⅲ承压含水层（组）均可增加开采量。第Ⅰ承压含水层厚度大，地下水补给条件好，资源丰富，多为淡水，鼓励大量开采，以增加大气降水的入渗与长江水的侧向补给，有利于进一步淡化水质，降低铁、锰离子含量。至2008年，全区地下水开采以第Ⅱ承压含水层地下水为主。

## 第五节　土　壤

### 一、土壤形成

【土壤母质】 高港地区土壤母质系长江冲积物。水流湍急的地方，多沙粒沉积，水流较慢的地方，形成黏粒的沉积。沿江地区成土母质较黏，非沿江地区成土母质较沙。

【土壤发育】 20世纪60年代前，境内非沿江地区种植旱谷作物，土壤剖面上下层的颜色、质地、结构、松紧度等基本均一。60年代后，大搞水利建设，平整土地，使80%的高沙土面积可引水灌溉，水稻种植面积扩大。水耕熟化过程使土壤的结构、松紧度、有机质含量等发生明显变化，土体构型由旱作物土壤向水稻土方向发展。沿江地区因长期种植水稻，使自然土壤逐步变成耕作土壤（水稻土）。

## 二、土壤分布

【高沙土】 主要分布在许庄街道、白马镇、胡庄镇、大泗镇和口岸街道、刁铺街道的部分村。该类型土壤通体质地轻壤，碎块状结构，剖面层次过渡不明显，有效土层以下为沙性母质，由上而下石灰反应渐强。耕层下微见犁底层，有一定的夜潮现象。含水量稍有增加，即有滞水现象。漏水漏肥较为严重，通气条件好，有利于好气性微生物活动，促进有机质分解，养分释放快，发小苗，不发老苗，谷物千粒重低。易耕作，易提高播种质量。此类土壤较适宜种植地下块根类作物。田间持水量24.5% ± 1.45%，日渗透量52～62毫米，耕层有机质10克/千克以上，速效磷4.5毫克/千克，速效钾57毫克/千克。

【淤泥土】 主要分布在沿江老水田地区，包括永安洲镇和口岸街道、刁铺街道的部分村。该类型土壤经长期水耕熟化逐步发育而成，土层厚，一般大于90厘米，耕层多为块状结构，质地多为重壤—轻黏，犁底层发育明显，呈片状结构，犁底层下为渗育层，呈小棱柱状结构，结构间有灰色胶膜。由于黏粒含量高，保水保肥性能好，养分释放慢，后劲大，耕性差，适耕期短。田间持水量29.55% ± 3.93%，耕层土壤有机质18克/千克，速效磷4.8毫克/千克，速效钾82毫克/千克。

## 三、土壤肥力

【有机质】 高沙土地区：1985年，耕层土壤有机质含量为12.5克/千克；1989年，有机质平均含量为12.7克/千克；1990—1994年，有机质平均含量为13.3克/千克；1995—1999年，有机质平均含量为16.64克/千克；2000—2008年，有机质平均含量为17.1克/千克。沿江淤泥土地区：1985—1989年，耕层土壤有机质平均含量为18.52克/千克；1990—1994年，有机质平均含量为20.68克/千克；1995—1999年，有机质平均含量为25.08克/千克；2000—2008年，有机质平均含量为27.95克/千克。

【磷素养分】 1985—1999年，境内土壤磷素养分变化范围较小，相对稳定，略有上升。其中，高沙土地区土壤速效磷平均含量为5+1.14毫克/千克，年度间变化幅度4～6毫克/千克；沿江淤泥土地区土壤速效磷平均含量为5.8+1.3毫克/千克，年度间变化幅度5～7毫克/千克。2000—2008年，土壤磷素养分增加，变化范围相对增大，土壤类型间差异较大，高沙土地区磷素养分平均含量14毫克/千克，沿江淤泥土地区磷素养分平均含量为13.01毫克/千克。

【钾素养分】 1985—1999年，土壤速效钾呈较大幅度下降。高沙土地区：1985—1989年，耕层速效钾平均含量为62.8毫克/千克；1990—1994年，耕层速效钾平均含量为46.1毫克/千克；1995—1999年，耕层速效钾平均含量为45.9毫克/千克。沿江淤泥土地区：1985—1989年，土壤速效钾平均含量为76.5毫克/千克；1990—1994年，土壤速效钾平均含量为57.4毫克/千克；1995—1999年，土壤速效钾平均含量为63.2毫克/千克。2000—2008年，区内土壤钾素养分增加，土壤速效钾平均含量为70毫克/千克，其中黏心沙土速效钾平均含量为88.7毫克/千克、沙心淤泥土速效钾平均含量为55.3毫克/千克。

【容重与孔隙度】 1983—1984年，境内高沙土耕层土壤平均容重为1.36克/立方厘米，淤泥土耕层平均容重为1.31克/立方厘米。1991年，高沙土耕层土壤平均容重为1.29克/立方厘米，容重下降0.07克/立方厘米，总孔隙度提高2.6%；淤泥土耕层平均容重为1.21克/立方厘米，容重下降0.1克/立方厘米，总孔隙度提高3.7%。1991—2008年，由于耕作方式改变，土壤耕作层变浅、容重降低，耕作层容重范围在1.2～1.35克/立方厘米之间，平均容重为1.26克/立方厘米。

# 第六节　生　物

## 一、植物资源

境内植物有119科499种。其中，藻类植物2科2种，菌类植物3科3种，苔藓植物3科3种，蕨类植物8科10种，裸子植物5科6种，被子植物98科475种。

境内植物一览表

表16

| 种　类 | 科　名 | 名　称 |
|---|---|---|
| 藻类植物 | 双星藻科 | 水绵 |
| | 念珠藻科 | 念珠藻 |
| 菌类植物 | 伞菌科 | 蘑菇 |
| | 木耳科 | 木耳 |
| | 侧耳科 | 平菇 |
| 苔藓植物 | 蛇苔科 | 蛇苔 |
| | 地钱科 | 裂托地钱 |
| | 葫芦鲜科 | 葫芦藓 |
| 蕨类植物 | 木贼科 | 节节草 |
| | 阴地蕨科 | 阴地蕨 |
| | 碗蕨科 | 细毛碗蕨 |
| | 凤尾蕨科 | 蕨菜 |
| | | 刺齿凤尾蕨 |
| | 铁角蕨科 | 虎尾铁角蕨 |
| | 金星蕨科 | 延羽卵果蕨 |
| | | 渐尖毛蕨 |
| | 蘋科 | 蘋 |
| | 满江红科 | 满江红 |

续表16

| 种　类 | 科　名 | 名　称 |
|---|---|---|
| 裸子植物 | 银杏科 | 银杏 |
| | 苏铁科 | 苏铁 |
| | 松科 | 马尾松 |
| | 杉科 | 水杉 |
| | 柏科 | 龙柏 |
| | | 圆柏 |
| 被子植物 | 香蒲科 | 香蒲 |
| | 水鳖科 | 水车前 |
| | 禾本科 | 粉绿竹 |
| | | 淡竹叶 |
| | | 芦苇 |
| | | 牛筋草 |
| | | 菰 |
| | | 画眉草 |
| | | 狗牙根 |
| | | 狗尾草 |
| | | 白茅 |
| | 莎草科 | 水葱 |
| | | 牛毛毡 |
| | | 香附 |
| | | 光鳞水蜈蚣 |
| | | 披针苔草 |
| | 天南星科 | 菖蒲 |
| | | 大薸 |
| | | 异叶天南星 |
| | | 江苏天南星 |
| | | 半夏 |

续表16

| 种　类 | 科　名 | 名　称 |
|---|---|---|
| 被子植物 | 浮萍科 | 紫萍 |
| | | 浮萍 |
| | 谷精草科 | 谷精草 |
| | | 赛谷精草 |
| | 鸭跖草科 | 鸭跖草 |
| | | 火柴头 |
| | | 水竹叶 |
| | | 裸花水竹叶 |
| | 雨久花科 | 鸭舌草 |
| | | 凤眼蓝 |
| | 灯心草科 | 灯心草 |
| | | 野灯心草 |
| | 百部科 | 直立百部 |
| | 百合科 | 百合 |
| | | 山慈菇 |
| | | 细叶韭 |
| | | 小根蒜 |
| | | 天门冬 |
| | | 牛尾菜 |
| | | 土茯苓 |
| | | 玉竹 |
| | | 宝铎草 |
| | | 土麦冬 |
| | | 阔叶土麦冬 |
| | | 麦冬 |
| | | 紫萼 |
| | | 黄花菜 |

续表16

| 种　类 | 科　名 | 名　称 |
| --- | --- | --- |
| 被子植物 | 百合科 | 萱草 |
| | | 粉条儿菜 |
| | | 吉祥草 |
| | 石蒜科 | 石蒜 |
| | | 薯蓣 |
| | 鸢尾科 | 小鸢尾 |
| | 兰科 | 白及 |
| | | 绶草 |
| | 三白草科 | 三白草 |
| | | 蕺菜 |
| | 杨柳科 | 毛白杨 |
| | | 意杨 |
| | | 小叶杨 |
| | | 旱柳 |
| | | 河柳 |
| | | 垂柳 |
| | 胡桃科 | 枫杨 |
| | 壳斗科 | 麻栎 |
| | | 槲栎 |
| | | 栓皮栎 |
| | 榆科 | 榉树 |
| | | 糙叶树 |
| | | 榔榆 |
| | | 朴树 |
| | | 青檀 |
| | 桑科 | 桑 |
| | | 构树 |

续表16

| 种　类 | 科　名 | 名　称 |
|---|---|---|
| 被子植物 | 大麻科 | 葎草 |
| | 荨麻科 | 苎麻 |
| | 檀香科 | 百蕊草 |
| | 马兜铃科 | 杜衡 |
| | | 马兜铃 |
| | 蓼科 | 短毛金线草 |
| | | 萹蓄 |
| | | 红蓼 |
| | | 粘毛蓼 |
| | | 愉悦蓼 |
| | | 水蓼 |
| | | 丛枝蓼 |
| | | 何首乌 |
| | | 虎杖 |
| | | 杠板归 |
| | | 羊蹄 |
| | 藜科 | 土荆芥 |
| | | 藜 |
| | | 地肤 |
| | 苋科 | 青葙 |
| | | 刺苋 |
| | | 皱果苋 |
| | | 土牛膝 |
| | | 莲子草 |
| | | 空心莲子草 |
| | 番杏科 | 粟米草 |
| | 马齿苋科 | 马齿苋 |

续表16

| 种　类 | 科　名 | 名　称 |
|---|---|---|
| 被子植物 | 石竹科 | 牛繁缕 |
| | | 繁缕 |
| | | 卷耳 |
| | | 漆姑草 |
| | | 蝇子草 |
| | | 石竹 |
| | | 麦瓶草 |
| | | 女娄菜 |
| | | 麦蓝菜 |
| | | 瞿麦 |
| | 睡莲科 | 荷花 |
| | | 萍蓬草 |
| | | 睡莲 |
| | 金鱼藻科 | 金鱼藻 |
| | 毛茛科 | 天葵 |
| | | 唐松草 |
| | | 女萎 |
| | | 毛茛 |
| | | 茴茴蒜 |
| | | 禺毛茛 |
| | | 小毛茛 |
| | | 石龙芮 |
| | 防已科 | 木防己 |
| | | 蝙蝠葛 |
| | | 金钱吊乌龟 |
| | | 千金藤 |
| | 樟科 | 山胡椒 |

续表16

| 种　类 | 科　名 | 名　称 |
|---|---|---|
| 被子植物 | 罂粟科 | 博落回 |
| | | 刻叶紫堇 |
| | | 紫堇 |
| | | 小花黄堇 |
| | | 延胡索 |
| | | 黄堇 |
| | 十字花科 | 蔊菜 |
| | | 水田碎米荠 |
| | | 碎米荠 |
| | | 播娘蒿 |
| | | 遏蓝菜 |
| | | 北美独行菜 |
| | | 葶苈 |
| | | 荠菜 |
| | 茅膏菜科 | 茅膏菜 |
| | 景天科 | 瓦松 |
| | | 晚红瓦松 |
| | | 景天三七 |
| | | 珠芽景天 |
| | | 凹叶景天 |
| | | 垂盆草 |
| | 虎耳草科 | 绣球 |
| | | 溲疏 |
| | | 山梅花 |
| | | 扯根草 |
| | | 虎耳草 |

续表16

| 种 类 | 科 名 | 名 称 |
|---|---|---|
| 被子植物 | 蔷薇科 | 桃 |
| | | 梅 |
| | | 毛樱桃 |
| | | 海棠 |
| | | 李 |
| | | 杜梨 |
| | | 豆梨 |
| | | 鸡麻 |
| | | 月季 |
| | | 水榆花楸 |
| | | 绣球绣线菊 |
| | | 野山楂 |
| | | 石楠 |
| | | 小果蔷薇 |
| | | 金樱子 |
| | | 龙牙草 |
| | | 地榆 |
| | | 山莓 |
| | | 茅莓 |
| | | 覆盆子 |
| | | 蛇莓 |
| | | 蛇含 |
| | | 三叶委陵菜 |
| | | 绢毛细蔓委陵菜 |
| | | 翻白草 |
| | | 雉子筵 |
| | | 朝天委陵菜 |
| | | 麦李 |

续表16

| 种　类 | 科　名 | 名　称 |
|---|---|---|
| 被子植物 | 豆科 | 合欢 |
| | | 山合欢 |
| | | 含羞草 |
| | | 云实 |
| | | 皂荚 |
| | | 望江南 |
| | | 苦参 |
| | | 草木犀 |
| | | 野大豆 |
| | | 鹿藿 |
| | | 野葛 |
| | | 野豇豆 |
| | | 箭筈豌豆 |
| | | 小巢菜 |
| | | 华东木蓝 |
| | | 苏木蓝 |
| | | 锦鸡儿 |
| | | 米口袋 |
| | | 田皂角 |
| | | 小叶三点金草 |
| | | 小槐花 |
| | | 假地豆 |
| | | 山蚂蝗 |
| | | 截叶铁扫帚 |
| | | 铁马鞭 |
| | | 白车轴草 |
| | | 美丽胡枝子 |

续表16

| 种　类 | 科　名 | 名　称 |
|---|---|---|
| 被子植物 | 豆科 | 中华胡枝子 |
| | | 绿叶胡枝子 |
| | | 多花胡枝子 |
| | | 鸡眼草 |
| | | 长萼鸡眼草 |
| | 酢酱草科 | 酢酱草 |
| | 牻牛儿苗科 | 老鹳草 |
| | | 野老鹳草 |
| | 蒺藜科 | 蒺藜 |
| | 芸香科 | 竹叶椒 |
| | | 野花椒 |
| | | 崖椒 |
| | 苦木科 | 苦树 |
| | | 臭椿 |
| | 楝科 | 楝树 |
| | | 香椿 |
| | 远志科 | 瓜子金 |
| | 大戟科 | 山麻杆 |
| | | 白背叶 |
| | | 地锦草 |
| | | 斑地锦 |
| | | 乳浆大戟 |
| | | 月腺大戟 |
| | | 泽漆 |
| | | 铁苋菜 |
| | | 大戟 |
| | | 野桐 |

续表16

| 种　类 | 科　名 | 名　称 |
|---|---|---|
| 被子植物 | 大戟科 | 白叶野桐 |
| | | 野梧桐 |
| | | 乌柏 |
| | | 算盘子 |
| | | 一叶萩 |
| | | 叶下珠 |
| | | 蜜柑草 |
| | 黄杨科 | 黄杨 |
| | 漆树科 | 黄连木 |
| | | 盐肤木 |
| | | 南酸枣 |
| | 冬青科 | 枸骨 |
| | | 冬青 |
| | 卫矛科 | 卫矛 |
| | | 丝绵木 |
| | | 白杜 |
| | | 扶芳藤 |
| | 省沽油科 | 野鸦椿 |
| | 槭树科 | 茶条 |
| | | 三角枫 |
| | | 鸡爪槭 |
| | 无患子科 | 栾树 |
| | | 无患子 |
| | 鼠李科 | 枳椇 |
| | | 雀梅藤 |
| | 葡萄科 | 白蔹 |
| | | 爬山虎 |
| | | 乌蔹莓 |

续表16

| 种　类 | 科　名 | 名　称 |
|---|---|---|
| 被子植物 | 椴树科 | 甜麻 |
| | 锦葵科 | 苘麻 |
| | | 圆叶锦葵 |
| | | 陆地棉 |
| | | 木槿 |
| | 金丝桃科 | 地耳草 |
| | | 贯叶连翘 |
| | | 赶山鞭 |
| | | 元宝草 |
| | 堇菜科 | 紫花堇菜 |
| | | 堇菜 |
| | | 蔓茎堇菜 |
| | | 心叶堇菜 |
| | | 长萼堇菜 |
| | | 紫花地丁 |
| | | 箭叶堇菜 |
| | 胡颓子科 | 胡颓子 |
| | | 木半夏 |
| | 千屈菜科 | 紫薇 |
| | | 千屈菜 |
| | 八角枫科 | 瓜木 |
| | | 八角枫 |
| | 野牡丹科 | 金锦香 |
| | 菱科 | 野菱 |
| | 柳叶菜科 | 水龙 |
| | | 丁香蓼 |

续表16

| 种　类 | 科　名 | 名　称 |
|---|---|---|
| 被子植物 | 五加科 | 常春藤 |
| | | 刺楸 |
| | | 五加 |
| | | 白簕 |
| | | 楤木 |
| | 伞形科 | 天胡荽 |
| | | 积雪草 |
| | | 山芹菜 |
| | | 破子草 |
| | | 窃衣 |
| | | 野胡萝卜 |
| | | 泽芹 |
| | | 蛇床 |
| | | 骨缘当归 |
| | 杜鹃花科 | 羊踯躅 |
| | | 乌饭树 |
| | 紫金牛科 | 紫金牛 |
| | 报春花科 | 点地梅 |
| | | 轮叶排草 |
| | | 小茄 |
| | | 过路黄 |
| | | 金爪儿 |
| | | 星宿菜 |
| | | 珍珠菜 |
| | | 泽珍珠菜 |
| | 柿树科 | 老鸦柿 |
| | 山矾科 | 白檀 |

续表16

| 种　类 | 科　名 | 名　称 |
|---|---|---|
| 被子植物 | 木犀科 | 女贞 |
| | | 桂花 |
| | | 迎春 |
| | | 小蜡 |
| | 马钱科 | 醉鱼草 |
| | 龙胆科 | 荇菜 |
| | 夹竹桃科 | 络石 |
| | 萝摩科 | 萝摩 |
| | | 飞来鹤 |
| | | 柳叶白前 |
| | | 毛白前 |
| | | 白微 |
| | 旋花科 | 菟丝子 |
| | | 马蹄金 |
| | | 牵牛 |
| | | 打碗花 |
| | | 篱天剑 |
| | | 肾叶天剑 |
| | 紫草科 | 细茎斑种草 |
| | | 多苞斑种草 |
| | | 梓木草 |
| | 马鞭草科 | 马鞭草 |
| | | 莸 |
| | | 臭牡丹 |
| | | 大青 |
| | | 海州常山 |
| | | 白棠子树 |
| | | 华紫珠 |

续表16

| 种　类 | 科　名 | 名　称 |
|---|---|---|
| 被子植物 | 唇形科 | 筋骨草 |
| | | 多花筋骨草 |
| | | 耳挖草 |
| | | 光紫黄芩 |
| | | 半枝莲 |
| | | 夏至草 |
| | | 紫花香薷 |
| | | 藿香 |
| | | 活血丹 |
| | | 夏枯草 |
| | | 益母草 |
| | | 錾菜 |
| | | 宝盖草 |
| | | 野芝麻 |
| | | 丹参 |
| | | 紫参 |
| | | 雪见草 |
| | | 荠苧 |
| | | 地笋 |
| | | 风轮菜 |
| | | 瘦风轮 |
| | | 牛至 |
| | | 薄荷 |
| | | 白苏 |
| | | 紫苏 |
| | 茄科 | 龙葵 |
| | | 白英 |

续表16

| 种　类 | 科　名 | 名　称 |
| --- | --- | --- |
| 被子植物 | 茄科 | 酸浆 |
| | | 苦蘵 |
| | | 枸杞 |
| | | 曼陀罗 |
| | | 白花曼陀罗 |
| | | 紫花曼陀罗 |
| | 玄参科 | 阴行草 |
| | | 绵毛鹿茸草 |
| | | 鹿茸草 |
| | | 通泉草 |
| | | 陌上菜 |
| | | 水蔓青 |
| | | 北水苦荬 |
| | | 婆婆纳 |
| | | 蚊母草 |
| | | 爬岩红 |
| | 列当科 | 野菰 |
| | 爵床科 | 水蓑衣 |
| | | 爵床 |
| | 透骨草科 | 透骨草 |
| | 车前科 | 车前 |
| | 茜草科 | 白花蛇舌草 |
| | | 黄毛耳草 |
| | | 栀子 |
| | | 白马骨 |
| | | 六月雪 |
| | | 鸡矢藤 |

续表16

| 种　类 | 科　名 | 名　称 |
|---|---|---|
| 被子植物 | 茜草科 | 茜草 |
| | | 蓬子菜 |
| | | 猪殃殃 |
| | | 四叶葎 |
| | 忍冬科 | 陆英 |
| | | 绣球 |
| | | 忍冬 |
| | 败酱科 | 败酱 |
| | | 白花败酱 |
| | 葫芦科 | 合子草 |
| | | 栝楼 |
| | | 双边栝楼 |
| | | 葫芦 |
| | 桔梗科 | 桔梗 |
| | | 雀舌草 |
| | | 轮叶沙参 |
| | | 杏叶沙参 |
| | | 荠苨 |
| | | 半边莲 |
| | 菊科 | 下田菊 |
| | | 佩兰 |
| | | 泽兰 |
| | | 白鼓钉 |
| | | 轮叶泽兰 |
| | | 华泽兰 |
| | | 一枝黄花 |

续表16

| 种类 | 科名 | 名称 |
|---|---|---|
| 被子植物 | 菊科 | 鸡儿肠 |
| | | 女菀 |
| | | 东风菜 |
| | | 一年蓬 |
| | | 小白酒草 |
| | | 鼠麹草 |
| | | 旋覆花 |
| | | 窄叶旋覆花 |
| | | 天名精 |
| | | 烟管头草 |
| | | 苍耳 |
| | | 豨莶 |
| | | 腺梗豨莶 |
| | | 鳢肠 |
| | | 狼把草 |
| | | 大狼把草 |
| | | 鬼针草 |
| | | 野菊 |
| | | 石胡荽 |
| | | 茵陈蒿 |
| | | 牡蒿 |
| | | 青蒿 |
| | | 黄花蒿 |
| | | 奇蒿 |
| | | 艾蒿 |
| | | 野艾蒿 |
| | | 阴地蒿 |

续表16

| 种　类 | 科　名 | 名　称 |
| --- | --- | --- |
| 被子植物 | 菊科 | 三七草 |
| | | 一点红 |
| | | 兔儿伞 |
| | | 千里光 |
| | | 狗舌草 |
| | | 苍术 |
| | | 飞廉 |
| | | 刺儿菜 |
| | | 蓟 |
| | | 线叶蓟 |
| | | 风毛菊 |
| | | 泥胡菜 |
| | | 杏香兔耳风 |
| | | 大丁草 |
| | | 稻槎菜 |
| | | 鸦葱 |
| | | 蒲公英 |
| | | 苦苣菜 |
| | | 山莴苣 |
| | | 黄鹌菜 |
| | | 苦荬菜 |
| | | 抱茎苦荬菜 |

## 二、动物资源

境内动物有94科166种。其中，环节动物2科3种，软体动物5科6种，节肢动物32科39种，脊索动物55科118种。

## 境内动物一览表

表 17

| 门 名 | 纲 名 | 科 名 | 名 称 |
|---|---|---|---|
| 环节动物 | 寡毛纲 | 正蚓科 | 缟蚯蚓 |
| | 蛭纲 | 水蛭科 | 蚂蟥 |
| | | | 水蛭 |
| 软体动物 | 双壳纲 | 蚌科 | 三角帆蚌 |
| | | | 背角无齿蚌 |
| | | 蚬科 | 蚬 |
| | 腹足纲 | 田螺科 | 田螺 |
| | | 大蜗牛科 | 同型巴蜗牛（背包蜒蚰） |
| | | 蛞蝓科 | 蛞蝓（蜒蚰） |
| 节肢动物 | 唇足纲 | 蜈蚣科 | 少棘巨蜈蚣 |
| | 昆虫纲 | 鳖蠊科 | 中华真地鳖 |
| | | 蜓科 | 大蜻蜓 |
| | | 螳螂科 | 大刀螂 |
| | | 蝗科 | 中华稻蝗 |
| | | 螽斯科 | 纺织娘 |
| | | 蟋蟀科 | 中华蟋蟀 |
| | | 蝼蛄科 | 东方蝼蛄 |
| | | 蝉科 | 蚱蝉 |
| | | | 黑翅红娘子 |
| | | 蚧科 | 白蜡虫 |
| | | 蝽科 | 九香虫 |
| | | 刺蛾科 | 黄刺蛾 |
| | | 螟蛾科 | 高粱条螟 |
| | | 丽蝇科 | 大头金蝇 |
| | | 虻科 | 双斑黄虻 |
| | | 龙虱科 | 三星龙虱 |

续表17

| 门　名 | 纲　名 | 科　名 | 名　称 |
|---|---|---|---|
| 节肢动物 | 昆虫纲 | 金龟子科 | 屎壳郎 |
| | | 鳃金龟科 | 华北大黑鳃金龟 |
| | | 芫菁科 | 眼斑芫菁 |
| | | | 大斑芫菁 |
| | | | 绿芫菁 |
| | | 天牛科 | 云斑天牛 |
| | | 胡蜂科 | 长脚黄蜂 |
| | | | 胡蜂 |
| | | 蚁科 | 黑蚁 |
| | | 蜜蜂科 | 中华蜜蜂 |
| | | | 竹蜂 |
| | 软甲纲 | 方蟹科 | 河蟹 |
| | | | 螃蜞 |
| | | 匙指虾科 | 米虾 |
| | | 长臂虾科 | 白虾 |
| | | | 沼虾 |
| | | 平甲虫科 | 平甲虫 |
| | 蛛形纲 | 壁钱科 | 壁钱（壁喜） |
| | | 姬蛛科 | 壁蛛 |
| | | 草蛛科 | 草蛛 |
| | | 狼蛛科 | 狼蛛 |
| | | 跳蛛科 | 蝇虎 |
| 脊索动物 | 鱼纲 | 鲟科 | 中华鲟 |
| | | 鳀科 | 鲚鱼（刀鲚） |
| | | | 短颌鲚 |
| | | | 凤鲚 |

续表17

| 门 名 | 纲 名 | 科 名 | 名 称 |
|---|---|---|---|
| 脊索动物 | 鱼纲 | 银鱼科 | 大银鱼 |
| | | | 前颌间银鱼 |
| | | | 太湖短吻银鱼 |
| | | | 寡齿短吻银鱼 |
| | | 胭脂鱼科 | 胭脂鱼 |
| | | 鲤科 | 鲅 |
| | | | 鳡 |
| | | | 鳍 |
| | | | 银鲴 |
| | | | 黄尾鲴 |
| | | | 细鳞斜颌鲴 |
| | | | 逆鱼 |
| | | | 棒花鱼 |
| | | | 赤眼鳟 |
| | | | 鳙 |
| | | | 鲢 |
| | | | 鲤 |
| | | | 青鱼 |
| | | | 草鱼 |
| | | | 鲫鱼 |
| | | | 花鱼骨 |
| | | | 长春鳊 |
| | | | 华鳈 |
| | | | 黑鳍鳈 |
| | | | 三角鲂 |
| | | | 团头鲂 |
| | | | 红鳍鲌 |

续表17

| 门　名 | 纲　名 | 科　名 | 名　称 |
| --- | --- | --- | --- |
| 脊索动物 | 鱼纲 | 鲤科 | 翘嘴红鲌 |
| | | | 餐条 |
| | | | 油餐条 |
| | | | 中华鳑鲏 |
| | | | 大鳍刺鳑鲏 |
| | | | 斑条刺鳑鲏 |
| | | | 兴凯刺鳑鲏 |
| | | | 寡鳞刺鳑鲏 |
| | | 鳢科 | 乌鳢 |
| | | | 月鳢 |
| | | 鲱科 | 鲥鱼 |
| | | 鮠科 | 长尾鮠 |
| | | | 长吻鮠 |
| | | | 大鳍鳠 |
| | | | 黄颡鱼 |
| | | | 光泽黄颡鱼 |
| | | 鲶科 | 鲶 |
| | | 胡子鲶科 | 胡子鲶 |
| | | 鳗鲡科 | 鳗鲡 |
| | | | 花鳗 |
| | | 鱵科 | 细下针鱼 |
| | | 鲻科 | 鲻鱼 |
| | | 合鳃科 | 黄鳝 |
| | | 杜父鱼科 | 松江鲈鱼 |
| | | 鮨科 | 鲈鱼 |
| | | | 翘嘴鳜 |
| | | | 斑鳜 |

续表17

| 门　名 | 纲　名 | 科　名 | 名　称 |
|---|---|---|---|
| 脊索动物 | 鱼纲 | 鲀科 | 弓斑东方鲀 |
| | | | 暗纹东方鲀 |
| | | 攀鲈科 | 圆尾斗鱼 |
| | | 塘鳢科 | 沙塘鳢（土布鱼） |
| | | 鲻科 | 青鲻 |
| | | 鳅科 | 泥鳅 |
| | | | 花鳅 |
| | | 刺鳅科 | 刺鳅 |
| | | 鮈科 | 蛇鮈 |
| | 两栖纲 | 蟾蜍科 | 中华大蟾蜍 |
| | | 蛙科 | 青蛙 |
| | | | 金线蛙 |
| | | | 虎纹蛙 |
| | 爬行纲 | 龟科 | 乌龟 |
| | | 鳖科 | 鳖（甲鱼） |
| | | 壁虎科 | 无蹼壁虎 |
| | | 蜥蜴科 | 丽斑麻蜥 |
| | | 游蛇科 | 火赤链 |
| | | | 虎搬游蛇 |
| | | | 红点锦蛇 |
| | | | 黑眉锦蛇 |
| | | | 乌梢蛇 |
| | | | 黄梢蛇 |
| | | 蝮蛇科 | 蝮蛇 |
| | | | 竹叶青蛇 |

续表17

| 门　名 | 纲　名 | 科　名 | 名　称 |
|---|---|---|---|
| 脊索动物 | 鸟纲 | 鸭科 | 鸿雁 |
| | | 鹰科 | 鸢（老鹰） |
| | | 雉科 | 竹鸡 |
| | | | 雉 |
| | | 鸠鸽科 | 斑鸠 |
| | | | 珠颈斑鸠（鹁鸪） |
| | | 杜鹃科 | 布谷鸟（大杜鹃） |
| | | | 杜鹃 |
| | | 鸱鸮科 | 猫头鹰 |
| | | 啄木鸟科 | 啄木鸟 |
| | | 百灵科 | 云雀 |
| | | 燕科 | 家燕 |
| | | | 山燕 |
| | | | 金腰燕 |
| | | 黄鹂科 | 黄鹂（黄莺） |
| | | 鸦科 | 乌鸦 |
| | | | 灰喜鹊 |
| | | | 喜鹊 |
| | | 画眉科 | 画眉 |
| | | 鹎科 | 白头翁 |
| | | 鸫科 | 乌鸫 |
| | | 椋鸟科 | 八哥 |
| | | 文鸟科 | 麻雀 |

续表17

| 门　名 | 纲　名 | 科　名 | 名　称 |
|---|---|---|---|
| 脊索动物 | 哺乳纲 | 猬科 | 刺猬 |
| | | 蝙蝠科 | 蝙蝠 |
| | | 犬科 | 狼 |
| | | | 狗獾（貉） |
| | | 鼬科 | 水獭 |
| | | | 獾 |
| | | | 黄鼬 |
| | | 海豚科 | 江豚（江猪） |
| | | 松鼠科 | 松鼠 |
| | | 仓鼠科 | 田鼠 |
| | | | 仓鼠 |
| | | 兔科 | 华南兔（野兔） |

# 第三章　人　口

## 第一节　人口规模

### 一、人口总量

根据1990年全国第四次人口普查资料，境内乡镇（不包含2008年划入高港区的大泗、胡庄2个乡镇和孔桥等7个村）总户数统计为54084户，总人口207655人。1997年，全区户籍人口206721人。2000年7月，口岸镇南官河西1个居委会和11个行政村1.48万人划归泰州市经济开发区滨江工业园区。当年，全区参加全国第五次人口普查，总户数68752户，总人口209301人。2008年，原属姜堰市所辖大泗镇、泰兴市所辖胡庄镇以及宣堡镇所属乔杨、孔桥等7个行政村划归高港区，共划入29446户96557人。年末，全区总户数95309户，户籍人口294810人。

1996—2008年高港区人口总量一览表

表18　　单位：户、人

| 年份 | 总户数 | 总人口数 | 其中 | | | |
|---|---|---|---|---|---|---|
| | | | 男 | 女 | 农业人口 | 非农业人口 |
| 1996 | 64878 | 207785 | — | — | 186548 | 21237 |
| 1997 | 65209 | 206721 | — | — | 184793 | 21928 |
| 1998 | 67804 | 209160 | 106654 | 102506 | 186083 | 23077 |
| 1999 | 68244 | 210926 | 107154 | 103772 | 176285 | 34641 |
| 2000 | 68752 | 209301 | 106264 | 103037 | 138620 | 70681 |
| 2001 | 63893 | 194208 | 98585 | 95623 | 124447 | 69761 |
| 2002 | 64263 | 194370 | 98362 | 96008 | 122246 | 72124 |
| 2003 | 65110 | 195139 | 98991 | 96148 | — | — |
| 2004 | 63876 | 193566 | 98160 | 95406 | — | — |
| 2005 | 66191 | 194935 | 98755 | 96180 | — | — |
| 2006 | 63633 | 197000 | 99592 | 97408 | — | — |
| 2007 | 63459 | 196910 | 99505 | 97405 | — | — |
| 2008 | 95309 | 294810 | 150195 | 144615 | — | — |

说明：2003年5月1日起，省公安厅《关于进一步深化户籍管理制度改革的意见》施行，全省范围内取消农业户口、非农业户口、地方城镇户口、蓝印户口、自理口粮户口等户口性质，按照实际居住地登记户口，统称居民户口。

## 二、人口密度

1953年，全国第一次人口普查，境内人口密度为每平方千米693.1人。1964年，全国第二次人口普查，境内人口密度为每平方千米722.64人。1982年，全国第三次人口普查，境内人口密度为每平方千米948.02人。其中，永安洲人民公社人口密度最低，为每平方千米519.21人。1990年，全国第四次人口普查，境内人口密度为每平方千米940人。其中，刁铺镇人口密度最高，为每平方千米1195人；永安洲乡人口密度最低，为每平方千米546人。2000年，全国第五次人口普查，全区人口密度每平方千米933人。2008年，全区人口密度每平方千米938人。其中，刁铺街道人口密度最高，为每平方千米1203人；永安洲镇人口密度最低，为每平方千米789人。

# 第二节 人口变动

## 一、自然变动

新中国成立后至1996年，境内各乡镇未统计人口自然变动情况。建区后，人口出生和死亡总体基本持平。1997年，全区人口出生率为8.19‰，死亡率为7.55‰，自然增长率为0.64‰。2008年，全区人口出生率7.39‰，死亡率6.52‰，自然增长率0.87‰。

### 1997—2008年高港区人口自然变动情况一览表

表19

| 年份 | 出生人数（人） | 出生率（‰） | 死亡人数（人） | 死亡率（‰） | 自然增长数（人） | 自然增长率（‰） |
|---|---|---|---|---|---|---|
| 1997 | 1694 | 8.19 | 1561 | 7.55 | 133 | 0.64 |
| 1998 | 2278 | 10.96 | 1493 | 7.18 | 785 | 3.78 |
| 1999 | 1952 | 9.29 | 1392 | 6.63 | 560 | 3.97 |
| 2000 | 2284 | 10.87 | 2874 | 13.68 | -590 | -2.81 |
| 2001 | 1219 | 6.28 | 1126 | 5.8 | 93 | 0.48 |
| 2002 | 1309 | 6.74 | 1158 | 5.96 | 151 | 0.78 |
| 2003 | 1344 | 6.9 | 1655 | 8.5 | -311 | -1.6 |
| 2004 | 1660 | 8.54 | 3092 | 15.94 | -1432 | -7.37 |
| 2005 | 1882 | 8.69 | 958 | 4.93 | 924 | 3.76 |
| 2006 | 2529 | 12.83 | 2284 | 11.59 | 245 | 1.24 |
| 2007 | 1381 | 7.01 | 2279 | 11.57 | -898 | -4.56 |
| 2008 | 2174 | 7.39 | 1919 | 6.52 | 255 | 0.87 |

## 二、机械变动

【人口迁移】 新中国成立后，由于支援边疆建设、知识青年上山下乡及沿江地段的涨坍等因素，境内人口迁移频率较高，但数量不大。建区后，随着经济社会的快速发展，除少数年份外，迁入、迁出人数呈逐年增长态势。2000年，迁入人口2487人，迁出人口3522人。在迁入人口中，务工经商占23.57%，拆迁搬家占1.53%，学习培训占13.28%，婚姻迁入占17.52%，随迁家属占8.69%，投亲靠友占12.87%，工作调动占6.05%，分配录用占8.28%，其他占8.21%。2005年，人口迁移实行市区网上迁移一所办理。1998—2008年，共迁入22483人，迁出20059人。

**1998—2008 年高港区户籍人口迁入、迁出情况一览表**

表 20　　单位：人

| 年　份 | 人口总数 | 迁　入 | 迁　出 | 年　份 | 人口总数 | 迁　入 | 迁　出 |
|---|---|---|---|---|---|---|---|
| 1998 | 209160 | 1574 | 1334 | 2004 | 193566 | 2145 | 2680 |
| 1999 | 210926 | 1737 | 1380 | 2005 | 194935 | 1918 | 1386 |
| 2000 | 209301 | 2487 | 3522 | 2006 | 197000 | 2611 | 1270 |
| 2001 | 194208 | 1626 | 1585 | 2007 | 196910 | 2457 | 1337 |
| 2002 | 194370 | 1591 | 1676 | 2008 | 294810 | 2963 | 2232 |
| 2003 | 195139 | 1374 | 1657 | | | | |

【流动人口】 改革开放后，境内每年有大量农村剩余劳动力外出务工。建区后，随着工业化、城市化的快速发展，吸引大量外来人员务工。2000—2008 年，全区人口流动总数 292347 人次，其中外出务工 174282 人次、外来务工 118065 人次。

**2000—2008 年高港区流动人口一览表**

表 21　　单位：人

| 年　份 | 外出人数 | 流进人数 | 流动总量 | 年　份 | 外出人数 | 流进人数 | 流动总量 |
|---|---|---|---|---|---|---|---|
| 2000 | 4981 | 3250 | 8231 | 2005 | 19651 | 16482 | 36133 |
| 2001 | 6575 | 5023 | 11598 | 2006 | 26333 | 21756 | 48089 |
| 2002 | 8482 | 7254 | 15736 | 2007 | 35286 | 15040 | 50326 |
| 2003 | 11026 | 9840 | 20866 | 2008 | 47283 | 27120 | 74403 |
| 2004 | 14665 | 12300 | 26965 | | | | |

## 第三节　人口构成

### 一、民族

境内为汉民族集聚地，少数民族人口极少。1953 年，境内有汉、回 2 个民族。1964 年，仍为汉、回 2 个民族，其中回族人口 6 人。1982 年，有汉、回、满、壮、白 5 个民族，其中少数民族人口 18 人。

1990年，有汉、回、壮、瑶、土家、布依、朝鲜、满、侗、黎、藏、苗、水13个民族，其中少数民族人口71人。2000年，全区有19个民族，其中少数民族人口199人，占0.1%。少数民族人口中，土家族86人，回族20人，维吾尔族13人，苗族14人，彝族10人，壮族17人，布依族9人，满族7人，朝鲜族和侗族各4人，蒙古族和傣族各3人，瑶族和白族各2人，黎族、土族、仡佬族、裕固族各1人。2008年，全区有38个民族，其中少数民族1257人，占0.43%。在少数民族中，人口超过100人的有维吾尔族（199人）、苗族（180人）、佤族（124人）、回族（120人）、土家族（120人）。

## 二、性别

民国25年（1936），境内男女人口比例为109.46:100。后因抗日战争和解放战争，境内男性人口的损失比女性人口的损失大，男女人口比例发生变化，女性人口略多于男性人口。新中国成立后至20世纪80年代初，境内人口比例（以女性为100，男性对女性的比例）在91.97～99.83之间。1998年，男女人口比例为104:100。2008年，男女人口比例为103.9:100。

## 三、年龄

1964年，境内0～14岁人口、15～64岁人口、65岁及以上人口分别占总人口的36.33%、60.16%、3.51%。人口年龄中位数为21.7岁。1982年，境内0～14岁人口、15～64岁人口、65岁及以上人口分别占总人口的30.94%、63.22%、5.84%。人口年龄中位数为24.5岁。1990年，境内0～14岁人口43524人，占总人口20.96%；15～59岁人口137032人，占总人口65.99%；60岁及以上人口27099人，占总人口13.05%，其中百岁及以上人口1人。人口年龄中位数为28岁。2000年，区人口类型转变为老年型。0～14岁人口36868人，占总人口17.96%；15～59岁人口为136425人，占总人口66.45%；60岁及以上人口32012人，占总人口15.59%。全区人口平均年龄36.95岁。百岁及以上人口2人，均为女性。劳动适龄（男16～59岁，女16～54岁）人口123322人，占总人口63.17%。总抚养比为41.29%，其中少儿抚养比为25.37%、老年抚养比为15.92%。2008年，全区0～14岁人口36144人，占总人口12.26%；15～59岁人口197700人，占总人口67.06%；60岁及以上人口60966人，占总人口20.68%。百岁及以上人口9人，其中男性2人、女性7人，年龄最大者105岁，均生活在农村。

## 四、职业

民国初，境内农业人口占总人口的75.8%，从事商业人口占总人口的4.24%，从事工业、运输业人口占总人口的1.05%，从事渔业人口占总人口的0.19%，从事其他行业人口占总人口的2.14%，无业人口占总人口的16.58%。1953年、1964年、1982年，根据全国人口普查时的行业结构资料显示，在业人口大幅增长。其中1982年在业人口占总人口的53.64%。1990年，境内在业人口136179人。第一、二、三产业人口分别占在业人口的58.83%、30.71%、10.46%。2000年，全区在业人口126920人，占劳动年龄人口的77.24%，比1990年下降5.73个百分点。第一、二、三产业人口分别占在业人口的39.55%、44.17%、16.28%。2008年，全区在业人口150870人，占劳动年龄人口70.82%。第一、二、三产业人口分别占在业的23.16%、52.69%、24.15%。

## 五、文化

1964年、1990年，境内文盲和半文盲人口分别占总人口的38.89%、16.26%。2000年，全区大学文化程度人口占总人口的2.26%，比1982年增加2.06个百分点；高中文化程度人口占总人口的12.88%，比1982年增加6.75个百分点；初中文化程度人口占总人口的47.79%，比1982年增加26.12个百分点；小学文化程度人口占总人口的37.07%，比1982年减少6.16个百分点。男、女性人口在每10万人口中拥有各种受教育程度的人数分别为57419人、42581人，女性人口在每10万人口中拥有受大学和高中教育的人数分别为580人和4648人，分别比男性人口少840人和3102人。大学文化程度、高中文化程度、初中文化程度、小学及以下文化程度人口分别占在业人口的2.56%、12.56%、53.64%、31.24%，分别比1990年增加1.85个百分点、4.32个百分点、12.38个百分点和减少18.55个百分点。2008年，全区6岁以上人口中，接受大学（包含大专及以上）教育的人口为19677人，占6岁以上人口的7.02%；比2000年增加4.76个百分点；接受高中（包含中专）教育的人口为41177人，占6岁以上人口的14.69%，比2000年增加1.81个百分点；接受初中教育的人口为118260人，占6岁以上人口的42.19%，比2000年减少5.6个百分点；接受小学教育的人口为81877人，占6岁以上人口的29.21%，比2000年减少7.86个百分点。

## 六、家庭

1971年、1982年，境内平均每个家庭户的人口分别为4.59人、3.95人。1990年，境内总户数54084户，其中家庭户53953户、集体户131户，平均每个家庭户的人口为3.81人。2000年，全区总户数为68752户，其中家庭户60848户，平均每个家庭户的人口3.26人，单人户、2人户、3人户、4人户、5人户、6人户及以上户数分别占总户数的8.92%、20.62%、32.14%、19.55%、13.37%、5.4%。2008年，全区家庭总户数95309户，平均每个家庭户的人口为3.12人。

## 七、婚姻

1990年，境内15岁及以上人口164131人。其中，未婚人口16741人，初婚有配偶人口131535人，再婚有配偶人口1543人，离婚人口525人，丧偶人口13787人。2000年，全区15岁及以上人口164310人。其中，未婚人口20860人，初婚有配偶人口125570人，再婚有配偶人口3140人，离婚人口805人，丧偶人口13933人。早婚现象得到控制，未达到法定婚龄的已婚人口占15岁及以上人口的0.05%。大龄未婚人口比重下降，30～49岁未婚人口占同龄人口的1.73%。其中男性未婚人口占同龄人口3.71%、女性未婚人口占同龄人口0.13%。2008年，全区15岁及以上人口254660人。其中，未婚人口33298人，占13.08%；有配偶人口197285人，占77.47%；离婚人口2170人，占0.85%；丧偶人口21907人，占8.6%。

## 八、姓氏

南唐至北宋，境内地广人稀。靖康之乱（1126—1127）后，北方居民大量迁入。南宋初年，宋室南迁，境内亦有大批移民迁入，姓氏随之增多。如：孔姓移民由山东曲阜迁入，封姓移民由河南洛阳迁入，张姓移民由山西大同迁入。明初“洪武赶散”，大批江南居民迁入，境内姓氏迅速增加。19世纪中叶后，由于龙窝口木排业的勃兴，不少外地客商陆续到口岸定居，姓氏又增多。新中国成立后，特别是改革开放以后，人口流动加快，姓氏增加较多。2008年，全区有姓氏378个，其中单姓376个、复姓2个（欧阳、端木），人口数量排在前列的姓氏有王、李、周、杨、张、吴、陈、黄等，人口4万以上的姓氏有王、李二姓，人口1万以上4万以下的姓氏有周、杨、张、吴、陈、黄六姓。

## 2008 年高港区 2000 人以上姓氏分布情况一览表

表 22

| 姓 氏 | 人口数 | 主要分布地区 |
|---|---|---|
| 王 | 58717 | 口岸街道、刁铺街道、许庄街道 |
| 李 | 47525 | 口岸街道、许庄街道、永安洲镇 |
| 周 | 25510 | 刁铺街道、白马镇、胡庄镇 |
| 杨 | 22071 | 口岸街道、许庄街道、胡庄镇 |
| 张 | 14759 | 口岸街道、许庄街道、大泗镇 |
| 吴 | 13644 | 口岸街道、刁铺街道、白马镇 |
| 陈 | 13399 | 许庄街道、永安洲镇、胡庄镇 |
| 黄 | 12698 | 口岸街道、大泗镇、胡庄镇 |
| 孙 | 9395 | 口岸街道、刁铺街道、大泗镇 |
| 刘 | 7814 | 口岸街道、刁铺街道、胡庄镇 |
| 丁 | 7346 | 刁铺街道、许庄街道、胡庄镇 |
| 戴 | 6398 | 口岸街道、许庄街道、白马镇 |
| 孔 | 5760 | 口岸街道、许庄街道、胡庄镇 |
| 于 | 5047 | 口岸街道、刁铺街道、大泗镇 |
| 曹 | 5001 | 口岸街道、许庄街道、永安洲镇 |
| 田 | 4231 | 口岸街道、大泗镇、胡庄镇 |
| 谢 | 3625 | 口岸街道、刁铺街道、白马镇 |
| 赵 | 3337 | 口岸街道、刁铺街道、许庄街道 |
| 蒋 | 2917 | 口岸街道、刁铺街道、永安洲镇 |
| 陆 | 2866 | 口岸街道、刁铺街道、许庄街道 |
| 沈 | 2780 | 口岸街道、白马镇、胡庄镇 |
| 薛 | 2518 | 口岸街道、刁铺街道、许庄街道 |
| 顾 | 2213 | 口岸街道、许庄街道、白马镇 |
| 韩 | 2115 | 口岸街道、许庄街道、胡庄镇 |
| 袁 | 2101 | 口岸街道、刁铺街道、永安洲镇 |

# 泰州市高港区志

## 第二篇　交通　运输

# 第二篇 交通 运输

境内面江、背河、通海。明清时期，民间木船客货运输活跃。民国中期，陆路交通运输兴起。新中国成立后，水陆交通不断发展。20世纪80—90年代，境内水陆交通快速发展，公路网络逐步形成。进入21世纪，运输从传统的搬运装卸、普通货运逐步向以仓储配载和集装箱为特征的现代物流方向发展。2007年，启动泰州长江公路大桥建设，为高港融入苏南和全国南北大交通网络搭建快速通道。至2008年，全区高速公路、省道、县（区）道、乡（镇、街道）村公路共241条624.2千米。长江航道15.3千米，内河航道15条95.81千米。有经营性运输车辆433辆，公路客运量452.73万人次、货运量132万吨，内河货运量8.5万吨。

# 第一章　交通基础设施

民国19年（1930），筑口岸至泰兴县城公路，为境内最早的公路。民国21年，境内公路客运初兴。新中国成立初，境内乡镇交通道路多为土路。1978年后，经济发展速度加快，陆路交通运输得到较快发展，口岸、刁铺、田河、大泗等乡镇始建砂石公路。1980年，境内所有公路实现晴雨通车。高港区成立后，不断加大基础设施建设力度。2002年，全区公路总里程453.08千米。至2008年，区内有过境高速公路1条、过境省道3条；有县（区）道13条，总长134.3千米；有乡（镇、街道）村公路224条，总长430.88千米；有15条河港（航道）与长江连通，构成江河交通运输网络。

## 第一节　公　路

### 一、宁通高速公路

起点南京，终点南通九圩港。境内西起刁铺街道万庄村，东止许庄街道乔杨村，高路堤建设，长14.5千米，宽26米，设有刁铺立交桥出入口。1993年开工建设，1996年竣工通车。全封闭，双向四车道，沥青混凝土路面，设计车速120千米/小时。

图 2-1-1　宁通高速刁铺立交桥出入口（2006年摄）

### 二、省道

【S336海（门）通（南通）都（江都）线】 原217省道江（都）平（潮）线。民国19年（1930）筑成土路，晴通雨阻。民国24年拓宽路基。抗日战争时期路面遭破坏。民国38年2月，为支援解放军渡江作战，修复路面。1958年为砂石路面。20世纪70年代，裁弯取直，在境内设有口岸车站和徐家桥站。1978—1980年，分段铺设沥青路面，路基宽12米，路面宽7米，公路技术等级为二级。1985年，实行道路改造，路面增宽至9米。1987年，路面加铺5厘米厚沥青。1993—1996年，路基拓宽为25米、路面增宽为21米，双向四车道，公路技术等级为一级。2003年，改造高港绕城段，长5.07千米，于2005年竣工通车。至此，高港段西起口岸街道引江村，东止口岸街道郎庄村，长14.25千米，设计车速80千米/小时。

【S231阜(宁)扬(中)线】 原210省道泰(州)高(港)线。民国25年(1936)10月,由国民革命军36路军31师修建成9米宽土路,南起龙窝口,向北经口岸、刁铺、庙湾、寺巷口至泰州,时称口泰公路。全长24千米。境内由龙窝口至朱家大圩,长11.45千米。沿线建木桥12座、涵洞21座。抗日战争胜利后,江苏省公路局修木桥7座,改建木桥2座。民国38年初,路桥均已损坏,为支持解放军渡江作战,人民政府组织民工抢修,新建木桥3座。新中国成立后,公路延伸至高港码头,更名为泰高公路。1958年4月,铺筑碎砖砂石路面,晴雨通车。1976年,路基拓宽至10米。1984年,高港码头至口岸船闸段路基拓宽至12米、路面宽为7米。1987年,全部改建为沥青路面,达二级路标准。1997年,实施泰高公路拓宽改造一期工程,北起海陵区城南桥,南至口岸江平线,长17千米,其中高港段路面宽26.5米。1998年11月,泰高公路二期工程(观音堂至杨湾作业区)贯通,长6.64千米,宽26.5米。2004—2006年,全线拓宽改建,其中高港城区段(扬子江路段)按照双向四车道标准建设,刁铺立交桥至海陵城区段按照双向六车道标准建设,全线安全设施、标志、标线齐全。

【沿江高等级公路】 高港段起点为336省道高港大桥西侧,终点为泰常路收费站北侧泰兴与高港交界处,全程18.82千米。2003年6月,按一级公路标准开工建设,双向六车道。2006年12月,竣工通车,全线绿化、安全设施、标志、标线同期到位,路灯、护栏、护坡等道路配套设施齐全。

图 2-1-2 沿江高等级公路(2007年摄)

## 三、县(区)道

【白大线】 北起白马镇与塘湾交界的周山河桥,向南至大泗镇区,全长9.46千米,路基宽9米,路面宽7米,原为砂石路面,于2000年改造成沥青路面。2006年,全线改造为沥青混凝土路面,公路两侧绿化同期到位。

【野永线】 北起野徐镇,向南途经许庄街道、口岸街道至永安洲镇福沙村,全长21.9千米,原为砂石路面,于2000年改造成沥青路面。2006年后,实施县道改造工程,野永线部分路段改建为路基宽9米、路面宽7米的三级公路。

【口永线】 北起口岸街道城南村,南至永安洲镇福沙村,全长17.66千米,路基宽9米,路面宽7米。1985年,筑铺砂石路面。2006年,改造成三级沥青混凝土路,公路两侧绿化同期到位。

【高港港连接线】 北起刁铺街道环溪社区,向南经口岸街道蔡滩社区至泰州港高港港区高港作业区,全长10.66千米,原为砂石路面。2000年,部分路段改造成路基宽6米、路面宽5.5米的水泥混凝土路面。2006年,部分路段改造成路基宽9米、路面宽7米的水泥混凝土路面,部分路段改造成路基宽35米、路面宽30米的水泥混凝土路面,公路两侧绿化同期到位。

【宣蒋线】 北起泰兴市宣堡镇,南至泰兴市蒋华镇,全长15.8千米。境内起点位于许庄与大泗

图 2-1-3 野永线（田许线段）（2006年摄）

交界的赵王村，终点位于与泰兴市交界的蔡庄村，全长7.09千米，原为砂石路面，于2000年改造成柏油路面。2008年，全线改造成路基宽9米、路面宽7米的三级公路，沥青混凝土路面，公路两侧绿化同期到位。

【胡曲线】 北起胡庄镇，南至泰兴市曲霞镇，全长40.4千米。境内起点位于胡庄镇与姜堰市交界的刘元村，终点位于与泰兴交界的丁庄村，全长11.99千米，原为砂石路面，于2002年改造成水泥混凝土路面。2006年，胡庄镇向南至丁庄桥段3.4千米改造成路基宽12米、路面宽9米的二级公路，沥青混凝土路面；丁庄桥向南至泰兴界改造成路基宽9米、路面宽7米的三级公路，沥青混凝土路面，公路两侧绿化同期到位。

【白野线】 东起白马镇与姜堰市交界的黄河村，西至野徐镇仲联村，全长9.1千米，全线路基宽12米，路面宽9米，原为砂石路面。2006年，改建为二级沥青混凝土路面，公路两侧绿化同期到位。

【许刁线】 又名刁大线，是连接刁铺街道、许庄街道（高港高新技术产业园区）和大泗镇的一条东西向主干道，东起许庄街道太平村，西至泰高路刁铺立交桥，全长7.32千米。1978年，完成刁铺至许庄段改造工程，砂石路面，长3千米。1982年，由许庄延伸至大泗界。2006年，拓宽改造成路基宽12米、路面宽9米的二级公路，其中沥青混凝土路面1.9千米、水泥混凝土路面4.1千米，公路两侧绿化同期到位。

【田古线】 西起口岸街道集成村，东至泰兴市古溪镇。区内路段长11.36千米，路基宽12米，路面宽9米。1978年，铺设柏油路面。2006年，拓宽改造成二级公路，沥青混凝土路面，公路两侧绿化同期到位。

【永安洲港连接线】 又名上马线，是连接永安洲镇上桥村和泰兴市马甸镇的主干道，全长5.2千米，路基宽9米，路面宽7米，原为简易砂石路面。2006年，改建为水泥混凝土路面，公路两侧绿化同步到位。

【马永线】 东起泰兴市马甸镇，西至永安洲镇三福船厂，区内路段长3.67千米，路基宽12米，路面宽9米，于1966年筑成。1980年，铺筑砂石路面。2006年，改建为二级水泥混凝土公路，公路两侧绿化同期到位。

【胡大线】 东起胡庄镇胡庄桥，西至大泗镇，全长7.11千米，原为砂石路面。2002年，改建为路基宽5.5米、路面宽3.5米的四级公路，水泥混凝土路面，公路两侧绿化同期到位。

【梁大线】 东起姜堰市梁徐镇，西至大泗镇。区内路段东起大泗镇与姜堰市交界的前进村，北至与野徐镇交界的时庄村，全长11.78千米，原为砂石路面，于2000年改造成简易柏油路面。2008年，

图 2-1-4　乡村公路（2008年摄）

有7.5千米路段改造成路基宽12米、路面宽9米的二级公路，沥青混凝土路面；有4.28千米路段改造成路基宽9米、路面宽7米的三级公路，水泥混凝土路面。公路两侧绿化同期到位。

### 四、乡（镇、街道）村公路

建区初，全区乡（镇）村公路78条185.36千米，多为砂石路和土路。2000—2002年，全区实施农村“通达工程”。2003—2005年，全区进行农村公路等级化改造，乡（镇）村公路基本为水泥路。至2008年，全区乡（镇、街道）村公路共有224条430.88千米。其中，镇与村间乡道共64条220.72千米，村与村间道路160条210.16千米。高港区在全市率先实现“通村公路率”和“灰黑率”双100%目标。

## 第二节　桥　梁

### 一、宁通高速公路桥梁

【引江河大桥】 1995年4月开工建设。1996年10月竣工。由铁道部第一勘测设计院设计，江苏省交通工程总公司第一工程公司施工，采用灌注桩钢筋混凝土梁式结构，设计荷载为公路-Ⅰ级，共浇筑112根灌注桩，全长338.16米，双幅全宽26米，主孔为70米钢管系杆拱。

【南官河大桥】 建于1996年，采用灌注桩钢筋混凝土梁式结构，设计荷载为公路-Ⅰ级。

【周梓中沟桥】 建于1996年，采用灌注桩钢筋混凝土梁式结构，设计荷载为公路-Ⅰ级。

【许庄河桥】 建于1996年，采用灌注桩钢筋混凝土梁式结构，设计荷载为公路-Ⅰ级。

### 二、省道桥梁

【南官河大桥】 是336省道江平线上横跨南官河的一座桥梁。始建于1964年，为水泥桥梁。1998年，江平线改线，在原址重建新桥，简支梁结构，长162.3米，宽26.4米，跨径160米，设计荷载为公路-Ⅰ级。

【宣堡港中桥】 是336省道江平公路上横跨宣堡港的一座桥梁，建于2005年，长45米，宽24米，上部为预应力板梁，下部为钻孔灌柱桩，造价880万元。

【观五大桥】 是231省道泰高公路上横跨许庄河的一座公路大桥，建于1998年，长49米，宽24

图 2-1-5 高港大桥（2005年摄）

米，上部为预应力板梁，下部为钻孔灌柱桩，造价850万元。

【高港大桥】 是336省道江平线上横跨引江河的一座桥梁。始建于20世纪50年代，原为木桥，于1985年改建为水泥桥。1998年，江平线改线时重新建造，采用系杆拱结构，长248.2米，宽26.4米，跨径244米，设计荷载为公路-Ⅰ级。

【刁铺立交桥】 位于231省道泰高公路刁铺街道段，建于1995年，长217米，宽25米，跨径209米，投资1350万元。

【口岸双桥】 是231省道泰高公路横跨宣堡港的一座桥梁，建于1998年，设计为汽-10、履-50，长55米，宽24米。

【口岸闸桥】 位于231省道口岸段，横跨南官河，系口岸节制闸（口岸船闸）的组成部分，按汽-10级设计、拖-30校核，为钢筋混凝土结构，长37米，宽6米。

## 三、县（区）道桥梁

【陈家桥】 位于201县道，中心桩号为0K+820，桥梁全长45米，多孔跨径总长39米，车行道宽8.5米，桥面全宽9米。上部为13米×3板梁结构，下部为桩柱式墩台。水泥混凝土桥面。设计荷载等级为公路-II级。

【横港桥】 位于201县道，中心桩号为1K+660，桥梁全长45米，多孔跨径总长39米，车行道宽8.5米，桥面全宽9米。上部为13米×3空心板结构，下部为桩柱式墩台。水泥混凝土桥面。设计荷载等级为公路-II级。

【将军桥】 位于201县道白大线，中心桩号为4K+116，桥梁全长46米，多孔跨径总长38米，车行道宽8.5米，桥面全宽9米。上部为38米×1板梁结构，下部为重力式桥墩、桩柱式桥台。水泥混凝土桥面。设计荷载等级为公路-II级。

【金龙桥】 位于201县道，中心桩号为0K+039，桥梁全长54米，多孔跨径总长48米，行车道宽8.5米，桥面全宽9米。上部结构为16米×3空心板。下部结构为桩柱式墩台。水泥混凝土桥面。设计荷载等级为公路-II级。

【周山河桥】 位于201县道白大线，中心桩号为5K+780，桥梁全长68米，多孔跨径总长20米，车行道宽8.5米，桥面全宽9米。上部结构为20米×3板梁。下部结构桥墩为重力式桥墩、桩柱式桥台。桥面铺装类型为水泥混凝土。设计荷载等级为公路-II级。

【前进河桥】 位于301县道，中心桩号为3K+821，桥梁全长45米，多孔跨径总长39米，车行道宽11米，桥面全宽12米。上部结构为13米×3板梁，下部结构为桩柱式墩台。水泥混凝土桥面。设计荷载等级为公路-II级。

【西干河桥】 位于301县道白野线，中心桩号为0K+529，桥梁全长64米，多孔跨径总长58米，车行道宽11米，桥面全宽12米。上部结构为18米×1+10米×4板梁，下部结构为重力式桥墩、桩柱式桥台。水泥混凝土桥面。设计荷载等级为公路-II级。

【雅茶桥】 位于301县道白野线，中心桩号为6K+543，桥梁全长45米，多孔跨径总长39米，车行道宽11米，桥面全宽12米。上部结构为13米×3板梁，下部结构为重力式桥墩、桩柱式桥台。水泥混凝土桥面。设计荷载等级为公路-II级。

【刁铺大桥】 位于刁铺街道解放路，跨南官河，始建于1955年，是刁铺首座连接镇区与南官河西的桥梁，初为木质桥。1986年，改建为T形水泥桥，单车道，能通拖拉机，有水泥栏杆。2005年，在原址重建，全长90米，宽9米，双向四车道，桥上有栏杆、桥灯。

【刁铺桥】 位于刁铺街道环溪路，跨南官河，是刁铺街道与南官河西各村连接的重要桥梁，始建于1987年，初为水泥桥，为20世纪80年代刁铺首座双向四车道桥梁。2006年，在原址重建T形桥梁，全长84米，宽10米，设计荷载为公路-Ⅱ级，桥上有栏杆、桥灯，总投资450万元。

【刁浦大桥】 位于刁铺街道太平村与扬州江都市浦头镇之间，是刁蒋线上横跨引江河的一座大桥，通航净高7米，最高通航水位3米，大桥为汽-10、履-50。

【刁陈大桥】 位于刁铺街道万庄村，是刁陈线上跨引江河大桥，通航净高7米，最高通航水位3米，大桥为汽-10、履-50。

【丰岸桥】 位于205县道，中心桩号8K+042，桥梁全长39米，多孔跨径总长33米，车行道宽9米，桥面全宽10米。上部结构为11米×3空心板，下部结构为重力式桥墩、桩柱式桥台。水泥混凝土桥面。设计荷载等级为公路-II级。

【腾龙桥】 位于205县道，中心桩号为10K+982，桥梁全长720米，多孔跨径总长154米，行车道宽36米，桥面全宽38米。上部结构为60米×1+20米×2+11米×4空心板，下部结构为重力式桥墩、桩柱式桥台。水泥混凝土桥面。设计荷载等级为公路-II级。

【戴集桥】 位于303县道口宣线，中心桩号为1K+988，桥梁全长32米，多孔跨径总长22米，车行道宽11米，桥面全宽12米。上部结构为22米×1板梁，下部结构为重力式桥墩、桩柱式桥台。水泥混凝土桥面。设计荷载等级为公路-II级。

【上桥大桥】 位于204县道，中心桩号为8K+507，桥梁全长36米，多孔跨径总长33米，行车道宽8.5米，桥面全宽9米。上部结构为11米×3空心板，下部结构为重力式桥墩、桩柱式桥台。水泥混凝土桥面。设计荷载等级为公路-II级。

【永安大桥】 位于204县道，中心桩号为10K+755，桥梁全长126米，多孔跨径总长108米，行车道宽6.5米，桥面全宽7米。上部结构为30米×2+18米×3空心板，下部结构为重力式桥墩、桩柱式桥台。水泥混凝土桥面。设计荷载等级为公路-II级。

【永福桥】 位于204县道，中心桩号为13K+073，桥梁全长39米，多孔跨径总长33米，行车道宽9米，桥面全宽10米。上部结构为11米×3空心板，下部结构为重力式桥墩、桩柱式桥台。水泥混凝土桥面。设计荷载等级为公路-II级。

【官沟桥】 位于302县道，中心桩号为1K+757，桥梁全长42米，多孔跨径总长36米，行车道宽13米，桥面全宽14米。上部结构为12米×3空心板，下部结构为重力式桥墩、桩柱式桥台。水泥混凝土桥面。设计荷载等级为公路-II级。

【马厂桥】 位于302县道许刁线，中心桩号为4K+566，桥梁全长30米，多孔跨径总长20米，车行道宽13米，桥面全宽14米。上部结构为20米×1板梁，下部结构为重力式桥墩、桩柱式桥台。水泥混凝土桥面。设计荷载等级为公路–II级。

【太平桥】 位于302县道，中心桩号为0K+438，桥梁全长45米，多孔跨径总长39米，行车道宽13米，桥面全宽14米。上部结构为13米×3空心板，下部结构为重力式桥墩、桩柱式桥台。水泥混凝土桥面。设计荷载等级为公路–II级。

【许庄桥】 位于302县道，中心桩号为3K+077，桥梁全长42米，多孔跨径总长36米，行车道宽13米，桥面全宽14米。上部结构为12米×3空心板，下部结构为重力式桥墩、桩柱式桥台。水泥混凝土桥面。设计荷载等级为公路–II级。

【褚野桥】 位于202县道，中心桩号为2K+487，桥梁全长45米，多孔跨径总长39米，行车道宽10.5米，桥面全宽13米。上部结构为13米×3空心板，下部结构为重力式桥墩、桩柱式桥台。水泥混凝土桥面。设计荷载等级为公路–II级。

【野桥】 位于202县道，中心桩号为4K+658，桥梁全长39米，多孔跨径总长33米，行车道宽6.5米，桥面全宽7米。上部结构为11米×3空心板，下部结构为重力式桥墩、桩柱式桥台。水泥混凝土桥面。设计荷载等级为公路–II级。

【斗私桥】 位于203县道，中心桩号为1K+404，桥梁全长49米，多孔跨径总长33米，行车道宽10米，桥面全宽11米。上部结构为11米×3空心板，下部结构为重力式桥墩、桩柱式桥台。水泥混凝土桥面。设计荷载等级为公路–II级。

【古马干河桥】 位于203县道，中心桩号为23K+225，桥梁全长278米，多孔跨径总长262米，行车道宽26米，桥面全宽27米。上部结构为11米×3空心板，下部结构为重力式桥墩、桩柱式桥台。沥青混凝土桥面。设计荷载等级为公路–II级。

【田河大桥】 位于203县道野永线，中心桩号为11K+946，桥梁全长60米，多孔跨径总长54米，车行道宽11米，桥面全宽12米。上部结构为18米×3空心板，下部结构为重力式桥墩、桩柱式桥台。水泥混凝土桥面。设计荷载等级为公路–II级。

【许庄南大桥】 位于203县道，中心桩号为8K+102，桥梁全长54米，多孔跨径总长48米，行车道宽12.5米，桥面全宽13米。上部结构为16米×3空心板，下部结构为重力式桥墩、桩柱式桥台。水泥混凝土桥面。设计荷载等级为公路–II级。

【振兴桥】 位于203县道，中心桩号为2K+934，桥梁全长54米，多孔跨径总长48米，行车道宽8.5米，桥面全宽9米。上部结构为16米×3空心板，下部结构为重力式桥墩、桩柱式桥台。水泥混凝土桥面。设计荷载等级为公路–II级。

## 第三节 航 道

### 一、长江航段

长江流经高港区南境，与镇江扬中市以中流为界。2004年，长江航道高港段由口岸镇老杨湾口（五圩上角）至东夹江大坝中心，全长29.6千米。2005年4月，长江南官河以西段（永长圩至五圩上角）划归市滨江经济开发区，长江高港段变更为由南官河中心线至东夹江河道中心线，江岸线全长25.6千米。该段江面宽4～5千米，一般水深17～18米，最深处48.7米。每年7—9月为大汛期，水位上升，水位差6米左右；当年12月至翌年3月为枯水期，水位下降。常年可通航万吨轮。

## 二、内河等级航道

【南官河】 该航道历史久远，古称济川河、庙港，是连接苏北里下河地区与苏南的纽带，历来有重要的军事战略地位，对口岸、刁铺等沿线集镇的兴起与繁荣起重要作用。新中国成立前曾多次拓宽疏浚，入江口多次变更。1956—1958年，对其下游高港码头入江段作大规模整治。1959年建口岸闸后，南官河改由高港（村名）入江。1997年，该河由泰州船闸向南经寺巷口、刁铺至龙窝口入江，全长25.5千米，为6级航道。高港段长13.5千米，河口宽60～70米，高港口门有方位标1座、船闸1座，船舶通航最大吨位300吨，沿线有宣堡港、许庄河等航道与之相通。

【引江河】 1995年开工，1999年建成。南起泰州港高港港区杨湾作业区江口，北接新通扬运河，航道等级为3级，全长24.74千米。境内长15千米，河底宽50～82米，船舶通航最大吨位1000吨。南端建船闸和枢纽各1座，护岸采用斜坡式结构，多为预制块铺砌。该河是国家南水北调东线重点工程，也是沟通苏北里下河和东部沿海地区的主要航道。

图 2-1-6 引江河入江口处（2006年摄）

【古马干河】 西起永安洲长江边，东至古溪，宽度10～15米，河口宽45～50米。全长44.51千米，全线为7级航道。境内长5.5千米，底宽35米，底高-4米，船舶通航最大吨位为500吨。

【宣堡港】 由西姜黄河（北徐庄）西流经汪群、宣堡、孔桥、田河至口岸接通南官河，全长26.78千米。境内长6.76千米，河口宽45～50米，7级航道，船舶通航最大吨位50吨。

【周山河】 从东姜黄河至南官河，全长13.15千米。流经境内白马镇，长5.3千米，7级航道，船舶通航最大吨位50吨。

【两泰官河】 旧名通泰河，北起生产河（鸭子河），南至泰兴市泰兴镇，沟通许庄河、宣堡港、古马干河、如泰运河及羌溪河，全长23.5千米。境内流经大泗、许庄，全长5.8千米，河道底宽10～18米，底高-1米，坡比1:3，通航30吨级船舶。

## 三、内河等外级航道

【许庄河】 东起两泰官河许庄街道孔桥地区段，西接南官河刁铺街道段，流经许庄街道许家庄、刘石庄和刁铺街道，全长10.14千米，河口宽44米，底宽8～10米，底高-1米，通航10吨级船舶。

【秧田河】 位于白马镇，起点西干河，终点李庄，长3.2千米。

【前进河】 与周山河、两泰官河相连。境内流经白马镇、大泗镇，长5.6千米，河面宽15～20米。

【穿心港】 永安洲闸至上桥，长2千米，通航5吨级船舶。

【肖崇中沟】 胡庄镇肖林庄至张家堡，长3.5千米，通航10吨级船舶。

【周梓中沟】 许庄街道唐家庄至许家庄，长5.1千米，通航10吨级船舶。

【孔庄中沟】 胡庄镇东孔家庄至大丁家庄，长6.5千米，通航5吨级船舶。

【生产河】 又名鸭子河，自大泗镇前进河至南官河，境内长5.91千米，通航20吨级船舶。

【野徐河】 鸭子河至野徐镇，长2千米，通航5吨级船舶。

## 第四节　船闸　渡口

### 一、船闸

【口岸船闸】 位于口岸街道西南南官河口节制闸西侧，距长江边1380米。1958年8月开工建设，1959年10月建成通航，总造价150万元。采用手摇电动两用闸门启闭机，按3级建筑物设计，通航水深2.5米，通航保证率97%。闸室为分离式，长135米，宽12米，顶高6.5米，底高-3米，每闸次可通过量1000吨。为苏北水运干线咽喉，全省航道系统重点口门船闸之一。船闸上、下游引航道长度315米、底宽25米。1964—1981年，4次对船闸维修。1983年，为确保船闸畅通和过闸船舶安全，设立远方船舶停泊区，将上游引航道的管理延伸至距船闸7千米的刁铺北，将下游引航道的管理延伸至距船闸1500米的长江高港锚地。1990年、1999年，船闸先后2次大修，后被评为优良工程。2007年8月至2008年12月，江苏省交通厅航道局对口岸船闸实施改扩建工程，将原135米×12米的闸室改扩建为140米×16米，将原横拉门启闭改为三角门启闭，将原机械式启闭设备改为液压式，船闸控制由原按钮操控改为电脑上位机操控，船闸控制自动化水平、灵敏度和安全保险系数得到明显提高。改造后，单闸船舶通过量由4艘增至6～8艘，单闸船舶通过时间由每次40～45分钟减至25～30分钟。

图 2-1-7　口岸船闸（2006年摄）

## 1986—2008年口岸船闸通航情况一览表

表23

| 年份 | 开放闸次（次） | 优良闸次率（%） | 通过船舶吨位（万吨） | 通过货物量（万吨） | 年份 | 开放闸次（次） | 优良闸次率（%） | 通过船舶吨位（万吨） | 通过货物量（万吨） |
|---|---|---|---|---|---|---|---|---|---|
| 1986 | 15312 | 99.7 | 1330.2 | 552.5 | 1998 | 14305 | 99 | 1635.4 | 860.2 |
| 1987 | 19402 | 99.9 | 1552.9 | 864.7 | 1999 | 11751 | 99 | 1480.8 | 768 |
| 1988 | 14527 | 100 | 1469.8 | 785.9 | 2000 | 13259 | 100 | 1297.1 | 703.7 |
| 1989 | 15987 | 100 | 1397.2 | 749.9 | 2001 | 12875 | 100 | 1209.4 | 646.7 |
| 1990 | 11797 | 100 | 1065.9 | 620 | 2002 | 14893 | 99.9 | 1213.1 | 635.6 |
| 1991 | 14399 | 100 | 1244 | 724.2 | 2003 | 14669 | 99 | 1527.5 | 786.6 |
| 1992 | 15793 | 100 | 1423.3 | 820.8 | 2004 | 14112 | 99 | 1473.6 | 802.9 |
| 1993 | 14987 | 100 | 1156.5 | 631.2 | 2005 | 13520 | 99 | 1416.9 | 792.1 |
| 1994 | 14001 | 100 | 1162.1 | 613.6 | 2006 | 16865 | 99 | 2592.3 | 1549.7 |
| 1995 | 12410 | 100 | 1341.2 | 716.1 | 2007 | 12123 | 99 | 1860.2 | 1231.6 |
| 1996 | 12146 | 100 | 1336.5 | 703.3 | 2008 | 1026 | 99 | 118.4 | 81.9 |
| 1997 | 13165 | 100 | 1413.8 | 808.2 | | | | | |

【引江河枢纽船闸】 1996年10月，泰州引江河高港枢纽工程开工建设。1999年9月，闸站工程全面竣工，其中船闸于1998年9月首次通航。（详见第四篇第二章第二节）

## 二、渡口

历史上，境内内河和沿江多设有渡口。据清康熙十四年（1675）《扬州府志》载，南官河东岸刁铺镇之刁家渡为境内著名渡口。清光绪十年（1884），口岸庙港设泰兴义渡总局口岸分局，有义渡船2艘，渡客至扬中太平洲三滧（音 yǎo）港。渡船载客每次30～40人，不装载重货物及牛、马等牲畜，日出开船，日落止渡，不收分文，经费靠捐资募款，风狂之日止渡。

新中国成立后，内河因桥梁增多渐撤渡口，沿江渡口则逐渐增多。龙窝口、天雨洲、永福洲、北沙、东江、小明沟等地均设有渡口，或渡东夹江，或对渡镇江扬中县。1955年，刁铺大桥建成，刁家渡停渡；高港趸船码头建成，沿江渡口逐渐撤销，仅保留高港渡、小明沟渡2处。1995年，高港汽渡码头建成，高港和小明沟渡口从此停渡。

# 第二章　泰州长江公路大桥

2007年12月，泰州长江公路大桥开工建设。项目总投资93.7亿元，工程全长62.09千米，全线采用双向六车道高速公路标准建设，由北接线、主桥、夹江桥和南接线组成，其中主桥及夹江桥全长9.73千米，桥面宽33米。泰州长江公路大桥跨泰州、镇江、常州三市，连京沪、沪陕和沪蓉3条国家高速公路，起自泰兴市宣堡镇西，与宁通高速相接，向西与336省道、江北沿江高等级公路交叉，经高港区永安洲镇跨越长江，在镇江扬中市小泡沙西端跨长江夹江，与五峰山通道接线相交于姚桥枢纽；再向南跨越浦河进入常州境内，止于沪宁高速公路汤庄枢纽。泰州长江公路大桥工程建设条件复杂，施工难度大，科技含量高，创造5项国际第一。

## 第一节　立项概况

1998年，沿江的泰州、镇江、常州三市提出建设泰州公路过江通道设想。2003年起，省交通规划设计研究院对公路过江通道进行预可性研究。2005年，《江苏省高速公路网暨公路过江通道规划》明确泰州过江通道为省“十一五”重点基础设施建设项目，省发改委、交通厅先后10余次组织召开《泰州公路过江通道可行性研究报告》《泰州过江通道通航论证报告》评审会议。2006年2月26—28日，受国家发改委委托，中国国际工程咨询公司组织专家对过江通道进行现场评估；4月10—12日，交通部综合规划司和交通部专家委员会召开《泰州公路过江通道预可行性研究报告》审查会；5月，国家环保总局评估中心在泰州召开《泰州公路过江通道环境影响报告书》技术评估会；8月4日，《泰州过江通道环境影响评价报告》获国家环保总局批复；8月31日，国家发改委批复同意建设泰州公路过江通道项目；12月22—24日，《泰州长江公路过江通道可行性研究报告》分别通过交通部、中国国际工程咨询公司专家组评估、审查。2007年7月上旬，国务院办公会议讨论通过《泰州长江大桥可行性研究报告》，并由国家发改委批

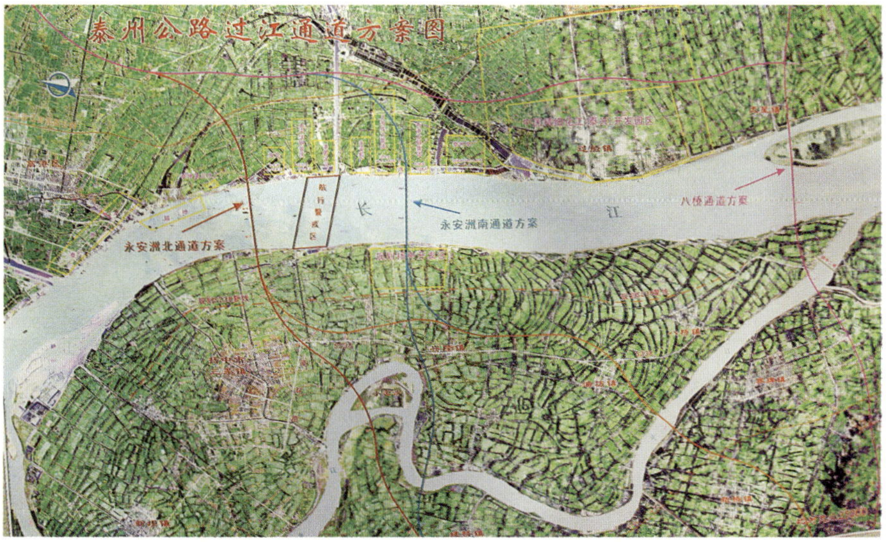


图 2-2-1　泰州长江公路大桥路线方案图（2006年）

复同意采用泰州永安洲北桥位方案，长江大桥正式定名为“泰州长江公路大桥”。

## 第二节　设计概要

2005年12月，江苏省交通规划设计院设计主桥为三塔两跨超千米悬索桥。2006年10月，《泰州过江通道工程可行性研究报告》预审会议同意采用三塔悬索桥方案。2007年7月10日，国家发改委批复同意采用永安洲北桥位方案。并要求：深化三塔悬索桥关键技术研究，优化主桥纵断面线型；深化主桥和夹江桥桥型方案和桥跨布置优化比选。9月26—30日，交通部组织召开《泰州长江公路大桥初步设计方案》审查会议。11月5日，《泰州长江公路大桥初步设计方案》获交通部批复。11月22日，泰州长江公路大桥中塔基础的技术设计和大桥下部结构施工图获省交通厅批复。

泰州长江公路大桥路线起自泰兴市宣堡镇西接宁通高速公路，于永安洲镇北部跨越长江至扬中，于扬中南跨越夹江至沪宁高速公路汤庄枢纽。全线由北接线、跨江主桥（悬索桥）、夹江桥、南接线组成，全长62.09千米，其中主桥和夹江桥全长9.73千米。全线采用双向六车道高速公路标准建设，设计车辆荷载等级为公路-Ⅰ级。起点至南接线高速公路大港枢纽（含主桥和夹江桥）设计车速为100千米/小时，路基宽度33.5米，大桥宽度33米（不含布索区）；南接线高速公路大港枢纽至终点设计车速为120千米/小时，路基宽度34.5米，预留八车道建设条件。

主桥桥梁结构设计基准期为100年，为三塔两跨钢箱梁悬索桥，桥跨布置为390+1080+1080+390米。中塔采用纵向人字形、横向门式框架型钢塔，塔柱高191.5米。中塔基础采用圆角矩形沉井结构，沉井平面长58米、宽44米，沉井总高度76米，其中沉井下部38米为双壁钢壳混凝土结构、沉井上部38米为钢筋混凝土结构。沉井外墙壁厚1.8米，内部隔舱壁厚1.4米，共设12个隔舱。边塔为钢筋混凝土结构。南北锚碇沉井长67.9米、宽52米，北锚碇沉井高57米、基底标高为-55米，南锚碇沉井高41米、基底标高为-39米。主缆长3117米，由北锚跨、北边跨、北主跨、南主跨、南边跨、南锚跨组成。南北引桥均由预应力简支T梁和预应力混凝土连续箱梁两种结构组合而成。主桥通航净空高度不小于50米、净宽不小于760米，能满足5万吨级巴拿马散装货轮的通航需要。夹江桥为预应力混凝土连续梁桥，跨径组合为85+3×125+85米（左汊）和85+2×125+85米（右汊），通航净空高度不小于18米、净宽不小于100米。

## 第三节　工程施工

2007年11月，泰州长江公路大桥主桥北岸施工场地的“三通一平”及临时码头工程竣工。2007年11月26日，泰州长江公路大桥建设指挥部进驻泰州市，大桥正式开工建设，全线划分为11个监理标段、38个主体工程施工标段、2个交通工程及沿线设施施工标段，建设总工期为5年半，工程总投资93.7亿元，参建单位有中国交通建设集团有限公司第二航务工程局、中国交通建设集团有限公司第二公路工程局、中铁大桥局股份有限公司、江苏省交通工程集团有限公司，参建员工1000余人。至2008年6月27日，中塔沉井下沉至标高-60米，南、北锚碇沉井分别下沉至标高-13

米、标高-16.7米，钻孔灌注南、北塔桩各31根。累计完成工程建设投资9.8亿元，占工程总投资的10.46%。

2008年9月1日，中塔沉井平稳精准下沉至标高-76米；9月10日—10月1日，中塔沉井封底，共浇筑混凝土10万立方米，整体沉入19米深水和55米河床覆盖层。11月28日，泰州长江公路大桥接线工程建设动员大会在泰州市召开，全面开工建设大桥南、北接线工程。其中，北接线工程涉及永安洲镇、口岸街道、许庄街道的11个行政村，共征地211.22公顷，拆迁205户7120.96平方米；设互通式立交桥2座，分别为与宁通高速公路相交的宣堡枢纽、与沿江高等级公路相交的永安洲互通；建收费站1处、桥梁10座、通道和涵洞68道。12月8日，中塔第一根锚杆精确安装到位。12月29日，南锚碇沉井实现第一次封底，浇筑混凝土2.8万立方米。

# 第三章　运　输

## 第一节　公路运输

### 一、客运

【客运站（点）】新中国成立后，口岸、刁铺、徐桥先后设汽车停靠站（俗称招呼站）。20世纪70年代末至90年代初，在通往高港港口的口岸镇通江西路（今泰州市经济开发区滨江路）设有高港汽车站。90年代中期，公路客运优势凸现，改变了人们的出行方式，继高港—南京、高港—常州客班轮航线停航之后，高港—镇江、高港—上海客班轮航线停航。地级泰州市组建后，撤销通江西路高港汽车站。同时，因口岸汽车停靠站过往车辆增多，在口岸汽车停靠站址（今高港区江平路1号）筹建新的高港汽车站。2000年9月28日，新高港汽车站投入使用，为二级客运站，隶属于泰州市长途汽车运输有限公司。候车厅及售票厅面积580平方米，停车场面积4100平方米。2004年3月，高港区在刁铺街道万厦村泰高路西侧建长途客运配载点（即高港汽车北站）。2008年，全区有客运场站（点）2个，每日始发车辆30辆，日均发送旅客1500人次，日均进站车辆380辆次。

图 2-3-1　高港汽车站（2007年摄）

【县际以上班车客运】 民国21年（1932），利行长途汽车股份有限公司在口岸镇东首设客车停靠站，黄桥—口岸汽车客运营业。民国25年，在古寿胜寺内设口岸汽车站，泰州—口岸汽车客运营业。1950年，泰兴私营汽车运输合作站成立，开通口岸—泰州、泰兴县城—口岸客运线路。1956年，境内私营汽车业纳入国营，由扬州汽车分公司经营，龙窝口设有车站。1972年，开通口岸—南京客运线路。1997年，高港汽车站有省际客运班线1条，为高港—上海，共投入4辆车运行，日发4班次。有市际客运班线15条，分别为：高港—南京，共投入2辆车运行，日发4班次；高港—扬州，共投入2辆车运行，日发4班次；高港—江都，共投入4辆车运行，日发8班次；高港—盐城，共投入2辆车运行，日发2班次；高港—如皋，共投入2辆车运行，日发2班次；高港—兴化，共投入1辆车运行，日发1班次；高港—姜堰，共投入2辆车运行，日发4班次；高港—靖江，共投入1辆车运行，日发2班次；高港—金坛，共投入2辆车运行，日发2班次；高港—泰兴，每半小时1班次；高港—扬中，共投入2辆车运行，日发6班次；高港—镇江，共投入2辆车运行，日发4班次；高港—苏州，共投入1辆车运行，日发1班次；高港—无锡，共投入1辆车运行，日发1班次；高港—常州，共投入1辆车运行，日发2班次。全区有经营性运输车辆160辆，公路客运量22.18万人次，公路货运量65万吨。2002年、2006年，泰州市长途汽车运输有限公司三分公司、兴化市华通汽车运输有限公司高港分公司分别成立，在高港区从事省、市际公路客运专业运输，省、市际客运班线逐步调整。2008年，高港区有省际客运班线4条，市际客运班线7条。全区有经营性运输车辆433辆，公路客运量452.73万人次，公路货运量132万吨。

### 2008年高港汽车站客运线路及行车班次一览表

表24

| 班线性质 | 路线名称 | 里程（千米） | 班次（次） | 途经线道 | 车辆数（辆） | 所属公司 |
|---|---|---|---|---|---|---|
| 省际班线 | 白马—上海 | 280 | 1 | 宁通高速、沿江高速 | 1 | 泰州市长途汽车运输有限公司三分公司 |
| | 高港—上海 | 250 | 1 | 江阴大桥、沿江高速 | 1 | 泰州市长途汽车运输有限公司三分公司 |
| | 刁铺—上海 | 255 | 1 | 江阴大桥、沿江高速 | 1 | 兴化市华通汽车运输有限公司高港分公司 |
| | 永安洲—上海 | 239 | 1 | 江阴大桥、沿江高速 | 1 | 泰州市汽车运输总公司 |
| 市际班线 | 高港—扬州 | 55 | 4 | 336省道、213省道 | 2 | 泰州市长途汽车运输有限公司三分公司、兴化市华通汽车运输有限公司高港分公司 |
| | 高港—江都 | 40 | 3 | 336省道、213省道 | 1 | 泰州市长途汽车运输有限公司三分公司 |
| | 高港—盐城 | 90 | 1 | 329省道 | 1 | 泰州市长途汽车运输有限公司三分公司 |
| | 刁铺—南京 | 160 | 1 | 213省道、宁通高速 | 2 | 泰州市长途汽车运输有限公司三分公司 |
| | 许庄—南京 | 170 | 1 | 213省道、336省道、宁通高速 | 1 | 兴化市华通汽车运输有限公司高港分公司 |
| | 刁铺—苏州 | 210 | 1 | 213省道、336省道、八圩汽渡、204国道 | 1 | 兴化市华通汽车运输有限公司高港分公司 |
| | 刁铺—常州 | 80 | 1 | 213省道、336省道、七圩汽渡、232省道 | 1 | 兴化市华通汽车运输有限公司高港分公司 |

【私营客运】 新中国成立前，境内短途客运以独轮推车、黄包车为主。20世纪50年代起，始用自行车（俗称“二轮车”）搭客，车多为加重型，车座后装有木制带扶手坐垫。60年代后期，为加强载客二轮车的管理，口岸成立二轮车服务站。1984年4月，口岸镇合乐村施小明自购客车1辆经营口岸—泰兴—南京客运线路，是口岸第一个客车运输专业户。1985年，境内出现摩托车载客。1993年起，境内私营个体客运汽车数量不断增加。1995年后，人力车客运逐渐被淘汰，机动三轮车、电瓶三轮车、四轮汽车客运兴起。进入21世纪，境内私营客运以泰兴产三迪摩托车为主，在刁铺、口岸沿线公路有出租车载客，送泰州和泰兴等地。2008年，全区有5辆省际、市际私营个体客运班车挂靠兴化市华通汽车运输有限公司高港分公司经营，有25辆县际私营个体客运班车挂靠泰州市高港新城公路客运有限公司经营。

## 2008年高港区私营个体汽车客运线路等情况一览表

表25

| 车　主 | 所在街道、镇 | 型　号 | 客　位 | 运行线路 |
|---|---|---|---|---|
| 张国林 | 刁铺街道 | 宇通 | 45 | 许庄—南京 |
| 袁根才 | 许庄街道 | 金龙 | 35 | 刁铺—苏州 |
| 唐咸华 | 许庄街道 | 青年北方 | 53 | 刁铺—上海 |
| 高　军 | 口岸街道 | 宇通 | 30 | 高港—扬州 |
| 戴长国 | 口岸街道 | 江淮 | 30 | 刁铺—常州 |
| 周优玉 | 刁铺街道 | 牡丹 | 19 | 高港—泰兴 |
| 高　震 | 许庄街道 | 女神 | 19 | 高港—泰兴 |
| 肖兴国 | 许庄街道 | 牡丹 | 19 | 高港—泰兴 |
| 王荷梅 | 口岸街道 | 跃进 | 19 | 高港—泰兴 |
| 戴风林 | 口岸街道 | 跃进 | 19 | 高港—泰兴 |
| 蒋兆贤 | 刁铺街道 | 东欧 | 19 | 高港—泰兴 |
| 赵体伟 | 许庄街道 | 东欧 | 19 | 高港—泰兴 |
| 刘建姝 | 许庄街道 | 胜利 | 19 | 高港—泰兴 |
| 李　军 | 口岸街道 | 牡丹 | 19 | 高港—泰兴 |
| 周于美 | 口岸街道 | 跃进 | 19 | 高港—泰兴 |
| 徐明华 | 刁铺街道 | 东欧 | 19 | 高港—泰兴 |
| 赵武军 | 许庄街道 | 东岳 | 19 | 高港—泰兴 |
| 周金根 | 许庄街道 | 东岳 | 19 | 高港—泰兴 |

续表25

| 车　主 | 所在街道、镇 | 型　号 | 客　位 | 运行线路 |
|---|---|---|---|---|
| 季荣华 | 口岸街道 | 东岳 | 19 | 高港—泰兴 |
| 杨俊峰 | 口岸街道 | 牡丹 | 19 | 高港—泰兴 |
| 蒋鸭父 | 刁铺街道 | 扬子 | 19 | 高港—泰兴 |
| 张建文 | 许庄街道 | 上海 | 19 | 高港—泰兴 |
| 封才元 | 许庄街道 | 东岳 | 19 | 高港—泰兴 |
| 成宏生 | 口岸街道 | 东岳 | 19 | 高港—泰兴 |
| 余　军 | 口岸街道 | 东岳 | 19 | 高港—泰兴 |
| 于春芳 | 刁铺街道 | 跃进 | 19 | 泰州—泰兴 |
| 于莲娣 | 许庄街道 | 牡丹 | 19 | 泰州—泰兴 |
| 黄建兰 | 许庄街道 | 金龙 | 19 | 泰州—泰兴 |
| 梅国华 | 口岸街道 | 牡丹 | 19 | 永安洲—泰兴 |
| 张　辉 | 口岸街道 | 牡丹 | 19 | 永安洲—泰兴 |

### 二、货运

民国期间，境内货运主要靠畜力车、独轮车，辅以肩挑。20世纪50年代，短途货运逐渐改用板车，出现货运三轮车。60年代后期，手扶拖拉机始作农村运输工具，工商企业开始自备货车运输。1972年6月，口岸食品接运站船舶保修厂（今泰州口岸船舶有限公司）有大货车18辆。1973年6月，高港港务局有大货车6辆。至1990年，道路货运业户以集体企业车队运输为主，境内共有10户货运经营集体企业，平均每户拥有货车10辆。90年代，随着运输市场的进一步开放，私营个体货运汽车数量猛增，货物流量大幅度增长。1999年，境内有汽车货运经营业户80户、各类货运汽车1300总吨位。2000年后，汽车货运业持续发展，大吨位运输车辆不断进入市场。2006年，全区有各类货运汽车89万吨位，货运周转量7100万吨·千米。2008年，全区有各类货运企业及货运场（站）39个，其中，泰州龙马货运有限公司、泰州林盛运输有限公司、泰州天路运输有限公司等普货运输企业13个，集装箱运输企业2个（泰州港久货运有限公司、泰州华盛物流有限公司），货运配载场（站）业户24个。有各类货运汽车132万吨位，货运周转量10230万吨·千米。

## 第二节　内河客运

民国9年（1920），泰州大源轮局开辟泰州—龙窝口客运航线。民国19年，口宝汽油轮局经营泰州—龙窝口客运航线。日本侵略军占领泰州后，内河客运被迫停航。民国34年9月后，泰州—龙窝口客运航线恢复经营。新中国成立后，口岸成为苏北内河客运航线的枢纽之一。至20世纪60年代中期，设龙窝口—常州（1958年7月改设为高港—常州）、口岸（龙窝口）—建湖（1957年9月改设为高港—建湖）、口岸（高港）—合德、口岸（高港）—无锡、口岸（高港）—泰州、口岸（高港）—兴化6条客运航线。60年代后期，由于公路客运业的发展，口岸—建湖、口岸—常州、口岸—无锡3条客运航线停航。1984年，盐城—合德客运航线停航，调整口岸—合德客运航线为口岸—盐城客运航线。至1990年，口岸—盐城、高港—泰州、高港—兴化客运航线全部停航。

1957—1990年高港内河客运航线班次时刻一览表

表26

| 航　线 | 航程（千米） | 始发港 | 班　期 | 开船时间 | 终点港 | 抵达时间 | 全程运行时间（小时） |
|---|---|---|---|---|---|---|---|
| 口岸—盐城 | 164 | 高港 | 1 | 12:30 | 射阳 | 次日 13:00 | 24.5 |
| 口岸—建湖 | 143 | 高港 | 1 | 12:30 | 建湖 | 次日 10:00 | 21.5 |
| 口岸—兴化 | 76.5 | 高港 | 1 | 12:30 | 兴化 | 23:00 | 10.5 |
| 口岸—泰州 | 26 | 高港 | 1 | 12:30 | 泰州 | 16:30 | 4 |
| 口岸—无锡 | 101.5 | 高港 | 1 | 9:30 | 无锡 | 18:00 | 8.5 |
| 口岸—常州 | 87 | 高港 | 1 | 11:30 | 常州 | 18:00 | 6.5 |

# 第四章　交通管理

## 第一节　公路管理

民国35年（1946）1月，成立口岸公路管理站。民国38年6月，成立口岸公路管理段，隶属于苏北行署交通处公路局泰州公路管理站。1952年1月起，境内公路分别由泰县、泰兴县公路养护段管理。1956年5月起，境内公路分别由泰县、泰兴县公路养护工区管理。1962年4月起，境内公路养护和养路费征收分别由泰州县（1962年6月后，改由泰县公路管理站负责）、泰兴县公路管理站负责。1979年，设口岸公路养护管理道班房，隶属于泰兴县公路管理站。建区后，泰州市公路管理处负责管理和保护区内公路、公路用地、公路附属设施，维护公路秩序。2002年，深化公路养护体制改革，采取招投标方式确定省干线公路养护施工单位。泰州市路政支队直属大队负责高港区内省干线公路养护监管、县（区）道养护管理、县（区）乡道路政管理。2006年3月，区政府出台《泰州市高港区农村公路养护管理办法（试行）》，明确农村公路养护管理实行分级负责制，区内通镇公路路面养护管理由区交通部门负责，村道养护由乡镇负责。2008年，全区完成公路绿化里程590千米，干线好路率100%，农村公路安全畅通。

## 第二节　航道管理

民国38年（1949）年6月，境内内河航务由苏北航务局泰州行政区航务分局泰州航务办事处管理。1956年5月起，泰州航运管理局管理境内内河干、支线航道。1957年起，境内沿江航道维护、管理、整治、疏浚、测量等工作，由长江航道局南京航道分局（后改名为长江南京航道局）负责。1958年3月起，境内内河干线航道由扬州专属交通管理局管理，支线航道分别由泰县、泰兴县交通管理部门管理。1961年4月，开征航道养护费。1979年1月，泰县、泰兴县成立航道管理站，境内航政管理、航标养护、清障打捞等工作分别由两县负责。1997年起，泰州市航道管理处履行区内航道及其设施的建设、养护、管理、航道规费征收等职能。2003年11月，对口岸船闸上游航道进行全面维修加固180米。1997—2008年，对南官河航道养护整治10次，平均每3年疏浚南官河入江口门1次。

## 第三节　运输管理

20世纪50年代，泰县、泰兴县运输行政管理部门分别对境内运输行业实行“统一货源、统一调度、统一运价”管理。1965年，成立口岸交通管理站。1977年，更名为口岸车船监督站。1984年，复称口岸交通管理站。1985年12月，更名为口岸交通管理所，负责口岸、田河、许庄、刁铺4个乡镇的车船安全宣传、管理、监督、检验、签证，维护水、陆交通秩序，处理车船事故，管理运输市场。1986年10月起，对从事营业性公路客货运输、搬运装卸、运输服务的单位和个人征收运输管理费。1988年7月，开征水陆运输货物附加费。1990年4月，开始对从事国内水路营业性运输的企业、单位和个人，以及从事国内水路运输服务的企业征收运输管理费。同年，开征公路运输客票附加费。1997年，更名为泰州市高港运输管理所。2000年，高港运输管理所改属高港交通分局领导，业务上受泰州市运输管理处指导，增挂泰州市高港交通运政稽查大队牌子，实行“一套班子、两块牌子”，行使所辖范围内交通运政稽查职能。2004年11月，泰州市高港交通运政稽查大队更名为泰州市交通运政稽查支队高港大队，负责辖区内客货运输及相关服务业的日常监管，维护运输市场秩序，查处各类违法经营行为。2008年1月1日起，高港区停止对机动车辆征收养路费，同时废止对车船运输管理费、客票附加费、货物附加费的征收。

**2002—2008年高港区道路运输行政案件查处情况一览表**

表27　　　　　　　　　　　　　　　　　　　　　　　　单位：件

| 年　份 | 一般程序案件 | 简易程序案件 | 合　计 |
|---|---|---|---|
| 2002 | 8 | 175 | 183 |
| 2003 | 9 | 178 | 187 |

续表 27

| 年　份 | 一般程序案件 | 简易程序案件 | 合　计 |
|---|---|---|---|
| 2004 | 82 | 115 | 197 |
| 2005 | 175 | 3 | 178 |
| 2006 | 188 | 4 | 192 |
| 2007 | 193 | 0 | 193 |
| 2008 | 207 | 0 | 207 |

## 2007 年高港区车船规费收取标准一览表

表 28

| 收费项目 | 计费单位 | 收费标准 | 收费范围 |
|---|---|---|---|
| 五小养路费 | 元 / 辆・年 | 260 | 侧三轮摩托车 |
| | | 170 | 二轮摩托车 |
| | | 140 | 轻便摩托车 |
| | 元 / 辆・月 | 100 | 革新三轮机动车、正三轮摩托车（三机） |
| | | 40 | 小三轮客车（2 客位） |
| | | 50 | 手扶拖拉机 |
| 运输管理费 | 元 / 吨・月 | 12 | 货车（不足半吨按半吨计算） |
| | 元 / 座・月 | 不超过营业收入的 0.8% | 客车（5 座以下） |
| | | 6.4 | 客车（6 ～ 8 座） |
| | | 4 | 客车（9 ～ 15 座） |
| | | 3.2 | 客车（16 ～ 30 座） |
| | | 1.6 | 客车（31 座以上） |
| | | 每铺位按 2 座计算 | 卧铺车 |
| | 元 / 吨・月 | 0.72 | 货运船舶 |
| | | 0.18 | 客运船舶 |
| | 元 / 人或辆・月 | 5 | 人力车及搬运装卸 |
| | 元 / 吨・月 | 4 | 手扶拖拉机 |
| 汽运客票附加费 | 元 / 座・月 | 分别按 72、90、108 计征 | 从事汽车客运业务 |
| 车船货物附加费 | 元 / 吨・月 | 25 | 定额计征的货车 |
| | | 2.5 | 定额计征的货船 |
| | 按运费的 5% 计征 | | 从事水陆货运业务 |

说明：五小养路费，即五小车辆养路费。五小车辆指小三轮客车、革新三轮机动车、摩托车（含侧三轮、二轮、轻便摩托车）、手扶拖拉机（含方向盘式小四轮拖拉机）、正三轮摩托车（三机）。

## 1997—2007 年高港区交通规费征收情况一览表

表 29　　　　　　　　　　　　　　　　　　　　　　单位：元

| 年　份 | 五小车辆养路费 | 水陆运输管理费 | 水陆货物附加费 | 汽车客票附加费 |
|---|---|---|---|---|
| 1997 | 433670 | 423620 | 801758 | 555810 |
| 1998 | 811907 | 593806 | 864178 | 637074 |
| 1999 | 653726 | 422500 | 582580 | 508258 |
| 2000 | 770416 | 407572 | 733149 | 604214 |
| 2001 | 659203 | 361584 | 585581 | 513120 |
| 2002 | 746614 | 376573 | 607435 | 570200 |
| 2003 | 700153 | 356512 | 673545 | 489205 |
| 2004 | 474424 | 388985 | 653789 | 1000422 |
| 2005 | 601217 | 384612 | 705204 | 812934 |
| 2006 | 384434 | 423428 | 961562 | 786078 |
| 2007 | 951445 | 468954 | 1009687 | 750384 |

图 2-4-1　泰高路（2006 年摄）

# 泰州市高港区志

## 第三篇　泰州港高港港区

# 第三篇　泰州港高港港区

北宋，济川镇（泰兴县治）坍江，江岸线北移。乾德二年（964），泰兴县治迁至柴墟（今口岸街道西），柴墟港口形成。明初，柴墟更名为口岸，柴墟港口遂成为口岸港口。19世纪末，由于江中沙洲不断淤涨，江岸线南移，口岸港口南移2000米至封家庄。清光绪二十八年（1902），港口开埠通商。清末，封家庄码头淤浅，港口西移500米至龙窝口。1954年9月，龙窝口码头淤浅，口岸港口移至高港，称高港港口。1988年7月，高港港被省人民政府批准为对外开放二类港口。1992年11月，高港港被国务院批准为对外开放一类港口。1997年6月，高港港更名为泰州港。2002年，原高港港改称泰州港高港港区，为泰州港主港区。

高港港区背倚泰州主城区和苏北里下河地区，上游距镇江60千米，距南京145千米，下游至南通119千米，至上海247千米，与扬中市隔江相望，为海、江、河换装良港，与40余个国家和地区的160余个港口有运输业务往来。2008年，高港港区拥有高港、杨湾、永安3个作业区，总面积81.4万平方米，为集装卸、仓储、运输、船舶代理、货物代理、配送等物流服务于一体的综合性港口，年吞吐量2153万吨。经营管理港区业务的泰州港务集团有限公司有总资产近4亿元、员工1200余人，是泰州市最大的物流企业。

# 第一章　港区建设

新中国成立前，封家庄和龙窝口港口淤浅严重，无固定码头，泊位不稳定，几无仓储设施，商人多租用民房作仓库。新中国成立后，始在高港建固定码头、仓库及堆场，港区不断扩展，泊位逐渐增多，锚地水域面积扩大。1986年，成立“三泰一港”（泰州、泰兴、泰县三地人民政府与高港港务管理局）联合开发高港港领导小组，港区建设速度加快。地级泰州市成立后，市委、市政府提出“以港兴市、以城促港”发展战略，科学规划布局，合理配置港口岸线资源，促进港区协调发展。2003年起，高港区抓住江苏省实施“沿江大开发”机遇，港区建设实现跨越式发展。2008年，港区实际占用长江岸线2635米，港区面积81.4万平方米，其中建筑面积2.59万平方米；共有码头17座，其中万吨级泊位7个（不含企业专用码头泊位，下同），实际总靠泊能力12.8万吨；有生产库场52.48万平方米，其中集装箱堆场1.3万平方米；有锚地2处，水面积492万平方米；有各类起重、装卸机械91台（套），单台起吊能力最大为40吨；有港作机动船舶6艘；港口通信实现现代化。

## 第一节　港区规划及岸线利用

### 一、港区规划

1996年，《高港港总体布局规划》获批，高港港区按照杨湾港区、老港区（后称高港作业区）、永安港区、过船港区进行规划。其中，杨湾港区以外贸装卸为主，布置万吨级以上泊位4个，5000吨级泊位1个，主要货种为集装箱、件杂货及外贸粮食等。老港区以长江中上游货物中转接卸为主，布置3000吨以下泊位10个，5000吨级泊位1个，主要货种为内贸黄砂、煤炭、粮食及客货班轮运输的件杂货等。永安港区以木材、外贸散货为主，布置泊位9个。2000年，对高港港区总体布局规划作局部调整。将引江河出口中心线下游640米起向下1100米岸线规划为以石油、化工中转为主的万吨级深水港区，取消原规划中为高港作业区预留的粮食和磷矿泊位布局。

2007年12月，《泰州港总体规划》通过市级审查。规划高港港区岸线为10.87千米，是为地区经济社会发展服务的综合性港区，以干散货和集装箱运输为主。要求拓展港口物流、保税、商贸等功能，逐步将高港港区打造成泰州港的核心港区。

### 二、岸线利用

【江都界至引江河口】　该段岸线长1865米，位于嘶马弯道凹岸，深槽贴岸，水深，航道宽，河床基本稳定，后方陆域平坦、纵深长。至2008年，已建有泰州杨湾海螺水泥有限责任公司和高港港务集团有限公司万吨级泊位4个，除保留公用码头至引江河口的水源保护岸线外，其余均规划为港口岸线。杨湾作业区总岸线650米，其一期工程占用岸线360米，出口小码头占用岸线60米。

【引江河口至南官河】　该段为高港作业区段，岸线长3000米，皆为深水岸线，除保留引江河水资源保护岸线外，其余规划为港口岸线。至2008年，通过挖掘剩余岸线潜力和对老泊位改造提高高港作业区规模，优化作业区功能。其中，从南官河到高港闸之间1210米为高港作业区老港区已占用岸线，上游油码头占用岸线250米，油码头上游为南水北调东线工程引江河的1000米保护岸线。

【南官河至龙窝口】 该段岸线长1626米，沿线江面和边滩均较宽，岸坡稳定，微淤，为中水岸线，沿岸分布有扬子江药业集团、泰州口岸船舶有限公司和泰州三福船舶工程有限公司，此岸段规划为预留港口岸线。

【龙窝口至跃进闸上段】 该段岸线长3209米，为深水岸线。其中，泰州三水厂占用岸线300米，泰州长江公路大桥附近为环境保护区。按照集约利用原则，对城市生活、旅游休闲、环境保护、过江通道和取排水口等可以兼容布局的岸线实行同构规划布局。规划此岸段为过江通道、水资源保护及生活旅游岸线。

【跃进闸上段至东夹江】 该段岸线长10300米，河道顺直，-15米线贴岸，-10米槽宽600～700米，为深水岸线，该段被规划为港口岸线，主要发展能源、化工、钢铁和港口物流等产业。其中，永安作业区岸线755米，其一期工程建设占用岸线270米；国电泰州发电有限公司、江苏海企化工仓储有限公司、泰州三福船舶工程有限公司永安分公司、泰州中航船舶重工有限公司等企业共占用岸线6000米。至2008年，待利用深水岸线为2200米。

## 第二节　高港作业区

高港作业区是原高港港区。1956年，建木栈桥浮码头1座。1957年，盐城专区生活资料服务站在高港设物资中转办事处，后在2号码头（后改称6号码头）北侧建215平方米中转仓库1座。“大跃进”期间，口岸港务局建内河码头1座，实际靠泊能力为1000吨级。并在1号木栈桥浮码头东西两侧建293平方米、120平方米百杂货仓库各1座。西仓库编号为1号仓库，又称“进口仓库”；东仓库编号为2号仓库，又称“出口仓库”；两库可堆存百货150吨。1962年，泰兴县糖业烟酒公司在1号木栈桥码头东北侧建320平方米四合院式食盐中转仓库1座，可堆存食盐650吨。1963年4月，泰兴邮电局在盐城中转仓库南侧建140平方米砖木结构邮件转运仓库1座。1972年，建成

图 3-1-1　高港作业区集装箱堆场（2006年摄）

7号码头，码头长度65米，实际靠泊能力为3000吨级。1974年，4号仓库建成，位于7号码头东侧，面积830平方米，为门式钢架结构。1977年，江苏省外贸运输分公司扬州支公司在7号码头北侧建5536平方米外贸中转仓库1座；高港港务局将原鲜货棚改建成3号仓库，面积488平方米，为砖木结构；6号码头建成，码头长度72米，实际靠泊能力为2000吨级。1978年，1号码头停止使用，申一高班轮停靠7号码头。1980年，建5号码头，码头长度68米，实际靠泊能力5000吨级；建5号仓库，面积为500平方米。1985年，高港港区有客货码头8座，岸线1500米，库场14座、面积3.03万平方米，各种装卸机械64台、港务船舶24艘。1986年，改造2.5万吨级“珍海”号海轮为水上过驳平台，空载吃水4.7米，满载吃水10.2米。1994年，建成3079平方米客运综合大楼。1995年8月起，开展集装箱装卸业务。2003年4月起，不再经营长江客运业务。2004年4月，高港作业区投资270万元，改造桥吊货场1.76万平方米。当年，完成吹填扩建工程，面积6.73万平方米。2005年1月，高港作业区投资400万元，建成5568平方米仓库1座。2006年，集装箱专用码头对外开放，该码头始建于2003年，初期投资7000余万元，配备1台40吨台架式起重机、1台岸式集装箱装卸桥，年通过能力为6万标准集装箱。2008年，高港作业区共有码头8座，码头总长度1038米；泊位9个，其中万吨级泊位3个。码头核定总通过能力为464万吨，年货物吞吐量为1046.37万吨。

## 第三节　杨湾作业区

杨湾作业区是泰州港总体规划内新辟的外贸港区，位于高港作业区上游。1997年6月，开工建设作业区一期工程，该工程为“九五”期间交通部在长江港口投资建设的最大工程，占地3.8万平方米，总投资1.51亿元。1998年11月，泰（州）高（港）公路二期工程竣工，连接观音堂至杨湾作业区。1999年2月，杨湾作业区一期工程竣工，建有1.5万吨级通用件杂货海轮泊位1个、100吨级内河泊位4个。码头全长330米，为高桩板梁结构，配有40吨门机1台、10吨门机4台。集装箱堆场总面积1.33万平方米，配有35吨轨道式起重机1台。该工程设计年吞吐能力为84万吨，其中集装箱3.24万标准箱，可常年靠泊5万吨级以下中外货轮。2002年，扩建堆场1.98万平方米。2006年1月，完成吹填扩建工程，面积8万平方米。2008年，杨湾作业区共有码头2座，码头总长度420米；泊位3个，其中万吨级泊位2个。码头核定总通过能力为108万吨，年货物吞吐量为523.01万吨。

图 3-1-2　杨湾作业区（2002年摄）

## 第四节　永安作业区

图 3-1-3　永安作业区（2006年摄）

永安作业区是泰州港新港区，位于高港作业区下游、紧邻古马干河永安洲河口上游。2006年11月，一期工程竣工，码头长度270米，吹填工程量47万立方米，建成道路堆场9.4万平方米，工程总投资1.2亿元。2008年，永安作业区共有码头2座，码头总长度364.5米；泊位4个，其中万吨级泊位4个。码头核定总通过能力310万吨，年货物吞吐量584.28万吨。

# 第二章　设施与设备

## 第一节　锚　地

### 一、口岸锚地

口岸锚地是港口的老锚地，自大达、大通轮船公司的船舶停靠口岸港起，即为班轮停泊处，于1971年12月正式命名。锚地位于南官河入江口左侧200米以下一段缓流区内，东西长1500米，南北宽450米，水域面积67.5万平方米，水深10米，底质为黏沙土，安全系泊能力为一次可停泊千吨级驳船10艘。进入20世纪80年代，由于南官河入江处淤积严重，岸线逐渐外延，加之口岸冷藏船厂的拆船项目占据锚地大片水域，锚地水面大为缩小。同时，随着港口运输生产的迅速发展，锚地停船密度日渐增大，有的船舶被迫停泊在锚地外，影响主航道船舶航行。1983年，交通部长江航政管理局高港航政处和省航运公司重新划定口岸锚地，设置标志。锚地界限为：内侧自南官河口以下300米起，到老窑墩止，长2000米；外侧自南官河口以下600米至口岸浅滩灯浮，长1700米；锚地宽度为400米。内侧以枯水季节水沫线向外留150米为小轮航道；外侧与口岸浅滩灯浮保持适当距离。在锚地上界外侧点、内侧点和下界外侧点设置3座绿定光黄色水上锚地浮，下界内侧点设置岸标1座，作为锚地标志。在港区下游北岸侧，自花鱼套三角点起，按锚地界线标定的A、B、C、D四点设置4座水上黄色界浮，并设置黄色环照灯4盏。方位角及距离分别为：A点280、2.23千米；B点82.5、2.14千米；C点880、1.89千米；D点220、1.77千米。2007年，为配合泰州三水厂建设，口岸锚地被拆除。

### 二、落成洲锚地

1983年，设落成洲锚地。锚地位于高港港上游南岸侧，自落成洲2号浮以下500米至2号浮以上1700米，外界以落成洲灯浮向南岸推进200米，在标定界线四角设置4座水上绿定光黄色界浮，并设置黄色环照灯4盏。锚地总长2200米，宽600米，水域面积132万平方米，水深10～13米，底质为泥沙。1984年后，锚地外的水域不再锚泊船只和过泊作业，江上来往小轮也不再在锚地内穿行。2003年9月，落成洲锚地转由泰州市交通局港口管理处管理。

### 三、泰州海轮锚地

2007年，泰州市交通局在口岸直水道长江80号、83号黑浮标连线北侧与长江T2、T5红浮标连线南侧之间的水域新建泰州市首座深水海轮待泊锚地——泰州海轮锚地，锚地长6280米，宽555～595米，水域面积约360万平方米，设计水深7.2～10米，锚位半径为222～264米，按风力小于或等于7级的风况进行锚位水域布置，可供1万吨级海轮1艘、5000吨级2艘、3000吨级8艘同时锚泊，所处水域设置6座锚地界限浮专用标志，界限浮采用HF2.4-D1深水浮并配置XHD170-1A型航标灯。2008年2月，泰州海轮锚地工程通过省级验收并正式投入使用。

## 第二节　码头　候船室　库场

### 一、码头

1956年1月，高港港口建成第一座固定式木栈桥浮码头（1978年因木质腐朽而停用）。至1980年，港口先后建成客货运码头8座，其中长江沿岸码头7座、内港南官河码头1座。当年6月，按照由上游至下游依次编号原则，将长江沿岸的7座码头分别命名为3～9号码头，预留1号、2号2个空号。1982年建成1号码头，1989年建成2号码头。此后，1号、2号、3号、4号、8号、9号码头先后被废弃、拆除或被取代。2008年，高港港区共有码头17座、泊位27个。其中，高港作业区有码头8座、泊位9个，杨湾作业区有码头2座、泊位3个，永安作业区有码头2座、泊位4个，企业专用码头5座、泊位11个。

**2008年高港港区码头泊位情况一览表**

表30

| 作业区 | 码头（泊位）名称 | 长度（米） | 投产年份 | 结构型式 | 主要用途 | 前沿水深（米） | 泊位数（个） | 实际靠泊能力（吨级） | 设计通过能力（万吨） | 2008年吞吐量（万吨） |
|---|---|---|---|---|---|---|---|---|---|---|
| 高　港 | 内河码头 | 170 | 1958 | 重力式 | 散货 | 5 | 1 | 1000 | 50 | 19 |
| | 7号码头 | 65 | 1972 | 浮码头 | 靠泊 | 5 | 1 | 3000 | 5 | 50 |
| | 6号码头 | 72 | 1977 | 浮码头 | 靠泊 | 5 | 1 | 2000 | 3 | 50 |
| | 5号码头 | 68 | 1980 | 高桩框架式 | 散货、件杂货 | 5 | 1 | 5000 | 70 | 50 |

续表30

| 作业区 | 码头（泊位）名称 | 长度（米） | 投产年份 | 结构型式 | 主要用途 | 前沿水深（米） | 泊位数（个） | 实际靠泊能力（吨级） | 设计通过能力（万吨） | 2008年吞吐量（万吨） |
|---|---|---|---|---|---|---|---|---|---|---|
| 高　港 | 汽渡码头 | 34 | 1995 | 块石斜坡 | 汽车渡运 | 1.5 | 1 | 500 | 26万辆 | 30万辆 |
| | 油品码头 | 250 | 2003 | 高桩梁板式 | 油品装卸 | 11 | 1 | 30000 | 150 | 281 |
| | 集装箱码头 | 249 | 2003 | 高桩梁板式 | 集装箱、多用途 | 10.5 | 2 | 30000 | 18万标准箱 | 7万标准箱 |
| | 沥青码头 | 130 | 2006 | 浮码头 | 件杂货 | 10 | 1 | 5000 | 10 | 50 |
| 杨　湾 | 通用件杂货码头 | 330 | 1999 | 高桩梁板式 | 散货、件杂货 | 15 | 2 | 40000 | 108 | 523.01 |
| | 出口小码头 | 90 | 2006 | 高桩梁板式 | 散货 | 12 | 1 | 500 | | |
| 永　安 | 散杂货码头 | 94.5 | 2006 | 高桩梁板式 | 散货、件杂货 | 11 | 2 | 1000 | 310 | 584.28 |
| | 散杂货码头 | 270 | 2006 | 高桩梁板式 | 散货、件杂货 | 12 | 2 | 10000 | | |

## 二、候船室

1956年1月，港口建成400平方米候船室1处。1962年，在口岸船闸东侧搭建简易毛竹芦苇棚19间，为内河候船室。1963年，在旧2号码头东侧和港口办公大楼前又搭建2000余平方米的简易毛竹候船室。同年末，再建800平方米的砖木结构候船室1处。1985年，港口调整候船场所，将南京、镇江班客运候船室辟为个体商贩候船处。1994年，投资290万元，建成3079平方米客运综合大楼，可容纳近千名旅客。2003年客运停业，客运综合大楼改作办公大楼。

## 三、库场

1985年，高港港口拥有仓库面积2969平方米、堆场面积26640平方米。1990年，高港港口仓库面积增至7769平方米。2002年，高港作业区、杨湾作业区共有仓库面积8020平方米、堆场面积81073平方米。2005年，高港作业区、杨湾作业区共有仓库面积12305平方米、堆场面积292713平方米。2008年，高港港区共有仓库面积10958平方米、堆场面积513876平方米。其中，高港作业区仓库面积5467平方米、堆场面积141637平方米，杨湾作业区仓库面积5491平方米、堆场面积164253平方米，永安作业区尚未建仓库、堆场面积207986平方米。

## 附：企业专用码头泊位简介

【国电泰州发电有限公司码头】　位于长江永安洲镇福沙社区段，由国电泰州发电有限公司投资建设，于2006年11月建成，建有3.5万吨级卸煤泊位1个。码头长210米、宽39米，设计年卸煤量420万吨、年通过能力440万吨。

【泰州中航舾装码头】　位于国电泰州发电有限公司下游，为泰州中航船舶重工有限公司专用码头。高桩板梁式结构，长733.5米，宽22米，前沿水深-8米，有20万吨级泊位2个，配备3060门座式起重机2台，桥吊1台，主要用于新建船舶水下舾装和钢板、船舶分段等原辅材料和半成品装卸。2008年，建成。

图 3-2-1　高港作业区油品码头（2002年摄）

【液体化工专用码头】 位于古马干河入江口上游1500米处，为江苏海企化工仓储有限公司专用码头，主要用于液体危化品装卸。码头平台长436米，外档有4万吨级和2万吨级泊位各1个，实际可靠泊5万吨级船舶，枯水期前沿水深-11.4米。内档有500吨级泊位3个，枯水期水深-9米。与码头配套的罐区建有4层管线廊架，共铺设30条管线，码头年吞吐能力400万吨。2008年，建成。

【杨湾海螺水泥码头】 位于泰州引江河入江口西侧，为泰州杨湾海螺水泥有限责任公司专用码头，于2004年建成。码头长638米，有3万吨级泊位2个，实际可同时靠泊5万吨级海轮2艘。码头配有大型移动式散装装船机2套、门座式起重机3台、桥式卸船机1座，年吞吐能力1000万吨。

【海泰油码头】 位于泰州引江河下游1千米处。2001年5月，泰州石化总厂、泰州港务局、金厦建设公司共同投资1.5亿元兴建。2002年11月竣工，码头全长250米，由工作平台、5座系缆墩、引桥构成，靠泊能力为3万吨级，设计年吞吐量为200万吨，油品仓储区总容量为22万立方米。

## 第三节　通信设施

1961年3月，港口始用无线电通信。江苏省交通厅驻沪办事处为高港港配电报员1人、50瓦FCE501型发讯机1台、401型收报机1台。6月，港口增加电报员2人。1964年，发讯机功率改为150瓦。1975年，长航“苏北长途有线通讯工程设计”项目获交通部批准，其中，在高港港投资18万元建载波站1个，安装载波机3路、共同交换机150门、12千瓦发电机组1台。1977年12月26日零时实现简易通话。港口通信设施建成后，干线载波电路分别接通高—澄—申、高—通、高—澄—宁—芜—汉3条线路。支线实线电路也相继接通至五圩、河口、过船。1981年1月10日零时起，接通高港—四墩子线路。至此，高港港与长江干线其他港口均可直接通话，随呼随接。1990年，港口投资20万元购置模拟程控交换机224门，一年后交由高港长江航务通信导航段统一管理。1999年，高港长江航务通信导航段900平方米通信大楼建成，87.6米高的微波塔和360门数字程控交换机同时投入使用。2002年，高港港区有港内直拨电话120部、长途电话38部、传真机5部，有100瓦单边无线电话机2台、60瓦高频电话机3台，高港长江航务通信导航段更名为长江泰州通信管理处。2003年，更新通信设施，采用华为CC08程控交换机和MOTOROLA船用甚高频岸台，方便船民与港口之间的联系。2004年，高港作业区至杨湾作业区实现光纤接入。2007年9月，高港作业区至永安作业区采用

5.8G扩频微波传输设备。至此，3个作业区之间实现语音和数据互联互通。同时，随着汉口—南京、南京—上海光纤通信传输系统的建成，高港港区与长江其他港口之间的语音数据连接更为稳定快速。2008年，高港港区机关迁至金港北路新址办公，永安港务有限公司由临时办公场所搬至办公楼，长江泰州通信管理处为两处铺设光纤、安装华为CC08程控交换机远端模块，从而使高港港区实现光纤通信全覆盖。

## 第四节　港务船舶

20世纪初，口岸港木划业与中外商轮停泊港口同时起步，上下客货依靠木划船接送。当时，港口的木划船组织分为高港、龙窝2支。高港有木划船4艘，每船可载五六十人。龙窝木划船分别由大达、大通2个轮船公司组织经营，负责接送各自的班轮客货，每个公司有木划船13条，最大的载重8吨，小的载重4吨左右。1963年1月，"徐州103号"轮调入，更名为"长江1-114"轮，为港口首艘港作拖船。1970年12月，上海港机厂"东山"号拖轮调入，更名为"长江235"轮，为港口调进的第二艘港作拖轮。1976年4月，安徽芜湖江东船厂产400匹马力港作拖轮"港拖2号"投入使用。同时，港口还有装卸用3-18浮吊船1艘、104号供油船1艘。1978年，港口再添3-18浮吊船1艘。1983年，5-30钢质浮吊船投入生产。并添置甲1-659和甲1-660钢质驳船各1艘。1985年5月，江西吉安造船厂制造的240匹马力"船焊19号"投入运营；12月，安徽芜湖江东船厂制造的800匹马力"江苏港15号"投入生产。当年，港口1～9号码头共设趸船6艘。1994年，汽渡码头投产后，有14车渡船1艘（高港渡1号）。2000年，汽渡码头增设24车渡船1艘（高港渡2号）。为6号码头和沥青码头各配置钢质趸船1艘。2002年，港区有各类船舶25艘。2006年6月，港区购置浙江舟山盘峙船厂生产的2646千瓦全回转"泰港1号"拖轮。2008年，高港港区共有机动和非机动船舶19艘。

### 2008年高港港区机动船舶情况一览表

表31

| 船　名 | 船舶类型 | 始用年份 | 建造年份 | 建造单位 | 船舶尺寸（米） | | | | 主机型号 | 额定功率 |
|---|---|---|---|---|---|---|---|---|---|---|
| | | | | | 长 | 宽 | 深 | 吃水 | | |
| 港拖2号 | 拖轮 | 1976 | 1976 | 安徽芜湖江东船厂 | 26.9 | 6.8 | 3.2 | 2 | 6NVD36-1AV | 428HP |
| 船焊19号 | 电焊船 | 1985 | 1985 | 江西吉安造船厂 | 26.9 | 5.2 | 2.2 | 1.3 | 6135Ca*2 | 114*2P |
| 江苏港15号 | 推轮 | 1985 | 1985 | 安徽芜湖江东船厂 | 34 | 9 | 3.8 | 2.6 | 6250ZC*2 | 405*2P |
| 高港渡1号 | 汽渡船 | 1994 | 1993 | 高港港务局船舶修造厂 | 53.6 | 12 | 2.4 | 1.1 | 6160A-12*2 | 185*2p |
| 高港渡2号 | 汽渡船 | 2000 | 1985 | 扬州江扬造船厂 | 65 | 13.5 | 2.5 | 1.6 | 6160-13*2 | 250*2p |
| 泰港1号 | 拖轮 | 2006 | 2006 | 浙江舟山盘峙船厂 | 35.5 | 9.8 | 4.3 | 3.2 | 6L22HLX | 3600HP |

## 2008 年高港港区非机动船舶情况一览表

表 32

| 船　名 | 始用年份 | 船质 | 长 × 宽（米） | 船舶位置 |
|---|---|---|---|---|
| 2 号趸 | 1976 | 水泥 | 40 × 9 | 高港港务局船舶修造厂 |
| 珍海垫趸（2） | 1976 | 水泥 | 40 × 9 | 6 号码头 |
| 1 号副趸 | 1977 | 水泥 | 40 × 9 | 出租常州港监 |
| 6 号趸 | 1977 | 水泥 | 72 × 14 | 锚泊 6 号港作泊用 |
| 7 号趸（1） | 1978 | 水泥 | 72 × 14 | 锚泊 7 号客运用 |
| 港驳 1 号 | 1979 | 钢 | 30 × 7 | 珍海基地 |
| 港驳 2 号 | 1979 | 钢 | 30 × 7 | 高港港务局船舶修造厂 |
| 5-30 浮吊 | 1983 | 钢 | 39 × 12 | 港口工程作业船 |
| 5 号岸壁式 | 1983 | 水泥 | 68 × 15 | 岸壁式码头 |
| 525 浮吊 | 1987 | 钢 | 39 × 12 | 港口生产用 |
| 综合趸（2） | 1997 | 钢 | 65 × 11 | 沥青码头 |
| 综合趸（1） | 2000 | 钢 | 65 × 11 | 沥青码头 |
| 珍海垫趸（1） | 2000 | 钢 | 40 × 9 | 6 号码头 |

# 第五节　机械设备

1958年前，港口装卸作业基本靠人力加箩筐、扁担。1959年初，港口成立“双革”（技术革命和技术革新）小组，结合生产实际研制装卸机械。“双革”小组首先为申—高客货班轮试制轨道运煤系统，添加燃煤输送机械，铺设250米长T形双向小轨道，在引桥的衔接处安装绞关爬坡机，作为货车上下坡运行的牵引动力。轨道运煤系统投产后，比肩扛人抬提高4倍以上工效。小轨道一直沿用至20世纪60年代后期，后又陆续研制出班轮附货起舱机械、皮带传动运输机械等，工效再次提高2～3倍。1976年，港口为9号码头自制并安装一条龙皮带输送机，港口装卸生产逐渐进入机械作业阶段。1980年，5号码头建成投产，在栈桥上安装10吨门座式起重机2台，从栈桥到货场配置800毫米固定式皮带输送机118米，堆场北侧装置悬臂长10米、东西总长132米的堆料机1台，横跨堆场架设5吨40米桥吊，堆

图 3-2-2　肩挑人扛的码头作业年代

图 3-2-3　永安作业区门座式起重机
（2006年摄）

场南侧安装总长177米的固定皮带输送机3台，大幅提升港口通过能力。1985年，港口有各类装卸、起重、运输机械67台（套），装卸生产机械化程度98%以上，机械利用率32.4%。此后在长达10余年的时间里，因缺少资金未能更新设备。

1998年，高港作业区购买10吨门座式起重机3台、40吨台架式起重机1台、内燃式牵引车5台；杨湾作业区添置10吨25米门座式起重机2台、35吨集装箱门式起重机1台、内燃式牵引车5辆。2003—2005年，高港作业区新增门座式起重机3台，杨湾作业区增添轮胎起重机1台、40吨门机1台。2006年，杨湾作业区增加MQ 2533门座式起重机3台。同年，永安作业区一期码头投产后，为适应码头散货的进口、过驳和件杂货的进出口，添置装载机6台、MQ 2533门座式起重机3台、叉车1台、挖掘机1台、装船机1台、皮带机250米。装载机的使用使港口散货装卸效率大为提高。2007—2008年，杨湾作业区新增MQ 2533门座式起重机2台、装载机4台，永安作业区新增装载机2台。至2008年末，高港港区共有各类装卸、起重、运输机械91台（套）。其中，高港作业区有45台（套），杨湾作业区有31台（套），永安作业区有15台（套），货场机械化程度98%以上，机械利用率在50%以上。

### 1985年高港港部分机械设备情况一览表

表33

| 机　械　名　称 | 台数 | 长×宽×高（米） | 自重（吨） | 安全负荷（max 吨） |
|---|---|---|---|---|
| 10T-25M 门座式起重机 | 4 | 12.5×10.5×38 | 145 | 10 |
| 10T-30M 门座式起重机 | 1 | 15×10.5×41 | 185 | 10 |
| 40T-30M 台架式起重机 | 1 | 18×10.5×41 | 345 | 40 |
| 35T-36M 集装箱门式起重机 | 1 | 24×36×28 | 235 | 35 |
| 5T-40M 散货装卸桥 | 2 | 76.3×12.8×20.7 | 144 | 5 |
| 64-1 型牵引车 | 4 | 3.05×1.45×2.08 | 3.8 | 2 |
| QD45A 内燃型牵引车 | 5 | 3.87×2×2.45 | 12 | 5 |
| ZLM-50 装载机 | 2 | 7.5×2.8×3.26 | 15 | 5 |
| 3-18 浮式起重机 | 2 | 35×12.5×2.5（型深） | 145 | 3 |
| CSFQS 型浮起重机（530） | 1 | 36.3×13.4×2.6（型深） | 250 | 5 |

续表 33

| 机　械　名　称 | 台数 | 长×宽×高（米） | 自重（吨） | 安全负荷（max 吨） |
|---|---|---|---|---|
| FQS-25 浮式起重机 | 1 | 40×12.5×3（型深） | 279 | 5 |
| ZLM-50B 装载机 | 2 | 7.5×2.8×3.26 | 15 | 5 |
| QL16B（Y）轮胎起重机 | 1 | 6×3.2×4.4 | 23 | 16 |
| QL16B 轮胎起重机 | 2 | 6×3.2×4.4 | 23 | 16 |

## 2008 年高港港区部分机械设备情况一览表

表 34

| 机　械　名　称 | 台、套数 | 长×宽×高（米） | 自重（吨） | 安全负荷（max 吨） | 所在作业区 |
|---|---|---|---|---|---|
| 10T-25M 门座式起重机 | 9 | 12.5×10.5×38 | 145 | 10 | 高港、杨湾、永安 |
| 10T-30M 门座式起重机 | 3 | 15×10.5×41 | 185 | 10 | 杨湾 |
| 40T-30M 台架式起重机 | 1 | 15×10.5×41 | 345 | 40 | 高港 |
| 40T-30 门式起重机 | 1 | 15×10.5×42 | 400 | 40 | 杨湾 |
| MQ25-33 门座式起重机 | 5 | 18×10.5×43 | 395 | 25 | 杨湾、永安 |
| 35T-36M 集装箱门式起重机 | 1 | 24×36×28 | 235 | 35 | 杨湾 |
| 5T-40M 散货装卸桥 | 2 | 76.3×12.8×20.7 | 144 | 5 | 高港 |
| QD45A 内燃式牵引车 | 10 | 3.87×2×2.45 | 5 | 5 | 杨湾、高港 |
| CSFQ5 型浮式起重机（530） | 2 | 36.3×13.4×2.6 | 250 | 5 | 港区江面流动 |
| ZLM-50 装载机 | 34 | 7.5×2.8×3.26 | 15 | 5 | 永安、杨湾、高港 |
| ZLM-50B 装载机 | 2 | 7.5×2.8×3.26 | 15 | 5 | 高港、杨湾 |
| QL16B（Y）轮胎起重机 | 2 | 6×3.2×4.4 | 23 | 16 | 杨湾 |
| QL16B 轮胎起重机 | 1 | 6×3.2×4.4 | 23 | 16 | 高港 |
| 集装箱岸桥 1 号 | 1 | 24×16×59 | 700 | 31 | 高港 |
| 集装箱场桥 2 号 | 1 | 24×16×53 | 500 | 41 | 高港 |
| 集装箱正面吊 | 2 | 9×6×6 | 70 | 31 | 高港 |
| QL25B 轮胎起重机 | 1 | 9×5×10 | 100 | 25 | 杨湾 |
| 散货装船机系统 | 2 | 200×1（带宽） | 150 | 2 | 永安、杨湾 |
| 叉车 | 6 | 4×2.5×3 | 8.9 | 6 | 永安、杨湾、高港 |

# 第三章 港口营运与管理

自1902年开埠至1956年，港口运输客货同船。1964年，始有客运专线。20世纪80年代，港口货运主要从事建材、煤炭等内贸货物的中转业务，其中于1988年完成488.2万吨吞吐量。客运有定期客班轮航线6条、过境客班轮航线2条。90年代，由于投资乏力，失去近10年的黄金建设期，货运业务量明显下降。同时，因公路、铁路、航空运输业的迅速发展，高港港客运量亦急剧下降。21世纪初，江苏省实施沿江大开发战略，在泰州市委、市政府的支持下，泰州港于2003年进行产权制度改革，实行政企分离，成立泰州港务有限公司，长江客运停航。2004年3月，在长江25个干线港口中率先完成体制创新。此后，港口年吞吐量持续增长。至2008年，港区设有海关、海事、商检、边防等联检机构，国内航线直达上海、广州、深圳、天津、大连、重庆、武汉等各大港口，国际航线经上海港与40余个国家和地区的160余个港口有运输业务往来。基本实现从内河港向海港的巨变，从转运黄沙、水泥、煤炭、铁矿石等散货向集装箱运输的转变，从传统的物资中转业务领域扩大到装卸、运输、船舶代理、货物代理、配送等综合性物流服务领域。

## 第一节 客 运

清光绪二十八年（1902），英商祥茂轮船公司在封家庄设“洋棚”，投入“通宁”“泰宁”等3艘木壳小轮运输客货至上海港，沿途停靠天星桥、七圩、八圩、南通等港口。怡和、鸿安、招商等大轮公司在高港亦相继开设“洋棚”，停泊上海—武汉等航线的中外商轮。清光绪三十一年后，民营大达轮船公司上海—扬州航班沿途停靠龙窝口，在口岸设分公司。清宣统元年（1909），太古、怡和洋行在高港设“洋棚”，并于江中设趸船接送旅客。清宣统二年，封家庄“洋棚”迁至龙窝小学附近，每天来往旅客有三四千人。民国元年（1912），口岸镇东乡板子桥人李松如接替高森甫经营高港“洋棚”。民国12年，英商太古和日清2个轮船公司相继在高港设立“洋棚”。此时，境内沿江共设“洋棚”六七处。民国16年，民营大通轮船公司的船舶停泊龙窝口码头，在口岸设分公司，姚序东任经理。民国26年，口泰公路延至龙窝口，口岸、龙窝、高港3处集镇旅客络绎不绝，江上轮船往来，汽笛长鸣，呈现一片繁忙景象，人称“小上海”。抗日战争时期，国民党江阴驻军在长江构筑

图 3-3-1 中—高线“东方红”号客轮（1976年摄）

水下封锁线2道，阻止日本侵略军西进，港口客运亦受重创。民国35年6月，大达、大通旅客联营处在龙窝口恢复联营业务。

新中国成立后至1953年，苏北航线客运业务日趋繁忙，每日往返上海—口岸的旅客约700～1000人，有“江康”“江昌”“大豫”“鸿大”“达兴”等客轮运客。每逢节日客运繁忙时，港口组织船舶加班，或由武汉—上海客轮停港带客。至1957年，外江已相继有高港—上海、高港—镇江、高港—常州、高港—江阴、高港—清江（现淮阴）等定期客运航线。1958年7月，撤销江阴—高港、镇江—高港客运航线，新辟镇江—江阴直达航线，高港成为沿途停靠站。同年8月，开辟南通—南京线，停靠高港。同时，与高港内河轮船港埠互办旅客联运业务，盐城—阜宁及运河一带的旅客乘盐城—口岸、建湖—口岸等内河客班至高港后改乘南通—南京客班，可至南京、南通、江阴、镇江等地。从南京、南通等地赴里下河地区的旅客也可乘南通—南京客班经高港港中转。1962年，上海—武汉班轮始靠南通，该线班轮航速快、设施好、乘坐舒服，南通—南京航线不少旅客改乘上海—武汉班轮，致使南通—南京航线旅客渐趋减少，高港—南京航线旅客却大增。省交通厅驻沪办事处为此增开南京—高港临时区间航班，输运滞港旅客。1964年2月，省交通厅驻沪办事处撤销南通—南京航线，增开高港—南京区间定期航班。“文化大革命”期间，港口客运受到冲击，上海—高港班轮由每日班改为隔日班，南京—高港班轮暂时停航，之后又恢复。1986年，港口客运有上海—高港（申高班）、镇江—高港（镇高班）、南京—高港（宁高班）3条定期航线，上海—南京（申宁班）班轮也在高港停靠。当年，客流量开始大幅下降。1988年，南京—高港航班停航。1994年8月19日起，上海—重庆航线增靠高港，但港口客流量仍逐年大幅下降，当年旅客吞吐量仅为40.4万人次，次年降为28.1万人次。之后，公路、铁路、航空运输业不断发展，长江水路客流量急剧器人下降。1995年，镇江—高港航班停航。1999年6月9日，近百年历史的上海—高港客运航线停止营运。2003年4月，上海—重庆客班轮不再停靠高港，从而结束境内长江客运历史。

**1958—2003年部分年份高港港区客运流量一览表**

表35　　　　单位：万人次

| 年份 | 旅客总流量 | 其中 | | 年份 | 旅客总流量 | 其中 | |
|---|---|---|---|---|---|---|---|
| | | 流进 | 流出 | | | 流进 | 流出 |
| 1958 | 58.6 | — | — | 1981 | 76.36 | — | — |
| 1959 | 162.76 | — | — | 1985 | 145 | — | — |
| 1960 | 127.38 | — | — | 1986 | 69.9 | — | — |
| 1961 | 182 | — | — | 1987 | 131.9 | — | — |
| 1962 | 201 | — | — | 1988 | 126.1 | — | — |
| 1965 | 40 | — | — | 1989 | 107.1 | — | — |
| 1977 | 51.52 | — | — | 1990 | 75.7 | — | — |
| 1978 | 52.5 | — | — | 1991 | 79 | — | — |
| 1979 | 57.52 | — | — | 1992 | 76.3 | — | — |
| 1980 | 68.43 | — | — | 1993 | 66.9 | — | — |

续表 35

| 年 份 | 旅客总流量 | 其 中 | | 年 份 | 旅客总流量 | 其 中 | |
|---|---|---|---|---|---|---|---|
| | | 流进 | 流出 | | | 流进 | 流出 |
| 1994 | 40.4 | — | — | 1999 | 5.27 | 2.56 | 2.71 |
| 1995 | 28.1 | — | — | 2000 | 2.21 | 1.17 | 1.04 |
| 1996 | 21.52 | 10.66 | 10.86 | 2001 | 1.43 | 0.92 | 0.51 |
| 1997 | 18.38 | 9.28 | 9.1 | 2002 | 0.83 | 0.49 | 0.34 |
| 1998 | 12.71 | 6.35 | 6.36 | 2003 | 0.16 | 0.03 | 0.13 |

20 世纪 80—90 年代高港码头部分航线及船班时刻一览表

表 36

| 航 线 | 航程（千米） | 始发港 | 班期 | 开船时间 | 终点港 | 抵达时间 | 停靠港及到达时间 | 全程运行时间（小时） |
|---|---|---|---|---|---|---|---|---|
| 申高班 | 247 | 高港 | 1 | 15:00 | 上海大达码头 4# | 次日 6:00 | 3:45 扬中东兴港 5:40 过船港 7:00 江阴港 | 15 |
| 镇高班 | 59 | 高港 | 1 | 12:00 | 镇江 | 17:00 | 1:00 五圩港 2:10 河口港 | 5 |
| 宁高班 | 145 | 高港 | 1 | 10:30 | 南京港 3# | 次日 23:00 | （直达） | 12.5 |

## 第二节 货 运

### 一、国内贸易运输

宋代，港口主要中转或贸易海盐和粮食。明代，手工作坊生产兴起，境内港口交通运输亦日趋繁荣。清咸丰三年（1853）至同治四年（1865），淮盐从仪征天池改道南官河，由口岸出口江南，年通过量10万吨以上，口岸设淮盐分栈。清光绪年间，木材分销地江都三江营岸坡坍塌严重，湖广地区的木材商人重新选择龙窝口和口岸作为木材分销地，繁盛时港口及南官河拆做木排的工人有1000余人，白天号子声此起彼伏，入夜水上10余里灯火通明。抗日战争爆发前，港口每日承运销往江南等地的粮食有二三千包、鸡鸭数百笼、禽蛋数百篓及猪、油、酒、花生、银杏、腌肉等大量农副产品。抗日战争期间，苏北长江民营航运业几乎全面崩溃，港口货物运输损失惨重。抗日战争胜利后，苏北长江航运恢复，承运货种仍以粮食、棉花、鸡鸭、禽蛋、鱼虾、土酒、生猪、鲜肉为大宗，尤以小麦、百杂货为最。

新中国成立后，口岸港口承运的货物品种有数十种。以粮食、棉花、家禽、蛋品、水产为主要出口品种，以煤炭、百杂货、化肥为主要进口品种。1960年2月，为解决里下河地区鲜蛋、芦苇、萝卜干等土特产品的运输困难，港口开辟盐城—高港内河定期水上货运航线。1965年1月，港口开办江河联运、汽车零担运输业务。同年，与重庆、武汉、芜湖、南通等10余个沿江港口及湖南长沙、湘潭、常德等内河港口开办江河联运业务。20世纪六七十年代，港口生猪中转业务繁忙，冻肉转运业务渐成规模，高港港于1974年6月被确定为苏北出口冻肉转运点。1974年10月，"建邺"号海轮首航高港港，承运冻肉至大连，港口江心过驳海轮作业由此开始。1978年后，煤炭、磷矿石和黄沙等大宗散货的通过量逐年增长。1984年，管辖权由交通部下放江苏省后，港口未能及时扩大通过能力，千吨级泊位仅8座，腹地经济的不断发展和港口生产能力不足的矛盾日益突出，江海联运业务受到制约。1986—1998年，港口货物主要来自苏北里下河地区及苏南苏、锡、常等地。中转物资主要有黄沙、煤炭、粮食、金属矿石、钢铁等。1989年11月，总投资750余万元的高港港水上过驳平台通过验收。该平台是国内自行设计改装的第一座以装卸袋粮为主的平台，年吞吐能力60万吨。1998—2008年，港口进入快速发展期，主要中转长江中上游的铁矿产品和煤炭，同时经营船舶代理、货物代理、配送等多种业务。

## 二、境外贸易运输

1976年，江苏省外贸运输公司扬州支公司高港中转站成立，中转出口的产品主要是扬州粮油食品进出口支公司经营的兴化、高邮、宝应、泰州等地的皮蛋，年中转量六七千万只，产值100余万元。经高港转运的冻肉部分通过上海港、广州港集并，运往中国香港、东南亚和东欧地区。20世纪70年代末，苏北地区的轻工、纺织、农产品等经高港转运销往境外，出口数量较大的外贸物资有口岸脚蹬厂生产的自行车脚蹬、泰兴出产的银杏、泰州生产的白布和里下河地区生产的卷笔刀、乐器、渔网绳等。80年代初，港口境外贸易保持平稳发展趋势。1988年，高港港被定为省级二类开放港口。6月，2.4万吨级的水上过驳平台"珍海"号锚泊定位成功并投入使用，大型船舶开始停靠港口，各种境外贸易物资可直接在港口运输和中转，港口的装卸通过能力得到提高。7月20日，举行国轮远洋船舶首航仪式，3300吨位的"雨花"号远洋轮满载棉花开往中国香港。1991年，巴拿马籍货轮"室女星座"号安全停靠"珍海"过驳平台，装载水泥销往韩国，此为外轮首次停靠高港港。1992年，港口被定为国家一类开放港口。1993年4月，高港港通过国家验收，正式对外籍船舶开放。5月，洪都拉斯籍"奥姆斯基130"号货轮抵达高港港，泰州渔网厂由韩国汉城进口的成套机械设备在5号码头卸载。1994年，港口接靠国际航行船舶7艘次。1997年起，来自印尼、菲律宾、俄罗斯等国的金属矿、煤、石油产品和出口日本、韩国的焦炭、盐、机械设备逐年增多。2003—2007年，港口与俄罗斯、韩国、日本、东南亚等40余个国家和地区有稳定的大宗散货贸易往来，年货物吞吐量持续上升，增幅居长江三角洲地区13个长江港口之首。2008年，世界经济增长趋缓，加之靖江、张家港等地建成木材加工基地，港口木材转运业大受影响，境外贸易运输量大幅度下降。

## 三、货物吞吐量

新中国成立后至20世纪60年代中期，港口年货物吞吐量由不足10万吨逐步上升至30万吨左右。"文化大革命"期间，港口年货物吞吐量在50万吨左右徘徊。1978—1988年，港口货物吞吐量逐年上升，从83.58万吨升至488.2万吨。1989年起，生产量持续下降。1995年，高港港国际集装箱内支线运输业务正式开通，3万吨级海轮（中国青岛远洋运输公司"恒春海"号）首次停靠港区，开创集装箱货运先河，集装箱吞吐量为580标准箱。年货物吞吐量为109.1万吨，是1979年以来仅次于1994年的最低水平。1999年，杨湾作业区万吨级码头投入使用，使港口的通过能力和作业货种发生根本变化。集装箱业务快速发展，成为高港港区经济新的增长点。当年，高港港区货物吞吐量开始明显上升，为147万吨；集装箱业务量翻倍增长，达3008标准箱。2003年，高港港区货物吞吐量创历史最高水平，达806万吨；集装箱业务量突破1万标准箱。2006年，高港港区集装箱运输货种以机械设备、化工原料及制品、有色金属、轻工医药产品为主，集装箱运输企业主要有中远、铁华渣行、马斯基、南青、中海、长航、民生、汇联、国货、公共内支线、长荣、翔宇、金林、福海、安通、阳光速航等船运公司，高港港区集装箱业务增长幅度居长江各港口前列。2008年，泰州港务集团有限公司加大对集装箱业务的投入，增添集装箱机械设备。当年，与泰州港务集团有限公司合作经营集装箱运输的船运公司有20余个，全年货物吞吐量为2153.66万吨，集装箱吞吐量7万余标准箱。

## 1978—2008年高港港区货物吞吐量一览表

表37

| 年　份 | 货物吞吐量（万吨） | 其中 | 集装箱（标准箱） |
|---|---|---|---|
| | | 外贸吞吐量（万吨） | |
| 1978 | 83.58 | — | — |
| 1979 | 115.48 | — | — |
| 1980 | 175.43 | 0.62 | — |
| 1981 | 270.99 | 1.01 | — |
| 1982 | 305.83 | 1.04 | — |
| 1983 | 349.04 | 1 | — |
| 1984 | 364.65 | 0.73 | — |
| 1985 | 378.57 | 0.55 | — |
| 1986 | 408.5 | — | — |
| 1987 | 450.1 | — | — |
| 1988 | 488.2 | — | — |
| 1989 | 463.2 | — | — |
| 1990 | 169.9 | — | — |
| 1991 | 176.9 | 1.6 | — |
| 1992 | 252.5 | 4.1 | — |
| 1993 | 132.1 | 5.7 | — |
| 1994 | 102.8 | 4.7 | — |
| 1995 | 109.1 | 9.9 | 580 |
| 1996 | 142 | 16 | 942 |
| 1997 | 120 | 12 | 1431 |

续表37

| 年　份 | 货物吞吐量（万吨） | 其中 | 集装箱（标准箱） |
|---|---|---|---|
| | | 外贸吞吐量（万吨） | |
| 1998 | 122 | 10 | 1282 |
| 1999 | 147 | 29 | 3008 |
| 2000 | 187 | 48 | 3661 |
| 2001 | 244 | 75 | 5321 |
| 2002 | 329 | 77.5 | 9643 |
| 2003 | 806 | 134 | 17610 |
| 2004 | 1285 | 188.5 | 25039 |
| 2005 | 1508 | 322 | 41686 |
| 2006 | 1800 | 448 | 60024 |
| 2007 | 1761.58 | 319.01 | 70016 |
| 2008 | 2153.66 | 187.5 | 70032 |

## 第三节　汽　渡

1995年，建成高港汽渡码头，与扬中对渡。码头正面宽34米，坡度为10度，可同时停靠渡船2艘，待渡区路道长1000米、4车道，码头总面积9097.5平方米，建筑面积692平方米，时有14车位渡船1艘，单航次时间约15分钟。汽渡有办公楼、售票房、检票房、综合服务部等设施。1997年7月，高港港务管理局高港汽渡更名为泰州港务管理局高港汽渡。2000年1月，汽渡公司筹资160万元购24车位渡船1艘并投入运营。2008年，汽渡公司拥有28车位和24车位渡船各1艘，备有雷达导航、无线电通信和电子监控等设备。

图 3-3-2　高港汽渡（2006年摄）

1995--2008 年高港汽渡车流量情况一览表

表 38

| 年　份 | 车流量(辆) | 产值(万元) | 年　份 | 车流量(辆) | 产值(万元) |
|---|---|---|---|---|---|
| 1995 | 103423 | 273.99 | 2002 | 229872 | 608.91 |
| 1996 | 132176 | 390.84 | 2003 | 296152 | 1224.77 |
| 1997 | 150248 | 442.58 | 2004 | 303457 | 819.03 |
| 1998 | 162562 | 435.13 | 2005 | 299029 | 936.04 |
| 1999 | 184959 | 405.04 | 2006 | 283878 | 824.2 |
| 2000 | 212974 | 432.31 | 2007 | 297493 | 872.77 |
| 2001 | 205618 | 519.48 | 2008 | 309602 | 950.27 |

## 第四节　港口管理

1953年10月,设公私合营上海长江轮船公司口岸办事处。1955年7月,成立长江航运管理局(简称长航)上海分局高港办事处。1956年10月,长航上海分局设立高港营业站,隶属于长航镇江港务局。1958年4月,高港营业站划归江苏省管理,更名为江苏省交通厅驻沪办事处高港营业站。10月,高港营业站升格为口岸港务局,隶属于扬州专署交通管理局。1963年1月,口岸港务局改称江苏省交通厅航运局口岸港务局。1965年1月,高港港再次划归长航,由镇江港务局代管,原口岸港务局更名为镇江港务局高港分局。11月,改由长航上海分公司管辖,设长航上海分局高港港务局,管辖河口(在江都县境内)、五圩(在江都县境内)、东兴港(在扬中县境内)、过船港(在泰兴县境内)、四墩子(在靖江县境内)港务站和七圩港(在泰州县境内)代办站。从此,港口的财务、基建、运输生产等统一由长航管理。1966年,成立高港航政站。1984年1月,高港港再次划属江苏省交通厅,设江苏省高港港务管理局。同年4月,高港航政站机构升级,更名为交通部长江航政管理局高港航政处,隶属于南京航政管理局,管辖上自江都三江营和扬中落成洲上口连线、下至靖江四墩子和江阴利港连线62千米长的水面,负责办理辖段内长江干线船舶注册、船舶国籍证书登记和船舶进出高港港登记签证,审批外轮进港申请并实施引航和监督,审批辖段内长江水上水下工程施工、岸线使用,监督管理船载危险货物和排污,监督检查船舶的技术状况和航行情况,定期分析通报水上交通安全事故,提出相应防范措施。

1997年1月,高港港务管理局更名为江苏省泰州港务管理局,仍隶属于江苏省交通厅管理,企业内部管理模式不变。2001年1月,高港航政处更名为泰州海事处。2002年12月,港口管理权由省下放至泰州市,泰州市港务管理局按照交通部"一城一港"规划,将港域范围扩大为包括高港区、泰兴市、靖江市三地的沿江港口。2003年,港口实施政企分开,由泰州市港务管理局行使港口行政管理职能,同时成立泰州港务有限公司,负责高港区沿江港口经营。设高港港区,辖高港、杨湾、永安3个作业区。2004年,泰州港务有限公司改制为民营控股企业。2006年10月,泰州港务有限公司与新加坡丰益集团、邦建航运合作组建泰州永益港务有限公司,注册资本2000万美元,3个公司分别占股40%、35%和25%。2007年7月,泰州港务有限公司更名为泰州港务集团有限公司,下设杨湾、高港、永安3个港务子公司以及后勤公司、卫生所和船舶修造公司,同时经营高港—扬中汽渡。

# 泰州市高港区志

## 第四篇　水　利

# 第四篇　水　利

高港区西南临长江，北接淮水，境内河流纵横，为内地灌溉和通江入海提供便利。旧时，江堤单薄矮小，抵御不了江潮的侵袭，决口时有发生，屡修屡损。河港大多狭小弯曲，水系紊乱，灌排不畅。汛期雨季，境内常泛滥成灾。天久不雨，又易干旱。官民历来重视兴修水利。南宋绍熙五年(1194)，淮东提举陈损之请于柴墟镇创斗门(堤闸)，泄泰州之来淮水。元末，朱元璋军北伐，大将徐达率兵至境内，因水道不通，自大江口挖河(即济川河，今南官河)15里，直抵泰州南门。明代初期，境内建防潮江堤。洪武年间(1368—1398)，疏浚济川河至泰州南门，直达下河。清乾隆五十五年(1790)，在通南干河上游设滕家坝。此后，境内南流诸河皆设坝，致漕运断堵，南泄淮水时有时无。至光绪二十八年(1902)，在淮源之河去坝建闸，引进淮水。新中国成立前，境内通江港口无闸，主要靠木涵、砖石涵控制，沿江圩区常因洪水和高田客水过境而漫溢成灾。农田灌溉主要依靠人力、畜力提水，或利用江潮、河潮自流灌溉。

新中国成立后，地方人民政府为根治水患，组织群众开展大规模的水利建设。1949—1957年，通过修复加固江堤、疏浚河道，提升防洪抗旱能力。1958年，根据中共江苏省委、扬州地委关于通南地区断淮引江的规划，地方政府制定面向长江的高标准水利建设规划。其后20余年，先后开挖古马干河、宣堡港、许庄河等干河及中沟，并对江堤按1954年洪水位超高1.5米全面加高培厚。同时平田整地，兴建机电灌站，为"旱改水"奠定基础。至20世纪70年代末，境内初步建成有闸控制、沟河相通，能挡、引、排、蓄、灌、航的新水系，基本达到旱涝保收要求。80年代，境内农田水利建设以改造低产田为中心，充分发挥农田水利设施作用。同时，对长江弯道叉口水流顶冲段采取块石护坡措施。1995年11月，国家南水北调东线水源工程泰州引江河一期工程试挖段开工，至1999年9月，河道、桥梁、高港枢纽等主体工程投入运行。

1997—2008年，全区围绕农业结构调整和增加农民收入的要求，不断加大水利基础设施建设，共开挖整治干河11条、98.3千米(含泰州引江河高港区段)，中沟119条、265.42千米，村庄河道1219条、600.6千米；培修江港堤防25.6千米，建沿江中小型节制闸8座、涵洞11座、一级入江排涝站14座、其他各类建筑物14331座，农田有效灌溉面积19.97万亩、高产稳产农田17.05万亩。

# 第一章　沿江水利工程

## 第一节　江堤建设

明永乐二年（1404）至清光绪二十八年（1902），境内共修筑江堤15次。其中，清道光三十年（1850），泰兴县知县张行澍主持修筑的江堤被后人称为张公堤；清光绪九年，泰兴县知县陈谟主持修筑的江堤被后人称为皇岸。

### 明、清时期境内江堤修筑情况一览表

表39

| 时期 | | 工程名称和实绩 | 督导者 |
|---|---|---|---|
| 明代 | 永乐二年（1404） | 筑沿江圩岸，东至新河，西尽丹阳。长六千六百五十丈，高一丈五尺 | 不详 |
| | 永乐七年（1409） | 修筑沿江圩岸三千九百余丈 | 不详 |
| | 成化十八年（1482） | 筑县西南江埝，自保全乡到庙港。长一万六千九百二十五丈，宽三丈五尺，高一丈 | 扬州知府李绂，泰兴县知县蔡暹 |
| | 嘉靖十二年（1533） | 增筑江堤，自庙港至过船港。长七千六百三十丈 | 泰兴县知县朱篪 |
| 清代 | 道光三十年（1850） | 修筑江堤，自庙港至王家港。长八千余丈，高一丈，广五尺，基广三丈 | 泰兴县知县张行澍 |
| | 光绪九年（1883） | 增筑江堤，自庙港至泰靖界河。长一万四千余丈，高如张公堤 | 泰兴县知县陈谟 |
| | 光绪十一年（1885） | 修筑庙港到凌家港及复成洲、连成洲江堤和洋思港港岸 | 泰兴县知县杨激云 |
| | 光绪十二年（1886） | 修筑李公祠附近圩岸 | 泰兴县知县杨激云 |
| | 光绪十四年（1888） | 修筑凌家港等处沿江坍堤 | 泰兴县知县甘调鼎 |
| | 光绪十五年（1889） | 修筑口岸上北洲、龙窝港、杨家垈、天星桥、龙梢港、灌溉港、严家园等处堤岸 | 通州陈谟、泰兴县知县马光勳 |
| | 光绪十六年（1890） | 迁筑庙港以下东南到官篷寺小港及连成洲、三十四圩及万福洲、严家园等处江堤，并修筑李家港、过船港、洋思港等处江堤 | 泰兴县知县郝炳纶 |
| | 光绪十七年（1891） | 迁筑龙梢港到沙滁港堤岸 | 泰兴县知县郝炳纶 |
| | 光绪十八年（1892） | 迁筑后成洲、五十一圩堤岸 | 泰兴县知县郝炳纶 |
| | 光绪十九年（1893） | 迁筑马甸港到龙梢港一段江堤 | 泰兴县知县郝炳纶 |
| | 光绪二十八年（1902） | 修筑县西沿江一带江堤，并太平洲三涫港堤岸 | 泰兴县知县龙璋 |

图 4-1-1　江堤（2006年摄）

新中国成立后，地方政府高度重视江堤建设。1950年春至1953年春，境内全面修建江堤，按1949年最高洪水位5.16米加高江堤至5.66米，顶宽3米，内坡1:2，外坡1:3。1954年夏秋，洪涝甚重，境内启化乡七村江堤决口，永安洲环江堤先后决口90余处。当年冬，对堤岸全面查勘、测量，初步组织施工，筹集调运粮食、稻草等。1955年2月，第二次全面修建江堤，按1954年最高洪水位5.37米加高1米，顶宽3米，内坡1:2，外坡1:3；港堤加高0.5米，顶宽1.5～3米；同时翻建涵洞。1972年冬至1974年春，第三次培修江堤，对重点坍江险段进行退建，对迎风顶流堤段增建块石护坡、护脚，江堤除加高0.5米外，外肩加建子堰。1974年冬至1976年春，第四次培修江堤，按1954年最高洪水位将江堤加高2米，顶宽4米，内坡1:2，外坡1:3。1980年12月—1983年，第五次培修江堤，按1954年最高洪水位将江堤加高2米，顶宽4.5米。1984年冬，第六次培修，在原有堤岸上加高加宽，其中顶宽6.5米。

1997年10月，区委、区政府按照省委、省政府“三年实现长江堤防建设全面达标”的总体部署要求，组织区水利部门对全区长江堤防达标建设进行全面规划，制定建设方案，将加快建设高标准的长江堤防作为水利建设的第一任务。1998年，投入资金1800万元，于汛前完成江堤达标建设一期工程，共修建江堤护坡10千米、挡浪墙5千米，加固改建涵2座、闸1座，江岸节点治理0.5千米，修筑防汛公路5千米。1999—2000年，投入资金3600万元，实施长江堤防达标二期工程建设，共新建江堤护坡14千米、挡浪墙19千米，加固改建涵闸7座，堤防密实灌浆2千米，填塘固基5千米，加高培厚双太十一圩和口岸砖瓦厂段堤防，进行堤后10米平台的整理和确权划界，建设堤防公路15千米，江岸节点治理1.5千米。至此，境内长江堤防建设全面达标。之后，主要进行维护和修建。其中，2001年，实施堤防灌浆10千米，完成填塘固基土方20万立方米；2002年，维修永安洲幸福闸至兴无村五组段路面2.6千米；2003年，维修北沙段路面2.3千米；2005年，永安洲路桥西段江堤护坡塌陷，修建该段护坡80米；2006年，修建永安洲段主江堤路面6.5千米。至2008年，全区累计投入6500万元，共修建江堤护坡25.6千米、挡浪墙25.6千米，加固改建小型通江节制闸4座、中型闸1座、穿堤涵洞11座，江岸节点整治2千米，填塘固基5千米，堤防灌浆15千米，修筑防汛黑色公路25.6千米。

## 附：境内江堤进、退建情况

【杨湾至高港段江堤进、退建】　该段为五圩上角至老高港（南官河口段西岸），长5千米，由于受上游江都嘶马镇坍段影响，深泓过境，岸线和江堤常发生碎崩、洗坍现象。

民国15年（1926）至1952年，杨湾至高港段坍势渐扩，五圩西南角和十三圩西北角坍势严重。为保汛期安全，曾退建江堤。不久，旧堤崩坍于江。六圩西部亦退建江堤，旧堤亦坍没于江。九圩、十三圩、永康圩和永长圩西北部均发生不同程度的碎崩现象。其间坍江总长3000米、宽100～200米，坍没耕地3675亩。1952年，退建杨湾段江堤1020米，退建九圩段江堤1920米。

1953年，五圩上角坍势加剧。1954年，九圩以下和老高港西北部，滩脚壁陡，深潭达-46米；加之坐湾迎溜，致使成片崩坍，坍没江岸长1900米、宽80～150米，坍没耕地120亩。当年冬，在老高港至杨湾五圩上角与江都交界段退建江堤，全长3.2千米，共完成土方11.2万立方米。1955年，因建码头，在高港段进建江堤740米。1957年，因复原大队段碎崩严重，退建江堤200米。

1963年，杨湾十一圩段崩坍严重，退建江堤110米，完成土方1.09万立方米。1962—1965年，五圩西北角、六圩和九圩西部坍没长度为692米、宽度为110米，坍没耕地120亩，迁移3个生产队34户162人。

1966—1972年，杨湾西北角与江都接界的六圩、九圩、十一圩和十三圩等地段，坍没长度为700米、宽度为60米，坍没耕地50余亩。其中，于1967年夏秋，迁移杨湾大队34户146人至双新大队；于1969年11月退建双太十一圩夹外围堤，全长600米；于1969年退建杨湾二十四圩段江堤180米，完成土方5.73万立方米。

1973—1979年，九圩和十一圩坍没长度为850米、宽度为40～100米，共坍没耕地40余亩。老高港西有266米段洗坍严重。其中，于1974年退建杨湾双太大队段江堤790米，完成土方2.6万立方米；因建港务局造船厂，在老高港段进建江堤800米，完成土方5.52万立方米。

1980—1991年，五圩上角至老高港段中的五圩、十三圩、十九圩、二十三圩、六圩、二十圩、十一圩、里兴圩、二十八圩一线洗坍或碎崩，坍宽10～15米，累计坍没芦滩、耕地590亩，拆迁民房456间，迁移196户、894人。其中，于1984年退建杨湾立新涵闸北港堤段江堤1150米，完成土方10.15万立方米；于1991年7月退建口岸镇杨湾村段江堤800米，完成土方2.1万立方米。

1995年7月11日，口岸镇高港村永长圩坍江，坍没长度为150米、宽度为70～75米，坍深-12米至-15米，距江堤仅2米。口岸镇杨湾村二十四圩亦发生坍江，长70米，宽40米，距主江堤约60米。泰兴市防汛指挥部连夜组织田河、刁铺、口岸等乡镇民兵、群众1.5万人退建江堤，4天筑二道堤650米，完成土石方5万余立方米。江堤顶高6.5米，顶宽2米，底宽22米，坡比1:2至1:3。

【高港至龙窝口段江堤进建】　该段西起南官河东岸，东至龙窝口东夹江大坝，全长1500米。

1953—1958年，龙窝口下角至氽氽滩涨成长1667米、宽200米的江滩500亩，高程近3.5米。1959—1965年，龙窝口淤积较快，涨沙面积较大，下角愈淀愈高。1967年，在口岸氽氽滩筑坝，进建江堤760米，完成土方24万立方米。

1970年，在春风圩进建江堤950米，完成土方3.95万立方米。1974年，在口岸化工厂段进建江堤350米；因口岸食品船坞至二闸大队江堤改线，进建江堤800米；在防修闸东侧双新大队段进建江堤1000米。1974—1975年，在口岸养殖场段进建江堤500米，完成土方3.81万立方米。

【东夹江段江堤进、退建】　该段西起龙窝夹江大坝，东至龙稍港轮船码头（又称蟹钳套），江岸线蜿蜒14千米。

1967年，由于江滩淤涨，围垦东夹江北段，在马甸西夹江筑坝处进建江堤360米，完成土方11万立方米。

1984年，围垦东夹江南段（临永安洲北沙），退建江堤590米，完成土方29.4万立方米。

【永安洲段江堤进、退建】　该段江岸线长15.57千米（包括北沙西岸）。

1954年，乾元圩坍江，退建江堤700米，完成土方2.21万立方米。1955年，新二圩切角，退建江堤450米，完成土方1.44万立方米；五百亩圩（地名）上角切角，退建江堤750米；1957年，在永安农场段（现福利村段）进建江堤1250米，完成土方4.75万立方米。1965年，齐心圩碎崩严重，退建江堤340米，完成土方1.09万立方米。1967年，新二圩碎崩严重，退建江堤530米，完成土方2.76万立方米；退建五百亩圩530米，块石护岸。1969年，进建九大圩1600米，完成土方6.4万立方米。1970年，在北沙养殖场段进建江堤1420米，完成土方5.68万立方米；在公益洲下角段进建江堤1650米，完成土方6.6万立方米；在同兴蟹钳套（地名）段进建江堤2930米，完成土方11.72万立方米。1971年，进建胜利副业组段江堤1200米，完成土方4.8万立方米。1972年，在六百零八亩圩（地名）段进建江堤1300米，完成土方7万立方米；在四百五十亩圩（地名）段进建江堤1160米，完成土方6万立方米。

1974年，同兴闸北段碎崩严重，退建江堤790米，完成土方5.53万立方米；同兴闸南段碎崩严重，退建江堤350米，完成土方2.45万立方米。1975年，五百亩圩（地名）段碎崩严重，退建江堤450米，完成土方3.15万立方米；西兴涵北江堤崩坍严重，退建江堤780米，完成土方5.46万立方米；六百零八亩圩（地名）段碎崩严重，退建江堤380米，完成土方2.59万立方米。1976年，西兴涵南江堤崩坍严重，退建江堤1000米，完成土方7万立方米；在北沙西岸桃子圩、四百五十亩圩和西大兴圩一线，切角退建江堤1780米。1977年，在北沙东岸进建江堤340米。1978年，进建九圩、三十圩、三十一圩江堤760米，完成土方6.69万立方米。

1982年，新桥外靴子圩碎崩严重，退建江堤450米，完成土方3.96万立方米；在三十圩、三十一圩干堤外圩切角，进建江堤760米。1983年，在同兴圩切角，退建江堤370米，完成土方3.26万立方米。1986年，在北沙退建江堤2300米，完成土方28.3万立方米。1987年，北沙段崩坍严重，退建江堤2300米，完成土方28.25万立方米。1988年9月22日，盘头段发生严重坍塌，坍没江滩长125米，南北宽分别为83米和62米，坍深-10米以上，危及堤内农田、村庄和工厂。11月8—9日，盘头村段江岸再次发生强崩，坍口南北长160米、东西宽130米，江岸6米高防洪墙倒坍20米。1989年3月，在盘头段退建江堤2300米，完成土方30余万立方米。1991年7月，在盘头、同兴段退建江堤450米，顶高5.5米，顶宽3米，完成土方1.62万立方米。8月13日，盘头、同兴、北沙段发生坍江，退建江堤2860米，完成土方2.26万立方米。

## 第二节　闸　涵　排涝站

### 一、闸

【口岸闸】 位于口岸街道龙窝口社区原二闸村，是南官河的通江门户。1957年11月开工建设。1958年5月竣工。3孔，每孔净宽7米。共完成土石方4.25万立方米，耗用钢材311吨、木材376万立方米。设计灌溉面积50万亩、排涝面积21.15万亩。最大引水能力190立方米/秒、最大排水能力260立方米/秒。1968年、1969年，相继将木面板门更换为钢丝网水泥面板门。1975年，中孔更换为钢面板门。2000年，投资539万元，实施除险加固工程，次年2月竣工。

【龙窝闸】 原名防修闸，位于口岸街道龙窝口社区新民村新一队，系文胜河（又名东夹江）入江排水口。1968年3月建，闸宽3.5米，底板为零点，造价13.5万元。2003年改建，更名为龙窝闸，单孔4米，流量12立方米/秒。

【友谊闸】 位于口岸街道龙窝口社区口岸闸向南260米处，系沿江节制闸。1960年建，单孔

图 4-1-2　口岸闸（2007年摄）

2.3米，流量6立方米/秒。2007年，投资25万元维修该闸出水口。

【幸福闸】 位于永安洲镇永胜村，1980年建，开敞式，单孔4米，流量12立方米/秒。1999年，投资25万元加固排架。

【永安闸】 位于永安洲镇兴洲居委会古马干河北永安大桥西。1973年建，开敞式，单孔4米，流量12立方米/秒。1999年重建。

【福利闸】 位于永安洲镇兴隆村，1980年建，单孔4米，流量12立方米/秒。2002年重建。

【天雨闸】 位于永安洲镇永兴村，闸站结合。1974年初建，单孔4米，流量12立方米/秒。2002年改建。

【同兴闸】 位于永安洲镇新街村，1973年建，开敞式，单孔4米，流量12立方米/秒。1999年，投资25万元加固排架。

## 二、涵

2008年，全区有通江涵洞14座，分布于口岸街道和永安洲镇沿江，总流量21.5立方米/秒。

### 2008年高港区通江涵洞情况一览表

表 40　　　　单位：米、（Φ）毫米、立方米 / 秒

| 镇　街 | 涵　名 | 位　置 | 兴建年份 | 改造年份 | 规　格 | 流　量 | 备　注 |
|---|---|---|---|---|---|---|---|
| 口岸街道 | 立新涵 | 新民村江堤 | 1960 | — | 1.5×1.5 | 2.4 | 2000年划归市滨江工业园区 |
| | 通江涵 | 新民村江堤 | 1965 | — | 1.5×1.5 | 2.4 | 2000年划归市滨江工业园区 |
| | 十一圩涵 | 十一圩江堤 | 1968 | — | Φ600 | 0.4 | 2000年划归市滨江工业园区 |
| | 老鸦港涵 | 南官河东港堤 | 1974 | — | 1.5×1.5 | 2.4 | — |
| | 穿心涵 | 龙窝闸东港堤 | 1952 | — | Φ1200 | 1.8 | — |
| | 养殖场涵 | 龙窝闸东港堤 | 1972 | — | Φ300 | 0.15 | — |
| 永安洲镇 | 小四圩涵 | 永胜村 | 1968 | 2007 | 2×2 | 4 | — |
| | 引江涵 | 中心村北港港堤 | 1972 | 1990 | Φ800 | 0.4 | 1997年江堤达标后接长13米 |

续表 40

| 镇 街 | 涵 名 | 位 置 | 兴建年份 | 改造年份 | 规 格 | 流 量 | 备 注 |
|---|---|---|---|---|---|---|---|
| 永安洲镇 | 北沙中沟涵 | 福沙村 | 1972 | 2007 | Φ1000 | 0.75 | — |
| | 北沙西新圩涵 | 福沙村 | 1972 | 2007 | Φ800 | 0.4 | — |
| | 胜利北涵 | 永新村 | 1973 | 1989 | 1.2×1.2 | 1.8 | 1997 年江堤达标后接长 13 米 |
| | 明沟南涵 | 中心村 | 1978 | 1993 | 1.2×1.2 | 1.8 | 1997 年江堤达标后接长 13 米 |
| | 同兴七队涵 | 新街村 | 1985 | 1996 | Φ800 | 0.4 | 1997 年江堤达标后接长 13 米 |
| | 同兴大坝涵 | 北沙夹江 | 1997 | — | 1.5×1.5 | 2.4 | 1997 年江堤达标后接长 13 米 |

## 三、排涝站

1965—1987年，永安洲乡和口岸镇先后建一级入江排涝站21座，其中口岸镇7座、永安洲乡14座，总排水量26.1立方米/秒。后因江堤培建加固、沟河夹江整治、引江河开挖等原因，调整排涝站布局。至1996年，口岸镇、永安洲镇沿江共有排涝站14座，其中口岸镇8座、永安洲镇6座，总排水量30.9立方米/秒。建区后，永安洲镇在福利节制闸增建排涝站1座，并新建小四圩排涝站、小明沟排涝站、引江小排涝站、盘头排涝站。2000年，口岸街道南官河以西3座排涝站划归市滨江工业园管理。至2008年，全区沿江共有排涝站14座，总流量32.62立方米/秒。

2008 年高港区沿江排涝站情况一览表

表 41

| 镇 街 | 名 称 | 规 格 | 流量（立方米/秒） | 地 址 | 建造年份 | 备 注 |
|---|---|---|---|---|---|---|
| 永安洲镇 | 永正排涝站 | 32" 泵 1 台 | 1 | 永胜村 | 1991 | — |
| | 小四圩排涝站 | 3 台 | 8 | 永胜村 | 2008 | — |
| | 小明沟排涝站 | 20" 泵 2 台 | 1 | 中心村 | 2006 | — |
| | 永安闸站 | 28ZLB-70 型立式轴流泵 2 台 | 2 | 兴洲居委会（通江路 53 号） | 1973 | 1999 年整体翻新 |
| | 引江小排涝站 | 14" 泵 1 台 | 0.37 | 引江路 | 2008 | — |
| | 引江排涝站 | 32" 泵 4 台 | 4 | 中心村 | 1981 | — |
| | 福利闸站 | 800ZLB-125 型泵 1 台 | 2 | 兴隆村 | 2002 | — |
| | 天雨闸站 | 800ZLB-125 型泵 1 台 | 2 | 永兴村 | 1974 | 2002 年重新改造 |
| | 盘头排涝站 | 800ZLB-125 型泵 2 台 | 4 | 马船路 | 2006 | — |
| | 同兴七队排涝站 | 10" 泵 1 台 | 0.25 | 新街村 | 1996 | 处于干外圩堤 |
| | 北沙排涝站 | 24" 泵 1 台 | 1 | 福沙村 | 1980 | 2005、2008 年 2 次改建 |

续表41

| 镇　街 | 名　称 | 规　格 | 流量（立方米/秒） | 地　址 | 建造年份 | 备　注 |
| --- | --- | --- | --- | --- | --- | --- |
| 口岸街道 | 通江排涝站 | 22" 泵1台 | 0.65 | 杨湾村 | 1965 | 开挖引江河时废除 |
| | 杨湾排涝站 | 24" 泵2台 | 2 | 杨湾村 | 1932 | 开挖引江河时废除 |
| | 高港排涝站 | 32" 泵1台 | 5 | 高港村 | 1982 | 2000年划归市滨江工业园区 |
| | 太平闸排涝站 | 24" 泵5台 | 5 | 虹桥村 | 1976 | 2000年划归市滨江工业园区 |
| | 春风排涝站 | 12" 泵1台 | 1 | 春风圩 | 1973 | 2000年划归市滨江工业园区 |
| | 友谊排涝站 | 24" 泵3台 | 3 | 龙窝口社区 | 1991 | — |
| | 龙窝排涝站 | 24" 泵3台 | 3 | 龙窝口社区 | 1994 | — |
| | 双新排涝站 | 32" 泵1台 | 1 | 新明村 | 1978 | — |

# 第二章　南水北调东线水源工程

泰州引江河工程系国家南水北调东线水源工程。1995年11月正式开工。1999年9月，河道、桥梁、枢纽3项主体工程全面竣工。引江河全长24千米，整体工程于2004年6月通过竣工验收，总投资116684万元，共完成土方3213万立方米、混凝土20.6万立方米、石方27.89万立方米。征地拆迁涉及高港区、海陵区、江都市3个区（市）的9个乡镇37个行政村，共征用土地1111.69公顷（高港区、海陵区合计829.41公顷，江都市282.28公顷），拆迁房屋12019间（高港区、海陵区合计8947间，江都市3072间），移植银杏树19156株。

## 第一节　泰州引江河

泰州引江河工程南自口岸街道杨湾江边，北至泰州通扬运河。1958年，该工程被纳入江苏省水利规划，并于当年冬季开工建设，共动员20万人平地开挖60万立方米土方，后因诸多原因停工。1995年，泰州引江河工程被省政府列入省重点项目。同年5月12日，《泰州引江河工程可行性报告》通过水利部技术审查，环境影响评估报告由国家环保总局批复同意。11月25日，泰州引江河试挖段开工典礼在刁铺镇北栾村举行，省领导陈焕友、郑斯林等参加。1996年9月，试挖段工程完成，共开挖河道1.5千米，征用土地89.33公顷，总投资3895万元。同年10月，试挖段以南5.8千米河道工程开工。1997年6月，中段8千米河道工程开工。同年12月，北段8千米河道工程开工。河道表层土方用铲运机施工，下层土方用水力冲挖机组施工，土方经泥浆泵吸运吹填至堆土区。1998年8月，河道工程竣工。同年12月，引江河正式通水、通航。泰州引江河底宽80米，为3级航道，是一项集引、排、航于一体的大型水利设施。至2004年6月，对河道实施高标准的水土保持和绿化防护工程，绿化面积500余万平方米；建有跨河桥梁10座。

## 第二节 高港枢纽

图 4-2-1 泰州引江河高港枢纽（2007年摄）

泰州引江河高港枢纽位于口岸街道西部，距口岸街道办事处约3千米，距长江边1.9千米，是泰州引江河连接长江的控制工程，由泵站、节制闸、调度闸、送水闸、船闸和110千伏专用变电所组成。工程由江苏省水利勘测设计研究院、扬州市水利局、扬州市勘测设计研究院共同设计。1996年10月，枢纽土方工程开挖。至1999年9月，闸站工程全面竣工。工程总投资3.56亿元，共完成土方275万立方米，石方（含垫层）6.4万立方米，混凝土12万立方米。因地基土质疏松，天然地基承载力不够，枢纽工程采用水泥搅拌桩加固地基，混凝土连续墙围封防渗，共布置16095根搅拌桩，其中闸站工程布置搅拌桩10631根。闸、站总引水能力为600立方米/秒。枢纽按长江百年一遇高潮位6.41米设计、300年一遇高潮位6.82米校核，内河侧最高水位3米，抗震设防烈度7度。枢纽同时建有综合自动化系统，运用微机进行数据采集和控制运用。

### 一、泵站

泵站采取闸站结合形式，布置在节制闸东侧。为改善水流条件，在泵站与节制闸交界处上、下游各设置42米的导流墙。泵站分东侧、中间、西侧3块底板，每块底板上布置3台机组。站身上、下共分4层，自上而下分别为进水流道层、出水流道层、联轴层、电机层。进、出水流道为双层矩形结构，上下层流道进出口各设一道钢质平面快速闸门，配卷扬式快速启闭机。主厂房净跨18.5米，厂房屋顶采用钢质网架结构。装有9台立式开敞式轴流泵，叶轮直径3米，单机流量34立方米/秒，配2000千瓦立式同步电机，总抽水能力为300立方米/秒。建设工期为1997年10月至1999年9月。

### 二、节制闸

节制闸位于泵站西侧，闸孔总净宽50米，共5孔，每孔净宽10米，设计总流量440立方米/秒。底板高程为-6.35米，采用钢质弧形闸门。根据上下游水位变化，闸门开启高度通过节制闸流量自动调节系统自动控制。建设工期为1998年2—11月。

### 三、送水闸

送水闸闸孔净宽16.5米，分3孔，每孔净宽5.5米，设计流量100立方米/秒。闸室为三孔一联，整体式平底板，底板顶面高程-2米，采用卷扬式启闭机控制。建设工期为1997年10月至1999年1月。

### 四、调度闸

调度闸位于泵站以北100米处，距离引江河中心线98.86米。闸站总净宽20米，分4孔，每孔净宽5米，设计流量100立方米/秒。闸室为四孔一联，整体式平底板，底板顶面高程为-5.5米，闸门为钢质平面上、下扉直升门，采用卷扬式启闭机控制。建设工期为1998年1月至1999年1月。

### 五、船闸

船闸位于引江河中心线以西200米，上下游引航道与引江河中心线平行。船闸净宽16米，闸室长196米，槛上水深3.5米。上、下闸首为整体平底板坞式结构，采用短廊道头部输水，对冲消能。闸室为分离式透水闸室，墙身为钢筋混凝土半重力式结构，闸站底板采用钢筋混凝土框架梁顶撑。上下游导航墙为浆砌块石半重力式结构，表面为厚30厘米钢筋混凝土护面。闸首主闸门为平板结构横拉钢闸门，上、下闸首设控制楼，为船帆式倒八字造型。建设工期为1996年12月至1998年9月，共投资7605万元，完成土方71万立方米、石方（含垫层）1.7万立方米、混凝土3.9万立方米，可通行千吨级船舶。

图 4-2-2　泰州引江河高港枢纽船闸（2007年摄）

## 第三节　工程效益

### 一、供水

泰州引江河高港枢纽可自流引水600立方米/秒（节制闸440立方米/秒，泵站底层流道160立方米/秒），或抽引江水300立方米/秒。通过宝应站将长江水抽入里运河北送，增加南水北调的供水能力，送水量达200立方米/秒，通过泰东河、通榆河、卤汀河等送水骨干河道，将长江水东引、北调至江苏沿海垦区和各个灌区，受益耕地达300万公顷。通过送水河向通南高沙土地区供水100立方米/秒。如：2001年，省淮北地区及沿江、沿淮丘陵山区发生严重的春、夏、秋连旱。泰州引江河累计输送长江水21.57亿立方米，有效地缓解旱情。2007年春夏时节，长江水位较低，泰州市沿江各通江涵闸自流引江水比较困难，通南地区水稻栽插亦困难。6月8日17时，高港枢纽泵站开动2台机组，以每秒80余立方米的流量向通南地区送水，累计送水7200万立方米。1999—2008年，高港枢纽共抽引长江水182.13亿立方米，为苏北地区提供大量优质水源。

## 二、排涝

泰州引江河工程建成后，既增加了南水北调的供水能力，又提高了里下河地区和通南地区的防洪排涝能力。2003年7月，里下河地区遭受1991年以来特大洪涝灾害，高港枢纽首次实施泄洪。当月2—29日，连续安全运行5818.5台时，累计抽排里下河地区涝水7.18亿立方米。2005年8月上旬，受频繁降水及第9号台风“麦莎”影响，里下河水位不断上涨并超过警戒水位。当月4日18时30分，高港枢纽泵站开动9台机组，以320立方米/秒的流量向长江抽排涝水。至15日，累计抽排涝水3.2亿立方米，使里下河兴化水位迅速降至警戒线以下。2005—2008年，高港枢纽累计抽排涝水14亿立方米。

## 三、航运

泰州引江河为三级航道，水面宽、河道直，可行千吨级船舶，是一条从长江到泰州的水上高速通道。泰东河拓浚后，形成一条连接里下河和东部沿海地区长300千米的三级航道，从而实现了江海联运，加速了物资流通，振兴了区域经济。

## 四、生态旅游

泰州引江河干流基本保持长江水质，达Ⅱ类标准。通过引入江水，使泰州城区部分河段的水质提高到Ⅱ～Ⅲ类标准，使里下河腹地、东部垦区、苏北灌溉总渠以北部分地区的水生态环境得到明显改善。通过实施水土保持和绿化防护工程，河坡全部护砌，沿岸栽植杨柳、紫薇、碧桃、春梅、腊梅、

图 4-2-3　引江河水利风景区

红枫、桂花、苦楝等乔灌木40余种174万株，绿化面积500余万平方米，形成“桃李争春、绿荫护夏、枫叶染秋、红梅暖冬”的四时景观。2003年起，以水利工程为依托，实施旅游项目开发，建成岳家军抗金印象主题公园、棋园、琴园、绣园、引江河工程纪念广场、音乐喷泉广场、落雁塘垂钓中心、汇舟湾江上游、三月潭水上乐园、雁鸣桥、涌莲桥、滋北桥、仰岳亭、柴墟冈等景点和旅游项目。2007年，引江河风景区被批准为国家级水利风景区、国家AAA级旅游景区。2008年，引江河风景区被评选为“泰州城市八景”之一。

# 第三章 河道疏浚整治

境内干河11条，东西向干河有古马干河、宣堡港、许庄河、南干河（鳅鱼港）、生产河（鸭子河）、周山河，南北向干河有引江河、南官河、前进河、两泰官河、西干河。中沟119条、265.42千米，村庄河道1219条、600.6千米。干河多为旧有河道，中沟及村庄河道多系新中国成立后开挖。2001年起，高港区实施干河疏浚整治工程。2003年起，全面开展农村河道疏浚整治工作。2006年，高港区被评为江苏省农村河道疏浚整治先进县（市、区）。2008年9月，高港区通过省水利厅组织的农村河道整治工作总体验收。2001—2008年，全区疏浚整治河道612条、675千米，完成土方900万立方米。

## 第一节 干河疏浚整治

### 一、古马干河

西起永安洲镇江边，向东出永安洲镇进入泰兴市马甸镇，东至泰兴市古溪镇，接通私盐港，有引、灌、排、航功能，全长42.5千米。其中西段自长江口至马甸闸，长5.74千米。1972年11月至1973年2月，因永安洲夹江淤浅，改线开挖马甸闸至江口河道5.74千米，底宽35米，河底高–4米，完成土方232万立方米。

### 二、宣堡港

宣堡港因横穿泰兴市宣堡镇而得名。西起口岸街道南官河，向东流经泰兴市宣堡镇北部、胡庄镇，从胡庄镇向东流入泰兴市新街镇，在新街镇霍前村注入西姜黄河，分别沟通南官河、两泰官河、新曲河、西姜黄河。新中国成立后，先后于1955年、1958年、1975年3次改线疏浚。境内河道底宽8米，底高–0.5米。2004年9月—2005年2月，区投入150万元实施高港段整治工程，起点为江平线大桥，终点为高港与泰兴交界处，全长5.8千米，共拆除违章建筑36处、渔网渔簖12处，清除杂树2万余株，砍伐芦竹8万平方米，栽植意杨8000株、香樟4000株、垂柳2000株，河坡种草9万余平方米。

### 三、许庄河

始称刁家铺东港，开挖于明“洪武屯田”时期。原河道西起南官河，流经刁铺镇吉家庄、许家庄、

图 4-3-1 许庄河（2006年摄）

栾家庄，东至孔桥，长9.5千米。1978年，废除老河，重新选线开挖新河，西起南官河边刁铺李家庄，东至两泰官河的北明家河，经三合水接鳅鱼港通泰县南干河，全长10.2千米，完成土方245万立方米。境内流经刁铺、许庄、孔桥，底宽6米，底高-1米。2001年12月，高港区筹集劳动积累工以资代劳款124.51万元，对许庄河全线疏浚整治，完成土方20万立方米，拆除房屋24处、粪坑及厕所35个，清除杂树573株、捕鱼设施4处，栽植树木1万余株。

## 四、南干河

西起两泰官河，向东从大泗镇佴庄村入姜堰市，全长23.4千米，境内流经大泗、胡庄两镇。其中张甸至佴庄段被称为鳅鱼港。1971年11月开挖，1972年1月竣工，共动用民工3万人，完成土方401万立方米。1983年冬、1989年11月，曾2次疏浚局部河道，合计完成土方52.34万立方米。

## 五、生产河

西起南官河，东至东姜黄河。1957—1958年，疏浚并沟通鸭子河（大泗前进河至南官河段）向东的多条浅隔沟河，定名为生产河，全长44千米。境内流经白马镇、大泗镇、许庄街道，长14.9千米。1969年11月至次年1月，拓浚河道36.9千米，底宽8米，底高-0.5米，河坡1:3，完成土方105.5万立方米。1978年11月至次年1月，新开中干河至运粮河段，长6.9千米，底宽8米，底高-1米，河坡1:3，完成土方154万立方米。2004年，对泰高路至许庄太平中沟段河道进行整治。2008年，区投入150余万元疏浚生产河大泗段。

## 六、周山河

西起引江河，东至东姜黄河。全长38.6千米，其中流经白马镇北部段长7.1千米。1958年12月至次年5月，开挖西段，长26.5千米，底宽14米，底高-0.5米，河坡1:4。1967年冬，开挖东段，长8.8千米，底宽8米，底高-0.5米，河坡1:3。1966年3月，疏浚南官河与周山河交接处，完成土方18.5万立方米。1974年11月，疏浚西段8.9千米，完成土方47.8万立方米。

## 七、南官河

史称济川河、庙港，北起海陵区新通扬运河，南入长江，是泰州通南地区重要的引、排、航骨干河道，南有口岸闸，北有泰州船闸。全长28.5千米，其中境内长13.5千米。历史上曾多次拓宽疏浚。民国24年(1935),裁去刁铺环溪弯曲河段。1965年,疏浚寺巷至江口段,底宽15米,底高-0.4米,河坡1:4。1978年,疏浚刁铺旭光船厂至老通扬运河口段13.86千米。2007年,整治南官河刁铺段。

### 八、前进河

北起周山河,南至两泰官河,全长12.4千米,流经白马镇、大泗镇。1978年11月至次年1月,开挖河道7.97千米,底宽8米,底高-0.5米,完成土方166万立方米。2005年,投入资金250万元,疏浚全线,完成土方20万立方米,栽植树木1万株。

### 九、两泰官河

南起如泰运河,北至通扬运河。历史上称为北新河、通泰河。向南流经大泗镇、许庄街道,从许庄街道蔡庄村流入泰兴市宣堡镇,沟通生产河、许庄河、宣堡港等河道。境内全长5.8千米。曾为两泰(泰县、泰兴县)地区引江水灌溉、排内涝入江的主要河道。明、清时期多次疏浚。新中国成立后,1951年、1952年、1958年、1967年、1981年、1983年、1986年、1987年等年份曾疏浚整治,其中1983年裁弯取直宣堡港至蔡王庄段800米。2005年,泰州市投入900万元,整治两泰官河。河道底宽10米,底高-1.5米,上河坡比1:3,下河坡比1:5。

### 十、西干河

南接南干河,北通周山河,全长9.5千米,纵贯大泗、白马两镇。1971年春开挖,底宽8米,底高-1米,河坡1:3,完成土方205.6万立方米。2006年,高港区投入资金105.35万元,疏浚河道2.05千米,完成土方13.7万立方米。

## 第二节 中沟和村庄河道疏浚

境内高沙土地区和沿江圩区的中沟开挖标准为底宽4～5米,底高0～0.5米,工程布局多为南北向,间距一般在0.8～1千米。1970年,境内大搞水利建设,口岸圩区进行“三分开一控制”(高低分开、灌排分开、内外分开、控制地下水位),开挖配套中沟18条。2003—2008年,高港区开展农村河道疏浚整治和绿化工作,共

图 4-3-2 蔡圩中沟(2006年摄)

疏浚中沟69条、189千米，完成土方410万立方米；疏浚村庄河道465条、273千米，完成土方412万立方米；修建小沟以上建筑物620余座，栽植各类树苗60余万株；累计投入资金3511.67万元，其中省投资424.39万元、市投资45.03万元、区投资1852.42万元、乡镇投资1189.83万元。2008年，全区共有中沟119条、264.42千米，村庄河道1219条、600.6千米。

## 2003—2008年高港区农村河道疏浚工程资金投入情况一览表

表42　　单位：万元

| 年　份 | 投入资金 | 资　金　来　源 | | | |
|---|---|---|---|---|---|
| | | 省　级 | 市　级 | 区　级 | 乡　级 |
| 2003 | 203.94 | 21 | 4.81 | 56.31 | 121.82 |
| 2004 | 188.12 | 32.32 | 5.32 | 31.26 | 119.22 |
| 2005 | 419.91 | 92.97 | 8.3 | 185.23 | 133.41 |
| 2006 | 913.77 | 92 | 7.7 | 537.35 | 276.72 |
| 2007 | 848.13 | 106 | 11.1 | 481.27 | 249.76 |
| 2008 | 937.8 | 80.1 | 7.8 | 561 | 288.9 |

## 2008年高港区中沟基本情况一览表

表43

| 序号 | 中沟名称 | 所在镇街 | 开挖年份 | 长度（千米） | 规　格 | |
|---|---|---|---|---|---|---|
| | | | | | 底宽（米） | 底高（米） |
| 1 | 同兴港 | 永安洲镇 | 1970 | 2.25 | 2～4 | 0～0.5 |
| 2 | 盘头排涝河 | 永安洲镇 | 1978 | 1.75 | 2 | 0 |
| 3 | 胜利中沟 | 永安洲镇 | 1972 | 1.5 | 3 | 0～0.3 |
| 4 | 天雨中沟 | 永安洲镇 | 1972 | 2.37 | 3 | 0 |
| 5 | 悼念河 | 永安洲镇 | 1976 | 2.1 | 3～5 | 0～0.5 |
| 6 | 福利中沟 | 永安洲镇 | 1977 | 2.1 | 3～5 | 0～0.5 |
| 7 | 保健中沟 | 永安洲镇 | 1975 | 2 | 3～4 | 0～0.5 |
| 8 | 平安中沟 | 永安洲镇 | 1978 | 1.36 | 3 | 0.5～0.8 |
| 9 | 团结中沟 | 永安洲镇 | 1976 | 3.1 | 3～5 | 0～0.5 |
| 10 | 堂圩中沟 | 永安洲镇 | 1977 | 2 | 4 | 0～0.5 |

续表43

| 序号 | 中沟名称 | 所在镇街 | 开挖年份 | 长度（千米） | 规　格 | |
|---|---|---|---|---|---|---|
| | | | | | 底宽（米） | 底高（米） |
| 11 | 小四圩港 | 永安洲镇 | 1970 | 2.05 | 3～5 | 0～0.6 |
| 12 | 福胜中沟 | 永安洲镇 | 1973 | 1.37 | 3～5 | 0～0.5 |
| 13 | 永正中沟 | 永安洲镇 | 1968 | 2.1 | 4 | 0～0.5 |
| 14 | 穿心港 | 永安洲镇 | 1968 | 7.32 | 3～5 | 0～0.5 |
| 15 | 大兴中沟 | 永安洲镇 | 1969 | 1.23 | 2～4 | 0.5 |
| 16 | 界　港 | 永安洲镇 | 1977 | 3.48 | 3～5 | 0～0.5 |
| 17 | 五七中沟 | 永安洲镇 | 1975 | 4.2 | 4 | 0.5～0.9 |
| 18 | 文胜河 | 永安洲镇<br>口岸街道 | 1967 | 9.36 | 3～6 | 0～1 |
| 19 | 北沙中沟 | 永安洲镇 | 1962 | 3 | 2～4 | 0～0.5 |
| 20 | 小明沟港 | 永安洲镇 | 自然河 | 3.3 | 3～5 | 0.5 |
| 21 | 乔岱中沟 | 口岸街道 | 1972 | 1.74 | 4 | 0.5 |
| 22 | 沈岱中沟 | 口岸街道 | 1974 | 0.6 | 6 | 0 |
| 23 | 小田河中沟 | 口岸街道 | 1973 | 1.11 | 7 | 0.5 |
| 24 | 吴楼中沟 | 口岸街道 | 1973 | 2 | 3 | 0 |
| 25 | 徐桥中沟 | 口岸街道 | 1972 | 3.3 | 5 | 0～1 |
| 26 | 范雅中沟 | 口岸街道<br>许庄街道 | 1965—1975 | 4.95 | 5～13 | 0～1.5 |
| 27 | 田河中沟 | 口岸街道 | 1975 | 1.4 | 2 | 0.5 |
| 28 | 凌家港 | 口岸街道 | 1964 | 3.27 | 2 | 0 |
| 29 | 戴集中沟 | 口岸街道 | 1974 | 2.2 | 3 | 1 |
| 30 | 张马中沟 | 口岸街道 | 1958 | 2.15 | 3 | 0.5 |
| 31 | 周潘中沟 | 口岸街道<br>刁铺街道<br>许庄街道 | 1958<br>1972—1981 | 2.83 | 2～4 | 0.5～0.8 |
| 32 | 友谊中沟 | 口岸街道 | 1982 | 3 | 2 | 0.5 |

续表 43

| 序号 | 中沟名称 | 所在镇街 | 开挖年份 | 长度（千米） | 规格 | |
|---|---|---|---|---|---|---|
| | | | | | 底宽（米） | 底高（米） |
| 33 | 团结中沟 | 口岸街道 | 1978 | 2.3 | 3.5 | 0 ~ 0.7 |
| 34 | 临江中沟 | 口岸街道 | 1965 | 3 | 4.5 | 0 ~ 1.5 |
| 35 | 光明中沟 | 口岸街道 | 1970 | 2.13 | 3 | 1 ~ 1.5 |
| 36 | 小刘港 | 口岸街道 | 1975 | 3.22 | 4 | 0 |
| 37 | 曾家港 | 口岸街道 | 1978 | 2.3 | 3.5 | 0 |
| 38 | 集成中沟 | 口岸街道 | 1972 | 0.7 | 3 | -0.5 |
| 39 | 宣南中沟 | 口岸街道 | 1971 | 1.2 | 4 | 1 |
| 40 | 二井中沟 | 口岸街道 | 1976 | 1.08 | 2 | 0 ~ 0.2 |
| 41 | 蔡圩中沟 | 口岸街道<br>刁铺街道 | 1976—1978 | 2.2 | 3 ~ 5 | 0 ~ 0.8 |
| 42 | 王营中沟 | 口岸街道<br>刁铺街道 | 1968—1977 | 4 | 3 | 0 |
| 43 | 许陈河 | 口岸街道 | 1970 | 0.45 | 4 | 1 |
| 44 | 府后河 | 口岸街道 | 1979 | 0.38 | 6 | 0 |
| 45 | 新区南北河 | 口岸街道 | 1979 | 1.2 | 7.5 | 0 |
| 46 | 利民中沟 | 口岸街道<br>许庄街道 | 1974<br>1977—1978 | 3.8 | 4 | 0.2 ~ 0.5 |
| 47 | 刁东中沟 | 刁铺街道 | 1994 | 1.7 | 4 | -0.5 |
| 48 | 赵庄中沟 | 刁铺街道 | 1977 | 1.5 | 3 ~ 5 | 0 ~ 1.3 |
| 49 | 王庄中沟 | 刁铺街道 | 1976—1978 | 2.7 | 3 ~ 5 | 0 ~ 1.3 |
| 50 | 陈吉中沟 | 刁铺街道 | 1996 | 1.6 | 4 | -0.5 |
| 51 | 联丰中沟 | 刁铺街道<br>许庄街道 | 1972—1981 | 1.21 | 4 ~ 4.5 | 0.5 |
| 52 | 界牌中沟 | 刁铺街道 | 1972—1981 | 2.6 | 3 ~ 5 | 0.5 ~ 1.2 |
| 53 | 府前河 | 刁铺街道 | 1976—1978 | 0.2 | 3 ~ 5 | 0.5 ~ 1.2 |
| 54 | 老许庄河 | 刁铺街道 | 1968—1977 | 1.9 | 5 | 0.5 ~ 1.2 |
| 55 | 卫生院南北河 | 刁铺街道 | 1968—1977 | 0.71 | 5 | 0.5 ~ 1.2 |
| 56 | 朱庄河 | 刁铺街道 | 1968—1977 | 1.2 | 5 | 0.5 ~ 1.2 |

续表43

| 序号 | 中沟名称 | 所在镇街 | 开挖年份 | 长度（千米） | 规格 | |
|---|---|---|---|---|---|---|
| | | | | | 底宽（米） | 底高（米） |
| 57 | 建设河 | 刁铺街道 | 1968—1977 | 0.45 | 5 | 0.5 ～ 1.2 |
| 58 | 刁铺中学河 | 刁铺街道 | 1976—1978 | 0.35 | 5 | 0.5 ～ 1.2 |
| 59 | 大北河 | 刁铺街道 | 1968—1977 | 0.45 | 5 | 0.5 ～ 1.2 |
| 60 | 马厂中沟 | 许庄街道 | 1976 | 4.16 | 5 | –0.5 |
| 61 | 周梓中沟 | 许庄街道 | 1965—1969 | 3.91 | 5 | 0 ～ 0.5 |
| 62 | 官沟中沟 | 许庄街道 | 1965—1975 | 3.63 | 3 | 0 ～ 1.2 |
| 63 | 太平中沟 | 许庄街道 | 1978—1980 | 4.62 | 4 | 0.5 ～ 0.6 |
| 64 | 乐园河 | 许庄街道 | 1981 | 2.15 | 2 ～ 3 | 0.8 ～ 1 |
| 65 | 宗东河 | 许庄街道 | 1983 | 1.2 | 2 ～ 3 | 0.8 ～ 1 |
| 66 | 跃进中沟 | 许庄街道 | 1981 | 1.75 | 2 ～ 4 | 0.5 ～ 0.6 |
| 67 | 董庄中沟 | 许庄街道 | 1979 | 3.41 | 2 ～ 4 | 0.5 ～ 1 |
| 68 | 赵王中沟 | 许庄街道 | 1974 | 1.3 | 5 ～ 6 | 0.5 |
| 69 | 大寨中沟 | 许庄街道 | 1980 | 0.85 | 5 ～ 6 | 0.5 ～ 0.8 |
| 70 | 中心港 | 许庄街道<br>胡 庄 镇 | 1973—1974<br>1978 | 10.8 | 4 ～ 5 | 0 ～ 0.5 |
| 71 | 二青中沟 | 许庄街道 | 1982 | 2.79 | 3 ～ 5 | 0.5 ～ 0.8 |
| 72 | 青安中沟 | 许庄街道 | 1982 | 1.3 | 3 ～ 5 | 0.5 ～ 0.6 |
| 73 | 王港河 | 白 马 镇 | 1968 | 1.6 | 3 | 0 |
| 74 | 直港河 | 白 马 镇 | 1977 | 1.3 | 2 | 0 |
| 75 | 纲要河 | 白 马 镇 | 1970 | 3 | 3 | 0 |
| 76 | 秧田河 | 白 马 镇 | 1971 | 5.3 | 3 | –0.5 |
| 77 | 东港河 | 白 马 镇 | 1968 | 2.4 | 2 | 0 |
| 78 | 双龙河 | 白 马 镇 | 1983 | 1 | 3 | 0 |
| 79 | 老秧田河 | 白 马 镇 | 1970 | 2.6 | 5 | 0 |
| 80 | 张白河 | 白 马 镇 | 1975 | 2.1 | 3.5 | 0 |

续表 43

| 序号 | 中沟名称 | 所在镇街 | 开挖年份 | 长度（千米） | 规格 | |
|---|---|---|---|---|---|---|
| | | | | | 底宽（米） | 底高（米） |
| 81 | 芦柴港 | 白马镇 | 1976 | 0.4 | 2 | 0 |
| 82 | 陆家庄河 | 白马镇 | 1979 | 0.8 | 1 | 0.5 |
| 83 | 老前进河 | 白马镇 | 1952 | 3.4 | 3 | 0 |
| 84 | 老黄家河 | 白马镇 | 1970 | 0.7 | 2 | 0.5 |
| 85 | 乡前进河 | 大泗镇 | 不详 | 3.5 | 4 | −0.5 |
| 86 | 老前进河 | 大泗镇 | 不详 | 1.48 | 4 | −0.5 |
| 87 | 双马河 | 大泗镇 | 1976 | 2.15 | 4 | 0 |
| 88 | 寺汤沟 | 大泗镇 | 1979 | 1.15 | 4 | 0 |
| 89 | 扬子港 | 大泗镇 | 不详 | 2.1 | 4 | −0.5 |
| 90 | 大寨河 | 大泗镇 | 1975 | 5.15 | 4 | 0 |
| 91 | 中心河 | 大泗镇 | 1974 | 0.81 | 4 | −0.5 |
| 92 | 老中心河 | 大泗镇 | 1974—1979 | 2.74 | 4～6 | −0.5 |
| 93 | 横港河 | 大泗镇 | 不详 | 1.45 | 4 | −0.5 |
| 94 | 工农河 | 大泗镇 | 不详 | 1 | 4 | −0.5 |
| 95 | 新跃河 | 大泗镇 | 1978 | 1.8 | 4 | −0.5 |
| 96 | 杨营中沟 | 大泗镇 | 1983 | 1.8 | 4 | −0.5 |
| 97 | 红星河 | 大泗镇 | 1981 | 1.6 | 4 | −0.5 |
| 98 | 戴王中沟 | 胡庄镇 | 1978 | 2.9 | 4 | 0.5 |
| 99 | 宗黄中沟 | 胡庄镇 | 1972 | 2.8 | 5 | 0 |
| 100 | 陶沟中沟 | 胡庄镇 | 1983 | 2.55 | 5 | 0 |
| 101 | 胡马中沟 | 胡庄镇 | 1982 | 2.7 | 5 | 0 |
| 102 | 陈兴中沟 | 胡庄镇 | 1978 | 2.8 | 4 | 0.5 |
| 103 | 野奔中沟 | 胡庄镇 | 1976 | 1.4 | 5 | 0 |
| 104 | 孔庄中沟 | 胡庄镇 | 1973 | 4.7 | 5 | 0 |

续表43

| 序号 | 中沟名称 | 所在镇街 | 开挖年份 | 长度（千米） | 规　　格 | |
|---|---|---|---|---|---|---|
| | | | | | 底宽（米） | 底高（米） |
| 105 | 肖崇中沟 | 胡 庄 镇 | 1976 | 1.5 | 5 | 0 |
| 106 | 友谊中沟 | 胡 庄 镇 | 1978 | 1.4 | 4 | 0.5 |
| 107 | 薛马中沟 | 胡 庄 镇 | 1976 | 3.75 | 4 | 0.5 |
| 108 | 海潮中沟 | 胡 庄 镇 | 1977 | 3.75 | 4 | 0.5 |
| 109 | 汪群中沟 | 胡 庄 镇 | 1977 | 4.2 | 4 | 0.5 |
| 110 | 单庄河 | 胡 庄 镇 | 1982 | 1.1 | 5 | 0 |
| 111 | 老宣堡港 | 胡 庄 镇 | 1967 | 4.9 | 8 | –0.5 |
| 112 | 老前进河 | 野 徐 镇 | 1952 | 5 | 3 | 0 |
| 113 | 陈庄河 | 野 徐 镇 | 1956 | 0.9 | 3 | 0 |
| 114 | 小港河 | 野 徐 镇 | 1964 | 3.4 | 3 | 0 |
| 115 | 界　河 | 野 徐 镇 | 1965 | 2.9 | 3 | 0 |
| 116 | 大寨河 | 野 徐 镇 | 1974 | 2 | 4 | 0 |
| 117 | 前港河 | 野 徐 镇 | 1974 | 1 | 2 | 0 |
| 118 | 永进河 | 野 徐 镇 | 1975 | 1.3 | 2 | 1 |
| 119 | 雅茶河 | 野 徐 镇 | 1976 | 1 | 3 | 0.5 |

# 第四章　农田水利

境内田地大致可分为高沙土区、沿江圩区和江边滩地，其中近85%的土地为高沙土，主要集中在江平公路以东、周山河以南的广大区域，以口岸街道东部（原田河镇）、白马镇、野徐镇最为典型。20世纪80年代前，高沙土地区土质沙化严重，断沟死塘多，易涝易旱，农作物产量普遍低而不稳。进入90年代，田河、白马、野徐先后被扬州市、泰州市确定为百万亩低产田改造项目区的重点乡镇。1999年，编制全区农田水利总体规划。根据总体规划、治理目标和工程布局，各镇、街道逐年实施农田水利建设。至2008年，全区基本实现总体规划确定的农田水利建设目标，有高产稳产农田17.05万亩。

## 第一节　田间工程

### 一、平田整地

20世纪50年代，境内高沙土地区田块零乱，高低不平，田地跑水、跑土、跑肥现象严重，群众称之为“三跑田”。共有大小垛田、龟背田1.2万余个，其中最大垛田面积有百余亩、最小垛田面积仅有几分地。60年代，境内开展农业学大寨运动，大规模平田整地。1970年全国北方农业会议召开后，境内农村结合“旱改水”、改造低产田，进行平田整地，至80年代末，境内农村平田整地工作结束。

### 二、“三沟”建设

1958年，境内开始实施“三沟”（生产沟、排水沟、隔水沟）开挖田间工程。建设标准：生产沟间距600米，挖深3～4米，底宽2～3米，坡比1:2～1:2.5；排水沟间距200米，挖深1.2～1.5米，底宽0.4～0.6米，坡比1:1～1:1.5；隔水沟间距80米，挖深0.8～1.9米，底宽0.3米，坡比1:0.7～1:1。境内河网规划生产沟一般为南北向，两头通中沟或腰沟，并建有涵洞，能灌能排；排水沟一般为东西向，两头通生产沟，配有涵洞，能加快排降地面水，减少入渗，防止渍害；隔水沟多为南北向，能快排田间地表水和快降浅层水。至1987年，通南高沙土地区基本建成“三沟”及灌溉渠系；沿江圩区按照“四分开，二控制”（高低分开、内外分开、灌排分开、水旱分开，控制内河水位、控制土壤含水率）的原则并港建闸，开挖生产沟、排水沟。2000年，全区高沙土、沿江圩区农田“三沟”建设基本到位。至2008年，全区共建有排水沟渠810.76千米。

### 三、节水灌溉

20世纪80年代前，境内农田灌溉普遍采用土渠输水、大田漫灌方式，用水多、成本大，效益低。1994年起，各乡镇逐步实施混凝土渠道防渗工程。2002年，区政府在刁铺镇和口岸镇实施节水灌溉示范工程。刁铺镇、口岸镇分别建成衬砌渠道输水灌溉面积2817亩、313.74亩。2003—2005年，全区新增衬砌渠道264千米，新增大棚蔬菜和花卉喷灌工程4500亩。至2008年，全区累计建成衬砌渠道638.2千米。

## 第二节　配套建筑物

20世纪80年代起，境内在农田水利建设中注重合理布局，建设涵洞、涵管、泵站、农桥等田间配套建筑物，生产沟涵洞直径为90厘米，排水沟涵洞直径为50厘米，隔水沟按定型装配式建筑物进行配套。建区后，全区进一步加大农田水利配套建筑物建设力度，先后在中沟上新建农桥119座，新建、维修、改造涵洞786座，新建中型以上水闸泵站14座，新建、维修农村小型电灌站360座，年均修建小沟以上建筑物80座。至2008年，全区建有配套建筑物1973处，其中小型排水泵站6座（总装机容量260千瓦）、农桥342座、涵洞1625个。

## 第三节 机电排灌

历史上，境内高沙土地区地面高程（废黄河基面，下同）多在5米以上，需提水灌溉，沿江圩区高程在3.5米以下，一般自灌。新中国成立初，境内农田灌溉仍靠水车、牛车，费力费工。20世纪50年代后期起，兴修闸站、排涝站、电灌站，逐步实现电力排灌。70年代，境内村村建有电灌站。建区后，非沿江乡镇进一步增建电灌站等提水排灌设施，许庄和胡庄各新建电灌站11座，大泗新建3座，白马新建4座，刁铺新建1座。至2008年，全区共有中型以上水闸、泵站8座，排涝站14座，主要分布在沿江的口岸街道和永安洲镇，总流量近200立方米/秒，有效排灌面积17.5万亩。共有机电灌站683座，其中口岸街道111座、刁铺街道65座、许庄街道60座、永安洲镇65座、白马镇65座、大泗镇78座、胡庄镇149座、野徐镇90座，总动力11722千瓦，有效灌溉面积19.97万亩。

## 第四节 水土保持

新中国成立前，境内高沙土地区水土流失比沿江圩区严重。新中国成立后，开始注意水土保持工作，将河坡扩大到1:3，并留足青坎，在弃土堆上加盖熟土；分级排水，加强沟口治理，减少水落差，防止冲刷；开挖疏浚河塘的同时绿化河坡，坡面植树栽草，形成护坡面，做到工程措施、植物防护、农业措施相结合。1987年，各乡镇林木植被覆盖率达10%以上，农田林网防护面积占总耕地面积的86%以上。1988年后，加大水土流失治理和管护力度，巩固扩大治理成果，主要是进一步实施河坡治理工程，同时注重治沙改土，以减少水土流失。在实施河坡治理工程时，注重应用合理坡比，进行植物防护，对坡面植树栽草。

2003年起，全区实施清洁河道、清洁村庄的“双清”工程，在疏浚整治河道的同时，沿河栽植各类树苗，当年共栽植60余万株。至2008年，全区11条干河沿岸绿化工作全面完成，中沟、村庄河道水土保持工作亦做到疏浚和绿化同步进行。全区行政村基本建成农田林网合格村。

# 第五章 防汛抗旱

## 第一节 抗灾组织

境内地处长江沿线，防洪防汛工作直接关系人民群众的生命财产安全。1949—1966年，各区公所、乡镇（公社）于每年汛期成立防汛抗旱大队部、中队部，沿江村（生产大队）组织巡逻队、抢险队。

1967年后，区公所、公社防汛抗旱大队部、中队部分别改称分指挥部、大队部，在所在县防汛抗旱指挥部领导下组织实施防汛抗旱工作。大队部由公社党政主要负责人、人武部负责人和水利、财政、农机、邮电等“七站八所”负责人组成。1998年5月，高港区防汛防旱指挥部成立，由分管农业口的副区长担任指挥，区水利局局长、区人武部部长、区政府办公室主任、区公安分局局长担任副指挥。防汛防旱指挥部设在区水利局，下设指挥部办公室。每年汛期，各镇（街道）人民政府均成立防汛防旱总队部（指挥部）。1998年起，区逐年制定防汛、防旱、防台风工作预案，储备抢险物资，组织抢险队伍演练，建立健全汛期责任人值班制度，逐级逐部门落实防汛抗旱包干责任。至2008年，全区成立各种专业抢险队伍20支900余人。

## 第二节　抗灾经费与物资

### 一、经费

新中国成立后，防汛、排涝、抗旱经费本着“自力更生为主，国家支持为辅”的原则征集，发动和依靠群众，战胜自然灾害。防汛抗旱经费由所在县防汛防旱指挥部统一掌握使用，且实行专款专用，主要用于除险加固工程、行洪河道清障工程、机电设备维修等。1998年，区江堤达标工程建设总投入1438万元，其中国家补助91万元。1999年，区江堤达标工程建设投入1114万元，其中用于投入防汛急办工程和抛石、排涝等工程73万元。2000—2008年，共投入防汛排涝经费1504.5万元。其中，江堤维修及其配套设施建设经费1384.5万元，实施抛石抢险工程120万元。

### 二、物资

新中国成立后，木材、木棍、钢管、铁丝、毛竹、块石、草包、编织袋、土工布、照明设备、运输工具等防汛抗灾物资和设备由所在县防汛抗旱指挥部下达给商业、物资、供销社、农机、交通等部门储备，实行专管专用。1997—2008年，区储备“三袋”（麻袋、编织袋、草袋）76.4万只、木材101042.5立方米、块石（石料）65160吨、木桩13380根、土工布20.33万平方米、毛竹5380根。

**1997—2008年高港区防汛物资储备情况一览表**

表44

| 年 份 | 防 汛 物 资 储 备 |
|---|---|
| 1997 | 三袋8万只，木材10万立方米，块石7000吨 |
| 1998 | 三袋8万只，块石7000吨，木桩2000根，土工布0.5万平方米 |
| 1999 | 三袋5万只，块石7000吨，木桩2000根，土工布0.5万平方米 |
| 2000 | 三袋5万只，块石5000吨，木桩2000根，土工布0.5万平方米 |
| 2001 | 编织袋2.6万只，木材4.5立方米，毛竹180根，木桩540根，铁丝1250千克，圆钉200千克，土工布1万平方米，石料7160吨 |
| 2002 | 编织袋5.2万只，木材6.6立方米，毛竹5200根，木桩3150根，铁丝2300千克，圆钉450千克，土工布0.53万平方米，石料7000吨 |

续表44

| 年　份 | 防　汛　物　资　储　备 |
| --- | --- |
| 2003 | 三袋6.5万只，木材1006.1立方米，木桩1280根，块石8000吨，土工布15万平方米，铁丝2250千克 |
| 2004 | 三袋6.5万只，木材6.6立方米，木桩560根，土工布5300平方米，圆钉、铁丝2300千克 |
| 2005 | 编织袋6万只，木材12立方米，木桩610根，铁丝1300千克，元钉100千克，土工布0.5万平方米 |
| 2006 | 三袋9.8万只，木材6.7立方米，木桩400根，土工布0.52万平方米，块石0.5万吨，圆钉、铁丝2300千克 |
| 2007 | 三袋6.1万只，木桩400根，土工布0.25万平方米，块石0.5万吨，圆钉、铁丝2300千克 |
| 2008 | 三袋7.7万只，木桩440根，土工布0.5万平方米，块石0.7万吨，圆钉、铁丝840千克 |

## 第三节　抗灾纪实

据史料记载，自宋代乾德二年（964）至民国37年（1948）的985年中，境内共发生水灾100余次、旱灾34次。民国37年至2008年，境内共发生水灾31次、旱灾5次，广大人民群众在各级党委和政府的领导下，发扬吃苦耐劳、敢于斗争的精神，先后取得1949年、1954年、1972年、1975年、1991年、1995年、1996年、1997年、1998年的抗洪和1953年、1978年、1993年的抗旱及1997年、2005年的抗台风斗争胜利。

### 一、1949年抗洪

民国38年（1949）7月下旬，境内遭暴雨、台风袭击，长江水位达到5.16米，江、洲、港堤及江堤外圩多处被冲垮，造成洪涝灾害。泰兴县动员一切力量救灾，境内沿江群众全力参与抗洪排涝。当年冬至次年春，人民政府发放粮款，以工代赈，救济灾民。

### 二、1953年抗旱抗冻

1953年1月下旬，境内遭寒潮袭击，气温陡降至-10.7℃，加之年前低温久旱，土壤含水率低，致使麦苗干冻枯死。各级党委、政府组织群众抗旱保苗和复种、补种、改种农作物。

### 三、1954年抗洪

1954年5月18日至8月末，境内共降雨935.3毫米。上游洪水下泄，下游海水倒灌，口岸区启化乡七村江堤缺口，永安区环江洲堤先后缺口90余处，大部分地区田河不分，陆地行舟，沿江区大部分田地积水近2个月。灾害发生后，各级党委、政府组织群众抗洪排涝，堵坝，封闭通江口门，防止洪水倒灌，扫除通江港中的阻水障碍，使用水车排水，沿江乡镇组织巡逻队、抢险队、民兵基干班抢修江堤。

### 四、1972年排涝

1972年7月3日凌晨起，境内连续降雨14小时242.2毫米，是新中国成立后境内出现的最大日降雨量。雨量集中，河水漫溢，农田普遍积水17厘米以上，部分超过20厘米。各公社、大队组织群众排涝，沿江涵闸全部大开大排，使用排涝机械和人力水车突击抢排，经过2天奋战，大部分农田积水被排除。

### 五、1975年排涝

1975年6月21—27日，境内陡降暴雨，共降雨521.3毫米，其中24日降雨312.2毫米，部分农田积水深1米以上。各公社、大队紧急行动，组织群众排涝。沿江大小涵洞全部打开抢排。对永安、口岸受涝积水深的农田，使用排涝机械连夜突击排水，经过4昼夜奋战，田间积水基本排除，农业生产未受大的影响。

### 六、1978年抗旱

1978年5—9月，境内仅降雨194.7毫米，为常年同期雨量的22.1%。6月30日起，出现连续11天35℃以上的高温天气，最高达39.8℃。各级党委、政府组织群众开展抗旱斗争，开挖、疏浚引水河道，使用抽水机械提水，取得抗旱保苗夺丰收的胜利。

### 七、1991年抗洪

1991年6月28日至7月16日，境内连降大雨和大暴雨，降雨量达683毫米，田间积水在0.8～1米之间，加之客水过境，南官河水位涨至3.98米。各乡镇党委、政府组织广大干部群众抗洪救灾。沿江各闸抢低潮排水；抢筑南官河港堤；抢抛块石1.65万吨，筑同兴、盘头二道堤防1260米；数千名民工昼夜护堤。

### 八、1993年抗旱

1993年6月中旬，天气干旱无雨，又逢长江低潮，境内部分地区用水紧张。15日，各乡镇召开抗旱紧急会议，动员补苗、抢栽水稻。口岸节制闸引水，各乡镇组织民力突击行动，开挖坝埂，引水提灌。

### 九、1995年抢险

1995年7月11日10时50分，口岸镇永长圩发生坍江，坍长150米，宽70～50米，坍深-12米～-15米，距江堤仅2米。泰兴市政府迅速成立抢险总指挥部，组织抢险。紧急调度11艘船投入抛石作业，先后抛石1.8万吨。动员口岸、刁铺、田河、马甸、许庄5个乡镇1.5万名民工抢筑二道堤，3天3夜筑堤650米，完成土方5万余立方米，堤顶高6.5米，堤底宽22米、顶宽2米。至7月16日12时，抢险工作结束，堤内2万亩农田和沿江人民财产得到保护。

### 十、1996年抗洪

1996年7月，长江水位猛涨，内河水位居高不下，最高水位达6.17米（7月31日，口岸闸水位）。沿江乡镇全民动员加固圩堤，抢堵决口，增筑子堰，共组织528人驻堤防守。8月1日5时30分，高港江潮水位达吴淞标高7.88米，为历史最高水位；高港港6号副码头新加固的长20米、高1米的草包防洪墙被冲倒，缺口长6米，港务局300余名职工跳进水中，用人体堵住缺口，直至江潮退落。

### 十一、1997年抗台风

1997年8月18日，11号台风袭境时，恰逢天文大潮，江潮水位高达5.83米（口岸闸水位），造成永安洲镇境内干外圩堤4处破圩，江堤损毁严重，坍塌长度约100米，滩面坍落20米，-10米等深线坍进30米，外护堤下盘角堤坡坍落，主江堤流失土方4.5万立方米，干外圩堤流失土方6.5万立方米，全区直接经济损失1100万元。全区投入抗灾人数2.56万人次，修筑堤防完成土方2.44万立方米，抛块石1.92万吨，共用编织袋15万只。

### 十二、1998年抗洪

1998年汛期，长江出现新中国成立后第二大流量，境内遭罕见长江大洪峰袭击。汛期雨量675.01毫米，其中6月雨量157.48毫米、7月雨量251.69毫米。汛期有8次洪峰过境，其中7月27日的洪峰来量达8.14万立方米/秒。全区组织万余人固守江堤，境内江港堤防无一决口。

### 十三、2005年抗台风

2005年8月7日，受9号台风“麦莎”影响，区内过程性降水88毫米，风力达10级。9月12日，遭15号台风“卡努”影响，风力10～11级，城区降水88毫米。全区共组织1.3万人次参加抗灾，投入排泄动力2.64万千瓦时。

# 第六章　水政水资源管理

## 第一节　水利工程管理

### 一、管理体制改革

新中国成立后，境内水利工程由所在县水利部门管理。20世纪80年代起，境内各乡镇设水利管理服务站，负责乡镇水利工作。1997年12月，高港区水利局成立，设综合科、工务科、水政水资源科、水政监察大队等科室和单位。1999年增设江

图 4-6-1　区水利局办公楼（2006年摄）

河堤防管理所。2001年,高港区长江堤防管理所更名为高港区江河堤防管理所。2003年,高港区实施水利工程管理体制改革,分别对高港区江河堤防管理所、泰州市口岸闸管理所、高港区城市供排水建设管理所进行事业单位分类定性、定岗定员、选岗;同时引入竞争机制,通过公开招标,实施管养分离的河道堤防管理新模式,单位人员基本支出经费、维护管理经费纳入区财政预算,初步建立符合水情、区情和市场经济要求的水利工程管理体制和运行机制。之后,结合区城市总体规划的要求和水的流域性特点,借鉴国内外成功经验,探索集供水、排水、防汛、抗旱、治污等于一体的城乡水资源统一管理新体制。2004年,区水利局增设供排水科,负责城区供排水行业的监督、管理与规划工作。2005年,区供水和污水规划、建设、管理职能由区建设局划入区水利局。

## 二、江堤管理

新中国成立后至1982年,境内闸外江、港堤分属所在乡镇(公社)管理,上级主管部门负责检查监督。1982年后,沿江防汛防旱指挥部制定江堤管理责任制,每500～1000米堤防设护堤员1人。1990年,进行江滩、护堤地确权划界工作。1997年后,通过江堤达标工程建设,境内江堤标准得到很大提高,堤防管理体制进一步完善。1998年,区政府制定出台《关于加强长江堤防管理工作的意见》和《高港区水利工程管理实施细则》,与堤防管护员签订管护合同,由区水利局负责考核。1999年起,江堤管理由高港区长江堤防管理所负责。至2008年,长江堤防日常管理工作由沿江各镇、街道水利站负责,并聘用有管护经验的人员具体管理江堤,江河堤防管理所负责对各站进行考核。

## 三、干河和中沟管理

新中国成立后至1997年,境内干河由县级水利机构和乡镇联管,中沟由所在乡镇管理。建区后,干河由区水利局和乡镇联管,中沟由所在乡镇管理。河坡、青坎只准栽树种草,不准种植农作物,实行“三自一包”(自栽、自管、自受益,包河坡不倒)。2005年,全区开始实施“双清”工程,对整治后的河道进行确权划界。同年,建立“区管干河、镇管中沟、村管村庄河道”的三级河道分级管理体制,区财政每年补贴500余万元,用于三级河道分级管理。2006年,高港区被省政府评为全省农村河道疏浚整治先进区。至2008年,全区干河、中沟、村庄河道的管理状况良好,形成纵横交错、相互连接、贯通长江的水系网络。

## 四、水闸和涵洞管理

1999年起,沿江大型引排闸、站管理由高港区江河堤防管理所负责。平时检查与维修各引排闸、站,确保运行正常;汛期按照水情需要,及时开闸引排。沿江镇(街道)村所属小型节制闸、涵均明确管理人员,落实管理经费、管理责任,具体工作由各镇(街道)水利站负责。各水利站与管护员签订管护协议,要求管护人员经常养护所承包的闸、涵,做到闸、涵无损坏。同时,制定管护细则,做到奖罚分明。至2008年,全区各节制闸、通江涵、一级入江排涝站管护状况良好。

## 五、机电排灌站管理

1999年前,区内电灌站权属村集体。1999年6月,区政府在刁铺镇大丰村实施小型农田水利责任制试点,将原属村集体的农田水利设施使用权承包给个人。至2008年,共改制258座村集体电灌站,由个人经营;其余仍由村集体经营。

# 第二节 水资源管理

## 一、管理体制

20世纪80年代起，境内水资源由所在县计划、水利、城建等部门管理。建区后，全区地表水管理由区住建局、水利局、环保局3个部门管理，其中水利局管理取水、住建局管理供水和排水、环保局管理排污，各部门之间相互独立，缺少统一的规划和管理。随着经济社会的快速发展，城市与农村、地表水与地下水、水量与水质等分割管理的水资源管理体制日益成为水资源可持续利用的主要制约因素。2006年，高港区改“多龙管水”为“一龙管水，多龙治水”，打破城乡间、地区间、部门间的水管理界限，建立起城市和农村、水源和供水、供水和排水、用水与节水、治污和回用一体化管理的城乡水资源统一管理体制，由区水利局统一管理城乡水资源、地表水与地下水。

## 二、地下水管理

1997—2008年，全区共有深井8口（白马镇水厂2口、白马中学1口、刁铺街道江苏三泰啤酒集团有限公司2口、口岸街道东方印刷版材厂1口、永安洲镇泰州富彤化工有限公司1口、口岸街道泰州元和丝业有限公司1口）。其中，白马镇水厂的2口深井为工业、生活两用井，其余6口均为工业用井。2006年末，高港区实施“引长江水达镇”工程，白马镇水厂2口深井关停，后经区水利局批准，作为备用取水口保留；白马中学深井停用；口岸街道东方印刷版材厂深井报废。至2008年，全区共有开采井4口，地下水年开采量15万立方米，其中刁铺街道江苏三泰啤酒集团有限公司东深井为高港区地下水动态监测井。全区实行“一表、一证、一卡、一册”取用地下水管理制度，年初下达用水计划，超计划部分加价收费，确保全区地下水使用处于可控范围。

## 三、地表水管理

1997—2006年，各自来水厂取水水源地主要为镇区河道，饮水水质得不到有效保障。2006年末，高港区实施“引长江水达镇”工程，实施统一供水。按照水资源管理要求，全区适时调整水资源费，城区开征污水处理费。2008年9月，全区新增益海（泰州）粮油工业有限公司地表水取水口1个，区水利局按照“一表、一证、一卡、一册”的管理要求，对其实行规范化管理。

## 四、节水管理

建区后，区水利局每年开展“世界水日”“中国水周”宣传活动，提高城乡居民节水意识。同时，于年初向各取水户下达用水计划，严格控采地下水。至2007年，全区地下水年开采量一直控制在70万立方米之内。2008年，泰州市被水利部确定为全国第三批节水型社会建设试点市。高港区作为泰州市主城区的组成部分，开展节水载体创建工作。水务人员指导企业进行节水技术改造，购置节水设备，更换节水器具，加强水循环利用，减少废、污水排放。同年，江苏三泰啤酒集团有限公司和泰州宇马铝业有限公司开始创建江苏省节水型企业。江苏三泰啤酒集团有限公司投资16万元，实施包装车间中水回收改造项目，改造用水管网500米，更换节水器具20台（套），年节水3万立方米，被省水利厅命名为江苏省节水型企业。

# 第三节　水行政执法和水资源费征收

## 一、清障拆违

20世纪90年代，境内少数工厂、居民在河坡及河口线外水利管理范围内私建违章建筑，在河道内设置渔网、渔簖。1998年起，区水利局水政监察大队加大行政执法力度，开展河道清障拆违活动。当年，拆除永安洲主江堤外土窑44座。2002—2008年，共拆除河道违章建筑139处2.2万平方米，拆除渔网、渔簖、渔棚等168处，取缔扒坡种植55亩，拆除沿江小船厂6个。

## 二、打击非法采砂

1998—2008年，区水利局开展水法规宣传，强化采砂管理，加大日常巡查和执法力度，联合公安、海事部门打击非法采砂行为。共出动执法人员5000余人次、执法车辆720余辆次、执法艇300余艘次，打击非法采砂行为300余次，查获各类非法采砂船只300余艘，拆除和没收违法采砂机具100余台（套），结案率100%。

## 三、水费征收

建区后，区水利局负责征收解缴水资源费。2005年12月，调整水资源费、基本水价，开征主城区污水处理费，自来水价中水资源费调整为生活用水0.1元/吨，其他0.13元/吨。2007年4月，自来水价中水资源费调整为生活用水0.17元/吨，其他0.2元/吨。1997—2007年，全区共征收水资源费216.85万元。2008年，全区征收水资源费154万元。

# 泰州市高港区志

## 第五篇　邮政　电信

# 第五篇　邮政　电信

明嘉靖年间，境内设驿铺。民国年间，撤驿铺，设邮政局。民国37年（1948）12月6日、民国38年1月24日，姜堰镇、泰兴县城先后解放，人民政府接管邮政、电信。20世纪50—70年代，境内乡镇邮政、电信机构时分时合，邮电设备设施逐步发展，业务范围逐步扩大。1969年，口岸、刁铺开办电报业务。1986年，口岸邮电支局开通苏中、苏北第一个乡镇级1000门纵横制自动电话交换机系统。1989年12月23日，境内电话号码由四位升至六位。90年代，境内电信业务发展速度加快，口岸邮电支局和刁铺邮电支局先后开办数据移动通信和多媒体通信业务，邮政业务受到严峻挑战。1995年12月17日，境内固定电话号码由六位升至七位。1997年，全区邮政投递段道总长1007.21千米；电话交换机总容量24532门，实际安装电话机20023部；有固定电话用户12162户，无线寻呼用户1750户、移动电话用户1041户；邮电业务收入合计3065万元。1998年后，境内邮政、电信分营，邮政系统努力开拓业务范围；电信业务逐步形成中国电信、中国移动通信、中国联合网络通信3个机构分营格局。21世纪初，境内电报业务基本消失。2007年8月18日，高港区固定电话号码由七位升至八位。2008年，全区有邮政网点11个（分局1个，支局10个），投递段道总长2315千米，邮政业务收入532.77万元，邮政储蓄存款余额7.2亿元。全区电话交换机总容量10万门、固定电话用户54317户、移动电话用户145027户（其中收费用户9.64万户）、宽带互联网用户21938户，电信业务总收入1.72亿元。

# 第一章　邮　政

## 第一节　邮政机构

明嘉靖时，在泰兴县城通往泰州的驿道上设有口岸和刁家渡（今刁铺街道）驿铺。民国2年（1913），撤销驿铺。民国26年，境内设二等邮局1个（口岸）、三等邮局1个（环溪，今刁铺街道）。民国29年，境内沦陷，邮政业务实际告停。抗日战争胜利后，邮政恢复。

图 5-1-1　泰州邮政局高港分局办公楼（2008年摄）

1955年，境内设有口岸、大泗、白马等邮电支局，其他乡镇以农村供销合作社为依托设邮电代办所。1969年10月起，邮政、电信机构分设。1973年10月，重新合并。当年，口岸邮电支局内设话务班、营业班、投递班，约有工作人员20人。1978年，口岸邮电支局从柴墟西路迁至柴墟东路，邮政用房面积近200平方米。1986年12月，全省第一个村办邮电所在刁铺镇蒋庄开办营业，受理除汇兑外的其他邮电业务。1988年，境内各乡镇均设有邮政局（所）或代办所。

1997年9月，成立高港邮电分局。1998年7月，邮政、电信分设，成立各乡镇邮政支局，由泰州邮政局统一管理。2002年11月，口岸邮政支局升格为泰州邮政局高港分局。2008年，大泗、孔桥2个邮政支局和胡庄、汪群2个邮政营业所划入高港区。至当年末，泰州邮政局高港分局辖田河、许庄、白马、大泗、孔桥5个邮政支局和刁铺、野徐、永安、胡庄、汪群5个邮政营业所。

### 2008年高港区邮政机构一览表

表45

| 局（所）名称 | 地　址 | 营业面积（平方米） | 邮政编码 |
|---|---|---|---|
| 泰州邮政局高港分局 | 口岸街道向阳北路 | 1900 | 225300（高港分局）<br>225321（口岸街道） |
| 田河邮政支局 | 口岸街道田河村振兴北路126号 | 90 | 225322 |

续表 45

| 局(所)名称 | 地　址 | 营业面积(平方米) | 邮政编码 |
| --- | --- | --- | --- |
| 刁铺邮政营业所 | 刁铺街道环溪路 2 号 | 50 | 225323 |
| 许庄邮政支局 | 许庄街道三星西街 44 号 | 71 | 225324 |
| 白马邮政支局 | 白马镇金马大街 100 号 | 90 | 225325 |
| 野徐邮政营业所 | 野徐镇野徐中路 145 号 | 70 | 225326 |
| 永安邮政营业所 | 永安洲镇引江东路 24 号 | 50 | 225327 |
| 大泗邮政支局 | 大泗镇大泗村 3 组 | 33 | 225328 |
| 胡庄邮政营业所 | 胡庄镇兴胡大道 | 100 | 225329 |
| 孔桥邮政支局 | 许庄街道孔桥村振兴路 25 号 | 69 | 225330 |
| 汪群邮政营业所 | 胡庄镇汪群村大丁 1 组 | 49 | 225331 |

## 第二节　邮政设施

新中国成立前,境内邮运靠肩挑人扛,邮递员投递信件时靠步行,封发邮件最初使用火漆,后来铅封邮袋使用夹钳。邮戳为木质圆形戳,计量工具采用杆秤,信件分拣靠手工操作。20世纪50年代后,邮递员投递信件时逐步改用自行车,计量工具改用台磅、天平秤,邮戳为全国统一式样的钢质圆形日戳。60年代后,淘汰木质信箱,改用铁质烤漆邮政专用信箱。70年代中期,使用信函过戳机。80年代初期,使用智能包裹收寄机,包裹计费、包裹单打印一次性完成。80年代后期,改用带邮政编码的日戳,计量工具采用电子秤。1995年后,境内各支局实行电子代办理业务,收寄包裹、函件和办理汇票等业务均实行微机处理。1997年,实施邮政储蓄卡(亦称邮政绿卡)工程,实现区内各邮政储蓄网点与全国省会城市和苏南各市、县联网。1998年,区内各邮政支局(营业所)营业厅均配置微机1台,全部实行“电子化一台清”。2000年,口岸邮政支局增设邮资机1台。2001年,高港区邮政电子汇兑系统正式投入使用,并建成邮政业务量收管理系统。2005年,高港分局增设自动取款机1台;各邮政支局报刊发行系统上线;邮政储蓄系统与电子汇兑系统互通切换上线,并实现与综合计算机网的互联互通。2007年,各邮政支局邮政营业系统——生产子系统上线联网,高港分局、刁铺支局分别拥有邮政生产用车5辆、4辆。2008年,邮政储蓄系统统一升级,泰州邮政局高港分局和各支局(营业所)实现全国联网。

# 第三节　邮路与投递线路

## 一、邮路

民国38年（1949）2月，开辟泰县—口岸线逐日旱班邮路。同年4月，开辟泰县—口岸线委办汽车邮路。1952年，境内有自行车邮路2条（泰州—口岸，口岸—大泗），共长73.5千米。1972年，境内有委办汽车邮路3条（泰兴—永安，泰兴—口岸，泰兴—刁铺）。1981年，境内始有自办汽车邮路。至1987年，境内自办汽车邮路为泰兴—永安—口岸—刁铺—许庄，姜堰—苏陈—寺巷—鲍徐—野徐—塘湾。1995年，境内乡镇与所在县的县城邮路均改为自办汽车邮路。1998年，途经高港区的邮路有泰州—泰兴、泰州—靖江2条。2006年7月，有进出高港区邮路1条，即：泰州—野徐—白马—许庄—刁铺—口岸—田河—永安。2008年10月，进出高港区的邮路为：泰州—野徐—白马—许庄—刁铺—口岸—田河—永安—胡庄—汪群—孔桥—大泗，总长231千米。

## 二、投递线路

1997年，口岸邮政支局投递班有邮政投递段道7条。其中，城镇投递段道3条，每日投递2个频次，每周投递7天；农村投递段道4条，每日投递1个频次，每周投递6天；投递里程长328千米，有投递员8人、投递专用自行车10辆。另有投递机要兼特快专递邮路1条，投递专用摩托车1辆。全区投递线路总长679.21千米。2008年，口岸街道投递班负责高港主城区邮件投递，投递段道增至9条，其中城镇投递段道4条、农村投递段道5条，总长625千米，有投递员11人、投递专用自行车11辆。机要投递邮路仍为1条。许庄街道、刁铺街道、永安洲镇、胡庄镇、白马镇、野徐镇和大泗镇共有投递段道30条，总长1690千米。

**2008年高港主城区邮政投递段道一览表**

表46

| 段道分类 | | 段道明细 | 投递频次 | 周递天数 | 投递里程（千米） | 投递方式 |
|---|---|---|---|---|---|---|
| 城镇 | 1 | 金港中路—区政府—扬子江南路—府后人家—春港东路—新城农贸市场—百年豪景—港城花苑—港城花园—鸿翔御景 | 2 | 7 | 60 | 直投 |
| | 2 | 向阳北路—丰乐北村—同乐巷—金港南路—口岸街道办—名仕雅居—通扬路—江平北路—柴墟东路—安全巷—保健巷—建设巷—登月新村—张家汪—前进巷—中心旺铺—攸水巷—丰乐南村—通元巷—小曲巷—通河路—沿河北路—柴墟西路 | 2 | 7 | 70 | 直投 |
| | 3 | 向阳支路—金港家园—幸福路—东兴街—江平中路—江平东路—龙圣新村—江圣新村—中南新村—港口东路—三官新村—港口西路—曙光新村—都市佳园—农贸市场—育才东路 | 2 | 7 | 65 | 直投 |

续表 46

| 段道分类 | | 段道明细 | 投递频次 | 周递天数 | 投递里程（千米） | 投递方式 |
|---|---|---|---|---|---|---|
| 城镇 | 4 | 沿河南路—朝阳村—港口西路—通江东路—龙窝北路—团结街—二闸太东—太西村—新生村—元圩村—通江西路—长江路—高港村—港务局家属区 | 2 | 7 | 70 | 直投 |
| 农村 | 1 | 灯湾村—江平北路—教师新村—江圣村—城南村—东南村—新明村—江平东路 | 1 | 6 | 80 | 直投 |
| | 2 | 滨江办事处—滨江小区—中海油气—杨湾村—引江河—海螺水泥—杨湾作业区—标准厂房—滨江村—虹桥新村—西星街—闸西北路 | 1 | 6 | 70 | 直投 |
| | 3 | 沿河北路—许陈村—白杨树—龙锦华庭—人民医院—锦江花园—金港中路—水岸帝景—金港别墅—都市好佳园—热电厂—故土村—引江村 | 1 | 6 | 70 | 直投 |
| | 4 | 船厂家属区—船厂办公楼 | 1 | 6 | 30 | 直投 |
| | 5 | 向阳人家—银杏苑—金港中路—春江新村—扬子江药业—蔡滩新村—高港商城—教师新村—港务新村—江平小区 | 1 | 6 | 60 | 直投 |
| 机要兼特快 | 1 | 高港城区—永安—田河—刁铺 | 1 | 5 | 50 | 直投 |

## 2008 年高港主城区以外各邮政投递段道一览表

表 47

| 段道分类 | | 段道明细 | 投递频次 | 周递天数 | 投递里程（千米） | 投递方式 |
|---|---|---|---|---|---|---|
| 田河 | 1 | 振兴南路—大石村—徐桥村—郎庄村 | 1 | 6 | 55 | 直投 |
| | 2 | 振兴中路—集成村—栾庄村—雅儒村—吴楼村 | 1 | 6 | 60 | 直投 |
| | 3 | 振兴北路—张马村—徐庄村—朱营村—戴集村 | 1 | 6 | 60 | 直投 |
| 刁铺 | 1 | 环溪路—迁善小区—繁荣小区—镇丰城东—扬子江北路—吉家庄—育才新村—通泰新村—府东路 | 1 | 6 | 65 | 直投 |
| | 2 | 扬子江北路—民主街—解放东路—解放新苑—建设街—劳动街—翟庄—曰后—曰前—环溪新村—水厂路—起凤新村—镇溪北路—沿河路—人民路 | 1 | 6 | 75 | 直投 |
| | 3 | 赵庄村—圩岸村—观五村—潘庄村—北栾村—孙家庄—万庄村—陈吉村—三河村—通港路 | 1 | 6 | 70 | 直投 |

续表47

| 段道分类 | | 段道明细 | 投递频次 | 周递天数 | 投递里程（千米） | 投递方式 |
|---|---|---|---|---|---|---|
| 刁铺 | 4 | 界牌村—南塘村—庙湾村—井丰村—蒋庄村—太平村—屠桥村—蒋桥村—薛李村—旭光村—大丰村 | 1 | 6 | 70 | 直投 |
| 许庄 | 1 | 许庄村—官沟村办—三星东街—刁泗路—龙江路—幸福路—许田路—振北东路 | 1 | 6 | 75 | 直投 |
| | 2 | 曹官营村—马厂村—三旗营村—湖溪小区—三星南街—新城花园 | 1 | 6 | 60 | 直投 |
| | 3 | 周梓村—唐家村—永盛路—大旺路—皇冠路—老庄村 | 1 | 6 | 60 | 直投 |
| | 4 | 王戚村—三星西路—三星北路—中心路—振北路—邮政巷—周梓路 | 1 | 6 | 65 | 直投 |
| 白马 | 1 | 金马大街东段—金马大街西段—将军路 | 1 | 6 | 60 | 直投 |
| | 2 | 袁家村—黄河村主街道—岱白村—黄河村—李庄 | 1 | 6 | 55 | 直投 |
| 野徐 | 1 | 殷蒋村—陈庄村—仲联村—汤联村—工业园区—姜高路 | 1 | 6 | 50 | 直投 |
| | 2 | 永丰村—新联村—褚雅村 | 1 | 6 | 30 | 直投 |
| | 3 | 野徐中路—城中居委会—解家村—幸福小区 | 1 | 6 | 45 | 直投 |
| 永安 | 1 | 福沙村—永兴村—新街村—沿街商铺 | 1 | 6 | 55 | 直投 |
| | 2 | 兴洲花苑一区—兴洲花苑二区—兴洲花苑三区—兴洲花苑四区 | 1 | 6 | 60 | 直投 |
| | 3 | 中心村—兴隆村—建安村—东江村—润洲花苑 | 1 | 6 | 55 | 直投 |
| | 4 | 上桥村—永胜村—化工园区 | 1 | 6 | 30 | 直投 |
| 大泗 | 1 | 小庄村—大泗集镇—时庄村—康乐村—马龙村 | 1 | 6 | 60 | 直投 |
| | 2 | 霍堡村—二陈村—大马村—北港村 | 1 | 6 | 45 | 直投 |
| | 3 | 佴陈村—佴庄村—曹于村—前进村 | 1 | 6 | 50 | 直投 |
| 胡庄 | 1 | 集镇中心—胡庄村—史庄村—周马村 | 1 | 6 | 55 | 直投 |
| | 2 | 集镇东—单王村—刘元村 | 1 | 6 | 40 | 直投 |
| | 3 | 杨营村—庵桥村—宗林村 | 1 | 6 | 40 | 直投 |

续表47

| 段道分类 | | 段道明细 | 投递频次 | 周递天数 | 投递里程（千米） | 投递方式 |
|---|---|---|---|---|---|---|
| 孔桥 | 1 | 蔡庄村—利民村—凡青村—二青村—管营村—仇巷村—西孔村—晓潮村—钱庄村 | 1 | 6 | 70 | 直投 |
| | 2 | 孔桥村—乔杨村—联和村—赵王村—栾王村—董庄村—李王村—东明村—西明村 | 1 | 6 | 70 | 直投 |
| 汪群 | 1 | 汪群集镇—戴陈村—陈隆村—田野—丁庄村 | 1 | 6 | 55 | 直投 |
| | 2 | 赵市村—薛跺村—刘荡村—汪群村 | 1 | 6 | 50 | 直投 |

说明：2008年9月，泰州市区划调整，将泰兴市宣堡镇的赵王、乔杨、明河、钱赵、管营、孔桥、蔡庄7个村划归高港区代管，隶属于许庄街道办事处，孔桥邮政支局负责该7个村邮政投递工作，含18个小村落。

## 第四节　邮政业务

民国期间，境内邮政机构主要办理函件、包裹、汇兑、邮政储蓄等业务。新中国成立后，开办报纸、杂志发行及代购物品、航空包裹等业务。1953年，邮政停办储蓄业务。1957年，开办机要通信业务。1980年11月至1982年，境内各支局相继开办国际水、陆路和航空普通包裹、保价包裹业务，以及国内代收货价、邮件回执和国际普通及挂号信函等业务。1983年，开办集邮业务。1986年，恢复邮政储蓄业务。1988年，开办国内邮政快件业务。1993年，开办国内国际邮政特快专递业务。2000年，开办邮政物流业务。2007年，开办邮政函件广告业务。至2008年，区邮政业务主要有11种。

### 一、函件与广告

【函件】 1951年5月，境内开办装寄现钞和票据的保价信函业务，每封信可寄现金16元。1957年9月起，部队战士寄递平信采取三角形免费戳记。1960年，开办特种挂号信函业务，包含收寄粮票、布票、邮票、户口迁移证、粮食迁移证和团组织关系共6种。1961年8月，停办保价信函装寄现钞业务。1969年4月，停办免费收寄解放军战士信件业务。1984年6月，境内邮政执行义务兵享受免费邮寄信件政策。1997年，全区函件量5.29万件，业务收入11.41万元。2008年，全区函件量增至28.6万件，业务收入35万元。

【邮政广告】 2007年，泰州邮政局高港分局开办邮政广告业务，全年实现邮政广告业务收入26万元。2008年，邮政广告种类主要有邮资宣传信封、商业广告信函、邮资广告明信片、印刷品邮送广告、邮政户外广告，全年邮政广告业务收入55万元。

### 二、包裹

1979年，境内邮政开办收寄商品包裹业务，收寄商品包裹的范围为：商业性的物品，以及个人交寄重量超过5千克、长度超过60厘米的商品。横围超过90厘米的也作商品包裹交寄，资费按普通包裹加收50%的包资收取。1986年7月1日起，普通包裹分为民用包裹和商品包裹2种，同时增加纸质品包裹。1987年11月，开办大件商包业务，重量放宽至25千克以内，尺寸放宽至能装入4号邮袋为限。1990年7月，国内包裹全部实行保价寄递，取消普通包裹、甲乙类保价名称和快递小包业务。1997年，全区共办理各种包件4.5万件，业务收入60万元。2001年，高港邮政开办国内快递包裹业务，价格和速度介于普通包裹和特快专递之间。此后，由于特快业务的发展，部分包裹分流，包裹业务量逐步下降。2008年，高港邮政包裹业务量降至1.9万件，业务收入17万元。

## 三、邮政快件与特快专递

【邮政快件】 1988年7月1日，境内邮政开办国内邮政快件业务，适寄范围为国内信函、轻小型包件、汇款。收寄时，信函使用邮政快件信封，包件、汇票及通知单加盖“邮政快件”戳记，资费略高于同类普通给据邮件。封发、运输、投递时优先于普通邮件。当年，邮政快件量0.1万件。1992年，境内邮政快件量1.1万件。1993年起，邮政快件量逐年下降。至1997年，全区邮政快件量降至0.4万件。1998年7月1日，高港邮政停办快件业务。

【特快专递】 1993年，境内邮政开办国内国际特快专递业务，邮件由专人收寄、专门机构处理、专车投送。国内特快专递邮件在大城市之间一般2～3天即可到达，国际特快专递邮件一般需3～5天。当年，境内邮政共办理特快专递8036件，业务收入近12万元。2008年，区邮政特快专递增至10.12万件，业务收入236.67万元。

## 四、邮政物流

2000年，区邮政开办一体化物流、同城配送、货运代理、分销与邮购业务等，年业务收入1.2万元。2002年，直递业务纳入邮政物流。2005年，泰州邮政物流公司成立，高港区邮政物流业务受其指导。2008年，全区邮政物流业务收入21万元。

## 五、汇兑

民国38年（1949）9月，境内口岸、刁铺开办邮政汇兑业务，包括普通汇款和电报汇款2种。普通汇款通过挂号信件投递，电报汇款通过邮局电报发送。1966年，永安邮电所开办兑付业务。1974年，田河、许庄办理汇兑业务，并在当地信用社开立汇兑往来账户。1976年，汪群、胡庄开办汇兑业务。1980年，每张汇票最高限额提高至5000元。至1986年，境内乡镇邮政支局（所）均办理国内汇兑业务，当年共开发汇票0.4万张，总付汇票0.32万张。1998年邮电分营后，电报汇款随之停办。随着商业银行开办个人汇兑及银行结算卡业务，邮政汇票业务量下降。至2000年，全区开发邮政汇票0.3万张。2001年11月，开办电子汇兑业务。2005年，电子汇兑与邮政储蓄2个应用系统互通，汇兑增开账户到现金、现金到账户、账户到账户3种交易方式。至2008年，电子汇兑分普通汇款、电子汇款、加急汇款、特急汇款4种。

## 六、报刊发行

1950年，境内邮政开办报刊发行业务。1956年，增办报刊零售业务。“文化大革命”期间，部分报刊停办，境内报刊发行量急剧下降。1978年后，境内报刊发行量回升。1997年，全区家庭和单位报纸订阅总量227.18万份、杂志总量0.49万份，业务总收入67.2万元。2001年，高港区设报亭2个，另有多处报摊，报纸零售量23.9万份，杂志零售量16.4万份。2008年，全区报纸发行量606.06万份、杂志26.93万份，业务总收入168.1万元。

1997—2008 年高港区报纸杂志发行情况一览表

表 48

| 年份 | 报亭代售量 | | 家庭订阅量 | | 单位订阅量 | | 业务收入（万元） |
|---|---|---|---|---|---|---|---|
| | 报纸类（万份） | 杂志类（万份） | 报纸类（份） | 杂志类（份） | 报纸类（份） | 杂志类（份） | |
| 1997 | — | — | 795119 | 1725 | 1476649 | 3205 | 67.2 |
| 1998 | — | — | 864259 | 1875 | 1605053 | 3484 | 73 |
| 1999 | — | — | 939412 | 2039 | 1744623 | 3786 | 79.3 |
| 2000 | — | — | 1021100 | 2216 | 1896329 | 4116 | 86.2 |
| 2001 | 23.9 | 16.4 | 1109892 | 2409 | 2061228 | 4474 | 93.7 |
| 2002 | 24.6 | 17.2 | 1206404 | 2618 | 2240465 | 4863 | 101.9 |
| 2003 | 27.7 | 18.5 | 1311309 | 2846 | 2435288 | 5286 | 110.8 |
| 2004 | 29.8 | 19.7 | 1425336 | 3093 | 2647052 | 5745 | 120.4 |
| 2005 | 31.7 | 21.3 | 1549278 | 3362 | 2877231 | 6245 | 130.9 |
| 2006 | 33.2 | 22.4 | 1683998 | 3655 | 3127425 | 6788 | 142.2 |
| 2007 | 35.9 | 23.9 | 1830433 | 3973 | 3399375 | 7378 | 154.6 |
| 2008 | 37.6 | 25.7 | 1989601 | 4318 | 3694973 | 8020 | 168.1 |

## 七、机要通信

1957年，境内邮政开始接办机要通信业务。1997年，口岸邮电支局出口机要文件353件，全区邮政进口机要文件966件。为保证机要文件迅速、准确、安全投递，泰州邮政局高港分局专设机要部，安排专职人员、配专用摩托车投递。2008年，全区出口机要文件540件，进口投递1735件。

## 八、集邮

1983年，境内开办集邮业务，初始仅在口岸设1个集邮点。1992年，口岸集邮协会成立，最初有会员近200人，后有会员305人。口岸集邮协会成立后，每年到学校、景区开展邮集活动，曾被扬州市评为集邮先进单位。建区后，在口岸设集邮门市部。2008年，区内邮市处于低迷状态。

## 九、邮政储蓄

1986年3月10日，根据邮电部和中国人民银行《关于开办邮政储蓄的协议》及联合通知精神，口岸邮电支局在镇柴墟东路设邮储点1处，办理定期储蓄和活期储蓄业务。此后，适时开展“爱国”“金猴”“雄鸡”“双庆”“新春乐”“聚宝盆”“邮政之友”等有奖储蓄活动，存单面额有20元、50元、100元，存期一般为1年，以奖代息。1997年，全区邮政储蓄存款余额1.2亿元。2003年8月1日，邮政储蓄实行新老划断、分户管理，“老存款”按原定利率计付利息，“新存款”按活期利率计付利息。当年，全区邮政储蓄存款余额2.55亿元。2005年，全区邮政储蓄存款余额3.75亿元，储蓄存款余额列全区商业银行第5位。2008年7月24日，中国邮政储蓄银行泰州市分行高港区支行成立，与泰州邮政局高港分局合署办公，增加对公结算业务。年末，全区邮政储蓄存款余额为7.2亿元。

# 第二章　电　信

## 第一节　电信机构

1997年9月，成立高港邮电分局。1998年7月，高港区邮政、电信分设，成立各乡镇电信支局，直属泰州电信局管理。2001年3月，撤销口岸电信支局，成立高港电信分局。同年7月起，高港电信分局辖刁铺、许庄、野徐、白马、永安、田河6个电信支局，共有员工53人。2002年3月，设中国联通泰州分公司高港营销中心。2003年4月，设中国移动泰州分公司高港营销中心。2004年，高港电信分局增辖泰东、九龙、塘湾、朱庄、鲍徐、农场、寺巷7个电信支局。2005年，中国移动泰州分公司高港营销中心增设永安、刁铺、许庄、寺巷4个营业部。2006年，设中国网通泰州分公司高港营销中心，中国移动泰州分公司高港营销中心增设野徐、白马、田河3个营业部。2008年5月，泰东、九龙、塘湾、朱庄、农场5个电信支局划归海陵区电信分局管理。2008年10月，中国联通泰州分公司高港营销中心与中国网通泰州分公司高港营销中心合并，成立中国联合网络通信有限公司泰州分公司高港营销中心，共有员工40人。2008年末，高港电信分局辖刁铺、永安、许庄、白马、野徐、寺巷、田河、鲍徐8个电信支局，共有员工54人。中国移动泰州分公司高港营销中心辖口岸（2008年成立）、永安、刁铺、许庄、寺巷、野徐、白马、田河8个营业部，共有员工67人。

图 5-2-1　高港电信分局营业部（2007年摄）

## 第二节　通信线路与设备

### 一、电信通信线路与设备

【电话设备与线路】 1986年12月26日，口岸邮电支局1000门纵横制自动电话开通。1990年，口岸镇利用数字微波实现农话模拟交换机联网，建成微波塔，开通至泰兴的三次数字微波电路，实现数字传输。刁铺镇开通500门 HJZ-26纵横制电话交换机。1991年8月23日，刁铺邮电支局交换机联网工程开通。至此，口岸、刁铺与泰兴县城实现等位拨号。1992年，境内改造市话3000号组1000门纵横制交换机微机计费系统，实现微机半自动计费。口岸邮电支局500门交换机扩容至1500门。1993年，境内程控电话扩容，实现电话自动化，近3000户市内程控电话用户进入全国直拨用户网。1994年8月30日，口岸、刁铺、许庄、田河、永安电话网实现数字交换程控化。1996年3月，刁铺、口岸、田河等乡镇开工建设国家重点通信项目北沿江光缆干线（沪—宁—汉线）境内段。1997年，全区电话交换机总容量24532门，长途线路64条。2001年，全区电话交换机总容量近6万门、电缆线路400千米、光缆线路20千米。2003年，全区电话交换机总容量18万门、电缆线路1200千米、光缆线路60千米。2008年，共有5条长途干线过境，有程控交换机6台，市话交换机总容量为10万门，固定电话80811部，杆路总长41.24杆千米，电缆总长317.05皮长千米，光缆总长2302.66纤芯千米。

【小灵通基站】 2001年8月，小灵通进入区电信市场。当年，泰州电信分公司在区内建小灵通基站80个，主要分布在口岸、刁铺两地。2002年，泰州电信分公司在高港区大规模投资建小灵通基站，小灵通基站逐步覆盖全区。至2003年，全区共有小灵通基站360个，覆盖所有行政村。此后，又陆续新建小灵通基站120个。2008年，全区共有小灵通基站480个。

【电报设备与电路】 1980年，口岸与泰兴间话传电路改用国产55型电传打字机传递。1982年2月，刁铺开通电传电路。1987年，口岸与泰兴县城间的电报电传使用64-4C五单位自动发报机。1990年，口岸发报机全部更新为电子发报机。1991年，口岸脚蹬厂—扬州数字微波传输电报电路开通。1993年，境内新增口岸、刁铺2条数字微波无线电路。1994年，新增口岸至泰兴城用户电路2条。1997年后，随着固定电话的普及和移动电话用户的大幅度增加，电报业务大幅度下降。当年，各邮电支局撤销报务班组，改用传真电报。2003年，全区取消电报业务。

### 二、移动通信线路与设备

【移动公司通信线路与设备】 1992年12月29日，境内由泰州移动分公司与美国摩托罗拉公司合作，开始建模拟移动电话网络（简称A网）。初期建基站1座、信道8个。1993年，口岸镇BP机差转台工程和刁铺镇大哥大基站工程完成。1993—1997年，境内A网5次扩容，在口岸、刁铺各建成基站1座，共增加话音信道79个。1994年5月18日，境内由泰州移动分公司与瑞典爱立信公司合作，开始建设移动电话网络（简称B网）。1996年，境内始建“全球通”移动数字电话网（简称G网），逐步替代A网。当年，泰州移动分公司采用瑞典爱立信公司的移动通信设备在境内建G网基站4座、等效话音信道360个。1994—1997年，境内B网2次扩容，在永安洲镇建成基站2座，增加话音信道26个。1997年，高港区G网扩容，泰州移动分公司采用法国阿尔卡特公司的移动通信设备新建、扩建基站12座，扩容等效语音信道1080个，全区G网通信能力明显提高。2001年，建设2.5代多媒体移动电话（GPRS，3G），区内A网、B网关闭。1998—2003年，全区共建移动通信基站50座、话音信道7440个、通信管道101管程千米、通信杆路152杆千米、通信光纤1042皮长千米，移动电话交换机容量120万门。GPRS多媒体移动通信网络覆盖全区。2004—2007年，建移动通信基站29座、话音信道5352个、通信管道65个、通信杆路94杆千米、通信光纤458皮长千米，移动电话交换机容量增加105万门。2008年，全区共有移动通信基站79座、话音信道12792个、通信管道166管程千米、通信杆路246杆千米、通信光纤1500皮长千米，移动电话交换机容量扩至225万门，网络覆盖率99.99%、接通率98.5%，3D基站控制器36个、无线分组处理设备7个。

【联通公司通信线路与设备】1999—2003年，泰州联通分公司在高港区建成移动通信基站11座，架设通信杆路56杆千米，铺设通信管道36管程千米，敷设干线通信光纤275皮长千米。2004—2008年，增建移动通信基站32座。2008年末，全区共有联通通信基站43座，共架设通信杆路256杆千米，铺设通信管道125管程千米，敷设干线光缆125千米、区内传输网光缆350千米、接入网光缆126千米、电缆90千米。

## 第三节　电信业务

清光绪年间，境内开始出现电报业务，为话传电报。民国年间，境内开始出现电话。新中国成立后，境内各乡镇有农村电话业务和长途电话业务。进入20世纪90年代，无线通信技术开始广泛应用。1993年，无线寻呼、移动电话和传真业务进入境内市场。同时，农村电话用户发展迅速，农话业务量大增。1997年，全区有固定电话用户12162户。2001年起，全区固定电话（含小灵通）业务分长途电话、区内电话（市区电话）、区间电话（农村电话）3种。当年，全区有固定电话用户38742户。小灵通进入区电信市场，有用户1100户。2002年后，全区小灵通用户大增，最多时达15000户。2003年，电报业务停止。2007年，无线寻呼业务停止营业。2008年，全区有固定电话用户54317户，小灵通用户降至5780户，固定电话（含小灵通）业务收入4920万元，移动通信收费用户9.64万户，业务收入7830万元，宽带互联网用户21938户、业务收入4490万元。

### 一、固定电话

【长途电话】1985年，境内按邮电部颁发的《国内公众长途电话业务规程》经营长途电话业务。至1986年，口岸长途电话均通过人工转接方式实现。1986年12月26日，口岸开通1000门纵横制自动电话，长途电话改为自动拨号。1987年，口岸邮电支局专设“173”接续台，开始办理特快电话业务。1988年10月，口岸开通直拨国际、国内自动电话。1997年，高港区邮电分局经营全区长途电话业务，年通话200万次，业务收入83.84万元。2000年3月，区内增设联通“193”长途电话业务，有注册国内（国际）长途直拨业务、“193300”长途电话卡、专线接入3种服务形式。当年，全区“193”长途电话业务收入135万元。至2006年，高港电信分局、中国联通泰州分公司高港营销中心、中国网络通信集团公司泰州分公司高港营销中心共同经营区内长途电话业务。2008年，全区长途电话业务总收入1073万元，其中电信长途电话业务收入594万元、联通“193”长途电话业务收入479万元。

【区内电话】2001年，全区区内电话业务收入556万元。2003年，全区区内电话业务收入869

万元。2008年，全区区内电话业务收入1895万元。

【区间电话】 1997年，全区区间电话业务收入429万元。2001年，全区区间电话业务收入598万元。2008年，全区区间电话业务收入1952万元。

【公用电话与电话卡】 1994年，境内开通程控电话，先办理有人值守的公用电话（普通电话机加计费器），在城区公共场所、居民住宅区以及农村集镇、乡村代销店发展公用电话代办点，继而在城区主要街道、路口及乡镇流动人员集中地设置无人值守的公用电话，并办理电话卡业务。先后使用第一代磁卡式电话机、第二代IC卡电话机、第三代密码卡电话机。电话卡与无人值守的话机配套使用，先后有磁卡、IC卡和“300”“201”“9989”密码卡等。1997年，全区共设公用电话1090部。2001年，全区停止发行电话磁卡，转用IC卡，已用磁卡余额转入IC卡。当年，全区有公用电话1890部。2003年1月1日零时起，停止磁卡公用电话服务。当年，全区有公用电话2032部。2008年，全区有公用电话3079部，配套使用IC卡和“300”卡、“201”卡、“9989”卡。

## 二、电报与传真

【电报】 20世纪70年代前，境内主要利用农村电话收发电报。70年代，境内乡镇开办电报挂号、记账电报业务。1980年，泰兴—口岸话传电路改用国产55型电传打字机传递。1982年2月，刁铺开放电传电路。1985年4月1日起，境内乡镇贯彻执行邮电部颁发的《国内公众电报业务规程》，将国内电报业务种类修订为天气、水情、公益、政务、新闻、普通、汇款、电报及公电，开放特急电报、加急电报、邮送电报3种特别业务。至1992年，境内电报业务日均216份。此后，随着通信技术的改进，传统的电报速度已不能满足人们的需求，电报业务量逐年下降。2003年，全区电报业务停办。

【传真】 1993年，境内口岸、刁铺开办传真业务。至1997年，许庄、永安洲、大泗、胡庄、白马、野徐邮电支局（所）均开办传真业务，传真电报逐步替代传统的电报业务。1997年，全区开通传真业务用户385户。2001年，全区传真业务用户增至1685户。2008年，全区传真业务用户5536户。

## 三、无线寻呼

1993年，口岸邮电支局建境内第一座无线寻呼基站，采用美国摩托罗拉公司设备。“126”人工寻呼台、“127”自动寻呼台开通，境内有无线寻呼用户1400户，年业务收入50万元。1999年，开通“191”人工寻呼台、“192”自动寻呼台。2000年，全区有无线寻呼用户6700户，年营业额170万元。此后，随着手机的普及，无线寻呼机市场逐渐萎缩。2007年，区无线寻呼业务退出市场。

## 四、移动通信

【移动公司移动通信】 1998年，泰州移动公司在高港区主要经营语音通话业务。2001年起，泰州移动公司在高港区先后推出“全球通”“神州行”“动感地带”3种移动通信品牌。同年，新开通移动短信业务。2002年，开通彩信业务。至此，全区移动通信有声音、文字和图像3种沟通方式。2003年，中国移动泰州分公司高港营销中心开通“随E行”和GPRS 2项无线上网业务，推出“12580”移动秘书服务台、IP电话、短信呼、易查询4项业务。2004年，高港营销中心开通集团V网服务，搭建“校信通”平台。至2005年，有“校信通”用户4000户。2006年，全区移动彩信用户发展至8万户。2007年后，因QQ等网络通信工具的普及，彩信业务受到冲击。2008年，中国移动泰州分公司高港营销中心主要经营语音、集团短号、“校信通”、短信、彩信、GPRS等业务，收费用户8.3万户，业务总收入0.71亿元。

## 2003—2008年中国移动高港营销中心运营情况一览表

表49

| 年　份 | 收费用户 | | 运营收入 | |
| --- | --- | --- | --- | --- |
| | 万　户 | 年增比（%） | 亿　元 | 年增比（%） |
| 2003 | 4.1 | — | 0.35 | — |
| 2004 | 5.3 | 29.3 | 0.45 | 28.6 |
| 2005 | 6.5 | 22.6 | 0.55 | 22.2 |
| 2006 | 7.1 | 9.2 | 0.61 | 10.9 |
| 2007 | 7.7 | 8.5 | 0.66 | 8.2 |
| 2008 | 8.3 | 7.8 | 0.71 | 7.6 |

【联合网络公司移动通信】 1999年，泰州联通公司正式对高港区用户提供移动电话服务，分语音通话和短信业务2种。至2002年，中国联通泰州分公司高港营销中心相继开通信息点播、语音信箱、呼叫等待、呼叫转移、个性化充值卡、“校信通”、企业邮箱、无线音乐俱乐部、彩信等业务。2003年，开通GPRS上网业务。2006年，开设GSM（Global System for Mobile，全球移动通信系统）、CDMA（Code Division Multiple Access，码分多址，在数字技术的分支——扩频通信技术基础上发展起来的一种无线通信技术）业务，主推“世界风”和“如意通”2个品牌。2008年10月，中国联通高港营销中心与中国网通高港营销中心合并，成立中国联合网络通信有限公司高港营销中心。当年，有收费用户1.34万户，业务总收入730万元。

## 2002—2008年联合网络高港营销中心运营情况一览表

表50

| 年　份 | 客户数 | | 运营收入 | |
| --- | --- | --- | --- | --- |
| | 户 | 年增比（%） | 万元 | 年增比（%） |
| 2002 | 3000 | — | 400 | — |
| 2003 | 3800 | 26.7 | 400 | — |
| 2004 | 5200 | 36.8 | 500 | 25 |
| 2005 | 7000 | 34.6 | 500 | — |
| 2006 | 9200 | 31.4 | 600 | 20 |
| 2007 | 11500 | 25 | 600 | — |
| 2008 | 13400 | 16.5 | 730 | 21.7 |

## 五、数据与多媒体

【分组交换】1994年，境内接入省X.25分组网，采用雅典娜EDA分组装拆设备及TP4944分组交换机，以多用途、低价格和高效率为用户提供服务。当年开通24个端口，业务从人际通信扩展至人机通信和计算机通信，传递数据、图像、声音等信息。1997年，高港邮电分局安装TP4944节点机1台，开通80个端口。随着网络向宽带化发展，传统的省X.25分组网呈现技术落后、设备老化、协议复杂、支持速率低等弱点，业务日渐萎缩。2003年6月起，省电信公司逐步组织退网，并有计划地引导用户向DDN（Digital Data Network，数字数据网）、FR（Frame Relay，帧中继网）、VPN（Virtual Private Network，虚拟专用网络）方向转网。当年末，高港区分组设备退出省X.25分组网。

【基础数据网】1995年，境内建CP4000省网DDN节点机，开通28个端口，发展农行、工行、中行、寻呼网、邮政储蓄等数据通信用户10户。1997年，高港区建市网DDN节点，通过美国泰讯LINK/2+节点机组网，向用户提供语音、数据、图像等多种类、立体式通信业务服务。同时开通时钟同步监控系统，保证程控、移动、数据业务的安全性。当年完成6个乡镇DDN节点机的安装。之后，全区DDN业务主要由市网DDN设备承担，CP4000省网未得到进一步发展。2005年，全区拆除CP4000省网设备。1997—2004年，全区共建市网DDN端口100余个。2005年起，由于宽带业务需求增加，DDN业务开始萎缩，全区大部分用户转用互联网。

【互联网】1997年6月，高港区接通国际计算机互联网络。7月，高港邮电分局开设互联网业务，通过固定电话线路使用窄带163拨号上网。当年，有用户1154户，业务收入11万元。1998年起，高港区互联网业务发展迅猛，用户逐年递增，至2001年，高港电信分局新增互联网用户2328户，年收入146万元。2002年，高港区引入联通CDMA网服务。随着互联网带宽的不断提升，宽带ADSL上网用户逐年增加。至2003年，高港电信分局新增宽带ADSL用户4682户。2006年，高港电信分局与惠普电脑公司合作，开展送电脑、送服务下乡活动，当年新增宽带用户6798户。中国联通高港营销中心在口岸船舶有限公司宿舍区和高港商城建联通165宽带小区，发展165用户112户、宽带专线接入用户47户。2008年，高港区开展农村信息化试点，全年新增宽带用户7258户。当年10月，高港区内电信整体并购联通CDMA网。同月，中国联合网络通信有限公司高港营销中心以"亲情1+"品牌为业务突破点，推出169宽带业务。至2008年，高港电信分局和中国联合网络通信有限公司高港营销中心共同经营区内宽带互联网业务。当年，全区有宽带互联网用户21938户，业务总收入4490余万元。其中，高港电信分局有宽带互联网用户21556户，年收入4000万元；中国联合网络通信有限公司高港营销中心有165宽带用户153户、169宽带用户150户、宽带专线用户79户，年收入490万元。

# 泰州市高港区志

## 第六篇　城乡建设

# 第六篇　城乡建设

五代十国南唐之前，兼具江河之利的口岸即已成小集，时称柴墟。宋代，柴墟一度为泰兴县治所在地，其北边有蚂蚁集（今刁铺街道）。明时，口岸、刁铺已是地方大镇。清代，龙窝逐渐兴起成集。至民国时期，永安洲、白马、大泗、野徐、田河也已成集。新中国成立后，许庄、胡庄逐渐成集。至20世纪70年代，境内集镇、农村面貌有很大改变，但缺乏总体规划。80年代后，制定建设总体规划，交通、水利、电力、文化、卫生等基础设施逐步完善。

建区初，高港城区建成区面积0.8平方千米，有集镇7个。至2008年，数次编修城区和乡镇建设总体规划、专项规划，城镇化和城市现代化步伐日益加快。城市建设累计投入145.27亿元，建成区面积10.8平方千米，城区城市化率57.9%，集镇增至11个，镇村面貌日新月异，城乡一体化格局初步形成。

# 第一章　城乡规划

## 第一节　城区规划与城市设计

### 一、总体规划

1997年，泰州市政府组织完成首轮城市总体规划编制工作，未对高港区单独定位。同年12月，泰州市政府组织完成第二轮城市总体规划（2002—2020）编制工作，对高港城市定位为“花园式滨江港口城”，发展方向为“口岸北移，刁铺南进，新区东西拓展”。规划高港区城市人口规模：2010年为12万人，2020年为20万人。城市发展时序：近期（2002—2010），加快口岸、刁铺镇之间的连接，加快长江岸线的综合开发；远期（2010—2020），发展成中等城市，沿江开发初具规模。2007年4月，泰州市政府组织完成近期城市建设规划（2006—2010）编制工作。高港区近期规划建设用地规模21.31平方千米。道路交通设施主要建设泰州长江公路大桥、沿江高等级公路，并对宁通高速公路进行扩容；市政公用设施主要建设引江河备用水源、市第三水厂、高新技术产业园区污水处理厂、永安洲污水处理厂、国电泰州电厂和220千伏、110千伏变电所等重点工程；公益性公共设施主要建设高港人民医院一期和二期、高港公园、滨江公园等重点工程；商品住宅重点建设新区居住区；商务办公、商业贸易重点建设台湾商城商业中心和金港路、春港路、柴墟路商业街；工业、仓储主要建设高新技术产业园区、永安洲工业园区。

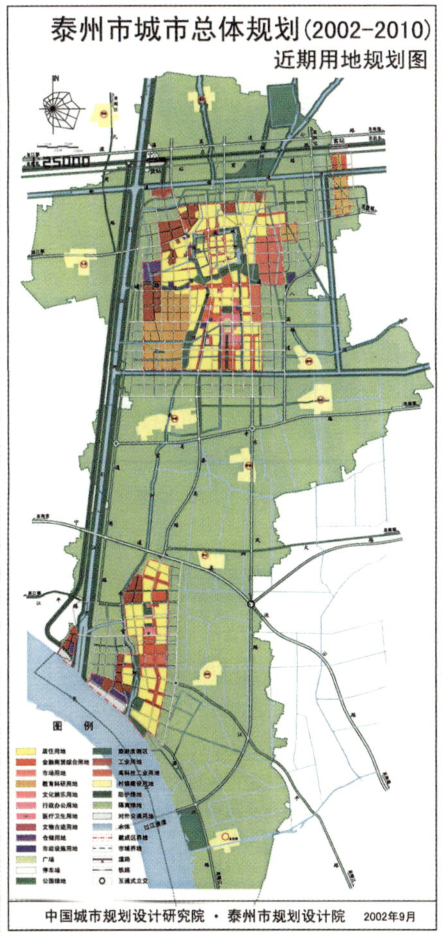


图 6-1-1　泰州市城市总体规划（2002—2020）近期用地规划图

### 二、专项规划

【高港区公共停车设施和环境卫生设施规划】 2006年12月，区政府委托泰州市规划设计院编制完成公共停车设施规划和环境卫生设施规划。规划期限为2006—2020年，其中近期为2006—2010年、远期为2010—2020年。规划范围以城区为主。公共停车设施规划的思路为“停车设施供给为主，停车需求管理为辅，完全满足停车需求”，实现“缓解停车难、秩序混乱”规划目标。规划在全区设置刚性停车场11处、半刚性停车场13处、弹性停车场20处、对外停车场5处。环境卫生设施规划主要对城区范围内不同类型的固体废弃物收运、处置和环境卫生管理进行系统规划，对主要环卫设施进行合理布局，提出实

图 6-1-2 高港区东城片区控制性详细规划图

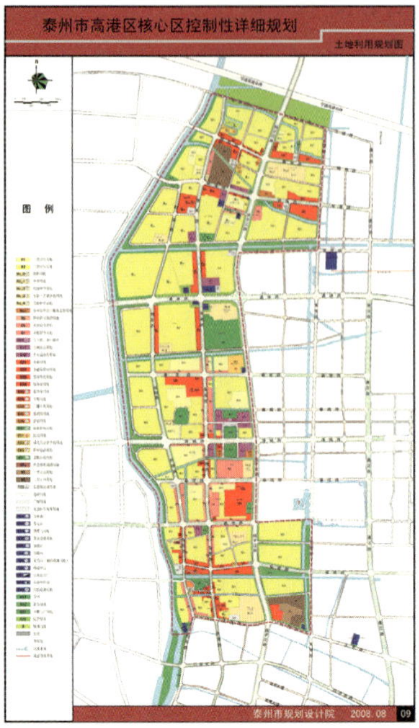


图 6-1-3 高港区核心区控制性详细规划图

施规划的政策措施和管理对策。

【高港区东城片区控制性详细规划】 2007年，区政府委托无锡市规划设计院编制完成高港区东城片区控制性详细规划。规划范围：北至宁通高速公路，东至通江路，南至龙窝路，西至扬子江路（部分至王营路及南官河）。规划面积8.69平方千米，规划人口11万人。功能定位为居住为主、配套完善、环境优美的城市综合片区。布局结构为“一主两副、一市两园三片区”。“一主”即港城路公共中心区公建发展主轴，“两副”即环溪路商业街、人民路商业街两条公建发展副轴，“一市”即通港路建材市场区，“两园”即扬子江药业集团、口岸镇工业集中区两个工业园区，“三片区”即刁铺居住片区、扬子居住片区、口岸居住片区。对外交通：宁通高速公路从规划区北侧经过，西通南京、东联南通，扬子江路设高速公路出入口；通港路即江平公路城区段为东西走向等级公路，规划1个公共客运站，位于通港路与通江路（今称东环路）的西北角。规划路网总体格局为“八横五纵”，“八横”为解放路、环溪路、春港路、港城路、通扬路—柴墟路（通扬路、柴墟路共同作为八横之一横）、人民路、口岸东路、龙窝路，“五纵”为向阳路、金港路、扬子江路、王营路、通江路。

【高港区核心区控制性详细规划】 2008年，区政府委托泰州市规划设计院编制高港区核心区控制性详细规划。核心区控制性详细规划东边界与东城片区控制性详细规划西边界重合，规划结构类似。规划范围：北至刁铺路，南至人民路，东至王营路、扬子江路，西至南官河。规划面积8.91平方千米，规划人口15万人。核心区功能定位为居住为主、配套完善、环境优美的城市综合片区。布局结构为“一主、两副、三片区”。“一主”即港城路公共中心区公建发展主轴，“两副”即环溪路商业街、人民路商业街两条公建发展副轴，“三片区”即刁铺居住片区、扬子居住片区、口岸居住片区。对外交通：宁通高速公路从规划区外北侧经过，西通南京、东联南通，扬子江路设高速公路出入口，通港路即江平公路城区段为东西走向等级公路，规划1个公共客运站，位于通港路与通江路的西北角。规划区道路网络基本呈方格网布置，总体格局采用“六横五纵”共11条主次干道组成网络，“六横”为解放路、环溪路、通港路、港城路、通扬路—柴墟路、人民路，“五纵”为向阳路、金港路、扬子江路、王营路、通江路。

【滨江新城控制性详细规划】 2008年1月，区政府委托江苏省城市规划设计研究院启动滨江新城控制性详细规划编制工作。规划范围：东起沿江高等级公路，南滨长江，西至扬子江南路，北临江平路。规划面积11.3平方千米，规划人口8.8万人。功能定位为集商务居住、金融贸易、文化娱乐、特色旅游为一体，宜居宜业、充满活力的城市“贵宾厅”，真正使泰州城市进入“长江时代”。布局结构：围绕核心景观湖面，形成“枕水而依、环湖成核、水绿两翼”7片功能区（滨江中心区、游憩商务区、北部城市居住区、滨江特色居住区、口岸产业园区、海军主题公园、沿江生态区）的空间结构；依托长江自然生态岸线，在保证生态安全的前提下，结合滨江地区现状条件，沿长江岸线依次布置滨江公园、湿地公园、海军主题公园等绿色开敞空间；围绕人工开挖的龙窝湖，利用湖面开敞空间，形成景观核心；结合滨水空间布局，公共设施用地主要包括行政办公、商业、文体娱乐等设施，形成公共服务中心；利用现状水系，以龙窝湖为中心，通过线型河道以滨水绿廊形式向公共设施中心北部、东部延伸，联系城市级公共设施中心与居住社区级公共设施中心，有序组织居住用地。规划区对外交通主要有泰州长江公路大桥连接线、沿江高等级公路、江平公路、231省道。主干路网由“三横三纵”构成，“三横”由北向南依次为人民路、滨江路、锦江路，“三纵”由西向东依次为扬子江路、迎江路、纬七路。

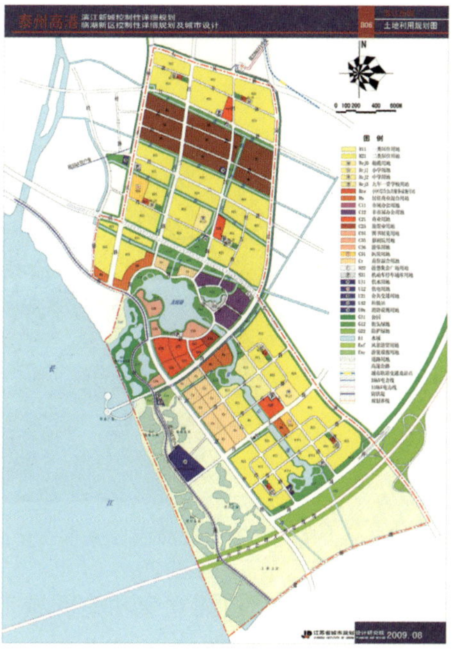

图 6-1-4　滨江新城、临湖新区控制性详细规划图

【临湖新区控制性详细规划】 2008年1月，区政府委托江苏省城市规划设计研究院启动临湖新区控制性详细规划编制工作。规划范围：北至通港路东延线，东至大桥北接线，南至宣堡港，西至沿江高等级公路。规划面积9.3平方千米，规划人口11.8万人。功能定位为集教育、居住、商业、休闲为一体的临湖生态新区。布局结构：利用泰州长江公路大桥北接线备土工程，在田河戴集中沟以西、徐庄村以南集中取土，形成千亩人工湖，依托湖区打造城市湖滨居住区、文教区，建设体育中心、酒店、公园，总体形成“一湖统领、两带相映、四水穿越、六渠联系”的布局结构，构建临湖新区发展的框架。“一湖”即利用高速公路连接线取土区开挖形成近70万平方米的人工凤栖湖，“两带”即环湖游憩休闲设施带与港城大道公共设施带，“四水”即通港河、周潘中沟、南马中沟、宣堡港，“六渠”即各社区与中心湖紧密联系的6条河沟。规划区对外交通主要为沿江高等级公路和231省道。主干路网为“四横三纵”，“四横”为通港路、春港路、港城大道、柴墟路，“三纵”为高港大道、东风路南延线、231省道。

## 三、城市设计

【柴墟水景街区设计】 2008年1月，区政府委托南京大学规划建筑设计研究院启动柴墟水景街区城市设计编制工作。规划设计范围：东起王营中沟，西至南官河，南靠宣堡港，北接柴墟路，总面积约31公顷，是全区保存相对完整的一块历史街区。遵循“重点保护、合理保留、还原历史”原则，对望江楼、城隍庙及财神庙、戚氏武进士故居、孙氏四方楼、雕花楼等古建筑进行保护

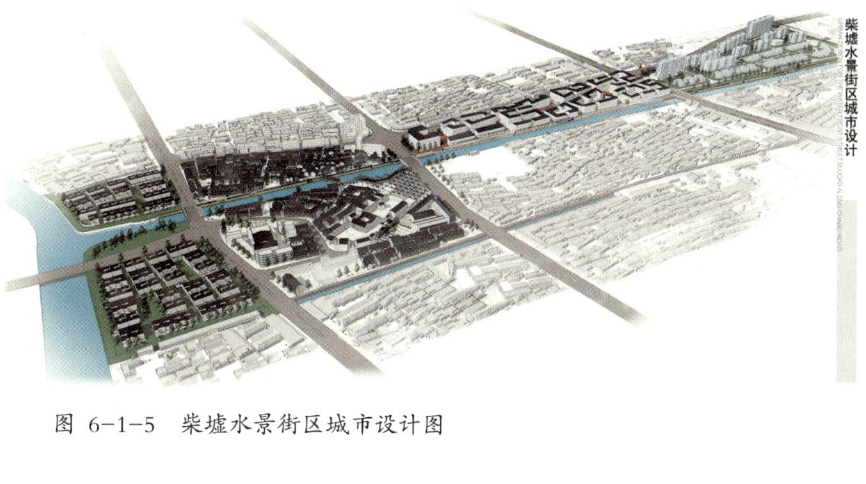

图 6-1-5　柴墟水景街区城市设计图

图 6-1-6　刁铺立交功能区城市设计图

性修缮。按照历史城区的传统格局，最大限度拓展历史文化内涵，打造集商贸、旅游、休闲、娱乐为一体的古镇老街，彰显高港区历史文化内涵，提升城市文化品味，发展旅游产业。设计区域功能划分：自西向东划分为高档住宅区、历史风貌区、风貌协调区、现代居住区4个功能片区；以历史风貌区为核心，向两侧扩展，实现传统风貌与现代功能的融合。

【刁铺立交功能区设计】 2008年3月，区政府委托苏州科技学院空间设计研究所、苏州空间规划建筑设计研究院有限公司启动刁铺立交功能区城市设计编制工作。规划设计范围：北至环港大道，南至刁铺街道解放路，西至南官河，东至高港大道，规划面积1.5平方千米。以“打造新地标、建设新商圈”为目标，着力展示高港门户形象。泰州大道两侧以商业、商务酒店为主，高港大道两侧建设汽车4S店和交易市场，其余为居住用地，形成入城综合商贸区、配套商业区、西部商住区、南部休闲商住区和东部生态居住区5个功能区。

# 第二节　镇（街道）规划

## 一、高港区镇村布局规划

2005年8月，区政府委托泰州市规划设计院编制完成《高港区镇村布局规划》。规划期限至2020年，规划范围包括白马、野徐、刁铺、口岸和永安洲5个镇，总面积198平方千米，其中城市规划建设用地范围内的村庄纳入泰州市城市总体规划统一考虑。规划保留2个镇（野徐镇和永安洲镇），拟在条件成熟时撤销口岸镇、刁铺镇，分别建立街道办事处。至2020年，规划高港区城镇人口22万人，用地规模22平方千米，城市化水平达79%。

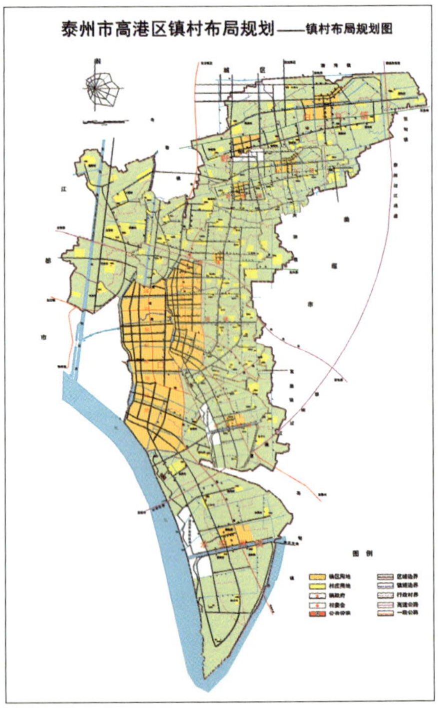


图 6-1-7　高港区镇村布局规划图

## 二、镇（街道）总体布局、专项规划

【口岸镇总体规划与镇村布局规划】 1985年，口岸镇编制《1986—2000年口岸小城镇总体建设规划》。1995年，委托江苏省城市规划设计院编制《1995—2010年口岸小城镇总体建设规划》。1995年11月，经省试点镇规划技术鉴定会鉴定通过。1996年1月，经镇人民代表大会讨论通过。1997年2月，

图 6-1-8　口岸镇镇村布局规划图

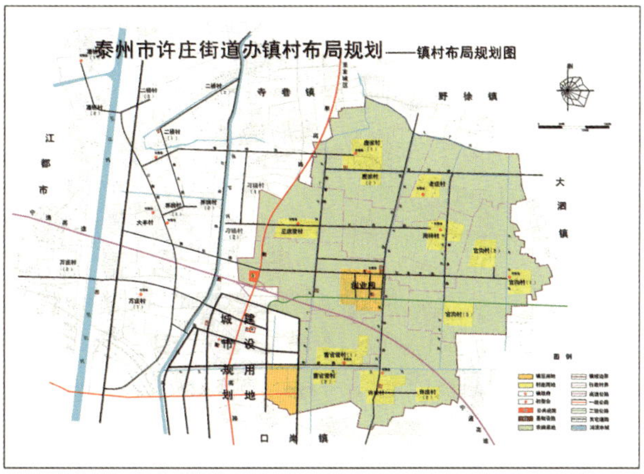


图 6-1-9　许庄街道镇村布局规划图

泰兴市政府批准实施。规划面积近期5.5平方千米，远期8平方千米。2005年，口岸镇委托泰州市规划设计院编制《口岸镇镇村布局规划》。同年8月，泰州市规划局高港分局组织对口岸镇镇村布局规划作详细技术论证，最终确定：规划范围为口岸镇行政管辖范围，其中城市规划建设用地范围内的村庄纳入泰州市城市总体规划统一考虑。规划总面积51.3平方千米。

【刁铺街道（镇）总体规划】 1994年，刁铺镇委托江苏省城市规划设计院编制1995—2010年总体规划。规划总面积27平方千米，镇区范围10平方千米，以扬子江北路为中轴线规划建设“三纵四横”交通网络。“三纵”为扬子江北路、金港路、高港大道，“四横”为环溪路、解放路、银杏路、环港大道。2006年5月至2007年11月，刁铺街道办事处委托靖江市城乡规划设计院编制完成《泰州市高港区刁铺街道总体规划》。

【许庄街道镇村布局规划】 2006年，泰州市规划设计院编制完成《许庄街道镇村布局规划》。共分5个功能区，镇区规划面积由3平方千米扩至6平方千米。以镇区为核心，辐射至周边14个行政村，构成镇区发展第二序列。规划远期至2020年，人口规模为5万人。

【永安洲镇总体规划】 2006年5月，永安洲镇委托泰州市规划设计院编制《泰州市永安洲镇总体规划（2007—2020）》。2007年11月，经市政府批准实施。规划期限：近期为2007—2010年，远期为2010—2020年。镇域规划范围为永安洲镇行政区划范围，总面积51.2平方千米，其中镇域规划区内面积约36.8平方千米（不含长江水域面积）。镇区规划范围：南至古马干河，北至上马路，东至创业路，西至口永路，总面积约2.8平方千米。人口规模近期为1.5万人、远期为2.5万人，建设用地规模近期为1.35平方千米、远期为2.3平方千米。镇区发展方向由中心镇区向东、向北发展为主。镇区规划用地结构为团状结构，以沿江高等级公路为轴线，形成东西两大片区，西侧为老镇区，东侧为新镇区。在老镇区北侧，沿迎宾大道形成镇级行政办公和商业金融中心。在新镇区南侧，沿古马干河布置镇

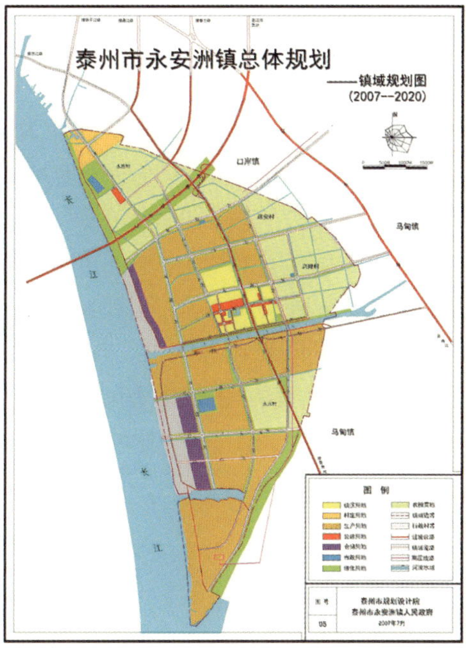


图 6-1-10　永安洲镇总体规划图（2007—2020）

文化教育中心。在两片区内部，沿永安路和创业路布置居住区级商业中心。规划镇区主干道“两横三纵”，“两横”即永新路、迎宾大道，“三纵”即永安路、创业路、新圩路。

【白马镇总体规划】 1999年，白马镇完成镇总体规划编制工作。2008年2月，《泰州市白马镇总体规划（2007—2020）》由泰州市规划设计院编制完成，7月，经市政府批准实施。规划期限：近期为2007—2010年，远期为2010—2020年。镇域规划范围为白马镇行政管辖范围，总面积约25平方千米。镇区规划范围：东至东港河，西至经二路，北至周山河，南至姜高路，规划面积约3.8平方千米。镇性质定位：近期为泰州市主城区南部近郊的现代化商贸旅游城镇，远期为城区南部的综合功能区。镇区人口规模近期为1.5万人、远期为2万人，镇区建设用地规模近期为1.8平方千米、远期为2.58平方千米。镇区发展方向：适当向西、北发展。镇区规划用地结构为团状结构，近期保留沿姜高路两侧的现有工业用地。镇区主中心为“双核”：在金马大街和将军路中部及镇政府附近形成镇区主中心，是全镇的行政办公和商业金融中心；结合海军诞生地纪念馆和各类学校，在镇区东北侧布置商贸旅游设施用地，形成镇区次中心，是全镇的文化、集贸中心。规划镇区主干路网为“三横四纵”，“三横”由北至南依次为海纪馆路、金马大街、姜高路，“四纵”由东至西依次为丰民路、将军路、经一路、春兰路。

【大泗镇总体规划】 2000年6月，大泗镇委托扬州市城市规划设计院编制大泗镇镇区总体规划。2001年4月上旬，编制工作完成。规划期限：近期为2000—2005年，远期为2006—2015年，人口规模远期为4万人。镇区规划用地范围：东至东环镇路，南至泰兴市界、盐靖高速辅道一线，西至高泗公路，北至大寨河，总面积约1.87平方千米。

【胡庄镇总体规划】 2002年，胡庄镇委托泰兴市规划局建筑设计室编制《泰兴市胡庄镇总体规划（2002—2020）》。规划期限：近期为2002—2006年，远期为2007—2020年，人口规模远期为5万人。镇区规划用地范围：东至幸福路、西至兴和路、南至环宇大道、北至北环路，总面积约2.17平方千米。镇性质定位为泰兴市北部地区商贸型中心小城镇。

【野徐镇总体规划】 2006年7月，《泰州市野徐镇总体规划（2006—2020）》由泰州市规划设计院编制完成。规划期限：近期为2006—2010年，远期为2010—2020年。镇域规划范围为野徐镇行政区划范围，总面积约20平方千米。镇区规划范围：东至永丰河，西至大寨河，南至界河，北至姜高路，面积约2.25平方千米。镇区性质定位近期为泰州市区近郊的工贸城镇，远期发展成为城区南部的综合功能区。镇区人口规模近期为1.2万人、远期为1.8万人。镇区用地规模近期为1.5平方千米、远期为2平方千米。镇区规划用地结构为团状结构。规划镇区主干路网为“二横二纵”，“二横”即人民路、新华路，“二纵”即野徐中路、东大街。

【白马镇旅游规划】 2008年3月，白马镇启动红色旅游专项规划编制工作。确定旅游区域位于镇区东北片、秧田河以北，面积约1.72平方千米。发展方向：以红色旅游为龙头，配套开发生态农业、花卉农业、民俗文化等旅游。规划从231省道向镇区内部延伸一条发展轴，串联入口商业区、海军诞生地纪念馆及其主题公园、历史风貌街区、民俗旅游街区、国防园、青少年活动中心。

## 第三节　规划管理

1997年起，全区实行建设项目规划管理制度。2006年，完善建设项目公示制度，实行首问负责制和限时办结制，建立健全技术审查制度和“一书两证”（建设项目选址意见书、建设用地规划许可证、建设工程规划许可证）规划管理制度。区政府办公室印发《高港区个人住宅建设审批程序》，对个人住宅建设审批原则、审批程序、审批办法、审批管理等进行规范，严格控制区与一般控制区的划分。2008年7月，区委办公室印发《关于对全区村（居）民建房实施规划控制和规范管理的意见》，对所有村（居）民建房实行联席会议审批制度，全面控制城区及其近郊区、临港经济园、核心港区、科技创业园规划控制范围内的村（居）民建房。建制镇区、村庄规划范围内的村（居）民利用原有宅基地进行翻、改、扩建房屋的，按照镇区、村庄建设规划，由各镇、街道统一报区联席会议审批。对不在镇区、村庄建设规划范围内利用原有宅基地建房的，一律不得批建楼房。对城市近期建设和改造地段内的危房一律不得批准维修，经申请人同意，可由区政府委托建设主管部门对其房屋依法组织评估，在支付房屋补偿款后实施动迁。至2008年，全区发放“一书两证”369份。

# 第二章　城市建设与管理

## 第一节　新区建设与旧城改造

建区初，高港城区范围：东至王营中沟，南至原口（口岸）永（永安洲）路，西至南官河，北至宁通高速公路，总面积约12平方千米。其中口岸镇与刁铺镇之间的连接区域为新区范围，具体位置：东至扬子江路，南至通扬路，西至南官河，北至通港路，面积5.4平方千米。2000年，组建城市建设投资发展中心，成立土地资产经营管理委员会，实现“拉开城区基本框架”这一城区建设目标。当年起，共投入建设资金1.55亿元，分3期实施刁铺镇解放东路旧城改造工程。2001年，启动口岸镇原通泰北路旧城改造工程。2002年，建立城市建设市场化运作机制。2003年，推行城市建设土地使用权挂牌出让制度。至2008年，滨江港城初具规模，共完成区政府办公楼、区行政服务中心、高港文化中心等市政主建筑工程37个，建成商品住宅小区25个、总建筑面积112.54万平方米，共实施拆迁工程48个、总拆迁面积53万平方米。

图 6-2-1　高港城区（2008年摄）

## 1998—2008年高港区城市建设情况一览表

表51

| 年份 | 城市建设投入（亿元） | 城区建成区面积（平方千米） | 城市化率（%） | 年份 | 城市建设投入（亿元） | 城区建成区面积（平方千米） | 城市化率（%） |
|---|---|---|---|---|---|---|---|
| 1998 | 2.6 | 0.8 | 21 | 2004 | 11.61 | 8.3 | 48.1 |
| 1999 | 1.9 | 1.5 | 28 | 2005 | 19.56 | 8.5 | 49.3 |
| 2000 | 2.8 | 3.5 | 41.3 | 2006 | 27.85 | 10 | 53.6 |
| 2001 | 2.94 | 5.2 | 42.6 | 2007 | 28.1 | 10.6 | 57.8 |
| 2002 | 3.86 | 6.8 | 45.7 | 2008 | 36 | 10.8 | 57.9 |
| 2003 | 8.05 | 7.8 | 46.3 | | | | |

## 1997—2008年高港区新建公共建筑一览表

表52

| 类别 | 建筑物名称 | 主楼层次 | 建成年份 | 所在位置 |
|---|---|---|---|---|
| 政府行政用房 | 区水利局办公楼 | 5 | 1997 | 港城路 |
| | 区地税分局办公楼 | 6 | 1997 | 港城路 |
| | 区政府办公楼 | 11 | 1998 | 港城路 |
| | 区国土资源分局办公楼 | 5 | 1998 | 港城路 |
| | 区工商分局办公楼 | 5 | 1998 | 扬子江路 |
| | 区国税分局办公楼 | 5 | 1999 | 港城路 |
| | 区人才市场 | 5 | 1999 | 金港路与港城路交界处 |
| | 区劳动和社会保障局办公楼 | 7 | 1999 | 港城路 |
| | 区公安分局办公楼 | 6 | 1999 | 港城路 |
| | 区广电分局业务楼 | 5 | 2000 | 扬子江路 |
| | 交警二大队办公楼 | 8 | 2001 | 港城路与扬子江路交界处 |
| | 口岸镇政府大楼 | 6 | 2001 | 金港路与原江平路口岸段交界处 |
| | 建设大厦 | 9 | 2001 | 金港路 |
| | 区消防大队 | 3 | 2002 | 通江路 |
| | 区行政服务中心 | 5 | 2002 | 港城路 |
| | 区人民法院办公楼 | 6 | 2002 | 金港路 |
| | 区城管大楼 | 5 | 2003 | 春港路 |
| | 区环保局办公楼 | 5 | 2003 | 金港北路 |
| | 区人民检察院办公楼 | 4 | 2004 | 港城路 |
| | 区人武部大楼 | 5 | 2007 | 通江路与金港路交界处 |

续表52

| 类　别 | 建筑物名称 | 主楼层次 | 建成年份 | 所在位置 |
|---|---|---|---|---|
| 交通、邮电、供电用房 | 邮政局营业部大楼 | 5 | 2000 | 向阳路、柴墟西路交界处 |
| | 高港车站（含区交通分局办公楼） | 5 | 2000 | 江平公路口岸转盘 |
| | 高港供电营业部大楼 | 6 | 2001 | 港城路与金港路交界处 |
| 科教文卫用房 | 南京艺术学院尚美学院附中 | 4 | 2000 | 通江路与扬子江路交界处 |
| | 人民医院 | 9 | 2005 | 春港路与扬子江路交界处 |
| | 机关幼儿园 | 3 | 2005 | 向阳北路 |
| | 高港实验小学 | 4 | 2006 | 金港路与通江路交界处 |
| | 高港文化中心 | 5 | 2006 | 港城路 |
| 金融、商贸用房 | 高港大酒店 | 3 | 1998 | 环溪路 |
| | 中国银行高港支行 | 5 | 2000 | 金港中路 |
| | 农业银行高港支行 | 5 | 2003 | 金港南路 |
| | 工商银行高港支行 | 6 | 2004 | 港城路港都花园综合楼 |
| | 建设银行高港支行 | 5 | 2005 | 金港中路 |
| | 文峰千家惠 | 6 | 2006 | 春江路与金港路交界处 |
| | 海阳农村合作银行高港支行 | 6 | 2007 | 金港中路 |
| | 南京银行高港支行 | 5 | 2008 | 金港中路 |

## 1997—2008 年高港区部分城市动迁项目一览表

表53

| 年　份 | 项目名称 | 动迁户数（户） | 动迁房屋建筑面积（平方米） | 总计动迁面积（平方米） |
|---|---|---|---|---|
| 1997 | 泰高路刁铺至口岸段 | 169 | 32173 | 39226 |
| | 区府路、通泰北路 | — | 7053 | |
| 1998—2000 | 江平线拓宽改造及高港商城建设 | 146 | 38351 | — |
| 2001 | 扬子江商贸城 | 13 | 2611 | 69478 |
| | 刁铺解放街区一期 | 81 | 9906 | |
| | 金港中路商业街 | 5 | 1344 | |
| | 金港南路一期 | 205 | 25887 | |
| | 刁铺解放街区二期 | 190 | 29730 | |

续表53

| 年　份 | 项目名称 | 动迁户数（户） | 动迁房屋建筑面积（平方米） | 总计动迁面积（平方米） |
| --- | --- | --- | --- | --- |
| 2002 | 芦庄小区（银杏苑）一期 | 41 | 8658 | 15145 |
| | 扬子江药业集团扩建工程 | 14 | 2021 | |
| | 经济适用房项目 | 8 | 1305 | |
| | 春江花园 | 3 | 590 | |
| | 金港别墅 | 4 | 993 | |
| | 港城农贸市场一期 | 2 | 247 | |
| | 金港中路二期 | 1 | 724 | |
| | 春港路东延 | 1 | 607 | |
| 2003 | 芦庄小区（银杏苑）二期 | 25 | 6979 | 87339 |
| | 扬子江仓储区工程 | 8 | 1135 | |
| | 园中园一、二、三、四期 | 94 | 18076 | |
| | 金港路北延工程 | 25 | 3047 | |
| | 解放路三期 | 50 | 12220 | |
| | 府后花园项目 | 34 | 7004 | |
| | 春港路、港城路东延 | 31 | 5203 | |
| | 水利疏浚工程 | 185 | 33675 | |
| 2004 | 扬子江药业集团新厂区工程 | 13 | 3435 | 6954 |
| | 春江花园二期 | 3 | 795 | |
| | 港城路西延 | 11 | 2724 | |
| 2005 | 扬子江路改造 | 41 | 10583 | 63168 |
| | 金港路东延二期 | 8 | 564 | |
| | 泰高公路改建 | 137 | 25548 | |
| | 向阳路北延 | 22 | 11140 | |
| | 春江路西延 | 7 | 3577 | |
| | 雕花楼 | 10 | 1652 | |
| | 扬子江药业集团营销大楼 | 6 | 1000 | |
| | 江平小区二期 | 22 | 5069 | |
| | 高港生态公园 | 21 | 4035 | |
| 2006—2007 | 滨江新城 | 153 | 34982 | 166396 |
| | 金港南路改造 | 326 | 63488 | |
| | 医药产业园 | 186 | 67926 | |
| 2008 | 港城路东延 | 8 | 2190 | 37920 |
| | 腾龙桥南侧地块 | 36 | 11891 | |
| | 王营路北延 | 7 | 1801 | |
| | 许庄安置区 | 14 | 5585 | |
| | 港城路南侧、环城路西侧地块 | 38 | 8284 | |
| | 世外桃源项目 | 46 | 8169 | |

## 2008 年高港区住宅小区基本情况一览表

表 54

| 小区名称 | 开工年份 | 建成年份 | 位置 | 建筑面积（平方米） | | 户数（户） | | 幢数（幢） | | 占地面积（平方米） | 绿化面积（平方米） |
|---|---|---|---|---|---|---|---|---|---|---|---|
| | | | | 住宅 | 非住宅 | 住宅 | 非住宅 | 多层 | 小高层 | | |
| 府后人家 | 2004 | 在建 | 春港路与扬子江路交叉口的西南角 | 169345 | — | 834 | — | 68 | 4 | 149629 | 52370 |
| 向阳人家 | 2006 | 在建 | 南官河以东，向阳路以西，春江路以南，江平线以北 | 68500 | 18000 | 617 | 50 | 20 | — | 75000 | 17700 |
| 金港别墅 | 2003 | 2004 | 东临金港路，南依春港路，西临向阳北路，北至蔡圩河 | 39492 | — | 95 | 65 | 70 | — | 36499 | 4038 |
| 鸿翔御景 | 2005 | 2007 | 港城公园西侧，近邻机关幼儿园 | 31611 | — | 274 | — | 10 | — | 22830 | 2500 |
| 江平小区 | 1998 | 2005 | 东临金港中路，西至向阳北路，南距通扬路50米，北至春江西路 | 83993 | — | 384 | — | 7 | 别墅：70 | 65107 | 12407 |
| 港务新村 | 1999 | 2002 | 春港路北侧，金港中路西侧 | 21205 | — | 120 | — | 10 | — | 12943 | 4075 |
| 蔡西小区 | 2005 | 在建 | 春江西路北侧，向阳北路东侧 | 17870 | — | 120 | — | 3 | — | 10127 | — |
| 港都花园 | 1999 | 1999 | 港城路北侧，金港中路东侧 | 12991 | — | 73 | — | 3 | — | 8000 | — |
| 林盛大厦 | 2000 | 2003 | 港城路南侧，银杏广场西侧 | 3078 | — | 71 | — | 4 | — | 4483 | — |
| 口中宿舍区 | 1997 | 1999 | 春港路北侧，金港中路东侧 | 4853 | — | 117 | — | 7 | — | 9444 | 1455 |
| 高港商城 | 1998 | 2003 | 东邻高港中学，西至金港中路，南至春江路，北至二井中沟 | 28562 | 4347 | 185 | 22 | 30 | — | 43466 | 1810 |
| 宏达花苑 | 2001 | 2003 | 扬子江路以东，港城路以北 | 19322 | — | 125 | — | 2 | — | 6683 | 220 |

续表 54

| 小区名称 | 开工年份 | 建成年份 | 位置 | 建筑面积（平方米） | | 户数（户） | | 幢数（幢） | | 占地面积（平方米） | 绿化面积（平方米） |
|---|---|---|---|---|---|---|---|---|---|---|---|
| | | | | 住宅 | 非住宅 | 住宅 | 非住宅 | 多层 | 小高层 | | |
| 春江小区 | 2001 | 2003 | 扬子江路以东，港城路以南 | 35460 | — | 175 | — | 3 | — | 22381 | 6714 |
| 锦江花园 | 2006 | 2007 | 金港中路东侧，东临高港人民医院，西至金港中路，南依春港路，北至蔡圩河 | 40000 | 3520 | 300 | — | 6 | 2 | 33300 | 9990 |
| 港城花苑 | 1998 | 2006 | 东临金港中路，南依港城西路，西近港城花园，北靠新城农贸市场 | 90000 | 30009 | 799 | 168 | 34 | — | 100000 | 36000 |
| 港城花园 | 2003 | 2004 | 东临港城花苑，南依港城路，西接向阳北路，北至港城公园 | 31980 | 13221 | 246 | 117 | 10 | — | 29600 | 9000 |
| 鑫港花苑 | 2004 | 2004 | 东至扬子江路，南至港城中路，西邻太阳神广场，北靠区国土资源分局 | 34000 | 19740 | 185 | 37 | 8 | — | 22609 | 4800 |
| 百年豪景 | 2004 | 2007 | 金港路中段 | 68000 | 15000 | 425 | 144 | 16 | — | 83000 | 24000 |
| 丽都新寓 | 2007 | 2008 | 人民路北侧，金港南路东侧 | 23500 | 11000 | 188 | 52 | 5 | 1 | 15887 | 1300 |
| 名仕雅居 | 2004 | 2005 | 通扬路97号，江平路南侧，中兴旺铺东侧 | 12200 | 2000 | 55 | 45 | 6 | — | 6888 | 2400 |
| 都市好家园 | 2006 | 2008 | 金港中路以西，春港路以南，向阳北路以东 | 28000 | — | 366 | 18 | — | 2 | 6666 | 2000 |
| 滨河花园 | 2005 | 2008 | 向阳南路西侧，东起华新公司，西至南官河，南起扬子江浴室，北至通扬路 | 6600 | — | 145 | — | 6 | — | 9660 | 3381 |
| 银杏苑 | 2003 | 2007 | 东至金港中路，西至向阳北路，南至二井中沟，北至港城西路 | 104000 | — | 860 | 50 | 30 | — | 73500 | 23400 |
| 金港嘉园 | 2006 | 在建 | 金港南路东侧，宣堡港以南，宣南中沟北侧 | 15000 | — | 192 | — | 12 | — | 12900 | — |
| 都市家园 | 2007 | 在建 | 口岸农贸市场西侧，东起金港南路，南临人民路，西距向阳南路200米，北依口岸小学 | 19000 | — | 146 | — | 2 | 2 | 16000 | — |

# 第二节　市政设施

## 一、道路

【东环路】 为沿江高等级公路高港城区段，南起江平线，北至刁铺观音堂大转盘，长3千米，宽26米。2003年开工建设，2005年竣工，双向六车道。

【扬子江路】 南起口岸汽车站大转盘，北至刁铺立交桥，全长6千米，为泰高公路城区段。2004—2006年，拓宽改建为双向四车道，后沿线建生态公园、中心绿地、街头小游园等，新增绿化面积15万平方米。

【金港路】 南起人民路，北至解放路，全长5.8千米。1997年，新建金港中路。2001年，改建通泰南、北路，并更名为金港南路。2003年，金港路北延打通至刁铺段接镇溪路，并更名为金港北路，道路红线宽40米，中间绿岛1.5米，人行道5米，双向四车道。

图 6-2-2　金港路（2007年摄）

【向阳路】 1980年，口岸镇建向阳路，时称人民路向北至宣堡港段为向阳南路、宣堡港至江平路（今通扬路）段为向阳北路。1989年，向阳南路拓宽改造，路面宽25～40米。2006年，进行路面改造，人民路至通扬路段改称向阳南路、通扬路至通港路段改称向阳北路，全长3.65千米，全线由沥青、混凝土路面组成，双向四车道。

【人民路】 20世纪70年代建，东起口岸车站转盘，西至南官河，全长1.3千米，路面宽20米，沥青路面，破损处较多。

【向阳支路】 东起金港南路，西至向阳南路，双向道路，全长0.28千米。2008年8月，完成道路改造，路面宽7米，沥青路面。

【柴墟路】 20世纪70年代中后期建，东起扬子江南路，西至南官河，双向道路，长0.92千米，宽12米，沥青路面，破损处较多。

【通扬路】 原江平线口岸段，东起扬子江南路，西至南官河。1999年，拓宽改造口岸车站至建新桥（中间经扬子江南路）2.25千米路段，双向四车道。

【春江路】 1998年5月，开工建设。12月，竣工。东起扬子江路，西至向阳北路。原称开发路，于1999年改称春江路。全长1.2千米，宽40米，两侧绿化带各5米，混凝土路面，双向四车道。

图 6-2-3 扬子江路、港城路交叉路口（2005年摄）

【港城路】 1997年11月，开工建设。1998年12月，竣工。东起东环路，西至南官河，双向四车道，原称区府路。全长2.5千米，宽60米，是区内首条生态景观大道。

【春港路】 2002年6月，开工建设。2005年6月，竣工。东起东环路，西至向阳北路，双向四车道。全长1.4千米，宽40米，其中两侧绿化景观带各宽12.5米。沿线分布各具特色的玫瑰园、桃花园、海棠园、樱花园和竹园，路边设置木板道、绿藤廊等休闲设施。

【通港路】 1998年6月，开工建设。1999年6月，竣工。东起观音堂（刁铺大转盘），西至南官河，双向六车道，全长1.4千米，宽28米，混凝土路面。

【环溪路】 东起扬子江北路，西至南官河，双向四车道，全长1.5千米。1986年10月至1987年，新建环溪路东段，砂石路面。1988年11月，建环溪路中、西段，并将全段改建为水泥路面，路面宽35米，时称行政街，后改称环溪路。2005年，拆除路中间绿岛，在两侧设绿化池分隔机动车道与非机动车道。

【解放路】 1982年，沿刁铺老街向东延伸，打通团结街（塌耙街）至泰高公路，铺砂石路面，双向四车道，全长近600米，称解放东路。1984年，解放东路改铺设沥青路面。1986年8月，筑解放西路，全长300余米。1990年，筑镇溪路，连接解放路与环溪路。2000年，改造解放东路，全长700米，宽35米，混凝土路面。

## 二、河道　泵站

【新区南北河】 位于口岸街道境内。2002年4—12月，完成河道疏浚、驳岸、护栏工程。河底高0.5米、宽8米，全长1200米。

【二井河】 位于口岸街道境内。1976年，开挖，东接王营河，西与南官河沟通，时称二井中沟。河底高0.5米，河口宽25米，全长1760米。2002年4月至2006年9月，实施河道疏浚工程，河道驳岸970米，共完成土方1.6万立方米、石方7840立方米，安装白玉石栏杆1600米。

【蔡圩河】 位于口岸街道境内。1976—1978年，开挖，时称蔡圩中沟，全长2150米。2003年4—12月，完成泰高路至南官河1400米的河道疏浚、驳岸工程。

【宣南中沟】 位于口岸街道境内，连接宣堡港、南官河。1971年，开挖，河底高0.5米，全长850米。2004年5—12月，实施河道疏浚工程，共完成土方1.02万立方米。

【建设河】 位于刁铺街道境内，全长450米。2007年，新开挖西段河道150米，拓浚东段河道250米，完成驳岸、绿化工程，建桥梁2座。

【刁铺南北河】 位于刁铺街道境内，全长750米。2007年，完成700米河道疏浚、护底工程，维修桥梁1座。

【大北河】 位于刁铺街道境内，全长450米。2007年，完成河道疏浚、驳岸、河堤绿化工程，建桥梁1座。

【朱庄河】 位于刁铺街道境内，全长1200米。2007年，实施河道疏浚、整坡、绿化工程，拆坝建桥2座。

【老许庄河】 位于刁铺街道境内，全长1900米。2007年，实施河道疏浚、整坡、绿化工程，拆坝建桥2座。

【宣南河泵站】 2004年5—12月，完成改建工程，设计流量1立方米/秒。

【沿河西路泵站】 1990年，在沿河北路建泵站1座，设计流量0.24立方米/秒。2002年5—11月，移址新建，改称沿河西路泵站。设计流量1立方米/秒。

【二井河泵站】 位于南官河东侧。2005年12月，建成，设计流量2立方米/秒。

## 三、桥梁

【口岸大桥】 位于宣堡港与南官河交界处以南，横跨南官河，东连向阳路，西接西星街。始建于清道光年间，由薛琴等人修建，称新桥。清光绪二年（1876），由陈业新、李光甲等人重修。光绪三十年，由栾启元、李庆元等人改建为石桥，改称福星桥。1956年，整治南官河，南移150米重建木桥，定名为口岸桥。1965年，改建为钢筋混凝土桥，长60米，宽3.5米。2007年8月，因影响航运被拆除。2008年，在原址重建新桥，并更名为口岸大桥，全长80米，宽18米，上部为拱桥，下部为钻孔灌注桩结构。

图 6-2-4　重建前的口岸桥（2004年摄）

图 6-2-5　重建后的口岸大桥

【建新桥】 原称口岸北洋桥，始建于20世纪60年代，系通扬路（原江平路）上横跨南官河桥梁，初为木质结构，后改建为水泥桥。1997年，为拓宽江平路，改建为灌注桩桥梁。1998年，江平路改线，成为城市管养桥梁，并改称建新桥，长80

图 6-2-6 腾龙桥记（2006年摄）

米，宽21米。

【腾龙桥】 位于港城西路，横跨南官河。2005年4月，开工建设。2006年6月，竣工通车。梁式结构，跨径总长154米，单孔最大跨径60米，桥宽36米，引桥为挡土墙形式，全长566米，下部为桩柱式桥墩，按公路-Ⅱ级荷载设计，工程总投资6700万元。主桥栏杆采用盘龙石雕，陈静作《腾龙桥记》。

【向阳桥】 位于向阳南路，横跨宣堡港，于1985年建成，桥长42米，桥宽9米，荷载10吨。2007年，改建，桥宽30.5米，桥长33米，荷载45吨。

【五一桥】 原称庆元桥，位于金港南路，横跨宣堡港。1972年整治宣堡港，东移重建，改称五一桥，长42米，宽4米。1987年，桥加宽至9米，荷载10吨，为双曲拱桥，因位于原通泰路上，又称通泰桥。2007年，拓宽至30.5米，荷载45吨。

【金港大桥】 位于金港北路，横跨许庄河。2004年，建成，由3座独立桥组成。其中：中桥宽15.75米，两边桥宽各为12米，边桥与中桥间空隙12.5厘米，全桥总宽度40米（含空隙），按城市道路B级荷载设计。

## 四、广场 游园

【太阳神广场】 位于港城路区政府办公楼前，原称区政府广场，于1999年建成，占地3.07万平方米。植被以草坪、四季花草和灌木为主，辅以乔木。2002年，进行绿化、亮化改造，增设雕塑、喷泉，改称太阳神广场。广场中央是一座东君太阳神雕像，广场四角各有一座银杏仙子雕塑。

图 6-2-7 太阳神广场（2005年摄）

【银杏广场】 位于港城路南侧，与北侧太阳广场隔路相望。2000年7

月，兴建，东西长185米，南北宽166米，东、西、南三面留有宽12米的区间道路，占地3.7万平方米。2001年5月1日，对市民开放。广场以18株百年以上树龄的银杏树为主体，辅以植物造景和阶梯式广场。

【游园】 2006—2008年，先后建成金港北路、银杏苑等街头小游园6处，共投入建设资金900万元。6处小游园，点缀街头，各具特色。原口岸缫丝厂左、右侧节点小游园占地约4000平方米，总投资300余万元，游园内设6块浮雕墙，分别以银杏之乡、海军诞生地纪念馆、泰州长江公路大桥、引江河高港枢纽、港口、雕花楼为主题。

## 五、公园　景区

【高港生态公园】 位于扬子江路西侧、金港中路东侧、蔡圩河以北、尚美中学以南，占地面积7万余平方米，于2006年4月建成。主要由中央水景区、密林过渡区和休闲娱乐区构成。中央水景区内设亲水平台、休闲草地、游船码头、垂钓台，是整个公园的景观核心区。密林过渡区位于中央水景区和休闲娱乐区之间，主要由乔木、地被植物和灌木丛组成。休闲娱乐区紧靠中央水景区西侧，依据地形设置攀爬、秋千、球类等游乐设施。

【港城公园】 位于港城花园、鸿翔御景、港城花苑3个小区的中心，占地5.33万平方米，由同济大学设计。2004年5月1日，对外开放。公园入口处有两株人造榕树，公园以中心小岛为核心，四面环水，假山、小桥、钓鱼岛等景点连为一体。错落有致的雕塑，讲述16则成语故事。

图 6-2-8　港城公园（2005年摄）

【雕花楼景区】 雕花楼景区位于金港路、向阳路之间，宣堡港居中流过。河南面是雕花楼园林，河北面是历史文化商业街区。景区内主要景点有一桥（庆元桥）、两街（庆元街、柴墟街）、三庙（关帝庙、城隍庙、财神庙）、四宅（雕花楼、戚氏武进士宅、李信昌过载行、孙氏四方楼），景区占地总面积8.8万平方米。2004年10月至2006年，高港区分两期对原街区的文化遗存和沿街商铺进行保护性修缮和恢复性重建。2007年，雕花楼景区被列入泰州市十大旅游景点之一。

## 六、道路照明

1974年起，口岸集镇安装路灯172盏。建区后，城区主干道照明灯具多为白炽灯，次干道、辅助道路和居住小区道路多采用节能灯。在道路两边安装景观灯，使路灯与景观灯形成立体照明模式。

2000年，城区有路灯1044盏、灯箱315个。2004年3月至2006年3月，为迎接博鳌亚洲论坛国际医药产业大会的召开，投入8000余万元，实施扬子江路照明改造工程。2008年，城区共有路灯1240盏、草坪灯340盏、灯箱120个、其他景观灯1433盏。

**2008年高港区城市道路照明情况一览表**

表55　　　　单位：盏

| 道路名称 | 路灯 | 草坪灯 | 景观灯 | 道路名称 | 路灯 | 草坪灯 | 景观灯 |
|---|---|---|---|---|---|---|---|
| 扬子江路 | 274 | — | 400 | 春港路 | 103 | — | 153 |
| 镇溪路 | 13 | — | — | 通港路 | 60 | — | — |
| 金港路 | 212 | 294 | 214 | 环溪路 | 43 | — | — |
| 向阳路 | 184 | — | 298 | 解放路 | 27 | — | 4 |
| 人民路 | 18 | — | — | 江平线（口岸转盘—沿江路段） | 59 | — | — |
| 柴墟路 | 6 | — | — | 通江路 | 36 | — | — |
| 通扬路 | 36 | — | — | 向阳支路 | 16 | — | — |
| 春江路 | 50 | 46 | 120 | 区间道路 | 11 | — | — |
| 港城路 | 92 | — | 244 | | | | |

## 七、绿化

建区前，口岸集镇主要在街道两旁植树绿化。1997年，高港区建成区绿化覆盖面积116.65万平方米，绿化覆盖率20.47%。2004年，区园林绿地面积736.4万平方米，公共绿地面积15.7万平方米，建成区绿化覆盖面积265.9万平方米，建成区绿化覆盖率22.82%。2007，建成区绿化覆盖面积367万平方米，建成区绿化覆盖率36.7%，园林绿地面积349万平方米，公园绿地面积101万平方米，人均公园绿地面积8.04平方米。2008年，建成区绿化覆盖面积372.1万平方米，绿化覆盖率40.7%。道路绿化分为绿化带和行道树两种绿化，绿化带以灌木、草坪为主，行道树主要有法桐、香樟、银杏、国槐等。居住小区绿化树种主要有广玉兰、黄杨、香樟、栾树、桂花树、石榴树、梅花树等。河岸绿化树种主要有垂柳、槐树等。

## 八、排水

【排雨水】 建区前，境内口岸、刁铺两镇排水管道基本采用直径（公称直径，下同）400毫米以下水泥水管。建区后，按照城市建设规划，加快雨水管网建设，采用直径600毫米以上水管。至2000年，城区排水管道铺设总长4.58千米。2002年，建成金港路、港城东路排水管道，铺设直径600毫米雨水管道6千米。2004年，建成春港路、春江路排水管道，铺设直径600毫米雨水管道3.3千米。2006年，建成向阳路排水管道，铺设直径800毫米雨水管道4.8千米。2008年，城区排水管道铺设总长80.22千米，其中新区25.1千米、口岸街道24.95千米、刁铺街道12.19千米、许庄街道17.98千米。

【排污水】 2004年前，城区排水管网为雨污合流管网。2005年2月，高港区启动污水管网一期工程建设，沿向阳路、通港路、许庄河铺设直径400～1000毫米污水管网25.8千米。次年1月，竣工，总投资1600万元。2006年，实施污水管网建设二期工程。宣堡港—人民路管网，共铺设直径500毫米玻璃钢夹砂管和直径400毫米双壁波纹管1.2千米，总投资80万元。南官河—许庄河—4号泵站—环溪路管网，铺设直径600毫米玻璃钢夹砂管8.3千米，总投资1200万元。许庄河—刁铺老观五桥、府东路—许庄河—扬子江路管网，共铺设直径400～600毫米UPVC加筋管4千米，总投资700万元。同时在南官河东至港城路南地段建成2号泵站，占地4000平方米，排水能力12万立方米/日，总投资329万元。2007年，铺设污水管道5条。春港路—港城东路管网，铺设直径500～600毫米玻璃钢夹砂管1.96千米，总投资100万元。扬子江路—药城2号泵站、马厂泵站—太平中沟、扬子江路—马厂中沟、马厂泵站—三星路4条管网，共铺设污水管道25.18千米，总投资2000万元。建成1号泵站和4号泵站。1号泵站位于南官河东、港城路南，占地2000平方米，排水能力7万立方米/日，总投资123万元。4号泵站位于南官河东、环溪路北，占地2000平方米，排水能力1.2万立方米/日，总投资60万元。2008年，建成马厂泵站、官沟泵站和药城2号泵站。马厂泵站位于兴港路西、创业大道南，占地1500平方米，排水能力3万立方米/日，总投资165万元。官沟泵站位于野永路西、创新大道南，占地1000平方米，排水能力0.9万立方米/日，总投资164万元。药城2号泵站位于南官河东、宁通高速公路北，排水能力8万立方米/日，总投资486万元。城区污水管道总长度66.44千米，口岸街道和刁铺街道排污管网基本覆盖王营河以西、宁通高速公路以南、人民路以北、南官河以东区域。许庄街道排污管网基本覆盖太平中沟以西、塘许路以南、宁通高速公路以北、扬子江路以东区域。

## 第三节 城市管理

### 一、环境卫生管理

【粪便管理】 新中国成立后，境内口岸、刁铺集镇兴建公共厕所，逐步取消私人露天粪坑。1958年，开展除苍蝇、蚊子、老鼠、麻雀（后改为蟑螂）“四害”爱国卫生运动，口岸镇集中处理集镇粪便。1960年，开展“两管、五改”（管粪、管水，改良水井、改造厕所、改造畜圈、改良炉灶、改造环境）活动，口岸镇成为苏北爱国卫生先进标兵。1964年起，口岸镇环境卫生管理所负责集镇粪便管理工作。至1987年，口岸集镇有公共厕所38座、蓄粪池4座，每日有环卫工人清扫、冲刷，保持厕所清洁卫生。建区后，城区粪便无害化处理率提高。2000—2002年，城区22座旱厕全部改造为水冲式公厕，城区粪便无害化处理率100%。2003—2007年，新建水冲式公厕27座。2008年，城区共有水冲式公厕84座，均实行专人管理。

【垃圾管理】 20世纪50年代，口岸镇始设垃圾箱，集中处理居民清扫的垃圾。八九十年代，在生产与生活过程中产生的垃圾废物量增加，口岸、刁铺两镇共有垃圾房（池）36座。建区初，城区生活垃圾主要利用周边农村的废弃沟塘掩埋。2004年，按照垃圾无害化处理要求，在刁铺、新区各建1座压缩式垃圾中转站，并由高港区海龙保洁有限公司流动保洁车定时定点收集垃圾。2005年，建成田河垃圾中转站。2007年，推行城区生活垃圾分类收集处理。2008年，建成许庄垃圾中转站。城区、城郊结合部共有垃圾房100余座、分类式垃圾箱400余个，在城区主干道两侧每隔100米左右设置1个封闭式垃圾箱，在居民生活区每40～80户设置1个密闭式垃圾箱（池）。每座压缩式垃圾中转站日处理垃圾30吨左右，生活垃圾无害化处理率100%。

【道路保洁管理】 1964年起，口岸环境卫生管理所负责集镇道路保洁管理。2000年起，城区主干道的清扫保洁由区城管办负责。2004年，推行环卫体制改革，组建泰州市高港区海龙保洁有限公司，承包城区主、次干道的清扫保洁工作。原有环卫工人一律与区城管办脱钩，由保洁公司重新聘用道路清扫保洁工115人。人工清扫面积为63.97万平方米，机械清扫保洁单侧里程为55.25千米。城区主干道实行10小时清扫保洁制，城区垃圾日产日清，清运率100%。开展大街小巷卫生整治活动，清运垃圾3万余吨。至2008年，全区投入130万元，购置小型道路清扫机5台、大型道路清扫机1台、密闭式垃圾运输车2辆、洒水车1辆、不锈钢三轮车64辆。

图 6-2-9 洒水车作业（2007年摄）

## 二、市容管理

2003年起，高港区针对流动经营、占道经营问题，对城管执法人员实行定路段、定人员、定管理目标、定奖惩标准的“四定”管理制度。2004年起，对城区街道实行“门前三包”（包环境卫生、包绿化管理、包周边秩序）责任制，城管部门与主干道两侧的1000余个责任单位和责任人签订“门前三包”责任书。2006年，将违法建设管理工作纳入城市管理目标考核内容。2007年，制定并实施《高港城区摊点专项整治方案》，采取日查、月考方式，实行绩效考核。2008年，健全区、镇（街道）、村（社区）三级城市管理网络，向社会公开招聘20名合同制城管人员，组建违法建设查处机动中队，各镇（街道）成立城管中队，各村（社区）配备兼职城管工作人员。2005—2008年，印发违法建设整改通知书1000余份，拆除违法建设面积1万余平方米。集中整治“马路市场”，拆除占道经营棚点253处，纠正占道经营行为1300起，清理不规范户外广告和店牌250个，维修、粉刷街面墙体8万平方米，查处在城区泄漏、遗撒渣土的运输车辆300余台次，清扫污染路面4000平方米。

# 第三章　城乡公交与水、电、气供应

## 第一节　公　交

1996年起，泰州公共交通有限公司陆续开通泰州—口岸（11路）、泰州—野徐（3路）、泰州—刁铺（12路）、泰州—白马（16路）4条运营线路。1997年，先后设口岸汽车站—永安洲镇区（18路）、田河加油站—泰州第一百货商店（5路）、塘湾—白马—野徐—口岸（17路）公交线路。1998年，开通口岸汽车站—刁铺镇蒋庄村（19路）运营线路，全程14千米。1999年，开通高港作业区—杨湾作业区（20路）公交线路，全程14千米；开通口岸—许庄—田河（21路）公交线路，营运车辆6辆；开通口岸汽车站—泰州月城广场（103路）夜间营运线路。2001年，泰州市公共交通总公司和中国香港雅高服务有限公司合资成立泰州雅高公交巴士有限公司，将原驻高港区的泰州市公共交通总公司第四分公司更名为泰州市公共交通四车队。泰州市公共交通四车队整合全区公交客运线路，将17路公交线路更名为57路，将18路公交线路调整为55路和58路。2004年，将19路公交线路调整为56路和59路。2005年，原由泰州市公共交通三车队营运的5路、11路公交线路，改由泰州市公共交通四车队营运，并将5路、11路公交线路分别更名为50路、51路。2008年，全区有12条城乡公交客运线路，营运车辆81辆，年客运量438.73万人次，从业人员145人。

图 6-3-1　11路公交车（2006年摄）

### 2008年高港区公交营运线路一览表

表56

| 路别 | 曾用路别 | 起讫点 | 发车间隔（分钟） | 配车（辆）×客位（座） | 行驶线路 |
| --- | --- | --- | --- | --- | --- |
| 3 | — | 泰州汽车东站—野徐镇 | 15～30 | 6×15 | 沿青年路、泰高路、姜寺路行驶 |
| 12 | — | 泰州汽车西站—刁铺街道蒋庄村 | 15～30 | 8×15 | 沿青年路、泰高路、寺巷行驶 |

续表56

| 路别 | 曾用路别 | 起讫点 | 发车间隔（分钟） | 配车（辆）×客位（座） | 行驶线路 |
|---|---|---|---|---|---|
| 16 | — | 泰州一百—白马镇 | 15～30 | 7×15 | 沿鼓楼路、塘许路、姜寺路行驶 |
| 50 | 5 | 泰州一百—田河 | 15 | 14×19 | 经许庄，沿泰高路行驶 |
| 51 | 11 | 高港汽车站—泰州世纪联华超市 | 10 | 11×26 | 沿泰高路行驶 |
| 52 | — | 高港文峰千家惠循环 | 15～30 | 4×19 | 沿泰高路、高港汽车站、人民路、口岸闸、高港汽渡、滨江工业园、白杨桥、金港路行驶 |
| 53 | — | 高港汽车站—胡庄镇 | 15～30 | 2×19 | 沿泰高路、金港路、刁铺、许庄行驶 |
| 55 | 18 | 高港汽车站—永安洲镇 | 15 | 8×19 | 沿人民路、龙窝、上桥行驶 |
| 56 | 19 | 高港汽车站—泰州易初莲花 | 15 | 11×19 | 沿人民路、向阳路、金港路、刁铺、南塘、庙湾行驶 |
| 57 | 17 | 高港汽车站—白马镇 | 15～30 | 4×19 | 沿泰高路、许庄、唐庄、解家、新联、陈家行驶 |
| 58 | 18 | 高港人民医院—国电泰州发电有限公司 | 15～30 | 3×19 | 沿泰高路、高港汽车站、双新、上永新公路行驶 |
| 59 | 19 | 高港人民医院—刁铺街道蒋庄村 | 15～30 | 3×19 | 沿金港路、刁铺、屠桥行驶 |

## 第二节　供　水

20世纪60年代前，境内多数居民直接饮用长江水或河塘水，少数居民饮用井水。70年代，口岸镇有井100余口。80年代，口岸镇、刁铺镇、大泗乡、许庄乡建自来水厂，为居民提供生活用水。90年代，田河镇、野徐乡、白马镇、胡庄乡、永安洲镇相继建自来水厂。2000年，口岸自来水厂改名为泰州市高港自来水有限公司。2006年，高港区实施“引长江水达镇”工程。2008年，城区供水综合生产能力7万立方米/日、供水管道总长度324千米、用水人口12.64万人，自来水普及率100%。

### 一、泰州市高港自来水有限公司

1985年10月，口岸自来水厂建成投产。厂区位于口岸街道龙窝北路148号，建有一级和二级泵房、澄清池、过滤池、清水池、加矾间、加氯间、供配电设施等，一期工程制水能力3500立方米/日，水源来自口岸水闸北侧南官河，主供水管网为直径300毫米水泥管。此后，供水管道逐步向农村延伸。1990年，水厂二期工程竣工，投资30万元增设4000立方米/日净水设施。1993—1995年，在口岸镇沿河路1号新建制水能力为5万立方米/日水厂1座，共投入资金300万元。该厂占地面积1万平方米，建筑面

图 6-3-2　高港自来水有限公司（2007年摄）

积4000平方米，铺设直径100毫米以上供水主管道40千米，装机容量500千瓦时。1997年，口岸集镇居民全部饮用自来水，另有20个村的居民亦饮用自来水，全镇农村自来水普及率74.07%。2000年，口岸自来水厂改制为股份制企业，更名为泰州市高港自来水有限公司。11月，改用长江水为水源。2005年，高港自来水有限公司兼并田河自来水厂。2006—2007年，高港自来水有限公司先后收购白马、野徐、刁铺自来水厂，在田河、刁铺、野徐、白马设立分厂，在许庄设立自来水服务中心。2008年，高港自来水有限公司供水范围覆盖全区除永安洲镇、大泗镇、胡庄镇以外的其他镇（街道），用水人口20万人，用水企业1000余个，日供水4.3万立方米，年供水1570万立方米。口岸街道城乡自来水普及率100%。

## 二、乡镇办自来水厂

【刁铺自来水厂】 1986年，刁铺镇在镇区北侧征地6600余平方米筹建水厂。1987年，首期工程投资40万元，建泵站1座、过滤清水池3座，日供水能力2500立方米。1989年1月起，向镇区内居民、企业供水。1993年，二期工程投资80万元，扩建配套工程设施，日供水能力提高至5000立方米，供水范围覆盖全镇24个村。2002年2月，刁铺自来水厂浑水管道开阀，由泰州三水厂提供长江水。2004年，投资200万元，扩建澄清池、过滤池和清水池，厂区面积6000平方米，总建筑面积1218平方米，日供水能力3万立方米，由该厂向白马、野徐、许庄水厂供清水。2007年3月，该厂资产转让给高港自来水有限公司。

【田河自来水厂】 1995年，田河镇投资90万元建田河自来水厂，位于宣堡港南侧、田殷路北侧的殷戚村，占地面积4000平方米，建筑面积500平方米，向镇内居民、企业供水，日供水能力4000立方米。2005年11月，该厂与口岸自来水厂合并。

【野徐自来水厂】 1995年秋，野徐乡投资100万元，征用原野东村2组（今新华路北、永丰河西）近4000平方米土地筹建自来水厂，建沉淀池、过滤池各1座，设计日供水能力2000立方米，铺设直径300毫米管网800米、直径200毫米管网2000米、直径100～150毫米管网1500米。1996年8月起，向全乡居民供水。2000—2003年，增建200立方米、400立方米清水池各1座。2001年7月，进行产权制度改革，自来水厂转由个人承包经营。2007年1月，该厂被高港自来水有限公司收购，改称高港自来水有限公司野徐分厂。2008年，日供水能力6000立方米。

【白马自来水厂】 1996年，白马镇兴建自来水厂。1997年5月，建成并供水，有用水单位45个、用水居民500余户，供水范围包括白马村、李家村、增产村、马家村和王庄村。2000年，供水管网覆盖全镇。2006年,白马自来水厂被高港自来水有限公司收购。2007年起,白马镇改由野徐自来水厂供水。2008年,全镇用水单位87个、用水居民6100户,供水管网总长508千米。

【永安洲自来水厂】 1999年4月,永安洲镇自来水厂建成。该厂位于永福村,厂区占地面积2059平方米,建筑面积800平方米,拥有2500立方米/日生产线1条,于当年12月投产供水。2003年4月和2007年5月,先后新建2500立方米/日生产线各1条,通水管线覆盖全镇。2008年,永安洲镇自来水厂占地面积4200平方米,建筑面积1600平方米,绿化面积200平方米。全镇固定用水户7500余户,年总供水量215万立方米。

【大泗自来水厂】 1985年,大泗乡建自来水厂,为乡政府及周围几个村供应自来水。1988年,创办金天自来水公司,亦称大泗乡第二自来水厂。2002年,原大泗乡自来水厂并入金天自来水公司。2008年,大泗镇实现村村通自来水,有自来水用户7508户。

【胡庄自来水厂】 1996年,胡庄乡建自来水厂,在乡水利站内打深井1口,每小时出水量80立方米,供水范围覆盖乡内除王元、单也、单庄3个村以外的其他村。1997年,汪群乡建自来水厂,在乡水利站和戴荡小学内各打深井1口,每小时出水量共120立方米,供水范围覆盖全乡及胡庄乡王元村、单也村、单庄村。2000年,汪群自来水厂并入胡庄自来水厂,全镇有自来水用户1.2万户。2004年和2006年,胡庄镇共投资200万元,先后在两厂区内新建深水泵站各1座,每小时出水量均为100立方米。2008年,胡庄镇自来水厂能满足全镇80%的居民用水需求,还有20%的居民仍饮用井水。

### 三、村办自来水厂

1985年,许庄乡王戚大队投资50万元建深水井自来水厂,供应王戚大队和许庄公社所在地的单位、工厂,日供水能力300立方米。1996年,口岸镇故土村于南官河西侧征用该村土地近1400平方米,建村自来水厂,建筑面积200平方米。2001年,口岸镇引江村投资40万元建村办自来水厂,位于口岸镇西北角、引江河西侧,占地面积1000平方米,建筑面积150平方米,为引江村河西9个村民小组提供饮用水。2008年7月,高港区铺设引江河西送水管道,由高港自来水有限公司实行区域供水,故土村、引江村自来水厂停办。

### 附:泰州市第三自来水厂

位于永安洲镇永胜村,由泰州市政府投资建设。1998年1月,开工建设。1999年8月,一期项目竣工投产,总投资2.25亿元,日供水能力40万立方米。2008年,二期工程建成,总投资1.86亿元。改扩建后,日供应长江浑水能力达到85万立方米,每天实际供应长江浑水55万立方米,其中,20万立方米供应海陵区,20万立方米供应泰兴市,15万立方米直接输送至净水厂制成自来水后供应姜堰市及沿线乡镇。

## 第三节　供电与用电

境内供电始于民国15年(1926)。20世纪50年代末,开始接收扬州电网电源。60—70年代,境内电力供应逐渐普及至农村大队。90年代初,口岸镇实施供电线路两线复三线工程,结束两线一地制供电历史。1997年,高港区仍主要由周边县市转供电。全区有变电站(所)6座、主变压器8台,总容量59000千伏安，有35千伏线路52.95千米、10千伏线路310.19千米、400伏线路115.36千米。全年供电量10889万千瓦时，用电量10230万千瓦时，其中农村用电2973万千瓦时、工业用电5200万千瓦时、城乡生活用电2057万千瓦时，供电最高负荷2.2万千瓦。至2002年，全区分两期对农村电网实施建设与改造工程，总投入4945.11万元，新架设和改造10千伏线路42.6千米，400伏、220伏线路48千米。2008年，全区有变电站（所）12座、主变压器19台；有35千伏线路7条、110千伏线路8条、220千伏线路3条。全区用电量77595万千瓦时，其中工业用电、农业用电、城乡居民生活用电、市政及其他用电量分别为59186万千瓦时、481万千瓦时、7624万千瓦时、10304万千瓦时。

## 一、电网

【35千伏输电线路及配变电设施】 1963年，建成35千伏口岸变电所。20世纪70年代中期，建成35千伏大泗变电所。1979年，建成35千伏高港港务局变电所。1981年，建成35千伏商务部口岸船厂变电所。1992年，建成35千伏许庄、刁铺变电所，架设35千伏口岸变电所—许庄变电所输电线路5.93千米、口岸变电所—刁铺变电所输电线路6.56千米、许庄变电所—刁铺变电所输电线路支线3.69千米。1999年，建成35千伏前进变电所。2000年，大泗变电所停运，大泗镇由张甸变电所供电。2001年，架设35千伏白马变电所—许庄变电所输电线路13.15千米和白马变电所—前进变电所1号线1.22千米、2号线1.34千米。2002年，建成35千伏永安变电所和35千伏口宣线—永安变电所输电线路8.92千米。

【110千伏输电线路及配变电设施】 1994年，建成110千伏口岸变电所、110千伏泰州变电所—口岸变电所输电线路19.55千米。1999年，建成110千伏泰州引江河高港枢纽变电所。2000年，对口岸变电所进行增容改造，新增3.15万千伏安变压器1台。2001年，建成110千伏高港变电所，架设110千伏白马变电所—口岸变电所输电线路15.54千米、110千伏白马变电所—高港变电所输电线路19.3米、白马变电所—引江河泵站输电线路18.6千米、白马变电所—城中变电所输电线路9.7千米、白马变电所—陆庄变电所输电线路13.47千米。2002年，架设110千伏白马变电所—周山变电所输电线路7.42千米。2003年，建成110千伏滨江变电所，架设110千伏白城线—新区变电所输电线路支线2.42千米。2008年，建成110千伏古马变电所，缓解永安洲工业园用电紧张状况，同时为泰州长江公路大桥建设提供用电保障。

【220千伏输电线路及配变电设施】1998年，建成220千伏大桥变电所—白马变电所输电线路13.59千米。2001年，建成220千伏白马变电所。2002年，建成220千伏泰兴变电所—白马变电所1号线34.69千米、2号线33.66千米。2005年，建成220千伏观五变电所。

图 6-3-3　220千伏观五变电所（2006年摄）

## 1997—2008 年高港区 10 千伏～220 千伏电网基本情况一览表

表 57

| 年份 | 变电所（座） | | | 线路（千米/条） | | | | 主变压器 | | | | | |
|---|---|---|---|---|---|---|---|---|---|---|---|---|---|
| | | | | | | | | 220千伏变电所 | | 110千伏变电所 | | 35千伏变电所 | |
| | 220千伏 | 110千伏 | 35千伏 | 220千伏 | 110千伏 | 35千伏 | 10千伏 | 总容量（千伏安） | 数量（台） | 总容量（千伏安） | 数量（台） | 总容量（千伏安） | 数量（台） |
| 1997 | — | 1 | 5 | — | 47.3/2 | 52.95/4 | 318.26/23 | — | — | 31500 | 1 | 27500 | 7 |
| 1998 | — | 1 | 5 | — | 54.07/2 | 38.27/3 | 360.86/24 | — | — | 31500 | 1 | 27500 | 7 |
| 1999 | — | 2 | 6 | — | 54.07/2 | 46/3 | 364.38/25 | — | — | 56500 | 2 | 40350 | 9 |
| 2000 | — | 2 | 6 | — | 54.07/2 | 27.14/4 | 381/26 | — | — | 88000 | 3 | 32350 | 8 |
| 2001 | 1 | 3 | 6 | 48.4/2 | 61.07/5 | 42.28/7 | 381/26 | 180000 | 1 | 128000 | 4 | 32350 | 8 |
| 2002 | 1 | 3 | 6 | 82.06/3 | 71.89/6 | 42.28/7 | 381/26 | 180000 | 1 | 128000 | 4 | 38650 | 9 |
| 2003 | 1 | 4 | 6 | 82.06/3 | 82.21/7 | 42.28/7 | 381/26 | 180000 | 1 | 140000 | 6 | 38650 | 9 |
| 2004 | 1 | 4 | 6 | 82.06/3 | 82.21/7 | 42.28/7 | 381/26 | 180000 | 1 | 140000 | 6 | 38650 | 9 |
| 2005 | 2 | 4 | 6 | 133.83/5 | 93.78/10 | 42.28/7 | 381/26 | 540000 | 3 | 140000 | 6 | 38650 | 9 |
| 2006 | 2 | 4 | 6 | 133.83/5 | 93.78/10 | 42.28/7 | 504/56 | 540000 | 3 | 140000 | 6 | 38650 | 9 |
| 2007 | 2 | 4 | 6 | 133.83/5 | 93.78/10 | 42.28/7 | 504/56 | 540000 | 3 | 140000 | 6 | 38650 | 9 |
| 2008 | 2 | 5 | 6 | 133.83/5 | 93.78/10 | 42.28/7 | 504/56 | 540000 | 3 | 203000 | 7 | 38650 | 9 |

## 二、电力调度

图 6-3-4 高港供电营业部（2007年摄）

1963年起，35千伏口岸变电所由扬州调度室调度管理。1984年起，境内35千伏变电所和线路由所在县供电局调度管理。建区后，区内电网由泰州供电局（公司）调度通信中心统一调度。至2008年，纳入泰州供电公司调度管理范围的有：35千伏刁铺变电所、许庄变电所、永安变电所、前进变电所、大泗变电所，110千伏高港变电所、口岸变电所、滨江变电所、古马变电所，220千伏白马变电所、观五变电所，110千伏泰口输电线路、白口输电线路、白高输电线路、白城输电线路、白江输电线路。

## 三、用电构成

1997年，全区全社会用电量10507万千瓦时，最高负荷2.2万千瓦，人均用电量328千瓦时，农村通电率100%。此后，全区社会用电量除1999年比上年略有下降以外，其余年份均大幅度增加，用电结构也发生较大变化。2008年，全社会用电量77595万千瓦时，是1997年的7.39倍；人均用电2632.1千瓦时，是1997年的8倍多。

### 1997—2008年高港区用电构成情况一览表

表58

| 年份 | 用电量（万千瓦时） | | | | | 年末用电户（户） | 年人均用电量（千瓦时） | | 全社会用电量年增长率（%） |
|---|---|---|---|---|---|---|---|---|---|
| | 全社会 | 工业 | 农业 | 城乡居民 | 市政及其他 | | 全社会 | 其中生活 | |
| 1997 | 10507 | 5200 | 2973 | 2057 | 277 | 24671 | 328 | 68 | — |
| 1998 | 11160 | 5041 | 3520 | 2270 | 329 | 41472 | 534 | 109 | 62.15 |
| 1999 | 11149 | 4664 | 3429 | 2845 | 211 | 65860 | 529 | 135 | -0.1 |
| 2000 | 13024 | 7072 | 2626 | 2792 | 534 | 68548 | 622 | 134 | 16.9 |
| 2001 | 14245 | 7724 | 2772 | 3145 | 604 | 70855 | 734 | 162 | 9.38 |
| 2002 | 16654 | 9736 | 2413 | 3828 | 677 | 72449 | 857 | 197 | 16.91 |
| 2003 | 22838 | 15119 | 2207 | 4504 | 1008 | 73551 | 1170 | 239 | 37.13 |
| 2004 | 40936 | 33826 | 1291 | 4601 | 1218 | 75489 | 2115 | 238 | 79.25 |
| 2005 | 47526 | 39121 | 1367 | 4853 | 2185 | 73526 | 2438 | 249 | 16.1 |
| 2006 | 57125 | 45606 | 961 | 6060 | 4498 | 77422 | 2953 | 313 | 20.2 |

续表58

| 年份 | 用电量(万千瓦时) | | | | | 年末用电户(户) | 年人均用电量(千瓦时) | | 全社会用电量年增长率(%) |
|---|---|---|---|---|---|---|---|---|---|
| | 全社会 | 工业 | 农业 | 城乡居民 | 市政及其他 | | 全社会 | 其中生活 | |
| 2007 | 63205 | 49395 | 494 | 6828 | 6488 | 80713 | 2854 | 308 | 18.11 |
| 2008 | 77595 | 59186 | 481 | 7624 | 10304 | 95309 | 2632 | 257 | 22.71 |

## 四、供用电管理

【计划用电】 建区初期,全区用电由上级“三电”(安全用电、节约用电、计划用电)办公室按月下达用电计划,根据电力来源不同分为统配电量、非统配集资机组电量。1998年9月,国务院批转国家经贸委、国家计委《关于停止执行买用电权等有关规定的意见》,全区停止执行买用电权、控制非生产用电、超计划(指标)用电加价收费等规定。1999年8月,江苏省实现全省统一电价,“三电”办公室不再下达电力计划,结束计划用电历史,全区用电转由市场调节为主。

【节约用电】 1997年,全区实行工业产品电耗定额管理,建立工业产品电耗统计、分析和考核奖惩制度。1998年起,全区以宾馆、饭店、商场、剧院等企业为重点,开展“绿色照明”示范工程,降低用户电力成本,缩小峰谷差。2005—2008年,全区万元工业产值电耗分别比上年下降34千瓦时、33千瓦时、64千瓦时、48千瓦时。

### 1997—2008年高港区工业万元产值电耗情况一览表

表59

| 年份 | 工业用电量(万千瓦时) | 万元产值耗电量(千瓦时/万元) | 年份 | 工业用电量(万千瓦时) | 万元产值耗电量(千瓦时/万元) |
|---|---|---|---|---|---|
| 1997 | 3238 | 143 | 2003 | 15119 | 233 |
| 1998 | 5041 | 193 | 2004 | 33826 | 405 |
| 1999 | 4664 | 147 | 2005 | 39121 | 371 |
| 2000 | 7072 | 191 | 2006 | 45606 | 338 |
| 2001 | 7724 | 179 | 2007 | 49395 | 274 |
| 2002 | 9736 | 182 | 2008 | 59186 | 226 |

# 第四节 供 气

## 一、瓶装液化气

20世纪80年代中后期,高港港务局和商业部口岸船厂委托口岸镇二闸村办瓶装液化气供应点,

图 6-3-5　华燊燃气公司（2007年摄）

主要解决两个单位的职工宿舍区居民用气。80年代末至90年代初，口岸、刁铺集镇使用瓶装液化气用户越来越多，出现液化气充装的个体经营户。充装人员上门收集液化气钢瓶，集中运至江都、孔桥、寺巷等周边地区充气点充气。90年代中后期，口岸镇在新桥西头建瓶装液化气充气点。2001年，泰州市太平洋液化气有限公司在刁铺镇成立。年销量900～1000吨。至2008年，城区液化气用户1.8万户。

### 二、管道燃气

2001年9月，华燊燃气投资集团有限公司在高港区投资200万美元，经营管道液化石油气供应业务。至2007年，城区铺设主管网6.8千米、庭院管网2.48千米。2008年，安装管道燃气的住宅小区有港城花苑、金港别墅、银杏苑、鑫港花苑、港城花园、府后人家、百年豪景、鸿翔御景、向阳人家、锦江花园。全区管道燃气用户4030户，年供气量约37万立方米。

# 第四章　镇村建设

## 第一节　小城镇建设

### 一、口岸街道

【口岸集镇区】 1949年，口岸镇镇区以庆元桥为中心，建有庆元东街、庆元西街（后改称解放街），庆元桥以西50米处向北为北街，北街后面小街为后街，福星桥以西为西星街。庆元东街再向东至薛家院为新丰街（后称东兴街），南官河东岸南段为沿河路（原称木商街）。东西主街道以条石铺路，路宽3米左右。1974年，因过境的宣堡港裁弯取直，移址重建庆元桥，并更名为通泰桥（又名五一桥）。安装镇区路灯172盏。至1978年，新建柴墟东路、柴墟西路和通泰路。1985年，筑向阳路。1986年，征用口岸村土地6347平方米，开发建设朝阳新村，建筑面积5500平方米。1987年，口岸镇区共有街道10条、沥青路面巷道23条，总长6129米，面积16659平方米。1988—1993年，开辟人民路，与柴墟路、向阳路、通泰路形成镇区4条主干道；建工业小区1个。1993年，征用龙窝村土地开发建设龙江新村，建筑面积3300平方米。1994年，口岸镇被确定为江苏省小城镇建设试点镇。完成江平线口岸段拓宽改造备土工程，拓宽向阳桥、宣南中沟桥，完成自来水厂三期工程扩建改造任务，扩建镇中心小学和中心初中，建成110千伏口岸变电所，新建西园贸易市场，铺设疏港公路。1995年，建成扬子江浴室。征用江圣村毛庄组土地5万余平方米，开发建设龙圣住宅小区，建筑面积3.38万平方米。1996年，实施江平公路口岸段拓宽改造工程。1997年7月，被省政府命名为江苏省新型示范小城镇。10月，开工建设港城路和通泰北路。1998—2000年，先后实施江平线拓宽改造及高港商城项目动迁工程。2001年5月，改建通泰北路。2002年3—7月，先后建成扬子江商贸城、金港中路商业街，拓宽改造金港南路。2008年，口岸街道新、老城区形成"四纵七横"道路架构，东西向道路有东环路、扬子江路、金港路、向阳路，南北向道路有江平路、春港路、港城路、春江路、通扬路、柴墟路、人民路，道路铺装面积695万平方米。集镇建成区面积6.65平方千米，居民11292户33879人。镇区绿化覆盖率45%，排水管道覆盖率100%，污水处理率91%，垃圾无害化处理率100%。

【田河集镇区】 田河老街位于田河村3组，东西街向，长约150米，宽约4米，条石路面，街道南侧一条小河，街中一座石头桥连接南北河岸，形成丁字形街形，称榻耙街。新中国成立前，仅有肉店、烧饼店、小杂货店、铁匠店等商铺。1969年，田河人民公社成立后，集镇面貌发生变化，先后兴建钢筋混凝土桥梁6座。至1990年，建成"三纵三横"道路框架，"三纵"为文明路、振兴路、陵园路，"三横"为田河一路、田河中路、田河北路。1993—1995年，南延扩建振兴路至江平线，兴建育才路、振强路、吴楼中沟路、田河中学路，道路总长约7000米。振兴路南延扩建后，以育才路为界，划分为振兴南、北路。1998年，田河集镇初具规模，从宣堡港至江平线南北长1.5千米，从吴楼中沟至振强路宽1.3千米，集镇规划面积2.38平方千米。2008年，集镇内有供电、供水、通信、邮电、金融、税务等公共设施及机构，有商店和超市150余个，有餐饮、休闲、娱乐场所20余个，设路灯90余盏，主干道两侧建有绿化隔离带，有公共厕所10座、固定垃圾箱20个、活动垃圾桶40个。

## 二、刁铺街道

明初，泰州至泰兴驿道途经刁铺。清宣统年间，刁铺集镇主街道呈丁字形。其中，东西街长约750米，称中大街；南北街沿袭古驿道，长约500米，称通泰街。另有香绅街、粮行街、关桥东街、驿铺街、东南街、北街6条小街道。1949年，刁铺集镇街道总长近3000米，宽3.5～4米，条石路面；砖砌排水沟长约1500米；有石桥10余座。1956年，安装主街道路灯20余盏。1978年后，先后建成解放路、人民路、建设路。20世纪80年代，建成环溪新村，对镇区道路两侧进行栽树绿化，供销社营业大楼、刁铺影剧院先后落成。1987—1990年，建成环溪路、官河路、镇溪北路、许河路。1994年，刁铺镇被确定为江苏省小城镇建设试点镇。1995年，筑丰岸路。1997年，集镇建成道路面积3平方千米。1998年，拓宽通泰路，建通港路。2003年，建府东路。2004年，完成解放路区域改造工程。2008年，集镇建成区面积10万平方米，有居民3777户13301人，道路铺装面积118万平方米，主要路口配有交通信号灯。镇区绿化覆盖率40%，污水处理率50%，有环溪、建设、通泰、迁善、起凤、育才、引江、宁通8个居民新村和民主街、人民路、建设街、虹雨商城、解放街、繁荣路6个住宅小区。

## 三、许庄街道

1969年许庄公社成立后，逐渐形成小集镇。1997年，许庄集镇形成以三星南北路、湖滨路、周梓路为纵，三星路、中兴路、振北路为横的“三纵三横”道路框架格局，建成区面积1.75平方千米。1998年，撤乡设镇，加快集镇基础设施建设。2002年，随着高港科技创业园的建立，进一步加快集镇基础设施建设，服务功能日渐完善。2008年，集镇建成区面积6平方千米，有居民2201户9914人，绿化覆盖率26%，污水处理率40%，道路铺装面积31.96万平方米。

### 四、永安洲镇

20世纪30年代，永安洲逐渐以上桥为中心形成小集镇。新中国成立后，上桥成为永安洲的行政和商贸中心，建有人民大会堂、供销社、粮管所、医院、学校、车站、码头、工厂、旅社、浴室等。60年代末至70年代初，永安洲集镇由上桥向南面的胜利桥发展。1981年，乡政府由上桥迁往大桥，大桥成为集镇中心。1997—2003年，镇政府加大投入，进行道路、邮电、供水、供电等基础设施建设，兴建润洲路、兴洲东路、安置小区，改造富民街、小康街、双桥路、菜场路等。2004—2008年，建成润洲花苑、兴洲花苑、迎宾大道、建桥路、同兴路、东夹江路、疏港南路、引江东路、府后路等居住小区和街道。2008年，集镇建成区面积1.54平方千米，有居民2020户6518人，绿化覆盖率26%，污水处理率25%，道路铺装面积16.6万平方米。建成商业街区5条。

### 五、白马镇

清代晚期，李家庄巷子口街有肉铺、烧饼店、豆腐坊和澡堂等店铺。民国初年，增设熏烧店、羊肉店、茶食店、杂货店、中药店、棺材店、粮行、茶馆等店铺10余个，逐渐形成李家庄小集镇。1962年，白马人民公社成立，驻地为李家庄，巷子口街成为白马集镇。20世纪70年代末至80年代初，人民公社驻地迁至秧田河南，由此形成一条供销社至人民公社（乡政府）的土路街道。1992—1994年，街道拓宽改造成硬质路面，称金马大街。1998年，建成海纪馆路、将军路、海军路。1999年4月，建成中国人民解放军海军诞生地纪念馆。2008年，重建白马庙。集镇建成区面积3.8平方千米，有居民2274户7432人，绿化覆盖率23%，污水处理率20%，道路铺装面积28万平方米。横向道路有姜高路、金马大街、海纪馆路，纵向有丰民大道、海军路、将军路、泰白路、西环路。有商贸市场6个。

### 六、大泗镇

新中国成立初，大泗街道东起小石桥，西至大桥头，长300余米，街道弯曲狭窄、土路。1958年，对街道进行裁弯取直、拓宽改造，街宽扩至5米左右。1978年，再次拓宽街道，建供销社百货大楼。1983年秋，铺设水泥路面，安装路灯。1988—1990年，先后建成泗水街、北大街，建有泗水商场、农贸市场及银行、税务、邮电、电力、农机、乡政府等办公楼。1994—1997年，填沟造地，建工农街。1998—2001年，相继建成府西街、府前街。2005年，开通府东大道。2008年，集镇建成区面积3平方千米，有居民3389户8521人，绿化覆盖率22%，污水处理率11%，道路铺装面积6.58万平方米。东西向道路有老泗水街、府前街，南北向道路有新泗水街、工农街、府西街、府东大道。

### 七、胡庄镇

胡庄镇域范围内有胡庄和汪群两个集镇，最早依托胡庄和汪群两个大村形成。1983年，胡庄集镇有砂石街道3条，汪群集镇有砂石街道2条。2000年3月，汪群乡、胡庄乡合并成立胡庄镇，镇政府驻胡庄。2008年，胡庄集镇建成区面积3平方千米，有居民3255户12051人，绿化覆盖率40%，污水处理率25%，道路铺装面积1.8万平方米。纵向道路有兴达路、泰胡路、和丰路，横向道路有新世纪大道、安康大道、兴业大道。

### 八、野徐镇

新中国成立初，野徐集镇以车墩口为中心，有东、南两条小街道，聚集店铺30余个。每月农历三、六、九日（1976年起改为公历3、6、9日）为野徐集市日，每逢农历三月初一、三月十八为庙会日。1976—1978年，建成商业大楼。1996年后，改建卫生院，实施道路、广播电视设施、自来水管网等建设。2000年，集市移至野徐中路中段东侧永赛河两岸、人民南路和人民北路。2005年，野徐镇被命名为江苏省新型示范小城镇。2008年，集镇建成区面积3.39平方千米，有居民1120户4056人，绿化覆盖率49%，道路铺装面积17.71万平方米。横向道路有三新路、振兴路、新华路、人民南路和人民北路，纵向道路有东大街、野徐中路、二园路、野许路。

## 第二节　村庄建设

图 6-4-1　口岸街道城东社区农民住宅（2006年摄）

新中国成立初，境内自然村数量多，分布不均，规模大小不一。一个自然村一般以一个或几个家族人口聚居，房屋多依河、依路而建。居民饮用河水、池塘水，村居多为砖木草土混合结构平房和土墙草屋，砖瓦屋很少，通村道路为土路。新中国成立后，农村土木结构瓦房逐渐增多。进入20世纪80年代，境内农村出现楼房，村庄布局大体以一字式和非字式排列。

1997年，全区有行政村143个、村民小组1265个，农村用电量5651万千瓦时，通汽车村数135个，自来水受益村数51个，农村私人建房投资1.12亿元。2000年，全区有行政村132个、村民小组1160个，农村用电量6680万千瓦时，通汽车村数129个，自来水受益村数81个，人均住房面积40.84平方米（人均楼房面积29.77平方米）。2008年，全区有行政村83个、村民小组1679个，通汽车村数83个，自来水受益村数83个，通有线电视村数83个，农村用电量36513万千瓦时，人均住房面积57.08平方米（人均楼房面积48.18平方米），行政村通灰黑公路率100%。

# 第七篇　国土资源管理与环境保护

# 第七篇　国土资源管理与环境保护

新中国成立初，废除地主阶级封建剥削的土地所有制，实行农民土地所有制。1956年，境内农村全面推行农业合作社，将农民土地所有制改为集体所有制。1958年起，各人民公社建立统一经营使用的土地制度。1983—1984年，境内全面实现家庭联产承包责任制，完成土地承包使用证发放工作。20世纪80年代，境内农村由乡镇村建科代履行环保监管职能，建立工业企业环保制度，治理废气、废水、固体废弃物（简称“三废”），控制新污染源。“八五”期间，全面开展农村环境保护和土地保护工作，编制并执行《1991—2000年乡镇土地利用总体规划》，划定基本农田保护区。1997年后，全区依法加强土地利用计划管理、建设用地总量控制等工作，依法开展“三废”防治、噪声污染防治等工作。1998年，全区完成农村土地二轮承包工作，向农户发放农村集体土地承包经营权证书。进入21世纪，逐步推行ISO 14000环境管理体系认证工作。至2008年，野徐镇、白马镇被评为泰州市环境优美乡镇，口岸街道王营社区、永安洲镇兴洲居委会被评为泰州绿色社区，白马镇袁家村、永安洲镇永胜村被评为江苏省生态村，口岸街道朱营村、白马镇岱白村等15个村被评为泰州市生态村。

# 第一章　国土资源管理

图 7-1-1　区国土资源分局办公楼（2006年摄）

境内人多地少，处于全省人口密度较高地区。20世纪80年代，境内基础设施建设步伐加快，建设用地需求递增与土地资源有限的矛盾日趋凸显，国土资源管理工作引起各级党委、政府的重视。1986年6月《中华人民共和国土地管理法》颁布后，土地管理从单一的行政管理逐步转向行政、经济、法律等综合管理，走上法治化、规范化的轨道。1987年，境内乡镇建立土地管理所。1988年起，各村委会主任兼任土地管理员，形成镇、村土地管理网络。1995年，各乡镇执行扬州市政府《关于切实加强耕地保护工作的通知》精神，建立年度用地计划报告制度，基本完成基本农田保护区划定工作。高港区建立时，土地管理工作隶属于区管委会农业办公室。1997年12月，成立泰州市国土管理局高港分局，为泰州市国土管理局派出机构。1999年8月，泰州市国土管理局高港分局更名为泰州市国土资源局高港分局（简称区国土资源分局，各乡镇土地管理机构简称国土资源所）。至2008年，区国土资源分局辖口岸、刁铺、港口、永安洲、白马、野徐、大泗、胡庄8个国土资源所。全区坚持“十分珍惜、合理利用土地和切实保护耕地”的基本国策，统筹土地资源的开发、利用和保护，为经济社会发展提供土地资源保障。

## 第一节　土地资源及利用

### 一、土地面积和利用类型

1997年，全区土地总面积22098.08公顷。土地利用类型分为耕地、园地、林地、草地、居民点及工矿用地、交通运输用地、水域、未利用地八大类。1998—1999年，工业、城镇建设、交通运输等各类非农建设用地逐年增多。1999—2000年，国家冻结非农建设用地，全区各类用地无变化。2002年起，土地利用面积按农用地、建设用地、未利用土地三大类型统计。原八大类中的“坑塘水面”“农田水利沟渠”“农村道路”面积并入新三大类中的“其他农用地”统计，原八大类中的“河流水面”“苇地”“滩涂”面积并入新三大类中的“未利用地”统计。2008年7—9月，高港区行政区划调整，划出区域面积1850.77公顷，划入区域面积11427.63公顷。当年，高港区土地总面积31739.31公顷（为1:5000调查数据，土地分类也存在调整）。其中，耕地面积15242.01公顷，占48.02%；园地面积920.44公顷，占2.9%；林地面积22.88公顷，占0.07%；草地面积8.22公顷，占0.03%；居民点及工矿用地面积6935.91公顷，占21.85%；交通用地面积1203.03公顷，占3.79%；水域及水利设施面积7182.21公顷，占22.63%；其他土地面积224.61公顷，占0.71%。

### 1997—2001年高港区土地面积一览表

表60 单位：公顷

| 年 份 | 总面积 | 耕 地 | 园 地 | 林 地 | 草 地 | 居民点及工矿用地 | 交通运输用地 | 水 域 | 未利用地 |
|---|---|---|---|---|---|---|---|---|---|
| 1997 | 22098.08 | 11999.56 | 23.35 | 54.89 | 0.67 | 3585.44 | 314.67 | 5775.91 | 343.59 |
| 1998 | 22098.08 | 11781.74 | 23.32 | 54.89 | 0.67 | 3654.64 | 363.4 | 5875.83 | 343.59 |
| 1999 | 22098.08 | 11788.49 | 23.38 | 60.34 | 0.67 | 3744.89 | 350.59 | 5789.35 | 340.37 |
| 2000 | 22098.08 | 11788.49 | 23.38 | 60.34 | 0.67 | 3744.89 | 350.59 | 5789.35 | 340.37 |
| 2001 | 22098.08 | 11692.44 | 9.33 | 58.83 | — | 3545.85 | 474.25 | 6045.8 | 271.58 |

### 2002—2007年高港区土地面积一览表

表61 单位：公顷

| 年 份 | 总面积 | 农用地 | | | | | 建设用地 | | | 未利用土地 |
|---|---|---|---|---|---|---|---|---|---|---|
| | | 耕 地 | 园 地 | 林 地 | 牧草地 | 其他农用地 | 居民点及工矿用地 | 交通用地 | 水利设施用地 | |
| 2002 | 22098.08 | 11640.96 | 9.33 | 58.83 | — | 1566.78 | 3577.57 | 329.11 | 53.83 | 4861.67 |
| 2003 | 22098.08 | 11592.7 | 16.73 | 59.01 | — | 1568.26 | 3621.87 | 329.11 | 53.36 | 4857.04 |
| 2004 | 22098.08 | 11534.65 | 16.73 | 59.01 | — | 1560.58 | 3686.43 | 331.53 | 53.36 | 4855.79 |
| 2005 | 22098.08 | 11307.15 | 16.65 | 58.81 | — | 1521.87 | 3940.97 | 360.94 | 53.11 | 4838.58 |
| 2006 | 22098.08 | 11057.4 | 16.65 | 58.81 | — | 1482.57 | 4144.19 | 466 | 52.01 | 4820.45 |
| 2007 | 22098.08 | 10801.82 | 16.65 | 58.81 | — | 1424.06 | 4446.26 | 496.37 | 51.89 | 4802.22 |

说明：2000年，口岸镇南官河以西11个行政村和高港居委会划归泰州市经济开发区，组建滨江工业园区，其土地利用数据直至2007年均在高港区内统计，2008年1月全国第二次土地大调查时正式从高港区划出。

### 二、土地承载

1997年，高港区土地总面积22098.08公顷，总人口20.67万人，人均土地面积0.107公顷；全区农业人口18.48万人，耕地总面积11999.56公顷，农业人口人均占有耕地面积0.065公顷。2008年，高港区土地总面积31739.31公顷，耕地总面积15242.01公顷，总人口29.48万人，人均土地面积0.108公顷，人均占有耕地面积0.052公顷。

## 第二节　地籍管理

### 一、地籍调查

【农村地籍调查】 1998年12月，高港区首次开展农村土地变更调查工作。至1999年10月，共调查乡级经济组织7个，村级经济组织146个。1999年4月至2000年8月，完成村庄宅基地初始地籍调查61216宗，并收集相关权属来源，建立地籍调查档案，形成农村宅基地管理系统。2002年，全区农村土地利用现状更新调查成果通过国土资源部验收。2008年，高港区开展第二次农村土地调查工作，共调查乡级集体经济组织7个、村级集体经济组织96个、组（队）级集体经济组织1688个，完成全区集体土地调查6946宗。其中，乡级集体土地调查344宗，村级集体土地调查975宗，村民小组集体土地调查5627宗。集体土地所有权总面积21692公顷。其中，乡级集体土地所有权面积773公顷，村级集体土地所有权面积1450公顷，村民小组集体土地所有权面积19469公顷。

【城镇地籍调查】 1989—1991年，口岸、刁铺两镇完成96个街坊4032宗地的地籍调查。2003年7月至2006年5月，泰州市国土资源局委托江苏省地质测绘院对高港区北至宁通公路、东至王营中沟、南至友谊港、西至南官河范围进行城镇地籍调查。调查区域13.2平方千米、街坊219个、宗地10172宗。2008年11月，区国土资源分局委托江苏省测绘工程院利用GPS技术进行集镇地籍调查，调查区域30.48平方千米，涉及口岸街道龙口社区、田河集镇、永安洲集镇、高永化工园区、第二捕捞公司、许庄集镇、孔桥集镇、野徐集镇、白马集镇、大泗集镇、胡庄集镇等。

### 二、土地分等定级

建区后，区内城镇土地统一由泰州市政府组织定级估价。1997年4月，口岸镇土地被划分为3级，每平方米商业用地280～780元、住宅用地240～410元、工业用地200～340元；刁铺镇土地亦被划分为3级，每平方米商业用地270～690元、住宅用地230～390元、工业用地190～320元。2002年，泰州市政府调整高港区土地级别并更新地价。区内定级范围为东至刁铺镇东侧的环城河和口岸镇东侧的王营河，南至长江，西至引江河西侧，北至宁通公路，总面积28.28平方千米。土地分一、二、三、四等次，每个等次按照商业用地、住宅用地、工业用地3种类型分别估定基准地价、地价变幅、容积率。2008年，《江苏省城市地价动态监测报告》发布：泰州市域（含高港区域）地价水平，商业用地为920元/平方米，住宅用地为710元/平方米，工业用地为314元/平方米；市区（含高港区主城区）地价水平，商业用地为1364元/平方米，住宅用地为1050元/平方米，工业用地为377元/平方米。

### 2002年高港区各类用地级别基准地价一览表

表62　　单位：元/平方米

| 土地类型 | 商业用地 | | | | 住宅用地 | | | 工业用地 | | |
|---|---|---|---|---|---|---|---|---|---|---|
| 土地级别 | 一 | 二 | 三 | 四 | 一 | 二 | 三 | 一 | 二 | 三 |
| 基准地价 | 950 | 610 | 410 | 300 | 480 | 310 | 250 | 340 | 260 | 200 |
| 地价变幅 | 700～1200 | 460～760 | 310～510 | 230～370 | 380～580 | 250～370 | 200～300 | 280～400 | 210～310 | 160～240 |
| 容积率 | 1.7 | 1.4 | 1.2 | 1 | 1.2 | 1.1 | 1 | — | — | — |

## 三、土地登记

【集体土地登记】 1999年，高港区组织实施集体土地使用权登记、发证工作。6—7月，在口岸镇虹桥村试点，地籍号采用镇—村—组—宗地（代码）4级编号，共确定集体土地使用权310宗地，发放集体土地使用证310本。1999年7月至2000年10月，完成7个镇集体土地使用权登记66924宗地，发证57956宗地，登记发证率86.6%。此后，转入日常登记发证。至2008年，集体土地使用权登记75019宗地，发放集体土地使用权证58243本，登记发证率77.64%。

【国有土地登记】 1992年，各乡镇对国有土地使用权按权属来源进行普查登记。1998年，区国土资源分局调查国有土地52宗，发证41本。至2008年，全区共计调查国有土地使用权7011宗，发放国有土地使用权证6860本。

【国有土地使用权抵押登记】 1998年起，泰州市开展国有土地使用权抵押登记业务，以适应金融部门开展房地产抵押业务，解决企业融资问题。至2008年，泰州市共为高港区内国有资产管理中心、港城投资建设发展中心等567个企事业单位办理国有土地使用权抵押登记，抵押国有土地使用权面积456.2万平方米，抵押金额9.36亿元。

# 第三节　建设用地管理

## 一、用地计划与审批

1953年12月起，境内执行《国家建设征用土地办法》，凡属国家建设用地，均由县及县以上人民政府批准。其中用地不足66.67公顷或迁移居民不足50户者由土地所在县人民政府批准。1958年1月起，境内执行修订后的《国家建设征用土地办法》，建设工程用地在20公顷以下和迁移居民在30户以下的，由用地单位向土地所在地的县人民委员会申请核拨。1959年12月起，境内各人民公社建设用地一律由人民公社自行规划安排；农村个人建房用地由人民公社批准。1981年10月起，境内居民在原地翻建住房且不增加宅基地面积的，由各乡镇人民政府（人民公社）批准；凡属新建、扩建的，由所在县人民政府批准。当年，泰兴县、泰县人民政府加强村镇建房用地管理工作，境内各乡镇按照要求向所在县报批社队工业和其他企事业单位建设用地。1982年5月起，境内贯彻实施《国家建设征用土地条例》，按照征用土地的审批权限规定，严格执行征用土地程序。1987年1月起，贯彻实施《中华人民共和国土地管理法》，征用耕地0.2公顷以下、其他土地0.67公顷以下的，由所在县人民政府批准。1987年10月起，执行国家土地管理局颁布的《建设用地计划管理暂行办法》，各乡镇按照所在县土地利用规划，实行乡村集体建设用地和农村个人建房用地计划指标管理。1988年11月起，按照国家土地管理局制定的《关于国家建设用地审批工作的暂行规定》，参照办理城乡集体和个人在城镇内的各类建设项目，实行建设项目用地计划指标控制。

1996年9月起，境内执行国家计委、国家土地管理局颁布的《建设用地计划管理办法》，将各项建设用地纳入用地计划，按用地计划程序和权限报批，实行用地计划情况的报告制度。1999年3月起，全区执行国土资源部颁布的《建设用地审查报批管理办法》，对农用地转用计划实行指令性管理，建立被征用土地在规定范围内的公告制度。2006年，高港区被列入全国首批城乡建设用地增减挂钩试点县（市、区）。至2008年，高港区依据土地利用总体规划，进一步加强城乡建设用地计划管理，通过建新拆旧和土地整理复垦等措施，基本实现节约集约利用建设用地和合理布局城乡用地的目标。共实施3个批次城乡建设用地增减挂钩项目，各项目区面积累计109.67公顷。1997—2008年，全区批准农村个人建房11353户，农村个人建房用地148.24公顷。

## 二、出让土地

图 7-1-2　土地使用权出让竞拍（2000年摄）

1999年8月，高港区首次以协议出让方式有偿出让刁铺丰岸路西侧1宗国有建设用地使用权，土地用途为工业用地，出让年限50年，出让金总额为328.66万元。2000年5月，根据国土资源部明确的经营性用地必须采用竞价方式供应的规定，在原口岸壁纸厂组织泰州市首宗土地使用权出让竞拍活动，出让国有建设用地692.2平方米的使用权，拍卖价格比原协议出让价格高1倍。2001年5月，以招标竞价出让方式，出让金港路西侧、春江路南侧22381平方米地块的国有建设用地使用权，土地用途为经营性用地，成交价593.2万元，实现竞价出让方式由单一化向多元化转变。2004年8月，改进拍卖与招标方式，以挂牌竞价方式出让金港路西侧春江路与通扬路之间9049平方米的国有建设用地，土地用途为商业用地，出让年限40年，出让金总额为340万元。1999—2008年，全区通过协议出让、竞价出让、招标出让等方式共出让土地346宗，面积1082.88公顷，土地出让金32.66亿元。其中，工业用地304宗，面积951.41公顷，出让金20.17亿元；经营性用地42宗，面积131.47公顷，出让金12.49亿元。

## 三、用地补偿与安置

1987年1月起，境内各乡镇贯彻实施《中华人民共和国土地管理法》，土地补偿费和安置补助费的总和不超过土地被征用前3年平均产值的20倍，采取多种途径安置因国家建设征用土地造成的多余劳动力。当年6月起，各乡镇依据《江苏省〈土地管理法〉实施办法》第20条规定，计算土地补偿费、青苗和附作物补偿费、安置补助费。1988年11月起，境内对主要种植类型土地前3年的平均产值统一按扬州市人民政府的规定标准计算。1992年1月1日起，境内执行扬州市调整后的征地补偿费用标准，即：一年两熟轮作田每公顷7500～9000元，旱作物农田每公顷6000～7500元；一年水旱三熟农田每公顷9000～10500元；老菜田（3年以上高产菜地）每公顷18000元，新菜田（3年以下）每公顷12000～15000元；精养鱼池每公顷18000～22500元，粗放养鱼塘及放养水面每公顷6000～7500元。

1996年后，各乡镇按照泰州市人民政府规定的补偿标准计算用地补偿费。具体标准是：粮田每公顷15000～19500元，常年蔬菜地（城市规划区内连续种植蔬菜3年以上）每公顷24000～28500元。1997年7月后，全区执行《泰州市市区征地剩余劳动力安置管理暂行办法》，安置因征用土地造成的多余劳动力。2001年1月起，全区贯彻实施《江苏省土地管理条例》，按照该条例第26条规定的土地补偿费、安置补助费、地上附作物和青苗补偿费标准给予用地补偿。2004年7月起，全区执行《泰州市征地补偿和被征地农民基本生活保障试行办法》，按二类区补偿标准计算征地补偿费。在高港高新技术产业园开展征地补偿安置试点工作，由许庄街道与被征地农民签订征地协议，共安置被征地农民4234人，落实被征地农民基本生活保障金1.24亿元。2004—2008年，全区给予用地补偿5.75亿元，安置被征地农民5016人。

## 第四节　土地开发与保护

### 一、土地利用规划

1990年，境内各乡镇开展第一轮土地利用总体规划修编工作，以1990年土地统计数据为基础，以1991—2000年为规划年、1995年为过渡年。1997年，高港区按照“统筹各业、因地制宜、保证重点、保护耕地、服务经济、服从大局、满足当前、兼顾长远”原则，组织各乡镇编制第二轮土地利用总体规划。土地利用现状统一采用1996年10月31日“土地利用现状调查成果”数据，以1996年为基础年、1997—2005年为近期规划年、2006—2010年为远期规划年。规划中明确：泰州市下达高港区新增建设用地指标为396.2公顷，其中新增建设占用耕地326.2公顷；基本农田保护面积为9008.95公顷，与1996年耕地面积（9470.65公顷）相比，耕地保护率95.12%。2002年，区政府对各乡镇土地利用总体规划布局和基本农田保护指标作适当调整，并报省政府批准。规划建设用地置换指标16.67公顷，规划农用地整理折抵指标40公顷，基本农田保护指标调整为7577.91公顷。至2008年，全区耕地保护率为80.01%。

### 二、土地复垦整理

1988年起，境内乡镇组织开展土地复垦工作。1999年后，全区贯彻实施《中华人民共和国土地管理法》，所有非农建设项目均采取耕地“占一补一”平衡措施，区内无法完成耕地补充任务的，实行异地复垦，确保全区耕地总量动态平衡。当年，向耕地复垦潜力大的兴化市购买一定量的耕地指标。2002年，经实地勘察，全区共有后备土地资源376.37公顷，但可开发整理复垦的资源匮乏。2003年起，实施土地整治专项规划。2006年，区政府将土地复垦整理列入全区“三个文明”（物质文明、精神文明、政治文明）建设考核范畴，完善建设占用与补充耕地计划挂钩制度、新增耕地指标区内异地有偿调剂使用制度、土地开发整理复垦项目库全程跟踪管理制度、土地开发整理复垦项目库储备制度、土地开发整理复垦基金制度及土地开发整理复垦考核奖惩制度，推行土地开发整理复垦市场化运作机制。2003—2008年，全区共投入复垦整理资金1548万元，新增耕地125.31公顷。

**2003—2008 年高港区土地复垦情况一览表**

表 63

| 年　份 | 项目数（个） | 面积（公顷） | | 投入资金（万元） |
|---|---|---|---|---|
| | | 项目区面积 | 新增耕地面积 | |
| 2003 | 1 | 8.2 | 8.2 | 57.4 |
| 2004 | 3 | 7.97 | 7.97 | 55.8 |
| 2005 | 2 | 26.65 | 4.44 | 31.3 |
| 2006 | 8 | 94.32 | 26.7 | 383.5 |
| 2007 | 9 | 195.46 | 44.45 | 594 |
| 2008 | 9 | 116.14 | 33.55 | 426 |
| 合　计 | 32 | 424.74 | 125.31 | 1548 |

### 三、基本农田保护

1994年，境内开展基本农田保护区划定工作。1995年，基本农田保护工作被列入乡镇“双文明”（物质文明和精神文明）建设百分考核内容。1997年，高港区组织编制各乡镇基本农田保护专项规划，划定基本农田保护片区7个，基本农田保护地块614个，基本农田保护面积9008.94公顷，制作保护标志牌76个，与65个村、872个组、36547户农户签订耕地保护责任状。2002年，区政府根据全区社会经济发展实际，将全区基本农田保护面积由9008.94公顷调整为7577.92公顷。2003年，全区开展基本农田保护大检查，确定基本农田保护界线。区内划定基本农田保护区5个，保护片53个，保护地块837个，落实责任农户31564户，保护面积7577.92公顷。2005—2007年，全区开展基本农田保护“争先达标”创建活动，区、镇、村、组、农户层层签订农田保护责任书，建立基本农田保护长效管理机制。2008年，高港区基本农田保护“争先达标”活动成果通过省级验收。

## 第五节　土地执法监察

1987年，境内各乡镇成立国土管理所。1988年起，各乡镇设土地监察员、土管员。1989年，按照国家土地管理局《关于颁发“中华人民共和国土地监察证”的通知》精神，实行专职人员持证上岗制度。各村设兼职土地监察员。1997年12月，全区基层国土所有27名土地执法监察人员。2008年，全区有专、兼职土地监察人员140人。2000—2008年，全区共立案查处违法用地16宗，面积24.34公顷，罚款554695.4元。

## 一、动态巡查与专项治理

图 7-1-3　高港区土地执法监察暨"6·25"土地日法制培训工作会议（2006年摄）

1997年起，高港区建立区、镇、村三级土地执法监察组织网络，出台土地执法动态工作责任制，划分执法巡查区域，明确乡镇国土所每月巡查不少于8次、国土分局每月巡查不少于2次。2001—2002年，区国土资源分局全面核查清理泰高线、江平线两侧用地，共补办用地手续506户，面积4.05公顷，纠正林盛大厦、港都花园等房地产开发项目未报即用问题。2003年，高港区按照江苏省国土资源局《关于遗留建设项目用地处理意见的通知》要求，全面清理1999年1月1日前遗留建设项目用地，共清理47宗用地，面积36.63公顷，用地单位共补交土地出让金5371.5万元，罚金19.97万元。2003—2004年，清理拖欠农民征地补偿费近1亿元。按照《中华人民共和国土地管理法》《江苏省土地管理条例》和《泰州市实施〈江苏省土地管理条例〉办法》，合理测算补偿标准，重新签订征地协议，保护被征地的村组利益。2006年，区政府配合省国土资源厅开展卫星遥感监测检查，监测2005年度全区所有建设用地。全年共立案查处各类土地违法用地案件14宗，查处违法用地面积25.53公顷，罚款55.08万元，处分科级以下干部6人。2007年9月至2008年1月，按照国土资源部部署，开展土地执法监察"百日行动"，立案查处"以租代征"土地3宗，查处面积0.8公顷，没收建筑面积3108平方米，罚款40110元，行政警告处分1人。

## 二、涉土信访案件处理

1999年起，高港区贯彻执行《国土资源信访规定》和国务院《信访条例》，查处群众反映的涉土信访案件。至2008年，区国土资源分局共受理群众涉土信访365件，立案38件，案件查处结案率100%。

### 1999—2008年高港区受理涉土信访案件情况一览表

表64　　单位：件

| 年　份 | 信　访 | 个　访 | 群　访 | 集　访 | 举报电话 | 立　案 |
|---|---|---|---|---|---|---|
| 1999 | 32 | 18 | 3 | 1 | 10 | 4 |
| 2000 | 40 | 24 | 2 | 2 | 12 | 4 |

续表64

| 年 份 | 信 访 | 个 访 | 群 访 | 集 访 | 举报电话 | 立 案 |
|---|---|---|---|---|---|---|
| 2001 | 34 | 16 | 5 | 0 | 13 | 3 |
| 2002 | 33 | 13 | 4 | 4 | 12 | 3 |
| 2003 | 31 | 12 | 4 | 5 | 10 | 3 |
| 2004 | 41 | 15 | 6 | 5 | 15 | 4 |
| 2005 | 45 | 22 | 2 | 10 | 11 | 6 |
| 2006 | 44 | 15 | 6 | 7 | 16 | 4 |
| 2007 | 46 | 10 | 7 | 10 | 19 | 5 |
| 2008 | 19 | 1 | 4 | 3 | 11 | 2 |

## 第六节 黏土资源管理

高港区濒临长江，沿江地区多黏土，为窑业提供丰富资源。20世纪80年代至90年代中期，境内窑业兴盛，最多时有土立（轮）窑133座，占地面积60公顷，每年因制砖挖毁耕地近20公顷。黏土资源的无序开采造成耕地面积减少，也给长江堤岸带来不安全因素。建区后，高港区全面清理土立窑及轮窑，拆除用土量较大、黏土资源浪费严重以及已停产的土立窑97座，经整理新增耕地33.33公顷。2001年，组织编制乡镇矿产资源（黏土）开发利用总体规划。2005年，根据国务院关于规范整顿矿产资源开发秩序要求，再次清理土立窑。至2006年，全区共拆除土立窑35座，保留轮窑1座。当年5月17日，首次挂牌出让位于刁铺街道观五村4组3000立方米黏土资源采矿权。8月30日，出让永安洲镇永胜村7组1.4万立方米黏土资源采矿权。2007年8月1日，出让永安洲镇上桥村3个组2.05万立方米黏土资源采矿权。2008年8月3日，出让永安洲镇上桥村2个组1.13万立方米黏土资源采矿权。全区形成黏土资源有计划出让和长效管理制度。

# 第二章 环境保护

20世纪50年代，境内工业企业不多，经济建设与环境污染矛盾不突出。60年代起，由于工业、交通运输业发展较快以及人口的增长，境内各类污染物的排放不断增加，局部环境质量有所下降。80年代，化学工业发展迅速，废水、废气、固体废弃物污染越来越严重，污染治理面临严峻挑战。口岸、刁铺等乡镇开展“三废”治理，初步形成工业企业环境管理网络。90年代，境内全面开展农村环境保护工作。1995年3月，口岸镇设立环境监理所，隶属于泰兴市环保局，负责口岸、刁铺、许庄、田河、永安洲等乡镇环境监理工作。1997年5月，泰州市环境监理支队口岸监理所成立，隶属于泰州市环保局。当年12月，口岸环境监理所整体划归高港区建设委员会。高港区环境保护局成立，隶属于高港区建设委员会。1998年7月，高港区环境保护局升格为高港区人民政府组成部门。当年12月，成立高港区环境监理大队。2003年1月，高港区环境监理大队更名为高港区环境监察大队。1997—2008年，全区建立健全环境影响评估、环保设施建设“三同时”（主体工程和环保设施同时设计、同时施工、同时投入使用）等制度，加强工业污染防治，开展环境优美乡镇、生态村创建活动，饮用水源水质一直保持在Ⅱ类，建成烟尘控制区面积10.8平方千米、噪声达标区面积9.51平方千米。

## 第一节　环境监测与环境质量

### 一、水环境

【地表水环境监测】 1997年以前，境内地表水监测主要由泰兴市（县）环保局定期定点监测，有地表水监测记录的最早年份为1987年。监测指标为溶解氧、耗氧量、氨氮，监测河流为长江（口岸段）、南官河、宣堡港。高港区成立后，区内地表水环境监测工作委托泰州市环境监测中心站实施。1999年起，泰州市环境监测中心站对区域内主要河流（长江、南官河、宣堡港、引江河）进行监测。其中，长江测点每2小时监测1次，南官河、引江河每年分别监测12次，宣堡港按季采样测试。监测指标为酸碱度（pH 值）、溶解氧（DO）、高锰酸盐（CODMn）、氨氮、非离子氨、挥发酚、汞（Hg）。至2008年，长江、引江河、南官河、宣堡港监测断面分别为高港码头、高港大桥、口岸闸、口岸桥，共监测43828次，获得基础数据306796个。

【地表水环境质量】 境内地表水污染源主要有工业废水污染、化肥农药污染、生活废水污染。进入20世纪80年代，河流水质下降。至1996年，长江口岸段水质为Ⅱ类，南官河、宣堡港水质为Ⅲ类。1997年后，区委、区政府重视污水治理，全区水环境质量总体改善，饮用水源水质达标率100%。长江高港段、引江河高港段水质均稳定，达到Ⅱ类水标准。2006年，高港大桥、宣堡港口岸桥断面水质略超过Ⅱ类水标准，主要污染因子为氨氮。

**1987—1998 年境内主要河流水质情况一览表**

表 65　　单位：毫克 / 升

| 河流名称 | 监测结果 | | | | | | | | | | | | |
|---|---|---|---|---|---|---|---|---|---|---|---|---|---|
| | 项　目 | 1987年 | 1988年 | 1989年 | 1990年 | 1991年 | 1992年 | 1993年 | 1994年 | 1995年 | 1996年 | 1997年 | 1998年 |
| 长　江 | 溶解氧 | 7.2 | 7.4 | 7.3 | 7.5 | 7.3 | 7.4 | 7.6 | 7.6 | 7.8 | 7.6 | 7.9 | 7.8 |
| | 耗氧量 | 2.6 | 2.5 | 2.7 | 2.9 | 2.5 | 2.4 | 2.8 | 2.6 | 2.8 | 2.5 | 2.6 | 2.7 |
| | 氨　氮 | 0.11 | 0.14 | 0.14 | 0.17 | 0.15 | 0.2 | 0.21 | 0.19 | 0.24 | 0.27 | 0.29 | 0.31 |
| | 水质类别 | Ⅱ类 | Ⅱ类 | Ⅱ类 | Ⅱ类 | Ⅱ类 | Ⅱ类 | Ⅱ类 | Ⅱ类 | Ⅱ类 | Ⅱ类 | Ⅱ类 | Ⅱ类 |

续表65

| 河流名称 | 监测结果 | | | | | | | | | | | | |
|---|---|---|---|---|---|---|---|---|---|---|---|---|---|
| | 项　目 | 1987年 | 1988年 | 1989年 | 1990年 | 1991年 | 1992年 | 1993年 | 1994年 | 1995年 | 1996年 | 1997年 | 1998年 |
| 南官河 | 溶解氧 | 6.5 | 6.3 | 6.1 | 6.4 | 6.2 | 6.3 | 6.5 | 6.7 | 6.5 | 6.3 | 6.6 | 6.7 |
| | 耗氧量 | 4.6 | 4.1 | 3.9 | 3.8 | 3.1 | 3.4 | 3.2 | 2.9 | 3.1 | 2.8 | 2.6 | 2.5 |
| | 氨　氮 | 0.51 | 0.46 | 0.49 | 0.52 | 0.51 | 0.44 | 0.45 | 0.47 | 0.43 | 0.43 | 0.41 | 0.42 |
| | 水质类别 | Ⅲ类 | Ⅲ类 | Ⅲ类 | Ⅲ类 | Ⅲ类 | Ⅲ类 | Ⅲ类 | Ⅲ类 | Ⅲ类 | Ⅲ类 | Ⅲ类 | Ⅲ类 |
| 宣堡港 | 溶解氧 | 7 | 6.9 | 7.1 | 6.8 | 7.3 | 7.2 | 7 | 7.2 | 6.6 | 6.9 | 7 | 6.9 |
| | 耗氧量 | 2.4 | 2.5 | 2.6 | 2.9 | 2.4 | 2.2 | 2.5 | 2.7 | 2.5 | 2.1 | 2.3 | 2.5 |
| | 氨　氮 | 0.57 | 0.52 | 0.51 | 0.54 | 0.48 | 0.49 | 0.51 | 0.45 | 0.43 | 0.44 | 0.41 | 0.42 |
| | 水质类别 | Ⅲ类 | Ⅲ类 | Ⅲ类 | Ⅲ类 | Ⅲ类 | Ⅲ类 | Ⅲ类 | Ⅲ类 | Ⅲ类 | Ⅲ类 | Ⅲ类 | Ⅲ类 |

## 1999—2008年高港区地表水水质情况一览表

表66　　单位：毫克/升

| 河流及断面名称 | 检测结果 | | | | | | | | | | |
|---|---|---|---|---|---|---|---|---|---|---|---|
| | 项目 | 1999年 | 2000年 | 2001年 | 2002年 | 2003年 | 2004年 | 2005年 | 2006年 | 2007年 | 2008年 |
| 长江、高港码头 | 酸碱度 | 7.97 | 8 | 8.05 | 7.99 | 7.94 | 7.97 | 7.95 | 7.98 | 8 | 7.95 |
| | 溶解氧 | 8.3 | 8.6 | 7.8 | 8.1 | 9 | 7.8 | 8.1 | 8.1 | 8.58 | 8.22 |
| | 高锰酸盐指数 | 2.8 | 2.6 | 2.9 | 2.7 | 2 | 2.4 | 3.2 | 2.4 | 2.6 | 2.1 |
| | 氨氮 | — | 0.31 | 0.22 | 0.2 | 0.38 | 0.36 | 0.36 | 0.32 | 0.38 | 0.28 |
| | 非离子氨 | 0.02 | 0.02 | 0.01 | — | — | — | — | — | — | — |
| | 挥发酚 | 0.001 | 0.001 | 0.001 | 0.001 | 0.001 | 0.001 | 0.002 | 0.002 | 0.002 | 0.001 |
| | 总汞 | $2.5\times10^{-5}$ | $2.5\times10^{-5}$ | $2.5\times10^{-5}$ | $2.5\times10^{-5}$ | $2.5\times10^{-5}$ | $2.5\times10^{-5}$ | $2.5\times10^{-5}$ | $2.2\times10^{-5}$ | $2.7\times10^{-5}$ | $2\times10^{-5}$ |
| | 水质类别 | Ⅱ类 | Ⅱ类 | Ⅱ类 | Ⅱ类 | Ⅱ类 | Ⅱ类 | Ⅱ类 | Ⅱ类 | Ⅱ类 | Ⅱ类 |

续表66

| 河流及断面名称 | 检测结果 | | | | | | | | | | |
|---|---|---|---|---|---|---|---|---|---|---|---|
| | 项目 | 1999年 | 2000年 | 2001年 | 2002年 | 2003年 | 2004年 | 2005年 | 2006年 | 2007年 | 2008年 |
| 引江河、高港大桥 | 酸碱度 | 8.21 | 8.01 | 8.16 | 8.03 | 8.03 | 8 | 8 | 7.98 | 8 | 7.95 |
| | 溶解氧 | 9.6 | 9.1 | 7.4 | 8.4 | 9.3 | 7.8 | 8.2 | 8 | 8.09 | 8.26 |
| | 高锰酸盐指数 | 3.4 | 3.3 | 3.5 | 2.9 | 3 | 2.6 | 3.2 | 3.1 | 3 | 2.47 |
| | 氨氮 | — | 0.33 | 0.17 | 0.22 | 0.43 | 0.37 | 0.39 | 0.52 | 0.49 | 0.35 |
| | 非离子氨 | 0.02 | 0.02 | 0.011 | — | — | — | — | — | — | — |
| | 挥发酚 | 0.001 | 0.001 | 0.001 | 0.001 | 0.001 | 0.001 | 0.002 | 0.002 | 0.002 | 0.001 |
| | 总汞 | $2.5\times10^{-5}$ | $2.5\times10^{-5}$ | $2.5\times10^{-5}$ | $2.5\times10^{-5}$ | $2.5\times10^{-5}$ | $2.5\times10^{-5}$ | $2.5\times10^{-5}$ | $2.3\times10^{-5}$ | $2.7\times10^{-5}$ | $2\times10^{-5}$ |
| | 水质类别 | Ⅱ类 | Ⅱ类 | Ⅱ类 | Ⅱ类 | Ⅱ类 | Ⅱ类 | Ⅱ类 | Ⅱ类 | Ⅱ类 | Ⅱ类 |
| 南官河、口岸闸 | 酸碱度 | 7.89 | 7.91 | 7.93 | 7.91 | 7.93 | 7.92 | 7.86 | 7.98 | 8 | 7.91 |
| | 溶解氧 | 6.9 | 7 | 7.1 | 7.4 | 7.4 | 7.3 | 7.5 | 7.7 | 8.2 | 7.8 |
| | 高锰酸盐指数 | 2.4 | 2.3 | 2.1 | 2.5 | 2.4 | 2.6 | 2.5 | 2.6 | 2.8 | 2.4 |
| | 氨氮 | — | 0.38 | 0.46 | 0.45 | 0.44 | 0.45 | 0.43 | 0.44 | 0.48 | 0.27 |
| | 非离子氨 | 0.01 | 0.01 | 0.013 | — | — | — | — | — | — | — |
| | 挥发酚 | 0.001 | 0.001 | 0.001 | 0.001 | 0.001 | 0.001 | 0.001 | 0.002 | 0.001 | 0.001 |
| | 总汞 | $2.5\times10^{-5}$ | $2.5\times10^{-5}$ | $2.5\times10^{-5}$ | $2.5\times10^{-5}$ | $2.5\times10^{-5}$ | $2.5\times10^{-5}$ | $2.5\times10^{-5}$ | $2.3\times10^{-5}$ | $3.1\times10^{-5}$ | $3.3\times10^{-5}$ |
| | 水质类别 | Ⅲ类 | Ⅲ类 | Ⅲ类 | Ⅲ类 | Ⅲ类 | Ⅲ类 | Ⅲ类 | Ⅲ类 | Ⅲ类 | Ⅲ类 |
| 宣堡港、口岸桥 | 酸碱度 | 7.88 | 7.81 | 7.95 | 7.89 | 7.99 | 7.82 | 7.88 | 7.86 | 7.89 | 7.47 |
| | 溶解氧 | 6.9 | 6.8 | 7 | 7.1 | 7.2 | 7.3 | 7.1 | 7.2 | 7.51 | 7.24 |
| | 高锰酸盐指数 | 2.8 | 2.9 | 3.5 | 2 | 2.8 | 2.7 | 3.1 | 2.6 | 2.9 | 3.6 |
| | 氨氮 | — | 0.39 | 0.38 | 0.46 | 0.42 | 0.45 | 0.43 | 0.54 | 0.66 | 1.27 |
| | 非离子氨 | 0.01 | 0.01 | 0.013 | — | — | — | — | — | — | — |
| | 挥发酚 | 0.001 | 0.001 | 0.001 | 0.002 | 0.001 | 0.001 | 0.001 | 0.002 | 0.001 | 0.001 |
| | 总汞 | $2.5\times10^{-5}$ | $2.5\times10^{-5}$ | $2.5\times10^{-5}$ | $2.5\times10^{-5}$ | $2.5\times10^{-5}$ | $2.5\times10^{-5}$ | $2.5\times10^{-5}$ | $2.3\times10^{-5}$ | $2\times10^{-5}$ | $3.3\times10^{-5}$ |
| | 水质类别 | Ⅲ类 | Ⅲ类 | Ⅲ类 | Ⅲ类 | Ⅲ类 | Ⅲ类 | Ⅲ类 | Ⅲ类 | Ⅲ类 | Ⅲ类 |

说明：酸碱度无量纲。

## 二、大气环境

【大气环境监测】 1997年以前，境内大气监测主要由泰兴市（县）环保局定期定点监测，有大气监测记录的最早年份为1989年。1997年后，高港区委托泰州市环境监测中心站对境内大气质量进行监测。2002年11月起，区环保部门投资52.75万元在区政府五楼东侧平台设立大气自动监测站，每天对全区空气质量进行动态监测。监测项目为二氧化硫、氮氧化物和颗粒物。2003—2008年，高港区年空气质量优良天数占全年总天数的85%左右。

【大气环境质量】 境内大气污染源主要是燃油、燃煤废气和生产工艺废气。1989年起，境内二氧化硫、二氧化氮年均值指标均控制在二级标准（二氧化硫0.06毫克/立方米、二氧化氮0.08毫克/立方米）以内，其中二氧化氮排放量呈曲线下降趋势。至1998年，总悬浮颗粒物浓度持续超标。1999年后，区内总悬浮颗粒物浓度（2001年，改为可吸入颗粒物）呈下降趋势。

**1989—2008年境内大气环境质量情况一览表**

表67　　单位：毫克/立方米

| 年份 | 二氧化硫浓度 | 氮氧化物浓度 | 颗粒物浓度 |
|---|---|---|---|
| 1989 | 0.019 | 0.027 | 0.22 |
| 1990 | 0.014 | 0.018 | 0.233 |
| 1991 | 0.015 | 0.022 | 0.32 |
| 1992 | 0.03 | 0.018 | 0.43 |
| 1993 | 0.019 | 0.025 | 0.23 |
| 1994 | 0.037 | 0.033 | 0.29 |
| 1995 | 0.035 | 0.032 | 0.33 |
| 1996 | 0.035 | 0.036 | 0.35 |
| 1997 | 0.032 | 0.044 | 0.29 |
| 1998 | 0.027 | 0.036 | 0.4 |
| 1999 | 0.022 | 0.019* | 0.181* |
| 2000 | 0.031 | 0.02* | 0.146* |
| 2001 | 0.039 | 0.019 | 0.137 |
| 2002 | 0.042 | 0.026 | 0.139 |
| 2003 | 0.047 | 0.031 | 0.107 |
| 2004 | 0.045 | 0.03 | 0.106 |

续表67

| 年　份 | 二氧化硫浓度 | 氮氧化物浓度 | 颗粒物浓度 |
|---|---|---|---|
| 2005 | 0.039 | 0.05 | 0.11 |
| 2006 | 0.028 | 0.03 | 0.101 |
| 2007 | 0.024 | 0.037 | 0.112 |
| 2008 | 0.035 | 0.021 | 0.097 |

说明：表中氮氧化物浓度带*的为氮氧化物，不带*的为二氧化氮；颗粒物浓度带*的为总悬浮颗粒物，不带*的为可吸入颗粒物。

## 三、声环境

【声环境监测】 1997年以前，境内噪声监测主要由泰兴市（县）环保局定期定点监测，有噪声监测记录的最早年份为1989年。1997年后，高港区委托泰州市环境监测中心站对1～4类功能区噪声进行监测。至2008年，声环境质量一类区包括刁铺街道南片居住区、口岸街道北片生活行政区，覆盖面积4.79平方千米；二类区包括刁铺街道北片居住、工商业混杂区和口岸街道南片居住、工商业混杂区，覆盖面积3.22平方千米；三类区包括口岸街道江边制药、船舶工业区，覆盖面积0.34平方千米；四类区包括扬子江路、金港路、向阳路、环港路、通港路、春港路、港城路、春江路、通扬路、港口路、通江路等道路，覆盖面积1.16平方千米。共设扬子江北路刁铺影剧院、扬子江中路扬子江药业集团西门、通扬路原郁金香壁纸厂、江平线西亚胶带厂、通港路加油站5处监测点。

【声环境质量】 区内噪声来源主要有社会噪声、交通噪声和建筑噪声。1989—1998年，全区区域环境噪声等效声级在57.5～68分贝之间。1999—2008年，1～4类功能区噪声等效声级分别在51.8～54.1分贝、51.6～53.6分贝、53.6～55.6分贝、61.4～65.8分贝之间。

### 1999—2008年高港区1～4类功能区噪声监测结果一览表

表68　　单位：分贝

| 年　份 | 一类区 | 二类区 | 三类区 | 四类区 |
|---|---|---|---|---|
| 1999 | 52.6 | 53.6 | 54.7 | 65.7 |
| 2000 | 52.1 | 53.4 | 54.5 | 65.6 |
| 2001 | 51.8 | 53.3 | 55.6 | 65.5 |
| 2002 | 53.3 | 53 | 55 | 64.7 |
| 2003 | 54.1 | 53.1 | 54.3 | 61.4 |
| 2004 | 52 | 51.6 | 54.4 | 65.7 |
| 2005 | 52 | 52.6 | 54 | 64.2 |
| 2006 | 52.9 | 53.1 | 55.1 | 65.8 |

续表68

| 年　份 | 一类区 | 二类区 | 三类区 | 四类区 |
| --- | --- | --- | --- | --- |
| 2007 | 52.3 | 52.6 | 54.3 | 64.8 |
| 2008 | 52.1 | 52.9 | 53.6 | 64.2 |

## 第二节　环境污染治理

### 一、废水污染治理

【生活废水污染治理】建区前，境内生活污水未经处理直接排放，造成局部水体水质下降。建区后，区委、区政府有针对性地组织实施河道整治。2002—2003年，以“河清、岸绿、环境优美、方便群众、利于生产生活”为标准，整治污染严重的宣南中沟、蔡圩河、南官河、许庄河等10条河道，并筹建生活污水处理工程。2005年，高港区生活污水管网工程开工建设。至2008年，区财政共投入6400万元，先后完成一、二、三期污水管网工程建设，日均收集生活污水4000吨，其中主城区生活污水由滨江工业园内的凯发新泉水务（泰州）有限公司集中处理。

图 7-2-1　高港区污水提升总站（2007年摄）

**2002—2003 年高港区城市河道整治情况一览表**

表 69

| 河道名称 | 整治时间 | 整治内容 | 整治结果 |
| --- | --- | --- | --- |
| 宣南中沟 | 2002.01—2002.12 | 清淤，打捞漂浮物，换水冲污，新建泵站 1 立方米 / 秒 | 通过市、区考核验收 |
| 沿河西路泵站 | 2002.01—2002.12 | 埋设涵管 200 米，新建泵站 1 立方米 / 秒 | 通过市、区考核验收 |
| 二井河 | 2002.06—2002.12 | 疏浚驳岸 600 米，顶管、勾埋管，打捞漂浮物，新建泵站 2 立方米 / 秒 | 通过市、区考核验收 |
| 新区南北河 | 2002.06—2002.12 | 疏浚驳岸 750 米，桥梁 1 座，混凝土道路，绿化 | 通过市、区考核验收 |

续表 69

| 河道名称 | 整治时间 | 整治内容 | 整治结果 |
| --- | --- | --- | --- |
| 蔡圩河 | 2003.01—2003.12 | 疏浚驳岸 2000 米，景点绿化，桥梁 2 座，人行通道 | 通过市、区考核验收 |
| 王营中沟 | 2003.04—2003.12 | 疏浚 2500 米，整坡绿化 | 通过市、区考核验收 |
| 宣堡港 | 2003.04—2003.12 | 整坡绿化 5800 米，栽植樟树 | 通过市、区考核验收 |
| 许庄河 | 2003.04—2003.12 | 全线整坡绿化管护 | 通过市、区考核验收 |
| 南官河 | 2003.04—2003.12 | 打捞漂浮物，清杂，清障 | 通过市、区考核验收 |
| 老许庄河 | 2003.04—2003.12 | 换水，清除漂浮物，整坡绿化 | 通过市、区考核验收 |

【工业废水污染治理】 1980年起，境内开展工业废水治理工作。1984年，泰兴县自行车脚蹬厂采用气浮法处理电镀废水，六价铬和氰化物的去污率达90%。1987年，泰兴啤酒厂投资70余万元建成生化污水处理装置，日处理废水1000余吨，经处理的废水基本达到国家规定的排放标准。建区后，全区加强环境监管，企业环保意识增强，通过持续的限期治理和挂牌督办，全区重点污染企业全部配备废水处理设施，工业废水达标排放率保持在90%以上。1999—2000年，扬子江药业集团投资1200万元，采用“有机污水水解好氧处理技术”（简称H/O工艺），新建2套污水处理设施，污水处理能力分别为2500吨/日、600吨/日。2001—2008年，江苏三泰啤酒集团有限公司先后投资800万元，建成日处理能力2000吨的生产废水处理设施，采用“水解酸化加接触氧化”为主体的污水处理工艺，使生产污水得到有效的综合反应，处理后的尾水水质较清、无异味，全面达到稳定达标排放要求。1998—2008年，全区累计投入污水治理资金4817.94万元，建成污水治理项目64个，形成日处理工业污水14370吨的能力，处理率和处理达标率均为100%。

### 1998—2008 年高港区工业废水治理情况一览表

表 70

| 年　份 | 治理资金（万元） | 治理项目（个） | 竣工项目（个） | 竣工项目处理能力（吨/日） | 处理达标（万吨） | 处理率（%） | 达标率（%） |
| --- | --- | --- | --- | --- | --- | --- | --- |
| 1998 | 331 | 1 | 1 | 3000 | 35 | 100 | 100 |
| 1999 | 819 | 2 | 2 | 3100 | 80 | 100 | 100 |
| 2000 | 50 | 10 | 10 | 1000 | 22 | 100 | 100 |
| 2001 | 238 | 9 | 8 | 900 | 21.6 | 100 | 100 |
| 2002 | 113 | 4 | 4 | 450 | 10.5 | 100 | 100 |
| 2003 | 168 | 4 | 4 | 500 | 11.2 | 100 | 100 |

续表70

| 年　份 | 治理资金（万元） | 治理项目（个） | 竣工项目（个） | 竣工项目处理能力（吨/日） | 处理达标（万吨） | 处理率（%） | 达标率（%） |
|---|---|---|---|---|---|---|---|
| 2004 | 244 | 4 | 4 | 600 | 12.6 | 100 | 100 |
| 2005 | 305 | 11 | 11 | 910 | 21.8 | 100 | 100 |
| 2006 | 2100 | 12 | 12 | 3630 | 42.1 | 100 | 100 |
| 2007 | 150 | 3 | 3 | 80 | 2.64 | 100 | 100 |
| 2008 | 300 | 5 | 5 | 200 | 5.43 | 100 | 100 |
| 合　计 | 4818 | 65 | 64 | 14370 | 264.87 | 100 | 100 |

## 二、废气与烟尘污染治理

1988年6月1日起，境内贯彻实施《中华人民共和国大气污染防治法》。至1995年，相关企业配备废气净化装置、安装锅炉消烟除尘设备。1999—2008年，全区实施废气污染源治理项目91个。2005—2008年，全区累计投资2600万元铺设集中供热管道6.5千米，关停小锅炉近30台（套），每年减少烟尘排放量50吨、二氧化硫96吨、氮氧化物47吨。

### 1999—2008年高港区废气治理情况一览表

表71

| 年　份 | 治理资金（万元） | 治理项目（个） | 竣工项目（个） | 竣工项目处理能力（万立方米/小时） | 处理达标量（万立方米） | 处理率（%） | 达标率（%） |
|---|---|---|---|---|---|---|---|
| 1999 | 71 | 14 | 14 | 4 | 2700 | 100 | 86 |
| 2000 | 54 | 26 | 26 | 20 | 13500 | 100 | 91 |
| 2001 | 5 | 2 | 2 | 0.54 | 900 | 100 | 90 |
| 2002 | 160 | 8 | 8 | 1.21 | 820 | 100 | 91 |
| 2003 | 50 | 2 | 2 | 0.2 | 135 | 100 | 92 |
| 2004 | 266 | 5 | 5 | 1.1 | 740 | 100 | 89 |
| 2005 | 210 | 7 | 7 | 1.28 | 860 | 100 | 91 |
| 2006 | 350 | 7 | 7 | 1.5 | 1010 | 100 | 92 |

续表71

| 年　份 | 治理资金（万元） | 治理项目（个） | 竣工项目（个） | 竣工项目处理能力（万立方米/小时） | 处理达标量（万立方米） | 处理率（%） | 达标率（%） |
|---|---|---|---|---|---|---|---|
| 2007 | 50 | 12 | 12 | 0.9 | 2700 | 100 | 95 |
| 2008 | 200 | 8 | 8 | 0.96 | 7776 | 100 | 95 |

## 三、噪声污染治理

建区前，境内环境噪声未得到有效治理，监管相对滞后。建区后，随着噪声治理监管的持续强化和噪声达标区的不断延伸，环境噪声得到有效治理。境内固定噪声源主要有江苏华狮啤酒有限公司的冷凝机组噪声、泰州市电光源材料厂的风机噪声、江苏登月脚蹬集团公司和泰州市刁铺冲压工艺厂的冲床噪声、泰州市东方锻造有限公司的冲床噪声及碾扩机噪声等。2000年9月13日，区政府授权区环保局对全区范围内噪声超标排放、噪声污染严重单位实行限期治理。10月8日，泰州市人民政府批准《泰州市高港区城市环境噪声标准适用区划分》。同年起，区政府把交通噪声治理作为开展环境噪声达标区建设的重要举措，在区内主干线设立禁鸣标志，定期开展禁鸣专项执法。2001年2—3月，区噪声达标区建成并先后通过泰州市环委会验收、省环委会复查验收。噪声达标区面积为6.86平方千米，噪声达标区覆盖率100%。按功能区划分，一类区域覆盖面积3.97平方千米，二类区域2.55平方千米，三类区域0.34平方千米。一、二类功能区域覆盖率占噪声达标区面积的95.04%。2005年，扩建噪声达标区，新增噪声达标区面积2.65平方千米，噪声达标区总面积达9.51平方千米。2006年，高港区区域环境噪声为54.5分贝，交通噪声为64.5分贝。至2008年，全区各类区域环境噪声声级均符合《城市区域环境噪声标准》规定的标准值。

### 2001—2006年高港区固定噪声源治理情况一览表

表72　　单位：万元

| 单位名称 | 声　源 | 治理措施 | 投入资金 | 完成年份 |
|---|---|---|---|---|
| 江苏华狮啤酒有限公司 | 冷凝机组 | 搬迁 | 10 | 2001 |
| | 风机 | 隔声，吸声 | 15 | 2001 |
| 泰州市电光源材料厂 | 风机 | 隔声房 | 5 | 2000 |
| 江苏登月脚蹬有限公司 | 冲床 | 加高围墙，封闭窗户隔声，限制作业时间 | 10 | 2002 |
| 泰州市刁铺冲压工艺厂 | 冲床 | 搬迁 | 10 | 2004 |
| 泰州市东方锻造有限公司 | 冲床 | 开挖减震沟，调整作业时间 | 35 | 2005 |
| | 碾扩机等机械 | 封闭门窗，安装隔音板，开挖减震沟等 | 70 | 2006 |

### 四、固体废物污染治理

1995年前，境内工业固体废物一般由企业自行处理，有的送废物回收站，有的送垃圾填埋场填埋。1996年4月1日起，境内贯彻实施《中华人民共和国固体废物污染环境防治法》，建立工业废物申报登记制度。2000年12月15日起，全区禁止生产、销售和在经营中使用一次性发泡塑料餐具和厚度≤0.025毫米的超薄塑料袋（保鲜袋除外）。2005年，开展工业固体废物综合利用工作，重点推广粉煤灰综合利用技术。将产生危险废物10吨/年以上、涉重金属（剧毒）产废量较大的企业纳入重点监控名单，强化对扬子江药业集团、泰州市博泰电子有限公司、泰州市新星染料化工厂、泰州市白马电镀厂等12个企业的监督管理。区环保局每年制定全区危险废物执法检查计划，对重点监控企业每月至少检查1次，对一般监控企业每季度至少检查1次。同时，落实危险废物三级监管制度，定期进行现场检查，加大危险废物现场执法监管力度，严肃查处各类危险废物违法行为。2005—2008年，全区共查处违法处置危险废物企业3个，安全转移、处置危险废物301.8吨。

### 五、放射物监管

2007年以前，区卫生、安监等部门负责放射物监管。2007年起，相关职能划归环保部门。区环保局对射线装置和放射源使用单位实施登记备案、行政许可、定期现场监测检查等监管措施，督促相关单位规范使用、安全储存射线装置和放射源，并制定完善突发事件处理预案。2008年3月，向泰州口岸船舶工业公司和区、镇医疗机构共9个射线装置使用单位发放辐射安全许可证。至2008年，全区涉及放射源的单位仅益海（泰州）粮油工业有限公司1个。当年9月4日，省环保厅根据“核技术应用项目环境影响报告表”的环评结论，同意该公司使用3台放射源铯-137（Ⅳ类源）的料位计。

## 第三节　环境监察

### 一、现场监督检查与处理

1997年5月起，区环保部门对企业执行污染物排放申报登记制度情况进行检查。全年检查企业200个，其中工业企业140个、餐饮服务业企业60个。140个工业企业年申报废水排放量共350万吨，实际达标排放总量262.5万吨，工业废水处理率75%；年用煤量4.5万吨，年废气排放量4.05万标立方米，经处理排放3.44万标立方米，废气净化处理率85%。1998年3月，对泰州市电光源材料厂、江苏登月脚蹬集团公司2个污水超标排放企业实行限期治理。1999年5月，现场监督检查泰州市力力磨具有限公司、泰州市三星装潢电镀厂的排污整改情况。2000年，实行环保政务公开制度，全年共接收环保举报电话62个，组织行风监督员开展执法检查2次，对19个重点污染源企业进行现场监察。2002年后，区环保部门根据《泰州市集中式饮用水源地专项整治行动实施计划》，加强泰州市三水厂长江水源地安全检查。至2008年，共查处影响泰州市三水厂长江水源地安全案件7件，关停取缔企业6个，搬迁餐饮企业1个。2005—2008年，全区现场检查企业160个，行政处罚违法排污单位60个；共投入治污资金2.3亿元，新上和完善治污设施46台（套），关停企业3个，削减化学需氧量排放量25吨、烟尘200吨、二氧化硫30吨。

## 二、信访办理与污染事故处理

建区后，区环保部门建立健全环境保护信访接待制度，坚持专人全天值班，保障“12369”环保举报热线24小时畅通。2005年，处理污染事故1起，给予赔偿11.7万元，处以罚款120.6万元。1999—2008年，共办理环境污染信访867件次，办结率100%。

## 三、排污收费

建区后，区环保部门规范排污费征收程序，坚持“依法、足额、全面”征收原则，对排污企业严格按标准测算，逐个审核，合理分解收费任务。2000—2008年，累计征收排污费1697.94万元，为全区污染防治积累专项资金。

2000—2008年高港区排污费征收及使用情况一览表

表73

| 年　份 | 缴纳排污费企业（个） | 排污费征收（万元） | 排污费使用（万元） |
|---|---|---|---|
| 2000 | 106 | 130.54 | （纳入区级财政） |
| 2001 | 113 | 143.68 | 31 |
| 2002 | 124 | 157.73 | 60.5 |
| 2003 | 126 | 163.47 | 33 |
| 2004 | 138 | 177.13 | 50 |
| 2005 | 150 | 193.37 | 40 |
| 2006 | 162 | 202.32 | 13 |
| 2007 | 184 | 247.7 | 180 |
| 2008 | 164 | 282 | 253.8 |

## 附：污染源重点监控企业名单

2002年，境内污染源重点监控企业：扬子江药业集团、江苏三泰啤酒集团有限公司、江苏鸿泰机电股份有限公司、泰州市电光源材料厂、泰州市化学纤维厂、泰州市华泰煤机有限公司、泰州市三星装潢电镀厂、泰州市海江染料化工厂、泰州市盘头电镀厂、泰州市兴光电镀厂、泰州市环太电器厂、泰州苏中天线集团有限公司、泰州市白马电镀厂、高港区陈明电镀厂。

2008年，区污染源重点监控企业：扬子江药业集团、泰州口岸船舶有限公司、泰州市高港包装容器厂、泰州市博泰电子有限公司、泰州市振华玻璃电器厂、泰州市高伟化工有限公司、泰州市宝龙玻璃有限公司、江苏昆仑光源材料有限公司、泰州市兴利玻璃有限公司、泰州市兴光金属处理有限公司、泰州市盘头电镀厂、泰州市高港区和顺玻璃制品有限公司、泰州市高新非织造布有限公司、泰州市东方印刷版材有限公司、泰州市润华电镀厂、泰州市新星染料化工厂、泰州市祥泰矿机有限公司、江苏三泰啤酒集团有限公司、泰州市环太电器厂、泰州市斯达水洗有限公司、江苏鸿泰机电股份有限公司、泰州市三星装潢电镀厂、泰州市白马电镀厂、江苏皇冠壁纸有限公司、泰州宇新固体废物处理有限公司。

## 第四节　制度管理

### 一、环境保护目标责任制

1998年，泰州市政府与区政府签订1998—2002年区长环境保护目标责任状。从此，区政府将环保工作作为“一把手”工程，纳入重要议事日程。逐年将环境保护工作目标分解到各乡镇，并考核环保工作目标任务完成情况。2002年起，市政府逐年与区政府签订区长环保目标责任状。区政府每年将环保工作列入全区国民经济和社会发展计划，并列入各镇（街道）“双文明”百分赛考核指标体系，形成“党政一把手亲自抓、负总责，分管领导具体抓、负实责，各相关部门齐抓共管”的环保工作机制。2005—2008年，围绕区长环保目标责任状制定的工作目标，高港区坚持污染防治和生态保护并重，开展城区环境综合整治，加大环境执法力度，加强环境宣传教育，环保目标责任制管理取得显著成效。全区地表水水质、集中式饮用水源水质达标率均为100%；区域环境噪声平均等效声级符合创建环保模范城市标准。

### 二、污染物排放总量控制制度

1998年12月至2000年12月，区委、区政府根据《国务院关于环境保护若干问题的决定》及省、市相关文件精神，开展“一控双达标”（污染总量控制，环境功能区达标，所有工业污染源排放污染物达标）建设。1998年，区工业化学需氧量、二氧化硫排放量分别为380吨、1650吨。1999年起，全区推行污染物排放总量控制制度。推广使用清洁能源，引导企业走生态环保之路。2000年，全区污染物排放总量被控制在指标范围内，区工业化学需氧量、二氧化硫排放量分别为310吨、1520吨。工业污染源企业全部达标排放，“一控双达标”任务全面完成。2002年起，对扬子江药业集团和江苏三泰啤酒集团有限公司实行水污染物排放月报、大气污染物排放季报制度。至2008年，全区建立健全污染物排放台账，为污染物排放总量控制打下基础。

### 三、建设项目环境保护制度

1989年起，境内推行环保设施建设“三同时”制度。1998年后，高港区贯彻《中华人民共和国环境影响评价法》，对新开发项目一律实行“先环评，后建设”。推行清洁生产和技术改造，严格控制高污染和高耗能行业。2006年起，对进入高港科技创业园的所有项目实行环保一票否决制度。至2008年，共否决10个意向入园污染项目。1998—2008年，共环评审批2203个项目，审批率100%，验收合格率100%；共检查2100个建成项目，查出违规问题项目25个，并全部限期整改。

1998—2008 年全区建设项目环境影响评价情况一览表

表 74

| 年份 | 项目分类(个) | | | 审批项目(个) | | | 审批率(%) | | | 验收合格率(%) | | |
|---|---|---|---|---|---|---|---|---|---|---|---|---|
| | 大 | 中 | 小 | 大 | 中 | 小 | 大 | 中 | 小 | 大 | 中 | 小 |
| 1998—2000 | 5 | 35 | 85 | 5 | 35 | 85 | 100 | 100 | 100 | 100 | 100 | 100 |
| 2001—2005 | 25 | 105 | 550 | 25 | 105 | 550 | 100 | 100 | 100 | 100 | 100 | 100 |
| 2006 | 8 | 81 | 475 | 8 | 81 | 475 | 100 | 100 | 100 | 100 | 100 | 100 |
| 2007 | 10 | 142 | 345 | 10 | 142 | 345 | 100 | 100 | 100 | 100 | 100 | 100 |
| 2008 | 6 | 128 | 203 | 6 | 128 | 203 | 100 | 100 | 100 | 100 | 100 | 100 |
| 合 计 | 54 | 491 | 1658 | 54 | 491 | 1658 | 100 | 100 | 100 | 100 | 100 | 100 |

## 四、排污申报和排污许可证制度

1998年起，区环保局对有污染的单位实施污染物排放申报制度。当年，有125个生产经营单位实行排污申报，其中24个为A类(重点污染源企业)、101个为B类(一般污染源生产经营单位)。2001年，B类排污申报单位增至107个，排污申报单位总数增至131个。2003年，A类排污申报单位增加1个，B类增至118个，排污申报单位共计145个。2005年，排污申报单位共有190个。2008年，排污申报单位减至164个。

1998—2008 年全区排污单位申报情况一览表

表 75　　单位：个

| 年 份 | | 1998 | 1999 | 2000 | 2001 | 2002 | 2003 | 2004 | 2005 | 2006 | 2007 | 2008 |
|---|---|---|---|---|---|---|---|---|---|---|---|---|
| A 类企业 | | 24 | 24 | 24 | 24 | 24 | 25 | 27 | 24 | 30 | 30 | 25 |
| B 类 | 企业 | 45 | 45 | 45 | 46 | 46 | 54 | 54 | 59 | 51 | 80 | 60 |
| | 三产 | 56 | 58 | 58 | 61 | 61 | 64 | 64 | 67 | 79 | 80 | 79 |
| 合 计 | | 125 | 127 | 127 | 131 | 131 | 145 | 145 | 150 | 160 | 190 | 164 |

2000年起，高港区实行排污许可证管理制度，排污许可证每2年动态审核换证1次。最初，对扬子江药业集团和江苏三泰啤酒集团有限公司2个市属重点污染源企业进行审核发证。至2002年，发证范围扩至所有区属重点污染源企业，共有14个企业申领污染物排放许可证。2005年《江苏省长江水污染防治条例》颁布实施后，区环保局要求所有排污申报单位持证排污，共对118个单位发放排污许可证。2006年，主城区污水管网铺设到位后，对废水排入污水管网的主城区餐馆、浴室等服务业企业不再核发排污许可证。至2008年，全区共有85个单位持证排污。

2000—2008年全区核（换）发排污许可证情况一览表

表76　　　　单位：个

| 年　份 | 2000 | 2002 | 2003 | 2004 | 2005 | 2006 | 2007 | 2008 |
|---|---|---|---|---|---|---|---|---|
| 市属企业发证 | 2 | 0 | 2 | 0 | 0 | 3 | 0 | 0 |
| 区属企业发证 | 0 | 12 | 0 | 16 | 118 | 19 | 50 | 35 |
| 小　计 | 2 | 12 | 2 | 16 | 118 | 22 | 50 | 35 |

## 五、环境管理体系认证制度

2000年起，区环保局鼓励、引导、帮助企业开展ISO 14000环境管理体系认证，对企业的原辅材料采购、生产工艺的应用及改造、污染物的治理及回收利用、管理流程设计等生产环节的节能降耗作全程指导，力促企业减少污染物排放。2001—2008年，江苏皇冠壁纸有限公司、江苏奔仙丝绸服装有限公司、扬子江药业集团、泰州市扬子净化工程有限公司、泰州市复合绳厂、高港区科技创业园、泰州市五星教学设备有限公司通过ISO 14000环境管理体系认证。

## 六、限期治理污染源制度

1999年9月，区政府对49个超标排放污染物单位作出限期治理决定。2000年，全区新建、改建各类污染治理设施58台（套），63个限期治理企业（项目）中有55个通过治理实现污染物达标排放。2001年、2002年，全区连续开展查处环境违法行为专项行动。至2008年，全区共对70个单位下达限期整改通知书，提出74个限期治理项目，先后对8个企业作出停产整治决定。

1999—2008年高港区部分污染源限期治理情况一览表

表77

| 企业名称 | 污染地点 | 污染物名称 | 治理项目名称 | 投资（万元） | 建成时间 |
|---|---|---|---|---|---|
| 泰州市星光铁合金厂 | 刁铺镇 | 烟尘 | 停产 | — | 1999.06 |
| 国内贸易部口岸船舶工业公司 | 口岸镇船厂路 | 烟尘 | 采用水平式往复炉排机自动加煤 | 5 | 1999.06 |
| 泰州市江平铸造厂 | 田河镇 | 烟尘 | 烘干房由煤加热改为90千瓦电加热 | 2 | 1999.06 |
| 泰州市田河银杏浴室 | 田河镇 | 烟尘 | 水膜除尘 | 0.8 | 1999.06 |
| 泰州市刁铺圣泉浴室 | 刁铺镇泰高路 | 烟尘 | 改烧无烟煤，二次燃烧工艺 | 0.5 | 1999.06 |
| 泰州市口岸松竹梅浴室 | 口岸镇 | 烟尘 | 水膜除尘 | 0.5 | 1999.06 |
| 泰州市口岸育才浴室 | 口岸镇育才路 | 烟尘 | STC型蒸汽脱硫水膜除尘 | 0.5 | 1999.06 |
| 泰州市力力磨料磨具有限公司 | 刁铺镇人民路 | 烟尘 | 逆冲复合除尘工艺 | 30 | 1999.07 |

续表77

| 企业名称 | 污染地点 | 污染物名称 | 治理项目名称 | 投资（万元） | 建成时间 |
|---|---|---|---|---|---|
| 泰州市口岸轧钢厂 | 口岸镇二闸村 | 烟尘 | 采用水平式往复炉排机自动加煤 | 3.8 | 1999.08 |
| 江苏三泰金狮啤酒有限公司 | 刁铺镇环溪路 | 烟尘 | 水膜除尘 | 12 | 1999.08 |
| 泰州市许庄三星休闲中心 | 许庄镇三星路 | 烟尘 | 水膜除尘 | 1.1 | 1999.09 |
| 泰州市电光源材料厂 | 高港区泰高路 | 烟尘 | 旋风除尘 | 5.6 | 1999.11 |
| 江苏扬子江药业集团 | 口岸镇许陈村 | 烟尘 | SM-4型水膜除尘器 | 7.6 | 1999.11 |
| 泰州市化纤用品厂 | 许庄镇 | 烟尘 | 多管旋风除尘 | 0.8 | 1999.12 |
| 泰州市特种胶带厂 | 刁铺镇许河路 | 烟尘 | 多管旋风除尘 | 0.8 | 1999.12 |
| 江苏五星毛毯厂 | 刁铺镇许河路 | 烟尘 | 多管旋风除尘 | 0.8 | 2000.01 |
| 泰州市许庄三旗浴室 | 许庄镇三旗村 | 烟尘 | 改烧无烟煤，二次燃烧工艺 | 0.3 | 2000.05 |
| 国营泰州市口岸面粉厂 | 口岸镇通扬路 | 烟尘 | 旋风除尘 | 0.8 | 2000.06 |
| 泰州市口岸商业社扬子江浴室 | 口岸镇向阳北路 | 烟尘 | 旋风除尘 | 0.5 | 2000.06 |
| 泰州市许庄双港众观园浴室 | 许庄镇 | 烟尘 | 改烧无烟煤/鼓风机 | 0.3 | 2000.06 |
| 泰州市兴林林业机械配件厂 | 口岸镇向阳南路 | 烟尘 | 完善旋风除尘器 | 0.3 | 2000.06 |
| 江苏郁金香集团公司 | 口岸镇通扬路 | 烟尘 | 更换旋风除尘器 | 0.4 | 2000.06 |
| 泰州市口岸胜林纸带厂 | 口岸镇 | 烟尘 | 改烧无烟煤，反烧 | 0.3 | 2000.06 |
| 泰州市明阳纺织辅料有限公司 | 许庄镇 | 浆料冲洗水 | 回收利用 | 0.2 | 2000.06 |
| 泰州市永安供销社浴室 | 永安洲镇 | 烟尘 | 停业，更换锅炉 | 5 | 2000.06 |
| 泰州市盘头电镀厂 | 永安洲镇盘头村 | 电镀废水 | 氧化还原法处理 | 3 | 2000.06 |
| 泰州市精细化工厂 | 永安洲镇 | 烟尘 | 旋风除尘 | 0.3 | 2000.06 |
| 泰州市明阳纺织辅料有限公司 | 许庄镇 | 烟尘 | 改烧无烟煤，二次燃烧工艺 | 0.3 | 2000.06 |
| 泰州市刁铺东泉浴室 | 刁铺镇解放路 | 烟尘 | 更换锅炉 | 5 | 2000.06 |
| 泰州市华泰煤机厂 | 许庄镇 | 烟尘 | 改烧无烟煤，二次燃烧工艺 | 0.3 | 2000.06 |
| 泰州市口岸丝厂 | 口岸镇通扬路 | 烟尘 | 旋风除尘 | 1.2 | 2000.06 |
| 泰州市口岸镇永兴服务经营部 | 口岸镇江平线 | 烟尘 | 水膜除尘 | 0.6 | 2000.06 |
| 江苏登月脚蹬集团公司 | 口岸镇柴墟路 | 烟尘 | 旋风除尘 | 1 | 2000.06 |
| 泰州市龙泉池浴室高港分部 | 刁铺镇环溪路 | 烟尘 | 旋风、水膜除尘 | 1.7 | 2000.06 |

续表77

| 企业名称 | 污染地点 | 污染物名称 | 治理项目名称 | 投资（万元） | 建成时间 |
|---|---|---|---|---|---|
| 泰州市口岸光明浴室 | 口岸镇通泰路 | 烟尘 | 水膜除尘 | 1 | 2000.06 |
| 泰州市万鑫粮油加工厂 | 野徐镇 | 烟尘 | 改烧无烟煤 / 鼓风机 | 0.2 | 2000.06 |
| 泰州市野徐富泰休闲中心 | 野徐镇 | 烟尘 | 旋风、水膜除尘 | 2 | 2000.06 |
| 泰州市许庄五金电镀厂 | 许庄镇 | 电镀废水 | 氧化还原法处理 | 2 | 2000.06 |
| 江苏鸿泰机电集团公司 | 野徐镇 | 机械加工废水 | 隔油池 | 4 | 2000.06 |
| 泰州市口岸文圣宾馆 | 口岸镇 | 烟尘 | 停业，更换锅炉 | 7 | 2000.06 |
| 泰州市华泰煤机厂 | 许庄镇 | 电镀废水 | 氧化还原法处理 | 1.6 | 2000.06 |
| 江苏登月脚蹬集团公司 | 口岸镇柴墟路 | 电镀废水 | 氧化还原法处理 | 12 | 2000.06 |
| 泰州市口岸工艺铸造厂 | 口岸镇 | 烟尘 | 停产 | — | 2000.06 |
| 江苏口岸制药机械厂 | 口岸镇 | 烟尘 | 停产 | — | 2000.06 |
| 泰州市口岸橡胶厂 | 口岸镇人民路 | 烟尘 | 停产 | — | 2000.06 |
| 泰州市雅妮娜巾被实业公司 | 田河镇 | 烟尘 | 停产 | — | 2000.06 |
| 江苏永安造船厂 | 永安洲镇 | 烟尘 | 停产 | — | 2000.06 |
| 泰州高钜印刷器材有限公司 | 高港码头 | 含酸废水 | 停产 | — | 2000.06 |
| 泰州苏中天线集团公司 | 高港车站东 | 电镀废水 | 氧化还原法处理 | 2 | 2000.06 |
| 泰州市三星装潢电镀厂 | 许庄镇 | 电镀废水 | 氧化还原法处理 | 3.1 | 2000.06 |
| 泰州市野徐五金工具厂 | 野徐镇 | 电镀废水 | 氧化还原法处理 | 2 | 2000.06 |
| 泰州市白马电镀厂 | 白马镇 | 电镀废水 | 氧化还原法处理 | 2.2 | 2000.06 |
| 泰州市永安铸造材料厂 | 永安洲镇 | 烟尘 | 水膜除尘 | 0.5 | 2000.07 |
| 北京玻璃集团泰州博美玻璃仪器厂 | 永安洲镇 | 烟尘 | 催化燃烧消烟 | 12 | 2000.07 |
| 泰州市刁铺华扬休闲中心 | 刁铺镇泰高路 | 烟尘 | 改烧无烟煤，二次燃烧工艺 | 0.3 | 2000.08 |
| 泰州市东方印刷版材厂 | 高港车站北侧 | 含酸废水 | 石灰乳中和沉淀 | 13.2 | 2000.09 |
| 泰州市化学纤维厂 | 高港区虹桥村 | 含粘合剂清洗水 | 混凝沉淀 | 23 | 2000.09 |
| 江苏五星毛毯厂 | 刁铺镇许河路 | 染色废水 | 生化装置 | 15 | 2001.04 |
| 泰州市电光源材料厂 | 高港区泰高路 | 含铜、镍废水 | 化学法 | 15 | 2001.04 |
| 泰州市兴光电镀厂 | 永安洲镇同兴村 | 电镀废水 | 氧化还原法处理 | 7.3 | 2001.05 |
| 泰州市磨具二厂 | 白马镇 | 烟尘 | 机械加煤 | 10 | 2001.08 |
| 泰州市刁铺冲压工艺厂 | 刁铺镇万庄村祥圩 | 冲床噪声 | 企业搬迁 | 10 | 2004.12 |

续表77

| 企业名称 | 污染地点 | 污染物名称 | 治理项目名称 | 投资（万元） | 建成时间 |
|---|---|---|---|---|---|
| 泰州市高伟化机厂 | 永安洲镇高永工业园 | 化工废水 | 停产 | 17.5 | 2006.01 |
| 泰州市润华电镀厂 | 许庄街道办事处 | 烟尘 | 拆除 | — | 2007.03 |
| 泰州市宝龙宾馆 | 野徐镇 | 烟尘 | 安装水膜除尘器 | 0.8 | 2007.06 |
| 许庄街道潮洋浴室 | 许庄街道办事处 | 烟尘 | 安装水膜除尘器 | 0.8 | 2007.07 |
| 泰州市新区特种胶带厂 | 口岸街道办事处 | 烟尘 | 旋风除尘 | 1.8 | 2007.08 |
| 泰州市华民锌品厂 | 野徐镇 | 烟尘 | 安装煤气发生器 | 38 | 2007.08 |
| 许庄街道桃源浴场 | 许庄街道办事处 | 烟尘 | 安装水膜除尘器 | 0.8 | 2007.08 |
| 泰州市华扬休闲中心 | 刁铺街道办事处 | 烟尘 | 安装水膜除尘器 | 0.8 | 2007.09 |
| 高港区虹阳浴城 | 口岸街道办事处 | 烟尘 | 安装水膜除尘器 | 0.8 | 2007.09 |
| 口岸街道新世纪浴场 | 口岸街道办事处 | 烟尘 | 安装水膜除尘器 | 0.8 | 2007.09 |
| 口岸街道高永浴室 | 口岸街道办事处 | 烟尘 | 安装水膜除尘器 | 0.8 | 2007.10 |
| 泰州市金港轧钢厂 | 口岸街道办事处 | 烟尘 | 搬迁 | — | 2007.11 |
| 泰州市龙泉胶带厂 | 口岸街道办事处 | 烟尘 | 旋风除尘（完善） | 0.8 | 2007.11 |
| 泰州市三星装潢电镀厂 | 许庄街道办事处 | 电镀废水 | 氧化还原法处理 | 8 | 2008.09 |
| 泰州市宝龙玻业有限公司 | 永安洲镇 | 烟尘 | 新上除尘设施 | 3.2 | 2008.10 |
| 泰州市润华电镀厂 | 许庄街道办事处 | 电镀废水 | 氧化还原法处理 | 6.4 | 2008.10 |
| 泰州市高港区三江冷轧厂 | 刁铺街道办事处 | 废水 | 新上治污设施 | 3.1 | 2008.10 |
| 泰州市高港包装容器厂 | 口岸街道办事处 | 废水 | 新上治污设施 | 4.2 | 2008.10 |
| 泰州市高港区和顺泡花碱厂 | 永安洲镇 | 烟尘 | 新上除尘设施 | 3.2 | 2008.11 |
| 泰州市明鹤化玻有限公司 | 永安洲镇 | 烟尘 | 新上除尘设施 | 3 | 2008.11 |
| 泰州市振华玻璃电器厂 | 永安洲镇 | 烟尘 | 新上除尘设施 | 3.1 | 2008.11 |
| 泰州市兴利玻璃有限公司 | 永安洲镇 | 烟尘 | 新上除尘设施 | 3.3 | 2008.11 |
| 北京玻璃集团泰州博美玻璃仪器厂 | 永安洲镇 | 烟尘 | 新上除尘设施 | 3.5 | 2008.11 |
| 泰州市高港区翰阳彩管厂 | 永安洲镇 | 烟尘 | 新上除尘设施 | 3 | 2008.11 |
| 泰州市中泰玻璃仪器有限公司 | 永安洲镇 | 烟尘 | 新上除尘设施 | 2.9 | 2008.11 |

# 第八篇　经济综情

# 第八篇　经济综情

历史上，境内经济是以农业为主体的自然经济，有粮油加工、纺织、酿酒等个体手工业。近代，高港港开埠通商，境内开始对外开放。口岸、刁铺的工商业因南官河和高港港的发展而兴旺。

20世纪70年代，社队企业发展较快。80年代起，口岸、刁铺乡镇工业异军突起，出现一批明星企业。建区后，高港区坚持工业立区、工业强区战略，大力兴办工业园区，发展外向型经济。1998年，建立滨江工业园。2002年，建立高港科技创业园。2004年，建立永安洲工业园。2006年，高港科技创业园升格为省级经济开发区。2008年，建立扬子江医药产业园。当年，全区完成地区生产总值78.63亿元，实现财政收入16.51亿元，实际利用外资和港澳台资11058万美元，城镇居民人均可支配收入16760元，农民人均纯收入7551元。

# 第一章 经济运行与经济结构

## 第一节 经济运行

### 一、“一五”至“八五”期间经济运行

“一五”（1953—1957）计划期间，境内全面推行农业合作化，开展对资本主义工商业的社会主义改造，国民经济步入有计划按比例发展的轨道。1958年，开展“大跃进”和人民公社化运动，在生产发展上追求高速度，忽视客观经济规律，造成1959—1961年国民经济发生严重困难。1961年起，各人民公社贯彻执行中央“调整、巩固、充实、提高”八字方针，大力发展农业生产，全面整顿工业企业，重点发展与人民生产生活密切相关的轻工业和手工业。1965年，工农业生产总值比1962年增长94%，粮食总产量增长1倍。“文化大革命”期间，各人民公社开展“农业学大寨”运动，进行大规模的农田基本建设，改革耕作制度，粮食产量有较快的增长。同时，社队工业有所发展。中共十一届三中全会后，农村实行家庭联产承包责任制，逐步打破公有制经济一统天下的格局。“六五”（1981—1985）计划期间，境内大力发展乡镇工业和商贸服务业，重点进行工业技术改造。“七五”（1986—1990）计划期间，各乡镇进一步贯彻“改革、开放、搞活”方针，加快经济建设。三次产业结构中，农业所占比重下降，服务业所占比重略有提高，工业所占比重大幅提高。固定资产投资总额增加，高港港万吨级过驳平台、壁纸生产等重大项目建成运行。高港港成为对外开放二类港，口岸镇被省政府批准为对外开放重点工业卫星镇，壁纸厂所产PVC发泡壁纸先后被评为江苏省优质产品和国家建设局优质产品，电光源材料厂的“昆仑”牌T2纯铜线和制药机械厂的“太星”牌ZP-33型旋转压片机被评为江苏省优质产品。“八五”（1991—1995）计划期间，境内镇村工业总产值实现大突破，工业技改投入是“七五”计划期间的10倍，行业门类以建材、机械、纺织为主。三次产业结构中，二产和三产的所占比重较“七五”时期又有所提高。

### 二、“九五”期间经济运行

1996年，境内各乡镇按照所在市“九五”（1996—2000）计划要求开展各项工作。建区之初，区委、区政府按照泰州市“九五”计划要求，围绕新区城镇建设、工农业生产和社会事业发展，提出“一年打基础，二年见成效，三年大变样”奋斗目标。至2000年，全区实现地区生产总值17.83亿元，人均地区生产总值8705元，分别是1996年的1.48倍、1.46倍；财政收入2.2亿元，是1996年的2.2倍；实现工农业总产值41.68亿元，其中，工业总产值37.07亿元、是1996年的1.83倍，农业总产值4.61亿元、是1996年的1.08倍；全区农民人均纯收入由1996年的2621元上升到3553元，城镇在岗职工每人平均工资由1996年的4427元上升到7803元。1997—2000年，累计引进“三资”企业（中外合资企业、中外合作企业、外商独资企业）40个，实际利用外资和港澳台资2355万美元。

"九五"后四年高港区主要经济指标完成情况一览表

表 78

| 项　目 | 单　位 | 1997年 | 1998年 | 1999年 | 2000年 | 2000年比 | | 年均增长±% |
|---|---|---|---|---|---|---|---|---|
| | | | | | | 1997年±% | 1999年+% | |
| 一、地区生产总值 | 亿元 | 13.02 | 14.51 | 15.89 | 17.83 | 36.94 | 12.21 | 11.05 |
| 1.第一产业 | 亿元 | 2.06 | 2.14 | 2.31 | 2.43 | 17.96 | 5.19 | 5.66 |
| 2.第二产业 | 亿元 | 5.03 | 5.9 | 6.62 | 7.8 | 55.07 | 17.82 | 15.75 |
| 其中：工业 | 亿元 | 4.34 | 4.83 | 5.36 | 6.33 | 45.85 | 18.1 | 13.41 |
| 建筑业 | 亿元 | 0.69 | 1.07 | 1.26 | 1.47 | 113.04 | 16.67 | 28.67 |
| 3.第三产业 | 亿元 | 5.93 | 6.47 | 6.96 | 7.6 | 41 | 9.2 | 8.62 |
| 二、农林牧渔业总产值 | 亿元 | 3.74 | 4.03 | 4.38 | 4.61 | 23.26 | 5.25 | 7.22 |
| 三、全部工业总产值 | 亿元 | 22.53 | 26.1 | 31.66 | 37.07 | 64.54 | 17.09 | 18.06 |
| 其中：列统工业总产值 | 亿元 | 12.53 | 13.61 | 16.05 | 18.74 | 49.56 | 16.76 | 14.36 |
| 四、列统工业销售收入 | 亿元 | 10.7 | 11.27 | 13.42 | 15.99 | 49.44 | 19.15 | 14.33 |
| 五、列统工业利税总额 | 亿元 | — | 0.98 | 1.08 | 1.29 | — | 19.44 | 14.73 |
| 六、列统工业利润总额 | 万元 | 1010 | 2014 | 2347 | 2967 | 193.76 | 26.42 | 43.22 |
| 七、全社会固定资产投资完成额 | 亿元 | 3 | 5.01 | 6.22 | 7.58 | 152.67 | 21.86 | 36.2 |
| 八、社会消费品零售总额 | 亿元 | 3.55 | 4 | 4.41 | 4.81 | 35.49 | 9.07 | 10.66 |
| 九、自营出口总额 | 万美元 | 1207 | 1556 | 664 | 1128 | -7.55 | 69.88 | -2.23 |
| 十、协议利用外资和港澳台资 | 万美元 | 30 | 351 | 316 | 1013 | 3276.67 | 220.57 | 223.22 |
| 十一、实际利用外资和港澳台资 | 万美元 | 930 | 312 | 461 | 652 | -29.9 | 41.43 | -11.16 |
| 十二、财政收入 | 亿元 | 1.26 | 1.48 | 1.81 | 2.2 | 74.6 | 21.55 | 20.42 |
| 十三、从业人员平均工资 | 元/人 | 5187 | 3650 | 6517 | 7797 | 50.31 | 19.64 | 14.55 |
| 其中：在岗职工平均工资 | 元/人 | 5180 | 5675 | 5579 | 7803 | 50.63 | 39.86 | 14.63 |
| 十四、农民人均纯收入 | 元/人 | 2938 | 3263 | 3450 | 3553 | 20.93 | 2.99 | 6.54 |

## 三、"十五"期间经济运行

2001年2月，高港区"十五"（2001—2005）规划经区一届人大四次会议批准通过。总体思路：以扩大内需和改善供给结构为切入点，在改革已经打下良好基础的条件下，着力推进体制转轨、结构转型、城乡转移三大发展模式的转换，实施工业主体、外向带动、私营个体、城市化和科教兴区五大战略，同时通过培育新的经济增长点，强化经济发展的动力，推动国民经济持续、健康、协调发展。2005年，全区完成地区生产总值36.1亿元，超出规划目标4.2亿元；财政收入7.61亿元，超出规划目标3.78亿元。第二产业增加值占地区生产总值的58.8%，年均上升3.3个百分点；自营出口总额为5397万美元，超出规划目标1376万美元。城镇居民人均可支配收入11000元，农民人均纯收入5286元，年均分别增长11.1%和8.53%。5年全社会固定资产投资累计达81.88亿元，超出规划目标36.88亿元。5年累计实际利用外资和港澳台资15943万美元，超过规划目标7943万美元。

## “十五”期间高港区主要经济指标完成情况一览表

表79

| 项　目 | 单　位 | 2001年 | 2002年 | 2003年 | 2004年 | 2005年 | 2005年比 | | 年均增长% |
|---|---|---|---|---|---|---|---|---|---|
| | | | | | | | 2001年+% | 2004年+% | |
| 一、地区生产总值 | 亿元 | 19.96 | 21.67 | 25.32 | 30.76 | 36.1 | 80.86 | 17.36 | 15.39 |
| 1.第一产业 | 亿元 | 2.55 | 2.5 | 2.58 | 2.89 | 3.02 | 18.4 | 4.5 | 4.32 |
| 2.第二产业 | 亿元 | 9.13 | 10.99 | 13.69 | 17.69 | 21.25 | 132.75 | 20.12 | 24.48 |
| 其中：工业 | 亿元 | 7.44 | 9.21 | 11.44 | 14.47 | 17.69 | 137.8 | 22.3 | 24.18 |
| 建筑业 | 亿元 | 1.69 | 1.78 | 2.25 | 3.22 | 3.56 | 116 | 10.6 | 20.47 |
| 3.第三产业 | 亿元 | 8.28 | 8.18 | 9.05 | 10.18 | 11.83 | 42.87 | 16.2 | 7.19 |
| 二、农林牧渔业总产值 | 亿元 | 4.3 | 4.57 | 4.29 | 5.03 | 5.24 | 21.9 | 4.2 | 5.07 |
| 三、全部工业总产值 | 亿元 | 43.24 | 52.6 | 64.86 | 83.42 | 105.4 | 143.8 | 26.3 | 24.95 |
| 其中：列统工业总产值 | 亿元 | 22.04 | 26.3 | 33.7 | 35.09 | 58.6 | 165.9 | 67 | 27.69 |
| 四、列统工业销售收入 | 亿元 | 18.85 | 23.34 | 29.42 | 32.86 | 54.38 | 188.5 | 65.5 | 30.32 |
| 五、列统工业利税总额 | 亿元 | 1.53 | 2.14 | 2.74 | 3.91 | 4.71 | 207.8 | 20.5 | 32.46 |
| 六、列统工业利润总额 | 万元 | 4057 | 7855 | 9774 | 15209 | 19700 | 385.6 | 29.5 | 48.44 |
| 七、全社会固定资产投资完成额 | 亿元 | 8.9 | 8.99 | 14.99 | 20.26 | 28.74 | 222.92 | 41.9 | 36.17 |
| 八、社会消费品零售总额 | 亿元 | 5.27 | 5.5 | 6.21 | 7.14 | 8.36 | 58.6 | 17.1 | 12.23 |
| 九、自营出口总额 | 万美元 | 1456 | 1683 | 2840 | 3636 | 5397 | 270.7 | 48.4 | 38.75 |
| 十、协议利用外资和港澳台资 | 万美元 | 748 | 3596 | 4835 | 7397 | 16938 | 1264.4 | 129 | 118.14 |
| 十一、实际利用外资和港澳台资 | 万美元 | 878 | 1460 | 2576 | 4584 | 6445 | 634.1 | 40.6 | 64.6 |
| 十二、财政收入 | 亿元 | 3.52 | 4.13 | 4.85 | 6.03 | 7.61 | 116.2 | 26.2 | 21.26 |

续表79

| 项　目 | 单　位 | 2001年 | 2002年 | 2003年 | 2004年 | 2005年 | 2005年比 | | 年均增长% |
|---|---|---|---|---|---|---|---|---|---|
| | | | | | | | 2001年+% | 2004年+% | |
| 十三、从业人员平均工资 | 元/人 | 9131 | 10112 | 12002 | 13703 | 15633 | 71.2 | 14.1 | 14.39 |
| 其中：在岗职工平均工资 | 元/人 | 9208 | 10156 | 12030 | 13856 | 15710 | 70.6 | 13.4 | 14.29 |
| 十四、农民人均纯收入 | 元/人 | 3810 | 4011 | 4269 | 4754 | 5286 | 38.7 | 11.2 | 8.53 |

## 四、"十一五"前三年经济运行

2006年2月，高港区"十一五"（2006—2010）规划经区二届人大四次会议批准通过。总体思路：围绕建设苏中"两个率先"先导区的目标，加快沿江开发、招商引资、城市建设、创业富民，努力建设经济繁荣、社会文明、人民富裕、环境友好的和谐新高港。至2008年，各项经济指标完成情况良好，全区完成地区生产总值78.63亿元，实现财政收入16.51亿元。自营出口额40460万美元。城镇居民人均可支配收入16760元，农民人均纯收入7551元。3年全社会固定资产投资累计163.96亿元，累计实际利用外资和港澳台资28441万美元。

### "十一五"前三年高港区主要经济指标完成情况一览表

表80

| 项目 | 单　位 | 2006年 | 2007年 | 2008年 | 2008年比 | | 年均增长+% |
|---|---|---|---|---|---|---|---|
| | | | | | 2006年+% | 2007年+% | |
| 一、地区生产总值 | 亿元 | 43.38 | 54.6 | 78.63 | 81.26 | 44.01 | 34.63 |
| 1.第一产业 | 亿元 | 3.09 | 3.25 | 5.97 | 93.2 | 83.69 | 69.71 |
| 2.第二产业 | 亿元 | 25.81 | 33.55 | 46.68 | 80.86 | 39.14 | 34.48 |
| 其中：工业 | 亿元 | 21.68 | 28.7 | 39.49 | 82.15 | 37.6 | 34.96 |
| 建筑业 | 亿元 | 4.13 | 4.85 | 7.19 | 74.09 | 48.25 | 31.94 |
| 3.第三产业 | 亿元 | 14.48 | 17.8 | 25.98 | 79.42 | 45.96 | 33.95 |
| 二、农林牧渔业总产值 | 亿元 | 5.25 | 5.43 | 10.38 | 97.71 | 91.16 | 40.61 |
| 三、全部工业总产值 | 亿元 | 135.08 | 180 | 261.7 | 93.74 | 45.39 | 39.19 |
| 其中：列统工业总产值 | 亿元 | 83.2 | 114.62 | 169.21 | 103.38 | 47.63 | 42.61 |
| 四、列统工业销售收入 | 亿元 | 80.17 | 110 | 162.26 | 102.39 | 47.51 | 42.27 |

续表80

| 项目 | 单位 | 2006年 | 2007年 | 2008年 | 2008年比 | | 年均增长+% |
|---|---|---|---|---|---|---|---|
| | | | | | 2006年+% | 2007年+% | |
| 五、列统工业利税总额 | 亿元 | 6.62 | 9.28 | 15.56 | 135.05 | 67.67 | 53.31 |
| 六、列统工业利润总额 | 万元 | 26700 | 43506 | 68200 | 155.43 | 56.76 | 59.82 |
| 七、全社会固定资产投资完成额 | 亿元 | 37.42 | 52.13 | 74.41 | 98.85 | 42.74 | 41.01 |
| 八、社会消费品零售总额 | 亿元 | 9.67 | 11.41 | 13.99 | 44.67 | 22.61 | 20.28 |
| 九、自营出口总额 | 万美元 | 19975 | 26369 | 40460 | 102.55 | 53.44 | 42.32 |
| 十、协议利用外资和港澳台资 | 万美元 | 15501 | 15981 | 23026 | 48.55 | 44.08 | 21.88 |
| 十一、实际利用外资和港澳台资 | 万美元 | 8571 | 8812 | 11058 | 29.02 | 25.49 | 13.59 |
| 十二、财政收入 | 亿元 | 10.06 | 12.22 | 16.51 | 64.12 | 35.11 | 28.11 |
| 十三、从业人员平均工资 | 元/人 | 18070 | 22078 | 27608 | 52.78 | 25.05 | 25.63 |
| 其中：在岗职工平均工资 | 元/人 | 18094 | 22182 | 27746 | 53.34 | 25.08 | 23.83 |
| 十四、农民人均纯收入 | 元/人 | 5888 | 6652 | 7551 | 28.24 | 13.51 | 13.24 |
| 十五、城镇居民人均可支配收入 | 元/人 | 12238 | 14309 | 16760 | 16.92 | 17.13 | 17.03 |

## 第二节 经济结构

### 一、所有制结构

【农业所有制结构】 新中国成立前，境内农村封建地主土地所有制占据统治地位，各阶层土地占有状况相差悬殊。据对土改前各阶层占有土地情况的调查显示，约占农村总户数5%的地主富农占有30%的土地；而占农村总户数60%多的贫雇农约占35%的土地。土地改革后，除国营农林场圃和公祠公学占有少量土地外，地主、富农的大部分土地均分给贫雇农使用，贫下中农占有90%的土地。1956年，境内大办高级农业生产合作社，至1957年10月，入社农户100%。除土地都入社外，大型农具、耕牛等生产资料均归合作社集体所有。1958年，境内执行中共中央《关于在农村建立人民公社问题的决议》精神，全面实行人民公社化，实现以公社为基本核算单位的大集体所有制。1962年，进一步明确以生产队为基本核算单位，实行"以队核算，自负盈亏"，队与队之间不得平调，按照田亩或劳力上缴大队管理费，确立"三级所有，队为基础"的核算体制。1979年，境内农村逐步推行家庭联产承包责任制。至1984年，确立"统分结合，户为基础"的双层经营体制，但主要生产资料土地仍为社会主义集体所有。同时，向承包农户发放土地承包使用证。1994—1998年，境内实行“增人不增地，减人不减地”为主要内容的农村土地二轮承包，并发放土地承包经营权证书，其土地性质仍为集体所有。2004年，执行《江苏省农村土地承包经营权流转办法》，开展土地经营权流转工作，妥善解决遗留问题，维护农民生产经营自主权。至2008年，全区农民承包耕地面积17.92万亩，其中流转面积21344亩、占承包土地总面积的11.91%。

【工业所有制结构】 新中国成立前，境内工业为个体手工业。新中国成立后，兴办集体所有制手工业。1953—1956年，基本完成对手工业、资本主义工商业的社会主义改造。1957年，境内个体手工业仅保留少量为城乡居民生活服务的“五匠”（木匠、瓦匠、篾匠、箍桶匠、裁缝）。“文化大革命”期间，“五匠”外出做工被当做“资本主义尾巴”加以批判。1978年，境内全民、集体工业产值分别约占工业总产值的30%和70%。1980年前后，出现以户办、联户办为主要形式的私营个体工业经济成分。1984年后，农村集体工业和户办、联户办工业迅猛发展，工业所有制结构发生显著变化。1985年，在境内工业总产值中，全民工业约占21%，集体工业约占77%，私营、个体工业约占2%。1990年，全民工业、集体工业、私营和个体工业产值分别约占境内工业总产值的13%、75%和12%，初步形成以全民企业为骨干、集体企业为主导、私营个体企业为补充的多种经济成分并存的工业经济格局。1990—1996年，口岸、刁铺等乡镇的工业企业实施厂长负责制、经营管理责任制。建区后，区委、区政府加大对工业企业体制改革和扶持私营企业的力度。2000—2003年，全区工业企业重点实施“三置换一保障”（置换国有、集体产权或股权，置换国有、集体企业职工身份，置换国有土地使用权，实行社会保障）改革。至2008年，全区247个规模以上工业企业中，集体企业20个，股份合作企业1个，有限责任公司20个，股份有限公司5个，私营企业167个，港、澳、台商投资企业8个，外商投资企业20个，其他企业6个。规模以上工业企业总产值中，集体企业占6.7%，有限责任公司占22.9%，股份有限公司占2.4%，私营企业占34.4%，港、澳、台商投资企业占2.1%，外商投资企业占28.7%，其他企业2.8%，全区工业基本形成以民营经济为主体的格局。

【商贸服务业所有制结构】 新中国成立前，境内服务业均为个体私营。1956年，境内基本完成对资本主义工商业的社会主义改造，私营商业全部实行公私合营或改为合作商店、合作小组。1958年，所有公私合营商业、合作商店、合作小组被并入国营商业或供销合作社。中共十一届三中全会后，逐步形成以国营商业为主导、多种经济形式、多种经营方式、多条流通渠道、少环节、开放式的商业流通体制。1989年，境内有私营个体商业户260户。建区后，除原泰兴糖业烟酒公司口岸门市部仍隶属于泰兴金凤商城外，其余3个国营商业企业从泰兴总公司剥离，成立泰州市高港百货有限公司、泰州市口岸五交化批发部。2002年9月起，对国有商业企业进行“三置换一保障”改革，逐步形成以民营商贸业为主体的商贸流通体制。2008年，全区有民营商贸服务业（含个体工商户）12932户，第三产业总产值25.98亿元，占全区地区生产总值的33.04%。

## 二、产业结构

新中国成立前，境内农业在生产总值中占绝对优势。新中国成立后，经过三年恢复和各个五年计划的实施，工农业生产迅速发展，第三产业亦较快发展。至1978年，境内第一、第二和第三产业分别约占地区生产总值的50%、45%、5%。

中共十一届三中全会后，境内在积极发展第一、二产业的同时，加快发展第三产业，至1997年，地区生产总值为13.07亿元，第一、第二和第三产业分别占地区生产总值的16.07%、38.03%和45.9%，三次产业结构顺序由1978年的一、二、三调整为1997年的三、二、一。

1997年后，区委、区政府注重发展工业经济，至“九五”期末，全区地区生产总值为18.13亿元，第一、第二、第三产业分别占地区生产总值的13.4%、42.2%、44.4%。“十五”期末，全区地区生产总值36.1亿元，第一、二、三产业分别占地区生产总值的8.37%、58.86%、32.77%，工业经济占据主导地位。“十一五”期间，区委、区政府制定“发展苏中领先、滨江新城快速崛起、社会发展和谐文明、人民生活全面小康”的主要目标，通过“十一五”规划前3年的努力，全区2008年地区生产总值78.63亿元。第一、二、三产业分别占地区生产总值的7.59%、59.37%、33.04%，与1997年相比，第一产业下降8.48个百分点，第二产业上升21.34个百分点，第三产业下降12.86个百分点。

**1997—2008年高港区地区生产总值及三次产业增加值比重一览表**

表81　　　　　　　　　　　　　　　　　　　　　　　　　　　　单位：亿元

| 年　份 | 地区生产总值 | 第一产业 | | 第二产业 | | 第三产业 | |
|---|---|---|---|---|---|---|---|
| | | 增加值 | 比重(%) | 增加值 | 比重(%) | 增加值 | 比重(%) |
| 1997 | 13.02 | 2.06 | 15.82 | 5.03 | 38.63 | 5.93 | 45.55 |
| 1998 | 14.51 | 2.14 | 14.75 | 5.9 | 40.66 | 6.47 | 44.59 |
| 1999 | 15.89 | 2.31 | 14.54 | 6.62 | 41.66 | 6.96 | 43.8 |
| 2000 | 17.83 | 2.43 | 13.63 | 7.8 | 43.75 | 7.6 | 42.62 |
| 2001 | 19.96 | 2.55 | 12.78 | 9.13 | 45.74 | 8.28 | 41.48 |
| 2002 | 21.67 | 2.5 | 11.54 | 10.99 | 50.72 | 8.18 | 37.75 |
| 2003 | 25.32 | 2.58 | 10.19 | 13.69 | 54.07 | 9.05 | 35.74 |
| 2004 | 30.76 | 2.89 | 9.4 | 17.69 | 57.51 | 10.18 | 33.09 |
| 2005 | 36.1 | 3.02 | 8.37 | 21.25 | 58.86 | 11.83 | 32.77 |
| 2006 | 43.38 | 3.09 | 7.1 | 25.81 | 59.5 | 14.48 | 33.4 |
| 2007 | 54.6 | 3.25 | 5.95 | 33.55 | 61.45 | 17.8 | 32.6 |
| 2008 | 78.63 | 5.97 | 7.59 | 46.68 | 59.37 | 25.98 | 33.04 |

# 第二章　外向型经济

## 第一节　对外和对港澳台贸易

清代中期起，境内始有农副产品出口。20世纪六七十年代，刁铺公社猪鬃厂的猪鬃、口岸农具厂的皮带螺丝、野徐公社的台虎钳出口，其中台虎钳是江苏省首批出口美国的五金产品。70年代末起，白厂丝、脚蹬等工业产品开始出口，有企业开始进口生产设备和原材料。80年代，玻璃量器、锉刀、杠铃、哑铃、食油船、趸船、糖衣机、颗粒机、压片机、鸡精口服液、天麻胶囊、养血生发胶囊、螺母、扑克、真丝睡衣等产品开始出口。80年代后期，境内乡镇外向型经济发展速度加快，汽车天线、小型驳船等产品开始出口。1997年，全区自营进出口总额1306.5万美元，其中进口100万美元、出口1206.5万美元，出口产品主要有船舶、机电、食品、日化、纺织5大类20余个品种，销30余个国家和地区。2002年起，招商引资成效初步显现，"三资"企业出口份额开始加大。2003年，欧美市场成为全区外贸出口主渠道。当年，全区自营出口总额2840万美元，其中"三资"企业出口份额占全区自营出口总额的53%。2006年，自营出口总额19975万美元，其中自营生产企业出口达14632万美元，区对外经贸工作获市一等奖。2008年，全区进出口总额4.88亿美元，其中出口4.05亿美元，自营生产企业和"三资"企业出口均大幅增加，分别为23048万美元、16862万美元。

## 一、出口商品

【农副产品、食品、中药材、宠物食品】 清道光年间，境内主要出口咸肉、火腿、花生、银杏等农副产品，商品大多经镇江港转运中国香港，销新加坡等东南亚国家。其中1千克银杏可换大米6千克。清代末民国初，境内猪鬃开始销往美国。民国17年（1928），蟾酥（俗称癞宝浆）及白酒行销日本和东南亚国家。民国21年，火腿外销菲律宾、马来亚、缅甸、暹罗等国。20世纪50年代，各乡镇供销合作社收购银杏、兔毛、山羊皮等土畜产品，经扬州地区外贸公司转上海口岸出口。六七十年代，境内蟾酥由泰兴、泰县医药公司收购销往日本、东南亚地区和中国香港。70年代中期至80年代中期，扬州粮油食品进出口公司高港外贸发运站收购里下河地区的咸蛋、皮蛋等土特产品，发往上海吴淞口，转销中国香港及东南亚地区，咸蛋、皮蛋年销量2万余缸。1980年，刁铺猪鬃厂出口水煮猪鬃1074箱，销西欧国家，外贸供货额80.55万元。1990年，刁铺猪鬃厂被外贸部、农业部定为"贸工农"联合出口商，产申、汉、渝3大类108个品种猪鬃1.49万箱全部出口，产值2710.67万元，外贸供货额2196万元，创外汇439万美元。1994年，刁铺猪鬃厂开始自营出口猪鬃。2005年，江苏佩蒂食品有限公司专业生产宠物食品，远销美国、日本、韩国等国家，年出口额1000万美元以上，成为全国最大的宠物用品生产出口企业之一。2008年，全区农副产品出口额3075万美元，创外汇328.6万美元。

【纺织、服装、工艺品、自行车配件、体育用品、墙壁纸、印刷版材】 1958年，刁铺地毯生产合作小组出口地毯505平方米。1979年，泰兴县自行车零件厂出口自行车脚蹬14.7万副。1986年，泰兴县礼品工艺厂出口羽毛工艺制品7.98万打，销荷兰、比利时，外贸供货额45.92万元。1988年，泰兴县自行车脚蹬厂出口自行车脚蹬102.2万副，占全国同类产品出口总量的43%。1989年，口岸缫丝厂出口白厂丝7.42吨，销日本、印度、意大利、法国、美国和中国香港地区，外贸供货额113.53万元，创外汇19.92万美元。泰兴县绣服厂生产的真丝睡衣出口日本3789套，外贸供货额63.93万元，创外汇11.5万美元。泰兴县首饰盒厂出口仿红木首饰盒1.35万只，销东南亚地区，外贸供货额47.4万元。泰兴壁纸厂出口PVC壁纸4.77万平方米，销苏联，外贸供货额17.2万元。刁铺体育器具厂的杠铃外贸供货额268.4万元。1990年，泰兴县自行车脚蹬厂出口自行车脚蹬160万副，销美国、英国、新加坡等20余个国家，外贸供货额624万元。1996年，泰州市奔仙丝绸服装有限公司与江苏省丝绸进出口公司合作，产品销往日本、德国、英国、法国、美国、挪威、西班牙、希腊等国家及中国港澳台地区，出口额占总销售额的95%。2000年，东方印刷版材厂阴图PS版、阳图PS版、热敏阳图CTP版出口西亚和北非地区。2001年，高港中港工艺品进出口有限公司成立，全区羽毛工艺出口品种增加到上千种。2003年，全区出口额超过100万美元的商品主要有服装、印刷版材、塑料编织物等。2005年，出口台球桌等体育用品至欧美。2008年，全区服装出口额超2000万美元，体育用品出口额1978万美元，印刷版材出口额1616万美元，无纺布出口创外汇217万美元。

【医药产品】1986年，扬子江制药厂出口鸡精口服液1万瓶。1987年，扬子江制药厂出口天麻胶囊9.72万粒、养血生发胶囊9.96万粒。1988年起，扬子江制药厂“宝琼”牌速效伤风胶囊和板蓝根干糖浆等中成药产品销瑞士、加拿大、新加坡等国家和中国香港地区。2000年3月，扬子江药业集团有限公司取得自营进出口资格证书，出口医药产品有紫杉醇注射液、碘海醇注射液、阿那曲唑片、胃苏颗粒、黄芪精、银杏叶片等，销西亚及北非、欧洲、新加坡、斯洛伐克、印尼等国家和地区，以及中国香港地区。泰州市洁乐医用敷料有限公司、泰州市榕兴抗粘敷料有限公司开始出口医用敷料。2004年，扬子江药业集团积极拓展海外市场，马来酸依那普利、枸橼酸他莫昔芬药品先后成为中国香港地区和埃及集中采购的中标药品。其他30余个中西药品在印尼、西非、东欧取得注册证书。2006年，扬子江药业集团实际出口额326万美元，在斯洛伐克、新加坡、几内亚、印尼、也门、巴基斯坦、尼日利亚注册医药产品77个。马来酸依那普利片在香港公立医院中占据90%的平均份额。2008年，扬子江药业集团的“凡林”注射剂在香港中标，成为内地在香港医药市场唯一中标的注射用药。全区医用敷料出口创外汇569万美元；原料药GCLE（全称：7-苯乙酰氨基-3-氯甲基-4-头孢烷酸对甲氧基苄酯）出口24.5吨，创外汇241万美元。

【船舶、机电、标准件、通用五金配件、化学制品、仪器】1979年，刁铺生物化工厂开始出口胱氨酸，刁铺砂轮厂开始出口油石。1982年，泰县台钳厂的“剑鱼”牌台钳获出口免检权，销20余个国家和地区。1986年，扬州市光明无线电元件厂出口天线类产品。1988年，地方国营泰兴造船厂为香港船东建造3000吨位钢质食油船和36米趸船，首开境内船舶出口记录。扬州美容化妆品厂出口高效防冻健美霜、速效治裂嫩肤霜、“虹雨”牌肤美灵嫩肤霜。泰兴制药机械厂出口颗粒机、糖衣机、压片机，创外汇20万美元。1990年，扬州市长江标准件厂出口美国8～24毫米螺母等标准件1043.8万只，外贸供货额262万元，创外汇48万美元。泰兴县万向轮厂出口美国万向轮14.62万只，外贸供货额145.97万元。泰兴县量刃具厂出口美国和西欧国家整形锉138.97万组，外贸供货额87.02万元。上海玻璃仪器一厂泰兴分厂出口计量仪器15万件，销东南亚地区，外贸供货额43.63万元。1992年，扬州市光明无线电元件厂获汽车无线产品自营进出口经营权。1996年，扬州市光明无线电元件厂出口汽车天线创外汇48万美元。1999年，船舶产品出口额约占全区出口总额的11%。三泰船业有限公司为日本太阳伊豫汽船株式会社承建的首艘万吨级工程船“兵库”号下水，口岸船舶工业公司在欧洲和西亚及北非地区签约4亿元订单，江苏鸿泰机电股份有限公司的台虎钳远销欧美、东南亚等

图 8-2-1　出口产品——口岸船舶为新加坡船东建造的25000吨多用途集装箱船（2003年摄）

80余个国家和地区。2003年，全区出口产品主要有船舶和台钳，出口额分别为956万美元和113万美元。2006年，船舶出口额占全区外贸出口总额的66%。泰州市鸿宝凯利消防器材厂生产的“鸿宝”牌正压式消防空气呼吸器销往西欧、南美、东南亚和中国港澳台地区。2008年，船舶出口2.91亿美元，占全区外贸出口总额的72%。

## 二、出口企业

图 8-2-2 出口企业——泰州市东方印刷版材有限公司（2007年摄）

20世纪50年代至90年代中期，境内出口产品收购、生产企业有各乡镇供销合作社、刁铺猪鬃厂、口岸缫丝厂、口岸自行车脚蹬厂、环宇工艺厂、口岸镇天如美术工艺品二厂、泰兴县礼品工艺厂、扬州市光明无线电元件厂、国内贸易部口岸船舶工业公司、扬州市扬子江制药厂、泰兴绣服厂、泰兴制药机械厂、斯达制衣厂、万达制衣厂、泰州圣诞礼品厂等。1997年，全区有外贸供货企业39个。2003年，全区有出口产品生产企业25个。2008年，全区有进出口经营权企业62个，其中自营生产出口企业27个、“三资”出口企业29个、外贸流通企业6个，出口额在500万美元以上的企业有泰州口岸船舶有限公司、泰州三福船舶工程有限公司、泰州远大旅游用品有限公司、泰州市东方印刷版材有限公司、泰州华伟鞋业有限公司、江苏佩蒂食品有限公司、斯达制衣（泰州）有限公司、江苏华辰塑料编织物有限公司。

## 三、出口促进

20世纪70年代，境内执行国家对农副产品收购的统一奖售标准。其中农户每交售1张山羊皮奖售化肥和粮食2.5千克。1994年7月起，贯彻实施《中华人民共和国对外贸易法》，由对外贸易经营企业与农户签订银杏收购合同，实行保底价收购。2003年，高港区开展“中小企业国际市场开拓资金”（2001年起国家设立的专项资金）申报工作，口岸船舶工业公司、泰州三福船舶工程有限公司、泰州苏中天线集团有限公司、江苏鸿泰机电股份有限公司共获企业管理体系认证3项、产品认证2项，获补贴20.33万美元。2004年，全区有1个境外展览会项目、1个企业管理体系认证项目和6个产品认证项目，获补贴14.8万美元。2005年，全区有2个境外展览会项目、6个企业管理体系认证项目、5个产品认证项目和1个境外投议标项目，获补贴29.47万美元。2006年，全区有12个境外展览会项目、8个企业管理体系认证项目、6个产品认证项目和1个境外投议标项目，获补贴38.91万美元。2007年，全区有7个境外展览会项目、4个企业管理体系认证项目、5个产品认证项目、2个国际市场宣传推介项目、3个国际市场考察项目和1个境外投议标项目，获补贴37.06万美元。2008年，全区有14

个境外展览会项目、4个企业管理体系认证项目、4个产品认证项目、1个国际市场宣传推介项目、2个国际市场考察项目和1个境外投议标项目，获补贴37.46万美元。

### 四、进口贸易

20世纪80年代，商业部口岸船舶修造厂（今泰州口岸船舶有限公司）、泰兴县口岸船舶修造厂（今泰州三福船舶工程有限公司）、东方印刷版材厂等企业开始进口部分生产设备及原材料。1986年，泰兴壁纸厂与中国新型建筑材料公司投资2200万元从荷兰STORK公司引进具有国际先进水平的圆网涂敷壁纸生产线1条。20世纪90年代至21世纪初，境内进口贸易主要采取加工贸易方式，进口企业主要有国内贸易部口岸船舶工业公司、江苏永合管业有限公司、万达制衣（泰州）有限公司、泰州三福船舶工程有限公司、江苏华辰塑料织物有限公司、江苏华新塑料编织物有限公司、泰州顶声专业音响有限公司、瑞得利宝（泰州）文具有限公司、宝丽鑫文具有限公司、斯达制衣（泰州）有限公司、泰州综盟纺织品有限公司、泰州市东方印刷版材有限公司、江苏皇冠壁纸有限公司、江苏奔仙丝绸服装有限公司、泰州展帆电子有限公司、泰州三庆服装有限公司、泰州刘淳金属制品有限公司、江苏扬子江药业集团凯威药用包装厂、泰州景皇旅游用品有限公司、泰州多俪斯工艺品有限公司等，进口产品以船舶、机电设备为主。2006年，全区进口总额5178万美元，其中船舶设备进口3863万美元。2007年，新增进口企业有贺尔碧格东方齿轮（泰州）有限公司、泰州华伟鞋业有限公司、江苏安吉利食品有限公司、泰州子民彩印有限公司、泰州口岸船舶有限公司、泰州龙冉装饰材料有限公司、泰州广越衬布有限公司、泰州苏中天线集团有限公司、泰州科创医用制品有限公司、益海（泰州）粮油工业有限公司。全区进口总额7855万美元，其中船舶设备6949万美元。2008年，全区进口总额8300万美元。其中，船舶设备进口7308万美元，占总进口额的88%；益海（泰州）粮油工业有限公司进口大豆688万美元，占总进口额的8%。

## 第二节　招商引资

### 一、招商引资政策

图 8-2-3　高港区外商圣诞联谊会（2006年摄）

1999年3月，区政府出台《招商引资奖励政策、外商投资优惠政策》。2002年6月，区政府印发《关于在高港科技创业园试行“零收费”的通知》，要求对进园企业免除区级所有收费。2003年，区委、区政府制定《高港区招商引资工作考核奖惩办法》，将全年利用外资和港澳台资指标分解到镇、园区和各经济部门。明确完成招商引资任务的单位才可以参加人民满意机关评选，对招商引资成绩突出单位和个人分别进行物质奖励。2005年，区委出台《泰州市高港科技创业园优惠政策》，进一步鼓励招商引资，加快园区建设。全区协议利用外资和港澳台资首次突破1亿美元关，达1.69亿美元。2005—2007年，区财政逐年支付招商引资奖金452.47万元、355.33万元、450.64万元。2008年，区政府出台《关于推进“飞地开发”的政策意见》，区科技创业园出台《鼓励工业企业向园区集中的政策意见》，建立健全招商工作绩效考评机制，营造良好的招商引资氛围。全年兑现招商引资奖金169.92万元。

### 二、招商引资活动

1997年，高港区组团赴香港开展招商引资活动，共招引项目2个，协议利用外资和港资320万美元。1999年4月28—30日，高港区首届投资贸易洽谈会在高港大酒店召开，共签订项目36个，协议利用外资和港澳台资1738万美元。2001年1月，区对外招商中心成立，统一组织全区对外招商活动。2003年4月，高港区在东莞设立招商办事处；7月，在厦门设立招商办事处；9月，区政府首次组织赴台湾招商，历时9天，走访50余个企业，与140余名台商举行联谊活动；10月，在泰州市第四届科技经贸洽谈会期间，有40余个境外公司到高港考察，洽谈项目20余个，全区引进外资和港澳台资项目12个，协议利用外资和港澳台资4082万美元。2004年5月，高港区在上海设立招商办事处；8月12—15日，举办“三泰啤酒文化节”外商恳谈会，邀请客商70余人，对外发布17个招商项目，签约利用外资和港澳台资项目4个。2007年4月，高港区分别在东莞和厦门举办招商恳谈会，共邀请客商90人，签约利用外资和港澳台资项目10个。2008年4月和7月，区分别在上海、东莞举行投资说明会，共邀请300余名客商参会，签约利用外资和港澳台资项目8个。

1997—2008年，全区共批准外商和港澳台商投资项目194个，协议利用外资和港澳台资9.25亿美元，实际利用外资和港澳台资5.32亿美元。

## 第三节　对外和对港澳台经济技术合作

### 一、工程承包

1998年，全区境外工程承包实现零突破，签订承包工程合同额30万美元，实际完成营业额11万美元。2000年，签订境外承包劳务合同额15万美元，实际完成营业额40万美元。2001年，签订境外承包劳务合同额45万美元，实际完成营业额43万美元。2004年，签订境外承包劳务合同额115万美元。2007年10月，泰州三福船舶工程有限公司获得对境外承包工程经营权。经营范围包括：承包境外造船、修船、拆船相关工程和境内国际招标工程，出口境外工程所需的设备、材料，对外派遣实施上述境外工程所需的劳务人员。2008年，泰州市高港建筑安装工程有限公司获得对外承包工程经营权，并与中铁十五局沙特分公司签订利雅得—达曼铁路复线工程劳务分包合同，合同额600万美元。全年签订境外承包工程合同额768万美元，实际完成营业额547万美元。

### 二、劳务合作

1991年，境内有5名服装工人被泰兴劳动服务公司外派阿联酋。此后，出国劳务人数逐步增加，工种由单一的服装加工扩至针织缝纫、机械电子、建筑装修、水产包装等。1997年，全区劳务合作业务主要涉及阿联酋、日本、沙特、新加坡、安哥拉、阿尔及利亚等国家。1999年，泰州市高港对外经济技术合作有限公司成立，主要从事外派劳务、技术投资咨询、材料进出口等业务，当年向境外派遣劳务人员66人。2000年，全区派遣劳务人员62人。其中，向约旦、毛里求斯派遣服装工人51人，首次向新加坡派遣建筑工人11人。2001年，向日本、新加坡、约旦共派遣劳务人员36人。2004年，全区派遣劳务人员64人。2007年，向新加坡、日本派遣劳务人员60人。2008年，向日本、韩国派遣劳务人员70人，其中向韩国派遣劳务人员23人。全年境外劳务合作营业额168万美元。

### 三、对香港投资

2000年7月，扬子江药业集团投资成立扬子江（香港）有限公司，首期注册资本10万港币。2005年7月，扬子江（香港）有限公司注册资本增至3010万港币。至2008年，扬子江药业集团的马来酸依那普利片、双氯芬酸钾片、注射用头孢哌酮钠舒巴坦钠等药品通过该公司在香港相继成功中标，进入香港各公立医院，

# 第三章　经济开发区

## 第一节　江苏泰州高港高新技术产业园区

2002年初，区委、区政府决定成立高港科技创业园，正科级建制。2003年1月17日，成立园区党工委、管委会，下设办公室、规划部、服务部、财税部、招商部、物管部、外经贸部。当年，完成基础设施投入6000余万元，基本实现"七通一平"（通道路、供电、供排水、污水处理、邮电、宽带、有线电视，土地平整），开发面积2.6平方千米。2006年3月，许庄街道办事处成立，与园区管委会合署办公。调整园区内设机构，改设党政办公室、经济发展办公室、政法综治办公室、社会事务办公室、财政所。4月，经江苏省人民政府批准为省级经济开发区，并更名为江苏泰州高港高新技术产业园区。2007年12月17日，机构规格调整为副处级。至2008年，园区建设累计投资20亿元，开发面积9平方千米，入园企业48个，从业人员5256人。

2002—2008年高港高新技术产业园区主要经济指标完成情况一览表

表82

| 年份 | 地区生产总值（亿元） | 财政总收入（万元） | 工业总产值（亿元） | 工业开票销售收入（亿元） | 进出口总额（万美元） | 利润（亿元） | 税收（亿元） | 全社会固定资产投资（亿元） |
|---|---|---|---|---|---|---|---|---|
| 2002 | 3.35 | 1295 | 11.01 | 3.3 | — | 0.24 | 0.05 | 1.7 |
| 2003 | 4.1 | 1860 | 13.76 | 3.86 | — | 0.39 | 0.09 | 2.1 |

续表82

| 年份 | 地区生产总值（亿元） | 财政总收入（万元） | 工业总产值（亿元） | 工业开票销售收入（亿元） | 进出口总额（万美元） | 利润（亿元） | 税收（亿元） | 全社会固定资产投资（亿元） |
|---|---|---|---|---|---|---|---|---|
| 2004 | 5.2 | 2411 | 17.21 | 4.85 | 233 | 0.57 | 0.13 | 3.6 |
| 2005 | 6.4 | 3260 | 21.51 | 6.03 | 1080 | 0.71 | 0.17 | 5.3 |
| 2006 | 7.58 | 3712 | 27.6 | 9.06 | 3404 | 0.89 | 0.23 | 7.2 |
| 2007 | 9.41 | 4652 | 34.1 | 11.17 | 4786 | 1.11 | 0.29 | 10.61 |
| 2008 | 11.69 | 5807 | 42.32 | 13.88 | 3793 | 1.49 | 0.36 | 13.64 |

## 一、规划布局

2004年11月9日，高港科技创业园委托东南大学规划设计院编制的《泰州市高港工业园区规划》通过泰州市人民政府批复。规划总用地17.36平方千米，东至太平中沟，西至泰高路，南至宁通公路，北至唐家庄，主要发展金属制品、纺织、电子信息等产业。2008年，委托泰州市城市规划设计院编制园区新一轮规划方案。方案设定规划面积为45.5平方千米，总用地面积36.2平方千米，东至泰州长江公路大桥北接线，西至南官河，南至通港路，北至市医药产业开发区界址。该规划以区域协调发展、优化产业结构和空间布局为切入点，加快基础设施和生态环境建设，发挥区域分工协调的作用，把园区建设成为产业发展与人居环境相协调的现代化高港北部新区；充分利用区位及交通优势，实行产业联动和园区多方位、多层次经营，强化园区的综合功能。园区产业发展定位为以电子信息、汽摩配件、医疗器械、壁纸、专业市场、仓储物流等产业为主的高科技产业园区。

## 二、基础设施

【征地拆迁】 2003—2006年，园区征用官沟村7组、9组、10组、16组130.28亩土地和太平组0.84亩土地，建设厂房和道路，未涉及住房拆迁。2008年，征用许庄街道马厂社区1组、4组、6组及村集体土地共53亩，建设湖滨小区。执行《泰州市征地房屋拆迁补偿安置管理办法》，给予9户家庭、8个企业征地拆迁补偿。

【道路】 2002年，园区内原有道路：刁泗路、振北路、三星路、许田路。新建创业大道，改建振兴大道。2003年，筑创新大道、永盛路、永兴路、兴旺路，改扩建创业大道。2004年，建兴城路。2006年，改建三星路。2008年，建马厂中沟路、兴隆路、兴港路。至此，园区共有道路12条，均为混凝土路面，总长22.76千米，路宽8～24米，同步完成路灯、排水等配套工程。

【桥梁】 2002年，园区内原有桥梁9座，分别是许庄大桥、马厂桥、太平桥、官沟桥、唐东大桥、唐西大桥、振北路马厂中沟大桥、振北路周梓中沟大桥和许庄河大桥。2004年，改建唐东大桥。2006年，改建许庄河大桥、太平桥、官沟桥、许庄大桥、马厂桥，建许南桥。2008年，改建生产河（鸭子河）大桥，建塘许路周梓中沟大桥、塘许路官沟中沟大桥、塘许路马厂中沟大桥和振兴桥。至此，园区有桥梁16座，均为钢筋混凝土结构。

【供水】 2003年，园区启动周梓中沟至官沟中沟、官沟中沟至兴园路东、万达制衣至周梓中沟、官沟中沟河西自来水管网建设。2004年，铺设官沟中沟以东自来水管道。2005年，铺设创业大道东延段自来水管道112米。2006年，铺设兴园南路自来水管道。2007年，启动民营工业园自来水管网建设。至2008年，园区累计铺设直径160毫米供水管道2000米、直径200毫米供水管道3000米。

【污水管网】 2007年9月至2008年3月，区水利局牵头实施许庄段污水管网一期工程。管道由南官河泵站沿塘许路（创新大道）至太平中沟，全长6.5千米，采用直径1000毫米玻璃钢夹砂管，沿途建污水提升泵站2座，总投资1500万元。2008年6月，开工建设许庄段污水管网二期工程，管道全长7.3千米，连接园区主干管，采用直径500～600毫米玻璃钢夹砂管，总投资1200万元。

【供电】 2002—2008年，园区有35千伏许庄变电所和220千伏官五变电所2座，为园区内用电提供保障。

【有线电视】 2002—2008年，市广电局投资200万元，全面建设和优化园区有线电视网，实现园区和许庄街道有线电视全覆盖，共有有线电视用户2500户。

【电信通信】 2002—2005年，泰州电信局投资250余万元建成园区小灵通通信网络，投资650余万元改窄带上网为宽带上网。2006—2008年，泰州电信局投资50万元在园内建成DSLAM（Digital Subscriber Line Access Multiplexer，数字用户线接入复用设备）15个，接入总机房5个。2008年，园区共有宽带用户近4000户。

## 三、项目引进

2002年，园区引进外资和港澳台资项目8个、内资项目3个，成立泰州顶声专业音响有限公司、江苏皇冠壁纸有限公司、泰州永盛彩印包装有限公司、万达（泰州）制衣有限公司、泰州展帆电子有限公司、泰州瑞凯光学有限公司、宝丽鑫（泰州）文具有限公司、御鼎食品（泰州）有限公司、江苏庆泰钢结构有限公司、泰州市科源工业设备安装有限公司、泰州市华通消防器材厂，项目总投资1.24亿美元。2003年，引进境外投资项目2个、内资项目2个，成立上海景皇旅游用品有限公司、江苏佩蒂食品有限公司、泰州锦祥工艺有限公司、泰州浦发电器有限公司，项目总投资2000万美元。2004年，引进外资和港澳台资项目5个、内资项目2个，成立泰州大旺塑钢有限公司、泰州欧休宠物用品有限公司、泰州子民彩印有限公司、精拓机电（泰州）有限公司、泰州刘淳金属制品有限公司、泰州市润杰五金机械制造有限公司、三荣针织制衣（泰州）有限公司，项目总投资3450万美元。2005年，共引进外资、港澳台资、内资项目8个，成立泰州龙冉装饰材料有限公司、泰州裕祥电子有限公司、江苏慈光食品有限公司、

图 8-3-1　墙纸生产线（2008年摄）

泰州钛锆金属有限公司、泰州市鑫龙螺纹工具厂、泰州市凯尔机具有限公司、泰州市中海机械有限公司、泰州市华强照明器材有限公司，项目总投资8000万美元。2006年，引进投资项目12个，成立泰州台阳涂料工业有限公司、泰州润海船用设备有限公司、泰州市环科生物新能源有限公司、泰州市环宇非织造布有限公司、泰州飞翔车辆工具厂、泰州菲尔特高分子材料有限公司、泰州市大唐化工有限公司、泰州子辰教学设备有限公司、泰州承泰电子有限公司、泰州飞明电子有限公司、泰州市鑫源特种构件制造有限公司、泰州市金鹰齿轮有限公司，项目总投资6910万美元。2007年，常州银河电器有限公司投资人民币2758.8万元，成立泰州银河寰宇半导体有限公司。2008年，引进投资项目7个，成立泰州科思燃气有限公司、江苏诚德钢管有限公司、泰州海天半导体有限公司、泰州友润电子有限公司、江苏亚太吊具有限公司、泰州东田电子有限公司、泰州市麒雅墙纸有限公司，引进外资和港澳台资2000万美元、内资10.78亿元。

## 第二节　高港区永安洲工业园

2004年3月，区委、区政府按照全省沿江经济开发总体目标要求，成立区沿江开发工作领导小组，下设沿江开发办公室。9月，成立高港区永安洲工业园党工委、管委会，以永安洲镇为主载体，实行“区镇合一”运行模式。永安洲工业园内设办公室、招商部、服务部、建设部、财务部。12月31日，区机构编制委员会确定区沿江开发办公室和永安洲工业园合署。2005年10月，开工建设泰州港永安作业区一期工程。2006年11月29日，泰州港永安作业区一期工程竣工并投入试运行。至2008年，累计投入建设资金1.38亿元，开发面积5.67平方千米，入驻企业84个，从业人员1.2万人，形成粮油食品、船舶、高分子材料、现代物流四大产业。

**2004—2008年高港区永安洲工业园主要经济指标完成情况一览表**

表83

| 年份 | 地区生产总值（亿元） | 财政总收入（万元） | 工业总产值（亿元） | 工业开票销售收入（亿元） | 进出口总额（万美元） | 利润（亿元） | 税收（亿元） | 全社会固定资产投资（亿元） |
|---|---|---|---|---|---|---|---|---|
| 2004 | 3.33 | 1734 | 8.23 | — | 167 | 0.2 | 0.35 | 1.89 |
| 2005 | 3.84 | 3079 | 13.44 | — | 296 | 0.38 | 0.49 | 4.63 |
| 2006 | 4.73 | 4100 | 20.15 | — | 700 | 0.58 | 0.8 | 7.01 |
| 2007 | 6.17 | 7578 | 36.09 | — | 1280 | 1.16 | 2.02 | 13.06 |
| 2008 | 8 | 14090 | 61.07 | 28.07 | 5008 | 1.5 | 2.69 | 23.11 |

### 一、规划布局

2006年5月24日，区第二届人大常委会第24次会议审议通过《泰州市高港区永安洲沿江开发规划》。规划开发江平线以南、东夹江以北、长江以东的区域，面积52.34平方千米。规划区内以古马干河和过江通道为边界，形成古马干河南片、北片和过江通道北片三大片区，过江通道北侧主要为居住用地，过江通道南侧主要为产业用地。规划内容包括长江岸线利用和港口布局规划、综合交通规划、绿地系统规划、景观生态系统规划、市政工程规划、专项工程规划。

2008年3月，永安洲工业园规划课题组编制高分子新材料、能源建材、粮油食品、现代物流、船舶制造等产业专项发展规划。

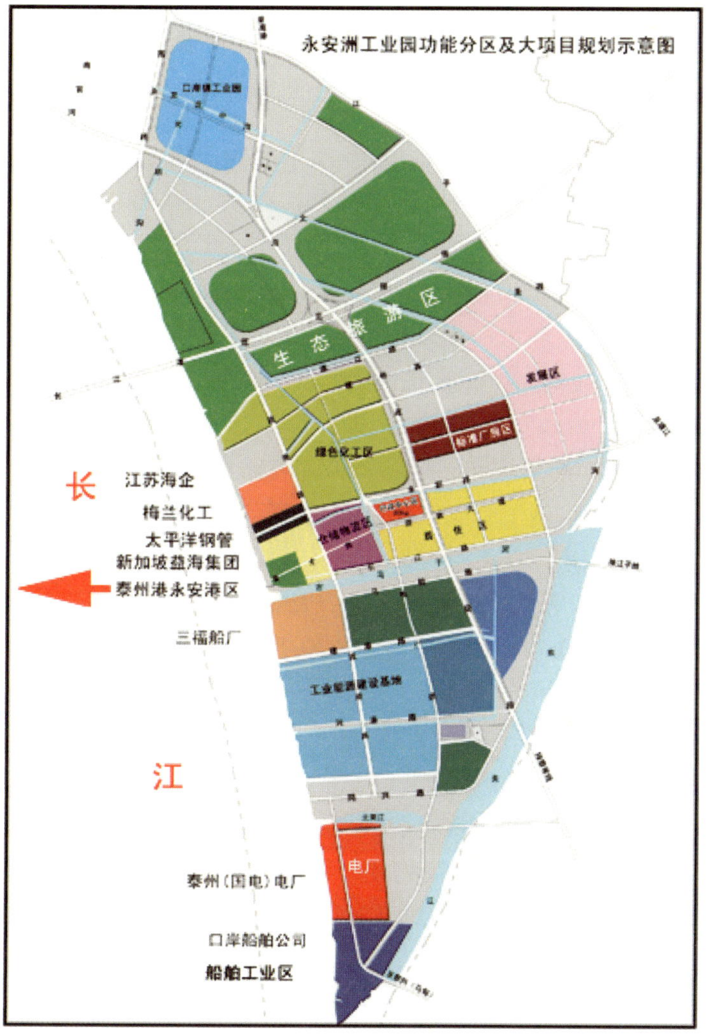

图 8-3-2　永安洲工业园功能分区及大项目规划示意图

## 二、基础设施

【征地拆迁】 2004年，共征用上桥村（11～13组、16组、19～21组、26～27组）、建安村（4组）土地1187.26亩，其中耕地934.88亩，动迁居民544户，开发用途为道路建设用地。2005年，共征用上桥村（1～4组、6～7组、9～13组、16～17组、19～21组、26～27组）、中心村（6组、10～11组、26～27组、33～36组）、永兴村（1～2组、4组、8～11组、15组、17组）、兴洲村（1组、5～7组）土地2094.27亩，其中耕地1507.02亩，动迁居民92户，开发用途为工业、道路、安置区建设用地。2006年，共征用上桥村（1组、4组、6～8组、11～13组、17组、19组）、中心村（8组、11～12组、20～25组、32～33组、36组）、永兴村（1～2组、9组、11组、26组）、新街村（1～5组、8组、11组、17～19组、20～23组）、福沙村（1组、5组、8～11组、13～16组）土地2304.01亩，其中耕地1651.57亩，动迁居民452户，开发用途为工业、道路、安置区建设用地。2007年，共征用上桥村（11～15组、18～19组）、建安村（4组）、中心村（10～11组、22组、26～27组、32组、36组）、永兴村（9～12组）、福沙村（5～7组）土地1655.02亩，其中耕地1304.99亩，动迁居民657户，开发用途为工业、道路建设用地。2008年，共征用永胜村（1～2组、18～19组）、上桥村（13～14组、16组、18组、21～22组）、建安村（5组）、兴洲村（1组）、中心村（21～22组、24组）、永兴村（7组、11组、26组）、新街村（1～2组、18～19组）、福沙村（1组）土地503.14亩，其中耕地368.1亩，动迁居民286户，开发用途为工业、安置区建设用地。

【道路】 2004年，园区原有道路10条，分别是育才路、润洲路、双桥路、兴洲路、引江路、口永路、马船路、马船西路、马永路、永安北路，全长27.88千米。扩建口永路，建沿江高等级公路永安洲段、疏港北路、建桥路。2005年，扩建马船路、马船西路、马永路，建东夹江路、迎宾大道。2006年，扩建永安北路，建疏港南路、同兴路。至2008年，累计投入道路建设资金1.06亿元，共有道路17条，总长48.09千米，路宽7～27米。

【桥梁】 2004年，园区原有桥梁7座，分别是永安大桥、建安桥、裕民桥、永新桥、上桥大桥、永明桥、永福桥，总长297米。建新渔桥。2005年，建永正桥、兴无桥、塘圩桥。2006年，改建上桥大桥，建古马干河桥、上桥中桥。2007年，改建永福桥、永明桥，建东江桥。至2008年，累计投入桥梁建设资金190万元，共有桥梁14座，总长725米，桥宽4～27米。

【供水】 2004年，由永安洲镇自来水厂为园区22个企业集中供水，年供水量15万吨。2005年，永安洲镇自来水厂投资108万元，沿育才路、疏港北路铺设直径250毫米PVC供水管道4.4千米。2006年，为泰州市高永化工集中区（永安洲工业园组成部分之一）铺设直径160～200毫米供水管道3.8千米，为永安洲工业园标准厂房区铺设直径100～160毫米供水管道2.5千米。2007年，投资208万元，沿江边大坝和同兴路至疏港南路铺设直径300毫米供水管网4.4千米。2008年，永安洲镇自来水厂为园区73个企业集中供水112万吨。

【供电】 2004年，35千伏永安变电所建成投运，园区全年工业用电5100万千瓦时。2008年，110千伏古马变电所建成投运。永安洲镇及永安洲工业园区共有10千伏配电线路18条，总长108.53千米，其中企业专用配电线路4条，园区工业用电量8200万千瓦时。

【有线电视】 2005年5月，永安洲广电站投入10余万元，为国电泰州发电有限公司铺设光缆6.5千米，开通职工生活区有线电视光节点1个。12月，为国电泰州发电有限公司再铺设光缆1.5千米，开通办公区有线电视光节点1个。至2008年，园区内共有有线电视用户300户。

【电信通信】 2004年，永安洲镇电信支局投入350万元，为国电泰州发电有限公司铺设光缆9.8千米，建接入网机房1座、光纤线路入楼机房4座，安装固定电话650部；投入210万元，为泰州市富彤化工有限公司铺设光缆4.3千米，建光纤线路入楼机房2座，安装固定电话41部；投入350万元，为泰州三福船舶重工有限公司铺设光缆4.7千米，建光纤线路入楼机房4座，安装固定电话380部；投入80万元，为泰州市旺灵绝缘材料厂铺设电缆3.5千米，安装固定电话30部。2005年，永安洲镇电信支局在永安洲工业园标准厂房区内铺设电缆6千米，为企业安装固定电话150部。2006年，永安洲镇电信支局为江苏海企化工仓储有限公司铺设电缆2千米、光缆2千米，安装固定电话80部。2007年，永安洲镇电信支局投入100万元，为益海（泰州）粮油工业有限公司铺设电缆3.2千米、光缆3.2千米，安装固定电话400部；投入750万元，在泰州市高永化工集中区内铺设光缆4.9千米，建光纤线路入楼机房15座，安装固定电话350部。2008年，永安洲镇电信支局投入410万元，为泰州中航船舶重工有限公司铺设光缆13.2千米，建接入网机房1座，安装固定电话290部。园区内共有小灵通用户810户、宽带用户160户。

## 三、项目引进

2004年，园区协议利用外资和港澳台资2.2亿美元，实际到账200万美元。引进国电泰州发电有限公司、富彤化工等内资项目14个，其中国电泰州发电有限公司一期工程静态总投资81.6亿元、动态总投资88.4亿元。2005年，协议利用外资和港澳台资5500万美元，实际到账2604.99万美元，引进投资项目16个，其中泰州永安港务有限公司5万吨级集装箱码头项目投资额5亿元、江苏海企化工仓储项目投资额1.5亿美元。2006年，协议利用外资和港澳台资1219.27万美元，实际到账1075万美元，引进投资项目16个，其中益海粮油项目投资额1.7亿美元。2007年，协议利用外资和港澳台资5500万美元，实际到账2279万美元，引进投资项目15个，其中中航船舶项目投资额18亿元。

2008年，园区协议利用外资和港澳台资10072.5万美元，实际到账5355万美元，引进投资项目24个。2004—2008年，共有85个企业入驻永安洲工业园。

## 第三节　乡镇工业园区

### 一、口岸私营工业园区、口岸工业园区

【口岸私营工业园区】 2000年5月，口岸镇在东至田河中沟、西至高港汽车站、长1.5千米的江平线两侧建私营工业园区。至2008年，共有入驻企业21个。

【口岸工业园区】 2002年，口岸镇筹建工业园区。2003年9月，区委、区政府批准设立口岸镇工业园区。12月，口岸镇对工业园区进行规划设计，规划范围为扬子江南路东侧、友谊港路北侧，面积3平方千米。至2008年，开发面积1平方千米，铺设道路17万平方米，入园企业73个，其中有泰州锦泰实业有限公司、泰州市远大旅游用品有限公司、泰州市超人电子有限公司等外资和港澳台资企业16个，基本形成机械、旅游用品、电子、化工等产业集聚。

### 二、刁铺工业园区

2002年10月，刁铺镇筹建工业园区，规划范围为东至丰岸路、西至南官河、南至许庄河、北至江苏华狮啤酒有限公司预留地，规划总用地0.13平方千米，发展胶带、塑料制品、金属制品、电子信息等产业。2003年1月，成立刁铺工业园服务有限公司，园区建设实行市场化运作、企业化经营。2003—2004年，泰州市五星教学设备有限公司、泰州市通途电器有限公司、泰州市环威胶带有限公司、泰州市金明带业有限公司、泰州市艳阳天塑料科技有限公司、泰州市三江冷轧厂、泰州市金泰来贸易有限公司等16个企业先后入驻园区。至2008年，开发面积0.13平方千米，共有入园企业20个。当年完成工业总产值12.48亿元、销售额12.35亿元，实现利税9685万元。

### 三、白马镇工业园区

2002年，白马镇创办工业园区，在金马东街两侧、姜高路陆家村至金马居委会段两侧规划工业用地0.2平方千米。2004年，在姜高路前进村段两侧规划第二批工业用地0.1平方千米。园区内主要发展机械器具、电子信息、体育健身器材、塑料及金属制品等产业。至2008年，开发面积0.2平方千米，共有入园企业34个，其中骨干企业有江苏飞耀机械制造有限公司、泰州市奥华体育健身器材有限公司、泰州市华宝电站设备有限公司、泰州市荣美液压机械制造有限公司、江苏晟雅家具有限公司、泰州市白马塑料制品有限公司。当年完成工业总产值8.12亿元、销售额7.6亿元，实现利税0.57亿元。

### 四、大泗镇工业园区

2000年，大泗镇创办工业园区，分大泗、霍堡2个片区，规划总用地面积0.3平方千米。当年有8个企业入驻。2002年，出台关于鼓励工业经济发展的若干激励政策，其中新办企业所得税实行“前3年免税，后2年减半收取”政策。2008年，出台相关激励政策，设企业发展速度奖和财税贡献奖，鼓励企业入园创业。园区规划面积调整为0.31平方千米，开发面积0.22平方千米，共有入园企业14个。

完成工业总产值2.1亿元、销售额2.05亿元，实现利税0.3亿元。

## 五、胡庄镇工业园区

2000年，胡庄镇创办工业园区，规划用地面积0.8平方千米，实际预留用地0.12平方千米。2002年，泰州市茂尧聚氨酯塑料制品厂入驻园区，成为首个入园企业。2005年，投资100万美元的泰州市路华服装有限公司在园区落户，系胡庄镇引进的首个外资和港澳台资企业。随后，有泰州市长江标准化厂房有限公司、泰州市中兴医械科技有限公司、泰州市辉春医疗器械有限公司、江苏佳基电子有限公司、江苏鑫泰智能科技有限公司、泰州市鑫昌机械有限公司6个企业入驻。至2008年，胡庄镇工业园区共有企业13个。当年完成工业总产值1.8亿元、销售额1.68亿元，实现利税0.16亿元。

## 六、野徐镇工业园区

2001年11月，野徐镇成立镇工业园区规划发展有限公司，负责园区规划、征地拆迁、招商引资等工作。此后，启动基础设施建设，征用土地近2000亩，拆迁房屋1200平方米，铺设道路3千米，新增供电变压器36台，架设配电线路2.5千米，自来水、污水管网一并实施到位。至2004年，野徐镇工业园先后建成第一、第二工业园和姜高路经济带，形成“二园一带”格局，引进项目81个。2008年，开发面积1.75平方千米，入园企业88个，其中年销售额500万元以上企业20个。当年完成工业总产值18.65亿元。

## 附：泰州经济开发区滨江工业园

1998年12月，高港区创办滨江工业园，规划面积5.33平方千米，位于口岸镇南官河以西、江都界以东、杨湾港公路以南，涉及高港、时仙、虹桥、复原、双泰、杨湾、生宁、长圩、双福、故土、合乐11个行政村和高港居委会，总人口1.5万人。至2000年7月，累计投入建设资金7000万元，拉开区内“三纵三横”道路框架，开发面积2平方千米。投资1800万元，建成污水处理厂一期工程，日处理污水1万吨。共引进投资项目7个，总投资额6.08亿元。环保热电厂一期工程建成后，装机总容量36万千瓦。当月，滨江工业园整建制划归泰州市经济开发区。至2008年，初步形成石油化工、纺织印染、生物医药、新型建材和物流等产业的集聚。

# 泰州市高港区志

## 第九篇　农　业

第一章　农业经济综情
第二章　种植业
第三章　林业　蚕桑业
第四章　畜牧业
第五章　渔　业
第六章　农机具

# 第九篇　农　业

境内属于种植业与畜牧业并重的平原综合农业区，全年四季分明，气候温和湿润，适宜农作物生长。

新中国成立前，境内种植以旱谷为主，永安洲、口岸、龙窝口地区和刁铺的部分村亦种植水稻。近代商业的兴起对境内畜禽饲养业有所促进，尤以产猪闻名。栽植银杏树历史逾千年，尤以口岸、刁铺、田河、胡庄、许庄为甚，素有“银杏之乡”美誉。境内长江段渔业资源丰富，盛产鲥鱼、刀鱼、河豚等特种水产。

20世纪50年代，经过土地改革和农业合作化，境内农业生产力得到解放。1958年的“大跃进”运动和人民公社化早期的“五风”（共产风、浮夸风、强迫命令风、生产瞎指挥风、干部特殊化风），加上自然灾害，使农业生产水平骤然下降。60—70年代，境内大力开展农田基本建设，平整土地，改良土壤，兴修农田水利，推行“旱改水”“单改双”等耕作制度改革，农作物种植逐渐由以旱谷为主改为水旱并重，实行水旱轮作。其间，片面强调“以粮为纲”使农业生产一度愈来愈单一化，“大寨式记工”“大寨式自报公议口粮分配”等做法扩大了分配上的平均主义，一度影响农民的生产积极性。实行家庭联产承包责任制后，农民生产积极性空前高涨，农业生产迅速发展，畜牧业和林业生产也得到长足发展。1985—1996年，科技种田和农业机械化水平不断提高，农业稳步发展。

建区后，全区进一步深化农村经济体制改革，全面完成二轮土地承包工作。通过不断加大农业投入、调整农村产业结构、实施科技兴农战略，农林牧副渔全面快速发展。2008年，全区农业增加值5.97亿元，占全区地区生产总值的7.59%，比1997年增加3.91亿元；粮食总产量15.29万吨，农机装备1.2万台、10.2万马力。

# 第一章 农业经济综情

## 第一节 农业体制改革

### 一、土地改革

民国35年（1946）5月4日，中共中央发出《关于清算地租及土地问题的指示》，境内解放区进行土地制度改革（简称“五四”土改）。至9月末，境内大部分解放区基本完成“五四”土改。后因华中野战军主力部队战略转移，地方干部北撤，国民党军队疯狂围剿解放区，地主富农复田倒租，使土改的胜利果实得而复失。次年11月起，境内解放区贯彻中共中央《中国土地法大纲》，开展土改复查工作，纠正“五四”土改中部分贫农得田不足、中农利益受侵害、富农改不彻底的倾向。

1950年9月起，境内各乡镇根据泰州地委颁布的《新区实行土改与结束恢复区、老区土改方案》，全面开展新区土改和恢复区、老区土改复查工作。1952年，境内土改结束，人民政府向农民颁发“土地及房产所有证”，确立农民的土地所有权和房屋所有权，彻底废除封建土地所有制，实现农民土地所有制。

### 二、农业合作化

【生产互助组】 1949年，在人民政府“支前、生产两不误，组织起来解决劳力困难”的号召下，境内农民从组织伴工开始，进行互助合作，后定名互助组。1951年12月起，境内各乡镇贯彻落实中共中央《关于农业生产互助合作的决议》精神，组织农户参加临时互助组或常年互助组。至1954年8月，境内参加互助组农户数约占总农户数的50%。

【初级农业生产合作社】 1953年4月，朱营初级农业生产合作社成立，是境内最早的合作社。初级农业生产合作社是在互助组基础上发展起来的，土地和生产资料仍为私有，土地入股，统一经营，按股分红。1953年12月后，各乡镇根据中共中央《关于发展农业生产合作社的决议》精神，分期分批发展初级农业生产合作社。至1955年，境内入初级农业生产合作社农户数占总农户数的36%。

【高级农业生产合作社】 1956年1月，泰兴县、泰县相继召开试办高级农业生产合作社工作会议。随后，境内各乡镇按照所在县的试办高级农业生产合作社方案，采取“升、并、扩”（初级社升高级社，小社并大社，初级社吸取周围单干户扩建高级社）方法，发展高级农业生产合作社。至1956年4月，境内入高级农业生产合作社农户数约占总农户数的50%。1956年春、夏、秋，境内针对高级农业生产合作社劳动组织混乱、劳动报酬平均等现象，整顿高级农业生产合作社，建立“三包一奖四固定”（包工、包产、包成本，超产奖励，劳动力、土地、耕畜、农具固定给生产队使用）制度。至1957年，境内入高级农业生产合作社农户数约占总农户数的98%。

### 三、人民公社

1958年9月下旬至10月5日，境内贯彻落实中共中央《关于在农村建立人民公社问题的决议》精神，全面实行人民公社化，成立口岸人民公社、永安人民公社、大泗人民公社。人民公社化以后，各地开展大规模的农田基本建设，公社、大队及部分生产队创办集体企业，购置一批农业机械和大型农具，兴办集体福利事业，积累一定财富，培养和锻炼一批干部。同时，以高指标、瞎指挥、浮夸风、共产风为主要标志的“大跃进”全面展开。在“左”的思想指导下，因大办食堂、大办水利、大办猪场，产生无偿调用群众财物的现象。因大炼钢铁和大搞土化肥、土农药、土水泥，造成人力、物力、财力的极大浪费。1959年，境内增设刁铺、许庄、田河、野徐等7个人民公社。1959—1961年，由于人为因素、自然灾害，造成农业生产连续减产，人口大量外流，患浮肿、青紫、消瘦病率甚高。

1962年2—3月，境内贯彻落实中共中央《关于改变农村人民公社基本核算单位问题的指示》精神，确立“三级所有，队为基础”的核算体制，从而解决贫队与富队的平均主义问题。1962年5月，境内增设白马人民公社。1964年秋，境内贯彻执行中共中央《关于目前农村工作中若干问题的决定(草案)》(即“前十条”)和《关于农村社会主义教育运动中一些具体政策的规定(草案)》(即“后十条”)，开展以“四清”(清政治、清经济、清组织、清思想)为主要内容的社会主义教育运动。1965年初，贯彻执行中共中央《农村社会主义教育运动中目前提出的一些问题》(即“二十三条”)，纠正“四清”工作中一些“左”的倾向，解决干部作风和经济管理方面的问题。文件中提出的“重点是整党内那些走资本主义道路的当权派”伤害了一些基层干部。

1964—1978年，境内农村普遍开展“农业学大寨”运动，组织广大农民学习大寨人自力更生、艰苦奋斗的创业精神，大搞农田基本建设，发展农业生产。但在“文化大革命”中，把“农业学大寨”与抓阶级斗争联系在一起，成为批判资本主义的重要手段。同时，忽视境内实际情况，急于搞“穷过渡”，推行大寨“标兵工分，自报公议”的记工办法，挫伤部分群众的劳动积极性。把农民的自留地、家庭副业和集市贸易当做“资本主义尾巴”割除，使农业结构愈加不合理，农村多种经营和家庭副业的产量、产值显著下降，农民生活水平普遍较低。

1983年10月，境内完成撤社建乡工作，改设口岸和刁铺2个乡级镇，以及永安洲乡、许庄乡、田河乡、孔桥乡、大泗乡、野徐乡、白马乡、胡庄乡、汪群乡。

## 四、家庭联产承包责任制

1980年9月起，境内贯彻落实中共中央《关于进一步加强和完善农业生产责任制的几个问题》通知精神，在农村试行联产到组、小段包工、定额计酬等形式的责任制。1982年，境内部分生产队实行“包产到户”责任制，多数生产队实行“统、专、联”(统一经营、专业承包、联产到劳)责任制。1983年，汪群乡进行“大包干”(家庭联产承包责任制)试点。1984年，境内实行以家庭联产承包责任制为基础的“统分结合、户为基础”的双层经营体制，向承包农户发放土地承包使用证，规定土地承包期为15年。1989年，境内推行以“按人口分粮田、按劳力分责任田”为主要内容的“两田制”。

1994—1998年，各乡镇开展土地二轮承包工作，以“强化土地所有权，稳定土地承包权，搞活土地使用权”为主要目的，承包期30年不变为原则，要求在新的承包期内做到“增人不增地、减人不减地”，使家庭联产承包责任制继续保持稳定。2003年，全区贯彻实施《中华人民共和国农村土地承包法》，开展土地经营权流转工作，解决土地二轮承包中的遗留问题，切实维护农民生产经营自主权。至2006年，全区农村土地二轮承包发证率98%。2008年，全区耕地面积22.86万亩，按照“依法、自愿、有偿”原则流转土地2.13万亩，占耕地总面积的9.32%。

### 五、农村新经济联合体

进入21世纪，高港区将新型农村合作经济组织建设与发展高效农业、推进农业项目建设结合起来，对农民实施分类指导，引导农民从实际情况出发，因地制宜发展社区股份合作社、农民专业合作社、土地股份合作社。2005年，出台《关于加快农业经济发展的政策意见》，对新成立的合作社分别给予4万元～5万元的奖励资金。2006年10月，泰州市第一个村级社区股份合作社在许庄街道马厂村成立，折股量化村集体经营性净资产221.08万元，股东3790人。高港区绿海花卉苗木产销合作社成立，共有116户农户入社，该社采取“龙头企业+专业合作社（协会）+农户”模式，统一规划、统一提供种苗、统一技术指导，统一供应农药化肥、统一保底回收，实现龙头企业、合作组织和农户的共赢。在分配当年税后利润时，首先提取20%的利润作为合作社法定公积金、公益金及风险基金，其次分别提取10%的利润用于种植性和销售性社员及服务单位分红，其余50%的利润由全体股东按股分红。当年，白马庙土地股份合作社成立。至2008年，全区成立社区股份合作社14个，折股量化村（组）集体经营性净资产3572.8万元，股东33083人。成立农民专业合作社40个，经营范围涉及花卉苗木、养殖、中药材、植保服务等类别。成立土地股份合作社18个，农户土地入股总面积3426.32亩，入社农户2069户。

图 9-1-1　高港区绿海花卉苗木产销合作社新联基地（2006年摄）

## 第二节　农业区划

### 一、沿江农业区

沿江农业区包括永安洲镇、口岸街道部分村（社区）、刁铺街道少部分村（社区），有农业人口25913人、耕地面积4.34万亩，占全区耕地总面积的19%。

该区域濒临长江，河港密布，地势低，土质黏而肥沃，水土条件好，水资源充裕，全年实际日照时间2125.8小时，年降雨量1000～1060毫米。土壤肥力中等偏上，一般有机质1.2%～2%，全氮含量0.1%～0.2%。农、林、牧、渔业相对较为发达。粮食作物以稻麦为主，种植业和养殖业生产水平较高，是全区苗猪和水产品的主产区。耕作利用率高，复种指数200%。

### 二、高沙土农业区

高沙土农业区包括口岸街道部分村（社区）、刁铺街道大部分村（社区），许庄街道、野徐镇、白马镇、大泗镇、胡庄镇，共有农业人口14.17万人、耕地面积18.52万亩，占全区耕地总面积的81%。

该区域地势平整，土质为沙壤土且肥沃，农作物以稻麦为主，农副业生产水平比较高，主要出产兰花、银杏、泰半夏、波尔（杂）山羊、生猪、家禽等。粮食生产和多种经营发展较快。区域内林果业、养殖业占较大比重。2007年，森林覆盖率已全面达标，农田林网已经形成，经济果林面积约1万亩，占耕地面积的4.4%。畜禽养殖种类较多，口岸街道和白马镇是全区的生猪养殖基地，常年栏存生猪1万头，占全区生猪养殖总量的75%。

## 第三节　农业产业结构

1949—1978年，境内农业产业结构单一，主要为种植业，在种植业中粮食作物占据主导地位。中共十一届三中全会后，境内农业生产结构开始发生变化，在保证粮食生产的基础上发展林、牧、渔业。20世纪80年代中期，境内养殖业发展较快。1987年，林、牧、副、渔业总产值占农业总产值的48%。进入90年代，境内进一步调整农业产业结构。在种植业方面，依靠农业科技进步，提高耕地复种指数，稳定粮食生产。在多种经营方面，发展名特优新项目。建区后，全面以市场为导向，以经济效益为中心，以优质高效为目标，以发展现代高效农业、保护生态环境、提高综合效益为主线，在稳定提高农业综合生产能力的基础上，利用地方自然资源、人文资源和产业基础，调整优化农业产业结构，大力发展经济果蔬、中药材、畜禽养殖、高效渔业等产业。2008年，全区种植业、林业、牧业、渔业、农林牧渔服务业产值分别占农业总产值的52%、3.8%、35.8%、5.77%、2.63%。

### 1997—2008年高港区农业产值结构一览表

表84

| 年份 | 农业总产值（万元） | 其中 | | | | | | | | | |
|---|---|---|---|---|---|---|---|---|---|---|---|
| | | 种植业 | | 林业 | | 牧业 | | 渔业 | | 为农服务 | |
| | | 产值（万元） | 比重（%） | 产值（万元） | 比重（%） | 产值（万元） | 比重（%） | 产值（万元） | 比重（%） | 产值（万元） | 比重（%） |
| 1997 | 37785 | 23325 | 61.73 | 3281 | 8.68 | 8766 | 23.2 | 2018 | 5.34 | 395 | 1.05 |
| 1998 | 40758 | 24385 | 59.83 | 2406 | 5.9 | 10888 | 26.71 | 2665 | 6.54 | 414 | 1.02 |
| 1999 | 44284 | 22918 | 51.75 | 6197 | 13.99 | 11507 | 25.98 | 3211 | 7.25 | 451 | 1.02 |
| 2000 | 41168 | 19542 | 47.47 | 5383 | 13.08 | 12605 | 30.62 | 3138 | 7.62 | 500 | 1.21 |
| 2001 | 43558 | 21393 | 49.11 | 5651 | 12.97 | 12677 | 29.1 | 3294 | 7.56 | 543 | 1.25 |
| 2002 | 46328 | 21897 | 47.27 | 7196 | 15.53 | 13141 | 28.37 | 3503 | 7.56 | 591 | 1.28 |
| 2003 | 43723 | 20115 | 46.01 | 4564 | 10.44 | 14339 | 32.8 | 3962 | 9.06 | 743 | 1.7 |
| 2004 | 50031 | 25369 | 50.71 | 2421 | 4.84 | 17446 | 34.87 | 4195 | 8.38 | 600 | 1.2 |

续表84

| 年份 | 农业总产值（万元） | 其中 | | | | | | | | | |
|---|---|---|---|---|---|---|---|---|---|---|---|
| | | 种植业 | | 林业 | | 牧业 | | 渔业 | | 为农服务 | |
| | | 产值（万元） | 比重（%） | 产值（万元） | 比重（%） | 产值（万元） | 比重（%） | 产值（万元） | 比重（%） | 产值（万元） | 比重（%） |
| 2005 | 52374 | 26462 | 50.53 | 2891 | 5.52 | 17960 | 34.29 | 4421 | 8.44 | 640 | 1.22 |
| 2006 | 52933 | 27566 | 52.08 | 2492 | 4.71 | 17296 | 32.68 | 4886 | 9.23 | 693 | 1.31 |
| 2007 | 54289 | 27855 | 51.31 | 2390 | 4.4 | 18125 | 33.39 | 5165 | 9.51 | 754 | 1.39 |
| 2008 | 103831 | 53988 | 52 | 3949 | 3.8 | 37174 | 35.8 | 5991 | 5.77 | 2729 | 2.63 |

## 第四节　生产计划与劳动用工管理

### 一、计划管理

新中国成立初，各级人民政府不下达农业生产计划指标。建立初级农业生产合作社后，主要农产品生产计划只下达到乡，对农业合作社实行间接计划管理。人民公社化后，由下而上地编报农业计划，但由于追求高指标，各级编报出来的计划盲目性很大。20世纪60年代初期，各人民公社农业生产计划由所在县统一下达，后由各人民公社分配落实到所辖大队、生产小队。“文化大革命”期间，农业生产计划管理违背“由上而下，上下结合”的原则，计划缺乏科学性。1984年起，境内贯彻“改革、调整、放开、搞活”的方针，改变传统计划管理，实行指令性与指导性相结合的计划管理。1993年，境内基本取消农业生产指令性计划。1996年起，农业生产计划改称农村经济计划。1997年起，编制《高港区农村经济主要指标计划》，包含若干子计划。其中农村经济主要指标指导性计划包括农业总产值、农业增加值、粮食总产量、油料总产量、多种经营产品产量、农民人均纯收入等指导性指标。2006年起，不再编制农村经济主要指标指导性计划。2008年，改“农民人均纯收入”为子计划。

### 二、劳动用工管理

高级农业合作社时，劳力固定到生产队，社管委会按等价交换原则调配使用，生产队给劳力评工计分。评工记分的办法有死分活记、死分死记和定额记工3种。社与生产队实行“三包一奖”。人民公社初期，农业生产实行“大兵团作战”，公社无偿调配劳力。1962年后，恢复评工记分制度。20世纪60年代后期，推行大寨“标兵工分，自报公议”的记工办法，后来废除。1978年后，恢复60年代初的评工记分办法。实行生产责任制后，取消评工记分。1986年后，境内逐步建立农村积累工和义务工制度，进行农田水利基本建设和植树造林等集体生产公益事业。按标准工日计算，每个农村劳动力每年承担5～10个义务工和10～20个劳动积累工。农村义务工和积累工以出劳为主，农民自愿以资代劳须经村集体经济组织批准。90年代后期，全区加强农村义务用工和农村积累用工管理，实行义务工和积累工预决算、用工登记、公开监督制度。2004年，全区取消农村义务工和积累工，实行"一事一议"筹劳制度，每个劳动力每年筹劳不超过8个工日，以资抵劳每个工日不超过10元。2008年，全区实施"一事一议"筹劳9.9万个工日。

## 第五节　生态农业功能区与农产品质量建设

### 一、生态农业功能区建设

【水产品科技示范区】2005年，区农业部门按照"特色化生产、产业化经营、可持续发展"的综合开发战略，以河蟹、河豚、鳜鱼、青虾等长江名特优水产品为主导，打造以永安洲镇沿江为主线的沿江特色水产经济带。至2008年，发展河豚养殖100亩、河蟹养殖1100亩、垂钓鱼塘1000亩。

【现代农业园区】高港现代农业园区位于胡庄镇，园区总面积3万余亩。至2008年，初步形成"一园五区"格局，其中设施果蔬种植区1万亩、中药材种植区5000亩、苗木花卉种植区5000亩、银杏种植区5000亩、提水养殖区5000亩。

【特色林果示范区】2003年，白马镇创建腾龙林业科技园，占地1000亩，分高档品种展示、设施园艺栽培、立体种植示范、农业休闲观光等功能区。其中，高档品种展示区以桂花园、红枫园、红叶石楠园、银杏园为主体，设多个高档品种展示区。设施园艺栽培区建有设施大棚1.2万平方米，培育盆景近1万盆。立体种植示范区通过引进和试验示范种植金森女贞、法国冬青等优良品种，带动农民增收致富。农业休闲观光区占地面积150亩，由垂钓中心、养殖园、果园、餐厅等组成。

【农业旅游示范区】1997年后，高港区以建设"生态高港""绿色高港"为目标，开发现代农业、高效农业，发展现代农业旅游业。至2008年，白马镇万亩生态农业园初见雏形，许庄街道百年以上古银杏林园对外开放，区花卉园艺中心1.5万平方米兰花产业园和永安洲沿江千亩垂钓区相继建成，年接待游客共4万余人次。

### 二、农产品质量建设

2001年，刁铺农贸市场被批准为全省首批农产品市场准入试点单位，主要使用RP410快速检测仪和"速测灵"药剂，对蔬菜进行农药残留检测。2002年，高港区按照农业部"无公害食品行动计划"和省委、省政府关于农产品质量安全建设的总体要求，成立农产品质量建设工作领导小组，建立健全无公害农产品认证认定工作体系、农产品质量安全检验检测体系、农产品标准体系及农产品市场准入制度、例行监测制度、农业投入品管理制度。2003年2月28日，泰州市福太面粉有限公司小麦生产基地被省农林厅认定为江苏省无公害农产品生产基地。当年，全区取得省级无公害农产品产地认证11个，面积7.31万亩。2004年起，全区加强蔬果生产销售环节农药残留和生猪屠宰环节"瘦肉精"检测工作。至2005年，年均检测蔬菜样品近1万份，合格率95%；检测猪肉样品4000余份，合格率100%。2006年，全区取得省级无公害农产品产地认证12个，面积5.03万亩。检测蔬菜样品13050份，合格率95.6%；销毁"瘦肉精"猪9头。2007年，全区取得省级无公害果品产地认证1个，面积340亩。检测蔬菜样品1.42万份，合格率99.5%；检测猪肉样品1.6万份，合格率100%。2008年，"御庐园""夏黑""温克""比昂扣"4个品种的葡萄获得国家绿色食品中心认证。检测蔬菜样品1.68万份，合格率99.4%；检测猪肉样品1.86万份，合格率100%。

## 第六节 农业科普与科研成果

1997年起，区农委于每年5月中旬组织开展农业科普活动，组织科技人员、科普志愿者进农村、进社区、进企业、进学校，送科技到基层。2004年3月，区农委组织申报的“名贵兰花规模化组培快繁技术研究”成果通过江苏省科技厅鉴定，并获2004年度泰州市科技进步二等奖。2006年6月，区农委组织申报的“春兰铭品的组培快繁技术研究及产业化”成果通过江苏省科技厅鉴定。2007年初，区印发《高港区农民培训工程实施管理办法》，进一步规范农业科技培训工作，规定农业实用技术培训经费由区财政和镇（街道）财政分别负担60%、40%。2008年4月，区农委组织申报的“长江河豚生态养殖技术研究”成果获2007年度泰州市科技进步三等奖。当年，全区完成各类农民培训1.68万人次，其中劳动力转移培训2500人次、农业实用技术培训5500人次、创业培训1200人次、农民素质培训7600人次。至2008年，全区共举办农业科技展览20场次、科普讲座30余次，有农业科技人员116人、农业科普志愿者1000余人。

## 第七节 农业标准化建设与产业化经营

### 一、农业标准化建设

2002年，高港区开展农业标准化建设，内容包括农产品地方标准的制定和标准示范区的建设。当年，高港区畜牧兽医站组织制定泰州市地方标准《无公害农产品——伊普吕兔生产饲养技术规程》，规定伊普吕肉兔的品种特征、产地环境和繁殖、各生长阶段饲养管理、卫生消毒、疫病防治等技术，适用于肉用型种兔、商品兔的饲养管理过程。2007年，高港区农业技术推广站组织制定省级农业地方标准《泰半夏栽培技术规程》，规定泰半夏的术语和定义、产地环境、种子选择和保存、栽培技术、采种及收获等，适用于江苏省沙质土壤的泰半夏生产，其他生态、生产条件相似地区可参照采用。高港区“波尔（杂）山羊养殖”被列为江苏省农业标准化示范区项目，有示范户80户，示范数量2.5万只，带动规模15万只，质量水平为优质无公害，年计划出栏1.8万只、盈利100元/只。至2008年，全区共制定农产品地方标准2个，建成标准化示范区1个、标准化示范项目1个。

### 二、农业专业化生产

【特色农业生产专业化】 建区后，高港区在完善农村合作经济组织、强化服务功能的同时，因地制宜发展特色种植业，形成一些农业专业化生产基地。2001年10月，口岸镇张马村戚国和承包75亩土地，成立扬子江花卉苗木公司。之后，口岸镇张马村、郎庄村先后建立药材种植基地，并与泰州市高港中药饮片有限公司签订合同，租用村土地283亩种植半夏等。2003年，口岸镇田河村发展大棚蔬菜380亩。2008年，胡庄镇发展设施果蔬种植、中药材种植、苗木花卉种植、银杏种植和提水养殖等特色农业3万余亩。

【渔业生产专业化】 2006年10月，区政府制定《泰州市高港区水域滩涂规划》，保护扶持水产养殖业，推广高效养殖技术，全区水产养殖业得到有序快速发展。至2008年，高港区发展20亩以上水产养殖专业户80户，养殖面积3391亩，年产量1500余吨，占全区水产养殖产量的60%。规模较大的水产养殖专业户有口岸街道新明村黄荣林150亩、韩圣发320亩；永安洲镇兴隆村8组蔡正荣65亩、耿国民80亩，兴无村李网山227亩、高克华88亩。

【畜禽养殖专业化】 20世纪80年代，境内逐渐形成一批畜禽养殖专业户。母猪人工授精技术在这一时期得到大力推广。2005年，区政府出台《关于加快农业经济发展的政策意见》，对畜禽规模养殖户实行政策性补贴，促进畜禽养殖向规模化、专业化发展。至2008年，全区有年出栏500头以上生猪规模养殖户33户（其中，口岸徐承虎猪场年出栏1100头以上，张冬明猪场年出栏1200头以上），年存栏2000羽以上蛋鸡养殖户6户，年出栏2万羽以上肉鸡养殖户7户，年出栏5万羽以上肉鸭养殖户8户，山羊养殖企业4个，奶牛养殖企业6个。

# 第二章　种植业

## 第一节　耕作制度

### 一、传统耕作制度

【一年两熟制】 新中国成立初，境内沿江地区多为一年麦、稻两熟制。该地区江潮涨落落差大，部分农田具有自灌自排之利，在夏熟三麦中，除小麦为纯种外，大麦（元麦）多与冬绿肥、蚕豌豆夹种，夏收时夹种的田块先摘下麦穗，绿肥沤入草塘作水稻基肥。

【两年五熟制】 新中国成立初，境内高沙土地区因地块高低不一，河道稀少，灌排不畅，主要种植旱作物，多为两年五熟制，采取粮、油、饲轮作。其轮作换茬的形式如下所示：

元麦→旱大豆 { 荞麦→大麦→花生
　　　　　　　胡萝卜→蚕豌豆→高粱（粟米）

大麦 { 穄子→晚豆（套种）→小麦→山芋
　　　花生→元麦→旱大豆→荞麦

小麦 { 夏玉米→晚豆（套种）→大麦→花生
　　　高粱（粟米）→元麦→旱大豆→胡萝卜

### 二、旱改水

20世纪50年代中期，境内高沙土地区进行旱改水的耕作制度改革，将旱地改为水田，变种麦子等旱粮为种稻。60年代，进行大规模平田整地，建设机电排灌设施。70年代，高沙土地区骨干河道及中小沟网基本形成，有效灌溉面积占全部耕地面积的80%，基本实现旱改水目标。同时，改种植高粱、粟米等低产作物为种植玉米、水稻等高产作物，水稻产量占秋粮总产量的一半以上。80年代后，水稻面积进一步扩大，旱粮进一步缩小。

### 三、熟制改革

20世纪70年代至80年代初，境内学习苏南缩单季稻扩双季稻，推广三熟制，从而使早稻种植面积扩大，复种指数提高，粮食总产增加。但由于后季稻产量不稳定、迟熟，影响秋播，导致成本高、效益低。后推广种植杂交水稻，取代双季稻，形成杂交籼稻与常规粳稻并存的单季水稻生产格局。至2008年，全区粮食生产基本上是三麦、水稻两熟制。

## 第二节 作物布局

1949—1957年，境内以种植粮食作物、油料作物为主。在粮食作物种植面积中，夏粮种植面积约占全部耕地面积的90%，小麦、大麦、元麦、蚕豌豆种植面积的比例为3:3:3:1；秋粮种植面积占总耕地面积的90%，稻谷与旱谷种植面积的比例为1:9，旱谷中以粟米、高粱为主，其次为山芋、荞麦，搭配小面积的玉米和芋头。1958—1979年，适当缩小粮食和油料作物种植面积，扩大绿肥作物种植面积，目的是通过用地与养地相结合的方法培肥土壤。作物布局：粮食作物占75%，经济作物占8%，饲料作物占7%，绿肥作物占10%。在夏粮作物中，小麦、元麦、大麦、豆类种植面积的比例为4:2:3.5:0.5；在秋粮作物中，水稻与旱谷种植面积的比例为5:5。1980起，境内扩大粮食作物种植面积。至1987年，粮食作物面积占80%，油料作物、经济作物占10%，饲料作物占6%，绿肥作物占4%。进入20世纪90年代，因交通、水利设施及城镇建设步伐的加快，粮食作物种植面积逐年减少。

1997年，全区粮食作物与经济作物的布局调整为6.5:3.5，粮食作物以小麦和水稻种植为主。2008年，全区有耕地面积22.86万亩，全年播种面积42.16万亩，复种指数203%。粮食作物面积15.49万亩，占67.8%；经济作物面积4.89万亩，占21.4%；饲料作物0.61万亩，占2.7%。在夏粮作物种植面积中，小麦、大麦和豆类种植面积的比例为95:3.3:1.7；在秋粮作物种植面积中，水稻、玉米、山芋、大豆种植面积的比例为80:4.5:2:13.5。

**1997—2008年高港区耕地面积及主要农作物产量一览表**

表85 单位：亩、吨

| 年份 | 耕地面积 | 小麦 | | 水稻 | | 油菜 | | 蚕豌豆 | | 玉米 | | 大豆 | |
|---|---|---|---|---|---|---|---|---|---|---|---|---|---|
| | | 面积 | 产量 | 面积 | 产量 | 面积 | 产量 | 面积 | 产量 | 面积 | 产量 | 面积 | 产量 |
| 1997 | 173400 | 86100 | 26938 | 95250 | 57420 | 8700 | 1095 | 1350 | 329 | 6150 | 2695 | 11400 | 1659 |
| 1998 | 171750 | 87824 | 21262 | 94031 | 60384 | 8629 | 808 | 1369 | 299 | 6553 | 3203 | 11843 | 1466 |
| 1999 | 172185 | 84290 | 28694 | 90900 | 54227 | 12467 | 1854 | 1453 | 407 | 6976 | 3387 | 11404 | 1807 |
| 2000 | 181185 | 73659 | 25109 | 83083 | 50261 | 17346 | 2416 | 2664 | 756 | 6825 | 3358 | 11989 | 1920 |

续表85

| 年份 | 耕地面积 | 小麦 | | 水稻 | | 油菜 | | 蚕豌豆 | | 玉米 | | 大豆 | |
|---|---|---|---|---|---|---|---|---|---|---|---|---|---|
| | | 面积 | 产量 | 面积 | 产量 | 面积 | 产量 | 面积 | 产量 | 面积 | 产量 | 面积 | 产量 |
| 2001 | 167700 | 58433 | 19013 | 77167 | 47560 | 30232 | 4582 | 2154 | 423 | 6947 | 3270 | 13158 | 2078 |
| 2002 | 166605 | 54581 | 16350 | 74049 | 45947 | 31366 | 4611 | 1802 | 339 | 8076 | 3848 | 7846 | 1281 |
| 2003 | 165600 | 52200 | 15943 | 69750 | 41899 | 31350 | 4721 | 2100 | 468 | 6450 | 4109 | 16950 | 3861 |
| 2004 | 164700 | 49217 | 16200 | 75635 | 44856 | 29770 | 4554 | 2093 | 523 | 5610 | 3327 | 10965 | 1770 |
| 2005 | 163995 | 53250 | 17643 | 78900 | 45074 | 26000 | 3980 | 1800 | 470 | 5250 | 3163 | 11400 | 2090 |
| 2006 | 162435 | 58650 | 19808 | 80400 | 45856 | 26487 | 4300 | 1613 | 420 | 4950 | 2735 | 12300 | 2030 |
| 2007 | 161160 | 70950 | 21833 | 77250 | 44050 | 8250 | 1329 | 1500 | 330 | 3150 | 1890 | 14250 | 2438 |
| 2008 | 228600 | 138300 | 55501 | 137850 | 81107 | 10200 | 1632 | 1350 | 272 | 11850 | 6290 | 24300 | 4477 |

## 第三节　粮食作物种植

### 一、水稻

【品种】 20世纪50年代，境内种植的水稻品种有处暑黄、秋前5号、胜利籼、中农34号等。60年代初，推广种植早石稻、黄壳稻、桂花球、芦花白等品种水稻。1964年后，推广种植中粳农垦57号和晚粳农垦58号品种水稻，搭配种植矮秆中籼、广场球、二九矮、珍珠矮、广二矮3号等品种水稻。60年代末，境内开始种植双季稻，早稻品种有矮南1号、矮脚南特号，后季稻品种有农垦58号、农垦57号、桂花黄等。1971年后，早稻品种先后更换为二九南1号、二九陆1号、二九青、原丰早等，搭配种植广陆矮4号品种水稻，后季稻品种先后更换为东方红1号、双丰4号、武农早、沪选17号、沪选19号、南粳33号等。70年代后期，境内推广种植杂交稻，品种有南优2号、南优3号、南优6号、汕优3号、汕优6号、汕优8号等。80年代后期，随着人民生活水平的不断提高，为改善稻米品质，缩小杂交稻面积。至1995年，基本淘汰种植杂交水稻，盐粳2号成为水稻种植的主要品种。随后又相继推广武育粳3号、武育粳5号、武运粳7号、武香粳14号等高产品种。2000—2006年，全区主要推广种植武粳15号、武粳14号等品种水稻。2007—2008年，主要种植宁粳1号、宁粳3号、淮稻9号、淮稻10号、南粳45号、南粳40号等品种水稻。

【育苗】 境内传统选种方法有风选、筛选、手拣，传统催芽方法为以缸、桶、盆催芽，然后焐种、播种、培育秧苗。20世纪50年代，推广泥水选种，“盒式秧池”育苗一般采用生石灰水或配生药液浸种杀菌。60年代，采用盐水选种，提倡“落谷稀”水稻播种法。70年代后期，改用“敌枯双”“多菌灵”药液浸种灭菌。80年代起，改用“日浸夜露”法浸种催芽。90年代后，推广使用“塑盘旱育抛秧”高产栽培技术。

【整地】 20世纪50年代，水稻前茬为绿肥的，一般在4月下旬将绿肥深耕埋青，或集中沤制草塘泥，根茬留田，大面积耕作主要靠铧犁深翻入土后进行晒垡、破垡、放水耰平。前茬为三麦的，待麦子收割后施足基肥，进行深翻，晒垡1～2天，风化土壤，然后灌水泡田，耕耰平整。70年代后，手扶拖拉机逐渐普及，一般采取一耕一耖，耙细耰平。80年代后，推行免（少）耕法，采用旋耕犁以旋代耕，方便简单。90年代实施抛秧和机插秧技术后，整地标准为田面高低不过寸。

【移栽】 20世纪50年代，境内沿江地区大多采用“对六棵”方法移栽秧苗，株距（实指穴距，下同）、行距均为6寸；也有“横七竖八”，株距为8寸，行距为7寸。60年代，曾推广“小株密植”法，株距为6寸，行距为5寸；或者株距和行距均为5寸。后又推广“宽行窄株”移栽法，每亩3万穴左右，基本苗每亩12万株左右。1968年后，种植双季稻，移栽密度加大，株距一般为4寸，行距多为3寸。1978年后，杂交稻种植面积逐步扩大，每亩2万穴，基本苗每亩5万株左右。90年代，推广群体质量栽培技术，水稻生产由数量型栽培向质量型栽培转化，促进水稻节本增效。90年代末，试用水稻免耕直播法。2006—2008年，全区推广机械插秧，行距固定为30厘米。

【田间管理】 20世纪50—60年代，境内水稻生产几乎都用有机肥。70年代起，实行灌溉渠系化，逐步用化学肥料作基肥，推广化学除草。采取浅水活棵、短期脱水扎根、分蘖期浅水勤灌及重施长粗肥、根外喷施磷钾肥等方法，进行田间科学管理。1977年前，境内主要使用有机氯农药防治水稻病虫害。80年代后，主要用有机磷类农药防治螟虫、稻蓟马、稻苞虫、稻飞虱等水稻病虫害。2000年后，直播稻田出现杂草“发生早、峰期长、密度高”现象，主要杂草有千金子、稗草、异型莎草、水莎草、牛毛草等。至2008年，境内使用过的化学除草药剂有二氯喹啉酸、苄嘧磺隆、丙草胺、丁草胺、五氟磺草胺、氰氟草酯等。

## 二、三麦

【品种】 **小麦** 新中国成立后，境内大面积种植的小麦品种有车前子、矮粒多、白玉花、和尚头、大黄皮、虾儿红、白皮（玉皮）、华东6号、2维80、南大2419等，亩产100～150千克。1962年后，推广种植吉利、阿夫等品种，亩产175千克左右。20世纪60年代末，推广种植扬麦1号品种。70年代后期，推广种植扬麦3号品种，亩产提高至200千克左右。80年代，以扬麦3号为主，搭配扬麦4号和宁麦3号，亩产突破250千克，后推广扬麦5号，搭配扬麦3号。1993—1995年，扬麦158代替扬麦5号，亩产达350千克。1997年后，全区良种覆盖率达100%。至2008年，弱筋小麦种植面积不断扩大，中筋小麦品种不断更新，扬麦11号、扬麦16号为小麦种植的主要品种。

**元麦** 20世纪50年代至60年代初期，境内元麦种植的品种有四稜子、本六稜和洋六稜，亩产75～100千克。后推广种植605、嘉定红壳、757等品种，亩产提高到150千克。70年代后，推广种植立新1号、立新2号，亩产提高到200千克左右。80年代，推广种植114、海子元麦和泰兴元麦，亩产225千克左右。此后，泰兴元麦为当家品种。2003年后，由于元麦亩产较低，渐被淘汰。

**大麦** 20世纪50年代至60年代初期，境内大麦种植的品种有紫四稜、白四稜和紫六稜，亩产100千克左右。60年代后期，先后推广种植建长34、214和尺八等品种，亩产提高到150～200千克。70年代后期，推广种植早熟3号品种，亩产提高到250千克左右。80年代，推广种植苏引1号品种。90年代，推广种植91单2品种。2000年后，先后推广种植港啤2号品种和扬农啤2号品种。至2008

年，全区大麦种植面积仅2550亩，亩产341.2千克。

【播种】 **播种时间** 一般在10月上旬开始，先元麦，后小麦、大麦，至10月下旬基本结束。1968年，推广"三熟制"，三麦播种一般延至11月上旬，之后播种的种子推行浸种催芽，一般用清水浸1昼夜，再闷种8小时左右，露白后播种。20世纪80年代，三麦前茬以杂交稻为主，播种期缩短，一般播种期为霜降前后。90年代后，由于水稻品种和栽培方式的原因，水稻腾茬较晚，小麦播种大致在10月末、11月初。

**播种方式** 小麦的播种方法有撒播、点播、条播3种。20世纪60年代前，主要是暗种，即撒种、浅耕、耙田盖籽。此法深籽多，麦苗瘦，分蘖迟。70年代初，改为明种，即做墒、撒种、覆土盖籽。此法麦种播得浅，入土一致，出苗齐，分蘖早，促进三麦大幅增产。70年代后期，推行条播麦。80年代中期，推广免耕机械条播技术。2000年后，实施机械条播和机械开沟配套试验示范，主要应用于丰产方田。

**播种量** 新中国成立后，三麦播种量每亩在4千克左右。1958年，提倡高密度，亩播种量30～35千克。20世纪80年代，播种量趋向合理，小麦亩播种量10～12千克，亩基本苗20万～25万株；大麦亩播种量11.5～13.5千克，基本苗21万～24万株；元麦亩播种量7.5～8.5千克，基本苗20万～22万株。90年代后，推广精量半精量播种，亩用种量8～10千克，基本苗16万～20万株。

【田间管理】 20世纪50年代起，在三麦越冬期，田间管理主要以防冻保苗为重点。开春后的三麦田间管理主要是清沟理墒、追施返青肥、防治病虫害。80年代，推行基肥重施，蘖肥基施，适时施拔节肥。在灌浆初期，每亩用150克磷酸二氢钾和尿素0.5～1千克兑水60千克叶面喷雾，提高和延长叶片的功能期。2000年后，开始应用生物肥作后期叶面喷肥，一般每亩50毫升用量，至2008年，境内三麦病虫害主要是粘虫、蚜虫、赤霉病、小麦纹枯病、小麦棱条花叶病等。在使用农药防治三麦病虫害过程中，坚持以适期用药、科学用药、安全用药为原则。

## 三、玉米

【品种】 20世纪50年代，境内种植的夏玉米品种有小金黄、白珍珠、香缘黄、黄马牙，亩产70～176千克。60年代，种植的春玉米品种有关东白、大金黄、白鹤、白马牙、金皇后等，亩产120～250千克。70年代，推广种植杂交品种玉米，以郑单1号为主，亩产大幅度提高。80年代中期，以种植苏玉1号、2号为主，后推广种植掖单4号、苏玉4号等品种。90年代，推广种植苏玉9号和掖单13号、19号、20号等品种，亩产440～540千克。21世纪初，仍然以苏玉和中糯系列为主，品种有苏玉16号、中糯1号等。2008年，品种为农大3138和白玉109。

【栽培】 20世纪50—60年代，境内播种玉米分直播和点播。70年代，推广营养钵育苗技术，并与地膜覆盖小苗移栽相结合，保进玉米平衡增产。80年代，因务农劳力减少，玉米营养钵育苗面积有所减少，玉米叶龄模式栽培技术得到推广，根据玉米的"见展叶差"，实施田间管理措施。90年代后，推广玉米高产群体质量栽培技术。2008年，全区种植玉米0.78万亩，亩产531.1千克。

## 四、山芋

【品种】 新中国成立后，境内栽植的山芋品种有苏州红、小白藤、胜利百号。20世纪60年代，以栽植胜利百号为主。70年代初，推广栽植宿薯1号。80年代后，推广栽植淀粉型徐薯18号，至2008年，徐薯18号一直为全区栽植的主要品种。

【栽培】 新中国成立前，山芋是境内农民越冬度春的主食粮，一般于清明前后露地育苗。1956

年后，推广深坑温床育苗。整地起垄后，采用小单垄栽插，垄底宽60厘米，垄高20厘米，垄面宽15厘米，每垄栽苗1行，每亩栽苗3500株左右。20世纪60年代，改用高垄双行栽插法，垄底宽1米，垄高33厘米，垄面宽25厘米，每垄栽苗2行，每亩栽苗5000株左右。70年代后，全面推广应用塑料薄膜覆盖育苗技术。至2008年，全区山芋栽培方法仍为单垄双行栽插，栽植面积3000亩左右。

## 第四节　经济作物种植

### 一、大豆

新中国成立后，境内大豆种植分为春播和夏播，种植面积较大，亩产63千克左右，主要品种有泰兴黑豆、沙红豆、水白豆、羊子眼、58161、穗稻黄、跃进5号、苏协1号等。20世纪70—80年代，由于产量低，大豆种植面积逐年减少。进入90年代，大豆种植以夏播为主。建区后，境内大豆种植品种以五月白、六月白、苏早1号、郑豆系列为主。1997年，全区栽种大豆面积1.14万亩，亩产145.5千克。2008年，全区栽种大豆面积2.4万亩，亩产184千克。

### 二、油菜

【品种】 20世纪50年代，境内种植的油菜以白菜型泰兴油菜为主。70年代，推广种植甘蓝型，品种有军农1号、宁油7号。80年代，推广种植宁油8号、扬油1号。90年代初，引进杂交油菜秦油2号品种，亩产150千克左右。1998年后，境内种植的油菜主要品种有宁杂1号、秦油2号、油研8号、史力丰、史力佳、红油杂2号。进入21世纪，以种植秦油2号、秦油7号等品种为主，亩产160千克左右。

【栽培】 新中国成立以后，境内多采用育苗移栽法，一般选择地势好、肥力好、土质疏松、排灌方便的旱茬、肥茬口，按照1:5落实苗床，施足基肥，周围开沟。播种时间在9月中下旬，亩用种量0.5千克。苗期视苗情做好追肥，3叶期定苗，5叶期控水，6叶期移栽，苗龄45～55天。移栽时，苗高20厘米左右，亩栽1.2万株左右，11月中旬前定植结束。20世纪90年代中期，推广高产群体质量栽培，围绕早施育秧、肥促化调、壮秧移栽、宽行窄株、科学用肥、综防综治等配套技术，制定苗期、越冬期、蕾苔期、成熟期质量指标，着重抓早栽、增肥、化调、综防等技术，促进大面积增产。进入21世纪，推广轻简化栽培技术。2008年，全区油菜种植面积1.02万亩，其中推广应用轻简化栽培技术约8000亩。

### 三、花生

【品种】 20世纪50—60年代，境内种植的花生品种有和尚头、鹦鹉嘴，产量较高，但生育期长。70年代，推广种植早熟的山东伏花生，但产量低。80年代，推广种植徐系1号、花28、徐花3号等品种。80年代后期，以种植徐花3号为主。进入90年代，推广种植泰花1号。90年代中后期，推广种植泰花2号，亩产120千克左右。2001年起，推广种植泰花3号。2005—2008年，主要种植泰花4号、5号，亩产220千克左右。

【栽培】 境内花生种植主要集中在高沙土地区。新中国成立后，境内花生轮作方式有闲田春播花生和麦田套作花生2种。20世纪80年代起，逐步推广地膜覆盖栽培技术。

## 四、蔬菜

【品种】 境内蔬菜品种有11类。其中，白菜类主要有普通白菜（高脚白、花叶腌菜、青梗腌菜、大头矮、老乌、上海青、苏州青、四月慢、三月慢）、菜薹、大白菜（主要品种有连丰、青杂中丰、青杂3号、鲁白1号）等品种，甘蓝类主要品种有卷心菜、包心菜、花菜等，根茎类主要品种有胡萝卜、山葵等，叶菜类主要品种有菠菜、莴苣、芹菜、苋菜、秧草、茼蒿、香菜等，豆类主要品种有豇豆、刀豆、扁豆、毛豆、豌豆、蚕豆等，薯芋类主要品种有马铃薯、生姜、芋头、红薯、山药等，水生蔬菜类主要品种有莲藕、茨菰、菱角、茭白、水芹菜等，芥菜类主要品种有雪里蕻、娃娃菜等，茄果类主要品种有番茄、茄子、辣椒、青椒等，葱蒜类主要品种有韭菜、大葱、大蒜、蒜苔、蒜苗、洋葱等，瓜类主要品种有丝瓜、南瓜、西葫芦、菜瓜、苦瓜等。

【栽培】 新中国成立后，广大农民有了自己的土地，一般在房前屋后零星种植蔬菜，自给自足。20世纪60年代起，口岸公社口岸大队设专业生产队种植蔬菜供应城镇居民。进入90年代，蔬菜生产逐渐成为境内农民增收的支柱产业之一，蔬菜栽培方式发生变化，逐步推广应用地膜、小拱棚、大棚覆盖等栽培技术，选育优质高产高效新品种，合理安排茬口，加强田间管理，提高经济效益。2008年，全区有设施蔬菜栽培面积3100亩，其中无公害蔬菜生产基地面积300亩。

## 五、食用菌

20世纪50年代后，境内食用菌生产广泛推广纯菌丝体接种技术。70年代，兴起人工培养纯菌丝，并开始用木屑、棉籽壳等农副产品下脚料栽培食用菌。80年代，利用麦秸秆、木屑等栽培食用菌，种植品种为平菇，主要在刁铺泰高路西侧、田河、口岸城南村、永安洲中心村等地种植，以大棚和草帘为主要设施，种植面积60余亩，每平方米产6～7千克。随着种植技术的改进，食用菌产量逐年提高，推广种植面积有所扩大。2006年，口岸街道引江村成立菇类种植合作社，搭建高标准菇房，实行多层次立体养菇，种植蘑菇和平菇，面积8亩。2008年，全区食用菌种植面积15亩，平均每平方米产蘑菇近10千克，每千克价值5～6元；每平方米产平菇近15千克，每千克价值3元左右。

## 六、中药材

新中国成立前，境内中医药对中药材的需求量较大，口岸、刁铺、大泗等乡镇有前店后坊中医药店铺近30个，以百年老字号树德堂、济生堂为代表。1958年，境内良种选育出菊花、元胡、泰半夏、薄荷、泰荆芥等地道中药材，中药材种植发展迅速。20世纪70年代末，境内各公社由大队赤脚医生负责，建起中药材园圃。随着农村旱改水耕作制度的变化和家庭联产承包责任制的推行，80年代至21世纪初，境内中药材种植面积不断减少，仅白马镇黄河村、口岸镇雅儒村、刁铺镇界牌村有少量元胡、香橼、杜仲等种植。泰州市高港中药饮片有限公司是全市唯一正常从事中药材种植和加工的企业。2003年“非典”事件发生后，泰州市高港中药饮片有限公司总结出泰半夏“优质种子早春履膜育苗、合理密植暑前避险采收”的高效低风险种植模式，在大泗镇佴陈村、白马镇腾龙种植园区等地试种取得成功。2007年后，区泰半夏野生转家种示范研究活动被列入国家星火计划项目，泰半夏的新品种选育工作被列为江苏省农业高技术研究项目。至2008年，全区中药材种植面积近4000亩，主要分布在胡庄镇戴陈村、许庄街道蔡庄村、口岸街道郎庄村、大泗镇佴陈村、大泗镇康乐村、白马镇腾龙种植园区等，种植品种有金银花、桔梗、白花蛇舌草、泰半夏、黄葵、板蓝根、芍药、牡丹、香橼、白芷、黄芩、丹参等。

### 七、花卉

图 9-2-1 泰州市花卉园艺中心兰花繁育（2005年摄）

1998年，高港区成立泰州市花卉园艺中心（今高港农业生态园），以兰花产业为主体，占地210余亩，是江苏省最大的兰花种植基地。2001年，三桥花卉园艺有限公司成立，专业生产鲜切花，占地210亩，主要品种有银芽柳、康乃馨、唐菖蒲等。2004年3月，江苏省兰花引繁工程研究中心落户泰州市花卉园艺中心。2005年，扬子江花卉苗木公司成立，主要生产万寿菊、月季、非洲菊、百合、鹤望兰等常见鲜切花，占地75亩。至2008年，花卉生产成为高港区特色产业之一。

### 附：泰州市花卉园艺中心

位于口岸的王营和刁铺的观五、潘庄三村交界处，占地210余亩。创建于1998年，以兰花产业为主体。2000年末，台湾客商郑明宏投资200万元引种兰花。2001年10月，该中心与加拿大NEE公司合资建设名贵花卉进出口市场，项目总投资2000万元。2002年8月，该中心建成全国最大的蝴蝶兰生产出口基地。至2008年，园艺中心内建有4000平方米智能温室、8000平方米普通温室、850平方米的组培楼、850平方米的省兰花工程研究中心，有兰花生产研发企业6个，其中台商投资企业2个。园艺中心是国内第一个具有自主生产能力的国产化兰花企业，共培育蝴蝶兰、国兰、大花惠兰、文心兰等中外名贵兰花120余种，总资产3400余万元，年产销蝴蝶兰等花卉1000余万株，产值4000余万元，系省级农业产业化龙头企业。

## 第五节 土壤 肥料

### 一、土壤改良

境内沿江地区土壤为黏土和重黏土，其他地区以高沙土为主。20世纪60年代后，境内主要通过深翻改土、合理轮作、科学施肥等措施，提高土壤肥力，达到改良土壤目的。进入21世纪，推广秸秆还田，提高土壤有机质。2008年，全区秸秆平均还田率15%左右。

### 二、有机肥

【人畜粪肥】 养猪积肥历来是境内主要有机肥来源。沿江地区习惯以“软圈”养猪，用干土及草类垫圈造肥。高沙土地区习惯以“硬圈”养猪，人畜粪尿兑水沤制。各地还有牛、羊、兔和鸡、鸭等农家厩肥壅田。20世纪80年代后，化学肥料的使用量增加，有机肥直接下田的少，通常囤积沼气池内沤制沼气，沼气渣下田。进入21世纪，生猪市场相对低迷，加之农村卫生环境的改善，农村养猪户减少，畜粪肥更少。

【饼肥】 境内历来有以豆饼、花生饼、菜籽饼作肥料的做法。20世纪80年代后，很少用饼肥直接壅田。进入21世纪，豆饼多用作饲料，油菜以农村“十边”（河边、路边、沟边、田边、塘边、屋边等除了大田外一切可开垦的零星地块）种植为主，产量少，榨油后的菜籽饼多用作肥料。

【草塘泥】 20世纪60—70年代，将麦秸秆、青草、苜蓿、树叶等加河泥、人畜粪下塘沤制成肥，作水稻基肥或麦田追肥。80年代后，草塘泥被化学肥料代替。

【水生绿肥】 20世纪60年代后期，引进“三水一萍”（水花生、水浮莲、水葫芦、绿萍）。70年代中期，大面积养殖，既作饲料，又作肥料。80年代后，水生绿肥被化学肥料代替。

## 三、化学肥料

20世纪60年代初，境内推广使用硫酸铵、硝酸铵、氯化铵、氨水。60年代末，境内使用的化肥品种以碳酸氢铵为主。1978年，始用复合肥。1987—2008年，常用品种有尿素、过磷酸钙、氯化钾、复合肥等。

### 1997—2008年高港区化肥、农药、薄膜用量一览表

表86

| 年　份 | 化肥使用折纯量（吨） | 平均每亩施用量（千克） | 农药使用量（吨） | 薄膜使用量（吨） |
|---|---|---|---|---|
| 1997 | 4091 | 23.6 | 92 | 44 |
| 1998 | 4200 | 24.45 | 108 | 40 |
| 1999 | 4330 | 25.14 | 145 | 45 |
| 2000 | 4500 | 24.84 | 160 | 45 |
| 2001 | 4654 | 27.75 | 197 | 50 |
| 2002 | 4617 | 27.71 | 169 | 34 |
| 2003 | 4572 | 27.61 | 169 | 35 |
| 2004 | 4584 | 27.83 | 172 | 7 |
| 2005 | 4508 | 27.49 | 155 | 6 |
| 2006 | 4500 | 27.7 | 165 | 10 |
| 2007 | 4441 | 27.56 | 188 | 34 |
| 2008 | 7550 | 36.32 | 214 | 5 |

## 第六节　农业技术推广服务

### 一、种子服务

1953年4月，永安洲劳改队新垦水田91.87亩，被泰兴农场列为良种繁育水稻示范组。1959年7月后，境内种子繁育由所在县种子站负责。1975年，各公社开展杂交籼稻制种，制种面积200亩左右。1978年后，各公社相继建立种子服务站。20世纪80年代，各乡镇一度自行繁育麦种。90年代初，各乡镇不再自行育种，由所在县种子公司统一供种。建区后，由市种子公司委托红旗农场直接供种。2008年，全区种子统供率为90%。

### 二、植保服务

20世纪50年代中期至80年代初，境内各人民公社建有公社、大队两级农作物病虫害测报和防治网络。实行家庭联产承包责任制后，主要由农技部门指导农户进行病虫害防治工作。高港区农业技术推广站成立后，设专业植保技术人员，负责对全区农作物病虫害实施监测，及时向各镇、街道农技站发布病虫害信息，再由各镇、街道农技站将病虫害防治信息传达至农户。遇有重大病虫害发生时，全区采用广播、电视等形式传递信息，从而提高病虫害预报的时效性。

# 第三章　林业　蚕桑业

## 第一节　林业资源

### 一、用材树

【女贞】 乡土树种，在境内园林绿化中应用较多。2007年，为全区绿色通道建设的主要树种。

【枫杨】 乡土树种，主要分布在永安洲镇沿江一带。

【杨树】 2005年之前，杨树在境内为自然分布。2005年后，全区开始大规模栽植。2008年，主要分布在许庄河、宣堡港、中心港、前进河、西干河、戴集中沟等河道两侧和部分农田林网。

【水杉】 20世纪70年代中后期，境内农田防护林建设及“四旁”（路旁、沟旁、渠旁、宅旁）植树多以水杉为主。2008年，全区成片水杉林多分布在农田林网，许庄河、刁铺街道赵庄中沟两侧水杉生长良好。

【泡桐】 20世纪70年代，从河南等地引进繁育，主要在家前屋后和庭院栽植。2008年，区内有零星分布。

【柳树】 乡土树种，为家前屋后及河堤绿化的主要树种。

【香樟】 外来树种。建区后，在城市绿化中大量引进栽植。为金港北路、港城路、春港路栽植的行道树种。

【榆树】 乡土树种。20世纪60年代后，境内栽植逐年减少。90年代，境内推广银杏树栽植，致使榆树濒临灭绝。

【刺槐】 乡土树种。20世纪50—60年代，为境内河堤和“四旁”绿化的主要树种。2008年，区内有零星分布。

【苦楝】 乡土树种。20世纪70年代推广水杉树后，苦楝的栽植量极少。2008年，区内有零星分布。

【榉树】 乡土树种，是农村“四旁”绿化的主要树种。2006年后，在城市绿化工程中有所应用。

【香椿】 乡土树种。2008年，区内有零星分布。

## 二、果树

【银杏】 银杏树又称白果树、公孙树，为现存裸子植物中最古老的孑遗植物，被称作“活化石”。境内栽培银杏历史悠久，最初多栽于庙宇、祠堂，作为风景点缀，果实用作零食。鸦片战争前后，始作经济林木，商人收购果实销福建、广东、香港等地，并远销新加坡、泰国等东南亚国家，价格较高。新中国成立前，0.5千克银杏可换3千克大米。因此，境内农民不仅在家前屋后广为种植，且在农田成片栽植。据民国18年（1929）《江苏省十八年度农业状况》记载，泰兴宣甸市雅儒庄（今口岸街道雅儒村）侯少甫、侯石峰栽培银杏成片林11亩。其后，许庄许南村杨中孚栽培银杏林30余亩。20世纪80年代起，银杏外贸出口价格逐年上涨，境内掀起栽植高潮。1987年，境内50年生以上成片林有70余亩，主要分布在许庄乡许南、许东、永太、曹官村，田河乡东雅村，胡庄乡肖林村；有500年以上树龄的银杏树4株。1996年，优质银杏每千克70元左右，田河镇银杏收入占农户收入的11%。1997年后，银杏价格逐步下跌，至2008年，银杏收购价降至每千克5元。2008年，全区有定植银杏树100万株，银杏产量1500吨左右。有百年以上树龄的银杏树7000余株。口岸中心小学内1株雌银杏、刁铺啤酒厂内2株雌银杏、胡庄镇胡庄村小学内1株雌银杏树龄均逾500年，胡庄镇海潮村1株雌雄同株银杏树龄逾300年。以许南村银杏林为基础，建成高港区古银杏生态公园。

【太平金橘】 许庄街道太平村种植太平金橘（以庄命名）近160年。2007年11月13日，太平村成立太平金橘专业合作社。2008年，太平村100余农户培植太平金橘1万余株。

【桃】 原为农民在家前屋后零星栽植。建区后，大力发展经济林果，主要分布在永安洲镇、口岸街道。

【梨】 多为农民在家前屋后零星栽植，主要分布在口岸街道、永安洲镇，永安洲镇第二捕捞公司建有梨园。

图 9-3-1　御庐园油桃（2006年摄）

【苹果】 主要在第二捕捞公司果园种植，品种有黄香蕉、红星等。

【枇杷】 多在“四旁”栽植，主要分布在永安洲镇、口岸街道。

【葡萄】 原为农民在庭院栽植。建区后加快发展，成为农业特色产业。至2008年，口岸街道朱营村有大棚葡萄园约300亩，永安洲镇永胜村有葡萄园600亩左右，刁铺街道韩氏葡萄园面积250余亩，胡庄镇现代农业园区内设杏都葡萄园。

【李】 由居民零星栽植，以中国李为主要品种。口岸街道王营社区曾引种美国布朗李。

【杏】 由居民零星栽植，口岸街道王营社区曾引种凯特杏。

【柿】 由居民零星栽植，品种为南方型品种。

## 1997—2008年高港区林业面积一览表

表87

| 年份 | 林业总面积（亩） | 其中 | | | 当年新造林面积（亩） | 自育苗种（万株） | 引进苗种（万株） | 四旁植树（万株） | 苗圃及苗木基地数（个） |
|---|---|---|---|---|---|---|---|---|---|
| | | 用材林面积 | 果木林面积 | 其他林面积 | | | | | |
| 1997 | 29646 | 546 | 28800 | 300 | 0 | 1 | 2 | 8 | 0 |
| 1998 | 31071.6 | 690 | 29100 | 1281.6 | 0 | 1 | 2 | 8 | 1 |
| 1999 | 31206.6 | 825 | 29100 | 1281.6 | 0 | 1 | 2 | 7 | 1 |
| 2000 | 33501.6 | 1587 | 30000 | 1914.6 | 0 | 1 | 2 | 8 | 1 |
| 2001 | 33510.4 | 1809 | 31200 | 2501.4 | 0 | 1 | 2 | 9 | 1 |
| 2002 | 37324.8 | 2340 | 32100 | 2884.8 | 600 | 4.2 | 1.8 | 7 | 1 |
| 2003 | 40370.4 | 2520 | 34800 | 3050.4 | 105 | 0.7 | 0.3 | 8 | 1 |
| 2004 | 41083.2 | 2550 | 35100 | 3433.2 | 105 | 0.7 | 0.3 | 12 | 1 |
| 2005 | 44485.2 | 3300 | 37200 | 3985.2 | 3600 | 25.2 | 10.8 | 13 | 10 |
| 2006 | 53472 | 3390 | 46020 | 4062 | 11700 | 81.9 | 35.1 | 14 | 12 |
| 2007 | 55668 | 3816 | 47352 | 4500 | 10815 | 75.7 | 32.5 | 16 | 15 |
| 2008 | 66484.5 | 4131 | 48102 | 14251.5 | 5250 | 36.8 | 15.8 | 16 | 35 |

## 1997—2008年高港区果园面积及水果产量、产值一览表

表88

| 年份 | 果园面积（亩） | 水果产量（吨） | 水果总产值（万元） |
|---|---|---|---|
| 1997 | 4200 | 1236 | 115 |
| 1998 | 4200 | 1357 | 106 |

续表88

| 年　份 | 果园面积（亩） | 水果产量（吨） | 水果总产值（万元） |
|---|---|---|---|
| 1999 | 4200 | 1280 | 132 |
| 2000 | 4200 | 1360 | 112 |
| 2001 | 4200 | 1370 | 141 |
| 2002 | 4200 | 1479 | 249 |
| 2003 | 4200 | 1460 | 169 |
| 2004 | 4800 | 1535 | 212 |
| 2005 | 6150 | 1660 | 223 |
| 2006 | 6150 | 1560 | 256 |
| 2007 | 6150 | 1489 | 268 |
| 2008 | 6300 | 1403 | 286 |

### 三、竹

境内沿江地区农民喜在宅旁栽竹。主要品种有淡竹（篾竹）、紫竹、刚竹、苦竹等，以淡竹为多。1987年，永安洲乡栽植竹面积为1596亩。后由于扩栽银杏，植竹经济效益低，竹林面积逐年减少。1997年后，城镇植竹为景。至2008年，经森林资源二类调查，全区有竹林940.05亩，其中白马镇62.4亩、大泗镇687.15亩、刁铺街道53.7亩、胡庄镇30.45亩、口岸街道3.6亩、许庄街道89.55亩、永安洲镇13.2亩。

## 第二节　植树造林

### 一、成片造林

新中国成立前，境内无成片造林，农民有在家前屋后植树栽竹的习惯。新中国成立后，境内林业有所发展。1958年，林木遭到滥砍乱伐。1959年，胡庄营造核桃园1000余亩，栽树27万余株，由于核桃树不适合在境内生长，后被淘汰。20世纪60—70年代，境内广泛开展“四旁”植树造林活动，不断增加造林面积。1982年起，境内于每年3月12日开展义务植树活动。1997年后，大力实施城区园林绿化工程，扩大造林面积。2003年、2004年，全区分别造林605亩、385亩。2005年起，按照“绿色江苏”工程实施要求，全区加快成片造林步伐。至2008年，完成成片造林3.14万亩。

### 二、农田林网建设

20世纪60年代，境内在江港堤防、主干河道两旁营造防护林。1976年起，按照农田林网化建设标准，重点在沟渠、路边植树造林。高沙土地区的每个网格面积为50～100亩，沿江地区每个网格面积为100～150亩。80年代末，各乡镇按照统一规划，开展农田林网建设，构造生态防护林体系，形成意杨打框、三杉（水杉、池杉、落羽杉）织网的“小网格，宽林带”特色。至2008年，全区农田林网建设面积19.8万亩，林网建设达标率为98%。

### 三、“绿色高港”建设

2005年，高港区抓住省、市实施“绿色江苏”“绿色泰州”工程的机遇，全面推进“绿色高港”建设，重点建设绿色城市、绿色屏障、绿色通道、绿色林网、绿色村庄五大绿色工程。2007年，区政府出台《高港区花卉苗木产业“十一五”发展规划》，规定各镇（街道）发展花卉苗木生产（绿化造林除外）的地区，区财政按每亩500元的标准实行以奖代补，3年不变。2007年，区政府出台《关于加强林业发展用地管理工作的意见》，对省道两侧各30米、县（市）道路两侧各20米、通村道路两侧各10米的土地实行流转造林。高港区建成泰州市第一个森林覆盖率达标的市（区）。2008年，高港区通过省森林覆盖率达标检查验收。

### 四、苗木生产

20世纪80年代，各乡镇均办有林场或苗圃，其中泰兴县第二捕捞公司的苗木基地最具规模。2007年，区政府制定《高港区花卉苗木产业“十一五”发展规划》。同时，强化政策扶持，每亩每年补助苗木生产资金500元。至2008年，全区花卉苗木基地总面积为2.5万亩，培育品种有黄杨、蜀桧、紫薇、红叶李、大叶女贞、桂花、红枫、红叶石楠、广玉兰、栾树、垂柳、雪松等300余种。苗木基地面积一般在50亩以上，其中白马镇腾龙林业科技园苗木基地面积为1400亩，并形成“公司+基地”的经营格局。

### 附：泰州市高港区绿海花卉苗木产销合作社

2006年10月，泰州市腾龙园林绿化工程有限公司牵头创建泰州市高港区绿海花卉苗木产销合作社。合作社按“五统一保”模式进行生产和经营，即统一进行规划、统一提供种苗、统一技术指导、统一供应药肥、统一保底回收、保证种植利润。至2008年，发展社员54人，苗木基地面积932亩，成为泰州市30强农民专业合作组织。

## 第三节　蚕　桑

1963年初，口岸创办畜林场，经营蚕桑苗木，兼营生猪（羊）配种。共育桑园40亩，建蚕室24间。同年，口岸区故土公社创办故土蚕桑场，桑园基地位于南官河西岸，南至粮库，北至赵家庄，面积96.9亩，有蚕室23间、专业人员28人。口岸区在田河、乔岱、江圣三村交界处创办田河林蚕指导站，有桑园60余亩、职工10余人。1964年，口岸区桑园面积为2600亩。1969年11月，撤销口岸区，成立口岸、田河人民公社，其中口岸人民公社桑园面积1100余亩、田河人民公社桑园面积1400余亩。1974年，口岸畜林厂养蚕97张，产茧2504千克，产值8964元。1983年后，境内桑园面积锐减。至1987年，口岸镇有桑园面积476亩，田河乡有桑园面积843亩。20世纪90年代，境内蚕农毁桑种田。2008年，全区零星农户植桑养蚕。

## 第四节　林政管理与服务

### 一、林政管理

2001年初，区农委根据《高港区森林分类区划界定工作方案》抽调2名技术人员，集中1个月，经过外业调查、现场界定、内业汇总，绘制区镇两级林种分布图，提交《高港区森林分类区划界定成果报告》和《高港区森林分类区划界定质量报告》。通过森林分类区划界定，将森林区分为商品林和公益林，实施不同的管护方式，商品林由业主实施管护，公益林由政府帮助管护。全区省级公益林2.05万亩，按照公益管理条例，公益林界定到小班，区、镇、管护人层层承包，小班落实到管护人，并与管护人签订管护责任，进行考核，根据考核结果兑现管护工资。2003年8月，区政府出台《高港区林木和林地权属登记管理办法》，成立林权登记发证工作领导小组，由区农委具体负责林权登记发证工作，主要对围度（取主干离地面1米高处，主干不足1米取0.5米高处）20厘米以上的定植银杏树确定林木所有权和使用权，全年发放林权证近3万份。

### 二、林业技术指导服务

境内银杏树的超小卷叶蛾发生率较高。大面积栽植意杨后，出现杨扇蛾、杨尺蠖等食叶害虫，多以化学防治为主。2006年，泰州市高港区林业技术指导站成立，主要负责全区林业（蚕桑）生产技术指导、林业新品种引进与示范推广，承担林业有害生物检疫和防治等工作。同年，区森林植物检疫站成立，与区林业技术指导站实行“两块牌子、一套班子”的服务、管理体制。

# 第四章　畜牧业

## 第一节　家　畜

### 一、猪

【品种】境内饲养的生猪品种主要有梅山猪、太湖猪、姜曲海猪、长白猪、约克夏猪等。

【繁殖】20世纪50年代以前，以本种纯繁为主。1963年，口岸办畜林场，饲养公猪，提供配种服务。70年代初，推广杂交育猪。1974年后，大力发展母猪饲养业，永安洲成为境内苗猪供应基地。1980年，境内推广母猪人工授精技术。至1990年，每采用人工授精技术配种1头母猪，养猪户可凭人工授精收据到粮管所购买25千克优惠混合糠。1997年，全区栏存母猪10340头，出售苗猪约18万头。进入21世纪，全区能繁母猪栏存量逐渐减少。至2008年，全区栏存能繁母猪3317头。

【饲养】 境内农户饲养生猪采用圈养。至20世纪70年代，养猪饲料主要有胡萝卜、山芋藤、酒糟、山芋渣、大麦等。生猪饲养期一般为10个月，出栏毛重大都在100千克左右。80年代末，始用颗粒饲料，生猪饲养期缩短为5个月。

2000年，区内兴起规模化养殖生猪，出现一批年出栏50头以上生猪的养殖大户。2005年，区政府出台《关于加快农业经济发展的政策意见》，对年新增出栏生猪500～1000头的养殖户按50元/头的标准给予补贴，对年新增出栏生猪1000头以上的养殖户按80元/头的标准给予补贴。之后，全区母猪饲养向养殖大户集中。2007年7月，为稳定肉价、鼓励群众养猪，建立饲养能繁母猪补贴制度，具体标准为50元/头。同年，建立饲养能繁母猪保险制度，每头投保金额为60元。2008年，对饲养能繁母猪的养殖户补贴标准增至100元/头，全年共发放该项补贴33.72万元。全区共有年出栏50头以上生猪的规模养殖户152户，其中年出栏500头以上生猪的规模养殖户有33户。

### 1997—2008年高港区生猪饲养情况一览表

表89　　　　单位：头

| 年　份 | 存栏数 | 出栏数 | 栏存能繁母猪数 |
|---|---|---|---|
| 1997 | 49670 | 21632 | 10340 |
| 1998 | 64070 | 32770 | 9584 |
| 1999 | 52200 | 98800 | 6500 |
| 2000 | 53500 | 99700 | 6610 |
| 2001 | 33600 | 34320 | 6680 |
| 2002 | 51000 | 43200 | 7000 |
| 2003 | 31100 | 52700 | 5100 |
| 2004 | 57900 | 130000 | 7000 |
| 2005 | 59100 | 130000 | 5000 |
| 2006 | 55300 | 130000 | 5100 |
| 2007 | 25600 | 115000 | 2900 |
| 2008 | 32000 | 115400 | 3317 |

## 二、羊

【品种】 境内以饲养白山羊为主，湖羊、绵羊品种较少。1970年，口岸、永安等公社引进四川麻

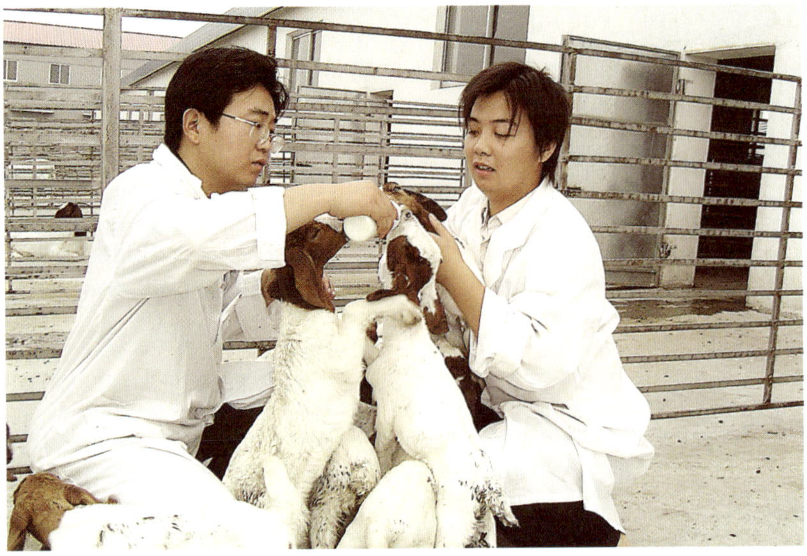

图 9-4-1 波尔山羊饲养（2004年摄）

山羊。1987年，田河兽医站引进无锡奶山羊，用人工授精方法与白山羊杂交改良。2003年，泰州绿特农业有限公司从澳大利亚购入原种波尔山羊公羊30只、母羊170只，建场饲养。

【饲养】 境内农户养羊采用拴养。在春夏秋季以喂青草为主，在冬季以喂秸秆、树叶为主。1998年，区内出现专业养殖户。2002年10月，刁铺镇与江苏省农业科学研究所合作成立泰州绿特农业有限公司，建立波尔山羊种养繁殖基地。至2004年，全区年出栏波尔（杂）山羊1900只，养殖企业有泰州绿特农业有限公司、许庄侯克明羊场、刁铺升茂农业有限公司、许庄金土地羊场等。2005年起，高港区对年新增栏存20只、50～100只、101～300只、301～500只、500只以上的波尔（杂）山羊养殖户分别补贴15元/只、30元/只、40元/只、50元/只、60元/只。2008年，全区栏存波尔（杂）山羊6500只，出栏波尔（杂）山羊12500只。

**1997—2008年高港区山羊饲养情况一览表**

表90　　　　单位：只

| 年　份 | 存栏数 | 出栏数 | 年　份 | 存栏数 | 出栏数 |
|---|---|---|---|---|---|
| 1997 | 10962 | 19500 | 2003 | 3800 | 4500 |
| 1998 | 19850 | 36800 | 2004 | 28600 | 37700 |
| 1999 | 22000 | 43000 | 2005 | 28500 | 13000 |
| 2000 | 17000 | 23000 | 2006 | 29200 | 13300 |
| 2001 | 12100 | 21300 | 2007 | 3000 | 9000 |
| 2002 | 22000 | 41600 | 2008 | 6500 | 12500 |

## 三、牛

【品种】 境内饲养的牛品种有黄牛、水牛、奶牛，各种品种的牛主要由外地购进，本地繁殖较少。其中，黄牛主要从安徽凤阳及省内丹阳、大丰、如皋、淮安、徐州等地购进，水牛主要从省内仪征、海安、盐城及湖北等地购进，奶牛主要从南京、扬州、无锡等地购进。

【饲养】 境内沿江水田地区多饲养水牛，高沙土地区多饲养黄牛。20世纪70年代前，境内农村饲养水牛和黄牛的主要目的是役用。80年代，随着农业机械化程度的不断提高，水牛和黄牛的役用价值基本上失去，肉牛养殖业兴起。境内农户养牛采用圈养，以喂草料为主，辅以少量精料（大麦、黄豆等）。2000年11月，口岸镇引江村张竹山从陕西购进20头怀孕的荷斯坦奶牛，自办奶牛养殖场。至2002年，全区有奶牛养殖专业户3户，年产牛奶400余吨。2003年，泰州市众诚乳业有限公司落户白马镇岱白村。2005年起，高港区对年新增栏存奶牛50头以上的养殖户给予补贴，具体补贴标准为1000元/头。2008年，按照省农林厅、财政厅《关于做好落实奶牛后备母牛补贴政策有关工作的通知》要求，执行奶牛后备母牛补贴政策，具体补贴标准为500元/头。全区有肉牛养殖专业户5户、奶牛养殖专业户6户。

**1997—2008年高港区养牛情况一览表**

表91　　　　单位：头

| 年份 | 存栏数 | | | 出栏数 |
|---|---|---|---|---|
| | 总数 | 奶牛 | 肉牛 | |
| 1997 | 32 | — | 32 | — |
| 1998 | 67 | 3 | 64 | 3 |
| 1999 | 51 | 1 | 50 | 102 |
| 2000 | 67 | 45 | 22 | 22 |
| 2001 | 100 | 60 | 40 | — |
| 2002 | 257 | 231 | 26 | — |
| 2003 | 210 | 202 | 8 | — |
| 2004 | 220 | 210 | 10 | — |
| 2005 | 430 | 420 | 10 | 40 |
| 2006 | 440 | 430 | 10 | 41 |
| 2007 | 461 | 456 | 5 | — |
| 2008 | 605 | 560 | 45 | 60 |

## 四、兔

【品种】 新中国成立前，境内饲养的兔品种为皮兔和菜兔。1960—2008年，先后引进养殖日本大耳兔、新西兰兔、全耳毛兔、安哥拉毛兔、伊普吕兔、獭兔等。

【饲养】 境内养兔采用笼养和圈养。常年喂青绿饲料，辅以麸皮、豆饼等精料。1960年起，境内兴起养兔热，主要饲养菜兔，加工出口冻兔肉。1965年后，境内重点发展毛兔养殖业，各公社农技站、农科队均饲养德国长毛兔数百只。20世纪80年代中期，境内应用德国长毛兔冷冻精液配种技术繁殖杂交毛兔。同时，因兔毛滞销，农户养兔积极性受挫，毛兔存栏数量锐减。至1996年，境内不再有规模化养殖毛兔。2000年，许庄曹官营村有存栏万只的兔场1个，主要饲养伊普吕兔。2005年起，高港区对年新增栏存1000只种兔的养殖户给予补贴，具体标准为20元/只。2008年，全区养兔数量1700只，其中肉兔1400只、毛兔300只。

1997—2008年部分年份高港区养兔情况一览表

表92　　单位：只

| 年份 | 存栏数 | | 出栏数 | |
|---|---|---|---|---|
| | 总数 | 毛兔 | 总数 | 肉兔 |
| 1997 | 210 | 20 | 230 | 215 |
| 1998 | 185 | 20 | 210 | 190 |
| 2000 | 3000 | — | 19000 | 18000 |
| 2001 | 4500 | 2600 | 26000 | 23000 |
| 2003 | 2500 | — | 9600 | 8700 |
| 2007 | 2000 | — | 1300 | 1200 |
| 2008 | 600 | 200 | 1100 | 1000 |

## 五、企业选介

【泰州市众诚乳业有限公司】 始建于2003年5月，位于白马镇岱白村，公司一期工程投资380万元，建成4000余平方米的现代化生产、办公区，建立占地25亩的现代化奶牛养殖基地及相应配套的牧草种植基地，栏存80头荷斯坦奶牛。2008年，公司占地面积150亩，建筑面积4500平方米，牧草种植面积100亩，总资产1250万元，年产值500万元。公司建有综合设施相配套的牛舍，经产母牛床位300个，后备牛床位180个，青贮池2000余立方米，并配有相应的奶牛运动场、饲料库、隔离带围墙、综合楼等。配有制冷机2台、全自动管道挤奶机2套、饲料粉碎搅拌机1台、铡草机2台、运输车1辆。有员工23人，其中初、中级职称10人。栏存奶牛312头，其中成年母牛186头、后备牛75头、犊牛51头。年产鲜奶1000余吨，主要销往扬大乳业。

【泰州市引江奶牛场】 由引江村张竹山于2000年创建，牛场占地20亩，先后投入建设资金280万元，建有牛舍、运动场、储藏室、饲料加工场所，近70余间用房。有鲜奶处理成套设备和从德国进口的自动化挤奶输送装置，配备载重3吨的罐装汽车1辆。常年种植牧草140亩（其中流转土地40亩，租用土地100亩）。2008年，有固定工人7人，临时工10～15人，存栏奶牛165头，年产鲜奶430余吨，产值200万元。

## 第二节　家　禽

### 一、鸡

图 9-4-2　养鸡场（2007年摄）

【品种】 新中国成立初，境内主要饲养三黄鸡。20世纪50年代，引进骆驼红、澳洲黑、芦花鸡、澳品登等良种鸡。70年代引进白洛克、科尼什等肉用鸡种。80年代，引进的蛋鸡品种有希塞斯、红育、罗斯，引进的肉鸡品种有星波罗、红波罗、宝星、海佩科。90年代后，蛋鸡品种有华东来航、罗曼、伊莎，肉鸡品种为艾维因，蛋肉兼用型鸡有三黄鸡、草鸡。

【繁育】 民间养鸡，多为自孵放养。1972年，永安公社文胜大队创办地火龙平箱炕坊，人工孵化小鸡。1976年后，使用电孵箱孵化小鸡，并设置育雏室，提高苗鸡成活率。1980年，田河人民公社戴集大队有群众用“竹筐加盖布帘保温”法集中育雏。2000年，有群众建温室育雏。2005年，口岸镇戴集村和吴楼村建炕房孵化雏鸡，年孵化雏鸡60万羽。2006年，戴集村成立育雏协会，并注册“晨曲”雏鸡商标。2008年，全区育雏鸡1000万羽。

【饲养】 农户养鸡，一般为放养，每户养鸡2～5只。1980年，境内出现一批养鸡专业户。1983年，口岸镇合乐村廿七圩组万如兰从上海引进红波良种肉鸡700余羽，建鸡舍40余间，至1986年，饲养量达1.2万羽，年出售肉鸡1万羽、雏鸡1.5万羽、种蛋近100万只，成为泰兴县第一养鸡专业大户。1991年，口岸镇有养鸡专业户246户。2005年，高港区对年新增1万～2万羽、2万羽以上的肉禽养殖户分别补贴0.2元/羽、0.3元/羽，对年新增栏存300～5000羽、5000羽以上的蛋禽养殖户分别补贴1元/羽、2元/羽。2008年，全区有年出栏2000羽以上的肉鸡养殖专业户10户，有存栏500羽以上的蛋鸡养殖专业户13户。

### 二、鸭

境内饲养的鸭品种主要有高邮大麻鸭、绍鸭、北京鸭、卡叽康贝尔蛋鸭、樱桃谷肉鸭等。新中国成立后，农户养鸭基本上是散养，以喂青饲料为主，辅以少量精饲料。20世纪90年代，境内出现养鸭专业户，且以饲养肉鸭居多。2000年，口岸镇郎庄村李卓文投资4万元建养鸭场。至2005年，养鸭6万羽。2008年，全区有年出栏2000羽以上的养鸭专业户13户，其中年出栏5万羽以上的养鸭专业户8户。

## 三、鹅

境内主要饲养太湖鹅、大白鹅。20世纪80年代前，境内只有极少数的农户养鹅，多为散养。1998年，境内出现养鹅专业户，均采取种草养鹅的饲养模式。2008年，全区有年出栏2000羽以上的养鹅专业户4户。

1997—2008年高港区家禽饲养情况一览表

表93　　单位：羽

| 年份 | 存栏数 | | | 出栏数 | | |
| --- | --- | --- | --- | --- | --- | --- |
| | 鸡 | 鸭 | 鹅 | 鸡 | 鸭 | 鹅 |
| 1997 | 584200 | 27900 | 5400 | 832400 | 32000 | 5600 |
| 1998 | 995400 | 90100 | 56500 | 1367100 | 163000 | 78900 |
| 1999 | 760100 | 89000 | 30900 | 1071000 | 131000 | 38000 |
| 2000 | 760100 | 89000 | 30900 | 950000 | 400000 | 30000 |
| 2001 | 1163400 | 40900 | 17800 | 1476800 | 198000 | 25200 |
| 2002 | 1035000 | 37400 | 22000 | 1331900 | 136000 | 32100 |
| 2003 | 252000 | 22000 | 800 | 576400 | 86000 | 15100 |
| 2004 | 205000 | 27000 | — | 1638840 | 91000 | 16000 |
| 2005 | 199000 | 38000 | 3400 | 1791200 | 13500 | 10600 |
| 2006 | 182500 | 52000 | 2000 | 241400 | 138200 | 35900 |
| 2007 | 236100 | 86100 | 4100 | 326800 | 582000 | 20100 |
| 2008 | 437700 | 84500 | 7400 | 1016900 | 903600 | 36800 |

# 第三节　特种养殖

## 一、兽类

【犬】 境内居民养犬主要为看家护院，品种为地方土种狗。20世纪80年代后，始有居民饲养狼犬、牧羊犬、宠物犬。1999年，曾有居民小规模养殖肉犬。2008年，全区有各品种犬4200余只。

【貂】 1984年，口岸闸管所建养貂场，年养貂500余只。永安洲亦有群众养貂。因饲养成本高，且貂皮逐年滞销，20世纪90年代后，境内貂养殖逐渐绝迹。

【驯鹿】 2007年，扬州人杨剑平购进驯鹿18头，在永安洲镇永胜村饲养。2008年剩16头。

### 二、禽类

【乌骨鸡】 俗称“十全鸡”。境内偶有农户饲养，一般养2～3只。2008年，全区饲养乌骨鸡500只左右。

【七彩山鸡】 俗称“野鸡”。2002年，口岸镇陈文娣购入七彩山鸡1000羽，至2007年出栏七彩山鸡2500羽。2008年，泰州三川生态农业有限公司饲养七彩山鸡。全区出栏七彩山鸡3500羽。

【鹌鹑】 1998年，野徐镇徐益华购进鹌鹑3000羽，至2008年栏存14500羽。

【鸽】 境内城乡皆有居民养鸽，多为信鸽爱好者饲养。20世纪90年代，信鸽饲养爱好者自发组织成立信鸽协会。2000年，白马镇岱白村投资20万元建肉鸽养殖场，至2002年，出栏肉鸽15万羽，后于2007年关闭。2008年，白马镇建有蛋鸽养殖场3个，全年栏存蛋鸽3万羽。

【孔雀】 2008年，泰州三川生态农业有限公司购入4只孔雀，作为观赏鸟饲养。

【鸬鹚】 通称“鱼鹰”“黑鸦”“鱼鸦子”。口岸街道故土村朱家4代人养鱼鹰捕鱼，前后历百年，一般饲养10～12只。

【火鸡】 2008年，泰州三川生态农业有限公司购入3只火鸡，作为观赏鸟饲养。

### 三、蜜蜂与虫类

【蜜蜂】 20世纪60—70年代，境内各人民公社都有养蜂户，每户饲养数量3～5箱。1984年，许庄乡养蜂95箱。至2008年，全区养蜂310箱。

【蝎子、蜈蚣、地鳖虫】 建区后至2008年，口岸街道口岸村、集成村和许庄街道有群众喂养蝎子、蜈蚣、地鳖虫，作为中药材出售给制药企业。

## 第四节 饲 料

境内农民饲养畜禽有用精、粗、青饲料搭配喂养的习惯。精饲料，又称精料，以大麦、玉米等谷物和豆饼、花生饼、菜籽饼、米糠、麸皮等饼粕、糠麸为主。粗饲料主要有胡萝卜、山芋、酒糟等。青饲料主要有菜叶、山芋藤、花生藤、嫩枝树叶、青草、水生植物等。20世纪80年代末，推广使用颗粒饲料。90年代中期，推广使用混合饲料。进入21世纪，不提倡用泔水养猪。

## 第五节 疫病预防

### 一、机构

【兽医站】 1958年，各人民公社成立兽医站。1997年，全区有乡镇畜牧兽医站7个、工作人员

131人，其中正式编制人员98人。2000年，高港区畜牧兽医站成立，全区乡镇兽医站在编人员66人。2005年，省执业兽医改革在高港区试点，全区有75人取得执业兽医师或执业助理兽医师资格。2007年进行兽医体制改革时，全区兽医站核定编制人员60人，实际聘用51人。

【区农业委员会畜牧兽医科】 2007年，进行兽医体制改革，加强兽医行政管理机构建设，在区农业委员会增设畜牧兽医科，核定全额编制人员2人，负责指导和监督动物防疫、检疫工作。

【区动物卫生监督所】 2007年，泰州市高港区动物防疫监督所更名为泰州市高港区动物卫生监督所，核定全额编制人员6人，为动物卫生行政执法机构，隶属于区农业委员会。

【区动物疫病预防控制中心】 2007年，在区畜牧兽医站挂牌成立，核定全额编制人员10人，负责动物防疫、检疫及动物疫病的监测、预警、预报、实验室诊断、流行病学调查研究、疫情报告、重大动物疫病防控技术方案制订、动物疫病技术指导等工作。

### 二、疫病

至2008年，境内曾发生过的畜禽疫病有猪瘟、牲畜口蹄疫、猪链球菌病、猪丹毒、猪肺疫、猪气喘病、猪红皮病、猪水肿病、猪传染性水泡病、仔猪副伤寒、附红细胞体病、仔猪黄痢、仔猪白痢、破伤风、猪弓形体病、猪蛔虫、猪肺丝虫、猪高热症候群病，牛感冒、血吸虫病、肝片吸虫病、奶牛结核病，兔出血病、兔球虫病，高致病性禽流感、鸡新城疫、鸡传染性法氏囊病、鸡球虫病，等等。

### 三、防疫与检疫

新中国成立后，境内对各类畜禽疫病实行预防为主的方针。1954年，疫病防治主要使用氢氧化铝丹毒弱毒菌苗、猪瘟结晶紫、小猪副伤寒及牛炭疽芽孢苗等。1957年，自制兔化猪瘟弱毒湿苗。1978年，使用猪瘟兔化弱毒冻干苗、猪瘟猪丹毒二联苗、猪瘟猪丹毒猪肺疫三联冻干苗、鸡新城疫Ⅰ系冻干苗、鸡新城疫Ⅱ系苗、鸡痘苗、禽霍乱等疫苗防治畜禽疫病。20世纪80年代后，针对鸡马立克、法氏囊、兔瘟、兔魏氏梭菌、狂犬病、鸭瘟及猪链球菌等疫病研制相关疫苗进行预防。2000年起，采取常年防疫与集中防疫相结合的方法，适时进行春季集中防疫、夏季消毒及补免、秋冬季防疫。2002年，加强免疫抗体监测工作，通过正向间接血凝试验检测口蹄疫抗体、血凝抑制试验检测家禽的新疫抗体及禽流感抗体。重点检测和预防牛布氏杆菌病和结核菌病，实行动物免疫标识制度。2006年起，对免疫动物实行免疫证登记。2007年，始用二维码耳标，一猪一号码，实行免疫追溯制。并使用油乳苗对猪高致病性蓝耳病进行强制性免疫。至2008年，主要开展牲畜口蹄疫、猪瘟、高致病性蓝耳病、高致病性禽流感的强制免疫和猪链球菌病、新城疫、狂犬病的计划免疫工作。

# 第五章 渔 业

高港区有长江水域面积7万亩、内河水域面积3.85万亩，渔业资源丰富。在正常年景下，温、光、水资源分布比较合理，4月中旬至10月下旬为温水性鱼类生长提供良好的自然条件。境内出产鱼类品种有13目、25科、90余种。鲥鱼、河豚、鳗鱼、螃蟹、江虾历来是境内名产。新中国成立前，境内水产年产量200吨左右。新中国成立后，多措并举，渔业生产获得较大发展。建区后，不断加强渔业资源保护和渔业生产安全管理工作，全区渔业生产持续发展。2008年，区内养殖的水产品种有39个，水产养殖产量2530吨。

## 第一节　渔业资源

### 一、长江渔业资源

境内长江段长24.2千米，沿江水面以江心为界计算，约7万余亩，渔业资源丰富，有鱼类、虾类、蟹类、贝类等水生动物90余种。其中，鱼类分淡水鱼类、海产洄游鱼类等，主要品种有鲤鱼、鲫鱼、青鱼、草鱼、鲢鱼、鳙鱼、长春鳊、团头鲂、短尾白、红鳍鲌、翘嘴红鲌、老头红鲌、餐鲦、布氏餐鱼、鳡鱼、赤眼鳟、银飘鱼、寡鳞飘鱼、黑臀刺鳑鲏、大鳍刺鳑鲏、斑条刺鳑鲏、中华鳑鲏、真鳑鲏、采石鲋、寡鳞刺鳑鲏、兴凯刺鳑鲏、短须刺鳑鲏、特氏蛇鮈、达氏蛇鮈、杜氏蛇鮈、贡氏拟刺鳊、施氏铜鱼、麦穗鱼、花鱼、黑鳍鳈、江西鳈、棒花鱼、银色颌须鮈、银鲴、黄尾鲴、逆鱼、细鳞斜颌鲴、泥鳅、花鳅、中华鲟、白鲟、鲥鱼、短颌鲚、刀鲚、风鲚、湖鲚、大银鱼、太湖短吻银鱼、鳗鲡、黄鳝、长吻鮠、长尾鮠、苏里鮠、粗唇鮠、河龙盾鮠、黄颡、光泽黄颡鱼、大鳍鳠、鲶鱼、胡子鲶、青鳉、中型下针鱼、细下针鱼、针鱼、梭鱼、圆尾斗鱼、暗色土布鱼、黄鲂鱼、吻虾虎鱼、栉虾虎鱼、红狼牙虾虎鱼、鳜鱼、斑鳜、鲈鱼、刺鳅、乌鳢、月鳢、窄体舌鳎、暗色东方鲀、马斑东方鲀、条纹东方鲀、虫纹东方鲀等。

### 二、内河渔业资源

境内内河水质类型大部分为碳酸钙型，矿化度多在100～30毫克/升，硬度在7.5～14°dH，pH值为7.5～8，水质适宜水生动物栖息生长。主要品种有青鱼、草鱼、鲢鱼、鳙鱼、鲤鱼、鲫鱼、鳊鱼、乌鳢（黑鱼）、河豚、鳗、黄鳝、鳜鱼、鲶鱼、三角鲂、黄颡鱼、红鳍鲌、鲶鱼、鳡鱼、麦穗鱼、棒花鱼、黑鳍鳈、餐鱼、油餐、银飘、鳑鲏、泥鳅、龟、鳖、青虾、中华绒螯蟹、河蚌、蚬子等。

### 三、经济鱼类选介

【刀鱼】 又名刀鲚，洄游鱼类。每年初春三月群集，从东海入长江，溯江而上，生殖洄游。刀鱼肉质细嫩鲜美。清初著名诗人朱彝尊有诗云："京口刀鱼尺半肥"。

【河豚】 洄游鱼类。春夏之交从东海洄游到长江繁殖、索饵。体多呈亚圆筒形，皮肤、内脏、眼珠、鱼籽和血液有剧毒，人误食后会中毒致死，境内有"拼死吃河豚"的俗语。除去有毒部分，经高温烹饪，肉质特别鲜美。

【鲥鱼】 与河豚、刀鱼齐名，素称"长江三鲜"。每年春末夏初，鲥鱼从沿海洄游上溯至长江口产卵，季节性很准，故有"时"鱼之称。1995年前，境内长江段有零星捕获。1996年后，长江鲥鱼基本绝迹。

【鮰鱼】 又称鮠鱼，头微扁，身青白色。春季为上市旺季，俗称菜花鮰。秋季肉味最美，俗称菊花鮰。鮰鱼肚为鱼肚中的上品。

【鳗鲡】 降河性洄游鱼类。成鱼每年春在长江口一带产卵，幼鱼春季入江。人工养殖的鳗鲡苗在国际市场很受欢迎，被称作"软黄金"。

# 第二节　淡水养殖

## 一、苗种生产

【漂鱼花】 20世纪50年代前，境内渔业生产所需的鱼苗主要取自长江，人们将从长江捕鱼卵育成苗鱼的全过程称为“漂鱼花”。口岸沿江养鱼户以网具于长江捕捞鱼卵，鱼卵经人工培育成鱼苗，俗称“鱼花”。口岸长江段的鱼卵大都是产于中游鄱阳湖的青鱼卵，顺江水漂流而下。汉口以上长江段的鱼卵大都是江鲢卵。漂鱼花季节性很强，通常每年的小满前后半个月为漂鱼花旺季，渔谚有“小满花，正当家；芒种花，瘦小差”之说。漂鱼花时，常需三人配合，船迎风浪逆水而上，船上人员凝视江面，搜寻顺流而下的鱼卵，不失时机地进行捕捞。1967年后，长江张网漂鱼花停止。

【人工繁育鱼苗】 1962年，泰兴县水产养殖场人工繁育鱼苗取得成功，主要的品种有青、草、鲢、鳙鱼。自此，境内鱼苗主要从泰兴县水产养殖场及周边县市人工繁苗场购买。之后，境内甲鱼、乌龟、金鱼、牛蛙、河豚、克氏原螯虾等有小规模的人工繁殖。1990—1996年，口岸龙窝村11组韩圣发利用水池养殖种甲鱼300余只、种乌龟60只，年繁殖小甲鱼2000只、小乌龟200只。1996—2008年，白马镇白马村届东组共繁殖金鱼300余万尾。2002年4月，泰州市花卉园艺中心与中科院武汉水生生物研究所合作，开展河豚鱼人工繁殖试验，繁殖河豚鱼苗1万余尾，填补泰州市人工繁殖河豚鱼的空白。1997—2008年，全区鱼种培育池面积400余亩，年育鱼苗300万尾。

## 二、新品种引进

20世纪70年代，境内开始引进新品种鱼苗，主要有团头鲂、白鲫、杂交鲤、罗非鱼等。80—90年代，先后引进的新品种有革胡子鲶、福寿螺、异育银鲫、长春鳊、三角鲂、鳜鱼、乌鳢、黄鳝、黄颡鱼、中华绒螯蟹、甲鱼、乌龟、日本锦鲤、金鱼等。1997年，泰兴市第二捕捞公司（今高港渔业公司）特种水产繁养场引进罗氏沼虾和南美白对虾共100余万尾。2000年，口岸镇双太村韩高泉从上海市水产研究所引进河豚夏花2000尾。2001年7月，泰州市花卉园艺中心从上海市水产研究所引进河豚夏花8000尾、淡水白鲳1000尾，从扬州引进巴西龟2000只。2008年，口岸水产养殖场从泰兴市引进翘嘴红鲌10万尾、细鳞斜颌鲴5万尾。

## 三、养殖生产

20世纪50—70年代，境内社队多利用现成池塘、河沟集体放养成鱼，但由于饲养不科学、鱼种不足、生产落后，单位产量不高，一般亩产30千克左右。80年代后，推广成鱼精养。1992年，国家修筑宁通公路，挖塘取土，境内新增池塘养殖面积350亩。1997年，全区水产养殖面积6400亩，养殖产量1200吨。2006年10月，区政府印发《泰州市高港区养殖水域滩涂规划》，明确“十一五”期间水产养殖目标，使全区水产养殖进入快速发展的轨道。2008年，全区水产养殖面积9755亩，水产品产量2530吨，渔业产值3290万元。

【河沟养殖】 境内河沟养鱼主要以村级河沟为主，水源水位不稳定，水质较瘦，但水草、螺蛳等天然饵料较多，主要放养白鲢、花鲢、青鱼、草鱼、团头鲂、鲤鱼、鲫鱼等。1997—2005年，全区河沟养殖面积1800亩，年养殖产量150吨左右。2006年，《泰州市高港区养殖水域滩涂规划》明确全区主要河道以排灌、泄洪为主，不提倡水产养殖。2008年，全区河沟养殖面积2714亩，年养殖产量240吨。

【池塘养殖】 建区之初，池塘养殖面积3100亩左右，养殖产量750吨左右。规模较大的水产养殖场有口岸水产养殖场，面积320亩，主要培育青、草、鲢、鳙四大家鱼。永安洲兴无养虾场面积250亩，永安洲北沙木库养殖场面积300亩。随着市场经济的不断发展，全区水产养殖企业不断增加，水产养殖业逐步形成多品种、多层次、多项目发展格局，养殖水平逐年提高。2008年，全区池塘养殖面积达5786亩，年养殖产量2090吨。其中特种水产混养面积2400亩、工厂化立体温室7000平方米、硬质化观赏鱼池8000平方米。在工商部门登记的水产养殖企业有6个。全区养殖品种发展至40个，一般鱼塘放养8～10个品种，进行混养、套养。

【长江网围养殖】 沿江地区利用丰富的长江滩地资源、长江种质资源和长江名特优水产品市场畅销的优势，以河蟹、长江鳜鱼、长江青虾等名特优水产品为主，开展长江网围养殖。1997—2004年，长江网围养殖面积1500亩，养殖产量300余吨。2005—2008年，因工业开发，长江网围养殖面积减至1255亩，养殖产量210吨。

## 四、特种水产品养殖

【养蚌育珠】 1968年，口岸养殖场利用内塘养蚌育珠，初试成功。1972年，口岸养殖场繁殖小河蚌30万只，育珠3～3.5千克。20世纪80—90年代，境内有一批养蚌育珠专业户。进入21世纪，河蚌育珠经济效益下降，养殖户大幅度减少。2002年，口岸养殖场停养珍珠蚌。

【河豚鱼养殖】 2001年7月，泰州市花卉园艺中心引进的8000尾河豚夏花池塘放养成活率达95%。至2002年，泰州市花卉园艺中心共建成河豚鱼越冬温棚3330平方米。2004年，因水源原因，泰州市花卉园艺中心停养河豚鱼。2008年，高港区祥丰水产园艺场在刁铺祥丰村建河豚鱼池45亩，年养殖河豚鱼10万余尾。

【河蟹养殖】 1997—2008年，永安洲镇有河蟹养殖面积1100亩左右，年养殖产量40吨。

【甲鱼、乌龟养殖】 1990年，口岸、永安洲、刁铺、许庄等乡镇共有甲鱼、乌龟专养池面积60亩左右。2008年，全区养殖面积100余亩，产量3吨左右。

【金鱼养殖】 1996年4月，白马镇白马村届东组村民刘长根、陈家瑞两人投资20余万元，建金鱼养殖池7000平方米，从扬州引进种金鱼1000组，主要品种有珍珠、虎头、蝶尾、龙眼、高头、三色、龙球等。1997—2008年，累计繁殖金鱼350余万尾。2008年，存池种金鱼2500组。

图 9-5-1 永安洲镇河蟹养殖场（2005年摄）

## 五、休闲渔业养殖

20世纪90年代起，境内兴起休闲渔业养殖，品种以青、草、鲢、鳙、鲤、鲫、鳊鱼为主。1997年，全区休闲渔业养殖面积1200亩。2005—2008年，面积扩至2600亩，品种增加甲鱼、胡子鲶、赤眼鳟、鮰鱼等。2008年，全区接待垂钓4万余人次，垂钓产量200吨左右。

### 1997—2008年高港区水产养殖情况一览表

表94

| 年份 | 水产养殖面积（亩） | 放养鱼种量（吨） | 水产品总产量（吨） | 水产品总产值（万元） |
|---|---|---|---|---|
| 1997 | 6400 | 300 | 1200 | 720 |
| 1998 | 6600 | 310 | 1250 | 750 |
| 1999 | 7000 | 350 | 1350 | 840 |
| 2000 | 7100 | 350 | 1400 | 890 |
| 2001 | 8050 | 400 | 1460 | 1020 |
| 2002 | 8000 | 400 | 1480 | 1180 |
| 2003 | 7500 | 410 | 1550 | 1540 |
| 2004 | 7500 | 420 | 1550 | 1700 |
| 2005 | 7500 | 410 | 1560 | 1870 |
| 2006 | 7400 | 550 | 1510 | 1900 |
| 2007 | 7749 | 700 | 2010 | 2530 |
| 2008 | 9755 | 722 | 2530 | 3290 |

## 六、企业选介

【口岸水产养殖场】1958年，口岸公社成立渔业管理委员会，租用南官河东岸余家房屋7间，其中办公用房3间、仓库2间、食堂2间，有职工180余人，主要是口岸渔民及养鱼人员。成立4个漂鱼组，鱼塘分布在口岸、龙窝及南官河西6个大队。1963年，成立口岸公社养殖场和口岸镇龙窝养殖场。口岸公社养殖场初以合乐、虹桥等大队的鱼塘为漂鱼花基地，职工22人。1964年，迁至杨湾六九圩，利用二道退堤两侧开挖鱼塘近50亩。由于杨湾坍江，1968年迁往东夹江双新村围垦江滩，开挖63亩鱼塘培育鱼苗，利用东夹江150亩水面养殖成鱼，利用内塘养蚌育珠，初试成功。1968年开始养蚕，拥有蚕室14间，2间共育炕（催青室），一年春秋两季共育蚕纸100余张，自养40余张，其余供大队、生产队饲养。1972年，繁殖小河蚌30万只，育珠3～3.5千克；栽种桃树25亩、1500余棵，栽种桑树20余亩、花卉苗木208亩。1997年，养殖场改制为口岸龙窝村11组村民私人承包养殖。2008年，有鱼池27口，养殖鱼种125亩、成鱼150亩、甲鱼5亩，产量95吨。

【泰州市高港区祥丰水产园艺场】2003年2月，泰州市高港区祥丰水产园艺场成立，地址在刁铺镇万庄村祥南组，占地面积100亩，水域养殖面积60亩，以养殖河豚鱼为主，年养殖河豚鱼10余万尾。2003—2008年，先后开展“长江河豚鱼生态健康养殖技术研究”和“几种长江名特水产品生态共生高效养殖技术研究与开发”项目，实施国家星火计划项目“长江河豚鱼池塘循环水健康养殖技术应用示范”。2008年，“长江河豚鱼生态健康养殖技术研究”项目获泰州市科技进步三等奖，填补泰州市人工繁殖河豚鱼的空白，河豚鱼养殖每亩效益达5100余元。

【泰州市高港区昌宏江水养殖有限公司】 1998年11月，泰州市高港区昌宏江水养殖有限公司成立，地址在永安洲镇新街村外江边，占地面积150亩，水域养殖面积85亩。当年投资10万余元，在江边建围网养殖，开展江边垂钓。同年12月，放养青、草、鲢、鳙、鲤、鲫、鳊鱼等2000余千克。1999年，产值10万元。到2008年，拥有固定资产400余万元，垂钓船9条，垂钓跑道700米，水产品种有甲鱼、胡子鲶、赤眼鳟、鮰鱼、河蟹等。2008年，接待垂钓2万余人次，垂钓产量在110吨左右，产值200余万元。2007年，泰州市农业委员会、泰州市渔业协会授予其泰州市休闲渔业示范基地和泰州市高效渔业建设十佳示范企业称号。

## 第三节　捕　捞

### 一、海洋捕捞

1954年，成立口岸运输社，有运输木船48条、2400余吨位。1960年，口岸运输社并入泰兴县水产捕捞公司，为海洋大队，时有木帆船15条、800吨位，职工200余人，出海船只13条，在吕泗渔场作业，使用定置网具，年产量47吨。1962年冬，始赴浙江舟山渔场捕捞带鱼。1966年，总产量65吨。1972年，春汛出海11条船，冬汛出海3对机船，年总产量477吨。1979年后，出海船只逐年减少，产量逐年下降。至1987年，只剩4条船，总产量为255吨，主要捕捞品种有大黄鱼、小黄鱼、鲳鱼、墨鱼、海虾、带鱼、马鲛、马面鲀、梭子蟹等。1987年后，海洋大队停止海洋捕捞，改为运输船队。

### 二、长江捕捞

1952年前，境内渔民在长江内自由捕捞。1956年，成立龙窝渔业合作社。1957年，成立专业捕捞队和渔业捕捞组。1958年，龙窝渔业合作社划归口岸公社领导。1960年，龙窝渔业合作社与蒋港、天星渔业合作社合并为长江大队（1962年，更名为泰兴县渔业合作社；1970年，更名为泰兴县捕捞公司）。1965—1968年，泰兴县将分散在泰兴镇、马桥、黄桥、古溪、宣堡、孔桥、朱周、李湾、曲霞等地的渔民组织到一起，在口岸与永安之间的东夹江围垦江滩（先后围垦江滩3150亩），安排渔民陆上定居，设立新、五七、文胜3个渔业大队，隶属于永安人民公社，全年长江捕捞产量1000吨左右。1980年12月，成立泰兴县第二捕捞公司，以上3个渔业大队改属泰兴县第二捕捞公司。此后，长江捕捞产量逐年减少。至1997年，全区长江捕捞产量只有400余吨。2008年，泰兴市第二捕捞公司划归高港区，行政上隶属于永安洲镇人民政府，业务上受区农委指导。当年，全区有长江捕捞渔船109艘，总吨位300吨，捕捞产量约200吨。

### 三、内河捕捞

1952年前，境内内河鱼货自由捕捞，自由上市。1957年，始有专业捕捞。1965年，渔民开始陆上定居，部分渔民仍从事渔业捕捞。1968年，境内有内河捕捞渔船200艘左右。20世纪80年代起，大批渔业劳力转向工农业生产。2008年，全区有内河捕捞渔船86艘，总吨位250吨，捕捞产量100吨左右。

### 四、渔具作业

高港地区渔民从事捕捞生产的渔法有9大类，渔具有44种。20世纪70年代起，用聚乙烯线、锦绞丝等新材料代替麻线、棉线、蚕丝织成的渔网，更加轻便、牢固、耐用。

【刺网】 俗称丝网。按作业方式分定置刺网、流刺网、围刺网、拖刺网4类，按结构分单层刺网、多层（二层或三层）、框刺网3类，按作业水层分浮刺网、底刺网2类，一列刺网由数片相同规格的单位网具组成。其捕鱼法为：将数片长方形网具联成一列拦截鱼道、围截鱼群或漂流、拖曳网具，使鱼类自动被迫刺入网目或缠绕于松软网衣上达到捕捞目的。

【拖网】 是一种流动性、过滤性捕鱼方式，使用单船、双船或多船，借助风力、水流或机械动力推动，带动一个或多个袋形网具组成的网列在水中曳引，迫使在网口范围内的鱼虾进入囊网而达到捕捞目的。拖网根据网具结构和作业水层有单囊拖网、浮拖网、底拖网等。

【张网】 将网口为长方形或三角形的锥形网具架设在桩、锚、撑杆、渔船或闸口上，利用水流或潮水的冲力将鱼虾蟹迫入网具后部的网囊内。根据网具结构可分为有翼和无翼两种，根据敷设方式又可分为桩张网、锚张网、樯（撑杆）张网、船张网、闸口张网5种。

【钓鱼】 用装有真饵或拟饵的钓钩或卡子拦截鱼类通道，诱使鱼类上钩、上卡而达到捕捞目的。钓具按有无饵料分为真饵钓、拟饵钓和卡钓3类，按渔具结构形式分为延绳钓、曳绳钓、竿钓、手钓4类，按作业方式分为定置式、拖曳式、手握式3类。

【耙刺】 利用铁、竹等材料制成渔钩、渔叉、渔耙等各种形式的地方性渔具，达到捕捞鱼、鳖、蚌的目的。耙刺有渔钩、渔叉、渔耙等。

【笼壶】 主要是由竹篾、苇篾、合成纤维等编成，或由网衣套框架形成圆筒形、壶形、花篮形、坛形等各种形状，且入口内侧装有倒须的花篮、黄鳝笼、虾笼、蟹笼、地笼、小篓等，用以捕捞鱼、虾、蟹、黄鳝等。

【地拉网】 俗称大拉网、地曳网、包网，用聚乙烯线编制的网片制成，网口的网眼3厘米左右，网底0.5厘米处用3厘米粗的尼龙绳做纲绳，网上安装浮标，网底安装用铁块制做的脚子。此法是用地拉网的囊或无囊的长带形网具包围某一水域，用船、人力或机械将两端网衣拉向岸边，缩小包围范围，迫使鱼类进入囊网或取鱼部，达到捕捞目的。大包网一次可包20余亩水域，捕捞量在1吨左右。有风网、银渔网、包网等。

【敷网】 俗称罾，有拦河罾、扳罾、虾罾、船头罾等。将方形、梯形、三角形的网具利用网架或其他属具敷设于鱼类通过的水域，待鱼入网后定时向上扳起网衣，达到捕捞目的。

【抄网】 有抄虾网、推虾网、趟虾网、鳗鲡网等。将囊袋状的网衣装配在框架上用以抄捕鱼、虾、鳗鲡等。

【掩罩】 使用圆锥形网具或竹篾制罩具罩捕鱼类的渔具称掩罩。如各类撒网、罱网（夹网）等。

【地笼】 用4毫米粗的钢丝做成四方形骨架，后将聚乙烯线编制的网片缝制在四边即成。每条地笼一般为19～20节，大地笼可达80节。每节地笼两边设制倒须，下端装铁脚。笼中可放食物诱鱼虾蟹入笼，达到捕获目的。

## 第四节　渔政管理与技术指导服务

### 一、资源增殖和保护

1999年3月起，高港区禁止在南官河、引江河等主要河道设定置渔具。2001年起，长江流域开始全面实施禁渔期制度，每年4月1日至6月30日为长江禁渔期。当年，全区195艘渔船、390名渔民参加休渔。2002年8月16日，区政府办公室印发《关于核发渔业水域养殖证的通知》。2006年6月14日，泰州市在长江高港区段举行长江放流活动，共向长江放流河豚鱼种8万尾、鳜鱼种2万尾、赤眼鳟鱼种200千克。10月8日，区政府印发《关于印发养殖水域滩涂规划的通知》，规定在古马干河、宣堡港、许庄河、生产河、南官河、前进河、西干河、南干河和两泰官河不得设定置渔具。2007年6月30日，泰州市向长江放流河豚鱼种8万尾、鳜鱼种2万尾、赤眼鳟鱼种2万尾，放流资金达18万元。2008年6月25日，泰州市向长江投放16万余尾鱼苗。1997—2008年，全区签发渔业许可证203本。2002—2008年，全区核发长江禁渔期刀鱼捕捞证24本。

### 二、渔政执法

1997年4月，区农村经济委员会农业科负责渔政管理工作。2002年4月15日，成立高港区渔政监督大队，负责审核、签发渔业许可证，维护正常的渔业生产秩序和协助有关部门处理渔业纠纷，实施长江禁渔期制度等。2002年，有渔政人员5人（其中乡镇渔政人员3人）。2007年，江苏省渔政总队配置区渔政监督大队32292号渔政船1艘。2008年，渔政人员增至8人（其中乡镇渔政人员5人）。2002—2008年，区渔政监督大队共开展执法活动281次，出动执法人员841人次，查处非法捕捞案件48起，立案10起，没收电捕鱼工具76件；查处污染事故6起，为水产养殖户挽回经济损失60余万元。

### 三、水产技术指导服务

2002年4月15日，高港区水产技术指导站成立，在区农业局农业科挂牌，配备技术人员2人。主要职能为：贯彻国家、省、市有关技术推广的方针、政策，制订水产养殖规划，开展新品种、新技术的引进、试验、示范、推广；水生动植物病虫害及灾情的监测、预报、防治和处置；水产养殖中兽药使用的指导；水产原良种和苗种管理的相关技术工作；水产技术推广公共培训教育等。

2000—2008年，区水产技术指导站在永安洲新街村及兴隆村、口岸新明村、刁铺万庄村、泰州市花卉园艺中心共建鱼病测报点29个。区水产技术指导站贯彻“无病先防、有病早治、防重于治”的方针，及时组织技术人员到养殖现场指导养殖户防治鱼病。2005—2008年，区水产技术指导站每年举办鱼病防治培训班1～2次，累计培训1500人次，发放培训资料2000余份。2008年，区水产技术指导站与高港区祥丰水产园艺场共同开展的“长江河豚鱼生态健康养殖技术研究”项目获泰州市科技进步奖。

## 第六章 农机具

境内有钉耙、锄头等传统农具二三十种。20世纪50年代中后期，始用机电灌溉。此后，以人力、畜力为动力的农机具逐年减少，取而代之的是以电力、机械为动力的小型农机具。1997年，全区农业机械总动力为5.28万千瓦，农业机械化作业综合水平达45%，其中机耕率63%、机脱率66%、机播率28%、机收率66%、机灌率66%、机植保率62%。2008年，全区农业机械总动力达7.5万千瓦，农业机械化作业综合水平达63%，其中机耕率85%、机脱率90%、机播率41%、机收率90%、机灌率95%、机植保率80%。

## 第一节　农机具种类

### 一、耕种机具

境内出现的耕种机具主要有铧犁、耙、锹、铲、钉耙、耰、碌碡（石磙）、旋耕机、挖墒机、微耕机、秸秆还田机、播种机、插秧机。耙、耰、碌碡等渐遭淘汰。2008年，锹、铧犁、铲、钉耙等传统耕种机具仍有使用，旋耕机、挖墒机、微耕机、秸秆还田机、播种机、插秧机广泛使用。全区有铧犁389张、旋耕机747台、开沟机350台、条播机680台、秸秆还田机130台、东洋455S型步进式插秧机6台、久保田乘坐式插秧机1台。

### 二、田间管理机具

境内出现的田间管理机具主要有锄头、耥耙、三齿耘锄、泥罱、罱泥船、化肥深施器、手动喷雾器、背负式机动弥雾（粉）机、植保机。耥耙、三齿耘锄、泥罱、罱泥船渐遭淘汰。2008年，锄头仍有使用，化肥深施器、手动喷雾器、背负式机动弥雾（粉）机、植保机广泛使用。全区有担架式喷雾机12台、手推式喷雾机15台。

### 三、收获机具

境内农作物的收获长期靠手拔、镰刀割，脱粒等场头作业靠石滚、稻床、连枷、风车、簸箕等农具，收山芋、芋头、茨菰等用钉耙。部分收获机具至今仍被使用。20世纪60年代起，脱粒机在境内开始使用。80年代起，电力风扇取代风车吹风扬谷。1984年，境内引进首台小型收割机。90年代初，境内平均每两三户拥有脱粒机1台。1997年，全区有联合收割机46台、机动脱粒机3223台。2008年，全区有联合收割机193台、机动脱粒机1100台。

清筛机是20世纪90年代中后期高港及周边市（区）农户自行研发的清洗银杏用机具，利用小型电动机作动力，滚筒内壁装有栅格凹板，银杏果和水在滚筒内旋转，果皮从下方出皮处流出，果从滚筒内倒出。2008年，全区约有清筛机50台。

### 四、农副产品加工机具

1958年前，境内农副产品加工主要依靠人力、畜力，利用砻、石磨、石碾、碓臼、木榨等工具进行工作。1958年后，传统加工工具逐步被碾米机、磨粉机、榨油机、饲料粉碎机等新型加工机具取代。20世纪六七十年代，境内集体养猪业发展较快，部分猪场和养猪专业户使用青饲料打浆机将水草、水芙莲、水花生、水葫芦等打浆，后被饲料粉碎机替代。1997年，全区有碾米脱粒机310台、饲料粉碎机231台。2008年，全区有碾米脱粒机451台、饲料粉碎机320台。

### 五、排灌机具

境内传统的农田排灌工具为水车，又称龙骨车，有手摇和脚踏2种，脚踏水车又分二人、三人、四人不等，每天灌溉2～3亩。水灾发生后，以多部水车组合排水。20世纪60年代中期后，改用水泵，除电灌站使用大型水泵外，田块灌溉多采用潜水泵。1997年，全区有农用水泵1072台。2008年，全区有农用水泵1194台。

### 六、运输机具

境内传统的农业运输机具主要有独轮车和双轮板车，沿江口岸和永安洲地区使用农船。20世纪70年代起，拖拉机牵引的拖车成为重要的农业运输工具，农船亦逐渐改为机动。90年代，摩托车牵引的农用三轮车受到欢迎，90年代后期在境内广泛使用，后改为电动三轮车。90年代中后期，境内出现农用汽车（又称变型拖拉机），广受欢迎。1997年，全区有变型拖拉机11台、大中型机引拖车48台、小型机引拖车1977台、机动运输船46艘。2008年，全区有变型拖拉机922台、大中型机引拖车125台、小型机引拖车14287台、机动运输船22艘，电动三轮车普遍使用。

## 第二节　农机管理

### 一、农机技术推广与社会化服务

20世纪60年代，各人民公社设农业机械管理站（简称农机站）。至80年代，境内初步形成农机技术推广与社会化服务网络。1998年起，高港区执行农机购置补贴政策。2001年，各乡镇农机站并入水利站。2005年，成立高港区农机服务合作社，下设收获组、播种组、插秧组、维修组，有社员109人、收割机42台、大中型拖拉机25台、条播机16台、反旋灭茬机9台、插秧机9台。1998—2008年，全区实施农机购置补贴186万元。2002—2008年，全区共举办各种农机人员培训班220期，培训拖拉机驾驶员、收割机驾驶员、农机管理人员等2300人次。2008年，全区共有农机销售、维修网点15个，农机专业合作社4个，签订跨区作业合同200份，共有290人取得农机从业人员职业资格证书。

### 二、农机安全监理

1998年6月，成立区农业机械安全监理所，与区农业经济委员会农机管理科合署办公，负责全区农机检测及农机安全生产监理。2001年，区农机安全监理所隶属于区水利局管理。2002年5月，根据省、市统一部署，在全区开展农机安全生产专项整治，到田间、场院、乡村道路对农机安全生产进行巡回查验，共出动安全检查人员100余人次，检查拖拉机220余台，纠正违章85台次，并对60余名违章机械操作手和拖拉机驾驶员实施行政处罚。2003年，全区年检拖拉机970台、联合收割机60台。2005年，区农机安全监理所划归区农委管理。2006年，全区开展“平安农机”宣传教育活动，给每名农机手送创建“平安农机”倡议书，为农机手和群众放映“平安农机”警示教育片，向每个村送“平安农机”安全宣传挂图，给每户农机户送“平安农机”知识手册，在每个村及中小学校上“平安农机”知识课。2004—2008年，全区安全检查拖拉机350台次。2005—2008年，全区换发“04式”拖拉机牌照1100台（套）、收割机牌照190台（套）。2008年，刁铺街道被省农机局、省安监局命名为“平安农机”示范镇。全区检测拖拉机849台、收割机131台。

## 1997—2008年高港区农机拥有量一览表

表95

| 年份 | 农机总动力(千瓦) | 运输机械 | | | | 耕作机械、播插机械 | | | | 排灌机械(台) | 收获机械 | | 农副产品加工机械 | | 养殖机械 | | 农用水泵(台) |
|---|---|---|---|---|---|---|---|---|---|---|---|---|---|---|---|---|---|
| | | 变型拖拉机(台) | 大中拖(台) | 小拖(台) | 机动运输船(艘) | 单双铧犁(张) | 旋耕机(台) | 开沟机(台) | 条播机(台) | | 联合收割机(台) | 机动脱粒机(台) | 碾米脱粒机(台) | 饲料粉碎机(台) | 机动船(艘) | 增氧机(台) | |
| 1997 | 52800 | 11 | 48 | 1977 | 46 | 897 | 382 | 128 | 377 | 1072 | 46 | 3223 | 310 | 231 | 21 | 72 | 1072 |
| 1998 | 53900 | 60 | 63 | 1970 | 46 | 864 | 398 | 136 | 368 | 1072 | 66 | 3223 | 325 | 230 | 21 | 74 | 1072 |
| 1999 | 54749 | 80 | 66 | 1875 | 42 | 752 | 415 | 154 | 395 | 1085 | 131 | 3038 | 316 | 235 | 19 | 80 | 1085 |
| 2000 | 55955 | 190 | 71 | 1641 | 41 | 768 | 415 | 185 | 421 | 1160 | 111 | 2956 | 352 | 241 | 19 | 83 | 1160 |
| 2001 | 56013 | 250 | 79 | 1444 | 41 | 760 | 420 | 188 | 452 | 1260 | 139 | 3246 | 352 | 250 | 19 | 88 | 1260 |
| 2002 | 57760 | 340 | 82 | 1520 | 41 | 690 | 465 | 192 | 468 | 1256 | 140 | 1390 | 362 | 262 | 16 | 94 | 1256 |
| 2003 | 58081 | 500 | 89 | 1408 | 35 | 510 | 470 | 210 | 489 | 1194 | 136 | 1310 | 370 | 268 | 16 | 98 | 1194 |
| 2004 | 59939 | 617 | 95 | 1432 | 35 | 540 | 520 | 236 | 512 | 1194 | 140 | 1310 | 390 | 285 | 16 | 107 | 1194 |
| 2005 | 62647 | 622 | 98 | 1432 | 30 | 480 | 560 | 250 | 532 | 1194 | 141 | 1310 | 398 | 290 | 15 | 109 | 1194 |
| 2006 | 63166 | 760 | 110 | 1430 | 30 | 462 | 581 | 285 | 561 | 1194 | 158 | 1310 | 415 | 290 | 15 | 113 | 1194 |
| 2007 | 65120 | 890 | 112 | 1430 | 28 | 420 | 695 | 296 | 597 | 1200 | 159 | 1000 | 420 | 305 | 15 | 119 | 1200 |
| 2008 | 75000 | 922 | 125 | 1428 | 22 | 389 | 747 | 350 | 680 | 1194 | 193 | 1100 | 451 | 320 | 15 | 141 | 1194 |

# 泰州市高港区志

## 第十篇　工　业

# 第十篇　工　业

明清时期，境内粮油加工、酿酒、猪肉品加工等手工业较为发达。民国时期，由于社会动荡，经济衰落，境内手工业很不景气，绝大多数作坊歇业。

1950年起，政府鼓励和扶持私营、个体工业恢复生产。1953—1956年，境内对手工业进行社会主义改造。1958—1960年，大办社队工业，境内工业出现第一次发展高潮。1965年，境内工业行业有机械、五金、铁木农具制造和猪鬃、服装加工等。20世纪70年代初中期，境内工业出现第二次发展高潮。

20世纪80年代，各乡镇坚持“无工不富”的发展理念，乡镇工业异军突起。逐步推行工业企业经济承包责任制。1984年后，私营个体工业加快发展，逐步形成多种经济成分并存的工业经济格局。进入90年代，境内医药、自行车零部件、船舶、化妆品等制造业发展较快。至1993年，扬州虹雨集团公司、扬州市扬子江制药厂、商业部泰兴口岸船厂、泰兴自行车脚蹬厂年产值均过亿元。1993年起，各乡镇调整产业结构，进行企业改革，培育了一批骨干企业。村办工业总产值每年新增30万元。1996年，境内有工业企业1162个，其中乡镇工业企业1132个、县属工业企业30个。

1997年，全区共有工业企业1180个，涉及22个行业大类、84个行业小类。医药、船舶、建筑装饰材料、日用化工、粮食、轻工机械为支柱行业。2000年，推进区属工业企业“三置换一保障”（置换国有、集体产权或股权，置换国有、集体企业职工身份，置换国有土地使用权，实行社会保障）改革。2005年，全区工业总产值突破百亿元，实现工业总产值110.44亿元（不含扬子江药业集团，下同）。2008年，全区形成医药、船舶、粮油食品、机电电子四大产业集群，有工业企业1669个（其中产值在500万元以上的列统企业247个），完成全部工业总产值261.7亿元，列统工业总产值169.21亿元、销售收入162.26亿元、利税总额15.56亿元。

# 第一章　工业经济综情

## 第一节　工业经济管理体制

民国年间，境内无专门的工业管理机构，仅由商会或同业公会协调有关事务。1950年，境内工业、手工业分别由所在县的工商科管理。1955年，工业和手工业分别由所在县的工业科、手工业科管理。1963年，成立泰兴县手工业管理局口岸手工业办事处。1970年后，各人民公社相继改设工业办公室。1976年末，境内社队工业分别由所在县的地方工业公司专管。1978年，境内工业、手工业分别由所在县的社队工业局、轻工业局管理。1979年起，境内工业经济分别由所在县的经济委员会主管。1983年10月后，各乡镇撤销工业办公室，成立工业公司。1984年，境内国营和县属集体工业企业分别由所在县的机械、化学、建材、纺织、电子等行业主管部门及轻工业公司（局）管理。1986—1988年，各乡镇改工业公司为第一工业公司，管理乡镇办工业；增设第二工业公司，管理村组和个体工业企业。至建区前，境内县属集体企业分别由所在县（市）的经济委员会和各行业主管部门管理，乡（镇）、村集体工业由县（市）地方工业局管理。1997年4月，区工委、管委会设立工业办公室，管理全区工业。1997年12月，成立高港区经济委员会，统一管理全区工业经济。2001年6月，区经济委员会更名为区经济贸易局，挂区私营个体经济发展局牌子。2004年2月，区经济贸易局更名为区经济贸易委员会，挂区乡镇企业管理局和区中小企业局牌子。至2008年，区经济贸易委员会是主管全区工业经济和经济运行的区政府组成部门。

## 第二节　企业经营管理体制

1953年起，实行计划经济管理，境内工业企业的人、财、物、产、供、销归政府管理。至1978年，工业企业均按指令性计划生产。1979年，境内工业企业普遍推行以定额管理为主的经济责任制，实行定额包干、超产计奖。1984年10月起，境内贯彻落实《中共中央关于经济体制改革的决定》精神，推行"一包三改"制度（实行经营承包责任制，改干部任命制为选聘制，改固定工制为合同工制，改固定工资制为浮动工资制），扩大企业经营自主权。1985年，境内全面实行以承包为主、多种形式的经济责任制。许庄农具厂、口岸农具厂、田河农具厂、刁铺农具厂、永安农具厂等市属工业企业推行厂长任期目标责任制，做到集中决策、分级管理、车间全面承包，贯彻按劳付酬，职工工资和奖金同企业经济利益挂钩，打破分配中的平均主义，调动职工的积极性。1988—1990年，以"包死基数、确保上缴、超缴分成、歉收自补"为基本原则，完善经济承包责任制。1993年起，逐步建立"产权清晰、权责明确、政企分开、管理科学"的现代企业制度。至2008年，全区工业企业在生产、供销、研究开发、质量控制、劳动人事等方面建立起适应市场经济的内部运行机制，企业成为独立核算、自主经营、自负盈亏、自我发展、自我约束的法人实体。

## 第三节　产权制度改革

1994—1995年，境内通过转、租、卖等形式对小型企业进行产权制度改革试点工作。其间，许庄地质机械厂、扬子轴瓦厂率先改组成股份制企业。1996年，对口岸建工机械厂、口岸脚蹬厂等县属工业企业进行改制试点。1997年，重点实施乡镇工业企业产权制度改革，通过先售后股、先股后组、兼并、合资经营、公助私营等多种形式，实现企业资产重组。1998年起，全区进一步深化工业企业产权制度改革，对资不抵债企业实行零资产出售，对骨干企业实行"能售不股、能股不租、能租不包"政策。1999年，全区有村以上工业企业437个，其中区属企业21个、乡村企业416个。实施产权制度改革的企业共有377个（其中区属企业改制13个、乡村企业改制364个），改制面达86.27%。2000年，全区在工业企业产权制度改革的基础上推行以"三置换一保障"为主要内容的企业产权制度改革。运用"人资分离"（将企业人员和资产完全分离，由区政府和区经委协调解决资金，先期置换职工身份，再将企业资产通过招商引资盘活变现，待变现后再偿还置换职工身份及其他改革花费的成本）、"零资产出售"（对资不抵债、长期负债亏损的企业，由区财政、国投公司、审计部门审核认定，将企业以零资产整体出售给个人，再由购买者自己出资解决该企业职工置换成本）等改革模式，置换国有、集体资产，置换职工身份，置换国有土地使用权。2001年，高港区成立"三置换一保障"改革领导小组，对8个区属工业企业进行"三置换一保障"改革。区大型企业三泰啤酒厂针对机构臃肿、职工富余的状况进行改制，共置换国有资产4499万元、职工身份802人。至2004年，全区共有436个工业企业完成产权制度改革。其中，公转私营372个，组建股份制企业58个，兼并、破产企业6个，共退出国有、集体资产5.6亿元，置换职工身份4508人。至2008年，全区基本建立起"归属清晰、权责明确、保护严格、流转顺畅"的现代企业产权制度。

## 第四节　所有制结构

20世纪50年代以前，境内工业以私营个体手工作坊为主。1953年起，对私营工业和个体手工业进行社会主义改造，大部分企业相继转为公私合营企业或集体所有制企业，同时兴办一批全民企业。1957年，私营工业绝迹，个体手工业仅保留少量为城乡居民生活服务的"五匠"（木匠、瓦匠、篾匠、箍桶匠、铁匠）。此后至70年代末，境内工业企业主要是全民和集体2种所有制形式。1978年，全民、集体工业产值分别约占工业总产值的30%和70%。改革开放以后，工业经济公有制一统天下的格局被打破。1980年前后，出现以户办、联户办为主要形式的私营个体工业。1984年后，私营个体工业发展较快，逐步形成以全民为骨干、集体为主导、私营个体为补充，多种经济成分并存的工业经济格局。1996年后，公有资本加快从竞争性领域退出，国营、集体企业多数改制为股份合作企业、有限责任公司、股份有限公司，创办一批港澳台资和外商投资企业，非公有制经济得到长足发展。2002年，全区原全民、集体工业企业全部实施产权制度改革。2008年末，全区有各类工业企业1669个。其中，私营企业1412个，有限责任公司97个，股份有限公司及合作企业7个，港澳台商投资企业14个，外商投资企业28个，因各种原因保留集体性质的企业49个，其他企业62个。各类工业产值在工业总产值中的比重分别为：私营个体占44.82%，有限责任公司占19.52%，股份有限公司和合作企业占3.34%，港澳台商投资企业占1.76%，外商投资企业占23.22%，集体企业占5.76%，其他企业占1.58%。全区工业经济形成以私营经济为主体，多种经济类型并存的新格局。

## 一、全民所有制企业

1950年起，境内先后建地方国营口岸电灯厂、口岸酱品厂、口岸碾米厂等。1956年，将原私营作坊改造为公私合营刁铺油酒厂（后泰兴啤酒厂）。“文化大革命”初期，新建国营口岸农机修配厂。1970年起，先后建高港港务局船舶修造厂、商业部口岸船舶修造厂。至20世纪90年代改制前，境内有口岸酱品厂、口岸农机修配厂、泰兴造船厂、泰兴啤酒厂、口岸米厂、商业部口岸船舶修造厂、高港港务局船舶修造厂、蔡王庄油厂8个国营工业企业，共有职工2808人，固定资产4609.3万元，完成产值4892万元，实现利税1018.46万元。至2004年，8个国有企业相继改制为股份制或私营企业。

## 二、集体所有制企业

1953年起，口岸、刁铺等先后组建铁木业生产合作社、组，生产小型铁木制品和农具。1956年，合作化运动进入高潮，永安、野徐、口岸相继组建农具厂、砖瓦厂、农机厂、量刃具厂等。1958年大办工业时，原有集体工厂一部分升为国营或改为公私合营，一部分改为人民公社集体所有制企业，并新办一批公社集体所有制工厂。20世纪60年代，工业调整，多数工厂停办，部分在“大跃进”中升格为国营的工厂恢复集体性质。境内集体工业按隶属关系分为大集体（县属集体）和小集体（城镇、街道办和农村社、队办）2类。1966年起，小集体工业发展逐步加快。80年代，农村以工致富的热情空前高涨，各乡镇出现办厂热潮，农村集体工业进入迅猛发展期。1990年，境内共有县属集体工业企业18个（泰兴建工机械厂、泰兴通用机械部件厂、泰兴县钻采化工机械配件厂、泰兴县刁铺酱品厂、泰兴县口岸煤球厂、泰兴县量刃具厂、泰兴县民航器材厂、泰兴县电子器材厂、泰兴县纺织工具厂、江苏省泰兴自行车脚蹬厂、泰兴合金粉末厂、扬州市扬子江制药厂、泰兴县轴瓦厂、泰兴口岸供销社糕点厂、泰兴塑胶电线厂、泰兴口岸镇中心校包装用品厂、泰兴县舞台设备厂、泰兴县地质机械配件厂），城镇集体工业企业42个（泰兴县工业传动带厂、泰兴县口岸工艺铸造厂、泰兴县油墨印刷厂、泰兴县缝纫机零件厂、泰兴县制药机械厂、泰兴县口岸镇织带二厂、泰兴县口岸玉器厂、泰兴县口岸镇工具厂、泰兴县口岸镇丝麻纺织厂、泰兴县化学纤维厂、泰兴县电光源材料厂、泰兴县口岸橡胶厂、泰兴县口岸镇缫丝厂、泰兴县林业机械配件厂、泰兴县口岸镇纸管厂、泰兴县调速电机厂、泰兴县西服领带厂、泰兴县口岸镇船舶修造厂、泰兴县口岸镇电器厂、泰兴县口岸镇仪器配件厂、泰兴县制药机械设备厂、泰兴县轻化机械厂、泰兴县口岸镇砖瓦厂、泰兴县口岸橡胶带厂、泰兴县弹性带厂、泰兴县口岸软管厂、泰兴县口岸化纤机械配件厂、泰兴县机电制造厂、泰兴县制药机械二厂、泰兴县机动车减震器厂、泰兴壁纸厂、泰兴县针织内衣厂、泰兴县口岸金属电器厂、泰兴县口岸彩印制罐厂、泰兴县工具刀剪厂、泰兴县育才塑料厂、泰兴县口岸自来水厂、泰兴县化工材料厂、泰兴县绝缘机具厂、泰兴县机电附件厂、泰兴县口岸沙发厂、泰兴县绣服厂），产值超300万元或利税超30万元的乡（镇）村组集体工业企业20个（泰兴县低压电器厂、泰申联合制鬃厂、泰兴县彩色印刷厂、泰兴县体育器械厂、泰兴县电动阀门厂、扬州市长江染料化工厂、扬州市泰兴煤矿设备厂、扬州市华泰煤机厂、泰兴县消防水带二厂*、泰兴县有机氟材料厂*、泰兴县刁铺织带厂、扬州美容化妆品厂、泰兴县分析仪器厂、泰兴县包装材料厂、扬州市苏中化纤器材厂、泰兴县五金工具总厂*、泰兴县同步齿形带厂*、扬州市扬子纸管厂*、泰兴县口岸电子元件厂*、上海光明皮鞋厂泰兴联营厂）（注：以上不含野徐、白马、大泗3个资料缺失的乡镇；有"*"者为村办企业）。90年代中后期，各类集体企业多数改制为民营企业。2008年，有因各种原因保留的集体企业49个，职工4005人，固定资产4.03亿元，完成产值12.51亿元，实现利税0.92亿元。

### 三、私营、个体工业

清末至民国年间，个体手工作坊遍布境内集镇乡村。1953年起，私营、个体工业逐步实行公私合营和合作化。1956年，原有私营企业均被改造为公私合营企业，或按行业组建为手工业生产合作社（组）。1957年起，私营企业不复存在，只保留极少数为城乡居民生活服务的手工业个体经营者。1958年起，个体手工业被视为非社会主义经济成分，日益难以生存。"文化大革命"开始后，个体手工业遭到批判和打击。1977年起，个体手工业悄然复兴。1980年起，以户办、联户办为主要形式的私营、个体工业有较快发展。1984年，中央1号文件肯定专业户是农村发展中的新生事物，境内个体工业快速发展。1988年，刁铺镇蒋王村有150户农民从事绳网带和农用喷灌水带生产，年产值770万元。田河乡集成村户户织带，成为织带专业村。20世纪90年代，私营、个体工业成为境内工业经济的重要组成部分。1995年起，境内乡镇工业企业改制，通过"先售后股""转、租、卖"等形式，将乡（镇）村办工厂出售给个人经营，私营、个体工业经济迅速壮大。1997年，全区有城镇合作及个体工业723个，从业人数5131人，工业总产值2.76亿元。2001年，全区有私营工业企业805个，注册资本100万元以上的有53个；20个骨干企业中有13个为私营企业；全区私营个体工业企业实现产值24.3亿元，占工业总产值的65%。2008年，全区共有私营企业1412个，其中，私营独资企业968个，私营合作企业14个，私营有限责任公司411个，私营股份有限公司19个。从业总人数42081人，注册资本52.4亿元，完成产值97.35亿元，实现利税9.46亿元。

### 四、股份制企业

1994年8月，许庄地质机械厂、田河扬子轴瓦厂进行股份制改革试点，将集体资产量化为股本，将部分股本出售给企业的所有职工，形成集体和职工共同入股的格局，并制定股份合作制企业章程，明确股东的权利、义务及分配、管理等规定，到工商管理部门变更营业执照。1996年，口岸镇西亚胶带厂进行村办企业股份制试点，经过清产核资，企业的净资产300万元（含土地使用转让费）被退给村民委员会，并由企业中层以上管理人员共同出资买断，组建股份制性质的西亚胶带集团。1998年11月，许庄第一地质机械有限公司进行改制试点，成为高港区首个区属工业改制企业，改过去人人参股（个人集资，企业出具集资收据）为部分职工参股的有限责任公司，企业资产以3.28万元出售给全体股东，土地使用权以每年1万元出租给有限责任公司。1999年，全区产权制度改革扩大试点。3月，对中外合资企业泰州市华新塑料编织物有限公司的中方产权进行改革。中方股份产权占合资公司的37%，由企业中层及以上干部入股买断，组建新的股份制企业，集体资产和土地使用权一并变现出售给全部股东。按《中华人民共和国劳动法》有关规定，解除职工的集体所有制身份，新企业与职工双向选择，职工受聘上岗。此后，企业改制全面推开。10月，9个区属工业企业实施改制，其中泰州市建工机械厂破产。至2004年，全区企业改制基本结束，部分企业成为私营股份有限公司和股份合作制企业。2008年，全区共有股份有限公司6个、股份合作企业1个、私营股份有限公司19个，从业人员3421人，固定资产2.63亿元，完成产值8.24亿元，实现利税1.1亿元。

### 五、有限责任公司

1999年10月起，高港区全面推行工业企业改革。按照“三置换一保障”的要求，将企业改制成私营企业或公有民营企业，并按《中华人民共和国公司法》组建成有限责任公司。至2004年，除少数企业因多种因素仍保留集体性质外，其余均改为民营。2008年，全区有有限责任公司97个、私营有限责任公司411个，从业人数3.16万人，固定资产2.59亿元，完成产值91.12亿元，实现利税9.59亿元。

### 六、港澳台商投资企业

1988年，泰兴县经国务院批准被列为对外开放县（市），境内时属泰兴县的乡镇全部对外开放。1991年，境内乡镇工业企业根据所在县鼓励发展外向型经济的有关规定和投资优惠政策，广泛开展招商引资活动。1992年，香港新丽墙纸有限公司与泰兴壁纸厂合资建泰兴郁金香壁纸有限公司。至1993年，境内有34个规模较大的工业企业与港澳台商合资建有限公司，其中与港商合资企业21个、与台商合资企业2个。1994—1996年，境内新增与台商合资有限公司3个。2000年后，江苏泰州高港高新技术产业园区、永安洲工业园区、口岸工业园区、大泗镇工业园、野徐镇工业园、白马镇工业园、刁铺工业园区相继建立，投资环境进一步优化。2003年下半年，台商与高港区签约工业项目10个，总投资3730万美元。2004年8月，签约港澳台资项目4个。2005年，签约港澳台资项目16个，总投资7157万美元。2007年4月，签约港澳台资项目10个。2008年，全区有正式投产的港澳台资工业企业14个，职工1565人，固定资产1.29亿元，完成产值3.83亿元，实现利税0.33亿元。

### 七、外商投资企业

1991年12月，位于口岸镇的扬州华新塑料编织物有限公司（今江苏华辰塑料织品有限公司）与新西兰新忠公司合资组建境内第一个中外合资企业，注册资本480万元人民币，其中中方出资180万元人民币、新西兰新忠公司投资60万美元，生产编织袋。1992年后，韩国天德洋行与扬州市江扬传动带厂合资兴办扬州天德橡胶塑料品有限公司，生产波纶聚乙烯发泡膜；美国文纪国际贸易公司与泰兴油墨印刷厂、扬州市口岸丝绸服装厂、扬州市环威胶带厂共同投资兴办合资企业，分别生产印刷版材、丝绸服装、胶带，美方共投资414万美元。至1994年，先后有新西兰、韩国、加拿大、西班牙、澳大利亚等国客商在境内投资办企业。1996年，国家对外商投资企业实行国民待遇，各乡镇及时调整招商引资思路，扩大与国外大公司、大商社以及驻华机构交往，寻找合作伙伴。1997年后，区委、区政府提出“坚持开发带动，把发展外向型经济作为重点”的对外开放战略，大力开展对外招商引资活动。2008年，全区共有外商独资和合资企业28个，职工10816人，固定资产14.3亿元，外商投资资本4.67亿元，完成产值50.44亿元，实现利税8.18亿元。

## 第五节　工业技术进步

### 一、技改项目与企业创新平台

20世纪60年代初，境内工业企业开展技术革命、技术革新和采用新材料、新工艺、新技术、新设备的“双革四新”活动，技改立项主要围绕“双革四新”内容进行。1966年、1968年，刁铺五金锉刀厂先后投资10万元、20万元，开发LXZ系列空气行程开关、扩大DW系列空气开关生产线。“五五”期间，境内重点实施支农工业和轻工业技术改造项目。商业部口岸船舶修造厂投资100万元，兴建5000吨级船台。“六五”期间，扬子江制药厂投入272万元，建设制剂楼和化验楼。“七五”期间，境内重点实施老企业技术改造项目。泰兴自行车脚蹬厂投入1335.1万元，实施脚蹬生产线改造项目；永安船厂投资200万元，建成5000吨级船台2座；扬子江制药厂投资749.9万元，扩建成品药生产线；泰兴啤酒厂投资200万元，扩建年产4万吨啤酒生产线。“八五”期间，扬子江制药厂投资2930万元，建成胃苏冲剂生产线；江苏登月脚蹬集团公司投资2971万元（其中国家专项贷款2100万元），实施年产250万副中高档自行车脚蹬及600万套中高档三套轴技改项目，形成年产240万副出口中高档自行车脚蹬、350万套中轴、580万套轴皮的生产能力。1998年1月，高港区成立技术改造办公室，指导和管理全区企业技术改造工作。1997—2000年，全区共实施技改项目400个，完成技改投入10.8亿元。有4个项目被列入国家和江苏省重点技术改造项目，分别获国家、省财政技改贴息资金150万元、10万元。“十五”期间，全区技改投入大幅度增加，共实施技改项目681项，完成技改投入36.18亿元，其中技改投入500万元以上项目21个、1000万元以上项目68个、3000万元以上项目40个、1亿元以上项目5个。全区有13个项目被列入国家和江苏省重点技术改造项目，分别获国家、省财政技改贴息资金300万元、67万元。2006—2008年，全区以规模企业为龙头，以开发园区为载体，以沿江开发为契机，重点实施重大技改项目，加快发展新能源、新材料、电子信息等高新技术产业，全力打造医药、石化、冶金、船舶等优势产业，大力提升机电、建材、食品等传统产业。共实施技改项目785个，完成技改投入101.92亿元，其中技改投入亿元以上项目28个。全区有26个项目被列入国家和江苏省重点技术改造项目，分别获国家、省财政技改贴息资金180万元、1286.5万元。至2008年，通过企业创新平台建设，全区企业的自主创新和科技成果转化能力明显提高。成立企业国家重点实验室1个、国家级企业博士后科研工作站1个、省级企业研究院1个，获批市级技术研究中心6个。

### 1997—2008年高港区技术改造情况一览表

表96

| 年 份 | 项目数（个） | 技改投入 | |
|---|---|---|---|
| | | 实绩（万元） | 增幅（%） |
| 1997 | 75 | 23432 | — |
| 1998 | 96 | 26011 | 11.01 |
| 1999 | 112 | 29141 | 12.03 |
| 2000 | 117 | 33008 | 13.27 |
| 2001 | 126 | 37502 | 13.61 |
| 2002 | 127 | 45170 | 20.45 |
| 2003 | 129 | 55020 | 21.81 |
| 2004 | 123 | 89035 | 61.82 |

续表96

| 年 份 | 项目数（个） | 技改投入 | |
|---|---|---|---|
| | | 实绩（万元） | 增幅（%） |
| 2005 | 176 | 144340 | 62.12 |
| 2006 | 190 | 229336 | 58.89 |
| 2007 | 302 | 372110 | 62.26 |
| 2008 | 293 | 465467 | 39.67 |
| 合 计 | 1866 | 1549572 | — |

## 2004—2008年高港区技改投入亿元以上项目一览表

表97 单位：亿元

| 年 份 | 企业名称 | 技改项目名称 | 投入资金 | 备 注 |
|---|---|---|---|---|
| 2004 | 钇利沣光电科技（泰州）有限公司 | 电子产品、镁合金产品 | 2.5 | — |
| | 泰州市三泰船业有限公司 | 造船区综合改造 | 1.95 | — |
| | 泰州市赛科电子有限公司 | 充电电池 | 3.2 | — |
| 2005 | 钇利沣光电科技（泰州）有限公司 | 电子产品、镁合金产品 | 2.5 | 结转 |
| | 泰州市三泰船业有限公司 | 造船区综合改造 | 1.95 | 结转 |
| | 泰州市赛科电子有限公司 | 充电电池 | 3.2 | 结转 |
| | 江苏太平洋钢管有限公司 | 大口径直焊钢管 | 12 | — |
| | 泰州市申工重机钢管有限公司 | 特种无缝钢管 | 5 | — |
| 2006 | 江苏太平洋钢管有限公司 | 大口径直焊钢管 | 12 | 结转 |
| | 泰州市申工重机钢管有限公司 | 特种无缝钢管 | 5 | 结转 |
| | 贺尔碧格东方齿轮（泰州）有限公司 | 汽车同步器项目 | 1.4 | — |
| | 江苏润阳信息产业有限公司 | 生物制品、电子信息产品 | 10 | — |
| | 泰州市钛泽尔金属有限公司 | 钛合金生产线 | 1 | — |
| 2007 | 泰州港务有限公司 | 集装箱码头工程 | 5 | — |
| | 江苏太平洋钢管有限公司 | 大口径直焊钢管 | 12 | 结转 |
| | 泰州市钛泽尔金属有限公司 | 钛合金生产线 | 1 | 结转 |

续表 97

| 年　份 | 企业名称 | 技改项目名称 | 投入资金 | 备　注 |
|---|---|---|---|---|
| 2007 | 江苏龟川生物制品有限公司 | 美容护肤品 | 1 | — |
| | 江苏梅兰长江化工有限公司 | 硫酸制冷剂等 | 24 | — |
| | 泰州三福船舶工程有限公司 | 永安厂区出口船舶生产线改造 | 6.8 | — |
| | 口岸船舶工业公司 | 新厂区造船分段生产线 | 6 | — |
| | 益海（泰州）粮油工业有限公司 | 粮油生产线改造 | 5.6 | — |
| | 泰州伊美电子有限公司 | 音响等电子产品 | 2.4 | — |
| | 柏森（江苏）机电有限公司 | 机电产品 | 1.6 | — |
| | 江苏润阳信息有限公司 | 生物保健品等 | 1 | — |
| 2008 | 益海（泰州）粮油工业有限公司 | 粮油生产线改造 | 5.6 | 结转 |
| | 泰州三福船舶工程有限公司 | 永安厂区出口船舶生产线改造 | 6.8 | — |
| | 泰州口岸船舶有限公司 | 永安厂区出口船舶生产线 | 12.06 | — |
| | 江苏梅兰化工有限公司 | 6万吨/年制冷剂技改 | 3.8 | — |
| | 江苏太平洋钢管有限公司 | 大口径直焊钢管 | 12 | 结转 |
| | 江苏连强食品有限公司 | 饮料及包装生产线 | 3 | — |
| | 泰州诚德钢管有限公司 | 大口径无缝钢管技改 | 3 | — |
| | 江苏海企化工仓储有限公司 | 化工仓储物流 | 1.5 | — |
| | 江苏柏森机电有限公司 | 高效焊接设备及防护用品 | 0.2 | 亿美元 |
| | 泰州中航船舶重工有限公司 | 出口船舶生产线技改二期 | 9 | — |
| | 泰州市旺灵绝缘材料厂 | 覆铜箔板生产线扩建 | 1 | — |
| | 泰州市易达精密机械有限公司 | 地铁齿轮火车支撑座生产线 | 1.1 | — |
| | 泰州华龙精密金属材料有限公司 | 年产1万吨高精度电子铜带 | 1.5 | — |
| | 泰州海天半导体有限公司 | 半导体晶体管封装 | 1 | — |
| | 江苏梅兰长江化工有限公司 | 12万吨/年超高纯甲烷氧化物及配套 | 9.5 | — |
| | 江苏梅兰长江化工有限公司 | 3.5万吨固体码头项目 | 2.5 | — |
| | 江苏梅兰长江化工有限公司 | 热电项目 | 5.3 | — |

## 1999—2008年高港区技改贴息资助项目一览表

表98 单位：万元

| 年份 | 企业名称 | 项目名称 | 贴息资助金额 | 备注 |
|---|---|---|---|---|
| 1999 | 泰州市旺灵绝缘材料厂 | 微波复合介质覆铜箔基片 | 10 | 省财政贴息 |
| | 泰州市分析仪器厂 | 多方位牵引床 | 20 | 国家财政贴息 |
| | 泰州市能建实业公司 | KG空气干燥机 | 60 | 国家财政贴息 |
| | 泰州市旺灵绝缘材料厂 | 高分子磁性复合介质基片 | 70 | 国家财政贴息 |
| 2003 | 高港科技创业园服务中心 | 科技成果孵化基地建设 | 15 | 省财政贴息 |
| | | | 10 | 市财政资助 |
| | | | 15 | 区财政资助 |
| | 泰州市华通消防装备厂 | 救援起重气垫 | 5 | 省财政贴息 |
| | | | 5 | 区财政资助 |
| 2004 | 泰州市旺灵绝缘材料厂 | TE-1/2型微波复合介质基片 | 9 | 省财政贴息 |
| | | | 9 | 区财政匹配 |
| | 泰州市永进机电设备有限公司 | 超高压静电植砂机电设备 | 9 | 省财政贴息 |
| | | | 9 | 区财政匹配 |
| | 泰州苏中天线集团有限公司 | 高级轿车用汽车天线放大器 | 9 | 省财政贴息 |
| | | | 9 | 区财政匹配 |
| | 江苏省普菲柯医疗器材总厂 | PFK医用红外热像仪 | 5 | 市财政资助 |
| 2005 | 江苏省普菲柯医疗器械总厂 | PFK医用红外热像仪 | 10 | 省财政贴息 |
| | 泰州市新港照明电器有限公司 | 4J50包无氧铜大电流低阻封装引线 | 10 | 国家财政贴息 |
| | 泰州市旺灵绝缘材料厂 | F4BK型宽介电常数聚四氟乙烯玻璃布覆铜箔板 | 10 | 国家财政贴息 |
| | 泰州市旺灵绝缘材料厂 | 高性能聚四氟乙烯覆铜箔板 | 13 | 市财政资助 |
| | 泰州市欣港电子材料厂 | 控制电位直接合成法生产金盐活化剂技术研究及产业化 | 8 | 市财政资助 |
| | 泰州市旺灵绝缘材料厂 | 高性能金属复合基介质覆铜箔板 | 75 | 国家财政贴息 |

续表98

| 年 份 | 企业名称 | 项目名称 | 贴息资助金额 | 备 注 |
| --- | --- | --- | --- | --- |
| 2005 | 泰州市赛科电池有限公司 | 胶体锂离子聚合物电池 | 55 | 国家财政贴息 |
| | 泰州苏中天线集团有限公司 | 车用分集式天线自动增益、信号自动追踪放大器研发及产业化 | 1000 | 省财政贴息 |
| | 泰州市旺灵绝缘材料厂 | 高性能金属复合介质覆铜箔板 | 50 | 省财政贴息 |
| | 泰州市赛科电池有限公司 | 超临界法合成亚微米磷酸铁锂材料的工艺及机理研究 | 8.5 | 省财政贴息 |
| | 泰州市华通消防装备厂 | 地铁重大事故安全技术——移动式逃生通道和救护站应用示范 | 12 | 省财政贴息 |
| | 泰州市华通消防装备厂 | 救生抛投器 | 9 | 省财政贴息 |
| 2006 | 泰州市东方齿轮有限公司 | CA7–95汽车同步器 | 14 | 省财政贴息 |
| | 华强照明器材厂 | 电光源专用无铅玻璃真空封接导丝制备关键技术研究及产业化 | 60 | 国家财政贴息 |
| | 江苏能建机电实业有限公司 | NJ2/2型微机电流互感器（CT）过电压保护装置 | 6 | 市财政资助 |
| | 泰州市高港中药饮片有限公司 | 地道药材“泰半夏”规范化栽培技术应用示范研究 | 6 | 市财政资助 |
| | 泰州市中义电缆厂 | 超高频电子线缆微细镀银铜包钢绞线 | 5 | 市财政资助 |
| | 泰州精灵医疗器械有限公司 | 多参数无线数码中央监护 | 5 | 市财政资助 |
| 2007 | 泰州市华通消防装备厂 | 泰州市高港区消防装备器材工程技术创新服务中心建设 | 30 | 省财政贴息 |
| | 泰州市华强照明器材厂 | 电光源专用无铅玻璃真空封接导丝 | 8 | 市财政资助 |
| | 泰州市华通消防装备厂 | 抗高压、耐腐、阻燃、绝缘防护服 | 10 | 市财政资助 |
| | 泰州市天润合成化工有限公司 | 5–（4–氯丁基）–1–环己基–1，2，3，4–四唑 | 10 | 市财政资助 |
| | 泰州高港中药饮片有限公司 | 地道药材“泰半夏”的新品种选育 | 40 | 省财政贴息 |
| | 泰州市精灵医疗器械有限公司 | 多参数无线数码中央监护 | 55 | 国家财政贴息 |
| 2008 | 泰州中义通信器材有限公司 | φ0.025mm微细镀银铜包钢多股线 | 65 | 国家财政贴息 |
| | 泰州市海博汽车科技有限公司 | 商用汽车机械电控自动变速器（AMT）智能控制系统研发与产业化 | 30 | 省财政贴息 |

续表98

| 年　份 | 企业名称 | 项目名称 | 贴息资助金额 | 备　注 |
|---|---|---|---|---|
| 2008 | 泰州市今朝伟业精细化工有限公司 | 抗癌活性手性化学品埃博霉素D-内酰胺衍生物组合生物合成技术研究 | 50 | 省财政贴息 |
| | 泰州市榕兴抗粘敷料有限公司 | 一种超强吸收的海藻酸钙止血敷料的产业化开发 | 40 | 省财政贴息 |
| | 泰州市扬子船舶设备有限公司 | 船用生化法生活污水处理装置 | 10 | 市财政资助 |
| | 泰州市博泰电子有限公司 | 微波高频多层电路板 | 10 | 市财政资助 |
| | 江苏省能建机电实业有限公司 | 泰州市输变电自动化控制保护工程技术研究中心建设 | 2 | 市财政资助 |
| | 泰州口岸船舶有限公司 | 泰州口岸船舶有限公司企业技术中心建设 | 3 | 省财政贴息 |
| | 泰州三福船舶工程有限公司 | 泰州三福船舶工程有限公司企业技术中心建设 | 2 | 市财政资助 |

说明：上表不含扬子江药业集团技改项目贴息情况。

## 二、名优产品和科技成果

1972年，泰兴县低压电器厂生产的DW95船闸开关获机械工业部科技成果二等奖、国防工业办公室科技成果四等奖。1988年，扬州美容化妆品厂生产的“虹雨”牌肤美灵嫩肤霜，获全国首届发明奖、全国优质保健品金鹤奖、国际专利产品应用展览会金奖、十四届日内瓦国际发明奖；泰兴县氨基酸厂生产的氨基酸高效稀土肥获国家星火计划展览会金质奖。1989年，泰兴自行车脚蹬厂生产的“登月”“环球”牌脚蹬分别获国际博览会银奖；泰兴县工业传动带厂生产的“海狮”牌尼龙片基复合平型带获江苏省优质新产品奖。1990年，泰兴县分析仪器厂生产的真空滤油器获能源部科技进步奖、江苏省优秀新产品金牛奖。1981—1990年，境内14个工业企业获部、省优质产品奖23项次，其中获部优质产品4项次、省优质产品19项次。1991年，部优、省优产品评选活动停止。

### 1981—1990年境内获部、省优产品一览表

表99

| 产品名称 | 生产企业 | 获优质产品年份 | 产品荣誉 |
|---|---|---|---|
| “环溪”牌黄啤酒 | 泰兴啤酒厂 | 1985 | 商业部优质产品 |
| “登月”牌自行车脚蹬 | 泰兴县自行车脚蹬厂 | 1986 | 轻工业部优质产品 |
| “如冰”牌护肤霜 | 扬州美容化妆品厂 | 1986 | 农牧渔业部优质产品 |
| “郁金香”牌PVC发泡壁纸 | 泰兴县壁纸厂 | 1990 | 国家建设局优质产品 |

续表 99

| 产品名称 | 生产企业 | 获优质产品年份 | 产品荣誉 |
|---|---|---|---|
| “登月”牌自行车脚蹬 | 泰兴县自行车脚蹬厂 | 1981 | 江苏省优质产品 |
| “环溪”牌黄啤酒 | 泰兴啤酒厂 | 1984 | 江苏省优质产品 |
| “如冰”牌护肤霜 | 扬州美容化妆品厂 | 1985 | 江苏省优质产品 |
| “宝琼”牌感冒退热冲剂 | 扬州市扬子江制药厂 | 1987 | 江苏省优质产品 |
| “宝琼”牌干糖浆 | 扬州市扬子江制药厂 | 1987 | 江苏省优质产品 |
| “琼花”牌 LW-22 摆线针轮减速机 | 泰县台钳厂 | 1987 | 江苏省优质产品 |
| “环溪”牌 12° 黄啤酒 | 泰兴啤酒厂 | 1987 | 江苏省优质产品 |
| “环溪”牌啤酒 | 泰兴啤酒厂 | 1998 | 江苏省优质产品 |
| “宝琼”牌速效伤风胶囊 | 扬州市扬子江制药厂 | 1988 | 江苏省优质产品 |
| “虹雨”牌高效防冻健美霜 | 扬州美容化妆品厂 | 1989 | 江苏省优质产品 |
| “昆仑”牌 T2 纯铜线 | 泰兴县电光源材料厂 | 1989 | 江苏省优质产品 |
| “郁金香”牌 PVC 发泡壁纸 | 泰兴县壁纸厂 | 1989 | 江苏省优质产品 |
| “鼎字”牌 QL6-D/Q400×400×2 平板硫化机 | 泰兴县口岸农机修配厂 | 1989 | 江苏省优质产品 |
| “华喜”牌氯丁胶同步齿形带 | 泰兴县口岸化纤机械配件厂 | 1990 | 江苏省优质产品 |
| “长球”牌薄型粘合法非织造布 | 泰兴县化学纤维厂 | 1990 | 江苏省优质产品 |
| “太星”牌 ZP-33 型旋转式压片机 | 泰兴县制药机械厂 | 1990 | 江苏省优质产品 |
| “海狮”牌尼龙片基复合平型带 | 泰兴县工业传动带厂 | 1990 | 江苏省优质产品 |
| “泰星”牌 Ni60 合金粉末 | 泰兴合金粉末厂 | 1990 | 江苏省优质产品 |
| 液压三用阀 | 扬州市华泰煤机厂 | 1990 | 江苏省优质产品 |

1991年后，境内工业企业依靠技术进步，提品质、创品牌，不断增强市场竞争能力。1997—2008年，创中国名牌产品1项、江苏省名牌产品52项次、泰州市名牌产品21项次。

## 1997—2008年高港区获市级以上名牌产品一览表

表100

| 类　别 | 产品名称 | 生产企业 | 认定年份 |
|---|---|---|---|
| 中国名牌产品 | “奔仙”牌真丝内衣、睡衣 | 泰州市奔仙丝绸服装厂 | 1997 |
| 江苏省名牌产品 | 胃苏冲剂<br>黄芪精<br>银杏叶片 | 江苏扬子江药业集团 | 1997 |
| | “虹雨”牌肤美灵化妆品 | 虹雨集团 | 1997 |
| | 胃苏冲剂<br>黄芪精<br>银杏叶片 | 江苏扬子江药业集团 | 1998 |
| | “三泰”牌啤酒 | 江苏三泰金狮啤酒有限公司 | 1998 |
| | “亚威”牌多方位牵引床 | 泰州分析仪器厂 | 1999 |
| | “奔仙”牌真丝内衣、睡衣 | 泰州市奔仙丝绸服装厂 | 1999 |
| | “鸿宝”牌消防避火服 | 泰州市鸿宝消防器材厂 | 1999 |
| | “护佑”牌氟罗沙星、氟康唑注射液 | 江苏扬子江药业集团 | 2001 |
| | “三泰”牌啤酒 | 江苏华狮啤酒有限公司 | 2002 |
| | “奔仙”牌真丝内衣、睡衣 | 江苏奔仙丝绸服装有限公司 | 2002 |
| | “护佑”牌胃苏颗粒<br>银杏叶片<br>“仁苏”（罗红霉素胶囊） | 江苏扬子江药业集团 | 2002 |

续表100

| 类　别 | 产品名称 | 生产企业 | 认定年份 |
|---|---|---|---|
| 江苏省名牌产品 | “护佑”牌曼宁（头孢克洛缓释胶囊）<br>“里奇”（注射用乳糖酸阿奇霉素）<br>蓝芩口服液<br>“欧苏”（碘海醇注射液）<br>“左克”（盐酸左氧氟沙星注射液） | 江苏扬子江药业集团 | 2003 |
| | “奔仙”牌真丝内衣、睡衣 | 江苏奔仙丝绸服装有限公司 | 2003 |
| | “三泰”牌啤酒 | 江苏华狮啤酒有限公司 | 2003 |
| | “依苏”（马来酸依那普利） | 扬子江药业集团 | 2004 |
| | “天鸽”牌汽车同步器 | 泰州市东方齿轮有限公司 | 2004 |
| | “护佑”牌黄芪精<br>“锋锐”（克拉霉素分散片）<br>硝苯地平缓释片<br>枸橼酸他莫昔芬片 | 扬子江药业集团 | 2005 |
| | “奔仙”牌真丝内衣、睡衣 | 江苏奔仙丝绸服装有限公司 | 2005 |
| | “护佑”牌百乐眠胶囊<br>“里奇”（注射用乳糖酸阿奇霉素）<br>“仁苏”（罗红霉素胶囊）<br>“欧苏”（碘海醇注射液）<br>“护佑”牌胃苏颗粒<br>“兰迪”（苯磺酸氨氯地平片）<br>银杏叶片 | 扬子江药业集团 | 2006 |
| | “奔仙”牌真丝内衣、睡衣 | 江苏奔仙丝绸服装有限公司 | 2006 |

续表100

| 类　别 | 产品名称 | 生产企业 | 认定年份 |
|---|---|---|---|
| 江苏省名牌产品 | “三泰”牌啤酒 | 江苏三泰啤酒有限公司 | 2006 |
| | “奔仙”牌真丝内衣、睡衣 | 江苏奔仙丝绸服装有限公司 | 2007 |
| | “护佑”牌蓝芩口服液 | 扬子江药业集团 | 2007 |
| | 黄芪精 | | |
| | “韦迪”（注射用泮托拉唑钠） | | |
| | “左克”（盐酸左氧氟沙星注射液） | | |
| | “依苏”（马来酸依那普利片） | | |
| | 注射用头孢哌酮钠舒巴坦钠 | | |
| | “裕宁”（硝唑注射液） | | |
| | “锋锐”（克拉霉素分散片） | | |
| | “诚德”牌高压锅炉用无缝钢管、油套管 | 江苏诚德钢管有限公司 | 2008 |
| | “奔仙”牌真丝内衣、睡衣 | 江苏奔仙丝绸服装有限公司 | 2008 |
| | “保佑”牌注射用头孢西丁钠 | 扬子江药业集团 | 2008 |
| 泰州市名牌产品 | “东方”牌高性能阳图PS版 | 泰州市东方印刷版材有限公司 | 2002 |
| | “凯威”牌药用PVC硬片 | 江苏扬子江药业集团凯威药用包装有限公司 | 2002 |
| | “奔仙”牌真丝内衣、睡衣 | 江苏奔仙丝绸服装有限公司 | 2002 |
| | “远亚”牌真空滤油机 | 江苏能建机电实业有限公司 | 2002 |
| | 高性能阳图PS版 | 泰州市东方印刷版材有限公司 | 2004 |
| | “飞耀”牌超高压电动油泵 | 泰州市飞耀机械制造有限公司 | 2005 |
| | “追日”牌汽车同步器 | 江苏追日汽车同步器有限公司 | 2005 |

续表100

| 类　别 | 产品名称 | 生产企业 | 认定年份 |
| --- | --- | --- | --- |
| 泰州市名牌产品 | “苏安”牌锅炉炉膛检修平台 | 江苏能建机电实业有限公司 | 2005 |
| | “金碧辉煌”牌电动伸缩门 | 江苏金碧辉煌门业有限公司 | 2005 |
| | “东方”牌胶印感光用版 | 泰州市东方印刷版材有限公司 | 2006 |
| | “旺灵”牌覆铜箔板 | 泰州市旺灵绝缘材料厂 | 2006 |
| | “鸿宝”牌正压式消防空气呼吸器 | 泰州市鸿宝凯利消防器材有限公司 | 2006 |
| | “雷东”牌客、货车同步器系列 | 泰州市港城齿轮有限公司 | 2006 |
| | “凯威”牌PVC及PVDC复合药用包装 | 江苏扬子江药业集团凯威药用包装有限公司 | 2007 |
| | “金娃娃”牌儿童玩具 | 泰州林峰童车有限公司 | 2007 |
| | “登月”牌救生抛投器 | 泰州市华通消防装备厂 | 2007 |
| | “雷东”牌客、货车同步器系列 | 泰州市港城齿轮有限公司 | 2008 |
| | “东方”牌胶印感光用版 | 泰州市东方印刷版材有限公司 | 2008 |
| | “LINFENG”牌轻钢龙骨 | 泰州林峰童车有限公司 | 2008 |
| | “凯威”牌PVC及PVDC复合药用包装材料 | 江苏扬子江药业集团凯威药用包装有限公司 | 2008 |
| | “登月”牌救生抛投器 | 泰州市华通消防装备厂 | 2008 |

# 第二章　医药工业

清代至民国年间，口岸、刁铺、大泗等地有大中小药店铺近30个，这些店铺多采取“前店后坊”模式自制自售中成药和中药饮片。1956年后，境内对中成药的生产转为专业化集体生产。1973年，口岸镇建工农制药厂（后为口岸制药厂、扬州市扬子江制药厂、扬子江药业集团），生产“百尔定”“百乃定”针剂，产值20余万元。口岸人民医院建制剂室，产葡萄糖输液、硫磺软膏、芦甘石洗剂、迪卡因麻醉剂及口服液氯化钾、复合维生素B溶液等。1974年，口岸制药厂产灰黄霉素片剂。1984年，口岸制药厂开发生产板蓝根干糖浆、感冒退热冲剂、速效伤风胶囊、头孢氨卡胶囊、金胆片、蛇胆川贝枇杷糖浆等产品，产值1000万元。口岸人民医院制剂室生产脑乐静、五味子糖浆、棕色合剂、颠茄合剂、祛风剂、大力克糖浆、芦甘石洗剂。1992年，刁铺镇建泰兴市医用辅料厂（今江苏洁乐医用辅料有限公司)，产医用纱布。1994年，扬子江制药厂组建为江苏扬子江药业集团，成为境内医药产业的龙头企业。口岸镇建泰兴市凯威药用包装厂(今江苏扬子江药业集团凯威药用包装有限公司)，产PVC硬片和挤出片。1996年，口岸镇建泰兴市榕兴抗粘敷料有限公司(今泰州市榕兴抗粘敷料有限公司)，产醋酸纤维CAD抗粘敷料，填补国内空白。1997年起，全区医药工业企业加大技术改造力度，大力开发中药颗粒剂、银杏叶果生物制剂、化学合成新药、天然药物保健品、新型药用包装材料和医疗器材等产品。2001年，泰州市高港中药饮片有限公司成立，主营中药饮片加工，其中"姜制泰半夏"被评为江苏省高新技术产品。2004年，建泰州市扬子江胶囊厂，主产空心胶囊。2008年，全区有医药产品制造企业7个。扬子江药业集团(详见第十一篇)为全国医药前5强企业，完成销售156亿元，实现利税18.6亿元(占全区工业经济利税的72%，归入泰州市统计)。

## 第一节　中成药

### 一、颗粒剂

1993年，扬子江制药厂投产胃苏颗粒和经前平颗粒。胃舒颗粒的主要功效是理气消胀、和胃止痛。先后入选国家医保目录甲类品种、国家基本药物目录，获江苏省优秀发明专利，是全国医生推荐用药、中国高新技术产品、国家中药保护品种、江苏省名牌产品，为2004年中国市场胃药产品质量用户满意度第一品牌、2006年中国药品行业最具影响力品牌。该公司是胃舒颗粒国家质量标准起草单位。经前平颗粒填补国内专门治疗经前期综合征药物的空白，曾被中华医学会列为"重点推广工程"，获国家科技进步二等奖。2008年，扬子江药业集团生产的胃舒颗粒在国内市场的市场占有份额为7.99%。

图 10-2-1　胃苏颗粒

### 二、片剂

1994年，扬子江药业集团公司投产"依康宁"牌银杏叶片，该产品的主要作用是活血化瘀通络。入选国家医保目录乙类品种，被列为国家中药保护品种，是中华优秀科技创新产品、江苏市场公认名牌产品、中国知名品牌产品。2008年，扬子江药业集团生产的"依康宁"银杏片在国内市场的市场占有份额为39.82%。

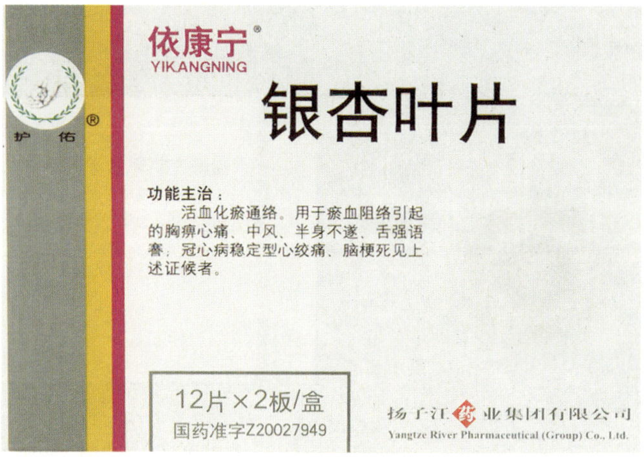


图 10-2-2　"依康宁"银杏叶片

## 三、口服液

1999年，扬子江药业集团投产蓝芩口服液，该产品的主要功效是清热解毒、利咽消肿。入选国家医保目录乙类品种，被列入国家中药保护品种、国家高新技术产品、国家火炬计划产品。

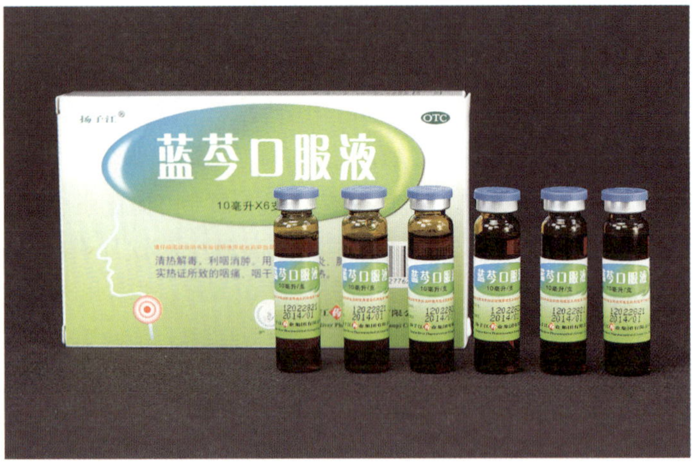

图 10-2-3　蓝芩口服液

## 四、胶囊剂

2002年，扬子江药业集团投产百乐眠胶囊，该产品的主要功效是滋阴清热、养心安神。被列为国家中药保护品种、江苏省自主创新产品、江苏省新技术产品，获江苏省优秀发明专利、江苏省科技进步三等奖。2008年，扬子江药业集团生产的百乐眠胶囊在国内市场的市场占有份额为9.96%。

# 第二节　化学药品制剂

## 一、注射剂

1999年，扬子江药业集团生产"欧苏"碘海醇注射液，该产品被列为国家医保目录甲类品种。2000年，扬子江药业集团生产"左克"盐酸左氧氟沙星注射液，该产品被列为国家医保目录甲类品种、国家高新技术产品、国家火炬计划产品。2003年，扬子江药业集团生产"海超"加替沙星氯化钠注射液。2004年，扬子江药业集团生产"左克"盐酸左氧氟沙星氯化钠注射液，该产品被列为国家医保目录甲类品种、高新技术产品、国家火炬计划产品，是中国知名品牌产品、江苏省名牌产品。2005年，扬子江药业集团生产"福王"紫杉醇注射液，该产品被列为国家医保目录乙类品种、高新技术产品。2006年，扬子江药业集团生产"田力"转化糖电解质注射液。2008年，"欧苏"碘海醇注射液、"海超"加替沙星氯化钠注射液、"福王"紫杉醇注射液、"田力"转化糖电解质注射液在国内市场的市场占有份额分别为32.16%、19.74%、2.76%、13.89%。

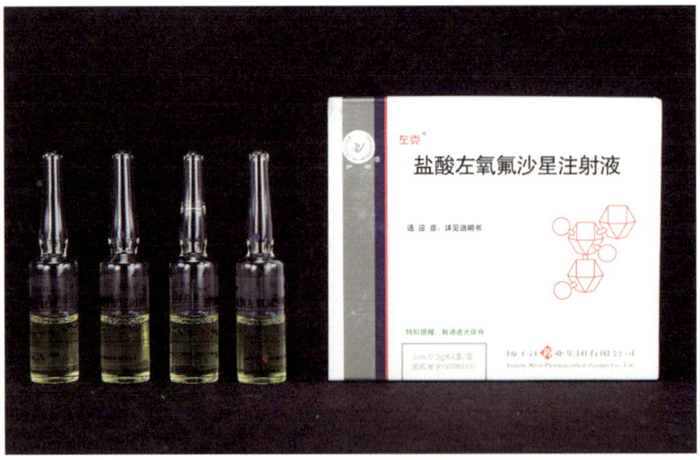

图 10-2-4　"左克"盐酸左氧氟沙星注射液

## 二、粉针剂

2002年，扬子江药业集团生产"韦迪"注射用泮托拉唑钠，该产品被列为国家医保目录乙类品种、江苏省单独定价品种、江苏高新技术产品、江苏名牌产品。2005年，扬子江药业集团生产"法克"注射用头孢西丁钠，该产品被列为国家医保目录乙类品种。2008年,“韦迪”注射用泮托拉唑钠、“法克”注射用头孢西丁钠在国内市场的市场占有份额分别为23.03%、18.07%。

### 三、片剂

1996年,扬子江药业集团生产“依苏”马来酸依那普利片,该产品被列为国家医保目录甲类品种、江苏名牌产品。2003年,扬子江药业集团生产苯磺酸氨氯地平片,该产品被列为国家医保目录乙类品种。2008年,“依苏”马来酸依那普利片、苯磺酸氨氯地平片在国内市场的市场占有份额分别为74.15%、7.73%。

### 四、胶囊剂

1998年,扬子江药业集团生产“仁苏”罗红霉素胶囊,该产品被列为国家医保目录乙类品种。2000年,扬子江药业集团生产“左克”盐酸左氧氟沙星胶囊,该产品被列为国家医保目录甲类品种、高新技术产品、国家火炬计划产品、中国名优品牌。2008年,“仁苏”罗红霉素片胶囊在国内市场的市场占有份额为65.93%。

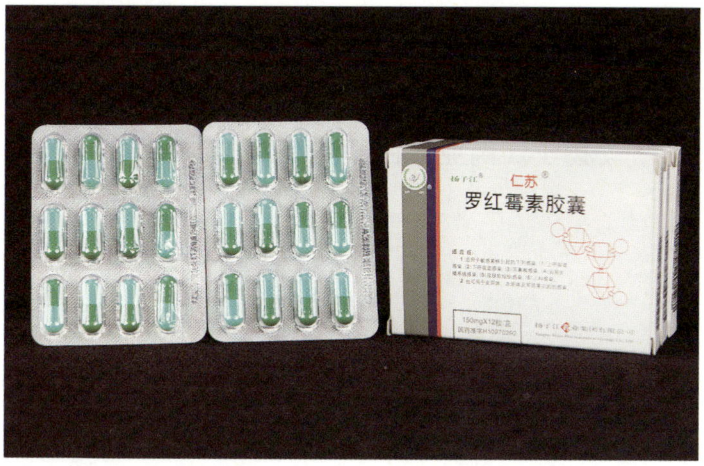


图 10-2-5 “仁苏”罗红霉素胶囊

## 第三节　中药饮片

1958年,口岸、刁铺两中心药店共同在刁铺镇南街建口岸中药材加工厂,生产中药饮片。20世纪60年代起,口岸、刁铺两中心药店停止加工中药饮片。80年代,境内中药饮片生产有所恢复。1997年,高港区将中药材种植列为发展高效农业的科技项目之一,重组药材加工、销售企业。2002年4月,成立泰州市高港中药饮片有限公司,采用水制、火制、水火并制等方法炮制银杏叶、泰半夏、金银花、板蓝根、桔梗、黄葵等中药饮片。2007年12月,该公司生产的姜制泰半夏被列为江苏省高新技术产品。2008年,该公司为区属列统企业,完成产值917万元,实现利税82万元。

## 第四节　医药用品和卫生材料

1992年,泰兴县味美食品厂更名为泰兴市医用辅料厂(今江苏洁乐医用敷料有限公司),转产医用纱布。1993年12月,田河乡朱营村投资73.43万元,建泰兴市凯威药用包装厂(今江苏扬子江药业集团凯威药用包装有限公司),生产药用PVC硬壳。1996年,成立泰兴市榕兴抗粘敷料有限公司(今泰州市榕兴抗粘敷料有限公司),研制生产CAD抗粘敷料,该产品于1997年11月获国家重点新产品证书，后又研制生产海藻醋钙止血敷料、中空醋酸纤维抗菌水凝敷料、脂质水胶体高分子抗菌敷料。2004年，白马镇岱白村建泰州市高港区白马卫生材料厂（今泰州市金马卫生材料厂），生产医用纱布。泰州市曙光无线电厂（今泰州市扬子江胶囊厂）转产药用空心胶囊。2006年，泰州市扬子江胶囊厂产空心胶囊18亿粒，年产值1800万元。2008年，全区有医药用品和卫生材料生产企业5个。其中，列统企业有4个，即扬子江药业集团凯威药用包装有限公司、泰州市扬子江胶囊厂、江苏洁乐医用敷料有限公司、泰州市金马卫生材料厂。

## 第五节　企业选介

### 一、扬子江药业集团凯威药用包装有限公司

图 10-2-6　扬子江药业集团凯威药用包装有限公司（2007年摄）

位于口岸街道朱营村，占地10余万平方米，建筑面积1.5万平方米。1993年12月，由朱营村投资创办，初名泰兴市凯威药用包装厂，注册资金73.43万元，固定资本120万元，生产药用PVC硬壳。1997年，更名为泰州市凯威药用包装厂，生产药品、食品、工业品等新型高中档PVC包装材料。2000年，该企业完成产权制度改革并定为现名。同时，投入技改资金400万元，从国内外引进5条先进的PVC包装材料生产线，建成4个符合GMP规范要求的车间，年产PVC片材能力增至1万吨。2001年，该企业成为全国首批获得I类药包材注册证的药用PVC生产厂家。2002年，“凯威”牌药用PVC硬片获泰州市名牌产品称号。2003年，增设5条PVC包装材料生产线，其中药用PVDC复合硬片生产线1条，PP、PS、PE板材生产线1条，年产塑料包装材料1.5万吨。2004—2005年，进一步加大技改投入、扩大生产规模，增建4条PVC生产线。其中PVC工业片生产线2条、纸箱生产线1条，年产药用PVC硬片万余吨、工业普片3000吨。至此，该企业有生产线12条，主要生产各种避光药用PVC硬片、PVC/PVDC、PVC/PE药用包装产品，工业PVC、PE、PPS片材等10余个系列近100种规格产品。2007年，“凯威”牌PVC及PVDC复合药用包装获泰州市名牌产品称号。2008年，完成产值2.24亿元，实现销售收入1.89亿元、利税2911万元。

### 二、江苏洁乐医用敷料有限公司

位于刁铺街道环溪路15号，占地1.07万平方米，建筑面积6000平方米。1992年，刁铺镇重新注册成立泰兴市医用敷料厂，利用原泰兴县味美食品厂的2000平方米厂房转型手工生产医用纱布片。1994年，筹资50万元购置绷带和纱布片生产设备，年外销额500万元。1997年末，该企业改制为私营企业。1998年，定为现名，主要生产医疗耗材、医用敷料，兼产清洁用擦拭布、厨房用布等，产品出

口美国、南美国家及非洲地区，有“洁乐”和“广智”注册商标，获得TUV·ISO 9002&EN 46002体系认证。2001年，获CE产品认证。2008年，完成产值6449万元，实现销售收入6095万元、利税92万元，出口创汇365万美元。

### 三、泰州市金马卫生材料厂

位于白马镇岱白村。创办于2004年，原名泰州市高港区卫生材料厂，系个人独资企业。初期占地3800平方米，有生产车间2600平方米、办公用房300平方米，固定资产1200万元，注册资本100万元，专业从事医用敷料生产和销售，年产值650万元，销售600万元，利润20万元，税收24万元。2007年，投资300余万元，建成电脑数控生产线1条、精细生产线2条。2008年6月，定为现名。至此，该企业占地4600平方米，建筑面积3000平方米，注册资本500万元，有员工83人。全年完成产值2895万元，实现销售收入2873万元、利税41万元，创汇100万美元。

# 第三章 船舶工业

民国时期，龙窝口木船制造业兴起。20世纪50年代，境内造船厂兼营船舶修理业务。70年代起，船舶制造业逐步成为境内特色产业，钢质船制造渐有规模。90年代，境内造船企业的生产能力不断提高，由千吨级向万吨级跃升。进入21世纪，泰州口岸船舶有限公司、泰州三福船舶工程有限公司等骨干企业以市场为引导，进一步优化产品结构，逐步形成独特的竞争优势，产品出口欧美、东南亚、日韩等地区。2008年，全区有船舶制造、船舶设备及配件生产、船舶拆解企业45个（其中列统企业8个），完成产值55.74亿元，实现销售收入52.04亿元、利税8.18亿元。

## 第一节 船舶修造

1955年，口岸镇成立造船合作社。1958年，口岸造船合作社与黄桥造船合作社合并成立泰兴造船厂（后并入泰兴运输公司车辆保养厂）。1965年，野徐公社建船舶修造厂。1971年3月，江苏省口岸食品接运站建船舶保养厂，经营船舶修理和改装业务。1971年6月，长江航运公司上海分公司星火水泥船厂（后改称高港水泥船厂、泰州港务船舶修造公司）为高港港务局建成第一艘排水量为480吨的水泥趸船（长甲趸1号）。口岸镇建泰兴县船舶修造厂，大泗公社建大泗船厂，主要生产农用水泥船，兼营小型船舶维修业务。1973年，口岸食品接运站船舶保养厂（后改称江苏省商业冷藏船修造厂、商业部口岸船舶修造厂、泰州口岸船舶有限公司）建成省内第一艘100吨内河冷藏船（苏冷1号）。1974年，成立地方国营泰兴造船厂，产钢质驳船。1976年，泰兴造船厂迁至永安洲引江河口盘头大队，生产拖轮、船标艇、巡逻艇等专用船舶。1978年7月，泰兴造船厂建造的首艘千吨级货船顺利下水。江苏省商业冷藏船修造厂建成千吨级沿海运输方驳。1985年，泰兴县船舶修造厂迁址龙窝口，新厂区占地16万平方米，拥有长江岸线1000米。1987年，商业部口岸船舶修造厂被国家机械委确定为全国重点企业。泰兴造船厂投资200万元，建成5000吨级与8000吨级船台各1座。1988年，泰兴造船厂为镇江轮船公司建成300个客位客轮1艘，为香港客户分别建造3000吨位钢质食油船及36米趸船各1艘。1989年，泰兴县船舶修造厂首接远洋海轮制造业务。1992年，口岸第二船舶修造厂在口岸镇虹桥村建成，生产小型货船、加油船、渔船；泰兴市东风船舶修造厂（今泰州市东风船舶有限公司）在永安洲乡建成，生产甲板驳、散货船、绞吸式挖泥船。1993年，泰兴县船舶修造厂更名为泰兴市三泰船业有限公司。1994年9月，国内贸易部口岸船舶工业公司产1.2万吨货轮。1998年，泰州市三泰船业有限公司与香港福山公司合资，成立泰州三福船舶工程有限公司。2000年，泰州三福船舶工程有限公司产值超亿元，为口岸镇首个年产值过亿元企业。2001年，泰兴造船厂改制，更名为泰州市永泰船业有限公司。2002年，泰州三福船舶工程有限公司收购泰州市永泰船业有限公司。2003年，泰州市高港区永祥造船厂在永安洲镇明沟村建成。2004年，创办泰州市东风船舶有限公司，从事小型船舶的生产和维修；泰州市兆祥船舶修造厂、泰州市口岸船舶修造厂、泰州市高港区尧润船舶服务有限公司在口岸镇成立。2005年，泰州市高港区添宝船舶修理有限公司、泰州市德宏船务有限公司在口岸镇成立，从事船舶焊接修理、管道安装、船用机力设备安装；春源船舶工程有限公司（今泰州市高港区春源船舶工程有限公司）在胡庄镇成立，从事船舶修理。2006年，泰州市振兴船舶有限公司、泰州市兴港船舶有限公司在永安洲镇福沙村成立。2007年，国内贸易部口岸船舶工业公司完成企业改制，更名为泰州口岸船舶有限公司，并与中国航空技术北京有限公司合资成立泰州中航船舶重工有限公司。泰州永泰船业有限公司重新注册为泰州三福船舶工程有限公司永安分公司。2008年，泰州恒润船舶修理有限公司在口岸镇成立。全区船舶修造业有列统企业6个，即泰州口岸船舶有限公司、泰州三福船舶工程有限公司、泰州市振兴船舶有限公司、泰州市兴港船舶有限公司、泰州市东风船舶有限公司、泰州市永庆船舶有限公司，其中年产值超亿元的大型造船企业有2个。

## 第二节　船舶设备及配件

1968年，刁铺五金锉刀厂始产DW95船用空气开关。1972年，DW95船用空气开关用于国产万吨轮“风庆号”。1992年，扬子机械厂（今泰州市扬子船舶设备有限公司）在许庄乡建成，生产汽笛、船用配电箱。1993年，兴星联合开发公司在永安洲乡成立，为船舶制造企业提供电焊、冷作加工服务。1996年，迎浪电器设备有限公司在口岸镇成立，生产船用电器设备。1998年，泰州市远洋船用机械有限公司在许庄乡成立，生产船用汽笛；泰州市碧海船用机械厂生产船用辅机零件和船用管道、船用阀门等设备。2000年，泰州市廉洁水处理设备厂、泰州市港华机械制造有限公司在白马镇成立，生产船舶用水设备和配件。2001年，泰州市华海船用配件厂在口岸镇建成，生产港航索具。2002年，泰州市高港区长征电器设备厂在口岸镇建成，生产船用电器自动化设备、PLC程序控制设备。2003年，泰州市浩宇船用设备制造有限公司、泰州市瑞达吊装机具有限公司、江苏汇力起重装备有限公司在口岸镇成立，生产船舶机械设备和航海仪器设备等。2004年，泰州市永胜暖通设备厂在永安洲镇建成，生产船用暖通设备、电器设备配件；泰州市高港区润舟船用附件厂、泰州市润海船用设备有限公司在刁铺镇成立，生产船用设备配件。2005年，泰州科力机电设备有限公司、泰州市永明船用电器厂在刁铺镇成立，生产船用配电箱、开关设备；泰州市龙贤船舶有限公司、江苏中泰吊索具有限公司（即泰州中泰吊索具有限公司）、泰州市协达电器有限公司、泰州市新兴船舶配套设备有限公司在口岸镇成立，

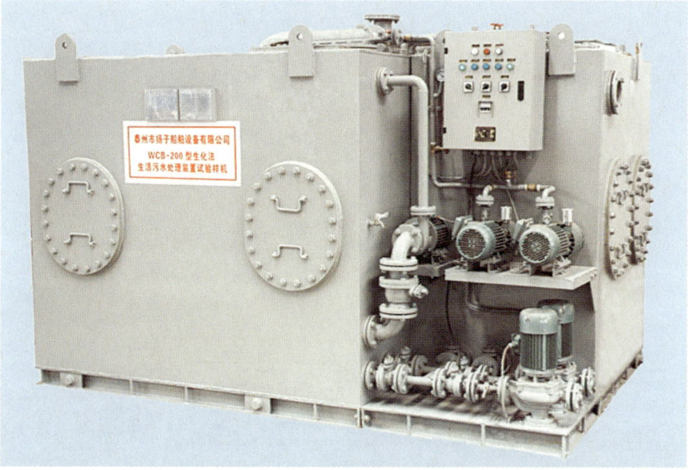


图 10-3-1　泰州市扬子船舶设备有限公司生化法生活污水处理装置（2006 年摄）

生产船用绳索、船用电器、船用管道等。2006年，泰州市顶典建筑装饰有限公司在口岸街道成立，从事船舶装饰工程设计施工；江苏耐特尔绳带有限公司生产船用缆绳、复合钢丝绳。泰州市新宇船舶物资有限公司在白马镇成立，从事船舶钣金加工、焊接加工。2007年，泰州市九鼎船舶工程安装有限公司从事船舶设备、管道、线路、钢结构安装，泰州市鑫星钢制品有限公司从事船舶机械配件、钢制品生产。2008年，泰州市鹏程船舶配套工程服务有限公司在永安洲镇成立，从事船舶电焊、冷作加工、管道安装、涂装等系列加工服务和船用配件制造。泰州市航科环保设备有限公司从事船用配件、电子接插件等制造，泰州市东海鸿盛船舶电器有限公司从事船用电器、开关制造。泰州市新贵钢制品厂、泰州市振翔钢结构有限公司在口岸街道成立，从事船舶附件、钢构制造和安装。泰州市高港区金丰泰法兰锻件厂、泰州市远航船舶设备有限公司在刁铺街道成立，从事船用配件、船舶设备制造。泰州奥瑞电气有限公司在许庄街道成立，生产船用电器。泰州市海诞船舶配套件有限公司在白马镇成立，生产船舶配套件。全区有船舶设备及配套件制造企业27个。其中，列统企业有2个，即泰州市扬子船舶设备有限公司、泰州市新兴船舶配套设备有限公司。

## 第三节　船舶拆解

1983年，商业部口岸船舶修造厂（今泰州口岸船舶有限公司）兼营拆船。当年，拆解天津轮船公司万吨远洋轮“广平号”，获钢材5800吨；拆解“战斗46号”“大庆18号”“和平37号”海轮，获钢材5688吨。企业于1984年被国家计划委员会指定为交通部的6个拆船定点单位之一。此后，每年拆船2～3艘。至1990年，累计拆3000吨至万吨级海轮14艘，获钢材4.68万吨。1997年，泰州三泰船业有限公司（今泰州三福船舶工程有限公司）兼营大中型货轮拆解业务。2001年，建于口岸镇的泰州市伟业拆船轧钢有限公司专营拆船业务。2008年，全区有专业拆船企业1个（泰州市伟业拆船轧钢有限公司），兼营拆船企业2个（泰州口岸船舶有限公司、泰州三福船舶工程有限公司）。

## 第四节　企业选介

### 一、泰州口岸船舶有限公司

位于口岸街道船厂路1号，占地88万平方米，有长江岸线2000余米。前身为口岸食品接运站船

图 10-3-2 泰州口岸船舶有限公司（2006年摄）

舶保养厂。1973年，更名为江苏省商业冷藏船修造厂，首产100吨位内河冷藏船。1978年，建成千吨级干船坞，产1000吨位沿海运输方驳。1979年，更名为商业部口岸船舶修造厂。1980年起，开发制氧、轧钢、铸钢业务。1981年，成为国家中型企业。1982年，为宁波商业公司制造150吨级海上冷藏船1艘，其导航系统、冷藏系统、起吊系统达国内先进水平。1987年，成为国家重点企业。1993年，更名为国内贸易部口岸船舶工业公司。1997年6月，为印度尼西亚客户建造的2艘1.2万吨甲板驳船下水。2001年2月，建成2.5万级吨多用途集装箱船3艘；5月，5万吨级船台及200吨龙门吊竣工投产。2002年，国内最大的85米高性能打桩船桩架一次性安全吊装成功。2003—2006年，改造5万吨船台下水滑道、舾装码头，建成万吨级船台、港池式码头。2007年，完成改制并定为现名。与中国航空技术北京有限公司合资组建泰州市中航船舶重工有限公司。2008年，公司固定资产为28亿元，拥有20万吨级干船坞1座、5万吨级船台2座、1万吨级船台1座、780米舾装码头1座、万吨级舾装码头1座、万吨级港池式码头1座，年产10万吨以上钢板预处理流水线2条，年造船能力达到140万载重吨。有员工9000余人，其中各类专业技术人员800余人，企业技术中心被认定为江苏省企业技术中心。主要船舶产品有2.5万吨、3.2万吨多用途集装箱船，1800TEU、1100TEU集装箱船，53800吨、57000吨、92500吨散货船，2.7万吨多用途船，1万吨重吊船，5万吨级海洋工程船及石油铺管船，13500吨举力浮船坞，85米高性能打桩船，60米（5000KW）海洋支持船，40车/500客、36车/650客滚装船等。完成产值26亿元，实现销售收入25.9亿元、利税3亿元。

## 二、泰州三福船舶工程有限公司

位于口岸街道口永路58号，初名泰兴县船舶修造厂，始建于1971年，镇办集体企业，最初经营小船维修、农用水泥船制造业务。1986年，首次承接100吨级机动船修理业务。1989年，首次承接远洋海轮生产业务。1996年，改制为民营企业，同时更名为泰州三泰船业有限公司。1998年，与香港福山公司合资成立泰州三福船舶工程有限公司，成为股份制企业。2000年，产值首次过亿元，成为口岸镇首个年产值过亿

图 10-3-3 泰州三福船舶工程有限公司（2006年摄）

元的规模企业。2002年，收购泰州市永泰船业有限公司。2007年，公司跻身泰州市50强企业、江苏省十大造船企业、泰州市十强民营企业、泰州市出口创汇明星企业。2008年，该公司拥有口岸和永安2片厂区，总占地面积59万平方米（其中口岸厂区占地16万平方米、永安厂区占地43万平方米），占用长江岸线2500米（其中口岸厂区占用1000米、永安厂区占用1500米），有员工5255人（其中工程技术人员600余人），有固定资产6亿元，5万吨级横向和纵向船台各1座、2万吨级纵向船台2座、600米舾装码头1座。完成产值25.01亿元，实现销售收入24.51亿元、利税总额3.98亿元。

### 三、泰州市新兴船舶配套设备有限公司

2005年10月成立，初址为口岸镇通江东路47号，后租用泰州口岸船舶有限公司1.73万平方米场地（含厂房），从事船用管道生产，注册资本399万元。2006年，产船用管道1200余吨，实现销售收入1800万元、利润180万元。2007年，投资80万元进行技术和设备更新，公司获中国船级社质量认证公司管理体系认证。2008年，公司拥有主要生产设备60余台（套），产船用管道4000吨，完成产值6000万元，实现利润400万元。

# 第四章　粮油食品工业

清代野徐的同兴糟坊、民国初年白马朱家行的兴隆糟坊在地方颇有名气。刁铺的浚源、蔡宝记油坊，口岸的赵复兴油坊、高家油坊、黄家米坊等字号有一定规模。新中国成立后，粮油加工业稳步发展，以机械化生产为主。20世纪50—70年代，境内先后兴办一批合作社组和社队办企业，从事粮油加工。70年代，刁铺油酒厂始产啤酒，是江苏省最早生产啤酒的厂家之一。80年代，开始生产混合、配合饲料，供大宗禽畜饲养。90年代，集体办粮油加工企业大多解体、关闭或转行。2007年，引进新加坡益海嘉里集团大型粮油项目，在永安洲工业园建益海（泰州）粮油工业有限公司。2008年，全区农副产品加工及食品饮料工业企业共有19个（其中列统企业3个），完成产值21.86亿元，实现销售21.2亿元、利税3.25亿元。

## 第一节　粮油和饲料加工

明代，境内碾、磨、油坊以人工操作或畜力牵引，并以代客加工为主，少数作坊雇工2～5人不等。清末，境内粮油加工业兴旺。至民国38年（1949），境内规模较大的粮油作坊有浚源号米行、蔡宝记油行、源茂油厂。

1956年，公私合营口岸碾米厂（今泰州市福太面粉有限责任公司）、刁铺油厂成立。1958年，泰兴县在樊达乡建地方国营蔡王庄米厂。1961年，公私合营的油米厂全部改为国营企业。1962年，口岸碾米厂兼营饲料加工。20世纪70年代，境内生产大队普遍建成电灌站，兼加工大米、面粉、粑子。1984年，田河饲料加工厂始产混合饲料。1987年，国营口岸米厂（今泰州市福太面粉有限公司）和

永安洲乡、汪群乡粮管所被泰兴县列为配合饲料生产定点单位。80—90年代，境内个体粮油和饲料加工业兴起，并有流动的粮食、饲料加工车上门到户服务。2007年，益海（泰州）粮油工业有限公司在永安洲工业园成立。2008年，全区粮油和饲料加工业有列统企业2个，即益海（泰州）粮油工业有限公司、泰州市福太面粉有限公司。

## 第二节　屠宰及肉类加工

民国年间，境内生猪加工业日趋发达，口岸、刁铺有从事火腿、肉松、咸肉、风干肉加工的作坊10余个。1953年，泰州成立国营食品公司，在口岸镇设口岸食品接运站，负责苏中部分地区生猪收购与运输。1954年，境内各乡镇撤销个体肉店，合并成鲜肉加工组，由当地供销合作社代管。20世纪60年代，各人民公社相继成立食品收购站，负责生猪收购、宰杀和外调。1979年，田河公社肉制品加工厂始产香肠、香肚、肉松、肉脯、香耳、肠衣。80—90年代，个体屠宰及肉制品加工业迅速发展，国营、集体屠宰及肉制品产业逐渐萎缩。2008年，全区共设8个生猪宰杀点。

## 第三节　食品制造

新中国成立前，境内乡村有豆腐、百页、粉皮、粉丝、酱制品、糖果、糕点等作坊，其中口岸的姚怡和酱园较为有名。1959年，境内建有口岸酱品厂、刁铺酱品厂，生产各种酱制品。在口岸镇建国营副食品加工厂，生产各种茶食。20世纪60年代起，各基层供销合作社设茶食加工间，生产桃酥、京枣、酥饼、绿豆糕、金刚蹄饼、月饼等。1982年，泰兴县味美食品厂在刁铺公社成立，生产糖果、糕点。1985年，泰兴县味美食品厂与上海益氏食品厂联营，生产的糖果品种由4种增至21种。1988年，孔桥糖果食品厂生产糖果2.1吨，泰兴县口岸糕点厂生产糕点159吨，刁铺酱品厂生产酱油289吨。生产酱制品的个体户兴起。1990年，境内从事食品制造的集体、个体企业有20余个，其中泰兴县味美食品厂产值超100万元。90年代中期起，境内食品类私营企业在食品制造行业占据主导地位，面包房、蛋糕房等焙烤食品店入驻集镇。至2008年，全区有食品制造企业5个，年产值1044.6万元，实现销售收入978.2万元、利税95万元。

## 第四节　酒及饮料制造

### 一、白酒酿造

宋代，境内已有酿酒业，多以三麦、高粱为原料，酒浓性烈。民国年间，野徐乡的同兴槽坊、白马乡的兴隆槽坊在当地较有名气。

1956年，刁铺镇源泉酒行、万泰酒行合并为公私合营刁铺酒厂。1958年，刁铺酒厂并入刁铺油酒厂，野徐公社、樊达公社（今属许庄街道）分别创办酒厂，生产白酒。1963年起，刁铺油酒厂以山芋干为生产原料，生产瓜干酒。20世纪70年代，蔡王庄油厂、口岸米厂分别兼营白酒生产，口岸公社龙窝大队、刁铺公社三河大队分别创办酒厂，产品有荞麦酒、高粱酒、小麦酒、瓜干酒。80年代起，境内出现酿酒个体户，亦有湖北、湖南、安徽人在境内开设酒坊，自产自销荞麦酒、高粱酒、瓜干酒。1998年，泰兴市赵王酒厂（今泰州市赵王酒厂）在孔桥乡赵王村成立，从事白酒生产。2000年，泰州市刁铺酿酒厂在三旗营成立。2001年，泰兴市薛垛酿酒厂（今泰州市薛垛酿酒厂）在胡庄镇成立。至2008年，全区白酒生产企业有2个，即泰州市赵王酒厂、泰州市薛垛酿酒厂。

### 二、啤酒和饮料制造

1975年，刁铺油酒厂（今江苏三泰啤酒集团有限公司）始产啤酒。1986年，沪岸饮料食品厂在口岸镇口岸村成立，生产香槟酒、汽水。1990年，胡庄乡有个体企业生产汽水。2005年，江苏安吉利食品有限公司在高港科技创业园成立，生产固体饮料。2008年，全区酒、饮料制造业有列统企业1个，即江苏三泰啤酒集团有限公司。

## 第五节　企业选介

### 一、益海（泰州）粮油工业有限公司

位于永安洲镇工业园，占地46.7万平方米。于2006年12月由益海嘉里集团下属丰益中国新投资私人有限公司独资创建，注册资本6700万美元，总投资1.8亿美元，经营范围：粮油加工、仓储，工业用大豆蛋白生产，单一饲料（豆粕、菜粕和大豆浓缩蛋白、膨化大豆系列产品）生产，塑料包装及容器制造，添加剂氮气生产等。2007年11月，正式投产，是中国食用油市场畅销品牌“金龙鱼”系列食用油的主要生产基地之一。2008年，建成日处理6000吨大豆的榨油厂，内设日加工2000吨大豆或菜籽的生产线、日处理1000吨毛油的精炼厂、日分提1000吨棕榈油的分提厂、日罐装1250吨的小包装厂、日加工43万只瓶坯的注塑厂，主要产品有“金龙鱼”小包装油、豆油、棕榈油、菜油。有固定资产1.98亿元，完成产值12.9亿元，实现销售收入12.48亿元、利税7706万元。

### 二、江苏三泰啤酒集团有限公司

位于刁铺街道环溪路。原为刁铺油酒厂。1975年，开发生产啤酒，是江苏省最早生产啤酒的厂家之一。1979年，建成年产500吨的啤酒生产线。1981年，更名为国营泰兴啤酒厂，建成年产2000吨的啤酒生

图 10-4-1　整装待发的“金龙鱼”食用油（2008年摄）

图 10-4-2 江苏三泰啤酒集团有限公司(2007年摄)

产线。20世纪80年代中期,“环溪”牌啤酒先后被评为省优、部优产品。1989年,被江苏省人民政府评为省级先进企业。1991年,建成“三泰”干啤生产线。1993年,开发冰啤产品。1995年,泰兴啤酒厂兼并刁铺麦芽厂,与扬州东泰食品饮料公司共同组建江苏三泰啤酒集团公司,开发生产“三泰”冬令啤酒。全年啤酒产销量达4.3万吨,列全国500个最大啤酒生产企业第194位,跨入国家大型企业行列。1996年9月,冰啤酿造生产线建成并投产,与马来西亚恳实达有限公司合资成立江苏三泰金狮啤酒有限公司。1998年,企业通过ISO 9002国际质量体系认证,“三泰”商标入选江苏省著名商标。2000年6月,更名为江苏华狮啤酒有限公司。2004年,定为现名。2008年,完成产值2.4亿元,实现销售收入2.3亿元。

### 三、泰州市福太面粉有限公司

位于口岸街道西星街,占地1.2万平方米,建筑面积9305平方米。1956年建,初名公私合营口岸碾米厂,年产大米25万千克。1961年,增设酿酒车间。1962年,兼产饲料。1975年,建面粉车间。1979年,更名为国营口岸米厂。1980年,产大米5693吨。1987年,被泰兴县列为配合饲料生产定点厂家。1988年,改造面粉车间,产能提高14%。1999年,定为现名。面粉产品注册“福兔”牌商标。“福兔”面粉成为首届泰州市优质农产品。2002年,改制为私营股份公司。同年,采用“公司+合作经济组织+农户”的产业化经营模式,以“订单农业”“保护价收购”等形式引导地方农户专业化种植弱筋小麦。2008年,实现产值6153万元,销售5949万元。

## 第五章 电子工业

20世纪60年代,境内即有生产晶体管收音机的厂家。70—80年代,能生产技术要求较高的无线电器材,电视机配件、通信设备配件、电子计算机配件等产品相继出现。90年代,能生产高能电子产品。进入21世纪,产品技术水平不断提高。泰州苏中天线集团有限公司拥有国家级专利45项、国家级重点新产品1项、省优秀专利1项;泰州市旺灵绝缘材料厂的产品与神舟飞船配套成功,受到中国载人航天工程办公室表彰;泰州市创新电子有限公司研发的Autolock功能笔记本电脑转轴被评为江苏省高新技术产品。2008年,全区通信设备、计算机配件及其他电子设备制造企业共有66个,完成产值17.77亿元,实现销售17.13亿元、利税1.98亿元。

## 第一节　计算机配件、通信设备及配件

1998年，泰州市口岸五金机电配件有限公司作坊式生产台式电脑显示屏配件弹簧夹。年产值约300万元。2001年，泰州市口岸五金机电配件有限公司重新注册为泰州市创新电子有限公司，生产电脑显示器底座铁件，年产值1000余万元。2002年，泰州市天地通信电子有限公司和泰州市巨星电讯器材厂在刁铺镇成立，分别生产电子接插件、尾纤、通信器材铜轴连接器和电缆、通信专用工具等；泰州市日欣达电子有限公司在口岸镇成立，生产通信器材、楼宇对讲器。2004年，泰州市南方通讯设备有限公司在口岸镇成立，生产通信设备；泰州市高港区宇通电子通信器材厂在刁铺镇建成，生产光纤电缆等。2005年，泰州市高港区清扬通讯器材有限公司和泰州市亿涛通信设备厂在刁铺镇成立，生产通信传输设备、电子接插件。泰州市创新电子有限公司主要为台湾冠捷科技有限公司生产电脑显示器支架、翻盖手机转轴、笔记本电脑转轴等配套产品。2006年，泰州承泰电子有限公司在高港高新技术产业园区成立，生产无线电话机和手机配件；泰州市华达电子设备有限公司在刁铺街道成立，生产通信器材、交接箱、配线架、接头等。2007年，泰州市星通光电器材有限公司、泰州市高港区宁泰通信电子厂、泰州市高港区中天通讯器材厂和泰州中义通信器材有限公司在刁铺街道成立，生产光纤通信设备及终端附件、电缆接插件、光线接头、光缆、接头盒、终端盒和通信电缆。2008年，泰州市创新电子有限公司生产的笔记本电脑转轴被认定为江苏省高新技术产品。该公司系国内最大的电脑显示屏支架生产企业，是惠普和联想计算机显示器底座支架的指定生产企业。全区计算机配件、通信设备及配件行业列统企业有2个，即泰州市创新电子有限公司、泰州市天地通信电子有限公司，完成产值1.29亿元，实现销售1.1亿元、利税902万元。

图 10-5-1　泰州市创新电子有限公司（2006年摄）

## 第二节　广播电视设备及配件

1969年，刁铺公社无线电厂生产6管晶体管收音机100台。1970年，田河公社无线电元件厂生产收扩两用机172台。1976年，刁铺公社无线电厂生产10英寸扬声器；许庄公社电器厂批量生产

扬声器。1979—1980年，口岸镇无线电厂生产高频头（低噪声降频器）。1980年，泰兴县缝纫机零件厂（原口岸区区办口岸机模电器厂）生产电视机拉杆天线。1984年，田河乡有线电厂生产广播音箱。泰兴县广播事业局刁铺服务部、刁铺五金电器厂分别年产音频变压器20万只、40万只。1985年，田河乡电子材料厂组装电视机135台。1986年，扬州市光明无线电元件厂（厂址：口岸镇口岸村，今泰州苏中天线集团有限公司）生产收录机、电视机天线。1987年，永安洲电视机配件厂生产电视机注塑件。1989年，泰兴县曙光无线电厂（厂址：口岸镇口岸村）生产"熊猫"牌电视机配套电器产品——行振荡线圈和行线性、出口机开关等；泰兴县缝纫机零件厂增挂扬州市广播电视配件厂牌子，生产TL-258电视机拉杆天线。1990年，境内从事广播电视配件制造年产值超100万元或利税超10万元的企业有扬州市光明无线电元件厂、泰兴县缝纫机零件厂、泰兴县曙光无线电厂。1992—1999年，境内从事广播电视和配件制造的企业相继转产或歇业。

## 第三节　其他电子产品及材料

1984年，泰兴县绝缘材料厂（厂址：永安洲乡，今泰州市旺灵绝缘材料厂）生产聚四氟乙烯玻璃布板（F4B板）、漆布（F4B布）和复合微波介质基片。1985年，泰兴县电磁线一厂（厂址：刁铺镇）生产玻璃丝包铜线。1988年，永安洲电子控制设备厂生产电子控制器，田河乡控制设备厂生产数字显示温度控制仪712台。1992年，扬州市光明无线电元件厂转产汽车天线系列产品。1997年，泰州市亚洲光源电器材料厂在口岸镇建成，生产电子材料。1998年，上海佳基电子有限公司项目在胡庄乡建成，生产电子线路板。1999年，泰兴市曙光无线电厂增挂泰州曙泰罗那电子有限公司牌子，生产导电橡胶按键；泰州市高港区滨江电子配件厂生产电子配件。2001年，泰州市欣港电子材料公司在刁铺镇成立，生产电子材料金盐；泰州市振亚电子材料厂生产变压器及电子材料。2002年，泰州瑞凯光学有限公司在高港科技创业园成立，生产光学电子产品；泰州市泰鑫电化厂（今泰州市博泰电子有限公司）在永安洲建成，生产单双面线路板；泰州超人汽车电子有限公司在口岸镇成立，相继开发生产微波转换接头接线端子、汽车用插座、汽车发动机节温器罩壳体、碳罐阀绕骨架等电子产品。泰州顶声专业音响有限公司和泰州展帆电子有限公司分别生产数字化视频、音响和喇叭音圈、喇叭钛膜等电子产品。2003年，泰州市高港区骏达电子有限公司在高港科技创业园成立，生产石英电子钟、挂钟。2004年，南京深宁磁电有限公司泰兴分厂（今南京深宁磁电有限公司泰州分公司）和泰兴市鑫恒电子有限公司分别生产微型变压器和接插件；泰州市子风电器有限公司生产电器二极管、线路板；泰州市成杰电子有限公司、泰州市日欣达电子有限公司生产电子元件；泰州市高港区中信机械有限公司兼产电子壶；泰州市惠利电子材料有限公司生产风力发电叶材料、CED光电子材料、电子元器件绝缘封装材料；泰州市益心电子有限公司生产电子产品，研发电子软件。泰州超人汽车电子有限公司获QS 9000国际质量管理体系认证。2005年，泰州市泰鑫电化厂更名为泰州市博泰电子有限公司，转产无线通信用高频线路板、微波高频电路板；泰州市高港区振港电子材料有限公司在口岸镇成立，生产电子二级导丝；泰州市飞明电子有限公司在高港科技创业园成立，生产电子产品；泰州市华强照明器材有限公司生产灯用无铅玻璃芯柱、无铅玻璃真空封接导丝和电子材料。2006年，泰州市高港区宇通通信器材厂生产电子元件，泰州大荣电气有限公司生产电子设备。2007年，泰州市云峰电气设备有限公司在刁铺街道成立，生产电子元件；泰州市高港区宁泰通信电子厂、泰州市高港区伟民电子元件厂生产电子元件及组件；泰州银河寰宇半导体有限公司生产新型电子元器件及电器产品；泰州市光明电子材料有限公司和泰州市澳泰电子有限公司在永安洲镇成立，分别生产电子材料和电阻、电熔、石英晶体、线路板、电子器件；泰州市高港区典盛电子器件有限公司生产电子设备；泰州市裕强电子有限公司生产音响喇叭。2008年，泰州市高港区永达电子厂生产电力电子元器件；泰州友润电子有限公司和泰州市海天半导体有限公司在高港高新技术产业园区成立，分别生产半导体引导线框架和引线框架测试、封装等电子产品。全区其他电子产品及材料制造的列统企业有11个，即泰州市旺灵绝缘材料厂、泰州苏中天线集团有限公司、泰州超人汽车电子有限公司、泰州市长三角电子有限公司、泰州市高港区成杰电子有限公司、泰州银河寰宇半导体有限公司、泰州市惠利电子材料有限公司、泰州市博泰电子有限公司、泰州市欣港电子材料公司、泰州市子凤电器有限公司、泰州顶声专业音响有限公司，共完成产值14.49亿元、利税1.66亿元。

## 第四节　企业选介

### 一、泰州市旺灵绝缘材料厂

位于永安洲镇马船西路2号，占地3.48万平方米，建筑面积1.2万平方米。1984年4月建，初址在永安洲乡明沟村，原名泰兴县绝缘材料厂，系乡办集体企业。1992年10月，更名为泰兴市绝缘塑料厂。1997年，定为现名。2000年，该厂改为股份合作制企业，安置残疾人员56人。2001年，通过ISO 9001:2000国际质量体系认证。2003—2004年，企业加大技改投入，研发F4BK型宽介电常数聚四氟乙烯玻璃布覆铜箔板。2005年，为神舟六号飞船配套生产微波复合介质基片。2007年，承担省工业科技攻关项目2项。2008年，投入2200万元，扩建厂房1.1万平方米，建成5条生产线，形成年产覆铜箔板800吨、微波复合介质基片1500平方米的生产能力。该厂生产的聚四氟乙烯玻璃布覆铜箔板系列、微波复合介质基片系列、LED铝基板系列、微波电子器件及绝缘、防粘漆布类产品广泛应用于航天航空、卫星通信、半导体照明等领域。全年生产漆布88146千克、覆铜板86527千克、基片183万平方厘米，完成产值1.68亿元，实现销售收入1.66亿元、利税2558万元。

### 二、泰州苏中天线集团有限公司

位于江平东路1号，占地5.6万平方米，建筑面积3万平方米。1985年3月建，初址在口岸镇口岸村光明组，厂名为泰兴县口岸电子元件厂，系队（组）办集体企业，生产塑料包

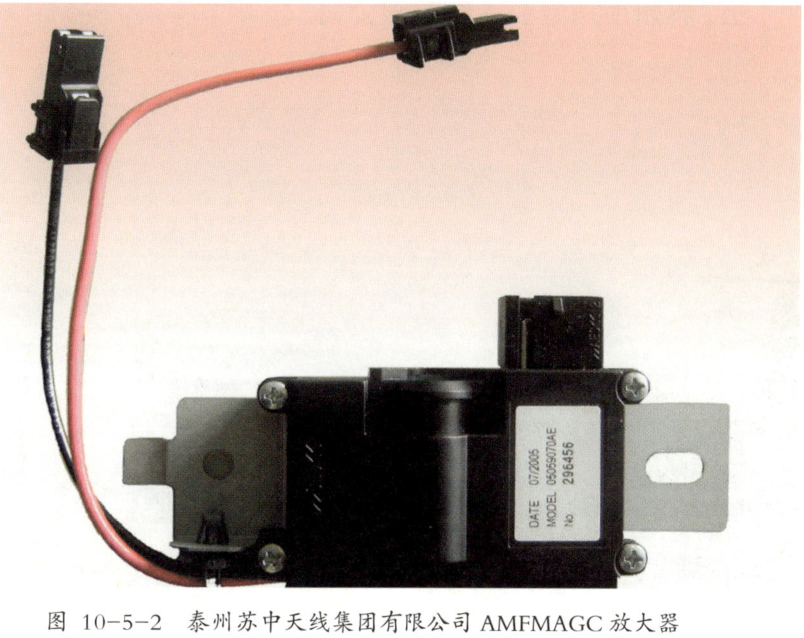

图 10-5-2　泰州苏中天线集团有限公司 AMFMAGC 放大器

装袋。1987年，改为村办集体企业，与盐城“燕舞”牌收录机配套生产TL系列拉杆天线15.85万支，完成产值42万元，实现利税6.45万元。1988年，更名为扬州市光明无线电元件厂，迁至现址。1989年，取得电子工业部颁发的生产许可证。1992年，先后与台商合资成立扬州永泰汽车天线有限公司和扬州辰泰电子有限公司，研发生产汽车天线，并获汽车天线产品自营进出口经营权。1997年，企业定为现名。1999年，汽车天线产品通过德国TUVISO/9001质量体系认证。2000年，改制为私营企业，以现名重新注册，注册资金2880万元。2003—2007年，先后开发汽车后顶置短杆180-200AM/FM有源天线、汽车前顶短杆300AM/FM无源天线、汽车后窗玻璃印刷隐藏式AM/FM有源天线系列、汽车鲨鱼鳍AM/FM有源天线，成为“大众”“福特”“标志”“雪铁龙”“奔驰”“宝马”“菲亚特”“现代”“克莱斯勒”等品牌汽车的配套产品。2008年，该企业拥有国家级专利45项。其中授权发明专利2项，被认定国家级重点新产品1项、高新技术产品2项。全年生产各类汽车天线545万套，完成产值7040万元，实现销售收入4983万元、利税605万元。

### 三、泰州市长三角电子有限公司

位于许庄街道马厂村，占地1.53万平方米，建筑面积5000平方米。1984年建，初名泰兴县化纤器材厂，系乡办集体企业，有固定资产15.9万元。1989年，更名为扬州市苏中化纤器材厂。1990年，拥有固定资产53.43万元，生产纸管424.89万只，完成产值622.5万元，实现利税60.09万元。1999年，改制为私营企业。2005年，投入600万元建氰化金钾生产线，企业定为现名。2006年，企业通过ISO 9001质量管理体系认证。2008年，完成产值1.11亿元，实现销售收入1.1亿元、利税119万元。

### 四、泰州银河寰宇半导体有限公司

位于高港高新技术产业园区内，2007年12月成立，是香港银河半导体控股公司的全资子公司，占地3万余平方米，建筑面积1.22万平方米，主要生产经营半导体二极管，为家用电器、绿色照明、电源供应器、线路控制、汽车电子控制等提供配套产品。2008年，生产二极管1250万只，完成产值1.49亿元，实现利税1400万元。

### 五、泰州顶声专业音响有限公司

位于高港高新技术产业园永盛路18号。2002年，由P.Audio国际集团公司泰国P.A专业音响有限公司投资500万美元成立，系外商独资企业，占地6万平方米，专业从事舞台音响及音响配件的研发、制造和销售。2008年，完成产值2004万元，实现销售收入1887万元、利税245万元，出口交货值1614万元。

图 10-5-3　泰州顶声专业音响有限公司（2006年摄）

# 第六章 机电仪工业

清代末民国初，金属铸造由个体铜、铁、银、锅匠在民间流动作业，或在集镇设店铺，生产犁、耙、锹、铲、锄、镰、叉等农具，铸造日用杂品。民国年间，口岸、刁铺、大泗、孔桥、永安洲等地均有铁、铜匠铺和冶坊。民国35年（1946），新四军手榴弹厂在孔家庄野竹园日产手榴弹300枚左右。新中国成立后，小农具由铁木业生产合作社（组）生产。20世纪60年代，始有企业生产输变电设备及电动机、自行车配件等。70年代，生产机床及附件、通风制冷等通用设备、农业机械配件、印刷机械配件、交直流电流变和电压表等仪器仪表、纺机纺器的企业渐多。80—90年代，轴承、传动件、紧固件、弹簧、焊接机械、矿山机械、水处理设备、汽车配件、拖拉机配件、摩托车配件、橡塑机械及配件、电器及元器件、电工器材、石油机械及配件、环保机械、烘炉熔炉、电炉等产品大批涌现，机电仪制造业规模不断扩大，制造能力不断提高。江苏鸿泰机电股份有限公司生产的“剑鱼”牌台钳获出口免检权，远销20余个国家和地区；江苏能建机电实业有限公司被命名为省级高新技术企业；泰州市鸿宝凯利消防器材厂生产的玻璃钢头盔产品填补国内消防器材空白。2008年，全区机电仪制造企业有428个（其中列统企业58个），完成产值40.29亿元，实现销售38.27亿元、利税4.52亿元。

## 第一节 通用设备

### 一、原动设备与传动部件

1982年，泰县台钳厂（今江苏鸿泰机电股份有限公司）研制B系列“琼花”牌LW22摆线针轮减速机。1993年，泰兴汪群减速机械厂（今泰州市泰荣减速机械厂）加工、组装减速机。2000年，泰州市前进减速机配件厂（厂址：白马镇袁家村）生产减速机配件。2003年，泰州市天鑫机械有限公司在刁铺镇成立，生产发动机动力总成部件；泰州市高港区陆顺电力设备厂在刁铺镇周梓村成立，生产传动配件。2006年，泰州为得鑫机电配件有限公司在高港

图 10-6-1 江苏鸿泰机电股份有限公司生产车间（2006年摄）

高新技术产业园区成立，生产减速机；泰州市爱德机电科技有限公司生产压力变送器。2008年，全区原动设备与传动部件制造业有列统企业2个，即泰州市天鑫机械有限公司、江苏鸿泰机电股份有限公司。

## 二、金属加工机械

1970年，口岸农业机械厂生产B665牛头刨床。1971年，许庄五金厂生产C6136及618车床、B665牛头刨床。1987年，泰兴县分析仪器厂（今江苏能建机电实业有限公司）在永安洲乡成立，生产焊接机械。2003年，泰州市高港区光霞机械厂始产通用机械，泰州市高港区华港金属工艺厂始产通用机械及零部件，泰州市富阳工矿器材设备制造有限公司始产通用机械设备。2004年，泰州市众诚金属制品有限公司始产机床，泰州市晨明数控机床有限公司泰州市方正数控机床厂始产DK77系列切割机床和电火花高速穿孔机、电火花放电成型机、数控铣床等，精拓机电（泰州）有限公司始产金属焊割机械。2008年，泰州市俊益机械设备有限公司始产通用机械设备及配件。全区共有金属加工机械制造企业12个。其中，列统企业2个，即泰州市晨明数控机床有限公司泰州市方正数控机床厂、精拓机电（泰州）有限公司。

## 三、泵、阀门、液压机械、压缩机及类似机械

20世纪70年代，永安农机修造厂试制FS50型阀门电动装置，刁铺五金厂、刁铺化工机械厂生产高低压铸铁闸阀和截止阀，白马飞跃机械工具厂（今江苏飞耀机械制造有限公司）生产液压产品。1982年，永安农机修造厂（今江苏普菲柯医疗器械总厂）生产C110型程控电动阀门切换装置。1984年，泰兴量刃具厂在口岸镇成立，生产无油润滑压缩机58台。1985年，扬州市华泰煤机厂（今泰州市祥泰矿机有限公司）在许庄乡成立，生产DIFA型单体液压支柱和DIFO、OB、DIFD三用阀。1988年，扬州市泰兴煤矿设备厂（今泰州市东方波纹管制造有限公司）在田河乡成立，生产单体液压三用阀。1990年，永安洲乡永福村消防工具厂（今泰州市飞龙消防工具厂）始产消防专用阀门。1996年，口岸镇宏达机械厂（今泰州市宏达机械有限公司）始产阀门。1998年，泰州市飞耀机械制造有限公司生产手动泵、电动泵、气动泵。1999年，泰州市晨阳压缩机有限公司在口岸镇成立，生产空气压缩机、特种气体压缩机、螺杆压缩机、活塞压缩机。2000年，泰州市前进减速机配件厂和泰州市沿江电子机械制造有限公司在白马镇成立，生产液压机械；泰州市白马机械工具制造有限公司生产液压拉马、螺旋分离式高压千斤顶。2001年，泰州市刁铺电瓶车配件厂、泰州市泰申环保设备有限公司始产液压车、计量泵、压缩机及配件。2002年，泰州市吉达体育器材有限公司和泰州市长风液压机械制造有限公司始产液压机械及配件；泰州市旭东机械有限公司始产天然气压缩机；泰州市福缘达机电有限公司始产热泵。2003年，泰州市泰申化工设备厂始产化工专用泵。2004年，泰州市华明电力检修设备厂和泰州市荣美液压机械制造有限公司始产阀门、管道设备和液压机械；泰州市信盛机电设备有限公司在刁铺镇成立，生产制冷压缩机及配件；泰州市嘉昶电力工索具设备制造厂在乔杨村成立，生产起重液压机械及配件；经过资产重组的江苏飞耀机械制造有限公司生产超高压同步顶升成套设备、液压油缸、液压升降平台。2005年，泰州市福缘达机电有限公司重新注册成立江苏福缘达热工科技有限公司，生产热泵及配件；泰州市正峰机电有限公司在口岸镇成立，生产液压机械。2006年，泰州市为得鑫机电配件有限公司始产电机泵；泰州市华夏机械制造有限公司在野徐镇成立，生产水下泥泵、舱内泥泵等大型海港疏浚船舶疏浚设备。2008年，泰州市新润机械有限公司在口岸街道成立，生产水泵；泰州沃福森机电设备有限公司在口岸街道成立，生产水泵、阀门等；泰州市华龙机械制造

有限公司在白马镇成立，生产各类千斤顶。全区共有生产泵、阀门、压缩机及类似机械企业37个。其中，列统企业有6个，即泰州市东方波纹管制造有限公司、泰州市白马机械工具制造有限公司、泰州市祥泰矿机有限公司、泰州市华龙机械制造有限公司、泰州市华夏机械制造有限公司、江苏飞耀机械制造有限公司。

### 四、烘炉、风机、制冷空调设备

20世纪70年代后期，刁铺制冷机厂生产制冷设备（1985年起，转产汽车同步器）。2001年，泰州市泰申环保设备有限公司始产风机。2002年，泰州市福缘达机电有限公司始产盘管风机，泰州市奥冷机械有限公司始产制冷、空调设备，泰州市福缘达机电有限公司始产制冷机组、盘管风机等。2004年，泰州市天宇净化工程有限公司在口岸镇成立，制造净化空调、通风管道；泰州市永胜暖道设备厂在永安洲镇成立，生产空调设备。2005年，泰州市中海机械有限公司在高港科技创业园成立，生产真空熔结炉；泰州市高港区新进空调设备厂在口岸镇成立，生产空调设备及配套控制设备；江苏福缘达热工科技有限公司主产翅片式热交换器。2006年，泰州市华泰电炉制造有限公司在许庄街道成立，生产电炉；泰州朗天暖道设备有限公司在刁铺街道成立，生产暖道设备。2007年，泰州市鸿源炉业有限公司在口岸街道成立，生产退火炉及配件。2008年，泰州市银鑫精密合金有限公司在口岸街道成立，生产电炉。全区烘炉、风机、制冷空调设备制造业有列统企业2个，即泰州市华泰电炉制造有限公司、江苏福缘达热工科技有限公司。

### 五、通用零部件

20世纪80年代中期，口岸、白马、田河等乡镇的一些企业生产标准件，主要产品有螺栓、螺母、铆钉、垫片、密封件等。1987年，许庄纺丝制管厂始产各种弹簧。1988年，口岸镇口岸村创办铆钉厂，生产抽蕊铆钉。1989年，扬州市长江标准件厂和泰兴县特种铆钉厂始产MM8-24螺母。1990年，扬州市长江标准件厂完成产值387万元，完成外贸供货额262万元，创外汇48万美元。2000年，泰州市许庄机械配件厂在三旗村成立，主要生产紧固件。泰州市黄河机械工具厂和泰州市华强工具厂生产紧固件。2001年，泰州刘淳金属制品有限公司始产六角螺栓、内六角螺栓等紧固件。2002年，泰州市诚信气动设备有限公司在口岸镇成立，生产气弹簧、机械弹簧。2003年，泰州市高港区鑫达波纹管厂在刁铺镇成立，生产紧固件、弹簧。2004年，泰州市高港区邓林金属制品厂在口岸镇成立，生产弹簧。2006年，泰州市高港区鸿达气压件厂生产紧固件弹簧。2007年，泰州市高港区安祎五金制造有限公司在永安洲镇成立，生产各种铆钉；泰州市东欣金属制品有限公司在刁铺街道成立，生产不锈钢螺丝、螺母。2008年，全区有专业生产紧固件、弹簧企业13个，共完成产值7690万元，实现利税764万元。

## 第二节　专用设备

### 一、农业机械及配件

1956年，泰兴县口岸铁木业合作社生产一些简易农具。1958年，口岸铁木业合作社更名为口岸农业机械厂。此后，刁铺、永安等公社成立农具厂。1965年，口岸农业机械厂始产稻麦两用脱粒机。

1971年，口岸农业机械厂生产收割机5台，孔桥、汪群等农具厂生产脱粒机，永安农具厂生产青饲打浆机。1975年，口岸农机厂生产农业机械配件。1978年，永安公社新圩大队创办泰兴县永安新圩五金电器厂（后改称泰兴县永安拖配厂，今泰州市南方拖配有限公司）。1980年，康乐汽车配件厂在大泗公社成立，生产农机配件。1985年，泰兴县永安拖配厂转产拖拉机板件。此后，口岸轻化机械厂、永安机电工程配件厂、永安农业机械厂相继生产农机零配件。1998年，泰州市新区农机厂（厂址：永安洲镇引江村）改制成立泰州市新区农机有限公司，成为股份合作制企业，生产手扶12型拖拉机底盘板焊件、旋耕机钣金件等。1999年，泰州市金穗农机制造有限公司在永安洲镇成立，主要经营农机和农机配件制造。2003年，泰州市天鑫机械有限公司在刁铺镇成立，生产农业机械及其零配件。2005年，泰州市南方拖配有限公司生产拖拉机、收割机、旋耕机、农用汽车、农机具配件，泰州市恒安金属制品有限公司生产农机配件。2007年，泰州市民兴铝业有限公司生产农机配件。2008年，泰州驰久发动机部件有限公司生产农业机械。全区农业机械及配件制造业有列统企业2个，即泰州市新区农机有限公司、泰州市南方拖配有限公司，共完成产值4370万元，实现利税253万元。

## 二、矿山、建筑、石油机械和化工、非金属加工专用设备

【矿山机械及专用配套件】 1985年，泰兴县煤矿采掘机械厂（后改称扬州市华泰煤机厂）始产矿用单体液压支柱三用阀。1988年，扬州市泰兴煤矿设备厂始产矿用单体液压三用阀。1990年，扬州市华泰煤机厂生产的液压三用阀被评为江苏省优质产品，企业被扬州市人民政府命名为乡镇工业明星企业，年产矿用液压三用阀11.5万只，完成产值923.59万元，实现利税130.5万元。2000年，泰州市沿江电子机械制造有限公司、泰州市黎明五金机械厂始产矿山机械，泰州市晨曦矿业机械厂始产工矿机械配件，泰州市追日变速箱厂生产破碎和粉磨设备。2001年，泰州市高人煤矿设备有限公司主产煤矿设备、煤矿机械，泰州市华力气动液压元件厂生产矿山机械配件，泰州市旭东机械有限公司生产矿山机械。2002年，泰州市祥泰矿机有限公司生产矿山设备及配件制造。2004年，江苏兴洲工矿设备有限公司在高港科技创业园成立，生产工矿机械设备。2007年，泰州神力工矿设备有限公司在刁铺街道成立，生产工矿机械设备。至2008年，全区矿山机械及专用配套件制造业有列统企业2个，即泰州市祥泰矿机有限公司、江苏兴洲工矿设备有限公司。

【建筑工程用机械】 20世纪80年代，厂址在永安洲乡的泰兴县建筑机械二厂、三厂和水产机械厂生产振动棒和泥浆泵；厂址在口岸镇口岸村的泰兴化工机械二厂生产灰浆拌和机；厂址在野徐乡的建设机械有限公司（今泰州市泰源建设机械有限公司）生产铁路施工机械。2003年，泰州市鑫隆石化机械厂在高港科技创业园成立，生产工程机械及配件。2004年，泰州市荣美液压机械制造有限公司在白马镇成立，生产混凝土液压成型机、建筑机械。2005年，泰州市德瑞特石油机械有限公司在刁铺镇成立，生产建筑机械。至2008年，全区建筑工程用机械制造业有列统企业1个，即泰州市泰源建设机械有限公司。

【石油机械及配件】 1990年，泰兴县石油机械配件二厂在孔桥乡成立，生产油田专用油壬。1994年，泰兴市鑫龙机械配件有限公司（今泰州市鑫龙机械配件有限公司）在口岸镇成立，生产石油机械配件；泰兴市第一地质机械制造厂（今泰州市第一地质机械制造有限公司）在许庄乡成立，生产石油钻采气动元件、机械配件。2000年，泰州市晨曦矿业机械厂在永安洲镇成立，生产石油钻采配件。2001年，泰州市东方石油设备有限公司在刁铺镇成立，生产石油机械配件。2003年，泰州市鑫隆石化机械厂在高港科技创业园成立，主要生产石油钻采机械及配件。2005年，泰州市中海机械有限公司在高港科技创业园成立，生产石油机械配件；泰州市德瑞特石油机械有限公司在刁铺镇成立，生产

石油固控设备配件。2006年，泰州市赛尔化工机械有限公司在白马镇成立，生产石油钻采专用设备；泰州凯悦电力设备有限公司在永安洲镇成立，生产石油化工设备。2008年，泰州依莱特钻杆有限公司高港分公司在野徐镇工业园成立，从事石油开采钻具制造。全区石油机械及配件制造业有列统企业1个，即泰州市鑫隆石化机械厂。

【化工、非金属加工专用设备】 1989年，口岸农机修配厂生产的“鼎”字牌平板硫化机被评为江苏省优质产品。1992年，口岸农机修配厂与南京橡胶机械厂、常州皮革厂联营生产切粒机、片皮机、削匀机，增挂扬州市长江橡塑皮革机械厂（今泰州市祥兴橡塑机械有限公司）牌子。1998年，泰州市权发橡塑机械编织工艺厂在口岸镇灯湾村成立，生产橡塑机械配件。2000年，泰州市鑫力橡塑机械有限公司在口岸镇龙窝村成立，生产橡塑机械及零配件。2001年，泰州市光华金属网带有限公司在口岸镇成立，兼营橡塑机械制造。2004年，泰州市高港区赛特化工机械有限公司在口岸镇成立，生产化工设备及附件。泰州市科飞橡塑机械有限公司在高港科技创业园成立，主要生产橡塑机械；泰州市高港区俊宇橡塑机械厂在口岸镇成立，生产橡塑机械。2006年，泰州市赛尔化工机械有限公司主要从事炼油、化工生产专用设备及配件制造。2007年，泰州市恒鑫机械制造有限公司在刁铺街道成立，生产橡塑机械。2008年，全区化工、非金属加工专用设备制造业有列统企业2个，即泰州市科飞橡塑机械有限公司、泰州市高港区赛特化工机械有限公司。

## 三、制药机械设备及配件

1970年，泰兴县口岸镇制药机械厂（原名口岸镇前进五金厂）生产RY-800型糖衣机4台。1972年后，泰兴县口岸镇制药机械厂相继生产YK-160型颗粒机、ZP-33型旋转式压片机、ZP-33型冲头冲模、ZM-160型涂膜机等产品，企业被国家医药管理总局确定为计划归口管理企业。20世纪80年代初，口岸镇工艺锻造厂始用石蜡浇铸工艺生产压片机冲头冲模，泰兴县滨江制药机械设备厂（厂址：口岸镇龙窝南路，后改称泰州市滨江制药机械设备厂）始产制药机械设备，泰兴县口岸镇制药机械厂生产SP2-500型自动数片机。1984年，泰兴县口岸镇制药机械厂更名为泰兴县制药机械厂，泰兴县制药机械二厂（原称口岸镇金属制品厂）始产BY-300型糖衣机、WK-160型颗粒机。1985年，泰兴安全设备厂（厂址：田河乡）生产GP-120型单冲压片机，田河药机厂生产药锅，口岸轻工业机械厂（今泰州市黎明制药机械有限公司）生产制药机械。1986年，泰兴县制药机械三厂（厂址：口岸镇，今泰州市博精制药机械有限公司）生产糖衣机和颗粒机，泰兴县制药机械二厂生产KW微型颗粒机、JB-10型搅拌机、DP-120型单冲压片、BY系列等荸荠糖衣机、DW-35型滴丸机。1988年，泰兴县制药机械厂生产的糖衣机、颗粒机、压片机出口巴基斯坦、马来西亚、新加坡和美国，创汇20万美元；泰兴县扬子江机械厂（厂址：田河村）生产制药机械。1990年，泰兴县制药机械二厂在国内首先生产WD2双头无缝滴丸机，泰兴县制药机械厂开发生产ZP-19冲压机、CH-150、CH-200型混合机、FS-250型粉碎机，“泰星”牌2P-33型旋转式压片机被评为江苏省优质产品。此后，境内部分制药机械设备及配件生产企业转产化工机械、食品机械。1992年，泰兴县孔桥农具厂更名为泰兴市制药机械制造厂（今泰州市药机制造有限公司），生产制药机械。1993年，泰兴市天泰制药机械厂（后更名为泰州市天泰制药机械厂）在田河乡成立，生产SF-200小型不锈钢粉碎机。1996年，泰州建民制药机械有限公司在口岸镇成立，生产制药机械。2000年，泰州市滨江制药机械设备厂主要经营制药机械制造。2002年，泰州市长江制药机械有限公司在口岸镇成立，专业生产各类粉碎、混合、制粒、包衣、干燥等设备。2004年，泰州市金泰制药机械有限公司在口岸镇成立，主营制药机械制造。2005年，泰州市博精制药机械有限公司注册成立，生产各类粉碎、混合、制粒、压片、包衣、干燥设备。2006年，泰州市柴墟制药机械有限公司注册成立，生产制药机械及配件。泰州市兴扬制药机械有限公司在口岸街道成立，主营制药机械制造。2008年，泰州市高港区中创药机设备有限公司在口岸街道成立，生产加工制药设备，产品有压片机、糖衣机、整粒机、筛粉机、粉碎机、包衣机、干燥机、烘箱、混合机、颗粒机、数包机。

## 四、纺织、洗涤机械设备及器材

20世纪70年代初，胡庄、汪群等公社农机制造企业生产梳棉机盖板条、纱锭摇架等纺机配件。80年代，泰兴县刁铺镇织机配件厂、泰兴县刁铺纺织机械厂，生产小型编织机、1511及1515自动织机、染色机、A513细纱机、地毯织机、提花机及纺机配件。1990年，泰兴县刁铺镇织机配件厂、泰兴县刁铺纺织机械厂产值均超100万元。1994年，泰兴市纺机专件制造厂在汪群乡成立，生产纱锭摇架、纺机配件。1996年，泰州市五星纺织机锻造厂在刁铺镇旭光村成立，生产提花龙头机及纺机配件。2000年起，泰州市康建胶带有限公司、泰州市口岸橡塑机带厂、泰州市扬子绝缘器材厂生产纺机配件，泰州市远东纺织器材厂主要生产纺织机械专用配件，泰州市圣达纺织机械设备有限公司主要生产纺织机械设备。2001年，泰州市正亚吊装设备厂在刁铺镇成立，生产纺机配件。2002年，泰州市恒强纺织器材有限公司在刁铺镇成立，主营纺织器材制造；泰州市世源机械厂在口岸镇成立，生产洗涤设备和刷染、烘干、干洗设备等。2003年起，泰州市环威贸易有限公司（今泰州市环威带业有限公司）生产纺机配件，泰州市高港区光霞机械厂生产洗涤机械。2004年，泰州市宝进机械制造有限公司在野徐镇工业园区成立，主要生产洗涤机械、纺机配件；泰州市高港区联发服饰印花厂在野徐镇成立，主要产品有纺织机械配件；泰州市迎庆绳网带有限公司在口岸镇成立，生产纺织器材、纺织机械设备；泰州市苏星洗涤印染机械制造有限公司在野徐镇成立，产洗衣机、洗脱机、洗叠机、烫平机、烘干机等洗涤机械。2006年，泰州市天圣针织机械实业有限公司在白马镇成立，生产针织机械及配件。2007年，泰州市高港区新荣纺织器材厂在胡庄镇成立，生产纺织器材（打结刀、纱剪、吸毛管、停经片、锭带、吊锭）和纺机配件；泰州市高港区江华机械配件厂在刁铺街道万庄村成立，生产提花机龙头；泰州市兴武纺织机械厂在高港高新技术产业园区成立，生产纺织机械。2008年，泰州市鸿泰索具有限公司在胡庄镇成立，生产纺织机械配件。全区纺织、洗涤机械设备及器材制造业有列统企业4个，即泰州市环威带业有限公司、泰州市宝进机械制造有限公司、泰州市苏星洗涤印染机械制造有限公司、泰州市高港区联发服饰印花厂。

## 五、环保、社会公共服务专用设备

1987年，泰县水处理设备厂（今泰州市水处理设备厂）在白马乡成立，生产成套水处理设备和等离子交换器、钠离子软化设备等。1991年，泰州市金马药机设备厂在白马乡成立，生产水处理设备。1997年，泰州市圣洁达水处理工程公司在白马镇成立，生产水处理工程设备。2000年，泰州市磨具二厂、泰州市远东实验设备有限公司在白马镇李庄村成立，生产净化水处理设备；泰州市康洁水处理设备厂在白马镇成立，主产品为全自动戊二醛熏蒸消毒箱，该企业是中国预防医学科学院唯一指定生产消毒灭菌设备的厂家；泰州市净化设备厂在白马镇成立，专业设计生产纯水设备、加药装置、水处理成套设备（喷射器）及配件；泰州市白马机械工具制造有限公司在白马镇成立，生产水处理设备；泰州市群鑫水处理厂在白马镇陈家庄成立，主要经营净水处理设备制造。2001年，泰州市泰申环保设备有限公司在刁铺镇成立，生产环保设备。2002年，姜堰市信谊环保设备厂（今泰州市高港区信谊环保设备厂）在大泗镇成立，生产烟气污染控制设备、噪声控制设备。2004年，江苏扬子环保设备工程有限公司在野徐镇成立，主要生产船用生活污水处理装置、油水分离器等设备；泰州市高港区华明电力检修设备厂在白马镇成立，生产水处理设备及配件。2006年，泰州市银光索具设备有限公司在白马镇成立，生产清扫机。2007年，泰州市振鹏机械制造有限公司在白马镇陆家村成立，生产水处理设备、环保设备、消防器材、除尘设备。2008年，泰州市航科环保设备有限公司在永安洲镇成立，生产电除尘器、布袋除尘器；泰州市高港区荣鑫动力机械配件厂在大泗镇康乐村成立，生产消声器；江苏鸿泰环保科技有限公司在高港高新技术产业园区成立，主要经营环保设备及技术的研发、太阳能和风能能源项目的产品开发；泰州晟禾水处理设备制造有限公司在许庄街道成立，主要产品有雨污水分流、截流、限流设备和拦污捞渣、水流控制、输送压榨、砂水分离、水体充氧、泥水分离、污泥脱水等水处理设备。全区环保、社会公共服务专用设备制造业有列统企业3个，即江苏扬子环保设备工程有限公司、泰州市圣洁达水处理工程公司、泰州市净化设备厂。

## 六、印刷专用设备

1976年，汪群公社农机厂和汪群公社麻桥大队创办的印刷机械配件厂相继生产印刷制版机。2000年起，泰州市扬子绝缘器材厂兼营印刷机配件制造。2001年，泰州市华力气动液压元件厂在刁铺镇马厂村万厦5组成立，兼营印刷机械配件制造。2004年起，泰州市东方印刷版材有限公司主营PS版制造，泰州市银波印刷材料有限公司主营PS版、印刷软片、晒版机制造。2006年，泰州远强数字金属材料有限公司在口岸工业园区成立，生产水PS版；泰州市兴扬制药机械有限公司在口岸街道城南村成立，兼营印刷机械制造。2007年，泰州市新科印刷版材有限公司在口岸街道成立，生产PS版、CTP版、阴图版；泰州市高港区新港印刷机带厂在刁铺街道成立，生产印刷带。2008年，全区印刷专用设备制造业有列统企业1个，即泰州市东方印刷版材有限公司。

## 七、其他专用设备及配件

1982年，永安公社水产机械厂始产摇窗机。1986年，永安洲乡泰兴县分析仪器厂（后更名为泰兴市分析仪器厂、泰州市分析仪器厂、泰州市能建实业公司，今江苏能建机电实业有限公司）开发生产板框式轻便滤油机。1988年，扬州市泰兴煤矿设备厂（厂址：田河乡，今泰州市泰港动力机械有限公司）始产YIJ-17型便提式滤油机。1992年，建于田河乡的泰兴市波纹管制造厂（今泰州市东方波纹管制造有限公司）始产波纹管、膨胀节、排气管、油箱。1994年，泰兴市节能机械厂（后更名为泰州市港口节能机械厂、泰州市宏泰电力设备厂，今泰州市宏泰电力设备有限公司）在田河乡成立，生产滤油机、烘箱等产品。1998年起，泰州市泰港动力机械有限公司生产滤油机、乳化液钻机、波纹管、金属软管。2000年，建于永安洲镇的泰州市凯隆塑料电器设备厂生产烘箱，建于永安洲镇的泰州市亚光特种塑料厂生产反应釜、三通湾头、管道内衬等产品，建于口岸镇的泰州市兴力气弹簧厂生产支撑杆、角调器，泰州市鑫龙螺纹工具厂（厂址：孔桥村）生产旋锻机、拉丝机，成立于口岸镇的泰州市宏伟钨钼模具有限公司生产钨钼丝、旋锻机、拉丝机，成立于刁铺镇的泰州市万达气压件有限公司专业生产QD系列支撑杆、气弹簧、可控气弹簧、座椅阻尼缸、减震器。2002年，泰兴市万达轮业制造有限公司（今泰州市万达轮业制造有限公司）产脚轮、园林机械设备。2003年起，泰州市宏泰电力设备有限公司生产滤油机、加油机、真空机组、空气干燥设备、油处理设备、烘箱等设备。2006年，泰州市众辉机械有限公司在口岸街道成立，制造速差自控器；泰州市沃克机械有限公司在高港高新技术产业园区成立，生产输送设备、造纸设备、膨胀节等；泰州市成兴电力设备有限公司在永安洲镇成立，生产滤油机、真空机组、干燥箱、空气滤芯等设备；泰州三立机电设备制造有限公司在口岸工业园成立，从事电扶梯零部件、机械零部件制造。2007年，建于刁铺街道的泰州市高港区港城机械配件厂生产五金机械配件、防坠器等。至2008年，全区有其他专用设备及配件生产企业21个。其中，列统企业4个，即泰州市宏泰电力设备有限公司、泰州市万达轮业制造有限公司、泰州三立机电设备制造有限公司、泰州市沃克机械有限公司。

## 第三节　交通运输机械及配件

### 一、汽车零部件及配件

1980年，大泗公社康乐村成立康乐汽车配件厂，生产汽车配件。1982年，田河公社创办泰兴县重型汽车配件厂，生产汽车车厢、驾驶室外壳和排气管、消声器、油箱等汽车配件。1985年，刁铺纺织配件厂（后更名为泰兴县汽车同步器厂）成立，生产汽车同步器；建于刁铺镇北栾村的汽车同步器厂（今江苏追日汽车同步器有限公司），主要生产汽车同步器、齿轮。1988年，扬子江机械制造厂生产汽车配件。1994年，成立于口岸镇的泰兴市鑫龙机械配件有限公司（今泰州市鑫龙机械配件有限公司）生产汽车配件。1999年，原泰兴市汽车同步器厂改制成立泰州市东方离合器有限公司和泰州市东方齿轮有限公司，泰州市东方离合器有限公司生产气动离合器、汽车变速箱、同步器、齿轮，泰州市东方齿轮有限公司生产汽车变速箱、同步器、齿轮。2000年，成立于刁铺镇的泰州天乐健身器材有限公司兼营各类汽车轮毂制造，成立于刁铺镇的泰州市分马力电动工具有限公司生产汽车配件，建于刁铺镇的泰州市追日变速箱厂生产汽车同步器总成，成立于刁铺镇的泰州市万达气压件有限公司产汽车支撑杆，建于口岸镇田河村的泰州市高港区滨江机具厂生产汽车、摩托车配件，成立于口岸工业园区的泰州市港城齿轮有限公司生产汽车同步器总成、汽车配件，建于永安洲镇胜利村的泰州市亚光特种塑料厂生产汽车配件。2001年，建于刁铺镇马厂村的泰州市华力气动液压元件厂生产汽车后门支撑杆，泰州市创新电子有限公司兼营汽车配件制造，建于刁铺镇的泰州市振林机车电器配件厂生产机车电器配件。2002年，建于刁铺镇潘庄村的泰州市华泰电子元件厂生产汽车天线、汽车音响、汽车暖风机、汽车配件，成立于刁铺镇的泰州市旭东机械有限公司生产汽车配件，泰州市高港区荣达机械配件厂始产汽车配件。2003年，建于刁铺镇的泰州市泰申化工设备厂兼产汽车配件，建于刁铺镇大丰村的泰州市追日齿轮厂生产汽车配件。2004年，成立于高港科技创业园的泰州市金鹰齿轮有限公司生产汽车齿轮、汽车变速箱、汽车零配件，成立于口岸镇的泰州市新时代汽配有限公司兼营汽车配件制造，建于刁铺镇大丰村的泰州市高港区金圣机械配件厂主要生产汽车配件。2005年，成立于刁铺镇的泰州市辉虹锻造机械有限公司兼营汽车齿轮配件制造，成立于野徐镇的泰州市久安摩擦材料有限公司生产机动车用制动器衬片。2006年，成立于口岸工业园区的泰州远强数字金属材料有限公司兼营汽车配件制造，成立于高港高新技术产业园区的泰州市海博汽车科技有限公司生产汽车变速箱、汽车同步器等产品，成立于刁铺街道的贺尔碧格东方齿轮（泰州）有限公司主营变速箱同步器制造，成立于孔桥地区的泰兴市润辉机械制造有限公司（今泰州市润辉机械制造有限公司）产汽车齿轮。2007年，成立于刁铺街道的泰州市高港区阳森机械有限公司生产汽车齿轮、汽车变速箱、汽车零配件，成立于刁铺街道的泰州市鑫达气弹簧有限公司生产汽车配件，建于刁铺街道万庄村的泰州市高港区鸿达气压件厂生产支撑杆、气弹簧、缓冲器，成立于高港高新技术产业园区的泰州市奥鑫机械有限公司生产变速箱齿轮、同步器总成、同步环。2008年，建于许庄街道周梓村的泰州市高港区金茂车辆配件厂生产车辆配件，成立于高港高新技术产业园区的泰州市锴锐机械制造有限公司生产变速箱，建于高港高新技术产业园区的泰州市光大汽车零部件厂主营汽车零部件制造，成立于刁铺街道的泰州市伟业齿轮有限公司从事变速箱齿轮、汽车零部件制造，建于刁铺街道的泰州市高港区嘉润机械厂经营汽车零部件加工，成立于刁铺街道的泰州市生达传动有限公司经营汽车同步器、齿轮制造，建于刁铺街道的泰州市高港区瑜宝无线电子元件厂生产汽车音响、汽车天线、汽车配件，建于刁铺街道的泰州市高港区江平汽车配件厂专业生产气弹簧、支撑杆等产品。全区生产汽车零部件及配件的企业有23个。其中，列统企业有10个，即泰州市金鹰齿轮有限公司、泰州市追日齿轮厂、泰州市东方离合器有限公司、贺尔碧格东方齿轮（泰州）有限公司、泰州市港城齿轮有限公司、泰州市万达气压件有限公司、泰州市润辉机械制造有限公司、江苏追日汽车同步器有限公司、泰州市奥鑫机械有限公司、泰州市久安摩擦材料有限公司。

## 二、摩托车及零部件、配件

1984年，环溪机械配件厂（今泰州市环溪机械配件厂）在刁铺乡成立，生产摩托车配件。1993年，泰兴市飞翔车辆工具厂（今泰州市飞翔车辆工具厂）在许庄乡成立，生产摩托车发动机。1998年，泰州市登月中轴有限公司在口岸镇成立，生产摩托车配件。2000年，泰州市高港区滨江机具厂在口岸镇田河村成立，生产摩托车配件。2001年，泰州市天力机械厂在许庄成立，生产摩托车配件。2002年，泰州市高港区荣达机械配件厂在刁铺镇成立，生产摩托车配件；泰州市祥泰矿机有限公司在许庄成立，生产摩托车配件。2003年，泰州市天鑫机械有限公司在刁铺镇成立，生产摩托车配件。2004年，泰州市亚达机械有限公司在刁铺镇万庄村成立，生产摩托车配件。2006年，泰州市易达精密机械有限公司在口岸工业园成立，生产摩托车配件。2008年，泰州驰久发动机部件有限公司在许庄街道成立，生产摩托车发动机。全区生产摩托车及零部件、配件的企业有12个。其中，列统企业有2个，即泰州市飞翔车辆工具厂、泰州市天鑫机械有限公司。

## 三、自行车、电动车、童车及配件

1969年，口岸镇自行车零件厂始产脚蹬、保险杠等自行车配件。1978年，口岸镇自行车零件厂由镇办集体企业改为县属集体企业，并更名为泰兴县自行车零件厂。1981年，泰兴县自行车零件厂更名为江苏省泰兴县自行车脚蹬厂，“登月”牌脚蹬被评为江苏省优质产品。1988年，江苏省泰兴县自行车脚蹬厂占国内自行车脚蹬市场的销售份额为31%，占全国同类产品出口总量的42.2%。1994年，组建江苏登月脚蹬集团公司，形成年产240万套脚蹬、650套中轴、580万套轴皮的生产能力。1998年，泰州市登月中轴有限公司在口岸镇成立，生产自行车、助力车配件。2000年，江苏登月脚蹬集团公司改制，成立泰州登月季森车业厂、泰州市登月脚蹬有限公司、泰州市登月车件有限公司。2001年，泰州市刁铺电瓶车配件厂始产电瓶车配件、液压电动车配件。2002年，泰州林峰童车有限公司在野徐镇成立，生产童车。2003年，泰州市飞扬车业有限公司在口岸镇成立，生产电动自行车。2005年，泰州市高港区强劲蓄电池厂生产电动自行车轴承，成立于口岸镇的泰州市友浩自行车零件有限公司生产自行车零配件，成立于白马镇的泰州奥林电动车有限公司生产电动自行车、电动沙滩车、电动雪地车。2007年，位于刁铺街道的泰州市环溪机械配件厂在生产汽摩配件的同时增产电动自行车减振前叉等配件。2008年，全区生产自行车、电动车、童车及配件的企业有10个。其中，列统企业2个，即泰州林峰童车有限公司、泰州市环溪机械配件厂。

## 第四节　电气机械及器材

### 一、输配电及控制设备

1966年，刁铺五金锉刀厂（后更名为泰兴县刁铺低压开关厂、泰兴县低压电器厂，今泰州市环太电器厂）生产LX2系列低压行程开关，后开发生产DW5-10系列空气开关和DW95船用空气开关。1972年，泰兴县刁铺低压开关厂生产的DW95船用空气开关被应用于"国庆号"万吨轮。1980年，泰兴县低压电器厂生产的DW95空气开关被应用于中国运载火箭发射系统。1982年，泰兴县低压电器厂开发生产HLXK-M行程开关。20世纪80年代末，泰兴县低压电器厂先后开发LX2系列行程开关、DC电磁电源转换开关等产品。1993年，泰兴汪群减速机械厂（今泰州市泰荣减速机械厂）生产变压器保护开关，成立于胡庄乡的泰兴市宏达节能电器公司生产节能灯电子镇流器。1995年，成立于胡庄乡的泰兴市建国节能电器公司生产启辉器配件。1996年，泰州市分析仪器厂（今江苏能建机电实业有限公司）生产高低压配电屏、箱式变电站。1997年，泰州市宝华电站配件有限公司在白马镇成立，生产电站配件。1998年，泰州市长江电力设备厂在永安洲镇成立，生产高压试验设备；泰兴市天宝电器厂（今泰州市子风电器有限公司）在汪群乡成立，生产日光灯启辉器、LED灯启辉器、电子启辉器等产品。2000年，泰州市高港区康泰电子变压器厂、泰州市通途电器有限公司、泰州市永明船用电器厂、泰州市刁铺电器设备厂相继在刁铺镇成立，生产电源变压器、电容器、船用配电箱等产品；泰州市腾宇机械二、三分厂相继在永安洲镇建成，生产电动执行机械；建于口岸镇的泰州市扬子绝缘器材厂生产继电器；成立于口岸镇的泰州市新亚电子仪器有限公司生产稳压电源设备、互感器、变压器。2002年，泰州市科源电气有限公司在口岸镇成立，生产高低压成套开关设备、箱式变电站。2003年，泰州市泰华建筑器材有限公司在刁铺镇成立，生产高低压配电柜。2004年，泰州市高港区宇通电子通信器材厂在刁铺镇万庄村成立，生产电子元件。2005年，泰州科力机电设备有限公司在刁铺镇成立，生产电力照明配电控制设备；泰州市高港区华腾机械厂在三旗营村成立，生产配电柜。2006年，泰州市子风电器有限公司在胡庄镇成立，生产启辉器。2007年，成立于高港高新技术产业园区的泰州市圣煌电器有限公司生产高低压开关柜、箱式变电柜，成立于刁铺街道的泰州市云峰电器设备有限公司生产开关柜。2008年，成立于口岸街道的泰州市现代电器有限公司生产高低压开关柜，成立于许庄街道的泰州市奥瑞电气有限公司生产高低压开关柜、变压器，成立于刁铺街道的泰州市生达传动有限公司生产高压开关构件，泰州市大荣电气有限公司（地址：永安洲工业园）专业生产电力电容器、电抗器、复合开关、补偿控制器。全区生产输变电及控制设备的列统企业有4个，即江苏能建机电实业有限公司、泰州市圣煌电器有限公司、泰州市通途电器有限公司、泰州市子风电器有限公司。

### 二、电机及零件

1967年，泰兴县口岸农机修配厂生产电动机。1970年，口岸建农机配件厂（后更名为泰兴县调速电机厂）生产调速电机。1988年，泰兴县许庄冲压件厂（今泰州市飞翔车辆工具厂）主要生产"泰翔"牌摩托车发动机的双金属缸体、缸头、缸套、箱体、箱盖等产品。1993年，泰兴市新华龙调速电机厂（今江苏新华龙调速电机有限公司）在永安洲乡成立，生产调速电机、变频器。2001年，泰州市天力机械厂（厂址：许庄街道三星东路）生产内燃机发动机、发电机及零部件。2003年，泰州市高港区五九机械配件厂生产电动机壳；江苏鑫宏机电制造有限公司在白马镇成立，生产发电机组。2004年，泰州市恒鑫调速电机有限公司在口岸镇成立，生产调速电机；泰州市航飞电器配套设备有限公司在口岸镇成立，生产电机配套设备。2006年，泰州为得鑫机电配件有限公司在高港高新技术产业园区成立，生产电动机。2008年，全区有电机及零件制造企业8个，共完成产值2560万元，实现利税278万元。

### 三、电线、电缆、光缆、电工器材、电池、电器、照明器具、电子器件

1980年，口岸镇工具厂（后更名为泰兴县电光源材料厂、泰州市电光源材料厂，今江苏昆仑光源材料有限公司）始产T2纯铜线、镀镍导线，口岸镇塑胶电线厂（今泰州市高港塑胶电线厂）始产布电线。1985年，建于许庄乡马厂村的泰兴县灯具厂（今泰州市金马灯具厂）生产灯具，建于口岸镇的泰兴县绝缘机具厂生产绝缘制口。1997年，泰州市华宝电站配件有限公司在白马镇成立，生产电缆卷筒。1999年，泰州市中义电缆厂在刁铺镇成立，生产电线、电缆、电工专用设备、电器配件；泰州市华利特种机械有限公司在口岸镇成立，生产电力器材。2000年，建于口岸镇的泰州市高港区华生电力器材厂生产电力线路器材，建于口岸镇的泰州市华屯电力机具厂生产带电作业工机具、电力机具，建于口岸镇的泰州市海洋电力机具厂生产压接钳、母线加工机、卡线紧线器、绝缘工具，建于刁铺镇的泰州市五星节能灯厂生产节能灯管、灯具，成立于永安洲镇的泰州市高新电力器材有限公司生产电力器材，成立于口岸镇的泰州辉裕照明材料有限公司生产灯用导丝、芯柱等照明电器产品。2001年，泰州市华强照明器材厂在高港科技创业园成立，生产节能灯、无铅玻璃真空封接导丝等产品；泰州市亚光通用器材有限公司在高港科技创业园成立，生产灯管；泰州市国杰电力工具有限公司在口岸镇成立，生产带电作业工具、送配电作业工具、电力安全工器具、防雷设备等产品；泰州市迎浪电器设备有限公司在刁铺镇成立，生产船用、陆用电器自动化设备；泰州市高港区滨江电子配件厂在口岸工业园成立，生产照明电器。2002年，泰州市高港区宝能电器厂在刁铺镇大丰村成立，从事节能灯管、灯具制造。2003年，建于口岸镇的泰州市高港区东兴电子器材厂从事照明电子器材、导丝制造，成立于高港科技创业园的泰州赛科电池有限公司从事镍氢电池、锂电池、镍镉电池及相关电源产品的制造，泰兴市讯星电子有限公司（地址：孔桥村）生产钠灯，建于口岸镇的泰州市高港区东兴电子器材厂生产照明电子器材、导丝，建于刁铺镇的泰州市天地通电子配件厂生产电缆、电缆头。2004年，泰州市高港区长越电器设备制造厂在刁铺镇成立，生产低压电器；泰州市高港区明辉光源材料厂在口岸镇成立，生产电子器件；泰州市明阳机电有限公司在高港科技创业园成立，生产镍氢电池、镍镉电池；泰州市永胜暖通设备厂在永安洲镇成立，生产电器设备配件。2005年，泰州市明达机电用品厂在高港科技创业园成立，生产镍氢电池、灯具；泰州市高港区星月节能灯厂在刁铺镇大丰村成立，生产节能灯。2006年，建于刁铺街道的泰州市高港区明智照明器材厂生产照明器材，成立于口岸街道的泰州市航飞电器配套设备有限公司生产电器，成立于口岸街道的泰州市高港区振港电子材料有限公司生产杜美丝、导丝，成立于口岸街道的泰州市华悦照明电器有限公司生产照明电器、节能灯具，成立于口岸街道的泰州市鑫银照明材料有限公司生产电导丝，建于口岸街道的泰州市高港区强劲蓄电池厂生产铅酸蓄电池，成立于高港高新技术产业园区的泰州为得鑫机电配件有限公司生产漆包线，成立于高港高新技术产业园区的江苏环泰安全工具有限公司生产硬质绝缘工器具、电力施工器具，成立于高港高新技术产业园区的泰州市长三角照明器材有限公司生产灯具、电线、电缆等产品，成立于永安洲镇的泰州市成兴电力设备有限公司生产高低压电器及配件、电力保护装置等产品，建于刁铺街道的泰州市高港区鑫亮节能灯具厂从事节能灯具制造。2007年，成立于口岸街道的泰州市高港区

明亮照明器材有限公司生产导丝、照明材料，建于口岸工业园区的泰州市高港区升辉照明器材厂生产电导丝，成立于刁铺街道的泰州市云峰电器设备有限公司生产灯具，成立于刁铺街道的泰州中义通信器材有限公司生产电缆、电力材料、电力设备，建于刁铺街道的泰州市高港区茂丰灯饰厂生产灯管，建于刁铺街道的泰州市高港区中天通讯器材厂生产光缆、通信电缆，成立于永安洲镇的泰州市博阳自动化设备有限公司生产电缆。2008年，成立于口岸街道的泰州市现代电气有限公司生产电工器材、绝缘制品、电力设备、电器元件，建于刁铺街道的泰州市高港区万帮照明器材厂生产节能灯、灯用芯柱。全区生产电线、电缆、电工器材、电池、电器、照明器具、电子器件的列统企业有6个，即泰州市金马灯具厂、江苏昆仑光源材料有限公司、泰州市华强照明器材有限公司、泰州赛科电池有限公司、泰州市明阳机电有限公司、泰州市中义电缆厂。

## 第五节　仪器仪表

1978年，永安公社电子仪表厂生产电流表和电压表。20世纪80年代，许庄仪器仪表厂生产电流表和电压表，建于许庄乡的泰兴县仪器仪表二厂生产电工仪表，建于唐西村的温度仪表厂生产温度器，建于永安洲乡的泰兴县分析仪器厂生产耐压测试仪，建于胡庄乡的泰兴县医用设备三厂生产氧气流量表，建于汪群乡的科教仪器二厂生产分析化验仪器，建于孔桥乡乔杨村的综合配件厂生产锭子水平仪，建于孔桥乡凡青村的教学仪器厂生产分析、化验仪器，建于汪群乡赵狮村的分析仪器厂生产分析仪器。1998年，泰州市高港区正泰昌机电有限公司在口岸镇成立，生产仪器仪表配件。1999年，泰州市高港区骏达电子有限公司生产电子闹钟、石英钟表等产品。2000年，泰州市港华机械制造有限公司在白马镇成立，生产仪器仪表；泰州市白马科研器材厂生产光学仪器、分析仪器罩；泰州市白马仪表附件厂生产仪表附件；泰州市远东实验设备有限公司在白马镇成立，生产实验仪器。2001年，泰州市高港区福鑫电子仪表器材厂在永安洲镇成立，生产仪表；姜堰市华杰光电仪器设备有限公司（今泰州市华杰光电仪器设备有限公司）在大泗镇成立，生产光学仪器、电工仪器仪表配件；泰州市时代科研设备仪器有限公司在刁铺镇成立，生产化验仪器设备。2002年，成立于高港科技创业园的泰州瑞凯光学有限公司生产眼镜。2005年，建于马厂村的泰州市高港区创业机械配件厂生产仪表配件。2006年，泰州市瑞泰仪器有限公司在刁铺镇成立，生产通用仪器及部件。2007年，建于刁铺街道的泰州市高港区盛源矿山仪器厂生产矿山专用仪器。2008年，全区生产仪器仪表的列统企业有3个，即泰州瑞凯光学有限公司、泰州市时代科研设备仪器有限公司、泰州市华杰光电仪器设备有限公司。

## 第六节　企业选介

### 一、江苏鸿泰机电股份有限公司

1966年建，初名野徐五金厂，系社办集体企业。1973年，更名为泰县台钳厂。1982年，“剑鱼”牌台钳获出口免检权，销欧、美、澳等20余个国家和地区。同年，研制B系列“琼花”牌LW22摆线针轮减速机。1987年，生产“琼花”牌LW22摆线针轮减速机6000台，产品被评为江苏省优质产品。

20世纪90年代初，企业获自营进出口权，通过ISO 9002质量体系认证和德国GS认证。90年代后期，企业改制，定为现名。1999年，该企业高精度低噪声深沟球轴承自动生产线被列入“省轻工3年上新台阶技术改造项目计划”。2000年，生产高精度低噪声深沟球轴承8000套。2001—2005年，企业投资3亿元，建成应用于微机、手机、数码相机、摄像机、发电机、空调、变速箱等低噪声长寿命轴承生产线30条。2008年，江苏鸿泰机电股份有限公司拥有8个分厂、3个子公司、1个科研所，资产总额3亿元，完成产值5.5亿元，实现销售收入5.2亿元。

## 二、精拓机电（泰州）有限公司

位于高港高新技术产业园振兴大道21号。2004年3月创办，占地5167平方米，主要生产金属焊割机械、器材及安全防护用品、五金工具等。2007年9月，与江苏拓鑫矿业投资有限公司共同投资98万美元，扩大企业生产规模，其中精拓机电（泰州）有限公司出资50万美元。2008年，公司产品通过SGS安全测试，全年实现销售收入2500万元、利税125万元。

## 三、江苏福缘达热工科技有限公司

2002年9月，泰州市福缘达机电有限公司在永安洲镇成立，系民营企业，以生产制冷机组、热泵及相关零配件为主。2003年10月，与泰州市海盟金属制品厂合作生产盘管风机，产品主销澳大利亚。2005年10月，重新注册成立江苏福缘达热工科技有限公司，为股份制企业。拥有先进的长U弯管机、立式胀管机、全自动数控转塔冲床、数控折弯机、翅片高速冲床等生产加工设备，建有国内先进的翅片式换热设备性能实验室，并与国家制冷压缩机检测中心合作，对产品进行不定期抽样检测。2008年，完成产值3381万元，实现利税874万元。

## 四、泰州市白马机械工具制造有限公司

位于白马镇工业园区，原为县属集体企业（泰县紧固件厂）。1999年，改制为私营企业。2000年9月，成为股份制企业，并更为现名，主产品有液压拉马、螺旋（机械）拉马、分离式高压千斤顶等。2001年6月，第一台SJY系列剪叉式升降平台投放市场；同年末，投产铝合金升降平台。此后，升降平台逐渐成为企业的主产品。2003年，投资200万元，在白马镇工业园区征地7800平方米，建标准厂房2000平方米。2007年，产值突破700万元。2008年，产品注册“白马楼”商标，企业通过ISO 9001:2000质量管理体系认证，获发明专利1项、实用新型专利12项。全年完成产值1000万元，实现利税130万元。

## 五、泰州市华夏机械制造有限公司

位于野徐镇工业园。成立于2006年。该企业是生产大型海港疏浚船舶疏浚设备的专业企业，通过ISO 9001:2000质量管理体系认证。主要生产水下泥泵、舱内泥泵、3000立方米绞吸设备、1.1万立方米耙吸设备、耙吸式挖泥船设备、绞吸式挖泥船设备、斗轮式挖泥船设备、海港疏浚船舶机械等产品。2008年，生产各类大型疏浚设备30台（套），完成产值8271万元，实现销售收入7970万元、利税666万元。

## 六、泰州市南方拖配有限公司

位于永安洲镇兴隆村。1978年建，初名泰兴县永安新圩五金电器厂，主要生产农用水桶、电热圈、

煤炉等。1984年，歇业。1985年末，恢复生产，转产拖拉机板件，并更名为泰兴县永安拖配厂，注册资本14.3万元。2005年5月，改制为股份合作制企业，更为现名，注册资本63.7万元，产品有拖拉机、收割机、旋耕机、农用汽车、农机具配件。2008年，投资550万元扩建厂房3800平方米，注册资本增至140万元，为常州常众、无锡太湖、山东时风集团等22个拖拉机生产厂家生产配套产品，主产品有拖拉机底盘件及罩壳、左右把手、机架、保险杠、撑脚、旋耕机等，全年生产农机配件24520套，完成产值736万元，实现销售收入663万元、利税44万元。

## 七、泰州市祥泰矿机有限公司

位于许庄街道三星东街，原为泰兴市华泰煤机厂。1998年，改制成立泰州市祥泰矿机有限公司，主要从事单体液压支柱、三用阀制造和五金加工，年产三用阀10万只，产品注册商标为“祥泰”。2008年，完成产值4796万元，实现销售收入4445万元、利润365万元。

## 八、泰州市苏星洗涤印染机械制造有限公司

位于野徐镇仲联村，于2002年10月创办，注册资本600万元，专业从事工业洗涤机械和印染机械的研发和生产。主要产品有悬浮式全自动洗脱机和全电脑控制毛巾折叠机、床单折叠机、多辊组合式烫平机、新型环保节能烘干机、卧式工业洗衣机，工业脱水机等洗涤设备，产品注册商标为“苏星”，是全国洗涤机械质量公认的十大知名品牌之一。2008年，生产各类洗涤机械设备995台（套），完成产值1711万元，实现销售收入1653万元、利税186万元。

## 九、泰州市圣洁达水处理工程公司

图 10-6-2 泰州市圣洁达水处理工程公司（2007年摄）

位于白马镇将军南路，于1997年7月创办，主要从事水处理工程设备、环保工程设备、实验设备、仪器仪表及其附件、水文仪器设计、制造、加工。2006年，获涉水产品卫生安全许可证。2008年7月，获自营进出口权。全年完成产值1035万元，实现销售收入964万元、利税46万元。

## 十、泰州市宏泰电力设备有限公司

位于永安洲镇上桥村。原为泰兴市节能机械厂，后更名为泰州市港口节能机械厂、泰州市宏泰电力设备厂、泰州市宏泰电力设备有限公司。2000年，企业通过ISO 9001:2000质量管理体系认证。2003年，被评为全国质量、信誉双保障示范单位。2005年，被评为江苏省名优企业。2008年，公司主

产品有滤油机、真空加油机、真空机组、空气干燥设备、油处理设备、储油罐、烘箱、升降平台、电力检修机具、电工工具、电力仪器仪表、阀门、变频器等。完成产值1157万元，实现销售收入1165万元、利税125万元。

## 十一、泰州市东方印刷版材有限公司

位于口岸街道车站北路，原为口岸毛笔猪鬃厂。1966年，更名为口岸毛笔织带塑料印刷厂。1985年，更名为泰兴县油墨印刷厂。1992年，更名为扬州市东方印刷版材厂，转产印刷材料PS版材。1996年，企业通过ISO 9001质量管理体系认证，生产的PS版材被认定为省级高新技术产品。1997年，该厂被认定为江苏省高新技术企业。1999年，生产的热敏CTP印刷版材被认定为省高新技术产品。2000年，改制为股份制有限公司，定为现名，获进出口经营权。2007年，拥有PS版系列产品全自动生产线3条，“东方”牌商标被评为省著名商标，热敏CTP印刷版材被认定为国家重点新产品。2008年，完成产值2.25亿元，实现销售2.18亿元、利税2604万元。

## 十二、江苏能建机电实业有限公司

位于永安洲镇永安南路9号。1983年建，初址永安洲乡胜利村，名泰兴县分析仪器厂，产高压开关检修架。1984年，迁至永安洲乡明沟村，开发数字式自助油耐压测试仪。1986年，开发生产板框式轻便滤油机。1987年，在省内率先研制真空滤油机及板框式压滤机系列产品。1988年，试制锅炉内膛检修吊架。1990年，研制的高真空滤油机获能源部科技进步奖和江苏省优秀新产品金牛奖。1992年，更名为泰兴市分析仪器厂。1993年，成为电力工业部定点真空滤油机生产单位，研发DFQ多方位牵引床、ZQ系列球隙器和ZX系列直流弧焊机。1994年，兼并泰州市电动阀门厂，成立分公司泰兴电力机械有限公司，开始研发大型变压器用空气干燥机。SSY系列自动耐压仪获首届中国金榜技术与产品博览会金奖，锅炉检修吊架获第八届全国发明展览会最佳新产品奖。1995年，滤油机被列为江苏优秀科技产品。1997年，更名为泰州市分析仪器厂。1998年，多方位牵引床被认定为省高新技术产品。1999年，改为股份制，更名为泰州市能建实业公司。通过ISO 9002质量体系认证和国家出口认证，空气干燥机被列为火炬计划项目、国家重点新产品，多方位牵引床被列为国家重点新产品、泰州市名牌产品。2000年，改制为民营企业，定为现名，组建分公司泰州市腾宇机械厂（今江苏省普菲柯医疗机械总厂）。2001年，通过ISO 9001:2000质量管理体系认证。2002年，“远亚”牌真空滤油机被评为泰州市名牌产品。2004年，医用红外热像仪被列为国家、省火炬计划项目。2005年，开发小型无气泡真空注油机，“苏安”牌锅炉炉膛检修平台（吊架）被评为泰州

图 10-6-3 江苏能建机电实业有限公司（2006年摄）

市名牌产品。2006年，被命名为国家重点高新技术企业。2007年，成立分公司江苏永合管业有限公司、泰州市昊天房地产开发有限公司，投资4986万元进行不锈钢焊管技术研究和生产线建设。2008年，有4个分公司（分厂），产吊架238套、滤油机1322台、不锈钢管1083吨，实现产值2.21亿元、销售2.1亿元、利税1357万元。

## 十三、江苏追日汽车同步器有限公司

1971年，刁铺公社北栾村创办泰兴县光明五金厂，生产小五金、纺机配件。1985年，开发生产的EQ140汽车同步器成为"东风"牌汽车的配套产品。1989年，更名为扬州追日汽车同步器厂。1994年、1995年，该厂先后成为中国第二汽车制造厂指定生产变速箱、中国第一汽车制造厂变速箱厂定点生产配套产品的企业。1997年，更名为江苏追日汽车同步器厂。2000年，企业通过ISO 9000质量管理体系认证。2003年，改制并定为现名。2005年，"追日"牌同步器被评为泰州市名牌产品、江苏省质量信得过产品，其中ZR135汽车同步器被认定为江苏省高新技术产品。2006年，ZR135汽车同步器获批国家级火炬计划项目。2007年，CA10T汽车同步器被认定为江苏省高新技术产品、国家重点新产品。2008年，完成产值3100万元，实现销售收入3000万元、利税450万元。

## 十四、贺尔碧格东方齿轮（泰州）有限公司

图 10-6-4　贺尔碧格东方齿轮（泰州）有限公司开业典礼（2006年摄）

位于刁铺街道环溪路。2006年，德国贺尔碧格传动技术控股有限公司并购泰州市东方齿轮有限公司（泰州市东方齿轮有限公司于1999年由原泰兴市汽车同步器厂改制后成立），成立贺尔碧格东方齿轮（泰州）有限公司，主要生产轿车卡车同步器，工程机械用摩擦片、钢片，产品在国内市场的占有率为15%。2008年，实现销售收入1.18亿元、利税1135万元。

## 十五、泰州市金鹰齿轮有限公司

位于高港高新技术产业园区永盛路。2004年成立。2005年，企业通过ISO 9001:2000质量管理体系认证。2006年，被评为泰州市消灭无标生产先进单位、执行标准优秀企业。2008年，企业成为浙江长泰机械有限公司的指定配套供应商，完成产值1000万元，实现销售收入970万元、利税89万元。

## 十六、泰州市东方离合器有限公司

位于刁铺街道环溪路。1985年，刁铺纺织配件厂（后更名为泰兴市汽车同步器厂）成立，为镇办集体企业。1999年，企业改制，成立泰州市东方离合器有限公司，主要生产汽车同步器、气动离合器系列产品。2005年，企业通过ISO 9001:2000质量管理体系认证。此后，QL875-300*2型双列气动离合器被评为国家重点新产品，重型动力装置用空气离合器被认定为江苏省高新技术产品。2008年，完成产值5906万元，实现销售收入5686万元、利税838万元。

## 十七、泰州市飞翔车辆工具厂

位于高港高新技术产业园区振兴大道195号，占地5395平方米，建筑面积3100平方米。1988年创建，初名泰兴县许庄冲压件厂，从事机械配件冲压加工。1998年，企业由个体转为集体，并更名为泰州市飞翔车辆配件厂，主要生产摩托车发动机箱体及其零配件、包装制品，为林海集团和铃木、雅马哈摩托车公司提供配套。注册“泰翔”商标。1999年，更为现名。2008年，完成产值1.16亿元、销售1.1亿元、利税836万元。

## 十八、泰州林峰童车有限公司

位于野徐镇汤联村，占地2.8万平方米，建筑面积1.6万平方米。2002年由泰州市金娃娃童车有限公司与美国Perfect Houseware贸易有限公司合资建立。主要生产童车、儿童玩具、帐篷、沙滩椅等系列产品，销美国、澳大利亚、欧洲及东南亚等国家和地区。2005年，增加轻钢龙骨产品。2008年，完成产值2.57亿元、销售2.5亿元、利税4363万元，出口交货值9688万元。

图 10-6-5　泰州林峰童车有限公司童车系列产品（2007年摄）

## 十九、泰州市环太电器厂

位于刁铺街道解放西路。原为刁铺五金锉刀厂，后更名为泰兴县刁铺低压开关厂、泰兴县低压电器厂、泰州市环太电器厂。2002年，企业通过ISO 9001:2000质量管理体系认证。2007年，通过TS 16949质量管理体系认证。1995年，被评为江苏省乡镇企业环境保护先进单位。1998—2008年，被评为江苏省计量保证确认单位。2008年，主产品有低压电器、电子消毒柜、电器机械零配件等，完成产值1890万元，实现销售收入1716万元、利税133万元。

## 二十、泰州市子凤电器有限公司

位于胡庄镇汪群村。原为泰兴市天保电器厂，后更名为泰兴市子凤电器有限公司、泰州市子凤电器有限公司。2008年，公司主产品有启辉器、灯具，生产各类电器156.4万套，成为省内启辉器生产加工基地。完成产值2617万元，实现销售收入2506万元、利税426万元。

## 二十一、江苏昆仑光源材料有限公司

位于口岸街道扬子江南路3号，占地2.84万平方米，建筑面积1.85万平方米，专业生产电光源专用金属材料和精密合金材料。1968年建，初址口岸解放后街，名泰兴县口岸镇五金工具厂，队办集体企业，产丝锥、五金杂件。1970年，迁址口岸镇柴墟东路3号，更名为泰兴县口岸镇工具厂。1980年起，开发T2纯铜线、灯头挂耳及灯泡镀镍导线。1983年，改为镇办集体，更名为泰兴县电光源材料厂，开发钢芯线、锡铅焊料等产品。1984年，光源产品注册“昆仑”商标。1985年，增挂残疾人福利工厂牌子。1990年，T2纯铜线和锡铅焊料获江苏省优质产品称号。1991年，迁至现址。2000年，改为股份制企业，定为现名。2008年，主要生产镀镍丝、纯铜丝、纯镍丝、杜美丝、铜芯线等光源产品，软磁合金带，膨胀合金丝、棒、带材，热双金属带材及R系列三金属带材。其中，杜美丝为国内高端客户的指定供应产品，4J43棒料在杜美丝行业的市场占有率达90%以上。“昆仑”牌商标获泰州市知名商标称号。实现产值1.16亿元、销售9111万元、利税1154万元。

## 二十二、泰州市华强照明器材有限公司

位于高港高新技术产业园区内，占地13.3万平方米，建筑面积7.8万平方米。1984年建，初址在口岸镇宁都村委会内，名泰兴县口岸刀剪厂，村办集体企业，生产剪刀。1985年，迁址口岸镇口泰路。1988年，新增三棱防盗锁、民用挂锁生产项目。1994—1995年，企业下行，资不抵债，濒临破产。1996年，改制并更名为泰州市新港照明电器厂，与上海复旦大学电光源研究所签订合作协议，转产光源材料、照明电器。1999年，在高港区滨江工业园区征地2万平方米建新厂区，企业二次改制，更名为泰州市新港照明电器有限公司，扩建节能灯芯生产线12条，当年销售突破3000万元，创利税950万元，实现扭亏为盈。2001年，更名为泰州市华强照明器材厂。与复旦大学电光源研究所合作研发电光源专用材料新型杜美丝，打破国内新型杜美丝依靠进口的局面；与清华大学微电子研究所合作研发4J50包无氧铜大电源低阻封装引线，填补国内军工领域空白。企业增挂泰州市赛科电池有限公司牌子。2003年，迁至现址，产品列入国家级火炬计划项目。2005年，成功研发电光源专用无铅玻璃真空封接导线。2006年，被认定为国家重点高新技术企业。2008年，改为私营有限公司，定为现名。全年产节能灯芯30万箱、充电电池210万组，实现产值2.6亿元、销售2亿元、利税1972.7万元。

## 二十三、泰州瑞凯光学有限公司

位于高港高新技术产业园区永盛东路10号，占地2.66万平方米（含泰州市七星光学厂及泰州麦格进出口有限公司）。2003年8月，泰州市七星光学厂与法国人理查德合资创办。主要生产中、高档眼镜链、眼镜绳，光学眼镜、眼镜箱包、眼镜袋、EVA拉链包、眼镜盒、超细纤维布料、高档礼盒、彩印包装、眼镜护理液等，有“RICO DE ROMA”（瑞可罗曼）、“ABC KIDS”（小顽童）、“视清”等品牌，眼镜绳产品拥有专利权。公司定期参加意大利米兰展、中国香港展等国内外专业展会，产品畅销欧美、

非洲、东南亚、俄罗斯及国内各地。2008年，完成产值574万元、销售557万元、利税40万元，出口各类眼镜绳300万条、眼镜盒120万只，创汇303万元。

# 第七章　化学工业

20世纪70年代，境内化学原料和化学制品制造业兴起。至80年代，扬州美容化妆品厂最有影响力，该企业生产的高效防冻健美霜、速效治裂嫩肤霜、“虹雨”牌肤美灵嫩肤霜系国内首创。进入90年代，境内专用化学品、涂料、染料制造业发展较快。建区后，江苏海企化工仓储有限公司、江苏梅兰长江化工有限公司、泰州台阳涂料工业有限公司、泰州市高伟化机厂、泰州市富彤化工有限公司等企业相继落户高港。至2008年，全区初步形成化工仓储物流、氟材料、硅材料、环保型精细化工等特色产业。全区化学原料及化学制品制造企业共有64个（其中列统企业28个），完成产值21.22亿元，实现销售20.2亿元、利税2.21亿元。

## 第一节　基础化学原料与专用化学产品

1971年，许庄公社化工厂（后改称泰兴县乳胶厂）生产乳胶31吨。1974年，刁铺公社生物化学厂（后更名为泰兴县氨基酸厂）生产胱氨酸。1978年，胡庄化工厂生产硫酸铅3.6吨。20世纪80年代初，泰兴县有机化工厂在孔桥公社建成，生产二仲辛脂。1982年，石油助剂厂（今泰州市联谊石油助剂有限公司）在大泗公社成立，生产化工产品聚丙脂、黏合稀释剂、润滑剂。1983年，泰兴县有机氟材料厂（今泰州市有机氟材料厂）在永安洲乡建成，生产F4大板薄膜、管及F46粘胶带。1984年，泰兴县精细化工厂（今泰州市精细化工厂）在永安洲乡建成，生产焦磷酸钾；田河乡化工厂生产乳胶197吨。1988年，泰兴县金属材料二厂在许庄乡建成，生产硫酸铅。泰州科力化工有限公司（原名科力化工厂）生产鞣剂、加脂剂、涂饰剂及其他皮革用化学产品；泰兴县许庄合成剂厂生产氯丁胶；泰兴县胶水厂、泰兴县许庄粘胶一厂、泰兴县许庄日用胶水厂、泰兴县许庄光明胶水厂生产乳胶；刁铺冷冻设备厂、刁铺乳胶二厂、刁铺有机化工二厂、泰兴县胶粘剂五厂等企业生产乳胶制品。1989年，泰兴县石油化工助剂厂在胡庄乡建成，生产大苏打；泰兴县天涯化工厂在许庄乡三旗村建成，生产对硝基苯乙酮；泰兴县精细化工厂开发生产抗高温硅稀释剂。1991年，泰兴县高伟化工厂（今泰州市高伟化工有限公司）在永安洲乡建成，生产氯乙酸、盐酸、固体氯化铵、液体氯化铵、甘氨酸。1993年，泰兴市化纤用品厂（今泰州市化纤用品厂）在许庄乡建成，生产金盐合化剂；姜堰市荣庆精细化工厂（今泰州市荣庆精细化工厂）在大泗乡建成，生产荧光剂、荧光增白剂、荧光粉。

1997年，泰州市精细化工厂主要产品为有机硅降粘剂、有机硅稀释剂、甲基硅油、抗高温硅稀释剂、复合型井壁稳定剂、钻井液用低荧光润滑剂、阳离子降粘剂、有机胺抑制剂。其中，复合型井壁稳定剂被评为江苏省高新技术产品，钻井液用低荧光润滑剂、阳离子降粘剂2个产品获国家发明专利。1999年，泰州市欣港电子材料公司在刁铺镇成立，生产金盐合化剂。2001年，泰州市高港区和顺泡花碱厂在永安洲镇建成，生产泡花碱；泰州市天源化工有限公司在野徐镇建成，生产二氰基丙酸乙酯。2002年，泰州市高永化工开发有限公司在永安洲镇永兴村成立，生产对苯二甲酸、乙酰棕檬（环保增塑剂）。2003年，泰州市永鑫化工有限公司、泰州市永昌化工有限公司、泰州市万丰化工有限公司、泰州市惠利电子材料有限公司在永安洲镇成立，生产三氯化磷、乙酰氯、农药医药中间体、三氯氧磷、亚磷酸、盐酸、甲基四氢邻二甲酸酐、硫酸、8-羟基喹啉铜等产品；泰州市常佳化工有限公司在永安洲镇成立，生产邻苯二甲酸、二甲酯（DMP）、邻苯二甲酸二乙酯（DEP）等酯类溶剂、增塑剂；泰州市沃爱特化工有限公司在大泗镇霍堡村成立，生产荧光增白剂中间体。2004年，泰州市永盛生物制品厂在永安洲镇建成，生产天然VE和植物甾醇、琥珀酸酯、高A型VE、树脂吸附柱等产品；泰州市高港区禹平防水材料厂兼产荧光增白剂；泰州市富彤化工有限公司在永安洲镇成立，生产三氯化磷、三氯氧磷。2005年，泰州市今朝伟业精细化工有限公司在永安洲镇成立，生产吲哚酮、胍丙酸、7-酮基去氢表雄酮、对苯二甲醛、2-2甲氧基炳烷生态呋喃；泰州市高港区永安洲氟塑制品厂在永安洲镇福沙村建成，生产聚四氟乙烯制品（衬里、套环）；泰州市亚星塑业有限公司增产聚四氟乙烯（PTFE）、聚全氟乙烯（F46）、聚四氟乙烯—全氟烷基烯（PFA）等产品。2006年，泰州市菲尔特高分子材料有限公司在高港高新技术产业园区成立，生产聚氨酯材料；泰州瑞洋立泰精化科技有限公司在白马镇工业园区成立，研发生产改善服装面料的柔软剂系列产品、织物用免烫树脂；泰州市天润合成化工有限公司在永安洲镇永兴村成立，生产不饱和聚酯树脂及胶衣和西洛他唑医药中间体。2007年，泰州市光明电子材料有限公司在永安洲镇成立，生产聚四氟乙烯；泰州市高港区信益氟材料有限公司在口岸街道成立，生产氟材料。2008年，泰州市苏宁化工有限公司和泰州市江泰化工有限公司在永安洲镇成立，分别生产四氯苯酐、甲基磺酸系列盐酸和有机硅醇井壁稳定剂（石油钻采助剂）。全区基础化学原料与专用化学产品制造业有列统企业24个，即泰州市高伟化工有限公司、泰州市天润合成化工有限公司、泰州市惠利电子材料有限公司、泰州市富彤化工有限公司、泰州市永昌化工有限公司、泰州市永鑫化工有限公司、泰州市今朝伟业精细化工有限公司、泰州市万丰化工有限公司、泰州市天源化工有限公司、泰州市高新非织造布有限公司、泰州瑞洋立泰精化科技有限公司、泰州市有机氟材料厂、泰州市亚星塑业有限公司、泰州市茂尧聚氨酯塑料制品厂、泰州市旺灵绝缘材料厂、泰州市永盛生物制品厂、泰州市泰氟隆制品有限公司、泰州市精细化工厂、泰州市欣港电子材料公司、泰州市常佳化工有限公司、泰州市沃爱特化工有限公司、泰州市联谊石油助剂有限公司、泰州科力化工有限公司、泰州市荣庆精细化工厂。

## 第二节　化学肥料

1988年，泰兴县氨基酸厂在刁铺镇建成，系省内首个生产氨基酸、高效稀土肥料的企业，产品获国家星火计划展览会金质奖。1990年，泰兴县氨基酸厂有固定资产88.19万元，年产高效稀土肥料30吨，完成产值91.11万元，实现利税5.31万元。1991年，泰兴丰保化肥厂在刁铺镇南塘村建成，生产复合肥料。2008年，泰州市福齐天生物科技有限公司在胡庄镇成立，生产有机肥、经济作物专用肥。至此，全区肥料制造业仅有生产企业2个，年总产值近1000万元。

## 第三节　染料、涂料及类似产品

1970年，永安公社同兴大队五金化工厂（后改称泰兴县油漆厂，今泰州市劲松油漆厂），生产酯胶清漆、钙酯清漆计26吨。1978年，刁铺公社街道五金厂生产油漆8吨。1982年，许庄公社建泰兴县染料化工二厂（后改称扬州市长江染料化工厂），生产枣红GB、大红4BS、墨绿B以及紫红、咖啡棕等直接染料。1983年，永安洲乡同兴五金化工厂生产“劲松”牌铁红酚醛防锈漆、中灰酚醛调合漆、天蓝酚醛调合漆。1984年，泰兴县油墨印刷厂在口岸镇建成，生产84型凹版油墨。1986年，泰兴县绝缘漆厂（后改称泰兴县化工材料厂）在口岸镇建成，生产1703高强度聚酯绝缘漆2800吨。1988年，泰兴县染料化工二厂增产直接湖蓝5B、枣红NGB等染料新品种。1990年，扬州市长江染料化工厂酰替苯胺产品获江苏省科委颁发的银质奖。许庄乡唐东村东方化工厂和唐西村电光源材料厂分别生产颜料橘黄粉和荧光粉。扬州市长江染料化工厂、泰兴县油漆厂、泰兴县化工材料厂成为全年产值超100万元或利税超10万元的企业。1994年，泰兴市新星染料化工厂在许庄乡建成，生产直接活性B型、弱酸等染料中间体，产品注册“银星”商标。2003年，泰州市恒源化织厂转产污性染料B型、BES型、L型等产品。2005年，泰州市美邦新材料有限公司在马厂村成立，年产水性油墨15万吨。2006年，台阳涂料工业有限公司在高港高新技术产业园区成立，生产氟碳涂料、塑料喷漆、丙烯酸烘漆。2008年，泰州市加泰尔装饰材料有限公司在许庄街道成立，生产水性防水涂料。全区染料、涂料及类似产品制造业有列统企业3个，即泰州市恒源化织厂、泰州市新星染料化工公司、泰州台阳涂料工业有限公司。

## 第四节　日用化学品及其他化工产品

1979年，刁铺日用化工厂（后改称扬州美容化妆品厂）生产“郁金香”牌雪花膏，产值3.6万元。20世纪80年代，扬州美容化妆品厂先后研发生产“如冰”牌护肤霜、高效防冻健美霜、速效治裂嫩肤霜，集美容、护肤和防治螨虫于一体的“虹雨”牌肤美灵嫩肤霜远销美国、日本、澳大利亚等国家，“如冰”牌护肤霜先后被评为省、部优质产品，“虹雨”牌肤美灵嫩肤霜先后获全国首届发明奖、全国优质保健产品金鹤奖、国际专利产品应用展览会金奖和十四届日内瓦国际发明奖，该企业被命名为江苏省乡镇企业明星企业、省级先进企业。1991年，扬州美容化妆品厂（后更名为扬州虹雨集团公司、江苏虹雨集团公司、虹雨集团公司）实现产值1.07亿元，成为泰兴县首个年产值过亿元的乡镇企业。1996年，江苏当家洗涤剂有限公司在刁铺镇成立，生产肥皂及合成洗涤剂。1999年，泰州市太龙工艺品有限公司在永安洲镇成立，生产洗涤用品。江苏当家洗涤剂有限公司与挪威康斯福斯公司合资成立江苏康斯福斯洗涤剂用品有限公司。2000年，泰州市九鑫日化有限公司在刁铺镇成立，生产化妆品、洗涤用品、香精香料等。2001年，泰州市凯凯日化有限公司在刁铺镇成立，生产化妆品。2002年，泰州市高港区振兴洗瓶剂厂在周梓村建成，生产洗瓶剂。2004年，江苏日辉虹雨化工有限公司在刁铺镇成立，生产肥皂及合成洗涤剂；泰州市大唐化工有限公司在高港科技创业园成立，生产丙烯酸浮液、保鲜杀菌剂。2008年,全区有日用化学品制造企业7个。

1998年,建于孔桥凡青村的江苏省三零面粉集团泰州乙炔有限责任公司产乙炔气。2008年,江苏省三零面粉集团泰州乙炔有限责任公司生产的溶解乙炔成为化工部定点产品。全区专业生产其他化学品的企业有江苏省三零面粉集团泰州乙炔有限责任公司1个,为列统企业,年产乙炔气体16万瓶,产值1108万元,利税104万元。

## 第五节　企业选介

### 一、泰州市高伟化工有限公司

位于永安洲镇高永化工园区马船路3号。2002年4月成立,初名泰州市高伟化机厂,镇办福利企业。一期工程投入800万元,主要生产氯乙酸。2003年,二期工程投入1200万元,增产工业级甘氨酸。2005年,三期工程投入1800万元,采用自动化控制技术,扩大生产氯乙酸和甘氨酸。2006年,四期工程投入1500万元,主要用于安全和环保设施改造。至此,形成年产1万吨甘氨酸、1.6万吨氯乙酸、2.6万吨盐酸的生产能力。2008年,企业完成改制,定为现名。并与浙江新安化工集团进行技术合作,投资600万元,开发高纯度氯氨酸晶体。全年生产甘氨酸1.74万吨,完成产值3.71亿元,实现销售收入3.57亿元、利润1876万元。

### 二、泰州市富彤化工有限公司

位于永安洲镇高永化工园区兴园路6号,占地2.33万平方米,建筑面积8000平方米。2004年10月成立,私营企业。初期投资500余万元,于2006年投产,生产三氯化磷。企业通过ISO 9000质量体系认证。2007年,对三氯化磷生产线实施技术改造,开发研制新产品三氯氧磷。2008年,建成三氯化磷生产线3条,完成产值1.66亿元,实现销售收入1.62亿元、利润591万元。

### 三、泰州市永昌化工有限公司

位于永安洲镇高永化工园区兴园路,占地1.01万平方米,建筑面积7000平方米。2003年9月成立,私营企业。2004年,与江苏光明化工有限公司合作,投资近300万元,建成年产5000吨的三氯化磷生产线。2005—2007年,投资1000万元,建成生产线4条,生产三氯氧磷、亚磷酸等产品,2008年,完成产值1.2亿元,实现销售收入1.18亿元、利润391万元。

### 四、泰州市天润合成化工有限公司

位于永安洲镇高永化工园区兴园路15号,占地1.1万平方米,建筑面积6800平方米。2002年10月成立,民营企业。主要生产不饱和聚酯树脂。2003年,自主研发128APT型树脂。2005年,与上海玻璃钢研究院合作,研发888A型树脂,产品销越南、葡萄牙、阿曼、埃及等国家,创汇352万美元。新建年产20吨西洛他唑医药中间体车间。2006年,西洛他唑中间体被认定为江苏省高新技术产品。2008年,形成年产1.5万吨各类树脂的生产能力,产品广泛应用于采用板系列、船用系列、纽扣系列、玻璃钢系列、人造石材系列、汽车保险杠系列和防腐工程等领域。全年完成产值8669万元,实现销售收入8228万元、利润316万元。

### 五、泰州瑞洋立泰精化科技有限公司

位于白马镇工业园区，占地1万平方米，2006年4月创办，民营企业，注册资金800万元，固定资产300万元，主要从事精细化工产品（改善纺织面料的柔软剂系列产品）的研发、生产和销售。2008年，与扬州大学化工学院合作研发新型柔软剂、织物用免烫树脂、胶黏剂原料树脂。全年完成产值1400万元，实现销售收入1120万元、利税131万元。

### 六、泰州市欣港电子材料有限公司

位于刁铺街道环溪路70号，占地2.3万平方米，建筑面积7200平方米，成立于2001年。该企业为江苏省高新技术企业，主要产品有氰化金钾、柠檬酸金钾等金盐活化剂，产品质量除通过公司内部AA测试和重量法分析外，还委托上海化工研究中心不定期抽样检测。2008年，生产金盐8000瓶，完成产值1.32亿元，实现销售收入1.31亿元、利税789万元。

### 七、泰州台阳涂料工业有限公司

位于高港高新技术产业园区内。2006年，台湾台阳涂料建材股份有限公司投资1200万美元，在高港高新技术产业园区征地3.33万平方米，成立泰州台阳涂料工业有限公司，建筑面积1.38万平方米，生产涂料和油漆。2007年，企业加大技改投入力度，引进新技术，开发新产品。2008年，该企业通过ISO 9001质量体系认证和ISO 14001环境保护合格认证。拥有固定资产2785万元，产涂料645吨，完成产值8000万元，实现销售收入7798万元、利税780万元。

### 八、泰州市恒源化织厂

位于江平东路188号。于1970年1月建成，原名泰兴市扬子织造厂，主要从事绳、网、带的编织与销售。2001年，企业完成改制，定为现名，租用泰兴市经济开发区一工厂厂房，投资300万元，转产活性染料，产品注册“华星”商标。2004年，投资1000余万元，在口岸工业园征地1.4万平方米，建1.3万平方米生产厂房，自主研发活性染料B型、BES型、L型等染料产品，企业被认定为江苏省质量信得过企业。2007年，该企业生产的羟乙基砜基硫酸脂被认定为江苏省高新技术产品。2008年，投资

图 10-7-1 泰州市恒源化织厂（2006年摄）

1000万元进行技术改造，建成4条生产线。该企业参与起草制定反应深蓝M-2GE（C.I反应蓝194）、反应艳黄M-4G（C.I反应黄186）产品的国家化工行业标准。活性耐晒红L-2BL产品被认定为江苏省高新技术产品，羟乙基砜基硫酸脂产品获国家火炬计划项目证书。全年生产活性染料3350.42吨，完成产值1.08亿元，实现销售收入1.03亿元、利税294.3万元。

# 第八章　冶金工业与金属制品业

旧时，铁匠凭经验高温淬火。1958年，开展土法大炼钢铁群众运动。20世纪60年代初，部分企业用小型坩埚猝火，用电解液电镀日杂用品。之后，出现五金锉刀等金属工具产品。60年代末至70年代，电镀企业基本掌握金、银、铜、锡、镍及合金镀层电镀技术，开始采用盐浴淬火及电光花淬火工艺。70年代，始产建筑、安全用金属制品。80年代，始有企业轧制钢材、冶炼钢锭。金属表面处理推广热喷涂技术，热处理技术被广泛应用于金属防腐、金属结构件的修复和设备零部件加工业。金属制品增加金属丝绳、吊索具等。90年代，新建一批金属冶炼企业，金属制品呈多样性发展趋势。2008年，全区冶金工业及金属制品制造企业共有197个（其中列统企业42个），完成产值16.41亿元，实现销售15.84亿元、利税1.3亿元。

## 第一节　黑色金属冶炼和压延

1980年，建于刁铺公社的泰兴县刁铺轨钢厂生产冷轧线材。1984年，商业部口岸船舶修造厂以电弧炉炼钢，形成年产近千吨钢锭的生产能力，并建轨钢车间，热轧金属线材。20世纪80年代末，建于永安洲乡盘头村的金属轧制厂轧制各种规格的型材，年产普通钢锭近6000吨。1992年，建于口岸镇二闸村的泰兴市口岸轧钢厂（今泰州市新港轧钢有限公司），从事轧钢加工。1993年，泰兴市口岸通泰丝材厂（今泰州市口岸通泰丝材厂）从事金属拉丝加工。1997年，建于野徐乡的泰州市华兴冷拉型钢厂从事线材轧制、线材拉丝加工；建于白马镇的泰州市协和轧钢制管有限公司从事钢材轧制。2001年，建于口岸镇的泰州市伟业拆船轧钢公司经营轧钢加工，泰州市口岸轧钢有限公司从事轧钢加工。2002年，建于刁铺镇的泰州市高港区三江轧钢厂生产冷轧钢带和冲压件，建于口岸工业园区的泰州金港轧钢厂（今泰州市金港金属压延有限公司）主要从事热轧船用球扁钢、扁钢、角钢等加工业务。2003年，泰州市伟业拆船轧钢有限公司田河分公司从事轧钢加工。2005年，建于野徐镇的泰州市高港区成章管业有限公司主营钢压延加工。2006年，成立于口岸街道的江苏富港钢铁有限公司从事热轧光圆钢筋、热轧带肋钢筋加工，成立于许庄街道的泰州市鼎恒锻造有限公司生产钢铁铸锻件，成立于刁铺街道的泰州市高港区新祥不锈钢制品有限公司生产不锈钢管材。2007年，成立于口岸工业园区的泰州市鑫星钢制品有限公司生产钢制品。2008年，成立于高港高新技术产业园区的泰州诚德钢管有限公司从事钢管加工。全区从事黑色金属冶炼和压延加工的列统企业有9个，即泰州市协和轧钢制管有限公司、泰州市金港金属压延有限公司、泰州市新港轧钢有限公司、泰州市高港区三江轧钢厂、泰州市诚德钢管有限公司、泰州市口岸轧钢有限公司、泰州市高港区成章管业有限公司、泰州市华兴冷拉型钢厂、泰州市鑫星钢制品有限公司。

## 第二节　有色金属冶炼和压延

1994年，姜堰市大发铝材厂（今泰州市宇马铝业有限公司）在大泗乡成立，专业生产建筑型材、工业型材。2003年，泰州市苏泰铝业有限公司在野徐镇工业园成立，生产铝合金。2004年，姜堰市贝特福铝业有限公司（今泰州市贝特福铝业有限公司）在大泗镇佴陈村成立，从事各种铝型材压延加工。2007年，泰州市民兴铝业有限公司在高港高新技术产业园区成立，生产各类铝板、铝片。2008年，全区从事有色金属冶炼和压延加工的列统企业有3个，即泰州市宇马铝业有限公司、泰州市苏泰铝业有限公司、泰州市民兴铝业有限公司。

## 第三节　金属制品

### 一、金属铸造和锻造

1953年，口岸镇义森泰锅厂铸铁锅2.3万只。1956年，义森泰锅厂更名为口岸锅厂，年产值15.8万元。1961年，口岸锅厂按计划生产、销售铁锅17.4万只，完成产值24.14万元。1962年，口岸锅厂停产。20世纪70年代初，境内社镇农具厂生产铸铁农具。商业部口岸船舶修造厂承接对外铸造加工业务，年产铸铁农机配件、船舶配件、纺机配件、机床及电器设备零部件近万吨。口岸制药机械厂为上海缝纫机厂生产铸铁机架、机脚。1976年，刁铺公社南塘大队建铸造厂（今泰州市精密铸造厂），生产钢铁铸件。1984年，泰兴县口岸有色金属铸造厂在口岸镇灯湾村成立，生产ZCuAl10Fe3铝青铜制品。1993年，泰兴市江平铸造厂（今泰州市贝斯特精铸机械有限公司）在田河乡江干村成立，生产机械机床、工程机械、船舶等碳素钢、合金钢、不锈钢铸件。1996年，泰兴市扬子江铸锻有限公司（今泰州市扬子江铸锻有限公司）、泰兴市宏达机械厂（今泰州市宏达机械有限公司）在口岸镇成立，从事铸件制造。2000年，泰州市口岸精密铸造厂始产各类铸件。2001年，泰州市刁铺正太精锻造厂始从事机械零件的锻造；泰州市华星健身器材有限公司在刁铺镇成立，主要经营铸件制造。2002年，泰州市东方锻造有限公司在高港科技创业园成立，主要经营锻件、精锻齿轮制造和加工；泰州市高港区尊义有色金属铸造厂在口岸镇成立，主营有色金属铸件制造；泰州市口岸有色金属铸锻厂始产钢铸件、铁铸件、合金铸件；泰州市永安铸造材料厂始经营铸件制造。2003年，泰州市恒鑫精密铸造有限公司在刁铺镇成立，主要经营铸件制造。2004年，泰州市高港区旭日五金铸造厂在大泗镇成立，从事通用机械配件铸造。2005年，泰州市高港区万佳机械厂在大泗镇成立，生产铁铸件；泰州市华东锻造有限公司在高港科技创业园成立，生产锻压件；泰州市鼎恒锻造有限公司在马厂村成立，从事机械零件锻造。2008年，全区金属加工业有列统企业5个，即泰州市贝斯特精铸机械有限公司、泰州市扬子江铸锻有限公司、泰州市华东锻造有限公司、泰州市东方锻造有限公司、泰州市宏达机械有限公司。

## 二、合金粉末制造、粉末冶金制品

1981年，口岸合金厂更名为泰兴合金粉末厂，生产热喷涂技术应用材料——自溶合金粉末，后生产密封环、汽车导管、含油轴衬等冶金制品。1985年，泰兴合金粉末厂自制推舟式氨分解保护铜烧结炉，产品门类由铁基增加到铜基、镍基、钴基等系列。1986年，泰兴合金粉末厂通过技术改造建网带式自动烧结炉，粉末冶金制品增加到50余个品种。1990年，泰兴合金粉末厂压铸并烧结铜基、铁基、镍基等合金粉末74.6吨，生产粉末冶金制品51.13万只。1993年，泰兴合金粉末厂增设硬质合金粉末料生产线。1995年，永安洲合金粉末厂（今泰州市明华冶金粉末厂）生产合金粉末。1996年，建于口岸镇的泰州市扬子硬质合金厂生产硬质合金。2000年，建于永安洲镇福胜村的泰州市环宇冶金耐磨材料厂生产合金粉末。建于口岸镇的泰州市亚泰喷焊粉末厂生产喷焊粉末、粉末冶金制品。2001年，建于口岸镇的泰州市宝利泰粉末冶金厂从事粉末冶金加工，建于高港科技创业园的泰州市滨江合金粉末厂（原江苏泰州合金粉末厂）从事合金粉末制造，成立于刁铺镇的泰州市华升金属粉末有限公司生产自熔性合金粉末，建于口岸镇的泰州市高港区天恒合金材料厂从事硬质合金、粉末冶金制品加工、制造。2002年，建于大泗镇的姜堰市创新化工材料厂（今泰州市创新锌业有限公司）经营锌锭加工。2005年，泰州钛锆金属有限公司在高港科技创业园成立，加工钛、锆金属材料；泰州市华成金属喷焊粉末有限公司在口岸镇成立，生产合金粉末。2007年，泰州市华荣金属喷焊粉末有限公司在口岸街道成立，从事金属合金粉末制造；泰州市德润粉末冶金有限公司在刁铺街道成立，生产粉末冶金压制品（小型轴承衬套、机械齿轮、异型机械零配件）；成立于永安洲镇的泰州市博阳自动化设备有限公司生产钛合金。2008年，泰州市高港区天润粉末合金厂从事合金粉末制造，成立于口岸街道的泰州市银鑫精密合金有限公司生产铁铬铝合金、镍铬合金，泰州市高港区龙超合金材料有限公司从事涂层合金材料、硬面合金材料制造。全区合金粉末制造、粉末冶金制品行业有列统企业3个，即泰州市创新锌业有限公司、泰州钛锆金属有限公司、泰州市明华冶金粉末厂。

## 三、金属表面处理及热处理加工

1965年，口岸五金电化厂设电镀车间，为上海自行车零件厂电镀撑脚、保险叉等自行车配件。1978年，许庄装潢电镀厂、许庄五金电镀厂专业从事电镀加工。1980年，泰兴县自行车零件厂建成铜、镍、铬复合电镀生产线，电镀加工自行车零件。1986年，建于永安洲乡同兴村的电镀加工厂和建于永安洲乡盘头村的电镀厂均从事电镀业务；建于口岸镇双新村的电镀厂专营电镀加工。1990年，泰兴县三星装潢电镀厂（今泰州市三星装潢电镀有限公司）在许庄乡成立，主要从事电镀加工。1993年，鸿泰电镀器材厂（今泰州市鸿泰电镀器材有限公司）在野徐乡建立，产钛板、电镀挂具、电镀夹具等电镀器材。1998年，泰州市白马电镀厂经营金属表面处理。2000年，成立于刁铺镇的泰州市环溪热喷涂有限公司经营热喷涂、热处理加工，泰州市环宇冶金耐磨材料厂经营喷涂加工。2002年，建于刁铺镇的泰州市润华电镀厂经营电镀、抛光加工；泰州市苏中电镀器材有限公司（原苏中电镀器材厂）在野徐镇工业园区成立，生产钛篮、钛包铜制品。2003年，泰州市金灿金属防腐喷涂有限公司在口岸镇成立，经营热喷涂、特涂、普涂加工。至2008年，全区金属表面处理及热处理加工行业有列统企业4个，即泰州市白马电镀厂、泰州市苏中电镀器材有限公司、泰州市鸿泰电镀器材有限公司、泰州市环溪热喷涂有限公司。

## 四、金属工具

1962年，刁铺五金锉刀厂始产什锦锉。1964年，口岸铁木业社、刁铺五金锉刀厂始产整形锉。

1965年，口岸镇综合厂、孔桥五金塑料厂、永安五金机械厂始产手用丝锥，汪群陈庄锉刀厂、口岸铁木业社始产锉刀，许庄五金机械厂生产钨钢车刀。1985年，口岸五金工具厂（后更名为泰兴县五金工具总厂）始产手用丝锥。1990年，建于永安洲乡的飞龙消防工具厂生产锉刀，建于口岸镇的泰兴县泰源物资公司（今泰州市泰源物资公司）产五金工具。1995年，建于许庄乡的泰兴市五金配件二厂始产五金工具。1998年，建于白马镇的泰州市金马异型磨具工具厂生产五金工具和加工、制造液压工具。

2000年，建于口岸镇的泰州市伟力编织工具厂、泰州市高港区金蓝吊装设备厂均生产液压工具，建于口岸镇的泰州市口岸轻纺机械器材厂生产手工工具，建于口岸镇的泰州市扬子绝缘器材厂生产电工工具，建于白马镇的泰州市华康医疗器材厂、泰州市前进救护设备厂均生产液压工具，成立于白马镇的泰州市沿江电子机械制造有限公司生产液压工具、气动工具，成立于白马镇的泰州市白马机械工具制造有限公司生产液压工具、五金工具，建于刁铺镇的泰州市分马力电动工具有限公司生产电动工具，泰州市鑫龙螺纹工具厂生产五金工具。2001年，建于口岸镇的泰州市华新吊装器材厂生产三动工具，泰州市高港区口岸金属电器元件厂、泰州市宇隆绳网有限公司、泰州市虎力传动带有限公司均生产五金工具，泰州市刁铺东方工具厂生产丝锥、钻头、绞刀，成立于刁铺镇的泰州市亚光通用器材有限公司生产液压工具，建于刁铺镇的泰州市正亚吊装设备厂、成立于大泗镇的泰州市华杰光电仪器设备有限公司均生产五金工具。2002年，泰州市浩博机械设备有限公司生产电动液压维修工具，泰州市致远机械有限公司生产机械、电动、液压工具，泰州市万达轮业制造有限公司生产电动工具、手动工具。2003年，成立于口岸镇的泰州市富阳工矿器材设备制造有限公司生产三动工具，建于刁铺镇的泰州市天地通电子配件厂生产五金工具，建于白马镇的泰州市高港区高宇金属制品厂生产三动工具。2004年，成立于许庄的泰州市飞天刃模有限公司产剪板刀具、模具，成立于高港科技创业园的泰州刘淳金属制品有限公司产弁棒、六角螺栓等各种不锈钢产品，泰州市玉鸽工索机具有限公司生产电动、手动工具，泰州市高港区永恒机械配件厂、泰州市高港区邓林金属制品厂、精拓机电（泰州）有限公司均生产五金工具，成立于高港科技创业园的泰州市润杰五金机械制造有限公司生产五金制品。2005年，建于白马镇的泰州市高港区永鑫五金厂生产五金工具，成立于口岸镇的泰州市凯威吊具有限公司生产风动、电动工具，成立于口岸镇的泰州市嘉靖电力机械设备有限公司生产液压工具、手动工具、电动工具、风动工具，成立于官沟村的泰州市鑫源工矿器材有限公司生产五金工具，建于刁铺镇的泰州市绿洲园林工具厂生产园林工具，建于刁铺镇的泰州市高港区润达五金配件厂生产丝锥、钻头、铰刀、车刀，成立于高港科技创业园的泰州市凯尔机具有限公司生产油田、矿产开采、钢铁、电力企业专用手动工具和铁路维修工具，成立于白马镇工业园区的泰州市广鑫机械工具设备有限公司生产三动工具、刀具。2006年，建于刁铺镇的泰州市高港区兴旺金属制品厂、泰州市东欣金属制品有限公司均产金属制品；泰州市巨霸工具制造有限公司、泰州市高港区神威机电设备有限公司在白马镇工业园区成立，均生产三动工具；泰州市华东天威吊索具有限公司在高港高新技术产业园区成立，均生产液压机械工具。2007年，泰州市神力工矿设备有限公司生产五金电动工具。2008年，泰州市奥泰冶金设备有限公司在永安洲镇成立，生产五金、电力工具；泰州市东盛电力器具有限公司在口岸街道成立，生产电力施工检修工器具、电力安全工器具、带电作业工器具；泰州市新润机械有限公司、泰州市欣龙锚链有限公司在口岸街道成立，均生产五金工具；泰州市万新机具有限公司在许庄街道成立，生产金属工具；泰州市高港区金叶吊装设备厂在许庄街道成立，生产液压工具。全区生产金属工具的列统企业有9个，即泰州市飞天刃模有限公司、泰州刘淳金属制品有限公司、泰州市润杰五金机械制造有限公司、泰州市沿江电子机械制造有限公司、泰州市高港区兴旺金属制品厂、精拓机电（泰州）有限公司、泰州市泰利五金有限公司、泰州市泰源物资公司、泰州市高港区永鑫五金厂。

## 五、建筑、安全用金属制品

1970年，田河五金锉刀厂始产触电保护开关。1983年，建于野徐乡的鸿宝凯利消防器材厂（后更名为泰州市鸿宝凯利消防器材有限公司，今泰州市鸿宝消防器材有限公司）生产消防头盔、高空救生缓降器、铝合金三节拉梯等安全用金属制品。1985年，建于野徐乡的华通消防装备厂（今泰州市华通消防装备有限公司）生产消防梯、脉冲气压喷雾水枪、消防水炮、消防灭火枪、三角架、破拆工具，建于刁铺镇的泰兴县刁铺安全器材厂生产消火栓，建于刁铺镇的追日同步器厂（今江苏追日汽车同步器有限公司）生产水暖配件。1986年，建于刁铺镇屠桥村的消防器材厂（今江苏三峡消防器材厂）生产减压稳压消火栓。1987年，建于白马乡的水处理设备厂生产离子交换器、钠离子软化设备。1990年，泰兴县飞龙消防工具厂（厂址：永安洲乡永安村，今泰州市飞龙消防工具厂）、泰兴县文教工艺厂（厂址：许庄乡，今泰州市飞龙消防工具厂）均生产消火栓。

2000年，建于白马镇的泰州市黄河机械工具厂、泰州市金马药机设备厂均生产门窗附属金属制品；泰州市黎明五金机械厂在白马镇陈家村成立，生产消防器材；泰州市刁铺正泰精锻厂生产脚手架机件。2001年，泰州市正新金属扣件厂在刁铺镇曹官村成立，生产建筑金属扣件。2002年，泰州市诚信气动设备有限公司在口岸镇成立，生产门锁、门拉手组件。2004年，泰州市高港区广泰五金机械包装厂在刁铺镇周梓村成立，生产建筑扣件；泰州市华东消防器材有限公司在高港科技创业园成立，生产消防装备、地震救援器材、矿山救护器材；泰州市鸿发消防器材有限公司在刁铺镇成立，生产消防器材。2005年，江苏永合管业有限公司在永安洲镇成立，生产高档水暖器材；泰州市腾飞消防特种装备有限公司在高港科技创业园成立，生产侦检器材、警戒器材、堵漏器材、洗消输转器材、破拆工具；泰州市高港区星鸿消防器材有限公司在刁铺镇成立，生产消防器材。2006年，泰州市高港区双强安全器材厂在口岸街道成立，生产防坠器、安全自锁器；泰州朗天暖通设备有限公司在刁铺街道成立，从事暖通设备制造。2007年，泰州市润泰安全设备有限公司在胡庄镇成立，生产金属安全帽、密封件；泰州市高港区海威机模厂在白马镇成立，生产消防器材。2008年，泰州市华东凯尔消防器材有限公司在高港高新技术产业园区成立，从事消防器材制造；泰州市银鑫消防器材有限公司在许庄街道成立，生产消防梯、破拆工具、排烟机；泰州市恒翔煤矿机电设备有限公司在口岸街道成立，生产消防设备。全区生产建筑、安全用金属制品的列统企业有3个，即江苏三峡消防器材厂、泰州市华通消防装备有限公司、泰州市鸿宝消防器材有限公司。

## 六、金属丝绳及其制品

1980年，口岸网幕厂始产铁丝网，年产2800平方米。1991年，建于大泗乡时庄村的起重吊具厂生产吊索具。1993年，泰兴钢丝绳厂（今泰州市苏中钢丝绳厂）在田河乡集成村成立，生产钢丝绳、链条、索具。1994年，建于口岸镇的龙泉机带厂（今泰州市龙泉机带有限公司）生产铅丝网。1998年，泰州市泰港动力机械有限公司在田河镇田河村成立，生产吊索具；泰州市波纹管厂在口岸镇成立，生产绳索吊具。1999年，泰州市龙威胶带有限公司、泰州市龙港劳保用品有限公司在口岸镇成立，均生产钢丝绳；泰州市祥泰设备配套有限公司在田河镇成立，生产吊具。

2000年起，区内吊索具制造业快速发展，逐步形成钢丝绳索具、复合钢丝绳索具等7类系列产品。当年，在区内成立的泰州市康建胶带有限公司、泰州市环宇机带有限公司、泰州市华东带业有限公司、泰州市京梯吊装工具厂、泰州市飞龙起重设备厂、泰州市威力吊装设备厂、泰州市高港区新城起吊器材厂、江苏亚太吊具有限公司、泰州市永丰胶带制造有限公司、泰州市华杰工矿器材厂、泰州市港泰机械工具厂、泰州市奥力斯织造有限公司、泰州市高港区金蓝吊装设备厂等企业均生产吊索具。2001年，在口岸镇成立的江苏正申索具有限公司、泰州市宇隆绳网有限公司、泰州市虎力传动带有限公司、泰州市燎原传动带有限公司、泰州市大众吊装传动设备厂均生产吊索具。2002年，泰州市力夫特绳网带厂在口岸镇成立，生产绳、网、带、吊具；泰州市泰达尔工装设备有限公司在官沟村成立，生产工装吊索具；泰州市金马带业有限公司在马厂村成立，生产吊具。2003年，在区内成立的泰州市国强工索具有限公司、泰州市大力士吊装设备厂、泰州市龙腾绳带机具厂、泰州市高港区神州吊具厂、江苏荣鑫通用设备有限公司、泰州市飞天模具有限公司、江苏亚力吊装设备有限公司等企业均生产吊具。2004年，在区内成立的泰州市银杏索具有限公司、泰州市高港区神通绳网带索具制造厂、泰州市永达绳业器材厂等企业均生产吊索具。泰州市高港区鑫源起重吊装设备厂在口岸镇成立，生产起重吊索具；泰州市东方力神吊装设备有限公司（今江苏东方力神吊装设备有限公司）在口岸镇成立，生产吊具、吊框、吊架、索具、夹具；江苏宏力绳网带索具有限公司在口岸镇成立，生产钢丝绳、钢丝吊网、吊环、吊钩、吊链、卸扣、钢板夹具。2005年，在区内成立的江苏省海通索具有限公司、泰州市得力工索具制造有限公司、泰州市神之力工索具有限公司、泰州市力帆吊装设备厂、泰州市泰安绳网带有限公司、泰州市亚龙机带有限公司、泰州市新兴船舶配套设备有限公司、泰州市日月星索具有限公司（原泰兴市日月星索具有限公司）、泰州市高港区大帅绳网电子厂等企业均生产吊索具。泰州市凯威吊具有限公司、泰州市高港区奥特起吊工具厂在口岸镇成立，均生产吊索具、钢丝绳；泰州市高港区久泰绳业制造厂在口岸镇成立，生产钢丝绳；泰州杰能索具有限公司在口岸镇成立，生产吊索具、钢丝绳、地铁安全钢索；泰州市高港区奥力得绳网索具厂在口岸镇成立，生产工索具；泰州市高港区兴林网带厂在口岸镇成立，生产金属网带；江苏中泰吊索具有限公司（今泰州市中泰吊索具有限公司）在口岸镇集成村成立，生产钢板吊具、吊钩、抓钩及平衡梁、C型卷板吊具；建于泰兴市宣堡镇乔杨村的泰兴市曙光绳索工具有限公司（今泰州市曙光绳索工具有限公司）产绳网工索具。2006年，在口岸街道成立的泰州市海能索具有限公司、泰州市汇泰索具绳网有限公司、江苏恒力工索具有限公司等企业，均生产索具。在口岸街道成立的江苏耐特尔绳带有限公司生产复合钢丝绳，在口岸街道成立的泰州市长丰索具厂生产起重吊链、钢板吊钩、无接头钢丝绳、压胶钢丝绳、铝合金压制绳，在口岸街道成立的泰州市扬子索具有限公司生产索具、吊具、钢丝绳，在高港高新技术产业园区成立的泰州市鑫鹏机具有限公司生产铝合金压头、钢丝绳索具，在高港高新技术产业园区成立的泰州市华东天威吊索具有限公司生产吊索具。2007年，在区内成立的泰州金泽索具有限公司、泰州市巨力吊装设备有限公司、江苏邦力吊索具有限公司、泰州市巨威吊装设备厂、泰州天安绳网带厂、泰州市高港区新鑫吊装机械设备厂、江苏长力吊具有限公司、泰州市华威动力机械有限公司、泰州市百盛绳网带厂、泰州嘉吉机具有限公司等企业均生产吊索具。泰州市高港区立生金属制网厂在口岸镇成立，生产金属网；泰州市兴港绳网吊具厂在口岸街道成立，生产钢丝绳、吊索具；泰州市华飞吊具有限公司公司在许庄街道成立，生产复合钢丝吊绳、压制钢丝绳吊索具、钢丝吊网、无接头钢丝绳。2008年，在区内成立的泰州市嘉特起重备件有限公司、泰州市泰神吊索具有限公司、江苏九力吊索具有限公司、江苏苏邦索具绳带有限公司、泰州市高港区龙之霸吊装设备厂、泰州市鸿泰索具有限公司、泰州市俊益机械设备有限公司、泰州市金科带业有限公司、泰州市丰岸工业皮带有限公司、泰州市强力吊索具有限公司、泰州市高港区金叶吊装设备厂、泰州市三金编织有限公司等企业，均生产吊索具。泰州市合力吊装设备有限公司在永安洲镇成立，生产钢丝绳、吊索具。全区生产金属丝绳及其制品的列统企业有11个，即泰州市高港区金蓝吊装设备厂、泰州市中泰吊索具有限公司、泰州市正申工索具有限公司、江苏亚力吊装设备有限公司、江苏东方力神吊装设备有限公司、江苏省海通索具有限公司、泰州市天泰吊装设备有限公司、泰州市亚泰机具厂、泰州市曙光绳索工具有限公司、泰州市华东天威吊索具有限公司、泰州市苏中钢丝绳厂。

## 七、其他金属制品

20世纪50年代，许庄、庵桥、永安、孔桥铁木业社生产各种铁制小农具。1965年，刁铺综合加工厂始产铆钉、垫片、包角等五金制品。70年代初，汪群公社海潮大队五金厂和永安农具厂均生产小五金制品。80年代初，许庄汽车配件厂始产可调节窗帘轨道。1984年，建于口岸镇的泰兴县工具刀剪厂始产链轮、民用剪刀等。1985年，许庄乡小营村五金配件厂、口岸仪器配件厂和口岸工具刀剪厂均生产小五金制品。1990年，建于田河乡乔岱村的泰兴县江滨压延厂（今泰州市江滨压延厂）始产金属软管。1993年，建于永安洲乡明沟村的泰兴市兴星联合开发公司（今泰州市兴星联合开发公司）从事钢结构制作，建于刁铺镇万庄村的刁铺冲压工艺厂生产建筑用金属配件。1994年，建于大泗乡佴陈村的姜堰市大发铝材厂（今泰州市宇马铝业有限公司）生产窗帘轨道。1996年，泰兴市口岸华生纸管厂（今泰州市口岸华生纸管厂）在口岸镇成立，生产小五金。1997年，泰州市圣洁达水处理工程公司在白马镇成立，从事钣金加工。1998年，泰州市泰港动力机械有限公司生产金属软管，泰州市波纹管厂（今泰州市波纹管公司）生产不锈钢波形膨胀节、金属软管，建于刁铺镇的泰州市永信设备制造有限公司产金属结构制品，建于许庄镇的泰州市碧海船用器材厂生产小五金，建于汪群乡的泰兴市汪群建材预制二厂生产铝合金门窗，建于口岸镇王营村的泰州市高港黎明装饰工程有限公司生产铝合金构件、铝合金门窗。1999年，泰州华利特种机械有限公司在口岸镇成立，生产五金制品。

2000年，泰州市港华机械制造有限公司从事钢结构制作，泰州市黎明五金机械厂生产金属垃圾筒，泰州市许庄机械配件厂、泰州市亚泰喷焊粉末厂经营范围都包括小五金加工，泰州市黄河机械工具厂生产门窗附属金属制品，泰州市德林装饰材料有限公司生产门窗，泰州市新星装潢材料厂生产窗帘轨道、铝合金门窗及柜。2001年，泰州市永信设备制造有限公司生产铆钉、螺丝、螺母，泰州市长城制带厂生产五金制品，泰州市迎浪电器设备有限公司生产金属构件。2002年，泰州市西贝吊具厂在高港科技创业园成立，生产金属软管；泰州市高港区尊义有色金属铸造厂在口岸镇成立，生产五金；泰州市吉达体育器材有限公司在白马镇成立，生产金属软管；江苏庆泰钢结构有限公司在高港科技创业园成立，从事各类钢结构制作；泰州泽宇钢结构有限公司在刁铺镇成立，从事钢结构制作；泰州市高港区东茂装潢厂在三旗营村成立，从事铝合金、塑钢、不锈钢、防盗门窗加工；泰州市高港区海神塑钢门窗厂在白马镇成立，从事塑钢门窗、铝合金门窗制作和加工。2003年，泰州市泰申化工设备厂和泰州市高港区庆九五金加工厂经营范围都包括五金加工，泰州市高港区中兴塑料五金厂生产五金配件，泰州大旺塑钢有限公司生产高档五金件，泰州市宝龙玻业有限公司从事金属制品加工，泰州市高港区高宇金属制品厂生产不锈钢制品、金属结构构件，泰州升腾新型建材有限公司从事铝合金塑钢门窗加工，泰州市高港区高宇金属制品厂生产不锈钢制品、金属结构构件，泰州市泰华建筑器材有限公司生产钢结构、塑钢门窗，泰州市升腾新型建材有限公司主要经营铝合金塑钢门窗、金属制品制造，泰州市众选窗业有限公司从事铝合金、不锈钢、塑钢门窗制作。2004年，泰州市高港区邓林金属制品厂在口岸镇成立，生产金属制品；泰州市高港区建霞钢结构焊接有限公司在口岸镇成立，从事钢结构加工；泰州市高港区广泰五金机械包装厂在刁铺镇成立，从事五金加工；泰州刘淳金属制品有限公司在高港科技创业园成立，生产金属制品；泰州市高港区鼎宏金属材料制品有限公司在口岸镇成立，生产金属材料制品；泰州市神飞吊装设备有限公司在口岸镇成立，生产金属制品；泰州市高港区象力机械配件厂在口岸镇成立，生产小五金制品；泰州市众诚金属制品有限公司在白马镇工业园区成立，生产金属制品、不锈钢制品；泰州市嘉昶电力工索具设备制造厂在乔杨村成立，生产刀具，加工五金；泰州市高港区新亚门窗厂在永安洲镇成立，生产塑钢门窗、铝合金门窗、不锈钢门窗。2005年，泰州市高港区禹健钢结构有限公司在白马镇工业园区成立，生产钢结构产品；泰州市恒安金属制品有限公司在口岸镇成立，生产金属制品；泰州市得力工索具制造有限公司在口岸镇成立，生产金属制品；泰州市高港区鑫运金属制品有限公司在大泗镇成立，生产金属制品；泰州市祥盛特钢有限公司在白马镇工业园区成立，生产不锈钢拉管；泰州市高港区创业机械配件厂在刁铺镇马厂村成立，生产五金加工。2006年，泰州市高港区永佳金属制品厂生产金属工具，泰州市高港区兴旺金属制品厂生产金属制品，泰州市兴利玻璃有限公司从事金属制品加工，泰州市易达精密机械有限公司生产五金配件，泰州市先锋钢结构有限责任公司生产钢结构产品，泰州市佳元金属制品有限公司从事结构性金属制造，泰州市高港区兆祥船舶修造厂从事钢结构制作，泰州市江海明月门窗有限公司从事建筑门窗、钢结构制作，泰州市兴扬装饰有限公司从事铝合金塑钢门窗、防盗门、电动门、铁制工艺品制作，泰州市高港区美得门窗厂从事铝合金和塑钢门窗制造。2007年，泰州市东欣金属制品有限公司在刁铺街道成立，生产不锈钢螺丝、螺母；泰州市佳泰钢结构有限公司在永安洲镇成立，从事钢结构、金属结构加工；泰州市高港区金成钢结构加工厂在刁铺街道成立，从事钢结构加工；泰州市东欣金属制品有限公司在刁铺街道成立，生产不锈钢螺丝、螺母；泰州市高港区安祎五金制造有限公司在永安洲镇成立，生产铆钉，加工五金；泰州市宇马铝业有限公司投资500万元注册成立江苏宇马装饰工程有限公司，从事门窗加工。2008年，泰州市高港区润源装饰材料厂生产轻钢龙骨，泰州市高港区振翔钢结构有限公司生产钢结构制品，泰州市海诞船舶配套件有限公司从事钢结构制作，泰州市高港区金丰泰法兰锻件厂生产法兰，泰州市高港区新贵钢制品厂从事钢制品加工，江苏鼎元厨房用具有限公司生产不锈钢厨具、器皿，泰州市宏华金属制品有限公司生产金属制品，泰州市高港区志忠五金加工厂从事五金加工，泰州诚德钢管有限公司从事钢管配件加工。全区其他金属制品业有列统企业2个，即泰州市宇马铝业有限公司、泰州市波纹管公司。

图 10-8-1　泰州市众诚金属制品有限公司（2006年摄）

## 第四节　企业选介

### 一、泰州市金港金属压延有限公司

位于口岸工业园区发展路，占地1.33万平方米，建筑面积1万平方米。2002年建，初址口岸大桥北首，名泰州市金港轧钢厂，私营企业，有1条横列式250×5轧钢生产线，产光圆螺纹钢。2006年，迁至现址，定为现名。2008年，有横列式450×3、350×7轧钢机组1套，纵列式520×3、450×4、350×6、250×2轧钢生产线1条，形成年产30万吨的生产能力。全年产钢材1.27万吨，完成产值5816万元、利税322万元。

### 二、泰州市宇马铝业有限公司

位于大泗镇佴陈村。1994年创办，原名姜堰市大发铝材厂。2003年，企业通过ISO 9001质量管理体系认证。2007年，企业投资500万元，注册成立江苏宇马装饰工程有限公司，拓展产业链；“宇马”牌商标被认定为江苏省著名商标。至2008年，企业拥有15吨热顶铸造熔铸生产线2条、挤压生产线6条、粉末静电喷涂生产线2条和木纹转印生产线、氧化着色、电泳涂漆生产线各1条，是专业生产建筑型材、工业型材的企业，自主研发的GR568、GR53等隔热型铝型材被认定为江苏省高新技术产品。完成产值1.34亿元，实现销售收入1.27亿元、利税1010.23万元。

### 三、泰州市贝斯特精铸机械有限公司

位于口岸工业园区内，占地1.33万平方米，建筑面积8000平方米。始建于1992年，初名泰兴市冶炼铸造厂，为田河乡郎庄村集体股份制企业，从事砂型铸造。1996年，改制为私营，转攻精密铸造，为机械车床、减速机、工程机械、电瓶车、摩托车、轮船等提供配套钢铸件。1998年，更名为泰州市江平铸造厂。1999年起，成为徐州工程集团、山东推土机集团的指定供应商。2002年，生产行星架产品，填补国内空白。2005年，更为现名。2008年，按客户要求产各种碳素钢、合金钢及不锈钢铸件，铸件尺寸精度可达IT4-7级，表面粗糙度可达Ra12.5。全年完成产值1138万元、利税100万元。

### 四、泰州市宏达机械有限公司

位于口岸街道江平东路66号，占地4000平方米，建筑面积2500平方米。建于1993年，初名泰兴市宏达机械有限公司，为境内第一个私营有限公司。主要生产铜铝合金铸件，同时提供金工切削加工。1994年起，开拓有色金属铸件、黑色铸造、制药机械以及机械零配件加工的新市场。1997年，更为现名。1997—2008年，购置中频炉、喷砂机、碾砂机、筛砂机、机床、铣床、钻床、成分分析仪、拉力机、布氏硬度计、计量及熔炼测温仪等设备，形成年产铜铝铸件300吨的能力。2005年，开始步入规模企业行列。2008年，通过ISO 9001:2000质量体系认证。全年完成产值886万元，实现销售829万元、利税48.7万元。

### 五、泰州市华通消防装备有限公司

位于野徐镇工业园区。1985年创办，原为华通消防装备厂。1999年，企业通过ISO 9001质量管

图 10-8-2　泰州市华通消防装备有限公司生产车间（2007年摄）

理体系认证。2004年，被认定为江苏省高新技术企业，QQDA-03型救援起重气垫被认定为国家重点新产品，消防头盔、堵漏气垫、消防救生气垫等产品被国家知识产权局授予实用新型专利。2008年，公司注册资本2168万元，生产消防服装、避火服、消防梯、安全绳、带、钩、气垫、逃生滑道、抛投器、脉冲气压喷雾水枪、消防水炮、消防灭火枪、三角架、呼吸器、破拆工具、通讯救生绳、排烟机、防化服、消防个人装备、消防防坠落装置、救援设备、消防服洗衣机、消防服烘干机，完成产值3亿元，实现销售收入2.94亿元、利税3197万元。

## 六、泰州市创新锌业有限公司

位于大泗镇工业园区。2002年创办，原名姜堰市创新化工材料厂。2005年，定为现名。该公司生产的"创新"牌锌粉被广泛应用于冶金、化工、农药、医药、渗镀、催化剂、电子、油漆、涂料、染料、饲料等领域，自主研发的节能环保实用新型锌粉炉获国家发明专利。2008年，收购泰州市永诚锌业有限公司，成立子公司——泰州市创新布业有限公司，生产工业用布、除尘布袋等。全年完成产值3663万元，实现销售收入2523万元、利税321万元。

## 七、泰州市鸿宝消防器材有限公司

位于野徐镇解家村。1983年创办，原为鸿宝凯利消防器材厂，后更名为泰州市鸿宝凯利消防器材有限公司。1997年，研发的玻璃钢消防头盔产品填补国内消防器材空白。1999年，"鸿宝"牌消防避火服被评为江苏省名牌产品。2000年，企业通过ISO 9002质量管理体系认证。高空救生缓降器、救援起重气垫、正压式消防呼吸器等产品被认定为国家重点新产品，并被国家知识产权局授予实用新型专利。2008年，定为现名。该企业是生产消防装备的专业企业、全国消防行业重点企业、江苏省高新技术企业、江苏省高速成长型企业，主要产品有空气呼吸器、消防避火服、消防战斗服、指挥服、防化服、隔热服、消防手套、消防头盔、消防胶靴、高空救生缓降器、消防救生气垫、起重气垫、铝合金三节拉梯、安全带、安全绳等。全年完成产值1.94亿元，实现利税2917万元。

## 八、泰州市飞天刃模有限公司

位于许庄街道创新路南侧，占地8000平方米，建筑面积5000平方米。2004年创建，为私人控股有限公司，主要从事剪板刀模具的制造与销售。建成后，不断加大技改投入，先后购入不同型号的杭磨12台（套）、龙门刨7台（套）、铣床6台（套），注重产品技术转型升级。2008年，主要产品有刃模、精锻件、机械配件，其中刃模年产10万只，产品主要与扬力集团、江苏亚威机床有限公司配套。全年产销3618万元，实现利税390万元。

### 九、泰州刘淳金属制品有限公司

位于高港高新技术产业园区创业大道9号，占地2万平方米，建筑面积1.2万平方米。创办于2004年9月，日商独资企业，为日本久保田公司配套生产系列弁棒、T型螺栓等不锈钢零部件。2006年，通过ISO 9001:2000质量体系认证。2007年起，与日本久保田、雅哈达、荣工业等著名公司合作，配套生产弁棒系列、T型螺栓系列、六角螺栓系列、内六角螺栓系列、船舶配件、农机花键、各种五金件等不锈钢产品。2008年，实现产销6000万元，利税144万元，产品全部出口日本。

# 第九章　纺织和服装制造业

明、清时期，境内民间有个体织布机匠纺织土布，部分农户手工拣茧，土法缫丝。民国年间，出现纺织工厂，服装、鞋帽缝制行业逐步兴起。60年代，棉、毛、麻、丝纺织业逐步兴起，缫丝业始用机器生产。70—80年代，绳网带制造业、服装制造业逐步发展为特色产业，刁铺、田河、许庄兴办一批社队丝织厂。90年代起，棉毛麻丝纺织业渐具规模。田河镇发展成为绳网带之乡。1998年，该镇65个工业企业中有50个从事绳网带生产经营，推销绳网带的营销员占全镇营销员总数的90%，从事绳网带及配件加工的个体户368户，绳网带产值占全镇工业总产值的65%。进入21世纪，绳网带制造业快速发展。2008年，全区纺织业、服装制造业企业共有703个（其中列统企业53个），完成产值40.58亿元，实现销售39.07亿元、利税3.8亿元。

## 第一节　纺　织

清代末民国初，境内刁铺、口岸、大泗等集镇有小染坊，从事染色印花加工业务，其中规模较大的为口岸天生堂染坊。民国8年（1919），境内有华成织布厂，后迁至宣家堡。

新中国成立后，境内纺织业不断发展。1955年，泰兴县手工业联社在刁铺成立二桥手工业社，有社员100人，织造小花绸、被面、横罗等。1959年，二桥手工业社与泰兴城的丝棉线生产合作社合并成立泰兴丝织厂。20世纪60年代，在境内成立的纺织企业有泰兴县口岸镇丝麻纺织厂、口岸公社缫丝厂，主要产品有麻布、白厂丝。70年代，田河、胡庄、刁铺等地先后办起社、队丝织厂，生产丝带；建于刁铺公社蒋庄大队的五金织带厂生产棉织带、安全带，建于口岸公社时仙大队的化纤厂生产玻璃纤维布、腈纶棉，胡庄编织厂（今泰州市茂尧聚氨酯塑料制品厂）从事织带制造。80年代，在境内成立的纺织企业有泰兴县第二毛纺织厂、大泗过滤布厂、泰兴县绒织厂、泰兴县织锦厂（今泰州市银杏织锦有限公司）、长虹毛纺厂（今泰州市长虹毛纺织总厂）、泰兴县丝巾厂、口岸机带包装厂（今泰州市佳源机带有限公司）、泰兴县纺织仪器组件厂、刁铺水带厂、田河集成绳网厂、泰兴县口岸棉麻制造厂、刁铺圩岸村织带厂、泰兴县消防水带二厂、泰兴县刁铺防护线带厂、泰兴县胡庄水带厂、胡庄制带厂、口岸无纺布厂、刁铺合成纤维厂、泰兴县化学纤维厂（后更名为扬州泰祥非织造布有限公司、泰州宏泰非织造布有限公司，今泰州市高新非织造布有限公司）、泰兴县胡庄水带厂、泰兴县胡庄编织厂、泰兴县胡庄制带厂，主要产品有呢绒、过滤布、缝纫线、丝线、马海毛、腈纶毛线、方丝巾、书边带、绳、锦纶绳网带、尼龙带、尼龙丝纺、水带、无纺布、涤腈绒、腈纶丝、粘合衬、玻璃纤维布、腈纶棉，从事布料、丝线染色加工的印染企业有泰兴县织锦厂（兼营）、田河漂染厂、孔桥玉林染色加工厂。1985年后，境内涌现大批个体户手工编织绳网带，刁铺蒋庄150余户编织绳网带，田河集成村几乎户户织带编绳，成为织带专业村。1990—1996年，境内新成立的绳、索、缆、网、带制造业企业主要有泰兴县汪群矿安设备厂、泰兴县胡庄矿安设备厂、泰兴县亚泰传动带厂、泰兴县中骏绳网索具厂、泰兴市卓雅通用器材有限公司、泰兴市天顺绳带有限公司、泰兴三泰引纸绳带厂、泰兴市扬扬劳保用品厂（今泰州市扬扬劳保用品厂）、泰兴市文鑫实业有限公司、泰兴市龙泉机带有限公司、姜堰市长丰吊具厂（厂址：大泗镇大泗村）、泰兴市三泰安全设备厂、泰兴市西亚胶带有限公司、泰兴市利奇劳保用品厂、泰兴市利达绳业有限公司。

1997年，建于许庄乡的泰州市明阳纺织辅料有限公司生产纺织辅料，建于野徐乡的泰州市顺达丝厂生产缫丝、丝织品，建于野徐乡的泰州市锦竹工业用布有限公司（今江苏锦竹工业用布有限公司）生产胶管基布、胶带帆布、轮胎包布、三角带帘布等产品，建于刁铺镇的泰州市三泰胶带厂、泰州市刁铺制带绳网厂生产绳、索、缆。1998年，建于大泗乡的姜堰市蓝天布业有限公司生产工业用布，建于刁铺镇的泰州市环威带业有限公司生产棉织、化纤带。1999年，建于口岸镇的泰州市东方传动带有限公司生产传动带、吊装绳、装裱用带，建于口岸镇的泰州市龙港劳保用品有限公司生产安全网、安全带，建于大泗乡的姜堰市飞达起重吊具厂（今泰州市飞达起重吊具厂）生产蓬布、阻燃布，建于胡庄乡的泰兴市陈可才绳网厂生产绳网。

进入21世纪，全区纺织业保持良好发展，尤其以绳、索、缆、网、带制造市场最为繁荣。2008年，全区有绳、索、缆、网、带制造企业360余个。其中，列统企业有26个，分别为泰州市环威带业有限公司、泰州市高港区金蓝吊装设备厂、江苏正申工索具有限公司、泰州亚力吊装设备有限公司、泰州市飞达尼龙绳网带厂、江苏东方力神吊装设备有限公司、泰州市利达绳业有限公司、江苏省海通索具有限公司、江苏亚太吊具有限公司、泰州市天泰吊装设备有限公司、泰州市伟业织造厂、泰州市复合绳厂、泰州市亚泰机具厂、泰州市忠义绳网带厂、泰州市华日织带皮件厂、泰州市保力工业皮带有限公司、泰州市金明织造厂、泰州长丰索具厂、泰州市海港成套设备安装有限公司、泰州市全力（吊索）织造厂、泰州市苏中机具厂、泰州市佳源机带有限公司、泰州市宏利索具厂、泰州市苏泰防护装备厂、泰州市曙光绳索工具有限公司、姜堰市扬子绳网带厂（厂址：大泗镇）。

2000—2008年，在区内成立的棉纺织、毛纺织、麻纺织、丝绢纺织、化纤织造企业有泰兴市曙光织造厂、泰州市高港区创业织造厂、泰州市高港区鸿达织布厂、泰州市元和丝业有限公司、泰州市龙汇纺织有限公司、泰州市高港区金马卫生材料厂、泰州市瑞福祥布业有限公司、泰州市高港区华明色织厂、姜堰市康宁织造厂（厂址：大泗镇）、泰州市高港区东宇布厂、泰州市银河纺织有限公司、泰州市鑫昌纺织有限公司、泰州明生纺织有限公司、泰州市创新布业有限公司、泰州市高港区明泉织造厂、泰州市银杏织锦有限公司、泰州市华宇非织造布有限公司、泰州市思宇化纤纺织有限公司、泰州市环宇非织造布有限公司、泰州市三阳化纤制品有限公司，主要产品有帆布、色织布、棉布、缫丝、丝织品、棉纱、亚麻纱、苎麻纱、混纺纱、纯亚坯布、苎麻坯布、人棉麻交织坯布、麻棉交织坯布、亚麻棉坯布、提花布、纱布、纺织面料、工业用布、白坯布、丝线、非织造布、服装辅料、腈纶丝、锦纶丝、涤纶丝、化纤织品、针纺织品。2008年，全区棉、毛、麻、丝绢纺织和化纤织造等制造业有列统企业13个，分别为泰州市高新非织造布有限公司、泰州市华宇非织造布有限公司、泰州市三阳化纤制品有限公司、泰州市环宇非织造布有限公司、泰州市思宇化纤纺织有限公司、泰州市银杏织锦有限公司、泰州市龙汇纺织有限公司、泰州市元和丝业有限公司、泰州市鑫昌纺织有限公司、泰州市顺达丝厂、江苏锦竹工业用布有限公司、泰州市高港区华明色织厂、泰州市长虹毛纺织总厂。

## 第二节 纺织服装与服饰

1955年，口岸镇成立服装合作社。1969年，许庄公社老庄大队创办针织皮件厂，生产尼龙袜；口岸畜牧场创办织带厂，生产腈纶衣裤；永安公社桥南大队创办针织复制品厂，生产毛巾。1971—1996年，在境内成立的纺织服装、服饰制造企业主要有口岸服装鞋帽厂、孔桥公社鞋帽服装加工厂、口岸针织厂、口岸公社纺织用品厂、泰兴县环溪服装公司、许庄乡唐东村毛呢服装厂、泰兴县绣服厂（后更名为泰州市奔仙丝绸服装有限公司，今江苏奔仙丝绸服装有限公司）、刁铺镇羽绒服装厂、泰兴县刁铺被服手套工艺厂、泰兴县手套厂、泰兴县毛巾二厂、泰兴县针织内衣厂、泰兴县丝巾厂、泰兴新亚针织厂、泰兴宏鑫服装厂、泰兴防护用品厂、泰兴县新亚针织厂、泰兴市阳泰服装厂（今泰州市阳泰服装有限公司）、泰兴市同德丝服装厂（今泰州市高港区同德丝服装厂）、泰兴市雅咪香丝绸服装厂、泰兴市振泰服装厂、泰兴市天虹制衣厂、泰兴市振泰服装厂。

1997年起，全区纺织服装、服饰制造业发展较快。至2008年，新成立的纺织服装制造企业主要有泰州市永安制衣厂、泰州市星辰制衣有限公司、泰州市高港区诚盛制衣厂、泰州市飞颖丝服饰有限公司、泰州市高港区帛艺丝绸服装厂、泰州市蓝天制衣有限公司、泰州市鹏华线带有限公司、泰州市新生内衣厂、泰州市五星毛毯有限公司、泰州市长虹丝绸服装厂、泰州市刁铺春竹制衣厂、泰州市中港工艺品进出口有限公司、泰州市高港区方圆制衣厂、泰州市瑞德服饰有限公司、泰州禾风服饰有限公司、泰州市高港区赛佳服饰有限公司、泰州市新港服饰有限公司、泰州市高港区雅尔制衣厂、斯达制衣（泰州）有限公司、万达（泰州）制衣有限公司、泰州市四通织造有限公司、泰州市元和丝业有限公司、泰州市永盛服饰有限公司、泰州市高港区春达制衣厂、泰州市珑梦得制衣有限公司、泰州市高港区丰鑫服饰品有限公司、泰州市杨氏丝绸服饰有限公司、泰州佳润服装有限公司、泰州市高港区顺心服装厂、泰州市王翔针织有限公司、泰州市蓝天制衣有限公司、姜堰市金羽制衣厂（地址：大泗镇）、姜堰市宏达服饰有限公司（今泰州市宏伟服饰有限公司）、姜堰市金叶服装有限公司（地址：大泗镇工业园区）、姜堰市庄飞服饰有限公司（地址：大泗镇工业园区）、泰州市高港区创威服装辅料有限公司、泰兴市路华服装有限公司（地址：胡庄镇）、泰兴市鑫泰制衣有限公司（地址：胡庄镇）、泰州市多维服饰有限公司、泰州市中铭制衣有限公司、泰州市高港区祥源制衣有限公司、泰兴市嘉盛服装有限公司（地址：许庄街道）、泰州市高港区宏鑫服装厂、泰州市高港区冰翔制衣厂、泰州忠华纺织有限公司、泰州市高港区国芳针织制衣厂、泰州市高港区鑫鸿制衣有限公司、泰州市高港区秀华服饰有限公司。其中，列统企业有12个，分别为江苏奔仙丝绸服装有限公司、万达（泰州）制衣有限公司、斯达制衣（泰州）有限公司、泰州市阳泰服装有限公司、泰州市鹏华线带有限公司、泰州市永安制衣厂、泰州市珑梦得制衣有限公司、泰州市天虹制衣厂、泰州市中铭制衣有限公司、泰州市圣罗兰制衣有限公司、泰州市庄飞服饰有限公司、泰州市宏伟服饰有限公司。新成立的服饰制造企业主要有泰州市荣泰手套有限公司、泰州市环宇手套有限公司、泰州市四通织造有限公司、泰州市天茂手套有限公司、泰州市爱可服饰有限公司、泰州市中港工艺品进出口有限公司、泰州市新港服饰有限公司、泰州市永盛服饰有限公司、泰州市珑梦得制衣有限公司、泰州市高港区丰鑫服饰品有限公司、泰州市高港区秀华服饰有限公司。其中，列统企业有2个，分别是泰州市天茂手套有限公司、泰州市四通织造有限公司。

## 第三节　企业选介

### 一、泰州市高新非织造布有限公司

图 10-9-1　泰州市高新非织造布有限公司（2007年摄）

位于泰州市经济开发区滨江工业园区。原为泰兴县口岸镇沙发蓬套厂，生产木拖鞋、帆布鞋、童鞋、拖拉机坐垫和靠背。1978年，更名为泰兴县口岸镇沙发皮件厂。1985年，更名为泰兴县化学纤维厂，转产服装、无纺布。1993年，与台湾祥镇实业有限公司合资，企业更名为扬州泰祥非织造布有限公司，生产双幅涤纶热轧布。1998年10月，与香港永宏国际有限公司合资，改称泰州宏泰非织造布有限公司，拥有无纺布生产线18条、机械成网生产线1条、热轧布生产线1条。2000年，定为现名。2008年，生产非织造布3739吨，完成产值8259万元，实现销售收入7426万元、利税412万元。

### 二、泰州市元和丝业有限公司

位于口岸街道东环路宣堡港中桥南侧，占地3.38万平方米，建筑面积7847平方米。原为创办于1969年9月的泰兴县口岸镇缫丝厂，口岸镇属企业，位于口岸镇东沈家岱宣堡港边，生产白厂丝。1974年，口岸塑料厂并入，企业更名为泰兴县口岸人民公社缫丝厂。1980年，更名为泰兴县第二丝厂，产品全部由省丝绸公司收购，用于出口创汇。1986年，迁址口岸镇蔡滩村，更名为泰兴县口岸缫丝厂。1993年，新上针织丝绸和真丝服装2个项目，更名为扬州市丝绸服装厂。1997年，更名为泰州市口岸丝厂。1999—2001年，新上自动缫丝生产线5组，完成由立缫生产向自动缫丝生产的转变。2003年，改制为有限公司，并更为现名。2006年，迁至现址。2008年，主要生产“元和”牌白厂丝和蚕丝被，完成产值1356万元、销售1305万元。

### 三、江苏东方力神吊装设备有限公司

位于口岸街道田河村振强路58号。原为田河乡办企业泰兴县东方吊装设备厂，创办于1988年，

生产尼龙吊装绳、复合钢丝绳。1996年，与青岛杜邦公司合作，生产杜邦丝吊装带系列产品。1998年，200米超长锦纶软梯产品在全国泰山登山运动会比赛中一次性试用合格。2001年，通过ISO 9001质量管理体系认证。2003年，迁至现址。注册“东方力神”商标。2004年初，更名为泰州市东方力神吊装设备有限公司。4月，更为现名。至2005年，能设计、生产各类吊索具、绳、网、带和安全防护用品。2006年9月，超大吨位柔性吊带（150吨）在苏通大桥通车现场使用。12月，超大吨位柔性吊带（200吨）在秦山核电站800吨转子起吊中使用。2008年，合成纤维吊装带获国际标准产品标志证书。2008年，完成产销2801万元，实现利税179万元。

## 四、泰州市复合绳厂

位于口岸街道田河村振强路，占地8000平方米，建筑面积6000平方米。原为田河小学校办泰兴纺织仪器组件厂，建于1982年，生产纺织仪器、舞台设备。1984年，始手工生产编织绳。1985年，更名为泰兴县复合绳厂。产品主要有尼龙绳、尼龙钢丝绳、压胶钢丝绳、方舱吊具、钢板吊夹具、缆绳、搬运具等，用于电力、冶金、化工、炼油、机械、造纸、造船等行业。1997年，更为现名，注册“泰神”商标。1998—2004年，压胶钢丝绳吊索、锦纶编织绳、三股锦纶绳获省质量技术监督局颁发的国际标准验收合格证书。2006年，生产“泰神”牌合成纤维吊装带。次年，获省优质产品荣誉证书。2008年，完成产值750万元，实现销售691万元、利税55万元。

## 五、江苏奔仙丝绸服装有限公司

位于口岸街道江平东路1号，占地1.63万平方米，建筑面积6256平方米。1986年创办，初名泰兴县绣服厂，镇属集体企业，生产丝绸服装和丝绸绣花手帕。当年，真丝绣花手帕产品获省轻工业厅新品开发评选三等奖，绣花衣获设计二等奖。1987年，迁址口岸镇工业公司。丝绸服装首次出口日本三越公司，创汇115万日元。1992年，更名为泰兴市绣服厂。同年，与扬州丝绸进出口公司、香港波得公司合资建扬州得意泰丝绸服装有限公司，迁址口岸镇江圣村。1995年，成为泰兴市百强企业，“奔仙”牌高级真丝睡衣获中国丝绸博览会银奖。1996年起，更名为泰州市奔仙丝绸服装厂，产品出口日本、欧美，同时销中国港澳台地区，出口额占总销售额的95%，年销售6000万元。1997年，获中国丝绸行业名牌产品证书。1998年，通过ISO 9002国际质量保证体系认证。1999年，获中国国际农业博览会名牌产品证书。2000年，获第三届中国丝绸博览会名优新产品金奖。当年，企业改为私营股份制，产权出让给自然人，职工通过买断工龄置换身份，部分人员重新签约上岗。2001年，更为现名。获ISO 14001国

图 10-9-2　江苏奔仙丝绸服装有限公司生产的“奔仙”睡衣

际环境管理体系认证。2002年，获江苏省名牌产品证书。2003年，成为中国丝绸协会常务理事单位。通过ISO 9001质量管理体系认证。2003年、2005年，2次获中国丝绸协会颁发的全国丝绸新产品金奖证书。2004年，成为中国国际商会常务理事单位。2006年，获中国丝绸协会颁发的高档丝绸使用证书。2007年，获批国家专利局新型外观设计专利127个。1999—2008年，"奔仙"商标被省工商局连续4届认定为省著名商标。2008年，完成产值2080万元，实现销售1900万元、利税218万元，外贸出口80万美元。

### 六、斯达制衣（泰州）有限公司

位于许庄街道三星街区。2002年，由香港致强实业集团有限公司独自出资成立，主要从事外贸童装制造和销售。2004年，企业通过ISO 9001:2000质量管理体系认证。2005年，注册成立泰州斯达水洗有限公司。2007年，投入250万美元，新建标准厂房8000平方米，采用流水作业方式完成裁剪、缝制、水洗、后整等制作流程。2008年，在上海设立斯达制衣（泰州）有限公司上海分公司，从事新产品设计。全年出口销售收入为4657万元，实现利税192万元。

# 第十章　建材及非金属矿物制品业

清代，境内沿江一带多窑业，主要生产砖瓦。20世纪60年代，始产玻璃制品及非金属矿物产品。70年代，始生产水泥制品。80年代，不少企业生产建筑装饰材料。泰州市博美玻璃仪器厂建成全国玻璃量器生产基地，产品获国家轻工业协会免检资格，大部分经北京玻璃仪器厂配套出口世界各国。2008年，全区有建材及非金属矿物制品制造企业共116个（其中列统企业6个），完成产值4.18亿元，实现销售4.04亿元、利税4160.8万元。

## 第一节　砖瓦　石灰

### 一、砖瓦

清代，口岸、永安有砖窑数座，能烧制庙宇用砖瓦。民国年间，境内有砖窑数十座，烧制青砖、青瓦。1956年，成立永安窑业生产合作社，取夹江滩泥生产青砖、青瓦。1961年，建泰县野徐砖瓦厂。20世纪70年代，永安公社、孔桥公社各建轮窑1座，始用制砖机制坯，生产红砖、红瓦。1976年，建泰兴县口岸镇砖瓦厂，产品有青砖、红砖、青瓦、红瓦。70年代末，境内出现一批组办、联户办砖瓦厂，几乎村村有砖窑。1990年，口岸砖瓦厂有职工167人，产值54.62万元，利税2.21万元。泰兴县建筑安装器材厂（今泰州市高港区建筑安装器材厂）在孔桥乡明河村成立，生产砖瓦。90年代末，推广和使用琉璃瓦、水泥空心砖、煤渣砖等新型建筑材料，土窑被取缔。2003年，泰州升腾新型建材有限公司在高港科技创业园成立，生产彩钢瓦。2008年，全区有砖瓦厂30余个，产品有水泥空心砖、煤渣砖、彩钢瓦，年产值均不到500万元。

## 二、石灰

1984年，建于口岸镇二闸村的石灰窑厂年产石灰3000吨。1985年，建于刁铺镇的2座石灰窑厂各产石灰2000吨。1986年，口岸镇虹桥石灰厂生产石灰3600吨。1988年，建于口岸镇灯湾村的石灰厂年产石灰2033吨，建于永安洲乡的2座石灰窑厂共产石灰2070吨。20世纪90年代后期，境内石灰窑厂被关闭。

# 第二节　水泥制品

20世纪70年代中期，口岸公社建水泥制品厂，生产混凝土房屋构件和水泥农船、电杆、涵管。1980年，口岸建筑公司始产预应力圆孔板、承重水泥构件，灯湾建筑队预制厂、蔡滩预制厂、龙窝预制厂始产水泥制品，野徐水泥制品厂、白马建筑器材厂始产水泥预制构件。1983年，刁铺混凝土预制构件厂始产混凝土结构构件。1986年，刁铺镇建筑材料厂始产混凝土结构构件。1990年，泰兴县建筑安装器材厂始产预应力圆孔板、多孔砖。1994年，建于汪群乡的2个建材预制厂分别生产水泥楼板和地砖。1995年，泰兴市胡庄肖东预制厂始产水泥楼板和门窗。1998年，泰兴市汪群建材预制厂始产非承重水泥预制构件。泰州市泰发新型建筑材料有限公司在刁铺镇成立，生产混凝土制品（不含承重件）、混凝土结构构件。泰州市润鑫混凝土有限公司在刁铺镇成立，生产混凝土制品。1999年，泰州市京伟彩瓦有限公司在口岸镇龙窝村成立，生产水泥彩瓦、彩色地砖。2000—2008年，在区内成立的水泥制品生产企业主要有泰州市刁铺镇官沟宏章水泥预制构件厂、泰州市高港区永泰水泥制品厂、泰州市口岸兴丰水泥制品厂、泰州市口岸灯湾水泥预制厂、泰州市刁铺雅丽路饰材料厂、泰州金禾商砼制品有限公司、泰州市政通水泥制品有限公司、泰州市鑫源特种构件制造有限公司、泰州市高港区邦立新型建筑材料厂、泰州市高港区祥益建材厂、泰州市高港区庆军水泥制品厂、泰州市高港区城南水泥制品厂、泰州市祥泰节能建筑保温材料有限公司、泰州鑫海科能新型材料有限公司，主要产品有水泥砖、预应力钢丝园孔板、混凝土管道、预制板、板砖、路牙、水泥预制块、水泥制品（不含承重件）、混凝土预制件（非承重件）、混凝土小型砖块、窨井盖、窨井座、蒸压加气块、蒸压加气砖。2008年，全区水泥制品业有列统企业2个，即泰州金禾商砼制品有限公司、泰州市鑫源特种构件制造有限公司。

# 第三节　玻璃制品

1965年起，口岸公社玻璃仪表厂生产安瓿、玻璃仪器，许庄公社玻璃制品厂、汪群公社刘西大队玻璃制品厂生产眼药水瓶等玻璃制品。1970年，永安公社玻璃厂始产玻璃吸管、花瓶，刁铺公社化工厂转产玻璃仪器。20世纪80—90年代，在境内成立的玻璃制品生产企业（含兼营企业）主要有泰兴县玻璃工艺厂（今泰州市高港区万事达建筑材料厂）、大泗康乐村仪器配件厂、刁铺塑料厂（转产企业）、上海玻璃仪器一厂泰兴分厂、永安洲乡鑫发实业公司（今泰州市鑫发实业公司）、泰州市友联工艺品有限公司、江苏省泰州市沪太科学仪器厂、泰兴市银杏玻璃钢制品厂（厂址：胡庄镇）、泰州市太龙工艺品有限公司，主要产品有玻璃仪器、日用玻璃制品、保温瓶胆、玻璃器皿、玻璃彩球、玻璃钢管、玻璃钢水箱、玻璃器材。

2000—2008年，在境内成立的玻璃制品生产企业（含兼营企业）主要有北京玻璃集团泰州博美玻璃仪器厂、泰州市五星节能灯厂、泰州市高港区和顺泡花碱厂、泰州市明鹤化玻有限公司、泰州澳泰玻璃仪器有限公司、泰州市荣佳科教仪器有限公司、泰州市宝龙玻业有限公司、泰州市高港区荣昌教学仪器厂、泰州市高港区利美工艺品有限公司、泰州市高港区茂丰灯饰厂、泰州市兴利玻璃有限公司、泰州市和顺玻璃制品有限公司、泰州市星安玻陶有限公司、泰州市亚邦玻璃制造有限公司、泰州市宇龙玻璃有限公司，主要产品有彩色玻璃管、彩色玻璃珠、玻璃仪器、玻璃烧器、节能灯管、玻璃管、玻璃珠、量筒、量杯、量瓶、吸管、移液吸管、酸碱滴液管等玻璃制品。2008年，全区专业生产玻璃制品的列统企业有4个，分别是泰州市明鹤化玻有限公司、泰州市星安玻陶有限公司、泰州市高港区和顺泡花碱厂、北京玻璃集团泰州博美玻璃仪器厂。

## 第四节　其他非金属矿物制品

1955年前，境内有源吉、祥源等私营煤炭店手工加工煤球。1956年起，口岸煤球加工厂生产机制煤球，刁铺、大泗等集镇相继设煤炭加工车间（组）。1962年，汪群公社大丁大队建砂轮厂，生产砂轮、油石。1965年，口岸镇油石砂轮厂（后更名为泰兴县玉器厂）、王营砂轮厂（后更名为口岸镇织带二厂）始产砂轮、油石。1966年后，许庄公社五金机械厂（后更名为扬州市华泰煤机厂）、刁铺公社砂轮油石排笔厂（后更名为泰兴县体育器具厂）、口岸镇五金厂（后更名为泰兴县调速机厂）经营范围涉及油石或砂轮、金刚砂、砂粉制造。20世纪80年代，境内成立的其他非金属矿物制品企业（含兼营企业）主要有泰县磨具厂（厂址：白马乡）、口岸镇故土五金工具厂、刁铺砂轮厂、口岸镇虹桥弹簧厂、刁铺镇万庄油石厂、口岸镇红云磨具厂、刁铺镇陈吉磨具厂、泰兴县彩瓷厂、胡庄乡宗林建材厂、口岸镇双复燃料加工厂，主要产品有磨具、磨料、仿古陶器、石棉瓦、蜂窝煤。进入90年代，由于液化石油气使用方便，境内煤球加工厂逐渐歇业。同时，为保护环境，大多数从事其他非金属矿物制品生产的小型企业停产或转产。

1998—2008年，区内成立的其他非金属矿物制品企业（含兼营企业）主要有泰州市金马异型磨具工具厂、泰州市磨具二厂、泰州市金鑫宠物用品厂、泰州市力力砂轮厂、泰州市刁铺磨具工艺厂、南昌锐之杰实业有限公司泰州分公司、泰州市高港区明星磨具厂、泰州市高港区环利机械厂、泰州市高港区港城机械配件厂、泰州市高港区远大磨具厂、泰州市高港区铁路机械设备厂，主要产品有砂轮、油石、磨料、耐火材料。2008年，全区共有其他非金属矿物制品企业12个。

## 第五节　企业选介

### 一、泰州金禾商砼制品有限公司

位于永安洲镇中心村，成立于2004年，注册资本1500万元，生产销售商品混凝土。2006年5月，企业取得预拌商品混凝土专业三级资质证书。2007年，通过ISO 9001质量管理体系认证。2008年，成为江苏省混凝土行业质量、安全、信誉AAA级保障单位，拥有自备码头和HZS-120混凝土生产线两条，全年销售商品混凝土40万立方米，完成销售额8409万元，实现利税964万元。

### 二、泰州市星安玻陶有限公司

位于永安洲镇中心村，占地1万平方米，成立于2006年，注册资本180万元，初期主要生产高硼硅玻璃仪器和器皿。2007年起，转产高硼硅玻璃棒，当年产销各种规格高硼硅玻璃棒5000余吨，销售额1800余万元。2008年起，采用9.5平方米全电熔炉生产高硼硅玻璃棒，产品质量明显提升，单位产品能耗明显下降。当年，注册“星安”商标，完成产值1951万元，销售1798万元。

# 第十一章　其他工业

## 第一节　发　电

民国15年（1926），口岸墟明电灯公司成立，有25千瓦柴油发电机组1台。民国20年，口岸墟明电灯公司由南官河与宣堡港交叉口东南岸的乌龟滩迁至口岸船闸向东250米处的刘家村。民国21年，口岸墟明电灯公司有用电户240户，采用包灯制收费。民国27年，口岸墟明电灯公司倒闭。民国32年，口岸同光电灯公司成立，厂址刘家村，有100马力柴油机1台、40千瓦发电机1台。民国35年，口岸同光电灯公司歇业。

图 10-11-1　国电泰州发电有限公司1号炉第一根大板梁吊装就位（2006年摄）

1953年，口岸义森泰锅厂（1956年公私合营后改称口岸锅厂）成立，备有20马力立式柴油发电机。1955年元旦，口岸电灯厂建成发电，备有35马力柴油机和16千瓦发电机各1台。1956年1月，口岸电灯厂实行公私合营，增设48.5马力柴油机和36千瓦发电机各1台。1965年，口岸电灯厂停业。

20世纪80年代，高港港务局、商业部口岸船厂、口岸米厂分别自备柴油发电机组。2000年11月，在口岸镇合乐村（今泰州市经济开发区滨江工业园区）建泰州金泰环保热电有限公司，2003年12月建成投产，拥有3台75T/H循环流化床锅炉和2台18兆瓦抽凝式汽轮发电机组。2007年12月、2008年3月，国电泰州发电有限公司一期工程的1号机组、2号机组分别在永安洲镇福沙村建成投产，装机容量为2台100万千瓦超超临界燃煤机组。

## 第二节　皮革、毛皮、羽毛及其制品和制鞋

民国年间，境内有人从事动物生皮鞣制加工。

新中国成立后，各地供销社收购动物生皮并鞣制加工。1952—1996年，境内从事皮革、毛皮、羽毛及其制品和制鞋业的企业主要有口岸猪鬃生产小组、刁铺猪鬃生产小组、口岸公社猪鬃毛笔厂、刁铺公社猪毛厂、孔桥公社鞋帽服装加工厂、田河公社皮革加工厂、刁铺公社电磁线一厂、泰兴县沙发皮件厂、泰兴县田河制鞋厂、口岸沙发皮件厂、泰兴县圣诞礼品厂、泰兴市童鞋厂（今江苏泰州孔桥童鞋厂）、泰兴泰申联合制鬃厂，主要产品有猪鬃、猪鬃毛刷、猪鬃毛笔、皮鞋、塑料凉鞋、胶鞋、皮夹克衫、皮鞋、皮手套、人造革箱、人造革包、儿童皮鞋等。

1997年后，全区皮革、毛皮、羽毛及其制品和制鞋业有所发展。至2008年，新成立的企业（含更名企业）主要有泰州市东威皮毛工艺厂、泰州市中港工艺品进出口有限公司、泰州市高港区礼诚箱包厂、泰州市华伟鞋业有限公司、泰州市高港区三星鞋厂、泰兴市益舜鞋业有限公司（地址：孔桥工业园区）、泰州市港盛鞋业有限公司、泰州市骥风鞋业有限公司、泰州市豪宇鞋业有限公司、姜堰市宝尔特工艺鞋厂（厂址：大泗镇）、泰州玛雅工艺品有限公司、泰州市恒凯箱包有限公司、泰兴市胡庄镇银杏漂白猪鬃厂、泰州泰申鬃制品有限公司（原泰兴泰申联合制鬃厂）、泰州市宝来制鬃厂、泰州市高港区亚兴鬃刷厂、泰兴市宏图鬃刷有限公司（地址：胡庄镇）、泰州市高港区嘉泰鑫盛刷业有限公司、姜堰市宏伟鬃刷有限公司，主要产品有皮褥、手套毛口、毛领围脖、毛皮制品、皮箱、皮包、皮手套、皮带、皮票夹、皮鞋、儿童皮鞋、纺织面料鞋、工艺鞋、羽毛制品、猪鬃毛刷、猪鬃。全区皮革、毛皮、羽毛及其制品和制鞋业列统企业有4个，分别是泰州市华伟鞋业有限公司、泰州市骥风鞋业有限公司、泰州泰申鬃制品有限公司、泰州市高港区亚兴鬃刷厂。

## 第三节　木材加工和人造板、木制品、家具

新中国成立前，境内集镇有家具铺和木制品加工铺，农村有细料木匠、圆作木匠受雇上门制作家具和木制品，人们习惯称呼细料木匠为木匠、圆作木匠为箍桶匠。

1953年，口岸镇成立口岸新民街木业生产小组，设方作和圆作2个作业组，生产家具和木制农具。至1956年，各地相继建立铁木业生产合作社，设木作车间，从事农具、家用木制品制造。1970年，口岸镇沙发篷布厂始产木制沙发。1979年，许庄木制工艺品厂生产木制首饰盒。1984年，建于永安洲乡的压材厂生产胶合板，泰兴县口岸镇沙发皮件厂生产木制沙发。1988年，建于口岸镇故土村的木箱包装厂生产包装木箱。1992年，建于永安洲乡永正村的木器制刷厂（今泰州市永安木器制刷厂）生产漆刷和漆刷柄。1993年，建于许庄乡小营村的工艺厂（今泰州市艺美包装工艺厂）生产木制包装箱和宝丽板。1999年，建于许庄乡周梓村的泰州市光明冶金纸管有限公司生产木制包装箱。

2000—2008年，在区内成立的木材加工和人造板、木制品、家具制造企业（含兼营企业）主要有泰州市永昌工业器材有限公司、泰州市高新电力器材有限公司、泰州市宝羽工艺有限责任公司、泰州

市三信家具有限公司、泰州市五星教学设备有限公司、江苏上华教学设备有限公司、泰州市业韵木业有限公司、泰州市龙腾木业有限公司、泰州市世泽艺术品有限公司、泰州市高港区海威机模厂、泰州市亚仕木业有限公司、泰州市嘉禾门业有限公司，主要产品有板箱、木器、木制品、家具、木制办公用品、钢木床、课桌椅、实木办公家具、多功能书架、文件柜、钢木家具、橱柜、木地板、木基材、木胶合板、木制品、木模板、细木板、多层板、实木家具、实木门窗。2008年，全区有木材加工和人造板、木制品、家具制造企业（含兼营企业）22个。其中，列统企业1个，即泰州市业韵木业有限公司。

## 第四节　印刷、造纸和纸制品

民国初年，口岸镇建有石印社，采用石板印刷。

1958年，口岸公社社会福利造纸厂、孔桥造纸厂以稻草、废纸为原料生产土纸。1962年，口岸镇综合厂生产文化色纸。1964年，刁铺公社建印刷厂（后更名为泰兴县彩色印刷厂），承印账册、包装纸。1966年，口岸毛笔织带塑料印刷厂经营扑克牌印刷业务。20世纪70年代初，刁铺公社镇丰大队创办印刷厂，承印票据、包装纸；口岸镇龙窝居委会、刁铺公社先后成立纸盒厂，生产纸箱和纸盒。70年代中期，许庄、口岸建有纸制品厂。1985—1996年，在境内成立的印刷、造纸和纸制品生产企业主要有泰兴县油墨印刷厂、口岸纸管厂、泰兴县口岸镇包装用品厂、泰兴县纸管厂、口岸华生纸管厂、扬州市扬子纸管厂、光明冶金纸管厂（厂址：许庄乡周梓村，今泰州市光明冶金纸管有限公司）、苏中制桶厂（厂址：许庄乡曹官村，今泰州市苏中制桶厂）、泰州市凯圣印刷制品有限公司，主要产品有上粉上光扑克、糖果纸、纸管、包装纸箱、冶金纸管、纸制品、印刷品。

1999—2008年，在区内成立的印刷、造纸和纸制品生产企业（含兼营企业）主要有泰州市康华纸业有限公司、泰州市高港曙光金属纸套筒厂、泰州市许庄印刷厂、泰州市高港区劳动彩印厂、泰州市永安中心学校附属工厂、泰州市高港区盛华工艺包装用品厂、泰州市长三角电子有限公司、泰州市高港区广泰五金机械包装厂、泰州市许庄包装材料厂、泰州市新城彩印厂、泰州市刁铺解放彩印厂、泰州市宝羽工艺有限责任公司、泰州市高港区福鑫电子仪表器材厂、泰州市高港区大洋包装厂、泰州永盛彩印包装有限公司、泰州市三泰包装彩色印刷厂、泰州子民彩印有限公司、泰州市白马彩印厂、江苏飞龙彩印包装有限公司、泰州市金泰纸业有限公司、泰州市华生包装有限公司、泰州市高港区启航包装制品厂、泰州市红喜纸箱有限公司、立标（泰州）文具有限公司，主要产品有纸张、冶金用纸质套筒、纸制品、纸管、纸质纱管、商标、本册、包装制品、纸箱、纸品印刷、纸盒、包装纸盒、报表、帐册、凭证、纸包装箱、包装装潢印刷品、图版、表册、纸质标签。2008年，全区印刷、造纸和纸制品业列统企业有5个，即泰州市光明冶金纸管有限公司、江苏飞龙彩印包装有限公司、泰州市高港曙光金属纸套筒厂、泰州市高港区广泰五金机械包装厂、泰州永盛彩印包装有限公司。

## 第五节　橡胶和塑料制品

1958年，永安公社创办塑料制品厂，生产塑料章坯、烟嘴、纽扣等。1966年，口岸塑料制品厂生产塑料食品袋、塑料盒、塑料桶。1974年，刁铺公社圩岸大队创办泰兴县刁铺织带厂，生产橡胶带。20世纪80—90年代，在境内成立的橡胶和塑料制品企业（含兼营企业）主要有泰兴口岸橡胶厂、泰兴县东方传动带厂、泰兴县同步齿轮形带厂、泰兴县口岸化纤机械配件厂、泰兴县工业传动带厂、泰兴县口岸尼网带厂、口岸西亚胶带厂（今泰州市长江高速同步带有限公司）、泰兴县有机氟材料厂（今泰州市有机氟材料厂）、泰兴县口岸塑胶电线厂、泰兴县滨江制药机械设备厂、泰兴县环溪机械配件厂、泰兴县振兴氟塑料制品厂、泰兴祥泰印刷机带厂、江苏华新塑料编织有限公司、泰兴市耐尔牵引胶带有限公司、泰兴市科豪特种带厂、泰兴市扬梓通用制品厂、泰兴市亚光特种塑料厂（今泰州市亚光特种塑料厂）、泰州市天鹏带业有限公司、泰州市远东传动带厂、泰州市金科带业有限公司、泰州曙泰罗那电子有限公司、泰州华利特种机械有限公司、泰州市兴泰传动带厂、泰兴市复合材料有限公司、江苏泰氟隆科技有限公司、泰州市高港区益达塑料制品厂、姜堰市海洋包装用品厂（地址：大泗镇大泗村）、泰州市锦泰实业有限公司，主要产品有电机传动带、工业防震垫圈、自行车脚蹬胶块、聚氨酯同步带、氯丁胶同步带、塑料包装袋、输送带、氟塑料制品、注塑件、塑料制品、聚全氟乙丙烯制品、四氟套管、橡胶板、橡胶管、橡胶、橡胶带、塑料编织袋、工程塑料制品、聚酰胺片基带、导电橡胶按键、特种橡塑、亚胺板材、塑胶轮、PTFE 薄膜、塑料包装用品。

进入21世纪，全区橡胶和塑料制品业不断发展壮大。2008年，全区橡胶制品企业共有76个。其中，列统企业有9个，即泰州市环威带业有限公司、泰州市保力工业皮带有限公司、泰州市泰丰胶带有限公司、泰州市奇正胶带有限公司、泰州市长江高速同步带有限公司、泰州市华龙家电配件有限公司、泰州市利达皮带有限公司、泰州市丰岸工业皮带有限公司、泰州市高港区华宇线带厂。全区塑料制品企业共有48个。其中，列统企业有8个，即江苏华辰塑料织品有限公司、泰州市白马塑料制品有限公司、泰州市茂尧聚氨酯塑料制品厂、泰州市高港区艳阳天塑料制品有限公司、泰州市高能包装材料厂、泰州市泰华编织物有限公司、泰州新起点橡塑制品有限公司、泰州市亚光特种塑料有限公司。

## 第六节 文教、工美、体育和娱乐用品

### 一、文教办公用品

1964年，许庄公社马厂大队创办制笔厂，生产油画笔30万支。1965年，刁铺排笔加工厂生产排笔12.6万支。1975年，田河公社张周大队创办文具厂，生产毛笔和讲义夹。20世纪80—90年代，在境内成立的文教办公用品生产企业主要有许庄公社王戚日用品厂、刁铺镇河港文体用品厂、泰兴县文体用品四厂、刁铺镇长太圆珠笔芯厂、许庄塑料文具厂、泰兴县圆珠笔芯三厂、许庄五金文具厂、泰兴体育用品厂、泰兴县兴星教学仪器厂（后更名为泰州市兴星教学器材有限公司，今江苏省兴星教学器材有限公司）、泰兴市文卫医教器材厂、泰州市科达生物标本制片有限公司，主要产品有圆珠笔、圆珠笔芯、文具盒、装订机、切纸机、墨汁、化学教学仪器、物理教学仪器、生物教学仪器、教学器材、生物直观标本、医学教学生物模型。

2000—2008年，在区内成立的文教办公用品生产企业（含兼营企业）主要有泰州市宏达科教器械厂、泰州市永安教学仪表厂、江苏光华运动器材制造有限公司、泰州市高港区荣升教学仪器厂、泰州市中泰教学设备有限公司、泰州市高港区东方科教仪器厂、泰州市亿达教学装备有限公司、泰州市高港区荣昌教学仪器厂、泰州市高港区宏发科教器材厂、泰州市五星教学设备有限公司、泰州市高港

区宇通电子通信器材厂、泰州市荣佳科教仪器有限公司、泰州市江南教学仪器设备有限公司、江苏上华教学设备有限公司、泰州市鑫润科教仪器厂、泰州市宏运科教实验设备有限公司、立标（泰州）文具有限公司、泰州市鑫源工矿器材有限公司、泰州市高港区志扬教仪电测器材厂、泰州市刁铺光学仪器有限公司、泰州市高港区诚誉教学设备厂、泰州市高港区新海峡通用设备厂、泰州市逸鑫科教器材有限公司、泰州市高港区东南科教仪器设备厂、泰州市高港区余江机械仪器设备厂、泰州市高港区兴旺教学仪器厂、泰州成功教学用品有限公司、江苏子辰教育设备有限公司、泰州市盛盛教学设备有限公司、泰州市高港区中达教学设备厂、泰州市高港区神马电子科教设备厂、江苏省苏创教学设备有限公司、泰州中远教学仪器设备有限公司，主要产品有教学仪器、仪表、仪器提手、教学实验设备、教学通用技术实验室设备、数字化实验室设备、探究实验室设备、幼儿教具、物理实验器材、化学实验器材、生物实验器材、玻璃仪器、办公用品、科研教学用品、文具系列产品、电测器材、多媒体设备、自然课程成套教学仪器。2008年，全区文教办公用品制造业有列统企业2个，即立标（泰州）文具有限公司、泰州市五星教学设备有限公司。

## 二、工艺美术品

1956年，刁铺成立地毯生产合作小组。1958年，刁铺地毯生产合作小组迁至泰兴县城，与朱庄生产合作社合并为地方国营铜芯线猪鬃地毯厂，制作90道抽绞京式地毯；永安公社创办编织厂，制作柳箱；口岸公社创办篾缆厂，生产竹制品。1972年，汪群公社工艺厂制作地毯，完成产值10万元。1973年，口岸镇玻璃仪表厂始制作玉制品，系上海外贸定点生产厂家。1975年，口岸油石砂轮厂转产玉石制品，并更名为口岸镇玉器磨具厂，年产玛瑙珠755粒。20世纪80年代初，许庄编织工艺厂年制作柳箱3万只，胡庄公社庵桥美术工艺厂年制作麦草工艺品2.3万件，建于口岸双新村的五金工艺厂生产玉石戒面、佛珠、珠串、领带玉片等玉石制品，口岸镇办泰兴县玉器厂产玉石制品41个品种、151.22万件。1984年，许庄塑料工艺制品厂年制作雕刻工艺品2.25万只。1985年，泰兴县金象工艺制品厂在刁铺镇成立，生产漆器工艺品。1986年，泰兴县第三毛毯厂在汪群乡成立，泰兴县第四毛毯厂在胡庄乡成立，经营范围都包括地毯制作。建于口岸镇天如村的美术工艺品二厂（今泰州市圣诞礼品有限公司）和建于许庄乡的泰兴县礼品工艺厂均生产羽毛工艺品。1988年，建于许庄乡的泰兴县育才工艺品厂（今泰州市育才工艺品厂）专业生产羽毛工艺品。1992年，建于刁铺镇的泰兴市育才艺术品厂产羽毛工艺制品、工艺礼品。1998年、1999年，泰州市高港瑞达礼品工艺厂、泰州市许庄天工礼品工艺厂先后成立，均从事羽毛工艺品制作。

2000—2008年，在区内成立的工艺美术品制造企业（含兼营企业）有泰州市圣诞礼品有限公司、泰州市东威皮毛工艺厂、泰州市飞燕工艺品有限公司、泰州市高港区宝山工艺品厂、泰州市宝羽工艺有限责任公司、泰州市刁铺节日礼品工艺厂、泰州市高港区港泰工艺厂、泰州市爱可服饰有限公司、泰州市刁铺天使工艺品厂、泰州市大成工艺厂、泰州环艺工艺品有限公司、泰州市创新工艺饰品有限公司、泰州市永盛服饰有限公司、泰州市中港工艺品进出口有限公司、泰州市森鑫工艺品有限公司、泰州市高港区非凡饰品工艺厂、泰州市宇航航空器材有限公司、泰州市飞燕工艺品有限公司、泰州市永昌工业器材有限公司、泰州市高人工艺制品有限公司、泰州市刁铺美羽工艺厂、泰州市刁铺泡塑工艺品厂、泰州市泰达尔工装设备有限公司、泰州市高港区康泰钟表有限公司、泰州市世泽艺术品有限公司、泰州玛雅工艺品有限公司，主要产品有羽制工艺品、玻璃工艺品、木制工艺品、纺织工艺品、绒制工艺品、花鸟画工艺品、橡塑工艺品、刺绣工艺品、电子钟表等。2008年，全区共有工艺美术品制造企业41个。其中，列统企业有5个，分别为泰州市宝羽工艺有限责任公司、泰州市育才工艺品厂、泰州环艺工艺品有限公司、泰州市宇航航空器材有限公司、泰州市高港区康泰钟表有限公司。

### 三、体育和娱乐用品

1979年，建于口岸公社的军训器材厂始产单杠、双杠。20世纪80—90年代，在境内成立的体育和娱乐用品制造企业（含兼营企业）主要有泰兴县体育器具厂、刁铺球拍厂、刁铺河港村文体用品厂、胡庄乡和丰体育用品厂、孔桥体育用品厂、野徐乡体育用品厂（今泰州市大自然旅游体育用品有限公司）、泰兴县文体用品二厂、泰兴县舞台设备厂、泰兴县幕布织造厂、泰兴县舞台设备四厂、扬州长江影视舞台设备厂、刁铺舞台工艺品厂、泰兴县舞台器材厂、扬州舞台设备厂、泰兴县舞台设备工具厂、泰兴体育用品厂、泰州市永乐健身器材有限公司、江苏影星舞台设备厂、泰兴市银杏舞台椅业有限公司，主要产品有杠铃、哑铃、羽毛球拍、体育垫、健身万步计、篮球架、幻灯、舞台道具、拉幕机、双杠、控制台、手动单式吊杆、手动复式吊杆、电动窗帘机、舞台灯光设备、舞台音响设备。

2000—2008年，在区内成立的体育和娱乐用品制造企业（含兼营企业）主要有泰兴市影视舞台设备厂、泰州市光耀机械电器有限公司舞台设备分公司、江苏诚信舞台设备有限公司、泰州展帆电子有限公司、泰州市东方健身器材厂、泰州市富泰科研健身器厂、江苏奥华体育健身器材有限公司、江苏光华运动器材制造有限公司、泰州景皇旅游用品有限公司、泰州市前进减速机配件厂、泰州市银杏消防水带厂、泰州市华星健身器材有限公司、泰州市吉达体育器材有限公司、泰州市创鑫装饰材料有限公司、泰州远大旅游用品有限公司、江苏省强槐体育用品有限公司、泰州信盛机电设备有限公司、泰州市高港区鑫运金属制品有限公司、泰州市高港区海诞体育器材厂、泰州市鑫源工矿器材有限公司、泰州市高港区新海峡通用设备厂、泰州市逸鑫科教器材有限公司、泰州成功教学用品有限公司、泰州市高港区飞达军训器材厂、泰州派沃运动器材有限公司、泰州市银杏舞台机械工程有限公司、江苏沪光舞台设备有限公司、泰州市高港区天骄舞台设备厂、泰州市长宏舞台设备有限公司、江苏声光影剧设备有限责任公司、江苏鑫泰智能科技有限公司、泰州市金艺影视设备有限公司、江苏建声影视设备研制有限公司、泰州市高港区综艺舞台设备厂、江苏美艺舞台设备工程有限公司、泰州市明星舞台设备有限公司、泰州市长久舞台设备安装工程有限公司、泰州市金山舞台设备有限公司、江苏宏宇影视设备有限公司、泰州市金舞台智能科技有限公司、泰州九洲方圆舞台设备有限公司，主要产品有吊杆、银幕架、电动窗帘机、灯光音响、升降舞台、升降乐池、舞台桥架、体育器材、健身器材、儿童娱乐器材、体育用品、军训器材、舞台机械设备、旋转舞台、舞台智能化控制系统、升降旋转舞台设备、舞台钢架。2008年，全区体育和娱乐用品制造业有列统企业4个，即泰州远大旅游用品有限公司、江苏省强槐体育用品有限公司、泰州景皇旅游用品有限公司、泰州市大自然旅游体育用品有限公司。

## 第七节 墙 纸

1987年，口岸无纺布厂与中国新型建筑材料总公司联合投资建壁纸生产线，年产壁纸11万平方米，并更名为泰兴壁纸厂。1989—1990年，泰兴壁纸厂生产的“郁金香”牌PCV发泡壁纸先后被评为江苏省优质产品和国家建设局优质产品。1994年，泰兴壁纸厂更名为江苏郁金香集团有限公司。2000年，江苏皇冠壁纸有限公司在高港科技创业园成立，生产高中档壁纸。2001年，泰州大河装饰材料有限公司在高港科技创业园成立，生产壁纸。2005年，泰州市高港区安泰诺化工有限公司在高港科技创业园成立，生产墙纸敷料。2006年，泰州龙冉装饰材料有限公司在高港高新技术产业园区成立，生产壁纸、壁布。2007年，泰州市康乃馨墙纸有限公司在高港高新技术产业园区成立，生产墙纸、壁布；泰州市爱华墙纸有限公司在口岸街道成立，生产壁纸及涂层半成品。2008年，泰州市麒雅墙纸有限公司在高港高新技术产业园区成立，生产套色、印花、压花高档墙纸。全区生产墙纸的列统企业有3个，即江苏皇冠壁纸有限公司、泰州龙冉装饰材料有限公司、泰州市爱华墙纸有限公司。

## 第八节　宠物用品

20世纪90年代起，随着饲养宠物的家庭逐渐增多，宠物用品产业在境内悄然兴起。2000年8月，泰州市金鑫宠物用品厂在永安洲镇兴无村成立，生产宠物用品。2003年6月，江苏佩蒂食品有限公司在高港科技创业园成立，生产宠物食品、宠物用品、宠物玩具。2004年7月，泰州欧休宠物用品有限公司在高港科技创业园成立，生产宠物饰品、宠物服装等宠物用品。2004年9月，泰州联创电子有限公司在胡庄镇成立，生产宠物用品。2008年，全区有生产宠物用品的列统企业2个，即江苏佩蒂食品有限公司、泰州市欧休宠物用品有限公司。

## 第九节　企业选介

### 一、国电泰州发电有限公司

位于永安洲镇福沙村，2004年1月成立，由中国国电集团公司、江苏省国信资产管理集团公司、江苏交通控股有限公司、深圳颐和置业有限公司、泰州市泰能投资管理有限责任公司共同出资组建，规划装机总容量为4台100万千瓦燃煤机组，分两期建设。一期工程装机容量为2台100万千瓦超超临界燃煤机组，是国家“十一五”重点建设项目。2007年12月、2008年3月，一期工程的1号机组、2号机组分别投产发电。

### 二、泰州泰申鬃制品有限公司

位于刁铺街道解放西路。1962年创办，原名刁铺公社猪毛厂。1965年，改为口岸猪鬃合作社生产车间。1966年，更名为泰兴县刁铺区猪鬃厂。1970年，更名为泰兴县刁铺公社制鬃厂。1986年，与上海畜产品进出口公司联营，更名为泰申联合制鬃厂，生产水煮猪鬃。1987年，被评为江苏省乡镇企业明星企业。1990年，被外贸部、农业部定为全国“贸工农”联合出口商品生产基地，年外贸供货额2196万美元。1992年，注册“泰申”商标。2001年，企业改制，定为现名，企业通过ISO 9000质量管理体系认证。2004年起，该企业加工的水煮猪鬃、漂白猪鬃、水煮漂白猪鬃畅销欧美、东南亚等国家和地区。2008年,完成产值4568万元,实现销售收入4568万元、利税435万元。

## 三、泰州市业韵木业有限公司

位于许庄街道振北路。2003年创办,原名泰州市兴宇木业有限公司。2006年,定为现名。主要从事木地板及木基材、木胶合板、木制品、木模板的制造和销售,2008年,企业通过ISO 9001:2000质量管理体系认证、ISO 14001环境管理体系认证。年产木胶合板123.35万立方米,完成产值5028万元,实现销售收入4524万元、利税759万元。

## 四、泰州永盛彩印包装有限公司

位于高港高新技术产业园区内。2002年5月成立,注册资本3450万元,主要从事瓦楞纸板、瓦楞纸箱、彩盒加工,是江苏省出口包装定点生产企业。2003年,企业通过GB/T 19001:2000idt ISO 9001:2000包装产品及体系质量认证。2004年,企业通过GB/T 24001:2004idt ISO 14001:2004环境管理体系认证。该企业60%的产品远销欧美、日本、西亚及北非、大洋洲、非洲等国家和地区。2008年,完成产值1.26亿元,实现销售收入1.23亿元、利税578万元。

图 10-11-2 泰州永盛彩印包装有限公司(2003年摄)

## 五、泰州市环威带业有限公司

位于刁铺工业园区内,占地1.8万平方米。原为泰兴县刁铺镇圩岸卷烟带厂。1992年3月,更名为泰兴市刁铺镇环威卷烟带厂。1993年,引进国外先进设备及技术,专业生产"环威牌"传动带和传动带轮,主要产品有同步齿形带、多楔带、切割式V带、尼龙片基带、轻型输送带、平胶带、无极变速带、微型三角带、尼龙吸丝带和各种橡胶制品。1998年2月,定为现名。2002年12月,企业通过维也纳OQS公司的品质管理系统认证、ISO 9001:2000质量管理体系认证。2008年,完成产值8803万元,实现销售收入8686万元、利税1081万元。

## 六、泰州市茂尧聚氨酯塑料制品厂

位于胡庄镇工业园区(孔庄村),占地5600平方米。1976年建,初名泰兴县胡庄编织厂,乡办集体企业,以木机加手工编织生产圆带、环形带。1982年起,新增羊毛毯、丝质提花被面等产品。1992年,转产聚氨酯弹性颗粒。1993年,更名为泰兴市茂尧聚氨酯塑料制品厂。1994年,添置生产设备,新建厂房10余间。1997年,定为现名。2002年,改制并迁至现址。2008年,主产品有聚氨酯颗粒系列、耐磨绳、聚氨酯多元醇、预聚体等。全年完成产值7000万元,实现利税725万元。

## 七、江苏华辰塑料织品有限公司

位于江平路口岸私营工业园区内，占地4.3万平方米，建筑面积1万余平方米。前身为县属集体企业泰兴县木建材运销公司。1991年，泰兴县木建材运销公司与中国建筑材料总公司、新西兰新中贸易集团有限公司合资，创办中外合资企业——江苏华新塑料编织有限公司，生产塑料编织集装袋，1994年建成投产。其时，厂址在口岸镇向阳北路1号。编织袋产品在内销的同时开始出口日本。1995年，江苏华新塑料编织有限公司从泰兴市建材运销公司分离。1998年，通过ISO 9000质量管理体系认证，产品有大米袋、导电袋，出口扩至美国、澳大利亚和欧洲，出口额占销售总额的90%。1999年，改制为民营股份制企业，总股份361.68万元，管理人员与基本职工按70:30人人参股。2003年，迁至现址。2007年，更为现名。2008年，产各类集装袋80万条，完成产值3500万元，实现销售3300万元、利税278万元，出口创汇345万美元。

## 八、立标（泰州）文具有限公司

位于高港高新技术产业园区内，占地6000余平方米。2004年5月，由外商出资190.5万元建，初址创业大道8号，名瑞德利宝（泰州）文具有限公司，专业生产办公、家庭、学校、物流等系列标贴产品。当年产值过1000万元。此后，增加DVC和PET印刷生产线各1条，与国内多个大型文具制造商合作，产品覆盖办公家居、家用电器、汽车、儿童玩具、电器保洁五大类品种。2007年，完成产值2.58亿元，利税2195万元。2008年，企业业务急剧下滑，呈亏损态势，产值2362万元，利税-331万元。

## 九、泰州市五星教学设备有限公司

位于刁铺工业园区内，占地2.5万平方米，建筑面积1.68万平方米。2003年10月创办，注册资金2069万元。产品包括公寓床、课桌椅、理化生实验室成套设备、教学仪器、整体橱柜等。公司拥有全自动封边机、修边机、异型封边机、三排多轴钻床、四排多轴钻床、立式单轴木工铣床、精密推台锯等生产设备。2004年，通过GB/T 19001:2000国际质量管理体系和GB/T 14001:2004环境管理体系认证。2006年，通过GB/T 20081:2001职业健康安全体系认证。2006—2008年，被泰州市及下属靖江市、广东省佛山市的政府采购部门指定为定点供应厂家。2007年，被评为江苏省明星企业，成为中国及江苏省教学仪器设备行业会员单位。2008年，完成产值2080万元，实现销售2072万元、利税160万元。

## 十、泰州市宇航航空器材有限公司

位于胡庄镇安康大道1号，占地8300平方米，建筑面积4500平方米。2005年4月注册成立，原名泰兴市宇航航空器材有限公司，私营股份制企业。主要生产飞机舱内装饰板、餐桌、扶手盖、座椅垫、金属饰件、皮革、纺织品、厨卫装饰件、标牌等产品。集飞机客舱零部件研发、生产、销售、服务为一体，产品质量按照中国民航CCAR-21部要求进行控制，取得民航华东管理局颁发的零部件制造人批准书和技术标准规定项目批准书。2008年，更为现名。产飞机内饰配件7000余件，完成产值1500万元，实现销售1320万元、利税152万元。

## 十一、泰州远大旅游用品有限公司

位于口岸工业园发展路，占地5.52万平方米。2003年建，初址泰兴市泰兴镇车站路41号，原名泰兴市阳明旅游品厂。2003年9月，与荷兰客商合资，在现址创办泰州远大旅游用品有限公司。注

图 10-11-3 江苏皇冠壁纸有限公司（2006年摄）

册资本36万美元，主要生产足球桌、空气桌、台球桌、乒乓球桌等体育、旅游、休闲用产品。2004—2006年，投资238万美元，建标准厂房10幢，形成木工、装配和金工等相配套的车间7座。2006年，注册资本增至167.62万美元。2007年，开发新产品旅游藤椅，并在泰兴市城东工业园区建成子公司泰州远大家私有限公司。2008年，产各类游戏台20万台，完成产值1.43亿元、销售1.43亿元、利税2239万元。

## 十二、江苏皇冠壁纸有限公司

位于高港高新技术产业园区内。2000年9月成立，注册资本400万元，主要生产各种高中档壁纸。2001年，企业通过ISO 14001国际环境管理体系认证。2002年，企业获得无毒害（绿色）室内装饰装修材料证书。2008年，企业拥有壁纸专业生产线4条。其中涂布生产线1条、印刷压花生产线3条。全年生产壁纸222万筒，完成产值5679万元，实现销售收入5524万元、利税512万元。

## 十三、江苏佩蒂食品有限公司

位于高港高新技术产业园区内。2003年4月建，是专业宠物食品及用品出口企业——浙江佩蒂集团设于江苏的子公司。初期占地6.67万平方米，建筑面积1.5万平方米，主要生产小动物休闲食品，年产值8000万元。2004年，研发生产狗咬胶、肉制品、鸟食等宠物食品。2006年，成为沃尔玛全球特约供应商。至2007年，通过ISO 9001:2000质量体系认证和HACCP食品安全保证体系认证。同年，新建厂房及办公楼1.75万平方米，建1500亩宠物食品原料种植基地，购置挤压机、双螺杆挤出机、自动包装机，形成狗咬胶、肉制品、鸟食、其他小动物食品生产线5条。2008年，完成产值1.6亿元，利润1175万元，税收566.2万元，出口创汇2500万美元。

图 10-11-4 江苏佩蒂食品有限公司（2007年摄）

图 10-11-5　春水

# 泰州市高港区志

## 第十一篇　扬子江药业集团

# 第十一篇　扬子江药业集团

自1971年创办至2008年，扬子江药业集团走过创业、发展、腾飞的历程，实现“制造”向“创造”的转变，从利税几万元的镇办企业发展成为跨地区、产学研相结合、科工贸一体化的国家大型医药企业集团。在全国设7个子公司。2008年，集团共有职工7500余人（其中总部2000余人），总占地面积200余万平方米，总资产66.8亿元，年销售156亿元，利税18.6亿元，列中国医药工业百强第一名。

1988年，获省级先进企业称号。1998年，获全国医药系统先进企业称号。2004年，获全国五一劳动奖状。2005—2008年，蝉联全国医药业QC成果评比一等奖（QC成果总数第一名）。2006年，成为全国自主创新能力行业前十强。2007年、2008年，分别列中国民营企业500强第46名、53名。2008年，成为全国首批创新型企业。

# 第一章　企业沿革和规模

## 第一节　企业沿革

1971年企业初办时，为口岸仪表厂的制药车间。1973年，制药车间析出，在口岸镇人民西路建口岸镇工农制药厂，为镇办集体企业。1974年，更名为口岸制药厂。1979年，成为泰兴县制药厂设于口岸独立核算的一个车间。1983年，兼并泰兴县长江化工厂，在口岸镇通江东路口长江边建新厂区。1984年，从泰兴县制药厂析出，转为独立的县属集体企业。1985年12月，更名为扬州市扬子江制药厂。1986年，将人民西路厂区改建为三星级标准扬子江宾馆。1994年，成立江苏扬子江药业集团公司，以江苏制药股份有限公司（即扬州市扬子江制药厂）为核心，另有中外合资扬州皇家制药有限公司、中外合资庄亨保健品有限公司、扬州市凯利实业有限公司。1995年，在口岸镇

图 11-1-1　1971年时的泰兴县口岸仪表厂制药车间

图 11-1-2　20世纪80年代的扬州市扬子江制药厂

图 11-1-3　20世纪90年代的江苏扬子江药业集团

图 11-1-4　2008年的扬子江药业集团厂区一角

许陈村征地建集团总部(即扬子江医药工业园)。1997年6月,成为泰州市管企业。同年11月,成立江苏扬子江药业集团,为全省17个重点企业集团之一,也是全省医药行业第一个省重点企业集团。同时成立江苏扬子江药业集团有限公司,在高港区设集团总部。1999—2004年,先后在上海、南京、成都、北京、泰州、广州等地建集团子公司。2004年2月,江苏扬子江药业集团更名为扬子江药业集团,江苏扬子江药业集团有限公司同时变更为扬子江药业集团有限公司。至2008年,扬子江药业集团建成以扬子江药业集团有限公司为母公司,以江苏制药股份有限公司、上海海尼药业有限公司、南京海陵药业有限公司、四川海蓉药业有限公司、北京海燕药业有限公司、广州海瑞药业有限公司、江苏海慈生物药业有限公司为子公司的医药产业集团,形成内线机构、销售机构、集团子公司3个管理体系。其中,内线机构设11个办(部、院),销售机构设销售总公司、销售局、销售公司、省公司、办事处等层级,集团子公司各自有相对独立完整的内设运行机构。

护　佑

扬子江药业集团

图 11-1-5　扬子江药业集团标识

## 第二节　集团规模

### 一、集团总部

扬子江药业集团总部(扬子江医药工业园)系泰州市中国医药城南园,为江苏省沿江开发重大项目之一。

1995—2001年,建园区一期工程,占地66.7万平方米,项目包括行政大楼、研发大楼、固体制剂楼、液体制剂楼、动物房、冻干粉针车间、立体仓库、世纪明珠塔、职工之家、华容公寓、别墅区、海燕大酒店和多功能会议中心等。其中,固体制剂楼建筑面积6824平方米,1997年8月竣工投产,总投资3000万元,楼内胶囊剂和片剂车间于1998年9月通过国家GMP(Good Manufacturing Practice,生产管理规范)达标验收,是集团首个通过国家GMP认证的车间;行政大楼由东南大学建筑设计院设计,建筑面积9800平方米,1998年10月建成启用;研发大楼建筑面积6000平方米,总投资3000万元，2000年投入使用，相继挂博士后科研工作站和国家级企业技术中心牌子。

2004—2006年，建园区二期工程，占地40万平方米，项目包括8幢生产厂房、质量检测中心、网络培训中心，总投资6.5亿元。厂房总建筑面积约12万平方米，设有普药固体制剂、普药冻干粉针、抗肿瘤制剂、头孢制剂、头孢冻干粉针等生产车间，均按美国药品管理理念设计，生产设备全部引自德国、意大利，2006年上半年全面建成投产，且一次性通过国家GMP认证；质量检测中心总投资3000万元，2006年上半年建成投入使用。网络培训中心配有微机房、语音室、实验室，以及投影仪、电视机、电脑等设施，2005年10月开始与北京光华学院合作开展网络培训，为集团培养人才。

2008年，开工建园区三期工程，占地20万平方米，项目包括新药研究院大楼、6幢生产厂房，以及配套生活、动力设施，总建筑面积16万平方米，总投资逾8亿元。其中，新药研究院大楼建筑面积3万平方米，由1幢15层和1幢9层的科研大楼组成；6幢生产厂房每幢建筑面积2万平方米，率先投产的口服液2号生产车间占地面积8658平方米，主要生产防治手足口病用药——蓝芩口服液，为国内最大的口服液制剂车间。

至2008年末，扬子江医药工业园形成126.7万平方米的园区规模。园区跨扬子江南路而立，路西主要有海燕大酒店和多功能会议中心等建筑，路东为园区主体，具有园林景观风格，通过1条中央景观主轴、1条中央景观副轴和1条休闲景观轴组织园区内景观绿地，形成田字形园区环境总体格局。内有小桥流水、灌木丛、楠木林、樱花园；有夏威夷广场、扬帆广场、钟楼、东方红广场、毛泽东雕像等18个景点建筑；有供职工健身休闲的五环广场，内设1个足球场、2个网球场、2个篮球场、1个标准短道游泳池。

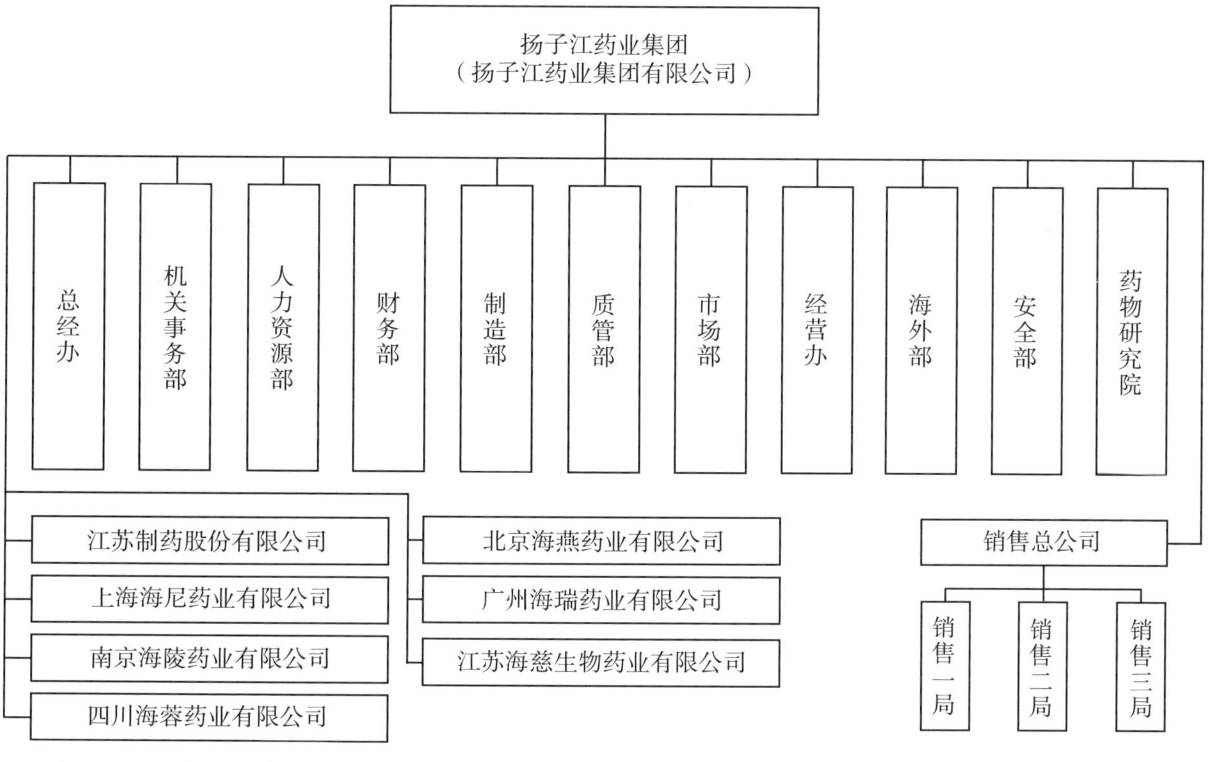


图 11-1-6　扬子江药业集团机构示意图

## 二、集团子公司

【江苏制药股份有限公司】 位于高港区通江东路2号，1994年成立，占地12万平方米，为集团中药产业的核心子公司、中药品种的提取基地。产品有40余种，主要包括胃苏颗粒（含无糖型）、马来酸依那普利片、硝苯地平缓释片、氨咖黄敏胶囊、扶严宁乳膏等。建有提取车间、提取综合车间、固体制剂车间、软膏车间及4个辅助生产车间，年提取中药1万吨以上，软膏剂年产能600万支，片剂10亿片，胶囊剂8亿粒。化验中心配备ICP-MS质谱仪、多晶X射线衍射仪、全自动微生物鉴别系统、高效液相色谱检测仪等检验仪器，按中国合格评定国家认可委员会“检测和校准实验室能力认可准则”的管理要求运转。2008年，有员工464人，其中专业技术人员100余人，实现销售13.11亿元、利税1.49亿元。

【上海海尼药业有限公司】 位于上海浦东新区周浦镇繁荣工业经济园，2001年1月成立，占地15万平方米，建筑面积7万平方米，总投资4亿元。2003年，被认定为上海市高新技术企业及上海市南汇区首批产学研联盟企业。同年末，被批准设立企业博士后科研工作站。公司与复旦大学药学院建立长期合作关系，与中国人民解放军第二军医大学合作开辟新的研发领域——医疗器械。2008年，公司拥有研发中心、博士后工作站、药物研究，以及液体、固体制剂生产车间和检测中心。其中，生产车间厂房均按GMP生产规范设计，设备国际一流，主产苯磺酸氨氯地平片、加替沙星胶囊和注射液、器官保护液等；检测中心配备进口检测仪器，有完善的质量检测体系，经历次国家和地方药检部门抽检，产品合格率均为100%。当年，有员工250人，其中专业技术人员20余人，实现销售7.56亿元、利税1.1亿元，跻身上海医药企业十强。

图 11-1-7 上海海尼药业有限公司（2008年摄）

图 11-1-8 南京海陵药业有限公司（2008年摄）

【南京海陵药业有限公司】 位于南京市栖霞区马群科技园，2001年1月成立，占地22万平方米，总投资4.2亿元，建有国家级研发中心、固体和液体制造车间、检测中心楼、高架仓库、办公楼、职工食堂和公寓、会议中心等，2003年5月通过国家GMP认证并投产，为集团总部在外投资规模最大、技术含量最高，集科研、生产、经营为一体的全资子公司。产品有胶囊剂、片剂、水针等5种剂型10余个品种，其中依帕司他片、奥硝唑胶囊、乙酰谷酰胺注射液、单硝酸异山梨酯注射液、脉络通胶囊及那格列奈片被认定为江苏省高新技术产品。研发中心内有中药制药工艺技术国家工程研究中心和省化学药物研究院士工作站。2005年，公司被认定为江苏省高新技术企业。2008年，有员工176人，其中专业技术人员45人，下设江苏海陵医药有限公司、宋庆龄基金儿童药业等实体，实现销售2.39亿元、利税0.63亿元。

【四川海蓉药业有限公司】 位于四川成都都江堰市科技产业开发区，2001年6月成立，为集团综合性药品生产经营企业，占地20万平方米，总投资3亿元。厂区绿化率达50%，主要建筑有综合固体制剂楼、液体制剂楼、综合办公楼、公用辅助厂房等。2003年12月，四川海蓉药业有限公司博士后科研工作站挂牌。2004年，公司组建药物研究所，并正式投产。2007年5月，成立企业技术中心，内有独立的功能实验室、精密仪器及中试设备，有专职研发人员54人，其中博士9人、硕士22人。公司利用西南地区的科研院所、人才、信息、中药材资源等优势，与中山大学、四川大学、成都中医药科大学、中科院成都有机所等单位建立产、学、研合作平台，并与2个美国公司、1个欧洲公司建立长期技术转让合作关系。2008年，有员工143人，其中专业技术人员25人，实现销售2.19亿元、利税0.63亿元。

图 11-1-9　四川海蓉药业有限公司（2008年摄）

【北京海燕药业有限公司】 位于北京中关村生命科学园，2004年7月兴建，2005年9月建成投产，是以药物研发为核心，集药物生产、销售于一体的全资子公司。占地6.6万平方米，建筑面积3.5万平方米，下辖海燕药物研究所、海诺康医药有限公司（医药流通企业）和海诺康会馆（四星级酒店）。有新药立项、药物合成、分析化验、制剂研究、新药报批等机构设置及人员配备，具备中试和大规模生产条件。公司重点利用中关村生命科学园良好的研发条件和北京的人才及科研优势，加强与国内外科研院校（所）的合作，力争在医药研发方面取得自主知识产权。至2008年，在特殊剂型平台、诊断试剂平台等领域取得技术突破。当年，有员工84人，其中专业技术人员19人，实现销售1591万元。

图 11-1-10　北京海燕药业有限公司（2008年摄）

【广州海瑞药业有限公司】 位于广州科学城，2004年成立，系扬子江药业集团有限公司与扬子江（中国香港）有限公司合资2.5亿元创办，占地11.5万平

图 11-1-11　广州海瑞药业有限公司（2008年摄）

方米，建筑面积2.9万平方米，集研发、生产、销售于一体，2008年通过国家GMP认证并投产。主要生产设备和质检仪器从德、英、意、美、日等国进口。公司产片剂、胶囊剂、颗粒剂、冻干粉针剂、散剂等多种剂型，药品有爱英（小儿氨酚黄那敏颗粒）、安易（醋氨己酸锌胶囊）、佑苏（格列美脲片）、必喜（注射用亚叶酸钙）、里奇（注射用乳糖酸阿奇霉素）、贝雪（枸地氯雷他定片）。2008年，有员工170人，其中专业技术人员67人，实现销售3266万元。

图 11-1-12　江苏海慈生物药业有限公司（2008年摄）

【江苏海慈生物药业有限公司】位于泰州市经济开发区滨江工业园，紧邻泰州港高港港区杨湾作业区，2004年兴建，为集团全资子公司，是集团原料药研发和生产基地，占地20万平方米，建筑面积4万平方米，总投资3亿元。厂区按GMP规范设计建设，有集办公、科研、检验于一体的科技中心，集餐饮、娱乐、住宿于一体的职工之家，有16幢标准生产厂房。至2008年，公司有3个车间16个品种通过国家GMP认证；车间配备国内先进的生产设备，可年产依帕司他10吨、盐酸达克罗宁5吨、拉克替醇2吨、枸橼酸他莫昔芬1.5吨、乳糖酸阿奇霉素1.5吨、普药10吨；化验室配有美国产高效气相和液相色谱仪，有自动进样及检测系统，分析过程全自动化。当年，有员工184人，其中专业技术人员9人，实现销售4035万元、利税566万元；全年开展16个品种37个批次中试工作。

## 第三节　生产规模

1971年，企业为口岸镇仪表厂制药车间，有平房6间、水缸3口，试产百尔定和百乃定2种针剂。其时，有资金数千元、工人10余人。1973年，析出成立镇办集体制药企业，年产值25万元，利润4万元。80年代初，产值超100万元，利润20余万元。1981—1988年，企业产、销、利8年翻8番。1988年，在江苏医药行业率先实现产值过亿元，为1.07亿元。1989年，负责人徐镜人调出，企业经营一度低迷。1992年，企业亏损200余万元。年末，徐镜人调回。1993年，开始二次创业。年末，实现产值1.5亿元、利税3000余万元。90年代中期，成立江苏扬子江药业集团，企业销售以每年超30%的速度递增。1996年，利税首次过亿元。之后，连续13年企业综合经济效益在全省医药行业排名第一。1997年起，连续12年跻身全国医药企业前5强。进入21世纪，集团快速扩张，先后在上海、南京、成都、北京、泰州、广州建子公司，在总部建医药工业园。其间，4种药品成功进入非洲几内亚。至2004年，形成全国发展“七星拱月”（7个大的子公司和1个母公司）之势。2004年，药品首次进入香港地区。2005年，在全国医药企业中率先实现产销双过100亿元，上榜江苏纳税百强（列第13位）、中国纳税500强（列第273位）、中国1000个最大企业集团（列第267位），综合竞争力在全国医药企业中排名第一。2008年，实现销售156亿元、利税18.6亿元；总部累计纳税8.52亿元；成为中国特大型医药企业集团，列中国医药工业企业百强第一名。

# 第二章　科技进步与创新

20世纪70年代，企业以低端制造为主，产百尔定、百乃定2种针剂和板蓝根等常见普通药物。80年代初，以板蓝根冲剂、感冒退热冲剂、速效伤风胶囊等产品立足，相继研发生产板蓝根干糖浆、金胆片、头孢氨苄胶囊、蛇胆川贝液等。90年代，坚持“生产一代、储备一代、研制一代、开发一代”的研发思路，把创新研发摆在突出位置，广泛引进科技人才，构筑辐射全国、与世界接轨的研发创新平台，加大独家产品开发力度，使研发形成有梯度产出的良性循环。1993年，新开发的胃苏颗粒和荜铃胃痛冲剂市场销售取得成功。此后，银杏叶片、罗红霉素胶囊、盐酸左氧氟沙星注射液、蓝芩口服液等拳头产品陆续问世。1999年6月19日，《人民日报》一版刊登《寻找支点——江苏扬子江药业集团科技兴企纪实》。“十一五”期间，集团共选择60余个新品种立项开发研究，50%以上具有自主知识产权，获取新产品生产批件40余项、独家产品5项，新申请发明专利约100件。至2008年，形成中西药并举，广覆盖、多剂型、结构合理的产品群。

## 第一节　人才队伍

1993年起，企业先后与中国药科大学、中科院上海药物所、沈阳药科大学等10余个科研院所建立长期稳定的产、学、研合作关系，聘请一批院士担任企业研发顾问。1999年起，每年引进本科生数百人、有经验和技术的高层管理人员10余人。2000年起，为进入集团的本科生配备含空调、电视机的公寓，为高级科研人才安排别墅、家属就业、子女入学。2005年起，从一线操作工到技术工程师，按素质、贡献等评定岗位工资，待遇分9等，收入相差10倍；出台《技术进步及研究成果奖励规定》，评选技术贡献突出者为企业内部工程师和劳模，享受特殊待遇。2006年起，成立内部培训机构，开办网络学院，设药学本科班和大专班，提升员工学历层次。至2008年，集团共引进本科以上学历员工2500余人，其中硕士和博士研究生60余人；从国内知名企业和研究机构引进中高层管理人员100余人，从跨国企业引进高层次人才28人；技术人员占企业内线职工的比重由20世纪80年代的5%上升至50%左右。

## 第二节　技术革新与改造

1998年，集团在省医药行业率先成立博士后科研工作站，开展技术创新研究工作。2001年，推广应用超临界萃取法、高速离心分离法、喷雾干燥技术、薄膜包衣等新工艺新技术；新建冻干粉针剂车间，生产设备全部引自欧美发达国家。当年，从德国 B+S 公司引进的水针生产线在生产过程中频繁出现断针现象，造成可见异物、玻屑等异常指标，给产品质量带来风险。德国设备商先后派驻6名工程师，花2年时间，仍未能完全解决问题。集团公司成立5人攻关小组，经过6个月20余种方法的尝试，成功研制出防断针装置，彻底解决水针生产线断针问题。技改成果在德国得到广泛应用，B+S 公司为技改者颁发荣誉证书和2.3万欧元奖金。2002年，集团选聘博士后5人充实博士后工作站，科研团队力量明显增强，全年申报国家科技进步奖2项、火炬计划项目2项、重点新产品2项、科技成果重点推广项目2项。当年，国家级南京海陵中药制造工程研究中心获国家专项扶持资金。2003年，博士后科研工作站引进16名博士，取得6项阶段性成果，完成银杏叶大输液、T–614等项目的临床前研究。同年，上海海尼和四川海蓉药业博士后科研工作站挂牌成立。2004年，集团制造部共取得重大技术创新项目14个，其中设备技术创新全年为公司节约资金200万元。2005年，制造部研制的一种排气装置解决长沙设备厂生产的加塞机频繁跳塞问题，并成功申请国家专利，设备生产厂家奖励集团1台价值10万元的加塞机。当年，集团制造部共组织开展各类技术攻关68项。2006年，集团在全国同行中首个引进的意大利全自动灯检机屡屡出现漏检现象，意方无法解决问题。集团 QC 小组经1年技术攻关，成功研制出一款完全自主设计的外观检测机，解决自动灯检漏检问题。当年，集团共完成各类技术攻关100余项，其中进口设备机械部件国产化85项，节约资金291万元。2007年，共完成自动灯检机、新式颗粒灌装机等63项设备技术改造，其中进口设备配件国产化改造为企业节约资金160万元。2008年，集团制造部共开展31项技术攻关，在不稳定品种、注射剂可见异物等的攻关方面取得重大成效。2001—2008年，集团共成功进行各类技术改造350余项。

## 第三节　药学研究

1992年起，企业构建由创新化学药物研究所、创新生物药研究所、现代中药研究所、药物制剂新技术国家重点实验室等7个研究所（实验室）组成的技术创新平台——扬子江新药研究院。集团成立后，在上海、南京、北京、广州、成都等地子公司建立新药研发中心，着力研究开发有自主知识产权的新药，并在全国医药企业中率先建立国家级企业技术中心、中药制药工艺技术国家工程研究中心和博士后科研工作站。集团每年用于自主创新的研究经费占销售收入的5%以上。至2008年，中成药、化学药、生物药“三药并举”的研发创新体系日益完善，集团拥有一支近300人、由海归高层次人才领衔的专业研发团队，新药研究累计投入10亿元。研究院总部拥有1个通过国家 GMP 认证、2000平方米的独立中试车间，是国内最先进的中试车间。1996—2008年，集团平均每年研制开发的新药15个以上。

### 一、研究机构

【扬子江新药研究院/江苏省（泰州）新药研究院】 1992年起，企业先后投资8亿元创办技术创新平台——扬子江新药研究院，下设创新化学药物研究所、创新生物药研究所、现代中药研究所、药物制剂新技术国家重点实验室、分析测试研究所、药理毒理研究所及制剂新技术中试研究所。研究院定期邀请两院院士、全国著名专家学者为企业把脉，不断调整新药研究方向，同时建配套的科技成果

图 11-2-1　扬子江药业集团博士后科研工作站（1998年摄）

转化中心和产业化基地。2001年，被国家经贸委等部门评定为国家级企业技术中心。2006年，被科技部认定为国家级企业创新研发中心。当年，集团对扬子江新药研究院下设的各研发中心进行资源整合，形成化学药物、药物制剂技术工程、生物药物、中药制造工艺工程四大研究中心，并以此为基础成立江苏省（泰州）新药研究院，致力于化学药、中成药、生物药及制剂技术的创新研发。扬子江新药研究院被列为江苏省“十一五”期间重点研发机构项目。2008年，新药研究院完成一期建设任务。

【扬子江药业集团博士后科研工作站】 1998年4月经人事部、国家经贸委和全国博士后管委会批准成立。至2008年，造价4000万元的博士后科研大楼投入使用，5名药学博士和若干名硕士研究生进站工作。

【南京海陵中药制药工艺技术国家工程研究中心】 2002年由集团与北京中医药大学、南京大学、南京理工大学、南京中医药大学等国内中药研发知名高校合作成立。中心建有树脂吸附分离技术平台、膜过滤技术平台、超微粉碎技术平台、超临界萃取技术平台、GMP中试车间及规范化药理实验室。2003年，被国家发改委认定为国家工程研究中心。2008年，成为集团自主创新与科技成果转化的骨干力量，初步形成化药合成、化药分析、中药提取、中药制剂、中药药理等的技术队伍，中药和化药等在研项目共60余个。

【药物制剂新技术国家重点实验室】 建于2007年12月，为国家首批企业重点实验室，也是首批中唯一由制药企业承建的重点实验室，在北京、上海、成都设有实验室分部。该实验室承担国家“973重大应用基础项目——缓控释制剂释药机理”研究。2008年，有研发人员60人，含3名具有10余年海外制剂创新研发经验的专家和10余名博士、博士后。

【上海海尼药业有限公司博士后科研工作站】 2003年，经人事部批准成立。至2008年，共有3名博士后进站，开展4项研究。

【四川海蓉药业有限公司博士后科研工作站】 2003年，经人事部批准成立。至2008年，共有2名博士后进站，开展3项研究。

## 二、药品研发

企业创建之初，以低端制造为主，产品主要有百尔定和百乃定针剂、板蓝根冲剂、感冒退热冲剂、胃苏冲剂、十全大补膏、速效伤风胶囊、头孢氨苄胶囊、养血生发胶囊、天麻胶囊、金银花露、抗氧搽剂、抗敏止痒水、鸡精口服液、蛇胆川贝液、川贝枇杷糖浆等。20世纪90年代后，通过风险共担、利益共享、优势互补、共同发展的方式，先后与中国药科大学、中国中医研究院、北京中医药大学等100余个科研单位建立长期合作关系。1992年，成立药物研究所，聘请全国知名专家主持研究项目，同时注重培养科研人才队伍。1993年，研制的治胃新药“胃苏冲剂”通过卫生部鉴定，获国家级新药证书。1998年，科研开始向基础研究领域延伸。2000年起，研发触角逐步伸向北京、上海、广州、南京、成都等大城市，建立子公司研究院（所），及时跟踪了解国际国内研发新动向，做好研发信息调研工作。集团公司定期邀请两院院士、国内外知名专家、学者为企业把脉，不断调整新药研发方向。其后，集团每年均有若干个新药品种进入立项、获批、颁证、投产、通过专利、进入临床研究流程等环节。2008年，集团制定并实施“强化近期，滚动积累”的研发战略，加快江苏省（泰州）新药研究院、药物制剂新技术国家重点实验室及南京海陵中药制药工艺技术国家工程研究中心的建设，着力提升自主创新能力和产品研发档次；全年共申请发明专利15件、外观专利25件，在国内核心学术期刊发表各类学术论文近30篇，获得地佐辛注射液、果糖氯化钠注射液等24个品种的生产批件，完成利塞膦酸钠片、左旋泮托拉唑、碘克沙醇等10个品种的投产。当年，有在研品种100余个，创新药艾拉默德进入三期临床，优克那非接近完成一期临床，MB-1C开展临床前研究，注射用连翘酯苷等待获得临床批件。

## 三、创新成果

2001年，集团新开发的“达克罗宁”胶浆剂为全国独有产品，被第二军医大学长海医院用于胃镜检查；胃苏冲剂、银杏叶片2个品种被国家科协技术创新中心授予中华优秀科技创新产品称号；碘海醇注射液被列入科技部火炬项目；“护佑”牌氟罗沙星、氟康唑注射液被省名牌委员会认定为江苏省名牌产品。2003年，共获得加替沙星原料及制剂、氟康唑注射液、奥硝唑胶囊、罗红霉素细粒剂、盐酸索他洛尔注射液、去氧氟尿苷片等12个品种的新药证书及生产批件，完成30个新品立项工作，投产15个新产品。2004年，取得多奈哌齐原料及胶囊、注射用苦参碱、阿奇霉素片及胶囊、咪喹莫特原料及软膏等28个品种的生产批件；取得加替沙星试生产批件；百乐眠、蓝芩等16个产品专利申请通过实审；利拉萘酯软膏、左氧氟沙星片等9个延续品种进入临床研究流程。2005年，有6个品种被评为国家级重点新产品和省高新技术产品，银杏叶片入选国家高新技术产业化示范工程项目。2006年，新选择立项品种42个，其中一类新药4个；获得阿仑膦酸钠片、消旋卡多曲片等16个品种的生产批件，3个原料药生产批件，临床在研品种18个；全年申报国家、省、市各项科技项目34项，其中，国家重点新产品计划2项，国家重点火炬计划、国家火炬计划4项。2007年，完成57个品种的立项调研论证，有30个品种通过技术及市场论证，其中，创新一类药物8个，市场已有大品种结构修改品种4个，差异化品种9个，更新换代头孢品种6个；全年获得那氟沙星原料及软膏、帕苏沙星原料等3个制剂、4个原料的生产批件；获取经前平颗粒增加适应症的补充申请批件，格列美脲片等13个品种的临床批件；申报发明专利19个；申报国家、省、市科技项目20项；经前平颗粒项目获国家科技进步二等奖。2008年，集团申请省级以上各类科技计划项目近60项，其中获省自然科学资金项目1项、国家发改委高技术产业化项目1项、国家重大新药创制专项平台项目1项、研发项目7项，累计获各类科技扶持资金近3000万元。

1990—2008年，集团创新药品治疗领域涵盖抗感染用药、循环系统用药、消化系统用药、神经系统用药、内分泌系统用药、呼吸系统用药、血液系统用药、免疫系统用药、麻醉用药和妇科用药等10余个系列，片剂、胶囊剂、颗粒剂、口服液、糖浆剂、软膏剂、冻干粉针剂、大容量注射剂、小容量注射剂等11种剂型，产品规格达100余种。其中，5个化学药品被国家发改委批准为单独定价产品，3个中药被列为优质优价产品，8个产品被列为国家中药保护品种，9个产品被评为中国名优品牌，29个产品被认定为高新技术产品，17个产品被选为中国消费者（用户）十大满意品牌，100余个品种被纳入国家医保目录。2008年，中国药学会对22个样本城市医院的统计数据显示，扬子江药业集团的“左克”（左氧氟沙星胶囊）、“韦迪”（注射用泮托拉唑钠）、“依康宁”（银杏叶片）、“伊苏”（马来酸依那普利片）、“仁苏”（罗红霉素）、“福王”（紫杉醇注射液）、“裕宁”（替硝唑注射液）、“罗邦”（注射用头孢匹罗）、“俊宁”（洛伐他汀胶囊）共9个产品在同类产品市场占有率中排名第一。

# 第三章　企业管理

20世纪70年代中期，企业建立“自己找原料，自己找市场”的市场经济意识，尝试运用市场管理机制，抢得发展先机。进入80年代，市场经济意识有增无减。90年代，进一步提出“企业命运在市场，全厂围绕市场转”的经营思想，聘请美国麦肯锡咨询公司对企业管理运营机制作全方位设计，建立三大销售局、九大销售公司、35个省公司、100余个办事处的经营管理架构，打破“三铁”（铁饭碗、铁工资、铁交椅），实现“四能”（干部能上能下，员工能进能出，收入能高能低，机构能设能撤），树立“三公三忘”（公平、公正、公开，忘我管理，忘我工作，忘我决策），推行“三制”（销售买卖制、供应公开制、质量工资制），逐步建立起富有生机活力的现代企业管理制度，企业核心竞争力得到提高，在激烈的市场竞争中屡创佳绩。特别是“三制”的推行，将企业的产品销售、原辅材料购进和企业内部的生产、服务质量紧密联系在一起，形成一个保质、降本、促销的企业管理链，使企业的产、供、销、人、财、物环环相扣。企业全体员工被全盘推向市场，企业的资金回笼率、产品质量合格率连续多年达100%。至2008年，营销市场覆盖全国大部分县级以上人民医院。

## 第一节　生产效率管理

1993年，企业打破计划经济时代的“三铁”机制，建立“四能”机制，精简科室人员，实行营销、人事、劳资改革，企业管理全面走上市场经济轨道，活力倍增。1994年起，集团推行“三公三忘”管理思想，进一步提高管理的公开度、透明度，激发职工工作热情，管理效率大大增强，企业产、销、利以每年超30%的速度增长。1996年起，对所有新职工包括新招大学生进行军训，增强其团队精神和执行力。2002年起，采取竞争上岗、竞聘述职、民主测评的形式任用内线干部，一大批年轻知识分子走上各级领导岗位。对部分重要部门，通过引进合资企业的优秀人才提高管理水平。2006年起，采取“奖惩双管齐下，以奖为主”的激励形式，严格考核奖罚，让每一名员工承担责任和压力；专门制定《技术进步及科研成果奖励规定》，重奖在技术创新和新品研发上取得成果的科技人员。从普通操作工到技术工程师，按其工种及工作质效将工资奖金分为若干个等级，最高收入与最低收入相差10倍。至2008年，外线的营销公司经理、办事处主任、销售员均按销售实绩进行奖惩或任用。内线中层管理干部70%为30岁以下的大学生。

## 第二节　销售管理

20世纪70年代中期始，企业销售尝试运用市场管理机制，安排销售人员主动找市场，拓展产品销路。80年代，企业进一步增强市场经济意识，营销能力不断增强。90年代起，逐步建立结构完善、执行力强的销售网络，在全国按东方、东南、华南、北方、西南等区域划分销售片区，设立销售局、销售公司、省公司、办事处等层级分明的销售机构，销售队伍由大区经理、省经理、小区主管、渠道专员、医药代表、OTC（Over The Counter，非处方药）代表构成。进入21世纪，集团强化营销责任，加大激励措施，形成"激励+风险+利益"的营销机制。与销售人员签订责任书，每月召开营销工作会议，张榜公布上月销售业绩，将下月销售指标层层分解落实至各级销售机构，直至每名销售员；实行严格的考核奖惩制度，连续3个月完不成销售指标的员工自动离岗，多销者多得，业绩高的重奖。在激励机制的促进下，销售人员努力开拓市场，完成各自的销售指标。集团通过公益活动、慈善事业、广告宣传、邀请客户到企业参观考察等举措加深与患者、医院、医生的关系，增强关键客户对公司产品的信心，提升公司品牌的知名度。集团通过采取大而全的产品组合策略推销产品，为医院提供心脑血管、胃肠道等领域疾病用药"一揽子"服务。至2008年，集团设3个销售局、9个销售公司、35个省公司、165个办事处，市场覆盖除台湾、西藏外所有省、市、县人民医院，经济发达地区甚至覆盖乡镇级以上医院，形成"责任到人、执行到位、风险共担、利益共享"的销售管理模式。

## 第三节　质量管理

### 一、管理体系

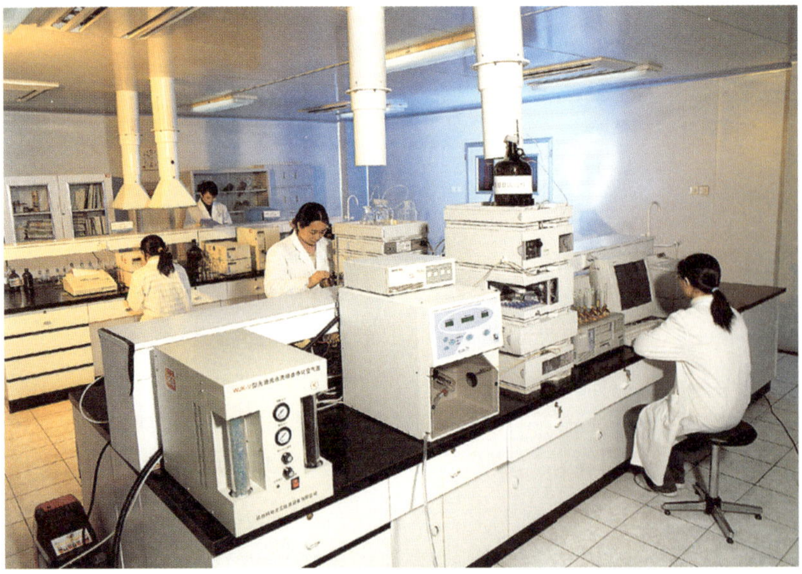

图 11-3-1　扬子江药业集团质量检测中心（2006年摄）

自创办之日起，企业即把质量管理放在突出位置，建立"高质惠民"的质量管理理念。进入市场经济时代后，企业确立"质量连着市场，市场连着效益，效益连着饭碗"的质量管理理念，强调"质量第一、永远第一的方针不变""质量无处不在的认知不变""以质量求效益的主旨不变""产品从开发到售后追踪服务不变"的"四个不变"原则，建立起全员、全企业、全过程的"三全"质量保证体系。20世纪90年代，企业组建生产质量管理委员会，制定质量内控标准并严格执行，同时建立从研发、供应、生产到售后服务完整的质量管理网络。1999年起，突出药用辅料选择、采购、检验和使用四方面的管理。新品部、供应部、检验部、制造部对辅料申报采取流转审核的制度，确保辅料选择最优。新品研发人员根据药品制剂的特性，通过反复试验选择优质辅料。采购人员首选规模大、技术力量强、资质优良的辅料供应商。2000年起，企业把质量责任分解到每个环节，确保成品100%合格。生产环节严格实行复核制和反考核制，半成品、成品检验环节执行系列质量检验程序。2005年起，实行质量问责制。在领导层，给总经理助理、部长、车间主任等生产质量管理委员会成员设置质量责任指标，定期考核打分；在车间，每月召开质量分析会，及时分析整改质量隐患，及时奖励质量创新，重奖自挑毛病者。完不成质量指标的部门领导就地免职；凡因质量问题受罚的员工，取消升职评先资格，并追究相关领导的责任。2008年9月，中国药品生物制品检定所扬子江药业集团实训基地挂牌运作，推动集团进一步提高产品质量标准，提升分析检测水平，加强检验人才培养。至2008年，集团有16种产品质量达到美国、英国、日本、欧盟4部药典标准。

## 二、管理活动

【QC活动】 1985年起，企业正常开展QC（Quality Control，质量控制）小组活动，以职工自愿参加为基础，群策群力分析生产过程中出现的各类问题，共同解决问题。1997年，黄芪精口服液、胶囊剂、胃苏冲剂共3个QC小组被省医药管理局评为优秀QC小组。之后至2002年，每年有2～3个QC小组获省优秀QC小组称号。2003年，集团3项QC成果获全国医药行业QC成果评比一等奖。2008年7月，在山东济南第29次全国医药行业QC成果发表交流会上，集团有28项QC成果获一等奖，成果总数连续4年排名第一，另有12项成果获最佳发表奖，集团同时被授予全国医药行业质量管理优秀企业称号，董事长徐镜人获全国医药行业质量管理小组活动卓越领导者称号。至2008年末，集团累计有69项QC成果获全国医药行业QC成果评比一等奖。

【GMP建造】 20世纪90年代前期，企业投入数亿元用于GMP的新建和改造，并很快通过相关认证，赢得发展机遇。1998年10月，固体制剂车间一次性通过国家GMP验收。此后，提取、液体制剂、口服液、冻干粉针等一大批生产车间顺利达标。2004年，集团全面推行GMP质量认证，至年末，有20个生产车间、11种剂型一次性通过国家GMP认证。当年，在市场销售的每个剂型均获国家GMP认证证书。2005年12月，扬子江医药工业园二期工程新建的生产线全部达到新版国家GMP要求，整体工艺装备达到或接近世界先进水平。2008年起，集团以制造三部固体2号车间为突破点，全面启动CGMP（Current Good Manufacture Practices，国际现行药品生产管理规范）项目，有序推进欧盟GMP项目认证。

【“质量月”活动】 1994年起，集团坚持每年开展一次“质量月”活动。2004年起，确定每年的3月和9月为“质量月”。每次“质量月”活动开始时都召开动员大会，发动企业广大干部职工积极参与。通过职工的自检、自查、自纠、互检、互查、整改，消除质量隐患，并及时召开总结大会，表彰先进。2007年的质量月主题为“建立长效机制，规范质量管理”，2008年的主题为“倡导‘五爱’，规范质量管理”。

# 第四节　信息化管理

20世纪90年代起，集团加快信息化管理。1995年，财务部开始使用安易软件。1999年，成立信息中心，专门负责公司的信息化建设，首先在物流和业务结算方面引入软件管理。2000年，开始行政办公信息化建设。2001年，和西安交通大学合作开发分销和结算系统软件，实施ERP系统（企业资源计划系统）项目，进行网络安全系统建设和主干局域网的改扩建，总部建成光缆局域网，实现办公自动化。2003年，升级ERP系统和财务安易系统，使企业销售、发货、记账、结算全部实现自动化。2004年，向微软公司购买服务器操作系统、办公软件、邮件系统等软件的授权，实现系统软件正版化。2005年2月，申报的"协同电子商务整体解决方案"顺利通过省发改委组织的专家评审，方案共投入9000万元，并获国家发改委信息化专项资金最高700万元补助。同年11月，申报的"移动营销管理平台"项目获得省评审专家的一致认可，获省专项资金最高40万元补助。2006年12月，ERP-SAP项目成功上线运行，形成企业物流和信息流的有机结合，标志企业信息化建设全面提速。至2008年，累计投入1.8亿元用于企业信息化建设。

### 第五节　环境治理

2004年，集团投资120万元清理并重新铺设原有污水和雨水管网，实现雨污分流，降低污水处理成本。2006年起，所有新、改、扩建项目均严格按照"环境影响评价"和"三同时"制度执行，同时制定环境突发事件应急预案。当年，根据制药污水特性，采用以H/O池与接触氧化池为主的好氧生物处理工艺，污水COD值一直稳定在45毫克/升以下，完全符合《混装制剂类制药工业水污染物排放标准》；投资75万元安装先进的COD在线检测仪和超声波流量计，并与环保部门联网，每天实时向泰州市环境保护局传输12个数据，保证处理后的污水100%达标排放。经处理的污水排入企业人工湖，再作为草坪灌溉用水，实现循环利用。2006年，在扬子江医药工业园建固体废弃物处理中心，采用"一燃室+二燃室+尾气"处理设备，经旋风脱硫塔、活性炭吸附、高效袋式除尘器净化的尾气达到国家废气排放标准。当年起，在全体职工中开展环保"三进"（进部门、进科室、进车间）、环保行、环保金点子征集等活动，提高职工环保意识。同年10月，集团顺利通过德国莱茵公司ISO 14001环境管理体系认证。之后，认证审核组每年都对企业环境管理体系作跟踪审核。至2008年，集团污水、大气、噪声达标排放率和固体废弃物分类处置率均为100%。

## 第四章　企业党建与企业文化

1995年6月，扬子江药业集团公司党委成立。1997年起，集团党委受江苏省委组织部和泰州市委组织部双重领导。集团党建工作找准融入企业经济发展的最佳结合点，按照"企业发展到哪里，哪里就有党员，哪里就有党组织"的要求，加快组织建设和党员发展。集团党委针对生产经营规模不断扩张的情况，实行"支部建在经营上""支部建在产业链上""支部建在生产发展第一线""驻外党员流动堡垒"等做法，对内外线和新建子公司党组织设置进行调整，不断吸纳新党员，选准配强专兼职党务工作者，形成上下贯通的组织体系和充满生机活力的党员队伍。围绕"推动企业发展、和谐发展、率先发展”主线，在统一思想、凝聚力量、理顺情绪、化解矛盾、激励职工、促进和谐等方面确立党组织不可替代的核心地位，发挥党员的骨干作用，为企业又好又快发展注入强劲动力。1999年7月，集团党委被省委组织部授予江苏省先进基层党组织称号。2000年6月，集团党委被中共泰州市委授予先进基层党组织称号。2006年6月，董事长徐镜人被评为江苏省优秀共产党员。2008年6月，集团党委被中共泰州市委授予红旗党组织称号。

随着企业的发展壮大，“扬子江”越来越重视和加强企业文化建设，形成“创新为民、高质惠民”的核心价值观，独特的企业文化成为推动集团又好又快发展的精神动力。

## 第一节　企业党建

### 一、组织建设

图 11-4-1　东方红广场（2006年摄）

1986年7月，成立扬州市扬子江制药厂党支部，徐镜人任支部书记，吉寿如任专职副书记。1995年6月，成立扬子江药业集团公司党委，徐镜人任党委书记，吉寿如任党委副书记。2001年6月，集团召开二届一次党员代表大会，选举产生第二届党委、纪委领导班子，徐镜人任党委书记，吉寿如任党委副书记、纪委书记。当年，推进党组织进车间、进班组，将党支部建在经营上，实现党组织全覆盖。2005年，中共扬子江药业集团公司委员会更名为中共扬子江药业集团委员会。当年，集团有党员311人。2006年1月，集团召开党员代表大会，选举产生新一届党委、纪委领导班子，徐镜人为党委书记，吉寿如为党委副书记、纪委书记。至2008年，中共扬子江药业集团委员会下辖党总支7个、党支部25个，组织机构覆盖所有子公司和省级销售公司，共有党员524人。

### 二、堡垒先锋作用

1995年起，党政领导交叉兼职，党建工作与生产经营工作同部署、同考核，全体党委成员参加企业每周的行政例会和重要活动。经营方针、发展战略、重大投资等企业决策须经充分调研论证、在发扬民主的基础上形成。2001年起，在企业各领域设党员先锋岗、党员责任区，引导基层党组织和党员亮明身份、公开承诺，充分发挥党组织战斗堡垒作用和党员先锋模范作用。当年，中心化验室党小组实现检验工作零差错、部门人员零违纪。2003年"非典"(非典型性肺炎)爆发期间,党员代表在华北市场到医院走访慰问医务工作者,给病人捐药,受到好评。2007年起,集团深入开展党员创先争优活动,围绕生产经营中心任务,精心设计活动载体,广泛开展"献计策、比技能、作贡献"活动,激发广大党员职工爱岗敬业、争作贡献的热情。生产线党组织在各车间成立党员攻关小组,至2008年,开展技术攻关96项,完成设备技改95项,节约成本2200万元。经营线党组织每月开展比、学、赶、超销售竞赛活动,95%以上的销售公司连年超额完成任务指标。在党员的带头攻坚下,2005—2008年,集团连续4年获全国医药行业QC成果评比一等奖总数第一名。

## 第二节 企业文化

### 一、竞争文化

1993年,企业建"四能"机制,开始全面走向市场,在竞争中求生存。1998年起,形成"能者上、平者让、庸者下"的优胜劣汰用工机制。2004年,医药市场销售形势严峻,集团紧抓制约销售增长的关键问题,促使全年销售以33.18%的比率持续增长。2005—2006年,在国家宏观调控力度持续加大、药品大幅降价的形势下,集团各级负责人开展市场调研,稳定销售队伍。通过开展"比、学、赶、帮、超"活动,销售线形成后进赶先进、先进更先进的景象,集团销售业绩连创新高。2007年,面对复杂多变的经营环境,集团创新营销举措。强化新品种推广,通过学术营销和单品种考核,新产品销售占比逐月提高;开展"百强店"活动,促进药品零售终端细化管理;强化对子公司的考核,促使各子公司加快发展,并日益成为企业新的增长点,海尼、海陵、海蓉3个子公司全年累计实现销售8.27亿元,比上年增长21%。2008年,各子公司全面落实承包协议,进一步加快发展步伐,相互间竞争发展。海尼、海陵、海蓉、海瑞、海燕5个子公司全年累计实现销售12.6亿元、利税近3亿元,比上年分别增长48%和79%。海尼药业实现销售7.56亿元、利税超亿元,跻身上海医药行业前十强(第七名)。至2008年,企业形成"坚韧不拔,锐意进取,团结拼搏,永不满足"的竞争精神。

### 二、诚信文化

自创业起,企业始终奉行"以德治厂、诚信经营"理念,以"客户至上,诚信为本"为营销服务原则。1988年初春,上海流行甲型肝炎,企业生产的板蓝根有明显防治效果,成为紧俏药。企业增加生产设备,抢点组织生产,而药价未涨一分。1996年,集团颁布"营销十不准"禁令,坚持守法经营,诚信推销。各销售层每月定期召开经营工作会议,组织全体销售员学习国家有关政策法规,要求销售员严守"营销十不准"禁令。集团专门成立物价组和招标办,设立专兼职价格信息员,根据国家有关法律及医药、物价文件精神,统筹考虑生产成本,制定合理药价,走薄利多销之路。2002年,集团被中国企业商誉调查委员会授予中国企业最佳商誉特级,被省、市银行和税务部门授予AAA级信用企业。2003年,集团以97.66的综合分名列全省300余个"守合同重信用"企业第一位。2004年,获全国"守合同重信用"企业称号。2005年起,集团定期邀请人民法院、人民检察院负责人给全体营销人员上法治警示课。集团市场稽查处督查营销行为和销售价格,规范市场经营秩序,加大对违规者的处罚力度,确保营销过程守法、诚信。

## 三、奉献文化

1995年起，企业逐步建立社会责任推进体系，在研制、生产、销售药品的同时，参与扶贫、助学、救灾、拥军和支持民族医学事业等公益活动，切实履行节能减排和环境保护等社会责任。2003年，成立扬子江慈善会，广泛救助地方贫困群众。在全国若干次重大灾难和突发事件中，集团体现一定的社会担当，树立自身形象。据不完全统计，1971—2008年，集团累计向社会捐资3亿元。2006年，集团董事长徐镜人获2005年度中华中医药学会医学科技奖“推动学术发展贡献奖”，为全国医药行业唯一获此荣誉的企业家。2008年，集团被中国扶贫基金会评为中国民生行动先锋。

【关爱西部】 1995年冬，集团至西藏慰问学生和孤儿，给群众捐赠药品。2001—2003年，集团响应党中央开发大西部号召，连续3年联合卫生部、国务院扶贫办、国家广电总局、全国妇联及国家老龄委，举办大型社会公益活动——关爱西部健康行动，累计投入4000余万元，在西部11个省、市、自治区开展送医、送药、送知识及义诊活动，捐建希望小学13所、卫生院2所。

【支援灾区】 1998年夏秋之交，江西、湖北发生严重的洪涝灾害，集团负责人带队赶赴重灾区，捐赠600万元药品。2003年春，集团及时向全国发出无偿支援抗“非典”倡议，并加大预防“非典”药的生产，2天内空运500万元抗“非典”药至佛山。同年，云南大姚和昭通相继遭受6级以上地震，集团及时送去氧氟沙星、环丙沙星等10种紧缺药。2006年夏，江淮北部遭受洪涝灾害和龙卷风袭击，损失严重。集团主动与省红十字会联系，向灾区捐赠140万元消炎药。同年，福建遭台风“桑美”袭击，集团派福建分公司捐赠15万元药品和3万元物资至灾情最重的福鼎地区。2007年5月末太湖蓝藻污染事件爆发后，集团紧急采购100吨纯净水运往无锡，解决医院、学校和敬老院的饮水问题。2008年5月12日四川汶川地震发生后，集团及时向重灾区捐赠2000余万元药品，总部员工捐款300万元，献血5万毫升。

【扶贫救困】 2003年，集团成立扬子江慈善会，资助地方慈善事业。出资由50万元/年逐渐增至170万元/年。资金用于帮助困难学生入学和农村危房改造、合作医疗、修路筑桥等。至2008年，扬子江慈善会共捐助贫困大学生200余人、贫困儿童和孤儿500余人、低保户和贫困户6000余人次，其中为口岸街道所有低保户、“五保”户、特困户购买农村合作医疗保险；累计投入1200余万元用于修路筑桥等社会公益活动。

图 11-4-2　中华医学科技奖颁奖大会（2002年摄）

【支持民族医药事业】 2002年起，集团先后成为中华医学会、中国医药质量管理协会、中华医院管理学会培训基地，中国

图 11-4-3 扬子江药业集团捐资100万元设立抗“非典”救助基金

（2003年摄）

药品检定研究院实训基地，北京大学青年就业创业见习基地，中国药科大学青年创业就业见习基地，大学生社会实践基地。2002—2008年，集团连续7年独家资助“中华医学科技奖”评选。2003年，在上海市药学会设“扬子江杯”药学科技奖，在南京医科大学设“扬子江医学奖学金”。同年起，捐助“吴阶平医学奖”“中国医师奖”评选。9月16日，在北京人民大会堂举行抗“非典”扬子江药业救助基金捐赠仪式，共捐赠100万元给在抗“非典”中殉职的医务人员家庭。2006年，集团成为江苏省医药行业协会会长单位。2007—2008年，集团相继承办江苏新医药产业发展高层论坛、第三届亚太地区糖尿病大会、华东六省一市和河南省药品监督稽查联防协作区会议、江苏省第七届医院院长论坛暨2008年学术年会，资助上海市医务青年管理十杰评选活动。

【拥军】 1995年起，每年八一建军节，集团在全国各地开展慰问部队活动。1997年，与中国人民解放军三军仪仗队结成军民共建单位，集团每年从仪仗队招聘一批转业、退伍军人，充实到生产经营岗位。同年，出资200万元，与中央电视台、解放军电视宣传中心、广州军区政治部联合主办大型文艺晚会“走向神圣的时刻”，欢送中国人民解放军驻港部队进驻香港，并赠送数十万元药品。2004年八一建军节前夕，集团捐资25万元，慰问驻西沙群岛官兵。国庆节前，捐资10万元在西沙群岛建国旗台1座。2006年7月31日，捐资10万元给“泰州舰”官兵。2007年八一建军节，与解放军装甲兵工程学院、搜狐军事频道联合举办“和平年代的丰碑，护佑众生的使命——英雄母亲检阅英雄儿女”系列军民共建活动。至2008年，集团累计向部队捐资捐药价值4000余万元。

## 四、和谐文化

【关爱职工】 1995年建医药工业园时，注重打造园林式厂区，为职工创造优美舒适的工作环境。2000年，投资2000万元建成10280平方米的“职工之家”大楼，内有可供千人同时就餐的职工食堂，建有浴室、图书馆、篮球馆、游泳馆、网球场、歌舞厅。当年起，集团每日为员工提供2顿菜品丰富的免费工作餐，定期组织职工体检，五一组织职工旅游，中秋、国庆组织聚餐，春节前向困难职工发放补助金，调整职工的社保缴费基数，改革生产线职工工资，统一制发新厂服，改善职工居住条件，帮职工解决婚姻、子女入学问题。

【文体活动】 集团注重培养职工兴趣，展现职工特长。经常举办技术比武、交谊舞赛、征文比赛、

图 11-4-4 话剧《扬子江人》(2001年摄)

书画比赛、摄影展赛、卡拉OK赛；每年组织迎新春曲艺小品赛，迎七一革命歌曲大合唱比赛，迎八一新、老员工军事队列比赛，迎国庆乒乓球、篮球、羽毛球、足球赛；定期组织知识竞赛、演讲、运动会、文艺汇演等。2001年，聘请南京军区前线话剧团创作大型话剧《扬子江人》在全国巡演。2005年起，先后建舞蹈、烹饪、足球、篮球等10余个兴趣小组。2006—2008年，围绕红军长征胜利70周年、中国人民解放军建军80周年、改革开放30周年开展相关文体活动。至2008年，集团连续9届举办曲艺小品赛、大合唱比赛、军事队列比赛等。2005年，集团获中国十大和谐企业文化奖。2006年，集团获全国企业文化优秀奖。

## 附：博鳌亚洲论坛国际医药产业大会

2006年4月26—27日，博鳌亚洲论坛国际医药产业大会在扬子江药业集团举行。大会以“共创和谐未来——健康与繁荣”为主题，由博鳌亚洲论坛和江苏省政府共同主办、泰州市政府承办、扬子江药业集团协办。博鳌亚洲论坛秘书长龙永图主持开幕式，全国政协副主席张怀西、副省长李全林分别致辞，新西兰前总理詹妮·希普利、哈萨克斯坦前总理捷列先科等国际政要出席开幕式并讲话。各成员国政府卫生机构、国外知名大型投资公司和风险投资公司、国际医药前50强企业、国内医药百强企业代表共600余人与会。大会围绕“世界医药产业发展与全球经济一体化”“全球医药开发与产业发展”“创新——医药研究开发的重要命题”“知识产权与交换”“医疗保险体系”“政策对医药产业的影响”“金融与医药产业发展”“风险投资在促进生物医药产业发展中的作用”“健康产品与健康促进”展开研讨。扬子江药业集团董事长徐镜人作题为“中国：全球医药市场的新兴力量”演讲。其间，由中华医学会、中国非处方药物协会、扬子江药业集团共同举办的全民健康教育行活动正式启动，徐镜人发出“普及用药知识、加强用药教育、提高用药水平，全民行动，维护健康”倡议。

图 11-4-5 扬子江药业集团总部全景

# 泰州市高港区志

## 第十二篇　建筑业与房地产

# 第十二篇　建筑业与房地产

新中国成立前，境内有木匠、瓦匠、石匠带徒承接房屋、桥梁的建筑及维修业务。20世纪50年代初期，各乡镇陆续成立建筑合作社。1966年起，各人民公社相继成立建筑站。1971年，口岸房产管理所成立。70年代，境内社队建筑业迅速发展。至90年代，境内各乡镇建筑公司形成一定规模，承建省内外民用建筑、工业建筑、水电安装、古典园林、装饰装潢和市政建设等工程。

1997年，全区有等级建筑企业12个，从业人员4972人，建筑业总产值40127.6万元，利税800.64万元。1998年6月，高港建筑安装工程总公司成立，挂高港区建筑业管理局（简称区建管局）牌子，履行全区建筑业管理职能。同年，区房产管理处成立。进入21世纪，全区建筑企业在激烈的市场竞争中不断拓展区外市场。1997—2008年，全区建成住宅小区25个，建筑面积112.54万平方米。2008年，全区有等级建筑企业56个，从业人员2.48万人，完成建筑业总产值40.02亿元。房地产开发公司由建区初的1个增至16个。

# 第一章　建筑业

## 第一节　建筑队伍

20世纪50年代初期，各乡镇将从事建筑的务工人员组织起来，成立建筑合作社。1966—1976年，白马、大泗、许庄、汪群、口岸、孔桥、田河、刁铺、永安、胡庄公社建筑站先后成立。1983年后，各乡镇成立建筑安装工程公司。至1997年，全区有12个等级建筑企业，年末从业人员4972人。1998年，泰州市高港建筑安装工程有限公司、泰州市港区建设工程有限公司、江苏新城设备安装工程有限公司、泰州市高港机电设备安装工程有限公司和泰州市高港黎明装饰工程有限公司成立，从事房屋建筑、设备安装、建筑装饰等业务。1999年，泰州市丰华建筑安装工程有限公司、泰州市柴墟建筑装饰工程有限公司和泰州市克林净化工程有限公司成立。2000年，泰州市金厦建筑安装工程有限公司和泰州市港城机电消防工程有限公司成立。2001年，泰州市华雅装饰工程有限公司和泰州市港城装饰工程有限公司成立。2002年，泰州市科源工业设备安装有限公司、泰州市永安消防工程有限公司和泰州市泽宇钢结构有限公司成立。2003年，泰州市隆基建设工程有限公司、泰州市中泰建筑装饰工程有限公司、泰州市苏港建筑装饰工程有限公司成立。2004年，泰州市江洲建设工程有限公司、泰州市鑫瑞装饰工程有限公司、泰州市鼎顺装潢工程有限公司、泰州市祥晟市政工程有限公司成立。2005年，泰州市新润建筑安装工程有限公司、泰州市金伟天建筑安装工程有限公司成立。2006年，泰州市苏中机电设备安装有限公司成立。2007年，江苏华祥建设工程有限公司、泰州市金鑫建设工程有限公司、泰州市润港建筑安装工程有限公司、泰州市建平建筑安装工程有限公司成立。2008年，泰州市骏达建筑安装工程有限公司成立。全区有建筑企业56个。其中，一级总承包企业1个，二级总承包企业5个，二级专业承包企业4个，三级总承包企业21个，三级专业承包企业25个；房屋建筑企业20个，设备安装企业5个，装饰工程企业12个，市政建设企业5个，其他类建筑企业14个。年末从业人员24761人，其中一级建造师56人、二级建造师158人。

**2008年高港区各建筑企业基本情况一览表**

表101　　　　单位：万元、人

| 企业名称 | 所在镇街 | 建立年份 | 资质等级 | 固定资产 | 年末职工 | 产　值 | 利　润 |
|---|---|---|---|---|---|---|---|
| 泰州市高港建筑安装工程有限公司 | 口岸街道 | 1998 | 一级 | 4130 | 2642 | 71413 | 189 |
| 泰州市口岸建筑安装工程有限公司 | 口岸街道 | 1967 | 二级 | 1138 | 1813 | 31363 | 160 |
| 江苏新城设备安装工程有限公司 | 口岸街道 | 1998 | 二级 | 2063 | 584 | 9735 | 326 |
| 泰州市润港建筑安装工程有限公司 | 口岸街道 | 2005 | 三级 | 100 | 170 | 3704 | 33 |

续表101

| 企业名称 | 所在镇街 | 建立年份 | 资质等级 | 固定资产 | 年末职工 | 产　值 | 利　润 |
|---|---|---|---|---|---|---|---|
| 泰州市金厦建筑安装工程有限公司 | 口岸街道 | 2000 | 三级 | 1120 | 320 | 6736 | 9 |
| 泰州市新润建筑安装工程有限公司 | 口岸街道 | 2005 | 三级 | 141 | 589 | 7970 | 49 |
| 泰州市港区建设工程有限公司 | 口岸街道 | 1998 | 三级 | 822 | 1308 | 15750 | 189 |
| 泰州市金伟天建筑安装工程有限公司 | 口岸街道 | 2005 | 三级 | 340 | 421 | 8901 | 26 |
| 泰州市高港黎明装饰工程有限公司 | 口岸街道 | 1998 | 三级 | 547 | 114 | 845 | 21 |
| 泰州市港城装饰工程有限公司 | 口岸街道 | 2001 | 三级 | 203 | 115 | 426 | 16 |
| 泰州市口岸市政工程有限公司 | 口岸街道 | 1997 | 三级 | 533 | 348 | 6324 | 86 |
| 泰州市高港市政工程有限公司 | 口岸街道 | 1997 | 二级 | 576 | 232 | 7432 | 76 |
| 泰州市柴墟建筑装饰工程有限公司 | 口岸街道 | 1999 | 三级 | 126 | 105 | 405 | 13 |
| 泰州市金港建筑安装工程有限公司 | 口岸街道 | 1985 | 三级 | 716 | 601 | 6230 | 56 |
| 泰州市丰华建筑安装工程有限公司 | 口岸街道 | 1999 | 三级 | 699 | 345 | 4299 | 43 |
| 泰州市苏港建筑装饰工程有限公司 | 口岸街道 | 2003 | 三级 | 189 | 207 | 543 | 19 |
| 泰州市中泰建筑装饰工程有限公司 | 口岸街道 | 2003 | 三级 | 124 | 125 | 378 | 10 |
| 泰州市港城机电消防工程有限公司 | 口岸街道 | 2000 | 三级 | 523 | 324 | 856 | 76 |
| 泰州市鑫瑞装饰工程有限公司 | 口岸街道 | 2004 | 三级 | 233 | 157 | 535 | 24 |
| 泰州市沿江疏浚工程有限公司 | 口岸街道 | 2003 | 三级 | 242 | 104 | 453 | 23 |
| 泰州市鼎顺装潢工程有限公司 | 口岸街道 | 2004 | 三级 | 96 | 67 | 357 | 10 |
| 泰州市祥晟市政工程有限公司 | 口岸街道 | 2004 | 三级 | 356 | 135 | 576 | 37 |
| 泰州市腾发起重工程有限公司 | 口岸街道 | 2004 | 三级 | 786 | 97 | 786 | 79 |
| 泰州市永泰汽吊有限公司 | 口岸街道 | 2005 | 三级 | 543 | 123 | 1246 | 60 |
| 泰州市苏中机电设备安装有限公司 | 口岸街道 | 2006 | 三级 | 478 | 157 | 5326 | 163 |
| 泰州佳晖装饰有限公司 | 口岸街道 | 2005 | 三级 | 360 | 145 | 695 | 47 |
| 泰州市扬子净化工程有限公司 | 口岸街道 | 2003 | 二级 | 408 | 116 | 3764 | 85 |
| 泰州市克林净化工程有限公司 | 口岸街道 | 1999 | 三级 | 589 | 180 | 4675 | 90 |
| 泰州市东进智能化有限公司 | 口岸街道 | 2008 | 三级 | 156 | 75 | 420 | 20 |
| 泰州市苏安消防工程有限公司 | 口岸街道 | 2008 | 三级 | 105 | 70 | 180 | 8 |

续表101

| 企业名称 | 所在镇街 | 建立年份 | 资质等级 | 固定资产 | 年末职工 | 产　值 | 利　润 |
|---|---|---|---|---|---|---|---|
| 泰州市田河建筑安装工程有限公司 | 口岸街道 | 1975 | 三级 | — | — | — | — |
| 泰州市水工建筑工程有限公司 | 口岸街道 | 1975 | 三级 | 235 | 156 | 1576 | 16 |
| 泰州市高港机电设备安装工程有限公司 | 口岸街道 | 1998 | 二级 | 806 | 276 | 5654 | 179 |
| 泰州市华雅装饰工程有限公司 | 口岸街道 | 2001 | 三级 | 367 | 104 | 667 | 12 |
| 江苏华祥建设工程有限公司 | 刁铺街道 | 2007 | 三级 | 2045 | 200 | 3000 | 3 |
| 泰州市中港建筑安装工程有限公司 | 刁铺街道 | 1975 | 三级 | 2001 | 964 | 9215 | 52 |
| 泰州市隆基建设工程有限公司 | 刁铺街道 | 2003 | 三级 | 219 | 414 | 5819 | 80 |
| 泰州市科源工业设备安装有限公司 | 刁铺街道 | 2002 | 三级 | 1458 | 65 | 1180 | 100 |
| 泰州市润鑫混凝土有限公司 | 刁铺街道 | 2004 | 三级 | 764 | 104 | 8564 | 119 |
| 江苏三泰建设工程有限公司 | 刁铺街道 | 1954 | 二级 | 4087 | 905 | 34600 | 267 |
| 泰州市骏达建筑安装工程有限公司 | 许庄街道 | 2008 | 三级 | 432 | 180 | 3001 | 28 |
| 泰州金文峰舞台科技有限公司 | 许庄街道 | 2008 | 三级 | 135 | 76 | 304 | 15 |
| 泰州市泽宇钢结构有限公司 | 许庄街道 | 2002 | 三级 | 378 | 207 | 756 | 62 |
| 泰州市建平建筑安装有限公司 | 永安洲镇 | 2007 | 三级 | 647 | 493 | 4480 | 54 |
| 泰州市金鑫建设工程有限公司 | 永安洲镇 | 2007 | 三级 | 120 | 173 | 3910 | 2 |
| 泰州市江洲建设工程有限公司 | 永安洲镇 | 2004 | 二级 | 3900 | 842 | 16871 | 187 |
| 泰州市宏泰市政工程有限公司 | 永安洲镇 | 1993 | 二级 | 2342 | 421 | 10200 | 96 |
| 泰州市宏洲建设工程有限公司 | 永安洲镇 | 1976 | 三级 | 934 | 709 | 11200 | 75 |
| 泰州银海装饰工程有限公司 | 永安洲镇 | 2007 | 三级 | 105 | 50 | 115 | 6 |
| 江苏东南交通工程有限公司 | 永安洲镇 | 2005 | 三级 | 758 | 169 | 9534 | 98 |
| 泰州市永安消防工程有限公司 | 永安洲镇 | 2002 | 二级 | 423 | 267 | 643 | 53 |
| 泰州市金禾商砼制品有限公司 | 永安洲镇 | 2005 | 三级 | 864 | 89 | 9647 | 132 |
| 泰州市龙腾装饰有限公司 | 永安洲镇 | 2006 | 三级 | 100 | 45 | 105 | 5 |
| 泰州市白马建筑安装工程有限公司 | 白 马 镇 | 1966 | 三级 | 683 | 1310 | 17250 | 115 |
| 泰州市嘉福建筑安装工程有限公司 | 野 徐 镇 | 1984 | 三级 | 730 | 1973 | 33878 | 178 |
| 泰州市华泰市政工程有限公司 | 野 徐 镇 | 2003 | 二级 | 302 | 187 | 5754 | 63 |

## 1997—2008 年高港区建筑企业基本情况一览表

表 102

| 年份 | 企业数（个） | 类别 | | | | | 资质等级 | | | | | 年末从业人员（人） | 施工机械总数（台、套） | 机械设备总功率（千瓦） |
|---|---|---|---|---|---|---|---|---|---|---|---|---|---|---|
| | | 房屋建筑（个） | 装饰工程（个） | 设备安装（个） | 市政建设（个） | 其他（个） | 一级总承包（个） | 二级总承包（个） | 二级专业承包（个） | 三级总承包（个） | 三级专业承包（个） | | | |
| 1997 | 12 | 9 | 0 | 0 | 3 | 0 | — | — | — | 12 | — | 4972 | 962 | 17238 |
| 1998 | 17 | 11 | 1 | 2 | 3 | 0 | — | 1 | 1 | 13 | 2 | 6037 | 1045 | 21450 |
| 1999 | 20 | 12 | 2 | 2 | 3 | 1 | — | 1 | 1 | 14 | 4 | 6983 | 1157 | 25320 |
| 2000 | 22 | 13 | 2 | 3 | 3 | 1 | — | 1 | 1 | 15 | 5 | 7890 | 1679 | 33465 |
| 2001 | 24 | 13 | 4 | 3 | 3 | 1 | — | 1 | 1 | 15 | 7 | 9413 | 2006 | 41780 |
| 2002 | 27 | 13 | 4 | 4 | 3 | 3 | — | 1 | 2 | 15 | 9 | 10386 | 2384 | 48310 |
| 2003 | 34 | 14 | 7 | 4 | 4 | 5 | — | 4 | 2 | 17 | 11 | 14109 | 2799 | 56432 |
| 2004 | 40 | 15 | 9 | 4 | 5 | 7 | — | 4 | 2 | 19 | 15 | 15478 | 2956 | 64780 |
| 2005 | 46 | 18 | 10 | 4 | 5 | 9 | — | 5 | 2 | 20 | 19 | 17298 | 3154 | 68650 |
| 2006 | 48 | 18 | 11 | 5 | 5 | 9 | — | 5 | 2 | 20 | 21 | 22285 | 3792 | 74985 |
| 2007 | 52 | 20 | 12 | 5 | 5 | 10 | — | 5 | 3 | 22 | 22 | 22150 | 4012 | 82310 |
| 2008 | 56 | 20 | 12 | 5 | 5 | 14 | 1 | 5 | 4 | 21 | 25 | 24761 | 4494 | 105230 |

## 第二节　施工设备与技术

### 一、施工设备

20世纪70年代前，境内建筑施工主要用瓦刀、灰桶、泥批和锯、斧、凿等传统工具。80年代起，始用混凝土搅拌机、电动卷扬机等机械设备。之后，建筑企业机械化施工水平不断提高。至1997年，全区建筑企业有各类施工机械962台（套），机械装备净值约460万元。同年起，大部分建筑企业基本实现机械化，并开始向自动化方向发展。高空作业用脚手架由毛竹搭制改成钢管套装，模板由木模改成钢模，建筑材料运输实现车辆化，建筑材料垂直运送大都利用塔式吊车。2005年，全区有各种建筑施工机械3654台（套），其中大型机械132台（套），机械设备净值1.27亿元，占固定资产的53.21%。此后，各建筑企业为提高建筑施工能力，增强市场竞争力，不断加大机械设备投资力度，装备大型塔吊、附墙电梯、重型汽车等大型施工设备。2008年，全区建筑企业拥有各类施工机械4494台（套），其中大型机械291台（套），机械设备净值2.07亿元，占固定资产净值的66.67%。

### 二、地基处理与基础施工技术

20世纪50年代前，境内房屋建筑的地基一般以碎砖石铺底夯实，软弱地基多增加木桩基础。60年代，开始应用钢筋混凝土结构基础。70年代，3～5层的建筑地基大都采用条形基础、混凝土独立基础、沉井基础等。80年代，境内高层建筑地基采用整板基础、筏型基础、箱型基础、薄壳基础、石桩基础和预制方桩、预制管桩、静力压桩等。90年代，在高层及超高层建筑施工中，采用深基坑开挖、支护、防震、防渗和降排水等施工技术，对淤泥质土、素填土及杂填土等软弱地基的处理采取换土法，垫层材料一般采用砂石、素土、灰土、粉煤灰、石灰等，软弱地基加固普遍采用人工挖孔桩基、钢筋混凝土桩基等法。建造2～3层的房屋，如遇软弱地基，大都将条形基础下的软弱土挖去，换填砂石料夯实。2000—2008年，建造高层楼房大都采用大开挖换土法，然后分层换填砂石料，用压路机碾压夯实。

### 三、墙体砌筑技术

【泥墙与石墙】 新中国成立前，境内草房以泥墙为墙体，建造比较简单，将黏土切块或制成砖坯，晒干后砌成墙体。新中国成立后，境内人民生活水平逐步提高，建房时广泛采用石墙，分为乱毛石砌的“乱插墙”和整毛石砌的“平石墙”2种，墙体厚度一般为32厘米、36厘米或40厘米。20世纪70年代后，境内泥墙、石墙建筑渐被淘汰。个别工程外墙底部仍用石头砌就，墙面打出规则的斜线进行勾缝，富有艺术感。

【砖墙】 20世纪70年代起，境内城乡居民建房多采用条砖砌墙。组砌方式有平砖丁砌错缝、侧砖顺砌错缝、平砖顺砌与侧砖顺砌上下层组合式3种，墙厚为一砖或二砖宽。80年代后，实心墙体砌筑方法有三一砌砖法、满刀灰法、全顺砌法、一顺一丁砌法、三顺一丁砌法、梅花丁砌法、三七缝砌法等。在施工中，用探尺操作，使墙面干净利索，便于外墙勾缝。

【新型结构墙体】 20世纪90年代起，建筑墙体结构大都摒弃以砌筑为主的单一结构，呈多样化发展态势，主要有装配式大板、内浇外砌、预应力叠合板、大幅面胶合板模板等。至2008年，境内多层、高层建筑基本采用既节省造价又缩短工期的预应力叠合板结构。

### 四、屋面施工技术

境内民房屋面传统结构为人字形。坡屋面按照排水方向分为双坡、单坡、四坡3种，其承重结构多采用硬山搁檩、木构架或木屋架等。20世纪80年代起，境内工业建筑及公共建筑逐步采用钢木屋架、预应力钢筋混凝土屋架、钢屋架和普通混凝土刚性防水屋面、预应力混凝土刚性防水屋面、双层防水屋面。

### 五、建筑装饰技术

境内古典建筑中，雕刻技术绚丽多彩。高港雕花楼等建筑中的木雕、砖雕和石刻集中反映旧时建筑匠人高超的建筑技术。20世纪60—80年代，境内大多数建筑装饰朴素、单调，外墙多用红砖勾缝，兼有混夹清墙体（即上部用清水墙勾缝，下部用砂浆粉刷），少数公共建筑及临街商业建筑外墙采用粗砂灰或洗麻石外粉。内墙多用普通纸筋灰粉刷，面刷石灰水3度。90年代后，建筑装饰技术开始在境内风行。一般建筑装饰内粉刷采用水泥砂浆粉刷，石膏线角，顶棚天花用老粉刷白，墙面用冷色油墙饰面，外墙铺贴泰山砖，地面铺贴芦席纹拼花硬木地板，或采用铜条与彩色石子磨制的水磨石地面，内外门窗用细木装饰。考究的建筑木雕、石刻技术被广泛采用。木雕主要布置在门楣、大厅、走廊、屏风、天花等处。石刻主要分布在台基、大门、厅堂、山头、屋脊等处。进入21世纪，原来的石灰水粉刷被乳胶漆等各种优质涂料所代替，高级装饰墙纸、墙布被广泛应用；灰板条天花顶棚被硬质纤维板、钙塑板、石膏板、轻钢龙骨加塑料及铝合金扣板吊顶等所代替；普通水泥地面被水泥聚合物彩色地面、镶拼木条地板、硬木地板及各种石质面砖地面、花岗岩地面、地毯等所代替。此外，还有建筑镏金装饰技术、琉璃装饰技术、油漆装饰技术，风格有中式和西式等。

### 六、设备安装技术

20世纪90年代初，境内建筑企业对电线线路、给排水管道、防盗报警、电视监控、通风空调、电梯、建筑智能化设计与网络布线、电气及电站、弱电工程等设备的安装技术已达一定水平。焊接方面，电焊工大都掌握埋弧自动焊接、电渣压力焊接、钢筋绑扎焊接技术。对安装管道的吹扫、冲洗已采用空气吹扫、蒸汽吹扫和水冲洗、通球清扫、化学清洗等工艺。部分建筑内开始安装电气、空调、锅炉、电梯等设备。由高港建安公司承建的区人民医院病房大楼项目因内部设备安装符合标准要求，获市建筑工程“梅兰杯”奖。至2008年，全区多数建筑企业已熟练掌握照明、给排水、消防、监控、报警、空调等设备安装技术。

## 第三节　施工业绩与市场开拓

### 一、施工业绩

20世纪80年代前，境内多数建筑企业规模较小，施工业绩不突出，实力稍强的企业也只能承建五六层的普通楼房。90年代，为适应建筑市场竞争形势，境内各建筑企业加大机械设备的投入和高级技术人员的引进力度，施工能力和施工业绩明显提高。1997年8月，高港建安公司在深圳承建3幢

18层、53.9米高的华茂苑大厦，开创高港区建筑企业承建高层建筑的先河。2007年，高港建安公司承建高32层的深圳市中恒世纪广场工程。至2008年，全区建筑企业已发展成为门类较全的综合性企业群，先后承建20层以上高楼16幢，其中25层以上5幢、20～24层11幢。

1997—2008年高港区建筑业经营情况一览表

表103　　　　单位：平方米、万元

| 年　份 | 施工面积 | 施工产值 | 竣工面积 | 竣工产值 | 固定资产原值 | 利润总额 | 利　税 |
|---|---|---|---|---|---|---|---|
| 1997 | 627343 | 40128 | 368421 | 41652 | 62173 | 535 | 801 |
| 1998 | 795296 | 53281 | 437845 | 53783 | 7944 | 712 | 1279 |
| 1999 | 901203 | 63128 | 520963 | 63763 | 9844 | 895 | 1515 |
| 2000 | 1011266 | 72028 | 680141 | 71655 | 11227 | 1104 | 1729 |
| 2001 | 1112975 | 83592 | 565055 | 64085 | 14304 | 810 | 2006 |
| 2002 | 1379726 | 100239 | 851796 | 90335 | 16408 | 1119 | 2406 |
| 2003 | 1723973 | 138017 | 1041215 | 104139 | 20139 | 1907 | 3312 |
| 2004 | 1956264 | 158769 | 1177756 | 126235 | 28879 | 1939 | 3810 |
| 2005 | 1981791 | 200100 | 1175882 | 143925 | 29765 | 2350 | 4802 |
| 2006 | 2366530 | 238182 | 1967425 | 249314 | 42398 | 2297 | 5716 |
| 2007 | 2756110 | 301438 | 1543974 | 251644 | 43268 | 2929 | 7235 |
| 2008 | 3378430 | 400246 | 2371733 | 392644 | 52531 | 4033 | 9608 |

## 二、市场开拓

20世纪70—80年代，境内部分建筑企业进入黑龙江、内蒙古、新疆、青海、上海和省内南京等地建筑市场。1997年9月，区建管局和高港建安公司联合设立深圳办事处，对全区驻深圳建筑企业实施统一对外联系、统一承接业务、统一结算财务、统一施工管理。2002年10月，高港建安公司设北京办事处，开拓北京

图 12-1-1　泰州市嘉福建筑安装工程有限公司在北京承建的住宅小区工程（2006年摄）

建筑市场。至2008年，区建筑企业在深圳承接的较大工程有：华茂苑大厦，建筑面积3.65万平方米；深圳赛博韦尔软件产业园有限公司软件开发楼，建筑面积2.35万平方米；深圳市南山商业大厦，建筑面积6.1万平方米；深圳惠名房地产开发有限公司东方风雅台6号、7号2栋楼，建筑面积1.37万平方米；深圳天威电视台一群二塔，建筑面积3.25万平方米；高交会深圳展览馆，建筑面积12.5万平方米；星河世纪珠江广场工程，施工面积15.8万平方米；中恒世纪广场工程，建筑面积15万平方米；水榭山庄工程，施工面积10万平方米；施工面积累计90余万平方米，其中竣工面积37.3万平方米，完成施工产值9.64亿元。区建筑企业在北京、天津、河北、内蒙古等地承接建筑面积30余万平方米，其中竣工面积12.3万平方米，完成施工产值4.64亿元。

## 第四节　工程质量与安全管理

### 一、工程质量管理

1984—1994年，境内建筑企业获市级以上优质工程奖57项。

2000年，按照建设部《建设工程质量管理条例》和《建筑业十项新技术》，区各建筑企业均成立工作班子，建立严格的质保管理体系，同时开始推行工程监理制度，对施工项目实施跟踪监理，工程优良率大幅度提高。当年，全区建筑企业在外承建的工程项目优良率达50%，居全市前列。1997—2008年，全区建筑企业获市级以上优质工程奖13项，其中高港建安公司获市级以上优质工程奖8项。

1984—2008年境内建筑企业获市级以上优质工程奖情况一览表

表104

| 工程名称 | 施工企业 | 获奖情况 |
|---|---|---|
| 大庆乙烯宿舍楼 | 泰兴县孔桥建筑安装工程公司 | 1984年度大庆市优质工程 |
| 南京浦口公路管理站 | 泰兴县胡庄建筑安装工程公司 | 1984年度南京市优质工程 |
| 新疆克拉玛依通信公司大会堂 | 泰县大泗建筑安装工程公司 | 1985年新疆维吾尔自治区优质工程 |
| 大庆乙烯312号住宅楼 | 泰兴县许庄建筑安装工程公司 | 1985年度大庆市优质工程 |
| 大庆乙烯宿舍楼 | 泰兴县孔桥建筑安装工程公司 | 1985年度大庆市优质工程 |
| 南京大厂税务局办公楼 | 泰兴县胡庄建筑安装工程公司 | 1985年度南京市优质工程 |
| 扬子乙烯703、704号住宅楼 | 泰兴县胡庄建筑安装工程公司 | 1985年度南京市优质工程 |
| 大庆石油站宿舍楼 | 泰兴县胡庄建筑安装工程公司 | 1986年度黑龙江省优质工程 |
| 襄樊饲料公司仓库 | 泰兴县孔桥建筑安装工程公司 | 1986年度襄樊市优质工程 |
| 大庆乙烯低压维修车间 | 泰兴县许庄建筑安装工程公司 | 1986年度大庆市优质工程 |

续表104

| 工程名称 | 施工企业 | 获奖情况 |
|---|---|---|
| 佳木斯市三江食品公司办公楼 | 泰兴县汪群建筑安装工程公司 | 1987年度黑龙江省优质工程 |
| 大庆石油站换热站 | 泰兴县胡庄建筑安装工程公司 | 1987年度黑龙江省优质工程 |
| 襄樊工业品贸易中心仓库 | 泰兴县许庄建筑安装工程公司 | 1987年度襄樊市优质工程 |
| 大庆石油分站招待所 | 泰兴县胡庄建筑安装工程公司 | 1988年度大庆市优质工程 |
| 泰州县纺织机械厂厂房 | 泰县白马建筑安装工程公司 | 1988年度扬州市优质工程 |
| 大庆石油分站 1–10 号住宅楼 | 泰兴县胡庄建筑安装工程公司 | 1989年度大庆市优质工程 |
| 平顶山市委 8 号家属楼 | 泰兴县刁铺建筑安装工程公司 | 1989年度平顶山市优质工程 |
| 平顶山市人民检察院住宅 | 泰兴县刁铺建筑安装工程公司 | 1990年度河南省优质工程 |
| 大庆油建中 1023 聚合试验站 | 泰兴县胡庄建筑安装工程公司 | 1990年度大庆市优质工程 |
| 大庆油建南 1–7 联合站 | 泰兴县汪群建筑安装工程公司 | 1990年度大庆市优质工程 |
| 大庆油建敖古拉华油站 | 泰兴县胡庄建筑安装工程公司 | 1990年度大庆市优质工程 |
| 大庆油建西三地面行业站 | 泰兴县胡庄建筑安装工程公司 | 1990年度大庆市优质工程 |
| 大庆油建 707 转油站 | 泰兴县汪群建筑安装工程公司 | 1990年度大庆市优质工程 |
| 大庆油建让湖路电站 | 泰兴县胡庄建筑安装工程公司 | 1990年度大庆市优质工程 |
| 大庆龙凤油商店 | 泰兴县胡庄建筑安装工程公司 | 1990年度大庆市优质工程 |
| 大庆石油站 1–11 住宅楼 | 泰兴县胡庄建筑安装工程公司 | 1991年度大庆市优质工程 |
| 大庆东风中学教学楼 | 泰兴县胡庄建筑安装工程公司 | 1991年度大庆市优质工程 |
| 大庆油建西四注水变电站 | 泰兴县胡庄建筑安装工程公司 | 1991年度大庆市优质工程 |
| 大庆油建中 501 中转站 | 泰兴县胡庄建筑安装工程公司 | 1991年度大庆市优质工程 |
| 大庆油建敖一联续建工程 | 泰兴县胡庄建筑安装工程公司 | 1991年度大庆市优质工程 |
| 大庆油建北十一联合站 | 泰兴县汪群建筑安装工程公司 | 1991年度大庆市优质工程 |
| 大庆油建热电厂贮灰场 | 泰兴县许庄建筑安装工程公司 | 1991年度大庆市优质工程 |
| 平顶山市公安局家属楼 | 泰兴县刁铺建筑安装工程公司 | 1991年度平顶山市优质工程 |
| 新疆塔指大二线 3 号公寓 | 泰兴县刁铺建筑安装工程公司 | 1991年度塔城市优质工程 |

续表 104

| 工程名称 | 施工企业 | 获奖情况 |
|---|---|---|
| 西安 603 所 20 号住宅楼 | 泰兴县田河建筑安装工程公司 | 1991 年度西安市优质工程 |
| 黑河国际饭店 | 泰兴市汪群建筑安装工程公司 | 1992 年度黑龙江省优质工程 |
| 平顶山市医药局住宅楼 | 泰兴市刁铺建筑安装工程公司 | 1992 年度平顶山市优质工程 |
| 平顶山市公安局综合楼 | 泰兴市刁铺建筑安装工程公司 | 1992 年度扬州市“琼花杯” |
| 大庆石化销售公司 2-1 号住宅 | 泰兴市胡庄建筑安装工程公司 | 1992 年度大庆市优质工程 |
| 大庆公路处办公楼 | 泰兴市胡庄建筑安装工程公司 | 1992 年度大庆市优质工程 |
| 南京浦口公路管理站 | 泰兴市胡庄建筑安装工程公司 | 1992 年度南京市优质工程 |
| 扬州美容化妆品厂出口膏霜车间 | 泰兴市刁铺建筑安装工程公司 | 1993 年度江苏省优质工程 |
| 宁夏区建一公司 12 号住宅楼 | 泰兴市胡庄建筑安装工程公司 | 1993 年度宁夏回族自治区优质工程 |
| 高港港务局航政楼 | 泰兴市口岸建筑安装工程公司 | 1993 年度扬州市优质工程 |
| 伊春西林钢铁公司住宅 | 泰兴市胡庄建筑安装工程公司 | 1993 年度伊春市优质工程 |
| 平顶山市建行 1 号住宅楼 | 泰兴市刁铺建筑安装工程公司 | 1993 年度平顶山市优质工程 |
| 平顶山市房产局 2 号住宅楼 | 泰兴市刁铺建筑安装工程公司 | 1993 年度平顶山市优质工程 |
| 银川高新开发区 2 号办公楼 | 泰兴市胡庄建筑安装工程公司 | 1993 年度银川市优质工程 |
| 镇江镇扬汽渡综合楼 | 泰兴市田河建筑安装工程公司 | 1993 年度镇江市优质工程 |
| 镇江港口热电厂综合楼 | 泰兴市田河建筑安装工程公司 | 1993 年度镇江市优质工程 |
| 平顶山市建行 3 号住宅楼 | 泰兴市刁铺建筑安装工程公司 | 1994 年度平顶山市优质工程 |
| 平顶山市委货资楼 | 泰兴市刁铺建筑安装工程公司 | 1994 年度平顶山市优质工程 |
| 伊春市西林钢铁公司 6 号楼 | 泰兴市胡庄建筑安装工程公司 | 1994 年度伊春市优质工程 |
| 高港区地税局大楼 | 泰州市口岸建筑安装工程有限公司 | 1999 年度江苏省“扬子杯” |
| 深圳市南景苑小区 | 泰州市高港建筑安装工程有限公司 | 2000 年度广东省双优样板工程 |
| 北京市亚运会公寓 | 姜堰市华扬建筑工程有限公司 | 2001 年度北京市优质结构“长城杯” |
| 口岸中学学生公寓楼 | 泰州市口岸建筑安装工程有限公司 | 2001 年度江苏省“扬子杯” |
| 深圳市嘉麟豪庭 | 泰州市高港建筑安装工程有限公司 | 2001 年度江苏省“扬子杯” |
| 武汉市多福山庄综合楼 | 泰州市白马建筑安装工程有限公司 | 2001 年度江苏省“扬子杯” |
| 深圳市东方风雅台 16、17 号楼 | 泰州市高港建筑安装工程有限公司 | 2002 年度广东省双优样板工程 |

续表104

| 工程名称 | 施工企业 | 获奖情况 |
|---|---|---|
| 北京市锦官苑 | 泰州市高港建筑安装工程有限公司 | 2003年度北京市优质结构“长城杯” |
| 江苏省粮食局高港直属库 | 泰州市口岸建筑安装工程有限公司 | 2004年度江苏省“扬子杯” |
| 高港区人民医院病房大楼 | 泰州市高港建筑安装工程有限公司 | 2005年度泰州市工程质量“梅兰杯” |
| 深圳市嘉麟豪庭 | 泰州市高港建筑安装工程有限公司 | 2005年度广东省双优样板工程 |
| 深圳市星河世纪 | 泰州市高港建筑安装工程有限公司 | 2006年度广东省双优样板工程 |
| 深圳市星河世纪 | 泰州市高港建筑安装工程有限公司 | 2007年度“金牛奖” |

### 二、安全管理

20世纪50年代起，建筑施工安全管理主要由企业负责。泰兴县、泰县建筑主管部门分别对境内企业的安全生产工作进行计划、组织、监督、检查和考核。1979年起，境内建筑业参加全国安全月和“百日无事故”等竞赛活动，逐步建立健全安全生产检查制度。80年代起，境内建筑企业虽然采取一系列安全生产管理措施，但少数建筑企业内部的班组安全管理松懈，生产事故时有发生。1982—1996年，境内因工伤事故死亡71人，年均死亡5.07人。1997年后，全区建筑行业开展创建标准化文明工地活动，重点做好施工中各个环节的安全管理，防止安全生产事故的发生。1997—2004年，全区建筑工程因工伤事故共死亡7人，事故率大幅度下降。2005年起，全区建筑行业按照“制度到位，教育到位，投入到位，活动到位，安全人员到位”要求，组织安全培训、考核、发证工作，开展“安全生产周”“安全生产月”“百日安全无事故”等活动。2008年，全区建筑业安全生产实现“零伤亡”，区建管局连续3年被评为泰州市安全生产管理先进单位，全区创省文明工地21个、市文明工地33个。

## 第五节　企业选介

### 一、泰州市宏泰市政工程有限公司

位于永安洲镇引江西路25号。1993年建，初名泰兴市煤气设备安装公司，注册资本2391.2万元，为私人合资企业。1995年，与福建省三明市煤气公司联营，负责三明市的燃气管道、调压站安装，承建三明市市政道路、桥梁、绿化等重点工程。1998年更为现名。先后承建浙江教工路DG500以内中低压铸铁煤气管道工程、DG500以内过桥钢管安装工程，江西赣州市城市道路、排水、燃气、绿化等工程。2004年，取得市政公用工程施工总承包二级资质。2007年，取得专业桥梁施工二级资质。2008年，有各类技术和经济管理人员106人，其中，高级工程师5人、工程师22人、助理工程师48人、技术员21人，会计师2人、助理会计师5人，助理经济师1人、经济员1人、统计员1人，二级建造师13人、三级项目经理20人，电焊工、管道安装工、电工、机操工等特殊工种168人，施工队伍分布在全国21个省、市、自治区，并形成深圳、北京、新疆等规模市场。全年完成产值1.02亿元，实现增加值2247万元。

## 二、泰州市高港建筑安装工程有限公司

位于口岸街道港城中路20号。1998年建，初名泰州市高港建筑安装工程总公司，为区建管局直属企业，同年取得二级施工企业资质。1999年3月，加盟省建筑安装工程股份有限公司，组建深圳苏一建建筑安装工程有限公司三处二工区。2000年，改制为股份制公司并更为现名（简称高港建安公司）。企业在股权设置上坚持经营者和政府持大股，分别占23.4%、62.2%，有效实现控股经营。当年，开拓深圳市场，并入股特级资质企业江苏省华建建设集团股份有限公司。先后承建深圳市南景苑、嘉麟豪庭、东方风雅台、星河世纪等工程以及高港人民医院。2002年、2005年，被省建筑业协会评为先进企业；2003—2008年，被市建筑业协会评为市建筑十佳企业。2008年3月，取得建房施工总承包一级资质，8月，经商务部批准，获对外承包工程经营资质证书。当年，有注册资本7834万元，固定资产4130万元，职工2642人，各类技术和经济管理人员300余人，其中中高级职称62人、一级建造师21人、二级建造师18人，产值7.14亿元，利润188.6万元。

## 三、江苏三泰建设工程有限公司

位于刁铺街道扬子江北路251号。1954年建，初名泰兴县刁铺工程大队，隶属于泰兴县口岸建筑站。1958年，更名为泰兴县刁铺建筑站，独立经营。1974年，更名为泰兴县刁铺水泥制品厂。1976年，恢复建筑站名。1983年，更名为泰兴县刁铺建筑安装工程公司，下设6个工程大队、1个水电安装队、1个装潢工程队、1个建材门市部和电焊条辅料厂、水泥制品厂、环溪劳保服装厂，计有职工1200人。1992年，在原装潢工程队基础上组建装潢公司。1993年，扩建水泥制品厂及建材门市部砂石场，新建扬子物资公司。当年承建的扬州美容化妆品厂出口膏霜车间工程获评江苏省优质工程。2006年，改为股份制企业，定为现名。2008年，获房屋总承包二级资质。当年，有注册资本3210万元，固定资产4087万元，年末职工905人，其中中高级职称37人、一级建造师16人、二级建造师15人、小型项目管理师22人，主要机械设备186台（套），产值3.46亿元，利润267万元。

## 四、泰州市口岸建筑安装工程有限公司

位于口岸街道港城东路。1967年建，初名泰兴县口岸“五七”建筑站，为镇办企业。1970年，先后设口岸、蔡滩、联星、二闸大队建筑队和建筑服务站。1976年，更名为泰兴县口岸人民公社革命委员会建筑站。1978年，编为泰兴县第二建筑公司101工程处，下设5个科室、7个工程处（大队）和预制构件厂、建筑五金厂。施工队伍分布在南京、扬州、淮阴及口岸当地，先后建成南京江浦水泥厂厂房、钟华医院门诊楼、省水利厅办公楼、宿迁农业银行营业楼、高港港务局航政楼、扬子江制药厂胃剂车间等工程，扬州平山堂大明寺修复工程，淮阴城南公园等古典园林工程。1983年10月，更名为泰兴县口岸建筑安装工程公司，对外保留101工程处。1992年，改为股份制企业，更名为泰兴市口岸建筑安装工程公司，撤101工程处牌。1996年，定为现名。2003年，获省建筑业明星企业称号。2005年，被评为市建筑业先进企业。至2008年，具备房屋建筑施工总承包二级资质、市政公用工程施工总承包三级资质、起重设备安装工程专业承包三级资质；有各类技术经济管理人员200余人，其中，中、高级职称30人，一级建造师12人，二级建造师28人，小型项目管理师30人；有主要机械设备246台（套）；先后在南京、大庆油田、内蒙古伊敏河煤矿、湖北武汉空军后勤部、青海格尔木等地施工，累计承建工程1500余项，创省、市级文明标化工地20余项。当年，注册资本2600万元，固定资产1137.7万元，职工1813人，产值3.14亿元，利润160万元。

## 五、泰州市宏洲建设工程有限公司

位于永安洲镇引江西路25号。1976年4月建，初名泰兴县永安建筑站。1983年，改称泰兴县永安建筑安装工程公司。同年，被省建工局审定为三级资质。1994年，实现产值4540万元、利润226.3万元。施工队伍主要分布在湖北、上海以及省内南京、扬州等地，承建的主要名优工程有扬州市农业营业大楼，上海梅山铁矿7号、8号、11号住宅楼，丹阳市粮食局精粉车间，泰兴光明化工厂盐酸厂房，永安卫生院门诊楼等。2008年，有固定资产934.3万元，年末职工709人，产值1.12亿元，利润71.6万元。

## 六、泰州市田河建筑安装工程有限公司

位于口岸街道振兴北路4号。1975年12月建，初名泰兴县田河公社建筑站。1979年后，进入襄樊、扬州、常州、淮阴、大庆、北京、上海等地市场。1983年，更名为泰兴县田河建筑安装工程公司，定为四级资质企业，有工人1100余人，形成土石方、市政、土建、古典园林等多种经营格局。当年，独立承建的南京油厂愉园工程占地面积5500平方米，建筑面积10060平方米，有廊厅、主厅、万字组合亭、石阶、人工瀑布、人工湖、假山、九曲桥、水榭、六角亭等。1986年，资质升为三级，经营范围扩至水电安装、水泥制品等。承建的镇江镇扬汽渡综合楼被评为镇江市优质工程。古典建筑为该公司特长，先后参加扬州市平山堂、淮阴勺湖公园等工程的施工。2002年，改为股份制企业，有职工463人，其中技术和经济管理人员36人。2008年，因经营不善破产。

## 七、江苏新城设备安装工程有限公司

位于口岸街道金港中路135号。1998年建。先后独立承建石油化工、医药化工、GMP医药厂房、医院洁净手术室、ICU病房等项目。1999—2003年，多次被评为区建筑业先进企业。2004年，取得中华人民共和国压力管道GC2级安装改造维修许可证，通过ISO 9001质量管理体系认证、ISO 14001:2004环境管理体系认证及GB/T 28001:2001职业健康安全管理体系认证。至2008年，有工程技术及管理人员173人，其中工程系列有中高级职称49人、一级注册建造师2人、二级注册建造师14人，形成以机电设备安装为主，集空气净化、消防设施、房屋建筑、装饰装修、钢结构等工程为一体的综合性建筑施工企业。当年，注册资本5180万元，固定资产2063.1万元，年末职工584人，产值9735万元，利润325.7万元。

## 八、泰州市港区建设工程有限公司

位于金港路。成立于1998年，注册资本311万元，先后承建高港区房管处综合楼，春港大厦，银杏苑住宅小区，高港区机关幼儿园，静安小区7号、8号、13号楼，高港区环境监察大楼，向阳人家住宅小区，蔡西小区1号楼，盛和东方名邸一期六标，高港花卉交易大厅，生态公园商住楼，牧院体育场看台，翰林雅居一期三标，金港嘉园1号、2号楼，缫丝厂右节点景观，水岸帝景二期一标，育才花苑四期三标等工程。其中盛和东方名邸一期六标、金港嘉园、向阳人家二期一标、水岸帝景二期一标获评泰州市文明工地。2008年，有固定资产822万元，职工1308人，有各类技术和经济管理人员157人，其中一级建造师5人、二级建造师16人、小型项目管理师3人，完成产值15750万元，实现利润189万元。

## 九、泰州市中港建筑安装工程有限公司

成立于1975年，原名泰兴县许庄建筑站，1983年，更名为泰兴县许庄建筑公司，下设大庆工程

队、河南工程队和上海工程队。2001年改制，变更为泰州市中港建筑安装工程有限公司，为建筑工程总承包三级资质，注册资金784.4万元，有各类技术和经济管理人员60余人，其中，二级建造师5人，中、高级职称21人。之后，组织施工队赴沙特阿拉伯、安哥拉承包工程，产值快速增长。2008年，有固定资产2001万元，职工964人，完成产值9215万元，实现利润52.4万元。

### 十、泰州市江洲建设工程有限公司

位于永安洲镇引江东路20号。2004年建，下设2个分公司和5个工程部，有高级工程师5人，工程师26人，其他工程技术人员75人。先后承建泰州市永安沿江房地产开发有限公司发包的兴洲花苑二区11～16号楼、建筑面积2.5万平方米的6栋商品房、泰州市富彤化工有限公司建筑面积6850平方米的三氯化磷车间、镇江市高桥船舶工程有限公司造价500余万元的场地浇筑工程、江苏和谐油墨有限公司总造价2000余万元的5栋生产车间。2008年，有固定资产3900万元，职工842人，完成产值16871万元，实现利润186.5万元。

### 十一、泰州市白马建筑安装工程有限公司

位于白马镇金马大街。1966年成立，初名泰县白马建筑站，为社办集体企业。主要从事小型建筑、水利维修、船舶运输。1972年，更名为泰县白马建筑站。1986年，更名为泰县白马建筑安装工程公司，先后派队伍到湖北、新疆、北京等地施工。1998年，更为现名，下设5个土建工程处和1个水电工程队，先后承建许庄街道玫瑰园住宅小区、金马路沿街商铺，武汉市集行公寓、利帝商场、多福山庄综合楼等工程。2008年，有固定资产683万元，职工1310人，产值17250万元，利润114.8万元。

### 十二、泰州市嘉福建筑安装工程有限公司

初名泰县野徐建筑安装工程公司，1984年建，为乡镇集体企业，职工200余人，承建一般民用建筑。1991年，有职工500人，能承建6层以下住宅和一般厂房。2003年，改制为民营企业，更为现名。之后，开展多种经营，向餐饮、建材等行业发展，先后承建泰州市嘉福国际大酒店、野徐镇安置小区等工程。2008年，有固定资产730万元，职工1973人，其中，中、高级职称73人，各类技术和经济管理人员126人，完成产值33878万元，实现利润178.4万元。

# 第二章　房地产业

## 第一节　房地产管理

### 一、公房管理

新中国成立后，境内公房由各乡镇政府代管。1963年后，改由所在县的房管处管理。1970年8—12月，口岸镇完成私有出租房屋社会主义改造，共实行房改205户2.5万平方米。1971年1月，成立口岸房产管理所，隶属于泰兴县财政局口岸税务所管理。1985年，口岸房产管理所改属泰兴县城市

环境保护局管理。1988年6月，口岸镇住宅建设开发公司成立，与口岸房地产管理所合署办公。公房出租后，租金49%上缴上级房管处，余下的用于维修、人员开支等，其中33%～35%为基本维修费。至建区前，口岸镇、刁铺镇共有公房面积3.2万平方米。1998年5月，高港区房地产管理处成立，开始对全区公房规范化管理，负责公房的出租、维护、收租等工作。2002年后，城市公房面积逐年减少。至2008年，全区公房面积1.4万平方米，主要分布在口岸街道、刁铺街道，公房完好率98%。承租公房的多为低保户、“五保”户。

### 二、产权产籍管理

1998年，全区执行建设部发布的《城市房地产权属登记管理办法》，实行房屋所有权登记发证制度。房屋产区登记分为总登记、初始登记、转移登记、变更登记、他项权利登记和注销登记。2005年，全区开展产权、产籍网络化管理。至2008年，全区共完成房产登记2564件，其中发放房屋所有权证1740件、他项权证824件。

## 第二节 住房制度改革

### 一、住房租金改革

1993年起，口岸镇、刁铺镇执行《泰兴市城镇公有住房租金计算及汇缴管理暂行办法》，钢混结构房租金基价标准为每月每平方米（使用面积）0.33元，砖混一等结构房租金基价标准为每月每平方米（使用面积）0.3元，砖木一等结构房租金基价标准为每月每平方米（使用面积）0.28元。1998年12月1日起，高港区按照泰州市人民政府《关于印发泰州市进一步深化城镇住房制度改革实施方案的通知》《关于印发泰州市市区现有公有住房租金调整暂行办法的通知》要求，对砖混一等结构房租金基价标准调整为每平方米（使用面积）1.6元，对砖混一等结构房租金基价标准调整为每平方米（使用面积)1.45元。同时，对离休干部及已故离休干部的配偶、革命烈士家属及二等乙级以上伤残军人、民政部门确认的社会救济对象及非在职优抚对象、特困职工家庭、退休职工5类对象实行公有住房租金减免。

### 二、公积金制度

1998年5月，泰州市高港区住房制度改革办公室成立，并增挂泰州市高港区住房基金管理中心牌子，负责归集、管理和安排使用住房公积金。同年8月起，建立公积金制度。住房公积金由职工缴存与所在单位缴存两部分构成，职工按缴存比例将个人住房公积金缴入个人专有账户，所在单位同时向该账户缴纳相同数额。个人缴存比例为职工基本工资的6%。2001年6月、2003年5月、2004年8月，个人缴存比例分别调整为职工基本工资的7%、8%、10%。2008年，归集5771万元，发放贷款72户，贷款余额为6563万元。至2008年，全区共设单位住房公积金账户197个、个人住房公积金账户17582个。

### 三、公房出售

1996—1997年，口岸船舶工业公司、口岸船闸管理所等单位出售公有住房。至2004年，全区共出售公有住房155套、面积0.95万平方米，公有住房售房额200.69万元。

### 1999—2004年高港区单位自有公房出售情况一览表

表105

| 年　份 | 套数（套） | 面积（万平方米） | 金额（万元） |
|---|---|---|---|
| 1999 | 16 | 0.11 | 25.04 |
| 2000 | 28 | 0.21 | 105.65 |
| 2001 | 0 | 0 | 0 |
| 2002 | 102 | 0.57 | 52.54 |
| 2003 | 1 | 0.01 | 7.62 |
| 2004 | 8 | 0.05 | 9.84 |
| 合　计 | 155 | 0.95 | 200.69 |

## 四、住房分配货币化

1999年起，高港区按照泰州市政府《关于进一步深化城镇住房制度改革实施方案》要求，停止住房实物分配，实行住房分配货币化，即对1998年11月30日之前参加工作的无房和住房面积未达规定面积标准的职工实行一次性购房补贴。具体标准：一般干部职工的一次性购房补贴面积（建筑面积）为75平方米，科级干部的一次性购房补贴面积（建筑面积）为90平方米，处级干部的一次性购房补贴面积（建筑面积）为110平方米，局厅级干部的一次性购房补贴面积（建筑面积）为135平方米；一次性购房每平方米补贴300元，一次性购房每年工龄每平方米补贴4.968元。住房补贴的发放以1998年12月1日为界，之前参加工作的，在购买商品房或自建住房时一次性发放。享受每平方米300元购房补贴的职工，需工作满25年。不满25年的职工虽可一次发放，但属向单位借支，需在单位继续工作满25年，借支额逐年抵扣。工作未满25年调离或辞职的，借支余额由新调入单位或职工本人在离开时一次性归还。1998年12月1日之后参加工作的职工逐月计发住房补贴，补贴比例为上年度月平均工资的12%。2002年起，区住房补贴正式发放。2002—2008年，全区共审批发放区级机关、驻区单位住房补贴256人1.84万平方米792.7万元。

### 2002—2008年高港区住房补贴发放情况一览表

表106

| 年　份 | 人数（人） | 金额（万元） | 面积（万平方米） |
|---|---|---|---|
| 2002 | 2 | 2.88 | 0.01 |
| 2003 | 2 | 2.62 | 0.01 |

续表106

| 年　份 | 人数（人） | 金额（万元） | 面积（万平方米） |
|---|---|---|---|
| 2004 | 4 | 6.85 | 0.01 |
| 2005 | 83 | 271.79 | 0.61 |
| 2006 | 94 | 301.9 | 0.71 |
| 2007 | 55 | 166.28 | 0.42 |
| 2008 | 16 | 40.38 | 0.07 |
| 合　计 | 256 | 792.7 | 1.84 |

### 五、廉租房和经济适用房

1998年起，高港区实施经济适用房安居工程。2006年7月1日，启动廉租住房保障工作。2006年7月至2007年6月，廉租房保障对象为市区城镇户口满5年、享受低保6个月以上、人均使用面积10平方米以下的低保家庭。2007年7月至2008年6月，廉租房保障对象为市区城镇常住户口，人均住房建筑面积15平方米以下的低保和特困职工家庭。1998—2008年，全区共建成经济适用住房1539套、16万余平方米。

## 第三节　房地产开发经营

### 一、房地产开发

建区前，境内仅有1个房地产开发企业——泰兴市综合房地产开发公司，建口岸镇蔡滩新村小区，建筑面积8270平方米。建区后，城市建设加快。1997年，区建设局创办区首个房地产开发企业——泰州市高港区房地产开发有限公司。2002年后，区内陆续新办房地产开发公司，并有浙江省及省内扬州、南通、盐城等地房地产公司入驻高港区从事房地

图 12-2-1　府后人家住宅小区（2006年摄）

产开发建设。全区先后建成府后人家、锦江花园、百年豪景等25个住宅小区。1997—2008年，全区注册房地产开发企业16个，其中三级资质企业10个、二级资质企业6个。全区房地产开发共投入45亿元，完成建筑面积112.54万平方米。

2008年高港区房地产开发企业情况一览表

表107

| 名　　称 | 设立年份 | 注册资本（万元） | 资质等级 | 发证时间 |
|---|---|---|---|---|
| 泰州市高港区房地产开发有限公司 | 1997 | 857 | 三级 | 1997 |
| 泰州赛仕房地产开发有限公司 | 2002 | 1000 | 三级 | 2003 |
| 江苏创业房地产开发有限公司 | 2002 | 2000 | 二级 | 2002 |
| 泰州市恒通房地产有限公司 | 2003 | 800 | 三级 | 2004 |
| 泰州市广信房地产开发有限公司 | 2003 | 2000 | 二级 | 2003 |
| 泰州市新望置业发展有限公司 | 2003 | 800 | 三级 | 2003 |
| 泰州万鸿置业发展有限公司 | 2004 | 808 | 三级 | 2004 |
| 泰州市沿江房地产开发有限公司 | 2005 | 818 | 三级 | 2005 |
| 江苏兆达房地产有限公司 | 2005 | 2000 | 二级 | 2006 |
| 泰州市鑫港房地产开发有限公司 | 2006 | 800 | 三级 | 2006 |
| 泰州正大财富置业有限公司 | 2006 | 2000 | 三级 | 2007 |
| 江苏江潮房地产开发有限公司 | 2006 | 4000 | 二级 | 2006 |
| 江苏海帝开发有限公司 | 2006 | 2000 | 三级 | 2006 |
| 泰州市恒江置业有限公司 | 2006 | 2000 | 二级 | 2006 |
| 泰州市昊天房地产开发有限公司 | 2007 | 800 | 三级 | 2007 |
| 泰州海西置业有限公司 | 2008 | 2000 | 二级 | 2008 |

## 二、房地产经营

建区后，商品房建设速度逐年上升，居民住房大多由自建向购买商品房过渡。2002年，全区房地产市场快速发展，商品房销售面积3.69万平方米（其中住宅销售面积2.5万平方米），实现销售额0.3

亿元（其中住宅销售额0.22亿元）。房地产中介服务公司出现，主要提供房屋置换、出租等中介服务。2005年起，区实行商品房预售许可制度，对商品房预售进行动态管理。2008年，区建设局制定《高港区房地产开发经营管理细则》，全年共办理开发项目预售许可事项12项，批准预售面积41万平方米。商品房销售面积37万平方米，成交总额10亿元。全区有房地产中介服务公司11个。

## 第四节 物业管理和白蚁防治

### 一、物业管理

2000年7月，泰州市港城物业管理有限公司入驻高港区，为全区首个对住宅小区进行专业化、市场化管理服务的物业企业，主要提供小区保洁、安全保卫、绿化维护、水电维修等服务。2002年，高港区成立物业管理办公室，对全区物业管理行业进行日常管理。至2008年，全区共有物业管理服务企业8个，25个住宅小区中有10个住宅小区成立业主委员会，府后人家、龙锦华庭等14个住宅小区创建成市级优秀物业管理住宅小区。

2008年高港城区物业管理情况一览表

表108

| 所属街道 | 所属社区 | 小区名称 | 物业管理企业 | 是否成立业主委员会 |
|---|---|---|---|---|
| 口岸街道 | 蔡滩社区 | 蔡西小区 | 泰州市港城物业管理有限公司 | 否 |
| | | 银杏苑 | 泰州市银泰物业管理有限公司 | 是 |
| | | 港务新村 | 泰州市港城物业管理有限公司 | 否 |
| | | 鸿翔御景 | 泰州市银泰物业管理有限公司 | 是 |
| | | 港城花园 | 泰州市时代名仕物业管理有限公司 | 是 |
| | | 金港别墅 | 泰州市银泰物业管理有限公司 | 否 |
| | | 百年豪景 | 泰州市时代名仕物业管理有限公司 | 是 |
| | | 江平小区 | 泰州市港城物业管理有限公司 | 否 |
| | | 港城花苑 | 泰州市时代名仕物业管理有限公司 | 是 |
| | | 都市好家园 | 商城管理 | 否 |

续表108

| 所属街道 | 所属社区 | 小区名称 | 物业管理企业 | 是否成立业主委员会 |
|---|---|---|---|---|
| 口岸街道 | 蔡滩社区 | 向阳人家 | 泰州市高港区向阳物业管理有限公司 | 是 |
| | 新城社区 | 高港商城 | 泰州市港城物业管理有限公司 | 否 |
| | | 鑫港花苑 | 泰州市银泰物业管理有限公司 | 是 |
| | | 林盛大厦 | 泰州市港城物业管理有限公司 | 否 |
| | | 港都花园 | 泰州市港城物业管理有限公司 | 否 |
| | | 府后人家 | 江苏香江物业发展有限公司高港分公司 | 是 |
| | | 锦江花园 | 泰州市红马甲物业有限公司高港分公司 | 是 |
| | | 口中宿舍区 | 泰州市港城物业管理有限公司 | 否 |
| | 城东社区 | 春江小区 | 泰州市港城物业管理有限公司 | 否 |
| | | 宏达花苑 | 泰州市港城物业管理有限公司 | 否 |
| | 柴墟社区 | 名仕雅居 | 泰州市时代名仕物业管理有限公司 | 否 |
| | | 滨河花园 | 开发商代管 | 否 |
| | 育才社区 | 丽都新寓 | 泰州市我爱我家物业管理有限公司 | 否 |
| | | 金港嘉园 | 泰州市银泰物业管理有限公司 | 否 |
| | | 都市佳园 | 泰州市港城物业管理有限公司 | 是 |

## 二、白蚁防治

全区白蚁种类多，分布广，每年5—6月是白蚁繁殖纷飞的高峰期。建区前，境内白蚁防治工作由所在县房管处的白蚁防治所负责。1997年12月，高港区组建白蚁防治专业队伍，开展白蚁防治工作。1999年10月，高港区白蚁防治所成立，隶属于高港区房管处。其时，全区蚁害最严重的地区是扬子江药业集团总部生活区，36幢别墅存在白蚁危害问题。区白蚁防治所贯彻执行“预防为主、防治结合、综合治理”方针，开展白蚁防治工作。2000年，防治白蚁15万平方米，灭治0.8万平方米。2004年，通过喷洒药水控制住口岸影剧院内大量白蚁蚁情。全年防治白蚁面积近30万平方米，灭治5万平方米。至2008年，全区防治白蚁面积累计480万平方米，灭治面积累计25万平方米。

# 泰州市高港区志

## 第十三篇　商贸服务业

# 第十三篇　商贸服务业

境内商业最初随泰兴县治迁至柴墟镇（今口岸街道西）而兴起。后由于济川河（今南官河）的浚通，口岸、刁铺、龙窝口商贸服务业逐步得到发展。明初，口岸凭借区位优势，成为“苏北咽喉，江淮通道”“水陆辐辏，为邑重镇”。刁家渡铺（今刁铺街道）有人设店经商。清咸丰年间，淮盐由口岸出江，口岸镇设淮盐分栈，为地方商贸服务业发展带来机遇。光绪初年（1875），湖北大冶、鄂州等地木商择龙窝和口岸作为木材销售市场，两地成为苏北地区木材业经销集散地，饭店、旅馆、商店、过载行等服务业迅速发展。光绪二十八年（1902）英商祥茂轮船公司开辟沪—口（上海—口岸）航线后，港口开埠通商，大大促进境内商贸服务业的发展。清代末至民国中期，口岸被称为“苏北小上海”，刁铺成为江都、泰兴、泰县三县交界的商业中心。民国29年（1940）日本侵略军入侵后，境内交通受阻，商业凋零。

新中国成立初，人民政府鼓励扶持私营个体商业发展，商贸服务业开始复苏。1956年，完成对私营商业的社会主义改造，国有商业从此实行高度集中的计划经济体制。1978年后，实行计划管理与市场调节相结合的管理体制，扶持集体商业，发展个体商业，恢复集市贸易，形成以国营企业为主体，多种经济成分、多种经营方式、多种经营渠道并存的流通体系。1981年后，商业体制改革不断深化，境内呈现多渠道、少环节、开放式的商品流通格局。商贸服务范围逐步由与人们生活密切相关的主、副食品及日用小百货向餐饮、旅馆等商务服务、生活服务、休闲娱乐方向发展。1997年起，推行国有商业企业产权制度改革，国有和集体商贸企业的市场份额日趋缩小，个体商业快速发展，新兴商贸服务业态不断涌现。至2008年，全区国有、集体和其他所有制商贸企业分别为5个、22个和724个，共有批发贸易网点190个、零售网点196个、各类商品交易市场13个，建成连锁超市店87个，批发、零售、住宿、餐饮业营业总面积15.47万平方米，第三产业从业人数6.82万人。当年，完成服务业增加值25.98亿元，实现社会消费品零售总额13.99亿元。全区现代物流业初具规模。

# 第一章　商贸服务业综情

## 第一节　私营商业社会主义改造

新中国成立初，人民政府对私营商店库存商品一律免税，帮助私营商店解决经营困难。1952年下半年，按照上级统一部署，境内在国营商业和合作社商业中开展"三反"（反对贪污、反对浪费、反对官僚主义）运动，在私营商业中开展"五反"（反对行贿、反对偷税漏税、反对盗窃国家资财、反对偷工减料、反对盗窃国家经济情报）运动。1953年，实行统购统销，私营商业除少量土特产品就近进货外，其余工业品、食品、副食品的货源完全依赖国营批发商业，经销代销从此成为私营商业的经营方式。至1954年，境内私营商业先后被停止经销粮油、棉布业务。1956年，境内基本完成对资本主义工商业的社会主义改造，私营商业全部实行公私合营或改为合作商店、合作小组。其中口岸有830户私营商业（含小手工业者、小摊小贩）分别改造成公私合营、合作商店、合作小组。公私合营后，组织进行清产核资工作，依靠监督公平合理地清理私营商业资产，妥善处理债权债务，并推行定息制度。其中，口岸核定公私合营企业拥有私股人员244人，刁铺核定公私合营企业拥有私股人员172人，永安核定公私合营企业拥有私股人员24人，许庄核定公私合营企业拥有私股人员19人。1966年，公私合营企业全部转为全民所有制企业，被视为"资本主义经济尾巴"的定息制度被取消。

## 第二节　流通体制改革

### 一、国有商业体制改革

1956年，境内完成对资本主义工商业的社会主义改造后，国营商业成为商品流通领域的主体，实行高度集中的计划经济体制。中共十一届三中全会后，境内贯彻执行"对外开放，对内搞活"方针，逐步确立多种经济形式、多种经营方式、多条流通渠道、少环节、开放式的商业流通体制。1979年，境内改革物资流通体制，破除单一的计划调拨模式，缩小指令性计划，扩大指导性计划和市场调节的安排。同时，逐步放宽价格管理权限，改革价格体制。1983年，境内下放部分食品价格管理权限，企业可自行定价。1984年5月，境内逐步放开工业品出厂价、销售价和农副产品收购价、销售价。12月，工业品实行以国家定价为基础的浮动价格制，逐步放开日用小商品价格。1985年起，境内先后放开缝纫机、国产手表、收音机、电风扇、自行车、电冰箱、洗衣机等绝大部分日用工业品价格，猪禽蛋农副产品的价格由市场调节或采取半放开政策。市场和价格的全面放开，导致国营商业主渠道作用日益削弱。由于市场机制不健全、市场法规不完善，一度出现通货膨胀、物价波动和商品抢购风。1993年，境内在经营、价格、用工和分配四放宽的基础上，加快商品流通体制改革。部分国有商业企业实行股份制改制。1998年，全区推行产权制度改革。各改制企业按照现代企业制度的要求，完善法人治理结构，实施内部配套改革，切实转换经营机制。1999年，全区商贸、物资系统进一步深化产权制度、经营机制、人事制度、用工制度和分配制度改革，推广连锁经营、配送制、代理制、工贸联营等现代流通组织形式，开拓市场，逐步形成与经济发展相适应的流通新体制。各企业普遍采用股份制、股份合作制、联合、兼并、租赁、承包、公转私营等多种形式，加快产权制度改革。2001年，全区商贸系统全面推进"三置换一保障"改革。至2002年，商业、物资系统"三置换一保障"改革基本结束。

## 二、粮食流通体制改革

新中国成立初期，境内实行粮食自由贸易政策。1953年，实行粮食统购统销政策后，粮油行业在管理体制上政企不分，县粮食局和各乡（镇）粮油管理所既承担行政管理职能，又从事粮油购销经营，一切按政府计划进行。1955年，实行"三定"（定产、定购、定销），对城镇居民实行粮油定量供应，对缺粮农户实行统销。1966年，全面调整粮价。1979年，境内大幅提高粮食收购价格，调减粮食征购基数，恢复农副产品议购议销和市场调节价，扩大市场调节范围和比重；恢复粮食集市贸易，实行粮食购、销、调包干；大力发展粮油食品加工、饲料生产经营，粮食系统发展多种经营。1983年起，境内允许粮食多渠道流通。1985年，取消粮食统购制度，粮食流通形成计划内定购统销与计划外议购议销并存、计划价格与市场价格并存、国营粮食购销企业与多渠道经营企业并存的粮食流通"双轨制"。1993年，取消粮食统销制度，实行粮棉油收购保护价格制度。1994年，境内恢复粮食定购，大幅提高定购价格。1996年，再次大幅提高粮食定购价格，调动农民种粮、售粮积极性。

1997年，区粮食局按照"产权清晰、权责明确、政企分开、管理科学"的要求和"因企制宜、产权带人、人随产权和因人而异、下岗分流、减员增效"的原则，推行粮油商业企业改制，通过改制促进国有资产退出，改制形式主要是股份制、股份合作制、整体租赁、公有私营、拍卖等。同时普遍推行风险抵押承包，健全包保体系，实行领导干部年薪制、抽本经营等。1998年，全区按保护价敞开收购粮食，实行粮食顺价销售政策，收购资金封闭运行，粮油收储企业实施主附营业务分离试点。2000年，区粮食局对国有、集体粮食购销企业进行资本和职工身份"双置换"，深化产权制度改革。除政府明文另有规定的外，实行全员身份置换，改全民固定工为社会自然人，企业再根据工作实际需要重新聘用。全区粮食企业办理职工身份置换分流140余人。同年6月，区组建粮食购销公司。2001年，全区粮食系统以"三置换一保障"改革为核心，深化国有粮食企业改革，多数国有粮油购销企业改为民营。2004年，全区贯彻国务院"全面放开粮食购销市场，建立全国统一、开放、竞争、有序的粮食市场体系"的决定和《粮食流通管理条例》精神，全面放开粮食购销市场，各类经济成分的经营者均可从事粮食经营，但对粮食收购从严管理，未经行政许可，不得从事粮食收购。至2008年，全区审核发放《粮食收购许可证》15份。

## 三、供销社体制改革

新中国成立初期，各乡镇农民以自愿入股的形式组建供销合作社。1958年后，供销合作社与国营商业几经合并、分开。1982年，供销合作社企业由全民所有制改为集体所有制。1987年，供销合作社推行经营承包责任制，改革固定工资制。

1997年，区供销合作总社开始对小、微、亏经营门点进行兼并、拍卖、租赁等多种形式的改革。

图 13-1-1　海诞村级为农综合服务部（2006年摄）

2000年，全区供销社系统推行以企业产权制度改革为核心、“两个置换”（置换社有资产、置换职工身份）为主要内容的改革。白马、野徐、刁铺、许庄、永安洲、田河供销社和永安、许庄、田河商业社相继完成资产承包、双层经营体制或“两个置换”改革。2001年，口岸商业社、口岸供销社、刁铺商业社、刁铺供销社先后完成“两个置换”改制。至此，全区12个供销社企业盘活变现资产2536万元，支付职工身份置换补偿金444万元，兑付社员股金1117万元。2003年9月起，全区深化供销社企业改革，推进“三置换一保障”改革。至2005年，全区供销社系统完成“三置换一保障”改革。先后创办口岸镇江圣村、田河村中草药、绳网吊具专业合作社。至2008年，全区组建花卉苗木、金橘、银杏等专业合作社9个，组建村级为农服务社43个。

## 第三节　商业经济类型

### 一、私营个体企业

清末，口岸镇有私营木号10余个。民国年间，环溪镇私营商号发展到200余个，其中粮行40余个，形成境内最大的粮油市场。1952年，环溪镇有私营商业户323户，从业人员801人。1955年，口岸镇有私营商业户568户，从业人员1017人。1957年后，境内仅保留少数个体商业户。1979—1985年，境内个体商业迅速发展，共有个体商业户234户。1997年，全区有个体商业网点2967个、从业人员4094人，购销总额7120.8万元。2008年，全区登记在册的私营个体商户为1926户，从业人员3800人。其中，区内限额以上私营法人企业10个，区外法人企业在区内的营业网点11个，批零商品购进总额67758.6万元，销售72680.4万元，年末库存1551.8万元；区内限额以下私营法人企业278个，营业网点284个，区外限额以下私营法人企业在区内的营业网点6个，批零商品购进总额74332.4万元，销售83222.4万元，库存4419.8万元。

### 二、国有企业

民国34年（1945）至38年，境内国有商业企业有宣堡区财政分局刘荡粮站、大马庄粮库、蔡王庄粮库。20世纪50年代，在境内先后成立的国有商业企业有中央公粮库泰兴分库口岸支库、口岸百货批发部、口岸糖烟酒批发部、蔡王庄粮库孔桥粮油供应站、口岸粮管所（与中央公粮库泰兴分库口岸支库二合一)、永安洲粮管所(后改称永安乡粮站)、刁铺粮油管理所、大泗粮站、口岸粮站、龙窝粮站、薛垛粮管所(初为薛垛粮站,同时撤刘荡粮站)、庵桥粮站、野徐三桥粮站、大泗粮管所(由大泗粮站、大马庄粮库合并,并建大泗油厂)、胜利粮店、高港粮食中转站、白马粮站(后改称白马粮管所)、田河粮站、口岸煤炭建材门市部、胡庄粮管所(原为庵桥粮站)。60—80年代,境内国有商业企业有口岸物资供应站(下设口岸木材建材经营部)、五金化工交电批发部、泰兴县燃料公司口岸煤炭门市部和口岸建材门市部(由原口岸煤炭建材门市部分设)、口岸石油门市部、薛垛粮站(原薛垛粮管所)、白马粮站(原白马粮管所)、口岸煤石门市部(由原口岸煤炭门市部和石油门市部合并成立)、刁铺粮管所粮油交易所("文化大革命"初期一度关闭)、口岸粮管所粮油交易所("文化大革命"初期一度关闭)、口岸北粮站、孔桥粮管所(原蔡王庄粮库)、野徐粮管所(同时撤三桥粮站)、田河粮管所(原田河粮站)、许庄粮油管理所(后改称许庄粮管理所)、汪群粮管所(原薛垛粮站)、口岸粮库(原中央公粮库泰兴分库口岸支库)、口岸金属机电化工门市部、泰兴县口岸金属机电经营门市部(由原口岸金属机电化工门市部分设)、口岸煤库和口岸油库(由口岸煤石门市部分设)、口岸粮库高港粮食中转站、泰兴县百货公司口岸百货批发站(原口岸百货批发部)、口岸煤炭门市部(原口岸煤库)。1991年,口岸煤库歇业。1992年,高港粮食中转站从口岸粮库划出,更名为扬州市粮食中转站。1993年,口岸建材门市部更名为泰兴市口岸建材公司。汪群粮管所改制,并更名为泰兴市粮油经营公司。1995年,扬州市粮食中转站升格为江苏省直属粮库。1996年,口岸百货批发站更名为泰兴市高港百货有限公司。1997年,泰兴市高港百货有限公司、口岸五金化工交电批发部、口岸机电化工门市部、口岸煤炭门市部、口岸建材公司分别更名为泰州市高港百货有限公司、泰州市高港五交化公司、泰州市高港金属材料经营部、泰州市口岸煤炭门市部、泰州市口岸建材公司。全区国营商贸企业有批发零售、餐饮网点49个,从业人员486人;小型批发零售业购进2698万元,销售2878万元,库存795万元。2000—2001年,汪群粮管所、胡庄粮管所、孔桥粮管所、大泗粮管所、口岸粮库、口岸粮管所、永安洲粮管所、刁铺粮管所、野徐粮管所、白马粮管所、田河粮管所、许庄粮管所分别改制为民营企业,口岸木材建材经营部、泰州市高港金属材料经营门市部改制解体。2002年,泰州市口岸煤炭门市部改制为泰州市高港区新区燃料有限公司。泰州市高港百货有限公司、泰州市高港五交化公司改制解体。至2008年,全区无国有限额以上批发零售企业,有国有限额以下批发零售法人企业5个,从业人员22人,商品购进总额2475.4万元,销售总额2827.6万元,年末库存246.1万元。

### 三、集体企业

1950年,境内成立永安乡盘头供销合作社、口岸工人消费合作社。1951年,成立环溪供销社。1952年,成立宣堡供销合作社孔庄站。1953年,口岸工人消费合作社并入口岸供销合作社,永安乡盘头供销合作社改称上桥供销合作社。1956年,在口岸镇成立百货合作商店、烟酒合作商店、茶漆山竹合作商店、煤炭合作商店,在农村设下伸点(双代店)。1958年,境内供销合作社过渡为国营商业。1962年,各供销合作社恢复集体商业性质。至1968年11月,境内集体商业有供销合作社、综合商店、中心商店。1968年12月,各人民公社供销合作社再次改为国营商业。1982年,各人民公社供销合作社被重新明确为集体商业性质。1983年,成立刁铺商业合作社、口岸商业合作社、大泗商业合作社。此后,其他乡镇也陆续成立商业合作社。1985年,口岸镇、刁铺镇、永安洲乡、许庄乡、胡庄乡分别有双代店5个、4个、7个、8个、8个,境内商业合作社共有集体商业核算单位43个。1990年,成立口岸镇商业公司。1993年,各乡镇商业合作社并入基层供销合作社。

1997年，成立泰州市高港区供销合作总社，辖口岸、永安洲、刁铺、许庄、田河、白马、野徐7个基层供销社。全区共有集体批发零售、餐饮业网点131个，从业人员855人；大中型批发零售贸易业购进10751.4万元，销售12260万元，年末库存281万元；小型批发零售贸易业购进3426万元，销售2805.3万元，年末库存1078万元。1998年，成立泰州市高港烟花爆竹批发有限公司。1999年，成立泰州市高港区农业生产资料有限公司（今泰州市福齐天农业生产资料连锁有限公司）。全区有11个基层供销社、55个双代店。2001年，成立镇江药业集团高港医药公司（后改称镇江康豪药业有限公司高港区医药公司，今镇江九泰药业有限公司高港区医药公司）、泰州市高港烟花爆竹有限公司。供销合作总社、商业合作社企业改制为民营企业，双代店转为个体经营企业。2003年，成立泰州市高港区回收有限公司。2007年，区供销合作总社与香港集森食鼎有限公司合资组建泰州市集泰农产品有限公司；泰州市高港区回收有限公司改制为股份制公司，并更名为泰州市高港区再生资源回收利用有限公司。2008年，高港区供销合作总社有区属公司5个。

### 四、其他经济类型企业

1998年5月，高港糖烟酒公司成立，为股份制企业；10月，口岸五交化批发部与上海星地超市公司共同投资成立星地超市口岸店；12月，高港百货公司与江苏苏果超市公司合作成立苏果超市高港店。此后，华诚超市口岸店、华联超市口岸店相继开张营业。1999年10月，高港糖烟酒公司兼并口岸酱品厂。2000年7月，口岸煤球厂采取先售后股的方式进行股份合作制改制。2001年，泰州市口岸煤炭公司改制为泰州市新港煤业有限公司。2008年，全区有限额以上批发零售业有限责任公司法人企业10个，区外限额以上批发零售业有限责任公司法人企业在区内设经营网点6个，限额以下批发零售业有限责任公司法人企业38个，限额以上批发零售业股份有限公司法人企业1个，区外限额以上批发零售业股份有限公司法人企业在区内设经营网点16个，限额以下批发零售业股份有限公司法人企业4个，其他限额以上批发零售业法人企业6个，区外其他限额以上批发零售业法人企业在区内设经营网点2个，其他限额以下批发零售业法人企业12个，区外其他限额以下批发零售业法人企业在区内设经营网点5个。

## 第二章　商贸市场

宋初，柴墟为泰兴县治，已成集市。明代，集市渐多，粮食、生猪集市多定期开办，日用商品、农业生产资料集市多与各地庙会相结合。清康熙年间，刁铺发展为地方商贸集镇。清代中晚期，龙窝老街崛起。20世纪二三十年代，口岸、龙窝、高港3个集镇鼎立于长江下游北岸，江上汽笛长鸣，岸上行人熙攘，呈现一片繁忙景象。抗日战争和解放战争期间，境内商贸市场萧条。新中国成立后，商贸逐步繁荣。改革开放后，商贸方式形态日趋多样化，商贸市场建设步伐加快。各乡镇政府所在地逐步发展成为商贸中心。建区后，区委、区政府实施“商贸活区”战略，培育和发展各类商品市场，城区商贸街区和乡镇商业街区功能日趋完备，泰州金港装饰城、世纪华联超市等现代贸易载体应运而生。至2008年，金港路商业街区、解放路商业街区、白马商业街区等商贸市场初具规模；多种商贸市场并存，流通规模不断增大。

# 第一节　城区商业街区

## 一、口岸街道商业街区

图 13-2-1　口岸街道老商业街——向阳南路(2007年摄)

北宋太祖乾德二年(964),泰兴县治移至柴墟,柴墟渐成商业街区。绍兴初年(1131后),县治南迁延令村(今泰兴市泰兴镇)后,街区东移,逐步形成以庆元桥(土名关桥)为中心的商贸街区。发展至民国,已颇具规模。20世纪70年代,口岸镇整治宣堡港,建成柴墟路商业街区,东起扬子江路,西至南官河,全长0.92千米。至80年代,柴墟路商业街区汇集商铺150余个,从业600余人。同期,逐渐形成向阳路商业街区。1998年,高港区建成春江路商业街区。东起扬子江路,西至向阳北路,全长1.2千米,街宽40米,有面馆、饭店、酒楼数十个。此后,相继建成金港路商业街区、通扬路商业街区、扬子江北路商业街区。2008年,完成金港路商业街区南伸北延改造工程。该街区南起口岸人民路,北至刁铺环溪路,全长5千米,宽40米,是集批发和零售业、住宿业、餐饮业、金融业、居民服务业为一体的综合性商业街区。

## 二、刁铺街道商业街区

北宋乾德后,沿江沙崩不断,江岸线北移,刁铺亦成为滨江地,内河渡口刁家渡贸易渐多。明初,刁家渡设驿铺。后有骆、阚、袁三姓在此设店经商,改称刁家铺。清代以后,刁家铺改称迁善镇,商业渐成体系,发展成为"滨江巨镇"(语出康熙年间泰兴知县宋生《龙慧庵记》)。民国期间,形成中大街和塌粑街相连的丁字形商业街区,有杂货店、丝绸布匹店、百货店、茶食店、旱烟店、药店、锅碗席店、客栈(旅馆)、茶馆、浴室、漆店、银楼(银匠店)、钱庄、典当行等店铺。1982—1991年,先后建成解放东街、解放西街、环溪街、镇溪北路商业街区。建区后,改造解放东路商业街区,街区长700米,宽35米。至2008年,刁铺街道的商业街区主要有解放路、环溪路、镇溪路、扬子江北路商业街区,总长6.5千米。

## 三、许庄街道商业街区

新中国成立初,许庄逢农历二月十九、三月十九有集市。1958年,周梓庄建商店、邮电、银行等服务网点。1969年增设供销社。1979年，始有个体商户从事日常生活用品买卖，许庄渐成集镇。1996年，许庄建农贸市场。此后，集镇规模不断扩大，集镇中心商贸服务业发展加快。2002年，区委、区政府在许庄建高港科技创业园，居民拆迁后集中居住，街道建设迅速发展，商业街区逐步形成。2008年，许庄街道主要有创业大道、骏达路、万通路等商业街区，共有大小饭店48个、浴室5个、超市6个、个体工商户1501户，从业5133人，营业额4.62亿元。

## 第二节 乡镇商业街区

### 一、白马镇商业街区

民国年间，白马仅在李庄巷口建有肉铺、烧腊店、烧饼店、茶食店。新中国成立后，李庄巷口增设供销社门市部。20世纪60年代，李庄沿街有白马供销社和2个合作经营的饭店。70年代，白马供销社和白马工业办公室设招待所，提供餐饮、住宿服务。改革开放后，以李庄村、增产村为中心的集镇逐渐形成，餐饮服务增至7个，经营糖业烟酒及百货的个体商户有42户。1993年，农工商公司改建为白马宾馆。1998年后，建成金马大街、将军路，沿街各类商铺相继开业，经销五金交化、体育器材、建材、服装、食品、摩托车配件、家电、日用百货、山货等商品，有娱乐休闲场所10余个，招引华联超市、亿马超市、锦绣商场落户街区。2008年，白马镇商业街区有个体商户500余户，营业额逾1亿元。

### 二、大泗镇商业街区

明正统年间，北新河（今两泰官河）被疏浚为漕河，促进大泗商贸业发展。民国初，大泗设乡，有一条长约300米的东西街道，商贩众多，市场繁荣，素有“买不到的到大泗，卖不掉的到大泗”之说。1949年前后，有江南商贩到大泗摆摊设点。其时，街区有烧饼店2个、饭店1个、旅馆3个、浴室1个、理发店2个、茶水炉2个、洗染店2个，另有刻字、杂货、山竹、烟店、药店、布店共10余个。1956年，商业企业及人员参加公私合营，建立综合商业社。改革开放后，大泗小城镇建设有所发展。1988年，启动集镇改造建设，先后建成泗水街、府西街、府前街、工商街，形成两纵两横井字式商业街区，共有饭店10余个，文峰大酒店、泗水人家大酒店、吴记小馄饨、陈记老烧饼店远近闻名，“全牛席”成为大泗特色菜肴。2008年，大泗镇商业街区有个体商户320户，从业1104人，营业额4.2亿元。

### 三、胡庄镇商业街区

新中国成立初，胡庄境内仅有庵桥、汪陈、刘荡、茅村有零星杂品商店。1969年，成立胡庄、汪群2个公社，在公社驻地建供销站、粮管所等商品供应机构，形成粮食、农用物资、日用杂品供应中心。改革开放后，公社（后改为乡）所在地逢集兴市，销售农副产品及生活用品。商业个体户在街面摆摊设点，经营日用百货、五金交化、建材及食品等。1995年，胡庄、汪群两乡分别建农贸市场。2000年两乡合并后，启动集镇建设。至2005年，镇区建成兴旺路、秦胡路、和丰路、新世纪大道、安康大道、兴业大道。街区设仔猪、家禽、蔬菜、粮食、竹器、建材等市场，商店、超市、饭店、旅馆、洗浴、休闲娱乐等服务业应时而生。2008年，胡庄镇商业街区有个体商户380余户，从业1200人，营业额3.8亿元。

### 四、永安洲镇商业街区

20世纪40年代，永安洲上桥有一条长约300米的街道，两侧有药铺、染坊、油坊、肉铺、茶水店、烧饼店、杂货店等店铺。街道向南二三百米处为永安洲最大的坟场。每逢清明祭祖扫墓时节，不少商贩到此经营香烛、纸钱、茶水、饭食及杂货，逐步形成清明节集场。新中国成立后至80年代初，上桥成为永安洲政府机关驻地，设有供销社、粮管所、旅馆、浴室、车站、码头等，集镇规模扩大5倍，形成芋头种、苗木、水竹、仔猪等农副产品销售市场。苗猪市场吸引周边市县甚至外省商贩。之后，个体商业不断发展，形成餐饮服务、商品销售、休闲娱乐等行业。1997年后，永安洲镇先后新增东江街区，引江东西路、大桥北路、马船路、润洲东西路、双桥路等街道，沿街商铺林立，商品门类众多。奇香阁、荣辉等饭店酒楼，四川烤鸭、扬州盐水鹅等卤菜店，明华、上桥、北沙等休闲洗浴中心分布于镇区，鲥鱼、刀鱼、鮰鱼、河豚等特色江鲜菜肴吸引远近食客品尝。2008年，永安洲镇商业街区共有经商人员3000余人，营业额4.5亿元。

### 五、野徐镇商业街区

1949年前后，野徐集市以车墩口为基点，以直角向南、向东形成2条小街，聚集30余个小店铺。每逢农历三、六、九日为集市日期（1976年，将农历三、六、九日改为公历3、6、9日，延续至今），每年农历三月初一、三月十八有较大规模集市交易。1955年，沿街建野徐供销合作社和野徐合作商店，主要经营生产资料、生活资料及农副产品，同时开始出现茶馆、饭店、客栈、烧饼店、理发店、浴室等服务业。1980年后，市场经济迅猛发展，沿街大小饭店、小吃店、卤菜店、包子店、烧饼店、豆浆油条店等餐饮店铺逐年增多。1994年，建成面积1800平方米的农贸市场。1996年，建成1万平方米的鸿兴农贸市场。2008年，镇区内能一次性承办10桌以上的饭店有新城大酒店、文翰阁大酒店、供销饭庄3个。商业街区内有美容美发店12个、旅馆5个、浴室8个。

## 第三节　专业市场

### 一、工业品专业市场

1998年6月，泰州市高港建材批发市场建成，占地面积5.29万平方米，位于泰高公路西侧、宁通

图 13-2-2　高港建材批发市场（2006年摄）

图 13-2-3　金港装饰城（2006年摄）

高速公路北侧，有经营装饰材料、灯具、板材、洁具、五金等商铺600个。2003年，泰州市金港装饰城建成，位于泰高公路和沿江高等级公路高港段交汇处东南侧，建筑面积7万平方米。2008年，高港区义乌小商品批发市场建成，建筑面积8.5万平方米，设商铺1633个，营业额3亿元。泰州高港建材批发市场因城市建设需要被拆除。泰州市金港装饰城有入驻商户120户、从业400余人，营业额近2亿元。

### 二、农副产品专业市场

1982年，大泗公社建综合农贸市场。1985年，口岸镇、刁铺镇先后建农贸市场，占地面积分别为1500平方米、2500平方米。1993年，口岸镇建西园菜场（2000年变更为家具市场）。1994年，野徐乡、田河乡分别建农贸市场。1995年，胡庄、汪群分别建综合农贸市场。1996年，永安洲镇、许庄乡相继建综合农贸市场。野徐农贸市场迁址重建，占地面积1万平方米，并更名为鸿兴农贸市场，刁铺农贸市场迁至镇溪北路。1998年，口岸镇在王营村投资建高港农副产品批发市场，占地2.5万平方米，经营瓜果蔬菜、水产品和南北干货、土特产品、植物油、饲料等的批发零售。1999年，白马镇建综合农贸市场。2001年，永安洲农贸市场迁至永安北路，占地3333平方米。2002年，口岸镇由民间投资4068万元，在金港中路建新城农贸市场，占地2.7万平方米。大泗镇建绿源农贸市场。泰州市花鸟鱼虫交易市场建成，建筑面积4.05万平方米，主要经营花卉、盘景、苗木、金鱼等。2008年，刁铺农贸市场迁址金港北路，并更名为果菓农贸市场，占地面积4.13万平方米，设摊位800个。全区有农副产品专业市场8个，总占地面积12万平方米，共设摊位4000个，交易总额15亿元。其中年交易额在1亿元以上的有口岸农贸市场、刁铺果菓农贸市场、许庄农贸市场、野徐鸿兴农贸市场。

## 第四节 商场 超市

1962年，口岸成立五交化批发部（今泰州市口岸五交化公司、华联商厦）。1985年，口岸镇投资34万元建口岸商业公司商场，占地面积6000平方米，建筑面积2251平方米。1990年，口岸供销社投资220万元，在镇中心五一桥北建柴墟商场，建筑面积1637平方米，后改为金港家电城。1998年8月，口岸供销社与南京华诚超市有限公司合资建华诚超市。同年10月，口岸五交化批发部与上海星地超市公司合资建星地超市口岸店。同年12月，高港百货公司与江苏苏

图 13-2-4 文峰千家惠高港店（2006年摄）

果超市公司联合建苏果超市高港店。2001年，由口岸供销社职工参股兴办的柴墟超市营业。2002年，口岸商贸公司与上海华联超市联合建华联超市口岸店，建筑面积2000平方米。2004年，苏果超市刁铺店开业。2006年4月，高港文峰千家惠超级百货商场建成开业。2007年，世纪华联高港购物广场、昊泰商场先后开业。2008年9月，天润发购物广场开业。至此，全区限额以上法人企业商场、超市10个，营业总面积2.96万平方米，从业人员792人，年综合零售额3.29亿元。

## 第五节　庙会集市

境内历来有举办庙会集市的传统，交易商品主要有各类小型农具、日用杂品等。庙会上还有杂技、马戏、地方戏、斗七巧、锣鼓棚子等演出活动。“文化大革命”期间集市一度停办。1982年后，境内庙会集市逐步恢复和发展。交易商品由农具、日用杂品发展至大小百货、服装、家电、花卉苗木等。20世纪90年代后期，由于城区改造，口岸的三月十八都天庙庙会、三月二十八寿佛寺（东岳庙）庙会先后停办。2008年，全区正常举办的庙会集市有32个，总交易额近2000万元。

**2008年高港区庙会集市情况一览表**

表109

| 街道、镇 | 时间（农历） | 地　点 | 经营品种 | 参加人数 | 成交额（万元） |
|---|---|---|---|---|---|
| 口岸街道 | 二月初八 | 张王庙 | 服饰、小商品、农具等 | 7500 | 180 |
| | 三月十五 | 田河村 | 服饰、小商品、农具等 | 6000 | 150 |
| | | 郎庄村 | 服饰、小商品、食品等 | 4000 | 100 |
| 刁铺街道 | 正月十五 | 东岳庵 | 服饰、小商品、农具等 | 3000 | 70 |
| | 三月初三 | 园觉庙 | 服饰、小商品、食品等 | 6000 | 150 |
| | 三月初八 | 东岳庙 | 服饰、小商品、食品、农具 | 5000 | 220 |
| | 五月十三 | 武　庙 | 服饰、小商品、农资等 | 6000 | 50 |
| 许庄街道 | 二月十五 | 唐家村 | 服饰、小商品、农资、日杂品 | 3000 | 10 |
| | 二月十九 | 许庄村（观音庙） | 服饰、小商品、食品、农具等 | 4000 | 50 |
| | 三月初一 | 孔桥村 | 服饰、小商品等 | 6000 | 140 |
| | 四月十九 | 许庄村 | 服饰、小商品等 | 3000 | 65 |

续表109

| 街道、镇 | 时间（农历） | 地　点 | 经营品种 | 参加人数 | 成交额（万元） |
|---|---|---|---|---|---|
| 许庄街道 | 六月十五 | 唐家村 | 服饰、小商品、食品等 | 1500 | 20 |
| | 六月十九 | 许庄村 | 服饰、小商品、农资等 | 3000 | 60 |
| | 八月十九 | 许庄村 | 服饰、小商品、食品、农资 | 4000 | 150 |
| | 十月十九 | 许庄村 | 服饰、小商品、农资等 | 5000 | 73 |
| 永安洲镇 | 清明前后3天 | 上桥村 | 服饰、小商品等 | 3000 | 50 |
| 大泗镇 | 二月十五 | 佴庄村 | 服饰、小商品、食品等 | 2000 | 10 |
| | 二月十九 | 二陈村 | 服饰、小商品等 | 3000 | 50 |
| | 四月十四 | 时庄村 | 服饰、小商品、食品等 | 2000 | 10 |
| | 六月初十 | 曹于村 | 服饰、小商品、食品、农具 | 2000 | 10 |
| | 六月十五 | 佴庄村 | 服饰、小商品、食品等 | 2000 | 10 |
| | 六月十九 | 二陈村 | 服饰、小商品、农具等 | 2000 | 5 |
| 胡庄镇 | 二月初三 | 周马村 | 服饰、小商品等 | 2000 | 20 |
| | 二月二十六 | 陈隆村 | 服饰、小商品等 | 1500 | 15 |
| | 三月初十 | 薛垛村 | 服饰、小商品等 | 1000 | 15 |
| | 三月十三 | 胡庄村 | 服饰、小商品、食品、农资 | 1000 | 10 |
| | 三月十五 | 丁庄村 | 服饰、小商品、食品、农具 | 1000 | 20 |
| | 三月二十六 | 单王村 | 服饰、小商品等 | 1500 | 6 |
| | 六月十三 | 周马村 | 服饰、小商品、食品等 | 1000 | 9 |
| 白马镇 | 正月十九 | 金马社区 | 服饰、小商品、食品等 | 3500 | 110 |
| | 十月十九 | 金马社区 | 服饰、小商品、农具等 | 2000 | 60 |
| 野徐镇 | 正月十五 | — | 服饰、小商品、食品、农资 | 2500 | 50 |

# 第三章 商品购销

## 第一节 粮油购销

### 一、粮食购销

民国期间，境内各集镇有粮行经营粮食购销业务，其中环溪镇（今刁铺街道）有粮行45个。

新中国成立后，人民政府通过市场收购、计划收购等形式收购农民余粮。1953年12月，境内开始对农村粮食实行计划收购，各乡按省、县逐级分配的统购指标分配至户，组织交售公粮。1955年，实行粮食“三定”（定产、定购、定销）政策。对城镇居民实行“以人定量”供应。1964年，调整“三定”任务。1971年，重新核定“三定”指标，粮食征购由“一定3年”改为“一定5年”，征购基数增加5.4%，超购粮食实行加价奖励。1982年，试行粮食征购大包干。1985年起，按国家政策，境内取消粮食统购，调整落实合同定购任务，并下达至队，落实到户。1991年，根据国务院决定，改合同定购为国家定购，并作为指令性计划刚性指标。1992年，粮食定购价格适当提高，食品用粮实行购销同价。1993年4月，放开粮食购销价格，实行指导性收购计划，议价收购粮食。全面放开粮食供应市场，取消城镇居民的粮油供应计划。1994年，恢复国家定购，小杂粮和油脂退出国家定购，政策延续至1997年。1998年5月，境内贯彻国务院《关于进一步深化粮食流通体制改革的决定》《粮食收购条例》精神，按保护价敞开收购农民余粮，保护农民利益。2000年，红小麦退出保护价收购范围，由粮食加工企业自主定价收购，白小麦继续执行保护价收购政策。2001年7月31日起，高港区贯彻国务院《关于进一步深化粮食流通体制改革的意见》，实施粮食购销市场化改革。2004—2007年，全区粮食购销总量逐年为159872吨、272633吨、284260吨、184676吨。2008年，全区粮食购销总量降至141801吨，其中收购量63716吨、销售量78085吨。

### 二、油料统购与食油供应

1954年起，境内执行油料按比例收购政策。花生产区扣除种子（每亩定额为花生果13.5千克）和自食（人均标准6.5千克）外，多余全部征购；花生种植面积小、产量少的地区征购产量的60%，多余作自食。同年，境内城镇居民食用油实行划等按人定量供应。其中，口岸划为二等，人均月供109克；刁铺划为三等，人均月供93.75克。1959年，城镇人口食油供应改为月人均150克。20世纪60年代初的困难时期，城镇定量人口供应标准一度降低为每人每月25克。1962年起，境内农村实行“只购不销”政策，以生产队为单位核定产量，留足种子和人均口油，其余纳入统购任务，并规定自给队不购不销、多产队多购多销、少产队少购少销。1963年，境内城镇人口人均月供食油增至200克。1982年，试行油料征购大包干，油菜籽可抵算花生征购任务。境内城镇人口人均月供食油增至250克。1983年秋，改进油料收购办法，实行综合比例价收购，其中40%按统购价收购、60%按超额加价计算。小油料退出统购统销。1985年，改统购为合同定购。1990—1992年，改合同定购为国家定购。1993年后，取消粮油计划供应。1999—2008年，境内油料购销执行顺价销售政策。

### 三、粮食储存

20世纪50年代，境内有蔡王庄粮库、中央公粮库泰兴分库口岸支库、各乡镇粮管所粮库，仓储条件差。60年代，境内粮仓多为散装平房仓，每幢仓库容量250～2500吨，仓储条件有所改善。1972年7月，口岸粮库9.3万千克粮食霉变。境内各粮库按照“一符四无”（账物相符，无害虫，无鼠雀，无变质，无事故）要求，进一步落实安全储粮措施。80—90年代，境内粮食承储单位在做好“四无”预防工作的同时，加强防盗、防火、防毒工作。2002年，江苏省直属粮库征地扩建，仓容量6.8万吨，主要担负中央储备粮、地方储备粮和贸易粮的储存和中转任务。至2008年，区内储备粮保管状况良好。

## 第二节　生产资料购销

### 一、化肥、农药、药械

【化肥】 20世纪60—70年代，境内实行按田亩计划分配和出售农副产品奖售化肥政策。80年代中期，境内化肥供应实行“双轨制”，分计划内综合平均价、计划外议购价供应。进入90年代，境内仍以施用氮肥、磷肥为主，含有氮磷钾等多种元素的复、混合肥销售量不断增加。1999年，成立高港区农业生产资料有限公司（泰州市福齐天农业生产资料连锁有限公司），主要经营化肥、农药等农用生产资料。至2008年，泰州市福齐天农业生产资料连锁有限公司下设直营店4个、加盟店15个、便利店123个，年营业额8996万元。

【农药、药械】 1953—1957年，境内基层供销社经营农药的品种有亚砒酸、“六六六”药粉、滴滴涕等。1958年，境内每150亩农田配供农药械具1架。20世纪60年代，境内主要使用乐果、敌百虫等农药。1977年后，推广使用除草剂、除草醚、敌草隆、二甲滴丁酯等农药。1981年，境内中晚稻遭受稻飞虱危害面积占总面积的80%以上，供销社增拨“1605”混合粉进行防治。1982年后，境内停用高毒、高残留农药。实行家庭联产承包责任制后，境内每150亩农田农药械具销量达500余架。90年代后，农药经营由供销社、农药生产厂家等多方经营，供销社系统化学农药销售逐年下降。2008年，区供销社系统农药销售总额3274.6万元。

### 二、中小农具、农膜、农机

【中小农具】 新中国成立前，境内铁、木、竹制小农具多由铁业铺、山竹行加工制作后任农民选购或预约定制，少数木器、篾器由农民自购原料，请匠人到户制作。新中国成立后，中小农具由供销社根据农民需要就地加工生产销售，不足部分收购。1952年，口岸供销社收购农具2460件，销售农具2700件。1962年，口岸供销社收购中小农具3.2万件，销售5.9万件。1985年，口岸供销社经营中小农具品种405个。进入20世纪90年代，中小农具退出统计范围。

【农用薄膜】 20世纪60年代后期，塑料薄膜始用于山芋温床和早稻育秧，境内年供应量由2吨渐增至10余吨。1976年，境内农膜供应量突破20吨。1977年，为解决供求矛盾，实行回收保管制。1978年，境内回收农膜5吨，供应18吨。1980年，回收农膜11吨，计划供应22吨。实行家庭经营承包责任制后，境内不再回收保管农膜。1985年，境内销售农膜30吨。此后，由于多渠道经营农膜，供销社农膜量大幅度下降。1998年起，区内不再统计农膜销售数量。

【农用机械】 20世纪60年代中期，境内各人民公社由所在县的农机部门计划供应柴油机水泵、脱粒机。1979年，境内设有10个农机门市部。80年代，基层供销社普遍设立农机专柜或专业门市部，主要经营农机配件。1997年，全区销售农业机械40万元。2008年，全区农业机械销售250万元。

## 三、煤炭、成品油

图 13-3-1 王营加油站（2006年摄）

1962年起，境内对煤炭和成品油实行计划供应，具体数量、供货对象由所在县的计划委员会行文下达到区、人民公社。城镇居民用煤实行计划定量供应，按居民粮油人口数一次发放煤证（票），按月凭票证就近购买煤球。20世纪80年代，对工业部门生产用煤、汽油、柴油按消耗定额分配，饮食、浴室、理发用煤按营业额定额核销。1979—1984年，境内计划供应煤炭39379吨、成品油1820吨。

1979—1984年境内煤炭、成品油供应情况一览表

表110

| 年份 | 煤炭 | | 石油 | |
|---|---|---|---|---|
| | 数量（吨） | 价格（元/吨） | 数量（吨） | 价格（元/吨） |
| 1979 | 6263 | 279 | 258 | 176 |
| 1980 | 6849 | 310 | 293 | 199 |
| 1981 | 7295 | 317 | 329 | 224 |
| 1982 | 6277 | 307 | 282 | 192 |
| 1983 | 6074 | 297 | 300 | 204 |
| 1984 | 6621 | 339 | 358 | 243 |

1985年，民用煤实行计划调节，议价供应，但保留定量人口计划。煤油保持计划调节，凭专用煤油票供应。20世纪80年代后期，煤炭、成品油敞开供应。1997年7月，江苏省石油总公司泰州分公司高港经营部建立。2008年，全区计有加油站（点）21座，营业额1.9亿元。

## 四、木材、建材

清光绪初年（1875），湖北大冶、寿昌等地的木材商人（时称金寿木帮）将湖南靖州、贵州锦屏一带产杉木（俗称苗木）贩运至境内销售，口岸至龙窝口成为木材集散地。至民国20年（1931），先后在口岸经营木材业务的木号有31个。民国21年后，湖北大冶木商与泰兴商人联营，形成大兴木帮。抗日战争期间，口岸木材业凋敝。

清代末至民国中期口岸港木号一览表

表111

| 时　间 | 姓氏帮别 | 木 号 名 称 |
|---|---|---|
| 光绪初年至民国20年（1875—1931） | 刘　姓 | 恒兴益　永丰太　益丰太　豫丰太<br>晋丰太　益恒丰　晋恒丰　同生福<br>益昌恒　永兴祥　兴茂盛　兴茂谦<br>兴茂隆　兴茂益　兴茂永　兴茂祥<br>兴茂福　兴茂生　太昌恒　泰昌生<br>谦　太　谦　益　兴茂怡　刘安记<br>振丰太 |
| | 殷　姓 | 积善昌　益成和　益成利　益成德 |
| | 纪　姓 | 履太豫　震丰乾 |
| 民国21年至抗日战争前（1932—1937） | 大兴帮 | 永兴隆　益泰隆　益大恒　允茂生<br>刘兴太　仁和昌　义和顺　刘慎源<br>谦太祥　刘祥太　永中兴　振中兴<br>兴东和　王太和　季永大　聚同庆 |

新中国成立初，国家实行保护私营工商业政策，境内成立木商同业公会，有木商108户。1953年，遵照国务院公布的关于木材业由国家统购统销的规定，各木号均自愿申请转业或经批准歇业。木材先由供销社经营，后划归商业局和物资局经营。1961年，泰兴县物资局在口岸镇设物资供应站，成立泰兴县木材建材口岸经营部，对木材、建材实行计划调拨、配套供应。1980年后，口岸、刁铺、大泗相继形成由个体户经营的木材市场。1990年，境内取消木材、建材计划供应。1998年，区政府投资1500万元建高港建材批发市场。2003年，在口岸镇王营村新建金港装饰城，其中设有板材、瓷砖和不锈钢、铝合金型材等交易区。2008年，全区共有限额以上木建材批发、零售企业33个，营业额1.94亿元。

### 五、金属材料和机电、化工产品

1962年，成立口岸五金化工交电门市部，专营金属材料和机电、化工产品。1974年，口岸物资供应站设口岸金属机电化工门市部，负责对口岸公社及周边公社的计划物资供应，物资品种有五金电器、电机、钢材、板材、铜材、铝材、电解铜等。1977年，口岸区由口岸金属机电门市部和口岸化工门市部经营金属材料和机电、化工产品。1990年后，机电金属材料市场放开，形成多渠道经营金属材料和机电、化工产品的格局。2001年，国营商业、物资企业和供销社退出金属材料、机电产品、化工产品经营市场。2008年，全区有经营金属材料和机电、化工产品的批发、零售企业105个，完成批发零售额4.31亿元。

## 第三节 生活用品购销

### 一、日用百货、纺织品、服装、文体用品

民国年间，境内经营的纺织品较有名气的商铺为口岸大隆布店、环溪镇福康祥布店，货源多来自上海、无锡、常州、南通。日用百货、文体用品主要品种有衣针、鞋扣、火柴、肥皂、牙刷、牙粉、纸、墨、笔、砚等30余种。

1951—1952年，境内日用百货、纺织品、文体用品等商品品种有150种左右。1954年9月，境内始对民用棉布、衣絮棉实行定量凭票供应，对生产、公用、困难补助、奖售的用布用棉实行专项安排、计划供应。1956年，境内日用百货、纺织品、文体用品等商品品种增至3000余种。1958年，对胶鞋、肥皂、香皂、牙膏、毛线、毛织品等实行凭票供应。1962年后，境内日用百货、纺织品、文体用品等商品品种有5000余种。1978年后，各基层供销社拓宽进货渠道，商品增加到上万种。1983年12月1日起，棉布、絮棉敞开供应。进入20世纪90年代，成品服装销量大幅度上升。2008年，全区限额以上纺织品、服装及日用品批发零售额1225.1万元，限额以下纺织品、服装及日用品批发零售额933.1万元，限额以下文化、体育用品及器材批发零售额1533.5万元。

### 二、五金交电、电子产品

1955年，境内始有自行车销售，且凭票供应。1970年，境内基层供销社相继设五化交电专柜或专业门市部，开始经营半导体、晶体管、电子管和交直流收音机。1979年，各基层供销社拓宽经营范围，自行组织采购。其中口岸供销社年销售自行车310辆。1981年起，家电商品增加电视机、电风扇、电冰箱、洗衣机。1985年，境内自行车销售量增至3220辆，半导体、晶体管、电子管和交直流收音机销售量增至1982台，销售收录两用机230台。进入20世纪90年代，彩色电视机销售量大幅度上升。2008年，全区限额以上家电批发零售额260万元，限额以上五金交电及电子产品（含机械设备）批发零售额5209.6万元，限额以下五金交电及电子产品（含机械设备）批发零售额9011.5万元。

### 三、日用杂品

清代末民国初，境内经营日用杂品较有名气的商铺有口岸陈永丰杂货店和环溪镇裕泰杂货店、德茂茶庄。新中国成立后，供销社主营日用杂品，既承担对私营店和集体商业的批发服务，又承担

市场的零售供应。1955年，境内供销社批发销售铁锅7227张，零售铁锅4187张；陶瓷批发销售额4116元，陶瓷零售额7121元；批发销售草席307条。1958—1961年，因砸锅炼铁，境内出现缺锅现象。1962年，锅、碗、席实际供应量分别为1518张、5913只、1059条。1982年8月，境内基层供销社应邀参加江西省瓷器公司、江苏省日什公司和苏州市日什公司联合举办的日用杂品看样订货会，现货成交3.26万元，期货合同额1.14万元。20世纪90年代后，电饭锅、电磁炉、微波炉、电炒锅等商品进入市场。2008年，全区有日用杂品批发零售额1.16亿元。

## 第四节　糖　盐　烟　酒　茶

清代末民国初，刁铺西隆太烟店制作旱烟、水烟，口岸闵鑫源烟行专营烟叶，供应周边烟店制作烟丝出售。民国35年（1946），境内食盐经营实行民运民销制。

新中国成立后，境内糖、烟、酒由口岸糖烟酒批发部经营，各地供销社和私营店经销。1956年，供销社成为农村市场商品销售的主渠道，境内食糖、食盐、卷烟供应量分别是1952年的4.36倍、3.47倍、5.19倍，其中年销售酒1.9吨。1958年后，糖、烟、酒等商品凭卷、卡定量供应。"文化大革命"期间，货源时紧时松，食糖供应最低年份为33吨，最高年份为103吨；食盐供应最低年份为700吨；卷烟供应最低年份为4.5箱（每箱250条），最高年份为8.5箱；酒供应最低年份为55吨，最高年份为140吨。1983年，境内恢复烟草专卖制度。1985年，境内糖盐烟酒类销售总额406万元。酒的销售也随市场变化而变化。1996年，实行食盐专营制度。1997年，泰兴盐业支公司口岸批发部更名为泰州盐业分公司高港批发部，负责全区食盐供应。2008年，全区糖盐烟酒茶类商品批发零售额3184.2万元。

## 第五节　农副产品与废旧物资购销

### 一、农副产品购销

【银杏】 清代后期，境内有商人收购银杏销至福建、广东、香港，并远销新加坡、泰国等东南亚国家。1949年，境内0.5千克银杏可换3千克大米。1950年，各乡镇供销社开始收购银杏。1958年，部分果农担心银杏树会归公而砍伐果树。1963年，对果农奖售香烟、化肥等。1979年，取消奖励，实行议购政策。1981年9月起，银杏收购归口供销社经营。1985年以后，银杏收购政策放开，多渠道经营。20世纪80年代末，全区有30年以上的挂果树1000余株。许庄南片拥有30亩生态果园2个，年均产果1000吨左右。90年代初期，境内银杏最高价格为每千克80元，造就一批"万元户"，农民栽植银杏树的积极性空前提高。后随着市场的放开，银杏价格逐年下跌，果农丰产不丰收。2006年，区供销合作总社配合区农资公司组建高港银杏（白果）专业合作社，吸纳会员21人，入社果农126户，当年购销银杏2500吨。2007年4月，区供销合作总社与香港集森食鼎有限公司合资成立泰州市集泰农产品有限公司，年加工脱壳果仁500吨，并在国家商标局注册"集泰"商标，产品销中国香港、中国台湾及日本、韩国。2008年，全区收购银杏3600吨，完成销售额5007.6万元。

【蚕茧】 新中国成立初期，境内蚕茧由所在县的土产品公司经营，各基层供销社负责代购。1958

年，口岸供销社建蚕灶1座，对收购的蚕茧进行烘干处理。20世纪60年代初，对蚕农奖售化肥。1975年，蚕茧收购推行干壳量评级检验制度，改变过去手观目测的传统验质收茧方法，准确率达95%。1979年，调高蚕茧收购价格，每50千克蚕茧由292.5元提高到345.83元。1980年，取消奖售政策。1985年，取消蚕茧派购政策。90年代，境内桑田面积逐步减少，蚕茧收购量退出统计范围。

【皮毛】 清代末民国初，境内有商贩收购加工猪鬃、猪皮、牛皮、羊皮、黄鼠狼皮等，且有商行经营猪鬃出口业务。新中国成立后，供销社经营皮毛收购业务。1950年、1953年，境内先后实行牛皮统购、猪鬃统销。1958年，禁止私人收购猪鬃、牛皮、羊皮、羊毛、羽毛等。此后，人民公社保护耕牛，境内牛皮收购数量很少。1960年起，境内农户饲养毛兔的积极性较高，兔毛收购量逐年上升。1973年，每收购一张一等羊皮奖励交售人一尺布票和五斤大麦的供应计划。兔毛收购价格下跌，境内毛兔饲养数量锐减。1985年后，不再统计供销社收购猪鬃、猪皮、牛皮、羊皮、兔毛数量。

### 二、废旧物资购销

1952年，境内供销社开展废旧金属收购业务，全年收购废钢铁11担。1954年，收购废铁150担、杂钢83担、废铅锡62担。1957年起，境内基层供销社根据省供销社下达的主要品种收购、调拨计划，定向供应工业生产单位。当年收购破布1000担、废棉50担、杂骨1560担。1964—1966年，境内人均交售废钢铁超过0.4千克。1969—1972年，境内除上缴国家收购计划外，超额回收废钢铁430吨。1983年7月，境内开展废旧物资突击回收月活动，全年废旧物资收购额近100万元，其中收购杂骨10.5万千克。1984年后，造纸原料、碎玻璃、玻璃瓶、杂骨等废旧物资的收购量逐年减少。当年，收购杂骨6.5万千克、废钢铁7000千克、废铝2100千克、杂铜8000千克、废铅850千克。1986年，取消废钢铁收购计划。1997年，区供销合作总社成立物资回收有限公司，不再统计杂骨、三废造纸原料收购量。2002年6月，全区废旧物资回收行业整治工作基本结束，取缔非法经营企业3个。2004年，全区废金属购销额2071万元。2008年，区废旧物资回收公司完成废旧物资购销额1.32亿元。

## 第六节　药品与医疗器材购销

清光绪年间，迁善镇有松柏堂药店。民国年间，口岸镇有恒济生、周天生等8个中药店和中西药房、保尔康药房，环溪镇有树德堂（原松柏堂药店）、济生源等5个中药店。1949年，口岸、环溪2个集镇共有私营药店17个，从业人员81人。中药店一般自设作坊，将客地产原料药材切、炒、炙制后作配方之用。西药店主要经营宝塔糖、奎宁片、阿司匹林、消治龙片、止咳药等常用药。

1953年起，供销社设药材收购站，各药店设药材收购点，主要收购地产半夏、芍药、蒲黄、何首乌、地骨皮、蝉衣、龙衣、蟾酥、桑螵蛸等野生药材。1955年下半年，口岸10个、刁铺4个药店共同合股成立国新药合作商店。1956年，实行公私合营，分设口岸医药商店和刁铺医药商店。1958—1969年，各社镇卫生院与合作药店普遍走医药合一道路，合作药店陆续成为各社镇卫生院的配药室。20世纪70年代，药品购销由国营医药商店经营。1983年，允许多渠道购进药品，一些集体、私营药店开业。1986年，实行药品经营许可证制度。90年代，境内中药饮片、中成药销售量不断上升。2001年起，国家对医药购销行业进行整顿、改革，取消县以下的四级批发企业。同年11月，区供销合作总社将口岸、刁铺医药批发部挂靠镇江药业集团，成立镇江药业集团高港医药公司，并设11个连锁药店。同年年底，扬子江药业集团成立扬子江医药经营有限公司。2004年，泰州市德新元医药连锁有限公司在高港设分店。2007年，镇江药业集团高港医药公司完成销售额6055万元。扬子江药业集团成立泰州扬子江大药房有限公司。2008年，泰州市高港区春港大药店有限公司成立。全区共有药品及医疗器材批发零售企业74个，完成销售额5.74亿元。

## 附：老商号选介

【赵福兴油行】 民国年间，赵介眉创办，位于口岸西街，前有3间店面房，后有作坊、机房、仓库、住房近20间，最多时雇用工人20余人，每天打油36榨（每榨出油15千克左右），日产油500余千克。后扩大食油贸易，兼收购食油销往上海。赵介眉热心地方公益事业，曾捐资助粥局、办学校。1953年，赵福兴油行歇业，后与人合股开办口岸电灯厂。

【吉公顺粮行】 20世纪20年代，吉西文创办，位于环溪镇粮行街（今解放西路），有店面房3间。吉西文性格开朗，诚信经营，客户上门不论生意成否均给以食宿方便。1953年，吉公顺粮行歇业，后申请开办宏顺织布厂。

【泰昌生木号】 20世纪初，刘汉舫创办，位于龙窝口（今龙窝北路114～115号），主要经营湘、黔、鄂等地木材。泰昌生木号建筑面积830平方米，当时造价约合八千石粮食（含地价）。新中国成立后，刘汉舫捐款助建口岸人民大会堂。1953年，泰昌生木号歇业。

【福康祥布店】 民国28年（1939）开业，位于环溪镇起凤桥东（今解放街）。因经营有方，该店在环溪镇10余个布店中脱颖而出，占有三分之一的市场份额。新中国成立后，福康祥布店守法经营，积极纳税。1956年，加入合作商店。

【大隆布店】 民国29年（1940）3月，许渭南创办，位于口岸庆元中大街。1956年后，先后隶属于口岸供销部纺织品分公司、口岸供销社棉布门市部。1997年起，由个人承包经营。2003年1月，更名为泰州市高港区大隆纺织品商店（个体）。2008年，店面面积120平方米，有职工3人、挂钩裁缝6人，营业额25万元。

【陈永丰杂货店】 清光绪三十一年（1905），陈锡广创办，位于口岸镇东圈门，有店面房3间，店员6人。后由其子陈乐善接手经营。1956年，陈永丰杂货店并入口岸商业合作社。

【裕泰什货店】 20世纪30年代末，孙万乔创办，位于环溪镇塌耙街叉街口南侧。当时，镇上有大小杂货店32个，裕泰什货店的经营规模虽不算最大，但以品种全见长，生意越发兴隆。1956年，裕泰什货店参加公私合营。

【德茂茶庄】 民国15年（1926），李慰劬创办，位于环溪镇起凤桥跨街箭楼旁（今解放街），有店面房2间。初从泰州城购成品茶，后聘请制茶师自制销售。民国后期，由其子李庆辰接手经营。1956年，加入合作商店。

【西隆太烟店】 清咸丰年间，由戴同浩的曾祖父创办，初在环溪镇起凤桥西街道租店面房3间。至清同治年间，先后购、建前店后坊共30余间，制、售旱烟丝和水烟丝。民国时期，由戴同浩掌管。1956年，刁铺西隆太、天丰、协兴、裕隆昌烟店和口岸天成、立昌烟店合并，成立公私合营刁铺合作烟丝商店。后更名为刁铺烟丝厂。

【闵鑫源烟行】 清宣统元年（1909），闵芷馨创办，位于口岸通太街都天庙巷子西侧，占地约650平方米，经营烟叶购销业务。民国32年（1943），由其子闵锡奎接手经营，并增加旱烟制作、销售业务，年销售烟叶170吨左右。新中国成立后，闵鑫源烟行歇业。

# 第四章 餐饮住宿业

## 第一节 餐饮业

图 13-4-1 扬子江宾馆（2007年摄）

民国期间，口岸的陆稿荐饭店、刁铺的海春饭馆较出名。

1956年，口岸镇成立第一合作饭店（原陆稿荐饭店）、第二合作饭店。1957年，建高港长江饭店。此后，境内餐饮业变化不大。20世纪80年代初，境内个体饮食业兴起，主要经营烧饼、油条、麻团、包子、面条、混沌等小吃。1986年，扬子江制药厂（今扬子江药业集团）在口岸镇人民路建成扬子江宾馆酒店。1995年，口岸谷香酒店在通扬路开业（2002年迁址金港中路，并更名为新谷香大酒店）。1997年后，国有、集体餐饮企业改制为民营企业，境内逐渐形成大众餐馆类、快餐类、高档正餐类、自助餐类、休闲类等餐饮业态。2008年，全区较有规模的酒店有高港大酒店、华都大酒店、人才大酒店、沃特龙大酒店、奇香阁江鲜食府、长江大酒店、海燕大酒店、丽都大酒店、扬子江宾馆酒店、新谷香大酒店、步云楼大酒店、田园人家大酒店。全区限额以上餐饮业法人企业7个，私营个体餐饮企业293个。全区餐饮业零售总额3.39亿元。

### 附1：乡土大众食谱

【冷菜类】 荤菜有冷切肴肉、牛肉、羊肉、香肠、烤鸡、烤鸭、白斩鸡、盐水（江、河）虾、皮蛋、咸蛋等；素菜有煮（烫）干丝、油爆花生米、小鱼煮花生、咸秧草煮青蚕豆、萝卜缨拌毛豆米，以及由野菜、枸杞头、马兰头、水芹等烫熟、挤干、加卤后制作的凉拌菜等。

【炒菜类】 荤菜有炒肉丝、炒肉片、炒鱼片、生炒蝴蝶片（黄鳝片）、洋葱炒长鱼、炒肚丝、炒肚片、炒猪（羊、牛）肝、炒肥肠、炒腰花、炒羊杂、炒鸡丁、炒螺丝头、爆炒小公鸡、炒鸡蛋等；素菜有韭菜或菠菜等炒卜页、青椒炒豆干、炒春拌，以及单炒各种时鲜瓜果蔬菜等。

【烧菜类】 红烧肉（多以干豇豆、干扁豆、冻豆腐、干咸菜、卜页结、茭米、茨菰、芋头子等配之或单肉红烧)、红烧牛肉、红烧羊肉、红烧鸡、红烧鱼、鱼头烧豆腐、小鱼烧饼、红烧肉圆、蟹黄豆腐、秧草烧河蚌、青菜烧河蚌、青菜烧羊肉、红烧麻辣豆腐、烧酸菜肚片或鱼片、大白菜烧油渣等。

【羹汤类】 水煮肉片汤、鲫鱼汤、回酥(油炸黄鳝)汤、鸡汤、西红柿蛋汤、肚肺汤、鸭血粉丝汤、菌菇类烧汤。

【主食类】 蟹黄汤包、三丁包、雪菜或青菜包、萝卜丝包、春卷、茄饼、南瓜饼、荞面汤饼、油煎饼、农家涨烧饼、荞麦面条、疙瘩汤、烧饼汤、腊八粥、粯子(大麦粉、麦粉、玉米粉)粥、杂粮粥等。

## 附2:特色宴席

【高港全鱼席】 高港濒临长江,其江域盛产鲥鱼、刀鱼、河豚等各类江鲜。高港人充分利用长江水产品的资源优势,融合维扬菜系的传统风格,推出享有“苏北长江第一鲜”声誉的高港全鱼席。全鱼席品种有30余个,其中红烧河豚、白汁鮰鱼、清蒸刀鱼、黄焖江鳗、清蒸江蟹等为全鱼席中的佳品。

【刁铺全羊席】 刁铺街道有经营全羊席的店100余个,每年冬至后周边市县的食客纷至沓来。全羊席的菜肴皆以一年生山羊为原料,冷菜类有冷切羊肉、羊舌、羊耳等,炒菜类有炒羊肝、羊腰、生炒羊肉片等,烧菜类有红烧羊肉、羊肉狮子头、烧羊杂、烧三子、桂鱼烧羊肉、豆腐烧羊脑等,汤类有羊肉汤、羊汤面、羊汤泡烧饼等,烧烤类有烤羊肉串、烤羊腿、火锅涮羊肉、羊血粉丝等。

【大泗全牛席】 大泗镇有经营全牛席的店几十个,全牛席的花色品种有100余种,主要品名有牛气冲天(牛头)、爆炒世界(牛眼)、美味牛簧(牛舌)、生爆牛宝、酸辣牛肚、心怀天下(牛心)、铁板腰花、快马加鞭(牛鞭)、祥龙摆尾(牛尾)、脚踏实地(牛蹄)。

## 附3:名菜制作

【刀鱼羹】 先将刀鱼去鳞洗净,逐条排于锅盖内侧中部,锅内放水,扣一蔑竹篓,蔑篓上置盆,盖上锅盖,大火烧煮,水滚后,鱼肉皆离骨脱落盆内,后择去芒刺,连原汤入锅加佐料(不用酱油),稍煮后勾微芡即成。

【清蒸双皮刀鱼】 选用150克以上大小一致刀鱼4条,取其肉剁成鱼茸,加佐料制成馅心塞入鱼骨架内,以蛋清、大粉、精盐制糊封口,分2组生坯装盘(两鱼腹相对),用竹筷蘸粘火腿末(绿菜末、蛋糕末、肴肉末亦可)涂于封口。然后将火腿片(或笋片、香菇)排列其上,撒精盐、姜葱、酒汁,上笼蒸10～15分钟;再用炒锅将蒸出的鱼汁加鸡汤轻芡,浇注鱼身。

【红烧河豚】 百姓中有“拼死吃河豚”的说法。杀河豚和红烧河豚须有持证的专业人员来做。主要配料有竹笋、葱、姜、豆油、白酒等,境内红烧的河豚肉肥嫩、汁浓醇。

【白烧鮰鱼】 先将鮰鱼剖杀清洗后,用沸水烫去粘汁,剁块下锅微煸,加佐料烧制。该菜的特点是芒刺少,肉肥嫩,汤稠厚,味鲜美。

【烧蒸鲥鱼】 红烧鲥鱼:鱼剖肚后,去内脏,不刮鳞,洗净后下油锅微煸,加佐料红烧,一般用青蚕豆瓣配烧。清蒸鲥鱼:剖肚后去内脏及鱼鳞,冲洗干净,装盘加佐料,不放或少放酱油,将鳞片置鱼旁,上笼蒸熟。

【复古妙龄鸽】 用仔鸽作原料,加以高汤,按独特配方煲制。用餐包面皮裹上仔鸽,包上铝纸,放入壁炉中挂烤。其香味扑鼻,外酥里嫩,鸽肉滋滑爽口。

【蟹肉青豆泥】 将青豆仁去衣后剁茸,放入锅中,加入上汤、猪油,上笼蒸10分钟。烧镬、落油、搪镬,蘸绍酒,加入上汤、精盐、味精、蟹肉、青豆茸、麻油、胡椒粉,微滚后用湿粉推芡,加包尾油推匀便成。

【清汤蟹肉翅】 将大生翅滚过。烧镬下油,加入姜片、葱条、姜汁酒、上汤、盐,滚约2分钟,去姜葱，放入生翅煨透，取出，滤干水分。将用上汤、精盐浸过的蟹肉200克上笼蒸熟，取出，滗去水分，放在翅窝中间。烧镬下油、溅酒，放入上汤1500克及生翅、味精、盐，用湿粉勾芡，将翅收紧，放在蟹肉边叠成山形，放上火腿丝。烧镬落油，加入上汤、味精，微滚后用壳轻轻淋在锅周围便成。

### 附4：老字号选介

【陆稿荐饭店】 清光绪十一年（1885），赵海山创办，位于口岸庆元桥北街。虽然名号效仿苏州老字号"陆稿荐"，但在经营上逐渐形成独特的菜肴特色和经营风格。1956年，陆稿荐饭店改为口岸第一合作饭店。1963年后，第一合作饭店停业转行。

【海春饭馆】 民国19年（1930），孙学富、孙学勤兄弟二人创办，位于刁铺驿铺街与东大街交汇处东侧（今建设街88号）。海春饭馆环境幽雅，为地方官商宴请宾客首选之所。1956年，海春饭馆并入刁铺饮服第二门市部。1958年，饭馆停业，改办农具厂。

## 第二节 住宿业

清代末民国初，境内口岸、刁铺旅馆业较为发达，其中龙窝老街一度有旅馆60余个。至民国28年（1939），境内较有名气的旅社有口岸的大陆、滨江、陈大房、陈二房等旅馆（客栈）和刁铺的环溪、赵二房、陈三房旅社。民国29年后，旅馆业日渐式微。

1956年，实行公私合营后，口岸、刁铺分别有合作旅社4个、3个。1957年，口岸建国营高港长江饭店，兼营住宿。1958年，口岸4个合作旅社并入国营口岸旅社和立新旅社，刁铺3个合作旅社合并为刁铺旅社。20世纪70年代，口岸设旅社服务中心店，下设口岸、立新、高港3个门市；刁铺人民饭店设旅馆部；其他公社有商业合作社旅社。1986年，扬子江宾馆在口岸镇建成，系集餐饮、住宿、洗浴、娱乐等功能为一体的三星级宾馆。1987年，境内有旅社22个、床位200张。个体旅馆4个，床位90张。90年代，境内规模较大的酒店设有客房部。其中，高港大酒店设有豪华标准间、标准间、中式套房、欧式套房等客房，华都大酒店设有标准间客房28间和套房2间，人才大酒店设有豪华套房、标准间客房、单人间客房共20间，沃特龙大酒店设有客房57间、床位98张。2002年，区内国营、集体旅社改制成为股份制或私营企业。2003年，扬子江药业集团投资兴建海燕大酒店，

图 13-4-2 高港大酒店（2007年摄）

拥有客房209间。2008年，全区共有登记注册的住宿服务业企业121个，营业额1292万元。

# 第五章　居民服务业

## 第一节　理发与洗浴业

### 一、理发业

境内俗称理发为剃头。民国前，有剃头挑子在街头巷尾代客理发。民国年间，口岸庆元桥南、桥西大街有理发店。农村大多理发师傅走村入户理发，俗称“包头”。至1949年，境内共有理发店10个，主要分布在口岸、刁铺、大泗等集镇。

1956年，口岸组成合作理发店，称口岸理发厅，店址在庆元桥北叉街口，有3间门面。其他集镇理发店并入当地综合服务商店。1958年，撤并网点，取缔个体理发店。“文化大革命”期间，烫发业务停止。1978年后，恢复烫发项目，增加染发等服务项目。理发店按设备、技术条件分甲、乙、丙3个等级，其中口岸理发厅为乙级理发厅。1980年起，境内个体理发店增多。20世纪90年代中后期，始有染彩发业务。2008年，全区有登记注册的理发店129个，城区较有名气的美容美发店有风尚形象设计沙龙、港韵美容美发店、飘世纪形象设计店、金太子发型设计室、花样年华专业发型店、梦思美容美发厅、千姿秀时尚雕发沙龙、名丝理发店等。

### 二、洗浴业

清末，境内有口岸的文兴池澡堂、白马李家庄的白玉池澡堂和龙窝口的龙泉池浴室。民国期间，口岸镇大观园浴堂开业，环溪镇有东泉、西泉浴室。至1949年，境内共有私营浴室7个。

1954年起，境内浴室行业实行集体经营，口岸、刁铺、大泗、白马各保留1个。20世纪70年代中后期，高港港务局、商业部口岸船舶修理厂等单位先后自办浴室，并择期为女职工服务。改革开放后，文胜浴室、文兴池浴室等私营企业相继开业。90年代，境内集镇浴室业迅速发展，较大的村庄亦有个人开办浴室，高档浴室实行洗浴、休闲一体化服务，淋浴、盆浴、桶浴、桑拿浴相继出现。2008年，全区有登记注册的浴室71个，城区规模较大的浴室有大观园浴室、文清池浴室、日月潭休闲中心、扬子江浴室、龙河湾休闲中心、泰州市龙泉池浴室高港分部、天雅浴室等。

## 第二节　摄影摄像和钟表、眼镜修配业

### 一、摄影摄像业

民国年间，口岸镇有蓉芳照相馆、真真照相馆、王成照相馆，环溪镇有翟记照相馆、天生照相馆，各照相馆以拍摄0.5～2寸黑白照片和放大着色3～4寸照片为主。

图 13-5-1 俏新娘婚纱摄影机构（2006年摄）

1956年，照相业实行公私合营，口岸、刁铺各建1个合营、合作照相馆。"文化大革命"期间，古装剧照、礼服婚照、时装照等照相项目被限制。20世纪80年代，增加彩色照相业务。2000年后，摄影制作业渐兴。2001年，泰州非凡电子电器有限公司成为全区首个影视传媒制作公司。2005年，俏新娘高港旗舰店成立，专业从事婚纱摄影。2008年，全区有注册登记的摄影摄像服务企业4个。

### 二、钟表修理业

1949年，口岸镇钟表修理店有吴记、蒋记，环溪镇钟表修理店有蔡记、徐记。20世纪50年代，境内其他集镇大多有钟表修理店。1980年后，部分钟表店增加电子手表和计算机经营业务。90年代，境内居民普遍使用电子钟表，钟表修理业逐渐沉寂。

### 三、眼镜修配业

20世纪70年代前，境内钟表店兼营修配眼镜。80年代，个体私营眼镜店兴起，提供验光配镜和销售服务。至2008年，城区大光明、吴良才眼镜店最有名气，全区有登记在册的眼镜经营企业7个。

## 第三节　其他服务业

### 一、茶炉业

境内俗称茶水炉为老虎灶。民国年间，口岸老街有茶水炉经营户2户。其中，一户在正阳门，店主姓朱；另一户在老城隍庙附近，店主姓殷。刁铺、大泗等集镇亦有茶水炉经营户1～2户。新中国成立后，境内茶水炉大多由个体经营，为沿街居民和企事业单位提供开水。20世纪70年代后期，由于用电的普及和对城镇居民生活用煤的供应量增加，境内茶水炉相继歇业。

### 二、洗染业

明清时期，境内民间通常采用植物叶榨汁，掺适量配料制作染料染色。各集镇多有小染坊代客染色加工夏布（麻线纺织布）、棉布。至1949年，境内有染坊五六个。1956年，多数染坊停业，口岸仅存王记染坊1个。“文化大革命”期间，王记染坊歇业。1986年，田河漂染厂在朱营村开业。1989年，玉林染色加工厂在孔桥乡成立。后因污染环境，两厂停业。20世纪90年代，个体干洗店兴起。至2008年，全区共有干洗店26个。

### 三、家政服务业

1992年，刁铺镇家政服务中心成立，主要为城镇家庭提供保洁、做饭等服务。2000年后，境内农村家宴包厨服务业兴起，对农村红白喜事家宴包厨实现“一条龙”服务。2004年12月，高港区峻峰家政服务中心在刁铺镇许庄村成立。2005年，高港区如新家政服务有限公司成立。至2008年，区内家政服务业主要有月嫂、育儿嫂、保洁嫂、厨嫂、敬老嫂、护工嫂等工种，用工方式以灵活用工和小时工为主。

### 四、广告业

20世纪80年代初，秀峰美术工艺社在口岸镇成立，为境内最早涉足广告业的企业。1997年11月，泰州宏峰广告有限公司成立。1999年9月，泰州市凯文广告有限公司成立。2000年7月，高港区中山广告工作室（今泰州市宏大广告有限公司）成立。此后，泰州城色广告传媒有限公司、泰州市口岸新艺广告设计中心、泰州市高港区大汇广告经营部、泰州市高港区博美广告印刷经营部、泰州市高港区口西广告设计社、泰州市高港区江城广告经营部、泰州市天禾图文社、泰州市高港区腾飞图文设计制作部、泰州市高港区轻舟图文设计室、泰州市高港区放飞心情图文工作室、泰州市高港区金驰图文经营部等企业相继成立，主要从事各类广告的设计、制作和户外广告发布等业务。至2008年，全区共有广告企业15个。

### 五、汽车维修业

1986年，田河汽车修理厂（今泰州市田河汽车修理厂）成立，主要经营二类汽车维修业务。1988年，刁铺华安汽车修理厂（后更名为泰州市高港区华安汽车修理厂）在万厦村成立，系二类汽车维修企业。1993年、1995年和1996年，口岸华联汽修厂（今泰州市口岸华联汽修厂）、刁铺华扬高级汽车维修有限公司（今泰州市华扬高级汽车维修有限公司）和泰州市亨通高级汽车维修有限公司、泰州市永安汽车修理厂先后成立，均为二类汽车维修企业。1998年，泰州市凯旋汽车修理厂成立，隶属于扬子江药业集团，系一类汽车维修企业，主要经营汽车大修、总成大修及维

图 13-5-2　泰州市华扬高级汽车维修有限公司（2007年摄）

护和汽车配件零售。2005年，泰州市高港区八方高级汽车维修中心在野徐镇工业园区成立。至2008年，全区有专业汽车维修企业8个。

### 附：老字号选介

【白玉池澡堂】 清末，白马李家庄李瑞明家族在当地开设白玉池澡堂，占地约600平方米，澡池用白矾石砌成，洁白、光亮、美观。20世纪80年代初期，白玉池澡堂改由李庄大队经营。不久，仍归业主经营。至2008年，白玉池澡堂一直在营业。

【大观园浴堂】 民国10年（1921），由姚序东、孙功甫等人共同投资兴建，位于口岸向阳桥北，占地4000平方米，采用白色大理石建浴池3个，分东雅、西雅、普通3室，可一次性容纳近200人洗澡。1954年后，先后改制为地方国营、集体企业，并更名为口岸浴室。1995年，向阳路拓宽改造，口岸浴室迁至通河路，由扬子江药业集团出资100万元新建，并改名扬子江浴室。2001年，口岸双桥北开办一浴场，沿用“大观园”字号。

【天生照相馆】 民国36年（1947），吉正泉创办，位于环溪镇起凤桥西大街。后在关桥西大街租赁骆姓店面房营业，天生照相馆名声渐传。后又在关桥东的中大街增开一爿照相馆，业务逐步延伸至宣堡、大泗和江都浦头等地。1956年，与翟记照相馆合营，更名为刁铺照相馆。

【天生堂染坊】 清咸丰年间，由周绍瀛、周绍康兄弟二人在口岸创办。初在口岸镇庆元街租用两进六间房屋营业，后在庆元东街购房作染坊。最初染色以深蓝、浅蓝、青为主，后增加红青、黑、大红、桃红、浅粉、黄、绿黄、大绿、蓝紫、雪青、鸭蛋青、鱼肚白、墨灰、银灰等数十种颜色和染布印花。1956年，染坊歇业，资产归公，房屋改作毛笔织带厂和猪鬃厂厂房。

# 第六章　物流业

清末，伴随木材市场和港口航运业的兴起，口岸、刁家铺过载商行应运而生。过载行俗称“黄牛行”，在沿江和内河码头从事猪、油、粮食、木材等物资的装卸转运业务。受雇于过载行的工人主要有箩脚工、挑揽工、扛帮工、钩业工等。民国18—26年（1929—1937）是港口过载运输业务最忙的时期，口岸过载行最多时有48个。1953年，随着国家木材统销政策的实施，境内各木号纷纷歇业，搬运装卸业务大幅减少。至20世纪50年代中期，境内过载行多合并归入泰兴县搬运公司口岸搬运站。之后，至建区前，境内物流主要表现为传统的装卸运输。

建区后，出现一些具有仓储、配载及信息处理功能的小型货运代理、货运配载企业，以信息通畅、配送方便等优势打破传统的货运经营模式，逐步由传统普货运输企业向现代物流企业转化。进入21世纪，高港区借助交通和港口优势，着力推进以仓储物流为重点的现代服务业发展，现代物流业呈加快发展态势。2006年，区政府在永安洲镇建高港综合物流园区，江苏海企化工仓储有限公司、泰州益嘉物流有限公司、泰州锦泰金属交易市场有限公司等较大规模的物流企业相继入驻。2008年，全区较有规模的专营和兼营物流企业有18个，即泰州港务集团有限公司、泰州益嘉物流有限公司、泰州锦泰金属交易市场有限公司、江苏太平洋港务有限公司、江苏海企港务（化工仓储）有限公司、泰州港发物流有限公司、泰州港久货运有限公司、泰州新港物流有限公司、江苏恒隆物流有限公司泰州分公司、扬州三江华宇物流有限公司分公司、泰州华盛物流有限公司、泰州市瑞鑫物流有限公司、泰州市港安物流信息服务有限公司、泰州市路路通物流有限公司、泰州安顺物流有限公司、泰州市高港区申通物流有限公司、泰州市亨扬运贸有限公司高港分公司、泰州捷通国际货运代理有限公司。泰州港务集团有限公司是泰州市最大的物流企业，名列全省物流企业50强。高港综合物流园区成为江苏省现代服务业集聚区和江苏省重点物流基地。

## 第一节　物流企业

2000—2008年，全区先后注册物流企业37个。

### 2000—2008年高港区注册物流企业情况一览表

表112

| 注册年份 | 企业名称 | 地　址 | 主营业务 |
|---|---|---|---|
| 2000 | 泰州市路路通物流有限公司 | 高港区华扬路1号 | 普通货运 |
| | 泰州市窦氏集装箱运输有限公司 | 高港科技创业园创业大道 | 普通货运、仓储、集装箱运输 |
| | 泰州市高港区四达运输公司 | 大泗镇大泗村 | 普通货运、集装箱运输、货运代理(代办)、货运配载 |
| 2001 | 泰州海泰油品装卸有限公司 | 泰州经济开发区滨江工业园引江河路6号 | 油品等货物的装卸搬运、储存经销和运输代理 |
| | 泰州市高港区联通联运有限公司田河联运分公司 | 口岸镇振兴南路 | 公铁联运、公路运输、货物配载 |
| | 泰州市顺天物流有限公司 | 刁铺镇校园路 | 普通货物仓储、货运代理 |
| 2003 | 泰州港务有限公司 | 泰州港高港港区 | 港口码头业务经营 |
| | 泰州远东国际船舶代理有限公司 | 高港区长江路18号 | 中外籍船舶代理及相关业务 |
| | 泰州市福齐天农业生产资料连锁有限公司 | 高港区田河文明路1号 | 种子、农药等农业生产资料，农机配件、五金交电等的批零销售 |
| | 泰州市高港区口岸苏中货物配载信息部 | 口岸镇江平路 | 货物配载信息服务、普通货运 |
| | 上海佳吉快运有限公司高港分公司 | 口岸镇江平路 | 货运代理(代办) |
| 2004 | 泰州港发物流有限公司 | 高港区金港北路18号 | 仓储、搬运装卸、货运代理 |
| | 泰州中联理货有限公司 | 高港区高港商城167号 | 国际、国内航线船舶货物及集装箱的理货，集装箱装、拆箱理货，监装、监卸 |
| | 泰州梅兰港务有限公司 | 永安洲镇 | 货物装卸、驳运、仓储 |

续表112

| 注册年份 | 企业名称 | 地　址 | 主营业务 |
|---|---|---|---|
| 2004 | 泰州港欣运输服务有限公司 | 高港区长江路18号 | 水路货运代理、船舶代理 |
| | 江苏恒隆物流有限公司泰州分公司 | 高港科技创业园 | 代理承办海运、空运进出口货物的国际运输 |
| 2005 | 泰州港盛船务有限公司 | 永安洲镇迎宾大道18号 | 港口拖轮、船舶租赁、船舶技术咨询服务 |
| | 江苏海企港务有限公司 | 高港区永安洲工业园 | 货物装卸 |
| | 泰州永安港务有限公司 | 永安洲镇疏港北路 | 港口普通货物装卸 |
| | 泰州华盛物流有限公司 | 高港区扬子江南路1号 | 道路普货运输、集装箱运输 |
| | 泰州市瑞鑫物流有限公司 | 白马镇工业园区 | 道路普货运输、集装箱运输 |
| 2006 | 扬州三江华宇物流有限公司泰州市高港区分公司 | 高港区江平东路77号 | 道路普货运输、集装箱运输 |
| | 泰州市港安物流信息服务有限公司 | 高港区永安洲工业园区育才路 | 道路普货运输、集装箱运输 |
| | 泰州港久货运有限公司 | 高港区金港北路18号 | 普通货运、大型物件运输、集装箱运输、货运代理(代办)、水路船舶代理、货物代理 |
| | 泰州港务集团有限公司 | 高港区长江路18号 | 水路客货运输,港口货物装卸,机械修理、制造、销售等 |
| | 泰州顺丰运输有限公司 | 高港区金港北路180号 | 普通货运,国内、国际快递(邮政专营业务除外),国际运输代理 |
| | 泰州市高港区滨江汽车运输有限公司 | 高港区春江路 | 普通货运、大型物件运输、集装箱运输 |
| 2007 | 泰州新港物流有限公司 | 永安洲镇中心村育才路 | 普通货运、大型物件运输、集装箱运输 |
| | 泰州益嘉物流有限公司 | 永安洲镇疏港北路1号 | 粮油采购、加工、仓储、配送、分销等 |
| | 泰州锦泰金属交易市场有限公司 | 永安洲镇马船东路1号 | 金属材料代理、现货批发、仓储运输、信息服务、金属深加工 |
| | 泰州港进装卸运输有限公司 | 刁铺街道起凤新村8-1号 | 搬运装卸、普通货运、交通运输信息服务 |
| 2008 | 泰州安顺物流有限公司 | 永安洲镇迎宾大道18号 | 货运代理、综合货运场站、仓储 |

续表112

| 注册年份 | 企业名称 | 地　址 | 主营业务 |
|---|---|---|---|
| 2008 | 泰州市高港区申通物流有限公司 | 高港区金港北路 | 国内快递（邮政专营业务除外）、物流信息咨询服务 |
| | 泰州市亨扬运贸有限公司高港分公司 | 高港区车站路 | 普通货运、货物专用运输（罐式）、出租车客运 |
| | 泰州捷通国际货运代理有限公司 | 高港区银杏苑30幢12号 | 国际货运代理及咨询服务，货物装卸、搬运 |
| | 江苏太平洋港务有限公司 | 永安洲镇上桥村 | 货物装卸、驳运、仓储 |
| | 江苏海企港务（化工仓储）有限公司 | 高港区永安洲工业园区 | 码头经营，化工品的卸载、转驳、储运、中转及其他配套服务 |

## 第二节　高港综合物流园区

2006年，高港区在永安洲镇建高港综合物流园区。高港综合物流园区是永安洲工业园内设园区之一，毗邻泰州港高港港区永安作业区、沿江高等级公路和泰州长江公路大桥，规划面积2平方千米，一期启动区面积1平方千米。园区以国家一类开放港口泰州港高港港区为依托，以能源、化工、粮油、船舶四大沿江产业为基础，重点建设钢材、粮油、化工、煤炭、木材5个交易中心，形成集货物仓储运输、装卸配载、加工流通、信息咨询等功能为一体的区域性物流中心。2007年，园区物流交易大楼竣工营业。入园企业48个，其中注册专业物流企业有江苏海企化工仓储有限公司、泰州益嘉物流有限公司2个，全年物流开票销售6.5亿元。2008年，园区形成"四纵六横"道路网络，开工建设江苏海企化工仓储、益海粮油仓储、物流交易中心、锦泰金属交易市场、太平洋钢管、中航船舶、三福船舶永安厂区共7个亿元项目，建成5个长江万吨级公用码头（永安作业区2个5万吨级散杂货码头、海企化工仓储1个4万吨级和1个2万吨级液体化学品码头、国电泰州电厂1个3.5万吨级煤炭码头）和8个内河千吨级公用码头泊位。年末，有入园企业58个，注册资金1.5亿元，实现物流开票销售15亿元，税收1亿余元。骨干物流企业有泰州永安港务集团有限公司（为泰州港务集团有限公司下属企业）、江苏海企化工仓储有限公司、泰州益嘉物流有限公司、泰州锦泰金属交易市场有限公司（江苏钢领钢铁有限公司）等。园区被授予江苏省现代服务业集聚区及江苏省重点物流基地称号。

## 第三节　物流企业选介

### 一、泰州港务集团有限公司

2003年9月，泰州港高港港区实施政企分离，由泰州市港口管理局行使港口行政管理职能，同时新成立泰州港务有限公司，负责泰州港高港港区的港口业务经营。2004年，泰州港务有限公司改制为民营控股企业。2007年，泰州港务有限公司规模升级，更名为泰州港务集团有限公司，下设杨湾、高港、永安3个长江港务子公司。主要经营港口货物装卸、仓储、运输、港口机械制造及修理销售等业务，兼营高港—扬中汽渡。泰州港高港港区腹背有宁通高速公路、沿江高等级公路及高港汽渡，附近的泰州长江公路大桥跨江与沪宁高速相连，南官河、引江河、古马干河与港口毗邻，水陆交通便捷，泰州港高港港区因此成为长江下游北岸海、江、河换装良港。至2008年，泰州港务集团有限公司有总资产4亿元，为泰州市最大的物流企业，先后被评为江苏省重点物流企业、江苏省物流企业500强、江苏省文明单位。

## 二、江苏海企港务（化工仓储）有限公司

2005年由香港钟山有限公司出资成立，下设江苏海企港务有限公司和江苏海企化工仓储有限公司。江苏海企港务有限公司注册资本500万美元，一期工程建2万吨级码头，兼靠4万吨级化学品船。码头总长436米，平台内侧有3个500吨内档泊位；引桥部分铺设宽4.2米的管架4层。年吞吐量285万吨，其中进口165万吨、出口120万吨。江苏海企化工仓储有限公司项目总投资7260万美元，注册资本2420万美元，主要经营苯乙烯、苯、甲苯、乙酸、二甲苯、丙酮、甲醇等数十种化工品的卸载、转驳、储运、中转等业务。至2008年，江苏海企化工仓储有限公司建成仓储陆域面积12.83万平方米、总罐容约15万立方米的化工原料罐区，以及消防系统、污水收集系统、供热、供电、动力、维修、尾气回收等公用辅助设施。年末，两公司完成投运前各项准备工作。

## 三、泰州益海码头（益嘉物流）有限公司

2007年由益海嘉里集团独资建立，主要负责益海嘉里集团的船运业务，为益海（泰州）粮油工业有限公司提供配套服务，具有国内沿海、长江中下游及珠江三角洲成品油运输，长江中下游普货运输等经营资质。为确保益海（泰州）粮油工业公司日常生产所需物资的供应，公司建有粮油中转区、交易区、深加工区、配送区等物流项目，主要物流设施包括18万吨粮食立筒仓、32万吨食用油储罐、305万吨级长江公用码头和3个200吨泊位的内河码头，年粮油吞吐量500万吨、粮油交易量150万吨。2008年，公司拥有运输船舶14艘，总运力28万吨，年运输量310万吨。

## 四、泰州锦泰金属交易市场有限公司

位于古马干河南岸、沿江高等级公路东侧。2007年由江苏钢领钢铁有限公司投资建设，是泰州市第一个集金属材料代理、现货批发、仓储运输、信息服务、金属深加工等功能于一体的钢材交易中心，注册资金2800万元，计划总投资2亿元，占地面积13.3万平方米。市场规划分为交易区、成品库区（仓储区）、码头中转区、加工区、服务区5个部分，形成“前方码头中转—中间仓储交易—后方加工配送”格局。其中，交易区位于市场西主入口处，面临沿江高等级公路，占地2万平方米，建2.5层商铺138套；成品库区位于交易区以东，占地2.5万平方米，总库存量40万吨；码头中转区位于市场北面次入口处，马船东路旁，占地5000平方米，设有内河码头泊位3个，使用岸线200米，有码头塔吊3个，货物年吞吐量80万吨；加工区位于市场最东部，面积1.2万平方米，设开平、折弯、剪切、焊接、成型等钢材加工生产线；服务区有银行、超市、饭店、停车位、休闲会所等配套设施。2008年，投资4000万元，完成一期6.7万平方米工程，建成交易区商务用房、成品库区仓储堆场、古马干河南岸200米千吨级公用码头及服务区设施，供水、供电、道路等基础设施基本到位，各商户陆续入驻经营。

泰州市高港区志

# 第十四篇　金融业

# 第十四篇　金融业

清道光年间，泰兴张氏在刁铺设环兴当铺。清咸丰年间，境内始设钱庄。至民国时期，口岸有戴仰仪钱庄，刁铺有益祥钱庄、裕源钱庄。民国36年（1947）7月，口岸镇设泰兴县银行口岸分行，环溪镇设泰兴县银行环溪办事处。民国38年，境内当铺、钱庄歇业，口岸设华中银行口岸办事处（后更名为中国人民银行口岸办事处）。

新中国成立后，口岸、刁铺设中国人民银行泰兴支行分理处，各乡镇设信用合作社。1980年3月，境内中国人民银行的基层营业机构划归所在县的农业银行支行。1983年10月，境内乡镇人民银行的基层营业机构设立人民保险代理处。1986—1988年，口岸、刁铺先后设中国工商银行、中国建设银行泰兴支行办事处。1993—1994年，口岸、刁铺相继设中国银行泰兴支行办事处。1994年，专业银行开始向商业银行转轨。1996年，隶属于农业银行的信用合作联社独立。

建区后，组建国有商业银行泰州分行高港一级法人支行5个、城市商业银行泰州市高港一级法人支行1个、中国邮政储蓄银行一级法人支行1个。泰州海阳农村合作银行在高港区设8个支行。全区首个农村小额贷款公司——泰州市高港区三泰农村小额贷款有限公司成立（注册资本1亿元）。7个保险公司在区内设有办事处或营业部，经营人寿险和财产险；华夏证券公司设有服务网点，为股民提供开户服务；泰州市扬子拍卖有限责任公司经营各类物品、资产的拍卖；泰州市港城建设投资发展中心通过经营土地为城建项目筹措资金。2008年，全区共有各类银行一级法人支行7个、营业网点24处，共有保险机构下设的支公司或营业部、营销服务部、办事处、服务部7个。全区存款余额98.34亿元、贷款余额70.16亿元，全区保险业保费收入14061.69万元（含签单保费1734万元）、保险赔付2365.12万元。

# 第一章　银行业

## 第一节　银行金融机构

### 一、泰兴县银行口岸分行、环溪办事处

民国36年（1947）7月，口岸镇设泰兴县银行口岸分行，环溪镇设泰兴县银行环溪办事处，是官僚资本和商业资本合股经营的金融机构。新中国成立后，被人民政府接管。

### 二、境内中国人民银行基层营业机构

民国38年（1949），口岸设华中银行口岸办事处；12月，改称中国人民银行口岸办事处。1950年4月，改建中国人民银行口岸支行。同年10月，中国人民银行口岸支行迁入泰兴县城办公，改称中国人民银行泰兴支行。1952年，口岸、刁铺设中国人民银行泰兴支行分理处，永安设营业所。1980年3月，口岸、刁铺分理处和永安营业所划归中国农业银行泰兴支行。此后，境内不再设中国人民银行基层营业机构。

### 三、泰州海阳农村合作银行高港区分支机构

1954年，口岸、刁铺、田河、许庄、永安洲、野徐、白马以小乡为单位建立信用合作社。此后，各信用合作社随行政区划调整而有合并，先后隶属于所在县的农业支行信用合作股、人民支行信用合作管理股、人民公社、县级革命委员会财金科领导与管理。1980年7月和1984年8月，泰兴和泰县先后建立信用合作联社，境内各乡镇信用合作社按行政区划分别隶属于两县信用合作联社，并接受各县农业银行支行的业务领导。1998年1月，高港区口岸、刁铺、田河、许庄、永安洲、野徐、白马7个乡镇信用社统一划归泰州市郊区信用合作联社领导与管理。2000年，设高港区信用合作联社，辖口岸、刁铺、田河、许庄、永安洲、白马、野徐7个信用社。2007年4月，高港区信用合作联社和泰州市郊区信用合作联社撤并为泰州海阳农村合作银行，全区设新港、口岸、刁铺、田河、永安洲、白马、许庄、野徐8个支行。其中，刁铺支行下设蒋庄分理处、老街分理处、农贸信用分社，口岸支行下设龙窝信用分社、新街信用分社，许庄支行下设万厦信用分社，永安洲支行下设上桥分理处。2008年，全区各分支机构共有员工83人，存款余额128367万元，贷款余额85651万元，利润7218万元（不含大泗、胡庄信用社）。

### 四、中国农业银行泰州市分行高港支行

1980年3月，中国农业银行泰县、泰兴支行分别与中国人民银行泰县、泰兴支行历经3次合并后再次分设。各县农业银行支行与各县信用合作联社合署办公后，境内各乡镇信用社受所在县农业银行支行的业务领导。1995年、1996年，泰兴市、姜堰市信用联社先后与中国农业银行泰兴市、姜堰市支行分设。1998年1月，中国农业银行泰州市新城支行成立，辖口岸办事处、刁铺办事处、永安办事

图 14-1-1　中国农业银行高港支行（2007年摄）

处、田河分理处、许庄分理处、野徐分理处。其中，口岸办事处下设高港储蓄所、通泰储蓄所，刁铺办事处下设人民路储蓄所、中心储蓄所、老街储蓄所、大桥储蓄所和新村储蓄所。1998年2—3月，先后撤并刁铺办事处新村、老街、大桥3个储蓄所。同年8月，高港储蓄所升格为高港分理处，撤并通泰储蓄所。1999年5月，撤并人民路储蓄所。2000年7月，许庄分理处更名为引江河办事处，撤并老街储蓄所。2001年6月，中国农业银行泰州市新城支行更名为中国农业银行泰州市高港支行。2002年8月，撤并引江河办事处和刁铺办事处中心储蓄所。2008年，中国农业银行泰州市高港支行辖口岸办事处、刁铺办事处、永安办事处、田河分理处、高港分理处、野徐分理处，有员工73人，设自助银行网点6个，存款余额188876万元，贷款余额127114万元，利润4609万元。

## 五、中国建设银行股份有限公司泰州分行高港支行

1987年10月，设中国人民建设银行泰兴支行口岸办事处，有员工8人，年末存款余额380万元。1988年1月，口岸办事处始办贷款业务，年末存款余额2600万元、贷款余额980万元。1989年，增设车站储蓄所，口岸办事处共有员工16人，存款余额3800万元，贷款余额2100万元。1994年10月，口岸办事处存款余额首次突破亿元，为建设银行系统苏中、苏北地区首个超亿元的乡镇办事处。1996年，中国人民建设银行泰兴支行口岸办事处更名为中国建设银行泰兴市支行口岸办事处。1997

图 14-1-2　中国建设银行高港支行（2007年摄）

年10月，成立中国建设银行泰州市分行高港支行，辖支行营业部、刁铺分理处、车站分理处和三泰储蓄所，共有员工24人。年末存款余额18300万元、贷款余额12100万元。1999年，车站分理处更名为兴港分理处。2005年3月，更名为中国建设银行股份有限公司泰州分行高港支行。2008年，高港支行辖支行营业部、刁铺分理处、兴港分理处和三泰储蓄所，有员工52人，设自助银行网点1个，存款余额244200万元，贷款余额151000万元，利润5700万元。

## 六、中国工商银行股份有限公司泰州分行高港支行

图 14-1-3　中国工商银行高港支行（2007年摄）

1986年12月，设中国工商银行泰兴支行口岸办事处，辖高港分理处、口岸储蓄所、通泰储蓄所、柴墟储蓄所、沿江储蓄所。1988年，设中国工商银行泰兴支行刁铺办事处。1998年6月，成立中国工商银行泰州市分行高港支行，有正式员工38人、劳务工23人，设口岸办事处、刁铺办事处、高港分理处和口岸、通泰、三官、柴墟、沿江、刁铺6个储蓄所。1999年6月，口岸办事处更名为扬子江办事处。2000年6月，撤销柴墟、三官储蓄所；7月，撤销沿江储蓄所。2001年4月，撤销口岸储蓄所。2002年8月，撤销刁铺储蓄所。2004年6月，中国工商银行泰州市分行高港支行新营业大楼落成，位于港城路港都花园。2005年5月，撤销通泰储蓄所；6月，扬子江办事处升格为扬子江支行（二级支行），高港分理处亦升格为口岸支行（二级支行）。2006年1月，更名为中国工商银行股份有限公司泰州分行高港支行，口岸支行、扬子江支行和刁铺办事处作相应更名。2006年5月，撤销刁铺办事处。2008年，高港支行辖1个营业部和口岸、扬子江2个二级支行，有正式员工29人、劳务工17人，存款余额87625万元，贷款余额72896万元，利润3910万元。

## 七、中国银行股份有限公司泰州分行高港支行

1993年5月，设中国银行泰兴市支行口岸办事处，有员工8人。1993年12月，增设坝口储蓄所。1994年5月，设中国银行泰兴市支行刁铺办事处，有员工8人。1997年6月，成立中国银行泰州分行高港机构筹建办，中国银行泰兴支行口岸办事处、刁铺办事处、坝口储蓄所分别更名为中国银行泰州分行口岸办事处、刁铺办事处、坝口储蓄所。1998年12月，中国银行泰州分行高港机构筹建办与中国银行泰州口岸办事处合并为中国银行泰州分行口岸办事处，辖刁铺办事处、坝口储蓄所。1999年1月，中国银行泰州城西分理处迁址扬子江路1号，同时更名为惠裕分理处。2001年7月，成立中国银行泰州分行高港支行，辖坝口储蓄所、刁铺办事处、惠裕分理处。2003年5月，坝口储蓄所升格为

图 14-1-4　中国银行高港支行（2006年摄）

坝口分理处。2004年8月，更名为中国银行股份有限公司泰州分行高港支行，辖坝口分理处、刁铺办事处、惠裕分理处。2005年8月，刁铺办事处升格为刁铺支行，隶属关系不变。2006年7月，坝口分理处、惠裕分理处升格为支行，分别更名为中国银行股份有限公司泰州分行口岸支行、惠裕支行，隶属关系不变。2008年，高港支行辖口岸支行、惠裕支行、刁铺支行，有正式员工30人、劳务工24人，存款余额190467万元，贷款余额73675万元，利润3256万元。

### 八、交通银行股份有限公司泰州分行高港支行

1998年3月，设交通银行泰州分行高港办事处，有员工6人。2004年11月，高港办事处升格为交通银行泰州分行高港支行。2006年3月，更名为交通银行股份有限公司泰州分行高港支行。2008年，高港支行有正式员工8人、劳务工3人，存款余额68095.15万元，贷款余额53242.7万元，利润2316万元。

### 九、中国邮政储蓄银行有限责任公司泰州市高港支行

2008年7月，成立中国邮政储蓄银行有限责任公司泰州市高港支行。全区有高港支行、白马支行、胡庄支行、许庄支行、孔桥支行、田河支行、大泗支行、汪群营业所、刁铺营业所、野徐营业所、永安营业所、口岸营业所、金港南路营业所13个营业网点。

### 十、南京银行股份有限公司泰州高港支行

2008年12月，成立南京银行股份有限公司泰州高港支行，有员工18人，存款余额3884万元，贷款余额700万元。

## 第二节　存　款

### 一、集体存款

新中国成立初，境内集体存款数额不大。后随着国民经济的恢复和发展，集体存款余额逐年增加。1957年，境内银行、信用社的集体存款余额约占存款余额总数的64%。1958年后，受工农业生

产发展的影响，集体存款波动较大。进入20世纪70年代，境内工业经济发展较快，集体存款余额不断上升。1978年，境内银行、信用社集体存款余额约占存款余额总数的69%。改革开放后，经济稳步发展，存款余额大幅度增加。1987年，境内银行、信用社集体存款余额约是1978年的6倍。此后，个人储蓄余额上升幅度较大，集体存款余额所占比重下降。建区后，由于扬子江药业集团等一批大中型企业的快速发展，全区集体存款余额亦快速攀升。1997年，全区集体存款余额（不含信用社）16174万元，其中中国建设银行高港支行集体存款余额7300万元。1998—2008年，区内各商业银行通过经营战略转型、优化服务、调整网点布局等举措，集体存款余额总体上为直线上升。2008年，全区商业银行集体存款总余额501139万元，占全区存款总余额的50.96%。

### 1997—2008年区内商业银行集体存款余额一览表

表113　　　　单位：万元

| 年　份 | 中　行 | 农　行 | 工　行 | 建　行 | 交　行 | 南京银行 | 海阳银行 |
|---|---|---|---|---|---|---|---|
| 1997 | 2120 | 2929 | 3825 | 7300 | — | — | — |
| 1998 | 5732 | 5528 | 3298 | 9800 | 1499 | — | — |
| 1999 | 7425 | 8497 | 6038 | 13000 | 1927 | — | — |
| 2000 | 11096 | 11353 | 10592 | 15600 | 2389 | — | 4276 |
| 2001 | 14668 | 14527 | 8322 | 15900 | 2754 | — | 4734 |
| 2002 | 18026 | 17468 | 9837 | 17000 | 3242 | — | 8956 |
| 2003 | 29646 | 29293 | 14472 | 30000 | 3652 | — | 10909 |
| 2004 | 33612 | 32427 | 17536 | 34000 | 4114 | — | 16819 |
| 2005 | 45873 | 37894 | 13256 | 43000 | 10053 | — | 22091 |
| 2006 | 60883 | 47449 | 24146 | 48277 | 25131 | — | 26122 |
| 2007 | 96119 | 63203 | 34474 | 123180 | 39002 | — | 32200 |
| 2008 | 115342 | 74093 | 40539 | 170895 | 60179 | 3368 | 36723 |

## 二、个人储蓄

20世纪50年代初，境内开办有折实储蓄、保本保值储蓄、整存整取定期储蓄、定额储蓄、活期储蓄、定活两便储蓄等业务。1957年，境内个人储蓄存款约占存款余额总数的35%。1958年，境内展开“擂台式”储蓄竞赛，动员城乡居民购有奖储蓄卷。1971年，个人储蓄月息降至2.7‰。1978年，境内个人存款余额约占存款余额总数的31%。1985年，恢复定活两便个人储蓄业务，境内个人存款余额逐年增长。1987年，境内个人储蓄存款余额是1978年的近20倍，约占存款余额总数的60%。1988年，境内开办大额储蓄业务。

图 14-1-5 金融业务受理（2006年摄）

1997年，全区个人储蓄存款余额为65174万元，其中，农业银行系统个人储蓄存款额为18180万元，为全区个人储蓄存款额最高的银行。2000年，区内开办教育储蓄存款业务。2003年，建设银行系统开办为企业代发工资业务。2008年，中国农业银行泰州分行高港支行存款余额突破18亿元，个人储蓄余额占总存款余额的60.77%，居区内各金融单位储蓄存款首位。全区个人存款余额482218万元，占全区存款总余额的49.04%。

## 1997—2008年区内商业银行储蓄存款一览表

表114　　　　单位：万元

| 年份 | 中行 | 农行 | 工行 | 建行 | 交行 | 南京银行 | 邮储银行 | 海阳银行 |
|---|---|---|---|---|---|---|---|---|
| 1997 | 3756 | 18180 | 14638 | 16600 | — | — | 12000 | — |
| 1998 | 4733 | 22768 | 15921 | 18350 | 432 | — | — | — |
| 1999 | 8557 | 25316 | 18407 | 24900 | 635 | — | — | — |
| 2000 | 9411 | 27543 | 19493 | 26700 | 823 | — | — | 23090 |
| 2001 | 11305 | 29723 | 20634 | 30500 | 1174 | — | — | 26255 |
| 2002 | 16805 | 33991 | 20517 | 35600 | 1506 | — | — | 29155 |
| 2003 | 24805 | 40897 | 26700 | 42900 | 1931 | — | 2500 | 33601 |
| 2004 | 34779 | 51929 | 31945 | 43250 | 2150 | — | — | 41773 |
| 2005 | 44122 | 59724 | 34844 | 46200 | 3544 | — | 37500 | 44761 |
| 2006 | 51130 | 72193 | 36303 | 51050 | 3548 | — | — | 48071 |
| 2007 | 52093 | 81888 | 34699 | 56150 | 3275 | — | — | 61873 |
| 2008 | 75120 | 114783 | 47086 | 73152 | 7917 | 516 | 72000 | 91644 |

## 第三节　贷　款

新中国成立前，境内当铺、钱庄从事质押放款业务，质押期限一般为6～18个月。民国35年（1946），江苏省银行、江苏省农民银行在口岸设立农业仓库，开办质押贷款业务，质押品主要为稻、米、麦、杂粮等，通常按市价7折放款，月息为2分。民国38年初，境内当铺、钱庄歇业。

新中国成立后，境内按贷款的用途（使用方向）分类主要有农业贷款、工业贷款、流通企业贷款。至1979年，企业贷款只能用作流动资金。1984年前，境内贷款业务由所在县的中国人民银行支行办理。1985年起，境内贷款业务由所在县的商业银行分支机构和信用合作联社分类办理。1994年4月，中国人民建设银行泰兴支行口岸办事处开办个人质押贷款业务，全年个人质押贷款余额约200万元。1997年后，中国建设银行高港支行、中国农业银行高港（新城）支行、中国工商银行高港支行、中国银行高港支行相继开办企业质押贷款和个人质押贷款业务。1998年起，中国建设银行高港支行开办个人住房贷款业务，担保方式有保证担保、抵押担保；并代理国家投资银行、国家开发银行分别对泰州港务集团杨湾码头建设项目、省粮油储运公司杨湾库区建设项目提供固定资产投资贷款1.4亿元、0.8亿元。2000年起，中国工商银行高港支行开办个人消费抵押贷款业务。2001年后，中国建设银行高港支行开办个人住房按揭贷款业务。2000—2002年，中国银行高港支行先后对口岸中学、高港人民医院提供固定资产投资贷款1300万元、4000万元。2005年，中国农业银行高港支行开办信用贷款业务，分别对国电泰州发电有限公司、扬子江药业集团提供信用贷款13.4亿元、0.9亿元。2008年，全区商业银行贷款总余额70.16亿元。

### 1997—2008年区内商业银行贷款余额一览表

表115　　单位：万元

| 年　份 | 中　行 | 农　行 | 工　行 | 建　行 | 交　行 | 南京银行 | 海阳银行 |
|---|---|---|---|---|---|---|---|
| 1997 | 3978 | 10891 | 15802 | — | — | — | — |
| 1998 | 5598 | 15328 | 17019 | 14800 | 272 | — | — |
| 1999 | 7499 | 16014 | 19027 | 15900 | 349 | — | — |
| 2000 | 9048 | 14082 | 17043 | 16700 | 378 | — | 25280 |
| 2001 | 12894 | 16376 | 15885 | 17862 | 460 | — | 36148 |
| 2002 | 14783 | 19061 | 15642 | 19840 | 520 | — | 42426 |
| 2003 | 32617 | 37063 | 23890 | 42800 | 780 | — | 70539 |
| 2004 | 50258 | 37783 | 27481 | 43250 | 910 | — | 92161 |

续表115

| 年　份 | 中　行 | 农　行 | 工　行 | 建　行 | 交　行 | 南京银行 | 海阳银行 |
|---|---|---|---|---|---|---|---|
| 2005 | 48526 | 49337 | 43120 | 76000 | 6305 | — | 118342 |
| 2006 | 44727 | 81335 | 66899 | 108300 | 23177 | — | 120294 |
| 2007 | 51891 | 101892 | 96055 | 155200 | 39353 | — | 149412 |
| 2008 | 73668 | 127144 | 72896 | 151000 | 53243 | 700 | 222937 |

### 1998—2008年区内部分商业银行农业、固定资产投资贷款一览表

表116　　　　单位：万元

| 年　份 | 泰州海阳农村合作银行高港区各支行累放农业贷款 | 中国建设银行股份有限公司高港支行固定资产投资贷款 |
|---|---|---|
| 1998 | — | 8830 |
| 1999 | — | 9580 |
| 2000 | 11868 | 9160 |
| 2001 | 16868 | 9192 |
| 2002 | 13727 | 10810 |
| 2003 | 33988 | 30700 |
| 2004 | 51274 | 28650 |
| 2005 | 74955 | 59270 |
| 2006 | 72903 | 89600 |
| 2007 | 65438 | 121500 |
| 2008 | 71393 | 125400 |

## 第四节　会计结算与其他业务

### 一、结算方式

新中国成立后，境内银行基层营业机构在所在县的人民银行支行领导下，开办结算业务，同城结算方式主要是支票结算，异地结算方式主要是汇兑结算。1973年起，执行《中国人民银行结算办法》，异地结算方式有异地托收承付、信用证和汇兑结算3种。同城结算按中国人民银行扬州中心支行的

规定办理，主要有限额支票结算和付款委托书结算2种方式。1980年11月起，试行华东“三省一市”限额结算（异地结算）。1987年9月，推行华东“三省一市”票汇结算，停办限额结算。1988年10月1日起，增加现金结算方式，现金结算限额为1000元。1989年，废止托收无承付、保付支票、信用证、省内限额结算、托收承付结算方式。1998年3月，区内应用同城票据电子交换系统；4月，区内应用电子联行天地对接系统。1999年4月，区内推广银行本票业务；11月，对区内水费、电费、邮电费、排污费、防洪安全基金、养老保险、失业保险、房租8个收费项目采用同城特约委托收款方式结算。2000年4月，区内医疗保险基金、环境卫生有偿服务亦采用同城特约委托收款方式收缴。2006年3月，区小额支付系统上线运行。2007年，区内同城特约委托收款项目被纳入小额支付系统中的定期借记业务。支票结算加入全国支票影像交换系统。2008年，境内各商业银行的主要结算方式有现金支票、转账支票、商业汇票、银行汇票、委托收款、汇兑、信用证、小额支付系统借记结算、大额支付系统结算。

## 二、银行卡

1989年，中国工商银行泰兴支行口岸办事处开办牡丹卡业务。1993年，中国银行泰兴支行口岸办事处开办长城卡业务。1998年，境内各商业银行加入全国银行卡信息交换总中心异地跨行信息交换系统，中国银行泰州分行口岸办事处发行长城卡100余张，中国建设银行高港支行发行龙卡2000余张。1999年后，各银行支行大多发行各自的银行卡，且种类不断增多。至2008年，全区银行卡有农业银行的金穗卡，工商银行的牡丹卡、灵通卡，交通银行的太平洋卡，南京银行的梅花卡，海阳银行的圆鼎卡。其中，中国建设银行高港支行发行龙卡储蓄卡19100张、龙卡贷记卡4830张，发卡量居高港区各银行之首。

## 三、外汇和金融信托业务

1989年前，境内外汇业务由所在县的中国银行分支机构办理。1990年后，境内外汇业务和金融信托业务由所在县的各商业银行分支机构办理。2000年，中国银行泰州分行口岸办事处办理国际结算200万美元。2004年，中国银行高港支行在服务全区重点行业——船舶行业的过程中，充分发挥其国际结算业务优势，国际结算业务几乎占据全区市场份额，国际结算额为1.3亿美元。2008年，中国银行成为北京奥运会唯一银行合作伙伴，各类个人外汇业务及时推出市场。其中，黄金宝、侨汇通国际汇款、旅行支票、中银汇兑等业务受到区内民众青睐。同年4月，中国建设银行股份有限公司高港支行与中国对外经济贸易信托有限公司合作，对国电泰州发电有限公司提供信托贷款3亿元。5月，中国农业银行高港支行成立国际业务部。当年，中国银行高港支行办理国际结算32647万美元，农业银行高港支行办理国际结算5917万美元。

## 四、金银业务

1990年前，境内金银收购分别由中国人民银行泰兴、泰县支行负责。1991年起，金银收购权上收，价格由国家制定。金银供应采用配售法，按批准计划，由使用单位到指定供应银行购买。境内白银供应对象主要是刁铺低压开关厂，用途为加工银焊条、银焊丝及触点等。2006年，中国银行股份有限公司高港支行始代理贵金属销售业务；次年，销售“福娃”系列贵金属800余万元。2008年，中国银行股份有限公司高港支行、交通银行股份有限公司高港支行共销售贵金属550万元。

### 五、代理业务

1950年，境内基层银行机构代理发行人民胜利折实公债。1954—1958年，代理发行国家经济建设公债。1979年后，代理的侨汇业务量加大。1993年，中国银行泰兴支行口岸和刁铺办事处代办外汇支票光票托收业务。1998年起，区内各商业银行承担国库券代理发行业务，发行额由中国人民银行配给，发售对象主要为区党政机关、企事业单位和城乡居民。国库券风险小、收益高，深受民众欢迎。高港信用合作联社开办代理资信评估业务，主要为远东国际咨询评估公司代理，组织企业开展资信评估。中国银行高港支行开始为区内企业及机关部门代发员工工资。2001年起，中国银行高港支行、高港信用合作联社开办代理保险业务。之后，境内其他各银行支行均开办代理保险业务。2003年，交通银行高港支行开始代销基金。2006年，中国银行高港支行代销"嘉实""华夏"等优质基金20余种，年销售3790万元。2006—2007年，受国有股流通影响，基金赚钱效应明显，民众购买基金热情高涨。中国银行高港支行2007年代销基金1.86亿元，交通银行高港支行代销9657万元。2007年起，海阳银行开办为自来水公司代收自来水费业务。2008年，全区各银行机构累计发行国库券逾2亿元。

# 第二章　保险业

民国25年（1936），境内邮政开办简易人寿保险业务。20世纪50年代初期，境内推行乡镇政府机关、国营企业财产强制保险，提倡自愿投保货物运输险、简易寿险、火险、耕牛险、生猪险等。1959年，保险机构撤销，业务停办。1983年，境内乡镇人民银行营业所、办事处设立人民保险代理处。1985年，境内设有中国人民保险公司办事处，办理国内船舶险、家庭财产险、货物运输险等。1986年，开办人身意外伤害险，主要险种为学生平安保险。1987年，开办子女婚嫁金保险，同时试办农业保险。1996年，新增摩托车保险、建筑安装工程保险、涉外保险、养老保险、健康保险等险种。建区后，保险机构增加，各保险机构不断开拓新的险种。

## 第一节　保险机构

### 一、财产保险机构

【中国人民财产保险股份有限公司泰州市分公司高港营业部】 1994年3月，设中国人民保险公司泰兴支公司口岸办事处，办理财产保险，全年保费收入200余万元。1996年3月，中国人民保险公司泰兴支公司分设为中国财产保险公司泰兴支公司、中国人寿保险公司泰兴支公司，2个支公司在境内均设口岸办事处。1997年，中国财产保险公司泰兴支公司口岸办事处更名为中国人民财产保险公司泰州市分公司高港办事处，有员工7人。2003年11月，改称中国人民财产保险股份有限公司泰州市分公司高港营业部。至2008年，该营业部有员工13人。

图 14-2-1　位于交巡警二大队内的中国人民财产保险股份有限公司高港营业部（2006年摄）

【中国太平洋财产保险股份有限公司泰州市高港支公司】 2002年，中国太平洋财产保险股份有限公司泰州市高港营销服务部成立，有员工5人。2007年4月13日，更名为中国太平洋财产保险股份有限公司泰州市高港支公司，有员工7人。

【中国平安财产保险股份有限公司高港营销服务部】 2008年，中国平安财产保险股份有限公司泰州中心支公司在高港区设立营销服务部，有员工7人。

## 二、人寿保险机构

【中国人寿保险股份有限公司泰州市分公司高港营业部】 1996年，设中国人寿保险公司泰兴支公司口岸办事处、刁铺办事处。建区后，中国人寿保险公司泰兴支公司口岸办事处、刁铺办事处合并为中保人寿保险有限公司高港办事处，有员工8人。1999年3月22日，中保人寿保险有限公司高港办事处更名为中国人寿保险有限公司高港办事处。2003年9月，改称中国人寿保险股份有限公司泰州市分公司高港营业部。至2008年，辖口岸营销服务部、刁铺营销服务部、永安营销服务部、野徐营销服务部，有员工25人。

【中国太平洋人寿保险股份有限公司泰州市高港支公司】 1997年3月，中国太平洋人寿保险公司泰州分公司高港办事处成立。2002年11月，改称中国太平洋人寿保险股份有限公司泰州市高港支公司。至2008年，该公司承保人民币和外币的各种人身保险业务。

【新华人寿保险股份有限公司泰州中心支公司高港营销服务部】 2002年9月，新华人寿保险股份有限公司筹建泰州中心支公司，并在高港区设立营销服务部。至2008年，

图 14-2-2　中国人寿保险股份有限公司高港营业部（2007年摄）

该营销服务部有内勤员工5人、营销员30人。

【泰康人寿保险股份有限公司泰州中心支公司高港服务部】 2002年11月，筹建泰康人寿保险股份有限公司泰州中心支公司高港服务部。2003年4月8日，正式开业。至2008年，该服务部为泰康人寿保险股份有限公司泰州中心支公司的直属营销单位，有内勤人员4人、营销员67人。

## 第二节 承 保

### 一、财产保险承保

1950—1951年，中国人民保险公司泰兴县代理处、泰县代理处分别按各县行政区划经营保险业务，境内财产保险险种主要有火险、运输险、贷款保险3种，后火险改称火灾保险。1952年7月，中国人民保险公司泰兴县代理处、泰县代理处分别改设为支公司。同年，两县中国人民保险公司分支机构在境内推行强制保险，强制险险种主要有固定财产强制险、物资定期强制险、物资流动强制险、船舶强制险等。同时，提倡自愿保险，主要有火灾保险、货物运输保险等。至1957年，境内财产保险险种主要有财产强制险、火灾险、货物运输险、木船船舶险等。1958年，境内保险业务停办。1980年，泰兴县、泰县重设中国人民保险公司支公司，恢复办理境内企业财产、家庭财产、运输工具等保险业务。1994年3月后，中国人民保险公司泰兴支公司口岸办事处负责办理口岸镇及周边乡镇的财产保险业务，财产保险险种主要有企业财产险、机动车辆险、货物运输险、家庭财产险、工程险、责任险、保证险7大类。

1997—2001年，中国人民财产保险公司泰州市分公司高港办事处负责办理全区财产保险业务。2002年起，区内财产保险由中国人民财产保险公司泰州市分公司高港办事处、中国太平洋财产保险股份有限公司高港支公司共同经营。2008年，区内财产保险由中国人民财产保险股份有限公司泰州市分公司高港营业部、中国太平洋财产保险股份有限公司高港支公司、中国平安财产保险股份有限公司高港营销服务部共同经营。其中，中国人民财产保险股份有限公司泰州市分公司高港营业部办理财产险、机动车险、政策性农业保险等5大类保险业务，中国太平洋财产保险股份有限公司高港支公司办理财产险、机动车辆险、水险等5大类保险业务，中国平安财产保险股份有限公司高港营销服务部办理财产险、工程险、货运险等一切法定产险业务及国际再保险业务。

### 二、人寿保险承保

1951—1952年，境内开办轮船旅客意外伤害险和建筑工人意外伤害险、团体人身险、团体意外伤害险、简易人身险等。其中，轮船旅客意外伤害险包含在船票价内，建筑工人意外伤害保险由工程建设单位或承建单位投保，团体人身保险由机关、企事业单位为在职职工投保。1958年，境内保险业务停办。20世纪80年代，境内先后恢复建筑工人意外伤害险、团体人身险、旅客意外伤害险、简易人身险，推行养老保险，增加子女婚嫁金保险、计划生育系列保险、学生平安保险等险种。

1997年起，中保人寿保险有限公司高港办事处、中国太平洋人寿保险公司高港办事处负责办理全区人寿保险业务。2002年，新华人寿保险股份有限公司泰州中心支公司高港营销服务部、泰康人寿保险股份有限公司泰州中心支公司高港服务部先后加入高港区人寿保险市场。至2008年，中国人寿保险股份有限公司高港营业部主要办理国寿康宁定期保险、国寿康宁终身保险、国寿附加绿舟意外费用补偿医疗保险、国寿附加绿舟意外住院定额给付医疗保险、国寿安享一生两全保险共5个大类保险业务，中国太平洋人寿保险股份有限公司高港支公司承保人民币和外币的各种人身保险业务（包括人寿保险、健康保险、意外伤害保险等），新华人寿保险股份有限公司高港营销服务部办理意外风险防范险、健康医疗险、养老险、子女教育险、家庭理财险共5个大类80余个小类保险业务，泰康人寿保险股份有限公司高港服务部办理健康医疗险、意外伤害险等3个大类20余个小类保险业务。

图 14-2-3　中国人寿保险股份有限公司高港营业部客户恳谈会（2005年摄）

## 1997—2008年高港区部分保险机构保费收入一览表

表117　　　　单位：万元

| 年　份 | 中国人寿保险股份有限公司高港营业部 | 中国人民财产保险股份有限公司高港营业部 | 中国太平洋财产保险股份有限公司高港支公司 | 新华人寿保险股份有限公司高港营销服务部 |
|---|---|---|---|---|
| 1997 | 74 | 406 | — | — |
| 1998 | 320 | 513 | — | — |
| 1999 | 680 | 602 | — | — |
| 2000 | 1500 | 742 | — | — |
| 2001 | 2050 | 826 | — | — |
| 2002 | 2520 | 872 | 20 | 96 |
| 2003 | 3610 | 888 | 140 | 162 |
| 2004 | 4050 | 970 | 300 | 264 |
| 2005 | 4680 | 1030 | 462 | 328 |
| 2006 | 5100 | 1155 | 588 | 442 |

续表117

| 年　份 | 中国人寿保险股份有限公司高港营业部 | 中国人民财产保险股份有限公司高港营业部 | 中国太平洋财产保险股份有限公司高港支公司 | 新华人寿保险股份有限公司高港营销服务部 |
|---|---|---|---|---|
| 2007 | 5459 | 1464 | 654 | 518 |
| 2008 | 10219 | 1734 | 792 | 629 |

## 第三节　理　赔

1997—2002年，中保人寿保险有限公司高港办事处（中国人寿保险有限公司高港办事处）逐年理赔21万元、102万元、155万元、206万元、261万元、360万元，中国人民财产保险公司泰州市分公司高港办事处逐年理赔204万元、262万元、315万元、415万元、470万元、773万元。2003—2008年，中国人寿保险股份有限公司泰州市分公司高港营业部逐年理赔506万元、623万元、645万元、651万元、688万元、856万元，中国人民财产保险股份有限公司泰州市分公司高港营业部逐年理赔459万元、499万元、520万元、804万元、426万元、982万元，中国太平洋财产保险股份有限公司泰州市高港支公司逐年理赔42万元、158万元、262万元、345万元、386万元、483万元，新华人寿保险股份有限公司高港服务部逐年理赔4.4万元、9.2万元、14.9万元、26.5万元、19.1万元、38.8万元。2008年，泰康人寿保险股份有限公司高港服务部理赔5.32万元，其中个险理赔3件3.2万元、银行险理赔2件2.12万元。

### 1997—2008年中国人民财产保险股份有限公司高港营业部理赔情况一览表

表118　　　　单位：万元

| 年　份 | 企业财产保险 | 机动车辆保险 | 货物运输保险 | 责任信用保险 | 船舶保险 | 意外健康保险 | 家庭财产保险 | 其他保险 |
|---|---|---|---|---|---|---|---|---|
| 1997 | 51 | 100 | 50 | 1 | 1 | — | 1 | — |
| 1998 | 58 | 135 | 65 | 1 | 2 | — | 1 | — |
| 1999 | 64 | 173 | 72 | 1 | 4 | — | 1 | — |
| 2000 | 79 | 270 | 58 | 2 | 6 | — | — | — |
| 2001 | 52 | 347 | 61 | 9 | 1 | — | — | — |
| 2002 | 307 | 398 | 42 | 24 | — | — | 2 | — |
| 2003 | 109 | 298 | 12 | 25 | 5 | — | 10 | — |
| 2004 | 59 | 344 | 5 | 44 | 34 | 12 | 1 | — |

续表118

| 年　份 | 企业财产保险 | 机动车辆保险 | 货物运输保险 | 责任信用保险 | 船舶保险 | 意外健康保险 | 家庭财产保险 | 其他保险 |
|---|---|---|---|---|---|---|---|---|
| 2005 | 97 | 348 | 31 | 23 | — | 19 | 2 | — |
| 2006 | 80 | 488 | 16 | 58 | 135 | 19 | 2 | 6 |
| 2007 | 85 | 176 | 37 | 71 | 42 | 13 | 2 | — |
| 2008 | 146 | 565 | 36 | 78 | 135 | 20 | 2 | — |

# 第三章　金融管理

## 第一节　信贷管理

建区前，境内信贷管理由所在县的商业银行分支结构负责。1998年6月，区内商业银行贯彻落实中国人民银行《关于开展清理信贷资产，改进贷款分类工作的通知》精神，核查银行信贷资产底数，分析不良贷款成因，建立健全信贷资产管理制度。1999年12月，建设银行高港支行信贷管理系统实现全国联网。2001年，工商银行高港支行建立分工明确、组织合理、调控有力、运作高效的信贷经营管理体制。中国银行高港支行加入中国银行电子化信贷管理系统，利用微机网络对信贷业务进行管理，控制金融风险。2002年，农业银行高港支行信贷综合管理二期系统上线，实现信贷业务数据全国联网，处置不良信贷4118万元。此后，境内各商业银行分支机构进一步规范“贷前评估调查、贷时审查审批、贷后检查管理”工作程序，强化全流程信贷风险防控。2005年，工商银行高港支行按照“集中管理经营、专业化清收转化”要求，综合运用诉讼、银企协商、企业资产及债务重组、贷款移位、招标、拍卖等方式，实施“一户一策”“一户多策”等方法，清收、转化、处置不良贷款8856万元。至2008年，全区各支行基本形成信贷资金有效管理机制。

## 第二节　金融稽核

建区后，全区除工商银行高港支行、高港区信用合作联社外，其他金融机构未设立支行层面稽核部门，业务稽核由上级行负责。

1998年6月，工商银行高港支行设立业务管理科，编制5人，其中2人专门负责辖内各营业网点的稽核工作。稽核工作由负责业务管理的副行长分管，同时受泰州分行专业部室指导和监管。工作重点为常规稽核、专项稽核和离任稽核。1998—2008年，该支行内控主要采取现场监管、专业稽核与事后监督相结合的方法。支行成立内控委员会，每季度召开内控工作例会。

2000年11月高港区信用合作联社成立后，设立计划会计科，编制4人，其中1人专门负责辖内信用社的稽核工作。稽核工作由联社副主任分管，工作重点为常规稽核、专项稽核和离任稽核。2001—2006年，高港区信用合作联社内控主要采取专业稽核与专项检查相结合的方法。其间，联社理事会设立风险管理、关联交易控制委员会。2006年3月起，高港区信用合作联社稽核工作实行理事长负责制，由联社理事会理事长分管，副主任协管。

## 第三节　反假币与反洗钱

建区后，区内各商业银行分支机构在中国人民银行泰州分行统一组织领导下开展反假币活动，经常举行反假币宣传，普及人民币防伪识别常识。各支行在营业网点柜面常规反假币，通过机器和银行职员会同识别的方法识别假币。对发现的假币当场依法收缴，并加盖“假币”戳记，开具“假币收缴凭证”给持有者，同时告知其权利和义务。各支行通过了解“你的客户”和“你的客户业务”甄别大额可疑交易，履行反洗钱职责。2005年，全区集中开展反洗钱宣传。1998—2008年，农业银行高港支行累计收缴假币34.56万元，向中国人民银行泰州分行上报可疑交易报告2705份，协助中国人民银行泰州分行和泰州市公安局查处虚开增值税案1件、地下钱庄案1件。

图 14-3-1　南京银行高港支行（2008年摄）

# 泰州市高港区志

## 第十五篇　财政　税务

# 第十五篇　财政　税务

清代，境内各地征收田赋、杂税、杂捐，上交所在州、县政府，支出在指定的税项下按额定留成支用。民国年间，财政收入大体有田赋、契税、屠牙税、杂捐等，支出主要用于教育、公安、清丈、建设等。新中国成立后，境内各乡镇财政收入主要来源于工商各税、农业税和企业收入上缴，预算内主要有农业税、工商各税、企业收入、公产收入、耕地占用税、农林特产税、财政补贴等，预算外主要有行政事业性收费、政府性基金、主管部门从下属单位集中的上缴资金、用于乡镇政府开支的乡自筹和乡统筹资金等；财政支出，预算内主要用于经济建设、文教科学卫生事业、行政管理、上解、抚恤和社会救济及其他支出。1984年，境内财政与税务分开管理。1994年，国家税务机构与地方税务机构分设，地方税收成为地方财政收入的主要来源。1997年后，财政收入分一般预算收入和基金收入，支出主要用于经济建设、科教文卫体事业、农业、行政管理与政法、社会救济、社会福利事业和其他支出。1997年，全区财政总收入1.26亿元，财政总支出0.35亿元。1998年5月，高港区财政局成立，实行区、镇分税制财政管理体制。2001年，分税制财政管理体制作调整。2008年，全区完成税收收入5.69亿元、财政总收入16.51亿元，财政支出9.6亿元。

# 第一章　财　政

旧时，境内各地为州、县政府征缴田赋、杂税、杂捐等。新中国成立后至建区前，境内乡镇向所在县财政缴纳工商税、农业税、企业税、公产税等，同时获得经济建设、科教文卫、行政管理等的财政费用。区财政局成立后，按国家规定实施财政收入和支出管理，同时加强会计事务管理；实行收支两条线，加强预算外资金管理；开展清产核资、资产评估、固定资产登记和增减变动管理，加强国有资产管理；加强政府采购管理；建立专门机构，制定规章制度，加强基本建设财务管理；按照"零基预算、综合预算、细化预算"的编制要求，加强行政事业单位财务管理；查处违规行为，加强财政监督管理等。

## 第一节　财政体制

民国29年（1940）新四军东进后，境内建立抗日民主政权，口岸区设财务助理；民国32年，口岸区设财经分局，乡镇设财委，管征公粮，保管、提交粮食。新中国成立后，境内乡镇配备财政管理人员。1983年，口岸、刁铺、许庄等乡镇成立财政所，每所配备3～4人。1998年5月，高港区财政局成立，内设办公室、预算管理科（增挂基本建设财务科牌子）、文教行政财务科（与预算管理科合署，增挂社会保障科牌子）、农业财务科（增挂农业税征收管理科、区农业发展基金管理办公室牌子）、综合财政科、工交商贸财务科（增挂对外经济财务科牌子）、财政监督科（增挂会计管理科和高港区税收、财务、物价大检查办公室牌子）、国有资产管理局共7个科室1个局。国有资产管理局内设综合科（与财政局办公室合署）、企业科（与财政局工交商贸财务科合署）、行政事业资源科（与财政局文教行政财务科合署）共3个科室。2001年9月，改设办公室、预算科（区政府采购管理办公室与其合署）、国库科、综合科（增挂统计评价科牌子）、公共支出科（增挂行政政法科、科教文科牌子）、社会保障科、企业科（增挂经济建设科牌子）、财政监督科（会计科与其合署）8个科室。2002年7月，区财政局挂区财政监督稽查局牌子。2006年11月，农业税征收管理科更名为基层财政管理科，原科室工作职能不变。2008年末，区财政局内设科室8个，下辖事业单位5个。

### 一、分税制财政管理体制

1994年，根据全省统一部署，境内乡镇实行分税制财政管理体制。具体内容为：1.划分收入。在税制改革的基础上，将财政收入分为三部分：（1）中央固定收入，包括消费税、关税、中央企业所得税；（2）中央与地方共享收入，主要是增值税，中央分成75%，地方分成25%；（3）地方固定收入，包括营业税、地方企业所得税、城市维护建设税、农牧业税、土地增值税及其他地方小税种。2.核定收支基数。收入基数按1993年实绩和新的税制划分；支出基数按1993年分成财力确定。3.核定税收返还基数。以1993年上划中央的消费税全额和增值税75%部分为基数，每年由中央财政返还。同时，将税收返还递增率按上划消费税和增值税收入增长率的1:0.25系数确定。4.省集中。省财政对增值税（25%）比基数增长的部分集中50%，即12.5%，对印花税、城镇土地使用税、资源税、土地增值税、排污费、水资源费等按比例集中以及税收返还增量省集中0.05。5.定额上解。该体制执行时间为1994—2000年。区财政局成立后，根据《市政府关于高港新区财政体制的通知》核定高港区基数，每年递增包干上解1713万元，固定上解-5万元。2001年，省政府对原实施的分税制财政管理体制作适当调整。高港区按省、市财政体制规定进行调整，主要内容为：1.取消省集中增值税12.5%部分和印花税、城镇土地使用税、资源税、土地增值税、排污费、水资源费等按比例分成以及税收返还增量省集中0.05的政策，原上缴省部分以2000年实际上缴省收入数为基数，实行定额上解。2.以2000年为基期年，核定高港地方财政收入基数为10357万元。税收返还基数为1317万元。以后年度比基数增长部分，省统一集中20%。3.建立激励机制。（1）发展资金补助。对没有享受财政转移支付的市县，标准人均财力在11000～13000元的，按其地方财政收入当年新增上缴额给予20%的发展资金补助。标准人均财力超过13000元的，按其地方财政收入当年新增上缴额给予10%的发展资金补助。高港区享受10%的发展资金补助。（2）上台阶奖励。地方财政收入每增收4000万元，一次性奖励20万元。2002年，遵照中央关于所得税分享改革精神，按规定明确所得税基数的具体扣减率，企业所得税超核定的基数部分，中央与地方五五分成。当年，全区财政收入完成41301万元，其中上划中央收入23996万元、地方收入17305万元。2004年，中央改革出口退税负担办法，以2000—2003年出口退税加权平均数为基数。次年，地方出口退税全部由中央金库退付，超过基数部分专项上解6%。2005年，高港区出口退税超基数按6%上解294万元。该体制执行时间从2001年到2005年。2006年，省政府决定延长执行1年。2008年，省政府调整上一轮财政体制，以2007年财政收入为基数，主要变化为：对地方增值税增量省集中50%，所得税增量省集中20%，主要资源四税（房产税、城镇土地使用税、土地增值税、契税）省集中30%，当年一般预算收入完成62008万元，按新体制省集中3253万元。

## 二、乡镇财政体制

建区前，境内乡镇主要实行“划分收支范围，核定收支基数，实行收支挂钩，超收比例分成，支出结余留用”的财政管理办法。乡镇企业、供销社、合作商店、个体工商户缴纳的工商税及农业税划为乡镇财政收入基数，县财政下拨乡镇的各项正常支出列入乡镇财政基数。生猪收购环节工商税、契税、罚没及其他地方各税不列入乡镇财政基数。凡属省、市、县拨给乡镇的一次性补助，专项款及追加指标不列入包干指标，年终按实际数结算分成。1998年起，区政府按照财权与事权相统一、统一领导与分级管理、分税制的原则，实行区镇分税制财政管理体制。财政收入以1997年实绩为基数，财政支出以1997年实绩扣除一次性补助和分成为基数，确定区镇收入分成办法。实行分税制后，区与乡镇共享收入的增幅超过全区平均增幅的，超过部分全部留乡镇；低于全区平均增幅的，影响区财政分成的部分，相应扣减乡镇的分成财力。凡收入完不成任务，影响中央、省财力的，按短收数扣减乡镇财力。并规定该体制除国家有重大政策调整外，一定3年不变。2001年，为适应农村税费改革新形势，进一步理顺区与各镇的财政分配关系，巩固和加强农村基层政权建设，根据省委、省政府《关于农村税费改革工作实施意见》和《关于调整分税制财政管理体制的通知》精神，高港区调整和完善原乡镇分税制财政管理体制，加大困难乡镇转移支付力度，2005—2008年累计转移支付补助13248万元。2008年，全区乡镇财政收入完成40285万元，是1998年的9.4倍。

## 三、园区财政体制

2002年，成立泰州市高港科技创业园服务中心，区财政分3年安排1000万元用于创业园建设。

2004年，成立泰州市高港区永安洲工业园管理委员会，先后明确科技创业园和永安洲工业园财政体制问题，确定区与园区的财政分配关系，即除耕地占用税省、市集中外，其他税收地方留成部分全部结算给园区。区政府印发《高港区"飞地开发"政策意见的通知》，对整体搬迁到园区的乡镇属企业所形成的财政收入地方留成部分，原乡镇与园区按6:4的比例分成；乡镇原有企业落户园区的新改扩建项目所形成的财政收入地方留成部分，原乡镇与园区按5:5的比例分成；乡镇新引进落户园区的项目所形成的财政收入地方留成部分，原乡镇与园区按4:6的比例分成。2008年，科技创业园和永安洲工业园共完成财政收入8052万元，是2005年的5.4倍。

## 第二节　财政收入

### 一、税收收入

1997年，全区税收收入4729万元，占财政收入的37.65%，其中增值税、营业税、企业所得税、个人所得税占税收收入的77.63%。2000年，全区税收收入首次突破1亿元，达1.04亿元，占财政收入的47.41%。2002年，全区税收收入1.35亿元，占财政收入的32.75%，其中增值税、营业税、企业所得税、个人所得税占税收收入的85.47%。2003年起，随着基础设施的逐步完善，区商业、房地产业等逐步发展起来，城市维护建设税、城镇土地使用税、契税、耕地占用税等的增收幅度逐年加快，增值税、营业税、企业所得税、个人所得税占税收收入的比重逐年下降。2008年，全区税收收入5.69亿元，占财政收入的34.47%。其中增值税、营业税、企业所得税、个人所得税占税收收入的65.56%。

### 二、非税收入

非税收入包含专项收入、行政事业性收费、罚没收入、国有资本经营收入、国有资源（资产）有偿使用收入、其他收入。1997年，全区没有非税收入。1998年，全区非税收入159万元，占财政收入的1.08%。2005年，全区非税收入2003万元，占财政收入的2.63%，其中专项收入1367万元。2008年，全区非税收入5106万元，占财政收入的3.09%。

### 三、基金收入

基金收入包含政府性基金收入和社会保险基金收入。1997年，全区基金收入50万元，占财政收入的0.4%。至2001年，全区基金收入较少，政府性基金收入年均收入149万元，社会保险基金无收入。2002年，高港区开始征收土地出让金，基金收入因此增长较快。2002年，全区基金收入3362万元，占财政收入的8.14%。2006年为1.93亿元，占财政收入的19.23%。2008年为3.4亿元，占财政收入的20.59%。

### 四、上划中央四税

根据国家分税制财政体制规定，上划中央四税包含增值税、消费税、企业所得税、个人所得税。1997年，全区上划中央四税为7780万元，占财政收入的61.95%。2002年为2.4亿元，占财政收入的58.1%。2008年为6.91亿元，占财政收入的41.85%。

## 1997—2008 年高港区财政收入情况一览表（1）

表 119　　单位：万元

| 年份 | 税收收入 | | | | | | | | | | | | | | | |
|---|---|---|---|---|---|---|---|---|---|---|---|---|---|---|---|---|
| | 增值税 | 营业税 | 企业所得税 | 个人所得税 | 农业税 | 农业特产税 | 城市维护建设税 | 房产税 | 印花税 | 城镇土地使用税 | 车船税 | 土地增值税 | 固定资产投资方向调节税 | 屠宰税 | 耕地占用税 | 契税 | 小计 |
| 1997 | 2225 | 614 | 392 | 493 | 286 | 59 | 269 | 103 | 47 | 37 | 29 | — | 48 | 21 | 105 | 1 | 4729 |
| 1998 | 2708 | 554 | 491 | 640 | 238 | 50 | 270 | 153 | 51 | 59 | 91 | — | 30 | 43 | 246 | 4 | 5628 |
| 1999 | 2862 | 688 | 2272 | 693 | 234 | 69 | 805 | 176 | 65 | 65 | 103 | — | 33 | 47 | 21 | 11 | 8144 |
| 2000 | 3246 | 1086 | 3478 | 914 | 226 | 52 | 854 | 203 | 61 | 50 | 136 | — | 2 | 51 | 17 | 50 | 10426 |
| 2001 | 6124 | 1286 | 4497 | 914 | 469 | 2 | 781 | 205 | 70 | 90 | 114 | — | — | 2 | 43 | 96 | 14693 |
| 2002 | 6542 | 1694 | 2251 | 588 | 486 | 3 | 1285 | 333 | 132 | 94 | 13 | — | — | — | 102 | 3 | 13526 |
| 2003 | 7544 | 2289 | 2282 | 214 | 493 | — | 2161 | 274 | 143 | 97 | 10 | — | — | — | 142 | 233 | 15882 |
| 2004 | 7743 | 3624 | 2340 | 435 | 272 | — | 3111 | 335 | 254 | 122 | 23 | 127 | — | — | 565 | 1031 | 19982 |
| 2005 | 10690 | 3639 | 2669 | 557 | — | — | 4821 | 819 | 402 | 207 | 17 | 293 | — | — | 1620 | 2321 | 28055 |
| 2006 | 11883 | 5450 | 3700 | 925 | — | — | 4624 | 767 | 484 | 256 | 16 | 493 | — | — | 646 | 3448 | 32692 |
| 2007 | 13959 | 9394 | 4653 | 1385 | — | — | 5505 | 824 | 600 | 1933 | 15 | 963 | — | — | 1300 | 2482 | 43013 |
| 2008 | 19050 | 11157 | 5385 | 1711 | — | — | 7755 | 867 | 927 | 2891 | 54 | 1176 | — | — | 3106 | 2823 | 56902 |
| 合计 | 94576 | 41475 | 34410 | 9469 | 2704 | 235 | 32241 | 5059 | 3236 | 5901 | 621 | 3052 | 113 | 164 | 7913 | 12503 | 253672 |

## 1997—2008 年高港区财政收入情况一览表（2）

表 120　　　　单位：万元

| 年份 | 非税收收入 | | | | | | | 基金收入 | | | 上划中央四税 | | | | | 收入总计 |
|---|---|---|---|---|---|---|---|---|---|---|---|---|---|---|---|---|
| | 专项收入 | 行政事业性收费 | 罚没收入 | 国有资本经营收入 | 国有资源（资产）有偿使用收入 | 其他收入 | 小计 | 政府性资金收入 | 社会保险基金收入 | 小计 | 增值税 | 消费税 | 企业所得税 | 个人所得税 | 小计 | |
| 1997 | — | — | — | — | — | — | — | 50 | — | 50 | 6677 | 1103 | — | — | 7780 | 12559 |
| 1998 | 130 | — | 29 | — | — | — | 159 | 35 | — | 35 | 8124 | 839 | — | — | 8963 | 14785 |
| 1999 | 218 | — | 38 | — | — | 5 | 261 | 223 | — | 223 | 9439 | — | — | — | 9439 | 18067 |
| 2000 | 205 | — | 72 | — | — | — | 277 | 351 | — | 351 | 9737 | 1196 | — | — | 10933 | 21987 |
| 2001 | 206 | — | 72 | — | — | 2 | 280 | 85 | — | 85 | 18372 | 1807 | — | — | 20179 | 35237 |
| 2002 | 144 | 50 | 110 | — | — | 113 | 417 | 1710 | 1652 | 3362 | 19626 | 1531 | 2251 | 588 | 23996 | 41301 |
| 2003 | 195 | 179 | 49 | — | — | 7 | 430 | 1806 | 2309 | 4115 | 22630 | 1730 | 3423 | 320 | 28103 | 48530 |
| 2004 | 398 | 213 | 95 | — | — | 9 | 715 | 2680 | 4100 | 6780 | 26715 | 1960 | 3510 | 653 | 32838 | 60315 |
| 2005 | 1367 | 291 | 337 | — | — | 8 | 2003 | 2192 | 5160 | 7352 | 32071 | 1808 | 4004 | 835 | 38718 | 76128 |
| 2006 | 3064 | 426 | 113 | 730 | — | 7 | 4340 | 10179 | 9160 | 19339 | 35649 | 1602 | 5549 | 1387 | 44187 | 100558 |
| 2007 | 2774 | 463 | 168 | 606 | 14 | — | 4025 | 15613 | 6951 | 22564 | 41877 | 1619 | 6980 | 2078 | 52554 | 122156 |
| 2008 | 3817 | 700 | 423 | 32 | 134 | — | 5106 | 24739 | 9258 | 33997 | 57151 | 1288 | 8077 | 2567 | 69083 | 165088 |
| 合计 | 12518 | 2322 | 1506 | 1368 | 148 | 151 | 18013 | 59663 | 38590 | 98253 | 288068 | 16483 | 33794 | 8428 | 346773 | 716711 |

# 第三节 财政支出

## 一、经济建设支出

1997年，全区经济建设支出248万元，占当年财政支出的7.32%，主要投向基础设施建设，城市公共设施改造，其中基本建设支出80万元、城市维护费168万元。1999年开始，经济建设支出逐年增长，当年经济建设支出2700万元，占财政支出的29.21%，主要用于支持扬子江药业、口岸船舶、三福船舶等重点企业发展，其中投入企业技术改造资金1784万元。2006年，经济建设支出8964万元，占年度财政支出的15.58%。其中，基本建设支出3228万元，占经济建设支出的36.01%；用于企业技术改造的资金4435万元，占经济建设支出的49.47%；城市维护费支出1301万元，占经济建设支出的14.52%。2007年，高港区按照财政部新制定的财政支出科目实行新旧科目转换，用于经济建设的支出主要是工业、商业、金融等事务以及城镇建设支出，当年支出1.81亿元，占财政支出的26%，重点支持农村道路、环境整治、医疗保险、教育培训、文化建设、生活保障、城市污水管网、城市道路改造等项目建设；企业技术改造投资5517万元。2008年，基本建设支出2.06亿元，占当年财政支出的21.42%。重点支持农村实事工程和金港南路改造、城市基础设施建设等项目；企业挖潜改造投资8796万元，用于扶持工业骨干企业技术改造、技术创新、品牌创建及信息化建设。1997—2008年，全区经济建设累计支出81789万元，占同期财政累计总支出的20.6%。

## 二、科教文卫体事业支出

建区后，区委、区政府不断加大对教育、文化等民生事业的投入，并坚持向经济薄弱地区倾斜。2002年，筹资6516万元，开工建设集大剧院、图书馆、文化馆、档案馆等多种功能于一体的高港区文化中心，于2007年9月建成并投入使用；筹资5959万元建设高港实验学校和实验小学，建立健全卫生经费保障机制，推动社区卫生服务体系建设，对社区卫生服务中心基础药品零差价销售实行财政补助；各项教育、科技、文体、卫生政策逐步制定完善，相关资金投入逐年提高。1997年，全区科教文卫体事业费支出1768万元，2008年支出16987万元。1997—2008年，全区科教文卫体事业支出累计76393万元，占全区同期财政累计总支出的19.25%。

## 三、农业支出

农业支出主要用于发展农业、林业，建设农田水利。2001—2008年，全区共实施省级高沙土农业综合开发项目1800公顷，财政总投资748万元。其中，2001年在刁铺镇三旗营村治理高沙土266.67公顷，财政投资92万元；2002年在白马镇治理466.67公顷，财政投资147万元；2003年在口岸镇治理200公顷，财政投资56万元；2004年在白马镇白马居委会、岱白村、陆家村治理200公顷，财政投资90万元；2005年在刁铺镇庙湾村、井丰村、蒋桥村治理200公顷，财政投资90万元；2006年在口岸镇郎庄村、雅儒村治理200公顷，财政投资117万元；2008年在白马镇陈家村、前进村治理266.67公顷，财政投资156万元。

2003年，全区开展县乡两级农村河道整治工作。2006年，全区开展农村三级河道疏浚整治绿化工作，同时全面加强农村河道长效管理以及农村生活垃圾集中处理。至2008年，总计疏浚县乡河道

65条，土方410万立方米，整治村庄河道798条404千米，疏浚土方400万立方米，栽植意杨、垂柳、香樟15万余株，共投入资金2085万元，其中，省、市以上补助466万元，区财政投入1255万元，镇投入364万元。

1997—2008年，区财政农业支出17339万元，林业支出1085万元，水利支出7024万元，农业累计总支出占同期财政累计总支出的6.41%，年均递增13.03%。

## 四、行政管理与政法支出

高港区成立后，逐步建立健全行政管理职能部门和公检法司等政法部门，行政管理和政法支出费用逐渐提高。

行政管理支出主要用于政府、各行政管理部门工作人员的工资、福利及公用经费等。1997年，全区行政管理支出805万元，2006年为1.12亿元。2007年起实行科目转换，取消“行政管理费”科目，设立“一般公共服务”科目，当年一般公共服务支出为1.26亿元，2008年为1.29亿元。

政法支出主要用于公安、人民检察院、人民法院、司法局等政法部门维护社会公共安全的支出，包括人员支出、机关运行费、设备购置维护费及专业活动开展费等。1997年，全区政法支出为15万元。1998—2000年，全区加大政法装备和公安技防改造的投入，先后建成公、检、法综合楼。2006年，全区政法支出1137万元。2007年起，全区实行科目转换，取消“公检法司”科目，设立“公共安全”科目，当年公共安全支出为2440万元，2008年为1990万元。

1997—2008年，全区行政管理与政法累计支出73809万元，占同期全区财政累计总支出的18.6%。

## 五、社会救济及社会福利事业支出

新中国成立后，境内乡镇每年都拿出一定比例的资金用于抚恤及社会救济。1950—1997年，预算内安排抚恤、社会救济、社会福利资金，主要用于革命军人、革命工作人员的牺牲或病故抚恤，残疾军人及革命烈士家属补助，抗御自然灾害及农村困难户救济。

高港区成立后，建立农村和城镇最低生活保障线，建立完善优抚对象、城乡居民最低生活保障自然增长机制。2005年，高港区在泰州市率先建立社会困难群体救助体系。至2006年，先后出台城乡居民最低生活保障、农村“五保”供养、医疗救助、孤儿扶助、困难家庭子女助学、临时救助等12个救助办法，力求让每位城乡居民分享改革开放和经济发展的成果。2005年，全区公共财政用于社会救助的资金为507万元，受救助对象6417人。2006年，全区公共财政用于社会救助的资金超过800万元，占全区可用财力的2.5%。至2008年，全区公共财政共支持翻修危房40户，兴建、改造敬老院5个。

1997—2008年，全区社会救济、社会福利事业累计支出12139万元，占全区同期财政累计总支出的3.06%。其中社会福利救济费3556万元、社会保障补助8583万元。社会救济及社会福利事业支出由1997年的260万元上升到2008年的2715万元。

## 六、其他支出

1997—2006年，区财政其他支出主要由一些部门事业费、专项支出、基金支出等构成。1997年，全区其他支出187万元，占年度财政支出的5.52%。2002年开始，其他支出呈逐年增长之势，当年其他支出4770万元，占年度财政支出的24.21%。其中，基金支出3132万元，占其他支出的65.66%，主要由于社会保险基金支出和土地有偿使用支出增加2605万元。2006年，其他支出2.75亿元，占年度财政支出的47.85%。其中，基金支出1.99亿元，占其他支出的72.43%。2007年，高港区实行财政支出新旧科目转换，纳入其他支出核算的支出较少，当年全区其他支出1493万元，占年度财政支出的2.14%，基金支出2.29亿元，占年度财政支出的32.86%。2008年，全区其他支出1118万元，占年度财政支出的1.16%；基金支出3.55亿元，占年度财政支出的36.91%。1997—2008年，全区其他支出累计127303万元，占同期全区财政累计总支出的32.08%。

## 1997—2006年高港区财政支出情况一览表

表121　　单位：万元

| 年　份 | 经济建设支出 | 科教文卫体事业支出 | 农业支出 | 行政管理与政法支出 | 社会救济及社会福利事业支出 | 其他支出 | 支出合计 |
|---|---|---|---|---|---|---|---|
| 1997 | 248 | 1768 | 277 | 820 | 87 | 187 | 3387 |
| 1998 | 557 | 2241 | 578 | 1859 | 156 | 494 | 5885 |
| 1999 | 2700 | 2611 | 445 | 2444 | 201 | 841 | 9242 |
| 2000 | 2920 | 2830 | 501 | 2610 | 266 | 1111 | 10238 |
| 2001 | 4860 | 3556 | 669 | 3202 | 312 | 1359 | 13958 |
| 2002 | 4620 | 4657 | 1085 | 3914 | 654 | 4770 | 19700 |
| 2003 | 4432 | 5379 | 1389 | 4285 | 772 | 6835 | 23092 |
| 2004 | 5914 | 6374 | 1906 | 5812 | 872 | 10096 | 30974 |
| 2005 | 7903 | 7338 | 2614 | 7332 | 1261 | 13152 | 39600 |
| 2006 | 8964 | 8292 | 3313 | 8443 | 976 | 27523 | 57511 |
| 合　计 | 43118 | 45046 | 12777 | 40721 | 5557 | 66368 | 213587 |

## 2007—2008年高港区财政支出情况一览表

表122　　单位：万元

| 年份 | 一般公共服务 | 国防 | 公共安全 | 教育 | 科学技术 | 文化体育与传媒 | 社会保障和就业 | 医疗卫生 | 环境保护 | 城乡社区事务 | 农林水事务 | 交通运输 | 工业商业金融等事务 | 其他支出 | 基金支出 | 支出合计 |
|---|---|---|---|---|---|---|---|---|---|---|---|---|---|---|---|---|
| 2007 | 12137 | 130 | 2343 | 11219 | 1142 | 118 | 1930 | 1881 | 644 | 2185 | 5188 | 360 | 5952 | 1493 | 22877 | 69599 |
| 2008 | 15794 | 285 | 2814 | 12353 | 1526 | 213 | 2747 | 2895 | 1494 | 3667 | 7057 | 5 | 8619 | 1118 | 35447 | 96034 |
| 合计 | 27931 | 415 | 5157 | 23572 | 2668 | 331 | 4677 | 4776 | 2138 | 5852 | 12245 | 365 | 14571 | 2611 | 58324 | 165633 |

说明：2006年、2007年实行新旧科目转换，2007年开始按新科目核算。

## 第四节　财政管理

### 一、预算外资金管理

【财政专户储存】 1998年，区政府制定《关于进一步加强预算外资金管理的实施意见》，印发《关于区级机关预算外资金管理中有关问题的通知》，对区级机关行政、事业单位不纳入国家预算的资金，实行财政专户储存管理，严格按核定的预算外资金年度计划使用，提高财政资金的使用效益，增强政府对资金的调控能力。1999—2008年，全区预算外资金全额纳入财政专户管理，严禁将预算外资金直接转入单位支出账户、坐收坐支。

【收支两条线管理】 1998年，全区部门和单位的预算外收入上缴同级财政专户，支出由同级财政按预算外资金收支计划和单位财务收支计划统筹安排，从财政专户中拨付，实行收支两条线管理。预算外资金管理实行“三权归还”，即所有权归国家，调控权归政府，管理权归财政，进一步从制度和机制上控制收支规模，理顺分配关系，促进综合平衡。12月，区财政局制定《加强预算外资金管理工作的补充意见》，对31个行政事业单位银行账户进行清理，单位只开设1个预算外资金支出账户，撤销所有收入过渡户，预算外收入直接缴存财政专户。1999年，区政府印发《关于全面贯彻落实预算外资金收支两条线管理规定的通知》，严格执行银行账户管理规定和票据管理规定，强化预算外资金收支计划管理，严格执行综合财政预算，加强支出管理，严格审批程序，切实增强政府调控功能。2001年12月，区政府印发《关于对预算外资金的征收管理实行票款分离办法的通知》。2007年10月，区政府印发《关于实行非税收入收缴管理制度改革的意见》，规定编制综合财政预算，实行非税收入全额上解、支出统筹安排。在部门预算编制中，统筹安排税收和非税收入，统一政策，统一标准，避免分配不公、贫富不均。对各项非税收入安排的支出实行国库集中支付制度。同年11月，区政府印发《高港区非税收入收缴管理制度改革实施细则》，实行“单位开票、银行收款、财政统管”的征收方式，深化政府非税收入收支两条线管理。至2008年，全区非税收入收支两条线管理制度不变。

### 二、国有资产管理

【清产核资和资产评估】 1998年下半年起，区政府开展区属国有企业清产核资试点工作，同时调查全区范围内企业国有资产存量、企业留利、折旧提取、闲置资产等方面情况。1999年，清产核资工作全面铺开，对全区国有企业及企业化管理的事业单位进行清产核资。在企业改组、改制过程中，根据《国有资产评估管理办法》，严把资产评估中的财产清查、立项和确认关。2007—2008年，根据省财政厅《关于开展全省行政事业单位资产清查工作的通知》精神，清查行政事业单位资产。全区147户行政事业单位固定资产总额为74251.18万元，其中，行政单位固定资产总额为27876.47万元，事业单位固定资产总额为46374.71万元。

【国有产权登记】 1999年起，区财政局对占有、使用国有资产的企业产权状况进行登记，依法确认产权关系。逐年进行国有企业产权登记及年检，并逐步实行占有、变动、开办、注销等产权登记管理。2005—2008年，为全区7户国有企业办理占有使用国有资产的产权登记证书。

【国有资产增减变动管理】 2002年起，区财政局按照固定资产标准，组织清查盘点全区行政事业单位，登记账卡，做到账、卡、物三相符，彻底解决资产管理的混乱局面。2003年，规范国有资产增减变动管理，提出资产增减变动的审批范围、审批程序、定期报告、按时报送财务报表等要求，随时掌握资产存量和变动情况。2005年，执行企业财务快报与财务分析制度，并将区粮食购销公司、口岸粮管所、刁铺粮管所、口岸粮库、永安粮管所、白马粮管所列为企业财务快报上报企业。2008年，全区行政事业单位登记国有资产总额15.6亿元，其中固定资产7.35亿元。

【企业产权制度改革】 建区后，登月脚蹬集团、量刃具厂、建工机械厂、永安造船厂等企业经营不善，效益低下，职工不能按时领取工资，企业濒临破产。2002年，区政府加快国有企业重组和调整步伐，进一步扶持有规模优势、竞争优势和产品特色的骨干企业做大做强，推动缺乏竞争能力或不必由国有资本控股的企业加快退出。区政府成立改制工作组，对国有企业实行“三置换一保障”、资产重组、终结破产等多种改革措施，盘活企业存量资产，加快建立现代企业制度，防止国有资产流失。至2004年，基本完成国有企业产权制度改革，其中，11个工业企业及10个商贸企业实施“三置换一保障”改革，2个工商企业实施资产重组，1个工商企业终结破产。至2008年，改制企业实行以“产权清晰，权责明确，管理科学，政企分开”为特征的现代企业制度。

## 三、政府采购管理

1997年4月至1998年6月，党政机关办公物资由区机关事务管理局统一办理。1998年7月，区政府采购中心成立。1999年1月，区政府成立政府采购管理委员会，对区级国家机关、事业单位中部分采购项目实行政府集中采购管理，负责政府采购办法的制订、修改和监督执行。区财政局设立政府采购中心，负责购物登记和组织招标及竞标、监督定点单位服务质量等工作。政府采购项目有车辆购置、维修、加油、保险；办公自动化设备、通信设备、电器设备、空调，以及教育、卫生、科研、广电、体育、政法、计划生育等部门购置的大型及批量专用仪器、设备等；桌、椅、柜、橱、纸张、印刷等；大宗建筑材料、装饰装潢材料；接待、办公等。2000年，政府采购项目包括办公用设备类、交通工具类、医疗卫生设备类、新闻出版类、通用机电类、建筑装潢材料类、其他设备类、服务类共八大类60种项目，通过招投标方式确定3个印刷定点企业、4个纸张供应定点单位。6月，政府采购范围扩至乡镇和驻区单位。2001年，政府采购项目增加社会公益类和公共工程类（试点）。出台《高港区政府采购运行规程》《高港区政府采购网上竞价采购管理办法》，规范和管理政府采购活动。区成立政府采购监督检查领导小组，制定《政府采购监督检查实施办法》，对政府采购工作加强监督检查。同时聘请9名政府采购监督员，实行社会监督。制定教学专用设备、卫生医疗器械、广播电视设备采购办法，实行部门集中采购专用设备。2002年，开通高港区政府采购网站，通过网络公布政府采购信息、宣传相关政策，接受社会监督。2003年，《中华人民共和国政府采购法》正式实施，高港区开始依法施行政府采购工作。政府采购目录调整为货物、工程、服务三大类共30项140余个品种。区财政局出台询价和网上竞价采购、竞争性谈判采购等办法，对达到公开招标标准的货物、服务、工程实行公开招标。全年先后组织87次招投标活动，其中大型招投标活动43次、专项招投标活动15次、零星项目招投标活动29次。通过审查招标公告、招标文件、评标办法、中标报告等，政府采购结果做到公平、公正。50万元以下，技术含量较低的水利工程项目也由区政府采购中心招标。2004年后，政府采购范围进一步扩大，每年以21.65%的幅度快速增长。2008年，全区政府采购实际金额为6855.87万元。1999—2008年，全区共实施政府采购35628.29万元，累计节约资金5656.24万元，年均节约率达13.34%。

1999—2008年高港区政府采购情况一览表

表123 单位：万元

| 年 份 | 预计金额 | 实际金额 | 节约资金 | 节约率(%) |
|---|---|---|---|---|
| 1999 | 102 | 92 | 10 | 9.8 |
| 2000 | 265 | 221 | 44 | 16.6 |
| 2001 | 720.31 | 630.1 | 90.21 | 12.52 |
| 2002 | 745.45 | 654.81 | 90.64 | 12.16 |
| 2003 | 1916.29 | 1702.03 | 214.26 | 11.18 |
| 2004 | 2845.93 | 2406.71 | 439.22 | 15.43 |
| 2005 | 6419.59 | 5385.46 | 1034.13 | 16.11 |
| 2006 | 8810.3 | 7591.13 | 1219.17 | 13.84 |
| 2007 | 11635.23 | 10116.18 | 1519.05 | 13.06 |
| 2008 | 7851.43 | 6855.87 | 995.56 | 12.68 |

## 四、基本建设财务管理

建区后，区政府先后投资建设政府办公楼、广场、江平路、春港路、金港南路改造、扬子江路改造、高港人民医院、区人民检察院大楼、区人民法院大楼等30余项工程，总投资7亿元，区财政局全程参与财务管理。2003年，区财政部门设立经济建设科，负责政府投资基本建设财政财务管理工作。按照预算控制概算、决算控制预算的原则，对政府投资项目（财政投资）实行预决算审核制度。凡政府投资的项目，均经审计机关审计后办理工程决算或竣工决算。对列入当年年度审计计划的本级政府投资项目，由区审计局直接进行审计；对未列入年度审计计划的本级政府投资项目，由区审计局委托社会中介机构进行审计。至2008年，区政府先后制定《高港区政府投资建设项目管理暂行办法》《高港区财政投资建设项目资金拨付办法》《高港区政府投资重点建设项目财务总监管理暂行办法》，全面监管政府投资项目。

## 五、涉外企业财务管理

1997年7月1日起，高港区涉外企业执行新的《中华人民共和国外商投资企业财务管理规定》和《中华人民共和国外商投资企业会计制度》。建立健全涉外企业财政管理信息系统，财务核算全面推行会计电算化，建立外商投资企业分户报表编报上报系统，并把外商投资企业信息统计面扩大到所有登记户。1998年起，区财政部门对涉外企业进行年度财政决算汇编，每年1月1日至6月30日联合年检，对外商投资企业的出资、生产经营、财务、外汇、进出口业务管理等情况进行联合年检，共同编制联合年检报告书。开展每年一次的财政财务报告核查工作。对外商投资企业经过中介机构注册会计师出具的审计报告进行财政监督检查，每年的核查面在10%以上。2002年起，区财政部门对外商投资企业全面实行委托中国注册会计师查账制度，区财政部门组成财政检查组，对注册会计师出具的审计报告进行财政监督检查，每年的抽查面在10%以上。至2008年，共有65个涉外企业办理财政登记，财政登记率100%。对全区12个外商投资企业开展财政核查工作，发现被查单位财务账册基本健全，会计人员能按会计法要求持证上岗，能按照企业会计制度要求进行会计核算，会计科目运用正确，经营成果的计算基本真实；没有发现被查单位有抽逃注册资本的行为；外汇管理能按照国家外汇管理有关规定及时结、售汇，没有逃汇、套汇现象；被查企业在正常经营活动中能及时缴纳国家各项税收，无故意逃税、漏税、偷税行为。但也有部分企业存在外商出资不按规定及时到位、会计基础工作不规范、欠缴政府规费和政府性基金的情况。

## 六、行政事业单位财务管理

2000年12月，区级机关各部门根据其职能和社会事业发展的需要，开始编制反映部门所有收入和支出的预算。区政府按照“零基预算、综合预算、细化预算”的编制要求，实行预算内、外资金统筹安排、综合平衡。2003年，区政府改进部门预算编制制度和编制方法，制定《高港区区级部门基本支出预算管理办法（试行）》和《高港区区级部门项目支出预算管理办法（试行）》，并首次采用e财软件编报、汇总和审核部门预算。2004年，区政府补充和完善《高港区区级部门项目支出预算管理办法（试行）》，进一步明确项目资金的来源，并将项目按其性质分为建设性专项支出项目、事业发展性专项支出项目、经常性专项支出项目和其他类项目4类，细化预算支出项目并按其支出用途作进一步分解。2007年春学期，全部免收义务教育阶段学生学杂费，区财政按小学每人每年250元、初中每人每年375元拨给教育局公用经费557.24万元。2008年，区财政按小学每人每年300元、初中每人每年500元拨给教育局公用经费694.99万元。

## 七、社会保障财务管理

1997年前，境内各乡镇社会保障财务分别由所在县级卫生、民政、劳动等部门管理。建区后，区人事局负责机关事业养老保险征缴工作，区劳动局负责企业职工养老保险征缴工作。2000年，高港区执行《省政府办公厅关于社会保险费改由地方税务部门征收的通知》，设立社会保障财政专户，将区劳动局、人事局的养老保险基金纳入财政专户，实行收支两条线管理。由地税高港分局征缴养老保险基金，直接从地税待解户划入财政专户。2003年，区财政规范社会保险基金会计核算，按险种分类建账、分别核算、分设出纳和审核，加强内部监督，税务机关和社会保险经办机构一律不得设立收入户或待解等过渡性账户。执行收支两条线管理，征收的社会保险费及时足额缴入社会保险基金财政专户，财政不得用于平衡预算或挪作他用。2007年，高港区修订完善临时救助和大病救助实施办法，健全完善城乡低保标准增长机制，不断提高城乡最低生活保障水平，加大低保资金的投入，确保应保尽保、应补尽补。农村低保金、民政优抚金均被纳入“一折通”按时足额打卡发放。随着民生工程范围扩大、种类增多，新型农村合作医疗（简称新农合）、新型农村社会养老保险（简称新农保）工作开展，全区农村实现新农合、新农保全覆盖。2005年新农合参保8.93万人，财政补助168.68万元，2008年增至11.26万人，财政补助788.85万元，缓解群众看病难、看病贵、因病致贫难题。2008年，高港区继续开展新农保工作，实现城乡居民均有医疗保险和养老保险。

## 八、农业财务管理

1998年起，高港区采取配套、贴息、补助、以奖代补、区级报账制、财政专户等多种形式管理支农资金，支持农业生产的发展。完善区级报账制，严格执行《泰州市农业专项资金报账制管理办法》，做到专人管理、专户储存、专账核算、专款专用，减少资金流转环节，防止资金滞留，做到资金按计划、按进度拨付，提高资金到位率和及时性。把好“三关”，即把好资金拨付关，配套或自筹资金不落实，没有按规定实行招投标以及工程监理的，项目资金不予拨付；把好资金报账关，开发项目不完工和报账手续不完备，不予报账和结账；把好有偿资金到期还款关，没有财政经费担保或抵押手续的，不予拨付项目资金，保证上级财政资金到期按时归还。建立财政支农支出的反馈和绩效考核办法，通过财政支农专项资金的跟踪问效保证资金使用的合法性和有效性，提高资金的使用效益。重点加强对农桥项目、农业综合开发项目以及优质小麦生产基地等项目资金的跟踪检查。通过检查，及时发现项目实施过程中存在的不足，督促项目实施单位整改到位，确保项目实施质量。1997—2002年，区财政共拨付支农资金2041万元，平均每年递增23.2%。2003—2005年，区财政预算科目调整，支农资金分别列入农业、林业、水利和气象支出。

2001年起，高港区设立农业综合开发资金，由中央和地方立项投资，区对农业综合开发资金实行项目管理，坚持以效益定项目，以项目定投资。安排项目时，先由镇政府提出可行性报告，区有关部门评议、立项、报市。立项后，区农委代表区政府与项目单位签订协议，明确实施方案、考核指标和奖惩措施。有关部门全程跟踪，及时检查资金使用情况。工程竣工后，由区农委和财政局共同检查验收，验收合格方可拨付尾留款。2001—2008年，全区共实施农业综合开发项目1800万平方米，财政总投资748万元。

2005年，高港区建立财政支农项目库。区财政局按照省、市统一部署，总结支农项目管理经验，完善财政支农项目库。至2008年，共有20类56个农业项目进库。

## 九、会计管理

新中国成立后，境内财会人员一般由主管部门或乡镇自行任命，县财政部门对其进行业务指导。1985年《中华人民共和国会计法》实施后，境内会计工作由县级人民政府财政部门主管。1997年3月，全区实施新的会计证管理办法。1998年，全区实施会计证换证年检制度，当年换证近800本，此后采用电子计算机处理会计证档案管理。2000年4月，区直行政事业单位推行会计委派制，对15个业务量较大、专业性较强、财务制度比较健全的区级主管部门直接委派会计；对28个财务业务量较小、财会基础较差、无专职会计人员的区级主管部门单位实行会计代理记账。为加强管理，成立由区长、常务副区长、区纪委书记等组成的会计委派工

图 15-1-1　高港区首届会计知识大赛（2006年摄）

作领导小组，制定《泰州市高港区会计委派实施细则》。同时成立高港区会计管理总站。区财政局印发《关于进一步加强会计委派工作管理的意见》《泰州市高港区委派会计人员双百分考核细则》。2001年，高港区实施泰州市财政局、监察局、审计局、国税局、地税局联合下发的《泰州市建账监管暂行办法实施细则》，至年末，全区共有120余个单位被纳入建账监管范围。同年，区级会计核算方式改革，区财政局成立会计核算中心，区会计管理总站更名为区级机关会计核算中心，41个行政事业单位试行集中统一核算，取消管理单位的银行账户，由会计核算中心代理资金结算、会计核算、会计监督、会计档案管理等业务，建立起融服务、监督、管理于一体的新的核算形式。2002年，按照《江苏省会计从业资格管理办法》要求，全面推行会计从业资格制度，持证人员每隔2年接受1次财政部门的继续教育和年审，区会计管理机构为持证人员建立个人信息档案。2003—2008年，全区800人通过会计从业资格统一考试。2008年，全区453名会计参加职称评定，其中获初级职称322人、中级职称128人、高级职称3人。

## 十、财政监督管理

2001年7月，区财政局开展《中华人民共和国会计法》执法检查，共查20户，其中区级15户、乡镇5户，查出永安洲镇粮油管理所2000年白条列支招待费、装卸费，查出区农经委1万余元事业服务收入未入账。区财政局分别对永安洲镇粮管所和区农经委处3000元和1000元罚款。2002年，区财政局跟踪检查改制企业分流安置资金、中央特大防汛经费、应急工程经费等专项资金，共查出未经财政批准私开银行账户2个，动用改制企业分流资金72万元。2003年9月，查出泰州市港泰房地产开发有限公司未缴营业税6213.59元、城建税3409.5元、企业所得税54123.97元，由泰州市地方税务局组织补缴入库；应缴未缴教育附加费1101.4元、教育地方附加费367.13元，由财政局组织征收。2004年，开展财政性收入专项检查，查出刁铺自来水厂欠、漏缴税费33.4万元，督促其全部补缴入库；责成2个外商投资企业补缴地方性基金0.8万元；责成相关学校将代办费和信息技术教育费14万元缴入区财政专户。2005年，清理建区以来财政投入的12个项目城建资金，共清理城建资金往来1.76亿元，并对已竣工工程办理竣工决算。同年，区财政局定期或不定期地对相关部门执行政策情况，土地出让、转让以及房产交易事项与契税申报、缴税情况等开展专项清理。三季度，开展清理和查补尾欠税款工作，重点清理各乡镇工业园区和招商引资项目所涉土地契税，共发现65个项目欠缴契税182.02万元，直接追缴19个单位土地契税35.79万元。2006年，重点开展企业税收征管质量和事业单位非税收入检查。9月，区财政局检查2个企业的税收、财经法规执行情况和2个事业单位的非税收入收缴情况。查处1个房地产开发企业会计人员无证上岗、会计信息质量失真问题；催收1个改制企业拖欠的国有资产转让款320万元；督促区属职业中学非税收入109.8万元缴入财政专户。2008年，区财政局对3个企业进行会计信息质量检查，发现3个企业核算不实，合计48380.72万元，其中，资产不实4414.85万元，负债不实14428.85万元，所有者权益不实10013.98万元，收入不实0.23万元，费用不实10015.26万元，利润不实9507.57万元。帮助被查单位分析出现问题的原因，查找症结，提出改进意见，并督促整改。

2001—2008年，按照“一年一审、一审一年”的原则，区财政局对所辖6个财政所预决算管理、非税收入管理、票据清理、往来清理、账套设置、科目设置及运用等方面的内容，现场进行现金盘点、银行存款核对，检查面100%。通过内审，找出乡镇财务存在的共性问题，在形成检查报告、提出处理意见的基础上，对共性问题提出建立和完善有关制度的建议。通过交叉互审，为各财政所之间相互学习、比照提供更宽阔的平台，有效防范基层政府财政风险。

# 第二章　税　务

北宋太平兴国年间（976—984），张鉴监管柴墟税务。清末至民国35年（1946），税收制度数经变迁。民国29年起，境内抗日民主政权开征部分税种。新中国成立后，境内税收经历多次变革。新中国成立初，田赋改为农业税。1950—1957年，实行多种税、多次征的复税制。1958—1977年，简并税种，将复税制改为单一税制。1978年，国家实行“对外开放，对内搞活”政策，境内税制从单一税制发展到多税种、多层次的税收制。1993年12月，税制改革，废、并、改、增部分税种。1994年起，实行分税制税收管理体制，国家税务机构和地方税务机构分设。

建区后，泰州市国家税务局高港分局（简称国税高港分局）和泰州市地方税务局高港分局（简称地税高港分局）执行国家规定，适时进行税种税率调整，开展税收宣传、税务登记、发票管理、纳税信用管理、税收优惠政策管理等，不断加强征收管理。国税高港分局负责增值税、消费税、中央企业所得税、外商投资企业和外国企业所得税（包括3%的地方所得税）、集贸市场和个体户的增值税、消费税、中央税的滞补罚收入、储蓄存款利息个人所得税（1999年11月1日开征）征收以及出口产品退税的管理。地税高港分局负责城镇土地使用税、房产税、车船使用税、土地增值税、城市维护建设税、印花税、资源税、固定资产投资方向调节税、屠宰税、筵席税和教育费附加征收。国税高港分局和地税高港分局通过指导服务、税务稽查等，加强税务服务和行政督查，较好完成全区税政任务。1997年，全区税收1.21亿元，其中税务部门征收1.17亿元、财政局征收0.04亿元。2008年，全区税收16.78亿元，其中税务部门征收16.19亿元、财政局征收0.59亿元。

## 第一节　税务体制

### 一、建区前税务体制

新中国成立后，境内税收由县级财政部门负责。1984年3月，税收从财政部门析出，成立专门税务机构，受乡镇政府和上级税务机关双重管理，负责乡镇、企事业单位、个体工商户的税务征收与管理。1994年12月，税务实行体制改革，境内国家税务机构和地方税务机构分设，并分工调整征收范围。1995年1月1日起，国家税务系统实行国家税务总局垂直管理的领导体制，在机构、编制、经费、领导干部职务的审批等方面按照下管一级的原则进行管理；地方税务系统实行上级税务机关和同级政府双重领导，以上级地方税务机构垂直领导为主的管理体制。高港区建立后，成立区国税分局和区地税分局。

### 二、建区后税务体制

【国税体制】 1997年5月29日，成立泰州市国家税务局高港分局，内设人秘股、综合业务股、稽查所、计划征收所（含办税大厅），下设口岸、刁铺2个中心所。2001年6月，市区撤销征管分局，设立专业管理分局，保留高港分局建制，更名为泰州市国家税务局第二管理分局，内设综合股、业务股、管

图 15-2-1　国税分局办公楼（2007 年摄）

图 15-2-2　地税分局办公楼（2006 年摄）

理一股、管理二股，主要负责高港区各类企业、个体工商户和集贸市场的中央税、中央地方共享税的征收管理及日常税务稽查工作；稽核进销项发票；征收管理地方政府委托的各项地方性基金；执行各项税收政策制度；完成市国税局分配的各项征收任务；监督分局管辖范围内各纳税人贯彻执行国家税收法律、法规和规章的情况；开展辖区内国税行政复议、诉讼和税法宣传工作。2003 年 4 月，泰州市国家税务局机关及直属单位机构调整，第二管理分局更名为第二税务分局。内设机构 4 个，原综合股更名为综合科，业务股更名为办税科，管理一股与管理二股合并为调查执行科，增设纳税评估科。2004 年 11 月，撤销纳税评估科，调查执行科分设为调查执行一科、调查执行二科。至 2008 年，国税高港分局内设机构 5 个，分别为办公室、综合业务科、税源管理一科、税源管理二科、办税服务厅。

【地税体制】 1997 年 8 月，高港区设泰州市地方税务局高港分局，内设综合股、税政股及办税服务厅，下设刁铺中心税务所、口岸中心税务所、野徐中心税务所，乡镇设税务所（副股级机构），其中，刁铺税务所、许庄税务所归属刁铺中心税务所，口岸税务所、永安税务所、田河税务所归属口岸中心税务所，野徐税务所、白马税务所归属野徐中心税务所。2003 年，泰州市地方税务局高港分局更名为泰州市地方税务局第三税务分局（简称地税高港分局），设综合业务科，稽核管理一、二、三科和办税服务科 4 个基层科室，主要负责辖区内地方税、基金等的征收，有关税收认定管理，涉税事项的调查、审核，重点税源户管理，日常税收稽核，纳税评估管理，个体和零散税收征管，区域内协税护税等工作。至 2008 年末，高港区地方税务机构无新变化。

## 第二节　税制演变

清光绪二十四年（1898）推行新政，颁布自治章程，地方税捐渐起，但缺少税收具体规章制度和征收标准。清末，境内有丁田、厘金、六港捐、契税、田房税、牙饷、碾饷、榨饷、渔课、商税、学租、牧马草场租、牙税、抚饷、汤税、花布税、典税、牛税、猪羊税等税种。民国初年，沿袭清旧制，无法划分国家与地方两税界线，境内地方税收处于混乱状态。民国16年(1927)，划归地方财政收入的税种有田赋、契税、牙税、当税、屠宰税、内地渔业税、船捐、房捐8项。民国19年裁撤厘金，地方与中央、省两级按照比例分成的税种规定为营业税、酒税、土地税、所得税、印花税、遗产税6种。之后，烟酒牌照税划归地方，印花税3成归地方。民国24年7月，《财政收支系统法》公布，境内又增加土地改良物税、营业牌照税、使用牌照税、行为取缔税4种。抗战时期，境内收入锐减，为缓解财政之急，遂开办直接税，时间不长，仍入不敷出，故苛扰商贾之征极盛，有子弹捐、保安捐、战争费、房铺捐、旅客捐、黄包车捐、歌妓捐、筵席捐、卫生捐等苛捐杂税。民国29年8月，境内抗日民主政府开征的税种有进出口货物税、货物产销税、牙税、营业税、屠宰税、契税、娱乐税、印花税、盐税、所得税10种。民国30年10月，国民政府取消省级财政独立性，改定收支系统，境内主要税种结构亦发生变化，有营业牌照税、使用牌照税、屠宰税、房捐、筵席税及娱乐税6种自治税源，全部为县单独税源。民国35年再度改制，营业税、契税划归地方，以补财政之不足。同时，又以特产为课征对象，进行特别课税，开办因地制宜税捐，实为地方巧立名目，税外苛索，加重人民负担。民国35年7月，中央、省、县三级在境内开征各类所得税、遗产税、货物税、印花税、特种营业税、特产税、营业税、土地税、契税、房捐、屠宰税、营业牌照税、使用牌照税、筵席及娱乐税。民国38年，境内过渡开征的有产销税、营业税、房捐、屠宰税、牌照税、印花税6个税种。

新中国成立初，境内乡镇开征的税种有货物税、工商业税、所得税、印花税、车船使用牌照税、房产税、地产税、屠宰税、存款利息所得税、文化娱乐税、盐税11种。1950年7月1日起，房产税和地产税合并为城市房地产税，薪给报酬所得税和遗产税暂不开征。1953年，试行商品流通税，简化货物税，修订工商营业税，将电影、戏剧等娱乐部分税目改征文化娱乐税，将棉花统销税和棉花交易税并入商品流通税，粮食、土布交易税改征货物税，保留牲畜交易税。1958年，将货物税、商品流通税、营业税、印花税合并为工商统一税，工业品在出厂及零售环节各征1次税，所得税改为独立的税种，称工商所得税。1959年，停征印花税。1963年，开征集市交易税。同年，调整工商所得税负担，并改进征收方法。1966年，停征集市交易税和文化娱乐税。1973年起，试行工商税，将工商统一税及其附加、城市房地产税、车船使用牌照税、屠宰税和盐税合并为工商税，对国营企业只征收工商统一税，对集体企业只征收工商税和工商所得税，仅对某些单位、个人和外侨继续征收城市房产税、屠宰税、车船使用税。1983年1月起，实行利改税，由税利并存逐步过渡到以税代利，按性质将原工商税划分为产品税、增值税、营业税和盐税4种，恢复开征城市房产税、车船使用税，新增城市维护建设税，对有盈利的国营企业征收国营企业所得税，小型企业按新的8级超额累进税率征收，大中型企业按55%的比例税率征收。为调节收入，还分别核定国营大中型企业税率，征收国营企业调节税。1993年12月，境内取消集市交易税、牲畜交易税、国营企业工资调节税、国营企业奖金税、集体企业奖金税、事业单位奖金税；取消盐税，改征增值税和资源税；取消筵席税；取消特别消费税、烧油特别税，改征消费税；取消对外商投资企业和外国企业征收的工商统一税，改征增值税、消费税、营业税；取消对外商投资企业和外籍人员征收的城市房地产税、车船使用牌照税，统一征收房产税和车船使用税；合并正在征收的个人所得税、个人收入调节税和城乡个体工商户所得税，建立统一的个人所得税；合并国营企业所得税、集体企业所得税和私营企业所得税，建立统一的内资企业所得税；新开征土地增值税。经过改革，原来的31个税种被简化合并为17种，即流转税类的消费税、增值税和营业税，所得税类的资源税和土地使用税，财产和行为税类的房产税、车船使用税、印花税、屠宰税、遗产和赠与税、土地增值税和证券交易税，特别目的税类的固定资产投资方向调节税和城市维护建设税。另外，农林牧水产品税并入农业特产税。1994年起，境内分国家、地方2个征收系统，全面推行增值税，改革企业所得税、个人所得税和其他各税，税制趋于简化和高效。2000年起，取消屠宰税，暂停征收固定资产投资方向调节税。2004年，减半征收农业税，2005年，全面免征农业税。2008年，高港区征收的税种有增值税、消费税、内资企业所得税、外商投资企业和外国企业所得税、储蓄存款利息个人所得税、营业税、个人所得税、城市维护建设税、房产税、城镇土地使用税、土地增值税、印花税、车船使用税，相关税率按国家和江苏省统一规定执行。耕地占用税、契税改由区财政征收。

## 第三节　税费征收

### 一、税务征收

【国税】 1997年，国税高港分局征收增值税、消费税、企业所得税，共征收国税0.92亿元。2008年，征收国税12.48亿元，是1997年的13.57倍。1997—2008年，累计征收国税48.72亿元，其中增值税45.68亿元、消费税1.73亿元、企业所得税1.31亿元。

1997—2008年高港区国税征收主要税种情况一览表

表124　　单位：万元

| 年　份 | 增值税 | 消费税 | 企业所得税 |
|---|---|---|---|
| 1997 | 8092 | 1103 | — |
| 1998 | 10832 | 839 | — |
| 1999 | 12301 | 854 | — |
| 2000 | 12983 | 1196 | — |
| 2001 | 24496 | 1807 | — |
| 2002 | 26168 | 1531 | 29 |
| 2003 | 30174 | 1730 | 38 |
| 2004 | 34458 | 1960 | 535 |
| 2005 | 42761 | 1808 | 896 |
| 2006 | 61182 | 1602 | 2067 |
| 2007 | 74259 | 1617 | 5042 |
| 2008 | 119064 | 1289 | 4444 |

【地税】 1997年，地税高港分局负责征收营业税、企业所得税、个人所得税、城市维护建设税、房产税、城镇土地使用税、土地增值税、印花税、车船使用税、固定资产投资方向调节税、屠宰税；财政局负责征收农业特产税、农（牧）业税、耕地占用税、契税等；全年地税收税0.29亿元，其中地税高港分局征收0.25亿元、财政局征收0.04亿元。2008年，地税高港分局负责征收营业税、城镇土地使

用税、个人所得税、城市维护建设税、房产税、车船使用税、印花税、筵席税、资源税、屠宰税、土地增值税、企业所得税、固定资产投资方向调节税及教育费附加。财政局负责征收耕地占用税、契税。当年，全区地税税收4.3亿元，其中地税高港分局征收3.71亿元、财政局征收0.59亿元。全区地税税收是1997年的14.83倍。1997—2008年，全区地税累计征收营业税41475万元、企业所得税52419万元、个人所得税15588万元、城市维护建设税32241万元、房产税5059万元、城镇土地使用税5901万元、土地增值税3052万元、印花税3236万元、车船税621万元、固定资产投资方向调节税113万元、屠宰税292万元。

## 二、基金（费）代征收

【退役士兵安置保障金】 2005年起，高港区代征退役士兵安置保障金，按三税税额的1%计征。至2008年，累计征收573万元。

【市场物价调节基金】 1997年起，高港区代征省政府基金——市场物价调节基金，按工商企业销售收入的1‰计征。至2008年，累计征收1104万元。

【防洪保安基金】 1997年起，高港区代征省政府基金——防洪保安基金，按工商企业销售收入的1‰计征。至2008年，累计征收1753万元。

【粮食风险基金】 1997年起，高港区代征省政府基金——粮食风险基金，按企业职工人数，每人每月10元计征。1997—2008年，累计征收2079万元。

【教育附加费】 1997年起，高港区征收的教育附加费包括农村教育费附加、教育费附加和地方教育附加。农村教育费附加按企业经营收入0.6%～1%的比例征收，教育费附加按增值税和营业税税额的3%征收，地方教育附加按增值税、营业税税额的1%征收。2006年起，停征农村教育费附加，统一征收教育费附加，标准为增值税、营业税税额的4%。1997—2008年，累计征收各种教育附加费21767万元。

【社会保险费】 2008年10月起，社会保险费交由地税部门征收，当年全区征收社会保险费13210万元。

### 1997—2008年高港区基金（费）收入情况一览表

表125 单位：万元

| 基金（费）\ 年份 | 1997 | 1998 | 1999 | 2000 | 2001 | 2002 | 2003 | 2004 | 2005 | 2006 | 2007 | 2008 |
|---|---|---|---|---|---|---|---|---|---|---|---|---|
| 粮食风险基金 | 100 | 120 | 139 | 141 | 151 | 160 | 161 | 165 | 177 | 246 | 239 | 280 |
| 退役士兵安置保障金 | — | — | — | — | — | — | — | — | 88 | 99 | 129 | 257 |
| 防洪保安基金 | 60 | 71 | 76 | 83 | 93 | 101 | 109 | 113 | 174 | 249 | 244 | 380 |
| 市场物价调节基金 | 61 | 62 | 71 | 74 | 75 | 73 | 98 | 112 | 167 | 237 | 36 | 38 |
| 教育费附加 | — | — | 50 | 50 | 54 | 50 | 14 | 249 | 983 | 2856 | 2466 | 3490 |
| 农村教育费附加 | 623 | 675 | 801 | 821 | 859 | 871 | 888 | 909 | 1199 | — | — | — |
| 地方教育附加 | — | — | — | 315 | 84 | 123 | 274 | 323 | 295 | 395 | 856 | 1194 |
| 社会保险费 | — | — | — | — | — | — | — | — | — | — | — | 13210 |

## 第四节 税收管理

### 一、征管改革

【建区前征管改革】 1958年，境内实行财税合一、利税统管办法，对账证健全和具有办税能力的企业推行“自计、自核、自缴”的“三自”纳税方法；对合作商店（组）、手工业合作社（组）采用自报查账计征；对集体小户以及有证个体商贩、工业户采取定期定额征收办法；对个体作坊严格执行纳税记录和“查、启、封”制度，依据查定征收办法管理。1982年起，境内依据纳税企业（人）的生产经营水平和办税能力，实行查账征收、查定征收、定期定额、查验征收以及代征、代扣、代缴7种方法征收。1984年财税分设后，境内沿袭执行税收专管员制（也称管户制）征管模式。1987年8月，口岸镇高港港口码头地区设税务检查站，与税务所同级，主要负责市场、集贸零星税源的稽查、征收。1990年8月，税务检查站业务上接受县税务局税务稽查队管理和指导，境内乡镇仍设税务所，行使受理申报、税款征收、日常管理和查处违章等职能。1994年1月1日起，境内推行纳税申报制度，乡镇税务所将主要力量转向日常的、重点的税务稽查，建立纳税申报、代理、稽查三位一体的税收征管格局。1995年1月，基层中心税务所（分局）设稽查所或稽查岗位，负责辖区内的日常检查；中心税务所（分局）按行政区划或经济性质设税务所，负责受理申报、税款征收、日常税收管理等事宜。

【建区后征管改革】 **国税征管改革** 2001年5月，国税高港分局实行集中征收，全面推行一级税务稽查，选案、检查、审理、执行4个环节有效分离，划片设立专业征收管理机构，形成以信息化为基础的专业化征管新格局。2003年，以流程为导向调整职能，实现征收电子化、信息集中化、管理集约化、运作网络化。按照“机构扁平化、县局实体化”的要求，国税高港分局整合内设机构。5月31日，全面完成增值税防伪税控系统推行工作，防伪税控系统覆盖面100%。2003年起，高港区在苏中地区率先开展增值税专用发票网上认证推广应用工作。2004年，开展网上报税试点工作。2005年，着重开展责任区基础建设，强化以税源监控为重点的责任区管理工作。至2008年，全区责任区管理水平不断提高，基本实现责任区税收管理从被动应付向主动管理、从静态管理向动态管理、从粗放式管理向精细化管理的转变。

**地税征管改革** 建区后，地税高港分局设立以办税服务厅为依托、申报征收为主体、税务稽查为辅导的征管体系，在全区设立3个中心税务所，在乡镇设立税务所，中心税务所管辖乡镇税务所。2000年，口岸中心税务所拆分为口岸中心税务所和直属税务所，原口岸中心税务所管辖的区直以上企业的地方税收划归直属税务所征管。2003年，地税高港分局更名为泰州市地方税务局第三税务分局，取消税务所、中心税务所设置，在机关设立综合管理科，基层设立稽核管理一、二、三、四等4个科室，逐步推行征收电子化、信息集中化、管理集约化和运作网络化。全区企业集中实施电子申报或办税服务厅申报。各稽核管理科室主要进行税源监控，税收稽查统一由市地税稽查局管辖。至2008年末，高港区地税分局完成电子信息化、办税网络化、服务一体化改革。

### 二、税务登记管理

【建区前税务登记】 1951年，境内税务机关对纳税人从事生产、经营活动进行登记管理。20世纪60—70年代，登记中断，1979年恢复，从事生产、经营的纳税人自领取营业执照之日起30日内向生产、经营地或者纳税义务发生地税务主管机关申报办理税务登记。1987年7月，境内全面开展换发新证工作。至1994年，纳税人凭工商营业执照等资料到所在地税务所申请办理税务登记，税务专管员受理审核纳税人报送的资料，并到经营地进行实地勘察，确认资料真实准确后，签署意见，报市税务部门填发税务登记证（正、副本）。1995年1月1日起，对新开业户税务代码的编制以及原有业户发生变更需要新编制税务代码的，以征管范围划分，国税和地税部门分别办理相应纳税人的税务登记证，办理程序仍沿袭原有的办法。1996年7—9月，境内国税统一换发税务登记证。

【建区后税务登记】 **国税税务登记**　2005年末，全区国税税务登记2988户，其中国有23户、集体256户、个体1483户、私营676户。个体私营经济中，建账户75户；一般纳税人总户数893户，其中国有11户、集体123户、个体7户、私营438户。2008年末，全区国税税务登记3889户，其中国有28户、集体201户、个体1377户、私营2283户；一般纳税人1214户，其中国有15户、集体113户、个体8户、私营1078户。

**地税税务登记**　1997年后，地税高港分局对地税管辖范围内的纳税人实施税务登记管理。2003年起，国税、地税实现协调联合办税，税务登记管理实行双管合一，在区行政服务中心实施“一窗式”受理，统一办证，纳税人到国税、地税窗口均可办理税务登记手续，联合盖章，一证通用。至2008年末，全区地税税务登记4819户，其中国有28户、集体231户、个体1911户、私营2649户。

## 三、发票管理

【建区前发票管理】 1950年6月后，境内工商企业健全账册，统一发票制度。1956年对私营改造完成后，商事凭证执行编造预算和审核制度。1982年8月，境内全面清理商事凭证，实行集中印刷、统一管理，并健全颁发、登记、填开、缴销制度。社办企业以下的单位基本做到“三统一”（印刷统一、样式统一、管理统一）。1984年起，执行票证账证按月互审制度。1987年，堵塞凭证管理漏洞，改革商事凭证管理制度，彻底清理旧票，实行“统一设计、统一印刷、统一发售、统一管理”。对不属正常申报纳税的企业或个体经营者，一律采用以票控户办法管理，对违反发票管理规定经教育不改的，以违章论处。1993年1月1日起，根据江苏省发票样本，结合原有8类39种统印票种的设置方法，税务部门进一步规范各类发票的名称、式样和适用范围等。企业类发票分工业、商业、服务业、建筑业和交通运输业，适用于各种经济性质的企业；个体类分工商业通用发票和限额发票2种。另设通用发票，以保证市场需要。1994年1月1日起，境内统一使用新版增值税专用发票。当年10月，税务部门对普通发票的管理作出规定，工业类、商业零售类、商业批发类、商业收购类、修理修配类、个体类、代征代扣税款类，以及饮食业、车辆运输定额发票和临时经营发票由国税局管理；旅馆业、饮食业、其他服务业类、建筑安装类、运输类、广告类及商品房销售专用发票等由地税局负责。1996年11月起，境内国税执行新的行政区域码，启用新式发票专用章。

【建区后发票管理】 **国税发票管理**　2000年1月1日起，高港区停止使用手写10万元版增值税专用发票。纳税人取得的2000年1月1日前开具的手写10万元版专用发票和非防伪税控系统开具的销售额在10万元以上的电脑专用发票必须向税务机关申报，逾期未申报的不予抵扣。7月1日起，增值税一般纳税人停止使用手工版增值税专用发票，所有增值税专用发票通过增值税防伪税控系统开具，国税机关为区内小规模纳税人代开的增值税专用发票，抵扣方必须附完税凭证复印件才能作为抵扣凭证。2001年10月起，国税机关全面清理区内使用防伪税控系统开票企业的最高开票限额，使用1000万元开票限额开票的，须报省级税务机关审批，使用100万元开票限额开票的，须报地市级税务机关审批。2003年7月1日起，除税务部门可以继续使用手写版专用发票为小规模纳税人代开外，增值税一般纳税人全部通过增值税防伪税控系统开具增值税专用发票，停止开具手写版专用发票。2005年4月1日，全区启用新版普通发票，全面推行计算机代开普通发票。至2008年，全区在全面使用全省统一的普通发票代开软件的基础上，加强对代开普通发票工作的检查指导；对二手车市场全面使用电脑发票；加强对发票承印企业的督查监管，重新确认普通发票承印企业。

**地税发票管理** 建区后，地税部门管理的发票种类有饮食业发票、车辆运输定额发票、旅馆业专用发票、服务业专用发票、建筑安装专用发票、交通运输统一发票和临时经营发票等，发票管理严格执行印刷统一、样式统一、管理统一原则。2001年起，高港区逐步推行税控开票装置，启用机打发票。至2008年，全区除部分行业保留限额100元以下的定额发票外，所有地方税务管理的发票一律使用电脑开票。

## 四、纳税信用管理

2003年，区国税和地税部门首次联合评定纳税人的纳税信用等级，本着客观、公正的原则，严格按照国家税务总局《纳税信用等级评定管理试行办法》的评选规定，确认6户A级纳税人。2005年起，区国税和地税部门联合组织2年1次的纳税信誉等级评定，并复检已评定的A级。纳税人纳税信用等级评定后，将纳税人纳税信用等级评定资料及时录入征管软件，注明纳税人纳税信用等级标识，建立资料档案库，实施分类管理，落实对A级企业的激励措施，强化对A级企业的跟踪服务，提高征管效率。2008年，全区纳税信用A级企业增至18个。

## 五、税收优惠管理

【建区前税收优惠】 1955年，境内对不满起征点的私营工商业户实施税收减免。1962年，对月营业额不满80元、收益不足30元的小型户免税。1978年后，对新办社队企业执行低税、减税、负税政策。1987年，实行区别对待，开展分类指导，对潜力大的重点税源企业符合条件的项目及时报批，对少数困难行业确具条件的项目主动报批。1994年12月起，国税落实出口退税、下岗失业人员再就业和校办、福利企业税收减免等优惠政策。安置“四残”人员（盲、聋、哑及肢体残疾人员）占企业生产人员50%以上（含50%）的福利工业企业，其生产销售的增值税应税货物经国税机关审核后，采取先征后返的办法给予返还全部已纳增值税的照顾。安置“四残”人员占企业生产人员35%以上（含35%）、未达50%的福利工业企业，其生产销售的增值税应税货物如发生亏损，给予部分或全部返还已纳增值税的照顾，具体比例的掌握以不亏损为限。校办企业生产的应税货物，凡用于本校教学科研方面的，免征增值税；小学校办企业对外销售的增值税应税货物如发生亏损，在1995年末以前给予部分或全部退还已征增值税的照顾，以不亏损为限。返还办法：企业按规定先纳税，全年经营发生亏损的，年末向当地主管税务机关提出申请，经审批，退还部分或全部已缴纳的增值税。校办企业凡为该校教学、科研服务所提供的应税劳务（“服务业”税目中的旅店业、饮食业和娱乐业税目除外）免征营业税。

【建区后税收优惠】 **国税税收优惠** 1997年后，高港区国税延续相关优惠政策。2000年1月1日，高港区停止执行校办企业的税收优惠政策。2003年10月1日起，高港区全面提高增值税起征点，将全区增值税起征点调至国家规定的最高限，惠及下岗失业人员和个体工商户，支持下岗再就业和个体私营经济的发展。

## 1997—2008年高港区国税税收优惠情况一览表

表126　　单位：万元

| 年　份 | 先征后退 | 汇算清缴退税 | 出口退税 |
|---|---|---|---|
| 1997 | 570 | — | — |
| 1998 | 380 | — | 263 |
| 1999 | 992 | — | 368 |
| 2000 | 1442 | 206 | 562 |
| 2001 | 1444 | 265 | 586 |
| 2002 | 2080 | 185 | 1041 |
| 2003 | 2580 | — | 1651 |
| 2004 | 2044 | 262 | 3575 |
| 2005 | 1732 | — | 6660 |
| 2006 | 2624 | — | 20238 |
| 2007 | 3496 | — | 30559 |
| 2008 | 5080 | 1159 | 45785 |

**地税税收优惠**　1997—2000年，高港区对民政福利企业、校办企业按照规定的用人比例和规定的要求执行减免企业地税所得税规定，民政企业安置“四残”人员比例在50%以上（含50%）的，免征企业所得税；校办企业符合校办出资、独立核算盈亏、税后收益用于扩大再生产和办学等标准的，免征企业所得税。2001年后，取消校办企业优惠政策，其他环节减免税管理均按照有关条例和政策性文件在相关环节实施。至2008年末，高港区形成比较完备的地税减免税管理机制。

## 1997—2008年高港区地税减免税情况一览表

表127　　单位：万元

| 年　份 | 营业税 | 企业所得税 | 个人所得税 | 城市维护建设税 |
|---|---|---|---|---|
| 1997 | 13 | 636 | — | — |
| 1998 | 18 | 542 | — | — |
| 1999 | 23 | 743 | — | — |
| 2000 | 27 | 829 | — | — |
| 2001 | 35 | 545 | — | — |
| 2002 | 39 | 1917 | — | — |

续表127

| 年　份 | 营业税 | 企业所得税 | 个人所得税 | 城市维护建设税 |
|---|---|---|---|---|
| 2003 | 43 | 639 | — | — |
| 2004 | 51 | 1183 | — | — |
| 2005 | 53 | 1205 | 3 | 3 |
| 2006 | 55 | 1146 | 6 | 5 |
| 2007 | 44 | 1189 | 2 | — |
| 2008 | 69 | 1158 | 4 | 3 |

## 第五节　税务稽查

1988年，口岸成立税务检查站，对辖区内无证经营者的临时经营行为查补税款；征收管理集贸市场税收、零星税收、流动税源；检查车站、码头、交通要道等进出口货物的纳税情况；检查外县（市）纳税人到口岸从事临时经营活动的纳税情况；检查纳税人销售农、林、牧、水产品的纳税情况。对被查的应税产品或商品，凡未按规定持有固定工商业户外出经营税收管理证明单、农副产品自产自销证明单、统一发票或完税证、购销合同之一者，或税务机关规定的其他有关证件的，就地补征漏缴的产品税、增值税、临时经营营业税中的一种，并处以1倍以下加成征收。对业户在批发环节漏扣的零售环节营业税、漏缴的车船运输营业税，按照临时经营就地补征漏缴的税款，并处以1倍以下加成征收。1989年起，逐步建立和推行征收、管理、稽查相分离的税收体制，有效控制偷税、漏税。1995年，国税、地税分设稽查部门，专门查处偷税、漏税、抗税案件。1997年，国税高港分局成立税务稽查所，对区纳税企业开展日常检查，重点企业每年检查1～2次，一般企业每年检查不少于1次，商贸企业及个体户检查面不少于50%。1998年，国税高港分局对区内装备制造业进行专项检查，共查补税款57万元。1999年，对区内绳网带制造业进行专项检查，共查补税款67万元。2000年，对区内商贸企业进行专项检查，共查补税款73万元。2001年，国税高港分局税务稽查职能并入泰州市国家税务局稽查局。当年，泰州市国家税务局稽查局对高港区商贸企业进行重点检查，累计查补税款78万元。2002年起，国税、地税稽查由收入任务型向税收执法型转变。全年对区内集贸市场、加油站进行专项检查，累计查补税款53万元。2003年，对区内化妆品、护肤护发品行业消费税和生产企业出口货物“免、抵、退”税进行专项检查，累计查补税款150万元。2004年，重点检查区内医药生产及购销企业、房地产行业，累计查补税款108万元。2005年，对区内水泥生产企业、煤炭生产及运销企业、摩托车生产及销售企业、废旧物资回收经营企业及用废企业、以农副产品为主要原料的生产加工企业、房地产行业等进行专项检查，累计查补税款304万元。2006年，重点检查区内房地产业及建筑安装业、纺织服装生产业、大中型商业零售企业（含超市），累计查补税款184万元。2007年，重点检查区内房地产业及建筑安装业，食品、药品生产加工业，连锁零售企业，废旧物资回收经营企业和用废企业，以农副产品为主要原料的生产加工企业，累计查补税款284万元。2008年，重点检查区内房地产业及建筑业、有色金属冶炼业、大的品牌营销商（总代理商）等，累计查补税款198万元。

# 泰州市高港区志

## 第十六篇　经济综合管理

第一章　发展计划管理

第二章　统计管理

第三章　审计管理

第四章　工商行政管理

第五章　物价管理

第六章　安全生产监督管理

# 第十六篇　经济综合管理

新中国成立初，境内即设工商行政管理机构，区、乡配有专兼职人员从事统计、计划、物价管理工作。20世纪70年代，境内县属企业大多建立三级计量单位。至中共十一届三中全会前，境内乡镇对经济的综合管理主要实行计划经济管理模式。80年代，生产企业大多有专人负责安全生产管理。1984年，境内乡镇贯彻“改革、开放、搞活”方针，实行简政放权，逐步强化市场调节。

建区后，发展计划管理由“计划调控为主、市场调节为辅”转向“市场调节为主、计划调控为辅”；统计管理逐步改革和完善统计指标体系，改进统计方法，重视统计的及时性、准确性、全面性；审计工作业务不断拓宽，逐步建立以国家审计为主体，内部审计和社会审计为组成部分的审计体系；工商管理加大市场培育力度，强化私营个体经济管理服务，依法加强工商监管，维护消费者权益，维护市场秩序；物价管理由单一的价格管理转变为价格管理、收费管理、监督检查和价格服务；质量技术监督注重分级管理的标准化，将计量、质量、锅炉压力等监管职能进行集中整合；安全生产监督管理做到宣传教育、服务与依法查处并重，人民生命财产安全得到保障。

# 第一章 发展计划管理

1998年1月，高港区计划委员会成立，与高港区物价局合署办公，并增挂高港区第三产业领导小组办公室牌子，委员会下设办公室、第三产业科、固定资产投资科、工农业计划科（增挂科技科牌子）、外经科（与工农业计划科合署）、物价科、收费管理科（与物价科合署）等职能科室，具体负责高港区“五年”发展计划和远景目标纲要的编制和执行。2001年7月，高港区计划委员会更名为高港区发展计划局；2004年12月，高港区发展计划局更名为高港区发展和改革委员会（简称发改委），区经济体制改革委员会办公室的职能和经济协作职能分别从区政府办公室、区经济贸易局划入区发改委。区物价局、区第三产业领导小组办公室与区发改委合署办公。区发改委负责研究拟订全区经济、社会发展规划和改革措施，实施固定资产投资、经济综合平衡、经济协作等管理。2006年8月，区第三产业领导小组办公室更名为区服务业发展办公室，继续与区发改委合署办公。2008年，区发改委内设办公室、发展规划科、投资科、招标投标管理科、农经科、工业科、三产科、外经科、社会事业发展科、改革科10个科室。

## 第一节 计划管理体制

1953年起，境内乡镇实行计划管理。县计划委员会向区、乡镇下达农作物、林业、水产、家禽、蚕茧等的生产计划和主要生产资料供应计划，定期检查并总结计划完成情况。中共十一届三中全会后，计划工作实行指令性、指导性计划与市场调节相结合。1984年，贯彻“改革、开放、搞活”方针，除关系国计民生的工业产品产量实行指令性计划外，其余全部实行指导性计划。物资供应大多实行市场调节。1987年，指令性产品大幅消减，除化肥、磷肥、煤炭外，其余全部实行指导性计划和市场调节。对指令性计划产品的管理，主要是采取优惠扶持措施，运用价格、税收等经济杠杆调节供求、产销和淡旺季矛盾。对指导性计划产品的管理，主要是在发展方向、经济结构等方面加以引导，帮助协调解决在生产、流通过程中出现的重大问题。1991年后，中长期计划体现“在稳定中发展，在调整中提高，在改革中前进”精神，对年产值5000万元以上的规模大户，年出口额1000万元以上的出口创汇大户，年创利税500万元以上的利税大户确保流动资金和供电，优先安排计划物资；对年产值1000万元以上的企业，实行计划单列。严格控制社会集团购买力，继续加强对社会消费需求的正确引导和宏观管理，强化自我积累和自我约束；进一步突出农业基础，增加农用物资供应，抓好化肥、农药、中小农具生产和农用柴油等农业生产资料的保量、保质、适时及稳价供应；强化对外协作，巩固和开拓原材料供应基地，保持重点生产资料供求基本平衡。1996年，计划安排本着以提高经济效益为中心，把农业放在国民经济的首位，加大投入，优化结构，保证农民收入稳中有升；全面实施工业结构战略调整，推动由粗放型向集约型转变；全方位、高质量推进对外开拓，促进地区经济与国际经济接轨。

建区后，高港区按照国家计划目标，取消原有指令性计划，改为指导性计划。指导性计划包括经济发展的主要指标，含三次产业的发展、固定资产投资、财政收支、对外经济、人民生活水平等。1998年1月，成立区计划委员会；2001年7月，更名为区发展计划局。2004年12月，区经济体制改革委员会办公室与区发展计划局合并为区发改委。区发改委重点研究和制定中长期规划和经济发展战略，促进全社会的综合平衡，重视对各经济管理部门的协调服务，组织编制行业规划和各种专业规划。

## 第二节 计划编制

### 一、专项计划

建区后，高港区根据国家发展总体规划编制相应的五年计划（详见第八篇第一章第一节），在此基础上再细化编制相关专项计划。城乡建设方面：1998年编制《高港区城市建设规划》《高港区新型示范小城镇建设规划》，1999年编制《高港区城区规划》《核心区控制规划》《重要地段的修建性详规》，2003年编制《高港区城市建设三年实施纲要》，2008年编制《高港区"一城三片区"规划》和《西城区8.48平方公里控制性详规及控制区外村庄建设规划》。港口建设方面：1999年编制《高港区港口发展计划》，2000年编制《高港区沿江开发总体规划》。农业农村建设方面：2003年编制《高港区农村"5+1"工程实施方案》。科教文方面：1998年编制《高港区教育现代化实施纲要》，1999年编制《高港区科技创新计划》，2005年编制《高港区历史文物保护规划》和《高港区"五五"普法规划》。保护妇女儿童合法权益方面：2001年编制《高港区2001—2005年妇女发展计划》《高港区2001—2005年儿童发展计划》。干部培养方面：1998年编制《泰州市高港区跨世纪领导干部培养选拔规划》，2001年编制《高港区"十五"期间干部教育培训规划》。至2008年，高港区共编制专项计划、规划16项，并按专项计划和规划执行、检查、督办，为高港区经济和社会发展起支撑和推动作用。

### 二、年度计划

年度计划作为执行和落实中长期计划和专项计划的具体计划，一般由区发改委根据全区"五年计划"中经济社会发展的总体思路和具体要求，结合高港区实际情况，向全区各行政部门发出编制通知，提出年度计划编制方案及总体目标要求。区各有关部门、镇（街道）按通知精神提出相关计划指标建议数，区发改委根据部门、镇（街道）的建议数和上级计划意见，进行综合平衡，编制计划讨论稿。讨论稿征求相关部门的意见，修改后提出计划草案，报区委、区政府和区人大常委会审定，根据审定意见对计划草案再修改，提交区人民代表大会审议批准后发布实施。"九五"期间，区委、区政府提出国民经济社会发展"一年打基础，二年见成效，三年大变样"的总目标，区发改委从"地区生产总值、财政收入、农业总产值、工业增加值、建筑施工总产值"等10个方面提出具体目标，以"发展城郊型农业、企业改革、招商引资、新区基础建设、工业主体地位"等为重点提出具体措施。"十五"期间，高港区围绕"加快发展"主题，突出"调整主线、抢抓机遇、依靠体制创新和科技创新、大力推进经济结构的战略性调整，努力增加投资，实施大开放战略，加快推进城市化进程；完善社会保障体系，努力改善人民生活，促进国民经济持续快速健康发展"重点，制定年度计划。"十一五"期间，围绕"建成苏中'两个率先'先导区"目标，以"加快新型工业化进程、加快农业产业化进程、加快现代服务业进程、加快城建重点项目推进、对外贸易快速增长、社会事业全面进步、人民生活持续改善”等为重点，编制年度计划。1997—2008年，全区共编制年度计划11份。

## 第三节　项目审批

20世纪八九十年代，境内各乡镇企业实行项目开发均由所在县计划委员会审批。建区后，企业开办、各种项目开发均由区发改委（计划委员会、发展计划局）负责审批。至2005年末，区内企业投资项目不分投资主体，不分资金来源，不分项目性质，一律按投资规模大小进行审批。2006年1月，高港区按照《关于印发泰州市企业投资项目核准实施细则、泰州市企业投资项目备案实施细则、泰州市政府核准的投资项目目录（2004年本）的通知》，对区内企业开发项目一律实行核准制和备案制。其中，对政府投资项目严格按基本建设程序实行审批制并备案；对企业不使用政府投资，但需要国家平衡资源等条件、事关经济社会发展全局的项目实行核准制；对企业不使用政府投资的一般性竞争项目一律实行备案制，项目的市场前景、经济效益、资金来源和产品技术方案等均由企业自主决策、自担风险，并依法办理环境保护、土地使用、资源利用、安全生产、城市规划等许可手续和减免税确认手续。对企业使用政府补助、转贷、贴息投资建设的项目，政府只审批资金申请报告。中国港澳台投资项目和各类外商投资项目（包括中外合资、中外合作、外商独资项目，外商购并境内企业项目，外商投资、增资和再投资项目等）均实行核准制。至2008年，高港区对项目开发、企业开发等均实行核准制和备案制。

## 第四节　固定资产投资管理

新中国成立初，境内基本建设投资以农业、水利为重点。至1957年，农业、水利投资约占总投资额的43%。中共十一届三中全会后，基本建设投资保重点、保投产、保预算内项目安排，实行社社通公路。“五五”期末，基本建设投资是“四五”期末的2倍多，其中工业基本建设投资占总投资的60%以上，用于加快老企业和重点企业的技术改造。1981—1985年，境内压缩非生产性基建规模，加强建筑业和水力挖土业、乡镇工业及商贸服务业基本建设，重点进行技术改造。1989—1990年，重点治理经济环境和整顿经济秩序，清理固定资产投资，清理扩建、新建楼堂馆所，清理信贷、现金管理，清理压缩社会集团购买力等，通过紧缩信贷、清理固定资产项目、压缩投资规模等，投资结构得到优化，投资总额有所增加，重点项目得到加强。1992—1993年，贯彻邓小平视察南方重要谈话精神，境内掀起新一轮建设热潮，固定资产投资管理进一步加强，投资结构更趋合理，交通农田水利建设成效显著。

1997年，全区固定资产投资规模较小，投资总额约3亿元。2004年4月，区政府为加强全区重点项目及项目信息的扎口管理，推进重点项目建设，成立高港区重点项目建设工作领导小组，建立项目工程数据资料库，及时跟踪了解各工程、项目的进度。2006年，多年固定资产投资粗放发展的模式出现拐点。2007年，全区开展以“促进项目招引实施、促进项目质量提高”为主要内容的“项目双促”活动，完成全社会固定资产投资52.13亿元，比建区初增长17倍多，年均增长32.8%。2008年，实行项目建设管理关口前移，更新项目招引理念，重产业政策、重环保节能、重招商成本、重投资强度、重注册资本、重产出效益，全年完成投资74.41亿元。1997—2008年，全区累计完成固定资产投资310.13亿元，一批产业大项目和城市基础设施项目相继建成；高港高新区加快资源整合步伐，基本形成“一区六园”发展格局，香港银河电子、台湾统一集团等知名企业相继落户；核心港区五大功能区雏形显现，益海粮油，海企化工、中船重工、三福船业等重点项目全部建成，华夏重工项目建设加快。

## 第五节　目标管理

1997年起，区发改委（计划委员会、发展计划局）计划委员会每年将全区国民经济和社会发展计划执行情况和下一年度国民经济、社会发展计划草案向区人民代表大会汇报，交全体代表审议，听取代表的意见建议，修改完善下一年度全区国民经济、社会发展计划草案。制定年度计划时，主要围绕地区生产总值、财政收入、全社会固定资产投资、社会消费品零售总额、自营出口、利用外资和港澳台资、农民人均收入、城镇居民人均可支配收入、人口自然增长率、城镇登记失业率等方面确定工作目标。区委、区政府对区级机关部门和乡镇主要负责人分别制定目标考核办法，强化计划的实施。“九五”期间，区委、区政府制定高港区鼓励发展外向型经济政策、工业经济考核奖励办法、农业产业化经营奖励办法、第三产业考核奖励办法、建筑业各项经济指标考核意见、实施科技“四大工程”工作考核意见、分解下达全社会固定资产投资考核标准、乡镇计划生育工作考核办法、土地管理工作考核奖励办法等15项目标考核办法，每年召开全区工业、农业、建筑业、乡镇双文明建设等方面工作总结及表彰大会。“十五”期间，区委、区政府出台高港区发展规模企业考核奖励办法、工业经济首季“开门红”考核奖励办法、招商引资考核意见、建筑业工作目标考核意见、农村水利建设考核奖励暂行办法、村镇建设考核目标、乡镇工业项目落户园区优惠政策、科技创新奖励办法等25项考核奖励办法。同时，区政府组建督查小组，督促检查有关部门和企业指标完成情况，并提出改进措施，协助其完成下达的指标。每年年初或年终，全区召开表彰大会，表彰和奖励工业、农业、第三产业（服务业）、科技创新、土地管理、计划生育等方面的先进集体和先进个人。“十一五”前三年（2006—2008年），区委、区政府逐年向乡镇、工业园区分解下达农业、工业、服务业工作指标任务，先后制定出台高港区政府部门工作目标考核办法、招商引资考核办法、开放型经济工作考核意见、小城镇规划建设考核指标、促进高港区服务业发展的若干政策意见等16项考核奖励办法，开展重点督查活动9次，召开各类表彰奖励大会14次。

# 第二章　统计管理

新中国成立前，境内无专门统计机构，统计工作由民政部门兼管。新中国成立初，财政经济部门配备1人负责统计工作。1953年，境内区、乡所在县建立统计科后，区、乡明确专兼职统计人员，并逐步建立健全统计工作制度，开展对国民经济主要数据的统计调查。1958年，各公社统计员由文书兼任，大队一般由总账会计兼任，生产队由记账员兼任。改革开放后，境内统计工作得到加强，企事业单位亦配备兼职统计员。1984年起，境内各乡镇、单位配合所在县统计部门开展社会经济和农村社会经济调查。1998年2月，高港区成立统计局，并建立各乡镇统计站。同年9月，建立高港区农村经济调查队。2006年6月，建立高港区服务调查中心，挂泰州市高港区城市经济调查队牌子，隶属于区统计局管理。统计工作围绕全区经济和社会发展目标，加强统计调查，做好统计分析，整理汇编各种统计资料，出版《统计年鉴》，为领导科学决策及其他各阶层了解经济社会发展状况提供数据资料服务。

## 第一节　统计管理体制

1953年，境内区、乡明确专兼职统计人员，并逐步建立健全统计工作制度，开展主要经济数据的统计调查。1958年，各公社统计员由文书兼任，大队一般由总账会计兼任，生产队由记账员兼任。改革开放后，统计工作得到加强，企事业单位配备兼职统计员。1984年起，各乡镇、单位配合所在县统计部门开展社会经济和农村社会经济调查。

1998年2月，高港区成立统计局，同时建立各乡镇统计站；9月，建立高港区农村经济调查队。当年，全区区属企事业单位配备专、兼职统计人员1～2人。1999年，全区各镇农村经济服务站挂统计站牌子，配备统计站长、副站长，设经管统计助理1人；有统计工作任务的部门明确统计职能科室和专、兼职统计人员；全区村和社区（居委会）、列统工业企业、建筑资质企业、房地产企业、限额以上批发零售和住宿餐饮企业等均配备专、兼职统计人员，形成“横向到边、纵向到底”的统计网络。当年3月12日，区政府出台《关于全区统计工作实施规范化运行的意见》，从完善统计工作调查体系、保证统计工作质量、规范统计工作网络流程3个方面对全区统计工作规范化运行作规定。2004年，高港区加强乡镇统计机构的组织建设、制度建设和业务建设。2006年6月，建立高港区服务调查中心，挂泰州市高港区城市经济调查队牌子。同年7月，全区镇（街道）统计站为独立事业法人机构，实行区、镇（街道）双重管理，以条为主的管理体制。镇（街道）统计站编制总数为21名，其中口岸统计站5名、刁铺统计站4名、其余镇（街道）统计站各3名。区财政按实际在编人员工资的60%给予补助，其余经费由各镇（街道）负担。2007年，全区有126人参加培训和考试，均取得统计从业资格证。2008年，区统计局内设综合科、工交基建财贸科、农业科、农村经济调查队、服务业调查中心，下辖口岸街道、刁铺街道、许庄街道、胡庄镇、大泗镇、永安洲镇、白马镇、野徐镇8个镇（街道）统计站。

## 第二节　基本统计

1950年，境内开始建立定期报表制度。1964年，整顿统计报表工作，严格主要统计数字的管理。1975年，增加物资供应库存报表。1984年，增加城市农村社会经济调查表。1985年起，部分年报和月报开始由计算机汇总。1998年，全区专业统计和报表设综合、人口、劳动工资、科技、服务业、行政事业单位、工业、运输邮电、外资企业、旅游业、物资、能源、贸易业、餐饮业、建筑业、房地产业、固定资产投资、农业、教育、文化、卫生、社会事业共22个统计专业70种定期报表。2005年起，区统计局设综合、国民经济核算、小康进程监测、科技、人口、劳动工资、农业、工业、能源、建筑业、房地产业、交通运输、固定资产投资、批发零售贸易和住宿餐饮业、对外经济、教育、文化、卫生、社会事业、物价、城镇住户调查、农村住户调查、劳动力、粮食产量、畜禽抽样调查共26个统计专业85种专业定期报表和年报表。2008年，区统计局扎口管理全区上报和对外公布的统计数据资料，形成政府统计、部门统计和基层企业统计等较为完备的统计机制。

## 第三节　普查与抽样调查

### 一、普查

【人口普查】 全国第一次人口普查以1953年6月30日24时为计算标准时间。境内各区、乡分别根据所在县统计科部署，调查填报各自区域人口总数及人口的性别、民族、年龄构成等情况。全国第二次人口普查以1964年6月30日24时为计算标准时间。境内各社、镇分别根据所在县统一部署，调查填报各自区域人口总数和人口的性别、年龄、民族、文化程度、职业及人口出生、死亡情况。全国第三次人口普查以1982年7月1日零时为计算标准时间。普查项目共19个，按人填报的有姓名、与户主关系、性别、年龄、民族、常住人口的户口登记情况、文化程度、行业、职业、不在业人口状况、婚姻状况、妇女生育的子女数和存活的子女数、1981年育龄妇女生育状况共13项；按户填报的有户别、本户住址编号、人数、出生人数、死亡人数、常住户口已外出1年以上的人数6项。全国第四次人口普查以1990年7月1日零时为计算标准时间。普查项目共21项，按人填报的有姓名、与户主关系、性别、年龄、民族、户口状况和性质、1985年7月1日常住地状况、迁来本地的原因、文化程度、在业人口的行业、在业人口的职业、不在业人口状况、婚姻状况、妇女生育和存活子女数、1989年1月1日以来的生育状况共15项；按户填报的有本户编号、户别、本户人数、本户出生人数、本户死亡人数、本户户籍人口中离开本县1年以上的人数6项。

全国第五次人口普查以2000年11月1日零时为标准时间。1999年4月，高港区成立全国第五次人口普查领导小组，成员单位由19个部门组成。2000年9月，完成全区人口、户口核对，清查户籍人口底数、流动人口情况；10月1—10日，开展入户登记，对全区64221户195223人的性别比例、年龄、民族、文化素质、家庭、婚姻、生育、劳力、迁移、住房等逐一查核登记，并清查各类流动聚集地，核查暂住人口和外出人口。2000年12月末，完成全区人口普查主要数据汇总。2001年4月，发布《高港区第五次全国人口普查公报》。

【农业普查】 第一次全国农业普查标准时间为1996年12月31日，调查标准时期为1996年。普查内容涉及农村生产经营单位、从业人口等67个项目364个指标。境内乡镇由泰兴市和姜堰市相应普查人员开展普查工作。普查人员对境内7个乡镇、155个行政村、52160户农村住户、199922人口的户口类型、从业状况，331470亩土地、180393亩耕地的使用和农用机械设备等状况逐一进行调查核实。此次普查第一次取得分户、分村、分乡镇、分乡镇企业的最基本数据，第一次采取光电录入，第一次建立户、村、乡、乡镇企业微观数据库。

第二次全国农业普查标准时间为2006年12月31日，资料时期为2006年度。普查对象为区内的农村住户、城镇农业生产经营户、农业生产经营单位、村民委员会和乡镇人民政府。普查主要内容包括农业生产条件、农业生产经营活动、农业土地利用、农村劳动力及就业、农村基础设施、农村社会服务、农村居民生活，以及乡镇、村民委员会和社区环境等方面的情况。普查采用全面调查的方法，普查人员对全区3个街道、3个镇、61个村（居）委会、4.51万户农业生产经营户、174个农业生产经营单位、48944户农村住户、167598人口的户口类型及从业状况，全区161160亩耕地的使用及农用机械设备等状况逐一进行调查登记。

【工业普查】 新中国成立初期，境内组织力量参加第一次全国工业普查。1984年至1987年3月，境内开展第二次全国工业普查，主要普查工业的内部结构、技术、设备、职工素质和经济效益4个方面357个指标。1995年，进行第三次全国工业普查，普查对象为全部工业企业，重点是国有企业、乡镇企业和外商投资企业。普查的主要内容为1995年工业生产经营基本情况（包括生产、销售、库存和成本、费用、价格、盈利等情况）、资产负债状况及其构成、生产能力利用及技术装备状况等。通过普查，查清全区工业资产的底数，工业经济的所有制结构、主要产品结构和行业结构状况，主要工业产品生产能力及其利用状况，主要生产设备数量及其技术状况等，为建立现代企业制度奠定良好的基础，同时为深化统计调查方法体系改革和提高统计数据质量创造条件。

【第三产业普查】 1993—1994年，境内各乡镇进行第一次全国第三产业普查，对1991—1992年第三产业单位、职工、增加值作调查核实。

【全国经济普查】 2004年3月开始，高港区参加第一次全国经济普查，标准时点为2004年12月31日，资料时期为2004年度。此次普查对高港区域范围内从事第二产业和第三产业的全部法人单位、产业活动单位和个体工商户的单位标志、从业人员、财务收支、资产状况，以及企业的主要生产经营活动和生产能力，主要原材料和能源消耗及科技开发的投入状况等逐一调查核实。经查，全区共有从事第二、三产业的法人单位1767个，产业活动单位1889个，个体经营户10600户，从业人员85700人，其中法人单位从业人员57089人、产业活动单位从业人员1889人。高港区普查办公室获省第一次全国经济普查先进集体称号，永安洲镇普查办公室获全国第一次全国经济普查先进集体称号。

2008年7月开始，高港区参加第二次全国经济普查，标准时点为2008年12月31日，资料时期为2008年度。经普查，全区共有从事第二、第三产业的法人单位2903个，产业活动单位3007个，个体经营户15639户；企业法人单位2518个，其中，国有企业12个，集体企业91个，股份合作企业6个，联营企业、有限责任公司和股份有限公司共236个，私营企业2029个，其他内资企业99个，中国港澳台商投资企业15个，外商投资企业30个；从业人员182164人，其中第二产业从业人员123560人、第三产业从业人员58604人。

【基本单位普查】 1996年，境内参加第一次全国基本单位普查。标准时点为1996年12月31日，对象和范围为除农户和个体户以外的所有从事社会经济活动的法人单位和产业活动单位。2001年，高港区参加第二次全国基本单位普查。标准时点为2001年12月31日，资料时期为2001年度。普查对象为区内全部法人单位及其所属产业活动单位和城乡个体工商户。普查历时2年完成。经普查，高港区2001年法人单位1770个、个体工商户8112户。

## 二、抽样调查

【人民生活调查】 1956年，境内对部分农户进行农业收益分配典型调查，对农民在抗日战争期间及1955年的生产活动进行对比调查。1957年起，对农村住户进行定点调查。1984年，对社会经济和农村社会经济进行正常调查。1998年起，高港区进行农村住户调查。全区采取随机起点、对称等距离方法，选定分布在4个乡镇的50户，现金账每月报送1次，实物账每季度报送1次，农民人均现金收入每季度报送1次，农民人均纯收入每年报送1次，由泰州市统计局通过数据质量评估反馈。当年，调查包括农村住户调查、农产量调查、畜禽调查、劳动力调查、农产品价格调查、农林牧渔中间消耗调查、农民购买农业生产资料调查、其他专项抽样调查。2002年起，高港区进行城镇住户抽样调查。根据《省政府办公厅关于加强城镇住户调查工作的通知》要求，高港区代市统计局调查队抽样调查城镇住户20户，调查城镇居民人均可支配收入、消费性支出、人均住房面积等指标，由市统计局进行数据汇总。2007年，扩大为50户，并独立进行数据汇总。

【农作物单位面积产量抽样调查】 1999年起，高港区在6个乡镇抽取10个产量测产点，每年进行夏、秋两季粮食测产。主要品种小麦、水稻单产采取实割实测方法取得，其余小品种单产由踏田估产推算，最终推算全区粮食产量。上报数据经泰州市评估返还后确定。

【畜牧业调查】 1998年起，高港区每年2次对达到规模户标准的农户的生猪、家禽进行全面调查，共设生猪调查点25个、967户，家禽调查点15个、674户，畜禽产量数据经泰州市评估返还后确定。

【农产品生产价格调查】 1998年起，高港区采取抽样调查和重点调查相结合的方法，对农产品价格进行调查。在农村住户调查中随机抽样，将有农产品出售的农户作为调查对象，采取记账采价方式，每月报送1次。

【农业生产资料购买价格调查】 1998年起，高港区采取抽样调查和重点调查相结合的方法，在农村住户调查中随机抽样，将以生产投入为目的购买生产资料的农户作为调查对象，每月报送1次。

【农林牧渔中间消耗调查】 1998年起，高港区开展农林牧渔中间消耗调查。调查样本由泰州市在价格调查户中抽取，每个受调查农户调查品种为5种。全市涉及小麦、水稻、生猪、山羊、油菜、花生、平菇、银杏、玉米9个品种，其中，生猪、山羊每半年报1次，其他品种当期上报。

【限额以下批发零售贸易抽样调查】 2003年起，为给社会消费品零售总额统计、国民经济核算和市场管理提供准确、可靠的统计依据，市统计局对全区限额以下批发零售贸易、餐饮业企业（单位）、个体批发零售贸易、餐饮业经营户随机抽样，调查限额以下批发零售贸易、餐饮业企业（单位）、个体户的商品销售总额（营业收入）、商品零售额、经营费用及从业人员等指标。

【1%人口抽样调查】 2005年，高港区参加全国1%人口抽样调查。标准时间为2005年11月1日零时，调查对象为被抽中小区内具有中华人民共和国国籍并符合条件的除中国人民解放军现役军人以外的全部人口（2005年10月31日晚居住本调查小区；户口在本户，2005年10月31日晚未居住在本户）。高港区共抽中调查小区22个，其中国家点小区10个、省点小区12个。共1459户、4566人，其中，家庭户1450户、4542人，集体户9户、24人；城市户497户、1549人，镇户410户、1272人，乡村户552户、1745人。

【重点服务业企业抽样调查】 2006年起，高港区使用抽样调查方法，对重点服务业企业开展抽样调查，以反映服务业重点行业的基本总量和发展速度，推算宏观统计数据，为国民经济核算提供基础数据。

## 第四节　统计服务与监督

### 一、统计服务

【统计资料整理与汇编】 建区后，全区每年由区统计局编印《高港统计年鉴》，年初发布上年全区国民经济和社会发展统计公报。统计年鉴分综合，农业，工业，劳动工资，批发零售业、住宿餐饮业及外经业，固定资产投资，建筑业，科技、文教、卫生、体育，财政，人均消费和小康指标等部分。

图 16-2-1　历年编印的《高港统计年鉴》

【统计分析与统计信息】 1997年起，区统计局分专业及时编印《高港统计》，分析资料，上报统计信息。2000—2008年，每月编印《高港统计月报》，每年初编印《高港统计工作手册》，及时反映全区主要经济指标完成情况及年度目标，送区四套班子负责人、区有关部门及各乡镇主要负责人。区委、区政府和省、市统计局平均每年采用其中10余篇分析、100余则信息。

### 二、统计监督

2000年起，高港区以运输业、批发零售业、住宿餐饮业、房地产业等单位为重点检查对象，加大统计执法检查和查处统计违法案件力度。2006年，共统计监审38个企业，对11个存在统计虚报、瞒报现象的企事业单位给予通报批评、警告处理，并对其中存在严重违法行为的7个企业处以5000～20000元罚款。2008年，共统计监审50个企业，对6个存在统计虚报、瞒报现象的企事业单位给予通报批评、警告处理，并对其中存在严重违法行为的4个企业处以3000～20000元罚款。2000—2006年，高港区共对200余个单位实施统计监审。

# 第三章　审计管理

1989年起，境内乡镇先后成立审计所，负责乡镇审计工作。1993年，刁铺镇在泰兴市首设审计师事务分所，隶属于泰兴市审计师事务所，承担镇行政管辖范围内及市审计师事务所授权或委托的社会审计工作。之后，口岸审计师事务分所等相继建立。1998年，区审计局成立，建立健全各项审计制度，实施审计调查和财政、财务收支、经济效益、基本建设项目、专项基金、任期经济责任等审计，开展内部、乡镇和社会审计，发挥审计工作的预防、监督、指导作用，促进经济发展和社会稳定。1998—2008年，全区共审计381个项目，查处违法违规行为金额3041.65万元，审计处理后上交财政2059万元，核减投资项目工程造价11112.1万元，向有关方面移送经济案件46起。

## 第一节　国家审计

### 一、财政预决算审计

1998年起，高港区每年对本级财政预算执行情况及1个乡镇（街道）财政决算实施审计。当年审计许庄镇人民政府1997年度财政收支，查出预算内农业综合开发支出资金未专款专用、预算外收支结余不实、农业特产税收入未全额解库、银行存款开户与核算不规范、税收征管存在薄弱环节等问题。2002年，首次将预算执行审计与部门决算审签相结合，对劳动和社会保障局、科技局、农业局、文教局4个部门预算试点实施2001年决算审签。对预算中部分收入挂账未缴库问题，要求及时入库；对区土地出让金由区国土资源分局、建设局收取和支出安排缺乏计划性问题，要求出台专门管理办法，扎口收取土地出让金；制定年度计划，统筹安排、使用城建资金，适时归还城建贷款。审计刁铺镇2001年度财政决算，查出部分专项指标未按规定安排，资金往来挂账较大，财政偿债压力较大等问题。2003年，审计预算执行情况，分析区财政收支结构、主要税源；将与财政收支有关的住房公积金审计、环保资金审计、职工养老保险基金审计等充实报告内容。审计野徐镇2002年度财政决算，针对部分应收财政款项欠收较大、白条出具多、城镇建设资金管理混乱等问题，从强化财经法治意识、加强日常监督、清理财政信用资金等方面提出6条建议。2004年，结合财政体制改革，以规范预算收支管理和财政分配秩序为目标，探索部门预算、政府采购、会计集中核算和国库集中收付条件下的审计工作模式，提高审计水平，促进完善财政机制。同时，梳理、分析、归纳历年对镇级财政决算审计的结果，揭示主要问题，提出审计报告。2005年，重点检查财政预算执行和预算外资金收支管理的合规性，审计调查与政府相关的外债情况，提出规范专项资金管理、硬化预算约束和强化债务管理，增强规避债务风险意识等建议。审计永安洲镇2003年度财政决算，延伸审计村建科、建管站、化工开发园区等财务。2006年，审计财政预算执行情况，查出教育费附加、地方教育基金和防洪保安资金未按规定及时缴入国库，违反规定从土地出让金专户结转项目中直接拨给区建设投资发展中心，违规借出农业综合开发有偿资金逾期未收回等问题。审计野徐镇2005年度财政决算，查出土地款、土地有偿使用费和改制企业资产转让款应收未收问题。2007年，督查2005—2007年度审计工作报告中提出的问题。2008年，审计2009年度预算草案；审计本级预算执行情况，发现521万元耕地占用税应征未征、1108万元契税未缴库、9个部门行政事业性收费项目未纳入预算管理等问题；审计刁铺街道财政财务收支，发现欠收财政收入958.1万元、截留征地补偿412.3万元、房屋销售342.7万元未缴相关税费等问题，依法向有关部门移送线索。

### 二、行政事业审计

1984年起，境内乡镇实施行政事业财务收支审计。至1987年，审计发现少数单位财务管理混乱，账账、账实、账据、账款、账表不符，有的乱摊成本、隐报收入，有的截留利润，均提出整改意见。1988年起，境内乡镇重点审计乡镇政府财务收支，建立常规审计制度，加大监督力度。1999年，高港区审计区财政局，发现其资金征收不力，政府预算外资金与部门预算外资金混合核算，预算外资金借出款余额较大；要求区财政部门采取措施，加强征管，落实代征任务，政府和部门预算外资金实行分账管理；并要求立即组织清收借出资金。2000年，审计某单位组建以来的财务收支情况，要求该单位补记260万元土地出让金收入；撤销未经批准开设的银行账户，将收支并入财务大账；将固定资产中遗漏的汽车、电脑等补记入账，确保国有资产安全。审计某局财务收支，收缴转移资金余款8万元，责令其严格控制招待费用，追究其主管领导的行政责任。2005年，审计某局组建以来的财务收支，查出该局下属公司某项目部虚开发票22.5万元，形成“小金库”；该局少数人涉嫌伪造董事会决议，企图私吞项目部近400万元资金等违法违规问题。将审计中发现的违法线索移交给区公安、纪检监察部门，5人被立案；对其他问题作出审计处理或处罚。2008年，审计区城管办、区科技局财政收支，发现固定资产管理不规范、专项资金未专款专用等问题。

## 三、专项审计

1998年，高港区专项审计全区7个乡镇1995年至1998年6月30日计划外生育费财务收支情况，查出一些问题。1999年，审计某公司与地方财政收支有关事项，查出累计未缴中方职工物价补贴75.98万元、欠缴教育地方附加费5万元的问题，并将应缴未缴80.98万元收缴审计专户。2002年，审计某中心2001年1月至2002年6月政府采购情况，发现3个网络工程、8辆轿车未公开招标，部分物品未履行采购程序，个别部门未按规定实行政府采购；审计2001年企业职工养老保险资金，发现26个参保企业累计欠费749万元、企业养老保险业务台账不健全及财务管理不规范。2004年，对某局具体管理的2003年度农村社会养老保险基金和失业保险基金进行审计，审计出某工作人员虚报冒领失业金，交司法机关追究其刑事责任。审计2001—2003年度小型农田水利建设资金，查出配套和自筹资金不到位、未按规定报账、结算手续不全等问题。2007年，审计2006年企业基本养老、城镇职工失业、基本医疗、工伤、生育等社会保险基金，以及1992年农保业务开展后至2006年农村社会养老保险基金，审计出社保基金方面某局私存私放财政资金88万元、未经批准设立银行账户用于结算账外资金、缴费单位欠缴社保基金955万元、某中心主任贪污挪用社保金，农保基金管理方面违规出借50万元、216万元未及时划转到位，政策制度方面保障水平过低、增值缓慢存在支付风险、集体补贴不平等等问题，对查出的问题依法作出审计决定，进行审计处理，并将案件线索交检察机关处理。2007—2008年，组织对农村道路通达工程、农村教育培训工程、农民健康工程、农村环境整治工程、农村文化建设工程专项资金进行审计，发现省补资金未及时下拨、专项补助资金未设立专账、资金未完全实行专户管理、个别项目未实施、个别单位账务处理不及时、部分配套工程建设不到位等问题。

## 四、基本建设项目审计

1994年，境内基本建设项目实施开工前审计和竣工决算审计。1996—1997年，重点审计专项治理工程建设项目。1998—2002年，审计长江堤防达标建设一期和二期工程、区级机关综合楼、劳动和社会保障局办公楼、人事局办公楼、银杏广场、太阳神广场等工程建设项目竣工决算，查处违规截留、挪用资金和损失浪费等问题。银杏广场、人事局办公楼和建设大厦的竣工决算审计共核减工程造价462万元，太阳神广场审计核减276.89万元。2004年，对太阳神广场改造工程、金港路北延工程、春港路工程、区机关宿舍楼、农网改造二期工程、港城公园工程、新区南北河改造工程、二井中沟改造工程等项目竣工决算进行审计。同时，对高港科技创业园4条道路变更及5幢厂房、综合楼变更部分进行审计，共核减工程造价1319万元。2005年，共审计10个工程建设项目，对蔡圩河改造、港城路东延、春港路东延3个计划内工程竣工决算进行审计，净核减763.69万元，核减率11.89%；对区建设局办公楼改造等7个计划外工程项目审计，净核减450.41万元，核减率31.14%。2006年，组织对港城路、南官河大桥、扬子江路改造一期工程、向阳路北延一期工程等13个固定资产投资项目进行审计，净核减4531万元，核减率20.16%。扬子江路改造一期工程原报审投资完成额为12596万元，审计核定实际投资完成额9569万元，净核减3027万元，核减率24.3%。2007年，共审计26个工程建设项目，净核减3822万元。2008年，共审计20个政府投资项目竣工决算，送审总金额7579万元，净核减976万元。

## 五、经济效益审计

1994—1996年，企业审计重点为内控制度和经济效益，检查公有资产的保值、增值，资产负债损益的真实性。1998—2002年，先后审计口岸量刃具厂、永安船厂、华新编织物有限公司、田河水工工程公司、区房管处等区属企业的任期目标、企业租赁、承包经营情况，理清、查核年度收支情况，帮助有关单位清理账目，查纠违法违纪行为，促进规范管理。2002年，区审计局参与泰州市建工机械厂破产清算、江苏登月脚蹬集团剖亏审计、高港大酒店财产盘点监交等工作。2003年，区审计局组成2个审计组，分别审查高港科技创业园财务收支、土地征用、工程建设、招商引资等情况，区政府根据调查结果及时作出有关决策。同年，区审计局延伸审计政府预算外拨给区经贸局的192万元改制费，发现存在违规使用改制回收资金问题。之后，高港区及时组织对全区改制企业资产、改制资金的回收等情况进行调查。区政府专门成立国有资产管理公司，解决资产转让率低、违规使用改制回收资金、改制回收资金收缴不力、回收资金未按规定储存、存量资产长期闲置等问题。

## 六、任期经济责任审计

1987年起，境内对县属全民和集体企业厂长（经理）实施离任审计。1999年，高港区出台《关于对领导干部实行任期经济责任审计的实施意见》，成立经济责任审计工作领导小组。2001年，区审计局增设经济责任审计科，配备专门审计人员。1999—2002年，共组织镇、区级机关、区属企业主要负责人经济责任审计项目8个。其中2001年审计区卫生局局长、区供销合作总社主任和区水利局局长任期经济责任。2003—2008年，主要对乡镇、区级机关主要负责人进行离任审计，共审计镇（街道）党政主要负责人3人、机关部门主要负责人18人，审计出被审部门、单位存在私设“小金库”、自行采购应实行政府采购的物品、资产管理不规范等问题，准确界定被审计对象应承担的责任。

## 七、审计调查

1984年末，境内由审计部门对全民企事业单位发放的钱物进行普查和抽查。1985年4月，对集资、摊派、赞助、罚款等情况进行普查和典型调查。建区后，高港区建立审计机构，重点审计调查经济社会生活中各方面关注的热点问题，对存在问题作分析，提出整改建议，触犯法纪的移交纪检监察和司法机关处理。2002年，高港区审计局组织各镇审计所对各镇范围内福利企业2001年度的生产经营，税收减免、使用、上缴，企业改制及改制企业资产、改制资金回收，高港科技创业园财务收支、土地征用、工程建设、招商引资等情况作审计调查，查出存在问题，提出改进建议。2003年，区审计局帮助高港科技创业园编、审总造价3420万元的标底27项。其中，道路11.78万平方米，排水管1.47万米，综合楼、标准厂房3万平方米。2005年，高港区审计调查与区政府相关的外债情况，准确掌握区政府及5个融资平台截至2004年末的贷款余额。之后，区政府规范举债程序，扎口贷款管理，做好项目前期论证，严格控制债务规模，建立偿债准备金制度。2006年，区审计局组织对刁铺、田河、白马3个粮管所借农业发展银行的贷款及3年的经营情况进行审计调查。2007年，开展环保资金专项审计调查，重点调查2005年后排污费征收和各级财政安排的环保专项资金使用情况，首次对资金使用效益进行审计评价。2008年，审计调查财政支农资金、农村义务教育阶段中小学公用经费等，摸清相关资金的投入、管理、使用情况，揭示出项目调整未履行手续、施工单位借资质承揽工程、未按规定使用特设专户和部分学校超范围使用公用经费等问题。

## 第二节　内部审计与乡镇审计

### 一、内部审计

1985年起，境内对凡是有下属单位的主管部门和各实体公司、县属大中型企业、事业单位逐步开展内部审计监督。1990年，在下属企业较多、管理资金较多的主管部门设立独立的内部审计机构，配备专职内审人员；重点骨干企业设立内部审计机构或明确专职内部审计人员。至2008年，区重点部门相继成立内审机构7个，明确内部审计人员16人，开展内部审计工作。

2003年，区卫生局成立会计委派中心，每年对镇（街道）卫生院开展财务监管和督查，对项目建设实施监督，确保专款专用。至2008年，该中心对4个单位主要负责人实施离任审计。2004年，泰州港务有限公司内部审计人员对高港综合码头改扩建工程进行审计，送审金额3000万元，核减210万元。2006年，区教育局对16所中心小学、初级中学、区属学校进行“免杂费、免书本费、寄宿生生活补助费”专项审计调查，对刁铺第二中心初中、永安洲镇初级中学原校长实施任期经济责任审计。1998—2008年，全区内部审计机构累计实施160个审计项目，查出各类违纪违规行为17.97万元，促进增收节支654.79万元。

### 二、乡镇审计

1989年4月，汪群乡成立审计所，为全省第一个乡镇审计所。1991年末，境内乡镇全部建立审计所。1997年，全区共有乡镇审计所7个。2008年，全区除大泗镇外，其余镇、街道均建有审计所。

1989年，汪群审计所开展企业经济效益、干部离任、固定资产投资等的审计工作。1990年，刁铺、口岸等审计所加强对效益显著企业和亏损较大的企业，以及与群众利益密切相关的农电站、农业发展基金、卫生院合作医疗、土地管理所、教育办公室、中心小学和民政科等的审计。1995年，各乡镇审计所参与推行股份合作制企业的资产评估，协助开展“财务、税收、物价”检查。对重点企业进行审计调查，对微亏企业进行审计解剖，围绕经济效益开展企业效能审计。1998年，区政府印发《高港区乡镇审计工作暂行规定》，区审计局印发《关于规范乡镇审计所工作的实施意见》，规范全区乡镇审计工作。2000年，汪群和胡庄审计所合并，对胡庄镇财务收支、村级财务等实施审计。同年，区委办公室、区政府办公室转发白马镇党委、政府《关于对干部实行任期经济责任审计的实施意见》，要求行政村主要负责人，镇机关各科室、镇属事业单位主要负责人，镇办企业的法定代表人任期届满，或任期内办理调任、转任、轮岗、免职、辞职、退休等事项前，或在企业进行改制、改组、兼并、出售、拍卖、破产、关闭等集体资产重组时，接受任期经济责任审计。2001年，区审计局出台《高港区乡镇审计工作考核办法》，促进乡镇审计工作规范化建设，提高乡镇审计业务质量。2002年起，口岸审计所每年审计重点村财务，重点查看征地拆迁补偿款等收入是否入账、支出是否合理等。2005年，各乡镇审计所组织学习贯彻《江苏省乡镇审计操作指南（试行）》，并严格按照相关要求实施审计，提升乡镇审计工作质量和水平。2008年，刁铺街道出台《关于加强审计监督工作的意见》，许庄街道审计所制定内部审计制度，2个街道分别规范内部审计行为，强化镇（街道）审计管理。1997—2008年，全区镇（街道）审计所共实施审计项目450个，其中财务审计185个、经济责任审计54个，查处损失浪费1914.8万元，纠正违纪违规金额2155.16万元。

## 第三节 社会审计

1993年3月，泰兴市审计师事务所刁铺分所、口岸分所成立，从事委托财务收支审计、经济案件鉴定、验资年检、资产评估、工程造价咨询、财务人员培训等业务。1998年5月，口岸分所、刁铺分所合并，建成泰州市审计师事务所高港分所；10月，更名为泰州高港会计师事务所。1999年11月，泰州高港会计师事务所注销，由注册会计师发起组建泰州金田会计师事务所有限公司。

1999—2008年，泰州金田会计师事务所出具工程决算审计报告334份，合同金额32.73亿元，净核减5.13亿元；出具验资审计报告1421份，验资金额27.02亿元；出具工商年检审计报告2376份，出具企业改制审计报告102份。

1999—2008年高港区社会审计情况一览表

表128　　单位：份

| 年份 | 出具审计项目报告 | | | | | | 审计承接单位 |
|---|---|---|---|---|---|---|---|
| | 全面审计报告 | 企业改制审计报告 | 验资审计报告 | 评估审计报告 | 工程决算审计报告 | 工商年检审计报告 | |
| 1999 | 8 | — | 67 | — | — | 104 | 泰州金田会计事务所有限公司 |
| 2000 | 12 | 14 | 92 | — | 14 | 213 | |
| 2001 | 17 | — | 103 | — | 19 | 256 | |
| 2002 | 12 | 16 | 124 | — | 22 | 277 | |
| 2003 | 10 | 15 | 135 | — | 24 | 283 | |
| 2004 | 13 | 19 | 123 | 16 | 33 | 245 | |
| 2005 | 15 | 16 | 125 | 39 | 36 | 203 | |
| 2006 | 61 | 12 | 209 | 43 | 31 | 311 | |
| 2007 | 17 | 6 | 270 | 139 | 71 | 298 | |
| 2008 | 14 | 4 | 173 | 186 | 84 | 186 | |

# 第四章　工商行政管理

1949年11月24日，口岸区工商管理所建立。1963年，境内口岸区及其他乡镇相继建立市场管理委员会、市场管理小组。1964年，境内乡镇相继成立打击投机倒把领导小组。1965年，境内设有口岸、刁铺市场管理所和高港检查站。1987年末，设口岸镇工商所、刁铺镇工商所和高港检查站，负责所辖地域工商行政管理工作。1997年，泰州市工商行政管理局高港分局（简称高港工商分局）成立，下设口岸、刁铺、野徐、港区4个工商所。口岸工商所负责口岸镇、田河乡的工商行政管理工作，刁铺工商所负责刁铺镇、许庄乡的工商行政管理工作，野徐工商所负责野徐乡、白马乡的工商行政管理工作，港区工商所负责永安洲镇、泰州港高港港区的工商行政管理工作。1999年2月，泰州市工商行政管理局高港分局更名为泰州工商行政管理局高港分局。2002年7月，撤销港区工商所，其管辖区域划归口岸工商所管理。2008年，高港工商分局下设口岸工商所、刁铺工商所、野徐工商所3个派出机构。

## 第一节　市场管理

### 一、市场建设

1949年4月，境内全部解放，人民政府拨粮调节市场、稳定物价。1951年，酒行、猪行公会订立议价制度，贯彻私酿专卖政策，发放收购证，统一价格。1954年，政府利用工商业联合会加强市场物价管理，贯彻统购统销政策，实行议价、明码标价，收回粮食摊贩许可证，整顿无证商贩。1958—1959年，境内市场管理太严，集市贸易无形消失。1959年8月，境内交易市场用秤统一改为十两制。1961年，政府贯彻“管而不死，活而不乱”的原则，境内集市贸易逐步恢复。1965年，口岸镇集市贸易场所规模较大，刁铺镇规模中等，孔家桥规模较小。“文化大革命”期间，集市贸易、家庭副业及在国家计划市场外的一切交易和从事的服务活动被严加限制或批判，境内集市萧条，供应紧张，黑市抬头。中共十一届三中全会后，逐步放宽经济政策，开放集市贸易，境内市场日趋繁荣，工商部门及时给贩运家禽鲜蛋等农副产品的农民发放农副产品贩运证，对欺行霸市等不法行为给予制止和打击。1984年，境内工商部门疏理流通渠道，支持发展商品生产。1985年，刁铺镇、口岸镇各新建农贸市场1个，缓解买菜卖菜难题。1987年，境内工商部门出台市场扶持政策，规范市场经营，不断创新市场培育和管理方法，使境内市场环境不断改善，投资规模不断增加，各市场基本达到划行归市、亮证经营、明码标价、公平交易。至1996年，大泗、口岸、刁铺、野徐、田河、胡庄、汪群、永安洲、许庄等乡镇均建有综合性农贸市场，白马乡在增产村建有小型农贸市场。建区后，高港工商分局制定各类市场管理政策和规章制度，协调和指导市场各种经济关系，开展市场调查研究，实行“统一制度、统一规范、统一网络图、统一台账、统一措施”的“五统一”管理模式，开展创文明经营户、诚实守信经营户等创争活动，培育和发展市场。1997年末，全区经工商部门登记的市场共有7个，其中亿元以上市场

1个，全区市场年成交额3亿元。2001年12月，高港工商分局职能转变，不再参与市场经营。2005年，全区有各类市场13个，其中农贸市场11个、工业品市场2个，超亿元市场4个，全区市场成交额16.54亿元。2008年，全区有各类商品交易市场10个，其中农副产品市场8个、消费品市场2个，超亿元市场6个，全区市场总面积近30万平方米，市场成交额23亿元。

## 二、市场监管

1997年起，高港工商分局逐步强化市场巡查监管，加大对生产资料市场、生产要素市场的管理力度，全面推行市场规范化管理，实行亮照经营，明码标价，设立公平秤，推广使用电子秤，整顿市场经济秩序。2000年，集中开展烟花爆竹、电子游戏、歌舞娱乐、桑拿按摩、录像放映、宾馆饭店、美容美发等行业的清理整顿，共查扣过期、不合格食品320余千克，查处虚假标识的饮料600余瓶，取缔无照经营户8户。2001年，开展"商业广告专项执法""取缔无照经营""登记执法大检查""阳光操作""打假维权一条街"等专项活动，先后检查各类市场主体400个，取缔无照经营户50户、疏导办照216户；以治脏、治乱为重点，搬迁废品收购点14个，监测违法广告20余条。2002年6月，高港工商分局会同公安、文化等部门专项整治"黑网吧"，取缔"黑网吧"6个。2003年3月，泰州市《无照经营查处取缔办法》开始实施，高港工商分局全年查处取缔各类无照经营户45户。4月，全国抗击非典型性肺炎，高港工商分局全面检查防护用品、防治药品；9—10月，收缴非法销售的"毒鼠强"236包。2004年3月，强化对互联网上网服务营业场所的监督管理，查处互联网上网服务营业场所无照经营行为，取缔黑网吧3个。5月阜阳毒奶粉事件发生后，加大对以劣质奶粉冒充品牌奶粉的打击力度，收缴不合格奶粉122袋。6月，省工商局发布《江苏省农副产品市场实施"肉菜粮放心工程"标准体系（试行）》后，高港工商分局成立工作小组，负责引导市场主办者和入场经营者实施"肉菜粮放心工程"，实行长效管理。2005年3月，实行新的农资商品质量监管制度，开展对农资经营单位的证照检查，对农资质量进行监测。8月，高港工商分局配备检测设备，对集贸市场销售农资商品和食品的质量进行监测。2006年4月，进一步规范市场开办和经营行为，在市场内建立索证索票制度、台账登记制度、市场公示制度、先行赔偿制度、市场检测制度，明确各工商所的市场巡查制度、市场预警制度、市场信用记录制度和应急工作制度。2008年9月"三鹿"三聚氰胺奶粉事件发生后，高港工商分局在全区组织开展婴幼儿奶粉专项检查8次，下架封存涉嫌添加三聚氰胺的奶粉519袋，向46名婴幼儿家长发放赔偿款。

## 三、经纪人管理

建区初，经纪业主要从事农产品的经纪。随着全区经济的快速发展，经纪业逐渐向房地产、家政、广告、文化、运输等多行业发展。2002年1月1日《江苏省经纪人条例》实施后，高港区对经纪人实施登记管理。2003年2月省工商局印发《江苏省经纪执业资格考核基本规范》后，高港区对经纪人开展培训、考试、发证等管理工作。2003年，全区经工商部门登记的农村经纪人共有81人。2004年8月国家工商总局颁布《经纪人管理办法》后，高港区进一步规范经纪行为。同年，高港区经纪人协会成立，首批会员63人。2005年，全区经工商部门登记的各类经纪人103人，其中房地产经纪人8人、技术（含农技）经纪人11人、文化经纪人3人。2005—2007年，全区登记各类经纪人290人，其中房地产经纪人12人、农村经纪人118人、技术（含农技）经纪人11人、公司经纪人15人、文化经纪人3人、个体经纪人76人、其他经纪人55人。2008年，高港工商分局每名工作人员联系2～3名经纪人，为兴办各类农民专业合作社提供辅导和咨询服务，对名称核准、章程起草、申请材料的整理进行全程指导，引导鼓励经纪人在经纪规模上求发展，在经营范围上求突破，在经营手段上求创新。至2008

年末，全区经登记的各类经纪人316人，其中房地产经纪人14人、家政服务经纪人3人、信息经纪人32人、农村经纪人173人、其他经纪人94人。当年，全区通过农村经纪人及农村专业合作经济组织促成交易的农产品交易额为1.23亿元。

## 第二节　登记注册管理

建区前，境内企业和个体工商户的登记注册由所在县（市）工商局负责。1997年8月高港工商分局成立后，对高港区的所有企业和个体工商户进行字号和地址变更登记，同时开展企业和个体工商户的设立登记。1999年12月，按照国家工商总局《企业名称登记管理实施办法》，高港工商分局完善企业名称登记管理程序和要求。2001年11月，高港工商分局设立注册登记办事大厅，方便企业和群众办事。2002年，高港区实施注册登记网上办公，并将登记注册信息录入全省共享数据库。2003年，各工商所对个体工商户进行注册登记。2004年6月，高港区贯彻执行国家工商总局发布的《企业登记程序规定》《公司注册资本登记管理规定》《企业经营范围登记管理规定》。2005年2月，高港工商分局注册登记科进入区行政服务中心统一办公，负责对注册资本不超过500万元的内资公司和个人独资企业注册登记。

### 一、国有、集体企业注册登记

1997年高港工商分局成立后，对高港区1674个国有、集体企业进行字号和地址变更登记。1999年，对名为集体所有制企业实为私营企业的进行清理，共清理企业263个。2000年，逐步清理注销原党政机关下属的非公司制企业法人和营业单位，共注销集体所有制企业730个。2002年，根据泰州工商行政管理局《关于发挥工商行政管理职能，促进全市企业“三置换一保障”改革和发展的意见》，加快企业改制进程，共注销全民企业46个。2003年，按照市委、市政府“3年改革任务2年完成”目标，高港工商分局认真开展企业改制登记，至11月，全区区属企业改制面90%以上。2004年，对遗留问题较多的应改制企业进一步加大改制推进力度，与国有资产监督管理机构加强联系，研究规范国有资产的出资、转让等处置方式，并鼓励私营企业参与公有制经济的改革。当年，为255个国有、集体企业办理变更登记手续；为34个国有、集体企业办理注销手续。2008年末，全区国有、集体企业499个，注册资本总额21.51亿元。

1997—2008年高港区国有、集体企业注册登记情况一览表

表129

| 年　份 | 登记企业（个） | 登记企业总数（个） | 注册资金总额（万元） |
|---|---|---|---|
| 1997 | 82 | 1756 | 133143 |
| 1998 | 108 | 1525 | 133574 |
| 1999 | 134 | 1417 | 137468 |
| 2000 | 191 | 1376 | 141725 |

续表129

| 年　份 | 登记企业(个) | 登记企业总数(个) | 注册资金总额(万元) |
|---|---|---|---|
| 2001 | 100 | 1103 | 145678 |
| 2002 | 92 | 968 | 162153 |
| 2003 | 61 | 755 | 182763 |
| 2004 | 58 | 643 | 187057 |
| 2005 | 39 | 598 | 191011 |
| 2006 | 48 | 565 | 197858 |
| 2007 | 36 | 527 | 206800 |
| 2008 | 67 | 499 | 215100 |

## 二、外资和港澳台资企业注册登记

20世纪90年代起，外资和港澳台资企业逐步进入境内，由所在地县（市）工商局登记注册。1997年起，外资和港澳台资企业由泰州市工商行政管理局登记注册，高港工商分局监督管理。2008年，全区有外资和港澳台资企业79个。

### 1997—2008年高港区外资和港澳台资企业注册登记情况一览表

表130

| 年　份 | 登记企业(个) | 注销企业(个) | 企业总数(个) | 注册资金总额(万元) |
|---|---|---|---|---|
| 1997 | 2 | 0 | 12 | 2059 |
| 1998 | 3 | 1 | 14 | 2142 |
| 1999 | 3 | 1 | 16 | 5466 |
| 2000 | 9 | 7 | 18 | 6494 |
| 2001 | 10 | 9 | 19 | 9102 |
| 2002 | 26 | 17 | 28 | 13805 |
| 2003 | 20 | 13 | 35 | 17284 |
| 2004 | 23 | 13 | 45 | 23315 |
| 2005 | 25 | 17 | 53 | 40163 |
| 2006 | 16 | 7 | 62 | 64487 |
| 2007 | 18 | 5 | 75 | 87200 |
| 2008 | 19 | 15 | 79 | 89547 |

## 三、私营企业、个体工商户注册登记

1997年高港工商分局成立时，全区私营企业28个、个体工商户102户。1998年，高港工商分局通过大面积走访和换照登记工作，基本摸清全区企业现状。区政府制定政策措施，鼓励和促进个体私营经济发展。此后，全区私营企业和个体工商户的发展呈逐年上升趋势。2000年全区登记个人独资企业341个，注册资本累计1.06亿元。2003年7月，高港工商分局授权基层工商所对个体工商户登记注册，全区新增个体工商户660户，共有个体工商户1561户。2006年2月，高港区首个一人公司——高港文峰千家惠百货有限公司成立；3月，泰州工商行政管理局印发《关于明确各分局公司登记管理管辖权的通知》，明确高港工商分局的企业登记注册权限为负责辖区内注册资本500万元（不含500万元）人民币以下的内资、私营公司的登记注册工作。当年全区新增私营企业391个，新增注册资金3.04亿元，新增注册资金500万元以上私营企业15个，其中注册资金1000万元以上企业6个，投资额最高的为4980万元。2007年，全区新增合伙企业3个，新增个体工商户1703户，共有个体工商户10234户；新登记注册私营企业459个，其中注册资本500万元以上的企业42个；民营经济注册资本总额净增16.22亿元，列泰州各市、区之首。2008年，全区新增私营企业425个，净增注册资本11.4亿元，新增注册资本500万元以上的企业34个。至2008年，全区登记私营企业2276个，注册资金46.44亿元，分别是1997年的81.3倍和54.6倍；登记个体工商户11670户，注册资金24.41亿元，分别是1997年的114倍和39倍；私营企业、个体工商户的增长速度列全市前列。

### 1997—2008年高港区个体工商户、私营企业发展情况一览表

表131

| 年　份 | 个体工商户（户） | 注册资金（万元） | 私营企业（个） | 注册资金（万元） |
|---|---|---|---|---|
| 1997 | 102 | 6200 | 28 | 8500 |
| 1998 | 144 | 8500 | 73 | 26690 |
| 1999 | 213 | 11200 | 125 | 39980 |
| 2000 | 295 | 14300 | 156 | 53072 |
| 2001 | 406 | 18000 | 203 | 83100 |
| 2002 | 901 | 42000 | 449 | 123200 |
| 2003 | 1561 | 61000 | 714 | 198500 |
| 2004 | 2708 | 81100 | 961 | 206400 |
| 2005 | 5845 | 101100 | 1235 | 298500 |
| 2006 | 8536 | 110100 | 1426 | 316500 |
| 2007 | 10239 | 130100 | 1817 | 371900 |
| 2008 | 11670 | 244100 | 2276 | 464400 |

# 第三节　企业年检与经济户口管理

## 一、企业年检

1978年，境内工商企业实行一年一度的工商年检。1997年1月1日，《企业年度检验办法》开始施行，境内企业年检工作由所在市工商局负责。1998年高港工商分局成立后，对1998年以前设立的内资企业开展年度检验，共检验内资企业850个，占应检企业的44.29%；直接申请注销的"三无"企业和违规企业1049个，占内资企业的54.67%；迁出企业217个，吊销注销23个。1999年，严格审查企业名称、股东资格、出资情况，应检内资企业1403个，实检内资企业1193个。查出企业名称相同或相近的23个，不具备股东资格的57个，虚假出资、抽逃注册资金的103个，规范审计报告的325个。2000年，高港工商分局建立系统的全区企业监管台账。2005年1月省工商局印发《关于企业年检工作有关问题的规范意见》后，高港工商分局进一步提高年检工作的效率和质量。2006年3月1日新的《企业年度检验办法》实施后，对企业年度检验工作作出新的要求。至2008年，高港工商分局简化年检手续，规范年检程序，检查形式可以采取书面审查，检查范围由全面检查转为对与登记事项有关情况的检查，年检更加便民高效。

1997—2008年高港区企业年度检验情况一览表

表132　　　　单位：个

| 年　份 | 年末企业数 | 通过年检企业数 | 注销吊销企业数 |
|---|---|---|---|
| 1997 | 1260 | 1066 | 7 |
| 1998 | 1241 | 1055 | 23 |
| 1999 | 1403 | 1193 | 3 |
| 2000 | 1562 | 1328 | 27 |
| 2001 | 1715 | 1457 | 23 |
| 2002 | 1780 | 1513 | 47 |
| 2003 | 2138 | 1818 | 322 |
| 2004 | 2420 | 2055 | 8 |
| 2005 | 2518 | 2094 | 17 |
| 2006 | 2850 | 2426 | 40 |
| 2007 | 3248 | 2761 | 515 |
| 2008 | 3522 | 2994 | 390 |

## 二、经济户口管理

2000年4月省工商局出台《"经济户口"管理暂行办法》后，高港工商分局对市场主体实行"经济户口"管理。2001年，开始着手建立信息化的"经济户口"。2002年末，全省工商系统联网成功，高港区"经济户口"管理系统全面完成。2004年5月省工商局印发《企业信用分类监管实施办法》后，高港工商分局按照企业信用分类标准对企业划定等级，对"经济户口"按信用分类实施不同监管。2005年11月，高港工商分局贯彻实施省工商局《信用联动监管实施办法》，完善相关登记信息，行政处罚信息，"守合同重信用"企业信息，驰名、著名商标信息。12月，组织基层工商所参加第二版"经济户口"管理软件业务培训。2006年，确认和划分全区重点热点行业企业，并进行网上抽查和通报。2007年，组织开展"深化经济户口网格化管理季"活动，以基层工商分局（所）为责任单位，制定"经济户口"管理网格化图，合理设定监管区域，明确市场监管主体，标示企业地理方位，正确划分监管类型，落实巡查监管人员，细化监管工作任务，进一步完善基层工商分局（所）长、巡查组长、巡查人员三级行政执法责任体系。2008年，组织学习《江苏省商品交易市场标准化管理办法（试行）》，通过宣传发动，使市场管理干部和市场开办者、经营者了解商品交易市场标准化管理的基本内容，明确实施标准化管理对市场及经营户发展的意义，调动市场主办者的积极性。

# 第四节　经济合同管理

## 一、合同鉴证

20世纪50年代工商企业公私合营后，境内企业之间签订经济合同，但执行不严。1979年，工商部门根据合同双方当事人自愿提出的申请，对双方所立合同的真实性和合法性进行审查。1981年12月13日《中华人民共和国经济合同法》颁布实施后，境内凡工商、农商、不同商业之间所签订的经济合同，工商部门均予以鉴证，银行、信用社凭鉴证后的经济合同办理结算，对经济合同制起进一步推动作用。1985年后，境内工商部门进一步加强合同鉴证工作。1987年，境内初步形成由经济合同管理机关、业务主管部门和工商企业组成的三级经济合同管理网络。1988年，境内各乡镇工商所开展法规培训、法律咨询、帮助企业引资等服务活动，调解、仲裁经济合同纠纷。1995年9月1日《中华人民共和国仲裁法》颁布后，境内工商行政管理部门的调解、仲裁工作结束。1998年，高港工商分局在全区实施"红盾解忧工程"，以50个大中型骨干企业和困难企业为重点，指导、帮助企业改制，加强合同、商标、广告管理，协助企业追要拖欠款，办理动产抵押融通资金，解决企业机制不活、管理不善、资金短缺、产品市场占有率低、下岗职工多以及因合同纠纷导致"三角债"不能解决等问题。1999—2001年，共为帮扶企业办理改制登记52个；办理合同资信56件，为企业避免经济损失328万元；办理抵押登记36件，为企业引进资金2.9亿元；调解合同争议案件23件，协助企业追收拖欠款21万元。2004年6月，国家工商行政管理局《合同鉴证办法》废止，高港区工商部门的合同鉴证职能随之取消。

1984年起，境内开展争创"守合同重信用"企业活动。建区后，区工商部门加大争创"守合同重信用"企业活动力度。1998—2008年，江苏昆仑光源材料有限公司、泰州市东方印刷版材有限公司、泰州市高新非织造布有限公司、江苏奔仙丝绸服装有限公司、泰州市旺灵绝缘材料厂、江苏能建机电实业有限公司、江苏新华龙调速电机有限公司、泰州市南方拖配有限公司、泰州市新区农机厂、江苏扬子江药业集团凯威药用包装有限公司、泰州市环太电器厂、江苏三峡消防器材厂、泰州市飞翔车辆工具厂、江苏扬子环保设备工程有限公司、泰州市扬扬劳保用品厂、泰州市东方离合器有限公司、江苏追日汽车同步器有限公司、泰州市琼花传动机械总厂、泰州市鸿宝消防器材有限公司连续10年获评省、市级“守合同重信用”企业。

### 1997—2004年高港工商分局合同鉴证情况一览表

表133

| 年　份 | 鉴证合同数（份） | 合同标的总额（万元） | 年　份 | 鉴证合同数（份） | 合同标的总额（万元） |
|---|---|---|---|---|---|
| 1997 | 126 | 1167.2 | 2001 | 316 | 6230.8 |
| 1998 | 283 | 3628.5 | 2002 | 309 | 6729.6 |
| 1999 | 276 | 3725.5 | 2003 | 378 | 7835.5 |
| 2000 | 352 | 5125 | 2004 | 369 | 7965.4 |

## 二、仲裁调解

20世纪80年代初，境内工商部门成立经济合同仲裁机构，开展调解仲裁工作。1995年9月1日起，《中华人民共和国仲裁法》颁布实施，境内工商部门对经济合同的仲裁职能结束。1997年8月高港工商分局成立后，开始推行示范合同文本，加强经济合同的监督。同年11月国家工商总局颁布《合同争议行政调解办法》后，高港工商分局充分发挥合同争议行政调解职能，维护合同双方当事人的合法权益和社会经济秩序。1999年，高港工商分局在基层工商所设立合同争议调解室，制定规范的合同行政争议调解规则和文书，开展合同行政争议调解工作。全年受理合同争议案件18件，争议金额25.5万元，调解成功率100%，解决争议金额24.6万元。2003年1月，高港工商分局进一步完善合同行政争议调解工作网络，全年受理合同争议案件26件，争议金额35.6万元，调解成功率100%。

1997—2008年，高港工商分局共受理各种争议案件271件，争议金额547.7万元，成功调解264件，调解金额524.8万元，调解成功率97.42%。

### 1997—2008年高港工商分局合同争议调解情况一览表

表134

| 年　份 | 受理合同争议（件） | 争议合同标的总额（万元） | 成功调解争议合同（件） | 成功调解争议合同标的总额（万元） |
|---|---|---|---|---|
| 1997 | 5 | 11.3 | 5 | 11.3 |
| 1998 | 12 | 22.6 | 12 | 22.6 |
| 1999 | 18 | 25.5 | 18 | 24.6 |
| 2000 | 17 | 32.5 | 17 | 31.6 |

续表134

| 年　份 | 受理合同争议（件） | 争议合同标的总额（万元） | 成功调解争议合同（件） | 成功调解争议合同标的总额（万元） |
|---|---|---|---|---|
| 2001 | 20 | 39.5 | 20 | 39.3 |
| 2002 | 22 | 45.2 | 21 | 42.6 |
| 2003 | 26 | 35.6 | 26 | 35.4 |
| 2004 | 23 | 46.5 | 23 | 46.5 |
| 2005 | 28 | 63.5 | 27 | 61.2 |
| 2006 | 30 | 67.6 | 29 | 63.5 |
| 2007 | 37 | 78.5 | 35 | 70.6 |
| 2008 | 33 | 79.4 | 31 | 75.6 |

## 三、抵押登记

1995年10月，境内工商机构开始对企业动产实行抵押登记。1997—2001年，高港工商分局为泰州市东方离合器有限公司办理固定资产融资及小额贷款2718万元。2002年，组织150余名私营企业主参加世界贸易知识学习会，加快社会信用体系构筑，帮助口岸船舶工业公司等8个企业办理抵押登记22份，为企业争取1.32亿元的流动资金，解决部分企业流动资金短缺问题。2003年，为泰州市东方齿轮有限公司、泰州市三泰船业有限公司等6个重点骨干企业提供征信服务，共融资800余万元。2004年，为泰州市新港照明有限公司、泰州市东方印刷版材有限公司等4个企业办理抵押贷款1200万元。2006年，共办理抵押登记18份，指导帮助企业融资2.35亿元，盘活企业固定资产5.71亿元。为泰州市旺灵绝缘材料厂、口岸船舶工业公司办理抵押贷款1200万元。2007年10月起，高港工商分局按照国家工商总局新制定的《动产抵押登记办法》开展动产抵押登记工作，充分发挥抵押登记职能。当年，为泰州口岸船舶有限公司利用固定资产抵押融资2000万元。2008年，为泰州市东方印刷版材有限公司、泰州市三福船舶工程有限公司等企业办理抵押登记23件，抵押物价值4.91亿元，主债权金额2.27亿元。1997—2008年，全区共办理抵押登记232件，融资金额累计3.65亿元。

### 1997—2008年高港工商分局动产抵押登记情况一览表

表135

| 年　份 | 办理抵押登记（件） | 融资金额累计（万元） | 动产价值累计（万元） |
|---|---|---|---|
| 1997 | 6 | 718 | 2652 |
| 1998 | 12 | 2726 | 5265 |
| 1999 | 14 | 3580 | 8598 |
| 2000 | 17 | 9860 | 22562 |

续表135

| 年　份 | 办理抵押登记(件) | 融资金额累计(万元) | 动产价值累计(万元) |
|---|---|---|---|
| 2001 | 20 | 18560 | 45325 |
| 2002 | 22 | 19525 | 48520 |
| 2003 | 25 | 21537 | 45360 |
| 2004 | 27 | 18625 | 38554 |
| 2005 | 27 | 26528 | 52549 |
| 2006 | 18 | 21537 | 45360 |
| 2007 | 21 | 28625 | 78554 |
| 2008 | 23 | 36528 | 82547 |

## 第五节　商标与广告管理

### 一、商标管理

新中国成立初，境内商标注册管理由商业部门负责。1959年，刁铺烟丝厂的1～5级烟丝分别使用中央工商局批准注册的“工农”“劳动”“光荣”“团结”“生产”商标。1978年后，商标管理工作由工商管理部门负责，开展商标普查登记、商标法规宣传、商标违法案件查处等工作。1997年8月，高港工商分局企业登记管理股成立，负责高港区内各类市场主体(不含外资)登记、变更、注销的受理、初审工作，核发有关执照，管理商标。1997年，全区共有注册商标96件，绝大部分为化妆品商标。2000年起，泰州市知名商标认定工作开始。当年3月，“三峡”消防水带、“奔仙”睡衣、“昆仑”光源材料被认定为泰州市知名商标。2001年1月，扬子江药业集团的“护佑”文字及图形商标被省工商局认定为省著名商标，这为高港区第一件省著名商标。2002年《奥林匹克标志保护条例》《奥林匹克标志备案及管理办法》实施后，高港工商分局对侵犯奥林匹克标志商标专用权行为进行打击，共查处侵犯奥林匹克标志商标专用权案2起。当年，“奔仙”睡衣成为高港区第二件省著名商标。2003年4月国家工商总局《驰名商标认定和保护规定》《集体商标、证明商标注册和管理办法》发布后，高港工商分局对规模较大的企业进行宣传，动员企业对商标品牌加大广告宣传力度，搜集整理资料，做好驰名商标申报准备工作。2004年8月起，高港工商分局根据国家工商总局《商标印制管理办法》，加强对相关企业的督查管理，规范商标印制行为，从源头上保护商标专用权。2005年9月起，贯彻执行省工商局《江苏省定牌加工企业商标使用行为规范》《江苏省商标印制管理工作规范》。当年，扬子江药业集团“护佑”文字及图形商标被国家工商总局商标局认定为中国驰名商标。2007年6月起，高港工商分局贯彻执行省工商局《江苏省著名商标认定标准》。当年，成功申报江苏省著名商标5件。至2008年末，全区有注册商标702件，比建区初增长6倍。其中中国驰名商标1件、江苏省著名商标7件、泰州市知名商标16件。

## 2008年高港区驰名、著名、知名商标情况一览表

表136

| 类　别 | 企业名称 | 商　标 | 核定使用商品 |
|---|---|---|---|
| 中国驰名商标 | 扬子江药业集团 | 护　佑 | 医用制剂、化学药物制剂、止痛药、药物胶囊、人用药 |
| 江苏省著名商标 | 扬子江药业集团 | 伟　迪 | 医用制剂、化学药物制剂、止痛药、药物胶囊、人用药 |
| | 江苏宇马铝业有限公司 | 宇　马 | 铝、半加工或未加工普通金属 |
| | 江苏追日汽车同步器有限公司 | 追　日 | 铁路车辆转向架、汽车及陆地车辆传动齿轮、陆地车辆用离合器、陆地车辆变速箱 |
| | 江苏三泰啤酒集团有限公司 | 三　泰 | 啤酒、果汁、蔬菜汁、水饮料、果子晶 |
| | 江苏奔仙丝绸服装有限公司 | 奔仙 benxian | 睡衣、晨衣、夹克、浴衣、内衣 |
| | 江苏能建机电实业集团有限公司 | 远亚及图 | 滤油机 |
| | 泰州市东方印刷版材有限公司 | 东　方 | 感光版、胶印感光版、胶印用感光印刷版、光谱感光版 |
| 泰州市知名商标 | 江苏三峡消防器材厂 | 三峡及图 | 消防水带 |
| | 泰州市电光源材料厂 | 昆仑及图 | 普通金属合金等 |
| | 江苏奔仙丝绸服装有限公司 | 图　形 | 服装 |
| | 泰州市琼花传动机械总厂 | 琼花及图 | 减速机 |
| | 江苏扬子江药业集团凯威药用包装厂 | 凯威及图 | 塑料制填充或衬垫用包装材料 |
| | 泰州市港城齿轮有限公司 | 雷　东 | 汽车同步器 |
| | 泰州市奥华体育健身器材有限公司 | 奥华及图 | 锻炼身体器材 |
| | 泰州市华春健身用品有限公司 | 华春及图 | 门球器材等 |
| | 泰州市华通消防装备厂 | 登月及图 | 灭火设备等 |
| | 江苏金碧辉煌门业有限公司 | 金陛辉煌 | 金属门等 |
| | 江苏新华龙调速电机有限公司 | 华　龙 | 调速机等 |
| | 泰州市东方印刷版材有限公司 | 东方及图 | 胶印感光用版 |
| | 泰州市旺灵绝缘材料厂 | 旺　灵 | 绝缘材料 |
| | 江苏追日汽车同步器有限公司 | 追　日 | 同步器 |
| | 泰州市新星染料化工厂 | 银　杏 | 染料 |
| | 江苏能建机电实业有限公司 | 远亚及图 | 滤油机 |

## 二、广告管理

1982年2月起，境内工商机构监督管理广告。1997年，高港工商分局对广告经营单位进行全面检查，重点检查广告企业的资质，查处虚假广告。当年，共查处虚假广告案5起，取缔广告无照经营户2户。2000年3月，贯彻执行国家工商行政管理局《印刷品广告管理办法》，走访12个印刷企业，督促企业进行印刷品广告登记，并按要求从事印刷品广告经营。2001年，连续开展医疗、药品、保健食品、化妆品、美容服务5类广告专项整治，检查广告经营单位、印刷企业、药店、诊所及其他经营主体366户次，责令拆除13个违规的牌匾广告，收缴商品虚假宣传单7600份，立案查处13件涉嫌虚假宣传的行为。2002年，开展房地产广告专项治理，责令拆除房地产广告11件。2003年，对全区广告经营单位进行检查，注销广告经营许可证2份，查处违法张贴性病治疗小广告行为1起，取缔非法行医的诊所6个。2005年1月，组织广告从业人员参加培训，加强对广告经营资格的检查及广告经营行为的监督管理。2006年7月1日，新的《户外广告登记管理规定》施行，高港工商分局开展专项清理活动，限期拆除11个违反规定的户外广告。9月，开通违法广告举报热线"6918665"。至年末，接到投诉举报12起，立案查处12起。2008年，全区查处各类非法"性药品"广告8起。

# 第六节　工商行政执法

1998年，高港工商分局重点查处假冒伪劣和走私贩私，对城郊结合部和偏远地区的食品、农资、建筑装饰材料进行专项整治，共出动执法人员100余人次，检查各类经营点350余个，立案查处各类制售假冒伪劣商品案件9件。1999年，清查非法出版书籍35本、画像22张。组织开展非法拼装摩托车专项整治，查扣无合格证的摩托车28辆。2000年，开展"整顿卷烟市场，打击走私卷烟"专项整治活动，查扣"555""万宝路"等走私烟275条。2001—2004年，开展"红盾闪光""红盾春雷""红盾护农""打假大扫荡""打假保名牌""万人百日执法"等打假执法行动，查处无照从事房地产开发案件2起；查处0号柴油冒充-10号柴油销售案1起，罚款5万元；查处无照经营加油站2个，罚款3.5万元；查扣假冒"天下畅"高粱酒1100瓶、假冒"金六福"标识307套、散装白酒675千克。2003年3月，

图 16-4-1　工商执法检查（2006年摄）

高港工商分局发现线索，蹲点监控1周，捣毁传销窝点1个。2004年，开展“保健康、保安全”专项执法行动，加大对制售假冒伪劣食品、农资、建材等行为的打击力度，查处违法行为32件。2005年，重点查处歌舞娱乐、电子游戏、录像放映、网吧、桑拿洗浴按摩、烟花爆竹、化工、煤气、交通运输、锅炉压力容器制造、建筑、石油、食品（含餐饮）等涉及人民群众生命财产安全的14个行业及废品收购行业的无照经营行为。2006年，加大对传销行为和商业贿赂行为的查处力度，捣毁传销窝点24个，没收传销企业贵州红跃药业集团生产的“山霸”保健药品198瓶，移交公安部门15人，遣散传销人员760余人次；查处商业贿赂行为3起；对全区化工生产企业、排污企业、烟花爆竹企业集中开展专项整治，查处违法行为28起，下达责令改正通知书18份，责令手续不全的16个违法经营企业停业整顿。2008年，对商品零售场所的塑料购物袋使用情况进行专项整治，对12个不按规定明码标价并无偿赠送塑料购物袋的超市商店进行处罚，共没收不符合国家标准的塑料购物袋1.48万个。开展“红盾护蕾”专项执法行动，与文化、公安等部门共同整治网吧43个，取缔黑网吧3个，查扣电脑设备38台。

1997—2008年，高港工商分局共查处各类违法违章案件1640件，罚没入库640万元。其中，制售假冒伪劣商品案件72件，不正当竞争案件8件，粮食违法案件21件，销售成品油违法案件5件，销售非法出版物案件4件，销售不合格农资案件33件。

## 第七节　工商业协会

### 一、私营个体经济协会

2000年1月18日，高港区私营企业协会、高港区个体劳动者协会成立。2002年11月，两协会合并为泰州市高港区私营个体经济协会。2003年，高港区私营个体经济协会在全区私营企业、个体工商户中开展“重操守、讲诚信、创光彩业绩”诚信工程建设。2004年，开展“户户讲道德，店店无假货”活动，评出2003年度高港区诚信私营企业50个、诚信个体工商户50户，推选泰州市诚信单位20个，举办下岗职工再就业洽谈会，现场签订就业意向书近100份。2006年，组织下岗职工招聘洽谈会、七一前夕党员专场招聘会。2007年，通过人才服务中心及各种人才洽谈会、交流会，为200余名下岗职工提供职业介绍和职业指导服务。2008年，组织会员参加“放心消费”创建活动，增加私营个体企业的安全意识、责任意识。“5·12”汶川大地震后，协会会员捐款、捐物计115万元。8月，举办高港区私营个体经济乒乓球比赛，组队参加泰州市第二届私营个体经济“光彩杯”乒乓球比赛。当年，慰问贫困会员60户，送去慰问金、礼品计8万元。至年末，高港区私营企业协会共有企业会员2613人、个体会员7996人。

### 二、消费者协会

2000年6月，区消费者协会成立，对全区商品和服务进行社会监督，依法保护消费者合法权益。2001年，区消费者协会组织开展“绿色消费”主题活动，接受各类消费者咨询45次，发布消费警示12次，发放消费宣传单1000余份。同年，区消费者协会受理投诉53件，成功调解处理52件，为消费者挽回经济损失17.2万元。之后，每年受理消费者投诉，接受各类消费者咨询，组织开展年度消费主题活动。2002年，受理投诉234起，接受各类消费者咨询350次。2008年，为消费者挽回直接经济损失531.4万元，为历年最高；帮助消费者向人民法院起诉23件。2001—2008年，区消费者协会先后开展“绿色消费”“科学消费”“诚信·维权”等8次主题活动；共受理投诉3887起，成功调解处理3734件，办结率96%；接受各类消费者咨询3057人次；挽回经济损失835.2万元。

# 第五章　物价管理

1949—1978年，物价管理权限基本集中于中央、省、市，县级价格业务受地级市物价局指导。1978年后，物价管理权限逐步下放。1983年、1986年，国务院2次下放农产品和工业消费品价格管理权限。1988年后，境内价格管理经历全面放开、适度调整、国家宏观调控阶段，价格体系逐步理顺，绝大部分商品服务价格放开。1990年，境内乡镇配备专兼职物价助理、物价管理员，农村物价管理组织网络基本形成。1997年12月，高港区物价局成立，专司价格调控、收费管理、监督检查等工作。2000年，高港区建立价格事务所，开展价格鉴证和认证工作。2000年后，全区国家定价商品所占比例不到5%。2006年8月28日，全区首个爱心平价超市在文峰千家惠揭牌。至2008年，高港区初步建立适应社会主义市场经济体系要求的价格监管和调控体系，价格管理、收费管理、监督检查等工作走上规范化、法治化轨道。

## 第一节　价格管理体制

中共十一届三中全会后，境内乡镇粮油、棉、茧、鱼、禽、蛋等收购价按照国家相关政策提高20%～25%，大豆等个别商品收购价提高幅度达40%左右。猪肉、牛肉、羊肉、水产、家禽等副食品及相关制品零售价亦作相应调整，同时实行副食品补贴。1984年，机械产品试行按质论价、分等定价，拉开价格改革的序幕。当年，对大麦、糯稻收购价作有升有降调整。6月，小杂粮、小油料退出统购统销，放开价格，实行议购议销。1988年，境内乡镇放开13种名烟和13种名酒价格；放开瓶装酱菜、牛奶、部分饮食、糕点制品等价格；放开黑白照相以及理发、浴室中的部分服务价格等；对计划外重要生产资料实行限价管理；猪肉价格对境内乡镇放开；对日用工业品，采用“放两头、管中间”的办法；对彩电试行委托代办，可以高进高出，但严禁层层转手加价，流通环节综合差率不得超过6%。当年，境内商品县级政府定价比例为47%，政府指导价比例为19%，市场调节价比例为34%。1989年，境内市场形成涨价高峰，乡镇政府实行物价控制目标责任制，加强农副产品市场建设，吸引外地资源，保供稳价；对放开的同人民生活关系密切的重要商品实行提价申报、备案制度或最高限价，禁止同区域转手加价，规范企业价格行为。1991年7月，境内乡镇取消猪肉凭票定量供应，实行有指导的议购议销。8月，23个品种商品价格由县级物价部门定价，服装价格放开。1993年9月，境内部分重要商品实行提价事前备案制度。1994年，籼米、粳米、面粉、食用植物油、食盐、居民用电、自来水、民用煤球、液化石油气、房租、学杂费、托儿费、医疗费等16个品种、项目由县级物价部门严格管理。对食糖、茶叶、猪肉、鸡蛋、洗衣粉、药品、饮食业毛利率等7个品种实行差率管理；对牛奶、大宗豆制品、酱油3个品种实行调价申报；对水面、彩电、冰箱、洗衣机、空调器、热水器、电风扇、自行车、啤酒、棉毛衫裤、学生簿本、铝锅、日光灯管、普通灯泡、汗衫背心、絮棉、卫生纸、家电维修、普通浴资19个品种实行提价事前备案，对虾籽馄饨、肉包、油条、大宗蔬菜4个品种组织同行议价。1995年，境内对猪肉价格继续实行差率管理，猪肉毛白差率控制在60%以内，批零差率控制在12%以内；蔬菜价格批零差率控制在30%～50%，细嫩叶菜放宽至60%～70%。对政府定价的16个品种（项目）严格管理；对已经放开由生产经营者自主定价的33个品种，区别不同情况，对其中11个品种实行差率指导、调价申报、同行议价等，对其余22个品种实行提价事前备案。1996年7—8月，境内猪肉、豆制品、蔬菜价格涨势迅猛，县级物价部门对猪肉、豆制品采取贴价销售等办法平抑价格；对蔬菜采取定品种、定价格、定商店、定补贴、定上市量、定供应时间的办法，保持销售不脱档。根据市场变化，及时调整提价备案品种，增加奶粉、洗涤用品、卫生巾、抽油烟机、电饭锅、取暖器6个品种，并由代表品扩大到全部规格品，由原来的具体价格调前备案改为差率控制。

1997年起，市场商品普遍供大于求，卖方市场逐步向买方市场转变。区物价部门先后组织实施国家目录电价、油品、公路客运、公有住房售房成本价格和粮、棉、茧等价格改革措施。6月，建立商品审价制度，重点对居民基本生活必需品和基本生产资料价格建立商品审价制度，分批对浴室业、娱乐业、美容美发业实施审价。按管理权限对药品价格全面清理，组织药品行业议价小组，对列入公费医疗报销范围的药品实施平衡作价，压缩经营费率。1998年，将列入监审实行差率管理、提价申报、提价备案等干预措施的20种工业品价格退出监审范围，由经营者依法自主定价。1999年，区物价局价格管理的重点转向规范价格行为，维护正当竞争；加强价格法治建设，制止低价倾销，解除通货膨胀时期的行政干预措施；清理、修订抑制消费的价格管理规定，扩大内需、促进消费；开展清理整顿收费，进一步完善治乱减负目标责任制，减轻企业和农民负担。2002年6月，省物价局公布经省人民政府同意、国家计委审定的《江苏省定价目录》。目录包括国家计委和国务院有关部门的定价项目，在江苏省范围内符合《中华人民共和国价格法》和《江苏省价格管理监督条例》规定的重要的公用事业价格，重要的公益性服务价格及垄断经营的商品价格，以及其他与国民经济发展和人民生活关系重大的商品和服务价格。高港区照章执行。2003年3月，高港区物价局成立应对市场价格波动领导小组，建立通联报告、政策提醒、预警预报制度。应对"非典"时期的涨价风潮，建立《应对价格异动预案》，依法对30余种防"非典"商品价格实施行政干预。6月10日，区物价局解除价格干预措施。2004年，全区价格总水平明显上涨，根据省、市物价局要求，决定严格控制出台涨价项目，暂停政府定价和政府指导价的提价。至2008年，区政府价格主管部门按省人民政府授权市、县（区）人民政府的定价权限和具体适用范围，负责民用自来水、住宅商品房、部分农业生产资料等价格制定的具体业务工作和日常管理工作。

## 第二节　价格调控

### 一、农副产品价格

1953—1954年，境内乡镇按照国家统一定价，对粮、棉、油、蚕茧统购统销。1959—1961年，国民经济困难期间，粮食、油料收购价逐步提高，境内居民定量供应，销价不变。"文化大革命"期间，境内市场物价处于冻结状态。1985年至1993年3月，实行粮、棉、油合同定购。1989—1992年，蚕茧收购价实行最高限价管理。1993年4月1日至年末，粮食、油料购销价格放开。境内取消粮食、油料的定购任务，不再使用粮食、食油票券（军用粮票、油票除外），平价粮食副产品、复制品价格同步放开，按现行议价粮水平出台。下半年开始，市场粮价逐月上涨，当年末涨幅即超过60%，境内粳米由1月每千克0.8元涨至12月的1.7元。12月31日起，国务院决定对粮食销售实行挂牌限价。

1994年，按国务院规定，境内恢复粮食定购，定购粮食购销价格实行国家定价，定购以外的粮食由市场调节。4月14日，境内议定的特等晚粳米零售价格为每500克0.95元，特等杂交籼米为每500克0.85元。6月10日起，大幅度提高定购粮食的购销价格，对主要粮食品种的销售价格实行国家定价。1995年，蚕茧由省政府定价。1997年，粮食供求矛盾缓解，并出现相对过剩局面，境内市场粮价回落。9月，定购粮食销售价格仍按照省政府调整粮食销售价格规定的粮食销售下浮价格执行；按保护价敞开收购的议购粮食，其销售价格由国有粮食部门按照保本微利的原则顺加作价，不得低于成本价销售。

1998年5月1日起，全区国有粮店实行顺价销售，“管住收购、规范批发、放活零售”。1999年起，区物价局对红小麦、粳稻、杂交籼稻、大豆、玉米、面粉、粳米、杂交籼米、菜籽油等粮油产品实施价格监测，每月逢10日、25日上报监测数据。当年，放开棉花收购价格。2000年，区内小麦的国家定购价与保护价执行同一价格。2001年，高港区放开秋粮收购政策，国有粮食购销企业按照“购得进、销得出、不亏损”原则自主定价进行收购。2000—2008年，区内国有粮食收储企业按最低保护价敞开收购粮食。

### 1997—2008年高港区粮食主要品种及棉花、蚕茧收购价格一览表

表137　　　　单位：元/50千克

| 年　份 | 粳　稻 | 杂交籼稻 | 小　麦 | 棉　花 | 鲜　茧 |
|---|---|---|---|---|---|
| 1997 | 81 | 73 | 70 | 700 | 730 |
| 1998 | 76 | 71 | 65 | 618 | 730 |
| 1999 | 58 | 54 | 56 | 420 | 640 |
| 2000 | 53 | 47 | 40 | — | 690 |
| 2001 | 53 | 48 | 54 | — | 680 |
| 2002 | 53 | 48 | 45 | — | 680 |
| 2003 | 76 | 60 | 52 | — | 600 |
| 2004 | 75 | 72 | 70 | — | 640 |
| 2005 | 75 | 72 | 70 | — | 730 |
| 2006 | 75 | 72 | 70 | — | 990 |
| 2007 | 77 | 74 | 72 | — | 950 |
| 2008 | 82 | 79 | 77 | — | 980 |

说明：表列粮食收购价格为中等质量标准；棉花收购价格为标准级皮辊棉价格，2000年价格放开后基本无收购；鲜茧为省定中准价格。

1997—2008年高港区粮、油主要品种销售价格一览表

表138　　　　　　　　　　　　　　　　　　　　　　　　　　　　　　单位：元/50千克

| 年　份 | 标一粳米 | 标一杂交米 | 特一面粉 | 二级菜油 |
|---|---|---|---|---|
| 1997 | 110 | 100 | 110 | 380 |
| 1998 | 115 | 110 | 115 | 380 |
| 1999 | 100 | 100 | 120 | 360 |
| 2000 | 105 | 100 | 130 | 320 |
| 2001 | 120 | 100 | 130 | 350 |
| 2002 | 130 | 110 | 130 | 340 |
| 2003 | 135 | 110 | 125 | 330 |
| 2004 | 130 | 100 | 120 | 320 |
| 2005 | 135 | 110 | 120 | 320 |
| 2006 | 140 | 110 | 120 | 320 |
| 2007 | 145 | 110 | 120 | 320 |
| 2008 | 126 | 100 | 110 | 320 |

## 二、农业生产资料价格

【化肥价格】 1984年起，境内每年组织计划外尿素参与计划分配，按综合销售价供应，扩大肥源，支援农业生产。1990年3月，计划外各种渠道组织的化肥实行综合价，由县级物价部门确定。1991年2月，化肥在保持全年价格总水平稳定的前提下，拉开淡、平、旺季节差价。1994年4月至1995年3月，对尿素实行省、县（市）、基本级经营，三级经营差率10%。省内小尿素的出厂价格由所在市、县核定。1996年，改进和完善化肥、农业生产资料价格管理，对地产小化肥规定中等标准出厂价格和浮动幅度，明确管理权限；制定农资价格管理暂行规定。1998年5月，对国产尿素不分计划内外，制定统一的综合零售价格。1999年3月，国产化肥取消计划，化肥零售价格放开。2000年2月，按照“统一政策，分级管理”原则，地产小化肥出厂价格由泰州市根据国家有关规定和本地化肥企业生产成本及市场供求情况，制定中准出厂指导价及浮动幅度，由市物价局统一平衡后公布执行。化肥零售价格由企业制定。2004年全区化肥批发、零售经营环节实行差率控制管理，从出厂到零售之间的综合经营差率最高不超过7%。2006年，列入省管目录的尿素出厂价格继续实行政府指导价，中准指导价格每吨1500元，上浮幅度由10%提高到15%；列入地方定价目录的化肥出厂价格，由各地价格部门根据供求情况和生产成本，按照保本微利原则定价。2008年，境内对单位价值较低的碳铵，综合经营差率不得超过15%。

【农药价格】 1997年2月，农药价格管理执行《江苏省农药价格管理暂行规定》。全省对农药价格管理实行统一领导、分级管理和管大活小，直接管理与间接管理相结合。省管生产量大、使用范围广的甲胺磷、敌敌畏、敌百虫、氧化乐果4个品种；省管以外的品种由市、县确定，并报省审定。由物

价部门制定中准价和浮动幅度；浮动幅度不得超过15%（1996年为10%）。泰州市管农药价格管理目录品种为：三氯杀螨醇、氯氰菊酯、三环唑、拟虱灵、绿麦隆。2002年后，农药产品市场竞争的格局逐步形成，对农药产品价格的管理过渡到由省定管理办法，授权市、县人民政府分级定价。管理内容主要是部分基本农药的出厂基准价格及浮动幅度，市场销售价格放开。至2008年，未出台新的农药价格管理政策。区价格部门按省、市制定的价格执行。

【种子价格】 1992年10月，杂交水稻和杂交玉米种子由省种子站统一制定收购指导价格；常规水稻、小麦、棉花、油料种子，由扬州市种子站制定收购指导价；其他农作物价格原则上放开。县（市、区）种子综合经营差率不超过18%，乡、镇不超过10%，县、乡、镇联营的种子综合差率不超过25%。2001年4月，水稻、小麦和棉花的种子列入省价格管理范围，其他种子由经营企业根据市场行情自行确定。种子购销价格实行政府指导价，杂交种子由省物价局、农业厅制定收购指导价格，常规种子由泰州市物价、农业局制定收购指导价。常规种子的收购指导价格，由市物价局会同市农业委员会制定下达，具体收购价格由经营者在规定的浮动幅度内确定，并报同级物价部门备案。泰州市种子购销价格的浮动幅度为5%。2005年，全市实施《农作物种子价格管理办法》，市属种子生产企业经营的水稻、小麦种子销售指导价格按办法核定。高港区亦按此办法执行。

1997—2008年高港区化肥、农药价格一览表

表139

| 年　份 | 尿素（元/吨） | 碳酸氢铵（元/吨） | 复合肥（元/吨） | 45%乳剂乐果（元/千克） | 80%敌敌畏（元/千克） |
|---|---|---|---|---|---|
| 1997 | 1700 | 480 | 920 | 13 | 15 |
| 1998 | 1500 | 470 | 920 | 19 | 22 |
| 1999 | 1550 | 480 | 920 | 19 | 22 |
| 2000 | 1400 | 400 | 880 | 20 | 22 |
| 2001 | 1210 | 410 | 830 | 21 | 15 |
| 2002 | 1500 | 480 | 900 | 13 | 13.5 |
| 2003 | 1700 | 450 | 900 | 13.5 | 15 |
| 2004 | 1880 | 530 | 980 | 14 | 15 |
| 2005 | 1900 | 540 | 1100 | 12 | 12 |
| 2006 | 1750 | 550 | 1100 | 13 | 12.4 |
| 2007 | 1800 | 560 | 1100 | 13.6 | 12 |
| 2008 | 2300 | 740 | 1900 | 14 | 12.6 |

## 三、工业品价格

【药品价格】 改革开放后，境内绝大部分药品实行政府定价。1994年，执行省改进医药商品的作价方法，明确化学药品进销差价，针剂18%，片剂17%，其他20%。抗癌药品1%～20%，批零差率统一为15%。中成药进销差24%，批零差16%，饮片批零差35%。1999年8月起，凡企业自主定价

的药品，在省价格主管部门进行价格登记。因药品生产成本等情况变化调整实际出厂价格时，生产企业事前都向产地省级价格主管部门申请变更价格登记，高港区药价亦照此办法执行（2005年，该办法取消）。1999年10月起，高港区对列入中央和省级政府定价目录的药品，只公布最高零售价格。2000年，国家发改委改革药品价格管理，先后7次调降部分药品价格，平均降幅为12%；对部分企业定价药品进行比质比价的干预性降低，对外地药品进本地区销售品种进行价格备案登记。集中招标采购药品按省、市规定的药品招标采购价格管理办法，由市物价局审核公布中标零售价格。2002年，全区各医疗机构执行省、市药品价格政策。2003年3月，高港区对防治非典型肺炎药品及相关商品价格实行临时干预措施，对金银花等21种中药材实行最高差率管理，对消毒剂、白醋、药皂、口罩、体温表实行最高限价管理。同时对药品、消毒液、医疗消毒器材、主副食品等相关商品实行每日监测上报制。属政府定价的药品，一律不得突破国家和省规定的最高零售价格；对于国家和省未规定价格的非代表规格药品一律不得自行定价销售，严格控制与防治非典型肺炎相关的市场调节价药品价格上涨。凡在省、市价格部门已经备案的药品，一律不得突破备案价格。2003年6月10日，临时干预措施解除。2006年，根据国家发改委等八部委《关于进一步整顿药品和医疗服务市场价格秩序的意见的通知》，高港区调整区及区以上非营利性医疗机构销售药品的实际差价率，国家发改委统一公布价格的药品，医疗机构必须按照国家统一规定的执行范围，以最小零售包装的实际购进价为基础，顺加不超过15%，加价率作价实际购进价500元以上的最高加价额不得超过75元，中药饮片加价率应控制在25%以内。省物价局《关于调整药品加价率的通知》补充集中招标采购或议价竞价采购的药品，以及区及区以上非营利性医疗机构销售的其他药品，在不突破省定最高零售价的前提下，按药品实际进价加差别加价率执行，单个品种实际购进价10元以下的，加价率35%；10.01～50元的，加价率25%；50.01～100元的，加价率20%；100.01～500元的，加价率15%；500元以上的，加价额75元。

【自来水价格】 1990年前，境内乡镇自来水价格由所在县物价部门管理。1990年10月起，省政府对自来水价格管理权限作调整，由各地定价改为由省平衡管理，同时提高工商企业用自来水价格。1996年，境内乡镇居民用水价格每吨到户价不超过0.6元，其他用水价格相应调整。1997年，民用水每吨征收0.1元的污水处理费，同时提高水价，民用水价格每吨不超过0.8元。1998年，民用水价格再次提高。2002年1月1日起，取消自来水增容费。2005年，自来水按新的分类标准计价。

### 1999—2004年高港城区自来水价格一览表

表140　　　　单位：元/立方米

| 年　份 | 生活用水 | 工业用水 | 商业、建筑业用水 | 宾馆、饭店、浴室用水 |
|---|---|---|---|---|
| 1999 | 0.9 | 1.05 | 1.1 | 1.2 |
| 2000 | 1.05 | 1.2 | 1.25 | 1.35 |
| 2001 | 1.2 | 1.47 | 1.62 | 1.72 |
| 2002 | 1.2 | 1.47 | 1.62 | 1.72 |
| 2003 | 1.2 | 1.47 | 1.62 | 1.72 |
| 2004 | 1.2 | 1.47 | 1.62 | 1.72 |

## 2005—2008年高港城区自来水价格一览表

表141　　单位：元/立方米

| 年　份 | 居民生活用水 | 行政事业用水 | 工业服务业用水 | 特种行业用水 |
|---|---|---|---|---|
| 2005 | 1.85 | 2.3 | 2.56 | 3.4 |
| 2006 | 1.85 | 2.3 | 2.56 | 3.4 |
| 2007 | 2.17 | 2.47 | 2.73 | 3.57 |
| 2008 | 2.17 | 2.47 | 2.73 | 3.57 |

【电力价格】 1988年，境内电力价格类别繁多，城乡电价不同，并代收若干费用。1996年电价调整，统一目录电价和国家电价概念。1999年，全省统一销售分类电价，停止执行地方综合差价。1999年10月1日抄见电量起，区机械、冶金、化工、医疗、建材、纺织六大行业受电容量在315千伏安及以上的工业用户和电热锅炉（含蓄冰制冷）用电的电度电价实行峰谷电价，峰谷比价为3:1。2000年，对城市居民用电增容改造工程贴费实行优惠政策，取消电表保证金和电费保证金，调降供配电贴费标准；实施农村统一销售分类电价。2003年8月1日，居民用电试行峰谷分时电价政策：8—21时为峰段，每千瓦时0.55元；21时至次日8时为谷段，每千瓦时0.3元。

2002年8月1日，城乡非居民照明用电价格实行同价，农村综合变以下的中小学校、医院、敬老院、幼儿园的照明用电价格仍暂为每千瓦时0.52元。2003年2月20日，城乡用电价格实行同网同价（农业生产、非普工业、商业照明），农村综合变以下的中小学校、医院、敬老院、幼儿园的照明用电价格仍按居民生活价格执行。6月1日，农林场圃生活照明用电同网同价。12月1日，农林场圃其他类别用电同网同价。2006年1月1日，取消商业照明类用电价格，改按其他照明类用电价格执行。商业服务业的冷藏、冷冻、中央空调用电等动力用电价格仍按普通工业用电价格执行。

## 2008年高港区电网销售电价一览表

表142

| 用电分类 | 电度电价（元/千瓦时） | | | | | | 基本电价 | |
|---|---|---|---|---|---|---|---|---|
| | 1千伏以下 | 1～10千伏 | 20～35千伏 | 35～110千伏 | 110千伏 | 220千伏及以上 | 最大需量（元/千瓦·月） | 变压器容量（元/千伏安·月） |
| 一、城乡居民生活用电 | 0.5283 | 0.5183 | — | — | — | — | — | — |
| 二、一般工商业及其他用电 | 0.813 | 0.798 | 0.792 | 0.783 | — | — | — | — |
| 其中：1.限制类高耗能 | 0.863 | 0.848 | 0.842 | 0.833 | — | — | — | — |
| 2.淘汰类高耗能 | 1.013 | 0.998 | 0.992 | 0.983 | — | — | — | — |
| 三、大工业用电 | — | 0.602 | 0.596 | 0.587 | 0.572 | 0.557 | 38 | 28 |

续表 142

| 用电分类 | 电度电价（元/千瓦时） | | | | | | 基本电价 | |
|---|---|---|---|---|---|---|---|---|
| | 1 千伏以下 | 1～10 千伏 | 20～35 千伏 | 35～110 千伏 | 110 千伏 | 220 千伏及以上 | 最大需量（元/千瓦·月） | 变压器容量（元/千伏安·月） |
| 其中：1.限制类高耗能 | — | 0.652 | 0.646 | 0.637 | 0.622 | 0.607 | 38 | 28 |
| 2.淘汰类高耗能 | — | 0.802 | 0.796 | 0.787 | 0.772 | 0.757 | 38 | 28 |
| 四、农业生产用电 | 0.44 | 0.43 | 0.424 | 0.415 | — | — | — | — |

## 四、民用燃料价格

20世纪80年代末，境内煤球价格每50千克2.8元。1990年，先后调整为3.6元和4.6元。1993年，上涨为12.8元。其后，液化气逐步普及，煤球使用量逐步减少。2004年，市物价局印发《关于加强市区民用瓶装液化气价格管理的通知》，民用瓶装液化气销售价格实行政府指导价管理，销售基准价格及浮动幅度由市物价局制定公布。市区内各经营单位都必须按照规定的基准价格及浮动幅度执行，其他用途石油液化气实行市场调节价。2004—2005年，允许经营单位液化气销售价格在基准价基础上上下浮动15%。2006年，浮动幅度调整为5%。2005年起，高港区开始供应管道燃气，至2008年，管道燃气价格均为每立方米5.3元。2008年，瓶装液化气平均基准价格为6.49元/千克。

## 五、房地产价格

2001年，区物价部门开始核定商品房价格。随着商品房开发水平与质量逐步提升，主要受成本变动等因素拉动，价格水平亦逐步从低到高。2002年12月1日起，明确实行政府指导价的商品住房价格制定应依据合理成本和市场供求状况、国民经济发展要求以及社会承受能力。2003年，《泰州市商品房价格管理实施细则》规定普通商品住房价格为政府指导价管理，高档住宅商品房和非住宅商品房实行市场调节价。高港区的商品房经成本认证后，再根据相关要求制定价格。2003年7月1日起，全面实行销售商品房“一价清”制度，规定按明码标价要求标明商品房到户结算价格，此外不得收取任何费用。2008年末，放开商品房价格，由企业自主定价。

### 2001—2008 年高港区住宅商品房销售基准价格一览表

表 143　　单位：元 / 平方米

| 年　份 | 经济适用住房 | 商品房 | 年　份 | 经济适用住房 | 商品房 |
|---|---|---|---|---|---|
| 2001 | 640 | 900 | 2005 | 1250 | 1620 |
| 2002 | 880 | 1120 | 2006 | 1350 | 1950 |
| 2003 | 1160 | 1200 | 2007 | 1650 | 2680 |
| 2004 | 1200 | 1500 | 2008 | 2150 | 3150 |

## 第三节　非商品收费管理

### 一、物业管理收费

1997年，高港区对物业管理费开始管理。2003年，区物价局对物业管理收费进行全面规范，根据物业管理服务收费的服务性质、特点等，将其定价形式分为政府定价、政府指导价和经营者定价。当年，小区的物业管理收费标准一般每平方米每月0.15～0.25元。2005年1月，区普通住宅公共服务收费实行政府指导价，并定期公布相应的等级收费指导价及浮动幅度；非普通住宅、别墅、办公房、厂房、营业性用房等物业的公共服务收费满足部分业主、使用人需要或接受委托，开展特约服务和代收代办收费（小区停车服务收费除外），实行市场调节价。区普通住宅物业服务收费基准指导价标准暂定为：每平方米每月1～5级0.15～0.5元。该政策一直沿用至2008年未作调整。

### 二、教育收费

新中国成立后，境内乡镇教育收费均按所在县、市政策执行。1992年起，每两年对中、小学学杂费进行一次调整。2000—2004年，中小学学杂费标准为：小学杂费每生每学期70元，初中每生每学期100元。省重点高中、市重点高中、一般高中每生每学期学费分别为850元、650元、500元。2004年，区物价局、教育局印发《关于高港区义务教育阶段学校推行“一费制”收费的通知》，并于2005年春季开学时实施。“一费制”含杂费、课本费、作业本费、信息技术教育费。每生每学期杂费标准调整为：小学84元（含电教教材费6元），初中120元（含电教教材费8元）。课本费、作业本费按学期结算，多退少不补。开设信息技术教育课程的学校，可收取信息技术教育费，具体标准为：小学20元/生·学期（一、二年级不收），初中30元/生·学期。2005年秋学期，将体检费和社会活动费纳入一费制。从2006年秋学期开始，义务教育阶段免收杂费和信息技术教育费。2008年春学期开始，免收课本费，每生每学期收费标准，小学为：体检费5元，作业本费（含讲义费）22元，社会实践活动费10元；初中为：体检费5元，作业本费（含讲义费）38元，社会实践活动费10元。住宿费按区物价局核定的标准100元/生·学期执行。

### 三、医疗收费

新中国成立后，境内各乡镇统一执行上级制定的医疗收费标准。1988年，物价部门对医疗服务乱收费进行清理整顿。1989年11月，开始执行全省新的医疗收费项目标准。1993年2月，对部分基本医疗收费项目标准进行适当调整。1998年4月，全区对部分基本医疗服务项目标准作有升有降的调整。增设门诊、住院诊疗费；全面提高手术费、抢救费、麻醉费、X光透视费、摄片费，提高部分治疗、检查、检验费标准；降低核磁共振等6项大型仪器检查治疗费标准；取消热敷、擦浴等5项收费；明确新生儿护理费可高出同类成人等级护理费1元，儿科检查、治疗费在不超过20%的幅度内实行加收；所有医疗收费调整面达67%，与1986年省定79项标准相比（手术费除外），已调高的标准占17%，调高幅度平均为3.17倍。2005年9月30日起，高港区各医疗单位执行《江苏省医疗服务价格》。至2008年一直执行此政策。

### 四、行政事业性收费

20世纪80年代末至90年代中期，因收费涉及财政拨款等问题，需要财政部门参与管理，形成以物价部门为主、财政部门参与管理的体制。1987年始，实行收费许可证制度，重要的收费项目由县级物价部门颁发收费凭证。1993年，国家开始治理乱收费，规定按照国家规定程序批准的行政事业性收费要公开收费项目、范围、标准，建立健全收费许可证、收费票据和年度审验、票据稽查制度；收费单位必须到计划（物价）部门办理收费许可证，持证收费，接受社会和群众监督。1998年，高港区物价局将行政事业性收费纳入价格管理范围。同年，区物价、财政部门开展收费年审工作。1999年起，结合收费年审工作，清理各种收费项目。此后，每年年审1次，每3年换发1次收费许可证。至2005年，所有行政、事业性收费定价权限都在省以上，市、县、区无权制定。2008年，全区行政事业性收费共56项，涉及21个部门，收费总额8262万元。

### 五、电话初装费

【固定电话初装费】 1986—2000年，境内企业单位固定电话初装费为3000元，住宅固定电话初装费为1000元，并根据安装地址杆线到位情况加收杆线费用。2001年起，高港区取消固定电话初装费，不分企业单位用户与住宅用户，一律只收300元工料费和8元手续费，收费标准持续至2008年不变。

【移动电话初装费】 1992年末，境内移动电话初装机收费每部3万元。1994年6月10日起，调整为每部5000元。1996年8月15日起，调整为每部3000元。2001年7月1日起，取消移动电话初装费。

### 六、收费清理

1998年，高港区全面规范农村中小学收费、婚姻登记收费及农民建房收费，取消私营企业管理费、新建商品房交易管理费、土地管理费、电增容费等。1999年，落实16个收费职能部门和7个镇治乱减负目标责任。2002年，将主要涉农收费项目、标准和主要涉农价格汇编成册，印制公开信和《主要涉农收费价格手册》5万份，发至农户手中。同时，在7个镇各聘请1名价格监督管理员，负责农村价格管理及涉农收费公示工作。2003年，主要公示中小学收费、建房收费、医疗服务价格和农村水、电价格，制约农村乱收费、乱摊派的现象。同年，省政府公布第六批取消的行政事业性收费项目，涉及高港区行政事业性收费22项；省财政厅、省物价局转发财政部、国家发改委公布取消行政事业性收费项目的通知，涉及高港区收费5项。2003年起，省、市物价和财政部门每年公布取消和暂停的收费项目，有的项目降低收费标准，区物价部门按照上级规定，组织开展清理整顿，确保各项收费政策的落实。

## 第四节　监督检查

1999年起，区物价局先后对尿素、复合肥、碳铵、农用薄膜、敌敌畏、甲胺灵、杀虫双、多菌灵、井冈霉素等农资产品实施价格监测，每月逢10日、25日上报监测数据。

1997—2008年，区物价检查所共检查各类企事业单位违法案件107起，查得违法金额1265万元，实施经济制裁165.06万元，其中退还用户31.8万元、没收违法所得129.76万元、罚款4万元。专项检查重点是农业生产资料、粮食、电力、交通运输、汽车修理等价格，以及教育、医疗和药品、农民建房、涉农收费等行政事业性收费。

1999年起，每年的3月15日，区物价局与工商、卫生等部门共同开展“3·15”消费者权益保护日的价格咨询服务活动，受理群众价格举报。2001年，高港区“12358”举报投诉电话开通，电话设在区物价检查所。2003年4—6月“非典”疫情爆发期间，群众对“非典”防治药品、器材价格的举报投诉电话较多，区物价检查所加强值班制度，实行24小时值班，共受理举报投诉30件。1997—2008年，受理价格举报302件，办结率100%。

2003年，高港区开展“价格信用单位”创建活动。高港区星地超市有限公司、高港区福齐天农资经营公司、高港区世纪阳光超市、高港区苏果超市4个单位被评为首批A级（区级）价格信用单位。此后，每年评选1次。至2007年，共评定区级价格信用单位28个。2008年，天润发超市和世纪华联超市成为全区首批江苏省价格诚信单位。

## 第五节　价格鉴证与认证

2000年，成立区价格事务所，受司法机关的委托，对扣押、追缴、没收物品以及赃物、罚没物、纠纷财物价值进行价值估定。2001年，区价格事务所更名为价格认证中心。2003年，区价格认证中心取得国家发改委颁发的涉案财产价格鉴证机构资质。2003—2008年，共承办刑案财产价格鉴证890件，鉴证金额655.12万元。承办成本价格认证业务32件，核减不合理成本6.6亿元。

### 2003—2008年高港区价格鉴证、认证业务情况一览表

表144

| 年　份 | 总件数 | 总金额（万元） | 刑事案件涉案标的 | | 其他成本认证 | |
|---|---|---|---|---|---|---|
| | | | 件 | 金额（万元） | 件 | 金额（万元） |
| 2003 | 121 | 11224.4 | 118 | 79.65 | 3 | 11144.75 |
| 2004 | 125 | 32567.58 | 120 | 110.79 | 5 | 32456.79 |
| 2005 | 221 | 9965.29 | 217 | 86.4 | 4 | 9878.89 |
| 2006 | 138 | 45747.45 | 131 | 135.1 | 7 | 45612.35 |
| 2007 | 183 | 39789.84 | 176 | 135.72 | 7 | 39654.12 |
| 2008 | 134 | 56433.35 | 128 | 107.5 | 6 | 56325.85 |

# 第六章　安全生产监督管理

20世纪50年代起，境内工人劳动保护由所在县劳动部门负责，生产企业建有安全生产制度。80年代初，境内乡镇安全生产及工人劳动保护分别由所在县安全生产委员会（简称安委会）与劳动部门负责。80年代，境内乡镇配备安全生产管理专职人员，骨干企业建立安全生产管理科室，安全生产逐步走向正常化。90年代，工会承担工人劳动保护，卫生部门承担药品安全生产经营管理，公安部门承担烟花爆竹安全生产经营管理。建区后，高港区逐步建立健全各级安全生产监督管理机构和各类管理制度，形成部门管理、企业负责、国家监察、群众监督、劳动者遵守的安全生产体系。2001年7月，高港区安全生产监督管理局（二级局建制，简称安监局）成立，在区经济贸易委员会的统一领导下开展安全生产监督工作，卫生、公安等部门的有关职能划入安全生产监督局。2005年1月，区安监局升格为一级局。同年，高港区成立由分管副区长任主任，区政府办公室、安监局、人民检察院、监察局等37个部门分管负责人为委员的安全生产委员会。2008年，高港区成立安全生产应急管理委员会，由区长任主任，常务副区长任常务副主任，各分管副区长任副主任，主要承担区突发事件专项应急预案工作，指挥协调重大突发事件的防范和应急处置。

## 第一节　安全生产监督

### 一、安全生产责任制

1997年后，高港区不断完善各项安全生产责任制度。2001年起，每年初，区政府与各镇（街道）、各有关部门签订安全生产监督管理责任书，各镇（街道）也与各村（居）、各部门及各有关重点企事业单位签订年度安全生产监督管理责任书。各镇（街道）结合实际，对村（居）和重点企事业单位制定安全生产工作考核细则，年末对照细则进行考核。2005年，高港区制定安全生产委员会成员单位工作职责。镇（街道）、部门制定和完善安全生产责任制、安全生产事故行政责任追究制、安全生产例会制度、安全生产教育制度、安全生产检查制度、安全生产事故报告和调查处理制度等一系列工作制度。2006年，区政府将安全生产工作纳入全区经济发展目标进行考核。2008年，区政府落实对企业安全生产主体责任和政府监管主体责任，对部门和企业安全生产严格考核。

### 二、安全检查

20世纪80年代，境内各乡镇每年进行几次安全生产大检查。1994—1995年，对相关企事业单位进行检查，查找安全生产隐患。2001年区安监局成立后，每年元旦、春节、劳动节、安全生产月（6月）、国庆节等重点时期开展全区安全生产大检查。2002年，开展安全生产大检查6次，查出事故隐患680余项，落实整改670余项。2003—2004年，区安监局、工商分局先后对泰州市电光源材料厂等27个重点企业，围绕道路交通、水上交通、危险化学品、烟花爆竹、建筑、易爆物品、渔业、人员密集场所等8个方面进行专项检查。2006年,区安监局组织安全生产“突击月”活动,共派出检查组56个,参加检查人员310余人次,检查单位1450余个,查处事故隐患4610余项。对查出的事故隐患加大整改力度,共整改事故隐患4570余项,整改率99%。2007年,区安监局在安全生产“突击月”活动中共组织检查组112个,参加检查人员643人次,检查单位2786个,查处事故隐患6730余项,事故隐患全部整改。2008年,共组织检查26次,排查事故隐患346项,督促企业整改事故隐患346项。

### 三、专项整治

【危险化学品生产专项整治】 2001年起,区安监局多次召开各镇(街道)安全分管负责人、安全助理和危化品从业单位负责人参加的专题工作会议,研究部署危险化学品(简称危化品)生产、经营的安全监管工作。区安监局到企业进行监管检查,重点整治不具备危化品安全生产基本条件和资质要求的从业单位、存在重大危险源及重大事故隐患的危化品从业单位、非法从事危化品生产经营活动的单位和个人。2005年起,区安监局对全区危化品从业单位进行制度化检查,针对排查出的重大危险源和重、特大隐患,按级落实隐患整改和监控责任。至2008年,共排查事故隐患1027项,督促企业整改事故隐患1027项。

【烟花爆竹专项整治】 2005年,区安监局对符合安全经营条件的网点核发烟花爆竹零售许可证68份。责令不具备安全经营条件的网点限期整改,整改后仍达不到安全要求的,暂扣或吊销经营许可证。2006年4月,专项整治私产、私销、私运、私储烟花爆竹。2007年,按照国家安监总局《烟花爆竹生产经营企业安全标准化规范(试行)》和《江苏省烟花爆竹批发企业储存仓库安全管理规范》要求,区安监局派专人逐企业指导,督促烟花爆竹批发企业对照标准化要求开展创建,批发公司的仓库达到烟花爆竹储存的安全生产基本要求。至2008年,区安监局对烟花爆竹行业共开展安全隐患排查8次,检查经营单位216个次,填写检查记录132份,查封非法经营、储存烟花爆竹网点14个,没收烟花爆竹124箱;通知批发公司对13个不具备安全经营条件的经营网点停止供货;通过排查和跟踪整改,消除各类隐患312处。

## 第二节 宣传培训

### 一、宣传

1981年起,每年6月,境内各乡镇工业企业举行安全生产宣传活动。2001年,区经贸委(安监局)组织开展安全生产进社区、进学校、进企业等活动。2004年起,区安监局开展企业职工厂级安全教育、车间级安全教育、岗位安全教育,覆盖面100%,并建立“三级安全教育”卡片档案。2005年,区安委会组织安监、公安、消防、环保、卫生、交通等部门参加危险化学品应急救援演练,2000余人观摩。区安监局还组织安全知识万人签名活动和万人答卷活动。2006年,区安监局联合区总工会举办以“遵章守纪、关爱生命”为主题的“安康杯”安全生产知识竞赛活动。2007年,区安监局在口岸街道举办安全生产咨询日活动,现场发放宣传资料1万余份。2008年“安全生产月”活动期间,交巡警二大队在主要路口设置宣传站牌500余块,张贴《关于加强行人和非机动车管理的通知》,发放《致全区市民的一封信》4200余份,对全区中小学师生进行知识问卷调查2.5万人次。各镇(街道)开展安全咨询宣传活动。

### 二、培训

20世纪80年代中期，境内安全生产管理部门和生产企业对从事特种行业的操作人员进行培训。1994—1995年，境内举办电焊工、电工、电梯操作工、起重工等特种作业人员培训班。1997年后，高港区安监部门不断完善安全生产培训管理机制。2002—2008年，全区共举办安全教育培训班112期，培训7623人，其中，安全资质证书培训3032人，电工作业培训18期1466人，焊工作业培训50期3463人，起重作业培训14期782人，制冷作业培训3期33人，厂内车辆培训7期161人，登高架设培训2期44人，冲压剪切培训3期81人。

## 第三节　安全生产达标

2001年起，高港区开展乡镇安全生产达标活动。镇设立安监科，配备专职安全员。各村居、企事业单位分别成立安全生产领导小组，配备专职或兼职安全管理员。2003年，各镇（街道）、村居、企事业单位制定和修订领导干部安全生产责任制、安全生产事故行政责任追究制、安全生产例会制度、安全生产教育制度、安全生产检查制度、安全生产事故统计报告和调查处理制度；建立健全安全生产会议台账、安全生产检查台账、安全生产宣传教育和培训台账、特种作业人员台账、事故隐患和危险源管理台账、事故管理台账。2004年，刁铺镇接受省安全达标工作考核验收。2005—2008年，各镇（街道）将安全达标建设列入重要议事日程，制定事故应急处理预案。区安委会对3个镇、3个街道的安全达标活动进行督查和考核。

## 第四节　安全生产应急救援与事故处理

### 一、应急救援

2006年起，每年6月安全生产月，高港区组织开展应急救援预案演练。当年，在永安洲镇化工园区内泰州市富彤化工有限公司生产车间开展液氯泄露应急救援演练。同年，区政府制定《高港区危险化学品安全事故应急救援预案》《高港区工矿企业安全事故应急救援预案》。2007年6月，高港区在口岸街道华东加油站开展运油车发生火灾应急救援演练。同年，区政府制定《高港区烟花爆竹事故应急救援预案》。2008年6月，高港区在永安洲镇化工园区内泰州市惠利电子材料有限公司开展液氯泄露事故应急演练。

### 二、事故处理

建区初，区经委负责安全生产工作。2002年起，区安监局专司全区安全生产工作。区内道路交通事故由交巡警二大队负责处理，火灾事故由区公安消防大队负责处理，道路和水上运输事故由交通部门负责处理，企业生产安全事故由区安监局会同区监察局、总工会、公安分局、企业主管部门进行调查处理。2004年起，高港区对安全生产事故处理实施国家规定的“四不放过”（对事故发生的原

# 总 目 录

## 上 册

# 下 册

# General Catalogue

# 目　录

## 下　册

## 第十七篇　中共地方组织

## 第十八篇　地方人民代表大会

## 第十九篇　地方人民政府

## 第二十篇　政协地方组织

## 第二十一篇　其他党派群团

## 第二十二篇　公安　司法

## 第二十三篇　军　事

## 第二十四篇　科技　教育

# 第二十五篇　文化　体育

## 第二十六篇 卫生 计划生育

# 第二十七篇　人力资源管理



# 第二十八篇　社会生活

# 第二十九篇　方　言

# 第三十篇　街道　镇

## 第三十一篇　人　物



## 附　录

# 索　引

# 第十七篇　中共地方组织

# 第十七篇　中共地方组织

民国16年（1927），刁家铺一带开始有中共地下党员活动。民国28年春，中共白马荡支部成立。民国29年，建立中共口岸区委。民国30年后，乡镇、学校、农村地区建立秘密党组织。民国38年，全境解放，党组织迅速发展。新中国成立后，各级党组织成为社会主义革命和社会主义建设的核心力量。“文化大革命”开始后，党组织普遍受到冲击。1978年中共十一届三中全会后，各级党组织进一步发展壮大，党的执政能力进一步提高。1997年4月，成立中共泰州市高港区工作委员会，10月25日撤销，同时成立中共泰州市高港区委员会，辖党委11个、党总支8个、党支部424个。2008年，全区有党委（工委）16个、党组30个、党总支81个、党支部612个。

# 第一章　组织机构

## 第一节　建区前组织机构

民国27年（1938），丁翔雯到白马地区组织抗战工作团白马团，宣传抗日。民国28年春，白马荡党支部成立，丁翔雯任支部书记。民国29年，由苏北特委介绍，陈济禹任白马荡支部书记，以白马荡小学代课为掩护，开展革命活动。当年，白马荡支部先后吸收赵莹、李绍文等人入党，有党员20人左右。民国29年新四军东进后，口岸区工作委员会成立，领导境内大多数地区的党组织活动；另有少数地区属宣堡区工委（后为宣堡区委）、张塘区委（后为张甸区委、塘湾区委、泰塘区委）领导。民国30年，中共口岸区委建立。8月，陆铁夫任口岸区委书记。随后，口岸镇建立首个镇党支部，赵鑫源任书记；口岸中学建立首个学校党支部，吴正清任书记；戴家集建立首个农村党支部，戴贵山任书记。民国35年10月，口岸、宣堡、塘湾等5个区联合成立口泰宣中心区委。

1949年10月，境内有口岸区委、永安洲办事处党委，以及口岸镇、龙窝镇、环溪镇、大泗镇4个镇党委。1950年5月，泰县、泰州合并时，成立大泗区委。10月分治，大泗区委划归泰县县委。1951年6月，口岸区委改为临江区委。7月，永安洲办事处党委改为永安区委。1952年10月，撤销临江区委，增设刁铺区委。1953年5月，撤销环溪镇党委。12月，再建口岸区委。1954年，口岸镇党委、龙窝镇党委合并为口岸镇党委。1956年开始撤区并乡，撤销永安区委，建立永安乡党委；撤销口岸区委，建立口岸镇党委；大泗区委并入张甸区委。至1958年初，境内撤区并乡工作结束，设有乡镇党委。9月，实行公社化，乡镇党委改为公社党委。1959年1月，泰县、泰州再次合并，白马、野徐、大泗公社党委属泰州县委。当年，境内有口岸、永安、凡达、刁铺、薛垛、庵桥、许庄、田河、白马、野徐、大泗11个公社党委。1962年6月，泰县、泰州分治，白马、野徐、大泗公社党委划属泰州市委。1963年，境内属泰兴县管辖地区，除永安公社保留原建置直属县委外，其余公社划为小公社，分别建立总支委员会，同时建立口岸区委、刁铺区委和口岸镇党委。1964年10月，白马、野徐、大泗公社党委划属泰县县委。“文化大革命”期间，境内各级党组织普遍受到冲击。1967年4月至1968年3月，口岸区、刁铺区由区人民武装部实行军事管制。1968年4月至1969年12月，口岸区、刁铺区成立中共核心领导小组，陈炳南任组长。1969年，撤销口岸区委，成立口岸、田河公社党委；撤销刁铺区委，成立刁铺、许庄公社党委；同时成立胡庄、汪群、孔桥公社党委。1974年4月，撤销口岸镇党委，并入口岸公社党委。1977年6月，设立口岸区工作委员会。1981年3月，撤销口岸区工作委员会，建立口岸区委。1983年，公社党委改成乡党委。1997年1月，口岸区委撤销。高港区成立前，境内共有口岸镇、刁铺镇、田河乡、许庄乡、永安洲乡、胡庄乡、汪群乡、孔桥乡、白马乡、野徐乡、大泗乡11个乡镇党委。

# 第二节　高港区组织机构

## 一、中共泰州市高港区工作委员会

1997年4月16日，中共泰州市高港区工作委员会（简称区工委）成立，为中共泰州市委的派出机构，具体负责新建区的领导和管理工作，处理行政区划调整中的重大问题。区工委常委包括葛玉书、张文彬、杨峰、刘时根、丁其林、徐祖跃、徐立俊等7人。其中，葛玉书为区工委书记，张文彬、杨峰、刘时根为副书记，丁其林、徐祖跃、徐立俊为常委。区工委与泰州市人民政府高港区管理委员会共设区工委（管委会）办公室、组织人事办公室、宣传科教办公室、工业办公室、农业办公室、财贸办公室、纪检监察办公室、政法办公室、城建办公室9个办公室。10月25日，市委决定撤销区工委。

## 二、中共泰州市高港区委员会

【领导机构】 1997年10月25日，中共泰州市高港区委员会（简称区委）成立。1998年3月，中共泰州市高港区第一次代表大会选举产生第一届委员会委员23人、候补委员3人。区委一届一次全会选举产生常委9人，其中书记1人、副书记4人。

2001年3月，中共泰州市高港区第二次代表大会选举产生第二届委员会委员23人、候补委员4人。区委二届一次全会选举产生常委9人，其中书记1人、副书记3人。

2006年6月，中共泰州市高港区第三次代表大会选举产生第三届委员会委员25人、候补委员5人。区委三届一次全会选举产生常委9人，其中书记1人、副书记2人。

**1998—2008年中共泰州市高港区委领导人更迭情况一览表**

表145

| 届　别 | 职　务 | 姓　名 | 性　别 | 籍　贯 | 任职时间 |
|---|---|---|---|---|---|
| 第一届委员会（1998.03—2001.03） | 书　记 | 葛玉书 | 男 | 泰兴 | 1997.10—2000.05 |
| | | 胡冬生 | 男 | 泰兴 | 2000.05—2001.03 |
| | 副书记 | 张文彬 | 男 | 兴化 | 1997.10—2000.01 |
| | | 杨　峰 | 男 | 泰兴 | 1997.10—2001.01 |
| | | 刘时根 | 男 | 姜堰 | 1997.10—2001.03 |
| | | 丁其林 | 男 | 姜堰 | 1997.10—1998.05 |
| | | 张　伟 | 女 | 泰兴 | 1999.05—2001.03 |
| | | 胡冬生 | 男 | 泰兴 | 2000.01—2000.05 |

续表145

| 届　别 | 职　务 | 姓　名 | 性　别 | 籍　贯 | 任职时间 |
|---|---|---|---|---|---|
| 第一届委员会（1998.03—2001.03） | 副书记 | 陈明冠 | 男 | 泰州 | 2001.01—2001.03 |
| | 常　委 | 徐祖跃 | 男 | 江都 | 1997.10—1999.08 |
| | | 徐立俊 | 男 | 兴化 | 1997.10—2001.03 |
| | | 蔡德熙 | 男 | 靖江 | 1997.10—1998.11 |
| | | 徐镜人 | 男 | 泰州 | 1997.10—2001.03 |
| | | 唐文奇 | 男 | 泰州 | 1998.12—2001.01 |
| | | 朱广联 | 男 | 泰州 | 1998.12—2000.09 |
| | | 汤明东 | 男 | 靖江 | 2000.05—2001.03 |
| | | 谷远怀 | 男 | 建湖 | 2000.09—2001.03 |
| | | 曹茂良 | 男 | 江都 | 2001.01—2001.03 |
| 第二届委员会（2001.03—2006.06） | 书　记 | 胡冬生 | 男 | 泰兴 | 2001.03—2004.01 |
| | | 张爱平 | 男 | 泰兴 | 2004.01—2006.06 |
| | 副书记 | 陈明冠 | 男 | 泰州 | 2001.03—2004.01 |
| | | 刘时根 | 男 | 姜堰 | 2001.03—2006.06 |
| | | 张　伟 | 女 | 泰兴 | 2001.03—2006.01 |
| | | 王　群 | 男 | 泰州 | 2004.01—2006.06 |
| | 常　委 | 徐立俊 | 男 | 兴化 | 2001.03—2001.08 |
| | | 汤明东 | 男 | 靖江 | 2001.03—2002.09 |
| | | 谷远怀 | 男 | 建湖 | 2001.03—2001.08 |
| | | 曹茂良 | 男 | 江都 | 2001.03—2006.01 |
| | | 祝　光 | 男 | 泰州 | 2001.03—2006.06 |
| | | 石国毅 | 男 | 江西波阳 | 2001.08—2004.11 |

续表 145

| 届　别 | 职　务 | 姓　名 | 性　别 | 籍　贯 | 任职时间 |
|---|---|---|---|---|---|
| 第二届委员会（2001.03—2006.06） | 常　委 | 朱从云 | 男 | 泰兴 | 2001.09—2006.01 |
| | | 徐克俭 | 男 | 泰州 | 2003.12—2005.12 |
| | | 王纪良 | 男 | 武进 | 2004.11—2006.04 |
| | | 任寿南 | 男 | 泰兴 | 2006.01—2006.06 |
| | | 封新华 | 男 | 泰兴 | 2006.01—2006.06 |
| | | 杨春宣 | 男 | 泰兴 | 2006.04—2006.06 |
| | | 陈永生 | 男 | 泰兴 | 2006.04—2006.06 |
| | | 查学斌 | 女 | 高邮 | 2006.04—2006.06 |
| 第三届委员会（2006.06—　　） | 书　记 | 张爱平 | 男 | 泰兴 | 2006.06—2007.11 |
| | | 王　建 | 男 | 兴化 | 2007.11— |
| | 副书记 | 王　群 | 男 | 泰州 | 2006.06—2007.11 |
| | | 刘时根 | 男 | 姜堰 | 2006.06—2008.03 |
| | | 张小兵 | 男 | 姜堰 | 2007.11— |
| | | 任寿南 | 男 | 泰兴 | 2008.03— |
| | 常　委 | 祝　光 | 男 | 泰州 | 2006.06—2007.11 |
| | | 任寿南 | 男 | 泰兴 | 2006.06—2008.03 |
| | | 封新华 | 男 | 泰兴 | 2006.06— |
| | | 杨春宣 | 男 | 泰兴 | 2006.06— |
| | | 陈永生 | 男 | 泰兴 | 2006.06— |
| | | 查学斌 | 女 | 高邮 | 2006.06— |
| | | 张兆洋 | 男 | 泰州 | 2007.11— |

说明：区委常委中未列区委书记、副书记名单。

【工作部门】 1997年12月，经市委同意，区委设工作机构5个，即区委办公室、区委组织部、区委宣传部、区委统一战线工作部、区委政法委员会。部门管理机构1个，即区委机要保密办公室，为区委办公室部门管理机构，副科级。归口管理机构1个，即区直机关党委会，归口区委组织部管理，正科级。区委办公室挂区委政策研究室牌子，区委组织部挂区委老干部局牌子，区委统一战线工作部挂区委台湾工作办公室（区政府台湾事务办公室）、区政府民族宗教事务办公室牌子，区委政法委员会挂区社会治安综合治理委员会办公室牌子。区委、区政府直属事业单位1个，即区史志档案办公室，正科级。区机构编制委员会办公室与区人事局合署。1998年11月，设立区精神文明建设指导委员会办公室，为区委宣传部副科级内设机构。2000年3月，设立区委组织员办公室，为区委组织部正科级内设机构。

2001年，高港区党政机关机构改革，区委工作机构仍为5个。区委区直机关党委会由区委组织部的归口管理机构改为其部门管理机构；区委老干部局由区委组织部挂牌机构改为其部门管理机构；区委机要保密办公室更名为区委保密机要办公室，仍为区委办公室的部门管理机构；区机构编制委员会办公室列为区委工作机构，仍与人事局合署办公；区信访局由区政府办公室部门管理机构改为区委办公室部门管理机构，仍由区委办公室、区政府办公室共同管理；区委台湾工作办公室由区委统一战线工作部挂牌机构改为与其合署；区民族宗教事务局仍与区委统一战线工作部合署；区社会治安综合治理委员会办公室由在区委政法委员会挂牌改为与其合署。

2002年6月，区委保密机要办公室更名为区委机要保密局。2003年3月，区直机关党委更名为区级机关党工委。2004年2月，区信访局增挂区人民建议征集办公室牌子；3月，设立区沿江开发工作领导小组办公室；11月，区信访局升格为一级局；12月，区精神文明建设指导委员会办公室改为在区委宣传部挂牌，正科级。2005年12月，设立区委非公有制经济组织党工委，与区委组织部合署。2006年9月，设立区青年干部培训中心，归口区委组织部管理，副科级。2008年12月，设立区考核工作办公室，与区委办公室合署；区青年干部培训中心更名为区专门人才工作站。

### 1997—2008年中共泰州市高港区委工作机构变迁情况一览表

表146

| 名　称 | 沿革变迁情况 |
|---|---|
| 区委办公室 | 1997年12月成立，挂区委政策研究室牌子，设副科级部门管理机构区委机要保密办公室；2001年7月区委机要保密办公室更名为区委保密机要办公室，2002年6月更名为区委机要保密局；2008年12月成立区考核工作办公室，与区委办公室合署 |
| 区委组织部 | 1997年12月成立，挂区委老干部局牌子，设部门管理机构区直机关党委；2000年3月成立区委组织员办公室，为区委组织部正科级内设机构；2001年7月区委老干部局改为区委组织部部门管理机构；2003年3月区直机关党委更名为区级机关党委；2005年12月成立区委非公有制经济组织党工委，与区委组织部合署；2006年9月成立区青年干部培训中心，归口区委组织部管理，副科级，2008年12月更名为区专门人才工作站 |
| 区委宣传部 | 1997年12月成立；1998年11月成立区精神文明建设指导委员会办公室，为区委宣传部副科级内设机构；2004年12月区精神文明建设指导委员会办公室升格为正科级挂牌机构 |

续表 146

| 名　称 | 沿革变迁情况 |
| --- | --- |
| 区委统一战线工作部 | 1997年12月成立，挂区委台湾工作办公室、区政府台湾事务办公室和区政府民族宗教事务办公室牌子 |
| 区委政法委员会 | 1997年12月成立，挂区社会治安综合治理委员会办公室牌子，2001年改为合署；2006年区依法治区领导小组办公室改设在区委政法委员会 |
| 区史志档案办公室 | 1997年12月成立，为区委、区政府直属事业单位，挂区档案局、区档案馆牌子。 |
| 区信访局 | 1997年12月成立，为区委办公室、区政府办公室部门管理机构；2004年11月升格为一级局 |
| 区委编制委员会办公室 | 1997年12月成立，与区人事局合署 |
| 区沿江开发工作领导小组办公室 | 2004年3月成立 |

## 三、区纪律检查委员会

1998年3月、2001年3月、2006年6月，中共泰州市高港区第一、二、三次代表大会分别选举产生新一届纪律检查委员会（简称区纪委），各选举产生区纪委委员11人。历届区纪委第一次全会选举产生常务委员会，常委每届均为5人。1998年6月，区纪委内设办公室、干部教育室（与办公室合署）、信访室、纪检监察室、案件审理室、执法监察室、党风廉政建设室（与执法监察室合署）7个科室。2004年，成立区经济环境监察中心、区级机关作风建设领导小组办公室和区软环境建设办公室，与区监察局合署办公。2008年9月，设立基层纪检监察工作室，为区纪委、监察局派驻机构。同时，在区纪委、监察局内部增设机关纪检监察工作室。12月，成立高港区纠正行业不正之风办公室，与区监察局合署办公。当年，全区有纪检监察组织15个，其中，镇（街道）纪（工）委8个，区纪委、监察局派驻机构5个。

### 1997—2008年中共泰州市高港区纪律检查委员会书记更迭情况一览表

表 147

| 姓　名 | 籍　贯 | 任职时间 |
| --- | --- | --- |
| 刘时根 | 姜堰 | 1997.12—1999.05 |
| 张　伟 | 泰兴 | 1999.05—2006.01 |
| 任寿南 | 泰兴 | 2006.01—2007.11 |
| 张兆洋 | 泰州 | 2007.11— |

## 四、基层党组织

1997年4月，高港区工委组织人事办公室与泰兴、姜堰两市的组织人事部门，开展党组织关系交接工作，共交接党组织443个，其中党委11个、党总支8个、党支部424个。年末建立区直机关党委，全区增加党支部27个。1998年1月，建立区人大常委会、政府、政协党组；3月，建立区公安分局、人民法院、人民检察院党组。当年，增加党总支2个、党支部41个。1999年1月，建江苏鸿泰机电集团党委；5月，建立区工商联党组；11月，建立区经委、教育系统党委。当年，增加党总支3个、党支部17个。2000年3月，撤销田河镇党委、许庄镇党委。当年，增加党总支3个，减少党支部15个。2001年2月，撤销江苏登月集团党委；8月，撤销教育系统党委，建立文教系统党委；撤销经委系统党委，建立经济贸易系统党委。当年，增加党总支17个，减少党支部42个。2002年，增加党总支4个，减少党支部7个。2003年1月，建立科技创业园党工委；9月，建立建筑管理系统党委。当年，增加党总支2个、党支部1个。2004年4月，建立泰州市口岸中学党委；9月，建立永安洲工业园党工委。当年，增加党总支1个，减少党支部2个。2005年3月，泰州市口岸中学党委更名为江苏省口岸中学党委。当年，增加党总支1个，减少党支部1个。2006年3月，撤销口岸镇党委，建立口岸街道党工委；撤销刁铺镇党委，建立刁铺街道党工委；建立许庄街道党工委。当年，减少党总支2个、党支部2个。2007年3月，建立许庄街道马厂社区、口岸街道龙窝口社区、野徐镇解家村、野徐镇城中社区党委；撤销中商集团口岸船舶工业公司党委，建立泰州市口岸船舶有限公司党委。当年，增加党总支38个，减少党支部17个。2008年2月，建立扬子江医药产业园党工委；4月，建立区发展和改革委员会、区科技局、区民政局、区司法局、区财政局、区人事局、区劳动和社会保障局、区建设局、区水利局、区农业委员会、区对外贸易经济合作局、区卫生局、区人口和计划生育委员会、区审计局、区环境保护局、区统计局、区安全生产监督管理局、区物价局、区总工会、团区委、区妇联、区残联党组。当年末，共有基层党组织739个，其中，党（工）委16个、党组30个、党总支81个、党支部612个，区委直接管理的党（工）委14个、党总支14个。

### 1997—2008年中共泰州市高港区委基层组织一览表

表148　　　　单位：个

| 年　份 | 党（工）委 | 党　组 | 党总支 | 党支部 |
|---|---|---|---|---|
| 1997 | 11 | — | 8 | 424 |
| 1998 | 11 | 6 | 10 | 492 |
| 1999 | 14 | 7 | 13 | 482 |
| 2000 | 12 | 7 | 16 | 467 |
| 2001 | 11 | 7 | 33 | 425 |
| 2002 | 11 | 7 | 37 | 418 |
| 2003 | 12 | 7 | 39 | 419 |

续表 148

| 年 份 | 党(工)委 | 党 组 | 党总支 | 党支部 |
|---|---|---|---|---|
| 2004 | 13 | 7 | 40 | 417 |
| 2005 | 12 | 7 | 41 | 416 |
| 2006 | 10 | 7 | 39 | 414 |
| 2007 | 20 | 7 | 77 | 397 |
| 2008 | 16 | 30 | 81 | 612 |

# 第二章 党代表大会

1997年中共泰州市高港区委成立后，即筹备中共泰州市高港区第一次代表大会（简称党代会）的召开。1998年3月，召开第一次党代会。2001年，召开第二次党代会。2006年，召开第三次党代会。第一、二、三次区党代会代表分别为181人、191人、187人。2003年起，每年召开1次区党代会年会。

## 第一节 党代表

出席区党代会的代表，由选举产生。2003年，试行区党代会常任制。2006年，正式实施该制度。2007年，试行党代表列席党（工）委会议制度。

高港区历次党代会代表构成情况一览表

表 149 单位：人

| 构 成 | | 第一次党代会代表 | 第二次党代会代表 | 第三次党代会代表 |
|---|---|---|---|---|
| 总 数 | | 181 | 191 | 187 |
| 其中 | 各级领导干部 | 110 | 107 | 104 |
| | 专业技术人员 | 34 | 40 | 42 |

续表149

| 构　成 | | 第一次党代会代表 | 第二次党代会代表 | 第三次党代会代表 |
|---|---|---|---|---|
| 其中 | 妇　女 | 39 | 25 | 37 |
| | 各条战线先进模范人物 | — | 42 | 38 |
| | 解放军 | — | 2 | 3 |
| | 45岁以下代表 | — | 88 | 98 |

## 第二节　代表大会

### 一、第一次代表大会

1998年3月27—29日，区第一次党代会在高港大酒店召开。出席会议代表181人，列席12人。会议听取并审议通过区委书记葛玉书所作《振奋精神，加快发展，努力把高港区现代化建设事业全面推向二十一世纪》工作报告。会议要求贯彻落实中共十五大精神，统一思想，振奋精神，坚持以经济建设为中心，加快发展和建设步伐；加强社会主义精神文明和民主法治建设，创造有利于社会全面发展的良好环境；加强党的建设，改善党的领导。实施“科教兴区、兴港促城、对外开放、规模经济、城乡一体、可持续发展”六大战略，实现“一年打基础、两年见成效、三年大变样”目标。会议选举产生第一届区委委员23人、候补委员3人，选举产生区纪委委员11人。一届一次全委会选举产生第一届常务委员会委员9人，葛玉书为书记，张文彬、杨峰、刘时根、丁其林为副书记。在区纪委一届一次全会上，刘时根当选为区纪委书记。

### 二、第二次代表大会

2001年3月27—29日，区第二次党代会在高港大酒店召开。出席会议代表191人，列席10人。会议听取并审议通过区委书记胡冬生所作《实践“三个代表”，推进富民强区，为圆满实现第十个五年计划而努力奋斗》工作报告和区纪委书记张伟所作区纪委工作报告。会议要求以“三个代表”重要思想统揽全局，以解放思想为先导，以加快发展为主题，以经济建设为中心，以结构调整为主线，以提高人民群众生活水平为根本出发点，依靠改革开放和科技进步，实施“工业主体、外向带动、私营个体、科教兴区、城市化发展”五大战略，推进全区经济持续健康发展和社会全面进步；加强党的建设、精神文明建设和民主法治建设。会议选举产生第二届区委委员23人、候补委员4人，选举产生区纪委委员11人，选举出席中共泰州市第二次代表大会代表26人。二届一次全委会选举产生第二届常务委员会委员9人，胡冬生为书记，陈明冠、刘时根、张伟为副书记。在区纪委二届一次全会上，张伟当选为区纪委书记。

2003年12月31日，区第二次党代会第一次年会在海燕大酒店召开。出席会议代表173人，列席11人。会议听取并审议通过区委书记胡冬生所作《深入贯彻落实十六届三中全会精神，把"富民强区"的宏伟事业不断推向前进》工作报告和区纪委书记张伟所作区纪委工作报告。会议总结区第二次党代会召开后取得的成绩和经验，指出工作中存在的差距和不足，提出2004年主要目标和措施。要求树立和落实科学发展观，围绕建设苏中"两个率先"先导区目标，进一步解放思想，抓住机遇，坚持富民优先，加大改革力度，扩大对外开放，加快发展步伐，为实现"五年总量翻番，八年全面小康"目标奠定坚实基础。会议审议通过《关于试行区党代表大会常任制相关配套制度的决议》。

2004年12月27日，区第二次党代会第二次年会在海燕大酒店召开。出席会议代表169人，列席50人。会议听取并审议通过区委书记张爱平代表区委所作《深入贯彻党的十六届四中全会精神，为实现全区经济社会跨越式发展而努力奋斗》工作报告和区纪委书记张伟代表区纪委所作工作报告。会议总结2004年工作，要求2005年经济和社会发展工作坚持沿江为先，打造新型工业化平台；坚持项目为王，全力突破招商引资；坚持建设为重，加速推进城市化进程；坚持富民为本，促进经济社会和谐发展。要求加强思想建设，提升执政理念；加强队伍建设，提升执政水平；加强作风建设，提升执政效能；加强党风廉政建设，提升执政形象。会议期间，征集党代表提案10条。

### 三、第三次代表大会

2006年6月16—19日，区第三次党代会在海燕大酒店召开。出席会议代表187人，列席18人。会议听取并审议通过区委书记张爱平所作《全面落实科学发展观，开启建设苏中"两个率先"先导区新征程》工作报告和区纪委书记任寿南所作区纪委工作报告。会议要求高举邓小平理论和"三个代表"重要思想伟大旗帜，全面落实科学发展观，以跨越发展、科学发展、和谐发展、率先发展为主题，坚持富民优先、科教优先、环保优先、节约优先方针，加快新型工业化、经济国际化、城乡一体化和农业产业化进程，坚持"工业立区、外向带动、港城兴区、城乡统筹、以人为本、科学发展"六大战略，为全面建成小康社会、五年再造一个新高港而全力奋斗。会议选举产生第三届区委委员25人、候补委员5人，选举产生区纪委委员11人，选举出席中共泰州市第三次代表大会代表30人。三届一次全委会选举产生第三届常务委员会委员9人，选举张爱平为书记，王群、刘时根为副书记。在区纪委三届一次全会上，任寿南当选为区纪委书记。

图 17-2-1 中国共产党泰州市高港区第三次代表大会（2006年摄）

2007年12月20日，区第三次党代会第一次年会在海燕大酒店召开。出席会议代表176人，列席42人。会议听取并审议通过区委书记王建所作《全面贯彻党的十七大精神，把高港的明天建设得更加美好》工作报告和区纪委书记张兆洋所作区纪委工作报告。会议要求突出沿江开发、突出富民强区战略、突出城乡统筹发展、突出和谐社会构建，着力打造生态高港，加快"幸福高港"建设进程。

2008年12月29日，区第三次党代会第二次年会在区文化中心影剧院召开。出席会议代表187人，列席286人。会议听取并审议通过区委书记王建所作《审时度势抓机遇，坚定信心保增长，全面推进滨江港城区建设》工作报告和区纪委书记张兆洋所作区纪委工作报告。会议要求围绕城市功能定位，加快推进城市建设；发挥桥港区位优势，培优培强区内企业；坚持城乡一体发展，在农村经济上谋求新发展。会议提出到2009年实现全面小康目标。会议举行各代表团讨论会，征集"紧扣区委、区纪委工作报告，结合高港实际，突出科学发展主题"提案19件。

# 第三章　重要会议

## 第一节　全委（扩大）会议

### 一、第一届区委全委（扩大）会议

1998年3月至2001年3月，第一届高港区委召开全委（扩大）会议5次。第一次全委会紧随第一次代表大会召开。

1999年1月29—30日，召开区委一届二次全委（扩大）会议。贯彻落实中共十五大和中共十五届三中全会及市委一届七次全委（扩大）会议精神，听取区委书记葛玉书所作《抢抓机遇，团结拼搏，以"两个文明"建设的新胜利迎接二十一世纪》工作报告，听取刁铺镇、永安洲镇、田河镇、白马镇、口岸镇交流发言。

1999年7月23—24日，召开区委一届三次全委（扩大）会议。参观各镇工业经济新的增长点、新区城市建设、各镇小城镇建设、江堤达标工程，听取区委书记葛玉书所作《坚定信心，开拓进取，为完成全年经济增长目标而奋斗》工作报告，听取口岸船舶工业公司交流发言。

2000年2月17—18日，召开区委一届四次全委（扩大）会议。听取区委书记葛玉书所作《创世纪大业，谱历史新篇，把富民强区的宏伟事业不断推向前进》工作报告，提出实施外向开拓战略、城郊经济战略、规模经济战略、港口经济战略、财税经济战略。

2000年7月21—22日，召开区委一届五次全委（扩大）会议。7月21日，参会人员到扬中市参观学习。7月22日，听取并讨论区委书记胡冬生所作《放胆放手，放开放活，强力推进我区个体私营经济快速发展》工作报告，听取区委副书记、代理区长杨峰在会议结束时的讲话。

### 二、第二届区委全委（扩大）会议

2001年3月至2006年6月，第二届高港区委召开全委（扩大）会议10次，第一次全委会紧随第二次代表大会召开。

2001年7月11日，召开区委二届二次全委（扩大）会议。传达《关于选举产生中国共产党泰州市第二次代表大会代表的通知》精神，提出《关于高港区出席中国共产党泰州市第二次代表大会候选人预备人选分配的指导性意见》，无记名投票确定30名候选人预备名单。

2001年10月16日，召开区委二届三次全委（扩大）会议。听取区委书记胡冬生所作《认真贯彻落实十五届六中全会精神，奋力开创全区“两个文明”建设新局面》工作报告，动员全区上下奋战第四季度，确保全年目标任务完成。

2002年1月18日，召开区委二届四次全委（扩大）会议。听取区委书记胡冬生所作工作报告，部署2002年工作任务。

2002年12月3日，召开区委二届五次全委（扩大）会议。听取区委书记胡冬生所作《深入学习贯彻党的十六大精神，奋力推进全区经济社会跨越式发展》工作报告，部署2003年工作任务。

2003年12月19日，召开区委二届六次全委（扩大）会议。听取区委书记胡冬生所作《坚持开拓创新，推进富民强区，努力开创全区改革和发展新局面》工作报告，听取审议《高港区党代表大会常任制试点工作实施意见》等常任制配套制度。

2004年7月16日，召开区委二届七次全委（扩大）会议。听取讨论区委书记张爱平所作《坚持以科学发展观为指导，奋力推进沿江开发、招商引资、城市建设三大主题活动》工作报告。

2005年7月22日，召开区委二届八次全委（扩大）会议。参观区骨干企业，听取区委书记张爱平所作《创新克难，乘势而上，全力加速经济社会跨越式发展》工作报告。

2005年12月23日，召开区委二届九次全委（扩大）会议。听取区委书记张爱平所作《全面落实科学发展观，加快建设苏中“两个率先”先导区》工作报告，审议通过区委《关于制订高港区国民经济和社会发展第十一个五年规划的建议》。

2006年6月13日，召开区委二届十次全委（扩大）会议。审议区第三次党代会区委、区纪委工作报告（草案），讨论确定区第三次党代会有关人事安排方案。

## 三、第三届区委全委（扩大）会议

2006年6月至2008年12月，第三届高港区委召开全委（扩大）会议4次，第一次全委会紧随第三次代表大会召开。

2006年12月30日，召开区委三届二次全委（扩大）会议。听取区委书记张爱平所作《坚持科学发展、和谐发展，加快实现“五年再造一个新高港”奋斗目标》工作报告。

图 17-3-1　中共泰州市高港区委四届二次全体（扩大）会议

2007年7月27日，召开区委三届三次全委（扩大）会议。听取区委书记张爱平所作《抢抓大桥机遇，突出创新主体，以又好又快发展的实际行动迎接党的十七大胜利召开》工作报告。

2008年7月28日，召开区委三届四次全委（扩大）会议。参观区骨干企业，听取区委书记王建所作《深入解放思想，推动跨越发展，为加快建设滨江港城区而团结奋斗》工作报告，听取口岸船舶有限公司、三福船舶有限公司、高伟化机厂、口岸街道、刁铺街道、野徐镇、白马镇等14个单位发言。

## 第二节　常委（扩大）会议

1997年4月至2008年12月，共召开区（工）委常委（扩大）会议130次。

建区初期（1997年4月至1998年3月），召开区（工）委常委（扩大）会议37次。1997年4月30日，区工委常委会议围绕“如何加快高港区发展”开展讨论研究，形成以港口工业促进高港新区的建设、加快沿江产业开发、加大新区建设力度、做好人才引进与培养工作、扶持发展重点企业等决策性意见。

1998年3月至2001年3月，第一届区委召开区委常委（扩大）会议14次。1998年9月11日，区委常委（扩大）会议重点讨论区城市建设和管理体制设置方案，决定新区和口岸镇城区范围内的规划、审批、建设、管理等工作均由区建委负责，口岸镇原有的城市管理机构划归区建委；刁铺镇城市建设、管理职能仍维持现有体制不变。2001年3月26日，区委常委（扩大）会议提出实施工业主体、外向带动、私营个体、科教兴区和城市化发展战略。

2001年3月至2006年6月，第二届区委召开区委常委（扩大）会议43次。2003年11月6日，区委常委会研究部署“建设平安高港，创建最安全地区”活动，要求把高港区建成全省首批社会治安安全区，打造“平安高港”品牌。2005年12月20日，区委常委（扩大）会议围绕“五年再造一个新高港”主题开展讨论，提出“发展速度苏中领先，滨江新城快速崛起，社会发展和谐文明，人民生活全面小康”五年（2006—2010）经济社会发展目标。

2006年6月至2008年12月，第三届区委召开区委常委（扩大）会议36次。2007年12月13日，区委常委（扩大）会议提出“二次创业”口号，强调突出富民强区战略，突出城乡统筹发展，突出和谐社会构建，加快“幸福高港”建设进程。

# 第四章　重要决策

## 第一节　政治建设决策

### 一、党的建设

1997年7月，区工委出台《关于加强乡镇党委建设和整顿工作的意见》。具体目标任务为：以党委换届为契机，加强班子建设；以宗旨教育为主要内容，加强思想政治和作风建设；以提高“两手抓”水平和领导经济工作能力为目标，加强业务建设；以民主集中制为核心，加强制度建设；以机关、站

（所、院、社）为配套工程，加强基层组织建设。

1997年12月，区工委、区管委会出台《关于贯彻执行〈中共中央、国务院关于党政机关厉行节约制止奢侈浪费行为的若干规定〉的意见》。

1998年3月，区第一次党代会提出切实加强党的建设，改善党的领导。要求加强思想建设，坚持用邓小平理论武装头脑；加强组织建设，把各级党组织建设成为坚强的领导核心；加强党风廉政建设，树立良好形象；加强作风建设，提高领导水平。

1998年6月，区委出台《关于在全区党员干部中开展向徐大圣同志学习的决定》。要求学习徐大圣无限忠诚党的事业，坚持发展集体经济，一心造福群众，矢志不渝的人生追求；学习徐大圣坚忍不拔，开拓进取，艰苦奋斗，勤俭办企业的创业精神；学习徐大圣生命不息，奉献不止，为集体、为群众鞠躬尽瘁的顽强毅力；学习徐大圣坚持团结一班人，带好一班人，不断增强党组织凝聚力和战斗力的坚强党性。

2000年3月，区委出台《关于进一步加强全区新经济组织党建工作的意见》。要求在新经济组织中健全党的组织，根据新经济组织面广量多、不少企业规模较小、党员人数偏少的实际情况，因地制宜，科学、合理理顺隶属关系，一般以属地管理为主，同时探索其他管理形式。通过多种途径，把政治素质好、党性强、有一定组织协调能力、热心党务工作的人选拔到新经济组织党组织书记岗位上。明确新经济组织中党组织的政治核心地位，对新经济组织中的党员进行理想宗旨教育，改进党组织工作方法和活动方式，建立完善一套党建工作规章制度。

2001年3月，区第二次党代会提出坚持不懈加强党的思想建设，用“三个代表”重要思想武装全体党员；坚持不懈加强党的基层组织建设，巩固党的执政基础和群众基础；坚持不懈加强领导班子建设和干部队伍建设，提高领导水平和执政水平；坚持不懈加强党风廉政建设和反腐败斗争，密切党同人民群众的血肉联系；坚持不懈加强党的作风建设，凝聚现代化建设的整体合力。

2001年12月，区委出台《关于加强村级党组织建设的意见》。对村级党组织建设提出合理设置党组织、抓好村党（总）支部领导班子建设、明确村级党组织的职责及地位、做好党员发展和教育管理工作、加强村级党组织的制度建设和各类配套组织建设、深入开展“五好”村和区级党建工作示范点创建活动六个方面的要求。对村组干部队伍建设提出严格控制村组干部职数、加大村组干部培训力度、妥善落实村组干部待遇、健全村组干部考核奖励机制四个方面的要求。对村级民主建设提出坚持和完善村务公开制度、创新村“两委”联系会议制度、严格执行村务民主决策制度三个方面的要求。

2004年，区委出台《关于进一步加强和改进非公有制企业党建工作的意见》。要求抓好非公有制企业党组织的组建工作，理顺非公有制企业党组织的隶属关系，加强非公有制企业党组织自身建设，探索发挥非公有制企业党组织作用的有效途径；积极稳妥做好在非公有制企业中发展党员工作，采取多种途径壮大非公有制企业党的力量，加强对公有制企业党员的教育管理。

2006年6月，区第三次党代会提出全面加强和改进党的建设。要求加强思想建设，提升凝聚力；加强组织建设，提升战斗力；加强制度建设，提升创新力；加强作风建设，提升执行力。

## 二、人民代表大会制度建设

2000年3月，区委批转区人大常委会党组《关于做好乡镇行政区划调整后人大选举工作有关问题的意见》。明确需要注意的问题：努力简化选民登记方法，认真做好代表候选人的提名推荐和协商确定工作，精心组织好选民的投票选举，依法开好新建乡镇人大一次会议，加大宣传教育力度，安排落实选举经费。

2006年11月，区委转发区人大常委会党组《关于进一步发挥区人大代表作用，加强区人大常委会制度建设的意见》。要求进一步发挥区人大代表的作用，保障代表的知情权，加强代表议案工作，认真办理代表建议、批评、意见，加强和规范代表在闭会期间的活动；完善区人大常委会监督工作、依法讨论决定重大事项、工作委员会工作、信访工作、宣传工作、机关建设等制度。

2007年8月，区委转发区人大常委会党组《关于做好全区区、镇两级人民代表大会换届选举工作的意见》。

### 三、政治协商制度建设

2000年1月，区委出台《关于进一步贯彻执行中国共产党领导的多党合作和政治协商制度的规定》。明确政治协商的主要内容、方法、范围、程序和时间安排。

2002年10月，区委转发区政协党组《关于区政协换届工作的意见》。

## 第二节　经济建设决策

### 一、农业和农村工作

1998年3月，区第一次党代会提出以农业产业化经营为突破，发展城郊型农业。要求发展农业产业化经营，建设多层次的农副产品市场，发展各类经济合作组织，发展农副产品加工业，建成现代化高效农业、观光农业，培育和扶持各类专业大户；提高农业综合生产能力，加强以水利为重点的农业基础设施建设，三年内完成江堤达标建设，推广农业新技术，完善土地流转机制，推进农业机械化，加大农业投入。

2001年3月，区第二次党代会提出以增加农民收入为主线，调整农业结构，发展城郊农业、高效农业。要求扩大经济作物面积，扩大特种水产、特种畜禽养殖，扩大精细蔬菜、苗木花卉和特色农副产品生产，提高农业科技水平，提高农民进入市场的组织程度，提高农业的开发度。强化示范带动、科技驱动、流通促动、外向带动。

2006年6月，区第三次党代会提出繁荣农村经济。要求发展现代农业，推进农业结构调整和产业化经营，发展城郊农业、生态农业、观光农业和订单农业，重点发展兰花、银杏、药材、山羊等特色产业和龙头加工企业。壮大集体经济，因地制宜发展非农产业和特色经济，探索符合各自特色的富民强村之路；盘活集体资产和闲置资源，通过租赁、出让、开发等形式，增加集体经济收入。增加农民收入，建立健全农民增收长效机制，加大对农业农村的扶持力度，落实工业反哺农业、城市支持农村的各项措施，使各项支农政策真正惠及广大农民；推行土地股份合作和农民专业合作，鼓励农民合作创业，增强风险抵御能力。

2007年5月，区委、区政府出台《关于加快发展农村合作经济的意见》。主要目标为："十一五"期末，农村合作经济组织发展到80个左右。基本原则为：坚持土地家庭承包基本制度不变，坚持依法自愿，坚持规范有序。工作要求为：大力发展农民专业合作经济组织，有序推进农村土地股份合作，稳步推进农村社区股份合作。

2008年12月，区委、区政府出台《关于实施农村贫困户脱贫攻坚工程，加快经济薄弱村发展的意见》。提出到2010年，全区基本消除农民人均年纯收入低于2500元的贫困人口；基本消除村级集体年收入在10万元以下的经济薄弱村，全区经济薄弱村逐步达到有"双强"班子、有科学规划、有高效农田、有特色产业、有配套设施、有机制保障、有整洁村容、有文明村风的"八有"目标。鼓励支持经济薄弱地区发展现代高效农业，带动贫困户致富；支持经济薄弱村加快形成稳定增收的长效机制。

## 二、工业

1997年6月，区工委出台《关于在全区工业企业实施市场化运行工程的意见》。要求到"九五"期末，全区年销售1000万元以上的工业企业基本完成市场化运行工程，其中70%左右的企业基本达到市场运行的要求，实现企业发展目标、营销工作、运行机制、资本营运的市场化。

1998年3月，区第一次党代会提出加快结构调整步伐，积极培植工业规模经济。要求把市场化运行工程作为一项长期工作常抓不放，加大对重点骨干企业的扶持力度，发展一批"小而专、小而特、小而优"的中小企业，依靠科技进步开发高新产品、改造传统技术，加快经济技术开发区建设步伐。

2001年3月，区第二次党代会提出高度重视企业技术创新工作，突出以高新技术改造传统产业，提高企业的科技水平和竞争能力。逐步提高工程技术人员占企业职工总数的比例，大力引进科技人才。

2006年6月，区第三次党代会提出坚持工业立区，加快新型工业化进程。指出工业是立区之本，新型工业化是强区之路。必须坚持新型工业化第一方略，加快打造高港整体工业板块，到2010年，工业经济总量实现300亿元。要求纵深推进沿江开发，集聚临江产业，放大沿江效应，推进绿色开发；大力发展规模经济，鼓励全民创业，培植规模企业，提升特色产业；全面加强自主创新，突出创新主体，实施品牌战略，发展高新技术。

## 三、第三产业

1998年3月，区第一次党代会提出不断提高第三产业水平。要求动员和鼓励全社会办三产，加快各类市场的培育和建设，发挥国合商业流通企业的主渠道作用，建好新区私营商业一条街，发展金融保险和供电邮电事业。

2001年3月，区第二次党代会提出把繁荣城市经济，增加人流物流摆上重要位置。鼓励和引导区内外各界人士到新区投资兴业，开放项目，繁荣三产。要求在继续发展交通运输业、商业、餐饮服务业等传统第三产业的同时，发展旅游、信息、房地产、社区服务等新兴产业。

2006年6月，区第三次党代会提出做强城市经济。要求发展大商贸，放大商贸中心的集聚、辐射效应，巩固提升商贸设施和经营业态，做靓特色商业街区；培育新兴服务业态，引进连锁经营、旅游会展、信息咨询等新兴产业，加快发展楼宇经济，统筹房地产开发，增强城区对人流、物流、资金流、信息流的集聚效应。建设大市场，依托区位优势，做足路桥文章，健全市场体系，优化市场布局，培大做强建材装饰、花鸟鱼虫、体育器材、旅游用品等一批品牌专业市场。培育大物流，发展港口经济，加速推进港口综合物流园区建设，做大区域物流中心。加快发展客货运输、物资配送，努力形成货物中转和集散枢纽。

2008年7月，区委、区政府出台《关于进一步加快服务业发展的意见》。提出到2010年全区服务业发展目标为：服务业增加值在2007年的基础上翻一番以上，发展速度快于地区生产总值增幅；服务业税收占全区国地税总收入的比重提高3个百分点；服务业增加值占地区生产总值的比重每年提高1个百分点；服务业从业人员占全社会从业人员比重每年增加1个百分点，确保建成富有特色的区域物流中心、现代商贸中心和休闲旅游节点。发展重点为：优先发展现代物流业，改造提升商贸服务业，积极发展旅游业，稳步发展房地产业，大力发展服务外包产业，加快提升信息服务业，大力拓展商务服务业。

## 四、开放开发

1998年3月，区第一次党代会提出积极招商引资，形成对外开放的新格局。要求实施"兴港促城，以港促城"战略，加快泰州港的建设和发展；开展招商引资活动，扩大利用外资和港澳台资总量；加速与国际市场接轨，扩大出口创汇；推行跨地区横向经济联合，主动接受上海浦东和苏南发达地区的经济辐射。

2001年3月，区第二次党代会要求坚持外资和港澳台资、外贸、外经三外一起攻，一二三产业"三业"一起上，外资和港澳台资、内资、民资"三资"一起引，区、镇、村（企业）三级一起抓，营造开放型经济的新优势。

2002年1月，区委召开办公会议，协调科技创业园建设事宜。会议明确科技创业园三年发展目标，即通过三年努力，建设成科技型、现代化、园林式的园区，建设成全区对外开放的窗口，招商引资的基地，转化成果、创新机制、吸引人才的平台。

2004年4月，区委召开办公会议，研究沿江开发和科技创业园建设问题。会议研究确定关于沿江开发规划编制、启动区选址、优惠政策、岸线利用和控制等问题，以及关于科技创业园人员编制，成立园区财政所、土地所、劳动用工服务所、公安派出所等问题。

2006年6月，区第三次党代会提出坚持外向带动，加快经济国际化步伐。要求广招国际资本，主攻重大项目，优化外资和港澳台资结构，提升引资质量；加速园区建设，提升园区功能，创新管理模式，优化投资环境；开拓国际市场，扩大外贸和港澳台资总量，提高出口质量，实现外经突破。

## 五、企业改制

1998年3月，区第一次党代会提出以解放生产力、促进发展为导向，加快企业产权制度改革步伐。骨干企业重点推行公司制和股份制，加快建立现代企业制度，形成新的经营机制和竞争优势。鼓励企业通过买股、送股、托管等办法加入大公司、大集团，以产权换市场、换品牌。中小企业要通过股份合作、兼并联合、抵押承包、租赁、拍卖等多种形式放开搞活。

2001年3月，区第二次党代会提出进一步巩固、深化企业体制改革的成果。以公有资本退出为目标，以优化股权结构为重点，继续推进企业产权制度改革。采取合资合作、出售资本、竞价拍卖等多种形式，加速公有资本的退出，加速股权的流转。以建立现代企业制度为目标，把改革向企业内部管理机制延伸。深化企业人事、用工、分配制度改革，建立健全激励和约束机制。

## 六、个体私营经济

1998年3月，区第一次党代会提出加快个体私营经济发展，促进所有制结构调整。要求通过舆论引导、政策支持，鼓励企业下岗职工、富余人员从事个体私营经济，引导私营业主吸纳下岗职工再就业。支持农民进城创业，吸引外地个体私营业主落户。使个体私营经济成为群众就业的重要渠道，成为促进社会繁荣、经济发展的重要力量。

2000年8月，区委、区政府出台《关于加快个体私营经济发展的若干意见》。明确全区个体私营经济发展的方向和目标，要求放宽政策，为个体私营经济发展创造良好环境，要求各级、各部门为个体私营经济发展提供良好服务。

2001年3月，区第二次党代会提出坚持“放胆、放手、放开、放活”原则，大力发展个体私营经济。要求落实扶持个体私营经济发展的各项政策，放宽发展领域，营造良好氛围；通过宣传发动、典型带动等形式，激发广大干群创业热情；加大对重点私营企业的扶持力度，集中力量扶优育强。

2004年4月，区委、区政府出台《关于鼓励支持全民创业的若干政策意见》，降低各类市场主体的准入门槛，简化审批手续，鼓励各类人员自主创业，加大对民营经济的扶持力度，引导、保护民营经济健康发展。

2006年3月，区委、区政府召开全区民营经济推进大会。要求全区掀起全民创业高潮，实现民营经济发展新突破，推进大创业，培育大企业，组织大招商。是月，出台《关于开展机关事业单位工作人员帮办民营企业活动的实施意见》，要求机关各部门选派10%的在编人员，乡镇机关及事业单位选派30%的在编人员，通过离岗帮办、结对帮办和离岗创业三种形式，到民营企业帮办或创业。

### 七、城市建设

1998年3月，区第一次党代会提出按照“统一规划，合理布局，综合开发，配套建设”总体方针，加快城市建设。要求从基础设施建设入手，尽快拉开城市框架；抓好新区启动区内主干道建设，加快港口码头和与之相配套的各类设施建设步伐，集中力量建设城区供水、供电、供气和污水处理等重点工程，增强城市综合服务功能；从启动一批标志性工程入手，塑造现代化城市新形象。

2001年3月，区第二次党代会提出坚持“统一规划，合理布局，配套建设”原则，高起点编制好城区规划，严格按照规划实施，经过五年努力，使口岸、刁铺与新区连为一体，主城区面积扩大到10平方千米，城区人口达到10万人左右。基本形成城区内通外环、方便快捷的道路交通体系。推进新区项目布点建设，实施一批重点工程。加快完善市政配套工程和城区综合服务功能。

2006年6月，区第三次党代会提出坚持港城兴区，加快提高城市化水平。要求坚持加大投入，加快建设，到2010年，基本建成功能齐全、商贸繁荣、环境优美、活力迸发的现代滨江新城，彰显“水清、绿透、文昌、城秀”的花园城市特色，城市面积和城区人口力争增加1倍。

## 第三节　社会事业建设决策

### 一、教育

1998年3月，区第一次党代会提出把教育放在优先发展的突出位置，推进教育现代化工程，加快改造薄弱学校步伐，巩固发展普及九年制义务教育成果，加快区属重点中学和职教中心建设，加快职业教育、成人教育和职工培训，加大教育投入，重视师德建设。

2001年3月，区第二次党代会提出坚持把教育放在优先发展的战略地位，继续推进教育现代化工程，全面实施素质教育，合理调整学校布局，加快形成教育投入多元化格局。

2006年6月，区第三次党代会提出要大力发展教育事业。优先发展基础教育，全面实施素质教育，创建合格学校，培育名校名师，全面提升教育质量；大力发展职业教育，放大职教中心品牌，进一步扩大职教规模；积极发展远程教育、继续教育和社区教育，构建全民教育体系。

## 二、科技

1998年3月，区第一次党代会提出坚持把科技工作放在重要战略地位。要求认真抓好科技“四大工程”（人才引进，挂靠联合，创办科研机构，开发新品），促进产业的创新和升级；利用新区的各项优势，吸引高科技、实用型人才；形成尊重知识、尊重人才的社会风气，创造条件，为科技人员施展才华提供良好的工作环境。

2001年3月，区第二次党代会提出强化科技是第一生产力的观念，广泛开展科普活动，提高科技进步在经济发展中的贡献份额。

2006年6月，区第三次党代会提出大力推进科技创新。要求强化组织领导，加大科技投入，形成推进科技创新和科技进步的强大合力；健全科技创业支持服务体系，鼓励科技人员创新创业，实现科技成果产业化；加强人才队伍建设，培养一批高素质人才；加强高层次人才引进，不拘一格引用人才。

## 三、文化

1998年3月，区第一次党代会提出大力发展文化事业。要求坚持一手抓繁荣，一手抓管理，努力探索文化产业化发展路子；加强城乡文化阵地建设，开展创建省文化先进乡镇活动；开展“扫黄打非”活动，净化文化市场。

2006年6月，区第三次党代会提出统筹发展文体事业。要求加大对文化、体育事业的投入，加强阵地和载体建设，加快图书馆建设，规划建设体育中心，努力营造一流的群众文化、休闲、健身环境。

## 四、卫生与计划生育

1998年3月，区第一次党代会提出贯彻预防为主的方针，发展卫生事业。要求巩固发展农村合作医疗保险和初级卫生保健成果，推进农村改水、改厕工作；抓好区人民医院的规划设计和建设。加强计划生育的管理和服务，不断探索新形势下计划生育工作的新路子。

1998年4月，区委、区政府出台《关于积极推进计划生育“三结合”工作的意见》，推进计划生育工作与发展农村经济相结合、与帮助农民勤劳致富奔小康相结合、与建设文明幸福家庭相结合。意见提出的总体目标为：乡乡建立“三结合”服务组织，村村开展“三结合”工作，计划生育家庭贫困户户户落实帮扶措施，通过两三年的努力，使计划生育家庭贫困户人均纯收入普遍达到当地农民平均水平，出现一批奔小康示范户；广大育龄群众逐步转变婚育观念，树立社会主义道德风尚，建立文明健康的生活方式，绝大多数计划生育家庭户成为文明户；计划生育工作内在质量显著提高，创建省计划生育先进区、示范区；全区经济建设和社会发展有一个良好的人口环境。

2001年3月，区第二次党代会提出深化医疗机构改革，提高全民医疗保健水平；抓好计划生育工作，稳定低生育水平，提高出生人口质量。

2006年6月，区第三次党代会提出提高医疗卫生水平。要求完善城乡医疗服务和公共卫生体系，健全区综合医院、镇卫生院、村（社区）卫生服务站三级医疗卫生服务网络；强化人口与计划生育工作，推行人口健康保健，促进人口与经济社会协调发展。

## 五、劳动和社会保障

2001年3月，区第二次党代会提出认真落实扶持再就业各项政策，拓宽就业门路，引导职工群众转变就业观念，促进多种形式的再就业。扎实推进城镇职工养老、医疗、失业保险，积极发展农村社会养老保险，努力扩大覆盖面。

2006年6月，区第三次党代会提出加快健全最低生活保障、养老保险、失业救济和各类专业保险等社会保障体系。加大扩面征缴力度，努力做到应保尽保。巩固“土地换保障”制度，力求实现失地农民保障全覆盖。全面落实就业促进政策，健全就业工作机制，推进城乡统筹就业。落实挂钩帮扶制度，确保每户困难家庭至少有1人就业。落实社会困难群体救助意见，坚持每年专项拨款500万元，用于改善困难群众的生活状况。提高农村新型合作医疗保险水平，实施大病医疗救助。

### 六、平安与法治建设

1998年3月，区第一次党代会提出做好“三五”普法工作，大力开展法治宣传教育活动，增强干部群众的法律意识和法治观念，提高依法行政、依法办事的水平，推进依法治区。积极开展社会治安综合治理，营造稳定的治安环境。

2001年3月，区第二次党代会提出加强党对依法治区工作的领导，抓好“四五”普法教育，提高全社会特别是青少年的法治意识。强化政法队伍建设，扎实开展社会治安综合治理，预防和打击各类违法犯罪活动，维护全区政治和社会稳定。

2006年6月，区第三次党代会提出推进“法治高港”“平安高港”创建，加大“五五”普法力度，完善大综治、大防控、大调解格局，争创全国先进地区。

### 七、环境保护

2001年3月，区第二次党代会提出按照防治并重的原则，加强环境保护与污染防治，改善全区生态环境和人居环境。

2001年6月，区委、区政府颁发《关于切实加强环境与发展综合决策的通知》。通知明确环境与发展综合决策范畴和基本原则，要求建立和完善环保工作领导责任制，建立和完善部门分工负责制，建立和完善部门联合会审制度、建设项目“三同时”制度，建立有利于可持续发展的环保资金投入机制，建立环境与发展综合决策的公众参与制度。

2006年6月，区第三次党代会提出突出环保优先。要求落实环保责任，推行问责制，对决策失误、监管不力造成重大环境污染事故的，实行责任追究；建立健全环境影响评价制度，提高项目准入门槛，对新上项目实行环保“一票否决”。加大环保投入，按照“谁开发谁保护、谁破坏谁恢复、谁收益谁补偿、谁排污谁付费”原则，督促企业自觉治污，实现“零”污染排放。加强环境执法，全面推行排污许可证制度，禁止无证或违章排污。

# 第五章　纪检监察

1981年，境内乡镇配备专职纪检监察干部。1983年，口岸镇设立纪委，其他乡镇设纪检科，接受同级党委和上级纪委的双重领导。1998年，组建中共泰州市高港区纪律检查委员会，并设立泰州市高港区监察局。区纪委和区监察局合署办公。乡镇设立纪检（监察）工作机构，形成纪检网络，保证党的纪律检查工作顺利开展。1997—2008年，共立案查处违纪案件359件，结案359件。

## 第一节　党风廉政建设

### 一、宣传教育

【党纪教育】 1998年，高港区开展“当廉政楷模、创新区业绩”学习教育活动，将党纪条规和有关规章制度汇编成《廉政手册》，发至全区党员干部，组织1700余名党员干部参加中共十五大精神、党纪条规知识考试。1999年，组织党员干部学习中共中央、国务院《关于实行党风廉政建设责任制的规定》。2000年，组织开展“勤政为民、廉洁奉公”主题教育活动。2001年，组织开展反腐败形势及成效教育，向党员干部赠阅《反腐败形势教育读本》。2002年，开展“牢固树立正确的权力观”主题教育活动，将教育活动与深化“三个代表”重要思想学教活动结合，与加强和改进机关作风结合。2003年，开展“两个务必”主题教育活动，引导各级领导干部树立正确的权力观、地位观和利益观。2004年，学习贯彻《中国共产党党内监督条例（试行）》和《中国共产党纪律处分条例》。2005年，学习贯彻中共中央《建立健全教育、制度、监督并重的惩治和预防腐败体系实施纲要》。2006年，开展“遵守党章、执政为民”“做党的忠诚卫士、当群众的贴心人”主题教育活动。2007年，组织党员干部学习中纪委《关于严格禁止利用职务上的便利谋取不正当利益的若干规定》。2008年，在全区党员干部中组织开展“坚定理想信念、坚持廉洁从政”主题教育活动。

【警示教育】 1998年，高港区在区级机关干部中开展“以案学纪”案例教育活动，组织140余名副乡科级以上干部家属观看电视教育片。2002年，组织1000余名党员干部参观泰州市反腐倡廉成果展；开展“警示教育月”活动，发放警示教育资料4种875份、电教片77部，编发《警示教育专刊》3期、《警示教育征文专刊》3期。全区各单位召开案例剖析会77次，观看电教片227场，上警示教育课110次。2003年，开展“警示教育电教月”活动，组织区委中心组成员集体观看《扭曲的人生——李真贪污受贿案剖析》专题电教片，为基层提供电教片60余部，全区各单位组织观看电教片100余场次，上警示教育课40余次，受教育人数达9200人。全区16名县处级领导干部、50余名乡科级领导干部撰写观后感。2004年，全区各单位播放警示电教片100余部、600余场次，3万余人次受教育。2005年，区委中心组成员集中观看《王怀忠的两面人生》等专题电教片；区纪委组织撰写案件分析材料4篇，征订电教片134部，发放学习材料2万余份。各单位举办廉政教育讲座100余次，组织观看警示教育片190余场，党员干部撰写心得体会2000余篇。2006年，区纪委开展“警示教育月”活动，组织全区党员干部集中、自行观看警示教育片，党员干部受教育面96%。2007年，召开全区领导干部“廉内助”警示教育大会，通报剖析典型案件，260余名领导干部家属参加。召开全区领导干部警示教育大会，通报某局某中心主任贪污案。2008年，开展为期9个月的“万人警示教育”活动，通过编印廉书、巡演廉戏、举办廉展、制作警示片、组织专题学习报告会等形式，分阶段、分层次开展教育活动，党员干部接受集中教育1万余人次。

【廉政文化建设】 2003年，区纪委根据身边的先进典型事迹，编排10个文艺节目，组织专场演出，全区1200余名党员领导干部观看演出；选送2个节目参加全市“廉政之光”文艺调演。2004年，举办“清风颂”反腐倡廉文艺汇演。2005年初，开通“高港廉政网”，设本地动态、廉政要闻、他山之石、政策法规、格言警句、宣传教育、在线举报等栏目。当年起，开展廉政文化进机关、进社区、进家庭、进学校、进企业、进农村、进医院“七进”活动。2006年，印发《关于在全区深入开展廉政文化建设“七进”活动的通知》。刁铺街道通泰社区（进社区）、口岸街道（进家庭）、野徐中学（进学校）、白马镇（进农村）4个单位被评为市级廉政文化建设示范点。2007年，出台《高港区廉政文化“七进”建设标准》。2008年，区财政局（进机关）创建成省级廉政文化示范点，许庄街道马厂社区（进社区）、刁铺街道万庄村（进农村）、永安洲中心小学（进学校）、野徐中心小学（进学校）、区公安分局（进机关）5个单位建成市级廉政文化示范点。

## 二、制度建设

1998年初，高港区全面推行村务公开制度，做到公开内容、公开程序、公开方式、公开时间“四公开”。1999年，将党风廉政建设责任制分解成20条标准，做到分工清、职责明，便于操作；两次对各镇领导班子和领导干部责任制执行情况进行检查和抽查，将考核情况和廉洁自律情况记入个人廉政档案。分别在卫生系统和教育系统推行医务、校务公开制度。2000年，部分行政单位相继推行政务公开、服务承诺制度。2001年，各镇和区级机关各部门聘请党风监督员和纪检信息员，初步形成监督网络。2003年，在乡科级领导干部中开展述廉工作，述廉对象为各镇党委、人大、政府领导班子成员，区人民法院、区人民检察院、区委各部委办、区各委办局、各群众团体领导班子成员。制定《关于建立区纪委负责人同乡科级党政主要负责人谈话制度的意见》，按照立足教育、着眼防范、关口前移的要求，围绕党风廉政建设、党员领导干部廉洁从政等情况，同乡科级党政主要负责人开展例行谈话、任前廉政谈话、诫勉谈话，保证领导干部正确行使权力。当年起，区纪委采用派人参加民主生活会、调阅民主生活会记录及通报等形式，推动民主生活会制度落实。2005年，区委、区政府制定《关于进一步规范完善村务公开工作的意见》，明确公开的内容、时间、范围和程序。2006年，启动为民服务信息网络平台建设，各镇（涉农街道）在办事大厅设置电子触摸屏，公开党务、政务、村（居）务、财务。区纪委制定《关于加强全区反腐倡廉制度建设工作的意见》，着力解决制度执行不力问题；制定《关于实行党务公开的意见》，在全区推行党务公开制度；制定《关于开展村干部述职述廉工作的意见》，明确述职述廉对象、范围、时间、次数和程序。区政府制定《关于进一步深化政务公开工作的意见》《政务公开工作考核办法》。2007年，将述职述廉对象扩大到站所负责人，进一步规范述职述廉的内容、方式、结果运用等，将评议及测评结果与奖惩挂钩。区纪委制定《高港区加强农村基层党风廉政建设实施办法》，教育引导促进农村基层党员干部廉洁自律，推进全区农村基层党风廉政建设深入开展；制定《泰州市高港区村务公开目录》，全面推行村（社区）党务、财务、政务、事务“四公开”，推行面100%。2008年，区纪委制定《勤政廉政当面报告制度》，推动全区各镇（街道）和区级机关各部门党政领导班子及其成员、中层干部代表向区纪委常委会当面报告勤政廉政情况，现场受理、解答社会关注的热点、难点问题，确保党内监督与社会监督落实到位。在全市率先向全社会公开400余名领导干部及各单位办公室主任（综合科、秘书科科长）手机号码。1997—2008年，区委、区政府、区纪委制定出台反腐倡廉制度规定13项，各镇（街道）、区级机关各部门制定规章制度260余项。

## 三、廉洁自律

1997年起，每逢重大节日，区纪委召开专题会议或印发通知要求领导干部加强党风廉政建设，做好关键节点、重要时段的廉政风险防控工作。每年6月前后，乡镇（街道）、区级机关部门组织召开民主生活会，将领导干部廉洁自律作为会议重点内容，及时发现问题、解决问题。1998年起，对新提拔的副乡科级以上干部进行廉政谈话，就贯彻执行党风廉政建设责任制、保持廉洁自律等方面提出明确要求。1999年，建立健全区管干部廉政档案，作为领导干部“析廉”“考廉”的重要依据。2000年，印发《关于重申严禁用公款大吃大喝、挥霍浪费的通知》，对接待规格、审批程序、监督检查等作出明确规定。2001年，贯彻落实中纪委关于领导干部不准接受和赠送现金、有价证券的规定，开通“510”廉政账户，要求各级党组织、机关、人民团体、企事业单位的党员干部及其他工作人员，将违规收取的礼金、礼品和有价证券折价款等主动缴入廉政账户。建立区管干部个人重大事项报告制度。2005年，建立区管干部电子廉政档案。至2008年，区管干部个人报告重大事项110余件次，个人廉政档案实现全覆盖。

## 四、纠风治乱

【清理涉房违纪问题】 2000年，高港区成立清房工作领导小组，召开动员大会，部署全区清房工作。开展调查摸底、自查自纠、张榜公布等阶段工作，全区2545名清房对象按规定填报相关情况并张榜公布。2001—2003年，对领导干部住房情况进行调查核对，对清房资料进行整理归档，处理3名违规购房人员，共补缴房款2.44万元。

【减轻企业、农民负担】 1999年，高港区对全区50个列统企业实行收费登记制度，对领取行政事业单位收费许可证的96个单位全部进行审验，取消企业收费项目36项，减轻企业负担370万元。2000年，推行涉农收费公示制度，落实农民负担监督卡和专用票据使用规定，发放农民负担监督卡5.1万份、专用票据2430份。全面推行收费许可证、企业交费卡两项制度。2006年，印发《关于在全区实行行政收费登记卡制度的通知》，进一步规范行政收费行为，控减企事业单位特别是私营企业负担。2007年，印发《关于建立涉企行为申报备案制度的通知》，规定区级机关部门凡涉及企业的检查、处罚、培训等行为，必须事先向区经济环境监察中心提出书面申请，经备案同意后方可执行。至2008年，共否决涉企行为107项。

【清理教育乱收费】 1998年，高港区对全区中小学收费情况进行普查，严肃处理某中学乱收补课费的问题，清退全部违纪款项1.4万元。2002年起，实行教育收费公示制，公办高中招收择校生限分数、限人数、限钱数，全区中小学收费公示率100%。2004年，建立治理教育乱收费联席会议制度，查处乱收费4起，清退违规收费25.97万元，责成4名校长作书面检查，对3名校长进行诫勉谈话，给予1人行政警告处分。2006年，推行“校财区管”改革，清退违规收费3.38万元。2007年，开展教育乱收费专项治理，重点查处某中心小学违规办班收费问题，督促清退237名学生的补课费用2万余元。2008年，开展教育行风专项检查，对8所学校进行重点抽查，对检查中发现的教育收费监督卡填写不规范、发放不及时和利用星期天补课等问题，责成相关学校限期整改到位。

【剖析非正常亏损】 1992年，泰兴市纪委组织口岸镇多种经营供销营业部、泰兴市制药机械厂进行剖析，帮助制定整改措施，促使企业扭亏转盈。1996年，组织对泰兴市制药机械厂进行剖析，制定和落实整改措施，解决影响企业效益的问题38个，增加和创造直接经济效益50.2万元。1999年，高港区对非正常亏损企业进行剖析、整顿，共剖析亏损工业企业3个、建筑企业1个、经济薄弱村和财务比较混乱的单位8个，减亏、止亏3个，查处经济违纪案件6件，挽回经济损失24.75万元。

【行风评议】 1998年，高港区对卫生、邮电系统开展行风评议，并督促做好整改工作。2000—

2008年，先后对教育、交通、公安、工商、财政、司法、建设7个系统开展行风评议，成立区行风评议领导小组，聘请人大代表、政协委员等各界人士担任行风评议员。

【规范通信工具使用和管理】 1997年起，高港区规范通信工具使用和管理，先后制定《关于住宅电话定额补贴费发放的意见》《关于通信工具使用和管理的暂行规定》《关于进一步加强公费手持机通话费用管理的通知》《关于手持机定额补贴费核报的补充通知》等文件，采取“一表一卡一账”管理措施，即住宅电话定额补贴费凭审批表发放，手持机凭使用卡、使用费凭支出账限价报支，全区每年节约通信工具使用费60余万元。多次对全区党政机关、事业单位通信工具使用费用发放、报支情况进行抽查，规范通信工具使用和管理。

【纠正医疗行业不正之风】 2001年起，高港区纠正医药购销不正之风，在区人民医院和各镇卫生院推行药品集中招标采购，在医疗单位中推行会计委派制，加强对药品采购的监督。当年招标采购药品品种200余种，占医院药品采购总量的35%。2003年，制定《药品集中招标采购实施办法》，全区医疗卫生单位使用的药品全部集中招标采购。2006年，组织开展专项检查，查处某医院2人收受医药回扣案件，某医院先后有66人主动退出违纪所得。2007年，督促各医疗卫生单位执行药品最高限价，严格控制医药费用上涨，降价药品达1000余个品种。在全区组织开展“无红包医院”创建活动，增强医务人员廉洁从医意识，维护患者利益。

【基层站所作风建设】 2004年，组织对全区近200个基层站所作风建设情况集中开展评议，聘请20余名作风建设评议员，通过明察暗访、召开座谈会等方式，纠正及处理作风粗暴、行政不作为、与民争利等各类问题126个。2005年，开展争创五十佳基层站所活动，把基层站所作风建设与政务公开、服务承诺、制度建设等结合起来，共搜集各类意见、建议174条，督促基层站所落实整改措施164项。2007年，督促区各主管部门分别对本系统的管理和便民制度进行梳理、完善，编印成制度汇编。全区18个系统96个基层站所中，申报人民群众基本满意站所的有94个，通过审核确认的90个。2008年，开展新一轮基层站所作风建设。

## 第二节　案件查处

1997—2008年，区纪委共立案查处违纪案件359件，结案率100%，挽回经济损失3780万元。其中，经济类案件148件，治安类案件146类，其他类案件65件；经济案件中，1万元以上的案件44件，10万元以上的案件23件，100万元以上的案件4件。涉及科级干部24人，一般干部257人，其他人员78人。留党察看20人，开除党籍86人，行政开除20人，行政撤职20人。

### 一、信访举报

1997年起，区纪委将信访举报工作作为案件查处的基础性工作。2001年，江苏省实行“纪检监察信访工作三年目标管理”后，区纪委进一步规范信访管理，群众来信、来访记录及举报材料均交信访室统一编号、登记。2004年，在全区推广刁铺镇设立村级信访接待室的经验，“全面建立村级信访接待室”做法被评为泰州市2004年度纪检监察工作创新奖。2007年，区纪委、监察局被评为泰州市信访工作先进集体。1998—2008年，区纪委共受理信访举报2063件，其中，来信1762件、来访269件、来电32件，属纪检监察范围的1685件。

## 1998—2008年高港区纪检监察机关信访受理情况一览表

表 150　　单位：件

| 年份 | 信访总数 | 属纪检监察范围信访数 | 信访分类 | | | | | | | | | | | | 重复信访 | 办理情况 | |
|---|---|---|---|---|---|---|---|---|---|---|---|---|---|---|---|---|---|
| | | | 来信 | | | | 来访 | | | | 来电 | | | | | | |
| | | | 小计 | 检举控告 | 申诉 | 其他 | 小计 | 检举控告 | 申诉 | 其他 | 小计 | 检举控告 | 申诉 | 其他 | | 直接办理 | 转办 |
| 1998 | 240 | 188 | 226 | 204 | — | 22 | 9 | 2 | — | 7 | 5 | 1 | — | 4 | 14 | 23 | 68 |
| 1999 | 222 | 188 | 206 | 179 | — | 27 | 16 | 9 | — | 7 | — | — | — | — | 25 | 24 | 75 |
| 2000 | 264 | 226 | 229 | 216 | — | 13 | 31 | 9 | — | 22 | 4 | 1 | — | 3 | 26 | 29 | 111 |
| 2001 | 339 | 300 | 275 | 262 | — | 13 | 60 | 38 | — | 22 | 4 | — | — | 4 | 34 | 24 | 145 |
| 2002 | 109 | 95 | 87 | 82 | — | 5 | 21 | 13 | — | 8 | 1 | — | — | 1 | 7 | 25 | 55 |
| 2003 | 149 | 121 | 124 | 110 | — | 14 | 25 | 11 | — | 14 | — | — | — | — | 13 | 36 | 48 |
| 2004 | 182 | 154 | 173 | 152 | — | 21 | 7 | 2 | — | 5 | 2 | — | — | 2 | 18 | 37 | 59 |
| 2005 | 162 | 138 | 131 | 123 | — | 8 | 31 | 14 | — | 17 | — | — | — | — | 19 | 22 | 45 |
| 2006 | 109 | 83 | 90 | 77 | — | 13 | 16 | 3 | — | 13 | 3 | — | — | 3 | 8 | 26 | 56 |
| 2007 | 136 | 94 | 108 | 75 | 1 | 32 | 24 | 9 | — | 15 | 4 | 1 | — | 3 | 34 | 30 | 72 |
| 2008 | 151 | 98 | 113 | 85 | — | 28 | 29 | 9 | — | 20 | 9 | 1 | — | 8 | 34 | 53 | 64 |

## 二、大案要案查处

2004年8月，区监察局根据掌握的线索，对区劳动和社会保障局就业处某工作人员立案调查。2002年5月至2004年1月，该工作人员利用审核、发放失业保险金的工作之便，先后7次用虚假资料，以402名不应享受失业保险待遇人员的名义，套取失业金借记卡144张及活期存折256张，涉案金额高达170余万元。该工作人员被移送司法机关处理，并被开除公职。

2007年8月6日，区纪委对某局某中心主任立案调查。2002年11月至2004年初，该人员利用职务之便，在为企业职工办理养老保险的过程中，未及时将企业缴纳的养老保险费上缴财政专户，而将存折放在自己身边保存使用，至案发时有60余万元被挪用，全部涉案金额130余万元。该人员被移送司法机关处理，并被开除党籍。

2008年，区纪委对某街道原党工委副书记、办事处主任进行立案调查。经查，1998—2006年，该人员利用职务之便，先后多次非法收受工程项目负责人所送人民币17.6万元。该人员被移送司法机关处理，并被开除党籍、开除公职。

1997—2008年，全区立案查处影响大、违纪违法金额10万元以上的大案27个，移交司法机关14个，挽回经济损失1000万元。

# 第三节　行政监察

## 一、执法监察

1997年，区监察局组织土地执法专项检查，重点检查6个乡镇，发现单位和个人违法违纪用地案件140余件。1999年，组织对6个乡镇的粮食收储企业和所有工商所执行粮改政策情况进行全面检查，取消20余个粮食经营户的主体资格，对违反资金封闭运行政策、造成120万元粮款未回笼的3个单位给予严肃批评，并追缴到位。2002年，制定《关于城市房屋拆迁工作中的纪律规定》，加强对拆迁改造工作的专项检查，处理拆迁工作中违反有关规定的人员。2004年，开展“五城同创”督查工作，主要督查责任落实、责任分解、责任实施情况。对各乡镇开展违法建设和施工环境专项整治活动的情况进行督查，采取集中谈话、个别教育、印发督办通知书等形式，督促党员干部带头拆除违法建设，遏制违法建设蔓延势头。2005年起，全面推行整治企业违法排污挂牌督办制度，每年开展整治企业违法排污专项行动。2007年，对400余个企业12万名职工社保基金缴纳情况进行核实清理，建立健全各类险种的基础台账，所有社保基金一律纳入专户管理，从源头上防止社保基金流失。集中开展整治非法用工专项行动，重点检查100余个劳动密集型用人单位，查处违法用工32起，督促补签劳动合同2460份，补发工资10余万元。2008年，在拆除违法建设工作中，坚持执行工作情况日报制，加大督查、巡查和抽查力度。至当年，累计整治市、区级挂牌督办违法排污企业42个。

## 二、效能监察

2001年，区纪委制定《关于对区属企业改革工作实施效能监察的意见》，派员参与企业改革工作，保障区属企业改革顺利进行。2002年，围绕“三置换一保障”要求，从宣传教育、组织领导、序时进度、操作程序等方面对区属企业改革实施监督，防止公有资产的人为流失，维护职工合法利益。2002

年，区委、区政府制定《关于对损害经济发展软环境行为实行责任追究的暂行规定》，对在行政执法活动、办理行政审批和登记事项、执行行政事业性收费、执行公务活动等方面损害经济发展环境的行为实行责任追究。2003年，开展非典防治效能监察，从区级机关抽调20人组成8个督查小组，采取普查与抽查、明察与暗访相结合的方式开展督查工作，提出整改建议50余条，发出整改通知书5份，给予行政处分1人，批评教育（书面检查）11人。重点查处高港区第二人民医院个别医生工作失职、私自诊疗等违纪行为，按照责任制规定追究医院主要负责人责任，对相关责任人给予严肃处理，并在全区卫生系统进行通报。2003—2004年，根据市纪委、监察局关于开展"服务沿江开发、促进经济发展"主题监察活动的实施意见要求，把国电泰州电厂建设列为监察活动的重点项目，着重监督土地拆迁、建设资金使用、建设质量保证等关键环节。2004—2006年，先后对永安洲镇、区行政服务中心、区建设局、野徐镇、区环保局等单位立项效能监察。通过召开座谈会、述职述廉、民主测评等方法，检查依法行政、完成工作目标、领导班子廉洁自律等情况。针对存在问题，及时下达监察建议书，督促各单位采取有效措施，认真加以整改。2006年，对行政审批项目开展集中清理，共核减行政许可项目15个；将解决"后方办理"现象和授权不充分的问题作为工作重点，对授权审批、项目清减、服务质量等方面进行跟踪监察；提高行政服务中心窗口的授权率，在各服务窗口推行预约服务、帮办服务、无缺位服务；强化对取消审批事项的后续管理，按照"谁审批、谁服务"原则，加强对审批行为的检查和监督。2007年，对全区行政事业单位资产清查工作立项效能监察，重点抽查区经贸委、卫生局、人民法院和永安洲镇水利站等单位。建立和完善行政效能投诉机制，在区政府门户网站公布机关作风、行政效能、经济环境"三线合一"投诉举报事项和投诉电话，公布举报投诉指南。制定《高港区机关作风和行政效能责任追究暂行办法》，对影响机关形象、阻碍行政效能和损害经济环境的四大类27项行为明确责任追究方式和程序。专题报道工作作风扎实、服务质量较高、窗口形象良好的6个区级机关部门和15个先进基层站所，公开曝光上班期间聊天、玩游戏、炒股等8起违规行为，并向有关单位下发限期处理建议书。当年，制定《关于进一步加强新农村建设中招标采购监管工作的实施意见》，通过明确管理主体、界定监管范围、规范招标采购行为等举措，规范新农村建设过程中工程招标和各镇（街道）政府采购行为。2008年，围绕金港南路拆迁改造、文明城市创建、拆除违法建设、为民办实事工程、禁止秸秆焚烧等重点工作履行监督检查职能，及时发现和纠正相关工作中政策把关不严、政策执行有偏差、工作推进缓慢及相互推诿扯皮等问题。确定区安监局为规范行政处罚自由裁量权试点单位，督促区安监局重新清理和核准本单位行政权力，制定规范行政处罚自由裁量权暂行办法和行政处罚自由裁量权公开、审核制度。当年末，组织召开全区规范行政自由裁量权工作动员会。

### 三、工程建设监察

1997—1998年，区监察局开展"建优质工程、树勤廉形象"主题监察活动，多次组织对长江堤防达标建设工程实施监察，确保施工质量。2000年，对长江堤防二期工程等重点工程实行监察，保证工程质量和进度。野徐镇强化通达工程规范化管理、着力构建工程质量保证监督体系的经验被市纪委通报表扬。2003年，印发《关于建立重点工程责任人档案的通知》，在全区实行重点工程建设责任制，建立重点工程责任人档案。对各镇在建工程进行执法检查，提出整改意见，对违规或存在重大事故隐患的工程发出停工整改通知书。对区水利局、区建设局、科技创业园等14项工程的招投标情况进行监察，工程预算1609.2万元，节约资金298.38万元，节约率17.63%。2004年，重点对科技创业园、区水利局、区建设局等单位的16项建设工程和绿化工程招投标情况进行监察，节约建设资金120万元。2006年，开展重点工程和重点项目执法监察2次，落实工程合同与廉政合同、工程建设情况公示等制度。对全区村务公开、涉农收费，以及村干部报酬、办公经费、“五保”户供养费用“三项资金”发放使用情况进行检查，推进农村的村务管理民主化、财务收支规范化和事务办理公开化建设。2007年，现场监督7项政府投资工程，标价平均下浮率9.21%。对向阳人家桩基工程、港城路东延等重点工程进行监察，节约政府资金1853.7万元，节约率11.21%。

# 第六章　组织工作

1997年区委成立时，共接收泰兴市划出的口岸、田河、许庄、刁铺、永安洲5个乡镇党委及其所属党组织，接收姜堰市划出的白马、野徐2个乡镇党委及所属党组织。时全区有基层中共党委11个、党总支8个、党支部424个。2008年，接收泰兴市划出的胡庄镇党委及其所属党组织；接收姜堰市划出的大泗镇党委及其所属党组织。2008年末，全区党（工）委16个、党组30个、党总支81个、党支部612个。

## 第一节　干部工作

### 一、干部队伍结构

1997年4月，泰兴、姜堰两市的组织人事部门与高港区工委组织人事办公室进行乡镇机关行政编制人员和副乡职（级）以上干部档案交接工作，共交接乡镇机关行政编制人员239人、副乡职（级）以上干部180人。1999年乡镇人大、政府换届后，乡镇党政班子平均年龄41.9岁，比换届前降低1.6岁，其中30岁左右的年轻干部7人、女干部6人。2000年10月，区委制定出台《关于重视做好培养选拔优秀年轻干部的意见》。2008年末，全区共有区管干部322人，其中，区级机关205人，镇、街道机关117人；男性296人，女性26人；研究生学历12人（其中博士研究生1人），大专、大学学历251人，中专及以下学历59人；非中共党员16人；35岁以下的年轻干部34人，平均年龄46.6岁。

2008年高港区机关干部基本情况一览表

表151

| 项　目 | | 人数（人） |
|---|---|---|
| 干部总数 | | 629 |
| 性别 | 男 | 514 |
| | 女 | 115 |
| 民族 | 汉族 | 628 |
| | 少数民族 | 1 |

续表151

| 项　　目 | | 人数(人) |
|---|---|---|
| 职务(职级) | 正县处级领导职务 | 3 |
| | 副县处级领导职务 | 22 |
| | 助理调研员 | 1 |
| | 相当县处级职务 | 3 |
| | 正乡科级领导职务 | 65 |
| | 主任科员 | 42 |
| | 副乡科级领导职务 | 120 |
| | 副主任科员 | 29 |
| | 相当乡科级职务 | 19 |
| | 科员 | 260 |
| | 办事员及其他人员 | 65 |
| 党派 | 中共党员 | 535 |
| | 其他 | 94 |
| 年龄 | 35岁及以下 | 240 |
| | 36～40岁 | 88 |
| | 41～45岁 | 107 |
| | 46～50岁 | 77 |
| | 51～54岁 | 82 |
| | 55岁及以上 | 35 |
| 学历 | 研究生 | 14 |
| | 大学 | 377 |
| | 大专 | 168 |
| | 中专 | 22 |
| | 高中及以下 | 48 |

## 二、干部任用制度改革

图 17-6-1　公开选拔助理级女干部报名现场（2006年摄）

1998年，高港区在干部选拔工作中开始实行科级助理制。同年，出台《高港区村级以上后备干部管理意见（暂行）》，确定区级党政后备干部24人，乡镇党政后备干部49人，机关部门后备干部38人。1999年12月，出台《高港区区级机关中层干部竞争上岗实施办法》，并在区政府办公室、区供销总社先行试点。2000年，在机关事业单位中全面推行中层干部竞争上岗。2001年，出台《关于对区级机关新任副科级干部实行试用期制的意见》，规定区级机关各部门、区属事业单位新提拔的委任制副科级领导干部，面向社会公开选拔的副科级领导干部（不包括依法任命和依照有关章程选举产生的干部），在正式任用前必须先试用1年。同年，出台《关于常委会讨论干部任免实行方案预告和票决的意见》，规定组织部门形成干部任免建议方案后，先送交区委常委酝酿，再召开区委常委会投票表决。2004年，出台《关于公推竞选镇人民政府镇长的实施意见》，在刁铺镇开展公推竞选活动，产生泰州市首位公推竞选镇长。面向高校毕业生公开招聘6名村主任助理。2005年，在永安洲镇开展公推直选党委领导班子成员试点工作，选举产生新一届永安洲镇党委领导班子。面向社会公开招聘10名村主任助理和10名聘用制机关文秘工作人员。2006年10月，在区级机关推行中层干部轮岗交流。在泰州市率先公开选拔助理级女干部10人。2007年，在区、镇（街道）机关（含部分事业单位）选择5个缺岗中层职位，面向全市（其中2个职位面向本区）开展竞争上岗，4人竞岗成功。2008年10月，区纪委选择4个缺岗中层职位，面向全区公务员和全额事业性质工作人员开展跨部门竞争上岗，4人竞岗成功。

2006年、2008年，区委组织部先后两次开展后备干部“双推双考”（群众推荐、组织推荐、知识考试、组织考察）活动，建立新一轮科级后备干部队伍。2006年被列入后备干部培养总人数194人，其中，女性55人，占28.35%；非中共党员20人，占10.31%。2008年被列入后备干部培养总人数183人，其中，女性64人，占34.97%；非中共党员28人，占15.3%；少数民族1人，占0.55%。

## 三、干部监督

1999年起，高港区建立干部监督信息员工作制度，当年聘请干部监督信息员21人，其后于2003年、2005年分别重新聘请14人和15人。2000年起，实行领导干部任期经济责任审计制度，至2008年，累计审计离任领导干部27人。2001年12月，建立区管领导干部诫勉谈话制度，由区委主要负责人和区委组织部主要负责人对存在廉政问题或者违反职业道德、家庭美德、社会公德及民主集中制原则等问题的领导干部进行诫勉谈话。2002年，实行党政领导干部任前公示制度。同年，建立组织部部长双休日约谈制度，通过沟通交流谈话、职务变动谈话、考察反馈谈话、提醒帮助谈话、劝诫勉励谈话等方式，及时了解干部思想动态，提醒需改进之处，听取意见建议。2003年，实行领导干部监督“五书”（提醒通知书、回复信访通知书、问责通知书、诫勉通知书、督查整改通知书）制度。2006年，建立干部监督工作联席会议制度，成员单位为区纪委（监察局）、区委组织部、区委政法委、区信访局、区人事局、区审计局、区计生委、区人民法院、区人民检察院、区公安分局，至2008年共召开5次。2006年，建立干部选拔任用工作有关事项报告制度，规定各镇（街道）、各部门提拔调整干部时，凡涉及下列情况之一的都必须向组织部门专项报告：在重要问题上有争议的，属于越级破格提拔的，超过规定职数配备的，超过任职年龄需提拔或留任、转任的，领导干部的配偶和子女在领导干部所在单位、系统提拔或其他需任职回避的。建立组织部门派员列席镇（街道）研究干部任免会议制度，组织部门工作人员对镇（街道）研究干部任免情况进行全程监督。2008年，推行当面报告、现场质询的干部监督方法，区纪委、区委组织部到基层走访调查，形成对质询对象的问责材料。在当面质询会上，单位领导班子及其成员进行述职，区纪委通报社会各界提出的意见和建议，围绕事先调查出的问题进行质询。

## 四、干部教育培训

【主体班次】 主体班次为较长时间的综合性培训班次，主要包括进修班、培训班、专题研讨班和师资培训班等。1997—2004年，高港区举办中青年干部培训班5期，400余人次参加培训。1999—2005年，举办村干部培训班4期，600余人次参加培训。1999—2007年，举办新上岗科级干部培训班5期，225人参加培训。2000—2008年，举办组工干部培训班4期，240余人次参加培训。2006年9月至2007年1月，举办村党组织书记社会主义新农村建设论坛5期，40余人次参加论坛。2007年11月至2008年6月，举办机关干部轮训班5期，600余人次参加培训。2008年6月，举办村（居）主要干部培训班，110人参加培训。1997—2008年，共举办主体班次29期次，参训人数2200余人次。

【专题培训】 2002年7—11月，组织全区科级领导干部学习WTO（世界贸易组织）知识。2003年7月，举办中共十六大精神专题培训班，全区科级领导干部204人参加培训。2004年5—6月，举办行政许可法专题培训班2期，区和镇两级机关、驻区单位中层及以下干部650人参加培训。2004—2006年，举办“知识产权保护与应用”“管理创新与领导艺术”“大国关系的热点”等专题讲座16期，区四套班子成员、科级领导干部共4000余人次参加学习。2006年7月，举办民营经济专题培训班，各镇（街道）、园区分管民营经济工作的负责人及职能科室负责人，区级机关综合经济管理部门分管负责人及职能科室负责人，部分村党组织书记和民营企业家共40人参加培训。2006—2008年，举办现代服务业专题培训班3期，各镇（街道）、园区分管服务业负责人及职能科室负责人，区各有关部门分管负责人及职能科室负责人，服务业重点企业负责人，共100余人次参加培训。2008年1—2月，举办学习贯彻中共十七大精神专题培训班，全区县（处）级、科级领导干部和村干部450余人参加培训。8月，举办第一期领导干部能力建设讲坛，省外经贸厅负责人作“江苏利用外资和港澳台资现状分析及对策思考”专题报告，区四套班子成员、科级领导干部、各镇（街道）从事招商引资工作的人员、区级机关各部门及驻区单位中层干部代表490人参加。

【挂职锻炼】 2004年4月，高港区从区、镇两级机关抽调32名年轻干部组成青年干部工作队，分派到10个经济薄弱村挂职村党组织副书记或村主任助理。2006年初，组织区级机关36个部门的101名机关干部，通过离岗帮办、结对帮办、离职创业等形式，帮办79个民营企业。同年，选派3批6

名新提拔副科级干部到区信访局参与接访。2006年上半年，从全区“双推双考”产生的后备干部中选出42人，分成10个小组分别进驻10个新农村建设试点村。2006年4月至2008年6月，选调15名优秀年轻干部到省级机关挂职学习。2006年5月至2008年5月，邀请20名市级机关干部到高港挂职。2007年7月至2008年5月，选调20名硕士研究生和本科毕业生到科技创业园、永安洲工业园、扬子江医药产业园实践锻炼。

## 第二节　基层党组织建设

1997年区委成立后，农村党建、社区党建、企业党建、机关党建等基层党建工作逐步规范化、常态化。1999年起，在各基层党组织开展民主评议党员活动。2004年，启动“三级联创、五好同争”活动，区委争创党建工作先进区，镇、村（社区）、机关、企事业单位等基层党组织争创“五个好”（班子好、队伍好、机制好、业绩好、形象好）基层党组织，至2008年末，全区所有镇、村、机关和学校的党组织，以及90%的非公有制企业和社区的党组织达到“五个好”标准。

### 一、农村党建

1998年起，高港区通过派驻工作组、村企挂钩、富村帮带、机关部门挂扶等办法对后进党支部进行整顿，1998年、1999年列入整顿帮扶的25个村中，有24个村达标。1999年，开展“六好”（好班子、好队伍、好路子、好制度、好作风、好工作格局）乡镇党委创建活动。当年末，全区乡镇党政主要负责人35岁以下的占14.3%，班子成员平均年龄42.4岁，70%的班子至少配备1名妇女干部，班子成员中大学、大专、中专文化程度分别占2.2%、35.3%和54.9%。同时，开展新“五好”（好班子、好队伍、好路子、好经营体制、好管理制度）村党支部创建活动。当年，全区村组干部减少881人，精简41.1%。精简后的村组干部中，高中以上学历占33.2%，大专以上学历占2.3%；35岁以下的年轻干部占22.6%，56岁以上的干部下降为3.3%。2000年，对15个后进村和经济薄弱村进行整顿帮扶，次年4月全部达标。当年，村党支部换届选举，党支部书记及委员候选人必须经过群众投信任票，获得信任票过半数者，才能再提交支部大会由党员投正式选票。此后，村党支部书记候选人不局限于本村党员，经过个人自荐、支部推荐、党委提名、群众举荐，以及演讲答辩和党委考核等程序，获得半数以上群众信任票的党员，都可成为党员大会上的正式候选人。2001—2002年，在全区村党组织书记中开展“学用科技大比武”活动，两年分别有31个和42个村党组织书记领办、创办项目参赛。2003年，全面推行农村无职党员“设岗定责”活动，按照“定原则，不定范围；定目标，不定过程；定岗位，不定人数”要求，设立政策宣传岗、科技示范岗、治安民调岗、双带扶贫岗、信息资源岗、村务监督岗、计划生育岗、文明新风岗、村建土管岗、党风监督岗10个岗位，每个岗位采用党员自荐、互荐、党组织推荐的办法，确定3～4名无职党员，至2008年末，全区85.3%的无职党员实现设岗定职。2004年，开展“万众一心、创业富民”主题活动，鼓励全区农村党员、基层干部通过创办企业、从事种植及养殖业、招商引资、做兼职农村经纪人等途径创业致富，全区80%以上的农村党员干部掌握1～2门实用致富技术，150余名村干部人均年收入超过5万元，2250名基层党员干部与3650户农户落实帮带措施。当年，口岸镇朱营村党总支被省委评为先进基层党组织。2006年，区委出台《关于在社会主义新农村建设中加强农村基层党组织建设的实施意见》，成立基层党组织建设工作领导小组，抽调40名区、镇两级机关干部，组成10个社会主义新农村建设工作组，进驻到村从事指导工作。永安洲镇党委被省委评为先进基层党组织。2007年，启动村部建设行动，区财政划拨50万元对集体经济薄弱村进行补助。当年末，48个村建成示范村部，累计投入资金1465.8万元。2008年末，全区有农村党员8308人，其中，女党员1102人；从事农牧渔业生产的2685人；建制村党员5945人，村党组织委员411人，村委会委员370人；大专及以上学历990人，中专学历464人，高中、中技学历1942人，初中及以下学历4912人；35岁及以下1278人，36～45岁1323人，46～54岁1489人，55～59岁1190人，60岁及以上3028人。

## 二、社区党建

2006年全区成立18个社区（居委会）后，高港区组织社区党员“一岗双责”、无职党员“设岗定责”和“党员责任区”等活动。组织社区党组织与驻社区单位开展共建活动，建立联席会议制度、社区服务监督考评体系、资源共建共享机制。2007年，成立许庄街道马厂社区党委、口岸街道龙窝口社区党委和野徐镇城中社区党委。至2008年末，全区14个城市社区（居委会）中，建立党委的2个，建立党总支的11个，建立党支部的1个；4个镇社区（居委会）中，建立党委的1个，建立党支部的3个。建立社区党员服务机构18个。共有社区党员1480人。

## 三、企业党建

2000年，区委出台《关于进一步加强新经济组织党建工作的意见》，当年建立89个非公有制经济党组织，占应建总数的80%；帮助全区18个重点骨干企业制定党建工作计划，推广口岸船舶工业公司党委生产经营和思想教育同重视与推动企业产、销、利各项指标逐年递增的党建工作经验。口岸镇在全区率先成立镇级个私协会党支部。2001年，在三泰船业有限公司开展“双争创、双保障”（争创非公有制企业先进业主，保障企业党组织独立开展党的工作，充分发挥党组织在职工群众中的政治核心作用；争创非公有制企业先进党组织，保障业主依法开展生产经营活动，促进非公有制经济快速健康发展）试点工作。2003年，建立全区非公经济党建工作协调会议制度，推广“双争创、双保障”活动。2004年，在江苏能建机电实业有限公司开展“公推直选”领导班子成员试点工作，选举出公司党总支书记；举办非公企业党建工作培训班，120余名非公企业业主、党组织负责人、党建工作指导员参加培训。出台《关于进一步加强和改进非公有制企业党建工作的意见》，成立非公有制经济组织党建工作协调指导小组。2007年，开展村企共建活动，通过“共建基础设施、优化村企内外环境；共建集体经济，拓展经济发展渠道；共建人才队伍，创新素质培养”的方式，在农村和企业建成共建对子20个，投入资金200万元，帮扶致富项目68个。非公有制企业党务工作者开始试行职业化管理（主要指实行岗位资格认证制度和岗位津贴制度）。2008年末，全区有非公企业党组织130个，其中党委2个、党总支1个、党支部127个；党员业主125人，其中112人担任党组织书记，党员员工1551人；正式党员数在3人以上的159个企业（含94个规模以上企业）全部组建党组织，其他企业全部选派党建工作指导员和党建工作联络员。

## 四、机关党建

【组织建设】 1997年12月，区直机关党委成立，辖1个党委、5个党总支、63个党支部，共有党员673人。2003年3月，更名为区级机关党工委。2008年末，区级机关党工委下辖5个党总支、80个党支部，共有党员951人。

2000年起，不定期表彰机关党建工作先进个人、先进集体。至2008年，区级机关党工委共表彰先进基层党组织20个、优秀共产党员95人、优秀党务工作者14人；推荐报区表彰先进基层党组织4个、优秀共产党员6人、优秀党务工作者3人。

1999年起，每年举办入党积极分子培训班。至2008年，共举办区级机关入党积极分子培训班9期，发展党员371人，其中女党员97人。

【作风建设】 1998年起，区级机关党组织认真落实党风廉政建设各项规定，组织机关党员学习《中国共产党纪律处分条例》《中国共产党党内监督条例（试行）》和中共中央《建立健全教育、制度、监督并重的惩治和预防腐败体系实施纲要》，强化党员干部廉政意识。2001年5月，在全市率先建立区、镇两级机关干部记载《民情日记》制度。区级机关各部门、各镇均建立定期梳理汇总、定期汇报回复、责任追究、检查评比等制度。2003年，组织机关党员干部学习《毛泽东、邓小平、江泽民关于艰苦奋斗、居安思危、保持同人民群众血肉联系的论述》。2004年，开展“我与群众心连心”作风建设集中教育活动，组织区、镇两级机关645名党员干部“进万家门、知万家情、排万家忧、解万家难”，共走访群众2535户，排查矛盾纠纷552件，为民办实事356件，资助农户328户，捐钱捐物15万元。当年起，开展机关、事业单位党员“一岗双责”活动，明确规定在职党员的岗位职责和党内工作任务实行同步考核。

【党员义工活动】 2007年起，组织开展机关党员义工活动，在区、镇（街道）两级机关建立党员义工服务站7个，4000余名党员自发组成46个服务队，在七一期间集中开展党员义工服务活动。2008年七一期间，区级机关50余个党（总）支部和800余名党员开展党员义工活动，共接待咨询1185人次，走访贫困户119户，慰问敬老院3个，调处矛盾纠纷44起，发放宣传资料14050份（册），发放慰问资金8.4万元。

## 五、实施“鱼水工程”

1998年3月，区委召开“鱼水工程”动员大会，区委组织部牵头实施“鱼水工程”。至2000年末，15个区级机关共投入300余万元，对30个经济薄弱村进行帮扶，30个村年集体经济纯收入均达到3万元以上，其中白马镇王庄村达到14万元。全区投入扶贫资金171万元，对919户贫困户进行扶贫，有763户脱贫，脱贫率83%，培植310户养殖业大户；资助18万元，帮扶68名孤儿和242名贫困学生。

2001年至2004年6月，在第二轮“鱼水工程”中，20个区级机关和驻区单位共投入1200余万元，对17个经济薄弱村进行帮扶，17个村年集体经济纯收入平均6.5万元。党员干部结对帮扶贫困户765户，基本实现脱贫，完成危草房改造163户，每户贴补建房费2000元；结对帮扶优抚家庭110户，帮助解决生活难、医疗难、住房难问题。全区投入扶贫资金200万元。其中，帮扶孤儿55人，资助10万余元，2人完成大学学业，5人完成义务教育、职业教育，均实现就业；为1323户3065人办理农村低保；为1200余名城市失业下岗职工提供基本生活保障。

2004年7月至2007年6月，实施第三轮“鱼水工程”，10个区级机关共投入4100余万元，对10个经济薄弱村进行帮扶，兴办项目24个，10个村年集体经济纯收入平均7.2万元，全部甩掉薄弱村“帽子”。机关股级以上干部结对帮扶特困户201户，捐赠资金24万元，帮助发展各类项目20余个，脱贫率80%。党员领导干部结对帮扶优抚对象94户，90%的优抚对象摆脱贫困。全区投入30余万元，对44名孤儿、94名贫困学生进行资助。帮助120户下岗失业家庭实现再就业。

2007年9月，启动第四轮“鱼水工程”，20个区级机关部门和20个非公有制企业共同结对帮扶

20个经济薄弱村；由区社会困难群体救助工作领导小组办公室实施城乡居民低保、农村“五保”、大病救助、特困救助、贫残救助、孤儿扶助、特困家庭子女助学、优抚对象帮扶、城乡居民临时救助、城乡居民住房救助、困难群体就业援助、法律救助12项困难救助；全区各级党组织对困难党员开展“党员关爱”专项活动。至2008年末，全区用于社会救助的资金1119万元，救助低保户5050户、“五保”户417户、重残户984户，实施大病医疗救助1016人次，给66户城市住房困难家庭发放廉租补贴58.2万元，司法援助困难群众494人，减免相关费用45.5万元。筹资7万余元，对100余名孤儿进行救助。

## 第三节　党员队伍建设

### 一、党员发展

1997年4月，区工委接收泰兴、姜堰两市移交的中共党员7536人，其中正式党员7254人、预备党员282人。其后，根据“坚持标准，保证质量，改善结构，慎重发展”方针，重点做好党员力量薄弱地区和工作、生产、经营一线党员发展工作，注重培养吸收优秀青年和妇女入党，逐步向高学历、年轻化方向倾斜。2000年，推行发展党员公示制。当年发展党员173人。2006年，出台《高港区2006—2010年发展党员工作规划》。当年起，在党员发展工作中坚持多渠道推优，将推优主体扩大到各类协会组织；坚持多视角“选苗”，将视角向“两新”组织（新经济组织和新社会组织）延伸，重点向农村致富能手、企业岗位标兵、技术骨干、营销能人、学校教学科研骨干倾斜。2007年后，随着高层次专门人才的引进，研究生党员不断增多。2008年末，全区有中共党员13254人，其中，女性2012人，35岁以下2530人，大专以上学历2898人，非公有制经济组织1745人。

1998—2008年高港区中共党员基本情况一览表

表152　　单位：人

| 年份 | 党员总数 | | | 年龄 | | | | | 文化程度 | | | | | |
|---|---|---|---|---|---|---|---|---|---|---|---|---|---|---|
| | 合计 | 其中 妇女 | 其中 少数民族 | 35岁（含）以下 | 36～45岁 | 46～54岁 | 55～59岁 | 60岁（含）以上 | 研究生 | 大学 | 大专 | 中专 | 高中 | 初中及以下 |
| 1998 | 8076 | 746 | — | 1338 | 1738 | 2434 | 865 | 1701 | — | 119 | 567 | 581 | 1480 | 5329 |
| 1999 | 8308 | 786 | — | 1405 | 1750 | 2397 | 878 | 1878 | — | 178 | 608 | 573 | 1650 | 5299 |
| 2000 | 8295 | 824 | — | 1451 | 1685 | 2338 | 908 | 1913 | — | 199 | 630 | 592 | 1812 | 5062 |
| 2001 | 8442 | 900 | — | 1503 | 1653 | 2334 | 941 | 2011 | — | 211 | 680 | 608 | 1934 | 5009 |

续表152

| 年份 | 党员总数 | | | 年龄 | | | | | 文化程度 | | | | | |
|---|---|---|---|---|---|---|---|---|---|---|---|---|---|---|
| | 合计 | 其中 | | | | | | | | | | | | |
| | | 妇女 | 少数民族 | 35岁（含）以下 | 36～45岁 | 46～54岁 | 55～59岁 | 60岁（含）以上 | 研究生 | 大学 | 大专 | 中专 | 高中 | 初中及以下 |
| 2002 | 8556 | 931 | 2 | 1493 | 1616 | 2304 | 987 | 2156 | 3 | 258 | 770 | 619 | 1903 | 5003 |
| 2003 | 8589 | 1015 | 1 | 1622 | 1532 | 2211 | 1020 | 2204 | 6 | 319 | 911 | 628 | 1883 | 4842 |
| 2004 | 8732 | 1111 | 4 | 1728 | 1487 | 2155 | 1091 | 2271 | 10 | 430 | 1013 | 632 | 1909 | 4738 |
| 2005 | 8914 | 1210 | 2 | 1777 | 1581 | 2022 | 1137 | 2397 | 13 | 530 | 1145 | 633 | 1970 | 4623 |
| 2006 | 9186 | 1309 | 3 | 1852 | 1657 | 1908 | 1211 | 2558 | 14 | 661 | 1238 | 641 | 2004 | 4628 |
| 2007 | 9364 | 1415 | 4 | 1958 | 1730 | 1733 | 1259 | 2684 | 30 | 809 | 1315 | 629 | 2055 | 4526 |
| 2008 | 13254 | 2012 | 6 | 2530 | 2417 | 2337 | 1818 | 4152 | 45 | 1211 | 1642 | 877 | 2954 | 6525 |

## 二、党员教育管理

【党员民主评议】 1998年起，高港区结合党员考评，开展党员民主评议和处置不合格党员工作。口岸船舶工业公司、高港港务局先行试点，在个人自评、党员互评和群众帮评基础上，综合分析，确定不合格党员。1999年，各基层党组织全面开展民主评议党员工作，共有党员8076人参加。1998—2008年，共对党员开展民主评议工作89744人次。

图 17-6-2　党员干部收看远程教育节目（2006年摄）

【党员电化教育】 1988年起，境内各基层党组织全面开展党员电教活动，购买电教设备、复制教育片播放。2003年，在区有线电视台开辟《党建之窗》专栏，在全市率先开通党建网站——高港党建网。2007年末，47个行政村、13个社区建成标准统一、制度健全、运行正常的现代远程教育终端站点。2008年，刁铺街道被评为泰州市党员干部现代远程教育示范乡镇（街道），口岸街道城东社区、许庄街道马厂社区、永安洲镇上桥村和野徐镇仲联村被评为泰州市党员干部现代远程教育示范站点。当年末，在市委组织部统一部署下，组织实施“远程教育千名村官大学生培养计划”，全区30名村干部参加首期学历班学习。

【主题教育活动】2000年1月，高港区在基层党员干部中开展“三项教育”（全心全意为人民服务的宗旨教育、农村政策教育、法治教育）。通过集中学习、交流发言、召开民主生活会等方式，组织学习《中国共产党章程》《中国共产党农村基层组织工作条例》《中华人民共和国村民委员会组织法》和“三项教育”辅导教材。共有3400人参加。2000年4—7月，在全区党员中开展“致富思源、富而思进”教育活动，活动分宣传发动、集中教育和总结验收三个阶段。通过开展专题学习、组织外出参观、召开专题民主生活会、上专题党课、观看专题电教片等形式，组织党员干部学习中共十五大精神，引导党员干部带头“致富思源、富而思进”。共有8300人参加。2000年7—9月，在区级领导班子和领导干部中开展“三讲”（讲学习、讲政治、讲正气）教育。区纪委、组织部、宣传部、法院、检察院、公安分局领导班子及成员也纳入集中教育范围。通过研读“三讲”教育读本，组织研讨交流，开展批评与自我批评，制定整改措施和制度，有效解决思想上、工作上的突出问题。共有136人参加。2001—2002年，在农村开展“三个代表”重要思想学习教育活动。活动分两个批次：2001年1—3月，在镇和区级机关部门、驻区单位党员干部中开展，共有600余人参加；2001年12月至2002年2月，在所有村和乡镇站所党员干部中开展，共有1420人参加。活动分学习培训、武装思想，对照检查、自我教育，整改提高、建章立制三个阶段进行，取得“干部受到教育、农民得到实惠、组织得到加强”的良好效果。在第二批活动中，各村和站所共铺设硬质路面112.6千米，修建桥梁27座，新增有线电视用户1460户、自来水用户2488户，解决矛盾550件，化解村级债务600万元，为农民提供致富项目68个，协助解决资金12万元，投入537万元修建水利设施17个、清理疏浚河道11条。2003年4—11月，在所有党员干部中开展“学党章，用党章，树立共产党员新形象”主题教育活动。通过组织专题学习、组织生活、上党课、演讲比赛、征文比赛、观看专题电教片，学习中共十六大报告和《中国共产党章程》。共有8500人参加。2005年1月至2006年6月，在所有党员中开展保持共产党员先进性教育活动。活动分“三个批次、三个阶段”进行。“三个批次”分别为区级党政机关和部分企事业单位，城市基层和乡镇机关，农村和社区；“三个阶段”为学习动员阶段、分析评议阶段和整改提高阶段。各级党组织和广大党员帮助困难党员、群众家庭3125户，捐款107.02万元，与困难党员、群众结成帮扶

图 17-6-3　保持共产党员先进性教育活动期间，高港区召开区委常委专题民主生活会情况通报会（2005年摄）

对子2172对，推荐致富项目160个，解决实际困难、问题5179个。共有8900人参加。

## 第四节　知识分子工作

1998年，高港区共有各类人才4635人，其中，企事业单位3435人，区级机关和驻区单位1200人。2008年末，全区人才总数17487人，其中，享受国务院特殊津贴2人（扬子江药业集团徐镜人、吉寿如），江苏省有突出贡献中青年专家1人（泰州口岸船舶有限公司王海东）。

### 一、管理机构与制度

图 17-6-4　高港区专家工作站揭牌暨科技人才新春茶话会（2007年摄）

1998年4月，区委知识分子工作领导小组（2004年更名为区人才工作领导小组）成立，由区委副书记任组长，区委组织部部长和分管副区长任副组长；10月，成立高港区引进高层次人才工作领导小组，由区长任组长，区委组织部部长任副组长，办公室设在区人事局。1999年，区委知识分子工作领导小组出台《高港区委知识分子工作领导小组工作制度》《高港区委知识分子工作领导小组成员单位责任科室工作联系制度》《高港区科学技术协会知识分子工作职责》三项制度；设立2万元人才培养资金，逐步改善知识分子工作和生活环境。2003年，区委办公室出台《关于进一步加强人才队伍建设的意见》和《关于进一步加快我区人才资源开发的若干规定》。2004年，召开全区人才工作表彰大会，对8名优秀科技人才和9个人才工作先进单位进行表彰。2005年，区委、区政府出台《高港区农村人才资源开发实施意见》和《关于加强农村乡土人才资源开发工作的意见》，研究确定农村人才创业示范基地16个。2006年，成立青年干部培训中心（2008年更名为区专门人才工作站），每年面向社会选招一定数量的各类大学毕业生，享受全额拨款事业单位工作人员待遇。2007年，成立全省首个县级专家工作站，聘请专家为企业提供技术攻关、新品开发、决策咨询、项目引进、人才培养等服务。

### 二、高层次人才选拔与培养

1998年，高港区首次选拔优秀人才参加上级有关人才培养工程，有7人被确定为泰州市“311工程”第三层次培养对象。1999年，高港人民医院田炳照被确定为泰州市“311工程”第一层次培养对象。2000年12月，区农委1人被确定为泰州市“311工程”第一层次培养对象。2003年，区农业局李杰被确定为江苏省“333工程”第三层次培养对象。2005年，扬子江药业集团张正艮、口岸船舶工业公司戴益民被评为泰州市第二届“十佳”科技之星。2008年末，全区有市级以上各层次培养对象67人，其中，省“333工程”第三层次1人，市“311工程”第一层次2人、第二层次4人、第三层次60人。

## 第五节　老干部工作

1997年12月，区委老干部局成立，在区委组织部挂牌。2001年7月，区委老干部局归口区委组织部管理。2008年末，全区有老干部支部9个，其中，完全由离休党员组成的支部2个，完全由退休党员组成的支部3个，由离退休党员共同组成的支部4个。共有离休干部53人，其中，80岁以上32人，75～80岁21人；机关、事业单位24人，企业29人；享受部分地厅级干部待遇的2人，享受处级干部待遇的17人，享受科级干部待遇的36人。副科级以上退休干部86人。

### 一、政治待遇

1998年起，各老干部支部坚持每月1次集中学习，定期召开座谈会，及时向老干部传达党和国家的最新方针政策，以及区委、区政府有关文件和重要工作情况，经常组织老干部参观重点项目进展情况和城市建设、新农村建设情况。区委老干部局每年划拨专项经费，为老干部订阅《银潮》和《泰州日报》。2005年4月，开展“退休不褪色，离休不离党”主题教育活动。6—8月，组织部分离休干部参加市委老干部局举办的纪念抗日战争胜利60周年系列活动。2007年11月，举办中共十七大精神专题讲座，全体离休干部和区、镇两级机关退休干部参加。2008年，举办纪念中国共产党成立87周年和改革开放30周年座谈会，组织老干部参观高港区沿江开发、城市建设和新农村建设成果，开展座谈活动。

### 二、生活待遇

1998年起，区委老干部局每年组织离退休干部参加体格检查；节假日上门慰问，住院上门探望，涉及老干部切身利益的问题上门做思想工作。区委、区政府建立现职领导干部与离退休干部联系制度，主要负责人每年走访慰问部分老干部；执行行政单位离休干部离休金财政统一发放、企事业单位离休干部离休金社会化发放、离休干部医药费社会统筹、无法负担离休费与医疗费统筹费用的由财政兜底制度，全区离休干部离休费、专项经费等都能按时足额发放。1998年，开始发放新中国成立前入党的老党员生活补助。10月，重点解决改制破产企业离休干部离休费、医药费按时足额发放等问题。当年，区委老干部局会同高港人民医院，向全区所有离休干部发放优先就诊卡。企业离休干部工资由区劳动局委托银行直接发到离休干部本人。2000年10月起，全面推行离休干部医疗费统筹制度。2004年3月，对离休干部医疗统筹费标准作适当调整，标准调整为每人每年1.4万元，离休干部遗属参加城镇职工基本医疗保险，享受企业退休人员待遇，其基本医疗保险费由离休干部生前所在单位向医疗保险经办机构一次性缴纳1万元。2006年10月，为每名老干部建立健康档案，一式三份，一份留本人，一份留医院，一份存区委老干部局。2007年5月，出台《关于进一步加强离休干部医疗费使用管理的意见》，规定从当年4月1日起，离休干部医疗费统一由高港人民医院定点结算。区财政局、劳动和社会保障局每半年一次将医疗费包干资金汇入定点医院，离休干部年度内发生的医疗费低于5000元的，结余部分由定点医院在年度结算时奖励给离休干部本人。

### 三、文体活动

区委老干部局经常组织老干部参加各种文体比赛，开展象棋、门球、书画、书法、纸牌、钓鱼等活动。1999年，承办泰州市老年门球赛。2006年10月，承办第29届全省县级市老干部门球赛。2007年9月，组队参加泰州市老干部“迎奥运”太极拳（械）比赛。2008年，承办泰州市门球比赛、老干部棋类比赛。

图 17-6-5　江苏省县级市第29届门球联谊赛闭幕式（2006年摄）

### 四、作用发挥

1998年起，区委老干部局结合老干部党性强、威望高、有文化、懂政策、善做群众工作的特点，引导老干部开展传统教育、执纪监督、民事调解、政策咨询和校外辅导等活动。每年党代会、人代会、政协会等重要会议召开期间，都邀请老干部代表参加，征求意见和建议。至2008年末，共有30余名老干部被聘请为巡视员、监督员、校外辅导员，提出合理化建议和意见200余条。

# 第七章　宣传工作

抗日战争时期，境内党组织经常开办党训班，进行坚定党员革命意志教育。解放战争时期，对党员、群众开展阶级和阶级斗争教育。新中国成立初至“文化大革命”前，主要通过党训班和冬训班进行中共基础知识、党章和政策教育。“文化大革命”后，特别是随着改革开放不断深入，宣传思想工作内容、形式、活动更加丰富、多样和活跃。主要采取党校培训、中心组学习、专题活动、报告会等形式，进行中国特色社会主义理论、新党章、法律法规学习和其他专题性教育，同时注意做好社会宣传和新闻宣传工作。

## 第一节　领导干部理论学习

### 一、中心组学习

20世纪80年代后期起，各乡镇、建党委企事业单位逐步建立健全党委班子成员学习中心组制度，定期组织学习。1988—1992年，以基本路线、社会主义初级阶段理论学习为主。1993年，着重进行中国特色社会主义理论教育。1994年，重点学习社会主义市场经济理论和现代科技知识。1998年，高港区委成立学习中心组，制定《关于健全和完善区委中心组制度的意见》，对中心组学习制度、学习方式、学习内容等逐一明确；建立区委中心组书库，有图书400余册。全年区委中心组成员撰写学习心得、调查报告30余篇。区委主要负责人撰写的《精神状态也是生产力》《高扬发展主旋律》《给你舞台，就得唱好戏》《加快发展是关键》等文章先后被《新华日报》《泰州日报》等报刊录用。1999年，区委制定《基层党委学习中心组规范化建设细则》和理论学习旁听督查制度。区委中心组组织学习江泽民在纪念党的十一届三中全会召开20周年大会上的讲话、《邓小平理论的历史地位》。2000年，组织学习“三个代表”重要思想、《中华人民共和国行政复议法》和《中华人民共和国合同法》，开展警示教育集中学习。对全区各镇党委中心组，以及29个部门、驻区单位党组织学习进行抽查，全区基层党委中心组普遍做到有组织、有计划、有考勤、有记录、有成果。2001年，制定《关于进一步加强和改进区委中心组学习的意见》，学习江泽民“七一”讲话、中共十五届六中全会精神。2002年，开展“加入WTO与高港外向型经济发展”“解放思想与富民强区、快速崛起”等专题学习。设置“加快外向型经济发展”“发展个私经济”“城郊型农业”“精神文明建设”“新解放、新跨越、新崛起”等40个调研课题，收集中心组成员撰写的调查报告和论文40余篇，在省、市报刊发表近20篇。

图 17-7-1　区委中心组学习会（2007年摄）

2003年，组织全区党委（党组）中心组学习中共十六届三中全会作出的《中共中央关于完善社会主义市场经济体制若干问题的决定》。2005年，围绕保持共产党员先进性教育活动，共开展10项专题学习。围绕加强弱势群体救助体系、改革信访工作体系、健全农民增收长效机制、构建文化高港和完善社会保障体系5个调研课题，形成一批重要成果。2006年，组织学习中共十六届五中全会精神、社会主义荣辱观和建设

图 17-7-2　第十七期“学习型高港报告厅”

社会主义新农村理论知识。围绕“十一五”规划编制，开展集中学习研讨活动2次。2007年，传达学习胡锦涛对泰州重要批示精神和“6·25”讲话精神，开展中共十七大精神专题学习。2008年，开展“践行科学发展观，我为泰州作贡献”主题教育活动，各级党委（党组）中心组成员每月至少到基层走访和调查研究1次。

### 二、报告厅（会）

2002年，区委建立领导干部理论学习报告会制度，全年组织集中学习5次15天。10余名来自省委党校、南京师范大学、南京航空航天大学、市委党校等单位的专家学者，围绕“三个代表”重要思想、国际形势分析、反腐倡廉、创建文明城市和加入WTO与政府法制建设等内容，为全区各级领导干部授课，近2000名党员干部参加学习。2004年，围绕学习贯彻胡锦涛视察江苏时的重要讲话和省、市委全委会精神，举办“树立和落实科学发展观”报告会3场，举办座谈会50余次。2005年，围绕中共十六届五中全会精神、科学发展观等内容，举办近20场专题宣讲辅导报告会和“中国医药城规划建设”“城市建设”等多场专题研讨会。2006年，设立学习型高港报告厅，举办中共十六届六中全会精神辅导和“国际形势和台海关系”“习惯决定命运”“团队管理”专题报告会，受众近3000人。2007年，利用学习型高港报告厅，开展科学发展观、构建社会主义和谐社会和中共十七大精神等宣传教育活动，陶鑫良、刘峰、孙虹钢、张云泉、马骏先后到报告厅作报告。2008年，举办“如何面对媒体和公众”“开发区建设”等报告会12期。

## 第二节　党员教育培训

### 一、党校培训

20世纪80年代后，境内乡镇及较大企业、学校先后创办党校，对农村党员干部进行理论和技术培训。1992年，开展妇女干部培训、农村支部书记岗位职务培训、马克思主义基本理论骨干培训和党的基本路线学习。1996年，学习《中华人民共和国村民委员会组织法》、农村财务管理知识、土地管理法律法规和社会主义市场经济理论，开展以“学习理论，牢记宗旨，遵纪守法，争作贡献”为主题的“三观”（世界观、人生观、价值观）教育。1997年，全区7个乡镇均设有党校。1998年，各乡镇党校举办理论、技术培训40余期，培训近3万人次。刁铺镇党校被评为江苏省先进基层党校。1999年，举办各类培训班近30期，轮训党员干部5000余人次，党员干部参训率90%左右。2000年，各基层党校举办各类培训班40余期，培训党员干部5000余人次。2001年，全区基层党校累计办班82期，培训党员干部7500余人次，中共十五届六中全会精神参训率70%以上。2002年，基层党校办班40期，培训党员干部2000余人次。2003年，对全区基层党员、干部进行中共十六大精神轮训。2004年，重点学习科学发展观、正确政绩观，以及弘扬求真务实精神、大兴求真务实之风的重要意义、科学内涵和根本要求。2006年，区委出台《关于加强全区基层党校规范化建设的意见》，明确基层党校的职能和主要任务，对基层党校的规范化建设提出具体要求。在全区基层党员、干部中开展以“全面贯彻科学发展观，开启高港‘十一五’发展新征程”为主要内容的轮训。2007年，开展以“坚持科学发展和谐发展，建设全面小康新高港”为主题的基层党员轮训工作。刁铺街道党校、口岸中学党校分别被评为江苏省红旗党校和先进党校。2008年，在基层党校开展深入学习实践科学发展观活动。当年，共有基层党校10所：口岸街道党校、刁铺街道党校、许庄街道党校、永安洲镇党校、野徐镇党校、白马镇党校、大泗镇党校、胡庄镇党校、口岸船舶工业公司党校、江苏省口岸中学党校。

## 二、冬训

1978年起，境内公社（乡镇）党组织每年举办冬季训练班，培训农村党员和基层干部，形成制度。1982年，组织学习家庭联产承包责任制。1983年，学习中共十二届二中全会精神，着重学习《中共中央关于整党的决定》。1989—1990年，组织关于深化农村改革、发展农村经济的学习。1991年，学习中共十三届八中全会通过的《中共中央关于进一步加强农业和农村工作的决定》。1992年，学习中共十四大关于中国特色社会主义理论和社会主义市场经济理论。1996年，开展“加强农村精神文明建设、净化社会风气”主题教育。1998年，在农村党员冬训中专门增加党性、党风、党纪教育主题。田河镇被评为江苏省农村党员冬训先进乡镇。1999年，农村党员冬训和“三项教育”紧密结合，解决农村党员和基层干部在政治觉悟、思想作风、廉洁自律、工作作风、工作方法等方面存在的突出问题。2000年，农村党员冬训与“三个代表”重要思想学习教育活动结合。2001年，开展四项专题教育：中共十五届六中全会精神的学习教育，《公民道德建设实施纲要》教育，农村社会发展的形势任务教育，解放思想、调整农村经济结构、带动农民致富教育。2002年，开展中共十六大精神学习教育、农村和农村现代化学习教育、农村基层党组织建设教育。2004年，开展实现高港“大开放、大开发、大建设”、加快建设苏中“两个率先”先导区学习教育。2005年，结合保持共产党员先进性教育开展冬训，并进行以科学发展观统领经济社会发展全局的学习教育。2006年，着重开展建设社会主义新农村教育。2007年，引导农村党员干部充分认识中共十七大的重要意义和历史贡献。2008年，学习贯彻中共十七届三中全会、省委十一届五次全会、市委三届六次全会和区第三次党代会第二次年会精神。社区党员、干部纳入冬训范围，各社区利用“百姓大学堂”社区分校开展冬训。

图 17-7-3　高港区首期村党组织书记建设社会主义新农村论坛（2006年摄）

# 第三节　形势政策宣传

民国25年（1936）春，赵易亚、栾仲丹、李民、陈桂英、张曼君与上海妇女救国会领袖史良取得联系，在刁铺镇西小学附近的曰吾庄开办工人夜校，成立新文字研究会和环溪妇女救国会，创办进步月刊《五月》，在都天庙内秘密油印，正常数百份，多时上千份。《五月》创刊号第一篇文章《谁是中国历史上最大的罪人》，尖锐揭露蒋介石的内战罪行。此后，宣传孙中山联俄、联共、扶助农工三大政策，反对蒋介石的独裁统治，反对封建礼教，反对阶级压迫和剥削等。民国26年冬，《五月》停刊。民国29年新四军郭村战斗后，境内党组织开展抗日救亡宣传。解放战争中，将国民党军队暴行和地主还乡复辟罪行作反面教材，对群众进行阶级和阶级斗争教育，引导农民保卫革命成果。

1950—1952年，开展“抗美援朝，保家卫国”、土地改革和镇压反革命宣传。1952年后，宣传小农经济的脆弱性和互助合作的优越性，引导农民互助合作。1958年后，由于“左”的思想影响，宣传中提出若干不切实际的口号和错误做法。1959—1961年三年困难时期，围绕国民经济调整，宣传“自力更生、奋发图强、艰苦奋斗、勤俭建国”和“调整、巩固、充实、提高”方针。1963年起，开展学雷锋活动，发扬雷锋精神。“文化大革命”开始后，宣传围绕“阶级斗争”开展。中共十一届三中全会后，在党员干部中开展真理标准的讨论，宣传工作开始正本清源、拨乱反正。其后，着重宣传爱党爱国思想、社会主义精神文明建设和改革开放基本国策。

1997年，高港区委围绕香港回归和中共十五大召开，开展爱党和爱国主义宣传教育。1999年，针对以美国为首的北约轰炸中国驻南联盟大使馆、李登辉抛出所谓的“两国论”，及时组织全区开展大讨论，进行爱国主义、集体主义、社会主义和马克思主义唯物论、无神论教育。2000年，开展“致富思源，富而思进”教育活动，通过大讨论、编印简报、板报巡展、征文比赛、文艺演出等形式，引导广大干部群众树立争先意识。2001年，通过开辟宣传专栏、布置专题橱窗、开展知识竞赛、印发宣传小册子、开展座谈讨论等形式，开展以“三个代表”重要思想、中共十五届六中全会精神为主要内容的理论宣传。2003年，开展“沿江开发与泰州的跨越式发展”“塑造新形象、建设新高港”讨论活动，定期组织市民、机关干部、企业职工、种养大户等参加座谈活动。2004年，组织纪念邓小平诞辰100周年、中国人民解放军海军诞生55周年和“密切党群关系、净化发展环境”宣传活动。开展“万众一心、创业富民”教育活动，举办专题报告会3场。2005年，宣传区委、区政府《关于鼓励支持全民自主创业的若干政策意见》，搜集整理50个创业典型事迹，组织巡回宣讲活动。2006年，省讲师团“昆山经验报告会”到高港宣讲。2007年，围绕构建学习型社会，推进理论进机关、进学校、进企业、进农村、进社区活动，开展形势政策宣讲活动30余场。2008年，区四套班子负责人给基层干部群众上党课80余场，各镇（街道）负责人也分别到基层上党课100余场。组织开展“泰州大桥与高港发展”征文活动，征集文章256篇，在《泰州日报》开辟专栏择优刊登。

## 第四节　新闻宣传

民国34年（1945）后，境内解放区发行中共泰兴县委创办的《泰兴报》《泰兴大众报》和中共泰县县委创办的《泰县大众》。民国35年8月上旬至民国36年3月下旬，口泰宣中心区委出版《口泰宣大众》103期，宣传中共方针政策和革命道理，报道广大军民坚持武装斗争、土地改革、踊跃参军等方面的新闻，揭露敌人“扫荡”“清剿”罪行及其内部争斗，鼓舞军民革命斗志。1956年后，境内发行《人民日报》《新华日报》。1996年起，发行《泰州日报》。1997年，开通电视栏目《高港新闻》。1998年，区委宣传部在《香港商报》《美国侨报》《欧洲时报》刊文宣传高港。在《新华日报》《扬子晚报》《泰州日报》和泰州电台、泰州电视台发稿20余篇次，宣传报道“鱼水工程”。1999年，举办纪念建区两周年新闻发布会，近20个新闻单位作报道。2000年，在南京金秋招商会上，向中央、省、市10余个新闻媒体发布信息，集中报道高港区。2001年，在《经济早报》《泰州日报》开设高港专版。围绕城市建设、个体私营经济、农业产业化、改革改制等方面组织对外宣传，在《人民日报》《新华日报》用稿10余篇。2002年，高港区经营城市的做法先后被中央电视台、《人民日报》专题报道。2003年6月11日，中央电视台《焦点访谈》摄制组在口岸镇朱营村、大石村采访“三讲一树”及农村“四清”工作中涌现出的先进典型。2004年，围绕“沿江开发启动年、招商引资突破年、城市建设推进年”各项任务，组织对外发稿，制作宣传资料片《高港新潮》。多次在《泰州日报》头版头条用稿，并首次在《新华日报》头版用稿，累计在市级以上新闻媒体用稿突破1000篇。2006年，制作反映高港城市建设的专题片《古城新曲》，在中央电视台中文国际频道《变化中的中国》栏目播出。组织宣传报道博鳌亚洲论坛国际医药产业大会和区第三次党代会。组织出版《泰州日报》高港专版10期，首次在《经济日报》用稿。2007年，围绕庆祝建区10周年和“项目推进年”“作风建设年”开展对外宣传，在《新华日报》发稿40余篇，《泰州日报》发稿460余篇（头版头条15篇）。拍摄《幸福高港》专题片。向社会公开招聘8名乡镇通讯报道员，建立由72名区级机关干部组成的新闻通讯网络。2008年2月起，《泰州日报·高港周刊》发行，每周出版1期，全年出版38期。当年，全区对外发稿300余篇，发行《人民日报》339份，发行《新华日报》2113份。

# 第八章 统战工作

新中国成立前，统一战线主要开展团结爱国进步人士、对敌策反等工作。新中国成立初期，各级党组织团结各界人士，开展生产、救灾、抗美援朝等运动，推荐党外人士参加领导工作。1957年反右扩大化后至“文化大革命”时期，一些统战对象遭受不同程度的伤害，有些被错划成右派分子。“文化大革命”时期，一些党外人士遭到迫害，统战理论政策被肆意践踏，统战工作被迫停顿。中共十一届三中全会后，统战工作得到恢复和加强，原错划右派得到改正和安置，各项统战政策得到落实，极大地调动各界人士的积极性。高港区委成立后，积极开展民主党派、无党派（人士）和工商界人士工作，选拔一批党外专业人才到计划、财政、审计、科技、卫生等部门担任领导干部，做好对台和民族宗教工作，建立统战工作协调、联系机制，团结党外人士为高港经济社会发展作贡献。

## 第一节 民主革命时期统战工作

民国29年（1940）初，口岸、刁铺沦陷，境内党组织秘密开展对敌策反工作。当年7月26日，陈毅率部东进路经刁铺时，泰州李明扬、李长江部驻军奉令主动让路撤出防区。民国31年春，在“清乡”区内坚持民族气节教育，争取动摇不定的乡保长，经过3个月的斗争，致使日、伪“清乡”计划破产。11月1日，根据伪乡长向口岸区委提供的情报，泰兴县独立团配合新四军三分区特务营，在刁铺东乡官沟村伏击大泗换防伪军第25军第99师第3营。民国35年7月宣泰战斗后，口岸区委采取“打进去”“拉出来”等方法和敌人开展斗争，争取敌阵营内有正义感的人员。在围歼国民党张马乡公所自卫队后，口岸区委书记季解当即选定有正义感的副乡长兼保长褚正达为对象，写信要求其为人民工作。此后褚正达为共产党做了大量工作，并加入中国共产党（1954年7月至1957年12月任口岸区委书记，后任高港港务局负责人）。民国35年12月22日，泰兴县独立团口岸区队在牌楼张家庄西全歼张马乡自卫队后，活捉伪乡长王祯以下10余人，根据罪行将王祯处死，其余自卫队员经教育，填表参加“反蒋大同盟”后全部释放。民国36年，中共秘密党员戴贵山、张光华、张正廉等人经过细致工作，先后控制3名国民党乡长、30名保长，发展一批“反蒋大同盟”成员。9月12日，褚正达及时报告敌情，泰兴县独立团1个连突袭国民党军紧靠口岸的弥陀庵据点，仅5分钟就结束战斗，打开口岸区农村根据地局面。

## 第二节　党外人士工作

### 一、教育培训

新中国成立初期，境内党组织广泛团结爱国知识分子、工商业者、少数民族和宗教界爱国人士，学习马列主义、毛泽东思想，引导其自我教育、自我改造。1963年，组织党外知识分子和工商界人士参加以爱国主义、社会主义、国际主义为主要内容的思想教育活动。“文化大革命”期间，教育培训工作被迫停止。中共十一届三中全会后，恢复正常。20世纪80年代后期，组织学习中央有关精神，统一党外人士思想，抵制资产阶级自由化思潮的影响。

建区后，区委通过主题教育、学习培训、政策引导等途径，增强党外代表人士坚持多党合作、服务经济建设、维护社会稳定的自觉性。1999年，向各镇党政负责人和基层统战干部赠送《邓小平新时期统一战线理论学习纲要》和《党政干部统一战线知识读本》。2000年，在个体私营业主中开展“富而思源、富而思进”教育活动。2001年3月5日，开展纪念毛泽东“向雷锋同志学习”题词发表38周年活动，组织部分私营业主慰问口岸敬老院孤寡老人、烈军属和离退休老干部，开展义务理发、修车和打扫卫生等活动。2002年，先后举办首期党外中青年干部和统战干部培训班，有40名党外中青年干部、20名统战干部参加。2004年4月，举办党外后备干部培训班，22名党外后备干部参加。选送4名党外知识分子到泰州市社会主义学院参加培训。2006年1月，召开各民主党派和无党派代表人士新春联谊会，12名党外代表人士参加。4月，开展统一战线各界树立社会主义荣辱观座谈会活动；6月，组织开展向王选学习活动。推荐2名党外领导干部参加泰州市第九期党外中青年干部培训班。2007年，先后召开统一战线代表人士新春茶话会、“共建和谐，共谋发展”中秋茶话会和学习中共十七大精神座谈会，举办统战干部培训班和党外中青年干部培训班各1期，组织非公有制经济人士参加市委统战部、市工商联组织的学习培训，推荐10名非公有制经济人士参加清华大学经济管理远程教育等培训，组织工商界人士参加“太极管理与思维创新”“企业成功十二项突破”和中共十七大精神等报告会。2008年，组织民主党派成员开展纪念中共中央发布“五一口号”60周年活动和纪念改革开放30周年征文活动，推荐4名党外干部参加泰州市第十期党外中青年干部培训班，组织46名非公有制经济人士参加省委统战部、省工商联组织的“认清形势，应对挑战，坚持走中国特色社会主义道路”巡回报告会。12月，高港区无党派知识分子联谊会成立，首批会员59人。

## 二、举荐安排

【民主选举人大代表】 1983年，口岸镇无党派人士王卓然当选为扬州市第一届人大代表。1987年，口岸镇无党派人士孙秀峰当选为省第七届人大代表；刁铺镇无党派人士郑仁顺（女）当选为扬州市第二届人大代表。建区后，第一届区人大代表中有党外人士42人，占全体代表总数26.25%；第二届区人大代表中有党外人士50人，占全体代表总数30.67%；第三届区人大代表中有党外人士29人，占全体代表总数17.79%。有3名党外人士任第一届泰州市人大代表，2名党外人士任第二届市人大代表，2名党外人士任第三届市人大代表。

【协商推荐政协委员】 1956—1997年，口岸、刁铺工商界和无党派代表人士孟永德等7人先后当选为泰兴政协常委，侯颂南等5人被推荐为政协委员。1984年，口岸、刁铺建立政协委员小组。建区后，第一、二、三届区政协委员中，分别有党外人士43人、71人和77人。高港区6名党外人士任第一届泰州市政协委员，12名党外人士任第二届市政协委员，16名党外人士任第三届市政协委员。

【任职安排】 1951年7月至1955年7月，教育界无党派人士李煦春（刁铺人）当选为泰兴县副县长，分管教育。届满后任泰兴县第一届、第二届政协副主席。1998年，区委组织部、统战部制定《泰州市高港区1998—1999年培养选拔党外领导干部工作规划》。2001年，制定《2001—2005年高港区培养选拔党外领导干部工作规划》，建立50人的党外乡科级后备干部队伍。2005年，区委统战部推荐3名无党派知识分子担任市党外知识分子联谊会理事。2006年，推荐2名党外后备干部到社会主义新农村试点村挂职锻炼。2007年8月，在全区开展党外知识分子情况调查，建立党外知识分子人才库。区财政局、民政局、人民法院、人民检察院等10余个部门聘任50余名党外人士担任各类特约监督员。2008年，安排2名党外干部到基层挂职；全区有副乡科级以上党外干部18人，其中孙宝泉、张勤（女）、李家生、田圣华、邵春宁（女）为副处级；建设局等8个重点部门配备专（兼）职党外领导干部，区人民法院配备1名无党派人士任副院长；全区建立28人的副乡科级党外后备干部队伍。

# 第三节　民族工作

境内属汉族集聚地区，历史上散杂居住的少数民族占总人口比重很小。改革开放后，特别是建区以后，随着社会经济的发展，少数民族入境人员逐渐增多，来源主要为因婚嫁定居、国家指定境内学校开办少数民族班、流动经商的少数民族人员。

1984年，朝鲜族郑仁顺（女）当选为泰兴县第七届人大代表；1987年，当选为扬州市第二届人大代表；建区后，被推荐为高港区第一届政协常委、第二届政协委员。土家族沈玉梅（女）为高港区第一、二、三届政协委员，土家族王福贵为高港区第三届政协委员，普米族余雨俊为高港区第三届政协常委。

2005年，教育部确定泰州市为第二批举办内地新疆高中班的办班城市，随后，口岸中学被批准为泰州市唯一承担此任务的学校。当年，招收42名新疆初中毕业生。至2008年，累计招生249人，其中汉族53人、少数民族196人。少数民族中，回族31人，维吾尔族119人，哈萨克族21人，东乡族

图 17-8-1 江苏省口岸中学民族法律法规宣传教育主题活动

3人，满族2人，蒙古族5人，俄罗斯族2人，土家族3人，柯尔克孜族5人，壮族1人，藏族1人，锡伯族3人。

2004—2005年，口岸中学选拔新疆部主任戴承忠到新疆伊犁哈萨克自治州察布查尔锡伯自治县第一中学支教，察布查尔锡伯自治县第一中学中层以上干部全部到口岸中学挂职学习。2006年，口岸中学选派范志敏到察布查尔锡伯自治县第一中学支教，察布查尔锡伯自治县第一中学副校长彭云到口岸中学挂职学习。当年5月，江苏省高港职教中心与察布查尔锡伯自治县职中签订合作办学协议，招收锡伯族等少数民族初中毕业生。学生在新疆接受一学期的学习后，到高港职教中心完成五学期的学业，毕业后，两地教育和劳动部门在征求学生及家长意见的基础上，联合推荐毕业生回原籍就业或在高港区就业。2006年秋学期至2007年招收3个班53人，2007年后未再招生。

1997年后，高港区将少数民族特困户纳入全社会困难群体救助体系救助对象。利用“光彩事业”和“手拉手，心连心”活动，发动统战干部、私营业主与少数民族家庭结对。向少数民族贫困家庭发放实物补贴，逢年过节安排走访慰问，送去现金和生活必需品。

## 第四节　对台工作

### 一、台情调查

1987年，境内乡镇对去台人员及其在大陆亲属的情况进行普查统计。1999年，开展台情普查，全区有台胞267人，其中，口岸镇95人，刁铺镇40人，许庄镇30人，田河镇42人，永安洲镇39人，白马镇21人；台属653人，其中，口岸镇310人，刁铺镇51人，许庄镇90人，田河镇100人，永安洲镇43人，白马镇59人。2005年，再次开展台情普查，全区有台胞111人，其中，口岸镇80人，刁铺镇17人，野徐镇3人，永安洲镇10人，白马镇1人；台属144人，其中，口岸镇82人，刁铺镇33人，野徐镇13人，永安洲镇12人，白马镇4人。

### 二、宣传教育

1997年起，每年传统节日，高港区举行座谈会、茶话会，邀请台属和台胞代表参加。接待、安置台胞时，向他们介绍大陆对台方针政策和经济、社会发展新形势。对出境会亲的台属，与他们谈话交心，希望他们向在台亲人宣传对台方针政策，反映大陆的真实情况。1999年，召开各界人士座谈会，强烈谴责李登辉的“两国论”；建立12人的《泰州统战》信息员、对台宣传通讯员队伍；邀请台商、台属代表参加庆祝新中国成立50周年座谈会。2000年3月2日，召开台情学习会，学习《一个中国的原则与台湾问题》白皮书、“和平统一、一国两制”基本方针和江泽民关于推进祖国和平统一的八项主张。2002年6月12日，召开台商、台属代表座谈会，学习“和平统一、一国两制”基本方针；10月16日，举办台商、台属代表学习座谈会，学习中国共产党关于发展两岸关系、推进祖国和平统一进程的八项主张，以及指导中、美两国关系发展的三个联合公报。2004年4月9日，台湾非凡电视台记者一行3人参观采访扬子江药业集团、高港科技创业园、泰州引江河高港枢纽等地。2006年6月，在口岸街道新城社区开展涉台教育进社区活动。10月9日，江苏省台办、省广电总台与台湾东森电视台合作拍摄《江苏世纪风·泰州篇》专题纪录片，先后到扬子江药业集团、江苏三泰啤酒集团有限公司、泰州引江河高港枢纽拍摄。2007年，高港区在江苏省高港职业教育中心校宣传“和平统一、一国两制”方针和《中华人民共和国反分裂国家法》。

## 三、对台交流交往

1980—1994年，台胞戚正清、王艳秋、李裕盛、张铁臣、陆纪华、郭宏宽等回乡定居。1991年，台胞曹启富、施少达、包兴才一行回永安洲探亲。1993年，刁铺镇工商联宴请台胞殷杰、张朝财、叶瑞钟、陈居德。1998年，区台湾同胞接待站成立。1999年9月23—24日，接待江苏长江两岸十八县市旅台同乡会一行10人。2002年，接待台胞3批、18人次，接待台商35人，先后组织2个经贸考察团赴台交流。2004年，接待台胞、台商98人次，先后组织3个经贸考察团赴台交流、招商。2006年，台湾电机电子工业同业公会副总干事罗怀家一行考察高港；泰州旅台同乡会成员参观扬子江药业集团、国电泰州发电有限公司和泰州引江河高港枢纽。

## 四、服务台胞与台属

1999年5月，区台办资助许庄镇退休女教师乔来娣到台湾看望病重住院的父亲。2001年，解决涉及台资企业泰州七星不锈钢制品有限公司的劳动纠纷及台胞李毓琳合资办企业的经济纠纷。2002年3月，为台商郑明宏办理追加签证事宜。2003年春节期间，走访慰问在永安洲镇定居的陆纪华、郭宏宽、王继勇、李裕盛4名台胞。2004年3月，出台走访台资企业制度，每个季度走访1次。2005年9月，区台属联谊会成立。2006年，走访慰问回乡探亲台胞周顺余和陈万荣；解决涉及台资企业泰州洁西卡精致农业有限公司的经济纠纷。2007年，协调台属企业泰州市东方力神吊装设备有限公司办社会福利院事宜，帮助低收入台属朱荣贵解决生活困难，解决涉及台资企业泰州多俪斯工艺品有限公司劳动纠纷和涉及台资企业泰州欧休宠物用品有限公司经济纠纷。2008年春节前夕，向全区台属、台胞发放《致全区广大台胞的慰问信》。当年，帮助台资企业泰州台阳涂料工业有限公司办理危化品安全许可证。1997—2008年，共走访慰问台胞、台属50人次，解决涉及台资企业纠纷15件。

## 五、引进台资企业

1992年11月，境内第一个台资企业——泰州永泰汽车天线有限公司成立。至2008年，全区有台资企业20个。

## 2008年高港区台资企业一览表

表153

| 企业名称 | 成立时间 | 注册资本 |
|---|---|---|
| 泰州永泰汽车天线有限公司 | 1992.11 | 77万美元 |
| 泰州方泰电光源材料有限公司 | 1993.03 | 27万美元 |
| 泰州泰祥非织造布有限公司 | 1993.04 | 88万美元 |
| 泰州金辉壁纸有限公司 | 1995.09 | 120万美元 |
| 泰州天河金属制品有限公司 | 2000.01 | 150万美元 |
| 泰州晨凯精致农业有限公司 | 2000.06 | 56万美元 |
| 江苏皇冠壁纸有限公司 | 2000.07 | 210万美元 |
| 泰州辉裕照明材料有限公司 | 2000.09 | 163万美元 |
| 泰州安琪儿医疗器械有限公司 | 2001.04 | 100万港币 |
| 泰州展帆电子有限公司 | 2002.09 | 250万美元 |
| 泰州顶声音响有限公司 | 2002.10 | 300万美元 |
| 泰州大旺塑钢有限公司 | 2003.08 | 150万美元 |
| 泰州洁西卡精致农业有限公司 | 2003.09 | 150万美元 |
| 泰州景皇旅游用品有限公司 | 2003.12 | 100万美元 |
| 美味珍食品（泰州）有限公司 | 2004.01 | 300万美元 |
| 江苏慈光食品有限公司 | 2005.11 | 100万美元 |
| 江苏永合管业有限公司 | 2005.12 | 3240万元人民币 |
| 泰州依尚服饰有限公司 | 2006.10 | 500万美元 |
| 泰州台阳涂料工业有限公司 | 2006.04 | 460万美元 |
| 江苏连强食品有限公司 | 2007.08 | 1250万美元 |

# 第五节　落实统战政策

## 一、落实起义投诚人员政策

1978年后，境内各乡镇按照上级统一部署，落实国民党起义投诚人员政策，对被错误处理的人员进行平反纠正，解决善后问题。有的安排工作或办理离、退休手续；有的恢复革命残疾军人待遇，享受生活定补，给予一次性困难补助等。口岸起义人员3人，刁铺起义人员1人，田河起义人员2人、投诚人员1人，许庄起义人员2人，永安洲起义人员2人、投诚人员1人，均落实定补政策。

## 二、落实原工商业者政策

1981年，将口岸72人和刁铺38人本来属于劳动者的小商、小贩、小手工业者从原工商业者中区别出来；对在公私合营期间安排为干部、"文化大革命"中被下放的，为他们恢复干部身份；对20世纪60年代被精简下放的，办理定补手续；对原工商业者在"文化大革命"中的冤假错案和历史老案，作平反纠正；对"文化大革命"中被扣发工资的，补发工资；对1966年第三季度前未领取定息的（包括本人当时表示放弃的），都按本人要求，如数补发。

## 三、落实错划右派政策

1978年后，境内对在"反右"运动中因"右派言行"等问题受到党纪、政纪、刑事处分的，进行复查改正；对平反改正结论中留有"尾巴"的重新作出结论；改正后需分配工作的，由劳动、人事、民政等部门妥善安置；对因"右派"受错处而生活确有困难的，给予一次性补助。至1987年，共为18户落实房产政策，为7人平反冤假错案；为16人清退查抄物资，按照"原物在的退原物，原物查无下落的适当补偿"精神，计补偿1350元；为7人补发"文化大革命"中停、减发工资，计10462元；清退"文化大革命"中错定私房11间；落实政策"农转非"3户。

## 四、落实宗教政策

1984年，退还被占用的宗教团体房屋，对拆除、出卖的宗教团体房产，一律作价偿还。2003年，经民主协商推选口岸东岳庙住持僧悟开为高港区第二届政协委员，僧悟开病逝后，经民主协商增补野徐镇基督教徒袁华富为高港区第二届、第三届政协委员。2008年，经民主协商，增补泰州市佛教协会常务理事、口岸古寿佛寺住持印江为高港区第三届政协委员。

## 五、落实对台及侨务政策

1978年后，落实对台、侨务政策。平反冤假错案，解决房产问题，发还"文化大革命"中的抄家物资。对被错误处理的侨、台属人员，其工作、户口性质等均按侨务、对台政策，分别于1986年末和1988年末全部落实。落实田河李庄某台属房产1400元，田河大石村某台属房产700元，口岸镇某台属房产3000元。

# 第九章　政法委工作

1997年4月区工委成立，设政法办公室，负责全区政法工作。1997年12月，区委成立政法委员会（简称区委政法委），同时成立区社会治安综合治理委员会（简称区综治委），办公室（简称区综治办）在区委政法委挂牌，2001年改为合署办公。1998年8月，组建高港区依法治区领导小组，办公室（简称区法治办）设在区司法局，2006年改设在区委政法委。2003年、2006年，先后启动“平安高港”“法治高港”创建工作。

## 第一节　社会治安综合治理

### 一、制度建设

1999年起，高港区建立社会治安综合治理目标管理责任制、社会治安综合治理和平安创建领导责任制、社会治安综合治理一票否决制和警示制、综治成员单位联系点工作制度、综治工作例会制度、检查考核制度等。2003年，建立综治成员单位与基层单位挂钩共建制度、矛盾纠纷排查调处制度。2007年初，在口岸街道王营社区试行听证合议制度。2008年8月，向全区推广。

### 二、基层基础工作

1990年，境内各乡镇建立社会治安综合治理领导小组，成立社会治安综合治理办公室。1992年9月，全省乡镇综治工作座谈会在泰兴召开，与会人员参观刁铺镇现场。1995年起，各乡镇建立健全教育宣传体系、防范控制体系、治安管理体系、基层组织体系，重点围绕基础防范建设、外来人口管理和依法治理开展工作。当年末，各乡镇均建立12人左右的联防队。1999年，刁铺镇先行试点，各乡镇建立村治安室。2002年6月21日，高港区在全省社会治安综合治理现场会上作《夯实社会治安防范基础，确保刑事发案稳中有降》经验介绍。2003年，各镇以行政工作片为单位建立16个警区，以行政村为单位建立57个村级治安室，全区建成派出所、警区、村治安室三级治安防范网络。2005年，开展“密切党群关系、净化发展环境”综合治理活动，各镇普遍建立治安志愿者队伍、义务调解员队伍、“五老”（老干部、老专家、老模范、老教师、老战士）志愿者队伍、反邪教志愿者队伍、社区矫正工作志愿者队伍和信访信息员队伍；居民住户、沿街店铺业主开展联户联防、联店联防、邻里守望等活动，实现城区24小时有人巡逻，农村地区夜间有人巡逻。2006年，加强镇（街道）综治办、派出所、司法所规范化建设，所有村（社区）建立综治办和警务室，共配备近50名民警、130名辅警。2008年，区综治委制定《关于加强镇（街道）政法综治工作中心建设的意见》，各镇（街道）全部配备党（工）委政法委员。

### 三、技防区建设

2004年，高港区区、镇两级投入500余万元，在各镇建立监控中心，在主要路道和公共复杂场所设置监控点，建成7条技防街，其中，永安洲、野徐、白马各1条，口岸、刁铺各2条。2005年，区公安分局建立全区社会面监控中心，各镇建立分中心。2006年，全区建成1个区级监控中心、6个技防镇（街道）、9条技防街、15个技防村（社区），共安装监控探头685只、各类报警装置1200余套。2008年，全区主要街面、小区出入口、重点行政村、重点单位新建社会面监控点260个，纳入公安机关管理使用的探头4000余个，各类报警装置5000余套，镇（街道）、治安卡口、公共复杂场所、城区主要街道、内保单位、住宅小区技防设施建成率100%。社会面监控系统提供案件线索1620余条，协助破获案件550余起。

图 17-9-1 “平安高港”技防建设开工仪式（2008年摄）

## 四、平安创建活动

1997年3月起，高港区组织开展安全文明小区、安全文明村镇、安全文明单位（简称“三安”）创建活动（简称“创安”）。在刁铺镇先行试点，探索建立综合治理工作片、民警工作责任区、护村治安联防队。全区7个乡镇建立警区23个，配备联防队员229人。1998年10月9日，高港区在全省“创安”工作经验交流会上作《建立“三位一体”防范新机制，努力把创“三安”活动落到实处》经验介绍。全区89个村、8个小区、61个单位通过区“创安”达标验收。

2003年，启动“平安高港”创建工作。建立平安创建成员单位联席会议制度，每年召开联席会议不少于2次，重点研究创建工作人员、经费等问题。成立建设“平安高港”工作领导小组，区委政法委书记任组长。每年对综治成员单位、镇（街道）进行2次以上专项检查或明察暗访，镇（街道）每年对村（社区）开展4次以上督查活动。区委每年与各镇（街道）和成员单位签订责任状。区创建工作领导小组制定年度实施方案和工作任务分解表，明确成员单位的职责、目标、任务和完成时限。当年，全区刑事案件下降11.4%，可防性案件下降27.19%。2004年8月，在全省深入推进平安江苏创建活动工作会议上，高港区作《严格实施责任追究，遏制学生违法犯罪》经验介绍。2008年，高港区先后两次召开区委常委会议，专题研究创建工作，提出“全区社会政治稳定，犯罪率全市最低、破案率全市最高，不发生有重大影响的群体性事件，不发生恶性安全事故”的创建目标，明确“一年率先建成，两年巩固提高，三年跻身全国先进”的总体工作思路，并就基础组织建设、防控体系建设、警力保障、保安力量配备、经费保障等形成决议。

2004—2008年，高港区连续五年被省委、省政府命名为社会治安安全区。2007—2008年，高港区连续两年被省综治委评为全省社会治安综合治理工作先进集体。2008年5月，高港区被评为2005—2008年全国平安建设先进县（市、区），区领导王建、张小兵、张兆洋和区综治办主任邱爱平获中央综治委、中组部嘉奖。

## 第二节 依法治区工作

### 一、法治宣讲

建区后，高港区推动领导干部和公务员学法制度化、经常化、规范化。2001—2005年，全区广泛进行法律宣传，举办各类法律咨询活动500余场次，解答群众咨询1万余人次，发放各类宣传资料、手册、读本11万余份，出动宣传车300余辆次，70万余人次受教育。2006年，各村（社区）根据实际情况建立市民法制学校、农村法制学校、社区青少年法律学校和农村村民法律学校，选配村民小组专（兼）法治宣传员80余人。2007年，举办“农民工学法活动周”暨送法进企业活动。2008年，组建百人法治宣讲团先后到企业、学校、村（社区）等单位开展讲座100余场，10万人受到教育；累计向村（居）民、外来务工人员、机关工作人员和在校生赠送法律读本2万余册，发放宣传资料10万余份，解答群众法律咨询千余人次；举办“法律进万家、高港更和谐”文艺汇演11场。出台《关于进一步加强全区党政领导干部、公务员学法用法工作的意见》，建立健全党委中心组学法制度，落实领导干部学法和任前法律知识考试等制度。全区所有村、社区建立法制学校或法治教育基地，口岸街道、永安洲镇和刁铺街道建立法治宣传一条街。

1997—2008年，共举办普法培训班20余期，培训4000余人。

### 二、依法行政

建区后，高港区推动依法行政，所有规范性文件必须交区法制局把关后方可提交区政府常务会议讨论。相继制定《高港区依法行政实施方案》《高港区行政执法责任制实施意见》《高港区行政执法责任制考核办法》等文件；各镇政府和区级机关部门相继建立行政执法责任制、行政执法错案责任追究制等制度。对全区具有行政执法及行政处罚资格的部门和单位进行认定，规范执法证件的发放。1999年4月《中华人民共和国行政复议法》颁布后，开展行政复议工作，依法监督具体行政行为。2004年《中华人民共和国行政许可法》（简称行政许可法）颁布，举办行政许可法培训班4期。2005年8月，区政府出台《全面推进依法行政、建设法治政府实施方案（2005—2010）》。2006年，出台《高港区重大事项决策程序规定》《高港区重大事项决策听证办法》和《高港区行政执法责任制评议考核办法》等。2006年7月，组建由人大代表、政协委员和基层群众参与的百人法治监督员队伍，并分成10个小组，重点对10个行政执法部门和司法部门进行监督。2006—2008年，各监督小组相继开展工作对接、专题查访、民主评议、旁听案审、法治宣传等多项活动。

### 三、法治实事

2006年起，高港区每年办3件法治实事。当年办理“全面落实惠民补贴”“规范行政收费行为”“切实解决执行难”3件实事。区财政部门制作财政涉农补贴资金“一折通”存折4.8万余本，直接向农民发放粮食直补资金、农民增资综合补贴、独生子女奖励金、失地农民补偿金、农村“五保”户经费、村干部报酬6项涉农资金600余万元。区政府对全区所有行政性收费项目逐一清理，共发放行政收费登记卡近3000本，最大限度地压缩收费项目，降低收费标准。区法治办出台《关于切实解决执行难问题实施方案》，将区人民法院执行案件执结率和执行到位率列为法治创建和社会治安综合治理考核的重要依据。至2008年，共执结1902件，到位率84.3%。

2007年，办理“强化流动人口服务管理”“强化青少年教育管理”“强化食品药品安全监督管理”3件实事。各镇（街道）建立流动人口服务管理站，按标准配齐专兼职协管员，重点地区、重点企业增设流动人口服务管理科室。全年举办流动人口法治讲座170余场。探索流动人口集中住宿、集中管理、集中服务途径，开展重点地区、重点人口和矛盾纠纷“三项排查”工作，登记暂住人口2.8万余人，排查化解矛盾纠纷500余起。区教育局将法治教育工作纳入教育事业整体发展布局，各学校法制副校长和辅导员配备率100%，每学期邀请法制副校长、辅导员对师生开展法治教育讲座2次以上。全区学校在校生犯罪率为零。加强食品药品监督管理，2007—2008年，检查食品药品经营户3.9万户次，查处假冒伪劣商品案件178件，调查处理消费纠纷546起，为消费者挽回经济损失180万元。

2008年，办理“坚持依法拆迁”“依法征地”“依法用工”3件实事。推行“阳光拆迁”，纪检部门对拆迁全程跟踪监督。规范征地程序，严格执行征前告知、确认和征后公告制度。履行征地补偿款的拨付程序，制定落实附着物调查、征地协议、核拨资金、调剂审核、资金拨付“五项签字”制度，减少土地征收后的群众上访。全年征收土地300公顷，支付征地补偿款2亿元，16654人纳入失地农民保障。对企业违法用工行为进行专项整治，化解劳资纠纷。加大日常巡查、重点行业重点巡查力度，开展劳动保障诚信企业评比、社会保险稽查，强化劳动合同网络报备，完善劳动关系调处网络，规范企业依法用工。至当年末，全区企业劳动合同签订率99%。有503个用人单位实行劳动合同网上报备，涉及职工3.17万人。

## 四、法治创建活动

2006年，高港区启动“法治高港”创建活动，开展区、镇（街道）和村（社区）三级联创。全区建立完善行政决策机制，政府制定规范性文件均由法制部门进行合法性审核，与群众利益密切相关的决策事项，通过座谈会、听证会、论证会或票决制等形式广泛征求意见。开展行政执法检查和案卷评查活动。推行政务公开，强化行政执法责任，规范行政执法裁量标准，规范教育收费、医疗收费和食品药品市场秩序。加强执法规范化建设，开展社会主义法治理念教育，先后开展“为谁执法、为谁掌权”“做人民满意的政法干警”“大学习、大讨论”等教育活动，开展规范执法示范（先进）单位的评选活动。以执法一线、热点岗位为重点，开展“规范执法行为、促进执法公正”专项整改活动。围绕岗位职责、执法程序、办案流程管理，出台执法人员执法行为规范、执法评议考核办法和执法责任追究制度。加强执法岗位各个层面和各个环节的制度建设，确定每名执法人员的执法权限和执法责任。建立公务人员个人执法档案，实行一案一考评，一月一检查，一季一考核。提高全社会的法治意识，组织实施“五五”普法规划。2006年，高港区获评法治江苏合格区创建工作先进单位。2008年，获评全省首批（2007年度）法治县（市、区）创建工作先进单位。

在镇（街道）、村（社区）层面，开展法治镇（街道）和民主法治村（社区）创建活动。各镇（街道）建立健全创建领导机制、工作机制和激励机制。认真办理法治实事，突出保障辖区内劳动者合法权益，及时督促企业依法组建工会、签订劳动合同、按时发放工资。组织开展基层站所执法评议，开展法治宣传活动。强化基层民主法治建设，落实“四民主、两公开”，印发《全区民主法治示范村（社区）创建工作指导意见》，建立基层民主法治建设协调指导小组，开展督查指导活动。以建设社会主义新农村为契机，完善以自我管理、自我教育、自我服务为主要内容的村民自治，依法推进村务公开，规范民主决策，完善民主管理，提高基层民主法治水平。在镇（街道）、村（社区）推行听证合议制度，对镇（街道）、村（社区）重大事项和矛盾纠纷进行广泛听证、评议、合议，提高重大事项决策和矛盾纠纷化解水平。口岸街道王营社区成立村级群众参议自治机构参议委员会。2008年，4个镇（街道）被市委、市政府命名为首批法治乡镇（街道）创建先进单位。至当年，累计有10个村（社区）被命名为省级民主法治示范村（社区），有11个村（社区）被命名为市级民主法治村（社区）。

# 第十章　信访工作

建区后，高港区先后建立健全信访联席会议制度、区领导信访接待日制度、下访工作日制度、门厅窗口接待制度和区长热线电话办理制度，妥善处理群众来信来访，及时化解社会矛盾纠纷，维护经济社会发展稳定大局。1998—2008年，共接待群众上访5329批次、21563人次，受理来信3136件。

## 第一节　信访网络

1997年8月，区政府设信访办公室。群众来访接待室设在区劳动局大楼，2名专职人员负责接待来访群众，将群众反映的问题登记后转交至相关乡镇和部门处理。1998年8月，区信访局成立，副科级。2004年4月，区信访局升格为正科级，改列区委部门管理。同年7月，区人民建议征集办公室成立，与区信访局合署办公，增加1名专职信访干部。2006年6月，区委成立群众工作委员会（简称区群工委），与区信访局合署办公，区群工委书记由区委分管领导担任，区政府分管领导、区监察局局长、区信访局局长担任副书记，区信访局局长负责日常工作。在保留原信访局职能的基础上，增设人民来访接待中心，内设领导恳谈室、综合服务室、民警值班室。领导恳谈室用于区四套班子领导及公检法负责人接待群众来访。综合服务室由国土、建设、劳动和社会保障、农委等部门派人进驻接访；民警值班室由公安部门派驻人员，负责维护工作秩序。各镇（街道）和区管部门均设立信访接待室。

## 第二节　信访制度

### 一、信访联席会议制度

2004年起，高港区建立信访联席会议制度，由区委政法委按季度定期召集公安、检察院、法院、信访、民政、劳动等部门负责人参加信访联席会议，分析全区信访形势，会办研究重点信访问题，重点问题统一由区信访局发出交办函，跟踪督查，限期处理。2005年，成立区集中处理信访突出问题及群体性事件联席会议办公室（简称区联席办），每季度进行一次排查，及时化解矛盾，减少越级上访和集体上访。2005—2008年，区联席办共研究解决企业改制、劳动争议等方面的重大信访问题17件。

### 二、区领导信访接待日制度

2004年8月，建立区领导信访接待日制度，每周由区四套班子领导轮流到区信访局接待群众来访。协调镇（街道）、机关部门为来访群众解决合理诉求，有效化解大批信访问题。当年，区领导共接待来访群众46批510人次，信访案件查结率94%。2005年，接待43批412人次，信访案件查结率95%。2006年，接待31批470人次，信访案件查结率100%。2007年，接待29批292人次，信访案件查结率97%。2008年，接待34批286人次，信访案件查结率100%。

### 三、下访工作日制度

2005年，区委办公室印发《关于建立机关党员领导干部下访工作日制度的通知》，要求各部门和各镇建立完善党政领导下访调处、下访预告、会办督办及下访工作日等制度。2006年，区委、区政府制定《关于完善全区党政干部下访工作的意见》，印发《关于明确区党政干部下访联系点的通知》。定期调阅党政干部《民情日记》，加强对下访工作的巡查和监督，并予以通报。2005—2008年，相继开展"我与群众心连心""进万家门、知万家情、排万家忧、解万家难"等下访活动，645名机关党员干部到2535户群众家中，帮助群众办实事1548件，资助农户1318户，捐钱捐物计50余万元。

### 四、区长热线电话办理制度

2007年1月，区政府开通区长热线电话（86966100）。各镇（街道）、各部门明确1名分管负责人负责区长热线电话的受理工作。区政府办公室负责对区长热线电话反映的问题实行集中受理，一般问题立即答复或约期答复；需要交办的，转交至有关镇（街道）或部门限期答复。重要或重大问题，及时向区政府领导汇报；政策性较强或涉及多个单位的问题，由区长或分管副区长召开协调工作会议会办解决；一般性问题，在3个工作日内答复办结。2007—2008年，区长热线共受理信访事项361件，办结反馈率98%。此外，还办理省长信箱12件、市长信箱65件、市长热线160余件。

## 第三节　信访处理

1998—1999年，全区来信来访重点为企业改制、土地征用、拆迁改造等方面的问题。2000年5月，区委建立一季一次疑难信访案件会办制度。2001年，落实律师参与接访制度。2005年，来信显著增多，上访人数陡增。开展信访老户终结化解工作，通过信访事项复查、复核，先后化解信访老户8人；采取仲裁、复核等措施解决劳动争议等问题15件。当年3月，妥善处置原口岸制药机械厂职工因改制问题多次到区集访事件。全年信访办结率90%。2006年后，来信来访下降。

1998—2008年，共接待群众上访5329批、21563人次，受理来信3136件。

### 1998—2008年高港区人民来信来访处理情况一览表

表154

| 年份 | 接待来访(批次/人次) | | | 受理来信(件) | | | | |
|---|---|---|---|---|---|---|---|---|
| | 总数 | 其中 | | 总数 | 其中 | | | |
| | | 集体访 | 领导接待来访 | | 重复信 | 领导批办 | | |
| | | | | | | 批办 | 办结 | 办结率 |
| 1998 | 447/2045 | 42/566 | 10/19 | 412 | 55 | 8 | 7 | 88% |
| 1999 | 350/1652 | 53/958 | 12/28 | 216 | 126 | 22 | 21 | 95% |
| 2000 | 450/2038 | 66/1484 | 21/86 | 410 | 113 | 31 | 28 | 90% |
| 2001 | 455/2146 | 71/1521 | 22/95 | 428 | 68 | 8 | 8 | 100% |
| 2002 | 448/2110 | 86/1673 | 17/356 | 301 | 30 | 15 | 14 | 93% |
| 2003 | 390/1709 | 58/1194 | 30/480 | 321 | 61 | 9 | 7 | 78% |
| 2004 | 407/1528 | 68/1041 | 25/350 | 194 | 35 | 22 | 19 | 86% |
| 2005 | 884/3709 | 125/2825 | 16/85 | 355 | 120 | 25 | 25 | 100% |
| 2006 | 691/2169 | 62/1244 | 21/103 | 252 | 39 | 31 | 28 | 90% |
| 2007 | 511/1405 | 53/712 | 56/251 | 131 | 42 | 23 | 23 | 100% |
| 2008 | 296/1052 | 39/468 | 51/233 | 116 | 32 | 21 | 21 | 100% |

## 第四节　人民建议征集

2004年7月区人民建议征集办公室成立后，广泛采纳人民群众的各类合理化建议，引导人民群众参政议政，促进领导决策的民主化、科学化。区信访局牵头负责日常征集工作，在遵循“鼓励、信任、支持、采用”原则的基础上，每季度召开一次座谈会，采取集中和分散、书面和口头等方式，开展合理化人民建议征集活动。征集范围包括：转变思想观念，创新工作思路；履行工作职能，促进改革发展；改进工作作风，提高服务水平；效能建设和廉政建设等。对符合实际、有创意、水平高的合理化建议或意见给予表扬，被采纳的给予适当奖励。2004—2008年，共征集改进机关工作作风、为民办实事等各类人民建议66条，经梳理上报12条，关于田河江平线十字路口设立红绿灯、许庄三旗营中沟改造、雕花楼景区修缮及改造、口岸人民路维修、失地农民保障5条建议被采纳并实施。

# 第十一章　保密工作

## 第一节　保密管理

1999年，高港区对上网信息实行“各单位保密员先审，单位负责人把关，区委机要保密办公室集中审核”管理制度，对上网各环节严格把关。对全区局域网计算机接入国际互联网情况进行调研，重点调研涉密计算机技术防范情况。当年4月、12月，区委机要保密办公室分别参与审核区委、区政府组织的建区两周年情况汇报会和上海投资贸易洽谈会涉外事项的会议材料。2000年，印发《高港区保密工作规范管理细则》，要求各重点涉密单位逐步规范保密管理工作，完善保密工作制度和台账资料。2002年3月，再次对全区局域网计算机接入国际互联网情况进行调研。4月，颁发《关于进一步加强保密工作的通知》，明确存储涉密数据的计算机不得连接互联网，在全区实行涉密计算机定点维修和计算机信息系统建设报批制度。2007年5—11月，区委机要保密局参与政务信息公开和行政权力透明运行工作，严格审核《涉密不宜公开行政权力清理目录》《涉密不宜公开行政权力运行流程图》。2007年6月起，每周两次对各镇（街道）、园区、部门的40余个网站上网信息进行检索浏览，每季度向市委机要保密局上报互联网站信息公开检查季度汇总表。2008年，在区纪委、区委办公室、区政府办公室等单位推行计算机“一机一卡”户籍管理模式，要求计算机操作人员填写“泰州市高港区（非）涉密计算机保密管理卡”，签订保密承诺，全年有近50台计算机被纳入户籍管理模式。

## 第二节　保密检查

1999年末，高港区收缴2个单位5份涉密资料，集中登记销毁。2002年7月，重点检查全区40余个单位计算机网络信息、涉密文电和保密管理情况，对其中5个单位的不规范做法给予业务指导，责令整改到位。2004年下半年，对全区重点涉密单位涉密纸质文件的存放情况进行普查，对没有存储必要的涉密文件提醒其按要求及时销毁，对个别单位登记手续不完备、存放不规范情况，要求立即整改到位。2006年6月，对各镇（街道）及56个区级机关单位进行专项检查，通过各单位自查和检查组抽查相结合，查找出领导重视不够、制度不健全、保密意识薄弱等问题，形成专题调研报告送区委分管负责人阅示。2007年3—4月，对全区20余个废品收购点涉密文电及电子存储介质进行清查，发放《废品收购人员保密须知》。2003—2008年，区委机要保密局5次参与对中、高考试卷保密情况检查。2005—2008年，先后4次组织保密技术专项检查，共对30个单位的160余台计算机的保密情况，以及区公安分局、区人民检察院、区人民法院、区委组织部、区人事局和区财政局等重点涉密单位涉密信息保密情况进行抽查，当场指出泄密隐患，发放检查情况通报，所有问题在7日内整改到位。

图 17-11-1　雕花楼景区夜景图

# 泰州市高港区志

## 第十八篇　地方人民代表大会

# 第十八篇　地方人民代表大会

建区前，境内乡镇设有人民代表大会。

高港区组建后，于1998年1月召开区第一届人民代表大会第一次会议。区人民代表大会每届任期5年，至2008年，共历3届。期内，共召开11次区人民代表大会、67次区人大常委会会议、45次主任会议。区人大及其常委会依法履行决定重大事项、工作监督、法律监督和人事任免等各项职权，为发扬社会主义民主、加强法治建设、保障和促进改革开放、推动经济和社会发展作贡献。

# 第一章　人民代表大会

1998年1月，区第一届人民代表大会第一次会议召开，其后于2003年1月、2007年12月分别召开第二届人民代表大会第一次会议和第三届人民代表大会第一次会议。区人民代表大会每届任期5年，区人民代表大会会议每年至少举行一次。

## 第一节　人大代表

### 一、代表选举

区人大代表由选民直接选举产生。代表选出后，经区人大常委会审查确认代表资格。1997年12月，选出区第一届人大代表160人。2002年12月，选出区第二届人大代表163人。2007年12月，选出区第三届人大代表163人。

### 二、代表结构

人大代表换届选举时，对代表结构有具体要求。经过历届区人大代表换届选举，代表结构日趋合理，代表的文化水平、参政议政能力不断提高。

1997—2008年高港区历届区人大代表结构情况一览表

表155

| 项　目 | | 第一届 | 第二届 | 第三届 |
|---|---|---|---|---|
| 选区（选举单位）数 | | 12个选举单位 | 88个选区、10个选举单位 | 85个选区、10个选举单位 |
| 选民数（人） | | 186319 | 160640 | 173417 |
| 代表数（人） | 应选 | 163 | 163 | 163 |
| | 实选 | 160 | 163 | 163 |

续表155

<table>
<tr><th colspan="2">项　目</th><th>第一届</th><th>第二届</th><th>第三届</th></tr>
<tr><td rowspan="6">代表界别结构（%）</td><td>中共党员</td><td>74.38</td><td>68.1</td><td>82.21</td></tr>
<tr><td>妇女</td><td>21.89</td><td>22.09</td><td>25.12</td></tr>
<tr><td>干部</td><td>30.62</td><td>33.74</td><td>25.77</td></tr>
<tr><td>工农</td><td>54.38</td><td>50.31</td><td rowspan="2">51.53</td></tr>
<tr><td>知识分子</td><td>15</td><td>9.82</td></tr>
<tr><td>其他</td><td>—</td><td>6.13</td><td>12.88</td></tr>
<tr><td rowspan="4">文化结构（%）</td><td>初中以下</td><td>19.38</td><td>18.41</td><td>6.75</td></tr>
<tr><td>高中（中专）</td><td>46.25</td><td>44.17</td><td>38.65</td></tr>
<tr><td>大专</td><td rowspan="2">34.37</td><td>24.54</td><td>31.9</td></tr>
<tr><td>大学以上</td><td>12.88</td><td>22.7</td></tr>
</table>

### 三、代表职权行使

区人大代表通过参加区人民代表大会和闭会期间的代表活动履行其职权。代表在出席区人民代表大会前，走访本选区的选民，听取意见和要求，广泛了解社情民意，准备审议各项报告和提议案、建议、意见。大会期间，代表人民的意愿，审议各项工作报告，依法投票选举。闭会期间，应邀列席人大常委会会议，参加视察、调研、执法检查、评议等活动，通过持证视察、向选民发送联系卡、公示联系电话号码和接待选民日等方式，保持与选民的联系，了解群众意见和要求，分别向代表小组、区人大常委会及其工作机构、区政府及其有关部门、区人民法院、区人民检察院反映。

## 第二节　全体会议

### 一、第一届人民代表大会

1998年1月3—6日召开第一次会议，应到代表160人，实到160人。会议批准1998年国民经济和社会发展计划、1998年财政预算初步安排意见。选举葛玉书为区人大常委会主任，吴荣成、周德才、孙宝泉为副主任，常委会委员13人；张文彬为区政府区长，丁其林、徐祖跃、薛广福、姚社成为副区长；邵冬山为区人民法院院长，陈荣成为区人民检察院检察长。

1999年3月2—5日召开第二次会议，应到代表158人，实到156人。会议听取和审议区政府工作报告，区政府关于上年度国民经济、社会发展计划执行情况和本年度国民经济、社会发展计划草案的报告，区政府关于上年度财政预算执行情况和本年度财政预算草案的报告，区人大常委会工作报告，区人民法院工作报告，区人民检察院工作报告（简称六项工作报告），分别作出相应的决议。收到代表建议、批评和意见34件。

2000年1月27—30日召开第三次会议，应到代表155人，实到155人。会议听取和审议区政府工作报告等六项工作报告，分别作出相应的决议。收到代表建议、批评和意见39件。补选胡冬生为区政府区长。

2001年2月3—6日召开第四次会议，应到代表148人，实到148人。会议听取和审议区政府工作报告等六项工作报告，分别作出相应的决议。审查和批准国民经济、社会发展“十五”规划纲要。收到代表建议、批评和意见30件。补选常委会委员2人，补选陈明冠为区政府区长。

2002年2月28日至3月4日召开第五次会议，应到代表151人，实到151人。会议听取和审议区政府工作报告等六项工作报告，分别作出相应的决议。收到代表建议、批评和意见45件。补选常委会委员3人。

## 二、第二届人民代表大会

2003年1月5—9日召开第一次会议，应到代表163人，实到163人。会议听取和审议区政府工作报告等六项工作报告，分别作出相应的决议。收到代表建议、批评和意见56件。选举胡冬生为区人大常委会主任，吴荣成、孙宝泉、陈荣成、曹春明为副主任，常委会委员16人；陈明冠为区政府区长，祝光、姚社成、任寿南、刘秋平、丁建军为副区长；徐林为区人民法院院长，卢斌祥为区人民检察院检察长；出席泰州市第二届人民代表大会代表24人。

2004年2月16—20日召开第二次会议，应到代表163人，实到163人。会议听取和审议区政府工作报告等六项工作报告，分别作出相应的决议。收到代表建议、批评和意见40件。补选张爱平为区人大常委会主任，补选常委会委员1人，补选王群为区政府区长。

2005年2月18—21日召开第三次会议，应到代表163人，实到163人。会议听取和审议区政府工作报告等六项工作报告，分别作出相应的决议。收到代表建议、批评和意见39件。

2006年2月7—10日召开第四次会议，应到代表163人，实到163人。会议听取和审议区

图 18-1-1　高港区第二届人民代表大会第四次会议（2006年摄）

政府工作报告等六项工作报告，分别作出相应的决议。审查和批准国民经济、社会发展“十一五”规划纲要。收到代表建议、批评和意见40件。

2007年1月16—19日召开第五次会议，应到代表162人，实到162人。会议听取和审议区政府工作报告等六项工作报告，分别作出相应的决议。收到代表建议、批评和意见40件。补选张蓉为区人民检察院检察长。

### 三、第三届人民代表大会

2007年12月25—28日召开第一次会议，应到代表163人，实到163人。会议听取和审议区政府工作报告等六项工作报告，分别作出相应的决议。收到代表建议、批评和意见64件。选举王建为区人大常委会主任，陈荣成、孙宝泉、曹春明、万福龙为副主任，常委会委员17人；张小兵为区政府区长，任寿南、丁建军、陈军、韩亚、唐驰、邵春宁为副区长；胡欣荣为区人民法院院长，张蓉为区人民检察院检察长；出席泰州市第三届人民代表大会代表24人。

# 第二章　人大常委会

区人大常委会组成人员有主任、副主任、委员。办事机构和工作机构包括办公室、各个工作委员会。

区人大常委会重要会议有常委会会议和主任会议。常委会会议由区人大常委会主任召集，每2个月至少举行1次，常委会组成人员出席；区政府及有关部门负责人，区人民法院、区人民检察院负责人，区人大常委会工作机构负责人，乡镇人大负责人，部分区人大代表视议题内容列席。主任会议由区人大常委会主任、副主任组成，处理常委会的重要日常工作，区人大常委会工作机构负责人列席，区政府及其部门、区人民法院、区人民检察院负责人视议题内容列席。1998—2008年，区人大常委会共召开常委会会议67次、主任会议45次。

## 第一节　组　成

### 一、人员

区第一届人民代表大会选举产生常委会组成人员17人，其中主任1人、副主任3人、委员13人。届中，人大常委会接受请求辞去副主任1人，辞去委员4人；人代会补选委员5人。

区第二届人民代表大会选举产生常委会组成人员21人，其中主任1人、副主任4人、委员16人。届中，人大常委会接受请求辞去主任1人，辞去委员1人；人代会补选主任1人，补选委员1人。

区第三届人民代表大会选举产生常委会组成人员22人，其中主任1人、副主任4人、委员17人。至2008年12月，人大常委会接受请求辞去委员1人。

**1998—2008 年高港区人大常委会领导人更迭情况一览表**

表 156

| 届　次 | 职　务 | 姓　名 | 籍　贯 | 任职时间 |
|---|---|---|---|---|
| 第一届（1998.01—2003.01） | 主　任 | 葛玉书 | 泰兴 | 1998.01—2003.01 |
| | 副主任 | 吴荣成 | 泰州 | 1998.01—2003.01 |
| | | 周德才 | 泰州 | 1998.01—2000.11 |
| | | 孙宝泉 | 泰州 | 1998.01—2003.01 |
| 第二届（2003.01—2007.12） | 主　任 | 胡冬生 | 泰兴 | 2003.01—2004.01 |
| | | 张爱平 | 泰兴 | 2004.02—2007.12 |
| | 副主任 | 吴荣成 | 泰州 | 2003.01—2007.12 |
| | | 孙宝泉 | 泰州 | 2003.01—2007.12 |
| | | 陈荣成 | 泰兴 | 2003.01—2007.12 |
| | | 曹春明 | 泰州 | 2003.01—2007.12 |
| 第三届（2007.12—　　） | 主　任 | 王　建 | 兴化 | 2007.12— |
| | 副主任 | 陈荣成 | 泰兴 | 2007.12— |
| | | 孙宝泉 | 泰州 | 2007.12— |
| | | 曹春明 | 泰州 | 2007.12— |
| | | 万福龙 | 泰州 | 2007.12— |

### 二、机构

1998年2月，区第一届人大常委会内设办公室和人事代表工作委员会、财政经济工作委员会、法制工作委员会、社会事业工作委员会。

2003年3月，区第二届人大常委会第一次会议决定，撤销社会事业工作委员会，增设教科文卫工作委员会、城乡建设工作委员会，至2008年无变化。

## 第二节　常委会会议

区第一届人大常委会任期内共举行30次会议，听取和审议区政府、区人民法院、区人民检察院（简称“一府两院”）专项工作报告62项，作出决议、决定22个，依法任免人大常委会和“一府两院”工作人员129人次。第二届人大常委会任期内共举行31次会议，听取和审议“一府两院”专项工作报告61项，作出决议、决定27个，依法任免人大常委会和“一府两院”工作人员177人次。至2008年12月，第三届人大常委会共举行6次会议，听取和审议“一府两院”专项工作报告14项，作出决议、决定4个，依法任免人大常委会和“一府两院”工作人员23人次。

## 1998—2008年高港区人大常委会会议情况一览表

表157

| 届 别 | 年 份 | 次 别 | 主 要 事 项 |
|---|---|---|---|
| 第一届 | 1998 | 第一次 | 听取和审议关于许庄乡撤乡建镇后有关名称变更的报告;作出关于许庄乡撤乡建镇后有关名称变更的决议;通过有关人事任命事项 |
| | | 第二次 | 审议通过区人大常委会1998年工作要点;讨论通过区人大常委会议事规则和人事任免暂行办法;听取和审议区政府关于1997年国民经济、社会发展计划完成情况和1998年计划草案的报告,关于1997年财政收支执行情况和1998年财政预算草案的报告,通过关于1997年国民经济、社会发展计划完成情况和1998年计划的决议,关于1997年财政收支执行情况和1998年财政预算的决议;通过有关人事任命事项 |
| | | 第三次 | 听取和审议区政府关于贯彻实施未成年人保护法工作情况的汇报;听取区政府关于1998—2000年依法治区规划(草案)的说明,听取区人民法院、区人民检察院关于依法治区实施方案的说明;审议并原则通过区政府依法治区规划和区人民法院、区人民检察院的实施方案;讨论通过区人大常委会组成人员守则和关于加强同区人大代表联系的办法;通过有关人事任免事项 |
| | | 第四次 | 听取和审议区政府关于全区"三五"普法工作情况的汇报,听取和审议区政府关于1998年上半年国民经济、社会发展计划执行情况的汇报,关于1998年上半年区本级财政预算执行情况的汇报;审议通过区人大常委会关于处理人民来信来访的办法(试行)和区人大常委会主任、副主任接待代表日制度(试行) |
| | | 第五次 | 听取和审议区政府关于加快农业产业化经营、发展城郊型经济情况和科技教育工作情况的汇报;听取区政府关于财政预算调整情况的汇报,决定批准区政府提出的1998年区本级财政预算的调整计划;作出关于全区乡级人民代表大会换届选举问题的决定,审议通过关于区政府组成人员和区人民法院、区人民检察院领导人员述职的暂行办法;通过有关人事任命事项 |
| | | 第六次 | 听取和初审区政府关于1998年国民经济、社会发展计划执行情况和1999年国民经济、社会发展计划初步安排意见的报告,关于1998年财政预算执行情况和1999年财政预算草案的报告;听取区人大常委会选举办公室所作的乡镇人大换届选举工作汇报;审议通过区人大常委会关于召开区一届人大二次会议的决定;原则通过区人大常委会工作报告稿;审议通过区人大常委会代表资格审查委员会关于代表资格的审查报告;审议通过区一届人大二次会议的有关事项;通过有关人事任命事项 |
| | 1999 | 第七次 | 审议通过区人大常委会1999年工作要点;听取和审议区政府关于野徐乡撤乡建镇有关名称变更的报告,作出关于野徐乡撤乡建镇有关名称变更的决定;审议通过区人大常委会关于办理区人大代表建议、批评和意见的暂行办法;通过有关人事任命事项 |
| | | 第八次 | 听取和审议区政府关于全区工业企业改革情况的报告、关于1998年区本级财政决算的报告、关于1998年区本级财政预算执行情况的审计工作报告,审查批准区政府关于1998年区本级财政决算;审议通过区人大常委会关于组织执法检查的暂行规定;听取区人民法院院长邵冬山、区人民检察院检察长陈荣成的述职报告;决定接受何粉玉辞去区第一届人大常委会委员职务;通过有关人事任命事项 |

续表157

| 届 别 | 年 份 | 次 别 | 主 要 事 项 |
|---|---|---|---|
| 第一届 | 1999 | 第九次 | 听取和审议区政府关于个体私营经济发展情况的报告，关于1999年上半年国民经济、社会发展计划执行情况的汇报，关于1999年上半年区本级财政预算执行情况的汇报；听取和审议区政府、区人民法院、区人民检察院关于推行执法责任制和开展整顿加强干警队伍建设情况的报告；审议通过区人大常委会关于讨论、决定重大事项的暂行规定；听取区农经委主任夏金国、区卫生局局长张海峰的述职报告；通过有关人事任免事项 |
| | | 第十次 | 听取和审议区政府关于贯彻科学技术进步法情况的报告，关于全区开放型经济工作情况的汇报，关于区一届人大二次会议代表建议、批评和意见办理情况的汇报；听取区教委主任仲新光、区财政局局长朱建和的述职报告；通过有关人事任命事项 |
| | | 第十一次 | 听取和审议区政府关于贯彻实施建筑法的情况报告、关于贯彻实施村民委员会组织法情况的汇报；听取和审议区政府、区人民法院、区人民检察院关于全区依法治理工作情况的汇报；听取区人事局局长蔡永吉、区审计局局长于德宏的述职报告；通过区人大常委会关于召开区一届人大三次会议的决定 |
| | 2000 | 第十二次 | 听取和审议区政府关于加快小城镇建设、推进经济和社会全面进步的情况汇报，关于1999年国民经济和社会发展计划执行情况与2000年计划初步安排意见的汇报，关于1999年财政预算执行情况和2000年财政预算草案的汇报；审议并原则通过区人大常委会工作报告稿；审议通过区人大常委会代表资格审查委员会关于代表资格的审查报告，审议通过区一届人大三次会议有关事项；决定接受吴秋娣辞去区人大常委会委员职务的请求；通过有关人事任免事项 |
| | | 第十三次 | 讨论通过区人大常委会2000年工作要点；审议通过区人大常委会关于乡镇人民代表大会选举问题的决定、关于建立口岸镇及刁铺镇选举委员会的决定和关于口岸镇及刁铺镇人民代表大会代表名额的决定；决定接受尹晓平辞去区人大常委会委员职务的请求；通过有关人事任免事项 |
| | | 第十四次 | 听取和审议区政府关于加快技术创新、推进工业经济结构调整工作情况的汇报，关于1999年财政决算的报告，关于1999年区本级财政预算执行及其他财政收支的审计工作报告，批准区政府1999年区本级财政决算；听取区计划委员会主任李松林、区民政局局长杨海峰的述职报告；通过有关人事任免事项 |
| | | 第十五次 | 听取和审议区政府关于加快长江岸线资源开发利用、大力实施港口经济战略情况的汇报，关于2000年上半年国民经济、社会发展计划执行情况的汇报，关于2000年上半年区本级财政预算执行情况的报告；听取区监察局局长李达华、区计划生育委员会主任燕晓鸣的述职报告 |
| | | 第十六次 | 听取和审议区政府关于加快三产项目建设、大力发展财税经济情况的汇报，关于区一届人大三次会议代表建议、批评和意见办理情况的汇报；听取区建委主任万福龙、区司法局局长徐益明的述职报告；通过有关人事任免事项 |
| | | 第十七次 | 听取和审议区政府关于贯彻实施城市规划法情况的汇报；听取和审议区政府、区人民法院、区人民检察院关于推行执法责任制情况的汇报；听取区政府办公室主任丁建军、区水利局局长胡正平的述职报告；审议通过区人大常委会关于召开区一届人大四次会议的决定；通过有关人事任免事项 |

续表157

| 届　别 | 年　份 | 次　别 | 主　要　事　项 |
| --- | --- | --- | --- |
| 第一届 | 2001 | 第十八次 | 听取和初审区政府关于编制高港区国民经济和社会发展“十五”规划纲要的说明，关于2000年国民经济和社会发展计划执行情况与2001年计划初步安排意见的报告，关于2000年财政预算执行情况和2001年财政预算草案的报告；审议通过区人大常委会代表资格审查委员会关于代表资格的审查报告稿；原则通过区人大常委会工作报告，通过区一届人大四次会议的有关事项；通过有关人事任免事项 |
| | | 第十九次 | 审议通过区人大常委会2001年工作要点；初审区人大常委会关于财政预算审查监督的暂行规定；决定接受殷大宏辞去区人大常委会委员、财经工委主任职务的请求；通过有关人事任免事项 |
| | | 第二十次 | 听取和审议区政府关于贯彻实施劳动法情况的报告、关于2000年财政决算（草案）的报告和2001年区级机关部门预算的报告、关于2000年区本级财政预算执行和其他财政收支的审计工作报告，批准2000年区本级财政决算和2001年区级机关部门预算；听取区人民法院副院长刘文亚、祁亚峰，区人民检察院副检察长郭建东的述职报告 |
| | | 第二十一次 | 听取和审议区政府关于推行农村税费改革工作的情况报告，关于全区社会保障工作的情况报告，关于2001年上半年国民经济、社会发展计划执行情况和区本级财政预算执行情况的报告；审议通过区政府、区人民法院、区人民检察院关于2001—2005年依法治区工作规划；听取区经委主任汤德荣、区统计局局长尹立的述职报告；通过有关人事任免事项 |
| | | 第二十二次 | 听取和审议区政府关于贯彻实施乡镇企业法情况的报告，关于加快城市建设工作情况的报告，关于区一届人大四次会议代表建议、批评和意见办理情况的报告；审议通过区人大常委会关于全区乡级人民代表大会换届选举问题的决定、关于财政预算审查监督的暂行规定 |
| | | 第二十三次 | 听取和审议区政府关于全区招商引资工作的情况报告、关于2001年1—10月财政预算执行情况和2001年财政预算调整方案的汇报，决定批准2001年区本级财政预算和部门预算调整方案；审议通过区人大常委会关于召开区一届人大五次会议的决定；通过有关人事任免事项 |
| | | 第二十四次 | 听取和初审区政府关于2001年国民经济、社会发展计划执行情况和2002年国民经济、社会发展计划初步安排意见的报告，关于2001年财政预算执行情况和2002年财政预算草案的报告；原则通过区人大常委会工作报告稿；审议通过区人大常委会代表资格审查委员会关于代表资格的审查报告；审议通过区一届人大五次会议的有关事项；通过区人大常委会关于确认主任会议许可逮捕区人大代表樊仕俊的决定 |
| | 2002 | 第二十五次 | 审议通过区人大常委会2002年度工作要点；审议通过区人大常委会关于进一步开展法治宣传教育的决议 |
| | | 第二十六次 | 听取和审议区政府关于转变政府职能、深化行政审批制度改革情况的报告，关于2001年财政决算（草案）的报告，关于2001年区本级财政预算执行和其他财政收支情况的审计工作报告，审查批准区政府关于2001年区本级财政决算；审议通过区人大常委会关于司法机关向区人大常委会报告重大案件的暂行办法；审议通过区人大常委会关于确认主任会议许可检察机关对区人大代表汤明东采取强制措施的决定 |

续表157

| 届　别 | 年　份 | 次　别 | 主　要　事　项 |
|---|---|---|---|
| 第一届 | 2002 | 第二十七次 | 听取和审议区政府关于环境保护和生态建设情况的报告,关于2002年上半年国民经济、社会发展计划及财政预算执行情况的报告;听取和审议区科技局局长陈永生、区人民法院经济庭副庭长许钧、区人民检察院检察员冷洪的述职报告;审议通过区人大常委会关于暂时停止区人大代表汤明东执行代表职务的决定;通过有关人事任命事项 |
| | | 第二十八次 | 听取和审议区政府关于全区个体私营经济发展情况的报告,关于代表建议、批评和意见办理工作的报告;审议通过区人大常委会关于区第二届人民代表大会代表名额分配和选举问题的决定、区人大常委会关于设立高港区选举委员会的决定;听取区环保局局长孙伦高、区水利局局长吴国华的述职报告;通过有关人事任免事项 |
| | | 第二十九次 | 听取和审议区政府关于加快农村劳动力转移、增加农民收入情况的报告;听取和审议区人大常委会执法检查组检查贯彻实施预防未成年人犯罪法情况的报告;审议通过区人大常委会关于召开区二届人大一次会议的决定;听取区发展计划局局长郭忠宏、区卫生局局长徐绍文的述职报告;通过有关人事任免事项 |
| | 2003 | 第三十次 | 听取和初审区政府关于2002年国民经济、社会发展计划执行情况和2003年国民经济、社会发展计划初步安排意见的报告,关于2002年财政预算调整方案的报告,关于2002年财政预算预计执行情况和2003年财政预算草案的报告;原则通过区人大常委会工作报告稿;审议通过区人大常委会代表资格审查委员会关于代表资格的审查报告;审议通过关于召开区二届人大一次会议的有关事项;增补区人大常委会代表资格审查委员会成员 |
| 第二届 | 2003 | 第一次 | 审议通过区人大常委会2003年度工作要点、区人民代表大会代表工作细则、区人大常委会关于撤销和设立区人大常委会有关工作委员会的决定;通过有关人事任命事项 |
| | | 第二次 | 听取和审议区政府关于完善社会保障体系和实施再就业工程情况的报告、关于2002年财政决算(草案)的报告、关于2002年区本级财政预算执行和其他财政收支情况的审计工作报告,审查和批准区政府关于2002年区本级财政决算;审议通过区人大常委会关于决议、决定、审议意见等执行和办理情况的督查办法(试行);听取区人民法院审判员黄岳松、李平和区人民检察院检察员严雪成的述职报告;通过有关人事任命事项 |
| | | 第三次 | 听取和审议区政府关于人口与计划生育法贯彻实施情况的汇报,区人民法院关于加强民事审判工作情况的报告,区政府关于2003年上半年国民经济、社会发展计划及财政预算执行情况的报告;听取区人民法院审判员陈义良、燕晓斌和区人民检察院检察员倪明根的述职报告;通过有关人事任命事项 |
| | | 第四次 | 听取和审议区政府关于“三新”(工业新企业、新项目、新产品)工程实施情况的报告,区人民检察院关于刑事诉讼法执行情况的报告,区政府关于区二届人大一次会议和区人大常委会主任接待代表日代表建议、批评、意见办理工作的报告;听取并审议关于加快2004年度城市防洪河道综合整治工程建设议案的报告及其说明,关于港城路和春港路东延工程建设议案的报告及其说明,并分别批准这两个议案;听取区人民法院审判员戴劲农、区人民检察院检察员戴益章的述职报告;通过有关人事任免事项 |

续表157

| 届 别 | 年 份 | 次 别 | 主 要 事 项 |
|---|---|---|---|
| 第二届 | 2003 | 第五次 | 听取和审议区政府关于农民增收工作情况的报告；听取和审议区人大常委会执法检查组关于安全生产法执法检查情况的报告；听取和审议区政府关于2003年财政预算调整方案的报告，批准2003年区本级财政预算调整方案；审议通过区人大常委会关于召开区二届人大二次会议的决定；通过有关人事任免事项 |
| | | 第六次 | 听取和初审区政府关于2003年国民经济、社会发展计划执行情况和2004年国民经济、社会发展计划初步安排意见的报告，关于2003年财政预算执行情况和2004年财政预算草案的报告；听取区人大常委会财经工作委员会关于2003年国民经济、社会发展计划和财政预算执行情况，以及2004年国民经济、社会发展计划和财政预算初步安排意见的初审意见；原则通过区人大常委会工作报告稿；审议通过区人大常委会关于推迟召开区二届人大二次会议的决定；审议通过关于召开区二届人大二次会议的有关事项；通过有关人事任免事项 |
| | 2004 | 第七次 | 审议通过区人大常委会2004年度工作要点、区人大常委会关于对提请任命人员进行任前法律知识考试的暂行办法；通过有关人事任免事项 |
| | | 第八次 | 听取和审议区政府关于加强农村初级卫生保健和新型合作医疗工作情况的报告、关于全区道路交通管理情况的报告、关于2003年财政决算（草案）的报告、关于2003年区本级财政预算执行和其他财政收支情况的审计工作报告，审查批准区政府关于2003年区本级财政决算；听取区人民法院院长徐林、区人民检察院检察长卢斌祥的述职报告；通过有关人事任免事项 |
| | | 第九次 | 听取和审议区人民检察院关于查办职务犯罪工作情况的报告；听取和审议区政府关于2004年上半年国民经济、社会发展计划及财政预算执行情况的报告；审查和批准2003年区本级财政决算；听取区人民法院审判员李安健和区人民检察院检察委员会委员、检察员钱润泽的述职报告；审议通过区人大常委会关于加强经济工作监督的暂行规定 |
| | | 第十次 | 听取和审议区政府关于沿江地区规划编制工作情况的报告，听取泰州市规划设计院负责人关于高港区沿江地区规划内容的介绍；审议和通过区人大常委会关于沿江地区规划的决议；听取和审议区政府关于全区民营经济发展情况的报告、区人民法院关于公正司法情况的报告、区政府关于代表建议办理情况的报告；听取区人民法院审判员李乐文、区人民检察院检察员周泽民的述职报告；通过有关人事任免事项 |
| | | 第十一次 | 听取区政府关于扬子江路改造工程的议案及其说明，审议和通过区人大常委会关于扬子江路改造工程的决议；通过有关人事免职事项 |
| | | 第十二次 | 听取和审议区政府关于全区招商引资工作情况的报告、关于城市管理工作情况的报告、关于2004年财政预算调整方案的报告，审查批准2004年区本级财政预算调整方案；审议通过区人大常委会关于召开区二届人大三次会议的决定；通过有关人事任命事项 |
| | 2005 | 第十三次 | 听取和初审区政府关于2004年国民经济、社会发展计划执行情况和2005年国民经济、社会发展计划初步安排意见的报告，关于2004年财政预算执行情况和2005年财政预算草案的报告；原则通过区人大常委会工作报告稿；审议和通过区人大常委会关于确认主任会议许可检察机关对区人大代表徐连生采取强制措施的决定；审议通过关于召开区二届人大三次会议的有关事项；通过有关人事任免事项 |
| | | 第十四次 | 审议通过区人大常委会2005年度工作要点；听取和审议区政府关于第七届村民委员会换届选举工作情况的报告；通过有关人事任命事项 |

续表157

| 届　别 | 年　份 | 次　别 | 主　要　事　项 |
| --- | --- | --- | --- |
| 第二届 | 2005 | 第十五次 | 听取和审议区政府关于2004年财政决算（草案）的报告、关于2004年区本级财政预算执行和其他财政收支情况的审计工作报告，审查批准2004年区本级财政决算；听取区文教局局长仲新光、区水利局局长吴国华的述职报告 |
| | | 第十六次 | 听取和审议区人民法院、区人民检察院关于贯彻执行区人大常委会关于司法机关向区人大常委会报告案件的暂行办法情况的报告；听取和审议区人大常委会执法检查组关于检查食品卫生法贯彻实施情况的报告；听取和审议区政府关于2005年上半年国民经济和社会发展计划、财政预算执行情况的报告；听取区民政局局长杨海峰、区卫生局局长徐绍文的述职报告 |
| | | 第十七次 | 听取和审议区政府关于构建农民增收长效机制情况的报告，关于全区建筑市场管理情况的报告，关于代表建议、批评和意见办理工作的报告；听取区环保局局长孙伦高的述职报告 |
| | | 第十八次 | 听取和审议区政府关于沿江开发情况的报告、关于全区贯彻实施劳动保障监察条例情况的报告、关于2005年财政预算调整方案的报告，批准2005年区本级财政预算调整方案；听取和审议区人大常委会评议区交通分局工作指导组关于区人大代表评议区交通分局工作的情况报告；审议通过区人大常委会关于召开区二届人大四次会议的决定；审议通过区人大常委会关于接受徐连生辞去区第二届人大代表职务的请求的决定；听取区审计局局长于德宏的述职报告；通过有关人事任免事项 |
| | 2006 | 第十九次 | 初审高港区国民经济和社会发展"十一五"规划纲要；听取和初审区政府关于2005年国民经济、社会发展计划执行情况和2006年国民经济、社会发展计划初步安排意见的报告，关于2005年财政预算执行情况和2006年财政预算草案的报告；原则通过区人大常委会工作报告稿；审议通过关于召开区二届人大四次会议的有关事项；听取区人事局局长蔡永吉的述职报告；通过有关人事任免事项 |
| | | 第二十次 | 审议通过区人大常委会2006年度工作要点，区人大常委会议事规则，区人大常委会人事任免办法，区人大常委会关于设立区人大常委会口岸、刁铺、许庄街道工作委员会的决定；通过有关人事任命事项 |
| | | 第二十一次 | 听取区政府关于"五五"普法规划的说明，审议"五五"普法规划（送审稿），通过区人大常委会关于"五五"普法规划的决议；听取和审议区政府关于2005年财政决算（草案）的报告、2005年区本级财政预算执行和其他财政收支情况的审计工作报告，审查批准2005年区本级财政决算；听取区经贸委主任何进、区财政局局长包继春的述职报告；通过有关人事任免事项 |
| | | 第二十二次 | 听取和审议区政府关于贯彻实施中小企业促进法情况的报告；听取和审议区人民法院关于案件执行工作情况的报告；听取和审议区政府关于2006年上半年国民经济、社会发展计划及财政预算执行情况的报告；听取区科技局局长曹余才、区劳动和社会保障局局长季章林的述职报告 |
| | | 第二十三次 | 听取和审议区政府关于现代服务业发展情况的报告；听取和审议区人大常委会执法检查组关于检查《江苏省城市市容和环境卫生管理条例》贯彻实施情况的报告；听取和审议区政府关于代表建议、批评、意见办理情况的报告；听取区监察局局长丁春枝、区安监局局长王晓球的述职报告；通过有关人事任命事项 |

续表157

| 届　别 | 年　份 | 次　别 | 主　要　事　项 |
| --- | --- | --- | --- |
| 第二届 | 2006 | 第二十四次 | 听取和审议区政府关于贯彻实施科技进步法情况的报告；听取和审议区人民检察院关于预防职务犯罪工作情况的报告；听取和审议区政府关于2006年财政预算调整方案的报告，批准2006年区本级财政预算调整方案；审议和通过区人大常委会关于召开区二届人大五次会议的决定；听取区农委主任徐益明、区统计局局长马步忠、区司法局局长杨勇的述职报告；通过有关人事任命事项 |
| | 2007 | 第二十五次 | 听取和初审区政府关于2006年国民经济、社会发展计划执行情况和2007年国民经济、社会发展计划初步安排意见的报告，关于2006年财政预算执行情况和2007年财政预算草案的报告；原则通过区人大常委会工作报告稿；审议通过关于召开区二届人大五次会议的有关事项；通过有关人事任免事项 |
| | | 第二十六次 | 听取和审议区政府关于社会保险费征缴和管理工作情况的报告、关于加强城市道路交通执法管理情况的报告；审议通过区人大常委会街道工作委员会工作暂行规定 |
| | | 第二十七次 | 听取和审议区人民检察院关于打击刑事犯罪工作情况的报告，区政府关于全区建筑业发展情况的报告、关于城市污水管网建设工程资金安排计划的说明，审议区政府关于明确城市污水管网建设工程资金安排计划的议案，通过区人大常委会关于城市污水管网建设工程资金安排计划的决议；通过有关人事任免事项 |
| | | 第二十八次 | 听取和审议区政府关于2006年区本级财政决算草案的报告，关于2007年上半年区本级财政预算执行情况的报告，关于2006年区本级财政预算执行和其他财政收支情况的审计工作报告，审查批准2006年区本级财政决算；听取和审议区政府关于2007年上半年国民经济和社会发展计划执行情况的报告；通过有关人事任免事项 |
| | | 第二十九次 | 听取和审议区政府关于代表建议、批评和意见办理情况的报告；听取和审议区人大常委会执法检查组关于检查工会法贯彻实施情况的报告；听取和审议区人民法院关于规范执法行为、促进司法公正情况的报告；审议通过区人大常委会关于区、镇两级人民代表大会代表名额和选举问题的决定；审议通过区人大常委会关于设立高港区选举委员会和永安洲镇、白马镇、野徐镇选举委员会的决定；通过有关人事任免事项 |
| | | 第三十次 | 听取和审议区政府关于园区建设和项目推进工作情况的报告；审议和通过区人大常委会关于召开区三届人大一次会议的决定；会议通过有关人事任免事项 |
| | 2008 | 第三十一次 | 听取和初审区政府关于2007年国民经济、社会发展计划预计执行情况和2008年国民经济、社会发展计划初步安排意见的报告，关于2007年财政预算预计执行情况和2008年财政预算草案的报告；原则通过区人大常委会工作报告稿；审议和通过关于召开区三届人大一次会议的有关事项；通过有关人事任免事项 |
| 第三届 | 2008 | 第一次 | 审议通过区人大常委会2008年度工作要点；审议通过区人大常委会议事规则；听取和审议区政府关于第八届村民委员会换届选举工作情况的报告；通过有关人事任命事项 |
| | | 第二次 | 听取和审议区政府关于城市管理工作情况的报告、关于推进技术创新情况的报告；听取和审议区人民法院关于加强人民陪审员工作情况的报告；通过有关人事任免事项 |

续表157

| 届　别 | 年　份 | 次　别 | 主　要　事　项 |
|---|---|---|---|
| 第三届 | 2008 | 第三次 | 听取和审议区政府关于发展高效农业情况的报告；听取和审议区人民检察院关于加强检察队伍建设情况的报告；听取和审议区政府关于2007年区本级财政决算草案的报告、关于2007年度区本级预算执行和其他财政收支的审计工作报告，听取区人大常委会财经工委关于高港区2007年区本级财政决算草案的审查报告，通过区人大常委会关于批准2007年区本级财政决算的决议；通过有关人事任免事项 |
| | | 第四次 | 听取和审议区政府关于培育规模企业情况的报告，关于代表建议、批评和意见办理情况的报告，关于2008年上半年国民经济和社会发展计划执行情况的报告，关于2008年上半年区本级财政预算执行情况的报告；审议和通过区人大常委会关于确认主任会议许可检察机关对区人大代表吉醒民采取强制措施的决定 |
| | | 第五次 | 听取和审议区政府关于国民经济和社会发展"十一五"规划实施情况的中期评估报告；听取区人大常委会执法检查组关于检查劳动合同法贯彻实施情况的报告；听取和审议区政府关于2008年财政预算调整方案的报告；决定批准关于2008年财政预算调整方案的报告；审议通过区人大常委会关于召开区三届人大二次会议的决定；决定接受宗淑芳辞去区人大常委会委员职务的请求 |
| | | 第六次 | 听取和初审区政府关于高港区2008年国民经济、社会发展计划执行情况和2009年国民经济、社会发展计划草案的报告，关于2008年财政预算预计执行情况和2009年财政预算草案的报告；审议通过关于扬子江路南延工程的决议；审议通过关于接受吉醒民辞去泰州市和高港区第三届人大代表职务的请求的决定；原则通过区人大常委会工作报告稿；通过区三届人大二次会议的有关事项 |

## 第三节　常委会主任会议

区第一届人大常委会共召开主任会议22次，讨论事项31项。第二届人大常委会共召开主任会议19次，讨论事项26项。至2008年12月，第三届人大常委会召开主任会议4次，讨论事项4项。

### 1998—2008年高港区人大常委会主任会议情况一览表

表158

| 届　别 | 年　份 | 月　份 | 听取、审议、通过的主要事项 |
|---|---|---|---|
| 第一届 | 1998 | 4 | 讨论通过区人大常委会主任会议议事规则，研究制定区人大常委会自身建设方面的制度 |
| | | 5 | 听取区政府关于江堤达标建设和农田节水灌溉工程实施情况的汇报，听取区人大常委会检查组关于江堤达标建设和农田灌溉工程实施情况的视察检查报告 |
| | | 7 | 听取区政府关于城市建设工作情况的汇报 |
| | | 10 | 听取区政府关于贯彻实施食品卫生法情况和开展合作医疗工作情况的汇报，听取区人大常委会检查组关于检查食品卫生法贯彻实施情况和合作医疗工作开展情况的汇报 |
| | | 11 | 听取区政府关于"五好"文明家庭创建情况的汇报 |

续表158

| 届　别 | 年　份 | 月　份 | 听取、审议、通过的主要事项 |
|---|---|---|---|
| 第一届 | 1999 | 4 | 听取区政府关于创建文明村镇工作情况的汇报 |
| | | 7 | 听取区政府关于江堤建设情况的汇报；听取区人大常委会检查组关于江堤达标建设情况的视察检查报告；听取区政府关于环境保护工作和长江流域污染源达标排放工作情况的汇报；听取区政府关于初级卫生保健工作情况的汇报 |
| | | 11 | 听取区政府关于贯彻实施教育法、义务教育法和教师法情况的汇报 |
| | | 12 | 听取区政府关于贯彻实施土地管理法情况的汇报、关于农业示范工程建设和贸工农一体化龙头企业建设情况的汇报 |
| | 2000 | 6 | 听取区政府关于减轻中小学生过重负担、推进素质教育情况的汇报 |
| | | 8 | 听取区政府关于加强预算外资金管理、严格实行“收支两条线”情况的汇报 |
| | | 10 | 听取区政府关于控减农民负担、增加农民收入情况的汇报 |
| | | 12 | 听取区政府关于贯彻实施《江苏省计划生育条例》情况的汇报 |
| | 2001 | 5 | 听取区政府关于农村改水工作情况的汇报 |
| | | 6 | 听取区政府关于制定“四五”普法规划情况的汇报 |
| | | 8 | 听取区人民法院关于加强案件执行工作情况的汇报和区人民检察院关于强化法律监督工作情况的汇报 |
| | | 10 | 听取区政府关于加强科技人才培养工作情况的汇报 |
| | | 12 | 听取区政府关于推进乡镇财政分税制体制改革工作情况的汇报 |
| | 2002 | 6 | 听取区人民法院和区人民检察院关于深化司法改革、加强队伍建设情况的汇报 |
| | | 8 | 听取区政府关于加快发展服务业情况的汇报 |
| | | 10 | 听取区政府关于加强教育收费管理情况的汇报 |
| | | 11 | 听取区政府关于“四五”普法实施情况的汇报 |
| 第二届 | 2003 | 4 | 听取区政府关于经营城市情况的汇报 |
| | | 6 | 听取区政府关于人民调解工作情况的汇报 |
| | | 10 | 听取区政府关于深化教育管理体制改革和中小学布局调整工作情况的汇报 |
| | | 12 | 听取区政府、区人民法院、区人民检察院关于“一府两院”依法治区规划实施情况的汇报 |
| | 2004 | 4 | 听取区政府关于全区人才工作情况的汇报 |
| | | 6 | 听取区政府关于实施城乡居民最低生活保障和困难群体帮扶工作情况的汇报 |
| | | 8 | 听取区政府、区人民法院、区人民检察院关于《江苏省法制宣传教育条例》贯彻实施情况的汇报 |
| | | 10 | 听取区政府关于行政许可法贯彻实施情况的汇报 |
| | 2005 | 4 | 听取区政府关于加强和改进未成年人思想道德建设情况的汇报 |
| | | 8 | 听取区政府关于城市规划编制和实施情况的汇报 |

续表158

| 届　别 | 年　份 | 月　份 | 听取、审议、通过的主要事项 |
|---|---|---|---|
| 第二届 | 2005 | 10 | 听取区政府关于完善困难群体救助体系情况的汇报 |
| | | 12 | 听取区政府、区人民法院、区人民检察院关于贯彻实施2001—2005年依法治区规划情况的汇报 |
| | 2006 | 5 | 听取区政府关于教育法贯彻实施情况的汇报 |
| | | 6 | 听取区政府关于加强司法行政队伍建设情况的汇报 |
| | | 8 | 听取区政府关于历史文化保护与旅游资源开发情况的汇报 |
| | | 12 | 听取区政府关于被征地农民基本生活保障制度落实情况的汇报 |
| | 2007 | 2 | 审议区人大常委会2007年工作要点 |
| | | 6 | 听取区政府关于稳定低生育水平、提高出生人口素质工作情况的汇报，关于城区水系规划建设、农村自来水普及情况的汇报 |
| | | 11 | 听取区政府关于近三年来审计工作报告中指出的问题的纠正情况和处理结果的汇报 |
| 第三届 | 2008 | 3 | 听取区政府关于社区矫正工作情况的汇报 |
| | | 5 | 听取区政府关于全区交通基础设施建设和公交线路运行情况的汇报 |
| | | 7 | 听取区政府关于加强农村、社区医疗卫生服务体系建设情况的汇报 |
| | | 12 | 听取区政府关于政府投资项目资金管理情况的汇报 |

# 第三章　人大常委会主要工作

区人大常委会主要工作有：召开常委会会议，听取和审议区政府、区人民法院和区人民检察院专项工作报告；组织代表开展执法检查、视察、评议、调研等活动；加强对代表议案和建议的督办；依法任免地方国家机关工作人员；指导乡镇人大开展工作。1998—2008年，区人大常委会共开展视察调研活动41次；收到人大代表议案和建议427件；任命地方国家机关工作人员255人次，免去地方国家机关工作人员职务77人次。形成审议意见和代表视察活动纪要，交“一府两院”研究处理。

## 第一节　监督工作

### 一、经济工作监督

【推动开放开发】 1999年10月，区第一届人大常委会第十次会议听取和审议区政府《关于全区开放型经济工作情况的汇报》，要求区政府及有关部门迎难而上，开创外向型经济工作新局面。2000

年7月，区第一届人大常委会第十五次会议听取和审议《关于加快长江岸线资源开发利用，大力实施港口经济战略情况的汇报》，建议区政府科学制定规划，加大招商引资力度，合理配置资源。2001年12月，区第一届人大常委会第二十三次会议听取和审议区政府《关于全区招商引资工作情况的报告》，建议区政府创新招商引资工作思路，落实政策措施，改善投资环境。2003年9月，区第二届人大常委会第四次会议听取和审议区政府《关于"三新"工程实施情况的报告》，建议区政府加大招商引资和园区建设力度，做好土地资源保护工作，加强软环境建设，规范企业财务管理，促进劳动力就业。2004年9月，区第二届人大常委会第十次会议听取和审议区政府《关于高港沿江地区规划编制工作情况的报告》，建议区政府严格按照规划科学、规范开发沿江地区。2005年11月，区第二届人大常委会第十八次会议听取和审议区政府《关于沿江开发情况的报告》，建议区政府站在更高的起点上推进沿江开发，把科学发展观贯穿于沿江开发全过程，把招商引资作为沿江开发的主抓手，加大基础设施建设力度。2007年11月，区第二届人大常委会第三十次会议听取和审议区政府《关于园区建设和项目推进情况的报告》，建议区政府强力推进招商引资，加大项目推进力度，完善园区基础设施，提高管理和服务水平。

【推动工业发展】 1999年5月，区第一届人大常委会第八次会议听取和审议区政府《关于全区工业企业改革情况的汇报》，建议区政府加大改制工作宣传力度，提高改制工作质量，优化生产经营机制，为企业排忧解难。2006年7月，区第二届人大常委会第二十二次会议听取和审议区政府《关于贯彻实施中小企业促进法情况的报告》，建议区政府激发全民创业热情，培大育强中小企业，加快服务体系建设，努力解决好制约中小企业发展的瓶颈问题。2008年8月，区第三届人大常委会第四次会议听取和审议区政府《关于培育规模企业情况的报告》，要求区政府加大行政推动力度，强化部门服务工作，积极推进项目实施，鼓励企业自主创新，加快现代企业家队伍建设。

【推动农村经济发展】 2001年8月，区第一届人大常委会第二十一次会议听取和审议《关于我区农村税费改革工作情况的报告》，要求区政府规范和完善公平负担等政策，加强对"一事一议"筹资款的监督管理；在严格法律程序的基础上，清理村级债权债务，规范村级财务管理；通过调整农业结构，发展村级经济组织，增加村组集体收入。2002年11月，区第一届人大常委会第二十九次会议听取和审议区政府《关于加快农村劳动力转移，增加农民收入情况的报告》，建议区政府加大宣传力度，转变农民就业观念；加强组织引导，加大行政推动力度；强化服务职能，促进劳动力就业。2003年11月，区第二届人大常委会第五次会议听取和审议区政府《关于农民增收工作情况的汇报》，建议区政府推进个体私营经济加快发展，做好对农民的教育和培训工作，加大农村劳动力转移力度，加快农业结构调整步伐。2005年9月，区第二届人大常委会第十七次会议听取和审议区政府《关于构建农民增收长效机制情况的报告》，建议推进农业产业化经营，挖掘农民增收潜力；落实各项惠农政策，完善农业投入机制；加快农村劳动力转移步伐，增加农民劳务收入；健全农村社会保障机制，统筹城乡协调发展。2008年6月，区第三届人大常委会第三次会议听取和审议《关于发展高效农业情况的报告》，建议区政府科学定位高效农业发展方向，做好服务引导工作，培大育强发展载体。

【推动服务业发展】 2000年9月，区第一届人大常委会第十六次会议听取和审议区政府《关于加快三产项目建设，大力发展财税经济情况的汇报》，建议区政府充分发挥区位优势，加大三产开发的组织领导；加大吸引外资和港澳台资、引进人才力度；切实改进工作作风，营造良好的三产发展软环境；落实好关键措施，加大扶持力度，落实优惠政策，全面推进三产长足发展。2006年9月，区第二届人大常委会第二十三次会议听取和审议区政府《关于高港区现代服务业发展情况的报告》，建议区政府尽快出台服务业发展规划，加快重点工程建设速度，大力发展新兴服务业，做好政策引导工作。

【推动个体私营经济发展】 1999年8月，区第一届人大常委会第九次会议听取和审议区政府《关于我区个体私营经济发展情况的报告》，建议区政府解放思想，理顺管理体制，规范管理行为，健全服务体系，促进提质升级。2002年9月，区第一届人大常委会第二十八次会议听取和审议区政府《关于个体私营经济发展情况的报告》，建议区政府加大引导和扶持力度，营造良好的发展环境，加大招才引智和招商引资力度，提高私营企业经营管理水平。

## 二、计划财政工作监督

每年年中，常委会会议听取和审议区政府关于本年度上半年国民经济和社会发展计划执行情况的报告、关于上一年度区本级财政决算和本年度上半年财政预算执行情况的报告，审查和批准上一年度区本级财政决算，听取和审议关于上一年度区本级财政预算执行和其他财政收支情况的审计工作报告。每年人代会前，常委会会议初审区政府关于本年度国民经济和社会发展计划执行情况及下一年度计划（草案）的报告、关于本年度财政预算执行情况和下一年度预算（草案）的报告。根据区政府的提请，适时作出调整本级财政预算方案的决定。

## 三、城市建设工作监督

2000年1月，区第一届人大常委会第十二次会议听取和审议区政府《关于加快小城镇建设、推进经济和社会全面进步的情况汇报》，建议区政府将松散型的建设集中到主城区建设，把握好小城镇建设质与量的关系，把握好小城镇建设与管理的关系。2001年10月，区第一届人大常委会第二十次会议听取和审议区政府《关于加快城市建设工作情况的报告》，建议区政府强化规划意识、服务意识，及时出台新的农村建房规定，解决农民建房审批难的问题。2004年5月，区第二届人大常委会第八次会议听取和审议区政府《关于全区道路交通管理情况的报告》，建议区政府及有关部门加大道路交通安全知识和法律法规宣传教育力度，提高道路交通安全管理水平。2004年12月区第二届人大常委会第十二次会议、2008年4月区第三届人大常委会第二次会议分别听取和审议区政府《关于城市管理工作情况的报告》，建议区政府广泛开展宣传教育活动，深入开展城市环境综合整治，推进长效管理，完善城市功能，加强城管队伍建设。

## 四、社会事业工作监督

【推动科技创新】 1999年10月，区第一届人大常委会第十次会议听取和审议区政府《关于贯彻〈中华人民共和国科学技术进步法〉情况的汇报》，建议区政府加大宣传力度，加强科技队伍建设，完善科技进步保障措施。2000年5月，区第一届人大常委会第十四次会议听取和审议区政府《关于加快技术创新，推进工业经济结构调整工作情况的汇报》，建议区政府建立健全创新机制，充分发挥企业的积极性、主动性和创造性，加大人才培养、引进力度。2006年11月，区第二届人大常委会第二十四次会议听取和审议区政府《关于贯彻实施〈中华人民共和国科学技术进步法〉情况的报告》，建议区政府加大科技工作扶持力度，增强企业自主创新能力，加强科技人才队伍建设，重视农业科技发展。2008年4月，区第三届人大常委会第二次会议听取和审议区政府《关于推进技术创新情况的报告》，建议区政府切实加强对科技工作的领导，加大科技创新宣传力度，推进企业科技创新，发挥科技人才作用。

【环境保护监督】 2002年7月，区第一届人大常委会第二十七次会议听取和审议区政府《关于我区环境保护和生态建设情况的汇报》，建议区政府及有关部门强化发展意识，处理好经济发展和环境保护之间的关系；落实可持续发展战略，宣传环保法律、法规，公布环保标准，建立健全监督网络，推动群众性环保监督工作的开展。

【社会保障工作监督】 2001年8月，区第一届人大常委会第二十一次会议听取和审议区政府《关于全区社会保障工作情况的报告》，建议区政府扩大企业参保面，提高基金征缴率，做好改制企业和城镇下岗职工的社会保障工作。2003年5月，区第二届人大常委会第二次会议听取和审议区政府《关于完善社会保障体系和实施再就业工程情况的报告》，要求区政府扩大社会保障覆盖面，促进就业和再就业。2005年11月，区第二届人大常委会第十八次会议听取和审议区政府《关于全区贯彻实施〈劳动保障监察条例〉情况的报告》，建议区政府及其有关部门转变思想观念，强化宣传培训，提高全社会劳动保障法律意识，提高劳动保障监察效能。2007年3月，区第二届人大常委会第二十六次会议听取和审议区政府《关于社会保险费征缴和管理工作情况的报告》，建议区政府加大扩面征缴力度，规范基金管理，强化基础建设。

## 五、法律法规实施情况监督

1998年6月，区第一届人大常委会第三次会议听取和审议区政府《关于贯彻实施〈中华人民共和国未成年人保护法〉的工作情况汇报》。1999年12月，区第一届人大常委会第十一次会议分别听取和审议区政府《关于贯彻实施〈中华人民共和国建筑法〉情况的汇报》《关于实施〈中华人民共和国村民委员会组织法〉情况的汇报》。2000年11月，区第一届人大常委会第十七次会议听取和审议区政府《关于贯彻实施〈中华人民共和国城市规划法〉情况的汇报》。2001年5月，区第一届人大常委会第二十次会议听取和审议区政府《关于贯彻实施〈中华人民共和国劳动法〉情况的报告》。10月，区第一届人大常委会第二十二次会议听取和审议区政府《关于全区贯彻实施〈中华人民共和国乡镇企业法〉情况的报告》。2002年9月，区人大常委会执法检查组检查《中华人民共和国预防未成年人犯罪法》贯彻实施情况，区第一届人大常委会第二十九次会议听取和审议区人大常委会执法检查组的执法检查报告。

2003年7月，区第二届人大常委会第三次会议听取和审议区人民法院《关于加强民事审判工作情况的报告》。9月，区第二届人大常委会第四次会议听取和审议区人民检察院《关于〈中华人民共和国刑事诉讼法〉执行情况的报告》。同月，区人大常委会执法检查组检查《中华人民共和国安全生产法》贯彻实施情况，区第二届人大常委会第五次会议听取和审议区人大常委会执法检查组的执法检查报告。2004年7月，区第二届人大常委会第九次会议听取和审议区人民检察院《关于查办职务犯罪工作情况的报告》；9月，区第二届人大常委会第九次会议听取和审议区人民法院《关于公正司法情况的报告》。2005年6月，区人大常委会执法检查组检查《中华人民共和国食品卫生法》贯彻实施情况，区第二届人大常委会第十六次会议听取和审议执法检查组的执法检查报告。7月，区第二届人大常委会第十六次会议听取和审议区人民法院、区人民检察院《关于贯彻执行区人大常委会〈关于司法机关向区人大常委会报告案件的暂行办法〉的情况报告》。2006年5月，区第二届人大常委会第二十一次会议听取区政府关于《泰州市高港区“五五”普法规划》的说明；8月，区人大常委会执法检查组检查《江苏省城市市容和环境卫生管理条例》贯彻实施情况，区第二届人大常委会第二十三次会议听取和审议执法检查组检查报告；11月，区第二届人大常委会第二十四次会议听取和审议区人民检察院《关于预防职务犯罪工作情况的报告》。2007年8月，区人大常委会执法检查组检查《中华人民共和国工会法》贯彻实施情况，区第二届人大常委会第二十九次会议听取和审议执法检查组检查报告。9月，区第二届人大常委会第二十九次会议听取和审议区人民法院《关于规范执法行为、促进司法公正情况的报告》。

2008年9月，区人大常委会执法检查组检查《中华人民共和国劳动合同法》贯彻实施情况，区第三届人大常委会第五次会议听取和审议执法检查组检查报告。

1997—2008年，区人大常委会共组织执法检查6次，涉及相关法律法规6部，参加检查的各级人大代表100余人次。

## 六、专项工作评议

2005年7月下旬至11月上旬，区人大常委会组织部分区人大代表对区交通分局工作进行评议。区人大常委会制定评议工作方案，成立评议工作指导组，召开评议动员大会，参评的区人大代表分3个评议调研组对区交通分局贯彻执行法律法规、办理代表建议情况、农村公路建设情况和运输市场监管情况进行调研，形成评议意见交区交通分局整改。11月29日，区二届人大常委会第十八次会议听取和审议区人大常委会评议区交通分局工作指导组所作的《关于区人大代表评议区交通分局工作的情况报告》。

## 七、专题视察调研

区第一届人大常委会共组织人大代表200余人次，开展视察活动17次，涉及建筑业发展及新区建设、环境保护、“三五”普法、基层依法治理、通达工程建设、旧城改造、推进执法责任制、农业结构调整、工业企业改制、建立社会保障体系、文化市场建设与管理、农村税费制度改革、工业企业改制与技术改造、城市建设与管理、个体私营经济发展、农业结构调整、教育现代化工程、医疗卫生、农田水利基本建设、文明城市创建、工业园区建设和项目开发等。第二届人大常委会共组织人大代表248人次，开展视察活动19次，涉及房地产开发管理、商贸流通业规划建设、园区建设、人民法院及人民检察院建设、为民办实事工程、环境保护、社会治安防控体系建设、农业结构调整及农业园区建设、城市建设重点工程、行政服务中心运行、社区建设和物业管理、招引企业开工建设、林业绿化、农村基础设施建设及“清洁河道、清洁村庄”工程实施情况、沿江开发及招商引资、旧城改造和特色街区建设、公安机关基层基础建设、城市规划和建设、农村新“5+1”工程实施等。至2008年12月，第三届人大常委会组织人大代表102人次，开展视察活动5次，涉及环保基础设施建设、教育现代化工程、公安机关基层所队规范化建设、城市建设重点工程和小区管

图 18-3-1　人大代表视察安全生产工作情况

理、园区规划和建设等。

2002年起，区人大常委会围绕区委工作中心开展课题调研，围绕区人大常委会工作要点开展议题调研，围绕人民群众关注的热点难点问题开展专题调研。撰写《坚持走“工业强村、工业富民”之路》《关于我区低收入群众脱贫致富工作的调查报告》《加强乡镇人大工作，促进政治文明建设》《弘扬创业精神，加快富民步伐》《切实维护农民权益，深入推进新农村建设》《关于高港区招商引资工作情况的调研报告》等调研报告。2002—2008年，区人大常委会共组织各类调研150余次。

## 第二节　讨论决定重大事项

1997—2008年，区人大常委会共作出决议、决定50余项。

2002年3月29日，区第一届人大常委会第二十五次会议作出《关于进一步开展法制宣传教育的决议》。2003年9月30日，区第二届人大常委会第四次会议作出《关于加快2004年度城市防洪河道综合整治工程建设的决议》《关于春港路、港城路东延工程建设的决议》。2004年9月29日，区第二届人大常委会第十次会议作出《关于〈泰州市高港区沿江地区规划〉的决议》。2004年10月12日，区第二届人大常委会第十一次会议作出《关于扬子江路改造工程的决议》。2006年5月18日，区第二届人大常委会第二十一次会议作出《关于〈泰州市高港区“五五”普法规划〉的决议》。2007年5月28日，区第二届人大常委会第二十七次会议作出《关于城市污水管网建设工程资金安排计划的决议》。2008年12月23日，区第三届人大常委会第六次会议作出《关于扬子江路南延工程的决议》。

## 第三节　人事任免

1998年4月，区第一届人大常委会第二次会议通过《泰州市高港区人民代表大会常务委员会人事任免暂行办法》，规定人事任免的基本程序。区政府和区人民法院、区人民检察院提出有关人事任免议案后，区人大常委会及时召开主任会议，听取拟任免人员的情况介绍和任免理由。在常委会会议上，全体组成人员充分审议，依法投票表决。表决通过后，区人大常委会对任命人员颁发任命书。2004年3月，区第二届人大常委会第七次会议审议通过《泰州市高港区人大常委会关于对提请任命人员进行任前法律知识考试的暂行办法》，明确对拟任命人员实行任前法律知识考试。2006年3月，区第二届人大常委会第二十次会议审议通过《泰州市高港区人民代表大会常务委员会人事任免办法》，明确实施任前法律知识考试制度、拟任职发言制度，扩大人事任免无记名投票范围。

区第一届人大常委会任期内，共任命地方国家机关工作人员102人次。其中，区人大常委会内设机构领导人员23人次，区政府组成人员47人次，区人民法院副院长、庭长、副庭长、审判委员会委员、审判员、人民陪审员22人次，区人民检察院副检察长、检察委员会委员、检察员10人次。免去地方国家机关工作人员职务27人次。区第二届人大常委会任期内，共任命地方国家机关工作人员130人次。其中，区人大常委会内设机构领导人员26人次，区政府组成人员48人次，区人民法院代理院长、副院长、庭长、副庭长、审判委员会委员、审判员、人民陪审员36人次，区人民检察院代理检察长、副检察长、检察委员会委员、检察员20人次。免去地方国家机关工作人员职务47人次。至2008年12月，区第三届人大常委会共任命地方国家机关工作人员23人次。其中，区政府组成人员19人次，区人民法院副庭长、审判员、人民陪审员4人次。免去地方国家机关工作人员职务3人次。

区第一届人大常委会第八次会议起，组织被任命的国家机关工作人员向区人大常委会述职。至2006年11月，共有区政府部门主要负责人和区人民法院、区人民检察院负责人44人次向区人大常委会述职，其中一届26人次、二届18人次。

## 第四节　议案与建议督办

1999—2008年，区历届历次人代会共收到区人大代表各类议案、建议427件。区人大常委会坚持集体交办、常委会工作机构对口督办、常委会驻会负责人重点督办，代表建议办结率和代表满意率逐年提高。

### 1998—2008年高港区历次人代会议案、建议情况一览表

表159　　单位：件

| 届　别 | 会议目次 | 议案和建议内容 | | | | | |
|---|---|---|---|---|---|---|---|
| | | 基础建设类 | 财政经济类 | 文教卫生类 | 三农类 | 其　他 | 总　计 |
| 第一届 | 一次 | — | — | — | — | — | — |
| | 二次 | 18 | 8 | 3 | 2 | 3 | 34 |
| | 三次 | 13 | 8 | 6 | 2 | 10 | 39 |
| | 四次 | 10 | 10 | 2 | 3 | 5 | 30 |
| | 五次 | 14 | 8 | 12 | 5 | 6 | 45 |
| 第二届 | 一次 | 18 | 12 | 10 | 4 | 12 | 56 |
| | 二次 | 13 | 8 | 8 | 2 | 9 | 40 |
| | 三次 | 11 | 10 | 7 | 4 | 7 | 39 |
| | 四次 | 13 | 13 | 6 | 1 | 7 | 40 |
| | 五次 | 15 | 8 | 8 | 6 | 3 | 40 |
| 第三届 | 一次 | 24 | 9 | 13 | 6 | 12 | 64 |

## 第五节　指导基层人大工作

建区前，境内各乡镇人民代表大会每届任期3年。乡镇人民代表大会每年至少举行一次会议。乡镇人民代表大会主席团由本级人民代表大会在代表中选举产生，主席团主持代表大会会议，并负责召集下一次的本级人民代表大会会议，闭会期间依法讨论和开展工作。

图 18-3-2　口岸镇第十一届人民代表大会第二次会议

1998年，区第一届人大常委会第五次会议作出《关于全区乡级人大换届选举问题的决定》，指导乡镇完成人大选举工作。2000年，针对乡镇区划调整，区第一届人大常委会第十三次会议作出《关于新建乡镇人民代表大会选举问题的决定》，指导区划调整后的口岸镇、刁铺镇完成人大选举工作。2001年，区第一届人大常委会第二十二次会议作出《关于全区乡级人民代表大会换届选举问题的决定》。2002年，指导永安洲镇、白马镇、野徐镇完成人大换届选举。2004年3月《中华人民共和国宪法修正案》规定，乡镇人民代表大会代表任期由3年改为5年。根据省人大常委会决定，高港区乡镇人民代表大会换届延期至2007年与区人民代表大会换届同步进行。2007年区划调整后，区人大常委会适时作出决定，设立区人大常委会口岸、刁铺、许庄街道工作委员会，任命各街道人大工委主任、副主任；审议通过《泰州市高港区人大常委会街道工作委员会工作暂行规定》，明确街道工作委员会的地位、作用、职责和工作内容。指导各镇完成人大换届选举工作。

# 泰州市高港区志

## 第十九篇　地方人民政府

# 第十九篇　地方人民政府

1997年4月，泰州市人民政府高港区管理委员会（简称区管委会）成立。1998年1月，成立泰州市高港区人民政府（简称区政府）。区政府每届任期5年，至2008年，历经3届。

区政府成立之初，设工作机构20个。2001年、2004年，两次进行政府机构改革。2008年，区政府共有组成部门20个，有垂直部门12个。

# 第一章　政府机构

## 第一节　领导机构

### 一、区管委会

1997年4月16日，区管委会成立，为市政府派出机构。张文彬任区管委会主任，丁其林、徐祖跃任区管委会副主任。

### 二、区政府

区政府由区长、副区长及区政府工作部门行政主要负责人组成。换届时，区长、副区长由区人民代表大会选举产生。各组成部门的正职由区人大常委会决定任命，副职由区政府任命。1998年6月，推行区长助理制，区长助理参加分工，职级不变。1999年10月起，上级组织安排挂职干部担任政府副职参加分工，不占编制。1998—2008年，区政府共历3届。

1998年1月，区一届人大一次会议选举产生区长1人、副区长4人。

2003年1月，区二届人大一次会议选举产生区长1人、副区长5人。

2007年12月，区三届人大一次会议选举产生区长1人、副区长6人。

**1998—2008年高港区政府领导人更迭情况一览表**

表160

| 届　次 | 职　务 | 姓　名 | 籍　贯 | 任职时间 |
|---|---|---|---|---|
| 第一届（1998.01—2003.01） | 区长 | 张文彬 | 兴化 | 1998.01—2000.01 |
| | | 胡冬生 | 泰兴 | 2000.01—2000.05 |
| | | 陈明冠 | 泰州 | 2001.02—2003.01 |
| | 代理区长 | 胡冬生 | 泰兴 | 2000.01—2000.01 |
| | | 杨　峰 | 泰兴 | 2000.05—2001.01 |
| | | 陈明冠 | 泰州 | 2001.01—2001.02 |
| | 副区长 | 丁其林 | 姜堰 | 1998.01—1998.06 |
| | | 徐祖跃 | 扬州 | 1998.01—1999.08 |
| | | 薛广福 | 泰州 | 1998.01—2003.01 |
| | | 姚社成 | 泰州 | 1998.01—2003.01 |

续表160

| 届　次 | 职　务 | 姓　名 | 籍　贯 | 任职时间 |
|---|---|---|---|---|
| 第一届（1998.01—2003.01） | 副区长 | 杨　峰 | 泰兴 | 1998.06—2000.05 |
| | | 马　翔 | 涟水 | 1999.08—2003.01 |
| | | 胡冬生 | 泰兴 | 2000.01—2000.01 |
| | | 汤明东 | 靖江 | 2000.05—2003.01 |
| | | 陈明冠 | 泰州 | 2001.01—2001.02 |
| | | 顾　萍 | 启东 | 2001.03—2003.11 |
| | | 祝　光 | 泰州 | 2002.09—2003.01 |
| | | 任寿南 | 泰兴 | 2002.11—2003.01 |
| | | 刘秋平 | 泰州 | 2002.11—2003.01 |
| | | 王殿臣（挂职） | — | 1999.10—2001.12 |
| | | 葛保根（挂职） | — | 2001.12—2003.01 |
| | 区长助理 | 唐文奇 | 泰州 | 1998.06—1998.12 |
| | | 马　翔 | 涟水 | 1998.12—1999.08 |
| 第二届（2003.01—2007.12） | 区长 | 陈明冠 | 泰州 | 2003.01—2004.01 |
| | | 王　群 | 扬州 | 2004.02—2007.11 |
| | 代理区长 | 王　群 | 扬州 | 2004.01—2004.02 |
| | | 张小兵 | 姜堰 | 2007.11—2007.12 |
| | 副区长 | 祝　光 | 泰州 | 2003.01—2007.11 |
| | | 姚社成 | 泰州 | 2003.01—2007.07 |
| | | 任寿南 | 泰兴 | 2003.01—2006.01<br>2007.11—2007.12 |
| | | 刘秋平 | 泰州 | 2003.01—2004.10 |
| | | 丁建军 | 泰兴 | 2003.01—2007.12 |
| | | 王　群 | 扬州 | 2004.01—2004.02 |
| | | 陈　军 | 泰兴 | 2006.05—2007.12 |
| | | 韩　亚 | 泰兴 | 2007.01—2007.12 |
| | | 邵春宁 | 靖江 | 2007.11—2007.12 |
| | | 葛保根（挂职） | — | 2003.03—2006.05 |
| | | 姜大峪（挂职） | — | 2004.12—2006.01 |
| | 区长助理 | 陈永生 | 泰兴 | 2004.09—2006.04 |
| | | 韩　亚 | 泰兴 | 2005.09—2006.12 |

续表160

| 届　次 | 职　务 | 姓　名 | 籍　贯 | 任职时间 |
|---|---|---|---|---|
| 第二届（2003.01—2007.12） | 区长助理 | 朱宏兵（挂职） | — | 2005.10—2005.12 |
| | | 张贵翔（挂职） | — | 2005.10—2005.12 |
| | | 刘春堂（挂职） | — | 2006.07—2007.09 |
| | | 唐　驰 | 泰州 | 2006.12—2007.12 |
| | | 张卫东 | 泰兴 | 2007.11—2007.12 |
| 第三届（2007.12—　　） | 区长 | 张小兵 | 姜堰 | 2007.12— |
| | 副区长 | 任寿南 | 泰兴 | 2007.12— |
| | | 丁建军 | 泰兴 | 2007.12—2008.04 |
| | | 陈　军 | 泰兴 | 2007.12— |
| | | 韩　亚 | 泰兴 | 2007.12— |
| | | 唐　驰 | 泰州 | 2007.12— |
| | | 邵春宁 | 靖江 | 2007.12— |
| | 区长助理 | 张卫东 | 泰兴 | 2007.12— |
| | | 马　彪（挂职） | — | 2008.05—2008.07 |

## 第二节　工作机构

图 19-1-1　区级机关综合办公楼（2007年摄）

1997年12月，经市委、市政府同意，区政府设工作机构20个，部门管理机构2个，区委、区政府直属事业单位1个，区政府直属事业单位1个，垂直单位7个。2001年6月，实施党政机关机构改革，区政府工作机构由20个精简为18个。2004年12月，实施政府机构改革，区政府工作机构由18个增至20个，均为正科级。至2008年末，高港区政府共有组成部门20个：政府办公室、发展和改革委员会、经济贸易委员会、科学技术局、建设局、对外经济贸易局、农业委员会、监察局（与区纪委合署，不计部门数）、环境保护局、文教局、民政局、司法局、财政局、人事局、劳动和社会保障局、卫生局、审计局、人口和计划生育委员会、统计局、水利局、安全生产监督管理局、民族宗教事务局（在区委统战部挂牌，不计部门数）；区委、区政府直属事业单位1个：史志档案办公室；区政府直属事业单位5个：机关事务管理局、建筑业管理局、供销合作总社、行政服务中心、城市管理委员会办公室；垂直单位11个：泰州市公安局交通巡逻警察支队二大队、泰州市国家税务局第二税务分局、泰州市地方税务局第三税务分局、泰州工商行政管理局高港分局、泰州市公安局高港分局、泰州市交通运输局高港分局、泰州市国土资源管理局高港分局、泰州市广播电视局高港分局、泰州市规划局高港分局、泰州市气象局高港分局、泰州市质监局城区（高港）分局。

## 1997—2008年高港区政府工作机构变迁情况一览表

表161

| 单位名称 | 改革变迁 |
|---|---|
| 区政府办公室 | 1997年12月成立，挂区政府研究室、区经济体制改革委员会办公室、区政府法制局、区无线电管理办公室牌子；2001年6月增挂区外事办公室、区政府侨务办公室牌子；2004年2月不再挂区经济体制改革委员会办公室牌子；2007年12月区政府法制局升格为一级局，由挂牌机构调整为与区政府办公室合署办公 |
| 区发展和改革委员会 | 1997年12月成立区计划委员会，与区物价局合署，挂区第三产业领导小组办公室牌子；2001年6月更名为区发展计划局；2004年2月更名为区发展和改革委员会；2008年12月区服务业发展办公室成立，机构规格为正科级，与区发展和改革委员会合署办公 |
| 区经济贸易委员会 | 1997年12月成立区经济委员会；2001年6月更名为区经济贸易局，挂区私营个体经济发展局牌子；2004年2月更名为区经济贸易委员会，挂区乡镇企业管理局、区中小企业局牌子，区粮食局与其合署 |
| 区科学技术局 | 1997年12月成立区科学技术委员会，2001年6月更名为区科学技术局，2004年6月增挂区知识产权局牌子，2008年12月增挂区地震局牌子 |
| 区建设局 | 1997年12月成立区建设委员会，挂区环境保护局、区建筑业管理局、区城市管理委员会办公室牌子；2000年12月区城市管理委员会办公室分设；2001年6月更名为区建设局 |
| 对外经济贸易局 | 1997年12月成立区对外经济贸易委员会；2001年6月更名为区对外贸易经济合作局，由区政府工作部门调整为与区经济贸易局合署；2004年5月由与区经济贸易局合署调整为区政府工作部门；2008年更名为对外经济贸易局 |
| 农业委员会 | 1997年12月成立区农村经济委员会；2001年更名为区农业局；2004年更名为区农业委员会，挂区委农村工作办公室、区农业机械管理局、区农业资源开发局、区绿化委员会办公室牌子 |
| 区监察局 | 1997年12月成立，与区纪律检查委员会机关合署办公；2004年，成立区经济环境监察中心，与区监察局合署 |

续表161

| 单位名称 | 改革变迁 |
| --- | --- |
| 区环境保护局 | 1997年12月成立，在区建设委员会挂牌；2001年6月，改为区政府工作部门 |
| 区文教局 | 1997年12月成立区教育委员会，区体育运动委员会、区文化局与其合署；2001年6月更名为区文教局，挂区政府教育督导室牌子；2006年7月，区政府教育督导室由在区文教局挂牌调整为与区文教局合署办公 |
| 区民政局 | 1997年12月成立，挂区老龄工作委员会办公室、区双拥工作领导小组办公室牌子 |
| 区司法局 | 1997年12月成立 |
| 区财政局 | 1997年12月成立，挂区财政监督稽查局牌子 |
| 区人事局 | 1997年12月成立，2001年区机构编制委员会办公室与其合署 |
| 区劳动和社会保障局 | 1997年12月成立区劳动局，2001年更名为区劳动和社会保障局 |
| 区卫生局 | 1997年12月成立，1998年8月增挂区爱国卫生运动委员会办公室牌子 |
| 区审计局 | 1997年12月成立；2004年2月成立区经济责任审计中心，隶属其管理 |
| 区人口和计划生育委员会 | 1997年12月成立区计划生育委员会，2001年6月更名为区计划生育局，2004年2月更名为区人口和计划生育委员会 |
| 区统计局 | 1997年12月成立 |
| 区水利局 | 1997年12月成立，2004年增挂区水务局牌子 |
| 区民族宗教事务局 | 1997年12月成立区政府民族宗教事务办公室，2000年3月更名为区民族宗教事务局 |
| 区城市管理委员会办公室 | 1997年12月在区建设委员会挂牌成立，2000年12月与区建设委员会分设；2004年4月，泰州市城市管理行政执法局高港分局成立，与区城市管理委员会办公室合署办公；2004年10月，成立下属事业单位泰州市城市管理行政执法支队高港大队，相当于正科级 |
| 区史志档案办公室 | 1997年12月成立，区委、区政府直属事业单位，挂区档案局、区档案馆牌子 |
| 区级机关事务管理局 | 1997年12月成立，区政府直属事业单位，副科级；2006年4月3日由副科级调整为正科级 |

续表161

| 单位名称 | 改革变迁 |
| --- | --- |
| 区建筑业管理局 | 1997年12月在区建设委员会挂牌成立；1998年与区建设委员会分设，区政府直属事业单位 |
| 区供销合作总社 | 1997年12月成立，区政府直属事业单位 |
| 区行政服务中心 | 2004年6月成立，区政府直属事业单位 |
| 泰州市公安局交通巡逻警察支队二大队 | 1997年2月成立 |
| 泰州市国家税务局第二税务分局 | 1997年6月泰州市国家税务局高港分局成立，2001年6月更名为第二管理分局，2003年4月更名为第二税务分局 |
| 泰州市地方税务局第三税务分局 | 1997年7月泰州市地方税务局高港分局成立，2003年6月更名为第三税务分局 |
| 泰州工商行政管理局高港分局 | 1997年7月成立 |
| 泰州市公安局高港分局 | 1997年7月成立 |
| 泰州市交通运输局高港分局 | 1997年11月成立 |
| 泰州市国土资源管理局高港分局 | 1997年12月成立泰州市国土管理局高港分局，1998年8月更名为泰州市国土资源管理局高港分局 |
| 泰州市广播电视局高港分局 | 1998年4月成立 |
| 泰州市规划局高港分局 | 2000年6月成立 |
| 武警泰州市消防支队高港大队（高港区公安消防大队） | 2003年7月成立 |
| 泰州市气象局高港分局 | 2007年12月成立 |
| 泰州市质监局城区（高港）分局 | 2008年12月成立 |

# 第二章　重要会议

## 第一节　区政府全体（扩大）会议

第一届政府共召开组成人员全体（扩大）会议2次。1998年7月6日，召开区政府组成人员全体（扩大）会议，总结1998年上半年各项工作目标完成情况，部署下半年工作任务。提出围绕秋超增收目标，全面发展农村经济；以结构调整为主线，提高工业经济运行质态；狠抓载体建设，增强三产发展后劲；以全面改革为突破口，为加快发展注入活力。1999年8月9日，召开区政府组成人员全体（扩大）会议，总结1999年上半年各项工作目标完成情况，部署下半年工作任务。提出推进农业产业化进程，做好农业增产增收；推进工业经济快速高效发展，做好市场开拓和技术创新；加快发展第三产业，做好市场培育；扩大对外开放，发展外向型经济；加大扶持引导力度，发展个体私营经济；推进城市化进程，做好基础设施建设；保障经济建设和社会事业发展的资金需求，做好增收节支；维护社会稳定，为民办实事。

第二届政府共召开全体（扩大）会议4次。2004年3月25日，召开二届一次全体（扩大）会议，部署2004年工作任务。提出发展开放型经济，强化工业主体地位，加快城市建设，推动创业富民，创建文明城市。2005年2月25日，召开二届二次全体（扩大）会议，总结2004年各项工作目标完成情况，部署2005年经济建设、开放开发、城市建设、社会事业、人民生活、政府自身建设6个方面的重点工作，以及为民办实事工程。2006年2月7日，召开二届三次全体（扩大）会议，总结2005年各项工作目标完成情况，部署2006年经济发展、开放开发、城市建设、社会事业、人民生活、民主法治、精神文明建设和政府自身建设等方面的48项重点工作，以及为民办实事工程。2007年2月5日，召开二届四次全体（扩大）会议，总结2006年各项工作目标完成情况，部署2007年经济发展、开放开发、城市建设、社会事业、人民生活等方面的50项重点工作。

至2008年末，第三届政府共召开全体（扩大）会议2次。2008年5月7日，召开三届一次全体（扩大）会议，总结2008年一季度经济运行形势，部署二季度经济发展、农业和农村工作、利用外资和港澳台资、城市建设、改善民生、维护社会稳定等各项工作。2008年8月11日，召开三届二次全体（扩大）会议，总结2008年上半年各项工作目标完成情况，部署下半年招商引资、发展税源经济、城乡建设、破解发展难题、改善民生等重点工作。

## 第二节　区政府常务会议

1998—2008年，共召开区政府常务会议82次，涉及事项344项次。其中，第一届政府召开常务会议26次，研究、决定事项127项次；第二届政府召开常务会议49次，研究、决定事项181项次；第三届政府召开常务会议7次，研究、决定事项36项次。

图 19-2-1　区政府常务会议

## 1998—2008年高港区政府常务会议一览表

表162

| 年份 | 会议次数 | 主要事项 |
|---|---|---|
| 1998 | 6 | 政府工作规划和政府常务会议议事规则，区长、副区长工作分工，1997年国民经济、社会发展计划完成情况和1998年计划安排意见，1998年十件实事，新区建设管理实施办法，1998—2000年依法治区规划，依法治区实施意见，创建计划生育示范区，1998年企业解困及下岗职工基本生活保障资金筹集等 |
| 1999 | 8 | 经济技术开发区优惠政策，引进外资和港澳台资投资项目奖励政策，鼓励外商和港澳台商投资优惠政策，村镇规划建设管理规定，建筑市场管理规定，教育费附加征收使用管理实施办法，建立南京艺术学院尚美学院附属中学，实施城市规划法暂行办法，医疗保险改革，小城镇户籍管理制度改革试点意见，拆迁实施细则，政府采购等 |
| 2000 | 4 | 1999年政府工作报告，1999年国民经济和社会发展计划执行情况与2000年计划初步安排意见，1999年财政预算执行情况与2000年财政收支预算草案，水利工程建设计划，修编《高港概览》，区建筑安装总公司改制，特困企业改制补偿，供销社改革实施意见，粮食购销企业改革方案等 |
| 2001 | 5 | 建立区科技创业中心、信息中心，2001年部门预算编制，城建工作，农村工作，社会事业工作，行政审批制度改革，企业军转干部解困，退休人员社会化管理，军转干部配偶安置等 |
| 2002 | 3 | 安全生产，2001—2005年妇女发展规划和儿童发展规划，机关事业单位职工养老保险实施细则等 |
| 2003 | 1 | 农村“5+1”工程实施方案 |
| 2004 | 13 | 三泰啤酒厂改制方案和土地征用，“五城同创”工作，文化广场建设，成立高港城市管理行政执法分局，成立水务管理处，消防建设，规范福利企业负担，农业科技示范园建设，筹建行政服务中心，违法建设专项整治，城市建设三年实施纲要编制，机关公务用车管理，乡镇卫生院管理体制改革，行政许可法贯彻实施，区级机关房改，沿江开发规划，台湾商城优惠政策，残疾人就业保障金征管，个人住房建设管理，区域供水体系调整，污水管网建设，2005年城市防洪工程建设，“十一五”规划编制，政府信息公开，乡镇工业项目落户园区优惠政策，定向销售经济适用房建设实施方案，政府机构改革，行政服务中心项目办理规则等 |
| 2005 | 13 | 科技创业园、永安洲工业园优惠政策及“零收费”项目，科技创新奖励办法，经济困难家庭子女助学实施办法，困难群体救助体系建设，镇村布局规划，村庄环境整治，“绿色高港”建设，“十一五”规划编制，2020年远景目标法治政府实施方案，自来水价格调整，城市绿化管理体制，人民医院合作方案，高港实验小学规划建设方案，城市供气，历史文化保护规划，实验小学建设等 |
| 2006 | 12 | “十一五”规划编制，十强、贡献奖等企业评选办法，民营经济发展政策意见，被征地农民基本生活保障资金征收、划转暂行办法，土地开发复垦工作实施，县乡道路改造方案，社区建设方案，完善困难群体救助体系，“五五”普法规划，就业再就业工作意见，创建国家环保模范城市及突发环境事件应急预案，农民教育培训实施方案，新农村实事工作方案，法治高港建设，农业结构调整政策意见，安全生产行政领导责任规定，耕地保护责任目标考核办法，区域供水方案，工业用地项目评价确认办法，个人住宅建设审批程序，安全生产事故隐患监控整改管理办法，危化品事故应急预案，食品安全应急预案及价格异动应急预案，化工行业专项整治方案，城市居民基本医疗保险试行办法，大规模群体性事件、重特大火灾救援、工矿企业安全生产、粮食安全4个应急预案等 |

续表162

| 年　份 | 会议次数 | 主　要　事　项 |
| --- | --- | --- |
| 2007 | 10 | 安全生产检查管理办法，环保优先推进，农村社会基本养老保险实施细则，"飞地开发"政策意见，突发公共事件总体应急预案，电子政务系统建设，民族宗教群体性事件应急预案，农村环境综合整治实施意见及考核办法，高效农业发展规划，重残无业人员低保生活保障金发放，退休人员基本医疗保险缴费办法，建立高港区人民调解委员会，产品质量和食品安全专项整治工作方案，创建江苏省科普示范区等 |
| 2008 | 7 | 工业规模企业相关政策意见，医保"三保合一"方案，控制和查处违法建设实施意见，安全生产事故隐患排查治理工作制度，调整应急管理工作机构，环境保护专项资金使用管理办法，招商引资奖励办法，关于进一步加快服务业发展的意见，全民科学素质行动计划（2008—2010年）实施意见，造船企业安全生产管理规定，城镇零就业家庭和农村零转移就业家庭就业援助工作实施意见，特殊行业农民工管理办法，高效设施农业保险实施方案，科技创新奖励办法，开展农村敬老院规范化建设管理活动的实施意见，企业安全生产风险抵押金管理暂行办法，安全生产专项资金使用管理办法，30年工龄职工基本生活费及医疗保险等 |

## 第三节　区长办公会议

1998—2008年，共召开区长办公会议288次，研究解决各类事项302项次。其中，第一届政府共召开区长办公会议96次，研究解决各类事项105项次；第二届政府共召开区长办公会议148次，研究解决各类事项153项次；第三届政府共召开区长办公会议44次，研究解决各类事项44项次。

### 1998—2008年高港区政府区长办公会议一览表

表163

| 年　份 | 会议次数 | 主　要　事　项 |
| --- | --- | --- |
| 1998 | 19 | 新区建设启动及泰高路二期工程拆迁，创建区职教中心，蚕茧收购，建材批发市场招商引资，区划调整遗留问题，江堤达标建设，江平线拓宽改造，刁铺供销社股金兑对等 |
| 1999 | 17 | 泰高路沿线现代化农业示范区建设，调整生猪购销屠宰管理职能，改制企业"一条龙"服务，优化扬子江药业集团发展环境，新区农贸市场建设，口岸中学教学楼竞标，建工机械厂职工分流，户改试点，江堤管理等 |
| 2000 | 22 | 口岸、刁铺两镇自来水厂水源，照明器材厂厂房搬迁，清理整顿城市公共客运交通，金港路北延工程规划调整，新区建筑市场管理，口岸镇工业企业改制，雕花楼修复配套工程，合金粉末厂改制，高港大酒店有关债权债务，登月集团改制，建筑企业改制，供销、粮食系统企业改制，建工机械厂改制遗留问题，口岸、刁铺镇统一供水等 |

续表163

| 年　份 | 会议次数 | 主　要　事　项 |
| --- | --- | --- |
| 2001 | 18 | 人民检察院办公用房建设，宁靖盐高速公路资本金认购，口岸中学争创国家级示范高中，蔡滩村征地拆迁，经济适用房建设，刁铺镇解放路旧城改造，口岸镇通泰北路旧城改造，新港照明电器厂搬迁，城市建设投资中心建设资金运作，农机管理局并入水利局，供销系统企业改制，高永路口岸段建设，区属企业改制资金拨付，兴办液化气站等 |
| 2002 | 20 | 关闭全区烟花爆竹生产企业，城市防洪工程建设，工程项目联合审批，扬子江商业广场、文化中心项目建设，芦庄小区建设，科技创业园建设，长江木建材运销公司与华新塑料编织物有限公司分立，调整生猪定点屠宰收费，城市防洪工程，龙窝闸拆建工程施工等 |
| 2003 | 34 | 上争、外争资金奖励办法，府后人家小区开发，科技创业园一、二期贷款，“三农”问题，江苏畜牧兽医职业技术学院南校区供电，永安洲镇部分企业擅自占用长江岸线资源问题处理，尚美附中建设，供销社柴墟东路11号土地事宜，滨江建安公司退休人员医疗保险，设立口岸工业园，台湾商城建设，机关幼儿园建设，泰州电厂征地拆迁，扬子江药业集团征地等 |
| 2004 | 21 | 新城农贸市场生猪购销屠宰管理，城市消防基础设施建设，南官河大桥建设征地、拆迁、资金，江苏三泰啤酒厂退休人员及麦芽厂在职人员、退休（内退）人员社会保障费用支付办法，永安造船厂所欠工商银行贷款现金清收办法，宣堡港、蔡圩河专项整治，城区消防栓建设，区信用联社开展合作等 |
| 2005 | 33 | 科技创业服务中心的产权归属，刁铺镇与科技创业园有关问题，原口岸农机站移交，第二城南污水处理厂高港区配套管理工程，“绿色高港”规划，永安洲卫生院建设，全区中心小学建立住房公积金制度，编制历史文化保护规划纲要，永安洲镇农民安置区建设，主城区河道污染整治，长江供水达镇工程，1962年下放职工生活补助费，滨江建安公司改制，2003—2004年乡镇工业用地规范，社会福利基金征缴等 |
| 2006 | 24 | 工业园区全面建立被征地农民基本生活保障制度，口岸农机站人员有关遗留问题，科技创业园建设与许庄镇村布局规划，人民医院迁建，企业改制遗留问题，修复城隍庙与财神庙，生产河整治，三泰船业有限公司机动船扩产改造，供销系统退休人员医保，永安洲镇高永化工园排污整治，工业用地出让手续等 |
| 2007 | 36 | 花卉园艺中心资产转让，离休干部医疗费包干，花鸟鱼虫市场建设，泰州三福船舶工程有限公司永安厂区供电安全隐患整改，饮用水源保护区域供水，兽医管理体制改革，“飞地开发”统计，消防建设，污水提升泵站运行，泰半夏产业发展，人民医院与锦江花园之间重大安全隐患整改，永安港务有限公司合资事宜，科技创业园恒元置业项目建设，泰州市兴港船舶有限公司“10·16”水上交通事故处理，泰州医药产业园在野徐镇范围内征地后被征地农民基本生活保障等 |
| 2008 | 44 | 城区道路绿化带管理，柏森机电项目建设，城区农业结构调整，2008年城建项目，白马联运站改制遗留问题，新型农村合作医疗保险，区域供水工程，诚德公司特种钢管项目建设，江苏郁金香集团宗地开发等 |

# 第三章　施政纪要

## 第一节　工作述要

### 一、第一届政府

第一届区政府在区一届人大一次会议上提出五年奋斗目标：经济实力明显增强，发展优势初步形成，城市面貌焕然一新，"两个文明" 协调发展。2002年，全区实现地区生产总值21.67亿元、财政收入4.13亿元，分别是1997年的1.66倍、3.28倍。全区三次产业比例由1997年的15.82:38.63:45.55调整为11.54:50.71:37.75。

【经济建设】 城郊型农业取得进展。粮经比由9:1调整为6.5:3.5，花卉苗木、设施蔬菜、特水养殖、特畜特禽等农业产业化经营初具规模。修建江堤硬质护坡和挡浪墙24千米，改建加固通江涵闸13座，基本完成江堤达标工程。增加农业节水灌溉面积9.5万亩，改造中低产田2.5万亩。2002年各类工业完成销售45.42亿元，利税3.83亿元，分别是1997年的2.42倍和2.52倍。20个骨干企业的支撑作用不断增强，56个列统企业的销售占全部工业销售的比重达52%。五年累计开发市级以上新产品245个，其中省级以上新产品34个，高新技术产品销售占列统企业销售收入9%；累计实施技改项目578个，完成技改投入17.08亿元，其中44个投入1000万元以上的重大项目发展态势较好。2002年完成建筑施工产值10.02亿元，增加值1.78亿元，分别是1997年的2.5倍和2.58倍。2002年服务业增加值8.19亿元，社会消费品零售总额5.5亿元，各类市场年成交额9亿元。年末各项存款余额16.79亿元、贷款余额10.28亿元，分别比1997年末增长128.75%和77.2%。

【开放开发】 五年累计协议利用外资和港澳台资6052.72万美元，实际利用外资和港澳台资3762.6万美元。自营出口完成1683万美元，其中6个企业年出口额超100万美元。签订外经合同额233.62万美元，实现外经营业额179万美元，劳务输出182人次。累计注册私营企业421个、个体工商户799户。科技创业园进园企业23个，落实用地85.67万平方米，协议利用外资和港澳台资2496万美元，实际利用外资和港澳台资875万美元，利用民资1.5亿元；乡镇工业园起步良好，先后编制3平方千米的发展规划，各乡镇工业园有84个企业落户，吸引投资3.1亿元，落实用地88万平方米；花卉园艺中心引进投资企业7个，成为省重点农业产业化龙头企业和全国重点花卉出口基地。

【城乡建设】 五年中，完成高港城区规划、核心区控制性规划和重要地段的修建性详细规划，组织编制城市水系防洪规划。城区面积拓展到6.8平方千米，新增建筑面积逾140万平方米。其中新区面积2.5平方千米、建筑面积90余万平方米。高标准新建港城路、春江路、金港路、春港路等城市道路，区政府办公楼、建设大厦、扬子江营销大楼等一批重点项目相继竣工，银杏广场和政府广场建成，供水、电信、有线电视、管道燃气等基础设施逐步完善，城市防洪工程进展顺利。旧城改造稳步推进，实施金港南路一期、解放路一二期拓宽改造，拆迁旧房6.55万平方米，新增建筑面积11.5万平方米。

注重理顺城市规划、用地、建设与管理体系，强化政府对土地一级市场的调控能力，规范城市开发建设规则，基本实现城建“自求平衡、滚动发展”预期目标。改革和完善城市管理体制，建立城管机构，组建柴墟、环溪街道办事处，城管水平不断提高。城镇化率提高到40%，口岸、刁铺两镇成为省级新型示范小城镇，野徐、永安洲、白马镇通过市级新型示范小城镇验收。实施“通达工程”建设，疏港路、泰镇路、通江路、高永路、江平路、泰高路城区段等交通主干线先后建成通车，建成通村（组）公路211.4千米，新（改）建桥梁120座，撤除渡口4道，在全市率先实现“通村公路率”和“灰黑化率”两个100%的目标。城区电网改造和农村电网改造全面完成，泰州引江河如期通水，泰州港杨湾码头按期营运。

【社会事业与人民生活】 五年引进中高级科技人才510余人，挂靠高校院所200余所，实施市级以上科技计划150余项，被评为省级科技进步先进县（区）。调整学校布局，先后撤并中小学46所。教育无危房区、高港职教中心创建省合格职教中心、刁铺中学创建省重点中学均通过省级验收，高考万人本科进线率连续4年名列全市前茅。5个镇全部建成省级群众文化先进镇，海军诞生地纪念馆、雕花楼先后获批省级文物保护单位，《高港概览》编辑出版。有线电视光缆实现全区联网，有线电视进村率86%。计划生育率99.23%，人口出生率6.74‰。5所乡镇医院先后新建门诊或病房大楼，农村初级卫生保健工作通过省级验收。烟尘控制区、噪声达标区、工业污染源达标排放工作先后通过省、市验收，大中型建设项目环保审批率、“三同时”执行率均达100%。组建区安全生产监督机构。2002年全区城镇在岗职工平均工资10156元，比1997年增加4976元，农民人均纯收入4011元，比1997年增加1073元。全区改水受益人口8.99万人，累计改厕1.25万户。

## 二、第二届政府

第二届区政府在区二届人大一次会议上提出实施外向带动战略、工业推动战略、城市联动战略、园区促动战略“四大战略”，到2007年，实现经济总量翻一番、引资突破20亿元、基本建成高港城、社会全面达小康“四大目标”。2007年，全区实现地区生产总值54.6亿元，财政总收入12.22亿元，分别是2002年的2.52倍、2.96倍。三次产业结构调整为5.95:61.45:32.6。

【经济建设】 2007年实现农业增加值3.25亿元，是2002年的1.3倍。花卉苗木、药材种植、波尔（杂）山羊三大特色产业起步良好，现代高效农业面积占全区耕地面积的21%。“三资”农业发展不断加快，五年累计开发农业项目80余个，利用“三资”6.8亿元，其中外资和港澳台资3850万美元。三大合作组织建设全市领先，累计成立村级股份合作社10个、土地股份合作社10个、农民专业合作社27个。“绿色高港”建设成效显著，累计新增造林面积3.5万亩，在全市率先达到森林覆盖率20%的小康指标，获评“绿色江苏”建设先进区。工业主体地位日趋巩固。2007年实现工业总产值180亿元，是2002年的3.42倍。规模以上工业产值、销售、利税、利润分别达114.62亿元、110亿元、9.28亿元和4.35亿元，分别是2002年的4.36倍、4.71倍、4.34倍和5.54倍；产值过1亿元企业23个，其中10亿元以上企业2个。2007年实施工业技改项目302个，完成投入37.21亿元，其中1亿元以上项目8个。五年新增民营企业1368个、个体工商户9338户。净增注册资本30.9亿元；2007年民营工业企业产值、销售、利税占全部工业的比重分别达89.7%、90.1%和90.7%。2007年建筑企业增加值4.85亿元，是2002年的2.72倍。2007年服务业增加值17.8亿元，社会消费品零售总额11.41亿元，分别是2002年的2.18倍和2.07倍。高港综合物流园区已具雏形。成功引进文峰千家惠、世纪华联、肯德基、义乌小商品城等知名企业。“万村千乡”市场工程全面启动，建成便民连锁超市33个，为农综合服务社25个。2007年完成房地产投资10.7亿元。

【开放开发】 2007年全区新批外资和港澳台资项目11个，实际利用外资和港澳台资8812万美元，是2002年的6.04倍。累计完成自营出口6.23亿美元，其中2007年完成自营出口2.5亿美元，是2002年的14.85倍。外经工作实现零的突破，1个企业正式获得外经签约权。科技创业园成功晋升为省级经济开发区，累计开发利用土地20万平方米，引进企业91个，建成投产企业76个，2007年财政总收入5927万元。永安洲工业园实现“四年面貌大变”目标，累计引进1亿元以上项目12个，实际利用外资和港澳台资6519万美元、民资100亿元，高港港区永安作业区建成投运，益海粮油小包装项目投产。坚持市、区联动开发，国电泰州电厂一期工程并网发电，泰州长江公路大桥开工建设。

【城乡建设】 五年中，先后完成分区规划、城区控制性详细规划、近期建设规划和3个镇总体规划、18个行政村村庄建设规划编制任务。累计完成城建投入95.17亿元，新增道路144万平方米，新增建筑面积216万平方米，人均公共绿地面积增加6.5平方米。向阳路北延、春江路西延、春港路、港城路东伸西延，以及腾龙桥、五一桥、向阳桥建成通车。扬子江路一二期和向阳南路、政府广场综合改造完成，重要道路绿化、亮化实施到位。供气供热、城市防洪、污水处理等基础设施建设有序推进。文化中心、实验小学、人民医院、生态公园一期工程建成投入使用。组建城市管理执法分局，加大综合执法力度，市容和环境卫生状况明显改善，违法建设行为得到有效遏制。累计修建农村公路278千米，新改建桥梁172座，新开通公交线路6条，农村公交行政村通达率83%。220千伏观五变电所、110千伏古马变电所建设如期完成，新农村电网建设和改造有序推进。累计清淤整治河道619条、539千米。新建农村垃圾箱（池）1296个，近一半行政村实现垃圾集中处置。

【社会事业与人民生活】 五年累计实施省级以上各类科技计划项目61项，开发省级以上高新技术产品65个，新增省级以上高新技术企业28个；2007年高新技术产业产值39.32亿元，占规模以上工业产值比重34.31%；申请专利374件。累计引进各类人才2152人。农村中小学义务教育阶段减免学杂费政策全面落实，危房改造和教育布局调整全面完成，8所初中和12所小学全部建成合格学校，高港职教中心建成国家重点职业技术学校。先后建成5个社区卫生服务中心和31个卫生服务站。先后建成省标文化站4个、村级文化室20个、全民健身点15个。累计新增有线电视用户23479户，综合入户率84.8%。完成第一次全国经济普查工作。计划生育率99.32%，被评为全国婚育新风进万家先进集体和江苏省人口与计划生育工作示范区。万元地区生产总值能耗下降4.4%，超额完成化学需氧量和二氧化硫排放量减排任务。累计净增城镇就业4.7万人，转移农村劳动力6.7万人。累计改厕1.3万户，新增自来水受益人口2.4万人。在全市率先实施区域供水工程，2007年春节前全区人民全部吃上长江水。2007年全区农村居民人均纯收入6652元，城镇居民人均可支配收入14309元。城镇各类社会保险参保人数73130人次。农村新型合作医疗保险、被征地农民基本生活保障、城镇居民基本医疗保险和新型农村社会养老保险分别累计新增参保人数10.6万人、5482人、3074人和1100人。中小学生医疗保险全面实施。率先在全省建立健全社会救助体系，实现困难群体社会救助全覆盖，财政投入3100余万元，累计救助3万余人次。

## 三、第三届政府

【经济建设】 2008年实现工业增加值39.49亿元，增长37.6%。全部工业完成产值261.7亿元，增长45.39%，其中，列统工业完成产值169.21亿元、销售162.26亿元、利税15.56亿元，比2007年分别增长47.63%、47.51%和67.67%。新增销售过1亿元企业6个，其中过20亿元企业1个。完成技改投入46.55亿元。实施3000万元以上重点技改项目38个，其中1亿元以上项目14个。完成高新技术产业产值57.7亿元，占列统工业产值34.1%，新开发销售1000万元以上新产品50个。增加私营企业459个、个体工商户1431户、民营企业纳税户400户，引进区外民资项目注册资本3.5亿元。实现建筑企业增加值7.19亿元，增长48.25%，完成建筑业施工总产值40.02亿元。承建规模工程75项，创市优以上工程9项。实现农业增加值5.97亿元。全区夏粮面积7.77万亩，总产2.93万吨，水稻面积7.89万亩，总产4.58万吨。新增花卉苗木8200亩，经济林果950亩。新增市级龙头企业2个、省级龙头企业1个，6个市级重点农业产业化龙头企业销售、利税分别增长15.7%和8.6%。农业利用"三资"3亿元，其中外资和港澳台资1624.5万美元。新增三大合作组织24个。实现服务业增加值25.98亿元。高港综合物流园正式获批省现代服务业集聚区，累计注册企业49个，注册资本金1.88亿元，开票销售突破10亿元。园区内海企化工仓储、益海粮油仓储、锦泰交易市场等进展良好。20个500万元以上的重点服务业项目有18个开工建设，完成投入15亿元，府后商业中心、义乌大市场、天润发超市正式对外营业。消费市场进一步繁荣，实现社会消费品零售总额13.99亿元，增长22.61%，完成市场成交额19.5亿元，增长18.6%。

【开放开发】 2008年协议利用外资和港澳台资2.3亿美元，实际利用外资和港澳台资1.11亿美元。两大园区实际到账外资和港澳台资1.09亿美元。全区完成进出口总额4.88亿美元，其中自营出口总额4.05亿美元。口岸船舶、三福船舶共完成出口2.8亿美元，占全区出口总额的69.12%。完成外经合同额768万美元，实现外经营业额547万美元。

【城乡建设】 2008年完成城市建设投入36亿元，新增道路面积23.23万平方米，新增公共绿化面积23万平方米，城市绿化覆盖率提高2个百分点。港城路东延、王营河中路北延加快建设，口岸大桥建成通车。花鸟鱼虫市场建成，雕花楼景区二期交付使用，江平线、通港路等道路绿化及城区交通信号灯改造等工程通过验收。完成房地产投资7.51亿元，海西置业、海帝花园、百年豪景二期等一批房产项目开工建设。

【社会事业与人民生活】 2008年获批国家重点新产品5个，组织实施国家火炬计划6项、国家星火计划1项，新认定新标准高新技术企业5个、高新技术产品25个。全区小学、初中入学率100%，高港职教中心招生规模突破千人。新增有线电视用户5350户，综合入户率88%。新建15个社区卫生服务站，新增农村自来水受益人口2100人，新建无害化户厕6228座。计划生育率99.16%。城镇登记失业率控制在2%以内，净增就业人数3541人，新增农村劳动力转移3100人。全区城乡居民医疗保险参保人数13万人，覆盖率86%。城镇居民人均可支配收入16760元，比2007年增长17.13%。农民人均纯收入7551元，增长13.51%。全区环境空气良好天数达标率82.4%，环境质量综合指数93.5分。万元地区生产总值能耗下降5.2%，化学需氧量削减54吨。

## 第二节 实事工程

1998—2008年，区政府列入办实事项目96件，其中，教育类6件、卫生计划生育类6件、扶贫类5件、经济建设类10件、城市及集镇建设类6件、农业结构调整类3件、交通公路建设类7件、水利工程建设类6件、城乡养老保险及基本生活保障类7件、文化类6件、其他34件。

## 1998—2008年高港区政府为民办实事工程项目一览表

表164

| 年份 | 件数 | 项目 |
| --- | --- | --- |
| 1998 | 10 | 1.完成江堤护坡10千米，挡浪墙5千米，有效提高防汛抗汛能力；2.帮助48名孤儿达到“五有”（有饭吃、有衣穿、有房住、有学上、有医保），帮助全区230名贫困户脱贫，完成城乡居民最低生活保障线制度试点工作；3.高港110千伏变电所正式立项；4.高港建材批发市场一期工程建成开业；5.新增自来水受益人口3.5万人，农村改厕4300户；6.举办人才集市1次，引进各类人才335人；7.完成中小学危房改造3000平方米，改造薄弱学校7所；8.以村为单位，村提留、乡统筹费控制在农民上半年纯收入的5%之内，全区村务公开率100%；9.建成港城路（区府路）、金港路（通泰北路）和区委、区政府办公楼，机关干部宿舍楼全部开工，其中1～4号楼竣工；10.启动部门办公楼建设，5个部门办公楼交付使用，其他部门办公楼在建 |
| 1999 | 9 | 1.建成江堤护坡14千米，挡浪墙19千米，完成永安闸改造任务；2.全区282户年度帮扶对象中脱贫232户，脱贫率82.27%，对其他没有帮扶条件的227户824人，全部实行最低生活保障线制度；3.投入3300万元完成新区电网建设和改造年度任务，电力“一区一价”顺利实施，全年减轻农民和企业负担近500万元；4.农村新增自来水受益人口17900人，改厕2150户，农村合作医疗保险行政村覆盖率100%；5.区属企业下岗职工全部进入再就业服务中心，并得到基本生活保障，全区企业养老保险覆盖率98.3%，养老保险基金征缴率92%，均列全市第一；6.全区7个镇有线电视光缆实行联网，全年新增有线电视用户3020户；7.建成安全文明小区11个，安全文明村117个，安全文明单位75个，达标率分别为80%、81%和81%；8.多形式、多渠道筹资3000万元，新建、改建校舍和建设教师住房5万平方米；9.完成新区绿化配套工程，建成泰高路口岸至刁铺沿线绿化带 |
| 2000 | 10 | 1.口岸—永安洲公路完成拆迁工作；2.建成110千伏高港变电所和35千伏永安变电所，完成全区农村电网建设改造任务；3.农村新增自来水受益人口1.7万人，改厕2160户；4.建成高港有线电视业务大楼；5.刁铺中学、区职教中心硬件建设达到省级重点高中、重点职业教育学校标准；6.投放扶贫资金30余万元，对有帮扶条件的214户贫困户进行帮扶，年末脱贫率82%；7.区属企业下岗职工全部享受基本生活保障；8.通泰南路拆迁改造一期工程完成规划设计工作；9.建成高港客运中心；10.加强社会治安综合治理，全区安全文明小区、安全文明村和安全文明单位创建达标率分别为86%、87%和87.5% |
| 2001 | 9 | 1.建成高港信息中心，开通政府网站；2.实施农村税费改革，农民人均减负76.24元；3.农村改水、改厕实现既定目标；4.按期完成高永公路一标段、通江路建设，完成解放路、通泰北路拆迁改造年度任务；5.建成田河大桥、周梓大桥和白马周山河大桥，新建、维修2座干河桥及29座中沟桥梁；6.新增有线电视用户2500户，有线电视进村率75%；7.投入4000万元基本完成城网改造任务及一户一表改造工程；8.创成口岸、刁铺的两个文明社区；9.“鱼水工程”富有成效，220户贫困户脱贫率80% |
| 2002 | 10 | 1.修建江堤硬质护坡和挡浪墙24千米，改建加固通江河闸13座，基本完成江堤达标工程；2.改造中低产田2500亩，增加农业节水灌溉面积9500亩，农民人均纯收入4011元，比1997年净增1073元；3.行政村由原来的132个合并为57个，化解村级债务86%；4.实施金港南路一期、解放路一二期拓宽改造，拆迁旧房6.55万平方米，新增建筑面积11.5万平方米，高标准新建港城路、春江路、金港路、春港路等城市道路；5.疏港路、泰镇路、通江路、高永路、江平路、泰高路城区段等交通主干线先后建成通车，建成通村（组）公路211.4千米，新（改）建桥梁120座，撤除渡口4道，在全市率先实现通村公路率和灰黑化率100%的目标；6.城区电网改造和村电网改造全面完成；7.教育无危房区、高港职教中心创建省重点中等职业学校均通过省级验收；8.有线光缆实现全区联网，有线电视进村率80%；9.医疗卫生条件进一步改善，5个乡镇新建门诊或病房大楼，农村初级卫生保健工作通过省级验收，解决群众看病难问题；10.全区535户1422人实施城乡居民最低生活保障，改造危草房85户 |

续表164

| 年 份 | 件 数 | 项 目 |
| --- | --- | --- |
| 2003 | 8 | 1.儿童娱乐城、新城农贸市场、春港中路景观大道等城建项目竣工；2.完成二井中沟东延、宣南中沟东延北拓和蔡圩河整治工程及部分景点建设，提高城市防洪能力，改变群众居住环境；3.建成农村公路27.3千米，通组公路37.4千米，新、改建桥梁14座，沿江高等级公路高港绕城段基本完成；4.实施白马镇2000亩连片低产田改造及刁铺镇3000亩节水灌溉示范工程；5.新增自来水受益人口1.5万人，改厕5000户；6.新增有线电视用户3000户，有线电视通村率85%以上；7.全区550户1600人纳入城乡居民最低生活保障；8.实施“校校通”工程，全面建成校园网 |
| 2004 | 8 | 1.疏浚中沟14条23.9千米，改建维修干河、中沟桥梁19座，兴建各类建筑物120座，改造中低产田1500亩；2.实施王营河、蔡圩河3.9千米驳岸工程及部分道路、桥梁绿化景点工程；3.新增自来水受益人口22841人，新增无害化和卫生户厕5029户；4.建成农村公路21条62.8千米；5.实施高港人民医院二期工程，完善新型合作医疗保险，参保人口覆盖率81.6%；6.全区1344户2936人纳入城乡居民最低生活保障，解决451名重点优抚对象看病难问题；7.建设南官河大桥；8.新增有线电视用户3366户，有线电视通村率96%以上 |
| 2005 | 8 | 1.全面推行被征地农民基本生活保障制度，完善城乡居民最低生活保障制度；2.开展新一轮结对帮扶，103名特困生、53名孤儿、314户贫困户、10个经济薄弱村得到扶助；3.独生子女家庭奖励政策基本兑现到位，703名农民领取计划生育奖励扶助金；4.完成长江供水达镇工程建设，全年新增自来水受益人口14191人，完成污水收集管网铺设一期工程，新增无害化公厕5100户；5.完成扬子江路改造一期工程，实施向阳路北延一期工程，农村公路建设全市领先，建成农村公路57.7千米，村村通等级公路目标全面实现，客运班车基本实现村村通，解决群众出行难问题；6.完成城市防洪工程建设三期工程；7.建成定向销售经济适用房2万平方米，解决部分困难群众住房难问题；8.区文化中心主体工程竣工，雕花楼景区一期工程建成并对外开放 |
| 2006 | 8 | 1.完成农村“双清”（清洁河道、清洁村庄）一期工程，整治村庄河道235条114千米，被评为全省唯一的河道整治先进区，10个试点村累计投入1350万元用于道路、河道整治及改厕等工程，农村居民居住环境、生态建设有巨大改善；2.实施金港南路改造工程；3.完成沿江绿色隔离带一期工程和生态公园一期工程；4.实施污水管网铺设二期工程和城市防洪四期工程；5.建成4个规范化社区；6.投入376.8万元，修建全区初级中学校舍，8所中学被评为省级合格初中，新建新区实验小学，投入200万元发展职业教育，职教中心建成国家级重点职业教育中心校；7.进一步完善社会困难群体救助体系，救助各类弱势群众8000余人次，救助金800余万元；8.建设定向销售经济适用房3万平方米，拆迁安置房16.3万平方米，4383名被征地农民进入基本生活保障体系 |
| 2007 | 8 | 1.实施农村新“5+1”实事工程，新建农村公路76.3千米，修建各类桥梁40座，农村环境“双清”工程成绩显著，整治农村河道289条，完成土方127万立方米，全年改厕8000户，新完成8个示范村、8个环境整治试点村创建任务；2.全年各类社会保险新增9000人以上，民主法治村创建合格率90%，80%的社区达到市星级社区；3.实施高港生态公园、雕花楼景区二期工程；4.建设口岸大桥、五一桥、向阳桥；完成建设河等城区河道驳岸拆坝活水工程和宣堡港截污等污水管网沟通工程；5.投资1200万元，建成高港文化中心和图书馆、文化馆、档案馆；6.新增公交线路4条，新增公交车24辆；7.继续推行城市居民基本医疗保险制度，完善农村卫生服务体系，建成2个农村社区卫生服务中心和15个卫生服务站，农村新型合作医疗保险覆盖率94%；8.完善社会救助体系，提高社会救助水平 |

续表164

| 年　份 | 件　数 | 项　　目 |
| --- | --- | --- |
| 2008 | 8 | 1.全面推行农村垃圾集中处理，新建无害化户厕6228座，新增农村自来水受益人口2100人；2.实现农村公交村村通，新改建农村公路54.47千米，桥梁17座；3.推进有线电视进村入户，新入户1982户，城乡综合入户率98%；4.建成世代服务中心和老年活动中心，全区所有村（居）建有居家养老服务站，8个敬老院规范化建设全面启动；5.在全市率先实现城乡医疗保险“三险合一”，扩大新型农村社会养老保险试点，参保人数8000人，出台重残无业人员最低生活保障实施办法，836名重残无业人员享受全额低保；6.建成经济适用房4万平方米、农民拆迁集中安置房10万平方米，解决102户贫困户买房难的问题；7.建成3个社区服务中心、15个社区卫生服务站，创成江苏省中医药特色社区卫生服务示范区；8.实施农民免费培训17批次，新增农村劳动力转移3100人，净增就业人数3541人，“双零”就业家庭实现“动态消零” |

# 第四章　政府法制

## 第一节　规范性文件管理

### 一、规范性文件制定

1998—2008年，区政府先后出台规范性文件200余件。

在城市建设和管理方面，先后出台《泰州市高港区建设用地管理办法》《〈高港区村镇规划建设管理暂行规定〉补充规定》《泰州市高港区人民政府关于加强城市建筑立面装饰管理的规定》《关于对全区沿江涉河建设项目实行清理整治和规范管理的意见》等文件。

在科学教育文化卫生方面，先后出台《高港区离休干部医药费统筹暂行办法》《完善农村义务教育管理体制的意见》《经济困难家庭子女助学实施办法》《高港区城市居民医疗保险试行办法》《泰州市高港区在籍学生、少年儿童基本医疗保险暂行办法》《高港区科技创新奖励办法》。

在民生和社会保障方面，先后出台《高港区对残疾人优惠照顾的实施意见》《高港区城镇退役士兵安置暂行办法》《关于被征地农民生活保障实施办法》《高港区新型农村合作医疗实施办法》《泰州市高港区建立健全社会困难群体救助体系的意见》《高港区社会困难群体救助若干实施办法》《高港区重残无业人员最低生活保障实施办法》《泰州市高港区城镇零就业家庭和农村零转移就业家庭就业援助工作实施意见》等文件。

在法治建设方面，先后出台《泰州市高港区政府信息公开实施细则》《高港区人民政府全面推进依法行政建设法治政府实施方案（2005—2010年）》《高港区全面推进行政权力公开透明运行工作实施方案》《泰州市高港区人民政府工作规则》等文件。

### 二、规范性文件清理

2002年，区政府对1997—2002年制定的规范性文件进行全面清理，废止46件，修改16件，废止和修改的文件目录以《关于废止和修改部分地方性政策措施的通知》公布。

2004年，区政府对涉及行政许可项目的规范性文件进行清理，废止《全区建筑业市场管理暂行规定》。

## 第二节 行政执法与监督

图 19-4-1 高港区行政执法业务讲座

2002年，通过培训考核，有150人申领行政执法证。2004年，423人申领行政执法证。全区26个行政执法部门和5个镇配全配齐法制员。2007年，564人申领行政执法证。至2008年，全区形成50余个行政执法部门1137人的行政执法网络队伍。

1998年起，区政府对全区行政执法部门行政处罚法、行政复议法和《全面推进依法行政实施纲要》实施情况进行专项检查，通过听汇报、出卷考核的方法，了解依法行政和执法人员法律素质状况。2002年8月27—29日，开展行政处罚法实施情况专项检查，听取执法部门负责人贯彻行政处罚法情况汇报，随机抽查执法部门2000年以来的处罚卷宗，当场考核执法部门5～10名执法人员掌握行政处罚法的情况，发现少数执法部门存在处罚主体不合格、证据不充分、处罚不到位等问题。2004年10月20—21日，抽查建设局、城管办、环保局、文教局、工商分局、农委、水利局7个单位贯彻实施行政许可法情况，规范行政许可、行政审批程序和行为。2007年9月，成立行政执法案卷评查小组，对2005年以来区级机关部门实施的行政处罚、行政许可、行政强制和行政征收四类案卷进行评查交流。至2008年，对全区各行政执法部门进行5次行政执法监督检查，查出处罚不当、行政审批不规范、案卷不全等10余个问题，并责令改正。

## 第三节 行政复议与应诉

### 一、行政复议

1999年4月《中华人民共和国行政复议法》颁布后，区政府组织行政执法机关200余人参加法律知识专题讲座，通过印发宣传资料、巡回讲座等方法进行宣传。其间，印发宣传资料1万余份，开展巡回讲座20余场次。1999—2008年，区政府累计收到行政复议申请29件，受理19件，其中，维持具体行政行为8件，撤销具体行政行为4件，当事人撤回申请7件。

### 二、行政应诉

1997—2008年，以区政府为被告的行政诉讼案件累计8件。其中，2002年1件，2003年2件，2005年1件，2006年2件，2008年2件。8件行政诉讼案件中，区政府胜诉7件，原告撤诉1件。

## 第四节　行政许可

2004年7月1日《中华人民共和国行政许可法》颁行后，区政府在全区开展学习和宣传活动。邀请市政府法制局负责人为副科级以上领导干部作讲座。分两期对在职的公务员、参照公务员管理人员和从事与行政许可工作有关的事业单位人员进行行政许可法专题培训，统一组织考试。全区参训人员325人，参训率、合格率均为100%。通过发放宣传册子、举办宣传日活动、出专栏、电视台专访、悬挂横幅等形式开展宣传。当年，对全区制定出台的规范性文件、行政许可实施主体和行政许可事项进行清理，废止擅自设定行政许可的文件1件，确定有法定行政许可权的行政机关22个：发展计划局、经贸局、民宗局、民政局、卫生局、文教局、建设局、城管办、劳动和社会保障局、物价局、环保局、人事局、编委办、农委、水利局、安监局、财政局、规划分局、公安分局、广电分局、工商分局、国土资源分局。法定授权组织4个：植物检疫检验站、动物防疫监督所、农机监理所、运输管理所。确定全区行政许可项目114项。

# 第五章　行政审批服务

2004年6月，区行政服务中心组建，2005年3月投入运行，实行服务项目集中式办理，配备专职服务人员，通过采取项目联办、缩短办结时限、减少办事环节等措施提高办事效率，满足基层群众和企业的办事要求。2005年办理各类行政审批服务项目13527件，2006年、2007年、2008年分别办理17528件、21817件、25439件。2005—2008年，每年项目办结率均在98%以上。

图 19-5-1　区行政服务中心服务大厅（2006年摄）

## 第一节　项目进驻

2005年，区行政服务中心窗口服务开始运行时，共有24个部门和单位进驻，进驻办理的审批服务事项294项，但实际进驻且真正有效运行的行政审批事项只有143项。2008年10—11月，全面实施行政审批制度改革。改革期间，完成全面动员、清理核实、人员选拔、项目进驻等基础工作。至2008年末，中心进驻部门20个，设立服务窗口25个，服务项目208个。取消行政审批事项21项，将66个条件不成熟的事项暂不列入中心运行，其余行政审批项目在与各部门、单位充分对接后均进驻中心且充分授权到窗口。

### 2008年进驻区行政服务中心的区级机关部门及项目一览表

表165

| 部门（单位） | 项目数 | 服务项目（共208项） |
|---|---|---|
| 工商分局 | 35 | 有限责任公司设立登记，有限责任公司变更登记，有限责任公司注销登记，有限责任公司分公司设立登记，有限责任公司分公司变更登记，有限责任公司分公司注销登记，非公司企业法人开业登记，非公司企业法人变更登记，非公司企业法人注销登记，非公司企业法人分支机构开业登记，非公司企业法人分支机构变更登记，非公司企业法人分支机构注销登记，营业单位开业登记，营业单位变更登记，营业单位注销登记，个人独资企业设立登记，个人独资企业变更登记，个人独资企业注销登记，个人独资企业分支机构设立登记，个人独资企业分支机构变更登记，个人独资企业分支机构注销登记，合伙企业设立登记，合伙企业变更登记，合伙企业注销登记，合伙企业分支机构设立登记，合伙企业分支机构变更登记，合伙企业分支机构注销登记，农民专业合作社设立登记，农民专业合作社变更登记，农民专业合作社注销登记，农民专业合作社分支机构设立登记，农民专业合作社分支机构变更登记，农民专业合作社分支机构注销登记，股权出资登记，企业名称预先核准上报 |
| 城管办 | 7 | 户外广告设置行政许可，临时占用道路及其他公共场地摆摊经营许可，在街道两侧或占用公共场所堆放物料、搭建非永久建筑物或其他设施的行政许可，建筑垃圾、工程渣土处置行政许可，环境卫生设施拆除的行政许可，城区饲养家禽家畜的行政许可，城市生活垃圾经营性清扫、收集 |
| 公安分局 | 9 | 旅馆业（特种行业许可证），典当业（特种行业许可证），公章刻字业（特种行业许可证），申请集会、游行示威许可及边境管理通行证核发，大型群众文化体育活动安全许可，户口迁移审批（大学生、军转干部），剧毒化学品准购、购买凭证许可，互联网上网服务、营业场所安全审核，烟花爆竹运输许可证核发 |
| 卫生局 | 16 | 乡村医生执业许可，母婴保健技术服务执业许可，母婴保健执业许可证，护士执业许可（首次注册、再次注册、变更注册、注销注册），医疗机构设置及执业登记，医疗机构执业项目登记核准（登记、变更登记），医师执业许可（注册、重新注册、变更注册、注销注册），食品生产经营卫生行政许可，公共场所经营单位卫生行政许可，供水单位卫生行政许可，建设项目预防性卫生审查，放射诊疗单位卫生行政许可，医疗机构执业许可证校验，预防接种单位指定，大型医用设备的审批，医疗广告内容审查 |

续表165

| 部门（单位） | 项目数 | 服务项目（共208项） |
| --- | --- | --- |
| 消防大队 | 3 | 建筑工程消防设计备案检查，建筑工程消防备案，开业前消防检查 |
| 建设局 | 18 | 商品房的（预）销售许可证，房地产经营企业资质初审，廉租住房申请资格初审（房改办办理），经济适用房申购对象资格的审查（房改办办理），物业服务业企业资质初审（物业办理），业主委员会成立资料的备案（物业办理），使用公共部位维修基金的审批，城市燃气设施改动初审（市政办理），城市道路挖掘许可、临时占用城市道路许可（市政办理），依附于城市道路建设各种管线、杆线等设施审批（市政办理），城市排水许可，改变绿化规划、绿化用地的使用性质审批（绿化办办理），单位新建房屋及城市新开发商品房所有权总登记，城市房屋所有权初始登记，城市房屋所有权转移、变更、注销及他项权登记，白蚁防治，村镇房屋产权证复核，行政许可事项的收费工作 |
| 建管局 | 6 | 建筑业企业安全生产许可证初审，建筑工程现场项目安全许可证核发，建筑业企业资质认定初审，施工单位主要负责人、项目负责人、专职安全生产管理人员任职资格审批（网上申报，窗口不受理），建筑活动从业人员上岗证核发（网上申报，窗口不受理），建筑起重机械设备安全监督管理 |
| 农委 | 24 | 农作物种子经营证审核，林木种子生产许可证核发，林木种子经营许可证核发，林木采伐许可证核发，经营（含加工）木材许可，出林区木材运输证核发，占征用林地审核，种畜禽生产经营许可证审核，陆生野生动物经营利用许可，陆生野生动物运输证申领材料的上报，利用森林资源开发旅游项目的审查，核发陆生野生动物驯养繁殖许可证，育林费缴纳义务人未按规定缴纳育林费的缴纳办理，种子事故的技术鉴定，渔业资源损失赔偿、渔业生态环境损害补偿，渔业捕捞许可证核发年度审验，渔业污染事故的调查处理，动物诊疗许可证申领材料许可上报，动物检疫员资格的考核提名、申报，种畜禽生产经营许可证核发，兽药经营许可证核发、换发，动物防疫合格证核发，奶牛的“两病”监测，饲料生产企业审查合格证审核 |
| 国土资源分局 | 9 | 村（居）民个人建房新、翻、扩建审批（并入规划受理审批），村（居）民宅地初始登记发证（并入规划受理审批），集体建设用地初始登记发证，商品房开发分割登记发证，国家重点工程的临时用地审批，建设项目用地预审，国有土地使用权单位（个人）初始（变更）登记初审，企业改制项目供地报批，协议出让供地报批 |
| 人防办 | 4 | 民用建筑项目签证及人防工程易地建设费征收，人防工程建设审批，人防工程建设项目图纸审查核准，拆除人防工程审批 |
| 气象分局 | 3 | 防雷装置设计审核，防雷装置竣工验收，升放无人气球审批 |
| 外经贸局 | 22 | 外商和港澳台商投资企业的设立，外商和港澳台商投资企业的变更，外商和港澳台商投资产品出口企业考核，外商和港澳台商投资先进技术企业考核，外商和港澳台商投资产品出口企业确认，外商和港澳台商投资企业联合年检，设立鼓励类外商和港澳台商投资项目，外商和港澳台商投资先进技术企业确认，加工贸易进口保税料件内销，对外和对港澳台贸易经营者备案登记，加工贸易企业的经营状况和生产能力证明，中国和省出口名牌申报，申请中小企业国际市场开拓资金，企业申请高新技术产品、机电产品技改贴息和出口产品研发资金，农轻纺产品贸易促进资金，技术进出口合同登记，内资企业在境外申请投资设立外贸企业，设立境外投资企业（非贸易类），企业申请对外承包工程经营权资格，企业申请对外劳务合作经营资格，对外经济技术合作专项资金，对外劳务合作项目 |

续表165

| 部门（单位） | 项目数 | 服务项目（共208项） |
| --- | --- | --- |
| 规划分局 | 8 | 核发高港区内建设项目选址意见书，高港区内建设用地规划许可，在高港区内开发矿产资源挖取砂石、土方等批准，房地产受让人改变土地用途的同意，城市国有土地使用权出让、转让变更规划设计条件批准，城市国有土地使用权出让、转让规划管理登记，高港区内建设工程规划许可，高港区内居（村）民新建、扩建、翻建私有住房规划许可 |
| 发展改革委 | 5 | 企业投资项目核准及初审转投，企业投资项目备案及初审转投，《外商投资产业指导目录》范围以内、限额以下的外商投资项目的核准及限额以上项目初审转投，散装水泥专项资金征收，政府投资项目审批 |
| 财政局 | 4 | 会计从业资格审批，会计从业资格考试报名，会计专业技术资格考试报名，代理记账机构审批 |
| 经贸委 | 9 | 酒类流通备案登记，成品油经营企业设立初审项目上报，煤炭经营资格初审，粮食收购许可证办理，内资企业技术改造项目核准，内资企业技术改造项目备案，外资和港澳台资企业技术改造项目核准，节能监督管理行政检查，粮食流通监督检查管理 |
| 环保局 | 6 | 建设项目环境影响评价审批，建设项目环保“三同时”竣工验收，危险废物经营、交换、转移许可，核发排污许可证，夜间建筑施工许可，污染防治设施拆除或闲置许可 |
| 国税分局 | 3 | 纳税人开业税务登记，纳税人变更税务登记，纳税人增发税务登记 |
| 地税分局 | 7 | 新办税务登记，变更税务登记，注销税务登记，外出经营报验登记，税务登记证件遗失补办，二手房交易，契税 |
| 民政局 | 10 | 收养登记，申请筹备成立社会团体审查，社会团体分支机构和代表机构设立、变更、注销登记，社会团体成立、变更、注销登记，社会福利机构设置审批，民办非企业单位成立、变更、注销登记，老年优待证发放，行政区划管理，地名命名、更名 |

## 第二节　审批服务

区行政服务中心运行后，坚持公开审批权限、公布服务内容、公示操作流程，推行规范服务、承诺服务。根据泰州市公布的行政许可事项，按照首批进程“能进则进、该减则减”原则，调整行政审批服务项目及时间。2005年8月，精简涉及12个服务窗口的66个单项承诺服务项目审批流程，并实行并联审批，办结时间累计压缩269个工作日。专题编印服务指南、项目告知单、服务项目工作流程图，将进驻项目的办理程序、申报材料、收费标准、办理时限等重点内容全部向社会公开。2006年6月，将8个窗口22个承诺服务项目累计提速134天。2007年12月，依据国家、省、市规定，停办可以不再运行的项目20个。2008年10月，区政府颁布《高港区重大项目行政审批限时办结工作意见》，对全区投资2000万元以下的工业项目限时2个月审批办结，投资3000万元人民币（或500万美元）以上的工业项目限时1个月审批办结。

# 第六章　电子政务

## 第一节　政府上网工程

1997—1998年，全区政府上网工程的普及率不足20%。1999年12月，高港区正式实施政府上网工程。2001年区政府信息中心成立后，加大政府上网工程的推进力度，加强应用技能培训和应用服务。当年，高港区政府网站建成，开设《走进高港》《新闻中心》《公共服务》《投资高港》《互动交流》《企业风采》栏目。至2008年，全区建成区政府信息中心机房和教育局、公安分局、行政服务中心、发改委、财政局、计生委、统计局等部门的专业性机房；建成大容量、数字化、覆盖全区各镇（街道）及各部门的电子政务专网，部分部门组建局域网；区级机关部门、垂直单位及各镇（街道）均建有网站或网页。

## 第二节　办公自动化

2003年，区政府建成政府网站数据库。2008年，建成高港区电子政务专网，推进政府办公自动化。电子政务网实现全区各镇（街道）、区级机关部门、垂直单位互联互通，并与互联网物理隔离。功能包括政务邮件、系统维护、个人事务、档案管理、公文处理、公告、短信提示等。当年11月，举办办公自动化应用培训班。

2008年，建成办公自动化数据库和“一户一卡”房屋管理数据库；开始筹建“平安高港”建设监控网和教育基础网数据库。

## 第三节　政府信息公开

2005年，区政府编制政府信息公开指南和目录，在政府门户网站开设《政府信息公开》专栏。栏目内容为：区政府信息公开指南、区政府信息公开指引、区政府信息、申请公开、申请查询、申请监督、区政府信息公开（乡镇、各部委办局）、政府文件、政府办公室文件、政府公报、高港统计、提案办理等。2008年，根据《中华人民共和国政府信息公开工作条例》要求，完善、规范政府信息公开的范围和程序。在《政府信息公开》栏目中，增设信息公开制度、信息公开动态、政府领导分工、政府重要会议、政府重点工作、规划、提交人大报告、政府人事任免、政府应急管理、政府采购、年度工作报告、互动栏目（依申请公开、申请查询、公开意见箱、信件查询、公众监督）等。在区级机关和各镇（街道）信息栏目中，增设信息公开制度、信息公开动态、机构概况、政策法规、镇（街道）文件、人事任免、应急管理、统计信息、工作年度报告、互动栏目等。至此，全区按区政府、机关部门、镇（街道）分类公开信息，统一规范，分级建设，分级管理和维护。

# 第七章　应急工作

## 第一节　应急网络

1998年1月，区政府建立以区长为组长、分管副区长为副组长的区应急工作领导小组，下设应急管理办公室。2004年9月28日，高港区应急救援队成立，属区政府应急管理办公室领导，系苏中、苏北地区第一支应急救援队，队员选自区安监局、环保局、卫生局、消防大队、公安分局和交巡警二大队，共170人。当年，组建消防系统应急队伍50人、卫生系统重大疫病应急队伍220人、安全生产系统应急队伍5人、各镇（街道）防汛抢险应急分队900人，分别由消防大队、卫生局、安监局和各镇（街道）管理。2006年，设立突发公共事件应急指挥中心，由区长任指挥长，常务副区长任常务副指挥长，区政府各副区长和人武部主要领导任副指挥长。相应成立公共卫生、重大动物疫情、防汛抗旱、护林防火、食品安全指挥部。2008年，区政府第三次常务会议调整应急管理工作机构，明确由常务副区长分管应急管理工作，成立区政府应急管理领导小组并承担具体工作，应急管理办公室主任由区政府办公室主任担任，各镇（街道）相应组建应急管理办事机构。

## 第二节　应急预案

2004年，区政府制定高致病性禽流感应急预案。2006年，制定处置大规模恐怖事件应急预案、突发环境事件应急预案、食品安全事故应急预案、价格异动应急预案、大规模群体性事件应急预案、特大火灾灭火救援应急预案、企业生产安全应急预案、粮食生产应急预案、危险化学品事故应急救援预案。2007年，制定突发公共事件总体应急预案、民族宗教群体性事件应急预案。2008年，制定饮用水源地污染事故应急预案、地震应急预案、防辐射应急预案、突发地质灾害应急预案。9月，区政府办公室印发《关于加强全区基层应急预案编制工作的意见》。至当年末，全区8个镇（街道）制定各类应急预案208个，104个村（社区）制定各类应急预案195个，规模以上企业中有111个编制113个应急救援预案。

## 第三节　应急演练

2005年9月，区政府组织应急队伍158人参加全区城市防空作战和反恐维稳演习任务。2006年6月，模拟永安洲镇化工园区泰州市富彤化工有限公司生产车间发生液氯泄漏事故，组织区应急队伍160余人实施应急救援演练。2007年6月，模拟口岸街道华东加油站运油车发生火灾，组织应急队伍50余人实施应急救援演练。2008年6月，模拟永安洲镇化工园区泰州市惠利电子有限公司发生液氯泄露事故，组织应急队伍80余人实施应急救援演练。同年8月，组织应急队伍900余人开展抗洪抢险综合演练，省抗洪抢险指挥部主要负责人到场观摩。

## 第四节　应急处置

1998年，长江高港区段遭受1954年以来未遇的特大洪峰，区政府召开防洪抗汛紧急会议5次，组织民兵、群众2.1万人次上堤巡逻、看闸护坝，转移群众15户53人。组织民兵1700余人次抢险，围堰堵漏、筑坝护闸4处，长300余米，动用车辆250余台，使用编织袋2万只、草包5800只，装运泥土4500立方米、沙石1000余立方米，确保长江大堤高港段安全度过特大洪峰期。2000年5月，台风袭击野徐镇，区政府及时召开紧急会议，迅速拿出抢险救灾、恢复重建方案，组织500余名民兵第一时间奔赴灾区，投入抢险救灾，安抚灾区民众，拨专款数十万元支援灾区重建。2001年，长江洪峰通过高港区段，区政府及时建立长江防洪指挥部，召开紧急会议6次，组织民兵、群众1.27万人次，建立9支巡逻队190人、9支突击队1000人、9支抢险预备队11515人，运土石方15万立方米、木桩1.2万根、麦草7000余担，购置铁锹1000把、箩筐1000余副，动用农用车辆500余台，堵漏46处，加固闸8处，巩固加高堤坝600余米。2003年"非典"爆发后，区政府及时成立抗击"非典"领导小组，动员组织民兵、群众1.5万人次，出动车辆300台次，采用设卡、登记、执勤等方式，保证夏收夏种工作。2008年5月奥运火炬泰州传递活动中，组织军警民大联防，出动应急人员4300人次、车辆126台次。

# 第八章　机关事务管理

## 第一节　基建房产管理

1997年4月，区工委、管委会租用原口岸壁纸厂办公区办公。1997年12月，在港城路8号开工建设区级机关综合办公楼。1999年4月，区级机关综合办公楼正式启用，占地1.64万平方米，建筑面积2.02万平方米，主楼12层，地下1层，裙房4层，主楼1～11层设办公室261间，中央空调、强弱电配套到位，区四套班子及党政机关部门入驻办公。2004年，区政府租用地税三分局办公用房设立区行政服务中心，区信访局、民政局、残联、安监局和区委政法委等部门入驻办公。2007年1月，区文化中心落成，区文教局、文化艺术培训中心入驻。2008年4月，通过租赁、调配等方法，解决区社会矛盾调处中心、气象分局等部门办公用房问题。当年，将区文化中心一楼南部改造为高新技术产业园区办公区，增加办公面积1500平方米，区外经贸局等单位相继入驻。

## 第二节　安全保卫

1999年3月，区级机关事务管理局招录7名退伍军人组建保安班，负责区级机关综合办公楼安全保卫工作，实行24小时值班制度，建立健全门卫登记制度、院内巡查制度、安全生产责任制和综合治理责任制等管理制度。2005年12月，对区级机关综合办公楼消防和监控系统实施改造，更新摄录设备、应急疏散灯、消防控制台、楼层显示屏等，完善各类消防监控硬件设施，并与维保单位签订保养合同，定期对消防、监控系统进行维修保养，每年由检测单位对消防、监控系统进行一次全面检测。2008年5月，在原保安班基础上成立区级机关保安中队，保安人员增加到26人，承担区级机关综合办公楼、文化中心、行政服务中心的安全保卫工作。

## 第三节　生活服务

1997年6月，租用口岸壁纸厂招待所餐厅设立区机关食堂，招待所客房改设为宿舍。1999年5月，在原机关小区3号楼、4号楼设机关食堂和宿舍。2001年5月，因机关小区3号楼、4号楼出售，重新租用口岸壁纸厂招待所设立机关食堂和宿舍。2003年10月，委托区建设局在港城花苑14号楼建设机关宿舍楼，面积2800平方米。2004年3月，完成机关宿舍楼的装修并投入使用，该栋楼车库及一楼部分房间改造为机关食堂，分设大小餐厅各1个，面积400平方米，可供近百人同时就餐。

## 第四节　公务用车管理

1998年4月，成立区级机关车队，负责管理区四套班子及机关公务用车。机关车队加强车辆使用、停放、维修管理，以及车牌调整、车辆更新、费用缴纳等管理，做好车辆单车核算工作。2004年6月，区委办公室、区政府办公室出台《关于加强区级机关公务用车管理的意见》，对车辆编制、费用核定、购置更新、驾驶员管理、协调管理体制等作具体规定。2007年2月，出台《关于进一步加强区级机关部门（单位）车辆购置管理的规定》，明确区级机关部门（单位）车辆购置管理要求。

## 第五节　会议服务

1999年4月区级机关综合办公楼启用后，设有150人多功能会议厅1个、面积400平方米，100人电话会议室1个、面积300平方米，在各楼层均设50平方米会议室、共11个，年均保障会议900余次。2005年，改造十一楼会议室，新添电视电话会议系统，并针对三楼大会议室存在设计缺陷、利用率低的情况，进行改造，设置为多功能式会议室，完善会议服务功能。2007年，区文化中心启用，设能容纳685人的剧院1座。

# 第九章　外事　侨务

## 第一节　外　事

2001年6月，区外事办公室成立，在区政府办公室挂牌。外事办公室成立后，严格执行关于因公出国（境）的规定，办理因公出国（境）审核、报批、护照办理等工作。2004年10月8日，区委组织部制定《高港区镇（局）级以下因公出国（境）人员审查批件办理规定》，规范因公出国（境）批件办理手续。2001—2008年，共批准因公出国（境）3批30余人次。

1997年6月25日，美国ABS船级社成员到高港区参加万吨级甲板驳下水典礼，此为高港区成立后接待的第一批外宾。1997—2008年，共接待外宾31批460余人次。

**1997—2008年高港区接待重要外宾情况一览表**

表166

| 时间 | | 到访外宾团组（人员） | 在高港区活动 |
|---|---|---|---|
| 年份 | 日期 | | |
| 1997 | 6月25日 | 美国ABS船级社代表 | 参加口岸船舶工业公司国内首艘万吨级甲板驳下水典礼 |
| 1998 | 9月4日 | 美籍华裔科学家黎念之博士、管理学专家乔家瑜博士 | 参观扬子江药业集团 |

续表166

| 时间 | | 到访外宾团组(人员) | 在高港区活动 |
| --- | --- | --- | --- |
| 年份 | 日期 | | |
| 1998 | 10月5日 | 美国哈佛大学计算机中心主任助理徐德清博士,中国留美专家协会理事长、美国华诺集团总裁薛国明博士 | 到扬子江药业集团作学术报告 |
| | 10月18日 | 美国基督教牧师团一行 | 参观扬子江药业集团 |
| | 10月21日 | 德国城市规划专家班纳 | 指导编制滨江风景旅游区规划方案 |
| | 10月26日 | 意大利尼可麦公司总裁尼格瑞 | 到扬子江药业集团作专题报告 |
| 1999 | 6月16日 | 荷兰船东代表团 | 访问口岸船舶工业公司 |
| 2000 | 4月4—5日 | 俄罗斯联邦驻上海总领事馆领事维克多·孔诺夫、以色列驻上海总领事康雅柏 | 参观扬子江药业集团 |
| 2002 | 8月29日 | 德国生物基因专家雅克 | 指导高港区花卉园艺工作 |
| 2003 | 10月1日 | 美国希尔德公司总裁法兰德曼 | 考察高港区投资环境 |
| 2004 | 1月11日 | 澳大利亚拉特罗布市艺术团 | 到口岸中学访问演出 |
| | 2月20日 | 新加坡金鹰国际集团董事局主席陈江和一行 | 考察永安洲镇 |
| | 4月23日 | 德国博世公司总裁克莱芬斯一行 | 参观扬子江药业集团 |
| | 4月27日 | 新加坡企业家代表团 | 参观扬子江药业集团 |
| | 7月28日 | 纳米比亚埃龙戈省代表团 | 参观区科技创业园 |

续表166

| 时间 | | 到访外宾团组（人员） | 在高港区活动 |
|---|---|---|---|
| 年份 | 日期 | | |
| 2005 | 2月27日 | 美国江浙工商总会代表团 | 考察高港区 |
| | 5月25日 | 德国施瓦本哈尔地区企业家代表团 | 考察扬子江药业集团 |
| | 10月25日 | 亚美工商会会长、全美中国和平统一促进会联合会副会长、美国庄讯控股有限公司董事长谢新坦一行 | 考察高港区 |
| 2006 | 4月26—27日 | 新西兰前总理詹妮·希普利、哈萨克斯坦前总理捷列先科等30余个国家的政要、卫生部部长及医药产业组织和企业代表 | 参加博鳌亚洲论坛国际医药产业大会 |
| | 7月28日 | 埃塞俄比亚驻华大使海勒·科若斯·格赛斯 | 出席口岸船舶工业公司为埃塞俄比亚航运公司建造的首艘25000吨多用途集装箱船（谢贝利号）下水剪彩仪式 |
| 2007 | 11月13日 | 土耳其大都市投资考察团 | 考察永安洲工业园 |
| 2008 | 4月9日 | 日本农业专家香村敏郎、小林良次 | 考察高港区 |

## 第二节　侨　务

建区后，区政府维护侨胞、侨眷权益，帮助解决实际困难。2005年4月，侨眷陆继渊儿子遭遇交通事故，区侨办及时帮助联系上海的医疗专家进行会诊、抢救。2008年4月，协调解决侨胞贾新堂祖坟动迁事宜。7月，及时答复侨胞石松庆关于在老家原址建房事宜。

2007年1月4日，区政府举办侨界迎接新春茶话会。12月21日，举办外商圣诞联谊会。1998—2008年，共组织赴欧洲、西班牙、德国、英国、法国等国外考察活动15次，拜访当地的华人社团和知名华人、华侨。

2008年，高港区有旅居在外的华侨、华人约350人，主要分布在美国、加拿大、日本、东南亚、欧盟、澳大利亚等国家和地区。侨眷1400人，没有归侨。

图 19-9-1　银杏林春色

# 泰州市高港区志

## 第二十篇　政协地方组织

# 第二十篇　政协地方组织

建区前，政协泰兴县（市）委员会、政协泰县（姜堰市）委员会在境内乡镇建立委员小组。

1997年8月，政协泰州市高港区第一届委员会筹备委员会成立。筹备会通过推荐协商产生政协委员，开展一届一次会议召开的准备工作。当年12月，召开政协泰州市高港区第一届委员会第一次会议。区政协每届任期5年，至2008年，历经3届。1997—2008年，区政协围绕团结、民主两大主题，认真履行政治协商、民主监督、参政议政职能。

# 第一章　区政协

1997年12月，区政协召开一届一次会议，其后于2003年1月、2007年12月分别召开二届一次会议、三届一次会议。每届期内，每年召开一次全体会议。全体会议主要职责为选举区政协主席、副主席、秘书长和常务委员；听取和审议常务委员会工作报告、提案工作报告；列席区人民代表大会，听取区政府工作报告；讨论并通过有关决议；参加对地方重要事务的讨论，提出建议和批评。第一、二、三届区政协安排委员分别为104人、125人、131人。

## 第一节　委　员

每次换届前，区政协均召开专题会议进行研究，提出意见和要求。区政协党组、区委组织部和统战部根据区委要求，联合提出政协人事安排意见，到各系统、单位对政协委员人选进行协商和考察，广泛听取各界人士的意见，最后集中各方意见，提出下一届政协界别设置、委员人选的建议方案。在此基础上，再由区政协常务委员会确定。

### 1997—2008年高港区政协委员构成情况一览表

表167　　单位：人

| 界　别 | 第一届（1997.12—2003.01） | 第二届（2003.01—2007.12） | 第三届（2007.12—　） |
|---|---|---|---|
| 中共 | 6 | 13 | 7 |
| 民主党派和工商联 | 7 | 9 | 22 |
| 无党派 | — | 5 | 15 |
| 工青妇 | 7 | 6 | 7 |
| 文新教体 | 10 | 14 | 15 |
| 医卫 | 5 | 7 | 6 |
| 农林 | 6 | 8 | 8 |
| 经济 | 22 | 26 | 17 |
| 科技 | 5 | 7 | 9 |
| 民族宗教 | 4 | 4 | 6 |

续表167

| 界　　别 | 第一届（1997.12—2003.01） | 第二届（2003.01—2007.12） | 第三届（2007.12—　　） |
|---|---|---|---|
| 侨台联 | 4 | 8 | 4 |
| 特邀 | 4 | 4 | 16 |
| 届中增补 | 32 | 16 | 1 |
| 届中减少 | 8 | 2 | 2 |
| 合计 | 104 | 125 | 131 |

## 第二节　全体会议

### 一、第一届全体会议

1997年12月29—30日，区政协一届一次会议召开，应出席委员80人，实到77人。会议选举产生第一届委员会主席、副主席、秘书长和13名常务委员，张文彬当选为主席，徐立俊、姚社成、张勤当选为副主席，徐立俊兼任秘书长。与会委员列席区一届人大一次会议，分组讨论区政府工作报告和其他报告，学习全国政协章程及有关文件，讨论区委书记葛玉书讲话。会议号召全面贯彻中共十五大精神，认真学习全国政协章程和《政协全国委员会关于政治协商、民主监督、参政议政的规定》，围绕经济建设中心，坚持改革开放政策，推进经济体制和经济增长方式的转变；围绕社会主义精神文明建设和民主法治建设，加大协商监督力度；围绕团结、民主两大主题，广泛联系和团结社会各界人士。

1999年3月2—4日，区政协一届二次会议召开，应出席委员79人，实到74人。会议听取和审议通过区政协常务委员会工作报告和提案工作报告。与会委员列席区一届人大二次会议，分组讨论区政府工作报告和其他报告，参观扬子江药业集团、江堤护坡工程、新区、引江河工程、杨湾码头等，7名委员分别就农业产业化、企业改制、女干部培养、青少年素质教育、长江防洪、城区建设等内容作大会发言。会议通过提案审查情况报告和会议决议。会议号召加强学习，增进共识，为发挥政协应有作用奠定良好思想基础；紧扣中心，发挥优势，切实履行政协职能；深入了解社情，及时反映民意，维护社会稳定；加强联系，团结交友，为巩固和扩大爱国统一战线尽心尽力；加强政协自身建设，进一步提高委员素质和机关服务水平。会议收到委员提案56件，立案56件。

2000年1月26—29日，区政协一届三次会议召开，应出席委员101人，实到97人。会议听取和审议通过区政协常务委员会工作报告和提案工作报告。与会委员列席区一届人大三次会议，分组讨论区政府工作报告和其他报告，10名委员分别就个体私营经济、城郊农业、企业创新、城市建设、法治教育、国企股份制改造、农村卫生服务、环境保护等内容作大会发言。会议同意张文彬辞去区政协主席职务，选举刘时根为区政协主席。通过提案审查情况报告和会议决议。会议号召学习贯彻中共中央总书记江泽民在庆祝人民政协成立50周年大会上的讲话精神，增强做好政协工作的光荣感和使命感；围绕改革开放和经济建设，更好地履行人民政协主要职能；把握团结、民主两大主题，积极维护和促进社会稳定；充分发挥专委会和委员作用，活跃政协工作。会议收到委员提案66件，全部立案。

2001年2月2—5日，区政协一届四次会议召开，应出席委员101人，实到93人。会议听取和审议通过区政协常务委员会工作报告和提案工作报告。与会委员列席区一届人大四次会议，分组讨论区政府工作报告和其他报告，10名委员分别就个体私营经济发展、农业结构调整、企业技术创新、城市环境保护、市民素质教育等内容作大会发言。会议通过提案审查情况报告和会议决议。会议号召深入学习贯彻中共十五届五中全会、省政协工作会议精神，围绕中心，知情出力，更好地履行政协职能；发挥优势，广泛联系，继续坚持团结和民主两大主题；坚持标准，严格要求，着力提高政协整体素质。会议收到委员提案70件，全部立案。

2002年2月27日至3月2日，区政协一届五次会议召开，应出席委员104人，实到92人。会议听取和审议通过区政协常务委员会工作报告和提案工作报告。与会委员列席区一届人大五次会议，分组讨论区政府工作报告和其他报告，15名委员分别就高新技术产业发展、中小学基础教育、住房制度改革、青少年道德建设、文化事业发展等内容作大会发言。会议同意徐立俊辞去区政协副主席职务，表彰11件优秀提案，通过提案审查情况报告和会议决议。会议号召继续深入学习邓小平理论和“三个代表”重要思想，围绕经济建设中心，广泛开展协商监督和参政议政活动，为推动社会先进生产力发展建言献策；自觉贯彻“两手抓，两手都要硬”方针，推进社会主义精神文明建设；树立以民为本思想，把人民群众反映强烈的社会热点、难点问题作为履行职能重点，切实维护人民群众根本利益；突出团结、民主主题，为改革和发展创造良好政治、社会环境。会议收到委员提案90件，立案87件。

## 二、第二届全体会议

2003年1月3—7日，区政协二届一次会议召开，应出席委员105人，实到100人。会议听取和审议通过区政协常务委员会工作报告和提案工作报告。听取区委书记胡冬生关于区政协人事安排的说明。选举产生第二届委员会主席、副主席、秘书长和16名常务委员，刘时根当选为主席，马翔、姚社成、张勤当选为副主席，丁建国当选为秘书长。与会委员列席区二届人大一次会议，分组讨论区政府工作报告和其他有关报告，通过提案审查情况报告和会议决议。会议号召深入学习贯彻中共十六大精神，围绕党政工作重心，参政议政，提高履职实效；坚持和依靠政协委员活跃政协工作，加强专委会建设，发挥专委会工作的基础作用；加强自身建设，提高政协工作规范化、制度化水平。会议收到委员提案106件，立案96件。

2004年2月16—19日，区政协二届二次会议召开，应出席委员113人，实到113人。会议听取和审议通过区政协常务委员会工作报告和提案工作报告。与会委员列席区二届人大二次会议，分组讨论区政府工作报告和其他报告，10名委员分别就民营经济发展、预防青少年犯罪、农村土地流转、公共卫生体系建设等内容作大会发言，增选区政协二届委员会常务委员2人。举行《高港文史》发行仪式；表彰优秀提案16件和2003年度社情民意工作先进委员活动小组3个、先进委员5人。通过提案审查情况报告和会议决议。会议号召深入贯彻中共十六大和十六届三中全会精神，开展调研视察，推进参政议政；拓宽民主渠道，加强提案和社情民意工作；强化民主监督，优化发展环境；加强自身建设，为开创政协工作新局面提供保证。会议收到委员提案91件，立案88件。

图 20-1-1　政协泰州市高港区第二届委员会第三次会议（2005年摄）

2005年2月18—21日，区政协二届三次会议召开，应出席委员118人，实到117人。会议听取和审议通过区政协常务委员会工作报告和提案工作报告。与会委员列席区二届人大三次会议，分组讨论区政府工作报告和其他报告。召开农民增收、城市建设专题协商会议。增选万福龙为区政协副主席。通过提案审查情况报告和会议决议。会议号召深入学习贯彻中共十六大和十六届三中、四中全会精神，围绕中心，服务大局，积极为实现跨越式发展建言献策；围绕重点、难点和热点问题，切实履行民主监督职责；发挥委员主体作用，活跃政协工作；坚持与时俱进，加强政协自身建设。会议收到委员提案104件，立案100件。

2006年2月7—9日，区政协二届四次会议召开，应出席委员120人，实到112人。会议听取和审议通过区政协常务委员会工作报告和提案工作报告。与会委员列席区二届人大四次会议，分组讨论区政府工作报告和“十一五”规划纲要（草案）。会议期间，召开加快民营经济发展、推进城乡协调发展专题协商会。通过提案审查情况报告和会议决议。会议号召深入学习中共十六届五中全会精神，认真贯彻区委二届九次全委（扩大）会议精神，把思想统一到区委决策部署上来；积极履行政协职能，努力促进全区经济跨越发展、科学发展、全面发展、和谐发展；充分发挥政协优势和作用，为构建社会主义和谐社会贡献力量；适应新形势、新任务要求，不断加强政协自身建设。会议收到委员提案88件，立案87件。

2007年1月15—18日，区政协二届五次会议召开，应出席委员125人，实到118人。会议听取和审议通过区政协常务委员会工作报告和提案工作报告。与会委员列席区二届人大五次会议，分组讨论区政府工作报告和其他工作报告，参加沿江开发情况专题视察。增选汤德荣为区政协副主席，乔国平为秘书长。表彰社情民意工作先进委员活动小组3个、先进委员6人。通过提案审查情况报告和会议决议。会议号召以促进经济社会又好又快发展为中心，全面履行人民政协各项职能；高举团结、民主两大旗帜，为构建社会主义和谐社会贡献力量；不断强化自身建设，开创政协工作新局面。会议收到委员提案90件，立案87件。

## 三、第三届全体会议

2007年12月24—27日，区政协三届一次会议召开，应出席委员132人，实到130人。会议选举产生第三届委员会主席、副主席、秘书长和23名常务委员，刘时根当选为主席，马翔、张勤、汤德荣、李家生、田圣华当选为副主席，乔国平当选为秘书长。会议听取和审议通过区政协常务委员会工作报告和提案工作报告。与会委员列席区三届人大一次会议，分组讨论区政府工作报告和其他工作报告。通过提案审查情况报告和会议决议。会议号召以中共十七大精神为指导，全面推进政协各项工作；全面落实科学发展观，促进全区经济社会又好又快发展；牢固确立议政为民宗旨，努力维护人民群众根本利益；坚持团结、民主两大主题，推进社会主义民主政治建设；切实加强自身建设，推动政协工作不断迈上新台阶。会议收到委员提案116件，立案115件。

# 第二章　区政协常务委员会

区政协常务委员会由主席、副主席、秘书长和常务委员组成，其候选人由参加政协的各民主党派、团体和各界代表人士协商提名，经全体会议选举产生。区政协主席主持常务委员会工作，副主席、秘书长协助主席工作。

政协常委会议是区政协全体会议闭会期间的主要协商会议形式，由区政协主席、副主席、秘书长和常务委员组成，主席或主席委托的副主席主持会议。政协主席会议是政协常务委员会会议闭会期间的主要协商会议形式。1997—2008年，共召开常务委员会会议53次、政协主席会议36次。

## 第一节　组成人员

1997年12月，区政协一届一次会议选举主席1人、副主席3人、秘书长1人、常委13人。届中，任主席1人，免主席1人；免副主席1人；任秘书长1人，免秘书长1人；增补常委2人。

2003年1月，区政协二届一次会议选举主席1人、副主席3人、秘书长1人、常委16人。届中，任副主席2人，免副主席1人；任秘书长1人，免秘书长1人；增补常委2人。

2007年12月，区政协三届一次会议选举主席1人、副主席5人、秘书长1人、常委23人。至2008年末无变动。

### 1997—2008年高港区政协领导人一览表

表168

| 届　次 | 职　务 | 姓　名 | 籍　贯 | 任职时间 |
|---|---|---|---|---|
| 第一届（1997.12—2003.01） | 主　席 | 张文彬 | 兴化 | 1997.12—2000.01 |
| | | 刘时根 | 姜堰 | 2000.01—2003.01 |
| | 副主席 | 徐立俊 | 兴化 | 1997.12—2002.03 |
| | | 姚社成 | 泰州 | 1997.12—2003.01 |
| | | 张　勤（女） | 泰州 | 1997.12—2003.01 |

续表168

| 届　次 | 职　务 | 姓　名 | 籍　贯 | 任职时间 |
|---|---|---|---|---|
| 第二届（2003.01—2007.12） | 主　席 | 刘时根 | 姜堰 | 2003.01—2007.12 |
| | 副主席 | 马　翔 | 涟水 | 2003.01—2007.12 |
| | | 姚社成 | 泰州 | 2003.01—2007.07 |
| | | 张　勤（女） | 泰州 | 2003.01—2007.12 |
| | | 万福龙 | 泰州 | 2005.02—2007.12 |
| | | 汤德荣 | 泰州 | 2007.01—2007.12 |
| 第三届（2007.12—　） | 主　席 | 刘时根 | 姜堰 | 2007.12— |
| | 副主席 | 马　翔 | 涟水 | 2007.12— |
| | | 张　勤（女） | 泰州 | 2007.12— |
| | | 汤德荣 | 泰州 | 2007.12— |
| | | 李家生 | 泰州 | 2007.12— |
| | | 田圣华 | 泰州 | 2007.12— |

## 第二节　工作机构

1998年3月18日，区政协第一届常务委员会设政协办公室和学习提案文史、经济城乡建设、科教文卫体、群团法制4个专门委员会。2008年4月11日，区政协三届一次常务委员会将群团法制委员会更名为社会法制委员会。

## 第三节　常委会议

区政协常委会议一般每季度举行一次，必要时可临时召集，会议日期和议程由主席会议决定。主要任务是召集并主持召开区政协全体会议；组织实施政协章程规定的任务；协商讨论地方的重要

图 20-2-1　高港区政协二届十三次常委会议（2005年摄）

事项，听取区委、区政府及有关部门的通报；执行区政协全体会议的决议；在全体会议闭会期间，审议通过提交区人大及其常委会或区政府的重要建议案；根据秘书长提名，任免区政协副秘书长；决定区政协工作机构的设置和变更，任免其领导成员。1997年12月至2008年12月，共召开常委会议53次，涉及政治、经济、文化、社会等方面议题26项次，提出建议、批评、意见120条次。

### 1998—2008年高港区政协常委会议一览表

表169

| 届　别 | 年　份 | 召开次数 | 听取、审议、通过的主要事项 |
|---|---|---|---|
| 第一届 | 1998 | 3 | 听取区政府关于新区建设、个体私营经济发展、长江堤防达标建设、防汛准备的情况通报，协商通过区政协一届委员会五年工作要点、政协机关内设机构、政协年度工作要点、常委会工作规则、提案工作意见、政协委员视察和调研工作规则、政协机关人事任职事项、主席和副主席工作分工、各委员活动小组名单，审议通过区政协常委会关于加快发展个体私营经济的建议案 |
|  | 1999 | 5 | 听取区政府关于工业经济、反腐倡廉、农业产业化经营、小城镇建设、环境保护的情况通报，协商通过关于召开一届二次及三次会议的决定、政协年度工作要点、提案办理情况、常委会工作报告、加强了解和反映社情民意工作的意见、政协专门委员会通则、政协机关人事任职事项、委员任免事项、界别小组分组名单、委员活动小组名单，审议通过区政协常委会关于小城镇建设情况的调查报告 |
|  | 2000 | 6 | 听取区政府关于劳动法贯彻实施、农业结构调整、乡镇工业企业产权制度改革、提案办理的情况通报，协商通过同意张文彬辞去区政协主席的决议、召开一届三次会议的有关事项、补选主席及常委建议名单、政协年度工作要点、政协机关人事任职事项，审议通过区政协常委会关于全区劳动法贯彻实施情况的调查报告、关于农业结构调整情况的调研报告、关于农村初级卫生保健情况的视察报告和文化市场视察汇报 |
|  | 2001 | 4 | 听取区政府关于制定国民经济和社会发展“十五”规划和2001年计划纲要（草案）、青少年违法犯罪问题、利用外资和港澳台资工作、提案办理的情况通报，协商通过区政协常委会工作报告、提案工作情况报告、召开一届四次会议的有关事项、召开一届五次会议的决议、增补委员、机关人事任免事项，审议通过区政协常委会关于全区在校青少年违法犯罪情况的调查汇报、关于赴浙江学习考察个体私营经济情况的汇报、关于全区利用外资和港澳台资工作情况的调查报告 |

续表169

| 届　别 | 年　份 | 召开次数 | 听取、审议、通过的主要事项 |
|---|---|---|---|
| 第一届 | 2002 | 5 | 听取区政府关于预防青少年犯罪、提案办理的情况通报，协商通过区政协年度工作要点、同意徐立俊辞去区政协副主席的决议（草案）、确定区政协二届委员会委员、召开一届五次会议和二届一次会议有关事项、委员活动小组和界别调整事项，审议通过区政协常委会关于青少年犯罪情况的跟踪调查报告 |
| 第二届 | 2003 | 3 | 听取区政府关于沿江开发、文化事业和文化产业发展、提案办理的情况通报，协商通过政协年度工作要点，关于政治协商、民主监督、参政议政的实施意见，提案工作规则，会议制度，委员活动小组分组名单，审议通过区政协常委会关于全区沿江开发情况的调查报告 |
| | 2004 | 6 | 听取区政府关于城市规划和建设、沿江开发、特困群体基本生活保障、提案办理的情况通报，协商通过召开二届二次会议的有关事项、政协年度工作要点，审议通过区政协常委会关于文化事业和文化产业发展的建议案、关于全区特困群体基本生活保障情况的调查报告 |
| | 2005 | 6 | 听取区政府关于环境保护、提案办理的情况通报，听取区人民法院、人民检察院工作情况通报，协商通过区政协年度工作要点、加强与委员联系的意见、召开二届三次会议的有关事项、委员界别小组及委员活动小组分组名单，审议通过区政协常委会关于全区农村发展情况的调查报告、关于科技创业园和永安洲工业园建设情况的视察报告、关于全区义务教育发展情况的调查报告 |
| | 2006 | 5 | 听取区政府关于国民经济和社会发展“十一五”规划纲要（草案）、提案办理的情况通报，协商通过政协年度工作要点、召开二届四次会议的有关事项、全体会议工作规则、常委会议工作规则；审议通过区政协常委会关于加大财政投入、推进新农村建设的调查报告和关于全区职业教育发展情况的调查报告 |
| | 2007 | 6 | 听取区政府关于被征地农民基本生活保障、农村低保实施、新型农村合作医疗、高效农业规模化和农村合作经济组织建设、提案办理的情况通报，协商通过政协年度工作要点、召开二届五次会议的有关事项、区政协机关人事任职等事项，审议通过区政协常委会关于加强体育事业发展的建议案、关于全区农村社会养老保险工作的调查报告 |
| 第三届 | 2008 | 4 | 听取区政府关于提案办理的情况通报，协商通过委员履职考核办法、委员活动小组工作考评办法、常委会工作报告和提案工作报告、委员任免事项说明，审议通过区政协常委会关于加快旅游业发展的调查报告、关于建立健全整治违法建设长效管理机制的调查报告 |

## 第四节　主席会议

政协主席会议议程由政协主席提出，或由秘书长提出，报主席决定。由主席主持，或由主席委托的副主席主持，副秘书长及有关委办负责人可列席会议。主要任务是讨论处理常委会的重要会务工作，讨论协商地方政治生活、群众生活中的重大问题，审查以政协名义向区委、区政府提出的重要建议；决定常委会议召开的日期、议程，审议提交常委会议讨论的文件；讨论决定委员视察、参观、调查等主要活动；审议讨论各专门委员会、界别组、政协机关工作计划和情况报告。1997年12月至2008年12月，区政协共召开主席会议36次。

### 1998—2008年高港区政协主席会议一览表

表170

| 届　别 | 年　份 | 召开次数 | 听取、审议、通过的主要事项 |
|---|---|---|---|
| 第一届 | 1998 | 4 | 讨论通过年度工作要点、内部机构设置、常委会议主要议题、主席分工，讨论修改关于加快发展个体私营经济的建议案（草案）等 |
| | 1999 | 5 | 讨论通过年度工作要点、关于加强了解和反映社情民意工作的意见、专门委员会通则、机关人事任免、主席分工督办重点提案等 |
| | 2000 | 5 | 讨论通过年度工作要点、机关人事任职、召开一届四次会议的决定及实施方案、政协办公室和专委会分工联系委员活动小组事宜，讨论修改关于农业结构调整情况的调查报告、关于农村初级卫生保健情况的视察报告等 |
| | 2001 | 6 | 讨论通过年度工作要点、全区在校青少年违法犯罪的调查报告、赴浙江考察个体私营经济情况汇报、食品卫生法贯彻情况视察汇报、城镇职工医疗保险视察汇报、关于利用外资和港澳台资情况的调查报告、全区通达工程建设情况视察报告，讨论修改一届四次会议常委会工作报告、提案工作报告等 |
| | 2002 | 2 | 讨论通过新一届政协人事安排建议方案和建立政协换届领导小组及办公室、二届一次会议的有关事项、机关人事任免，讨论修改关于全区青少年犯罪情况的跟踪调研报告等 |
| 第二届 | 2003 | 3 | 讨论通过年度工作要点，区委关于加强人民政协工作的决定（建议稿），关于政治协商、民主监督、参政议政的实施意见，提案工作规则，会议制度，关于加快文化事业和文化产业发展的建议案，二届委员会委员活动小组和界别分组名单，召开二届二次会议的有关事项，增补委员事项；讨论修改关于全区沿江开发情况的调查报告等 |
| | 2004 | 1 | 讨论通过年度工作要点、重点提案等 |
| | 2005 | 2 | 讨论通过年度工作要点、召开二届三次会议的有关事项、增补委员事项、关于加强与委员联系的意见、委员界别分组和委员活动小组分组名单、主席督办分工重点提案等 |
| | 2006 | 2 | 讨论通过年度工作要点、全体会议工作规则、常务委员会工作规则、召开二届四次会议的有关事项、增补委员事项、主席分工督办重点提案等 |
| | 2007 | 3 | 讨论通过年度工作要点、主席分工督办重点提案，讨论召开二届五次会议的有关事项等 |
| 第三届 | 2008 | 3 | 讨论通过年度工作要点、委员活动小组工作简则、政协委员履职考核办法、重点提案主席督办方案、专委会机构设置调整方案等 |

# 第三章　履行职能

区政协履行政治协商、民主监督、参政议政职能。区政协办公室和各专门委员会每年组织开展调研、视察活动。1998年11月一届三次常委会议，首次行使专题协商职能。1999年1月一届二次会议，开始对提案审查立案。2004年8月，开展首次专题民主监督评议活动。2004年10月，成立“政协之友”联谊会。

1998—2008年，共举办专题协商活动28次；收到提案877件，提案办理率、提案人满意和基本满意率均为100%；开展民主监督评议部门活动4次；开展专题调研、视察活动65次，主席走访活动6次。

## 第一节　专题协商

区政协主要以全体会议、常委会议、主席会议、座谈会议等形式，与区委、区政府及其相关部门开展专题协商。区委、区政府按照在决策之前和决策执行过程中进行协商的原则，经常就一些重大问题主动与区政协开展专题协商，听取意见和建议，促进科学决策、民主决策。1998—2008年，区政协共举办专题协商活动28次。

区政协一届委员会共举办专题协商活动10次。1998年11月20日，一届三次常委会议就加快发展个体私营经济与区政府开展专题协商，提出加强领导、解放思想，积极引导、形成氛围，制定政策、措施到位等建议。1999年6月1—2日，一届六次常委会议就发展农业产业化经营与区政府开展专题协商，提出把握关键环节、完善产业体系，做好市场开拓、畅通销售渠道，强化服务功能、完善保障体系等建议。9月24日，一届七次常委会议就小城镇建设与区政府开展专题协商，提出高起点规划、多元化投入、高标准管理等建议。2000年5月16日，一届十二次常委会议就贯彻实施劳动法与区政府开展专题协商，提出加大宣传和执法力度等建议。8月1日，一届十三次常委会议就农业结构调整与区政府开展专题协商，提出进一步统一思想，提高对农业结构调整的认识；做好规划布局，调出规模；重视品种引进，调出特色；强化服务，提高政府组织程度；建立多元化投入机制，解决好资金问题；落实好农副产品加工销售，推进农业产业化进程等建议。12月1日，一届十四次常委会议就乡镇企业产权制度改革与区政府开展专题协商，提出加大对企业的宣传力度、加大社会保障力度、加强法治教育等建议。2001年8月22日，区政协组织部分委员就医疗保险改革与区政府有关职能部门开展专题协商，提出加大宣传力度、提高参保率、加强部门协作等建议。8月28日，一届十七次常委会议就青少年违法犯罪与区政府开展专题协商，提出加强对青少年的法治宣传教育和道德教育，动员社会各方面力量齐抓共管，加大对预防青少年违法犯罪特别是在校生违法犯罪的考核力度等建议。12月19日，一届十八次常委会议就利用外资和港澳台资工作与区政府开展专题协商，提出打造招商载体、制定优惠政策、减轻企业负担、规范税费征收等建议。2002年8月18日，一届二十二次常委会议就青少年犯罪问题与区政府开展专题协商。

区政协二届委员会共举办专题协商活动14次。2003年7月31日，二届二次常委会议就加快沿江开发与区政府开展专题协商，提出尽快出台沿江开发总体规划、成立沿江开发领导小组、强化载体建设、优化服务环境等建议。11月4日，二届三次常委会议就文化事业和文化产业发展与区政府开展专题协商，提出尽快制定发展规划、建立专业文化机构、加快文化基础设施建设等建议。2004年3月31日，二届七次常委会议就城市规划和建设发展与区政府开展专题协商，提出尽快出台旧城区改造详细规划、加强城市管理、严格控制乱搭乱建、最大限度减少拆迁成本和制定城市规划时充分考虑历史文化资源保护及开发等建议。7月7日，二届八次常委会议就沿江开发与区政府开展专题协商，提出合理利用土地、妥善安排拆迁群众、突出生态环境保护、实施绿色沿江开发、建设过硬的软环境、落实投资优惠政策、培育产业链、降低配套成本等建议。10月28日，二届九次常委会议就农村特困群体最低生活保障与区政府开展专题协商，建议做到应保尽保、实施农村大病救助、对农村特困群体采取多种形式救助与帮扶。2005年2月20日，在区政协二届三次会议期间，委员们分别就农民增收和城市建设两个议题与区政府领导及有关部门负责人开展专题协商，提出加大对农业的投入、加快农村富余劳动力转移、高起点编制城市建设规划、加强城市管理等建议。7月7日，二届十五次常委会议就农村发展与区政府开展专题协商，提出出台农业招商引资优惠政策、增加财政投入、优化农村发展和农民生活环境等建议。10月9日，二届十六次常委会议就义务教育发展与区政府开展专题协商。2006年1月13日，二届十七次常委会议就“十一五”规划纲要与区政府开展专题协商。2月9日，在区政协二届四次会议期间，委员们分别就推进城乡协调发展、加快民营经济发展与区政府领导及有关部门负责人专题协商。7月13日，二届二十次常委会议就加大财政投入、推进新农村建设与区政府开展专题协商。10月13日，二届二十一次常委会议就职业教育发展与区政府开展专题协商，提出加大投入、整合资源、打造特色等建议。2007年7月12日，二届二十五次常委会议就农村社会保障工作开展专题协商，提出提高参保率、安排有工作能力的低保户就业、建立相应的增长机制等建议。10月16日，二届二十六次常委会议就高效农业规模化、农村合作经济组织建设与区政府开展专题协商。

区政协三届委员会共举办专题协商活动4次。2008年7月16日，三届二次常委会议就加强旅游业发展开展专题协商，提出建立健全组织体系、完善工作体制、明确工作思路、打造旅游品牌等建议。10月29日，三届三次常委会议就建立健全整治违法建设长效管理机制与区政府开展专题协商。11月11日和27日，分别就农村三大合作组织和失地农民基本生活保障工作开展专题协商。

## 第二节　民主监督

### 一、提案工作

区政协全体会议期间的提案由会议提案审查委员会负责审查立案，并向大会报告审查情况；全体会议闭会期间的提案由区政协学习提案文史委员会负责审查立案。对立案、不予立案和重点提案分别提出书面意见和建议。主席会议对立案提案、有争议的提案、重点提案和不予立案的提案进行最终审定。不予立案的提案或作为人民来信处理，或由提案人撤案。每年3—4月，区政协将立案的提案交付办理。承办单位在收到提案后3个月内办复。如问题复杂，可适当延长办复时间，但不得超过6个月。涉及2个或2个以上单位会同办理的提案，主办单位与会办单位协商，会办单位配合。提案者对办理结果不满意的，承办单位重新研究，作出进一步答复。当年不能解决的重点问题，承办单位列入计划，跨年度继续办理，并及时向提案者反馈。1999年1月一届二次会议至2007年12月三届一次会议，共收到提案877件，其中，个人提案637件、委员联名提案238件、集体提案2件；经审查立案852件，不予立案25件。提案办理率100%，提案人满意和基本满意率100%。

政协一届会议共收到提案282件，立案279件。政协二届会议共收到提案479件，立案458件。至2008年末，政协三届会议收到提案116件，立案115件。

2002年起，区政协开展优秀提案评选和表彰活动。2002年3月至2008年12月，区政协先后3次对47件优秀提案及提案人进行表彰。

## 2002—2008年高港区政协优秀提案一览表

表171

| 表彰时间 | 提案名称 | 提案人 | 备　注 |
|---|---|---|---|
| 2002.03.02（一届五次会议） | 从实际出发，搞好村办企业改制 | 李学东 | 一届二次至四次会议提案11件 |
| | 出台优惠政策，吸引个人投资 | 臧伯富 | |
| | 打击非法采砂，保护长江安全 | 黄仁芬 | |
| | 口岸旧城改造与城市建设 | 季鹏程 | |
| | 加强城区流动人口管理 | 周树发 | |
| | 加强培训多功能交警的建议 | 屈汉成 | |
| | 迅速组织对口永公路的施工 | 陆惠章 | |
| | 进一步落实职工劳动保障制度 | 何君正 | |
| | 加强法制学习，提高法制意识 | 郑仁顺 | |
| | 控制义务教育阶段“流生”现象 | 陈连龙 | |
| | 规范游戏机室的管理 | 赵春凤 | |
| 2004.02.19（二届二次会议） | 增加有效信贷投入，支持中小企业发展 | 李学东 | 一届五次至二届一次会议提案16件 |
| | 关于治理整顿脏乱差、美化环境靠大家的几点建议 | 蔡金祥 | |
| | 关于引江河堆土影响排水的建议 | 赵孝生 | |

续表171

| 表彰时间 | 提案名称 | 提案人 | 备　注 |
|---|---|---|---|
| 2004.02.19（二届二次会议） | 加强小区治安物业管理 | 李　俊 | 一届五次至二届一次会议提案16件 |
| | 合理选址尽快开工建设人民医院 | 王大荣 | |
| | 建议加大镇、村公路桥梁维修资金的投入 | 赵春凤 | |
| | 关于修复著名古庙古宅的建议 | 魏清荣 | |
| | 规范文化市场是精神文明建设当务之急 | 曹春林 | |
| | 关于加强“四五”普法工作的几点建议 | 沈玉梅 | |
| | 加强雕花楼文物保护建设几点方案建议 | 孔德岳 | |
| | 关于规范农业生产资料经营行为的几点建议 | 李明荣 | |
| | 建议建立高港区示范初中的建议 | 陈连龙 | |
| | 机关住房公积金应建个人账户 | 王丽霞 | |
| | 关于港城路西延架设南官河大桥的建议 | 田圣华 | |
| | 建议采取措施，整治农村河道 | 薛兴建 | |
| | 加强高港区文化设施建设的建议 | 陈　美 | |
| 2007.01.18（二届五次会议） | 关于策应沿江开发的设想和建议 | 朱长顺 | 二届二次至四次会议提案20件 |
| | 建议加快通泰路五一桥及南路改造工程 | 李　俊 | |
| | 关于工商部门收费标准阳光操作的建议 | 孙文山 | |
| | 关于高起点制定城市发展规划的建议 | 李　强 | |
| | 关于健全机关防控体系的建议 | 邱爱平 | |
| | 建议政府重视扶持中小民营企业 | 李学东 | |
| | 关于建设高港区文化馆的建议 | 王丽霞 | |
| | 关于挖掘宗教文化内涵，尽快修复城隍庙、财神庙的建议 | 魏清荣 | |

续表171

| 表彰时间 | 提案名称 | 提案人 | 备　注 |
|---|---|---|---|
| 2007.01.18（二届五次会议） | 关于重视和加强动物防疫工作的建议 | 李明荣 | 二届二次至四次会议提案20件 |
| | 关于解决农村教师住房公积金的建议 | 陈连龙 | |
| | 关于修建许野公路的建议 | 赵春凤 | |
| | 关于让孩子平等地接受义务教育的建议 | 沈玉梅 | |
| | 关于采取多种形式救助弱势群体的建议 | 赵明祥 | |
| | 切实加强零售药店管理，保证人民群众用药安全 | 王大荣 | |
| | 关于对扬子江北路加强管理的建议 | 曹春林 | |
| | 关于重视民主党派工作的建议 | 田圣华 | |
| | 关于发展高港中草药种植业的建议 | 徐荣才 | |
| | 关于加强餐饮业卫生管理的建议 | 郑仁顺 | |
| | 关于对蔡澧泉故居群进行开发性保护的建议 | 赵孝生 | |
| | 建议为失地农民基本生活保障建立专门机构 | 杜环宇 | |

## 二、社情民意

1999年8月，区政协创办内部刊物《社情民意》，每名委员每年至少反映1条有价值的社情民意，聘请8名政协委员为信息员。2003年起，对社情民意工作成绩突出的活动小组和个人进行表彰。至2008年，共征集社情民意418条，内容涉及政治、经济、科技、法治、教育、文化、卫生等各方面，编发《社情民意》298期。被全国政协采用5条、市政协采用73条，被市委、市政府领导批示办理12条，被区委、区政府领导批示办理58条。其中，2001年编发的《尽快解决高港至泰州直通公交车》为首条被市政协采用并被市领导批示的信息，2003年编发的《长江采砂开禁后应对措施的几点建议》、2005年编发的《关于切实保护农民权益的建议》、2007年编发的《关于修改刑法中受贿罪等条款的建议》、2008年编发的《关于进一步建立和完善防灾减灾系统的建议》《关于把校舍建成最安全建筑的建议》被全国政协采用。

**1999—2008 年高港区政协社情民意工作情况一览表**

表 172

| 年　份 | 征集（条） | 编发（条） | 采用情况（条） | | | | |
|---|---|---|---|---|---|---|---|
| | | | 合　计 | 全国政协采用 | 市政协采用 | 市委、市政府领导批示 | 区委、区政府领导批示 |
| 1999 | 1 | 1 | — | — | — | — | — |
| 2000 | 3 | 3 | 1 | — | — | — | 1 |
| 2001 | 3 | 3 | 3 | — | 1 | 1 | 1 |
| 2002 | 11 | 11 | 5 | — | 2 | — | 3 |
| 2003 | 52 | 26 | 7 | 1 | 4 | — | 2 |
| 2004 | 42 | 34 | 12 | — | 6 | — | 6 |
| 2005 | 75 | 55 | 16 | 1 | 3 | — | 12 |
| 2006 | 48 | 37 | 28 | — | 13 | 4 | 11 |
| 2007 | 75 | 42 | 42 | 1 | 22 | 6 | 13 |
| 2008 | 108 | 86 | 34 | 2 | 22 | 1 | 9 |
| 合　计 | 418 | 298 | 148 | 5 | 73 | 12 | 58 |

## 三、民主评议

2004年8月，区政协对区工商分局开展专题民主评议活动，委员们通过深入调查、走访区工商分局、与有关负责人座谈等形式，形成民主评议意见，区工商分局对打包收费和弹性收费问题提出具体整改措施。2005年9月，对区环保局开展专题民主评议活动，委员们通过视察11个重点排污企业、发放问卷调查表、参加环保对口协商会等形式，形成民主评议意见，区环保局提出整改措施。2006年9月，对区人民法院开展专题民主评议活动，委员们通过召开座谈会、旁听人民法院审理案件、走访案件当事人、发放调查问卷等形式，广泛征求群众和社会各界意见和建议，形成民主评议意见，区人民法院提出整改措施。2007年8月，对区安监局开展专题民主评议活动，委员们通过听取工作通报、发放调查问卷、召开座谈会、走访企业负责人、与安委会成员单位分管负责人沟通等形式，形成民主评议意见，区安监局提出整改措施。在对相关部门进行评议的基础上，区政协推荐36名委员担任相关部门行风监督员和特约监督员。

## 第三节　参政议政

1998—2008年，区政协围绕全区经济社会发展重点、热点问题，主动做好参政议政工作，开展专题调研32次，撰写调研报告32份；开展视察活动33次，撰写视察报告33份；开展主席走访活动6次，提出建议20条。

### 一、推动经济发展

【推动“三农”工作】 1999年6月，区政协组织委员视察农业产业化经营现场，建议把握龙头企业、主导产业和商品基地3个关键环节，完善产业体系；做好市场开拓，畅通销售渠道，使农副产品市场由产地输出型向中转集散型拓展，由单一市场向多元化复合式市场拓展；强化服务功能，完善保障体系，强化信息保障，健全科技服务保障，提供资金服务保障。2000年6月，开展全区农业结构调整情况专题调研，实地视察口岸镇牧草鹅、外贸金鱼，永安洲镇特水养殖，刁铺镇葡萄长廊、设施蔬菜，野徐镇花卉园等现场，听取有关情况介绍，形成调查报告。2002年5月，到野徐镇、白马镇、刁铺镇、口岸镇和永安洲镇专题调研农民收入情况，形成调查报告。2003年8月，专题调研全区农民增收情况，组织农业界的部分委员到无锡市北塘区黄巷镇考察村级股份合作制经验，通过召开座谈会、个别走访、实地察看、发放调查表等形式开展调查，形成《我区农民收入增长缓慢的原因及对策》《关于我区农民收入情况的调查报告》2篇调研文章。2005年6月，开展加快农村全面发展专题调研活动，走访区农委、劳动和社会保障局、卫生局、文教局、水利局、国土资源分局等部门，听取情况介绍，查阅资料和数据，实地参观部分拆迁现场和居民安置点，召开农村基层干部群众座谈会4次，广泛听取意见和建议，形成调查报告。2006年6月，组织开展加大财政投入、推进新农村建设专题调研，到区级机关部门和镇、村搜集第一手资料，召开座谈会12次，广泛征求相关职能部门和基层干部、群众意见，形成调查报告。2007年8—9月，开展高效农业规模化专题调研，在本区调研的基础上，到泰兴市、江都市、常州市学习考察，撰写调研考察报告；开展农村合作经济组织建设专题调研，在全面了解本区情况基础上，到江都市、河南省荥阳市学习考察，撰写调研考察报告。2008年1月，组织委员视察新农村建设情况，实地视察野徐镇新联村等新农村示范村，建议高起点规划、强化宣传、以点带面、逐步推进。4月，组织委员视察花卉苗木产业发展情况，实地视察野徐镇殷蒋村苗圃及褚雅村农业园、许庄古银杏园、高港明天国兰繁殖基地、口岸街道田河村苗圃园、永安洲镇中心村苗圃园等现场，建议加大推广力度，做大做强花卉苗木产业；加大科技引领力度，提高花卉苗木产业的质量和档次；加大扶持服务力度，为产业发展拓展新空间；拉长产业链，引导发展花卉苗木相关产业。

【推动开放开发】 2000年3月，组织委员视察长江滩涂资源开发利用情况，视察三泰船业开发基地、口岸河豚养殖场、泰州市三水厂和永安洲镇兴无村500亩沿江养虾场、盘头村250亩养蟹场、北沙村600亩特水养殖场等现场，建议加大组织协调力度，开发利用好长江滩涂资源，提高开发档次，提高科技开发含量。2001年10月，到8个外资和港澳台资企业开展招商引资专题调查，听取区对外贸易经济合作局负责人关于全区利用外资和港澳台资情况介绍，召开各镇分管负责人座谈会，形成调查报告。2002年11月19日，视察区科技创业园建设情况，在听取情况汇报和实地视察园区建设情况的基础上，进行集中讨论，建议理顺管理体制，进一步促进园区更快更好发展；采取多元投入机制，加快园区基础设施建设；引入竞争机制，加大招商引资力度；加强投资环境整治，提高政府服务效率。2003年4月，开展全区沿江开发情况专题调研，考察靖江、江阴、重庆、宜昌等地，视察高港区沿江开发情况，听取永安洲镇、口岸船舶工业公司、泰州港务局有关介绍，组织委员座谈讨论，形成调查报告。2004年4—6月，走访区规划分局、交通分局、沿江开发办公室和永安洲镇政府，就启动沿江开发涉及的几个重点问题进行调查和研究，组织召开沿江开发工作座谈会，组织委员到外地考察，与区政府及职能部门专题协商，形成调查报告。2005年6月，视察区科技创业园和永安洲工业园，针对园区建设中存在项目手续报批难、公共设施不够配套、闲置土地较多、用工矛盾突出等问题，提出强化软环境建设、集约使用土地、合理解决用工难等意见和建议。

【推动工业发展】 2007年5月，开展主席走访区经贸局活动，听取情况汇报。建议提升全区工业企业设备装备、技术改造水平；推动民营经济快速发展；进一步关注民生，对高污染、小化工、小电镀企业要坚决关停并转；做好改制企业收尾工作，解决好遗留问题。

【推动服务业发展】 2000年9月，组织部分委员视察全区市场建设情况，重点视察刁铺农贸市场、高港建材批发市场、高港农副产品批发市场、泰州花鸟鱼虫市场；建议坚持因地制宜发展专业市场，加大招商引资力度建设规模市场，强化服务意识建成现代化市场。

【推动民营经济发展】 1998年9月，到野徐、口岸、刁铺、许庄等镇开展个体私营经济发展情况专题调研，形成调查报告。在此基础上，一届三次常委会议协商通过《关于加快我区个体私营经济发展的建议案》。2006年3月，开展全区民营经济发展情况专题调查，走访企业20余个，发放调查问卷90份，广泛听取意见和建议，形成调研报告。

## 二、推动社会事业发展

【推动科技创新】 2004年5月，区政协组织开展全区人才队伍建设情况专题调研，分析全区人才资源开发和人才队伍建设工作中存在的问题及原因，形成调查报告。2006年5月，视察高新技术企业发展情况，实地视察华通消防设备厂、环太电器厂、能建集团、苏中天线集团等高新技术企业，听取区科技局关于全区高新技术企业发展情况的汇报，针对企业发展中存在的问题，组织委员进行座谈讨论，建议强化宣传引导，坚持多元投入，加大项目、技术、人才引进力度。

【推动教育事业发展】 2000年3月，到口岸、刁铺、白马、永安洲等镇开展中小学生“减负”工作专题调研，形成调查报告。2002年5月，专题视察区教育现代化工程实施情况，视察高港中学、尚美附中、刁铺第二中心小学、高港职教中心、刁铺环溪小学和刁铺中学，开展座谈讨论，建议区政府切实担当起义务教育的主要责任；加大重点学校的培育力度，叫响高港教育的品牌；继续推进教育体制改革，提高教育质量；引导社会关心和支持教育事业发展。2005年9月，开展全区义务教育事业发展专题调研，召开学校校长、教师代表及社会各界人士座谈会15次，实地察看学校16所，走访区文教局、财政局、地税分局分管负责人和有关工作人员，形成调查报告。2006年4月，开展全区职业教育培训情况专题调研，听取区文教局、劳动和社会保障局、农委等部门情况介绍，考察区职教中心，到张家港市职教中心参观学习，与区科技创业园部分企业座谈，撰写调查报告。2007年6月，视察实验小学，建议以一流的硬件设施打造一流的教学质量。

【推动文体事业发展】 2000年8月，视察刁铺、口岸两镇的文化市场，建议依法严管电子游戏机室、规范歌舞厅的经营行为、规范书刊音像制品销售。2003年4月，开展文物保护工作专题调研，全面调查全区文物分布及保护情况，到洛阳、西安等地考察，召开文物保护工作座谈会，撰写调查报告。2005年6月，调研全区历史文化资源保护和利用工作，通过走访群众、召开座谈会、现场察看、查阅史料等，全面调查全区历史文化遗存和古树名木，形成《关于我区历史文化资源保护和利用的调查报告》，对保护、开发和利用历史文化资源提出切实可行的建议和措施，受到区委、区政府主要负责人肯定。2006年8月，开展加快体育事业发展专题调研，召开体育教师代表和各镇（街道）有关人士座谈会，走访市体育局、区文教局分管负责人和工作人员，到句容市学习经验，形成调查报告，经二届二十二次常委会议讨论审议，形成《关于加快我区体育事业发展的建议案》。2007年6月，视察文化基础设施建设情况，听取区文教局、建设局等部门的情况介绍，实地察看区文化中心、雕花楼等现场，提出要充分利用好、管理好影剧院和雕花楼等基础设施，发挥作用，产生效益；加快建设步伐，建成以雕花楼为支撑点的文化街。

【推动卫生事业发展】 2000年6月，视察农村初级卫生保健工作，建议改善农村自来水水源质量，巩固发展住院保险成果，加快改厕步伐，推进镇村一体化管理。2000年8月，开展主席走访区卫生局活动，听取情况汇报，视察公共卫生监督所和高港中医院，建议推进改革、创出特色、加强软环境建设、制定全区卫生事业“十五”发展规划。2001年4月，视察全区贯彻实施食品卫生法情况，听取卫生职能部门工作情况汇报，视察部分宾馆、饭店、超市、学校食堂和农贸市场，建议加大卫生宣传、行政执法和齐抓共管力度。2002年10月，专题视察区医疗卫生资源合理配置情况，视察高港第二人民医院、许庄医院、田河中医喉科医院、高港中医院和高港人民医院，建议加大高层次医卫人员引进力度，提高医疗卫生队伍整体素质；加大改革力度，建立健全优胜劣汰的用人机制和赏罚分明的分配机制；发挥优势，把具有一技之长的特色专科做大做强；立足区情，准确定位，高起点高质量建好人民医院。2003年6月，开展全区初级卫生保健体系建设情况专题调研，听取全区7所医院情况介绍，实地视察12个村卫生室，走访部分乡村医生，召开村组干部和病员代表座谈会8次，形成专题调查报告。2006年8月，开展主席走访区卫生局和高港人民医院活动，建议加强医院管理、控制医疗成本、重视专业人才培养、提高卫生服务水平。

【推动社会保障落实】 2000年4月，开展劳动法贯彻实施情况专题调研，形成调查报告。2001年7月，视察全区城镇职工医疗保险制度改革情况，就个人负担不合理、药品分类不科学、参保人员对医保政策了解不够、看病刷卡难等问题提出对策和建议。2004年10月，视察新型农村合作医疗工作情况，实地视察白马镇人民医院、白马镇陈家村卫生室、高港第二人民医院，建议加大宣传力度，巩固完善医保成果，加强对“五保”户和低保户的医疗救助，建立严格的资金管理和监督机制。2004年7月，开展农村特困群体最低生活保障专题调研，逐一登门调查特困户125户，组织召开村、组干部座谈会，走访区、镇民政工作分管负责人和工作人员，形成调查报告，区政府主要负责人批示区政府职能部门参照报告制定特困群体最低生活保障工作意见。2007年4—6月，开展农村社会养老保险工作专题调研，听取区劳动和社会保障局、民政局、卫生局等部门情况介绍，走访镇（街道）农村社会保障所，召开村组干部、群众座谈会10余次，查阅相关资料，到姜堰市等地学习，撰写调查报告。2007年10月，视察敬老院工作，视察刁铺、白马、野徐、许庄、口岸（田河分院）、永安洲敬老院，开展座谈讨论，建议加强宣传，提高社会重视程度；扎实推进，提高集中供养率；加大投入，提高供养水平；规范服务，提高服务水平。

## 三、推动城乡建设

1998年7月，区政协一届二次常委会议期间，组织委员视察新区建设和江堤达标工程，建议高起点编制新区规划，以市场、商场、商街为纽带，推进城市繁荣。1999年8月，到永安洲、白马、许庄等镇开展小城镇建设专题调研，召开座谈会，听取各镇村镇建设部门负责人及村组干部、群众代表的意见和建议，形成调查报告。2001年7月，组织委员视察农村电网改造和供用电情况。2001年9月，视察通达工程建设情况，建议加快险桥、危桥、主干道桥梁的修建、扩建进度；拓宽筹资渠道，攻克资金难关；加大通达工程的监督与管理力度。2004年9月，视察银杏苑、港城公园、台湾商城、府后人家等城建项目，就城建项目实施情况开展座谈讨论，提出意见和建议。2004年12月，视察雕花楼修复工程，就如何开发利用好雕花楼进行座谈，提出意见和建议，得到区建设局及施工单位的采纳。2006年5月22日，开展主席走访区交通分局活动，听取情况汇报，就乡村道路建设与养护、泰高路收费问题提出意见与建议。2006年6月，开展主干道命名情况专题调研，召开座谈会，实地考察、走访知情人士，查阅资料，核实城区干道路名始用年代、历史演变，对部分不规范、不标准的路名提出新的命名方案。2007年4月，视察绿化工作，到6个镇（街道）察看绿色通道建设、苗圃式造林、绿色屏障建设等情况，听取区林业部门负责人的情况汇报，进行座谈讨论，建议各级党委、政府及职能部门继续加强宣传，提高群众爱绿、护绿意识；发挥林业部门的职能作用，强化管护，责任落实到人，确保成活率，巩固和扩大造林成果；推进林权制度改革，完善激励机制，形成多主体参与、多渠道投入、多形式造林机制。2008年10月，开展建立健全整治违法建设长效管理机制专题调研，开展走访、座谈活动，建议科学修编各类规划、修订完善个人建房及相关政策、提高建房审批工作效率、完善行政职能的监管体制和机制、完善考核奖惩体系。同月，开展加强城市住宅小区管理专题调研，到扬州市广陵区、泰州市海陵区等地考察先进管理模式，形成调查报告，建议建立小区综合管理组织体系、加强房地产开发建设管理、加大住宅小区综合治理力度。

### 四、推动平安与法治建设

2001年5月，区政协开展在校青少年违法犯罪情况专题调研，召开教师、学生和家长座谈会数十次，组织委员集中研讨，形成调查报告。2002年9月，开展全区青少年犯罪情况专题调研，撰写调研报告。2003年10月，开展治安防控体系建设专题调研，走访区委政法委、区司法局、区公安分局等部门，到镇派出所、村民治安调解室调查，撰写调查报告。2004年6月，视察“平安高港”创建工作，建议继续加大宣传教育力度，对公安人员编制、治安人员工资、技术装备等方面给予支持，夯实大调解机制基础，加大对金融、财政、商贸等重点部门技防督办及设施运行督查力度。2005年10月，再次开展创建“平安高港”专题调研，到各镇、部门调查走访，撰写专题调查报告，总结创建工作经验。2006年11月，视察“法治高港”创建情况，察看高港职教中心以法治校成果展览，泰州市明阳机电有限公司诚实守信、依法经营情况，许庄街道马厂社区开展民主法治建设现场，以及区行政服务中心和区社会治安监控中心；听取区依法治区领导小组创建情况介绍，提出意见和建议。2007年9月，视察“五五”普法工作情况，视察高港职教中心、许庄中心小学、野徐镇仲联村、区国土资源分局等现场，开展座谈、讨论，提出主攻薄弱环节，分类施教，促进“五五”普法整体推进；拓宽领域，丰富载体，增强普法教育的针对性；强化责任，真学真用，提高普法的实际效果等对策和建议。2008年10月，视察“法治高港”创建情况，实地察看泰州环太电器厂依法治厂、贯彻落实劳动合同法，刁铺街道关桥社区民主选举、民主管理、民主决策、民主监督，口岸街道王营社区试行参议委员会等创新案例，观看尚美中学少年法庭的录像和口岸街道的法治宣传专栏，听取区国土资源分局、劳动和社会保障局依法行政的介绍，建议突出抓好重点群体普法学习、提高依法行政公正执法的水平和能力、创新督查机制。

## 第四节　文史工作

2001年2月，《高港文史（第一辑）》发行，该辑为高港革命斗争史专辑，设革命回忆录、雄师渡江与支前工作、人民海军的崛起、群英谱、革命烈士千古流芳、文献与资料7个栏目。收编文稿128篇、30余万字，印刷1500册。2004年2月，《高港文史（第二辑）》发行。设港口文化、历史风云、古迹觅踪、商贸探古、民俗艺术、地方掌故、人物春秋7个栏目。共收编文稿76篇、20余万字，印刷1700册。2007年10月，《高港文史（第三辑）》出版发行。设地名文化、古迹觅踪、商贸史话、风情掌故、地方特产、人物春秋、历史足迹7个栏目。收编文稿63篇、24万字，印刷1200册。2008年1月，启动《高港文史（第四辑）》征编工作。

2005年9—12月，区政协学习提案文史委员会参加区地名文化调查，形成反映地名文化的文稿50余篇，被泰州地名文化专辑《泰州印记》录用47篇。2006年5—9月，为《泰州老字号》组稿10篇。

## 第五节　交流联谊

### 一、交流考察

1999年4月，宿迁市政协代表团考察泰州市花卉园艺中心、江苏三泰金狮啤酒有限公司。2000年，扬中市政协代表团考察扬子江药业集团、引江河高港枢纽、苏中天线集团、三泰船业有限公司；上海市政协代表团参观口岸雕花楼和人民海军诞生地纪念馆。2001年，江苏省政协视察团参观考察泰州市东方齿轮有限公司、泰州市花卉园艺中心和泰州市新港照明电器有限公司。区政协代表团到浙江考察个体私营经济发展情况，到山东省济南市、泰安市、曲阜市和省内的徐州市、连云港市考察文史工作。2002年，上海市政协代表团参观考察引江河高港枢纽、扬子江药业集团；扬中市政协代表团考察高港区城市建设情况；丹阳市政协代表团考察高港区长江岸线资源开发利用情况。2003年，江苏省政协调研组考察扬子江药业集团。区政协代表团到南京市浦口区学习考察造船业发展情况。2004年，扬中市政协代表团考察高港区创业富民工作，启东市政协代表团考察高港区长江岸线开发利用情况。2005年，区政协代表团分别到常熟市考察民营经济发展，到丹阳市、句容市考察促进城乡协调发展情况。2006年，区政协代表团到句容市参观考察体育事业发展及体育场馆建设情况。2007年，全国政协“科技人才队伍建设”调研组调研高港区科技人才队伍建设情况；区政协代表团到江都市、河南省荥阳市考察。2008年，区政协代表团到安徽省芜湖市、浙江省嘉兴市海盐县和省内靖江市、姜堰市、兴化市、通州市等地考察旅游业发展及“大桥经济”情况。

1997—2008年，区政协共接待外地政协到高港区考察27批次，组织到外地考察11批次。

### 二、“政协之友”联谊会

2004年10月18日，高港区“政协之友”联谊会成立，由历届政协委员、从事政协及统战工作的老同志和热心政协事业的各界人士组成。首批会员16人，2008年换届后有会员12人。第一届理事长马翔，第二届理事长汤德荣。“政协之友”联谊会组织会员参加区政协举办的专题讲座、学习座谈、情况通报、考察访问、文史撰写，以及书画、门球、垂钓等兴趣活动等；每年春节、中秋、重阳等传统节日，举行各界人士茶话会，慰问年老体弱、行动不便的会员。

# 泰州市高港区志

## 第二十一篇　其他党派群团

# 第二十一篇　其他党派群团

民国期间，境内有中国国民党的地方组织。民国36年（1947）3月，国民党下属的青年组织——三民主义青年团（简称三青团）在口岸设区队部。民国37年，三青团与国民党合并，境内绝大数三青团团员转为国民党党员。

民国29年，新四军东进后，境内建有儿童团和青年抗日组织。民国38年，境内设有中国新民主主义青年团基层组。

新中国成立后，中国新民主主义青年团改称中国共产主义青年团。境内还先后建有工会、妇委会（妇代会）、工商联（商会）、科协基层组织。

1997年，高港区始有九三学社社员，随后有中国农工民主党（简称农工党）党员、中国国民党革命委员会（简称民革）党员、中国民主同盟（简称民盟）盟员、中国民主建国会（简称民建）会员、中国民主促进会（简称民进）会员、中国致公党（简称致公党）党员。2008年，共有4个民主党派支部、1个支社筹备工作小组、1个活动小组，有成员65人。

建区后，区工商联、工会、共青团、妇联、科协、文联、残联、红十字会等群众团体相继成立。

# 第一章　中国国民党地方组织

## 第一节　组织机构

民国17年（1928），中国国民党泰兴县党部成立后，在口岸镇设立第七区分部。民国29年，境内被日本侵略军侵占，国民党组织解体。抗日战争胜利后，国民党基层组织逐步恢复。民国37年1月，泰兴县国民党和三青团实行党团合并，将泰兴县民众自卫委员会改组为绥靖临时费经理委员会，在龙窝等处设立税所，征收进出口货物税。并设立军民合作站，专门供应国民党政府军烧草、人伕等。随着解放战争胜利，国民党基层组织消亡。

此外，直属第二十七区分部在第七区胡庄等地也有党小组存在。民国37年2月，国民党江都县党部在杨桥（曾隶属于口岸）组建第七十八区分部，曾在高港村一带发展国民党员。

民国35年境内国民党地方组织一览表

表173

| 名　称 | 所在地 | 党员数（人） | 党小组数（个） |
|---|---|---|---|
| 直属第十九区分部 | 第七区口岸镇 | 18 | 2 |
| 直属第二十区分部 | 第七区口岸镇 | 9 | 1 |
| 直属第二十一区分部 | 第七区西洲（今南官河以西地区） | 16 | 2 |
| 直属第二十三区分部 | 第七区徐家桥（今口岸街道徐桥村） | 8 | 1 |
| 直属第二十四区分部 | 第六区上桥镇（今永安洲镇上桥村） | 18 | 2 |

### 附：汪伪国民党组织

民国29年（1940）7月，汪伪国民党泰兴县党部在口岸镇设第四区党部，有分部3个、党员74人。抗日战争胜利后，汪伪国民党组织瓦解。

## 第二节　主要活动

20世纪20年代初，境内有国民党组织的秘密活动，张贴标语，散发传单，宣传三民主义，进行革命活动。民国17年（1928），国民党活动转入公开。抗日战争胜利后，国民党基层组织主要活动是反共宣传、笼络青年、搜集情报，成立感训所强迫共产党人退出革命阵营，利用叛徒寻找革命者线索，诱惑共产党人填表格、写悔过书、登报脱离革命关系。

# 第二章　民主党派　工商联

## 第一节　民革高港支部

2000年，高港区开始有中国国民党革命委员会党员。2004年10月，民革泰州市委员会高港区支部委员会（简称民革高港支部）召开成立大会，选举田圣华为第一届主任委员。2007年8月进行换届，朱长华当选为第二届主任委员。2008年，有党员8人。

3名民革党员任区政协第二届委员会委员，其中常委1人。4名民革党员任区政协第三届委员会委员，其中常委1人，田圣华当选为区政协副主席。

民革高港支部成立后，全体党员通过各种渠道参政议政、建言献策。在历届政协会议上，提交政协提案5件。丁觉民撰写的《严查部分企业在劳动合同法实施之前强制与工人解除劳动关系的违法行为》、朱长华撰写的《关于加强农资市场管理的建议》《关于政府行政执法职能相对集中的建议》、姚莉撰写的《关于建设体育场地的建议》等提案得到区委、区政府重视。

民革高港支部每年开展法律咨询、法治讲座、健康服务等公益服务活动。其中，开展法律和医疗健康咨询活动10余场，举办知识讲座100余场，为群众提供健康服务数百人次，配合编写高港区“五五”普法市民、干部、青少年系列读本。2008年，围绕企业财务处理、职工合法权益保护、职工劳动技能培训、产品技术含量、知识产权保护等开展调研，举办专业知识讲座，与企业经营管理人员、决策者交流座谈，为企业发展献计献策。会同区委统战部、区司法局、区教育局、团区委等部门开展“放飞青春，共建民族团结大家庭”少数民族法律法规宣传活动，开设法治讲座，举办法律知识有奖竞赛，开展捐书、捐款活动。

## 第二节　民盟高港支部

中国民主同盟在高港区发展盟员最早始于2002年3月，当时盟员仅徐卫明1人，隶属于民盟泰州市委直属综合一支部。2008年5月8日，民盟泰州市委员会高港支部委员会（简称民盟高港支部）召开成立大会，选举李新美为第一届主任委员。有盟员12人。

高港区民盟盟员中有1人为第三届市人大代表，市政协第二届、第三届委员各1人。4人次为区政协委员，第一届区政协常委1人，第二届区政协委员3人，其中常委1人。副科级干部2人。

民盟高港支部成立前，盟员积极参加民盟市委组织的调研活动，先后开展教育事业、城市建设、新农村建设、社会养老保险专题调研。2008年6月，民盟高港支部组织盟员考察高港港区杨湾作业区，调研港口设施及旅游资源。11月，就劳动力转移情况走访区劳动和社会保障局，为区委、区政府落实下岗职工再就业优惠政策提供基础资料。

2002年，盟员参加民盟市委组织的科技咨询服务活动，到永安洲镇、姜堰市蔡官镇和张甸镇、海陵区凤凰街道等地，通过科技咨询、专题讲座、现场指导等形式，帮助养殖户解决难题。2006年，参加救孤助困一日捐活动、印度洋海啸赈灾捐款活动。2008年四川汶川特大地震，盟员捐款51500元，缴纳特殊盟费2900元。

## 第三节　民建高港支部

中国民主建国会在高港区发展会员最早始于2002年，时有会员2人，均为民建泰州机关二支部的成员。2004年7月5日，民建泰州市高港区支部（简称民建高港支部）召开成立大会，选举蔡国祥为第一届主任委员，时有会员7人。2008年，有会员10人。

高港区民建会员有1人为第三届市政协委员。先后有7人次任区政协委员，第一届区政协委员1人；第二届区政协委员3人；第三届区政协委员3人，其中常委1人。

2004年起，民建高港支部会员撰写《联创共建大桥园区，助推高港经济腾飞的建议》《关于进一步加强农村综合环境整治工作的建议》《关于建立驾驶员安全行车保证金制度的建议》《提升沿街建筑的档次与品位》《超前规划停车场建设》等27件涉及经济建设、社会发展、民生保障等方面的提案及社情民意，为地方建设建言献策。其中，王丽霞撰写的《机关住房公积金应建个人账户》《关于建设高港区文化馆的建议》提案分别被区政协二届二次会议、二届五次会议评为优秀提案。

2005年起，民建高港支部联系田河一名贫困儿童，每年资助学费及生活费1500元。2008年，向四川汶川地震灾区捐款1500元。

## 第四节　民进高港小组

中国民主促进会在高港区发展会员最早始于2004年，当时会员只有1人。2006年10月，建立民进泰州市支部高港小组（简称民进高港小组），包继林任组长。2008年，有会员6人。

高港区民进会员先后有4人次任区政协委员，其中，第一、二届各1人，第三届2人。

会员开展走访调查活动，反映社情民意，撰写提案，先后提出改造人民路、打击黑网吧、设立老年大学、统一医疗收费、文明城区增加公厕、正确处理民族关系等建议。

2007年9月8日，民进高港小组在江苏省口岸中学举办“圆梦工程”助学活动，为口岸中学20名特困学生捐款1万余元。2008年，向四川汶川地震灾区捐款4000余元。

## 第五节　农工党高港组织

中国农工民主党在高港区发展党员最早始于2000年3月，时有党员1人。2002年1月14日，高港人民医院农工党小组成立，有党员3人，徐荣才为组长。2003年3月21日，农工党高港人民医院支部委员会成立，徐荣才为主任委员。2005年6月20日，农工党高港人民医院支部换届选举，徐荣才连任主任委员。2008年，有党员18人，其中，医药卫生界12人、文化教育界6人，具有高级技术职称6人。

高港区农工党党员先后有4人次任区政协委员，其中，第一、二届各1人，第三届2人。

至2008年末，农工党党员中的区政协委员共撰写提案17件，其中，徐荣才撰写的《关于尽快重建口岸影剧院西侧口岸大桥的建议》提案得到市、区两级政府的重视和采纳，交相关部门组织实施；《关于发展高港中草药种植业的建议》提案被评为区政协优秀提案。区政协三届一次会议上，徐荣才和周娟撰写的关于妇幼保健、公共交通安全、名贵中药材“泰半夏”种植、“一步两庙”修复工程等内容的5件提案均得到区政府采纳。

农工党高港人民医院支部（小组）成立后，每年都组织医学专家和教育专家开展卫生下乡、文化下乡，提供义诊、医学咨询等服务，为群众送医送药；开展义务支教、业务培训，帮助农村教师提高政治素质和业务素质。2003年，董世华、王东兴被农工党中央授予抗击“非典”先进个人称号。2004年教师节前，组织专家为高港中学教师体检、提供健康咨询。2008年，为四川汶川地震灾区缴纳特殊党费1250元，捐款4600元。

## 第六节　九三学社高港小组

九三学社在高港区发展社员最早始于1997年，社员姜国伟由青海省机械工业厅退休回口岸镇定居，社员关系转入泰州，隶属于九三学社泰州市委综合一支社。2000年1月，九三学社高港小组成立，邹贤平为负责人，社员2人。2006年发展社员1人，2007年发展社员3人。2008年4月，经九三学社泰州市委员会同意，成立九三学社高港支社委员会筹备工作小组，邹贤平任组长。共有社员10人。

高港区九三学社社员有1人为第二届、第三届市政协委员。先后6人次任高港区政协委员，第一届区政协委员1人；第二届区政协常委1人；第三届区政协委员4人，其中常委2人。社员中副科级干部2人。

至2008年，担任政协委员的社员共提交提案32件。2002年，邹贤平参与撰写的《打造成本凹地，赢得招商引资新突破对策研究》调研报告被泰州市市长批示采纳，成为泰州市社科院中标课题。2003年，邹贤平撰写的《简化审批程序，改善投资环境》提案被市政协评为优秀提案。2005年，邹贤平撰写的《加快实施区域供水，全力推进沿江开发》等多篇社情民意被市政协采用。2008年，邹贤平参与撰写的《农村信用社服务三农的路径研究》调研报告成为九三学社中央中标课题。

2006年11月、2008年10月，高港区九三学社社员分别在永安洲镇、孔桥卫生院等地开展送医下乡活动，5名医卫界社员全部参加，服务群众400余人。2008年，向四川汶川地震灾区捐款1800元。

## 第七节　工商联（商会）

民国期间，口岸、刁铺即分别建有商会，统领境内各行同业公会，维护商家利益。新中国成立初期，两镇商会组织同业公会、商家支持国家建设，开展“五反”（反对行贿、反对偷税漏税、反对偷工减料、反对盗窃国家财产、反对偷窃国家经济情报）运动，积极参加社会主义改造。抗美援朝战争爆发后，发动商家捐赠购飞机大炮款、购买债券。1955年，口岸、刁铺两镇成立工商联分会。“文化大革命”开始后，工商联组织瘫痪。1986年，口岸、刁铺工商联先后恢复工作。1999年，高港区工商业联合会（简称区工商联）成立。区工商联向会员提供经济建设信息，开展会员学习、培训，组织会员参政议政，加强对外联系，积极参与公益事业，为地方经济、社会建设发挥纽带作用。

## 一、组织建设

【组织机构】 民国初期，口岸镇商会成立，会址在姚家大厅（雕花楼后面，韩国钧题有“口岸商会”碑石）。民国32年（1943），环溪镇商会成立。民国35年，口岸商会辖木业、南货、鲜肉等14个同业公会，有会员328人；环溪商会辖粮行、药业、烟店等11个同业公会，有会员216人。

图 21-2-1 口岸镇工商联恢复十周年暨商会揭牌庆典（1996年摄）

新中国成立后，口岸、刁铺两镇商会由人民政府接管。1952年11月，泰兴县成立工商业联合会筹备委员会后，口岸、刁铺两镇即成立工商联分会筹备委员会。1955年12月，口岸、刁铺等乡镇成立工商联分会，保留镇商会牌子。1957年9月，口岸、刁铺工商联分会改称口岸、刁铺工商联，共有会员175人。“文化大革命”期间，工商联组织瘫痪，工作中断。1986年1月，口岸工商联组织恢复。1993年5月，刁铺工商联组织恢复。1996年后，其他乡镇相继建立工商联（分商会）。1999年3月28日，区工商联成立。2008年，区工商联共有镇（街道）商会组织7个，企业会员78个，个人会员635个，其中私营企业会员485个。

【会员代表大会】 1999年3月28日，区工商联（商会）第一届会员代表大会召开，出席代表85人，其中非公有制企业代表68人。会议选举产生第一届执行委员会委员30人。一届一次执委会选举常委18人，姚社成为会长。

2002年1月10日，区工商联第二届会员代表大会召开，出席代表95人，其中非公有制企业代表76人。会议选举产生第二届执行委员会委员35人。二届一次执委会选举常委21人，姚社成连任会长。

2006年12月12日，区工商联第三届会员代表大会召开，出席代表105人，其中非公有制企业代表85人。会议选举产生第三届执行委员会委员37人。三届一次执委会选举常委25人，姚社成再次连任会长。2007年6月，李家生接任会长。

## 二、参政议政

1997—2008年，区人大代表中，共有工商界代表10人次，区政协委员中，共有工商界委员49人次；市人大代表中，共有高港区工商界代表3人次，市政协委员中，共有高港区工商界委员7人次。其间，工商界人大代表和政协委员积极参政议政，撰写调查报告6篇，呈送呈交提案11件、社情民意15件。区工商联先后组织撰写《论高港区个私民营经济的发展》《民营企业家队伍建设情况调研》《论非公经济人士思想政治工作》《积极切实履行职能，服务民营经济发展》《高港区民营企业参与新农村建设》等10篇调研报告。

## 三、教育引导

1999年9月，区工商联举行个体私营企业、非公有制企业代表人士和工商界老同志“庆国庆、迎中秋、话发展”活动。2006年起，编辑《高港商会》简报，寄发到各会员单位，及时宣传中共方针、政策，提供法律、法规和市场经济等方面的信息服务。2008年，举办纪念改革开放30周年成果展，组织40余名民营企业家代表观摩。全区8个镇、街道商会均建立10人以上的代表人士队伍，及时了解非公有制经济人士的思想、动态、想法、要求、建议，做好思想政治工作。区工商联聘请法律顾问，为会员企业讲解企业生产、经营、销售过程中应遵守的法律法规，及时协调解决会员反映的问题。

## 四、联谊交往

1999年起，区工商联先后组织企业会员到省内的淮阴、徐州、连云港、无锡、苏州等市，以及上海、浙江、重庆、湖南、湖北、安徽、山东、香港、澳门等地考察学习。2002年1月，区工商联组织会员到昆山、苏州、张家港等地参观考察个体私营经济发展情况。2006年5月，组织会员企业到香港、澳门考察。1999—2008年，共组织到外地考察5批次，接待外地商会到高港区考察2批次。

## 五、公益事业

清末，口岸福星桥易石重建和龙窝义渡、救生机构常年费用开支，大多由同业公会、商会筹措捐献。1952年，口岸木材行业人士捐款兴建口岸人民大会堂。1954年，刁铺工商界人士捐款兴建刁铺人民大会堂。1994年，全国工商联发起以扶贫为主题的“光彩事业”倡议后，境内工商联组织积极参与。

1997年起，区委统战部、区工商联引导工商界人士参与结对扶贫工程、“光彩事业”，开展助学、助困、助残、结对帮扶、慰问活动。2000年起，凯威药用包装厂开展“村企共建”活动，累计投入600余万元，为口岸街道朱营村新建绕庄水泥大道5千米、桥梁2座、水管道4千米，以及村办公大楼、群众文化活动场所等。2001年起，扬子江药业集团累计投入500余万元用于全区农村基础设施建设、农村危房改造、农村困难户改水、为低保户和特困户投保、资助困难学生等。2003年“非典”流行期间，区工商联共收到个私业主捐款6万元。2004年，刁铺街道商会组织会员企业投入20万元支持大丰村新农村建设。2006年，参加区“百企挂百村，共建新农村”活动，组织10个民营企业与10个经济相对薄弱的村结对帮扶。刁铺街道泰州东方齿轮有限公司、泰州市环太电器有限公司、泰州市欣港电子材料有限公司捐款55万元修建刁铺河西大桥。2006—2007年，大泗镇江苏宇马铝业有限公司捐款50万元，用于该镇道路、桥梁等基础设施建设。2007年，非公有制经济人士向患急性再生障碍型贫血的刁铺中心小学学生袁典捐款7.5万元。泰州市东方离合器有限公司一次性捐助50万元用于刁铺敬老院改造。2008年，凯威药用包装厂对村里考上大学的困难学生，按本科和大专分别资助4000元和3000元。2008年5月四川汶川发生地震后，民营企业和非公有制经济人士捐款270余万元。1997—2008年，区工商联和会员企业为“光彩事业”捐款捐物计3000万元。

# 第三章　工　会

## 第一节　组织建设

### 一、组织机构

民国19年（1930）8月，在私塾先生韩春日帮助下，口岸、龙窝码头搬运工人自发组织口岸搬运业职业工会，会员96人。民国35年10月，口岸钩业工会成立。民国36年日本侵略军侵占上海后，长江港口被封锁，无货轮往来，工人失业，口岸搬运业职业工会自行解散。民国37—38年，国民党泰兴县党部在口岸和龙窝成立挑挽业、旅馆业、排筏业、编制竹缆业4个行业工会，共有会员798人。民国38年，中国共产党在口岸、刁铺等处建立基层工会组织。1949年10月，口岸区成立工会组织。1950年11月，口岸区工会组织撤销，改建口岸镇工会、环溪镇工会和龙窝镇工会。1951年，环溪镇工会更名为刁铺镇工会，龙窝镇工会并入口岸镇工会。1955年12月，刁铺镇工会撤销，保留口岸镇工会。“文化大革命”开始后，工会瘫痪。1973年10月，恢复口岸镇工会。境内其他乡镇亦先后建立工会。1997年9月，高港区总工会筹备小组成立。1998年1月，口岸、刁铺、田河、永安洲、许庄、野徐、白马7个乡镇建立工会工作委员会。4月，区总工会成立。2008年11月，全区首个镇总工会——永安洲镇总工会成立。当年末，区总工会辖11个系统工会和2个工会联合会（私营企业工会联合会、外商和港澳台商投资企业工会联合会），有独立基层工会204个，有工会会员30166人，其中女会员8254人。

### 二、代表大会

1998年4月25—26日，区总工会第一次代表大会召开，大会代表120人，其中女性代表42人。会议选举第一届委员会委员12人、经费审查委员会委员5人。一届一次全体会议选举常务委员会委员5人，封六生当选为主席。

2003年4月25—26日，区总工会第二次代表大会召开，大会代表146人，其中女性代表45人。会议选举第二届委员会委员22人、经费审查委员会委员5人。二届一次全体会议选举常务委员会委员5人，封六生连任主席，其后由封新华接任。

2008年6月23—24日，区总工会第三次代表大会召开，大会代表151人，其中女性代表53人。会议选举第三届委员会委员20人、经费审查委员会委员5人。三届一次全体会议选举常务委员会委员7人，封新华当选为主席。

# 第二节　主要工作

## 一、职工教育

新中国成立后，境内各地重视对职工开展思想、文化教育和业务技能培训。1989年9月，口岸船舶修造厂工会主席吴玉林被评为全国工会优秀职工思想政治工作者。2001年，区总工会组织5000余名职工参加高港区“十五”规划纲要知识竞赛；举办工会干部培训班，就中共十五届四中全会精神、如何做好企业改制形势下职工思想政治工作作专题辅导。2003年，向全区职工发出抗击“非典”群防群治公开信。2006年，在全区职工中开展“树立正确荣辱观，增强主人翁责任感”主题教育活动，召开树立社会主义荣辱观座谈会。2007年，开展中共十七大精神宣传教育。2008年，举办学习中共十七大精神培训班，80名基层工会干部参加。

## 二、劳动模范评选与管理

图 21-3-1　全国劳动模范先进事迹报告会（2006年摄）

1956年，高港港务局余龙弼被交通部评为全国交通先进工作者，为境内首位省部级劳动模范（简称劳模）。1999年起，区总工会组织劳模评选。2000年，扬子江药业集团董事长徐镜人、刁铺镇北栾村栾福登被评为全国劳模。当年起，高港区每年召开五一劳模座谈会。2003年起，为所有劳模免费体检。2005年，扬子江药业集团吉寿如被评为全国劳模。2006年起，每年召开五一劳模先进事迹报告会。

1999—2008年，组织劳模疗、休养12次，慰问劳模216人次，送去慰问金28万元，补助困难劳模59人次，补助资金10万元。

## 三、劳动竞赛

1986年9月，口岸船舶修造厂承办泰兴县第二届职工技术比武大赛。1988—1996年，各基层工会先后开展各类劳动竞赛。1999—2005年，在各行各业中开展“九五”跨世纪立功竞赛、“十五奉献杯”立功竞赛等劳动竞赛，共提合理化建议4352条，被采纳2259条，实施1687条，创经济效益（含节约）165万元；攻克关键技术和推广新技术52项，创经济效益174万元；有125个单位参加技术业务练兵和比赛活动，参赛职工7243人次，比赛工种190个，举行技术业务表演31场次，评出技术业务能手205人，泰州市东方离合器有限公司职工陈万锁获江苏省五一创新能手称号。2001年1月，泰州港务局被省总工会评为“九五跨世纪立功竞赛活动”先进单位。2006年起，组织开展“十一五”立功竞赛，至2008年末，参加职工3.2万人次，提合理化建议3962条，实施879条，创经济效益498万元；有56人次参加省、市多项技术比赛，其中9人获国家高级技术工资格，2人获市技术能手称号。

## 四、民主管理

1991年，商业部口岸船舶修造厂先后被评为扬州市和江苏省民主管理先进单位。2002年4月，区总工会在泰州市新港照明电器厂召开全区非公有制企业职工代表大会制度建设现场观摩会，推动35个非公有制企业职工代表大会制度建设。2002年，开展“集体合同和劳动合同管理年”活动，全面推进集体合同和劳动合同制度。当年起，推进厂务公开制度，印发厂务公开工作意见，规范厂务公开程序。2003年，出台企业工资集体协商实施意见、推进企业工资集体协商三年（2003—2006）规划、工资集体协商工作考核奖励办法。2005年，召开全区企业工资集体协商工作推进会，成立高港区推进企业工资集体协商工作领导小组，印发实施意见，推动52个企业实行工资集体协商。区总工会确定每年4月和9月为“要约月”，推动全区工资协商要约全面开展。2006年，印发《关于进一步帮助和指导职工签订劳动合同的工作意见》和《关于进一步规范企业工资集体协商工作的实施意见》，全区开展职工工资集体协商企业覆盖面80%以上。12月，泰州市环太电器厂被省总工会评为工会推进工资集体协商先进单位。2007年7月，口岸街道工会被评为全省厂务公开工作先进集体。至2008年末，全区有132个企业建立职代会；有136个企业实行集体合同制度；有229个企业建立厂务公开制度，所有学校、医院建立相应的公开制度；236个企业建立工资集体协商制度，25个百人以上企业全部开展工资集体协商。

## 五、职工维权

区总工会成立后，开展送法下基层活动，提高全区职工依法维权意识；组建基层工会劳动争议调解组织，解决职工与单位的劳动争议；参与安全生产事故处理，维护职工合法权益。2003年，组织开展学习工会法知识竞赛活动，有5000名职工和工会干部参赛。2005年5月，开展职工权益宣传月活动。2007年，组织8000名职工参加全省百万职工劳动合同法知识竞赛活动；开展高港区和谐劳动关系企业评选活动；开展送法下基层活动，将劳动合同法送到基层职工、农民工手中。6月，选择31个企业作为劳动关系信息网点企业，了解全区各企业劳动关系状况；12月，泰州口岸船舶有限公司被评为江苏省和谐劳动关系企业。

1998—2008年，区总工会共举行法律知识讲座105场次，受众近6000人；建立基层工会劳动争议调解组织42个，调处劳动争议627起，接待职工来信来访521件，办结率95%；参与调查处理事故193起，职工获赔偿总额295万元。

## 六、职工帮扶

1999年，区总工会发放第一批职工特困证18本，让困难职工享受生活补助、物价补贴。2004年起，每年开展送温暖活动，当年筹集资金6万元，慰问困难职工、劳模、工会干部73人。组织工会干部与特困职工结对帮扶，每年开展“爱心助学月”等活动。2005年，筹集资金1万元，慰问高温下露天作业职工。2006年，筹集资金10万元，走访慰问困难职工、困难劳模。2007年，筹集资金2万元，帮助口岸街道戴集村修建桥梁1座，帮助3户困难家庭维修房屋。2008年，开展“金秋助学”活动，筹集资金5万元资助10名困难职工子女上学；给47名特困职工发放补助12万元；开展“新老泰州人，团圆一家亲”关爱外来务工人员活动，发放月饼和6万元慰问金，组织文艺汇演；筹集资金20余万元、电视机10台，走访慰问200余名劳模、困难职工和特困职工。1997—2008年，发放特困证247本；发放各项救助款物计6.83万元，受惠680人次；结对帮扶20人次，提供帮扶资金5万元；爱心助学52人次，提供助学资金2.15万元。

### 七、文化活动

1956年，口岸镇工会创办工人俱乐部，地址在口岸镇职工学校内，有图书、报刊及乒乓球、篮球、棋类等活动场所，1959年移交口岸文化站。1985年4月，口岸工人之家建成，建筑面积500平方米，有乒乓球室、桌球室、录像厅等设施。1991年6月，泰兴县总工会在口岸船舶修造厂召开职工之家建设现场会。1996年3月，口岸船舶工业公司工会被授予全国模范职工之家称号。1998年9月，区总工会举办庆祝国庆“我在改革大潮中”演讲比赛，有52人参赛。2001年，举办庆祝建党80周年党旗颂歌唱比赛，30个企业的近200名职工参赛。2005年，扬子江药业集团工会获全国模范职工之家称号。2006年，举办庆祝五一歌唱比赛，24名职工参赛。2007年4月，联合区文教局开展庆祝建区10周年“放歌新高港”歌曲演唱大赛，25名选手参赛；8月，举办“三泰杯”啤酒竞饮大赛，有14支代表队、71名选手参赛。2008年，全区有合格职工之家229个。

### 八、女职工工作

1998年，区总工会开始组织女职工权益保障监督检查，结合女职工的生理特点和女职工权益保障，举办知识讲座和法律法规咨询服务活动。2001年，在各乡镇设点开展女职工法律咨询活动，发放资料600余份，接待咨询200余人次。2003年、2006年，两次举行女职工法律知识竞赛活动，共有4000余名女职工参加。2003—2006年，举办女职工健康知识讲座4期。2005年，召开新修订的《中华人民共和国妇女权益保障法》学习讨论会6场。2006年，推进女职工权益保护专项集体协议签订工作，当年有53个企业与452名女职工签订协议。至2008年，女职工权益保护专项协议签订率91%。

# 第四章　共青团

## 第一节　组织建设

### 一、组织机构

民国29年（1940）后，境内纷纷建立儿童团组织。儿童团员们主动参加站岗、放哨、查路条等，一直延续至民国38年。民国38年3月，泰兴县成立中国新民主主义青年团泰兴县工作委员会后，境内建立相应的基层团组织。1957年7月，中国新民主主义青年团改名为中国共产主义青年团（简称共青团)，基层团组织相应更名。"文化大革命"开始后，各级团组织、少先队普遍受到冲击，被"红卫兵""红小兵"组织代替。至1970年初，境内乡镇、企事业单位团组织相继恢复。1978年，学校少先队组织恢复。

1998年3月，共青团泰州市高港区委员会(简称团区委)成立。2008年末，全区共有基层团委15个、团总支36个、团支部208个，团员12667人，其中女团员6231人。

**2003—2008年高港区共青团组织基本情况一览表**

表174

| 年份 | 团员总数(女团员)(人) | 团员入党数(人) | 发展新团员数(女团员)(人) | 基层团委数(个) | 团总支数(个) | 团支部数(个) | 基层团工委数(个) | 专职团干部数(女干部)(人) | 兼职团干部数(女干部)(人) |
|---|---|---|---|---|---|---|---|---|---|
| 2003 | 6687(3384) | 66 | 1315(705) | 13 | 18 | 342 | — | 161(46) | 32(7) |
| 2004 | 6498(3156) | 69 | 1268(684) | 13 | 18 | 342 | 2 | 165(45) | 129(30) |
| 2005 | 6498(3156) | 69 | 1268(684) | 13 | 18 | 320 | 3 | 167(53) | 129(30) |
| 2006 | 6498(3156) | 69 | 1268(684) | 13 | 18 | 320 | 3 | 167(53) | 104(26) |
| 2007 | 6498(3156) | 69 | 1268(684) | 13 | 18 | 320 | 3 | 167(53) | 104(26) |
| 2008 | 12667(6231) | 121 | 2341(986) | 15 | 36 | 208 | 3 | 236(86) | 324(104) |

### 二、代表大会

1998年5月4—5日，共青团高港区第一次代表大会召开，出席代表120人。会议选举产生第一届委员会委员19人、常委5人，祝光当选为第一届委员会书记，后由邱小平接任。

2002年4月26—27日，共青团高港区第二次代表大会召开，出席代表120人。会议选举产生第二届委员会委员19人、常委5人，邱小平当选为第二届委员会书记，后由葛志晖接任。

2005年4月22—23日，共青团高港区第三次代表大会召开，出席代表120人。会议选举产生第三届委员会委员、常委，邱卜雨当选为第三届委员会书记，后由邵剑峰接任。

## 第二节　主要工作

### 一、思想教育

1981年12月，刁铺环溪小学辅导员章庆生被评为江苏省优秀少先队辅导员。1998—2002年，团区委在全区广大团员青年中开展“三讲”和“三个代表”重要思想专题学习教育活动，围绕坚定信念、加强道德修养、强化服务意识、弘扬求实作风、提高工作水平等方面，通过召开座谈会、征求意见、上党风廉政建设教育课等活动，加强团员青年的学风、思想作风、工作作风建设。2003年，建立团干部考核机制、监督机制、公开竞争机制和流转机制，发挥专职团干部骨干作用；开展团干部专业知识、专业技能训练，增加社会工作、群众工作专业知识在培训中的比重。2005—2006年，举办团干部培训班6次，培训300余人次，其间，有26名团干部进入不同层次的领导岗位，10名大队辅导员进入校级领导岗位，3400余名团员青年经推荐加入中国共产党。2007—2008年，采取集中培训、以会代训和参观学习等形式，培训团干部近200人次，基层团干部受训率100%。

## 二、文体活动

1988年起，每年五四青年节前后，境内团组织开展书画、摄影、歌舞、征文、球类等比赛活动。1998—2002年，团区委组织全区青少年开展“手拉手共建文明社区”活动，举办社区文艺演出、文体竞赛等活动50余场次。2005年10—11月，举办“展新貌·扬新风·描未来”青少年书画、摄影作品展，共有100幅作品参展。2006年4月，在区政府广场开展“我与高港同成长”书画大赛，组织100余名小学生同场竞赛。10月，开展“法德共谐”法治宣传及“与法同行”书法图片展，展出各类作品100余幅。2007—2008年，开展青少年文艺展示、征文、书画大赛等活动10余场次。

## 三、青年志愿者

1998—2002年，团区委组织全区青年志愿者参与青少年保护母亲河绿化工程，累计4000余人次参加，种植各类树苗近万株；开展“一助一”青年志愿服务活动，关注社会弱势群体，对农村留守儿童、困境儿童、困难青少年等，开展亲情关爱、学业帮扶、赠送学习用品等活动，累计结对帮扶上千人次；分批组织10余个基层团组织3000余名青年志愿者参与环溪路“文明服务示范一条街”创建活动。2005年3月，开展“绿色高港，青春行动”活动，组织3000余名青年志愿者在姜寺线共8千米路段植树3500株。5月，组织3000余名青年志愿者参加全区“万人大劳动”活动，迎接全国卫生城创建验收。2006年，组织1000余名青年志愿者开展“送温暖、献爱心”活动，送出慰问金3万余元。在永安洲镇组织500余名青少年植树1600余株，打造高港区首片“共青林”。2008年3月，成立高港区青年志愿者总队，总人数8012人，下设12个青年志愿者服务站、13支青年志愿者服务队。

## 四、岗位建功

1959年，基层团组织发动团员青年投入增产节约运动，开展公路建设和四旁绿化等。1983年起，开展“五小”（小发明、小革新、小改造、小设计、小建议）活动。1989年，开展“争当双增双节青年标兵”技术比武活动。1998年起，团区委在全区开展青年岗位能手创建活动。2007—2008年，推进“青工技能振兴计划”，开展各级青工技能竞赛、“五小”成果评比、争创青年岗位能手等活动50余场次；全区青年职工形成“五小”成果60余项，提合理化建议300余条。1998—2008年，共培养省青年岗位能手2人，市青年岗位能手48人（其中市青年岗位能手标兵6人），区青年岗位能手142人；省新长征突击手1人。

1998年起，团区委组织开展青年文明号创建活动。2002年，区委组织部组织科被评为首届泰州市十佳青年文明号。2006年，组织窗口行业（系统）青年文明号开展“文明高港·青春行动”，为群众提供便捷、高效的服务。至2008年，共创成省级青年文明号4个，市级青年文明号6个（市十佳青年文明号2个、优秀青年文明号1个），区级青年文明号25个。

## 五、服务青年就业创业

1998年起，团区委鼓励青年农民创业，通过开展农业专家乡村行、举办培训班、营建科教兴农示范基地等活动，为农村青年科教兴农、科技致富创造条件。2002年8月，刁铺镇大丰牛蛙养殖基地被评为泰州市农村青年科教兴农示范基地。至当年末，全区培养农村青年科教兴农产业带头人19人，培育科教兴农产业示范基地9个，举办各类培训班30期，培训青年农民1000余人次。2003年3—6月，组织工商、税务等单位团组织负责人走访青年创业户15户，现场帮助解决实事5起。当年，新培养科教兴农产业带头人10人；举办培训班12期，培训青年农民1000余人；有15名在外有为青年回乡创业，投资约2000万元。至当年末，依托高港职教中心、成人教育中心建立培训基地6个，培训400余人次，输出青年外出务工人员350余人，培养青年农民劳务经纪人5人，选派2名青年农民参加省劳动厅青年农民劳务经纪人培训班。2005年，高港职教中心被团中央等七部委评为全国农村青年转移就业先进单位。2006年，培养农民经纪人3人，建立青年科教兴农产业示范基地5个，培养青年农业大户15户。2005年和2006年共举办人才培训班6期，培训300余人，输出青年富余劳动力500余人。2007—2008年，全区建成6个市级青年创业实践基地，培育出10余名市级青年创业之星和省级青年创业风云人物。2008年7月，高港区中药饮片有限公司、高港区综合物流园、江苏佩蒂食品有限公司被评为泰州市青年创业实践基地。

## 六、希望工程

1993年起，境内基层团组织开始参与“希望工程”，开展送温暖献爱心和“手拉手捡回一个希望”“一助一”“点燃希望之光，奉献一片爱心”等助学活动。1998年起，团区委动员社会力量扶贫助学，开展“希望工程”活动。至2002年，经与教育部门协调，累计资助贫困学生600余人，减免学杂费和提供救助金31.1万元。2000—2006年，共结对帮扶贫困学生267人，其中，资助至走上工作岗位43人，资助至考上大学35人，累计资助资金、减免学杂费近40万元。2006年7月，在许庄中心小学开展“情牵留守儿童”爱心助学捐赠仪式，为40余名留守儿童赠送书包、文具等学习用品100余份。2007—2008年，开展“电力助学资金”“动感地带圆梦行动”等活动，共资助贫困学生300余人，资助上大学80人；开展鱼水工程“1＋1”助学活动，团干部与贫困学生结对200余对，捐赠书籍100余册、书包100余个。1998—2008年，共资助贫困生372人，累计减免学费和提供救助金104万元。

## 七、未成年人保护

1998—2002年，团区委开展争创优秀青少年维权岗活动，为特困家庭子女奉献爱心、提供法律援助。其间，成立区青少年法律援助工作站。2003年，推动青少年维权岗创建向基层延伸，开展《中华人民共和国未成年人保护法》《中华人民共和国预防青少年违法犯罪法》宣传，组织“青少年拒绝毒品”“未成年告别网吧”“青少年网络文明公约”等主题宣传活动。2006年，团区委与区司法局合作编写“五五”普法学生读本，在区电视台开辟保护未成年人法治宣传专栏，为全区在校学生建立“学生行为档案”，与家庭签订防止犯罪责任状，开展“法律小博士”知识竞赛和“小手拉大手”带法回家活动。10月起，在全区中小学校开展未成年人思想道德建设“百日整治集中行动”，实施青少年网络文明行动，开展校园周边环境整治。2007—2008年，深化青少年维权岗创建，初步构建全区青少年服务工作网络；开展青少年网络文明、青少年远离毒品、青春红丝带等行动，在青少年中倡导健康文明的生活方式。1998—2008年，创建省级青少年维权岗2个，市级青少年维权岗18个，区级青少年维权岗37个。

# 第五章 妇女团体

## 第一节 组织建设

### 一、组织机构

民国29年（1940），境内各区、乡、村先后组建妇抗会，设妇抗会会长，民国32年冬改称妇女工作委员会，民国34年9月改称民主妇女联合会。各级妇女团体组织广大妇女配合民兵站岗、放哨、送情报，参加减租减息，动员亲人参军，做军鞋，为烈军属代耕代种、组织慰问等。1951年，乡镇设妇女联合会，村设妇女代表会（简称妇代会）。1957年后，乡镇设妇女委员会（简称妇委会），村仍设妇代会。1997年5月，区妇女联合会筹备小组成立。1998年4月，区妇女联合会（简称区妇联）成立。6月，区政府成立妇女儿童工作委员会。2008年，全区共有街道妇联3个、乡镇妇联5个，部门、系统妇委会19个，社区妇委会17个、村妇代会70个。

### 二、代表大会

1998年4月28—29日，高港区第一次妇女代表大会召开，正式代表120人，特邀代表10人。会议选举产生第一届执行委员会委员21人。第一届执行委员会第一次全体会议选举产生常委7人，吴秋娣当选为区妇联主席，其后由邱晓红接任。2003年3月8日，高港区第二次妇女代表大会召开，正式代表138人，特邀代表20人。会议选举产生第二届执行委员会委员31人。第二届执行委员会第一次全体会议选举产生常委9人，邱晓红当选为区妇联主席，其后由包国芳接任。

## 第二节 主要工作

### 一、宣传教育

1992年起，境内乡镇宣传《中华人民共和国婚姻法》《中华人民共和国继承法》《中华人民共和国妇女权益保障法》和国务院《女职工劳动保护规定》等。1996年，口岸镇妇联组织好婆婆、好媳妇、好妯娌、好邻居事迹巡回演讲。1997年，区妇联筹备小组举办庆祝香港回归和学习中共十五大精神活动；启动“万家学法”活动，举办法律知识竞赛，邀请泰兴市全国普法先进个人羊桂芳巡回宣讲。1998年1月，开展“尊老爱幼活动月”活动，召开尊老敬老事迹报告会。当年起，区妇联每年召开三八纪念大会或座谈会。1999年，开展“相信科学，反对封建迷信”教育和“妇女·家园·环境”主题宣传活动，举办庆国庆爱国主义教育暨科普知识讲座，召开婆媳座谈会和干部家属座谈会，在全区中小学举办“爱祖国、爱家乡、爱自然、爱生活”绘画、书法、摄影比赛。12月，成立高港区家庭教育指导委员会。1999—2000年，全区72所中小学校创建家长学校。2001年起，开展“四自”（自尊、自信、自立、自强）教育活动。2002年4—5月，开展《中华人民共和国婚姻法》学习宣传月活动。2003年，传达学习中国妇女第九次代表大会、江苏省妇女第十次代表大会精神；开展“童眼观德”儿童摄影比赛和“我心中的美丽家园”儿童绘画比赛，评选出23名“希望之星”好儿童。2004年，开展向全国公安系统一级英雄模范任长霞学习活动。11—12月，全区妇联系统开展警示教育月活动。2005—2008年，先后举办“合格家长”标准大讨论征文、“我心中的合格母亲”征文、“十年颂歌”征文及演讲、“改革开放30周年与我家”征文、“我成长，我快乐，我感恩，我祝福”儿童征文活动；开展家庭助廉格言及警句征集、万人警示教育和家庭助廉教育活动，创建“廉洁家庭”100户；举办女干部男女平等基本国策知识培训班，开展“宣传法律知识、服务妇女群众、促进男女平等”宣传咨询活动。

## 二、创业就业

图 21-5-1　“为创业女性喝彩”文艺演出（2006年摄）

2000—2001年，区妇联先后举办花卉栽培技术、特种养殖技术培训班。2003年5月，开展有奖征集创业金点子活动，收到点子策划方案20余份。2004年，举办家庭插花、居室保洁、家庭饮食卫生、家常菜制作、法律常识、孕产妇及婴幼儿护理、老年人及常见病护理等培训30余期。2005年3月，召开成功女性创业座谈会，介绍创业经验；在高港有线电视台宣传“造船女王”戚俊宏、营销标兵苏荣本、“建筑之花”王紫英、多彩羽毛工艺厂王月香、奉献幼教事业的戴海霞等10名女性创业事迹。2005年，举办羽毛加工、服装制作、插花厨艺等技能培训4期；举办首期失地妇女培训班，培训内容有老年人及婴幼儿护理、失地后心态转换等。2006年，举办电脑知识等实用技术培训班12期；召开庆三八女性创业推进大会，举办“为创业女性喝彩”专场演出；在电视台开辟女性创业就业专栏，宣传引江奶牛场负责人杨承香、曙光无线电厂厂长戚桂茹、东方力神吊装设备厂厂长董久英、瑞达礼品厂创办人侯秀琴、泰州三福船舶工程有限公司董事长戚俊宏、野徐镇新联村党总支书记薛春兰、女企业家陈美等的先进事迹。2007年，举办农村妇女花卉苗木栽培技能培训2期；借助市巾帼示范基地举办波尔山羊养殖、葡萄栽培、蔬菜大棚技术培训班4期。2008年，举办农村妇女发展高效农业实用技术培训班，学习中药材规范化栽培、奶牛饲养管理等知识。1997—2008年，通过举办各类实用技术培训班，实现农村妇女劳动力转移就业8000人。

### 三、妇女维权

2000年11月，区妇联成立妇女权益法律援助站。2003年，制定维护妇女儿童权益联席会议制度，在各镇建立妇女维权工作站12个，在各镇派出所设立家庭暴力投诉站。2005年，进一步健全法律援助网络，区建立妇女法律援助中心，各镇建立妇女法律援助工作站（投诉站），各村（社区）设立妇女法律援助联络员；建立“148”法律咨询热线联动机制，设立妇女法律、心理咨询热线电话；设立“110”家庭暴力报警中心投诉点7个；培训妇联干部担任劳动保障法律监督员，加入劳动仲裁、土地仲裁委员会。2007年，出台《关于在民事审判中进一步做好妇女权益保障纠纷案件调整工作的若干规定》。帮助一名农村妇女获得离婚财产60万元。1997—2008年，区妇联（筹备小组）接待妇女来访、处理来信500人（件）次，调处率98%，结案率100%。

### 四、关爱儿童

1997年起，每年六一国际儿童节前后，高港区各级妇女组织均开展庆祝活动，组织为儿童免费体检、捐款捐物、走访慰问、文艺演出等活动。1998年，区妇联组织妇女帮扶孤残困难儿童。《新华日报》登载《泰州高港四十六名孤儿有了爹娘》，报道区妇联建立责任人制度、结对帮扶孤儿的事迹。1999年起，每年召开扶助孤儿座谈会。2000年11—12月，开展“情系西部·共享母爱”爱心行动，募集资金2.93万元。2001年，重新调查全区孤儿情况，建立孤儿档案55份。2002年，《新华日报》刊载《55个孤儿和他们的家》，报道高港区帮扶孤儿事迹。2005年，出台《高港区孤儿扶助实施办法》，建立帮扶责任机制、教育保障机制、生活保障机制和医疗保障机制，免除孤儿义务教育阶段所有学杂费，考上区属高中的免缴学杂费，考上大学给予3000元一次性奖励。当年，发放孤儿证65本。2005年9月，指定各镇妇联主席为各镇孤儿的“代理妈妈”。2006年，开展“社会妈妈倾情关爱温暖女童”活动，组织女干部、女能人做“社会妈妈”；举办“关爱女孩”夏令营，组织60名贫困女童到扬州游玩；开展“手拉手、心连心”结对助学活动，女企业家、女干部、女教师、女医生与贫困女童结对100对。2007年，建立孤儿档案69份，对孤儿实行动态管理。2007年，为94户单亲家庭和贫困家庭儿童送去学习生活用品，发动社会各界为贫困儿童编织和捐赠毛衣。2008年5月，开展“同一片蓝天下”联谊活动，组织40名正科级以上干部与40名孤儿帮扶结对。

1997—2008年，全区发放各类关爱儿童扶贫款200余万元，帮扶101名孤儿，其中，5人完成大学学业走上工作岗位，27人完成义务教育、职业教育后就业；累计有115名“社会妈妈”与贫困留守儿童结对。

### 五、“双学双比”活动

1989年，境内妇女开展“双学双比”活动。组织45岁以下农村妇女学习文化技术课程，有半数以上获得合格证书。1993年，口岸镇“双学双比”竞赛活动领导小组被评为省“双学双比”活动先进集体。1997年，全区建村级以上三八丰产方150块、7850亩；兴办150余个妇女致富项目，组织女干部、女企业家、女经纪人、致富女能手等结对帮扶农村妇女400余户；举办各类职业技能培训班20期，培训妇女骨干1000余人。当年，全区“双学双比”活动参赛妇女42453人，培养女农民技术员258人（其中获绿色证书及农副产品营销资格证书99人）、致富女能手1285人，表彰首批区“双学双比”女能手32人。刁铺镇大丰村周亚琴被评为泰州市“双学双比”十佳女能手，口岸面粉厂厂长张鸭红被评为泰州市十佳女厂长。1998年，区政府成立农村妇女“双学双比”活动领导小组；召开“双学双比”现场会，观摩许庄镇的养鸡专业户、羽毛艺术品加工厂和口岸镇的养蝎场。口岸镇三官殿村妇女主任颜荷芳被评为市“十大女状元”。1999年，以“创业、创造、创新”精神推动“双学双比”活动，建好以女性为主体的蔬菜种植、生猪养殖、水产养殖等龙头项目。口岸镇妇女养蝎股份合作社在三官殿村成立，引江养殖场被命名为市三八龙头项目；野徐镇陈庄村小麦丰产方被评为市三八丰产方。2000年，48名女能手与普通农户开展“一对一”技术服务结对活动，11名妇女加入农民经纪人队伍，市级女能手与292名贫困妇女结对帮扶，85%的被帮扶对象脱贫。2001年，启动市“双学双比”活动领导小组滚动扶贫资金“赠一还一”无息贷款。2002年，口岸镇奶牛养殖户杨承香被评为省“双学双比”先进女能手，口岸镇妇女养蝎股份合作社被评为省优秀三八合作经济组织。2003年，以“学科技、调结构、促增收”为重点，深化农村妇女“双学双比”活动，注重培训学习农业标准化、实用新技术、世界贸易组织等知识。2008年，区妇联邱晓红被评为全国农村妇女“双学双比”活动先进工作者。至当年末，培养女农民技术员500人、致富女能手300人；有省级“双学双比”女能手6人，市级10人，区级12人；共建三八丰产方6块，其中市级三八丰产方4块；发放滚动扶贫资金9万元。

## 六、“巾帼建功”活动

1991年起，境内开展“巾帼建功”活动，组织技术比武、提建议、技术革新、下岗妇女培训等。田河乡妇联在雅妮娜巾被实业公司开展“少出一件次品，多节约一两棉纱”竞赛，口岸镇妇联开展新时代女性形象大讨论活动。1997年，全区建立巾帼示范岗争创岗140余个。口岸、田河等镇开展“节约一点能源、少出一件次品、多作一份贡献”竞赛活动。全区各级妇女组织举办技术比武20余场次，参赛女职工1500余人。1998年，区政府成立城镇妇女“巾帼建功”活动领导小组，召开“巾帼建功”现场会。1999年，区妇联、区“巾帼建功”领导小组表彰首批区级“巾帼建功”先进个人9人。2000年，高港汽渡公司售票房被评为省级巾帼示范岗；口岸镇建立巾帼再就业指导服务中心，刁铺镇成立再就业指导点。2002年12月，开展以“提高综合素质，关注特困群体，义务奉献社会”为主题的巾帼志愿者万人行活动，组建巾帼志愿者服务队30支。2003年，区电信分局营业大厅被评为江苏省巾帼示范岗。2005年，向全区女党员中发出“让共产党员先进性在巾帼创业中闪光”倡议书。2007年10月，召开“建设新农村、创造新生活”巾帼示范村建设推进会，参观市级新农村巾帼示范村——永安洲镇永胜村，14个巾帼文明岗与巾帼示范村现场结对。2008年，开展“节能减排，巾帼行动”宣传活动，泰州三福船舶工程有限公司董事长戚俊宏当选为全国“十大女杰”、全国“巾帼建功”标兵，区国税分局被评为全国巾帼文明岗。

1997—2008年，全区创建全国巾帼文明岗1个、省巾帼文明岗14个、市巾帼文明岗25个、区巾帼文明岗32个，获评全国“巾帼建功”标兵1人、省“巾帼建功”标兵2人、市“巾帼建功”标兵6人、区“巾帼建功”标兵30人。

## 七、争创“五好文明家庭”

1988年起，境内组织妇女参加“五好文明家庭”创建活动。“五好”标准为：爱国守法，热心公益好；学习进取，爱岗敬业好；男女平等，尊老爱幼好；移风易俗，少生优育好；勤俭持家，保护环境好。1997年起，区妇联开始评选“五好文明家庭”和“文明家庭标兵户”，每两年评选一次。1999年2月，开展“五好文明家庭奉献月”活动，组织20名女干部到“五保”户、敬老院、贫困家庭开展服务，帮助他们拆洗被褥、打扫庭院、擦拭门窗等；组织100名帮扶志愿者帮助残疾军人收割麦子、帮助孤寡老人打扫卫生等。当年，将“妇女·家园·环境”主题宣传活动纳入“五好文明家庭”创建活动之中。

2001年，组织14户“五好文明家庭”与14户贫困家庭、单亲家庭和特殊家庭结对。2003年，启动“家家学、家家美、家家富、家家康、家家乐”特色家庭推荐活动，将刁铺镇二桥村作为全区首个示范点。有9户家庭被市妇联评为“十佳特色家庭”。2005年，发出“兴廉洁之风，建文明家庭”倡议书1000余份，设置宣传栏、宣传牌20余处，倡导妇女“勤俭以持家、廉洁以治家”。2006年4月，以“知荣辱、树新风、倡和谐”为主题，征集和谐家庭先进事迹，有10篇和谐家庭先进事迹被选编入市妇联《和谐家庭新风赞》。2007年，围绕“家家学、家家议、家家做、家家乐、家家评”5个环节，开展“美德在农家”活动，倡导健康、文明、科学的现代生活方式。2008年，郭宏鹤家庭被评为全国“五好文明家庭”。至当年末，全区有全国“五好文明家庭”1户；省“五好文明家庭”3户；市“五好文明家庭”50户，市“十佳五好家庭”5户；区“五好文明家庭”5000户，区“文明家庭标兵户”500户。

# 第六章　科　协

## 第一节　组织建设

### 一、组织机构

20世纪70年代末，境内各乡镇开始建立科协组织。1998年11月，高港区科学技术协会（简称区科协）筹备组成立。1999年1月，区科协成立。至年末，各乡镇成立科普工作领导小组，并建立200人以上的科普志愿者队伍。2000年，区医学会成立。2001年，区科技创新咨询协会、区花卉园艺协会成立。2002年，区畜牧兽医学会成立。2004年，区青少年科技教育协会成立。2006年，江苏三泰啤酒集团有限公司成立全区首个企业科协。2008年，区农学会成立，并组建农业科普讲师团。当年末，全区有镇（街道）科协7个；学（协）会6个、农业科普讲师团1个，会员200人；企业科协8个，会员1000余人。

### 二、代表大会

1999年1月22日，区科协第一次代表大会召开，参加会议代表100人，选举产生第一届委员会委员34人。一届一次会议选举产生常务委员会委员13人，陈永生当选为主席，后由胡万源、唐秧林分别接任。2006年11月28日，区科协第二次代表大会召开，参加会议代表99人。选举产生第二届委员会委员40人。二届一次会议选举产生常务委员会委员11人，唐秧林当选为主席。

## 第二节　科普设施

1997年，全区有科普黑板1612平方米，画廊620平方米，科技阅览室500平方米。2006年启动科普示范区创建活动后，科普设施建设逐步完善。2008年，在高港实验小学内建成高港区青少年科普馆，展区面积300平方米，有数学、力学、光学、声学、生理学等展品23件。至年末，共建科普画廊18座，总长1847米，由区科协定期维护更新；口岸街道、刁铺街道、许庄街道和永安洲镇建成科普（图书）活动室，配有电脑、电视等电教设备，有藏书2.32万册；行政村中建有科普专栏20个、科普图书室8个、科普活动站8个；社区中建有科普专栏6个、科普图书室9个、科普活动站10个。

## 第三节　主要工作

### 一、科普宣传

【科普宣传周】 1997年，区内开始组织科普活动。2002年起，每年5月（一般为第三周）开展科普宣传周活动。2003年，开展以“依靠科学，战胜非典”为主题的科普宣传周活动，围绕非典型肺炎防治，发放宣传画800余张、手册3000余册、光盘500余张，布置板报画廊5000米、展板250块，播放科教片7部。2005年，举办“创建环保模范城市，建设和谐美好新高港”科普画廊联展。2006年，举办“共建创新型高港”科普画廊联展；组织30名农业科技专家到农村开展技术指导和现场咨询服务；在区有线电视台开设农村实用科技专题节目；开展“青少年感受科技创新”科普活动，组织中小学生参观高新技术企业。2007年、2008年科普宣传周期间，组织专家到农村开展科普知识讲座活动，开展实用技术培训8场次，参训人员8000人，发放科普资料8万份。

1997—2008年科普宣传周活动中，共举办各类科普讲座、科技报告会20场次；举办科普咨询活动25场次，接受咨询2000人次；发放科普宣传资料1万份。

【全国科普日】 2004年起，每年开展全国科普日活动。当年组织科普志愿者到刁铺镇开展科普宣传活动。2005年，活动日期由6月改为9月的第三个公休日。当年组织区职教中心的12名志愿者开展无线电、机械设计、家电维护等8个专业的科普宣传，为群众现场维修煤气灶、电饭锅等。2006年，举办“预防疾病，科学生活”科普讲座，邀请省、市专家讲解健康知识，发放健康知识小册子1000余份，接受咨询600余人次。2008年科普宣传日，举办青少年科普馆开馆仪式；邀请眼科专家在高港实验小学广场讲解保护眼睛、预防近视科普知识，现场为学生检查视力。

【科技下乡】 1999—2006年，全区科技下乡活动由区农委牵头开展，主要以农村传统集市为载体，组织区专业学（协）会专家、科普志愿者和农林、卫生、科技、教育等部门科技人员，发放科普书籍，接受科普咨询，提供计生、卫生、保健、家电维修等服务。2007年起，科技下乡活动由区科协牵头开展。当年2月，区科协组织40余名科技人员在大泗学校开展科技下乡活动，发放健康知识、农业科技、生活小常识等方面的书籍2000册，接受咨询1500余人次。2008年1月，组织50余名科技人员在口岸街道朱营村开展科技下乡活动，发放科普书籍、报刊3000份，接受咨询2000余人次。1999—2008年，全区组织规模较大的科技下乡服务活动17次，免费发放各类书籍、图片等科普资料30余种、5万余份（册），接受咨询1万余人次，帮助农民群众解答各类问题1000余个，受益群众6万人次以上。

2007年起，高港区根据江苏省“万名科技专家兴农富民工程”和泰州市“千名科技专家兴农富民工程”要求，组织实施“百名科技专家兴农富民工程”，由区科协牵头负责。成立区专家工作站，邀请南京中医药大学、南京农业大学等院校20余名专家加入工作站。组织综合素质高、具有实践经验的农技专家指导农户。对农业项目进行包装申报，泰半夏新品种选育项目被列入省高新技术研究计划。

至2008年，共实施市级重点项目5个；举办实用技术培训50班次、1万余人次，科技素质培训3800人次，种养大户培训300人次，劳动力转移培训60人次，农民经纪人培训50人次；建立学用技术示范基地20个；帮助2个村与相关院校农业专家对接，帮助100户农户致富。

### 2007—2008年高港区"百名科技专家兴农富民工程"市级重点项目一览表

表175

| 项目名称 | 项目地点 | 挂钩专家 | 联系单位 |
|---|---|---|---|
| 地道中药材泰半夏规范化栽培技术研究和产业化开发 | 口岸街道雅儒村 | 谈献和、吴皓、王康才、乔玉山 | 南京中医药大学 |
| 高效葡萄避雨种植 | 永安洲镇永胜村 | 吴伟民、陶建敏、钱亚明 | 高港区农委 |
| 葡萄、西瓜、韭菜、草莓及茄果类蔬菜规范化栽培技术研究和产业化开发 | 胡庄镇薛垛村 | 王海涛、姜宗庆 | |
| "黑米黄"生态葡萄立体栽培 | 野徐镇褚雅村 | 翟洪田、曹书凡 | |
| 泰州市腾龙园林绿化工程有限公司彩叶植物的研究繁育推广项目 | 白马镇农业科技示范园 | 汤庚国、范荣春 | |

【青少年科普】 1999年起，区科协组织中小学生参加江苏省"金钥匙"科技知识竞赛活动。当年，共有4000余人参加江苏省第十一届"金钥匙"科技知识竞赛活动。2001年，口岸中心小学150余名学生参加江苏省奥林匹克信息学竞赛活动。2002年，组织中小学生3000余人参加省、市"未来科学家"科技知识竞赛。2006年起，组织科普大篷车进校园活动，当年科普大篷车在高港中学、区职教中心、野徐中学、白马中学开展科普知识宣传活动，展出科普图片展板100余块、科普展品24件，观看人数1万余人。2008年，在全区中小学中组织开展"节水在我身边"征文活动，共收到征文83篇，评出获奖征文28篇；开展青少年科普作品制作大赛，共收集作品138件，评出优秀科普制作奖作品13件。永安洲镇中心小学、高港实验学校被评为泰州市科技教育特色学校。

1999—2008年，共有40余名教师和300余名学生在省、市科协组织的"金钥匙"科技竞赛、电脑制作大赛、奥林匹克竞赛等青少年科技普及教育活动中获奖。

## 二、学术报告

1999年起，区科协下属6个学（协）会组织开展学术交流、学术报告会、知识竞赛等活动。2001年，邀请省农林厅专家举办"推进农业产业化，提高农产品质量安全"报告会，基层农技人员和机关干部共150余人参加。2004年，举办"沿江开发与生态环境保护"科普报告会2次，邀请南京大学和省发改委专家讲课，180余人听课。2005年5月，举办"保护知识产权，促进创新发展"专利讲座，120余名企业负责人参加。2007年5月，邀请上海大学知识产权学院院长陶鑫良为全区领导干部、企业家作"我国知识产权形势及相关问题应对"专题报告。2008年，邀请水利部水资源管理司专家为区、镇机关干部作"水资源与人类生存发展"科普报告会；邀请江苏省知识产权局副局长为区、镇机关干部和列统企业负责人作"企业知识产权发展与保护"专题报告。

1999—2008年，累计举办学术报告会50余场；征集优秀科技论文35篇，有26篇在市自然科学优秀论文评选中获奖。

## 三、培训与咨询

2000年，区科协举办为期10天的互联网知识培训班，区、镇机关和企业负责人60余人参加。2001年，举办电子商务培训班2期，企业网上销售人员60余人参加；举办计算机、外语培训班3期6班次，企事业单位工作人员300余人参加；举办证券知识培训班1期，60余人参加。2002年，举办计算机、外语培训班4期8班次，企事业单位工作人员共5000余人参加。2003年，邀请江苏省农业厅、南京农业大学的5名教授在刁铺镇举办种植、养殖技术培训，200余人参加。2004年，举办实用技术培训班7次，2200余人次参加。2006年，开办麦套稻技术培训班6次，1000余人次参加。2008年，举办花卉苗木专题培训，210户花木种植专业户参加。

1999年起，区科协帮助企业做好上网工程。2001年，开展“百家企业技术创新需求调研”活动，为企业推荐科技项目，帮助解决技术难题。创办《高港科技动态》，宣传科技政策，介绍科技项目。2002年起，组织区科技咨询协会会员，对企业开发的新产品、新技术进行评估，帮助企业开展科技成果申报和鉴定，有6项成果通过市级鉴定，2项成果通过省级鉴定。2003年起，区科协帮助企业申报“金桥工程”和“厂会协作”项目。2006年，泰州市华强照明器材有限公司的4J50包无氧铜低阻封接导丝获国家级金桥奖。2008年，联系中国科技咨询中心、省科协和省科技咨询中心开展“专家高港行”活动3次，帮助企业解决技术难题6项，推进科研单位成果在高港区转化18项。2003—2008年，共申报“金桥工程”项目16项，“厂会协作”12项，有7个项目被评为省、市优秀项目。

1999年起，区科协组织全区企业参加“讲理想、比贡献”竞赛（简称“讲比”竞赛），当年有5个项目被市科协立项。至2006年，共有38个项目被市科协立项。2007年起，活动更名为“讲创新、比贡献”竞赛，当年共有8个项目被市科协立项。1999—2008年，共有59个项目被市科协立项，组织人员参与技术革新改造41项，开发新产品18个，推广新技术14个，提出科技建议42条，创造经济效益4.25亿元。

## 四、科普创建

1998年起，高港区开展“讲精神文明、比科技致富、创科普文明村（镇）”活动。当年有27个村被评为泰州市科普文明村。2001年，刁铺镇被评为泰州市科普文明乡镇，有17个村被评为泰州市科普文明村。2003年起，开展区级科普文明镇（村）的评比活动，当年评选出科普文明镇1个、科普文明村12个。环溪街道被评为泰州市科普文明街道。2004年，柴墟街道被评为泰州市科普文明街道。2005年，泰州花卉园艺中心创成全区首个泰州市农业科普示范基地。2006年，泰州市高港区波尔（杂）山羊高效育肥科普示范基地、泰州市高港区绿园葡萄发展有限公司被评为泰州市农业科普示范基地。2007年，口岸街道、刁铺街道被评为江苏省科普文明街道，永安洲镇被评为泰州市科普示范乡镇，许庄街道三星社区被评为泰州市科普示范社区，泰州市腾龙园林绿化工程有限公司被评为泰州市农业科普示范基地。2008年，高港区首次创建成江苏省科普示范区，高港区泰半夏种植科普示范基地被评为江苏省农村科普示范基地，野徐镇被评为泰州市科普示范乡镇，口岸街道王营社区、许庄街道马厂社区被评为泰州市科普示范社区。

1998—2008年，全区建成省级科普文明街道2个，市级科普文明乡镇1个，市级科普文明街道2个，市级科普文明村44个；建成市级科普示范乡镇2个，市级科普示范社区3个；建成省级农村科普示范基地1个，市级农业科普示范基地4个。2003—2008年，共表彰区级科普文明镇3个次、文明村37个次。

# 第七章　文　联

## 第一节　组织建设

2005年2月，区文学艺术界联合会（简称区文联）筹备小组成立。6月，区文联召开第一次代表大会，选举区文联第一届委员会委员13人。在当天召开的一届一次全委会上，卞晓江当选为区文联主席。2008年，区文联下设书法家协会、京剧协会、作家协会和高港书画院。

## 第二节　主要工作

2005年10月，区文联举办“知我高港、爱我高港、颂我高港”书画摄影展，共展出作品90余幅，参观人数3000余人。2007年，举办建区10周年书画摄影展，展出书画作品60余幅、摄影作品30余幅，参观人数2000余人；编辑《建区10周年书画摄影作品集》，收录书画作品48幅、摄影作品174幅；举办第二届中国泰州·三泰啤酒文化节书画展，展出作品80幅，参观人数5000余人；举办“地税杯”书画摄影作品展，展出作品50余幅，参观人数1000余人；举办“深化法治宣传教育、推进法治高港建设”书画巡回展，展出书画作品100幅，分别在口岸街道、刁铺街道、许庄街道、永安洲镇和白马镇展出，参观人数5000余人。2008年3—5月，参加社区邻里节系列活动，分别在口岸街道新城社区、育才社区举办书画展览和书画赠送活动。12月，开展“美文颂高港”系列文化活动，举办征文活动和群众晚会。

# 第八章　残　联

## 第一节　组织建设

1998年5月，区政府成立残疾人工作协调委员会。1999年9月，区残疾人联合会（简称区残联）成立，与区民政局合署办公。9月20日，区残联第一次代表大会召开，推选区委副书记刘时根为名誉主席、副区长薛广福为主席，选出副主席13人，选举杨海峰为区残联执行理事会理事长。2004年，区残联调整为单设的正科级机构，系融社会福利团体和事业单位管理机构于一体的残疾人事业团体。

2005年11月，区残联第二次代表大会召开，推选副区长丁建军为主席，选出副主席6人，选举刘富庭为执行理事会理事长。2006年，全区7个镇（街道）全部建立残疾人综合协会，共配备专职委员7人；70个村、17个社区和24个福利企业建立残疾人协会，会员总人数388人，配备专职委员111人。高港区被评为全国基层残疾人组织规范化建设达标区。2008年区划调整后，有8个镇（街道）残疾人协会，配备专职委员8人；21个社区（居委会）、79个行政村、1个渔业公司和24个福利企业建立残疾人协会，会员总人数466人，配备专职委员128人。

## 第二节　主要工作

### 一、残疾人调查与评定发证

1997年，高港区共有各类残疾人2120人，其中，肢体残疾966人，视力残疾358人，听力言语残疾186人，精神残疾263人，智力残疾128人，综合残疾219人。2006年，开展第二次全国残疾人普查工作，经普查，全区有各类残疾人7570人，其中，肢体残疾3536人，视力残疾992人，听力语言残疾946人，智力残疾364人，精神残疾1170人，综合残疾562人。

1999年9月，区残联成立残疾人评定工作委员会，开展残疾评定工作，指定高港人民医院为残疾人评定定点医院。当年，发放残疾人证36本。2000—2006年，定期组织工作人员到各镇（街道）、福利企业开展残疾人评定发证工作，其间共发放残疾人证1836本。2007年，随着重残无业人员享受最低生活保障等惠残政策出台，残疾人持证意识不断增强，区残联于当年6月印发《关于对全区重残无业人员进行残疾评定发证的通知》。至2008年末，共发放残疾人证3013本。

### 二、生活保障

2006年，《高港区社会困难群体救助体系意见》和《高港区贫困残疾人社会救助实施办法》出台，全区享受最低生活保障的贫困残疾人家庭共497户570人，享受“五保”供养的103人，参加农村合作医疗保险的低保对象和“五保”供养的残疾人673人全部纳入大病医疗救助体系，个人缴纳部分由区财政统筹解决资金21975元。2007年，全区595名重残无业残疾人全部纳入最低生活保障体系，其中，农村551名重残无业人员每人每年享受1440元标准按季发放，城镇44名重残无业人员每人每月享受240元标准按月发放。2008年，共有832名重残无业人员享受全额低保政策；近300名一户多残、重残无业的贫困残疾人享受到每月200～300元生活补助；60户贫困残疾人家庭草危房得到改造。

### 三、残疾人康复

2005年起，区残联组织实施康复扶贫工程，帮助残疾人改善功能。当年为10名视力残疾人配备助视器，为12名听力残疾人配备助听器，为5名肢残人免费安装假肢，为16名精神病患者免费送药。高港区被评为江苏省社区残疾人康复工作先进区。2005—2008年，共投入资金76万元，为700余名肢残人免费赠送轮椅车；为25名肢残人免费安装假肢；为60名盲人免费赠送盲杖；为18名残疾儿童免费配备助听器和助视器；为637名白内障患者实施复明手术，其中免费手术82例；为67名精神病人免费送药，并落实监护人。2008年，建立健全区、镇（街道）、村（社区）三级康复网络，残疾人康复列入区医疗服务体系建设；各镇（街道）卫生院设立残疾人康复科，配备康复指导员；各村（社区）卫生站设立康复训练室，配备康复协调员和康复员。逐步形成以专业康复机构为骨干、社区为基础、家庭为依托的社会化康复服务体系。至当年末，全区有康复指导员7人，康复协调员和康复员89人，共为1136名残疾人进行康复训练。

## 四、体育活动

2007年起，区残联选拔残疾人参加市残疾人体育运动比赛。至2008年末，共选拔各类残疾人10余人参加泰州市残疾人运动会。2007年8月，肢残人梁为国和黄燕全参加泰州市残疾人运动会表现出色，分获300米一等奖和200米二等奖。2008年7月，肢残人凡烨在全市残疾人运动会上获铅球一等奖。

## 五、教育就业

2003—2008年，共对92名贫困学生进行入学救助，资助金额22万元；对28名考入大中专院校的低保残疾人子女及残疾学生累计资助9.8万元；安排16名残疾儿童随普通教学班就读。

1997年，全区18个福利企业安置残疾人就业911人。1999年，区残联集中安排210名残疾人就业。2000年12月，区政府制定《高港区按比例安排残疾人就业办法》和《高港区残疾人就业保障金征收和管理办法》，残疾人就业安置实行集中与分散相结合的办法。2001年起，区残联每年都为有就业能力和就业需求的残疾人进行失业登记，定期向福利企业推荐，帮助他们实现就业，并组织参加市残联举办的残疾人就业招聘会。对符合条件的盲人保健按摩机构给予一次性扶持资金5000元。2004—2008年，区残联安排残疾人就业158人，鼓励和扶持残疾人就业40余人，发展从事养殖业、种植业的残疾人70人，在21个福利企业集中安置残疾职工963人，全区有劳动能力的残疾人就业率90%以上。

## 六、助残活动

2006年，全国助残日（5月的第三个星期日）、盲人节（10月15日）、聋人节（9月的第四个星期日）期间，区残联组织开展助残活动。助残日期间，区残联走访慰问12户特困残疾人家庭，送去慰问金3600元；向86名贫困残疾人赠送轮椅车。盲人节期间，走访慰问10户盲人家庭，送去慰问金3000元。聋人节期间，在刁铺农贸市场设立咨询台，免费发放关于聋哑人权益保护的宣传材料500余份。

图 21-8-1　志愿者开展助残活动（2008年摄）

2007年助残日期间，走访慰问20户特困残疾人家庭，送去慰问金8000元；联合区地税分局开展爱心助残活动，到刁铺街道居桥村、通泰社区和口岸街道龙窝口社区走访慰问30户特困重度残疾人家庭，送上慰问品和1.2万元慰问金。

2008年助残日期间，走

访慰问30户特困残疾人家庭，送去慰问品和慰问金计2万元；向残疾人捐赠轮椅83辆。盲人节期间，向30名失明老人赠送盲杖，走访慰问10户盲人家庭，送去慰问金3000元。聋人节期间，联合高港人民医院开展免费听力筛查活动。走访30户贫困听力残疾人家庭，免费为他们配备助听器。

# 第九章　红十字会

## 第一节　组织建设

民国21年（1932）3月，世界红十字会泰兴县分会成立，口岸镇设有办事处。新中国成立后很长一段时间，境内未设红十字组织。1992年3月，口岸中学、扬州美容化妆品厂、扬子江制药厂建立红十字会组织。1994年，口岸镇灯湾村设救护站，系泰兴市红十字会沿江平公路设立的8个省级红十字救护站之一。1997年2月，永安洲镇建立红十字会组织。1998年10月，高港区红十字会成立，工作由区卫生局代为管理。2008年3月后，区红十字会机关由区政府领导联系，实行独立建制，列入区群团机关序列。

## 第二节　主要工作

### 一、赈灾救助

2003年全国抗击“非典”期间，区红十字会共募集资金22.78万元，用于购置抗击“非典”物品及隔离病房建设；发放市红十字会赠送高港区抗击“非典”医务人员移动电话充值卡计1.2万元。2008年5月，四川汶川特大地震发生后，区红十字会共募集社会捐款54.49万元，其中20万元汇往四川省都江堰市，其余款项汇往江苏省红十字会。10月，向泰州市对口支援的地震灾区四川省绵竹市拱星镇困难群众捐赠过冬衣被262件。

### 二、扶贫救济

1998—2003年，市红十字会每年配发大米、食用油、棉衣等给区红十字会，用于慰问孤寡老人。2003年5月，区红十字会补助5000元给一名白血病患儿。2004年，走访白马镇黄河村21户农民，给予免费体检，针对不同的病情制定治疗方案，减免医药费1.5万元。同年，补助贫困学生、下岗工人、伤残军人各1人共2400元。2005年春节期间，慰问贫困户、低保户、孤儿及伤残军人，送出慰问金2000元、棉被6条、大米6袋。2007年，向贫困户、孤儿等发放棉被122条、食用油80瓶、大米80袋。2008年，向困难群众发放棉被、大米、食用油、衣服、鞋等慰问物资计3万元。慰问28名麻风病人，送去慰问金、医药费近2.6万元，并缴纳新型农村合作医疗保险参保资金近1000元。当年末，慰问口岸街道龙窝口社区5名重症病人和大泗镇二陈村5名贫困户，送去慰问金2000元。

## 三、无偿献血

1998年10月，区红十字会在高港人民医院首次开展无偿献血活动，有46人献血，献血量9200毫升。1999—2002年，每年开展无偿献血活动，年均1000人次献血。2002年3月，在口岸中学组织开展无偿献血活动，献血量1.8万毫升。5月，在高港人民医院开展造血干细胞采样活动，发放宣传资料300余份，接受咨询100余人次，有6人加入到志愿捐献者行列。1998—2008年，共组织献血约1.2万人次、360万毫升。

图 21-9-1　造血干细胞采样活动

# 泰州市高港区志

## 第二十二篇　公安　司法

# 第二十二篇　公安　司法

南唐时，境内济川镇为县治所在地，设尉专理地方治安。宋继之。元代，以乡都制维护地方治安。明代，境内设有口岸巡检司，负责地方治安工作。民国期间，境内设有警察机构。新中国成立后，境内各乡镇设公安分局、派出所，或派驻公安特派员、公安干事；口岸设人民法庭。1994年，境内各乡镇均设派出所。高港区成立后，组建公安、检察、审判、司法行政机构，配备工作人员，为改革开放、经济建设和社会事业发展保驾护航。

# 第一章　公　安

南唐、宋，境内设有尉负责维持治安。元代，以乡都制维护治安。明代，境内设有口岸巡检司等机构维护治安。新中国成立后，境内先后设有口岸公安分局、乡镇公安派出所维护治安。建区后，成立泰州市公安局高港分局，开展案件侦查和治安、户政、出入境、交通安全、消防等工作，为打击和预防犯罪、维护社会治安稳定、保一方平安发挥重要作用。

## 第一节　机构与队伍

明代，境内设口岸巡检司，掌管捕盗和巡盐之事。辛亥革命后，口岸设警察分所、刁铺设分驻所。民国16年（1927），口岸警察分所改称口岸公安分局，刁铺仍设分驻所。民国29年，日本侵略军侵占泰兴城后，伪自治会设警务所，后改为警察局，在口岸设警察所、刁铺设分驻所。民国30年，泰兴县抗日民主政权在口岸区配有公安特派员（后称公安助理、公安股长），乡配治安员。民国34年末，国民党政府公安机关恢复，共产党领导的公安机关由城镇退往农村地区。至民国36年，国民党政府在境内设有口岸公安分局、刁铺分驻所和龙窝口水警队。民国38年后，共产党领导的公安机关得以恢复和充实。至1950年，境内设有口岸公安分局，辖龙窝口、刁铺2个检查站。“文化大革命”期间，实行军管。1973年撤销军管，恢复公安机构，境内有口岸、刁铺、田河、永安、高港和大泗派出所，其他公社配1～2名公安特派员或公安干事。1992年9月，口岸派出所改为中心派出所。1994年，境内增设许庄、汪群、胡庄、孔桥、白马和野徐派出所。

1997年7月，泰州市公安局高港分局（简称区公安分局）成立，下设办公室、政工股、法制股、户政股、内保股、装备股、预审股、刑警大队、政保大队、治安大队，其后增设消防股。1998年，区公安分局增设纪律检查组、监察室，合署办公。1999年，区公安分局在监察室增挂警务督察队牌子；设出入境管理办公室，与政保大队合署办公。2000年，区公安分局增设经侦大队，下设综合股和侦察一中队、二中队；刑警大队组建综合股和重案、技术情报、特防、南片责任区、北片责任区中队；治安大队组建综合股和一、二、三中队。2001年，成立泰州市保安服务公司高港分公司和泰州市保安服务公司高港大队，下设口岸、刁铺、永安洲、许庄、田河、野徐、白马7个乡镇保安中队。2003年，区公安分局政保大队更名为国内安全保卫大队；撤销消防股，组建泰州市高港区公安消防大队。2004年，许庄派出所更名为科技创业园派出所；成立扬子江工业园区派出所。2006年，区公安分局进行机构改革，设指挥室、政工纪检室和刑警、治安、经侦、国保、巡防大队。指挥室下设综合科、后勤管理科、信访科。政工纪检室下设政工科、法制科、纪检督察科。刑警大队下设技术情报中队、特防中队和责任区一、二中队。治安大队下设基层基础中队、案件查处中队、户政网监中队。国内安全保卫大队下设一中队、二中队（负责出入境管理工作）。巡防大队隶属于泰州市公安局治安支队。2008年，区公安分局设综合科、后勤管理科、信访科、政工科、法制科、纪检督察科6

个综合科室和刑警大队、治安大队、国内安全保卫大队、经侦大队、巡防大队5个大队。下辖口岸、刁铺、永安洲、野徐、白马、胡庄、大泗、科技创业园、扬子江工业园区9个派出所。共有公安民警185人，其中，大学本科87人，副处级1人、正科级4人、副科级30人、股级33人、科员106人、办事员11人。

1997—2008年，区公安分局共立案查处各类案件20705件，办结17784件，办结率86%。

## 第二节　户政管理

清光绪十八年(1892)，境内推行保甲制户口管理。民国初年，改保甲户口制为乡镇户政制。民国19年(1930)又改为保甲制，并实行联保连坐。民国29年日本侵略军侵占境内后，伪政府为配合“清乡”“扫荡”，查户口，编保甲，发放“良民证”。抗日战争胜利后，国民党政府继续推行保甲制，按保建立户口清册。新中国成立后，人民政府加强户政管理，积极做好户口登记和户籍管理工作。1954年起，实行出生、死亡、迁入、迁出四项变更制度。1956年，为城镇户口换发新的户口簿。1964年人口普查后，城镇建立常住、出生、死亡、迁入、迁出、暂住、变更七项户口登记管理制度。1980年起，在农村制发户口簿。1988年起，实行居民身份证管理。1993年起，户口由乡镇政府代管改为由公安机关管理。1999年起，户口政策逐步放开，2003年5月全部放开，取消农业户口与非农业户口之分，统称为居民。

### 一、常住人口管理

【户口登记】 1949年，泰兴县公安局成立编查登记户口委员会，口岸设分会，对城镇户口挨户逐人登记，编写户口清册，按街、巷设立门牌号码，500～800户配备1名户籍民警。派出所建立户口申报处，办理户口的申报、迁移、变迁等业务。1953年，结合选民登记，进行户口普查，确定选举权。1954年起，境内乡镇通过户口卡为群众查到失散亲人5人，提供下放人员的原籍证明80份。1956年，开展全面核查，境内共建“人口卡片”4.5万份。“人口卡片”工作为配合对敌斗争、打击犯罪、干部审查和服务群众发挥重要作用。1958年，简化户口申报手续，民警上门办理户口，在主要街巷设置户口箱。1980年，在农村地区制发一户一本的户口簿。1997年，全区登记户口65209户、206721人。2000年第五次人口普查中，纠正人头差错2.4万人次，纠正户口项目差错26.4万处，为866名外省婚进妇女解决落户问题。2003年5月1日起，取消以户口性质登记制度，全面实行以居住地登记户口制度。2008年，全区登记户口95309户、294810人。

【居民身份证管理】 1987年4月2日，泰兴县居民身份证颁发工作在口岸镇试点。1988年起，境内全面开展身份证发放工作，先是集中发证，后正常开展申领、补领、换发、查验和收缴工作。1992年，公安派出所对申领和使用身份证情况进行检查。1998年，开展十年期满人员集中换证工作，当年换发证率98.2%。1999年8月26日起，新发居民身份证编号由15位升为18位数字。2005年12月，启动换发第二代居民身份证工作，共换发二代证6.4万张。2005—2008年，共换发身份证16.5万张，完成85%；发放临时身份证2.5万张；查验身份证4.6万人次，清理重户456户，清理重号238对，提供各类刑事案件线索249条、治安案件线索697条。

【农转非】 1977年12月，开始办理农业户口转非农业户口工作(简称农转非)。1985—1991年，对农民进城落户实行农转非指标限制，每年农转非指标严格控制在2‰以内，并张榜公布。1992年起，对农民户口进城落户的指标限制逐步放宽。1999年，推进小城镇户籍管理制度改革，坚持落户小城镇的3个基本条件：夫妻双方有一方为城镇户口的，另一方可以投靠；未成年子女可以投靠城镇户口的父母；父亲60周岁以上、母亲55周岁以上可以投靠城镇户口的子女。当年，为900余名符合条件的人员办理农转非。2000年10月，完成口岸和刁铺两镇9个居委会、17个村共4.3万人的小城镇户籍改革调查摸底工作；12月，共为3467名群众办理小城镇户口。1997—2008年，共办理各类农转非户口4.2万人。

【户口迁移】 2000年，按照《泰州市市区户口迁移政策暂行规定》，结合城市发展总体目标要求，在引进人才、鼓励投资兴业等方面放宽户口迁移限制。2001年，取消粮油计划供应，户口迁移不再办理市镇居民粮油供应转移证明。2002年，进一步放宽引进人才户口迁移限制，全面启动"入户工程"，鼓励投资、兴业者至高港区落户。2003年5月1日起，以居住地为原则，实行户口迁移条件准入制，凡有合法固定住所或稳定生活来源，购建房（面积不限）、招工、投资兴办实业者，均予办理直属亲属户口迁入。大中专院校招生户口迁移实行自愿原则。当年，外地迁入户口1374人，其中招工落户1200人、投资兴办实业者落户12人。2005年，实现网上迁移，网上迁出1386人、迁入1918人。

1998—2008年，全区迁入22483人，迁出20059人。

## 二、流动人口管理

1989年4月，境内公安派出所结合打击流窜犯罪专项斗争，对暂住人口进行清理，打击违法犯罪人员。1991年，对私房出租户普遍实行许可证、私房出租户门牌、治安责任书管理制度。1993年，各乡镇建立清理整顿领导小组，对暂住人口进行全面清理。1991—1997年，境内共登记出租户186户，办理许可证准租牌1205户，签订治安责任书1236户，通过管理发现违法犯罪线索25条，破获刑事治安案件12件。1998年，区公安分局推进房屋出租户"旅馆式"管理，通过签订治安责任书，落实租住管理责任，建成区、乡镇两级暂住人口信息微机管理系统，录入暂住人口1392人。通过管理发现违法犯罪线索5条，破获刑事治安案件2件。至2000年5月，全区登记暂住人口2643人，发暂住证1500余人。2001年，开展为期6个月的流动人口专项整治，对全区885个单位场所、房屋出租户开展拉网式检查。新采集录入暂住人口信息1.4万人，寄住人口信息0.4万人，房屋出租户信息0.7万户。抓获各类犯罪嫌疑人23人，其中网上在逃人员5人，破获案件6件。2002年，区政府制定《关于进一步改革和加强流动人口管理的工作意见》。2003年后，建立和完善暂住人口登记变动制度，加强经常性登记管理。2004年4—12月，组织开展以流动人口落脚点区域性专项治理为主要内容的"旋风-Ⅱ"集中行动，共检查场所行业426个、工地工棚50余处、桥梁涵洞10余处，汽车站8个、企事业单位60余个。共登记流动人口2400余人、房屋出租户420余户。2006年，共新登记暂住人口3976人、出租房屋1583户、承租人2253人，新采集录入工作对象199人，破获刑事案件26件，查处治安案件78件。2007年，开展流动人口落脚点专项整治工作，共登记录入暂住人口15040人，其中，男性8978人，女性6062人；务工8120人，务农20人，经商1080人，从事服务业980人，借读培训400人，投靠亲友60人，探亲访友40人，其他4340人。2008年，区公安分局成立流动人口领导小组办公室，在各镇（街道）建立流动人口服务管理中心7个、流动人口服务点23个，全年新登记暂住人口1.2万人。通过信息比对抓获违法嫌疑人员47人。年末，全区登记暂住人口27120人，暂住人口、房屋出租户登记率超过95%。

# 第三节　治安管理

## 一、社会治安防控

图 22-1-1　高港区巡防大队开巡仪式（2006年摄）

1951年起，乡镇建立治保委员会（简称治保会），行政村建立治保小组，负责辖区内治安保卫工作。治保会一般由1～11人组成。1987年，整顿治保会，成立联防队、护厂队和各类护街、护院等群众防范组织。1994年，开展安全合格村（居）创建活动，在楼群区推行封闭、半封闭、公寓式管理，调整联防布局，建立报警亭、警区办公室，设治安卡口。1996年，加强派出所规范化建设，改革派出所勤务机制，推行警区建设，强化派出所治安管理、治安防范和服务群众工作，推广“安安”技术报警系统。1997年1月，开通“110”（匪警电话台号）报警服务台。

1998年6月，高港区社会治安综合治理委员会成立。2000年，清理整顿全区治安联防队，辞退不合格人员82人。2004年，启动技术安全防范区建设。2006年4月，区公安分局巡防大队成立，由15名民警和60名辅警组成，开展治安巡逻和治安岗、卡、点执勤，加强市区夜间道路交通治安管理。2008年，实行“110”、“119”（火警报警电话）和“122”（交通事故报警电话）三台合一。全年接处警情10667起，其中“110”警10432起、“119”警170起、“122”警65起，处置群体性事件35件。盘查人员29950人次，抓获各类违法嫌疑人54人，上报各类信息819条，采集指纹403份、DNA 111份，查处各类交通违法行为10811起。全区有保安联防人员1087人；单位建治保会89个，有治保人员307人。

## 二、特种行业治安管理

1951年、1976年、1982年、1987年，境内公安机关对旅馆业、印刷业、刻字业、旧货业、修理业等特种行业进行调查登记和整顿。1989年，对特种行业核发安全合格证，乡镇派出所（公安特派员）与辖区内特种行业逐一签订经营、治安双承包合同。之后，不断开展特种行业专项清理整顿，通过审核换发特种行业许可证、安全合格证等，加强特种行业管理，依法取缔无证经营和违法经营户，对年审验收不合格户限期整改。1990年，安全合格证更名为特种行业许可证。1992年起，单位刻章须由单位出具报告，经批准后到指定点刊刻公章，同时缴旧换新。

1998年，区公安分局为全区250个特种行业单位换发证照，签订治安责任书。汽修厂、摩托车修理点业主建立承修验证制度，承修车辆的发动机号、车架号、车牌号及承修人的驾照、身份证件须登记在册，承修验证登记簿定期上报警区。1999年，组织开展机动车修理业清理整顿，核发机动车维修特种行业许可证56本。2000年起，推行旅馆业、机动车修理业、印章业治安管理信息系统建设。2002年2月，清查口岸镇一家收废站时，发现50余千克铜线，经盘查，抓获盗窃电缆犯罪嫌疑人蔡某某。2004年2月，全面检查刻字点，破获暂住在口岸镇丰乐北村的外地人许某某私刻泰州市建设委员会工程招标办公室公章进行诈骗案件。4月，组织30余名废旧金属从业人员到泰州市公安局参加培训。2005年7月，泰州市旅馆业治安管理信息系统与省公安厅实现联网运行。2006年1月，开展“猎豺行动”，全面清查特种行业，共捣毁无证收购点14个，收缴收购工具200余件；查处盗窃工业原材料、销赃案件30余件，抓获作案人员23人，其中12人为收旧业主。5月，会同工商、城管等部门对国电泰州电厂周边废旧收购点逐一调查，捣毁无证收购点101个。2007年，升级改造旅馆业治安管理信息系统，增加信息研判、旅馆基础信息同步更新、与全国在逃人员信息库实时比对、报警信息短信提醒等功能。全区120个旅馆配备二代证阅读器114台，安装治安监控设施85个，系统传输率95%以上。2008年，清查旅馆业142个次、废旧金属收购业27个次、二手机收购市场10个次、旧机动车交易市场1个。2006—2008年，全区公安机关通过旅馆业治安管理信息系统抓获网上逃犯35人。

### 三、公共场所治安管理

1988年，境内公安部门对公共场所行业进行治安检查，核发公共场所安全合格证12本，庙会被列入临时公共场所管理范畴。1989年8月《江苏省公共场所治安管理办法》颁布实施后，将治安管理责任落实到主办单位。1993年，对公共场所行业重新登记、审核、发证，建制镇建立公共场所行业治安管理办公室。1996年，检查清理饭店、旅馆、浴室和公共文化场所从业人员，对外来人员实行“三证”（身份证、暂住证、务工许可证）齐全上岗制度，清退不合格人员17人。

1998年9月，区公安分局对公共场所治安责任人进行业务培训，签订治安责任书169份。1999年9月，检查公共场所行业680个，拆除封闭式包厢21个、暗锁43把、可调节式开关34只，责令17个不符合安全条件的公共场所限期整改，吊销4个有违法行为场所的安全合格证，查破治安案件26件，抓获犯罪嫌疑人126人。当年，对全区361个公共场所行业全部审核发证，组织培训136人次，发放按摩从业人员上岗证75本。2001年，在公共娱乐服务场所专项整治活动中，共拆除封闭式包厢48个、调节式开关24只、暗锁25把，收缴扣押按摩床57张，责令6个场所停业整顿，限期整改56个，取缔4个，清退不合格从业人员18人，行政处罚涉娼涉赌涉毒场所36个，抓获违法犯罪人员78人。2002年，集中整顿校园周边秩序，取缔非法经营的网吧2个、小摊点12个，收缴赌博机13台。2004年，再次整顿校园周边秩序，召开学校治安宣传大会5次，受教育5820人次。2005年，管控全区中小旅馆治安，与各业主签订治安责任状115份，对符合年审换证条件的旅馆重新发放特种行业许可证。完成公共娱乐场所人数核定工作，开展洗浴业等级评定验收活动，实行等级升降动态管理，全区公共娱乐场所无一漏管。2007年，组织为期3个月的“春雷行动”，对全区公共娱乐场所外来人口、社会治安开展集中清查行动4次，破获各类案件121件，处罚违法人员143人，其中劳教1人、行政拘留41人、罚款54人、警告48人。2008年，在2次“奥运安保专项清查”行动中，共清查歌舞娱乐场所59个次、桑拿洗浴按摩场所99个次、美容美发场所62个次。当年，全区有公共场所180个。

## 四、危险品治安管理

1990年起，公安机关每年对易燃易爆和化学危险物品生产、储存、运输、使用单位从业人员开展专业培训。1994年9月起，实行易燃易爆和化学危险物品保管员、采购员、押运员、驾驶员持证上岗制度。1997年，危险品管理由区公安分局消防股负责，2001年5月移交治安部门负责。2005年起，对危险品生产、经营、使用单位实行分级管理。一级单位由泰州市公安局每季检查一次，二级单位由区公安分局每月检查一次，三级单位由属地派出所每月检查一次。对购买、运输剧毒化学物品证件实施审核。2008年，全区有危险品生产、经营、使用单位20个，均为三级单位，持证率60%。

【烟花鞭炮管理】 1991年8月，公安机关对许庄花炮厂、野徐花炮厂、白马花炮厂进行验收。1992年末至1993年春，集中打击非法生产、无证经营烟花爆竹。1994年，开展个体鞭炮作坊专项治理，逐一检查销售点。1998年11月13日，白马镇南河村一居民在家中私产鞭炮发生爆炸，造成1死1伤。区公安分局立即部署专项治理。次年1月，清理烟花爆竹销售点172个，取缔私产烟花爆竹点1个。8月，取缔烟花爆竹销售点9个。10月，对白马镇私产烟花爆竹重点地区进行安全检查，查获成品药140千克、硝酸钾300千克、电子鞭纸筒1车、木炭6袋、小鞭27.5万响、各种烟花50余只。2000年，取缔个体鞭炮经营户42户、非法销售点75个，吊销烟花爆竹销售许可证1个，责令停产停业22个，处罚10个，治安处罚61人。2002年，专项治理民爆器材和烟花爆竹，关停白马鞭炮厂、野徐花炮厂、许庄花炮厂。2002年8月至2003年春节前，开展烟花爆竹专项整治行动，共排查烟花爆竹零售点172个，从业人员344人，签订责任状172份，检查中发现隐患20余处，查处非法烟花100余只。野徐派出所查获非法运输烟花案件1件。2003年8月，区烟花爆竹行业协会成立。2004年1月，区公安分局检查全区烟花爆竹销售网点，共查处违反危险物品管理规定案件4件，收缴烟花730只，爆竹、小鞭等300余万响，擦炮4箱，在永安洲镇北沙村外江滩全部销毁。

1997—2008年，区公安分局共开展烟花鞭炮检查整治74次，查处违法人员32人次。

【剧毒化学品管理】 2002年7月，区公安分局开展易爆剧毒化学品综合治理工作，督促21个剧毒化学品从业单位建立健全登记制度，严格流向记录。2003年5月，区公安分局出台《全区剧毒化学品治安整治工作方案》，会同区安监局对全区23个生产使用剧毒化学品单位的69名从业人员进行专业培训。2004年，开展危险物品"百日防范竞赛"活动，对存在隐患较严重的新星染料化工厂发出整改通知书，令其限期停业整改10天。年末，全区16个剧毒化学品使用单位治安防控全部达标，CK110制式防盗门全部安装到位，3个单位安装电子监控，6个单位聘用保安，共收缴散失在社会上的剧毒化学品5千克。2005年，对易制毒化学品储存仓库落实专库专用措施，实行双人领取管理，做到制度上墙，购买、生产、使用、经营每个环节都建立台账，规范流向登记制度，实行季度汇报制度。11月，组织有关企业学习贯彻公安部《剧毒化学品购买和运输许可证件管理办法》，组织28名剧毒化学品从业人员到泰州参加安全管理培训。2006年10月，在泰州市盘头电镀厂进行安全检查时，发现该厂对剧毒化学品氰化钠未实现单独存放、双人保管，立即依法开展调查取证，责令改正，并罚款1万元。当年起，对全区24个涉危单位的安全管理人员进行调查摸底和背景审查。2007年，开展玻璃澄清剂（含三氧化二砷，即砒霜）从业单位专项整治工作，掌握玻璃澄清剂经营使用单位基本情况，落实防范责任，实现流向监控。10月，剧毒化学物品管理信息系统开始运行。当年起，区公安分局治安大队每月对涉危单位随机抽查不少于10个，确保每季度对所有单位检查一遍；各派出所每月对辖区内所有涉危单位检查一遍，督促单位做好隐患整改，重点检查值班值守、双人管理、门窗柜锁、技防设施、流向登记情况，严防剧毒化学品丢失、盗窃案事件的发生。对涉危单位日常各类违规违法行为组织调查处理，将调查结果向所有涉危单位公示。2008年，全区共有易制毒化学品生产、经营、使用单位53个。

1997—2008年，查处涉危案件3件，处罚3人，共收缴“毒鼠强”“鼠克星”“闻到死”等剧毒鼠药2.53千克，其他剧毒化学物品约120千克。

【枪支弹药管理】 2001年，区公安分局开展为期6个月的“治爆缉枪”专项行动，清查配备公务用枪的单位和民间私藏火药枪、土枪情况，共查处涉枪案件3件，处罚3人，收缴各类枪支15支、子弹72发、管制刀具105把、废旧爆炸物品63件。

1997—2008年，共收缴及销毁非法枪支127支、弹药1685发。

## 五、查禁黄赌毒

【查禁淫秽物品】 新中国成立后，人民政府查禁淫秽物品，境内淫秽物品基本消除。20世纪80年代，地摊时有淫秽物品，90年代始有淫秽光盘，公安机关开始查禁淫秽物品。区公安分局成立后，会同工商、文化等部门进一步加大查禁淫秽物品力度。1999年1月，对全区7个规模较大的音像制品出租、销售点进行突击检查，收缴盗版VCD片432盘、盗版磁带和录像带289盘。2002年2月，开展“扫黄打非”专项行动，共收缴盗版、涉黄光碟295张。2003年3月，在“庆华”音像出租店内当场查获淫秽盘片400余张。2005年9月“秋风行动”中，收缴淫秽光盘97张。2006年，对收缴的赌博机、淫秽碟片等物品进行集中销毁。2007—2008年，打击淫秽表演活动3次，行政拘留6人，收缴淫秽光碟600余张，淫秽报刊、书籍1100余份。

【禁赌禁娼】 新中国成立前，境内有赌场，迷恋者费时误业，倾家荡产，妻离子散，甚至沦为盗贼，成为罪犯；卖淫嫖娼行为亦存在。新中国成立初期，政府明令禁止赌博和卖淫嫖娼行为。改革开放后，赌博和卖淫嫖娼之风抬头，公安机关开始加大查处力度。20世纪90年代，开展扫除聚众赌博和卖淫嫖娼专项斗争。1998年7月，区公安分局在田河宏兴饭店捣毁一卖淫嫖娼窝点。11月，清理整顿美容美发厅、洗头房，抓获卖淫嫖娼人员4人。全年查处涉娼、涉赌案件20件，处罚108人。1999年9月，捣毁卖淫嫖娼窝点3个，抓获介绍容留卖淫人员7人、嫖娼人员15人、卖淫女4人；抓赌13场，抓获处理参赌人员57人，缴获赌资4000余元。2001年起，田河镇江平路沿线出现以经营小饭店为名进行卖淫嫖娼的活动，公安机关开展严厉打击，捣毁容留卖淫窝点8个，抓获介绍容留卖淫的违法犯罪分子9人，抓获卖淫嫖娼人员70人。2003年2月，捣毁位于高港人民医院西南小巷内一非法聚赌窝点，现场抓获参赌人员25人，逐一进行治安处罚，取缔该场所。2005年，整治涉赌娱乐场所，收缴赌博游戏机37台，发放整改通知书6份；开展打击赌博违法犯罪活动，查处赌博案件2起，处罚涉赌人员9人，没收赌资4000余元。2006年，开展旅馆业休闲娱乐场所治安管理专项整治行动，收缴赌博机9台，查处卖淫嫖娼案件2起。2008年，捣毁利用赌博机赌博窝点3个，收缴各类赌博机123台。

1997—2008年，共查处赌博案件713件，查处涉赌人员2010人次；查处卖淫、嫖娼、介绍容留卖淫嫖娼案件360件，查处涉娼人员1120人次。

【禁毒】 1949年，境内乡镇成立禁毒分会，街巷建立禁毒小组。口岸镇建戒毒所。1952年，发动群众开展肃毒禁毒运动后，境内吸毒、贩毒活动基本被肃清。20世纪90年代，再现吸毒现象，境内公安机关开展禁毒专项斗争。1998年，区公安分局铲除罂粟1266株，抓获注射毒品人员2人。同年，区禁毒委员会成立，由区政府分管副区长担任主任，下设办公室。2004年6月，在口岸中学举办禁毒图片展，开展“拒绝毒品，珍视健康”千名师生签名活动。2006年5月，开展铲毒统一行动，查获涉毒人员3人，铲除罂粟325株。当年起，区政府部署“无毒社区”创建工作，由区禁毒委员会办公室和公安分局牵头成立专门领导小组及办公室。2006—2008年，高港区“无毒社区”创建工作连续3年通过省公安厅禁毒总队验收。

## 第四节　案件侦查

### 一、治安案件

1999年4—7月，区公安机关开展“三禁一打”（禁赌、禁娼、禁毒，打邪治恶）专项斗争，共查破涉娼案件9件、涉赌案件36件、“涉黑”案件6件；摧毁“黑恶势力”团伙2个；捣毁卖淫嫖娼窝点6个；查处违法经营单位18个，取缔12个，限期整改6个；查处违法犯罪嫌疑人员201人，其中逮捕3人、刑拘6人、劳教3人、治安拘留23人、治安处罚168人。2000年，开展机动车整治活动，清理登记无牌无证机动车5177辆，其中汽车10辆、摩托车5076辆、农用运输车91辆；办理牌证3480辆；查获涉车犯罪嫌疑人11人（其中团伙1个3人），追缴赃车8辆；清理涉车场所86个，整改17个，建立车库车棚125个，落实看护力量344人，购买机动车防盗装置2537把，有效遏制涉车犯罪高发势头。

1997—2008年，共受理治安案件14714件，查处14151件，查处率96.17%。其中重特大案件3件。查获犯罪嫌疑人312人，逮捕210人，摧毁犯罪团伙16个。

### 二、刑事案件

1955年、1958年、1962年，公安部门先后开展大规模打击刑事犯罪活动，集中搜捕盗窃、抢劫、强奸、杀人、投毒、纵火等刑事犯罪分子，压降刑事案件发生。1976年，开展较大规模侦破活动，基本清除积案。1978年5月，开展清查打击流窜犯统一行动。1981年，集中侦破自行车被盗案件。1982年11月，按照全省统一部署，开展打击流窜犯罪活动。1983—1986年，开展依法从重从快严厉打击严重刑事犯罪分子斗争。1987年，开展“反盗窃、打流氓”专项斗争。至1995年，杀人、抢劫、强奸等重大案件发案率下降，破案率上升。

1997年，开展3个月的打击团伙犯罪活动，共摧毁犯罪团伙7个22人，其中盗窃团伙3个9人、流氓恶势力团伙2个6人、持有使用假币团伙1个4人。1998年，开展打击盗窃、抢劫机动车专项行动，破获机动车被盗案8件，抓获犯罪嫌疑人9人，查获犯罪团伙3个，缴获赃物摩托车21辆，案值11万元。9月起，开展“破案防范百日会战”，全年侦破刑事案件312件。2000年，共解救被拐卖妇女486人，采集不明身份儿童血样17份，抓获拐卖妇女犯罪嫌疑人15人。2002年3月1日至5月29日，开展“春雷行动”，重点清查流窜犯、在逃犯罪嫌疑人。共破获各类刑事案件456件，抓获犯罪嫌疑人95人，36人被移送起诉；追回赃款赃物总计价值35万元。当年，开展为期3个月的打击盗窃、抢劫机动车违法犯罪专项行动，破获机动车被盗案8件。2006年，刑事立案698件，命案全破。2007年，侦破路某某在泰州市亿源包装厂食堂投毒致两人死亡案件。2008年，开展“百日破案会战”专项行动，落实治安检查、巡逻伏击、守卡堵控等措施，抓获各类违法犯罪嫌疑人30人，破案56件。

1997—2008年，全区刑事案件立案4783件，侦破2365件，破案率49.45%，其中，发生命案29件，破案率100%；抓获犯罪嫌疑人2123人，逮捕718人，拘留1686人，取保候审463人，劳教128人，移送起诉979人；共3100余人次参与“打拐”专项斗争，搜集线索160余条，解救妇女儿童642人。

## 三、经济案件

20世纪90年代，公安机关开始加强对经济犯罪的打击。1997年，经济案件的罪名由原来的12种增至94种，人民检察院受理的经济案件，除国家机关工作人员职务犯罪继续由其受理外，其他全部划归公安机关管辖。1998年，严厉打击涉及虚开增值税专用发票、挪用侵占单位资金等各类经济犯罪。2000年，侦破某企业法人代表虚开增值税专用发票案。

1998—2003年，共受理各类经济案件170件，立案90件，破案82件，协助外地办理经济案件4件，抓获犯罪嫌疑人109人，其中刑事拘留36人、逮捕12人、取保候审37人、移送起诉58人，追缴赃款赃物总价值1172.7万元。2004年，开展手机卡、银行卡专项整治，组织打击挪用侵占单位资金、涉税、金融等犯罪，查破经济案件8件，追回赃款赃物合计83万元，挽回经济损失300余万元。2005年，共查破经济案件34件，为单位挽回损失500余万元。2006年，对民间金融组织“互助会”进行专项整治，破获经济犯罪案件8件，抓获犯罪嫌疑人12人，缴获赃款赃物价值370余万元。2007年，开展打击非法传销行动4次，依法取缔非法传销组织10个，遣返和教育参加传销人员126人；立案侦查非法吸收公众存款案件1件。2008年，开展打击非法传销、制售假发票、银行卡犯罪等专项行动；破案6件，抓获犯罪嫌疑人8人，刑拘7人，逮捕6人，移送起诉6人，取保候审2人，查获各类赃款赃物及直接挽回经济损失计310万元。

1997—2008年，共侦查经济犯罪案件119件，结案110件，结案率92.44%，挽回经济损失2500余万元，移送起诉犯罪嫌疑人89人。

1997—2008年高港区各类案件侦破情况一览表（1）

表176

| 年份 | 治安案件 | | | | | 经济案件 | | | | | | | | | |
|---|---|---|---|---|---|---|---|---|---|---|---|---|---|---|---|
| | 受理（件） | 查处（件） | 调解民事纠纷（件） | 群体性事件（件） | 治安处罚（人） | 受理（件） | 立案侦查（件） | 查破（件） | 涉案金额（万元） | 打击处理（人） | 刑拘（人） | 转逮捕（人） | 取保候审（人） | 移送起诉（人） | 挽回经济损失（万元） |
| 1997 | 229 | 220 | 554 | 12 | 142 | — | — | — | — | — | — | — | — | — | — |
| 1998 | 406 | 398 | 572 | 58 | 158 | — | — | — | — | — | — | — | — | — | — |
| 1999 | 358 | 353 | 641 | 81 | 191 | 36 | 14 | 10 | 769 | 11 | 10 | 1 | 7 | 2 | 239 |
| 2000 | 456 | 435 | 688 | 33 | 225 | 40 | 26 | 28 | 1500 | — | 28 | 3 | 8 | 9 | 207 |
| 2001 | 429 | 411 | 892 | 42 | 271 | 21 | 14 | 12 | 375 | 10 | 12 | 4 | 2 | 9 | 153 |
| 2002 | 392 | 370 | 1171 | 27 | 293 | 20 | 10 | 11 | 326 | 22 | 11 | 3 | 12 | 10 | 162 |
| 2003 | 266 | 208 | 1779 | 21 | 208 | 27 | 15 | 13 | 561 | 18 | 13 | 3 | 10 | 12 | 212 |
| 2004 | 2868 | 2783 | 2412 | 31 | 303 | 14 | 6 | 4 | 200 | 14 | 4 | 2 | 4 | 8 | 176 |

续表 176

| 年份 | 治安案件 | | | | | 经济案件 | | | | | | | | | |
|---|---|---|---|---|---|---|---|---|---|---|---|---|---|---|---|
| | 受理（件） | 查处（件） | 调解民事纠纷（件） | 群体性事件（件） | 治安处罚（人） | 受理（件） | 立案侦查（件） | 查破（件） | 涉案金额（万元） | 打击处理（人） | 刑拘（人） | 转逮捕（人） | 取保候审（人） | 移送起诉（人） | 挽回经济损失（万元） |
| 2005 | 2919 | 2814 | 2612 | 34 | 314 | 18 | 6 | 6 | 500 | 8 | 4 | 1 | 7 | 8 | 459 |
| 2006 | 3051 | 2928 | 2508 | 38 | 326 | 17 | 8 | 6 | 379 | 9 | 6 | 2 | 1 | 9 | 287 |
| 2007 | 3111 | 3011 | 2511 | 41 | 388 | 16 | 8 | 8 | 259 | 10 | 4 | 2 | 6 | 10 | 209 |
| 2008 | 229 | 220 | 554 | 12 | 142 | 21 | 12 | 12 | 402 | 12 | 5 | 3 | 9 | 12 | 398 |
| 合计 | 14714 | 14151 | 16894 | 430 | 2961 | 230 | 119 | 110 | 5271 | 114 | 97 | 24 | 66 | 89 | 2502 |

## 1997—2008 年高港区各类案件侦破情况一览表（2）

表 177

| 年份 | 刑事案件 | | | | | | | | | | | | |
|---|---|---|---|---|---|---|---|---|---|---|---|---|---|
| | 受理（件） | 破获现行案件（件） | 特大案件（件） | 破案数（件） | 破年前隐积案（件） | 破外省市案件（件） | 抓获嫌疑人（人） | 摧毁犯罪团伙（个/人） | 刑拘（人） | 提请逮捕（人） | 批准逮捕（人） | 取保候审（人） | 移送起诉追缴赃物金额（万元） |
| 1997 | 110 | 57 | 62 | 90 | 20 | 13 | 78 | 5/19 | 68 | 32 | 30 | 8 | 29 |
| 1998 | 105 | 79 | 51 | 95 | 15 | 31 | 74 | 7/26 | 54 | 27 | 26 | 7 | 36 |
| 1999 | 185 | 94 | 60 | 172 | 5 | 101 | 105 | 3/10 | 80 | 35 | 32 | 6 | 25 |
| 2000 | 342 | 160 | 15 | 258 | 56 | 42 | 144 | 7/25 | 342 | 50 | 47 | 16 | 45 |
| 2001 | 308 | 170 | 11 | 208 | 20 | 18 | 134 | 6/32 | 65 | 43 | 41 | 14 | 56 |
| 2002 | 257 | 120 | 28 | 194 | 42 | 32 | 112 | 8/40 | 78 | 85 | 80 | 18 | 66 |
| 2003 | 283 | 155 | 1 | 208 | 22 | 31 | 167 | 10/45 | 102 | 58 | 56 | 26 | 83 |
| 2004 | 371 | 193 | 11 | 360 | 56 | 111 | 185 | 13/66 | 103 | 88 | 85 | 26 | 125 |
| 2005 | 653 | 289 | 13 | 397 | 45 | 63 | 225 | 6/120 | 176 | 96 | 94 | 36 | 103 |
| 2006 | 698 | 340 | 16 | 409 | 49 | 20 | 305 | 18/87 | 209 | 56 | 51 | 89 | 93 |
| 2007 | 721 | 341 | 13 | 405 | 38 | 26 | 271 | 16/79 | 223 | 96 | 95 | 121 | 211 |
| 2008 | 750 | 367 | 9 | 450 | 52 | 31 | 323 | 23/108 | 186 | 83 | 81 | 96 | 107 |
| 合计 | 4783 | 2365 | 290 | 3246 | 420 | 519 | 2123 | 122/657 | 1686 | 749 | 718 | 463 | 979 |

## 第五节　安全保卫

新中国成立后，境内公安机关剿匪肃特，镇压反革命，取缔封建帮派、反动会道门、非法宗教组织；开展金融、电力等系统和企事业单位的经济保卫工作。

1997年区公安分局组建时，设内保股，指导全区公安机关依法监督企事业单位的安全保卫工作。2001年，成立泰州市保安服务公司高港分公司、高港保安大队。2008年，全区有内部单位886个，设保卫科的123个，配备专职保卫干部93人、兼职保卫干部793人；有34个单位派驻保安队。

### 一、政治保卫

【剿匪肃特与镇压反革命】 1949年10月至1950年8月，口岸区建立剿匪肃特大队，在沿江地区清剿国民党特务分子。1950年4月，发现一股番号为“青年反共救国军苏北挺进第二纵队第一大队”的武装匪特，活动于口岸、江都交界地区。该股匪特头领是逃亡反革命分子何启禄。他网罗一批国民党残余，阴谋刺杀革命干部，抢劫银行和仓库，夺取枪支，妄图搞反革命暴乱。4月22日，公安部门乘其集中在白马庙开会之际将其包围，一举全歼，共捕获匪特19人，缴获短枪6支、子弹数十发及印章等证件。

1950年10月起，根据政务院《关于镇压反革命活动的指示》，境内各乡镇开展历时3年的镇压反革命运动，严厉打击严重危害社会治安的土匪、恶霸、特务、反动党团骨干和反动会道门分子等反革命分子。按照“首恶者必办，胁从者不问，立功者受奖”的政策，对罪大恶极、血债累累的反革命首要分子，予以镇压；对罪行较轻，民愤不大的，分别予以判处徒刑或交群众监督改造；对罪行轻微且有悔改表现、能检举揭发立功者，给以教育释放。经过镇压、打击，稳定社会治安，保卫土地改革和各项经济建设的顺利进行。

【打击封建帮派】 “穷江行”由乞丐、少数无业游民及三教九流分子组成，分“清”“混”两种，“清”者只偷不抢，“混”者既偷又抢。其流动性大，经常变换住址，逃避打击。1953年，公安机关集中捕办为首分子，交群众监督管制。

“水火帮”主要利用船只活动于沿江和水网地区，其成员多为家族、亲友，三五成群、七八成帮、世代相沿，以盗窃为职业。他们流窜性大，一般陆上作案水上隐迹，甲地作案乙地销赃，两地藏身，不易破获，群众称之为“飞盗”“飞贼”。1949年末，打击“水火帮”，惩办一批首恶分子。此后，该“帮”又散而复聚，杀人越货，打家劫舍，十分猖獗。1953年秋，结合水上民船民主改革，组织专门力量彻底肃清“水火帮”。

【取缔反动会道门和非法宗教】 新中国成立初期，境内会道门组织有“红三教”“三教汇一坛”“中华理教会”等，主要以走阴差、阴阳对审、送鬼和邪术治病等伎俩，愚弄群众，残害渔民，横行霸道。“红三教”开始活动于刁铺、龙窝口一带，后发展到永安洲等地。新中国成立初期，境内有“红三教”堂口22个，道徒100余人。1954年被取缔。“三教汇一坛”在口岸有300余年历史，总堂设龙窝口韩家堂子，下设13个分堂。主要活动形式是利用鬼节做法事，谎称道徒入教后，可避灾降福，遇有危难之处，口念七字真经，即安然无事，以骗取钱财。该道有道首180余人，道徒1100余人。1953年被取缔。“中华理教会”简称“理门”“理道”“理教”，公开的活动是戒烟戒酒，其秘密活动是

图 22-1-2 创建"无邪教地区"宣传活动(2006年摄)

由"大法师"附法传道,宣传迷信活动。民国19年(1930)前传入口岸一带,在口岸设"德善堂",在刁铺、龙窝口设支会。1955年被取缔。

1995—1996年,境内开展打击"门徒会""被立主""全范围教会"等邪教组织集中行动,其后,"门徒会""被立主""全范围教会"等邪教组织在境内销声匿迹。

2003年,成功捣毁一"实际神"地下组织。

## 二、经济保卫

新中国成立后,境内各金融单位均设有保卫科室,配备专职保卫人员,装备安全保卫设施。1988年,电力生产及供电单位设立保卫科,内部施行安全承包责任制。企事业单位开展安全财务室建设。1989年,乡镇农电站配备专职或兼职保卫干部。1990年,全面调查审核金融系统保卫干部、工人和要害岗位职员,撤换不合格人员,修订完善安全保卫责任制,加强技术防范。乡镇银行营业所、信用社全部安装报警器。1991年,多数乡镇企业建立保卫科,配备专兼职保卫干部。1997年,全区金融网点营业间联动互锁门安装率31%。1998年起,区公安分局对金融机构、网点进行专项检查,存在治安隐患的,责令限期整改。1999年,指导金融机构、网点完善各项安全保卫工作制度。2001年,指导金融系统完善突发事件应急处置预案4个。2008年,金融网点营业间联动互锁门安装率100%。

### 1997—2008年高港区经济保卫情况一览表

表178

| 年 份 | 出动警力(人次) | 检查单位(个) | 查处案件(起) | 化解矛盾纠纷(起) | 挽回经济损失(万元) |
|---|---|---|---|---|---|
| 1997 | 145 | 84 | — | — | — |
| 1998 | 165 | 89 | — | — | — |
| 1999 | 195 | 106 | — | 7 | — |
| 2000 | 254 | 154 | — | 6 | 2.6 |
| 2001 | 410 | 302 | — | — | 3.12 |

续表178

| 年 份 | 出动警力（人次） | 检查单位（个） | 查处案件（起） | 化解矛盾纠纷（起） | 挽回经济损失（万元） |
|---|---|---|---|---|---|
| 2002 | 724 | 321 | — | 7 | 4.74 |
| 2003 | 816 | 353 | — | 6 | 9.39 |
| 2004 | 990 | 396 | 2 | 7 | 11.03 |
| 2005 | 1020 | 405 | 5 | 4 | 12.11 |
| 2006 | 366 | 338 | — | — | 17.63 |
| 2007 | 1156 | 378 | 6 | — | 132 |
| 2008 | 1036 | 372 | — | 3 | 27.91 |

## 三、文化保卫

1997年起，区公安分局联合有关职能部门，组织各派出所做好校园周边环境整治工作。1999年，在各学校建立专门保卫机构，做到“有牌子、有人员、有场所”，每所小学、幼儿园建立2人以上的专兼职保安队伍，每所初、高中建立4人以上的专兼职保安队伍，统一着保安服装，由保安公司和学校共同培训和管理。有条件的全日制幼儿园、中小学校聘用专职保安。2002年起，将校车列入管理范围，当年查处非法营运的校车9辆。2005年，学校上、放学时，在交通要道安排民警、辅警进行交通维护。2006年，有39名民警担任中小学及幼儿园法制副校长，设立学校内部保卫组织21个，有安全保卫负责人49人。1997—2008年，共出动警力3298人次，警车2889辆次，收缴违禁物品565件，排除不稳定、不安定、不安全因素112个，查处校园非法营运车31辆，设立校园警务室35个、护学岗35个，完善交通标志15个，检查网吧368个次、文化娱乐场所543个次、游戏室499个次，化解涉校矛盾92件，查处涉校案件78件，治安处罚85人次。

图 22-1-3 文化市场检查（2008年摄）

## 1997—2008 年高港区文化保卫情况一览表

表 179

| 年份 | 出动警力（人次） | 出动警车（辆次） | 收缴违禁物品（件） | 设立校园警务室（个） | 设立护学岗（个） | 完善交通标志（个） | 检查网吧（个次） | 检查娱乐场所（个次） | 检查游戏室（个次） | 检查美容店（个次） | 检查出租房（户次） | 检查旅馆招待所（个次） | 交通维护点、路段（个） | 化解涉校矛盾（件） | 查处涉校案件（件） | 治安处罚（人次） | 排除[三不]因素（个） | 查处非法校园营运车（辆次） |
|---|---|---|---|---|---|---|---|---|---|---|---|---|---|---|---|---|---|---|
| 1997 | 196 | 211 | 32 | 1 | 1 | — | — | — | — | — | — | — | — | 12 | 6 | 6 | 9 | — |
| 1998 | 214 | 218 | 41 | 2 | 2 | — | 11 | 27 | 41 | 121 | 2041 | 109 | — | — | 4 | 5 | — | — |
| 1999 | 256 | 229 | 43 | 2 | 2 | — | 44 | 61 | 68 | 129 | 2058 | 113 | — | 12 | 6 | 7 | — | — |
| 2000 | 290 | 241 | 39 | 3 | 3 | — | — | — | — | — | — | — | — | 11 | 7 | 9 | 13 | — |
| 2001 | 303 | 258 | 49 | 2 | 2 | — | 49 | 69 | 72 | 132 | 2097 | 117 | — | — | 5 | 5 | 11 | — |
| 2002 | 312 | 264 | 41 | 3 | 3 | 5 | 47 | 64 | 56 | 121 | 2047 | 123 | — | 14 | 7 | 7 | — | 9 |
| 2003 | 321 | 273 | 46 | 3 | 3 | — | — | — | — | — | — | — | — | 13 | 9 | 9 | 11 | 7 |
| 2004 | 333 | 284 | 51 | 4 | 4 | — | 51 | 72 | 68 | 129 | 3001 | 122 | — | — | 6 | 6 | 19 | 4 |
| 2005 | 339 | 290 | 42 | 4 | 4 | 2 | 51 | 62 | 54 | 119 | 2052 | 121 | 1 | 11 | 7 | 7 | — | 2 |
| 2006 | — | — | 54 | 3 | 3 | — | — | — | — | — | — | — | 1 | 9 | 5 | 6 | 9 | 2 |
| 2007 | 356 | 304 | 58 | 4 | 4 | 3 | 58 | 77 | 79 | 135 | 3022 | 133 | 2 | — | 7 | 8 | 24 | 5 |
| 2008 | 378 | 317 | 69 | 4 | 4 | 5 | 57 | 61 | 61 | 136 | 3101 | 141 | 3 | 10 | 9 | 10 | 16 | 2 |

### 四、专项保卫

1998年4月，高港区公安机关完成中共中央总书记江泽民到泰州视察时高港境内交通沿线的安全保卫任务。1999年9月，完成引江河工程竣工典礼安全保卫任务。2000年，先后完成国务院总理朱镕基到泰州视察、全国人大常委会副委员长邹家华视察泰州引江河高港枢纽、美国纽波特纽市副市长一行参观泰州引江河高港枢纽等安全保卫任务。2004年，完成中央军委原副主席迟浩田参观海军诞生地纪念馆安全保卫任务。2005年，完成中国(泰州)医药城高峰论坛和泰州电厂开工典礼保卫任务。2006年，完成博鳌亚洲论坛国际医药产业大会和长江三角洲经济协调会第七次市长峰会安全保卫任务。2007年，先后完成中共中央政治局委员、中组部部长贺国强视察泰州，中共中央政治局委员、国务委员唐家璇视察泰州，全国人大常委会副委员长顾秀莲、蒋正华视察泰州安全保卫任务。

1997—2008年，全区公安机关共完成专项保卫任务172次，其中，上级领导考察保卫任务52次，重要会议、活动保卫任务120次。

## 第六节 道路交通安全管理

1987年11月，成立口岸交通警察中队，隶属于泰兴县公安局交通警察大队。1997年11月，撤销口岸交警中队，成立泰州市公安局交通巡逻警察支队二大队(简称交巡警二大队)。1998年，交巡警二大队内设一、二中队和综合股。2008年末，交巡警二大队共有正式编制交巡警19人、辅警36人。

### 一、设施建设

新中国成立初期，境内公路只有少量禁令、警告、指示三种交通标志及标线。口岸交警中队成立后，辖区主要有省道2条(江平路、泰高路)，在江平路口岸与江都交界处设立执勤岗亭1处。2003年，交巡警二大队建岗亭2处。2006年，新增岗亭2处。2008年，有岗亭6处，分布在城区主要红灯路口和泰高路口岸加油站路口；信号灯22组，主要分布在外环卡口、城区路口、泰高路口岸加油站路口等；交通标志牌387块、护栏桩265根、事故报警电话示意牌8块、停车场2个(华扬、扬子江)、指路标志165块、警告标志86块、禁令标志75块。

### 二、安全管理

【宣传教育】 1997—2002年，交巡警二大队制作宣传展板200块，上交通安全宣传课240次。2003年，组织干警到各中小学校上交通安全课25次，发放交通安全知识卡片1万份；举行“事故图片展览”15场，观看群众1万余人；在江平路徐桥段、泰高路与港城路交叉口、姜高路白马段等处竖立宣传灯箱和宣传牌6块，印发交巡警提示卡片2万余张。2004年，重点开展新颁布的道路交通安全法宣传，在主干道放置各类宣传站牌12块；组织民警到企业和中小学校上安全课54次；在口岸镇政府门口开展安全知识咨询活动。2005—2007年，开展交通安全宣传咨询活动12次，发放宣传资料2万份，组织民警到学校、社区开展宣传教育70次。2008年，印发《致广大驾驶人的一封信》2000份、《致广大市民的一封信》2万份，以及《致市民的文明交通倡议书》《致机动车驾驶人的文明交通倡议书》《“7·25”全国奥运交通安全主题宣传日材料》各1000份和印有交通安全常识的扇子500只，发放《血

图 22-1-4　开学第一课——交通安全知识宣传

的教训》《生命的代价》宣传碟片2000张，在酒店张贴“不酒后驾车”贴图和宣传资料3000余份。

【交通秩序整治】 1988—1992年，口岸交警中队先后开展干线公路交通秩序整治、个体客车超载整顿等专项活动。1993—1994年，整治超速超载、不按规定超车等违法行为，加强对无牌无证摩托车的查处，查处各类违法行为1.32万起，查扣各类摩托车672辆。1996年，整治无牌无证、超载违章行为。1997年，先后组织春运、客车整治等活动。

1999—2002年，交巡警二大队主要开展无证驾驶、超载、不按规定超车、灯光不全等违章整治，查处各类违章5.64万起。2003年，开展全国文明城市创建交通秩序整治。2004年，开展农村道路交通秩序整治，重点查处无牌无证、报废车辆行驶等违法行为。当年起，面向社会招收辅警，协助执勤民警维护交通秩序。2005年，开展平安畅通县（区）活动，整改安全隐患，共查处各类违法行为近3万起。2006年，开展客运车辆和危险化学品运输车辆集中整治，加强对运输企业的源头监管，35个企事业单位共落实整改措施75条。2007年，集中查处酒后驾驶违法行为，查处各类违法行为1.8万起。2008年春运期间，在高港大桥卡口设立检查点，检查各类客运车辆5324辆，查处各类交通违法行为2456起。

【车辆及驾驶员管理】 **机动车辆管理**　1965年起，口岸交通管理站（所）对机动车辆和驾驶员进行临时性检验，发放临时证照。1987年，交通陆上监理机构并入公安机关后，机动车和驾驶员的年检、年审、发证、发照等工作由所在县公安局交通警察大队车辆管理所负责。1996年地级泰州市成立后，境内机动车管理业务由泰州市公安局车辆管理所负责。2008年，全区机动车注册登记1.5万辆。

**驾驶员管理**　1987年起，口岸交警中队主要通过学习小组、车队组织驾驶员学习，建立月度例会学习制度、记分制度，加强对驾驶员的思想、驾驶技能教育。1989年，口岸交警中队表彰最佳驾驶员20人。1995年，开展创建优秀合格车队活动，合格车队达标率80%。2004年，取消学习小组相关制度，对驾驶员实行社会化管理，驾驶员的审验、换证到泰州市公安局车辆管理所办理。2008年，全区拥有驾照的有1万余人。

## 1997—2008年高港区交通事故情况一览表

表180

| 年　份 | 事故数（起） | 死亡人数（人） | 受伤人数（人） | 年　份 | 事故数（起） | 死亡人数（人） | 受伤人数（人） |
|---|---|---|---|---|---|---|---|
| 1997 | 392 | 38 | 287 | 1999 | 346 | 41 | 378 |
| 1998 | 378 | 37 | 312 | 2000 | 456 | 36 | 412 |

续表180

| 年 份 | 事故数（起） | 死亡人数（人） | 受伤人数（人） | 年 份 | 事故数（起） | 死亡人数（人） | 受伤人数（人） |
|---|---|---|---|---|---|---|---|
| 2001 | 543 | 35 | 430 | 2006 | 103 | 33 | 113 |
| 2002 | 402 | 48 | 331 | 2007 | 109 | 42 | 126 |
| 2003 | 239 | 46 | 148 | 2008 | 65 | 39 | 50 |
| 2004 | 237 | 49 | 215 | 合 计 | 3442 | 481 | 2984 |
| 2005 | 172 | 37 | 182 | — | | | |

说明：2004年5月1日后，非道路交通事故纳入交通事故统计。

# 第七节 消 防

清光绪年间，口岸镇、迁善铺（今刁铺街道）设水龙局各1处，属泰兴县城所设的“救火会”管理。1954年，口岸建立义务消防队。1958年，境内各人民公社成立消防委员会，各生产大队和生产小队建立义务消防组织。1973年，各企业组建专职消防队，1979年撤销，1986年又开始组建。建区后，区公安分局设消防股。1998年6月，口岸柴墟小学成立少年消防警校。2003年，武警泰州市消防支队高港大队（又称高港区公安消防大队，简称区消防大队）成立，下设通扬路消防中队。各镇联防队兼负消防任务。所有一级重点单位及部分二级重点单位组建兼职消防队。2008年11月，筹建永安消防中队。

## 一、设施

清代，境内有灭火工具“水龙”，靠人工加压喷水。民国初期，境内有泵甫龙、洋龙等灭火工具。1987年，境内机关及企事业单位配有灭火器840只、灭火毯217块、消防桶295只、消防手抬水泵15台、消防梯26张。1997年后，区政府先后投入900余万元，用于完善消防设施。2003年11月，新购置斯太尔水罐消防车和五十铃轻便水罐消防车。2008年6月，购置压缩空气泡沫水罐消防车。当年末，全区拥有各类消防车7辆、个人基本防护装备451套、特种防护装备104套、灭火器材68套、抢险救援器材86套、市政消防栓243个、人造水源5处。全区19个一级重点单位、94个二级重点单位，共配备火灾自动报警系统113套、自动喷水系统104套、室内消火栓系统113套、防烟排烟系统95套、应急广播及应急照明系统102套、安全疏散楼梯148个。

## 二、监督

1997—2002年，由区公安分局消防股牵头，初步形成以乡镇派出所为主体的基层消防工作体系，对重点单位消防设施每月检查1次，重大节假日期间加大检查力度。共检查单位830个次，发现火灾隐患385处，出具法律文书98份，罚款87.4万元，责令停产停业单位14个。2003—2008年，区消防大队定期监督检查113个重点单位火灾隐患，不定期检查其他生产经营单位，先后检查单位

1998年6月，区人民检察院成立，内设办公室、政工科、审查批捕科、审查起诉科、反贪污贿赂科、法纪检察科、民事行政检察科、控告申诉检察科8个科室。2002年4月，政工科更名为政治处，审查批捕科更名为侦查监督科，审查起诉科更名为公诉科，反贪污贿赂科更名为反贪污贿赂局，法纪检察科更名为反渎职侵权检察科，并增设纪检组、监察室。2005年9月，增设职务犯罪预防科、监所检察科（与公诉科合署办公）、警务科，反贪污贿赂局内设的侦查科分设为侦查一科、侦查二科。2005年10月，反渎职侵权检察科更名为反渎职侵权局。2006年8月，设立人民监督员办公室。2007年9月，增设案件监督管理科。2008年，设政治处、办公室、侦查监督科、公诉科、反贪污贿赂局、反渎职侵权局、职务犯罪预防科、民事行政检察科、控告申诉检察科（挂举报中心、刑事赔偿办公室牌子）、监所检察科（公诉科与其合署办公）、警务科、人民监督员办公室、案件监督管理科13个科室，另设有纪检组、监察室。

1998年，区人民检察院有专职民警23人。2008年，有专职民警44人。当年，实行检察官等级制度，共有检察官19人，其中四级高级检察官6人、一级检察官1人、二级检察官3人、三级检察官2人、四级检察官4人、五级检察官3人。

**1997—2008年高港区人民检察院主要负责人一览表**

表182

| 姓　名 | 籍　贯 | 职　务 | 任职时间 |
|---|---|---|---|
| 陈荣成 | 泰　兴 | 筹备组长 | 1997.11—1998.01 |
| | | 检察长 | 1998.03—2002.11 |
| 卢斌祥 | 泰　兴 | 代理检察长 | 2002.11—2003.01 |
| | | 检察长 | 2003.01—2006.05 |
| 张　蓉（女） | 泰　州 | 代理检察长 | 2006.05—2007.01 |
| | | 检察长 | 2007.01— |

## 第二节　刑事检察

### 一、审查批捕

1998年，区人民检察院受理公安机关提请逮捕案件23件28人，审查批捕21件26人，提前介入公安机关侦查案件3件4人。1999年，参与“三禁一打”斗争，遇有重特大案件，提前介入侦查活动。2001年，受理公安机关提请批捕案件43件52人，批捕36件45人，其中，批捕抢劫、强奸、投毒等严重暴力犯罪和重大恶性犯罪案件7件12人，批捕盗窃等严重影响群众安全的多发性犯罪案件17件

19人；受理自侦部门移送审查批捕案件2件2人，决定逮捕2件2人。2005年，配合公安机关开展集中打击赌博违法犯罪、严重暴力犯罪、有组织犯罪、黑恶势力犯罪和“两抢一盗”等侵财性犯罪。受理公安机关提请批捕案件70件103人，批捕66件96人，其中，批捕赌博违法犯罪案件9件13人，暴力犯罪案件10件13人，黑恶势力犯罪案件8件24人，“两抢一盗”案件27件29人；受理自侦部门移送审查逮捕案件4件4人，决定逮捕4件4人。2006年，再次参与“打黑除恶”专项斗争。共受理公安机关提请批捕案件69件117人，依法批捕62件107人，其中，杀人、强奸、抢劫等暴力犯罪案件7件12人，黑恶势力犯罪案件17件42人，盗窃等影响群众安全感的多发性犯罪案件17件23人；受理自侦部门移送审查批捕案件3件3人，决定逮捕3件3人。2007年起，对投毒、杀人等严重犯罪案件的审查批捕平均办案期限缩短至3天，对无逮捕必要的10名犯罪嫌疑人依法不批准逮捕。

1998—2008年，共办理报捕案件610件886人。

**1998—2008年高港区人民检察院审查批捕情况一览表**

表183　　单位：件／人

| 年　份 | 受理报捕数 | 审结情况 | | 年　份 | 受理报捕数 | 审结情况 | |
|---|---|---|---|---|---|---|---|
| | | 批捕数 | 不批捕数 | | | 批捕数 | 不批捕数 |
| 1998 | 23/28 | 21/26 | 2/2 | 2004 | 52/77 | 41/61 | 11/16 |
| 1999 | 49/50 | 38/38 | 11/12 | 2005 | 70/103 | 66/96 | 4/7 |
| 2000 | 56/77 | 50/64 | 6/13 | 2006 | 69/117 | 62/107 | 7/10 |
| 2001 | 43/52 | 36/45 | 7/7 | 2007 | 73/130 | 69/120 | 4/10 |
| 2002 | 45/58 | 40/53 | 5/5 | 2008 | 72/103 | 63/88 | 9/15 |
| 2003 | 58/91 | 44/67 | 14/24 | 合　计 | 610/886 | 530/765 | 80/121 |

## 二、审查起诉

1998年6月起，区人民检察院坚持个人阅卷、集体讨论、科长把关、检察长决定的办案体制，确保案件定性和适用条款准确。当年，受理各类审查起诉案件22件29人，经审查向区人民法院提起公诉20件24人，报送泰州市人民检察院审查起诉2件5人。2000年，开展“审查起诉规范年”活动，实行主诉检察官办案责任制。2001年，在“打黑除恶”专项斗争中，快审快诉许某某等3人轮奸案、毛某某等4人合伙抢劫案、何某某销售伪劣产品案、陈某某寻衅滋事案等。2002年，改革起诉书、公诉词、审结报告等法律文书格式。2003年，实行审查批捕、决定逮捕、审查起诉、出庭支持公诉、立案监督、侦查活动监督、审判活动监督、提前介入、综合治理一体化机制。缩短办案周期，提高办案效率。2006年1月《江苏省检察机关办案工作流程》和《江苏省检察机关办案质量考评办法》试行后，按照案件受理、权利告知、案件审查、办案期限、案件讨论、案件审批、提起公诉、出庭公诉、诉讼监督、卷宗归档10个环节，分解量化，逐一落实办案流程，确保办案工作的规范化。2008年，实施“非法证据没有排除前坚决不起诉、被告人合理辩解没有查清前坚决不起诉”的“两不原则”，注重对证据合法性和被告人无罪或罪轻辩解的审查，以及对证据非法性和被告人合理辩解的调查。实行提起公诉前案件承办人“复核关键证人，复核案发现场，复核鉴定结论”的“三复核规定”，为案件出庭公诉奠定基础。

1998—2008年，区人民检察院共受理公安部门移送审查起诉案件846件1322人，受理自侦部门移送审查起诉案件59件61人，向人民法院提起公诉851件1302人，决定不起诉30件44人，报送泰州市人民检察院审查起诉20件32人，移送其他人民检察院审查起诉4件5人。

**1998—2008年高港区人民检察院审查起诉情况一览表**

表184　　　　单位：件/人

| 年　份 | 受理公安部门移送审查起诉案件 | 受理自侦部门移送审查起诉案件 | 向人民法院提起公诉 | 决定不起诉 | 报送泰州市人民检察院审查起诉 | 移送其他人民检察院审查起诉 |
|---|---|---|---|---|---|---|
| 1998 | 22/29 | — | 20/24 | — | 2/5 | — |
| 1999 | 48/59 | 2/2 | 47/56 | 1/2 | 2/3 | — |
| 2000 | 57/81 | 2/2 | 53/72 | 2/5 | 4/6 | — |
| 2001 | 70/83 | 4/4 | 69/81 | 2/2 | 3/4 | — |
| 2002 | 62/86 | 5/5 | 65/88 | 1/2 | — | 1/1 |
| 2003 | 92/131 | 11/11 | 100/135 | 1/1 | 2/6 | — |
| 2004 | 75/122 | 10/12 | 81/130 | 2/2 | 1/1 | 1/1 |
| 2005 | 120/182 | 8/8 | 122/181 | 3/5 | 3/4 | — |
| 2006 | 87/173 | 3/3 | 80/162 | 9/12 | — | 1/2 |
| 2007 | 110/219 | 9/9 | 115/224 | 3/3 | 1/1 | — |
| 2008 | 103/157 | 5/5 | 99/149 | 6/10 | 2/2 | 1/1 |
| 合　计 | 846/1322 | 59/61 | 851/1302 | 30/44 | 20/32 | 4/5 |

## 三、出庭支持公诉

1998年，区人民检察院出庭支持公诉16件20人。1999年，开展“出庭效果年”活动，4次组织民警59人次参加庭审观摩评议活动。制定出庭考核规则和实施方案，编制出庭考核表和评分标准，从

图 22-2-1　检察官出庭公诉刑事犯罪案件（2008 年摄）

阅卷笔录、案件审查终结报告、起诉书、讯问（询问）预案、答辩提纲等庭前准备到出庭支持公诉中的法庭调查、法庭辩论等各个环节进行细化考评。邀请区、镇人大代表旁听庭审。2000年，开展“审查起诉规范年”活动，由分管副检察长、主诉检察官示范指导出庭支持公诉。全年出庭支持公诉28件。2001年，加强出庭规范化建设，全面推行主诉检察官责任制，使用多媒体示证系统展示证据。8月，公诉某企业法人代表等10人虚开增值税专用发票案时，将相关会计凭证400余份3000余页输入电脑，庭审中逐一展示。2002年，推广普通话出庭，规范出庭用语，提出“讲究语言、注重举证、灵活发问、精于辩论”要求。2003年，推行适用普通程序审理“被告人认罪”案件（简称普通程序简化审）。适用普通程序简化审出庭支持公诉案件56件78人，刑事诉讼效率有较大提高。2005年，树立出庭策略意识，围绕庭审中讯（询）问、举证、质证环节，提高公诉人出庭技能。2008年，开展检察长出庭、考核出庭、规范出庭工作，规范文书制作和庭审程序，提高庭前预测能力。1998—2008年，共出庭支持公诉案件642件1001人，其中适用普通程序简化审案件186件308人。

## 1998—2008 年高港区人民检察院出庭支持公诉情况一览表

表 185　　单位：件 / 人

| 年　份 | 适用普通程序案件 | 适用普通程序简化审案件 | 年　份 | 适用普通程序案件 | 适用普通程序简化审案件 |
|---|---|---|---|---|---|
| 1998 | 16/20 | — | 2004 | 44/60 | 23/37 |
| 1999 | 33/42 | — | 2005 | 40/66 | 47/65 |
| 2000 | 28/47 | — | 2006 | 46/75 | 20/54 |
| 2001 | 49/52 | — | 2007 | 84/160 | 17/42 |
| 2002 | 48/71 | — | 2008 | 51/80 | 23/32 |
| 2003 | 17/20 | 56/78 | 合　计 | 456/693 | 186/308 |

## 四、立案监督

1998年起，区人民检察院开展立案监督工作。2000年3月，审查公安机关报捕的一起盗窃案件时，发现曹某某、戚某某、姚某某抢劫线索，经调查，3人涉嫌抢劫，向公安机关发出《说明不立案理由通知书》，由公安机关开展侦查并进行抓捕。此后，又立案监督王某某窝藏转移赃款案和李某某容留卖淫案。当年，依法向公安机关发出《说明不立案理由通知书》3份，立案监督3件5人。2001年，审查吉某盗窃案时，发现其母戴某某涉嫌妨碍证人作证线索，即通知公安机关立案侦查移送区人民检察院审查逮捕。2002年5月，一受害人的舅舅向检察机关提供吴某、严某涉嫌寻衅滋事，而公安机关仅作治安处罚的线索，区人民检察院即向公安机关调取治安处罚卷宗，经审查，认为吴某、严某的行为已构成寻衅滋事罪，向公安机关发出《说明不立案理由通知书》，公安机关接通知即立案侦查。2003年，建立以侦查监督科为主体，控告申诉、公诉、反贪等部门参与的内部线索网络，发现、提供立案监督线索。上半年，接到一起交通肇事案犯罪嫌疑人为冒名顶替的举报线索，经调查，查明顶罪事实，通知公安机关对涉案的王某某、徐某某及王某立案侦查。全年立案侦查10件11人，依法纠正错误立案1件1人。2006年，针对薛某交通肇事一案，依法向公安机关发出《说明不立案理由通知书》，公安机关作出不立案理由回复。经审查，认为不立案理由不能成立，即向公安机关发出《通知立案书》，该案提起公诉后，薛某被判处有期徒刑3年，缓刑5年。2007年7月，在审查公安机关报捕的陶某某等人盗窃案时，以犯罪嫌疑人供述“你们下次有这些东西都卖给我”为线索，查明其他3名涉案人员有共同犯罪故意，即向公安机关发出《说明不立案理由通知书》，公安机关在7天内对另外3人立案。2008年，在与泰兴市人民检察院沟通中，获悉其在办理一犯罪案件时，没有调到某派出所应该有的相关案件材料后，指派专人审查材料，向区公安分局发出《要求说明不予立案理由通知书》，对霍某、闾某某、王某某等人涉嫌盗窃进行立案监督。1998—2008年，共立案监督22件34人。

## 五、侦查活动监督

1998年8月起，区人民检察院对公安机关的侦查活动进行监督。派员介入公安机关对邱某组织卖淫案的侦查，引导侦查取证，最终邱某被泰州市中级人民法院判处死刑。全年不批准逮捕2件2人，建议公安机关撤回提捕1件1人，提前介入公安机关侦查案件1件2人。1999年6月，审查起诉毛某某盗窃案时，发现其有前科，且有报假案、陷害他人情节，公安机关对其采取取保候审强制措施不能体现罪刑相适应的原则，区人民检察院直接作出逮捕决定，通知公安机关执行。2001年，在审查起诉某企业法人代表等10人虚开增值税专用发票案件中，通过补证增加认定虚开税款14万元，依法追诉5名犯罪嫌疑人。在审查毛某某等4人抢劫案时，发现刘某也涉嫌犯罪却未被公安机关采取强制措施，及时向公安机关发出《应当逮捕犯罪嫌疑人意见书》，对刘某进行追捕。在审查贾某某故意伤害案中，发现贾某某举止言行不正常，建议进行司法精神鉴定，鉴定认定，贾某某无刑事责任能力，遂建议公安机关撤回此案。2004年，制定《慎用捕权，保障犯罪嫌疑人基本人权的实施意见》，经泰州市人民检察院认可，在全市范围内交流。2007年9月，在审查罗某某、陈某某等人涉嫌盗窃案时，发现公安机关对由收赃引起的涉案人马某某、丁某某仍以收购赃物罪进行提捕，根据“窝藏、转移、收购、销售赃物罪”已改为“掩饰、隐瞒犯罪所得收益罪”，即与公安机关联系，更正罪名，以掩饰、隐瞒犯罪所得收益罪对马某某、丁某某批准逮捕。2008年10月，在审查公安机关提请批捕的仲某某等3人涉嫌盗窃案中，发现公安机关仅将鉴定结论告知其中2名犯罪嫌疑人，而未告知另一犯罪嫌疑人和被害人，即向公安机关发出《纠正违法通知书》。

## 1998—2008年高港区人民检察院侦查活动监督情况一览表

表186

| 年份 | 不批准逮捕（件/人） | 建议撤回提捕（件/人） | 提前介入侦查（件/人） | 改变取保候审执行逮捕（件/人） | 追捕（件/人） | 补充移诉（件/人） | 建议撤回起诉（件/人） | 决定不起诉（件/人） | 发出口头、书面建议（次） | 追诉（件/人） | 纠正违法（件） | 退回补充侦查（件/人） | 改变侦查机关强制措施（件/人） | 自行补查（件/人） |
|---|---|---|---|---|---|---|---|---|---|---|---|---|---|---|
| 1998 | 2/2 | 1/1 | 1/2 | — | — | — | — | — | — | — | — | 2/3 | — | — |
| 1999 | 9/11 | 1/2 | 17/25 | 2/2 | 3/4 | — | 3/4 | — | 5 | — | — | — | — | — |
| 2000 | 1/1 | 5/12 | 19/35 | 2/2 | — | — | 4/6 | — | — | — | — | — | — | — |
| 2001 | 8/8 | 4/5 | 16/23 | — | — | — | 4/4 | — | — | 1/5 | — | 16/18 | — | — |
| 2002 | 5/5 | 1/1 | 8/10 | — | — | — | 2/2 | — | 3 | — | — | 7/15 | 1/1 | 26/30 |
| 2003 | 9/10 | 1/1 | — | — | — | — | 3/3 | 1/1 | — | 2/6 | — | 15/21 | — | — |
| 2004 | 12/17 | — | — | — | 8/8 | — | 1/2 | 2/2 | — | —/7 | 8 | 34/42 | — | — |
| 2005 | 4/7 | 1/1 | — | — | 9/14 | — | 3/3 | 4/5 | — | —/5 | 5 | 37/54 | — | — |
| 2006 | — | 1/1 | — | — | 7/11 | — | 11/13 | 9/11 | 4 | 5/15 | 8 | 43/59 | — | — |
| 2007 | 8/11 | 1/1 | 31/43 | — | 5/7 | 2/10 | 6/6 | 3/3 | 8 | 3/7 | — | 26/58 | — | — |
| 2008 | 10/14 | 1/1 | 26/31 | — | 8/8 | — | 6/9 | 6/10 | — | 3/5 | 6 | 39/74 | — | — |

### 六、审判活动监督

1998年，区人民检察院组织民警学习抗诉标准、范围，健全抗诉案件线索发现机制，建立裁判文书审查制度。1999年，重点监督审判机关开庭审理活动是否合法，判决结果是否体现罪刑相适应原则。8月，区人民法院审判姚某、倪某共同盗窃案时，合议庭认定嫌疑人姚某参与盗窃的直接证据不足。区人民检察院依法列席审判委员会，详细列举该案证据，依法阐述认定的理由，审判委员会采纳意见。2001年，受理民事行政申诉案9件，不立案4件，立案审查3件，建议泰州市人民检察院提请抗诉2件。2002年，受理民事行政申诉案件8件，立案审查5件，建议泰州市人民检察院向江苏省人民检察院提请抗诉1件，向泰州市人民检察院提请抗诉2件，均被采纳。其中提请泰州市人民检察院抗诉的1件民事案件2003年再审作出改判。2004年，提请抗诉或建议提请抗诉民事行政案件7件。2005年，实行申诉风险告知制度，维护当事人合法权益。全年对认为有错误的刑事判决裁定提请抗诉2件，对认为确有错误的民事行政判决裁定依法提请或建议提请抗诉，进入再审程序的案件被改判3件，执行和解1件。2006年，开展民事行政诉讼监督工作，依法保护各类民事主体合法权益。提请或建议提请抗诉民事行政申诉案4件，全部被泰州市人民检察院采纳，其中1件通过调解改判。2007年，提请或建议提请抗诉的民事行政案件被区人民法院再审改判1件，重新调解结案1件。2008年，抗诉重罪轻判案1件，某被告人利用某局工作人员身份，骗取办理房产证用户钱财约9万元，一审只被判有期徒刑2年。区人民检察院认为该判决适用减轻处罚不成立，依法向泰州市中级人民法院提出抗诉，得到泰州市人民检察院的支持。提出刑事抗诉案1件，立案审查民事行政申诉案4件，提请抗诉1件，发出再审检察建议并被区人民法院采纳1件。

1998—2008年，共受理审判监督案156件，其中提请或建议抗诉63件、改判15件、和解22件。

## 第三节　职务犯罪侦查

### 一、反贪污贿赂

1999—2008年，区人民检察院共立案侦查贪污贿赂及挪用公款等职务犯罪案件70件72人，挽回经济损失1244.21万元。

【查处贪污犯罪案件】 1999年8月，查处某镇财政所出纳员侵吞公款10.9万元案件，系查处的全区首例贪污犯罪案件。全年查处贪污犯罪案件2件2人，挽回经济损失近20万元。2003年，侦查某经济开发区拆迁办负责人受贿案，侦破贪污及受贿“窝案”，追缴赃款80万元，挽回经济损失近200万元。2004年，在查处某村原村支书贪污、受贿案过程中，侦破某工程原某分指挥部5人用重复报账的手段冒领工程建设款案件。查处某局某办事员贪污失业救济金146万元案件。2007年，查处某局某中心主任贪污养老保险费65.6万元案件。2008年，查处某街道办事处主任助理兼财政所所长贪污19.24万元案件。

1999—2008年，共查处贪污犯罪案件17件19人，挽回经济损失598.11万元。

【查处贿赂犯罪案件】 2001年，查处某银行高港办事处原主任和某单位原财务科科长受贿案。2002年1月，查处某中学原校长和某镇农经站站长兼农村合作基金社社长受贿案。2003年，开展医疗购销领域专项整治，与周边地区联动查案，查处某市人民医院药剂科科长受贿案和高港区某医院药剂科副科长、药剂科采购小组成员受贿案。2004年，查处高港区某医院设备科科长和药剂科科长受贿案，查处泰州市某局原企业管理科负责人受贿66.8万元案件。2005年，开展商业贿赂专项整治活动，查处泰州市某局质监站站长、兴化市某局副局长、高港区某局副局长等受贿案。2006年，查处区供电分局用电管理所某主任和该局营业部某工作人员受贿案，以及某镇卫生院院长、某镇副镇长受贿案。2007年，查处某船舶公司技术改造办公室副主任、区某局防汛办公室副主任兼某公司总经理受贿犯罪案件。2008年，查办发生在工程建设、医疗销购等重点领域中的贿赂犯罪案件2件2人。

2001—2008年，共查处贿赂犯罪案件44件44人，挽回经济损失447.7万元。

【查处挪用公款犯罪案件】 2000年3月，立案侦查全区第一件挪用公款案，查处某局综合科科长兼主办会计挪用公款12万元案件。全年查处挪用公款犯罪案件2件2人。2001年，查处某镇某村村支书、村委会主任挪用土地征用补偿费11.6万元和某银行某分理处原主任挪用公款50余万元案件。2002年，查处某镇镇村一体化领导小组办公室主任兼财务会计挪用公款13万元案件。2008年，立案侦查某街道办事处企业服务站工作人员挪用社保基金4万余元案件。案发前，该工作人员退出全部赃款，最终作出不起诉决定。

2000—2008年，共查处挪用公款犯罪案件9件9人，挽回经济损失198.4万元。

### 1999—2008年高港区人民检察院查处贪污贿赂挪用公款犯罪案件情况一览表

表187

| 年份 | 受理数（件/人） | 立案数（件/人） | 其中重大案件（件/人） | 立案案件中 | | | 立案数中批捕人数（人） | 审结情况 | | | | 涉案金额（万元） |
|---|---|---|---|---|---|---|---|---|---|---|---|---|
| | | | | 贪污（件/人） | 贿赂（件/人） | 挪用（件/人） | | 合计（件/人） | 起诉（件/人） | 不起诉（件/人） | 撤案（件/人） | |
| 1999 | 2/2 | 2/2 | 1/1 | 2/2 | — | — | 1 | 2/2 | 2/2 | — | — | 15.65 |
| 2000 | 3/3 | 3/3 | 1/1 | 1/1 | — | 2/2 | 1 | 3/3 | 3/3 | — | — | 48.96 |
| 2001 | 4/4 | 4/4 | 4/4 | — | 2/2 | 2/2 | 2 | 4/4 | 4/4 | — | — | 60.01 |
| 2002 | 5/5 | 5/5 | 2/2 | 1/1 | 3/3 | 1/1 | 3 | 5/5 | 5/5 | — | — | 50.81 |
| 2003 | 13/13 | 13/13 | 8/8 | 3/3 | 9/9 | 1/1 | 8 | 13/13 | 11/11 | 2/2 | — | 173.63 |
| 2004 | 11/13 | 11/13 | 7/9 | 5/7 | 5/5 | 1/1 | 6 | 11/13 | 10/12 | 1/1 | — | 299.88 |
| 2005 | 9/9 | 9/9 | 8/8 | — | 9/9 | — | 4 | 9/9 | 8/8 | 1/1 | — | 66.66 |
| 2006 | 7/7 | 7/7 | 5/5 | 1/1 | 5/5 | 1/1 | 3 | 7/7 | 5/5 | 1/1 | 1/1 | 139.93 |
| 2007 | 9/9 | 9/9 | 8/8 | 2/2 | 7/7 | — | 6 | 9/9 | 7/7 | 2/2 | — | 160 |
| 2008 | 7/7 | 7/7 | 5/5 | 2/2 | 4/4 | 1/1 | 5 | 7/7 | 5/5 | 2/2 | — | 82.15 |
| 合计 | 70/72 | 70/72 | 49/51 | 17/19 | 44/44 | 9/9 | 39 | 70/72 | 60/62 | 9/9 | 1/1 | 1097.68 |

## 二、反渎职侵权

2001年，区人民检察院开始立案侦查渎职侵权案件，查处某分局某专管员玩忽职守，致使某企业违反国家增值税专用发票管理法规，造成国家税款流失80余万元案件。2003年，查处某镇合作经济经营服务站站长、农村合作基金会主任违反规定“贷款”给单位及个人，造成国家直接经济损失52.7万元案件。2004年，立案侦查某局某处主任玩忽职守犯罪案件，鉴于其犯罪情节较轻，认罪态度较好，作出不起诉决定。2005年，查处泰州市人民检察院交办的兴化市某局副局长滥用职权案和某区人民法院副院长徇私枉法案。2006年，与泰州市人民检察院、靖江市人民检察院联合查处靖江市某局原副局长等人帮助犯罪分子逃避处罚、受贿“串案”。2007年，立案侦查某船厂新船下水过程中，因现场指挥混乱，操作不当，致4人死亡重大责任事故案件。2008年，查处某局原某科室负责人滥用职权案。

2001—2008年，共查处渎职侵权案件11件11人。

# 第四节　监所检察

1998年，区、乡镇人大换届选举期间，区人民检察院全面审核监外执行罪犯39人选举权。1999年，对监外执行罪犯38人（缓刑26人、剥夺政治权利5人、假释4人、重点检察对象3人）进行检察。2000年，对平时表现不好的监外执行罪犯进行2次以上重点检察。2002年，对监外执行的青少年罪犯进行重点检察。2003年，与公安机关联合对监外执行罪犯58人（缓刑44人、剥夺政治权利5人、假释2人、重点检察对象7人）实行面对面检察。2005年，区人民检察院参与社区矫正和社会治安综合治理，为司法行政部门提供矫正对象资料，帮助补全有关法律文书，监督公安机关和司法机关对矫正对象的交接联系，启动社区矫正信息管理系统，建立矫正对象电子档案。2006年，对全区监外执行罪犯105人（缓刑83人、剥夺政治权利11人、假释3人、管制7人、暂予监外执行1人）进行检察。2007年，在刁铺街道和口岸街道召开对矫正对象建议减刑评议会，发表检察意见。对被羁押的犯罪嫌疑人是否具有选举权进行检察，发出证明材料19份。发现缓刑犯5人没有监管到位，及时向区司法局提出整改建议。10月，对保外就医的暂予监外执行罪犯3人进行体检复查。2008年，加强社区矫正检察工作的基础台账资料管理，与区司法部门建立联络机制。

# 第五节　控告申诉检察

## 一、控告申诉处理

1998年起，区人民检察院受理控告申诉检察业务。1999年，设立接待室，实行检察长接待日制度。2003年，开展“无缠访年”活动，推行控告申诉首办责任制，配合区政府处理部分改制企业职工集体上访事件。控告申诉检察科被江苏省人民检察院评为省级文明接待室。2004年，与信访、公安、人民法院、纪检监察等单位建立信访“预警网络”，实现上访所反映问题的资源共享。2005年，开展“下访工作日”活动，到基层察民情、听民声，协助当地政府处理集体访、告急访。2006年，开展和参加涉检信访问题息诉罢访竞赛、文明接待室创建、举报宣传周、检察长巡回接访等活动。

1998—2008年，共处理控告申诉线索276件，其中来访118件（检察长接访85件）、来信158件，分流查处90件。

1998—2008年高港区人民检察院控告申诉受理情况一览表

表188　单位：件

| 年　份 | 各类控告申诉线索 | 各类控告申诉线索中 | | | 分流查处 | 年　份 | 各类控告申诉线索 | 各类控告申诉线索中 | | | 分流查处 |
|---|---|---|---|---|---|---|---|---|---|---|---|
| | | 来访 | 其中检察长接访 | 来信 | | | | 来访 | 其中检察长接访 | 来信 | |
| 1998 | 6 | 3 | 3 | 3 | 6 | 2004 | 26 | 12 | 8 | 14 | 13 |
| 1999 | 37 | 14 | 8 | 23 | 10 | 2005 | 23 | 15 | 8 | 8 | 10 |
| 2000 | 40 | 10 | 4 | 30 | 11 | 2006 | 20 | 11 | 11 | 9 | 4 |
| 2001 | 54 | 15 | 9 | 39 | 13 | 2007 | 11 | 10 | 10 | 1 | 8 |
| 2002 | 14 | 3 | 3 | 11 | 4 | 2008 | 32 | 17 | 14 | 15 | 7 |
| 2003 | 13 | 8 | 7 | 5 | 4 | 合　计 | 276 | 118 | 85 | 158 | 90 |

## 二、举报处理

1998年，区人民检察院共受理各类举报线索43起，开始建案件线索库。1999年，开展举报宣传周活动，对外公布举报专用电话号码。2000年和2001年，分别在口岸镇、野徐镇和永安洲镇举办举报宣传活动。2003年，开通举报电话受理系统和网上举报平台。2005年，受理举报线索25件，初查20件。2006年，规范线索初查程序，对署名举报严格执行分流告知、结果告知、立案告知制度。2007年、2008年，设点接受群众法律咨询、发放宣传材料，将群众反映强烈的问题联系并安排到检察长巡回接访日接访。

1998—2008年，共受理各类举报线索262件，其中，初查初核145件，移送反贪、反渎职部门立案侦查56件。

1998—2008年高港区人民检察院举报受理情况一览表

表189　单位：件

| 年　份 | 受理举报线索 | 初　查 | 立案侦查 | 年　份 | 受理举报线索 | 初　查 | 立案侦查 |
|---|---|---|---|---|---|---|---|
| 1998 | 43 | 1 | 1 | 2004 | 10 | 8 | 8 |
| 1999 | 38 | 7 | 2 | 2005 | 25 | 20 | 11 |
| 2000 | 20 | 13 | 3 | 2006 | 15 | 12 | 6 |
| 2001 | 16 | 14 | 4 | 2007 | 35 | 15 | 7 |
| 2002 | 15 | 13 | 3 | 2008 | 12 | 11 | 7 |
| 2003 | 33 | 31 | 4 | 合　计 | 262 | 145 | 56 |

# 第六节　民事行政检察

2000年起，区人民检察院履行民事行政检察职能。在办案过程中，正确处理与申诉人的关系，及时向申诉人作出立案或不立案审查的答复，对不属于人民检察院管辖的案件，为其指出申诉途径和方法，对证据不足、不符合立案条件的诉讼争议，在不立案的同时，做好申诉人的息诉服判工作，避免累诉、缠诉。2005—2006年，实行申诉风险告知制度，维护和保障当事人的合法权益。2008年，开展全区法律工作者近三年已办结民事行政案件质量评议和法律服务机构走访周活动，宣传民事行政检察工作，促进法律工作者办案水平和法律服务质量的提高。2000—2008年，共受理民事行政申诉案件56件，立案审查28件，息诉28件，建议提请抗诉20件，改判10件，调解成功6件，维持原判6件。

**2000—2008年高港区人民检察院民事行政检察情况一览表**

表190　　单位：件

| 年份 | 受案 | | | 审查处理 | | 结案处理 | | | 上级院处理 | | 抗诉案件再审 | | | |
|---|---|---|---|---|---|---|---|---|---|---|---|---|---|---|
| | 小计 | 民事 | 行政 | 立案 | 息诉 | 提请抗诉 | 终止审查 | 检察建议 | 采纳 | 不采纳 | 小计 | 改判 | 调解成功 | 维持原判 |
| 2000 | 5 | 5 | — | 2 | 3 | 2 | — | — | 1 | 1 | 1 | — | — | 1 |
| 2001 | 10 | 10 | — | 1 | 9 | 1 | — | — | 1 | — | 1 | 1 | — | — |
| 2002 | 7 | 5 | 2 | 3 | 4 | 3 | — | — | 3 | — | 3 | 2 | 1 | — |
| 2003 | 7 | 6 | 1 | 2 | 5 | 2 | — | — | 2 | — | 2 | — | 1 | 1 |
| 2004 | 9 | 9 | — | 6 | 3 | 6 | — | — | 5 | 1 | 5 | 2 | 2 | 1 |
| 2005 | 2 | 2 | — | 1 | 1 | — | 1 | — | — | — | — | — | — | — |
| 2006 | 7 | 7 | — | 6 | 1 | 5 | — | — | 5 | — | 5 | 2 | 2 | 1 |
| 2007 | 3 | 3 | — | 2 | 1 | — | — | — | 2 | — | 2 | 1 | — | 1 |
| 2008 | 6 | 6 | — | 5 | 1 | 1 | 1 | 2 | 1 | — | 3 | 2 | — | 1 |
| 合计 | 56 | 53 | 3 | 29 | 27 | 20 | 2 | 2 | 20 | 3 | 22 | 10 | 6 | 6 |

# 第七节　犯罪预防

## 一、职务犯罪预防

1998年起，区人民检察院编写各类职务犯罪预防宣传资料。1999年，先后5次在金融部门宣讲，针对印章保管、经费使用和管理上存在的严重漏洞发出检察建议，提出监督意见。2000年，责成犯罪嫌疑人写一份悔过书，向案发单位发一次检察建议，到案发单位开一次犯罪原因分析会，上一堂法治课，开展一次回访。2003年，对职务犯罪易发行业开设法治讲座。2004—2006年，卫生、文教、交通、城管、税务、国土、城建、电力等系统成立预防职务犯罪领导小组，制定预防职务犯罪工作方案。区人民检察院与区交通分局、城管办、卫生局、国土资源分局和供电营业部等单位联合召开查找问题座谈会12次，组织预防联络员召开建章立制经验交流会3次。协助国电泰州发电有限公司制定《关于在工程建设项目中开展职务犯罪预防危险源点分析与控制的实施办法》，将工程建设项目中管理人、财、物的关键部门和岗位作为预防重点，与之签订《预防职务犯罪责任书》。到扬子江药业集团，对营销人员和管理人员开展预防职务犯罪讲座3次。到工商、税务、国土等市直行政执法单位，宣传《关于在行政执法中及时移送涉嫌犯罪案件的意见》和《江苏省预防职务犯罪条例》。2007年，协助工商银行、中国银行在高港的分支机构成立预防职务犯罪领导小组，制定预防职务犯罪实施计划。在区公安分局、建设局开展行业预防，发出检察建议5份。2008年，开展检察预防工作“进园区、进乡镇、进社区”活动，在永安洲镇、泰州口岸船舶有限公司、口岸街道王营社区设立检察工作站，将预防关口前移。向预防职务犯罪协会会员单位赠送职务犯罪预防类图书。在区财政、税务系统和白马镇、永安洲镇开展预防宣传活动14次，备案审查廉政保证金合同17份，提出检察建议9份。

### 二、其他犯罪预防

1998年，区人民检察院组织开展未成年人犯罪预防工作。1999年，邀请200余名驾驶员旁听交通肇事案件庭审。2000年，通过检校共建、青少年维权岗等活动，到学校开展法治教育，预防在校生犯罪。2002年3月，某中学发生1件在校生涉嫌故意伤害案件，区人民检察院组织全区10余所学校1000余名师生代表旁听庭审。2004年，制定办理未成年人犯罪案件工作细则。2005年8月，设立未成年人犯罪办案组。2007年，到高港高新技术产业园、永安洲工业园对外来务工人员进行犯罪预防教育；组织近20个企业的会计、营销人员旁听提起公诉的挪用资金犯罪案。组织扬子江药业集团的部分员工到劳教场所开展警示教育。

## 第八节　人民监督员制度

2003年起，区人民检察院试行人民监督员制度。2004年9月，聘请9名人民监督员。11月，成立临时人民监督员办公室，开展人民监督员试点。2005年，将不服逮捕、拟撤销案件、拟不起诉的职务犯罪“三类案件”，以及立案不当、超期羁押、违法搜查扣押、不依法给予刑事赔偿和检察人员违法违纪办案“五种情形”纳入人民监督员监督范围。4月，9名人民监督员对拟不起诉的吕某某受贿案开展监督评议。2006年，成立人民监督员办公室，组织人民监督员对拟不起诉案件6件8人进行评议。2007年，客观、全面地向人民监督员介绍案情，保障人民监督员单独进行评议、自立监督案件。当年，组织人民监督员评议拟撤销案件1件1人，对自侦案件犯罪嫌疑人进行入所前谈话8次，旁听开庭审理案件3次。2008年，做好人民监督员轮换工作；人民监督员评议拟不起诉案件1件1人，对自侦案件犯罪嫌疑人进行入所前谈话6次，参与案件回访活动7次，旁听庭审案件3次。

# 第三章　审　判

新中国成立前，境内无审判机关，审判案件由所在县受理。1950年起，境内设基层法庭，受理刑事、经济犯罪和婚姻、继承、房屋、债务等民事案件。1998年，区人民法院成立，至2008年，共受理各类案件13472件。

## 第一节　机构与队伍

民国35年（1946）夏，解放区进行土地改革，口岸区设立临时性审判机构土改法庭，年末撤销。1950年11月，口岸人民法庭成立，为泰兴县人民法庭下属分庭，专门受理反革命恶霸案件和破坏土地改革案件。1967年4月，审判机构被“军管”。1973年8月，恢复口岸人民法庭，受理口岸、田河、马甸、许庄、刁铺、永安等公社（乡镇）的民事和经济纠纷、刑事自诉及部分执行案件。1990年3月，刁铺人民法庭成立，受理刁铺、许庄等乡镇的民事和经济纠纷、刑事自诉及部分执行案件。

1998年5月，区人民法院成立，口岸法庭、刁铺法庭随之成为区人民法院的派出机构。区人民法院设办公室、刑事审判庭、民事审判庭、经济审判庭、执行庭、告诉申诉庭、口岸法庭、刁铺法庭等机构。1999年12月，撤销口岸法庭、刁铺法庭，增设政工科、行政审判庭（与民事审判庭合署办公）。2000年5月，增设监察室；11月，撤销告诉申诉庭，设立立案庭。2001年5月，增设审判监督庭。2002年4月，民事审判庭更名为民事审判第一庭，经济审判庭更名为民事审判第二庭，政工科更名为政治处。2003年9月，执行庭改为执行局，增设行政装备科，单独设立行政审判庭。2006年4月，设立审判管理办公室，与审判监督庭合署办公。2008年，设有办公室、政治处、刑事审判庭、民事审判第一庭、民事审判第二庭、执行局、立案庭、审判监督庭、行政审判庭、审判管理办公室、行政装备科、法警大队、监察室等机构。在职人员62人，其中等级法官24人。

**1998—2008年高港区人民法院院长一览表**

表191

| 姓　名 | 籍　贯 | 任职时间 |
|---|---|---|
| 邵冬山 | 姜　堰 | 1998.01—2002.11 |
| 徐　林 | 泰　州 | 2003.01—2007.11 |
| 胡欣荣（女） | 泰　州 | 2007.12— |

## 第二节　刑事审判

新中国成立初期，刑事案件主要为反革命案件。改革开放后，普通刑事犯罪特别是经济犯罪上升。1977—1997年，境内刑事案件由泰兴人民法院和姜堰（泰县）人民法院分别审理，自诉刑事案件由口岸法庭、刁铺法庭和寺巷法庭审理。1998—2008年，区人民法院共受理刑事案件782件，审结782件，结案率100%。其中，严重刑事犯罪案件占5.24%，经济犯罪案件占32.23%，自诉刑事案件占8.95%。判处罪犯899人，判处10年以上有期徒刑28人，判处5年以上10年以下有期徒刑35人。

### 一、普通刑事案件审判

1998—2000年，区人民法院对暴力犯罪和贪污、受贿等犯罪行为从严打击。2002年，对破坏社会主义市场经济秩序的犯罪行为从严打击，加强对赃款赃物和财产刑的追缴再执行工作。贯彻“宽严相济”刑事审判政策，对主观恶性较小、有悔罪表现的被告人适用非监禁刑。至2006年，全区共有11名被告人被单处罚金，268名被告人被判处缓刑。2007年，突出打击盗窃、聚众斗殴两种犯罪行为，以盗窃罪判处24人，以聚众斗殴罪判处30人。2008年，依法严厉打击强奸、抢劫、盗窃等犯罪行为，共有12人被判处10年以上有期徒刑。当年，开展整顿和规范市场经济秩序、惩治商业贿赂专项工作，依法审理李某虚假出资，金某、翟某非法吸收公众存款等案件，依法审理一批有重大社会影响的职务犯罪案件。

### 二、未成年人犯罪审判

2002年，区人民法院对某在校学生故意伤害致人死亡一案依照法律和刑事审判政策，从轻判处该生有期徒刑10年。2004年，注重对青少年罪犯教育感化，组织人员到未成年犯管教所进行回访、考察。10月，在审理耿某、马某、奚某某等人抢劫案时，组织某中学200余名学生旁听。2007年起，对未成年人犯罪案件实行圆桌审理，探索适合于未成年人生理、心理特点的审判方式，做好帮教工作，维护未成年人的合法权益，促进未成年人罪犯的改造。

1998—2008年，共审结未成年人犯罪案件62件76人，为未成年被告人71人指定辩护人。

### 三、刑事自诉案件审判

1998—1999年，区人民法院受理刑事自诉案件4件9人。2000年，受理刑事自诉案件8件9人。2004年，受理刑事自诉案件12件，其中故意伤害罪11件。针对自诉伤害案件当事人多是邻里或亲属关系的特点，在查清事实的基础上，着重调解，除1件判决外，其他自诉案件均调解结案。2008年，对极易引发新矛盾的刑事自诉案件，采取疏导为主、打击为辅的办法。审结刑事自诉案件5件，均以调解或撤诉方式结案，调撤率100%，无一上访或申诉。1998—2008年，共审结自诉刑事案件70件。

### 1998—2008年高港区人民法院刑事案件审判情况一览表

表192　　　　单位：件

| 年　份 | 受理案件 | 审结案件 | 年　份 | 受理案件 | 审结案件 |
|---|---|---|---|---|---|
| 1998 | 23 | 22 | 2004 | 83 | 83 |
| 1999 | 45 | 44 | 2005 | 72 | 72 |
| 2000 | 62 | 62 | 2006 | 75 | 75 |
| 2001 | 69 | 69 | 2007 | 105 | 105 |
| 2002 | 76 | 76 | 2008 | 91 | 91 |
| 2003 | 81 | 81 | 合　计 | 782 | 780 |

## 第三节　民事审判

图22-3-1　泰州市高港区人民法院巡回法庭在刁铺审理案件（2005年摄）

1998年，区人民法院受理民事案件248件，审结224件。1999年，审结某村一连锁建房纠纷案件。受理该案后，办案法官与村、镇干部沟通，做当事人的思想工作。庭审中，在查明事实的基础上，对当事人进行说服教育，成功解决该纠纷，相关建房户均建好新房。2004年，受理扬子江药业集团、泰州三福船舶工程有限公司、高港供电营业部等7件要求排除妨碍并申请先予执行的案件，用1天时间对案件先予执行，使案件在较短时间内审结。2007年，妥善审理某人身损害赔偿纠纷案件。2008年，妥善处理张家港某建筑工程公司与泰州某制衣公司建设工程施工合同纠纷案件，促成双方达成调解协议。

1998—2008年，共受理民事案件6312件，结案6037件，结案率95.64%。其中，婚姻家庭类案件1853件，占29.36%；合同类案件2184件，占34.6%；侵权类案件1915件，占30.34%；其他360件，占5.7%。

1998—2008年高港区人民法院民事案件审判情况一览表

表193　　单位：件

| 年　份 | 受理案件 | 审结案件 | 年　份 | 受理案件 | 审结案件 |
|---|---|---|---|---|---|
| 1998 | 248 | 224 | 2004 | 458 | 445 |
| 1999 | 364 | 275 | 2005 | 543 | 517 |
| 2000 | 581 | 544 | 2006 | 572 | 573 |
| 2001 | 641 | 623 | 2007 | 759 | 735 |
| 2002 | 578 | 565 | 2008 | 1054 | 1032 |
| 2003 | 514 | 504 | 合　计 | 6312 | 6037 |

## 第四节　商事审判

1998年12月，区人民法院受理原告某船舶公司与被告淮阴某公司船舶购销合同纠纷诉讼案，仅用3天时间结案，被告给付100余万元货款并赔偿全部经济损失。1999—2000年，先后受理和审结泰州市建工机械厂、泰州市建工工贸有限公司、泰州市东方变速机械厂、泰州市东方童车厂等破产案件。1999—2001年，受理银行、信用社和合作基金会起诉的借款合同纠纷占全部经济纠纷的50%，有效化解金融风险。2007年，受理泰州市申工重机钢管有限公司破产案，首次指定中介机构为破产管理人，该案合议庭指导破产管理人追回债权2000余万元。2008年，受理首例强制清算案，并依法清算完毕。

1998—2008年，在诉讼过程中，适时采取财产保全措施，先后为扬子江药业集团、永盛彩印包装有限公司、凯威药用包装有限公司等企业到广东、陕西、甘肃、湖北等20余个省（市）进行保全措施，保障企业债权的实现。

1998—2008年，区人民法院共受理商事纠纷1596件，审结1540件，结案率96.49%，审理诉讼标的总额2.5亿元。

1998—2008年高港区人民法院商事案件审判情况一览表

表194　　单位：件

| 年　份 | 受理案件 | 审结案件 | 年　份 | 受理案件 | 审结案件 |
|---|---|---|---|---|---|
| 1998 | 43 | 41 | 2002 | 124 | 122 |
| 1999 | 204 | 178 | 2003 | 147 | 145 |
| 2000 | 206 | 205 | 2004 | 84 | 80 |
| 2001 | 221 | 218 | 2005 | 116 | 109 |

续表194

| 年　份 | 受理案件 | 审结案件 | 年　份 | 受理案件 | 审结案件 |
|---|---|---|---|---|---|
| 2006 | 131 | 130 | 2008 | 186 | 177 |
| 2007 | 134 | 135 | 合　计 | 1596 | 1540 |

## 第五节　行政审判

### 一、行政案件

1999年，区人民法院受理全区首例行政诉讼案件。2000—2003年，审结行政诉讼案件33件，主要涉及城建、治安管理等方面。2004年，受理案件4件，全部审结。2005年11月，区政府行政案件（颁发房屋所有权证和土地使用权证的案件除外）交市中级人民法院审理。2008年，推进行政首长出庭应诉工作，审结行政诉讼案件5件。

1999—2008年，共受理行政诉讼案件70件，结案率100%，调解撤诉率28.57%。其中，以区政府为被告的案件8件，判决维持3件，原告撤诉2件，裁定驳回起诉和不予受理各1件，移送1件。涉及城建、环保处理案件19件，涉及政府行政处理决定案件1件，涉及治安处罚案件8件，涉及土地行政处理案件4件，涉及计划生育处理案件2件，其他行政案件36件。维持判决的15件，驳回起诉的17件，确认行政行为违法4件，判决撤销2件，判决履行1件，原告主动撤诉20件。

### 二、行政非诉执行审查

2000年，区人民法院开始受理、审查各类行政非诉执行案件。当年，受理卫生行政处罚案件1件，裁定准予执行。2001年，受理卫生行政处罚案件24件、拆迁行政处理案件2件、计划生育管理处罚案件1件、土地使用权争议案件1件。2002年，受理行政机关申请执行的行政处罚案件60件。2003年，受理行政非诉执行审查案件4件。2004—2006年，共受理43件，裁定准予执行27件，行政行为相对人自动履行7件。2007年，受理行政非诉执行审查案件74件。2008年，受理行政非诉执行审查案件72件，行政机关撤回申请27件，其余45件案件裁定准予执行。

2000—2008年，共受理行政非诉执行审查案件282件，裁定准予执行案件224件。

**1999—2008年高港区人民法院行政案件审判情况一览表**

表195　　　　单位：件

| 年　份 | 行政诉讼案件 | | 行政非诉执行案件 | | 年　份 | 行政诉讼案件 | | 行政非诉执行案件 | |
|---|---|---|---|---|---|---|---|---|---|
| | 受理案件 | 审结案件 | 受理案件 | 审结案件 | | 受理案件 | 审结案件 | 受理案件 | 审结案件 |
| 1999 | 5 | 5 | — | — | 2001 | — | — | 28 | 28 |
| 2000 | 7 | 7 | 1 | 1 | 2002 | 8 | 8 | 60 | 60 |

续表 195

| 年　份 | 行政诉讼案件 | | 行政非诉执行案件 | | 年　份 | 行政诉讼案件 | | 行政非诉执行案件 | |
|---|---|---|---|---|---|---|---|---|---|
| | 受理案件 | 审结案件 | 受理案件 | 审结案件 | | 受理案件 | 审结案件 | 受理案件 | 审结案件 |
| 2003 | 18 | 18 | 4 | 4 | 2007 | 10 | 10 | 74 | 74 |
| 2004 | 4 | 4 | 16 | 16 | 2008 | 5 | 5 | 72 | 72 |
| 2005 | 6 | 6 | 17 | 17 | 合　计 | 70 | 70 | 282 | 282 |
| 2006 | 7 | 7 | 10 | 10 | | | | | |

## 第六节　案件执行

1998年，区人民法院共受理各类执行案件224件（含泰兴市人民法院157件旧存案件），执结185件。1999年，区委、区政府印发《关于解决人民法院“执行难”问题的意见》，区人民法院开展“执行年”活动，解决大批疑难积案，执行积案结案率90%，全院执行积案仅剩37件。2002年，区建设局就违法建设处罚集中申请行政执行案件51件，区人民法院组织力量执行，执结48件。2004年，区人民法院组织大规模强制执行活动3次，涉及阻扰某医药产业园开工建设、侵占江滩建造码头、违法建设等。2005年，根据水利部门的申请，区人民法院对长江沿岸违法建设的6个小船厂进行集中清理，保护江岸资源。试行执行公示制度，对20名长期躲避执行、拒不履行义务的当事人进行公示。2006，推行执行联络员制度，从各镇（街道）分别聘请1名执行监督员和1名执行联络员，当年执结的案件中有15%的案件得到执行联络员的协助。2008年，执行联络员增加到23人。

1998—2008年，区人民法院共受理执行案件4430件，执结3983件，执结标的额12978.48万元。

### 1998—2008年高港区人民法院执行案件受结案情况一览表

表 196

| 年　份 | 受理案件（件） | 执结案件（件） | 执结标的（万元） | 年　份 | 受理案件（件） | 执结案件（件） | 执结标的（万元） |
|---|---|---|---|---|---|---|---|
| 1998 | 224 | 185 | 430 | 2002 | 529 | 516 | 890.15 |
| 1999 | 400 | 263 | 580.15 | 2003 | 464 | 444 | 1050.35 |
| 2000 | 461 | 429 | 751.68 | 2004 | 308 | 301 | 1370.96 |
| 2001 | 482 | 463 | 863.34 | 2005 | 287 | 235 | 2196.55 |

续表196

| 年　份 | 受理案件（件） | 执结案件（件） | 执结标的（万元） | 年　份 | 受理案件（件） | 执结案件（件） | 执结标的（万元） |
|---|---|---|---|---|---|---|---|
| 2006 | 301 | 256 | 2315.82 | 2008 | 604 | 515 | 1420.58 |
| 2007 | 370 | 376 | 1108.9 | 合　计 | 4430 | 3983 | 12978.48 |

## 第七节　立案监督

1998年，区人民法院实行立案与审案分立，对各类案件进行立案审查。推行立案首接负责制，对起诉材料齐全、符合立案条件的，办案人员在10分钟内将立案手续送达当事人手中，并在当天将案件移交有关业务庭；对起诉材料不完整的，列出清单，要求当事人在规定期限内补齐。向社会全面公开各类案件的立案标准、收费标准及程序。对人民法院起诉的当事人发放诉讼事务提示书，告知诉讼风险，节约当事人的司法成本，减少讼累。2008年，对事实清楚、争议不大的案件进行立案调解，做到当日立案，当日调解，当日结案；对敏感性纠纷、群体性纠纷、矛盾易激化纠纷等案件进行慎重处理，立案前与相关部门特别是基层组织沟通联系。1998—2008年，区人民法院共立案受理各类案件13472件，办理诉前保全22件、支付令44件、公示催告78件，减、缓、免诉讼费36.8万元。

区人民法院实行原审承办人释明制度，凡当事人在法律文书生效6个月内不服上访的，由原审承办人负责对当事人的申诉理由予以解释。每周二实行“院长接待日”制度。对上访老户做到一案一卷，推行信访听证制度。2006年8月7日，首次举行信访案件听证会，针对某信访案件时间长、矛盾大、多次信访及进京上访的特殊情况，邀请泰州市中级人民法院、区委政法委、区信访局、某街道和某村有关人员，以及部分人大代表、政协委员参加听证会。1998—2008年，共处理来信492件，接待来访718人次。

1998—2008年，区人民法院共受理申诉案件79件，占案件总数的0.59%，结案率100%。在结案的申诉案件中，刑事申诉8件，占申诉案件数的10.13%，其中维持原判7件、其他处理1件；民事申诉62件，占申诉案件的78.48%，其中维持原判58件、改判2件、其他处理2件；经济申诉9件，占申诉案件的11.39%，其中维持原判9件。

2001年5月，区人民法院审判监督庭设立后，负责审理由市人民检察院提出抗诉的再审案件；审判已经发生法律效力的刑事、民事、行政再审案件，办理案件的复查工作。

# 第四章　司法行政

20世纪80年代，境内乡镇设司法科、法律服务所。1986年起，开展“一五”普法工作。1998年，区司法局成立。1998—2008年，全区司法行政系统开展普法宣传、法律援助、人民调解、安置帮教和社区矫正工作，为增强群众法治意识、化解民事纠纷、促进社会和谐及民主法治建设作出贡献。

## 第一节　机构与队伍

民国29年（1940），口岸区设司法助理，负责处理民事、刑事案件。新中国成立初期，司法行政隶属于审判机关。1981年，各公社、镇均设专职司法行政干部。至20世纪80年代末，各乡镇建立司法科、法律服务所。

1998年1月，高港区司法局成立，主管区政府司法行政事务，设办公室、宣传教育工作科、基层工作科、公证与律师管理科。1999年6月，高港区公证处成立。2002年4月，“148”（谐音“要司法”）协调指导中心成立。2003年12月，区司法局增设法律援助科。2005年，增设社区矫正工作科，对外增挂高港区社区矫正工作领导小组办公室牌子，“148”协调指导中心增挂社区矫正中心牌子。2008年，区公证处更名为泰州市祥泰公证处；区社会矛盾纠纷调处服务中心成立，为区司法局下属事业单位，副科级建制。年末，区司法局设有办公室、宣传教育科、基层工作科、公证与律师管理科、法律援助科和社区矫正工作科6个职能科室，下设祥泰公证处、“148”协调指导中心、社区矫正中心、社会矛盾纠纷调处服务中心4个事业单位。设有口岸、刁铺、许庄、永安洲、野徐、白马、大泗、胡庄8个基层司法所和9个基层法律服务所（口岸设有第一、第二法律服务所）。区司法局机关共有工作人员26人，有镇、街道司法助理15人。

## 第二节　法治宣传

### 一、“一五”普法

1986—1990年“一五”普法期间，境内主要通过普法教育轮训活动增强公民法治观念，养成知法、守法和依法办事的习惯，具有启蒙式的扫盲运动性质。区、乡干部完成“九法一例”（宪法、刑法、刑事诉讼法、婚姻法、继承法、兵役法、民法通则、民事诉讼法、经济合同法和治安管理处罚条例）普法教育培训任务。通过脱产听课、讨论、自学和考试，合格者取得普法合格证书。

### 二、“二五”普法

1991—1995年“二五”普法期间，各乡镇主要致力于社会主义市场经济法律法规的普及教育。组织学习全民所有制企业法、“三资”企业法、经济合同法、专利法、商标法和股份制、证券、关贸总协定等有关知识，受训范围涉及机关干部、企事业单位干部及职工、城镇居民、农民，对副乡科级以上干部进行法律知识考试。

### 三、“三五”普法

1996—2000年为“三五”普法时期。1996年10月，境内开展“三五”普法宣传周活动。1997年后，全区普遍建立中心组学法制度，健全领导干部岗前法律考试制度，以及国家公务员学法登记卡制度、检查考核制度，领导干部和公务员学法制度化、经常化、规范化的局面基本形成。组建高港区法治宣传领导小组，制定“三五”普法计划。征订发放各类普法教辅资料2万余份。举办普法培训班20余期，系统培训宪法、刑法、合同法、诉讼法、行政法、婚姻法、继承法和未成年人保护法等法律法规，参加培训人员4000余人。通过宣传车、宣传标语、墙报画廊、幻灯片、文艺宣传队、法律咨询等形式开展法治宣传。2000年，高港区“三五”普法工作通过省、市考核组验收。

### 四、“四五”普法

2001—2005年为“四五”普法时期。“四五”普法以努力实现“两个转变、两个提高”（实现由提高全民法律意识向提高全民法律素质的转变，全面提高全体公民特别是各级领导干部的法律素质；实现由注重依靠行政手段管理向注重依靠运用法律手段管理的转变，不断提高全社会法治化管理水平）目标为重点。2001年，区财政拨付人均普法专项经费0.5元。2001年12月，开展以“增强宪法观念，推进依法治国”为主题的系列宣传活动。当年起，每年开展“12·4”全国法制宣传日活动。2002年3月，区一届人大常委会第二十五次会议审议通过关于进一步开展法制宣传教育的决议。当年，先后召开中小学法治教育工作会议和“四五”普法暨青少年法治教育工作现场会，组织区四套班子负责人及公检法主要负责人、副科级以上领导干部参加“四五”普法知识考试。2005年8月，召开民主法治示范村（社区）建设现场会。同月，高港区“四五”普法工作通过省、市验收。

### 五、“五五”普法

图 22-4-1　高港实验学校法律知识有奖竞猜比赛（2008年摄）

“五五”普法始于2006年，至2008年开展3年。“五五”普法仍以实现“两个转变、两个提高”目标为重点。2006年，区法治宣传教育领导小组制定全区“五五”普法规划，编印“五五”普法市民读本。组织群众文艺团体和法治宣传志愿者队伍，开展法律进乡村（社区）活动。2007年，邀请中国就业促进会副会长孔德厚开展就业促进法和劳动合同法专题讲座。开展“法治宣传社区行”活动，解答群众法律咨询100余人次，发放“五五”普法市民读本500余册，发放法治宣传资料5000余份。2008年，印发“五五”普法干部、青少年读本。2008年5月，全区“五五”普法工作通过省、市中期考核验收。

# 第三节　法律服务

## 一、律师事务

1998年10月，泰州柴墟律师事务所成立，有执业律师7人。2004年4月，泰州天滋律师事务所高港分所成立，有执业律师4人。2007年5月，泰州市律师协会高港分会成立。2008年，环溪律师事务所成立，有执业律师3人。泰州天滋律师事务所高港分所因人手不足停办。年末，全区有律师事务所2个，执业律师10人。

1998—2008年，全区律师业务办理总量2006件，追回和避免经济损失11776万元，累计收费436.1万元。

### 1998—2008年高港区律师业务情况一览表

表197

| 年份 | 担任常年法律顾问 | | 代理刑事案件 | | 代理民事经济案件 | | 代理非诉讼案件 | | 代理行政案件 | | 追回或避免经济损失（万元） |
|---|---|---|---|---|---|---|---|---|---|---|---|
| | 数量（个） | 收费（万元） | 数量（件） | 收费（万元） | 数量（件） | 收费（万元） | 数量（件） | 收费（万元） | 数量（件） | 收费（万元） | |
| 1998 | 6 | 3 | 3 | 3 | 25 | 1.5 | — | — | — | — | 120 |
| 1999 | 16 | 8 | 8 | 1 | 76 | 5 | 6 | 0.6 | 2 | 0.3 | 200 |
| 2000 | 21 | 10 | 9 | 1 | 110 | 11 | 14 | 1 | — | — | 350 |
| 2001 | 28 | 12 | 16 | 3 | 156 | 16 | 12 | 1.5 | — | — | 600 |
| 2002 | 33 | 14 | 12 | 1.5 | 160 | 12 | 20 | 2.5 | 5 | 1 | 650 |
| 2003 | 36 | 18 | 23 | 3 | 156 | 18 | 18 | 2.5 | 4 | 1.5 | 850 |
| 2004 | 51 | 21 | 20 | 3 | 132 | 14 | 26 | 2 | 1 | 0.2 | 1200 |
| 2005 | 54 | 24 | 25 | 5 | 158 | 18 | 14 | 1.5 | — | — | 1500 |
| 2006 | 63 | 29 | 11 | 3 | 163 | 22 | 14 | 2 | 5 | 2 | 1800 |
| 2007 | 73 | 32 | 29 | 6 | 187 | 21 | 24 | 1 | — | — | 2000 |
| 2008 | 79 | 31 | 22 | 5 | 323 | 40 | 17 | 1.5 | — | — | 2506 |

## 二、公证事务

1999年6月，高港区公证处成立。2008年3月，更名为泰州市祥泰公证处，有公证员3人、公证员助理1人。

1999年，开办国内经济及民事公证。国内经济公证事项仅限于建筑工程承包协议、财产租赁协议、还款协议公证。国内民事公证事项仅限于继承、遗嘱、赠与、赡养、亲属关系、委托、声明、文本、签名属实及其他民事协议公证。全年办理公证业务总数245件。2000年，公证工作向农村、开发区、商业、金融、房地产、财贸集团等领域延伸。2001年，开办物品拍卖、国有土地拍卖、企业改制、重大工程投标、交通部门公路线有偿使用、企业租赁及承包经营合同等公证。2002年，对拆迁过程中达成的拆迁补偿协议和拆迁安置协议进行公证。2003—2004年，重点拓展银行贷款公证业务，为各银行贷款出具赋予债权文书强制执行效力的公证书。2005—2006年，开办提存、证据保全公证业务。2007—2008年，将招标公证业务从国土招标公证、政府采购招标公证拓展到建筑工程招标公证。

1999—2008年，全区共办理公证业务9940件，其中经济类4792件、民事类5148件。

1999—2008年高港区公证业务情况一览表

表198　　单位：件

| 年份 | 办理公证总数 | 其中 | | 年份 | 办理公证总数 | 其中 | |
|---|---|---|---|---|---|---|---|
| | | 经济 | 民事 | | | 经济 | 民事 |
| 1999 | 245 | 184 | 61 | 2005 | 897 | 224 | 673 |
| 2000 | 960 | 885 | 75 | 2006 | 1148 | 213 | 935 |
| 2001 | 824 | 742 | 82 | 2007 | 1214 | 119 | 1095 |
| 2002 | 656 | 528 | 128 | 2008 | 907 | 131 | 776 |
| 2003 | 1402 | 618 | 784 | 合计 | 9940 | 4792 | 5148 |
| 2004 | 1687 | 1148 | 539 | | | | |

## 三、基层法律服务

1987年，境内乡镇建立法律服务所，主要开展调解经济纠纷、协办公证业务和部分律师业务，担任政府、企事业单位法律顾问。1997年，共有口岸法律服务所、刁铺法律服务所、许庄法律服务所、田河法律服务所、永安洲法律服务所、野徐法律服务所、白马法律服务所7个法律服务所。2008年，全区共有口岸第一法律服务所、口岸第二法律服务所、刁铺法律服务所、许庄法律服务所、永安洲法律服务所、野徐法律服务所、白马法律服务所、大泗法律服务所、胡庄法律服务所9个法律服务所，有法律工作者28人。

1997—2008年，全区共代理民事诉讼1485件，代理非诉讼149件，协办公证、见证10090份，代写法律文书4781份，挽回经济损失超过1亿元。

### 1997—2008年高港区基层法律服务情况一览表

表199

| 年　份 | 代理民事诉讼（件） | 代理非诉讼（件） | 协办公证、见证（份） | 代写法律文书（份） | 担任法律顾问（个） | 追回拖欠款（万元） | 挽回经济损失（万元） |
|---|---|---|---|---|---|---|---|
| 1997 | 14 | — | — | 30 | 4 | 70 | 100 |
| 1998 | 24 | — | — | 35 | 7 | 90 | 120 |
| 1999 | 80 | 4 | 220 | 90 | 17 | 170 | 210 |
| 2000 | 95 | 10 | 860 | 200 | 21 | 300 | 360 |
| 2001 | 160 | 11 | 750 | 230 | 25 | 450 | 580 |
| 2002 | 165 | 18 | 820 | 246 | 28 | 480 | 600 |
| 2003 | 160 | 20 | 1100 | 480 | 34 | 560 | 800 |
| 2004 | 145 | 22 | 1250 | 610 | 46 | 820 | 950 |
| 2005 | 148 | 11 | 1150 | 700 | 48 | 890 | 1200 |
| 2006 | 155 | 11 | 1300 | 680 | 44 | 1000 | 1500 |
| 2007 | 159 | 18 | 1240 | 730 | 50 | 1400 | 1900 |
| 2008 | 180 | 24 | 1400 | 750 | 52 | 1800 | 2500 |
| 合　计 | 1485 | 149 | 10090 | 4781 | — | 8030 | 10820 |

## 第四节　法律援助

1999年起，法律援助案件主要由柴墟、天滋两个律师事务所和各乡镇法律服务所承办。此外，还面向全区招募法律援助志愿者，专门为困难群众提供无偿法律服务。

2000年6月，各镇成立法律援助工作站。2002年4月，建立区“148”协调指挥中心。各镇开通“148”法律援助专线电话，全年接答各种法律咨询求助电话319人次，调解各类疑难、突发纠纷和群体性事件16件，移交有关部门处理群众来访案件165件。2003年12月，在司法局机关增设法律援助科。各镇、区总工会、团区委、区妇联、区残联、区民政局建立法律援助工作站。2006年，对照省《规范化法律援助机构建设指导标准》，推进区法律援助中心规范化建设，落实专门人员和专项经费。建立办案监督制度和案件责任追究等制度，发现问题及时纠正。对参与法律援助工作的律师、法律服务工作者发放补助费用。2007年起，每月组织一次社区法律咨询活动。2008年，区法律援助中心被省司法厅确认为省级规范化法律援助中心。

1999—2008年，共接待群众法律咨询1645人次，接受电话咨询1363人次，办理法律援助案件248件，协调处理纠纷1532件。

### 1999—2008年高港区法律援助业务情况一览表

表200

| 年　份 | 接待法律咨询（人次） | 电话咨询（人次） | 办理法律援助案件 | | 协助调处纠纷（件） |
|---|---|---|---|---|---|
| | | | 刑事（件） | 民事（件） | |
| 1999 | 21 | 32 | 1 | 31 | 26 |
| 2000 | 55 | 45 | — | 9 | 51 |
| 2001 | 69 | 56 | 2 | 7 | 72 |
| 2002 | 76 | 64 | 2 | 13 | 78 |
| 2003 | 80 | 65 | — | 8 | 85 |
| 2004 | 105 | 75 | — | 9 | 108 |
| 2005 | 250 | 118 | 1 | 11 | 156 |
| 2006 | 305 | 303 | 4 | 18 | 281 |
| 2007 | 331 | 296 | 7 | 44 | 336 |
| 2008 | 353 | 309 | 6 | 75 | 339 |
| 合　计 | 1645 | 1363 | 23 | 225 | 1532 |

## 第五节　人民调解

民国以前，民间纠纷向由同族长辈、亲朋好友及地方绅董出面调停，很少诉诸衙门。民国20年（1931）10月，乡镇监察委员兼任调解委员。抗日战争期间，革命根据地建立人民调解制度，并配备调解助理员。其时分为民间调解、群众团体调解、政府调解和司法调解等。新中国成立后，部分乡、镇建立调解委员会，口岸区配备专职调解干部。1959年起，调解组织与治保组织合并，改称治调委员会。“文化大革命”初期，调解组织解散，1973年逐步恢复和健全。20世纪80年代末，多数村、居委会、工厂、企事业单位建立调解委员会，调解工作趋于正常化。

1997年起，区、镇、村三级调解组织层层落实责任，区与镇、镇与村之间签订责任状，进行百分考核。2003年9月，高港区人民调解委员会（简称区调委会）成立，系群众自治组织。2004年4月，高港区社会矛盾纠纷排查调处工作领导小组成立，下设调处服务中心，各乡镇随之成立相应机构。2004—2005年，人民调解、行政调解和司法调解相衔接，公调、诉调、检调、纪调、访调对接，两年共调解纠纷1741件，调解成功率95.63%。2007年国庆期间，开展矛盾纠纷集中排查调处活动，将排查出来的问题分解到有关村组、单位，限期解决到位。2008年5月，开展“传圣火、迎奥运”矛盾纠纷集中排查调处活动，组织排查13次，劝阻群体性上访事件1件85人次，防止矛盾纠纷激化1件；各级调委会共调处各类民间纠纷53件，调解成功52件。8月起，在各镇（街道）、村（居）推行“听证合议”制度，依纠纷双方当事人申请，由镇（街道）、村（居）研究确定“听证合议”事项，确定“听证合议”人员。听证会上，由召集人介绍矛盾纠纷的基本情况，再由矛盾纠纷的当事人各自陈述事实和理由、表达诉求，最后进行合议、调解。全年召开听证会议4次。年末，全区有区级人民调解组织3个、镇（街道）人民调解组织8个、村（居）人民调解组织96个、企业人民调解组织19个，共有专职人民调解员153人、兼职人民调解员470人。

2004—2008年，共调解纠纷3705件，调解成功3608件，调解成功率97.38%。

## 第六节　安置帮教与社区矫正

### 一、安置帮教

1997年7月，高港区安置帮教工作领导小组成立，其后各乡镇亦成立安置帮教工作领导小组，区、乡镇安置帮教工作领导小组组长由分管政法工作的负责人担任。安置帮教工作领导小组下设办公室（简称安置帮教办），区安置帮教办设在区司法局，配备专职人员3～5人；乡镇安置帮教办设在司法所，司法所所长兼主任。1998年，区安置帮教办在各乡镇建立安置帮教工作站。2002年，区安置帮教办首次到监所开展“赠书寄语”帮教活动。2007年，各镇（街道）建立过渡性安置帮教基地，区司法局与其签订安置工作协议，全年安置帮教对象4人，解决其生产和生活问题。2008年2—5月，开展刑释解教人员调查摸底专项活动，全区在册刑释解教人员301人，安置帮教人员衔接率、安置就业率、帮教率均为100%，无一人重新犯罪。

### 二、社区矫正

2005年前，社区矫正工作由区公安分局负责。2005年起，转由区司法局负责。

2004年12月，高港区社区矫正工作领导小组成立。2005年9月，区司法局“148”协调指导中心增挂区社区矫正中心牌子。区司法局建立社区矫正档案和矫正对象每月汇报制度，在全区招募社区矫正志愿者。2008年汶川大地震发生后，引导矫正对象参与捐款捐物和义务献血等活动。2005—2008年，全区社区矫正对象437人，其中缓刑368人、假释32人、管制9人、剥夺政治权利20人、暂予监外执行8人。

## 1998—2008年高港区安置帮教与社区矫正情况一览表

表 201

| 年 份 | 安置帮教 | | | | | 社区矫正 | |
|---|---|---|---|---|---|---|---|
| | 刑释解教人员（人） | 安置人员（人） | 帮教率（%） | 安置率（%） | 重新犯罪率（%） | 在册社区矫正人员（人） | 重新犯罪率（%） |
| 1998 | 16 | 10 | 100 | 62.5 | 0 | 76 | 0 |
| 1999 | 19 | 15 | 100 | 78.94 | 0 | 73 | 0 |
| 2000 | 25 | 24 | 100 | 96 | 0 | 84 | 0 |
| 2001 | 17 | 17 | 100 | 100 | 0 | 90 | 0 |
| 2002 | 18 | 18 | 100 | 100 | 0 | 93 | 0 |
| 2003 | 20 | 20 | 100 | 100 | 0 | 89 | 0 |
| 2004 | 23 | 23 | 100 | 100 | 0 | 109 | 0 |
| 2005 | 31 | 31 | 100 | 100 | 0 | 110 | 0 |
| 2006 | 47 | 47 | 100 | 100 | 0 | 103 | 0 |
| 2007 | 39 | 39 | 100 | 100 | 0 | 106 | 0 |
| 2008 | 46 | 46 | 100 | 100 | 0 | 118 | 0 |

# 泰州市高港区志

## 第二十三篇 军 事

# 第二十三篇　军　事

高港，西南依长江，地处战略要冲。南宋建炎四年（1130），岳飞大败金兵于南坝桥。清代，境内驻有清兵。第一、二次国内革命战争时期，境内开展反军阀和反蒋介石独裁统治的革命斗争。民国29年（1940），日本侵略军侵占口岸、刁铺等地，境内军民开展了艰苦卓绝的抗日斗争。解放战争时期，永安洲、龙窝口、口岸一带成为渡江战役的前沿阵地，中国人民解放军海军在白马庙成立。新中国成立后，各乡镇推进征兵和民兵工作，组织民兵和预备役部队参加经济、社会建设。1997年后，全区军事建设步入现代化、正规化建设新时期，为维护社会稳定、保卫国家和人民利益、促进社会主义现代化建设作出贡献。

# 第一章　兵　役

五代十国时期，施行征募并用兵役制。宋代施行募兵制。元代施行军户世袭制。明代实行卫所兵役制，卫所的兵称为军士，世代为兵。清代，实行募兵制，募兵时，由省根据民户壮丁的多少和军事需要确定募额。民国期间，国民政府实行募兵制和征兵制。人民军队在战争年代以志愿兵役为主，通过宣传教育和思想政治工作，动员工农子弟自愿参军。新中国成立初至1955年，继续实行志愿兵役制。1955年起，实行义务兵役制和预备役制。

## 第一节　民国时期兵役

民国初期，实行募兵制，被招募者由部队按月发给粮饷。民国10年（1921），军阀为扩充武装，在境内招兵买马，通常不限年龄、定额和对象，随招随用。少数家境贫穷无生计的百姓子弟被征。北伐战争胜利后，国民政府虽统一政令实施“征募兼施”，其实仍然使用招募办法补充兵员。民国18年，口岸区招募团兵4000余人，分驻各乡镇，维持地方治安。

民国25年，国民政府制定下发征兵令，规定：男子年满18岁之翌年1月1日起役，至届满45岁之年12月31日除役。民国26年初，由于应征者无几，只得按区、乡摊派，按“三丁抽一”“五丁抽二”（兄弟三个抽丁一人，兄弟五个则抽丁二人）规定，抽签确定。抽中者应征，未抽中者待下期征兵时再抽。民国35年10月，国民政府颁布新兵役法，征集新兵仍用抽签的办法，不足时用买丁抓丁辅之。对所抓壮丁鞭打绳栓，视如囚徒。青壮年为躲避抽丁，或装病，或逃往他乡，甚至自伤致残，境内大多数青壮丁逃亡上海、常州等地学手艺。被抽中者需倾家荡产方能赎出。各地权势亦借征兵之机敲诈勒索，从中渔利。

民国29年新四军东进后，征集新兵实行自愿报名、组织批准的志愿兵役制。8月中旬，境内有185名青年志愿参加新四军，以后每年有近百名青年加入新四军。民国35年苏中战役期间，境内有青年246人志愿参加人民解放军。至民国38年，累计有2015人参加人民解放军。

## 第二节　新中国兵役

### 一、兵役制度

新中国成立至1955年初，实行志愿兵役制，境内1500余人参加中国人民志愿军。1955年，《中华人民共和国兵役法》颁布，实行义务兵役制，同时实行预备役制度。1984年第二部兵役法颁布，实行义务兵与志愿兵相结合的兵役制度。义务兵服役期满后，经本人申请和部队师以上机关批准，可改为志愿兵，服役期限15年，年龄不超过35岁。1998年兵役法修正案规定，实行义务兵与志愿兵相结合、民兵与预备役相结合的兵役制度，义务兵服役期限为2年。

### 二、兵员征集

1955年，口岸区设立征兵站，并成立招收飞行员办公室，具体负责招收飞行员预选工作。1955—1957年，境内主要征集农村适龄青年，唯一劳动力及独子经所在县兵役委员会批准，平时可以免征。1959年，除农村适龄青年外，也征集城镇适龄干部和职工，唯一劳动力和独子本人坚决要求，家庭同意，经公社党委批准也可应征，在校的高中学生一般不征集。1960年，为适应军队建设需要，征集具有初中以上文化程度的18～22周岁男性公民。1979年，重点征集城镇待业青年。1980年后，城镇户口一般要高中以上、农村户口要初中以上文化程度者才能应征入伍。征集对象一般年龄为18～20周岁，高中以上学历者放宽到22周岁。

1997年冬季征兵，高港区政府与各乡镇签订责任状，落实征兵任务，要求公开政审、封闭体检，确保兵员质量，杜绝政治退兵。1998年，高港区征兵领导小组成立，由常务副区长任组长，下设征兵办公室。所属各基层人武部成立相应的征兵机构。2000年，全区征兵突出党团员优先、年龄大的优先、文化高的优先、现实表现好的优先。2005年后，严格把好政审、体检、定兵环节。

# 第二章　驻军与地方武装

## 第一节　民国以前驻军

宋时，境内柴墟镇驻水寨1路、斥堠2所。建炎四年（1130），岳飞任通泰镇抚使，屯驻柴墟，扼守金兵南犯之道。

明洪武元年（1368），境内屯驻曹官营、管官营、李官营（今属许庄街道），王官营、吴官营、朱官营（今属口岸街道），翟官营（今属刁铺街道）和杨官营（今属胡庄镇）8个营。每营统军100人，8个营屯田171顷9亩（1顷为92.2亩）。明洪武、永乐年间，倭寇开始在中国沿海骚扰，因江防需要，泰兴县增设水操军，口岸设巡防所，有水壮勇200余人。明万历年间，置水军游击1人，统帅船兵千人屯驻永生洲（今永安洲镇）与周家桥（今永安洲夹江）营南北策应，招募当地水勇100余人，协助船兵江上巡逻。崇祯十六年（1643），永生洲营因江堤倒塌，江水逼临营署，遂移营马桥（今江都市嘶马镇境内，已坍于江）。

清顺治二年（1645），永生洲营设守备1人，营兵200人。顺治十八年，永生洲营兵移驻泰兴县城，合并至泰兴营，辖内汛（清朝屯兵的地方称汛）8处、外汛11处，境内有口岸、迁善铺两处外汛。境内各地增设壮兵所，征招身体健壮、熟悉水性者为壮兵，共数百人，由各地保甲给以口粮，配备军衣、军械，协助官兵江上巡防、检查等。清康熙十一年（1672），京口水师右营把总辖江汛18处，境内有口岸礅、口岸汛、赵李庄墩、陈吉庄墩4处，驻水师数百人。康熙三十五年，改归泰兴营。清同治九年（1870），泰兴营编入泰州营，在境内驻口岸、迁善铺、永安洲。同年长江水师在口岸、永安洲设有水师兵员。光绪年间，口岸港上汛设把总1人，协防下汛外委1人。清末，设协防迁善铺汛的右哨外委1人、协防永安洲的额外外委1人，共有官兵数十人。

## 第二节　民国时期驻军与地方武装

### 一、北洋军阀驻军

民国16年（1927）3月，北伐军节节胜利，军阀孙传芳所辖邓俊彦师败退到口岸、刁铺等地。时隔不久，北伐军进军苏北，邓俊彦师败逃至两淮地区。

### 二、国民政府驻军

民国29年（1940），国民党鲁苏皖边区游击总指挥李明扬所属一部驻刁铺。民国35年，国民党军队第100军63师进驻口岸、宣堡以北。第19师进驻口岸、宣堡以南，第19师师部、师直属队第56团2营驻口岸，另外有国民党泰兴县警官队、保卫团、水巡队分驻境内口岸、永安洲、刁铺等地。渡江战役前夕，国民党政府增派第51军41师进驻龙窝口、永安洲、北沙岛一带，由美军帮助设计在龙窝口构筑250余个堡垒，组成5个子母堡群，以阻止中国人民解放军渡江。

### 三、国民政府地方武装

【保卫队】 民国18年（1929），各地地主招募兵力成立乡、镇保卫队。境内口岸、刁铺、大泗、永安洲等地建有5支保卫队，每队50～60人，配有长、短枪等武器装备，负责地方治安。民国23年，改为常备壮丁队，后又改为保安队。

【高港水巡队】 民国20年（1931）10月，泰兴县建立水巡中队，在长江高港段设水巡组1个，有水巡船舰3艘，负责维护高港段码头运输安全和江面救援等任务。

【李财福游击队】 民国26年（1937），国民党李财福抗日游击队成立，50余人，配有长、短枪，队部设在口岸镇。民国28年12月14日，在口岸复原乡下四圩草关帝庙遭日本侵略军偷袭，被打死10余人，余者投奔泰州李长江部。

【自卫队】 民国35年（1946）9月，华中野战军主力北上，境内大部分沦为敌占区，地主、富农、兵痞、流氓在口岸、刁铺等地建立乡镇自卫队5个，每队30余人，持有长、短枪等武器，配合国民党军队烧杀抢掠，清剿共产党武装。至民国38年，被人民解放军瓦解、清剿。

### 四、地方人民武装

【青年抗日大队】 民国28年（1939），中共泰县工委通过李长江的参谋季铠的关系，取得特务连番号，领取军饷、枪支和弹药；自设税卡，维护治安，并按人民军队纪律进行思想教育。后与江苏省青抗队凌绍祖联系，挂上三民主义抗日青年第一支队第四大队番号，由共产党员黄克孚、盛坚夫分别任正、副大队长，在白马等地建立青抗中队，打击日本侵略军，镇压恶霸，维持当地社会治安。

【口岸区武工队】 民国30年（1941）冬，在中共泰兴县委领导下，口岸区立足农村发展武装，成立口岸区武工队，由口岸区委书记陆铁夫任队长。民国33年，赵鑫源任队长，有队员50人左右，设有短枪小队，经常活跃在通泰公路两侧，伺机袭击敌人、武装自己。

【口岸区民兵游击队】 民国31年(1942),泰兴县民兵自卫总队成立,口岸区建立区队部及20余个民兵乡队部,统称为区游击队,民兵1500余人,配有长矛、大刀、步枪、短枪、手榴弹、地雷、土炮、机枪等。

【口泰宣游击营】 民国35年(1946),中共泰兴县委成立口(岸)泰(兴)宣(堡)游击营,游击营以宣堡区区队、口岸区区队为主力,下设3个连,总人数400余人,冯策兼任营长,林醒任教导员,沈容宽任副营长,配有短枪、机枪、长枪等,后来部分人员被编入苏中长江纵队。

## 五、人民军队

民国38年(1949)4月,中国人民解放军第三野战军副司令员兼副政委粟裕率司令部直属队到白马庙(位于今白马镇),设立东突击集团渡江作战指挥部。4月23日,奉中央军委命令,在渡江作战指挥部驻地白马庙宣布成立中国人民解放军华东军区海军司令部,第三野战军前线委员会委员张爱萍任司令员兼政委。第三野战军第20军、第23军在境内休整、备战。

## 附1:日、伪驻军及日、伪军暴行

民国28年(1939)11月21日,日本侵略军的拖驳船队由南向北行驶至同兴严家码头时,拒绝报税,强行通关,税务人员向船开了一枪。下午两点多,满载日军的两条汽船直奔严家码头,见房就烧,见人就杀,见家禽就抓。共烧毁盘头12组、13组,同兴6组、7组、8组、9组、10组108户人家的113间房屋,屠杀平民10人,伤1人。

民国28年12月14日深夜,驻镇江日军一个小分队在汉奸带领下,从口岸杨湾登岸,先偷袭复原乡下四圩草关帝庙,杀害国民党李财福游击队队员和僧人、平民共10余人;继而偷袭口岸武庙、城隍庙内的国民党张少华保安旅驻防部队,共杀害军民30余人。次日,日军临走时,还放火烧毁木桥和口岸金寿木业公所房屋114间。

民国29年1月15日,驻镇江日军山崎部队由汉奸带引,在炮火掩护下,从龙窝口南首登陆,侵占口岸,炮击刁铺,与国民党鲁苏皖边区游击总指挥李明扬驻刁铺部队形成对峙。对峙期间,日军轰炸机多次对刁铺、寺巷口、泰州城进行轰炸,造成多处房屋被毁,军民死伤无数。

民国30年1月,日军趁新四军主力北移之际,侵占境内部分地区。3月,伪第24师某部占驻刁铺,伪第19师蔡鑫元部占驻永安洲。4月,日、伪军侵占徐家桥,并在徐家桥、口岸、刁铺、龙窝口等地修筑据点,驻有日军1个中队,总计100余人。

民国33年5月1日,数百名日、伪军在汉奸带领下,围剿张马乡政府干部与游击队员的临时驻地戴家集小庄。日、伪军杀死民兵、群众7人,伤6人,烧毁民房、东林庙、戴氏祠堂、戴集小学等处房屋计28间。

民国33年12月2日,驻泰州城日军200余人由伪军领路“扫荡”口岸地区。百姓得知情况后及时躲避,未有人员伤亡。日军烧毁大量房屋,仅官沟一庄就有63户人家约240余间房被烧毁。

## 附2:“万吉轮”惨案

民国34年(1945)2月7日午后,日伪经营的中华轮船公司船舶“万吉轮”从龙窝口满载油、酒、大米、咸肉等货物和数百名旅客起锚开航。晚10时许,“万吉轮”行至天星港附近时触发水雷,船体当即进水。除少数会泅水或拾有木材等浮物的人得以幸免外,大多数旅客遇难,仅口岸、刁铺就有数十人遇难。事故发生后,日伪轮船公司不闻不问,后由福新轮船公司所属天星桥办事处出钱雇人将打捞的100余具尸体掩埋于泰兴县天星港西侧荒地中。

## 第三节　新中国地方人民武装

### 一、人民武装部

1950年，泰县、泰兴县建立县级人武部，境内大泗区、口岸区设区人武科，有专职科长、教导员各1人，乡镇设人武部，有专职队长、兼职指导员（乡镇党委书记兼任）各1人。1955—1962年，撤销区人武科和乡镇人武部，建立公社人武科，干部职务统称为科长。1963年，公社、镇人武科改称人武部，人武科科长统一改称人武部部长。1983年后，公社人武部改称乡镇人武部，接受所在县人武部和同级党委、政府双重领导。

1998年1月，中国人民解放军江苏省泰州市高港区人民武装部（简称区人武部）成立，正团级单位，隶属于泰州军分区，受泰州军分区和高港区委、区政府双重领导。设部长、政委、副部长兼军事科长各1人。辖乡镇人武部7个、企业人武部5个（扬子江药业集团、泰州港务集团、口岸船舶工业公司、鸿泰集团、登月集团）。2000年，田河镇、许庄镇人武部撤销，分别并入口岸镇、刁铺镇人武部，登月集团人武部撤销。共辖基层人武部9个。2006年区划调整后，辖镇（街道）人武部6个、企业人武部4个。2008年末，辖镇（街道）人武部8个、企业人武部4个。

1998—2008年，区人武部受南京军区表彰2次，获集体三等功1次。

1998—2008年高港区人武部领导人一览表

表202

| 职　务 | 姓　名 | 任职时间 |
|---|---|---|
| 第一书记 | 葛玉书 | 1998.03—2000.05 |
| | 胡冬生 | 2000.05—2004.01 |
| | 张爱平 | 2004.01—2007.11 |
| | 王　建 | 2007.11— |
| 第一政委 | 谷远怀 | 1998.03—2001.02 |
| | 石国毅 | 2001.02—2004.03 |
| | 王纪良 | 2004.03—2006.03 |
| | 周雅俊 | 2006.03—2008.03 |
| | 窦文喜 | 2008.03— |

续表202

| 职　务 | 姓　名 | 任职时间 |
| --- | --- | --- |
| 部　　长 | 朱广联 | 1998.03—2000.03 |
| | 夏玉祥 | 2000.03—2004.03 |
| | 吴　科 | 2004.03—2005.03 |
| | 杨春宣 | 2005.03— |

## 二、民兵和预备役部队

【民兵】 1950—1957年，境内乡建有民兵分队，区建有民兵中队，有民兵队部20余个。1958年，大办民兵师，民兵质量受到影响。1959—1961年，民兵工作处于停滞状态。1964年，民兵组织经调整得到恢复。“文化大革命”初期，民兵组织受到冲击。武装基干民兵平时寓于民兵组织之中，遇有训练和执勤作战任务时集中组织。1968年珍宝岛事件后，各级政府重视抓好民兵组织建设。1985年，对民兵队伍进行调整，基干民兵数量逐渐减少，专业技术民兵的比例逐渐扩大。1990年起，村、骨干企业设立民兵营。

1998年，全区建有村、骨干企业民兵营，民兵分为基干民兵和普通民兵。1999年起，民兵营长为村委会成员。2000年区划调整后，全区村民兵营、骨干企业民兵营和基干民兵数量作调整。2003年，精简步兵分队，增加专业分队，基干民兵编有民兵应急分队、专业技术分队、对口专业分队和步兵分队。2007—2008年，全区精简基干民兵，组建作战队伍、勤务保障队伍、应急队伍和其他类4种队伍。

【预备役部队】 1955年，建立预备役制度，对符合规定的适龄公民普遍进行预备役登记，对编入预备役的转业退伍军人发给兵役证。1957年，进行预备役和民兵合编工作，实行预备役和民兵合二为一。“文化大革命”期间，预备役登记工作中断。1980年，恢复转业退伍军人预备役登记工作，境内各乡镇均建立民兵、预备役档案。1984年起，每年6月30日前对转业退伍军人进行预备役登记、核对、统计，28岁以下退役士兵、经过军事训练人员和选定参加军事训练的人员被编为基干民兵，服一类预备役，其余18～35岁符合兵役条件的男性公民编为普通民兵，服二类预备役。1999年9月，高港区组建预备役警侦连和工兵连。2003年，对全区转业退伍军人进行调查登记，并分兵种进行预备役登记储备，建立转业退伍军人数据管理系统，完善登记、统计、外出联系制度。2005年8月，工兵连改为工兵防化连，撤销警侦连，另建警卫调整排。至2008年，全区退伍军人服预备役编入民兵组织率96%。

【军事训练】 新中国成立后，军事训练活动正常开展。20世纪五六十年代，广泛开展群众性练兵活动，重点进行防暴乱、围歼、搜捕等战术训练，以及巡逻放哨、守护、警卫、看押等战备勤务训练。60年代中期，推广南京军区郭兴福教学法，开展射击、游泳等民兵训练大比武。“文化大革命”期间，民兵军事训练工作基本停滞。70年代，民兵军事训练工作恢复正常，主要内容有射击、投弹、爆破、布雷和战场救护等，并进行防空、反坦克、防原子弹、防生化训练。80年代后，重视开展专业技术训练，使民兵向一专多能、一兵多用方向发展。

1998年，区人武部组织两批民兵军事训练，训练内容有射击、队列训练、高科技知识等课目，参训民兵100余人。1999年，举办两期民兵应急分队集训，训练内容有军事高科技知识、队列、战场自救互救、捕俘技术、班（组）战术训练等十几个科目，参训民兵158人。4月，民兵应急分队开展高技术背景条件下的集结动员、机动遭遇战、围歼机降之敌等演练，参演民兵90人。2000年，印发《关于在全区人武干部和民兵预备役人员中广泛开展科技练兵活动的决定》，组织269名民兵和60名预备役人员进行集训，完成军事高技术理论、队列、战场自救互救、捕俘技术、射击、围捕追捕犯罪分子战斗等十几个课目的训练。4月，抽调18名骨干参加预备役步兵师组织的集训。2001年，组织专职武装干部和民兵干部进行网络知识集训，组织民兵应急分队集训。2002年，组织民兵应急分队100人开展手榴弹投掷、班队列、战场自救互救、盾牌警棍术或捕俘拳训练。2003年，组织153名基干民兵参加射击、盾牌警棍术、战术基础动作、工兵和防化知识等12个课目训练。2004年，结合省民兵高炮队摩托化开进过境保障任务，组织"保畅通"行动演练，沿途开设综合保障站2个。组织民兵应急分队130人参加军事理论、轻武器射击、手榴弹投掷、警棍盾牌、三千米越野、反恐演练6个课目训练。民兵应急连参加泰州军分区、省军区组织的应急连训练考核，获全市第一名、全省第二名。组织医疗专业分队40人进行为期7天的"接口，补差"训练试点。2005年，组织35名民兵干部进行军事技能集训，组织永安洲镇5名民兵参加省军区渡河专业技术集训。2006年3月，组织民兵应急分队、红缨-5导弹分队20人，先后参加泰州军分区高炮修理工和高炮营连指挥干部集训及省军区红缨-6导弹连排干部集训。4—5月，组织70名高炮连民兵在泰州军分区教导队开展50天的驻训，均通过省军区考核。8—9月，先后组织民兵防化连、民兵应急连和船舶维修分队专业训练。2007年，组织民兵干部进行24天的集训，选派2名导弹、高炮业务骨干参加泰州军分区集训，组织25名民兵参加泰州军分区训练科目汇演活动。2008年，先后组织专职武装干部、民兵营营长、现役干部26人开展爆破、体能、军事理论集训，组织勤务保障分队渡河连85人开展自然灾害处理、搜救技能训练，组织应急分队应急排80人开展单兵训练和共同训练，组织民兵94人开展船舶快速修理、物资抢装抢运训练，组织电力抢修专业人员20人开展电力抢修训练。

# 第三章　军民关系

## 第一节　支前拥军

### 一、支前

民国35年（1946）7月13日，苏中战役之首战宣（堡）泰（兴）战斗打响，境内游击队配合主力部队，或当向导，或侦察敌情，或随主力攻打据点。民国37年，成立口岸区支前股，组建大泗、口岸两个民工中队，编入泰兴县民工大队，随华东野战军第十一纵队投入淮海战役的支前工作。民国38年渡江战役之前，境内驻有渡江部队5万余人，以连队为单位分驻口岸、田河、永安洲、刁铺、许庄、白马等地。地方群众为解放军腾出住房，党政组织发动民工磨军粮、做军鞋，帮助部队训练战士游泳，修建从白马至龙窝口的公路。各行业工会发动工人支前，张贴宣传标语，给部队送信等。口岸钩业工会组织钩业工人到南京、镇江、南通、口岸等地拆、做木排，并向其他地方转运；组织30名工人分别到靖江生祠堂、泰兴七圩港、如皋黄家市等地帮助制作“土炮艇”。1951年春，口岸各界捐献飞机、大炮款3.26万元，支援抗美援朝。

## 二、拥军

1950年，各区、乡镇组织慰问团和拜年队慰问烈属、军属、工属和荣誉军人。1951年，区、乡镇成立拥军委员会。1952年后，区、乡镇每年在节日期间开展各种拥军活动，慰问当地烈属、军属和伤残、转业、复员、退伍军人，春节前组织人员给烈属、军属、伤残军人家庭送“光荣人家”条幅。1985年，乡镇、村组织人员帮助现役军人家属耕种责任田，为军人家属调换工种、班次。1986年8月、1987年7月，刁铺镇人民政府先后被评为扬州市军人家庭服务中心先进单位、江苏省军人家庭服务中心先进集体。1988年起，开展拥军乡镇创建工作。

1998年4月，高港区成立双拥工作领导小组。每年初，召开区委常委议军会议和区双拥工作领导小组成员会议。每年春节、建军节期间，区领导走访慰问泰州军分区、省军区教导大队、武警泰州支队、武警泰州消防支队、区人武部、区消防大队等驻地方军事单位和部分重点优抚对象，送去慰问品和慰问金。1997—2008年，赠送慰问品、慰问金计150万元。

## 三、烈士褒扬

1949年，田河烈士陵园建成，安葬有渡江战役中牺牲的40余名中国人民解放军第20军20师和华东警备第6旅的烈士。1950年起，对烈士情况进行调查、登记、审核和报批追认。1983年，开展革命烈士证的换发、补证工作。2008年，高港区共有经认定的革命烈士540人；有烈士陵园1个（田河烈士陵园），战斗纪念碑1座（大泗佴庄战斗纪念碑），烈士墓53座。

### 2008年高港区烈士墓基本情况一览表

表203

| 所在镇（街道） | 数量（座） | 烈　士　墓　名 |
|---|---|---|
| 口岸街道 | 17 | 徐荣堂烈士墓、毛介寿烈士墓、殷华顺烈士墓、叶明章烈士墓、戴兴标（彪）烈士墓、戴德智烈士墓、戴兴荣烈士墓、戴瑾烈士墓、苏广丰烈士墓、樊成仁烈士墓、薛凤鸣烈士墓、李金成烈士墓、凡锦芝烈士墓、李永修烈士墓、封丙林烈士墓、凡金鸿烈士墓、张长命等四十名烈士之墓（张长命、陈忠开、王树斌、房云海、汪天茂、郭云辰、陈金辰、王振攸、张东生、朱志凯、王守光、孙江之、王法章、史林书、刘长瑞、余良光、周庆兆、邓德萍、王学坛、施阿荣、徐荣才、王起光、杨安江、李同志、孙修改、刘明义、李世明、董旭光、吉旭凯、吴德辉、王学慈、张光贵、王学、谢同志、华天富、傅同志、辛家兵、刘安初、年同志、张同志） |
| 刁铺街道 | 1 | 冯九山烈士墓 |
| 许庄街道 | 4 | 孔凡达烈士墓、赵筱芳烈士墓、胡同章烈士墓、王桂生烈士墓 |

续表203

| 所在镇（街道） | 数量（座） | 烈　士　墓　名 |
| --- | --- | --- |
| 永安洲镇 | 2 | 奚志林烈士墓、姚连根烈士墓 |
| 白马镇 | 6 | 赵莹烈士墓、匡子凤烈士墓、李红章烈士墓、匡子龙烈士墓、薛荣兵烈士墓、吴如发烈士墓 |
| 大泗镇 | 10 | 谢守银烈士墓、谢贵圣烈士墓、沈文镜烈士墓、于宗珠烈士墓、程泽烈士墓、沈文井烈士墓、朱其改烈士墓、程祥福烈士墓、张维太烈士墓、李义林烈士墓 |
| 胡庄镇 | 9 | 单仁山烈士墓、陈玉梅烈士墓、季天良烈士墓、史继田烈士墓、单兔华烈士墓、田加吉烈士墓、杨春银烈士墓、宗怀富烈士墓、刘长贵及五名无名烈士合葬墓 |
| 野徐镇 | 4 | 魏富杰烈士墓、王文义烈士墓、帅志成烈士墓、杨桂栋烈士墓 |

说明：有姓无名的烈士称“×同志”。

## 第二节　拥政爱民

### 一、军民共建

1998年，区人武部组织民兵预备役部队技术人员建成3个爆破组，在3天内将江边40余座影响江堤建设的砖窑清除。全区民兵和预备役人员为兴修水利捐款。区人武部与宁通高速公路刁铺收费所开展军民共建文明路活动，在宁通公路沿线成立6个民兵护路队，修复沿线隔离网22处，拆除违法建设3处，组织抢救交通事故受伤人员3人。1998—2000年，与口岸镇白杨树村结成帮扶对子，乡镇人武部和民兵预备役人员开展“一助一，送温暖”活动，资助13名贫困学生，为扶贫对象捐款3.16万元。2000年，区人武部组织民兵和预备役人员2000人次参加地方水利建设，为高港区通达工程捐款1.42万元。2001年，许庄镇人武部发动长江染料化工厂和华泰煤机厂两个民兵连帮扶丰乐、永泰两个村兴办企业。2004—2006年，人武部机关和民兵预备役人员结对帮扶永安洲镇新街村，资助4户特困户、9名特困生，投入帮扶资金7.38万元，共完成劳动就业培训150人，10名民兵致富带头人吸收250名下岗工人就业。2007年，结对帮扶白马镇黄河村，资助10户贫困户、12名贫困生，至2008年，投入帮扶资金2.75万元，完成劳动就业培训90人，民兵致富带头人吸收7名下岗工人就业。

### 二、抢险救灾

1998年夏，区人武部组建口岸镇、永安洲镇民兵江堤巡逻队4个，24小时巡逻；8次洪峰期间先后出动民兵预备役人员1.6万人次，堵漏抢险10余处，筑坝堵漏335米，装填草包1万余只，装运泥土6600立方米、砂石1000余立方米，出动车辆2500台次，转移群众13户53人。口岸镇人武部被省委、省政府评为抗洪抢险先进集体。2000年5月，龙卷风、暴雨袭击野徐镇，区人武部组织600余名民兵预备役人员到灾区拆除危险房屋20余间，安置群众10户35人。2001年8月，受8号台风"桃芝"影响，江堤多处渗漏。区人武部组织1.3万名民兵预备役人员对30余处江堤加固、抢修。2003年，建立9支巡逻队190人，9支抢险预备队11515人。预备各类编织袋、麻袋、草包154万只，木桩1.2万根，铁锹1000把，箩筐1000副，巡逻舰2艘。2005年、2007年、2008年，区人武部3次勘察长江大堤，检查节制闸、护坡、挡浪墙等设施情况，标绘防汛布置要图。

# 第四章　战　事

## 第一节　抗金战斗

南宋建炎四年（1130），岳飞任通泰镇抚使兼知泰州，率兵抵抗金兵，屯兵柴墟，扼守金兵南犯之道，大败金兵于南坝塘南坝桥，并派精骑三千护难民渡至阴沙。金兵败退后，岳飞在周家桥（后坍于江）建"得胜""雄风"二坊，并题书。

## 第二节　抗日战斗

### 一、王家庄战斗

民国30年（1941）4月3日夜，新四军第1师1旅某部在地方武装的配合下，攻克王家庄（今属白马镇）伪军据点，毙俘伪暂编陆军第26师韩润华支队500余人，缴步枪300余支、机枪10挺。

### 二、白马、大泗袭击战

民国30年（1941）4月5日，泰县抗日武装袭击白马庙、李家庄、太平桥、大泗庄等据点，毙伤伪军50余人。

### 三、官沟伏击战

民国33年（1944）12月1日，苏中三分区3个连成功伏击从大泗庄往官沟行进的伪军，全歼伪军1个营，生俘伪营长李霖以下200余人，毙伤30余人，缴获迫击炮2门、小炮7门、机枪9挺、长枪300余支、弹药2万余发，新四军无一伤亡。次日，日、伪军进行报复，到官沟烧毁民房200余间。口岸区党组织在口岸、刁铺等地募捐，救援、安抚群众。

## 第三节　解放战斗

### 一、佴家庄战斗

图 23-4-1　佴家庄战斗纪念碑

民国35年（1946）7月，苏中战役首战宣泰战斗打响，驻泰县高庄的华中野战军第七纵队第59团主攻大泗镇佴家庄据点。第55团、57团打援。13日夜11时，担任主攻的第1营与还乡团遭遇，追击至佴家庄大桥与国民党守军交火。激战1个小时，占领佴家庄东南角的外围小庄子一部。14日拂晓，驻张甸国民党军队1个营增援佴家庄，被第55团击溃，驻塘湾国民党军队1个营再次增援，又被第55团2营和第59团2营击溃。14日夜再次发起总攻后，因敌情变化，部队主动撤出。

### 二、周家园子战斗

民国36年（1947）8月16日宣堡战斗结束后，苏中一分区南线支队移驻周家园子（今属胡庄镇）。当日，国民党泰兴县长吴侯率县保安队1个中队、省保安三总队1个大队及第90旅第270团1个营，从马甸分两路反扑过来。南线支队计划活捉吴侯，有意让出周家园子，隐蔽两侧，伺机出击。18日清晨，省保安三总队从蒋家堡、马甸各调1个大队增援。南线支队因配合不协调，未能全歼来敌，遂放弃包围，主动转移。此战毙敌79人，伤敌150余人，生俘3人。南线支队亦伤亡80余人。

### 三、两次白马庙伏击战

民国36年（1947）9月19日凌晨，泰兴县独立团团长赵容率2个连，在白马庙伏击曹于乡自卫队，缴获机枪2挺、长枪24支、驳壳枪3支、汤姆枪1支，生俘30余人。12月11日拂晓，驻塘湾据点的国民党省保安支队一中队及泰县保安二中队袭击白马庙。泰兴县独立团团长赵容指挥部队，于白马庙周围设三角形伏击圈展开战斗，缴获机枪5挺、长短枪92支、子弹2000余发、硫磺弹100颗。

### 四、攻打大泗庄

民国36年（1947）10月19日，苏中一分区第1团攻打大泗庄，歼保安队1个中队100余人，缴轻机枪1挺、步枪79支。24日，国民党军队重占大泗庄。26日，第1团再度袭击，歼敌1个班，缴步枪3支。

### 五、两次口泰线战斗

民国37年（1948）5月17—26日，苏中三分区特务第1团及泰兴、靖泰县独立团会同口岸、泰塘等区队发动口（岸）泰（州）线攻势，17日攻克寺巷口，守敌逃往泰州；19日攻克刁铺；24日全歼徐桥守敌，解放口岸。计俘敌509人，毙伤118人，联系缴获炮2门、轻机枪20挺、步枪299支、子弹2万余发、掷弹筒弹100余颗。此战打通与二分区及江南的通道。

11月27日，苏北军区长江纵队一部对口泰线发动攻势。至28日，攻克口岸、龙窝口、刁铺三据点，塘湾、寺巷口两据点国民党守军撤逃。计俘敌431人，毙伤300余人，缴获炮6门、轻重机枪19挺、步枪282支、电台1部及其他军用品。是役歼灭境内敌人的有生力量。

# 第五章　渡江战役与人民海军诞生

## 第一节　渡江战役

### 一、决策部署

民国38年（1949）4月4日，粟裕和张震率第三野战军指挥机关经凤阳、天长、扬州抵达泰州东南15里的白马庙（位于今白马镇），将指挥部设于“和三房”读书楼。当日，在白马庙召开第8、10两兵团军以上干部会议，明确两兵团部署。4月19日，第三野战军指挥部再次在白马庙召开东突击集团渡江作战会议，第8、10兵团共8个军及野直机关等单位师以上干部到会。会议传达中国人民革命军事委员会主席毛泽东和总前委关于渡江战役的命令，明确渡江作战的具体要求。

### 二、扫平障碍

【血战龙窝口】 龙窝口处于长江北岸，其南郊靴子圩与永安洲相距400米，有浮桥相连，驻有国民党第51军41师121团共1300余人。阵地工事由美军帮助设计，共构筑250余个堡垒，组成5个子母堡群，堡垒间均有交通壕相连，各种火力交叉网相互策应。工事外围有大片地雷区和鹿砦，并利用错综其间的天然河港筑成隐蔽堡，炮火很难将其摧毁，严重影响解放军渡江。

民国38年（1949）4月8日，华东野战军警备第6旅16团在第三野战军第20、23军炮兵配合下，强攻龙窝口，第1营在北面担任主攻任务，第2营从东面攻击，第3营从西面攻击，逐圩逐堡争夺，打得异常艰苦。经过48小时的激战，终于攻破靴子圩据点。此战歼敌560余人，缴获轻、重机枪12挺及其他武器若干。第16团自团副参谋长叶明章以下共伤亡388人。

【攻克北沙岛】 龙窝口战斗结束后，残余国民党军队逃往龙窝口东南方向的永安洲、平安洲、北沙岛。民国38年（1949）4月15日夜，华东警备第6旅17团1个营及炮连激战4小时，攻占平安洲。4月17日，华东警备第6旅16团配合第20军60师1个团激战18个小时，攻占永安洲，俘敌152人，缴获重机枪5挺、轻机枪14挺、60毫米迫击炮3门。4月19日16时，华东警备第6旅18团在旅直山炮营和第20军6个炮兵连配合下，乘船直冲北沙岛，经过4个小时激战，全歼守军284人，缴获重机枪2挺、轻机枪8挺、60毫米迫击炮2门，长、短枪一批。解放军仅伤亡9人。此战彻底扫平境内大军渡江障碍，全境亦宣告解放。

## 三、渡江备战

【征借物资】 民国37年（1948）末，苏北军区第一军分区预借公粮，到刁铺、口岸、永安洲一带征借粮食。至民国38年4月，境内共征借粮食600吨、马料100吨、草75吨，动员民工1.5万余人，征用船只281条、船工400余人。大军到达前夕，境内各乡镇均设立物资供应站，主要供应食油、蔬菜、食盐、黄豆、咸肉、萝卜干、酱菜、干电池、白报纸、蜡烛、火油、白细布、药品、擦枪油、香烟、火柴、牙膏、牙刷等物品。

【修路筑桥】 渡江战役前，境内数万民兵齐上阵，采取分段实施的办法，用2天半时间修筑自白马庙至江边龙窝口全长25千米的公路。

【战前训练】 部队将船藏到内河汊港芦荡中，隐蔽地进行航渡、突破滩头阵地、水上射击、打击敌舰等战术技术训练。船工、战士们一起想办法，用芦柴扎成三角形的救生圈，用木材扎成4米宽、10米长的木排，装上汽车引擎，垒起棉花胎，架设轻、重武器，制成“土炮艇”。

【设立后方医院】 民国38年（1949）3月中旬，第三野战军后方医院先遣人员到达许庄乡万厦村，设立战地后方医院，当地百姓腾出房屋30余间充当病房，从家中搬来板凳、门板搁置床位，帮助打扫庭院，粉刷墙壁，抛洒石灰粉消毒。渡江前夕，在扫平龙窝口、永安洲等地国民党军队据点的战斗中，共有200余名重伤员被送到后方医院救治。许庄乡妇女主任秦少珍组织妇女40余人，协助护理伤员，搓洗绷带、衣被等。民国38年5月中旬，第三野战军后方医院从万厦村迁往苏州。

## 四、“紫石英”号事件

民国38年（1949）4月20日，英国海军远东舰队护卫舰“紫石英”号由东向西溯江而上，贸然闯入正进行渡江准备的第三野战军第8兵团第20军的突击地段。9时半，“紫石英”号行至口岸附近江面。解放军第三野战军第23军特纵炮3团开炮示警，“紫石英”号随后向解放军炮兵阵地开炮射击。解放军炮兵部队当即开炮还击。“紫石英”号舰体中弹30余发，重伤搁浅，舰长斯金勒被当场击毙。20日下午至21日，解放军炮兵部队又将先后赶来增援的英国海军远东舰队“伴侣”号驱逐舰、“伦敦”号巡洋舰、“黑天鹅”号护卫舰击退。

图 23-5-1　被解放军炮击损伤的“紫石英”号军舰

## 五、挥师渡江

民国38年（1949）4月21日晚，第三野战军第8兵团第20军从境内杨湾、龙窝口、永安洲3个集结点出发，向对岸扬中岛发起猛烈攻击。攻占扬中岛后，第20军指战员又渡过南夹江向纵深发展。

## 第二节 人民海军诞生

民国38年（1949）1月4日，中共中央政治局通过《目前形势和党在1949年的任务决议》，争取在一两年内组成一支能够保卫沿海沿江的海军。此后，中共中央、中央军委指示第三野战军前敌委员会在渡江战役前后先在华东地区把海军组建起来。3月25—26日，第三野战军前敌委员会在安徽省蚌埠市孙家圩镇召开作战会议，传达中共中央和中央军委关于筹建人民海军的指示，任命张爱萍为司令员兼政治委员。4月23日，中国人民解放军解放南京，中央军委急电："第三野战军立即组建海军，名为中国人民解放军华东军区海军。"13时30分，张爱萍在白马庙宣读中央军委急电和第三野战军前敌委员会关于成立人民海军的决定。首先抽调第三野战军教导师师部、教导师第3团、直属侦察营和苏北军区海防部队编入海军，共4000余人。张爱萍带领第28军第84师参谋长李进和第三野战军军工部采购科科长张渭清、侦察营副教导员范豫康、司令部作战参谋黄胜天、司令部管理员温礼芝等13人开展组建工作，成立中共华东军区海军临时委员会，组建司令部、政治部、后勤部，接管国民党海军起义、投诚的军舰。由此，白马庙成为中国人民解放军海军诞生地。

1989年2月17日，中央军委批复海军党委，同意以一九四九年四月二十三日成立华东军区海军的日期为中国人民解放军海军的成立日期。

## 第三节 纪念场馆

1982年3月，第三野战军渡江战役指挥部和海军诞生地旧址被认定为省级文物保护单位。1999年4月，经中共中央办公厅、国务院办公厅批准，中国人民解放军海军诞生地纪念馆在白马镇落成。2004年，白马庙被列入全国红色旅游精品线路之泰州—盐城—淮安—徐州线。2006年5月25日，人民海军诞生地被确定为全国重点文物保护单位。至2008年，累计接待观众300万人次，部队首长参观500余次。

### 一、中国人民解放军第三野战军渡江战役指挥部、海军诞生地旧址

白马庙"和三房"读书楼是中国人民解放军第三野战军渡江战役指挥部、中国人民解放军海军诞生地旧址。

"和三房"原系大地主王景和的宅院，有房屋40余间。第三野战军司令部渡江之后，此处先后驻有荣管局、军区教导团、第八康复医院、江苏省小学教师轮训班、泰州师范学校等单位。20世纪80年代初，成为泰州畜牧兽医学校师生宿舍，其间部分房屋被拆除，尚余平房10间和小楼1座（有房8间）。1982年3月，获批江苏省文物保护单位。1987年、1989年、1992年，先后进行3次维修。

旧址分为4个展区，分别为"和三房"读书楼展区、院前3间厢房展区、小楼西邻4间厢房展区、小楼南邻厢房展区。其中"和三房"读书楼为4个展区中的重点展区。楼上为中国人民解放军第三野战军渡江战役指挥中心作战会议室，室内恢复原会议场景，墙上挂有毛泽东和朱德头像图、渡江战

役经过要图，室内陈列会议桌、座椅、发报机、放大镜、马灯、行军杯等文物，楼下东、中、西房分别为粟裕、张震、张爱萍的卧室兼办公室，陈列有三人用过的雕花木榻、木箱、茶几、太师椅、马灯、灯柜、铜盆、八仙桌、功劳证等50余件珍贵文物。其余3个展区布展分为五大部分，以图片、实物记述渡江战役和人民海军诞生的情景。第一部分“战前形势”设在院前3间厢房内，第二部分“渡江准备”和第三部分“突破江防”设在小楼西邻3间厢房内，第四部分“围歼逃敌”和第五部分“辉煌战果”设于小楼南邻厢房内。

图 23-5-2 中国人民解放军第三野战军渡江战役指挥部、海军诞生地旧址（2005年摄）

## 二、中国人民解放军海军诞生地纪念馆

1997年5月28日，泰州市委成立海军诞生地纪念馆筹建领导小组。1998年3月2日，中共中央办公厅、国务院办公厅同意，在江苏省泰州市海军诞生地建立纪念馆，馆名定为“中国人民解放军海军诞生地纪念馆”。3月20日，纪念馆筹建领导小组召开会议，就选址、设计、资金筹措等六大问题进行讨论研究。5月，确定中国人民解放军海军诞生地纪念馆选址，距旧址200米。

1999年4月，中国人民解放军海军诞生地纪念馆建成。全馆总投资1150万元，其中海军机关捐助200万元，占地面积2.3万余平方米，主馆建筑面积2700平方米，辅楼面积1300平方米。由中国工程院院士、东南大学建筑学专家齐康设计。纪念馆前是一块长31.4米、高3米、宽0.7米的花岗岩馆碑，上刻江泽民题写的馆名。主体建筑外形像一艘战舰，进入主馆的50阶楼梯设计为军舰的舰桥。主体建筑左

图 23-5-3 中国人民解放军海军诞生地纪念馆（2005年摄）

侧竖立着象征海军舰船的桅杆，馆内的墙、门、窗户和通道均有舰船元素。主馆为两层楼，分为“近代沧桑”“白马建军”“威震海疆”“发展壮大”“鱼水情深”5个主题展区。纪念馆广场东西两侧排列着从海军各基地征集的退役战斗机、直升机、水雷、雷达、导弹、舰炮等实物展品。全馆收藏有陈列价值的文物55件，其中国家一级革命文物1件、二级革命文物36件、三级革命文物4件、其他革命文物14件。

### 三、共建活动

1989年4月23日，泰县在白马乡召开纪念人民海军成立、渡江战役胜利40周年大会，海军政治部、东海舰队、省军区领导黄凌翔、戴为然、孙克骥、景德敏、袁平波、李兆祥等出席。1999年3月3日，海军政治部群工部代表海军总部向泰州市捐赠200万元，支援纪念馆建设。4月29日，举办纪念馆落成典礼，海军原政委魏金山中将、海军政委杨怀庆中将、海军副政委李俊琏中将、南京军区副司令员兼海军东海舰队司令员杨玉书中将，江苏省委副书记、省政协主席、省纪委书记曹克明，南京军区副司令员何其宗中将等出席。2002年9月4日，南京军区捐赠8万元用于纪念馆建设。11月2日，东海舰队捐款20万元支持纪念馆建设。2004年4月5日，泰州市委、市政府命名泰州市第四中学初中部为泰州市海军中学，泰州市高港区白马镇白马小学为泰州市海军小学。2005年7月23—24日，中国泰州“战舰与城市”论坛暨征文总结表彰大会在高港区举行。2006年，海军指挥学院思想政治教育基地在纪念馆挂牌。2008年，泰州市投资1200万元扩建纪念馆，其中海军机关捐款200万元。

# 第六章　国防动员

1998年6月，高港区国防动员委员会成立，由区委书记任第一主任，区长任主任，下设秘书组和人民武装动员办公室、经济动员办公室、人民防空办公室（由区人民防空办公室兼）、交通战备办公室。2002年1月，将秘书组调整为综合性办公室，增设科技动员办公室、信息动员办公室、政治动员办公室。

## 第一节　人民武装动员

新中国成立后，人民武装动员主要是开展兵员潜力调查，动员适龄青年报名参军，对预备役人员实施调查登记编组和军事训练。

1999年，区国防动员委员会人民武装动员办公室制定《高港区人民武装动员预案》《高港区国防动员委员会人民武装办公室工作职责》。2001年，对转业、复原、退伍军人及战时能担任军官职务的干部进行复查登记。2003年，重点调查人口结构、高科技人才储备、退伍军人和干部储备。2005年，修订完善动员支前方案。2006年，完成国防潜力核对调查，修订完善应急作战方案、作战能力评估方案。2007年，分析研究民兵编组潜力，提高民兵队伍的科技含量。2008年，修订完善后勤战备预案。

## 第二节　政治动员

20世纪50年代，开展“抗美援朝，保家卫国”政治动员。60年代，开展“深挖洞，广积粮，不称霸”政治动员。70—90年代，针对台海形势、美国称霸局势和如何打赢高科技条件下的局部战争等问题，开展国防教育、战备教育。

1998年区国防动员委员会成立后，正常开设电视专栏节目，开展国防教育活动。2004年，举办千名学生国防知识大赛、国防教育日万人签名等活动。在民兵和预备役人员中开展“四兵”（文明建设中当标兵、维护社会稳定中当卫兵、经济建设中当尖兵、科技练兵中当精兵）活动。2005年，印发《高港区全民国防教育实施意见》，开展国防建设法律法规宣传。2004—2005年，在高港电视台开设新一轮《高港国防》专栏。2006年八一前夕，南京政治学院教授孙健为全区300余名科级以上干部作国家安全形势报告。区国防动员委员会组织2000余名高一新生在军训期间开展“我爱国防”主题演讲比赛。2007—2008年，围绕“全面打基础、重点求突破、科学谋发展”应战作战能力目标，举办讲座3次、形势报告会2次，参加活动的民兵6000余人次。

## 第三节　经济动员

1998年，区国防动员委员会经济动员办公室成立，具体负责实施经济动员潜力调查。1999—2002年，逐年对全区工农业生产总值、人民收入状况等经济发展情况进行调查统计。2003—2005年，逐年进行国防动员潜力评估。2006—2008年，针对经济体制改革不断深入和区划调整，对调查小组人员进行培训，查清全区经济潜力状况。

## 第四节　科技动员

1999—2001年，区国防动员委员会联合区人武部着重训练民兵在高科技条件下反空袭作战的主要战法。2001年，印发《高港区科技动员工作实施方案》，开展科技潜力调查。2002年，制定科技动员规划和实施方案。2003年，建立技术人才数据管理系统。2004年，结合民兵整组工作，建立具有高技术人才的武器维修、海上维修、防化救援、计算机网络、电子对抗等民兵专业分队和对口专业分队11个。建立地方与军事专业对口人员数据库，完成国防动员科技潜力的核对统计及数据汇总。2005年，参加“苏动-2005”演练活动，执行应急机动抢修任务，为过境部队提供技术维修保障。2006年，开展科技动员办公室规范化达标建设，通过市国防动员委员会验收。2007年，提高民兵队伍科技含量，全区专业技术民兵占基干民兵总数的56%。2008年，重点调整具有高技术的民兵分队，编有防化救援、计算机网络、电子对抗等7个专业。

## 第五节　信息动员

1998—2001年，信息动员工作由经济动员办公室负责，开展对先进制造技术、电子信息技术、国家信息基础设施的调查统计。2002年，区国防动员委员会增设信息动员办公室，具体负责制订信息动员计划，组织地方信息装备为战时所用的保障工作，完成信息动员调查统计工作，加强地方信息动员为战时服务的建设。当年5—8月，核查统计邮政、电信单位基本情况和各类有线、无线通信设施。2004年，围绕攻防兼备要求，挖掘社会信息作战资源，提高信息对抗能力。组织民兵计算机网络分队参加泰州军分区举办的攻防演练活动。2005年，为“苏动-2005”演练活动过境部队提供无线电通信保障。2006年，参加全区国防动员潜力评估活动，调查邮政、通信系统基本情况。结合民兵整组工作，整合信息作战类民兵队伍，重点做好从事信息、雷达、通信等技术兵的统计工作。2007年，结合区人武部综合楼建设，建好指挥网、综合信息网、作战数据库、国防动员数据库。2008年，突出民兵业务管理系统软件的操作和管理。

## 第六节　交通战备动员

1998年，区国防动员委员会2次组织汽车运输队、船舶运输队参加全区抗洪抢险演练活动。当年8月，组织汽车和拖拉机运输草包4500只、砂石1150立方米，完成抗洪抢险运输任务。1999年，组织专业保障队伍参加防汛抗洪演练活动。2001—2002年，加强交通专业保障队伍建设，举办培训班3期，开展汽车运输专业、船舶运输专业的安全行使和安全防范科目培训。2003年，组织参加抗击“非典”活动。2004年，为省民兵高炮分队过境提供交通运输专业保障。2005年，为“苏动-2005”军事演练过境部队提供交通、油料、卫生勤务等保障。2006年5月省军区赴射阳高炮射击车队过境期间，组织汽车维修分队和道路抢险分队提供车辆维修、油料等保障。9月，对船舶维修分队进行专业训练。2007年，组织民兵参加船舶维修和“保交护路”培训。2008年4—5月，做好奥运火炬传递安保工作，协助各镇（街道）和公安部门进行巡防、设防和管理交通。6月，对“保交护路”专业人员进行培训。

# 第七章　人民防空

## 第一节　机构与队伍

1999年6月，区国防动员委员会下设人民防空办公室。2001年10月，泰州市民防局高港办事处

（简称区人防办）成立，办公地点位于区行政服务中心内，接受市民防局和区政府、区人武部领导。至2008年末，区人防办建有医疗救护专业队、消防专业队、防化连、通信连、运输连、炮兵连、伪装防护分队、人防专业分队、抢险抢修分队、信息情报分队、治安专业分队11支人防专业队。

## 第二节　人防工程

2001年，区人防办按照“长期准备、重点建设、平战结合”方针，确定“人口密集区、高层建筑区、重点能源保护区”人防工程点的建设思路。当年12月，高港区首个人防工程项目建成。2002年，区委、区政府出台《关于进一步加强全区人民防空工作的意见》。2002—2003年，组织实施4处人防工程项目。2004—2008年，组织实施12处人防工程项目。

## 第三节　人防演练

图 23-7-1　人防演练（2007年摄）

2002年，区人防办分别在口岸镇和刁铺镇安装警报器，城区警报覆盖率100%。当年起，每年10月29日，组织全区警报施放演习。2003年8月，在区国防动员委员会组织的战时指挥演练中，开展城市防空袭作战演练。2005年，参加泰州市组织的城市防空袭和反恐维稳实兵演习，重点演练城市防空袭作战的临战准备、消除空袭后果等8个课目14项内容。2008年，组织民兵应急分队对区能源重点目标进行防空演练。

图 23-7-2 “国防教育日”活动

# 泰州市高港区志

## 第二十四篇　科技　教育

# 第二十四篇　科技　教育

新中国成立后，科技事业发展迅速。改革开放促进科技事业的繁荣。20世纪90年代，科教兴国战略在境内得到充分实施。高港区成立后，科技与经济同步发展。全区大力发展高新技术产业，并依靠科技防震减灾。2003—2004年、2005—2006年、2007—2008年，高港区连续3次通过全国科技进步区考核；2005年，获批江苏省知识产权工作试点区。

境内有尊师重教传统，宋代潘氏一族兄弟同榜，父子同朝，一门八进士。旧时历代均设私塾，明代建社学，清代设书院，清末兴学堂，民国元年（1912）改学堂为学校。新中国成立后，幼儿、小学、初中、高中、成人、职业教育全面快速发展。“文化大革命”期间，教育遭受创伤。中共十一届三中全会以后，有计划、有步骤地普及九年制义务教育。建区后，高港区加大教育投入，合理调整学校布局，教育事业获得长足发展。

# 第一章 科 技

1997—2008年，全区组织实施省级以上火炬计划、星火计划43项，开发省级以上高新技术产品78项，其中国家级重点新产品18项。获批省级以上高新技术企业29个，其中国家火炬重点高新技术企业5个、省级民营科技企业59个。有59项科技成果获市级以上科技进步奖。专利申请量累计1500余件，万人发明专利拥有量0.47件。全区158个企业与国内有关高校、科研院所建立合作关系，组织实施各类产学研协议项目200余个。

## 第一节 科技研发机构

1998年，扬子江药业集团建成博士后科研工作站；2001年，建成国家级企业技术中心。2003年，扬子江药业集团上海海尼药业有限公司和四川海蓉药业有限公司博士后科研工作站同时成立。2004年，扬子江药业集团南京海陵中药制药工程技术国家工程中心获国家发改委批准。2006年3月，泰州市旺灵绝缘材料厂的泰州市高频微波复合材料工程技术研究中心、泰州苏中天线集团有限公司的泰州市汽车电子车载信息系统工程技术研究中心、泰州市华通消防装备厂的泰州市消防器材装备工程技术研究中心成为全区首批市级工程技术研究中心。2007年，扬子江药业集团药物制剂新技术国家重点实验室经科技部批准组建，该实验室为国家首批企业重点实验室之一，也是首批中唯一由制药企业承建的国家重点实验室。同年，江苏（扬子江）新药研究院获批省级企业研究院；泰州市华强照明器材厂的泰州市光源器件材料工程技术研究中心建成市级工程技术研究中心。2008年，江苏能建机电实业有限公司的泰州市输变电自动化控制保护工程技术研究中心、泰州高港明天国兰繁育基地的泰州市国兰生物工程技术研究中心建成市级工程技术研究中心。全区有国家重点实验室1个、博士后工作站1个、省级企业研究院1个、市级工程技术研究中心6个。

图 24-1-1 扬子江药业集团博士工作站药物合成研究

# 第二节 科技计划

## 一、火炬计划项目

1999年，江苏能建机电实业有限公司的“KGJ空气干燥机”项目和泰州市东方印刷版材厂的“高性能阳图PS版”项目成为全区首批省级火炬计划项目。2000年，泰州市分析仪器厂的“DFQ多方位牵引床”项目成为全区首个国家级火炬计划项目。至2008年，全区累计实施国家级火炬计划项目25个、省级项目18个、市级项目1个。

### 1999—2008年高港区火炬计划实施情况一览表

表204

| 年　份 | 项目名称 | 承担单位 | 级　别 |
|---|---|---|---|
| 1999 | KGJ空气干燥机 | 江苏能建机电实业有限公司 | 省　级 |
| | 高性能阳图PS版 | 泰州市东方印刷版材厂 | 省　级 |
| 2000 | DFQ多方位牵引床 | 泰州市分析仪器厂 | 国家级 |
| 2001 | 高精度、低噪声、深沟球轴承 | 江苏鸿泰机电集团 | 国家级 |
| | 碘海醇原料及注射器 | 扬子江药业集团 | 省　级 |
| 2002 | 高纯氧化铜、氢氧化铜 | 泰州市振泰焊接合金粉末厂 | 国家级 |
| | 救援起重气垫 | 泰州市华通消防装备厂 | 省　级 |
| | 新型杜美丝 | 泰州市新港照明电器厂 | 省　级 |
| 2003 | 盐酸左氧氟沙星原料及制剂 | 扬子江药业集团 | 国家级 |
| | 蓝芩口服液 | 扬子江药业集团 | 国家级 |
| | TE1/2型微波复合介质基片 | 泰州市旺灵绝缘材料厂 | 国家级 |
| | 超高压静电植砂机电设备 | 泰州永进机电设备有限公司 | 国家级 |
| | 高级轿车用汽车天线放大器 | 泰州苏中天线集团有限公司 | 省　级 |
| 2004 | 盐酸左氧氟沙星胶囊、注射液 | 扬子江药业集团 | 国家级 |
| | 4J50包无氧铜大电流低阻封装引线 | 泰州市新港照明电器有限公司 | 国家级 |
| | F4BK型宽介电常数聚四氟乙烯玻璃布覆铜箔板 | 泰州市旺灵绝缘材料厂 | 国家级 |
| | PFK医用红外热像仪 | 江苏省普菲柯医疗器械总厂 | 省　级 |

续表204

| 年　份 | 项目名称 | 承担单位 | 级　别 |
| --- | --- | --- | --- |
| 2005 | TF-1/2型微波复合介质基片 | 泰州市旺灵绝缘材料厂 | 国家重点 |
| | 救生抛投器 | 泰州市华通消防器材厂 | 国家级 |
| | 镀银铜包钢绞线 | 泰州市中义电缆厂 | 国家级 |
| | CA7-95汽车同步器 | 泰州市东方齿轮有限公司 | 省　级 |
| | 阳图型蓝色 VPS 版 | 泰州市东方印刷版材有限公司 | 市　级 |
| 2006 | 轿车用自动增益、扫描天线系统 | 泰州苏中天线集团有限公司 | 国家级 |
| | ZR135同步器 | 江苏追日汽车同步器有限公司 | 国家级 |
| | 船用生化法生活污水处理装置 | 泰州市扬子船舶设备有限公司 | 国家级 |
| | 全密封消防防化服 | 泰州市鸿宝凯利消防器材厂 | 省　级 |
| | 小型无气泡真空注油机 | 江苏能建机电实业有限公司 | 省　级 |
| | 防静电安全导电集装袋（TYPE-C） | 泰州泰华塑料制品有限公司 | 省　级 |
| | 圆柱形高功率镍氢电池 | 泰州赛科电池有限公司 | 省　级 |
| 2007 | 盐酸阿扎司琼路氯化钠注射液 | 扬子江药业集团 | 国家级 |
| | 紫杉醇注射液 | 扬子江药业集团 | 国家级 |
| | 环保节能型灯用无铅玻璃芯柱 | 泰州市华强照明器材厂 | 省　级 |
| | 阴图型 PS 版 | 泰州市东方印刷版材有限公司 | 省　级 |
| | 危险化学品管道泄漏快速堵漏装置 | 泰州市鸿宝消防器材有限公司 | 省　级 |
| | 直接墨绿 NB | 泰州市新星染料化工厂 | 省　级 |
| | 氢溴酸西酞普兰及中间体 | 泰州市今朝伟业精细化工有限公司 | 省　级 |
| | 金盐活化剂 | 泰州市欣港电子材料厂 | 国家级 |
| | LG528同步器 | 泰州市追日齿轮厂 | 省　级 |
| 2008 | STA 型视频探测仪 | 泰州市华通消防装备厂 | 国家级 |
| | 甲磺酸罗哌卡因原料及注射液 | 扬子江药业集团 | 国家级 |
| | 注射用硫酸头孢匹罗 | 扬子江药业集团 | 国家级 |
| | 2-氨基乙基-2'-磺酰基-羟乙基硫酸酯（脂肪族羟乙基砜硫酸酯） | 泰州市恒源化织厂 | 国家级 |
| | 海藻酸钙止血敷料 | 泰州市榕兴抗粘敷料有限公司 | 国家级 |
| | 快速堵漏应急救援装置 | 泰州市鸿宝消防器材有限公司 | 国家级 |

## 二、星火计划项目

1995年,泰兴啤酒厂开发的银杏系列饮料被列入国家星火计划。1999年,泰州市西亚胶带集团有限公司的"橡塑轻型输送带"项目获国家星火计划立项,泰州市榕兴抗粘敷料有限公司的"CAD医用抗粘敷料"项目获江苏省星火计划立项。2004年、2005年,泰州市科达生物标本制片有限公司的"生物学教学与科研用生物标本及制片"项目和泰州市众诚乳业有限公司的"众诚乳牛养殖及深加工"项目分别获泰州市星火计划立项。2006年,泰州市园林绿化工程有限公司的"名贵兰花大量繁殖(生物反应器)技术应用转化"项目获国家星火计划立项。2007年,泰州市高港中药饮片有限公司的"地道中药材'泰半夏'规范化栽培技术的应用与示范"项目获国家星火计划立项。2008年,泰州市高港区天香园艺有限公司的"香味蝴蝶兰等名贵兰花新品种的培育与产业化"项目获国家星火计划立项。

1997—2008年,全区获批国家级星火计划4项、省级1项、市级2项。

## 三、国家中小企业创新基金计划项目

2000年,泰州市分析仪器厂的"KGT系列大型变压器检修用空气干燥机中试"、泰州市旺灵绝缘材料厂的"CTP-1/2型高分子磁性复合介质基片"项目被列入国家中小企业创新基金计划,分别获科技部拨款60万元和70万元。2005年,泰州市旺灵绝缘材料厂的"高性能金属复合基介质覆铜箔板"和泰州赛科电池有限公司的"胶体锂离子聚合物电池"项目被列入国家中小企业创新基金计划,分别获贴息贷款75万元和55万元。2006年,泰州市华强照明器材厂的"电光源专用无铅玻璃真空封接导丝制备关键技术研究及产业化"项目被列入国家中小企业创新基金计划,获贴息贷款60万元。2007年,泰州市精灵医疗器械有限公司的"多参数无线数码中央监护"项目被列入国家中小企业创新基金计划,获无偿资助55万元。2008年,泰州中义通信器材有限公司的"Φ0.025mm微细镀银铜包钢多股线"项目被列入国家中小企业创新基金计划,获无偿资助65万元。

## 四、其他计划项目

1999年,泰州市旺灵绝缘材料厂的"微波复合介质覆铜箔基片"项目被列入江苏省科技攻关计划,获省科技厅拨款10万元。2003年,泰州市园林绿化工程有限公司的"春兰铭品组培快繁技术研究及产业化"项目被列入江苏省科技攻关计划,获省科技厅拨款20万元、市科技局拨款2万元;高港科技创业园服务中心被列入江苏省科技创新服务体系建设计划,获省科技厅拨款15万元、市科技局拨款10万元。2004年,泰州市东方印刷版材厂的"未曝光蓝色阳图VPS版"项目被列入国家科技兴贸行动计划;泰州市园林绿化工程有限公司的"名贵兰花规模化组培快繁技术示范推广"项目被列入江苏省科技成果示范推广计划,获省科技厅拨款10万元。2006年,泰州苏中天线集团有限公司的"车用分集式天线自动增益、信号自动追踪放大器研发及产业化"项目被列入江苏省科技成果转化专项资金项目,获1000万元无偿资助;泰州赛科电池有限公司的"超临界法合成亚微米磷酸铁锂材料的工艺及机理研究"项目被列入江苏省自然科学基金项目,获省科技厅拨款8.5万元;泰州华通消防装备厂的"地铁重大事故安全技术——移动式逃生通道和救护站应用示范"项目被列入江苏省社会发展基金项目,获省科技厅拨款12万元;泰州市旺灵绝缘材料厂的"高性能金属复合介质覆铜箔板"项目被列入江苏省科技攻关计划,获省科技厅拨款50万元。2007年,泰州市高港中药饮片有限公司的"地道中药材'泰半夏'的新品种选育"项目被列入江苏省高技术研究计划,获省科技厅拨款40万元。

2008年，泰州市今朝伟业精细化工有限公司的“抗癌活性手性化学品埃博霉素D–内酰胺衍生物的组合生物合成技术研究”项目被列入江苏省科技支撑计划，获省科技厅拨款50万元。

## 第三节　高新技术产业

1997年后，高港区出台扶持政策，鼓励调整产业结构，重点培育高新技术企业。2004年、2005年，全区高新技术产业产值（不含扬子江药业集团，下同）分别为2.62亿元和3.7亿元，分别占列统工业产值的7.47%和6.31%。2005年，扬子江药业集团年产10亿片银杏叶片高技术产业化示范工程被国家发改委批准为国家高技术产业化示范工程。2006年，全区高新技术产业产值33.54亿元，占列统工业产值的40.31%。2007年，全区高新技术产业产值39.32亿元，占列统工业产值的34.31%。2008年，全区高新技术产业主要集中在医药、化工、汽摩零部件、消防器材、机电、照明材料等领域；高新技术产业产值57.7亿元，占列统工业产值的34.1%；扬子江药业集团被科技部、国务院国资委和中华全国总工会联合命名为全国首批创新型企业。

### 一、高新技术企业

【省级高新技术企业】　1999年，江苏能建机电实业有限公司、扬子江药业集团成为全区首批江苏省高新技术企业。至2007年，全区有江苏省高新技术企业30个。2008年，高新技术企业认定实行新标准，扬子江药业集团等5个企业获批新标准实施后第一批江苏省高新技术企业。

**1999—2008年高港区省级高新技术企业一览表**

表205

| 获批时间 | 单　　位 | 获批时间 | 单　　位 |
|---|---|---|---|
| 1999 | 江苏能建机电实业有限公司 | 2006 | 泰州赛科电池有限公司 |
| | 扬子江药业集团 | | 江苏普菲柯医疗器械总厂 |
| 2001 | 泰州市东方印刷版材厂 | | 江苏追日汽车同步器有限公司 |
| | 泰州市鸿宝凯利消防器材厂 | | 泰州市天润合成有限公司 |
| 2002 | 泰州市旺灵绝缘材料厂 | 2007 | 泰州市新星染料化工厂 |
| | 泰州苏中天线集团有限公司 | | 扬子江药业集团凯威药用包装厂 |
| 2003 | 泰州市华强照明器材厂 | | 泰州市泰华塑料制品有限公司 |
| | 泰州市东阳精密轴承有限公司 | | 江苏圣洁达水处理工程有限公司 |
| 2004 | 泰州市华通消防装备厂 | | 泰州市高港中药饮片有限公司 |
| | 泰州市东方齿轮有限公司 | | 泰州市今朝伟业精细化工有限公司 |
| 2005 | 泰州市中义电缆厂 | | 泰州市精灵医疗器械有限公司 |
| | 泰州市欣港电子材料厂 | | 泰州市净化设备厂 |

续表 205

| 获批时间 | 单　　位 | 获批时间 | 单　　位 |
|---|---|---|---|
| 2007 | 泰州市群鑫水处理设备厂 | 2008 | 扬子江药业集团 |
| | 泰州市榕兴抗粘敷料有限公司 | | 泰州市华强照明器材厂 |
| | 泰州市天源化工有限公司 | | 江苏能建机电实业有限公司 |
| | 泰州市扬子江胶囊厂 | | 泰州市鸿宝消防器材有限公司 |
| | 泰州市东方离合器有限公司 | | 泰州市华通消防装备厂 |
| | 泰州市追日齿轮厂 | | |

【省级民营科技型企业】 2003年，泰州苏中天线集团有限公司等9个企业成为全区首批江苏省民营科技型企业。2004—2008年，每年均有10个企业被认定为江苏省民营科技型企业。至2008年，全区有江苏省民营科技型企业59个。

## 2003—2008年高港区省级民营科技型企业一览表

表 206

| 获批时间 | 单　　位 | 获批时间 | 单　　位 |
|---|---|---|---|
| 2003 | 泰州苏中天线集团有限公司 | 2004 | 泰州市曙光无线电厂 |
| | 泰州市东方印刷版材厂 | | 泰州市泰港动力机械厂 |
| | 泰州赛科电池有限公司 | | 泰州超人电子有限公司 |
| | 泰州市华强照明器材厂 | 2005 | 江苏扬子江药业集团凯威药用包装厂 |
| | 泰州市东阳精密轴承有限公司 | | 泰州市创新电子有限公司 |
| | 泰州市东方齿轮有限公司 | | 泰州市榕兴抗粘敷料有限公司 |
| | 泰州市中义电缆厂 | | 泰州市恒源化织有限公司 |
| | 泰州市欣港电子材料厂 | | 泰州市苏兴工贸业有限公司 |
| | 江苏追日汽车同步器有限公司 | | 泰州市泰申环保设备有限公司 |
| 2004 | 泰州市华通消防装备厂 | | 泰州市万达气压件有限公司 |
| | 泰州市鸿宝凯利消防器材厂 | | 泰州市永进机电设备有限公司 |
| | 江苏省普菲柯医疗器械总厂 | | 泰州市天地通信电子实业有限公司 |
| | 泰州市旺灵绝缘材料厂 | | 泰州市东方离合器有限公司 |
| | 江苏能建机电实业有限公司 | 2006 | 泰州市德林装饰材料有限公司 |
| | 泰州市天润合成有限公司 | | 泰州市科达生物标本制片有限公司 |
| | 泰州市灸疗技术研究所 | | 泰州市奥华体育健身器材有限公司 |

续表206

| 获批时间 | 单 位 | 获批时间 | 单 位 |
|---|---|---|---|
| 2006 | 泰州市圣洁达水处理工程有限公司 | 2007 | 泰州市扬子船舶设备有限公司 |
| | 泰州飞耀机械制造有限公司 | | 泰州市明阳纺织辅料有限公司 |
| | 泰州市沿江电子机械制造有限公司 | | 泰州市新星染料化工厂 |
| | 泰州市金娃娃童车厂 | 2008 | 泰州市宏博节能环保科技有限公司 |
| | 泰州市高港区华生矿灯厂 | | 泰州市兴东煤矿机械制造有限公司 |
| | 泰州市苏星洗涤印刷厂机械制造有限公司 | | 泰州市东方印刷版材有限公司 |
| | 上海华良金属结构有限公司泰州分公司 | | 泰州金鹰齿轮有限公司 |
| 2007 | 泰州市天源化工有限公司 | | 江苏瑞源电力科技有限公司 |
| | 泰州市泰华塑料制品有限公司 | | 江苏宇马铝业有限公司 |
| | 泰州市有机氟材料厂 | | 泰州市高港区艳阳天塑料制品有限公司 |
| | 江苏新华龙调速电机有限公司 | | 泰州市友润电子有限公司 |
| | 泰州市今朝伟业精细化工有限公司 | | 泰州市沿江电子机械制造有限公司 |
| | 泰州市精细化工厂 | | 泰州市春晖医疗器械有限公司 |
| | 泰州市高伟化机厂 | | |

## 二、高新技术产品

1988年，口岸防护用品厂的500–I、500–II型针织屏蔽手套，扬子江制药厂的SP2–500圆盘式数片机被认定为省新产品。1990年，口岸注油器厂的Z–1型特种注油器被认定为国家级新产品。1992年，泰兴市舞台设备厂的3个产品被认定为江苏省新产品。1993年，江苏省开始认定高新技术产品，口岸棉麻织造厂的ZA型汽车同步带被认定为江苏省新产品。1999年，高港区有5个新产品被认定为国家级重点新产品，9个产品被认定为省级高新技术产品。2002年，扬子江药业集团

图 24–1–2 泰州市旺灵绝缘材料厂的微波复合介质基片在“神州六号”载人飞船上得到应用（2005年摄）

胃苏颗粒和银杏叶片被国家科协技术创新中心、信息中心评为中国优秀科技创新产品。2008年，高港区有24个产品被认定为省级高新技术产品，5个产品被认定为国家级重点新产品。

1988—2008年，全区累计有国家级（重点）新产品22个、江苏省高新技术产品（新产品）117个。

## 1990—2008年高港区国家级新产品一览表

表207

| 年份 | 产品名称 | 承担单位 |
|---|---|---|
| 1990 | Z-1型特种注油器 | 口岸注油器厂 |
| | 消防避火服 | 泰州市鸿宝消防器材总厂 |
| | CAD抗粘敷料 | 泰州市榕兴抗粘敷料有限公司 |
| 1999 | Q875-300×2型双列气动离合器 | 泰州市东方离合器厂 |
| | DFQ-300、400多方位牵引床 | 泰州市分析仪器厂 |
| | KGJ-50型空气干燥机 | 泰州市电力机械有限公司 |
| 2000 | QDB-20型救生气垫 | 泰州市华通消防装备厂 |
| 2001 | ZLY-20-200型电脑真空滤油机 | 泰州市分析仪器厂 |
| 2003 | F4B型宽介电常数聚四氟乙烯玻璃布覆铜箔层压板 | 泰州市旺灵绝缘材料厂 |
| | QQDA-03型救援起重气垫 | 泰州市华通消防装备厂 |
| 2004 | TF-1/2型微波复合介质基片 | 泰州市旺灵绝缘材料厂 |
| | 百乐眠胶囊 | 扬子江药业集团 |
| 2005 | 电绝缘服 | 泰州市华通消防装备厂 |
| | 奥迪B7用分集式天线自动增益、信号自动追踪放大器系统 | 泰州苏中天线集团有限公司 |
| | 盐酸达克罗宁胶浆 | 扬子江药业集团 |
| 2006 | 超微镀银高强度铜包钢绞线 | 泰州市中义电缆厂 |
| | 热敏CTP版 | 泰州市东方印刷版材厂 |
| | NJ212微机CT过电压保护装置 | 江苏能建机电实业有限公司 |
| | CA10T汽车同步器 | 江苏追日同步器有限公司 |
| 2008 | 那氟沙星原料及软膏 | 扬子江药业集团 |
| | TSA307车载卫星应用导航鲨鱼鳍分集式组合天线 | 泰州苏中天线集团有限公司 |
| | 环保节能型灯用无铅玻璃芯柱 | 泰州市华强照明器材厂 |

## 1988—2008 年高港区省级高新技术产品（新产品）一览表

表 208

| 年　份 | 产品名称 | 承担单位 |
|---|---|---|
| 1988 | 500-I、500-II型针织屏蔽手套 | 口岸防护用品厂 |
|  | SP2-500圆盘式数片机 | 扬子江制药厂 |
| 1992 | 无线调速均匀伸缩对开大幕机 | 泰兴市舞台设备厂 |
|  | 全自动电动吊杆控制台 |  |
|  | WJM-II型无级调速均匀伸缩阻燃大幕成套装置 |  |
| 1993 | ZA型汽车同步带 | 口岸棉麻织造厂 |
| 1995 | CP46无线电话天线 | 扬州苏中天线集团公司 |
|  | DA-8M同步双面圆弧齿胶带 | 泰兴市口岸橡胶厂 |
| 1996 | 胃苏冲剂（无糖型） | 江苏扬子江药业集团公司 |
| 1998 | DFQ-300、400型多方位牵引床 | 泰州市分析仪器厂 |
| 1999 | FD100型安全气囊装置 | 泰州市爱贝卡有限责任公司 |
|  | 医用CAD抗粘敷料 | 泰州市榕兴抗粘敷料有限公司 |
|  | 高性能阳图PS版 | 泰州市东方印刷版材厂 |
|  | CTP-1/2高分子磁性复合介质基片 | 泰州市旺灵绝缘材料厂 |
|  | 聚四氟乙烯玻璃金属覆铜箔增强板 |  |
|  | KGJ-50型空气干燥机 | 泰州市电力机械有限公司 |
|  | Q875-300×2型双列气动离合器 | 泰州市东方离合器厂 |
|  | 消防避火服 | 泰州市鸿宝消防器材总厂 |
|  | DZFCOB型三用阀 | 泰州市华泰煤机厂 |
| 2000 | 多方位牵引床 | 泰州分析仪器厂 |
|  | 电脑真空滤油机 |  |

续表208

| 年　份 | 产品名称 | 承担单位 |
|---|---|---|
| 2001 | 碘海醇注射液 | 扬子江药业集团 |
| | 氟罗沙星注射液（氟罗沙星葡萄糖注射液） | |
| | 盐酸左氧氟沙星（胶囊）注射液 | |
| | 微波复合介质覆铜箔基片（TF–1/2） | 泰州市旺灵绝缘材料厂 |
| | 高效和节能滑片风机 | 泰州市泰申化工设备厂 |
| | 高精度、低噪音深沟球轴承 | 泰州东阳精密轴承有限公司 |
| | 高级轿车用带自动增益、控制、带通、窗式天线放大器 | 泰州苏中天线集团有限公司 |
| | 便携式移动通信天线 | |
| 2002 | 蓝芩口服液 | 扬子江药业集团 |
| | 注射用乳糖酸阿奇霉素 | |
| | 盐酸头孢他美酯原料及片剂 | |
| | 格列美脲原料及片剂 | |
| | 新型杜美丝 | 泰州市新港照明电器厂 |
| | 救援起重气垫 | 泰州市华通消防装备厂 |
| 2003 | 宽介电常数聚四氟乙烯覆铜箔板（F4BK型） | 泰州市旺灵绝缘材料厂 |
| | 4J50包无氧铜低阻引线 | 泰州市新港照明电器厂 |
| | 镀银铜包钢绞线 | 泰州市中义电缆厂 |
| | 小型无气泡真空注油机 | 江苏能建机电实业有限公司 |
| | 氰化金钾 | 泰州市欣港电子材料厂 |
| 2004 | 氟康唑注射液 | 扬子江药业集团 |
| | 克拉霉素分散片 | |
| | 罗红霉素细粒剂 | |
| | 盐酸格拉司琼葡萄糖注射液 | |
| | CA7–95汽车同步器 | 泰州市东方齿轮有限公司 |
| | CA8–130汽车同步器 | |

续表208

| 年　份 | 产品名称 | 承担单位 |
|---|---|---|
| 2004 | 救生抛投器 | 泰州市华通消防装备厂 |
| | PFK-800医用红外热像仪 | 江苏省普菲柯医疗器材总厂 |
| | 阳图型蓝色VPS版 | 泰州市东方印刷版材厂 |
| | 脉冲喷雾水枪 | 泰州市华通消防装备厂 |
| 2005 | 尼莫地平注射液 | 扬子江药业集团 |
| | 盐酸丁咯地尔注射液 | |
| | 电绝缘服 | 泰州市华通消防装备厂 |
| | 抗高压、耐腐、阻燃、绝缘防护服 | |
| | 船用生化法污水处理装置 | 泰州市扬子船舶设备有限公司 |
| | 高性能金属基复合介质覆铜箔板 | 泰州市旺灵绝缘材料厂 |
| | 金盐活化剂 | 泰州市欣港电子材料厂 |
| | ZR135汽车同步器 | 江苏追日汽车同步器有限公司 |
| | 全密封消防防化服 | 泰州市鸿宝凯利消防器材厂 |
| | 胶体聚合物锂离子电池 | 泰州赛科电池有限公司 |
| | 高性能镍氢电池 | |
| 2006 | 盐酸达克罗宁胶浆 | 扬子江药业集团 |
| | 电光源专用无铅玻璃真空封接导丝 | 泰州市华强照明器材厂 |
| | 高阻氧性、低溶剂残留、低溶出物PVC/PE/PVDC固体药用复合硬片 | 江苏扬子江药业集团凯威药用包装厂 |
| | 5-（4-氯丁基）-1-环己基-1，2，3，4-四唑 | 泰州市天润合成化工有限公司 |
| | 氨基乙酸 | 泰州市高伟化机厂 |
| | 防静电安全导电集装袋（TYPE-C） | 泰州泰华塑料制品有限公司 |
| | 直接墨绿NB | 泰州市新星染料化工厂 |
| | LG528汽车同步器 | 泰州市追日齿轮厂 |
| | 热敏CTP印刷版材（预涂感光版） | 泰州市东方印刷版材有限公司 |

续表208

| 年　份 | 产品名称 | 承担单位 |
|---|---|---|
| 2007 | 紫杉醇注射液<br>百乐眠胶囊<br>唑来膦酸原料及注射液<br>注射用硫酸头孢匹罗 | 扬子江药业集团 |
| | CA10T汽车同步器 | 江苏追日汽车同步器有限公司 |
| | 西酞普兰中间体 | 泰州市今朝伟业精细化工有限公司 |
| | 环保节能型灯用无铅玻璃芯柱 | 泰州市华强照明器材厂 |
| | 多参数无线数码中央监护 | 泰州市精灵医疗器械有限公司 |
| | 高粘度热熔胶用热塑性聚氨酯树脂 | 泰州市菲尔特高分子材料有限公司 |
| | 手持式乳化液湿式钻机 | 泰州市泰港动力机械厂 |
| | 重型动力装置用空气离合器 | 泰州市东方离合器有限公司 |
| | 背负式喷雾灭火装置 | 泰州市华通消防装备厂 |
| | 邻苯二甲酸二甲酯 | 泰州市常佳化工有限公司 |
| | 有机硅腐植酸钾（OSAM-K） | 泰州市精细化工厂 |
| | 2,3-二氰基丙酸乙酯 | 泰州市天源化工有限公司 |
| | 海藻酸钙止血敷料<br>辐照中空醋酸纤维抗菌型水凝胶敷料 | 泰州市榕兴抗粘敷料有限公司 |
| | 地道药材“泰半夏”（姜制）饮片 | 泰州市高港中药饮片有限公司 |
| | 节能型自控旋转式干燥炉 | 泰州市长江制药机械有限公司 |
| | 生物制药LD多效蒸馏水机 | 江苏圣洁达水处理工程有限公司 |
| | 制药用反渗透成套水处理设备 | 泰州市净化设备厂 |
| | 2-氨基乙基-2'-磺酰基-羟乙基硫酸酯（脂肪族羟乙基砜硫酸酯） | 泰州市恒源化织厂 |
| 2008 | 碘海醇注射液<br>盐酸左氧氟沙星胶囊及注射液<br>银杏叶片<br>注射用乳糖酸阿奇霉素<br>格列齐嗪缓释片 | 扬子江药业集团 |

续表208

| 年　份 | 产品名称 | 承担单位 |
|---|---|---|
| 2008 | 罗红霉素胶囊 | 扬子江药业集团 |
| | 盐酸头孢他美酯片 | |
| | 蓝芩口服液 | |
| | 地佐辛原料及口服液 | |
| | 注射用甲磺酸帕珠沙星 | |
| | 注射用半托拉唑钠 | |
| | TSA307车载卫星应用导航鲨鱼鳍分集式组合天线 | 泰州苏中天线集团有限公司 |
| | 氢溴酸加兰他敏 | 泰州市今朝伟业精细化工有限公司 |
| | 金属锌配位16XDVD±R光盘用偶氮染料 | 泰州市泰祥光电材料有限公司 |
| | 活性耐晒红L-2BL | 泰州市恒源化织厂 |
| | 高性效比油污水分离装置 | 泰州市扬子船舶设备有限公司 |
| | 全密封快速自动水电解仪器 | 江苏省兴星教学器材有限公司 |
| | 微波高频多层电路板 | 泰州市博泰电子有限公司 |
| | HBF-CY型磁压堵漏工具 | 泰州市鸿宝消防器材有限公司 |
| | HBF-ZT型粘贴式堵漏工具 | |
| | 音视频生命探测仪 | 泰州市华通消防装备厂 |
| | 单组份低温固化玻璃油墨 | 泰州市美邦数码印花材料有限公司 |
| | 异环磷酰胺医药中间体 | 泰州市新星染料化工厂 |
| | LG168制动花键套 | 泰州市追日齿轮厂 |

## 第四节　科技成果

高港区成立后，采取研发费用加计扣除税费等优惠政策措施，鼓励企业加大研发投入。1997年，扬子江药业集团获泰州市科技进步奖2项。2006年，泰州市旺灵绝缘材料厂的“宽介电常数聚四氟乙烯玻璃布覆铜箔板”项目获江苏省科技进步奖三等奖，成为全区首个省级科技进步奖项目。2007年，扬子江药业集团与山东中医药大学联合负责开展的“经前期综合症病症结合临床”“基础和新药研发与应用”项目获国家科技进步奖二等奖，扬子江药业集团“新型大孔树脂WLD-90在中药复方中的应用研究”及“百乐眠胶囊”2个项目、泰州市华强照明器材厂“环保型节能光源专用无铅玻璃芯柱及真空封接导丝的研发”项目获江苏省科技进步奖三等奖。2008年，扬子江药业集团和江苏大学联合负责的“创新环保型N-烷基化反应技术研究及唑来膦酸注射液的研发”项目获江苏省科技进步奖三等奖。

1997—2008年，全区累计获国家级科技进步奖1项、省部级科技进步奖5项、市级科技进步奖54项。

### 1997—2008年高港区获市级科技进步奖项目一览表

表209

| 年份 | 项目名称 | 承担单位 | 等级 |
|---|---|---|---|
| 1997 | 罗红霉素胶囊 | 扬子江药业集团、南京海光应用化学研究所 | 二等奖 |
| | 格列吡嗪缓释片 | 扬子江药业集团、南京药物研究所 | 三等奖 |
| 1998 | 气动离合器 | 泰州市东方离合器厂 | 四等奖 |
| 1999 | 银杏叶片 | 扬子江药业集团 | 二等奖 |
| | 消防避火服 | 泰州市鸿宝消防器材厂 | 四等奖 |
| | 高龄急性心肌梗塞患者溶栓疗法的疗效及预后 | 高港人民医院 | 四等奖 |
| 2000 | 碘海醇注射液 | 扬子江药业集团 | 二等奖 |
| | 泰州市江堤达标建设技术研究与推广 | 泰州市水利局、靖江市水利局、泰兴市水利局、高港区水利局 | 二等奖 |
| | 氟罗沙星注射液、氟罗沙星葡萄糖注射液 | 扬子江药业集团 | 三等奖 |
| | 盐酸左氧氟沙星注射液、胶囊 | 扬子江药业集团 | 三等奖 |
| | 替硝替唑注射液 | 扬子江药业集团 | 四等奖 |
| 2001 | 双氯芬酸钾片 | 扬子江药业集团 | 二等奖 |
| | 蓝芩口服液 | 扬子江药业集团、山东医科大学 | 二等奖 |
| | 高效、节能、环保型滑片式风机 | 泰州市泰申化工设备厂 | 三等奖 |
| | 蝴蝶兰鲜花培育技术研究与应用 | 泰州市园林绿化工程有限公司 | 三等奖 |
| | 洛伐他汀胶囊 | 扬子江药业集团 | 四等奖 |
| | He-Ne激光血管内照射联合三七总皂甙对肺心病血流变的影响 | 高港人民医院 | 四等奖 |
| 2003 | 百乐眠胶囊 | 扬子江药业集团 | 二等奖 |
| | 加替沙星及胶囊、注射剂 | 扬子江药业集团上海海尼药业有限公司 | 三等奖 |
| | 超高压静电植砂机电设备产业化开发 | 泰州永进机电设备有限公司 | 三等奖 |
| | KGJ空气干燥机 | 泰州市电力机械有限公司 | 三等奖 |
| | 复方硝酸益康唑软膏 | 扬子江药业集团 | 四等奖 |

续表209

| 年　份 | 项目名称 | 承担单位 | 等　级 |
|---|---|---|---|
| 2003 | 苯磺酸氨氯地平片 | 扬子江药业集团上海海尼药业有限公司 | 四等奖 |
| | 电光源专用材料新型杜美丝 | 泰州市新港照明电器厂 | 四等奖 |
| | 高级轿车用带自动增益、控制、带通、窗式天线放大器 | 泰州苏中天线集团有限公司 | 四等奖 |
| | 救援起重气垫 | 泰州市华通消防装备厂 | 四等奖 |
| 2004 | 罗红霉素细粒剂 | 扬子江药业集团 | 二等奖 |
| | 名贵兰花规模化组培快繁技术研究 | 泰州市园林绿化工程有限公司 | 二等奖 |
| | 镀银铜包钢绞线 | 泰州中义电缆厂 | 三等奖 |
| | 扎莱普隆原料及胶囊 | 扬子江药业集团 | 四等奖 |
| | 厄多司坦原料及片剂 | 扬子江药业集团 | 四等奖 |
| | 救生抛投器 | 泰州市华通消防装备厂 | 四等奖 |
| 2005 | 注射用唑米膦酸 | 扬子江药业集团 | 二等奖 |
| | CTP-1/2型高分子磁性复合介质基片 | 泰州市旺灵绝缘材料厂 | 二等奖 |
| | 阿那曲唑片 | 扬子江药业集团 | 三等奖 |
| | 4J50包无氧铜低阻引线制造工艺设计 | 泰州市华强照明器材厂 | 三等奖 |
| | 彩色多普勒能量显像在非典型异位妊娠诊断中的应用 | 高港人民医院 | 三等奖 |
| | 盐酸达克罗宁胶浆 | 扬子江药业集团 | 四等奖 |
| | 电绝缘服 | 泰州市华通消防装备厂 | 四等奖 |
| 2006 | 杏荷止咳糖浆 | 扬子江药业集团 | 二等奖 |
| | 宽介电常数聚四氟乙烯玻璃布覆铜箔板 | 泰州市旺灵绝缘材料厂 | 二等奖 |
| | 电光源专用无铅玻璃真空封接导丝 | 泰州市华强照明器材厂 | 三等奖 |
| | 轿车用自动增益、扫描天线系统技术研究 | 泰州苏中天线集团有限公司 | 三等奖 |
| | ZR135汽车同步器 | 江苏追日汽车同步器有限公司 | 三等奖 |

续表209

| 年份 | 项目名称 | 承担单位 | 等级 |
|---|---|---|---|
| 2007 | 环保节能型灯用无铅玻璃芯柱 | 泰州市华强照明器材厂 | 二等奖 |
| | 超微镀银高强度铜包钢绞线 | 泰州市中义电缆厂 | 三等奖 |
| | 小型无气泡真空注油机 | 江苏能建机电实业有限公司 | 三等奖 |
| | 长江河豚鱼（暗纹东方鲀）生态健康养殖技术研究 | 泰州市高港区水产技术指导站、泰州市高港区祥丰水产园艺场 | 三等奖 |
| | 手持式乳化液湿式钻机 | 泰州市泰港动力机械厂 | 三等奖 |
| 2008 | 甲磺酸罗哌卡因注射液 | 扬子江药业集团 | 二等奖 |
| | 高性能金属基复合介质覆铜箔板 | 泰州市旺灵绝缘材料厂 | 二等奖 |
| | 农区优质肉羊高效、规模化和规范化养殖工程示范 | 泰州绿特农业有限公司、江苏省优质肉羊产业开发研究中心 | 三等奖 |
| | 直接墨绿 NB | 泰州市新星染料化工厂 | 三等奖 |
| | 高粘度热熔胶用热塑性聚氨酯树脂 | 泰州菲尔特高分子材料有限公司 | 三等奖 |

## 第五节　知识产权工作

### 一、知识产权普法宣传及执法

图 24-1-3　专利业务培训班（2006年摄）

建区后，知识产权工作越来越受到重视。2004年起，每年“3·15”消费者权益日、“4·26”世界知识产权日，高港区开展知识产权普法宣传活动。2006年，帮助重点骨干企业制定企业知识产权管理工作实施方案。2008年，举办首届知识产权知识有奖竞赛活动。6月，区科技局配合市科技局开展专利执法检查活动，对已过专利保护期的广东湛江吉民药业股份有限公司生产的神农镇痛膏和贵州百灵企业集团制药有限公司生产的咳速停糖浆作出撤柜处理。2004—2008年,举办知识产权咨询宣传活动22次,向公众发放宣传资料2.4万份。

### 二、专利申请及授权

1999—2004年,全区年均专利申请量(含扬子江药业集团,下同)45件,专利授权空白。2005年,区政府出台《高港区科技创新奖励办法》,当年全区专利申请量139件,授权量36件。2007年,泰州苏中天线集团有限公司的"汽车扫描天线"项目获第五届江苏省优秀专利奖。2008年,区政府修订《高港区科技创新奖励办法》,提高对获得专利授权的个人和单位的奖励标准。泰州市榕兴抗粘敷料有限公司获江苏省专利实施计划立项。10月,在第六届中国国际发明展览会上,泰州市华强照明器材厂的"电光源专用无铅玻璃真空封接导丝"项目获金奖,泰州市榕兴抗粘敷料有限公司的2个项目获银奖,泰州苏中天线集团有限公司的2个项目获铜奖。

1999—2008年,全区专利申请量1500件,其中发明专利195件、实用新型专利115件、外观设计专利1190件;专利授权量330件。年平均专利申请量150件,万人发明专利拥有量57件。

**1999—2008年高港区专利申请授权情况一览表**

表210　　单位:件

| 年　份 | 申请量 | 授权量 | 年　份 | 申请量 | 授权量 |
|---|---|---|---|---|---|
| 1999—2000 | 40 | — | 2005 | 139 | 36 |
| 2001 | 38 | — | 2006 | 256 | 52 |
| 2002 | 45 | — | 2007 | 374 | 131 |
| 2003 | 56 | — | 2008 | 457 | 111 |
| 2004 | 95 | — | | | |

## 第六节　科技管理

### 一、科技奖励

高港区每年表彰科技工作先进乡镇、街道、园区和先进个人。2005年,出台《高港区科技创新奖励办法》,其中,对完成国家"863"计划、"973"计划、省级攻关等实际投入1000万元以上的科技项目,一次性补助10万元;对国家级、省级高新技术企业,获批当年分别给予2万元、1万元的奖励;对国家、省级高新技术产品和国家重点新产品的企业,2年内纳税销售收入1000万元的,分别给予企业1万元、5000元和2万元奖励。全年发放奖励资金24万元。2008年,修订《高港区科技创新奖励办法》,其中,对申报并被批准列入国家重大科技专项、"863"计划、"973"计划、科技支撑计划的项目,一次性奖励30万元;对申报并被批准列入国家农业科技成果转化资金和省级科技成果转化专项资金的项目,一次性奖励10万元。2005—2008年,累计发放奖励资金220.76万元。

## 二、科技合作与交流

1998年，区政府与南京中医药大学达成科技合作协议。至2007年，区政府先后与江苏理工大学、上海大学、复旦大学、南京工业大学、南京中医药大学、江苏大学和南京理工大学7所高校签订全面科技合作协议。至2008年，全区组织实施各类产学研协议项目200余项，年均转化科技成果23项。通过产学研合作引进高层次科技人才70余人，创办各类科技型企业30余个。全区直接从事产学研合作项目的科技人员300余人。

1999年，高港区组织区内企业参加首届泰州科技洽谈会，达成协议项目10个。至2007年，共组织参加泰州科技洽谈会6届，达成协议项目150个。2002年，参加泰州市汽车（摩托车）“专题、双向”活动，达成协议项目2个。2004年、2006年、2008年，组织企业参加泰州市“企业院校行”活动，共达成协议项目50个。

# 第二章　教　育

旧时历代均设私塾。明、清设社学。新中国成立后，教育向工农敞开大门，大量工农子弟进入中小学校。1952—1962年，泰州师范学校设于境内白马乡。1958年，实行政府办和民办相结合，新办一批学校。1962年，境内各镇、公社调整小学布点和规模。“文化大革命”期间，学校受冲击，教学秩序受到影响。1976年后，教育事业在拨乱反正中健康发展，中共十一届三中全会后更趋兴旺繁荣。1980年后，改革中等教育结构，压缩普通高中，发展职业技术教育。小学教育普及率逐年上升。1984年，基本扫除青壮年文盲。

1997—2008年，区委、区政府投入15.53亿元，改善办学条件。2008年，全区有各类学校（幼儿园）40所，其中，幼儿园13所，在园幼儿5137人，教师345人；小学12所，在校学生13398人，教师894人；初中12所，在校学生8175人，教师870人；普通高中2所，在校学生4244人，教师422人；职业学校1所，在校学生3596人，教师321人。幼儿3岁入园率95.3%，比1997年提高18.8个百分点；小学入学率100%、巩固率100%；初中入学率100%、毕业率86%，分别比1997年提高1个、3个百分点；高中入学率99%、毕业率82%，分别比1997年提高6个、11个百分点。

## 第一节　学　塾

明代，口岸、刁铺、田河等地设社学5所。社学生成绩优异者可补儒学生员（秀才）。清代，社学停办。清康熙年间，口岸镇新设社学1所，社学教师由生员充任。泰兴籍进士刘嗣季在刁铺创建环溪草堂，刁铺举人吉人创建东皋草堂，口岸贡生赵厚培创建惇树草堂，口岸戚氏创建万花草堂。

科举时代，口岸、刁铺等地私塾较多，形式大致有3种：一是富有之家聘用教师教其家族子女，俗称“金馆”；二是村民联办，聘师执教，俗称“大麦馆”；三是读书人为了谋生，自己设塾办学，俗称“私馆”。第二种形式居多，规模大的有学生三四十人，小的有一二十人。清末科举制度废除后，私塾经改造成为新式教育的补充。民国时期乃至新中国成立后，私塾尚有存在，但教学内容和方法有所不同。

### 附：崇化书院

清光绪十一年（1885），口岸举人李庆元等人集资创建崇化书院，租借口岸武庙办学。光绪晚期，因书院资金拮据，向泰兴县衙请求资助，县衙批拨100亩滩地作为书院日常资金来源。书院由山长主事，并聘请进士或举人担任讲习。每月举行课试两次：初二为官课，由县署学官命题阅卷；十六为堂课，由书院山长命题阅卷。光绪二十七年，清廷推行新政，崇化书院改建为口岸镇蒙养学堂。光绪三十二年，改建为崇正初等小学。

## 第二节　幼儿教育

### 一、幼儿园

清末、民国时期，学塾、蒙养学堂招收幼童，施行启蒙教育，俗称“开蒙”。新中国成立前后，部分小学附设幼稚班。1957年，口岸镇创办第一所幼儿园。20世纪60—80年代，各大队办幼儿园，各小学办幼儿班，幼儿教师由大队聘用。80年代后期，各乡镇调整幼儿园布局，合并村幼儿班，建立乡镇中心幼儿园。80年代末，境内有乡镇幼儿园7所，入园儿童2600余人。90年代中期，境内3～6周岁幼儿入园率61.4%。1997年，全区有幼儿园7所，其中集体办6所、社会力量办1所，共有幼儿班85个，在园幼儿2569人，幼儿入园率76.5%，教职工147人。2008年，全区有幼儿园13所，其中，口岸中心幼儿园、刁铺中心幼儿园、许庄中心幼儿园等8所中心幼儿园为集体办，胡庄中心幼儿园、口岸苗苗幼儿园、大泗金桥幼儿园、高港区机关幼儿园、金泰堡幼儿园5所幼儿园为社会力量办；共有幼儿班131个，在园幼儿5137人，幼儿入园率95.34%，教职工345人。

**2008年高港区各幼儿园基本情况一览表**

表211

| 幼儿园名称 | 等级 | 评定时间 | 班级数（个） | 幼儿数（人） | 其中女童数（人） | 教职工数（人） | 专任教师（人） | | | | | |
|---|---|---|---|---|---|---|---|---|---|---|---|---|
| | | | | | | | 总数 | 学历达标 | | | | |
| | | | | | | | | 本科 | 大专 | 中专 | 其中学前教育专业数 | |
| 口岸中心幼儿园（含府后人家分园） | 江苏省优质幼儿园 | 2007.12 | 18 | 710 | 334 | 41 | 36 | 1 | 27 | 8 | 31 | |
| 刁铺中心幼儿园 | 江苏省优质幼儿园 | 2007.12 | 9 | 321 | 146 | 29 | 24 | — | 22 | 2 | 10 | |
| 许庄中心幼儿园 | 江苏省优质幼儿园 | 2007.12 | 10 | 389 | 164 | 34 | 26 | 1 | 21 | 4 | 15 | |
| 永安洲中心幼儿园 | 泰州市优质幼儿园 | 2008.11 | 9 | 345 | 150 | 26 | 19 | 1 | 15 | 3 | 14 | |

续表211

| 幼儿园名称 | 等级 | 评定时间 | 班级数（个） | 幼儿数（人） | 其中女童数（人） | 教职工数（人） | 专任教师（人） | | | | |
|---|---|---|---|---|---|---|---|---|---|---|---|
| | | | | | | | 总数 | 学历达标 | | | |
| | | | | | | | | 本科 | 大专 | 中专 | 其中学前教育专业数 |
| 口岸第二中心幼儿园 | 泰州市优质幼儿园 | 2008.12 | 16 | 503 | 225 | 30 | 27 | — | 8 | 12 | 12 |
| 汪群中心幼儿园 | 泰州市优质幼儿园 | 2008.12 | 9 | 400 | 190 | 20 | 20 | — | 3 | 17 | 7 |
| 白马中心幼儿园 | 高港区合格园 | 2005.07 | 11 | 430 | 196 | 21 | 21 | 2 | 8 | 8 | 9 |
| 口岸苗苗幼儿园 | 泰州市优质幼儿园 | 2007.12 | 7 | 259 | 117 | 30 | 16 | — | 10 | 6 | 10 |
| 高港区机关幼儿园 | 泰州市优质幼儿园 | 2007.06 | 12 | 386 | 198 | 37 | 24 | — | 10 | 14 | 16 |
| 金泰堡幼儿园 | 泰州市优质幼儿园 | 2008.05 | 9 | 410 | 183 | 23 | 18 | — | 8 | 10 | 2 |
| 胡庄中心幼儿园 | 泰州市优质幼儿园 | 2008.10 | 6 | 277 | 129 | 15 | 12 | — | 2 | 10 | 8 |
| 大泗金桥幼儿园 | 高港区合格园 | 2008.12 | 9 | 387 | 175 | 19 | 19 | — | 3 | 10 | 6 |
| 野徐中心幼儿园 | 高港区合格园 | 2008.12 | 6 | 320 | 158 | 20 | 12 | — | 8 | 4 | 7 |
| 合计 | | | 131 | 5137 | 2365 | 345 | 274 | 5 | 145 | 108 | 147 |

## 二、课程设置

图 24-2-1　刁铺中心幼儿园文娱演出（2008年摄）

20世纪60—80年代，幼儿教育分小、大班，学习汉语拼音、数学、音乐、体育等。80年代中期至90年代，分小、中、大班，开设语言、常识、计算、体育、音乐、美术、卫生等课程。1997年9月，幼儿园课程分为健康、语言、社会、科学、艺术5个方面。幼儿园每周上课的节数和时间为：小班每周6节，每节15分钟；中班每周10节，每节25分钟；大班每周12节，每节30分钟。21

世纪初，幼儿园课程设置以游戏为基本活动，保教并重。2002—2008年，全区幼儿园实施"幼儿园活动综合课程"，课程安排和组织趋于宽松，每周没有固定的课程安排表，只有幼儿一日生活作息时间安排表，教师根据环境的改变、季节的变化、幼儿的兴趣及班级主题活动的需要，有计划、有目的地灵活开展生活、学习和游戏活动。

## 三、幼儿园选介

【口岸中心幼儿园】 位于口岸街道向阳路73号。1957年创办于口岸人民公社三元站内，原名口岸连队幼儿园。时有混合班1个、教养员1人、幼儿18人。1958年，迁至东兴街，有幼儿100余人、教职工6人。9月，扬州专区近百名幼儿教师代表参加在该园召开的现场会。三年困难时期后，幼儿园只剩3个班，在园幼儿不足70人，教师3人。1964年，迁至口岸老医院附近。1965年，迁至口岸体善堂，有幼儿150人，教师3人。1978年，定名为口岸中心幼儿园。1987年，迁至现址。1998年，成为泰州市一类幼儿园。2007年，成为江苏省优质幼儿园。2008年末，占地面积4477平方米，建筑面积3775平方米，有教学班18个、幼儿710人、教职工41人。

图 24-2-2　口岸中心幼儿园（2007年摄）

图 24-2-3　许庄中心幼儿园（2007年摄）

【刁铺中心幼儿园】 位于刁铺街道环溪路21号。民国26年（1937）创办，位于镇东梓潼殿，原名环溪小学幼稚班，时有幼儿20人，教师1人。民国34年，迁至镇西栾祠、翟祠，名为环溪国民中心学校幼稚班，有幼儿30人、教师1人。新中国成立初，更名为环溪小学幼儿班，设2个班，有幼儿100余人、教师2人。1967年，改称刁铺中心小学幼儿班，有幼儿120余人、教师3人。1983年，与刁铺中心小学分开办学，更名为刁铺中心幼儿园，有班级5个、幼儿210人、教职工10人。1995年，迁至现址。2008年末，占地面积5100平方米，建筑面积2863平方米，有班级9个、幼儿321人、教职工29人。

【许庄中心幼儿园】 位于许庄街道振北路110号。1983年创办于许庄曹官村，时有2个班、幼儿80余人、教师2人。1992年，迁至被撤的王戚小学内，有大、中、小班各1个，幼儿100余人，教职工5人。2001年，迁至现址。2002年末，更名为刁铺镇第二中心幼儿园，有教学班6个、幼儿210余人、教职工21人。2006年，幼儿园扩建，更名为许庄中心幼儿园。2008年末，占地面积6880平方米，建筑面积3558平方米，有教学班10个、幼儿389人、教职工34人。

**1997—2008年高港区幼儿教育基本情况一览表**

表212

| 年　份 | 园数（所） | 班数（个） | 在园幼儿数（人） | 教职工数（人） | | 适龄幼儿入园率（%） |
|---|---|---|---|---|---|---|
| | | | | 小　计 | 其中专任教师 | |
| 1997 | 7 | 85 | 2569 | 147 | 125 | 76.49 |
| 1998 | 7 | 85 | 2672 | 153 | 135 | 77.21 |
| 1999 | 7 | 87 | 2886 | 162 | 144 | 78.8 |
| 2000 | 7 | 87 | 2960 | 168 | 149 | 80.14 |
| 2001 | 8 | 89 | 3019 | 181 | 156 | 82.42 |
| 2002 | 8 | 89 | 3248 | 189 | 167 | 84.63 |
| 2003 | 8 | 90 | 3450 | 194 | 168 | 86.71 |
| 2004 | 9 | 92 | 3633 | 210 | 181 | 88.92 |
| 2005 | 9 | 93 | 3715 | 230 | 191 | 91.23 |
| 2006 | 9 | 102 | 3887 | 242 | 195 | 93.01 |
| 2007 | 9 | 101 | 4079 | 252 | 201 | 94.51 |
| 2008 | 13 | 131 | 5137 | 345 | 274 | 95.34 |

## 第三节　小学教育

### 一、学校

晚清，境内设有口岸蒙养学堂（后改为崇正初等小学）、丁家庄承化初等小学、管家营培实初等小学、庵寺桥育英初等小学。民国时期，又创办了愿（乌月）庙初等小学、田家河小学、戴集初等小学、东孔小学、圩岸小学、环溪小学、镇西小学、许庄小学、六圩中心国民学校、三义殿小学、白马乡广义小学、李家庄初级小学等。新中国成立初期，小学增至20余所，在校学生5600余人。1956年，境内一批私塾转为民办小学。1958年，各乡镇和村纷纷办小学。20世纪六七十年代，村村有小学。1987年，小学生入学率由60年代的85%上升到99.7%，年巩固率98.9%，基本普及小学教育。1997年，全区有口岸中心小学、永安洲中心小学、刁铺中心小学等98所小学，班级560个，在校学生18329人，入学率100%，巩固率100%，毕业生4215人，毕业率99.8%。90年代后期，高港区整合办学资源，撤并生源少的村级小学42所，集中到乡镇中心小学。2001年，全区有小学56所，其中完全小学（简称完小）50所、初等小学（简称初小）6所。2003年，又撤并完小26所，撤销初小6所，完小改教学点5个，全区有完小19所。2007年，建高港实验小学。2008年，划进胡庄中心小学、孔桥小学、汪群小学、大泗学校（小学部）。至年末，全区有小学12所，在校学生13398人，小学生入学率100%、巩固率100%。

## 1958—2008年高港区小学撤并情况一览表

表213

| 所属乡镇（街道） | 撤并学校 | 并入学校 |
|---|---|---|
| 口　岸 | 龙窝小学、三官殿小学、临江小学、双新小学、太平小学、江圣小学、蔡滩小学、西蔡小学、高港小学、复原小学、大庙小学、合乐小学、故土小学、天如小学、迎江小学 | 口岸中心小学 |
| | 戴集小学、徐庄小学、西张小学、郎庄小学、江干小学、朱营小学、集成小学、乔岱小学、广胜小学、雅儒小学、大石小学、李庄小学、吴楼小学 | 口岸第二中心小学 |
| 刁　铺 | 三河小学、潘庄初小、圩岸小学、观五小学、曙光初小、祥丰小学、赵庄小学、万庄小学、陈吉初小、北栾初小、大丰小学、薛李小学、旭光初小、界牌初小、屠桥小学、蒋庄小学、庙湾小学、镇西小学、南塘小学、蒋桥小学 | 刁铺中心小学 |
| 许　庄 | 许庄小学、唐家小学、官沟初小、韩野小学、三联小学、太平初小、庄佴小学、肖薛小学、唐家小学、周梓小学、万厦小学、曹官小学、三旗小学、王戚小学、丰乐初小 | 许庄中心小学 |
| | 范庄小学、张河小学、管营小学、栾王小学、赵王小学、明河小学、西孔小学、晓潮小学、凡青小学、蔡庄小学 | 孔桥小学 |
| 白　马 | 增荣小学、前港小学、李王小学、岱白小学、黄河小学、南河小学、朱穆小学、前进小学、龙河小学、王庄小学 | 海军小学 |
| 永安洲 | 幸福初小、兴无初小、兴东小学、保健小学、东江小学、永联小学、北沙小学、同兴小学、永福小学、盘头小学、胜利小学、天雨小学、新桥小学、引江初小、福利小学、大兴小学、同联初小、大明沟初小 | 永安洲中心小学 |
| 大　泗 | 曹于小学、佴庄小学、时庄小学、二陈小学、双马小学、康乐小学、霍堡小学、陈北小学、金龙初小、河北初小 | 大泗学校（小学部） |
| 胡　庄 | 吉野小学、单庄小学、单野小学、王元小学、刘元小学、周元初小、李元小学、马群小学、宗林小学、黄楝小学、庵桥小学、于家初小、史庄小学、和丰初小、薛垛小学 | 胡庄中心小学 |
| | 陈庄小学、田野小学、陈兴小学、海潮小学、大丁小学、戴荡小学、孔丁小学、麻桥小学、赵狮小学、合鹏初小、三和初小 | 汪群小学 |
| 野　徐 | 新联小学、联合小学、解家小学、雅茶小学、汤联小学、蒋庄小学、三桥小学、仲联小学、陈庄小学、永丰小学 | 野徐中心小学 |

## 二、学制与课程

清末，初等小学堂学制5年，招收7岁儿童入学，开设修身、经学、算学、体操、图画、手工、乐歌等课程。民国初期，初小学制4年，儿童7岁入学，开设修身、国文、算学、手工、图画、唱歌、体操、缝纫等课程，其中缝纫只限女生学习，其余均为必修课。高等小学（简称高小）学制3年，招收初等小学毕业学生，开设修身、国文、算学、中国历史、中国地理、理科（含博物、理化）、手工、图画、唱歌、体操、缝纫、农业、商业、英语等课程，其中英语只限男生学习。

民国11年（1922）试行新学制，实行"四二"分段制，即初小4年，高小2年。民国12年，初小、高小修身一律改为公民、卫生二科，国文改为国语（改文言文为语体文），手工改为工用艺术，图画改为形象艺术。初小增设社会（含历史、地理）、自然、园艺等课程，高小废止外语。民国17年，初小、高小一律增设三民主义、童子军课程，高小并增设职业科目。民国18年，初小、高小一律改三民主义为党义，改图画为美术、手工为工作。初小社会、自然合并为常识科，公民、卫生、历史、地理合并为社会科。至民国25年，课程设置经过调整，初小、高小均设公民训练、国语、社会、算术、自然、劳动、美术、体育、音乐等课程。抗日战争爆发后，境内沦陷，汪伪统治区小学沿用旧学制，开设日语课，禁止教唱革命歌曲。抗日民主根据地小学有春季班，也有秋季班，以春季班居多。民国33年2月，根据地所有公、私立小学一律改为春季始业，每学年分3个学期，开设国语、算术、常识、体育、劳动、音乐等课程。

新中国成立后，小学学制仍为"四二"分段制。1960年，境内乡镇中心小学试行"五年一贯制"，开设语文、算术、历史、地理、自然、体育、唱歌、图画、手工劳动等课程。直至"文化大革命"前，小学实行"四二"制和"五年一贯制"2种学制并存，按教育部统一颁发的教学计划开设课程。"文化大革命"开始后，小学全部采用"五年一贯制"，多数学校设政治、语文、数学、劳动、军事体操、革命文艺课程，部分学校自定课程，自选教学内容。1978年以后，逐步调整、恢复"文化大革命"前的学制、课程，小学学制5年、6年并存。1981年，各小学开始以《小学生守则》规范学生的言行。1983年，政治课改为思想品德课；境内小学从一年级起向6年制过渡。1987年，统一开设思想品德、语文、数学、自然、地理、历史、体育、音乐、美术、劳动等课程。20世纪80年代末，境内所有小学实行6年制学制。1991年，各小学开始实施《小学生日常行为规范》。1997年，全区小学开设语文、数学、思想品德、自然、社会、音乐、美术、体育、健康教育、劳技等课程。2001年，全国开始第八次课程改革实验。当年秋，口岸中心小学、刁铺中心小学、许庄中心小学和刁铺镇西小学试点开设"综合实践活动"课程。2002年9月，全区所有小学和初级中学加入全国第八次课程改革。小学开设语文、数学、英语、品德与社会（品德与生活）、科学、音乐、美术、体育、综合实践活动等课程。农村小学从五年级开设英语课，中心小学从三年级开设英语课。2004年秋季起，实施新课程方案，小学一、二年级开始设置"品德与生活"课程，三至六年级设置"品德与社会"和"科学"课程，小学三年级以上将综合实践活动作为必修课程。2006年9月，全区小学从三年级开设英语课。2007年2月，将"科学认读"作为全区统一的地方课程纳入小学课程体系。2008年9月，全区所有小学从一年级开设英语课。

## 三、教材与教法

【教材】 民国期间，小学均用国民政府教育部规定的教材。抗日战争期间，根据地小学除用国语、算术、常识、体育、劳作、音乐等教材外，还根据抗战需要，从农村实际出发，自设课程，自编教材。

新中国成立后，用教育部统一编写（简称部编）的教材。“文化大革命”期间，小学增设革命文艺教材，部分学校自定课程，自选教材。1978—1997年，一直沿用部、省编教材。1997年，全区小学各科教材基本未变，采用部编或省编语文、数学、英语、自然、历史、地理、社会、音乐、美术、思想品德等学科教材。2002—2008年，采用省编义务教育课程标准实验教科书，有品德与生活、品德与社会、思想品德、语文、数学、英语、社会、科学、体育、音乐、美术、劳动、信息技术等。除省编教材外，有小学编写校本教材，高港实验小学编写《科学认读》，孔桥小学编写《银杏文化》，刁铺中心小学编写《小浪花》，海军小学编写《海诞文化》。

【教法】 清末至民国期间，教师着眼于教材钻研，习惯“满堂灌”注入式教学。新中国成立后，提倡民主教学，改革“填鸭式”，实行“启发式”教学。1954年，各校组织学习凯洛夫《教育学》和普希金《教育学演讲录》，要求按5个教学原则（直观性、自觉性与积极性、系统性与连贯性、通俗性与可接受性、巩固性）和5个教学环节（组织教学、复习旧课、讲授新课、巩固新课、布置作业）上课。“文化大革命”期间，强调以阶级斗争为主课，以劳动代替实践，教学方法形而上学，搞形式主义。1971年，恢复教学秩序，提倡教师抓住“备、教、改、辅”4个基本环节进行教学，以传授科学知识为基础，改革课堂教学结构，发展学生思维能力。1981—1996年，教师通过教学实践和研究，总结出“精讲抓重点，多练抓落实”的教学方法。1999年，刁铺中心小学和刁铺中心幼儿园率先参加教育部“科学教育——科学认读”课题实验研究。2001年，教育部“科学教育”总课题组在高港区召开“科学认读”幼小衔接区域推进现场会。之后，高港区成为总课题组第一个科学教育研究实验区，全区各小学、幼儿园均加入到“科学认读”实验研究的行列，通过实验走出“三开”（开心认读、开放认读、开智认读）和“四学”（玩中学、境中学、做中学、伴中学）的汉字学习创新之路。2002年5月16日，国家级“尝试教学理论研究”实验基地在口岸镇柴墟小学揭牌。至2008年，全区有5名教师在省级学科赛课中获一等奖，10余名教师获总课题组活动评比一等奖，115名教师的论文、活动设计、课件在总课题组评比活动中获奖，20余名教师被评为省级优秀实验教师，4所小学和2所幼儿园被评为省课题实验先进单位。实验成果《汉字教育创新》由苏州大学出版社出版。

## 四、小学选介

【高港实验小学】 位于高港区金港中路279号。2007年创办，学校占地面积3.67万平方米，建筑面积1.9万平方米，绿化面积8000平方米。有教学楼3幢，综合楼、学生宿舍楼各1幢。2008年，有教学班32个、学生1297人、教职工80人。

【口岸中心小学】 校址高港区金港南路44号。前身为清光绪十一年（1885）创办的崇化书院。光绪二十七年，改建蒙养学堂。光绪三十二年，为公立崇正初等小学。民国35年（1946），更名为口岸镇国民中心小学。1952年春，改为口岸区中心小学。1978年，成为口岸镇中心学校。1985年，更名为口岸镇中心小学。1997年，更为现名。2008年末，学校占地面积7200平方米，建筑面积5700平方米，有教学班40个、学生1808人、教职工118人。

图 24-2-4 口岸中心小学（2006年摄）

【口岸第二中心小学】 位于口岸街道田河路1号。民

图 24-2-5 口岸第二中心小学（2006年摄）

图 24-2-6 刁铺中心小学（2008年摄）

国7年（1918）创办，原名公立泰兴县田家河小学。民国29年，学校停办。民国30年，赵介眉出资修建，后由国民政府接管，仍属公立学校。新中国成立初，更名为泰兴县田河小学。1959年，改为泰兴县田河中心小学。1968年，学校开设初中部。1971年，增加高中部，更名为泰兴县田河中心校。后撤销初中部、高中部。1997年，更名为泰州市田河中心小学。2000年，更名为泰州市口岸第二中心小学。2006年，徐庄、雅儒、郎庄、西张等村办小学并入。2008年，学校占地面积16650平方米，建筑面积4775平方米，有教学班20个、学生1119人、教职工63人。

【刁铺中心小学】 位于刁铺街道校园路12号。民国17年（1928）由李煦春创办，位于环溪镇梓潼殿，名为公立环溪小学，有学生15人、教师4人。民国18年，有学生100余人。民国28年，学校迁往游击区东徐庄。民国31年，迁回环溪镇，但无固定校舍。民国33年，转至赵氏宗祠办学，学生200余人、教师8人。民国35年，学校更名为泰兴县环溪国民中心学校，有12个班、学生400余人。新中国成立后，校名恢复为环溪小学。1969年，有18个班、学生800余人、教师20余人。1979年，改为刁铺乡中心学校，为泰兴县四所重点小学之一。1985年，迁至现址。2008年，有教学班25个、学生1445人、教职工111人。

【许庄中心小学】 位于许庄街道创业大道9号。1958年创办。1969年，许庄中心小学迁址曹官小学，更名为许庄中心学校，学校设小学部和初中部。1985年，初中部撤出，更名为许庄中心小学，有12个班。1992年，迁至三星街，占地面积10656平方米，有12个班，学生700余人。1996—2006年，各村级小学并入中心小学。2008年，有教学班24个、学生1235人、教职工90人。

【永安洲中心小学】 位于永安洲镇育才路。民国35年（1946）创办，名为六圩桥国民学校。民国37年，更名为泰兴上桥小学。1950年扩建，成为完全小学。1968年，附设初、高中班，更名为上桥五七学校。1980—1984年，撤销初、高中班，更名为永安洲乡中心小学。1999年，迁至现址，更名为泰州市永安洲中心小学。2008年，有教学班26个、学生1086人、教职工81人。

【海军小学】 位于白马镇海军东路。民国26年（1937），中共地下工作者丁翔雯在白马庙创办王氏私立广义小学。1949年，更名为白马小学。1952年，苏北泰州师范学校在白马庙创立，白马小学成为泰州师范附属小学。1961年，泰州师范迁出，学校恢复原名，校址北移。“文化大革命”期间，校址多迁。1981年，迁至白马庙王家祠堂。2004年，更名为泰州市海军小学。2008年，学校占地面积9732平方米，有教学班17个、学生777人、教职工64人。

【胡庄中心小学】位于胡庄镇银杏东路50号。1951年创办，原名胡庄乡东孔小学，后更名为胡庄中心小学，先后兼并五元、单庄、宗林、庵桥、史庄、李元6所小学。2008年，更名为泰州市胡庄中心小学。占地面积21312平方米，建筑面积6217.4平方米，有教学班22个、学生903人、教职工62人。

【孔桥小学】位于许庄街道孔桥集镇星火路26—28号。民国36年（1947）春创办，名为孔桥中心小学。1996年，政府投资180余万元，征地11322平方米，新建中心小学。2003年，更名为泰兴市宣堡镇孔桥小学。2008年，更名为泰州市孔桥小学。占地面积15431平方米，建筑面积3723平方米，有教学班18个、学生936人、教职工47人。

【汪群小学】位于汪群集镇健康西路。民国36年（1947）创办，原名为泰兴县刘荡小学。1969年，更名为泰兴县汪群公社中心小学。1983年，更名为泰兴县汪群中心小学。1999年，兼并村级小学6所，并迁至现址。2000年，更名为泰兴市胡庄镇汪群小学。2008年，更名为泰州市汪群小学。占地面积19980平方米，建筑面积3205平方米，有教学班24个、学生986人、教职工54人。

### 1997—2008年高港区小学教育情况一览表

表214

| 年　份 | 学校数（所） | 班级数（个） | 在校学生数（人） | 毕业生数（人） | 毕业率（%） | 入学率（%） | 巩固率（%） |
|---|---|---|---|---|---|---|---|
| 1997 | 98 | 560 | 18329 | 4215 | 99.81 | 100 | 100 |
| 1998 | 90 | 520 | 17548 | 3997 | 97.63 | 100 | 100 |
| 1999 | 79 | 475 | 16486 | 3421 | 98.39 | 100 | 100 |
| 2000 | 65 | 450 | 17210 | 3522 | 96.86 | 100 | 100 |
| 2001 | 56 | 419 | 17268 | 3590 | 97.61 | 100 | 100 |
| 2002 | 46 | 391 | 15574 | 3573 | 97.78 | 100 | 100 |
| 2003 | 41 | 323 | 13595 | 2679 | 97.8 | 100 | 100 |
| 2004 | 21 | 304 | 12399 | 2660 | 98.51 | 100 | 100 |
| 2005 | 19 | 273 | 11863 | 2485 | 98.67 | 100 | 100 |
| 2006 | 19 | 270 | 11681 | 2470 | 98.89 | 100 | 100 |
| 2007 | 12 | 230 | 10641 | 2449 | 99.07 | 100 | 100 |
| 2008 | 12 | 290 | 13398 | 2284 | 99.33 | 100 | 100 |

## 2008年高港区小学基本情况一览表

表215

| 学校 | 班级数（个） | 在校学生数（人） | 一年级 | | 二年级 | | 三年级 | | 四年级 | | 五年级 | | 六年级 | | 教师数（人） | 职工数（人） |
|---|---|---|---|---|---|---|---|---|---|---|---|---|---|---|---|---|
| | | | 班级数（个） | 学生数（人） | 班级数（个） | 学生数（人） | 班级数（个） | 学生数（人） | 班级数（个） | 学生数（人） | 班级数（个） | 学生数（人） | 班级数（个） | 学生数（人） | | |
| 高港实验小学 | 32 | 1297 | 8 | 319 | 7 | 281 | 6 | 237 | 4 | 169 | 4 | 167 | 3 | 124 | 80 | — |
| 口岸中心小学 | 40 | 1808 | 7 | 303 | 7 | 280 | 6 | 315 | 6 | 307 | 6 | 305 | 8 | 298 | 116 | 2 |
| 本　部 | 20 | 982 | 4 | 195 | 4 | 158 | 3 | 178 | 3 | 167 | 3 | 162 | 3 | 122 | 57 | 1 |
| 柴墟分校 | 13 | 641 | 2 | 88 | 2 | 103 | 2 | 117 | 2 | 110 | 2 | 113 | 3 | 110 | 39 | 1 |
| 城南小学 | 6 | 160 | 1 | 20 | 1 | 19 | 1 | 20 | 1 | 30 | 1 | 30 | 1 | 41 | 17 | — |
| 天如小学 | 1 | 25 | — | — | — | — | — | — | — | — | — | — | 1 | 25 | 3 | — |
| 口岸第二中心小学 | 20 | 1119 | 3 | 175 | 3 | 172 | 3 | 176 | 3 | 167 | 4 | 213 | 4 | 216 | 63 | — |
| 刁铺中心小学 | 25 | 1445 | 4 | 220 | 4 | 200 | 4 | 230 | 4 | 255 | 4 | 243 | 5 | 297 | 111 | 2 |
| 许庄中心小学 | 24 | 1235 | 4 | 166 | 4 | 198 | 4 | 177 | 4 | 193 | 4 | 244 | 4 | 257 | 87 | 3 |
| 永安洲中心小学 | 26 | 1086 | 4 | 202 | 4 | 186 | 4 | 158 | 4 | 170 | 5 | 175 | 5 | 195 | 81 | — |
| 本　部 | 18 | 910 | 4 | 202 | 4 | 186 | 2 | 125 | 2 | 121 | 3 | 133 | 3 | 143 | 56 | — |
| 上桥分校 | 4 | 92 | — | — | — | — | 1 | 19 | 1 | 23 | 1 | 23 | 1 | 27 | 14 | — |
| 永南小学 | 4 | 84 | — | — | — | — | 1 | 14 | 1 | 26 | 1 | 19 | 1 | 25 | 11 | — |
| 野徐中心小学 | 19 | 798 | 3 | 126 | 3 | 124 | 3 | 130 | 3 | 134 | 3 | 120 | 4 | 164 | 59 | — |
| 海军小学 | 17 | 777 | 2 | 112 | 3 | 143 | 3 | 117 | 2 | 111 | 3 | 130 | 4 | 164 | 64 | — |
| 胡庄中心小学 | 22 | 903 | 4 | 182 | 3 | 123 | 4 | 156 | 3 | 134 | 4 | 155 | 4 | 153 | 62 | — |
| 大泗学校（小学部） | 23 | 1008 | 4 | 192 | 4 | 185 | 4 | 192 | 4 | 156 | 4 | 147 | 3 | 136 | 70 | 1 |
| 合　计 | 248 | 11476 | 43 | 1997 | 42 | 1892 | 41 | 1888 | 37 | 1796 | 41 | 1899 | 44 | 2004 | 793 | 8 |

说明：汪群小学、孔桥小学未纳入统计。

# 第四节　普通中学教育

## 一、学校

民国时期，境内先后创办私立口岸初级中学、私立环溪初中补习社、泰县第二初级中学（大泗）。新中国成立后，环溪初中补习社合并至口岸初级中学，名为临江初级中学。1953年，因不能满足高小毕业生升学要求，城镇集体单位开始举办初中补习班，并逐步发展成为民办初级中学。1956年，刁铺初中补习班创办；1959年改为民办刁铺初级中学。1958年，口岸初级中学开设高中班，面向泰兴县招生，成为境内第一所全日制完全中学。其后，境内相继建周梓初级中学、野徐初级中学、白马初级中学、永安初级中学等。20世纪60年代初，境内有中学16所，在校学生1.2万人；部分小学增设初中部，取名为“五七”学校。1970年，刁铺中学增设二年制高中班，野徐初级中学、周梓中学、田河中学、刁铺初级中学、白马中学都增设高中部，境内有高中班40余个，在校学生2000余人。1980—1996年，部分学校因生源减少被撤并，同时大部分小学裁撤初中班，大部分初中裁撤高中班，只有刁铺中学、口岸中学设高中部。

1997年，全区有中学9所。1998年，高港区出台《全区农村中小学布局调整方案》，重点调整农村小学和农村初中，乡镇初中调整为一镇一中心校。1999年，口岸中学、刁铺中学撤出初中部。2000年，有初中11所、高中2所。2003年，撤并初中2所。2008年，全区有初中12所，2所高中归泰州市教育局统管。

### 1958—2008年高港区中学撤并情况一览表

表216

| 所在乡镇（街道） | 撤并学校 | 并入学校 |
|---|---|---|
| 口　岸 | 王营中学、口岸二中、故土初中、太平初中、通江中学 | 泰州市高港中学 |
| | 张马初中、戴集初中、徐桥初中 | 泰州市口岸第二初级中学 |
| 刁　铺 | 薛李初中、二桥初中、观五初中 | 泰州市刁铺初级中学 |
| 许　庄 | 老庄初中、万厦初中、许庄初中、太平初中 | 泰州市许庄初级中学 |
| | 西孔初中、张河初中 | 泰州市孔桥初级中学 |
| 白　马 | 高港职教中心校白马分校、白马农业初级中学初中班、王庄初级中学、白马成人教育中心校 | 泰州市白马中学 |
| 永安洲 | 上桥初中、盘头初中 | 泰州市永安洲初级中学 |
| 大　泗 | 曹于初中、霍堡初中 | 泰州市大泗学校 |
| 胡　庄 | 王园初中、宋林初中、庵桥初中、海潮初中、团结初中 | 泰州市胡庄初级中学 |
| | 薛垛初中、孔丁初中 | 泰州市汪群初级中学 |
| 野　徐 | 永丰初中、雅茶初中、陈庄初中 | 泰州市野徐初级中学 |

## 2001—2008 年高港区普通中学教育情况一览表

表 217

| 年　份 | 学校数（所） | 班级数（个） | | 在校学生数（人） | |
|---|---|---|---|---|---|
| | | 初　中 | 高　中 | 初　中 | 高　中 |
| 2001 | 13 | 178 | 42 | 9074 | 1911 |
| 2002 | 13 | 187 | 48 | 9646 | 2386 |
| 2003 | 11 | 144 | 50 | 9040 | 2420 |
| 2004 | 11 | 167 | 50 | 8403 | 2431 |
| 2005 | 11 | 161 | 56 | 7850 | 2750 |
| 2006 | 11 | 154 | 54 | 7948 | 2620 |
| 2007 | 11 | 150 | 55 | 7088 | 2085 |
| 2008 | 14 | 189 | 86 | 8175 | 4244 |

## 2008 年高港区公办普通初中基本情况一览表

表 218

| 学　校 | 班级数（个） | 在校学生数（人） | 七年级 | | 八年级 | | 九年级 | | 教师数（人） | 职工数（人） |
|---|---|---|---|---|---|---|---|---|---|---|
| | | | 班级数（个） | 学生数（人） | 班级数（个） | 学生数（人） | 班级数（个） | 学生数（人） | | |
| 泰州市高港中学 | 31 | 1457 | 9 | 361 | 12 | 607 | 10 | 489 | 123 | 1 |
| 泰州市口岸第二初级中学 | 17 | 726 | 5 | 195 | 6 | 253 | 6 | 278 | 85 | 4 |
| 泰州市刁铺初级中学 | 12 | 454 | 2 | 64 | 5 | 195 | 5 | 195 | 75 | 2 |
| 泰州市许庄初级中学 | 17 | 711 | 5 | 181 | 6 | 255 | 6 | 275 | 83 | 2 |
| 泰州市永安洲初级中学 | 22 | 948 | 6 | 240 | 7 | 335 | 9 | 373 | 93 | 3 |
| 泰州市野徐初级中学 | 11 | 485 | 3 | 90 | 4 | 208 | 4 | 187 | 68 | — |
| 泰州市白马中学 | 10 | 395 | 3 | 96 | 3 | 125 | 4 | 174 | 65 | 3 |
| 泰州市高港实验学校 | 30 | 1412 | 12 | 570 | 10 | 463 | 8 | 379 | 80 | — |
| 泰州市胡庄初级中学 | 9 | 325 | 3 | 90 | 3 | 110 | 3 | 125 | 58 | — |
| 泰州市汪群初级中学 | 8 | 267 | 3 | 105 | 2 | 76 | 3 | 86 | 46 | 1 |
| 泰州市大泗学校（初中部） | 10 | 412 | 4 | 143 | 3 | 127 | 3 | 142 | 52 | 2 |
| 泰州市孔桥初级中学 | 12 | 583 | 4 | 165 | 4 | 215 | 4 | 203 | 42 | 1 |
| 合　计 | 189 | 8175 | 59 | 2300 | 65 | 2969 | 65 | 2906 | 870 | 19 |

2008 年高港区公办普通高中基本情况一览表

表 219

| 学　校 | 班级数（个） | 在校学生数（人） | 高一年级 | | 高二年级 | | 高三年级 | | 教师数（人） |
|---|---|---|---|---|---|---|---|---|---|
| | | | 班级数（个） | 学生数（人） | 班级数（个） | 学生数（人） | 班级数（个） | 学生数（人） | |
| 江苏省口岸中学 | 56 | 2735 | 19 | 910 | 19 | 920 | 18 | 905 | 253 |
| 泰州市刁铺中学 | 30 | 1509 | 10 | 509 | 10 | 510 | 10 | 490 | 169 |
| 合　计 | 86 | 4244 | 29 | 1419 | 29 | 1430 | 28 | 1395 | 422 |

## 二、学制与课程

民国13年（1924），初级中学学制3年，课程设置有公民、体育、童子军、卫生、国文、英语、数学、植物、动物、物理、化学、历史、地理、劳作、图画、音乐等。抗日战争期间，根据地中学取消公民、童子军课程，设时事政治、生产劳动课程。新中国成立前后，初中、高中均为3年制。

1950年8月，初中设政治、语文、数学、动物、植物、物理、化学、历史、地理、外语、体育、音乐、美术等课程，高中合并动物、植物为生物，增设制图。1952年9月，初中增设生理、卫生，高中停授音乐、美术、生物，增授达尔文理论基础。1963年9月，初中停授生理、卫生，高中停授制图。1964年，中共中央、国务院批转教育部临时党组《关于克服中小学学生负担过重现象和提高教学质量的报告》，中学课程酌减。“文化大革命”期间，初、高中学制分别为2年。课程设置不统一，一般学校设政治、语文、数学、工业基础知识、农业基础知识、英语、历史、地理、卫生常识、革命文艺、军事体操等课程，部分学校将政治、语文合并为政文课。1969年，普通中学下放为公社办，农业中学全部改为普通中学，中学学制改为“二二”分段制。1978年，初中恢复3年制，高中仍为2年制。初中开设政治、语文、数学、外语、物理、化学、历史、地理、生理卫生、体育、音乐、美术等课程；高中除音乐、美术、生理卫生未设外，其他课程与初中相同。1981年起，口岸中学、刁铺中学高中部恢复3年制，设政治、语文、数学、外语、物理、化学、历史、地理、生物、体育等课程。1993年秋季起，境内初级中学开始执行省教育厅颁布的《九年义务教育全日制小学、初级中学课程计划（试行）》，九年制义务教育一律实行省政府规定的“六三学制”。

1997年，根据国家课程计划要求，初中、高中开设语文、数学、英语、物理、化学、政治、历史、地理、生理卫生、生物、音乐、美术、体育、劳动技术等课程。2001年，全国第八次课程改革开始试验，高港实验学校、高港中学开始试点开设综合实践活动课程。2002年，全区初中均加入，开设语文、数学、英语、思想品德、物理、化学、生物、历史、地理、音乐、美术、体育、综合实践活动等课程。2005年9月，全区高中进入全国第八次课程改革，开设语文、数学、英语、物理、化学、政治、历史、地理、生物、音乐、美术、体育、研究性学习等课程。2008年，高港区初中开设的课程有思想品德、语文、数学、英语、物理、化学、历史与社会、地理、生物、音乐、美术、体育与健康、信息技术、劳动技术，高中开设的课程有思想政治、语文、数学、英语、物理、化学、历史、地理、生物、音乐、美术、艺术、体育与健康、信息技术。

## 三、教材与教法

【教材】 民国15年（1926），初级中学采用教育部统一教材。新中国成立后，境内中学使用教育部规定的教材。“文化大革命”初期，以《毛主席语录》《人民日报》《解放军报》及《红旗》杂志社论为教材；后期，中学教材不统一，部分学校将政治、语文合并为政文课，工业基础知识课专讲电动机、柴油机、手扶拖拉机、水泵。1978年后，采用部、省编教材。1983年，教育部提出适当调整高中数学、物理、化学、生物和外语的教学内容，高中实行较高和基本两种教学要求，境内中学采用“乙种本”（基本要求）教材。劳动技术课没有统一教材，由各校自行编写，1995年采用扬州市教研室编写的教材。1997年后，劳动技术课采用省编教材。2002年秋季起，开始新一轮基础教育课程改革，初中起始年级实施国家课程标准，使用部、省编义务教育课程实验教学用书。2005年秋季起至2008年，普通高中进入新一轮课程改革，启用部、省编新课程标准教材。

【教法】 民国期间，境内中学教师采用注入式串讲法教学。新中国成立后，教师实行民主教学，提倡启发式，力求讲深讲透，让学生学懂、学会、学好。1952年，各中学组织教师学习苏联经验，普遍采用组织教学、复习旧课、讲解新课、巩固新知识、布置作业5个环节的教学方法。1956年，学习北京市“红领巾教学法”，以读讲结合、长课短教的方法，列表讲解文章结构，理解中心。1959年，按精简教材要求，提倡教师认真备课、认真上课、认真批改作业、认真辅导、认真进行成绩考核和评定“五认真”的教学方法。1964年，境内各中学开展教学“少而精”“启发式”“学以致用”的研究。“文化大革命”期间，各科教学大破教师中心、课堂中心、教材中心“三中心”，教学质量严重下降。1978年后，中学进行语文“读读、讲讲、议议、练练”，数学“自制教具、直观教学”的教法研究。1997年，全区以课堂为阵地，研究“如何上好一堂课”“如何提高课堂效益”，开展听课、评课活动，分科在全区范围内上研究课。1999年，高港区制定《中小学学科教学目标要求及评价方案》，推广“目标教学法”，以教学目标为核心和主线实施课堂教学。教师以教学目标为导向，在整个教学过程中围绕教学目标展开一系列教学活动，激发学生的学习兴趣与积极性。开展优质课评比、教学基本功大赛、论文评比等活动，推动教学方法的改革。2002年，全区初中起始年级以课程改革为重点，强调课堂教学以学生为中心，倡导“自主、合作、探究”的学习方式。2008年，根据《泰州市深化课程改革、加强教学管理、提高教学质量基本要求》，优化课堂教学。

## 四、招生

【初中招生】 自新中国成立至1986年，小学毕业生均要参加初中招生考试，考试科目为语文、数学，两科及格者可升入初中继续学习，不及格者可回原小学插班补习，不计在籍生额，也可从业。1987年，实施《中华人民共和国义务教育法》，取消小学毕业生升初中统一考试，学生按施教区范围就近入学。2000年泰州市高港实验学校（南京艺术学院尚美附中）建成后，在全区小学毕业生中进行“综合素质测试择优录取”，直至2008年。

【中等教育招生】 1958—1966年，高中招生和中专招生的试卷由扬州市教育局统一命题。凡报考重点高中、中等师范学校的学生必考体育。被评为省、市“三好学生”和优秀学生干部，或参加国家、省科目竞赛获奖的可加分投档。1967—1976年，初中毕业生报考各校按成绩和考生志愿录取。1986年，中专、技工学校实行城郊统一招生；调整报考类别，分普通高中与职业高中（含中专、技校、职业班）两类，互不兼报，分别录取。1987年，仍按普通高中和职业高中分类招生，但技工学校与职业班不得兼报。考生必须进行身体素质考核。1996年后，初中毕业生可报考五年制大学专科。2003

年以后，省级重点中学（四星级）30%以上的招生指标依据学生数和历年中考情况分配到全区各初中，在招生指标范围内可降20分录取（称指标生）。2004—2008年，中考加试体育，体育成绩为40分，纳入中考成绩计算。

【高等教育招生】 新中国成立后，口岸中学的高中分文科和理科，毕业生高考报名资格需预选并要通过政审。口岸中学每年向高等院校输送70余人。“文化大革命”期间，高考制度受到冲击，推荐“工农兵学员”进入高等学校和中等专业学校，数量由上级有关部门分配。1977年，恢复高考制度，直至1993年，科目的设置分文史类和理工农医类，文史类考政治、语文、数学、历史、地理、外语6门课程；理工农医类考政治、语文、数学、物理、化学、生物、外语7门课程，录取形式为择优录取。1994—1999年，普通高考实行“3+2”模式考试招生，其考试科目分文科和理科，“3”为语文、数学、外语，“2”为文科中的政治和历史、理科中的物理和化学，所有科目实行标准化考试。2000—2001年，高考科目改为“3+小综合”，“3”为语文、数学、外语，“小综合”为文科考政治、历史、地理综合卷，理科考物理、化学、生物综合卷。2003—2007年，实行高考综合考试，分文科综合和理科综合考试，成绩合格者有资格参加高考，高考科目实行“3+2”模式，“3”为语文、数学、外语，“2”为政治、历史、地理、物理、化学、生物6门学科中自选2门。2008年，考试模式为“3+学业水平测试+综合素质评价”。“3”为语文、数学、外语。“学业水平测试”指物理、化学、生物、政治、历史、地理、信息技术7门学科，其中选修测试科目2门、必测试科目5门。“综合素质评价”分道德品质、公民素养、交流与合作、学习能力、运动与健康、审美与表现6个方面。

## 1997—2008年高港区高考录取情况一览表

表220　　　　单位：人

| 年　份 | 报名人数 | 录取人数 | | |
|---|---|---|---|---|
| | | 本　科 | 专　科 | 小　计 |
| 1997 | 873 | 245 | 110 | 355 |
| 1998 | 989 | 286 | 152 | 438 |
| 1999 | 822 | 416 | 211 | 627 |
| 2000 | 953 | 301 | 150 | 451 |
| 2001 | 1052 | 314 | 286 | 600 |
| 2002 | 1089 | 321 | 302 | 623 |
| 2003 | 1525 | 470 | 445 | 915 |
| 2004 | 1689 | 520 | 631 | 1151 |
| 2005 | 2223 | 630 | 1398 | 2028 |

续表220

| 年　份 | 报名人数 | 录取人数 | | |
| --- | --- | --- | --- | --- |
| | | 本　科 | 专　科 | 小　计 |
| 2006 | 1649 | 680 | 860 | 1540 |
| 2007 | 1889 | 750 | 829 | 1579 |
| 2008 | 1789 | 1095 | 646 | 1741 |

## 五、中学选介

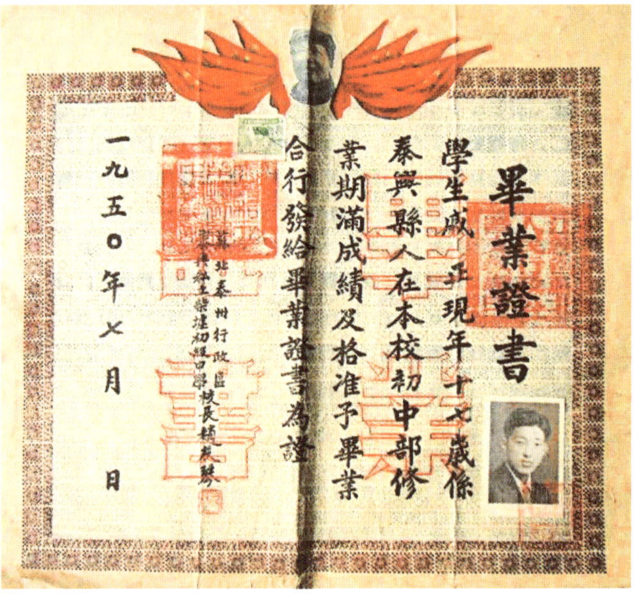

图 24-2-7　1950年的柴墟初级中学毕业证

【江苏省口岸中学】 位于高港区人民东路26号。民国15年（1926）创办，初为白马私塾。民国30年，更名为私立口岸初级中学，有3个班，学生120人。民国35年9月，更名为私立柴墟初级中学，有6个班。1950年，私立环溪初中补习学社并入，更名为私立临江初级中学。1952年，改为公办，更名为泰州市口岸初级中学（口岸时属泰州市管辖）。1958年，增设2个高中班，更名为泰兴县口岸中学，有班级12个、教职工40余人，校园面积3.33万平方米。1996年，学校通过江苏省重点高中验收，后来成为泰州市教育局直属学校。1999年，初中部撤出。同年12月9日，获聘请外国文教专家资格。2001年，通过国家级示范高中评估验收。2003年，成为江苏省首批四星级高中。2004年，学校党总支升格为党委。2005年，更名为江苏省口岸中学，占地面积11.67万平方米，建筑面积5.8万平方米，绿化面积3.06万平方米，校内有清源亭、岳飞像等36处历史文化景点。2008年，有高中教学班56个、学生2735人、教师253人。

【泰州市刁铺中学】 位于刁铺街道校园路1号。民国31年（1942）创办，初为环溪初中补习学社，位于赵氏祠堂。时有3个班、学生近100人、教职工10人。1950年，与私立柴墟初级中学合并为临江初级中学。1956年，建成刁铺初中补习班。1959年，迁至现址，更名为刁铺民办初级中学。1965年周梓初级中学并入，后更名为刁铺初级中学。1970年，增设二年制高中班，更名为刁铺中学。1999年，初中部撤至刁铺中心初中。2002年，成为江苏省重点高级中学。2005年，成为江苏省三星级高级中学。2008年，学校占地面积6.8万平方米，建筑面积2.1万平方米，有高中教学班30个、学生1509人、教师169人。

【泰州市高港实验学校（南京艺术学院尚美附中）】 位于高港区通港路2号。2000年4月创办，占地面积5.4万平方米，建筑面积1.98万平方米。2008年，有初中教学班30个、学生1400余人、教师80人。

图 24-2-8　泰州市高港中学（2007年摄）

【泰州市高港中学】 位于泰高路与春江路交汇处。1999年8月，口岸中学初中部迁至原口岸职业技术学校，新办泰州市高港中学。2000年8月，口岸二中、王营中学、通江中学并入。2008年，学校占地面积2.74万平方米，建筑面积1.18万平方米，有初中教学班31个、学生1400余人、教师123人。

【泰州市白马中学】 位于白马镇天马路。1958年创办，时为塘湾初级中学。1962年，塘湾初级中学从塘湾迁至白马庙。1968年，成为完全中学，更名为泰县白马中学。1992年，国防部部长张爱萍题写校名。1997年，更名为泰州市白马中学。2007年5月，创办高港职教中心校白马分校。2008年，职业中专、高中撤出。学校占地面积4.33万平方米，建筑面积1.2万平方米，有初中教学班10个、学生395人、教师65人。

图 24-2-9　泰州市白马中学综合楼（2006年摄）

【泰州市永安洲初级中学】 位于永安洲镇兴洲居委会育才路。1960年创办，初名为泰兴县永安初级中学。1968—1982年，增设高中班，更名为泰兴县永安中学。1979年，高中班停止招生。1985年，更名为永安洲乡中心初中。2001年，迁至现址。2008年，学校占地面积2.86万平方米，建筑面积8590平方米，有初中教学班22个、学生948人、教师93人。

【泰州市口岸第二初级中学】 位于田河集镇育才东路北。1968年，原田河小学开办“带帽子”初中部。1970年，开办高中部，校名为田河中学。1983年，高中部撤销，先后开办畜牧兽医、财会、文秘职业高中部。1992年，撤销职业高中班。1993年，徐桥初中、张马初中、戴集初中并入，共有21个班。2000年，更名为泰州市口岸第二初级中学。2008年，学校占地面积3.3万平方米，建筑面积9812平方米，有初中教学班17个、学生700余人、教师85人。

图 24-2-10　泰州市永安洲初级中学（2006年摄）

【泰州市大泗学校（初中部）】 位于大泗镇大泗居委会12组。1953年，创办大泗民办补习班，1957年改为民办初中。1960年，大泗创办公办初中，撤除原大泗民办初中。20世纪70年代初期，大泗初中增设高中班，更名为泰县大泗中学。1981年后，停办高中班。2005年，大泗镇中、小学合并为姜堰市大泗学校。2008年9月，更名为泰州市大泗学校，是高港区唯一的九年一贯制学校，初中部有教学班10个、学生412人、教师52人。

## 第五节　职业技术教育

1952年9月，苏北泰州师范学校（今泰州师范高等专科学校）在白马乡创办。1953年，更名为江苏省小学教师轮训班。1956年，更名为泰州市师范学校。1958年更名为泰州县师范学校。1962年，迁至泰州原城西小学内。

1958年，各地兴办农业中学。1965年，口岸有龙窝、临江、故土、复原、徐桥、张马、田河农业中学，开始时学校规模不大，多数是1个班、2名教师，利用庙宇、祠堂为校舍。之后，农业中学班级扩大到14个，在校学生600余人。农业中学一般由公社办学，招收高小毕业生，半工半读，即上午上课，下午参加劳动，或一天上课，一天劳动。课程设置有政治、语文、数学、理化常识、农业基础知识5门，学制3年。学生毕业后，由公社安排参加生产劳动和工作。1968年，农业中学改为普通中学。

1962年3月，泰县中等农业学校由泰县官庄迁至白马公社，同年12月停办。1965年恢复招生，改称江苏省泰县农业学校。1977年，改称江苏扬州地区畜牧兽医学校。1978年，改称江苏省泰州畜牧兽医学校（1993年，学校迁往泰州主城区，白马老校区仅剩培训基地和试验基地）。20世纪80年代中期，周梓中学、田河中学兴办职业高中班。1986年，口岸职业高中技术学校建立。1992年，田河中学职业高中班撤销，许庄职业高中班与周梓中学分开办学，迁至许庄三星街，定名为泰兴市许庄职业中学。1997年，全区有许庄职业中学、口岸职业高中技术学校两所职校，设11个专业、33个班，在校学生1500余人。1998年7月，泰州市高港区职教中心成立，利用许庄职业中学原有校园新建综合楼、学生公寓、食堂等，占地面积7.2万平方米。1999年，合并口岸职业高中技术学校。同年9月，开办既可就业又可升学的综合高中班。2001年，通过江苏省合格职业教育中心校评估验收。2002年，通过江苏省重点职业高中评估验收。2004年，通过国家级重点职业学校评估验收，更名为江苏省高港职业教育中心校。当年起，学校与新疆察布查尔锡伯自治县、安徽临泉县、湖北利川市、贵州雷山县等地联合办学。2008年下半年，合并江苏省泰兴职业高级中学（孔桥校区），实行一所学校两个校区。合并后，占地面积7.4万平方米，建筑面积4.3万平方米，有教学班61个、学生3596人、教职工321人。

**1982—2008年高港职业教育中心校专业设置情况一览表**

表221

| 年　份 | 开设专业 |
| --- | --- |
| 1982—1992 | 机械加工技术、工业与民用建筑、精细化学工艺 |
| 1993—1994 | 机械加工技术、工业与民用建筑、精细化学工艺、计量与测试技术、环境保护与监测 |

续表221

| 年　份 | 开设专业 |
| --- | --- |
| 1995—1998 | 机械加工技术、精细化学工艺、机电技术应用、会计、园林绿化、电子技术应用、市场营销、电子电器应用与维修、办公自动化 |
| 1999 | 机械加工技术、精细化学工艺、机电技术应用、会计、园林绿化、电子技术应用、市场营销、电子电器应用与维修、办公自动化、计算机及应用、工艺美术 |
| 2000 | 机械加工技术、精细化学工艺、机电技术应用、会计、园林绿化、电子技术应用、市场营销、电子电器应用与维修、办公自动化、计算机及应用、工艺美术、电子商务 |
| 2001—2002 | 机械加工技术、精细化学工艺、机电技术应用、会计、园林绿化、电子技术应用、市场营销、电子电器应用与维修、办公自动化、计算机及应用、工艺美术、电子商务、数控加工技术、汽车运用与维修、港口机械、服装设计与工艺 |
| 2003—2006 | 机械加工技术、工业分析与检验、机电技术应用、会计、园林绿化、电子技术应用、市场营销、计算机及应用、工艺美术、数控加工技术、汽车运用与维修、港口机械、服装设计与工艺、计算机平面设计、电力运行与维护 |
| 2007—2008 | 机械加工技术、工业分析与检验、机电技术应用、会计、园林绿化、电子技术应用、市场营销、计算机及应用、工艺美术、数控加工技术、汽车运用与维修、港口机械、服装设计与工艺、计算机平面设计、计算机动漫与游戏制作、平面媒体印刷 |

## 1998—2008年高港职业教育中心校基本情况一览表

表222

| 年　份 | 班级数（个） | 学生数（人） | 教职工数（人） | 毕业生数（人） | 就业数（人） | 就业率（%） |
| --- | --- | --- | --- | --- | --- | --- |
| 1998 | 17 | 862 | 39 | 237 | 237 | 100 |
| 1999 | 25 | 1324 | 124 | 379 | 379 | 100 |
| 2000 | 31 | 1287 | 128 | 449 | 449 | 100 |
| 2001 | 31 | 1179 | 136 | 536 | 536 | 100 |
| 2002 | 31 | 1223 | 145 | 502 | 502 | 100 |
| 2003 | 39 | 1656 | 150 | 405 | 405 | 100 |
| 2004 | 44 | 2023 | 156 | 451 | 451 | 100 |
| 2005 | 52 | 2498 | 166 | 445 | 445 | 100 |

续表222

| 年　份 | 班级数（个） | 学生数（人） | 教职工数（人） | 毕业生数（人） | 就业数（人） | 就业率（%） |
|---|---|---|---|---|---|---|
| 2006 | 52 | 2735 | 168 | 614 | 614 | 100 |
| 2007 | 53 | 2674 | 172 | 604 | 604 | 100 |
| 2008 | 61 | 3596 | 321 | 986 | 986 | 100 |

## 第六节　成人教育

### 一、农民教育

1950—1957年，境内各地纷纷办冬学班、扫盲班，主要对青壮年文盲进行速成识字教育，学习时间一般为晚上或午后，以不妨碍农作时间为原则。1958—1960年，教师下放，未能正常上课。1960—1962年经济困难时期，农民教育规模缩小。"文化大革命"前期，扫盲工作瘫痪，产生大批新文盲。1971年，恢复农民业余教育，各公社成立扫盲办公室。1972—1984年，建立扫盲班100余个，1.3万人参加扫盲学习。1984年春，境内基本扫除青壮年文盲。1987年，农民教育由单一的识字教育转向文化技术教育，各乡镇建立成人教育中心，对农民开展实用技术培训。1987—1996年，先后举办大棚蔬菜、葡萄、银杏栽培，以及长毛兔、珍禽、淡水鱼、牛蛙养殖等各类培训，参加培训6万余人次。此外，各乡镇成人教育中心配合农技站举办农业技术培训班，参加培训1.3万余人次。

2000年起，主要开展农民素质培训。2001—2005年，各乡镇成人教育中心校先后举办普法教育、家庭教育、伦理道德教育、健康教育、安全教育、计算机基础知识、钳工技术等各类培训25期，参加培训2万人次。2006年，按市合格成人教育中心校的标准建成口岸成人教育中心校、白马成人教育中心校等6所乡镇级成人教育中心校。2006年9月，高港区成人教育培训中心在高港区职教中心校挂牌。2008年，各镇、街道开展教育培训9万余人次。

### 二、职工教育

民国38年（1949）3月，"华中荣军学校"在环溪镇设立，接纳随军南下等待康复的部队伤病学员300余人。1949年12月，迁往江都邵伯镇。

20纪世80年代中期起，境内各乡镇成人教育中心校与企业合作，创办职工学校10余所，聘请有经验的车工、钳工、缝纫工、药学师上课。商业部口岸船舶修造厂、高港港务局等规模较大的企业设教育科，主管职工的文化补差和技能培训。1998—2001年，口岸职业技术学校中华会计函授学校中专班42名学员通过省毕业统考。2001—2004年，开办泰州市财务会计地方大专班1届，37名学员通过全市毕业统考。2001—2005年，各乡镇举办下岗职工再就业培训，开办电工、钳工、缝纫工、计算机、羽毛工艺等培训班29期，参加培训8万人次。2006—2008年，区成人教育培训中心与扬子江药业集团挂钩，举办普法教育、物权法教育、消防系列知识教育3期，参加培训5000人次。

### 三、成人高等教育

1988—1997年，境内各乡镇成人教育中心校挂钩扬州电大、扬州教育学院、泰州电大，开办大专学历班，招生对象为乡镇、村干部和乡镇、村办企业管理人员，开办经济管理、财务会计等专业，共招3届，毕业920人。1998年，全区1031人参加高等教育自学考试。1999年，300余人参加全省农村自考实验区的考试。2004年，动员职业高中学生参加公共科目的考试。2008年，自学考试网上报名。1997—2008年，高港区高等教育自学考试毕业285人。

1998年9月，市委党校在高港区设立函授教学点，开设高港区函授大专班，录取学员65人，学员全部毕业。之后函授点撤销，学员全部到市委党校参加函授学习。

**1997—2008年高港区高等教育自学考试情况一览表**

表223　　单位：人

| 年份 | 报名人数 | 毕业人数 | | | 年份 | 报名人数 | 毕业人数 | | |
|---|---|---|---|---|---|---|---|---|---|
| | | 本科 | 专科 | 小计 | | | 本科 | 专科 | 小计 |
| 1997 | 261 | — | — | — | 2004 | 1322 | 19 | 20 | 39 |
| 1998 | 1031 | — | 7 | 7 | 2005 | 700 | 10 | 16 | 26 |
| 1999 | 1583 | 4 | 2 | 6 | 2006 | 801 | 13 | 20 | 33 |
| 2000 | 1351 | 3 | 6 | 9 | 2007 | 885 | 10 | 17 | 27 |
| 2001 | 1156 | 4 | 24 | 28 | 2008 | 727 | 12 | 18 | 30 |
| 2002 | 975 | 20 | 21 | 41 | 合计 | 11651 | 111 | 174 | 285 |
| 2003 | 859 | 16 | 23 | 39 | | | | | |

## 第七节　教　师

### 一、教师队伍

20世纪20年代末，境内小学教师不足20人、中学教师10余人。40年代，小学教师40人左右，中学教师30人左右，加上私塾老师，总计110人左右。50—80年代，教师由公办教师、民办教师、代课教师组成，有900人左右，其中小学教师480人左右、中学教师420人左右。至1999年，98%的民办教师转为公办教师，清退所有代课教师，吸收部分师范毕业生充实教师队伍。

20世纪末，高港区各类教师的录用、聘用、辞退及调动等由区文教局批准。乡镇和学校一律不得擅自任用（聘用）中小学教师。2002年10月，全面推行教职工全员聘用制，逐步形成教师队伍“能进能出、动态平衡、结构合理”的格局。2004年，新教师录用全部实行“双向选择、竞争上岗、择优录取、凡进必考”。至2008年，通过公开招聘，共招进教师283人。对申请调入的区外教师，除进行学历、教龄、思想品德和业务水平、教育教学实绩的审查外，必须通过全区统一组织的考试考核。

2003年起，高港区中小学内设机构和领导职数标准按学校规模确定。普通中学、职业高中、完全小学设教导处（室）、总务处（室），重点中学、重点职业高中和24个班以上的学校可增设1～2个校内管理机构。12个班以下的小学只设管理岗位，不设职能机构，可配备教导主任和总务主任各1人。中小学规模在12个班以下的，配备校领导1～2人，13～23个班的配备校领导2～3人，24～36个班的配备校领导3～4人，36个班以上的可再增加校领导1人。中小学教职工编制按教职工与学生之比确定，其中普通高中1:13、职业高中1:11.5、普通初中1:16、小学1:21。2006年，全区平均每班配备专任教师数为：小学2人、初中3.29人、高中4.05人、职中4.69人；平均每位教师负担学生数为：小学21.73人、初中16.38人、高中13.04人、职中11.46人。2008年，全区平均每班专任教师数为：小学2.54人、初中2.53人、高中3.35人；平均每名教师负担学生数为：小学14.98人、初中9.4人、高中10.06人。

**2005—2008年高港区教职工数一览表**

表224　　单位：人

| 年　份 | 教职工总数 | 专　职　教　师 | | | | |
|---|---|---|---|---|---|---|
| | | 合　计 | 小学教师 | 初中教师 | 高中教师 | 职教教师 |
| 2005 | 1822 | 1692 | 736 | 594 | 202 | 160 |
| 2006 | 1821 | 1689 | 714 | 495 | 317 | 163 |
| 2007 | 2015 | 1917 | 721 | 697 | 330 | 169 |
| 2008 | 2609 | 2507 | 894 | 870 | 422 | 321 |

## 二、师资水平

民国前，境内教师多为科举落榜文人或秀才；民国期间，教师队伍增加一些师范毕业生。抗日战争时期，许多在江南谋生的知识分子因江南沦陷回乡办学，小学教师多数是经过短期培训的高小、初中毕业生担任。

新中国成立初期至20世纪70年代，民办教师占教师总数的80%以上，初中以下文化水平占民办教师总数的90%以上。教育部门采取输送民办教师到中、高等师范学习，安排参加各种师资培训，脱产进修函授，自学考试等形式，提高教师的文化素质和业务技能。1986年，境内70余名小学教师获中师函授毕业证书，80余名中学教师获扬州市颁发的教师合格证书。1987年，境内学历达标的高中教师占39%，初中教师占36.8%，小学教师占75.6%。

1984—1990年，3000余名教师参加中师函授、大专函授，毕业率95%，教师学历普遍达中等专业水平。90年代，开始在教师中普及电脑知识、互联网络技术。1997年起，中小学教师参加继续教育培训和考核，培训内容有现代教育技术、粉笔字、毛笔字、钢笔字与简笔画、普通话、心理健康、信息技术与教育、教研论文写作、基础英语、信息技术与课程整合等。1999年，所有小学教师达到中等师范水平，中学教师达大专以上水平。2000年，100余名教师参加高港区与泰州师范高等专科学校联合开办的专升本培训。当年9月，高港区全面实施教师资格制度。2002年起，面向社会认定教师资格，当年认定教师资格442人，至2008年累计认定755人。2008年12月，高港区启动高层次教师专业发展培训计划，成立4个名师工作室。

1987年，境内教育系统首次开展教师职务评聘工作，1686名教师接受职务评聘。1992年起，教师职务评聘工作每年进行1次。

2008年，全区有幼儿、小学、中学教师2852人。其中，本科及以上文化程度1054人，占教师总数的36.95%；大专文化程度1478人，占教师总数的48.04%；具有高级职称的202人，占教师总数的7.08%；具有中级职称的1093人，占教师总数的38.32%。

**2008年高港区师资水平情况一览表**

表225　　单位：人

| 类　别 | 教师总数 | 学　历 | | 职　称 | |
|---|---|---|---|---|---|
| | | 本科及以上 | 大　专 | 高级职称 | 中级职称 |
| 幼儿园 | 345 | 5 | 145 | — | — |
| 小　学 | 894 | 171 | 503 | 8 | 297 |
| 初　中 | 870 | 452 | 418 | 79 | 328 |
| 高中、职中 | 743 | 426 | 304 | 115 | 468 |

### 三、师德建设

20世纪50年代中期，各校组织教师坚持每周1次政治学习制度，重点进行职业道德教育。“文化大革命”期间，师德教育的重点为学习毛泽东著作。70年代末至90年代，各校恢复教学秩序，各乡镇组织教师学习教师职业道德规范，在教师节开展师德演讲，提高教师责任感。高港区成立后，于2001年制定《关于进一步加强和改进师德建设的实施意见》，对中小学教师开展年度考核，对师德不合格者实行一票否决。2004—2008年，开展“我与我的学生”“爱与责任”等师德演讲会，各中小学广泛开展“学习身边优秀教师”“争做人民满意教师”等的活动。

## 第八节　研究与管理

### 一、研究

1998年，高港区在各学校中推广“以学为中心，创新管理模式，关注后进生”的“洋思经验”（泰州市洋思中学经验)。2001年4月,高港区被确定为教育部部长基金课题“科学教育——开发儿童少年潜能研究”实验区,全区7所中心小学和6所中心幼儿园加入实验。刁铺中心小学等3所小学和幼儿园首次对全省开放课题研究活动。2001年9月,高港实验学校等5所中小学为综合实践活动课程实验单位。2002年3月,全区20余名校长、兼职教研员到华东师范大学学习全国第8次课程改革内容。9月,全区义务教育阶段学校加入新一轮课程改革。许庄中心小学等学校参加中国教育学会“尝试教育”课题研究,获国家教育科学优秀成果一等奖。2003年起,每学年在高港实验学校组织新课改课堂教学观摩展示活动,推进初中课堂教学改革。12月,举行教育部“科学教育——做中学”课题研究开放活动。2004年8月,出台《关于建立“以校为本”教研制度的意见》,提倡开展以问题解决为重点的校本研究。2005年6月,出台《高港区中小学教学工作规程(试行)》,规范教学流程管理。2006年8月,出版《汉字教育创新》一书;11月,举办“十五”期间课题研究成果展示活动,中央教育科学研究所、省教育学会、课题组负责人及实验单位代表等200余人观摩。2007年春学期起,每学期均组织两三次“科学认读”课题研讨活动。高港实验小学教师许敏获首届全国汉字教学大赛特等奖。2008年6月,江苏省口岸中学承担的“学校心理健康教育个性品质研究”获教育部立项。9月新学期开始后,先后在高港实验学校和高港实验小学举行提高课堂教学有效性专题研讨,开展对初中35周岁以下数学和英语教师的听课活动,举办初中数学和英语随堂优质课展示,组织初三模块复习和小学六年级复习研究整理。

## 二、管理

20世纪80年代起,境内各乡镇教育管理部门和学校严禁教师体罚和变相体罚学生。1993年《中华人民共和国教师法》颁布后,教育管理部门和学校制定出台相关规章制度,对有体罚学生行为的教师予以严厉处罚。90年代,各学校严肃查处教师办补习班行为。90年代中期,民办学校提前考试选拔招生,与公办学校竞争生源,本地生源大量外流。不少学生选择名气大的学校付费借读,成为择校生。

2000年起,高港区加强考生户籍和学籍审查,做好社会力量办学机构、中等职业学校学籍的注册审核和日常管理,防止出现学籍造假和空挂行为。2001年起,严格控制择校生人数和择校生收费标准,择校生比例呈现逐年减少趋势。同时调整初中阶段的学区,要求按居住地就近入学。2005年,开始划区域招生,杜绝择校现象。2008年,全区各中小学施行“三禁”管理(禁上晚自习课、禁止放学后的拖课、禁止乱订辅导资料),减轻学生课业负担。

## 三、督导

2001年起,高港区对学前教育、义务教育、学校及其他教育机构的办学情况进行监督、检查、评估、指导。2003年起,每两年一轮对各镇(街道)义务教育工作和各类学校贯彻落实教育方针及政策的情况进行督查。2004年,专项督查全区义务教育阶段的9所学校落实“严格禁止下达高考中考升学指标”“严格控制学生在校集中教学活动时间”“严格执行国家课程计划”“严格规范考试和招生管理”“严格制止义务教育办学中的违法行为”情况,对查出的问题,督促学校整改到位。2005—2007年,开展校舍安全、校园周边环境整治、规范收费等专项督查和随机督查。2008年,出台中小学管理规范考核奖励办法。聘任首批兼职督学12人,建立督学责任区制度,开展“一日督导”活动,对学校规范办学、实施素质教育等的情况进行随机督查。

# 第九节　经费与设施

## 一、经费

民国期间，教育经费主要来自田税和其他税收的附加税及个人捐资。抗日战争期间，拨付公粮解决公办学校教师工资和办公费、设备费、修理费，民办小学的经费由地方筹措。新中国成立后，公办学校教育经费由国家负担，民办学校主要靠学费收入，国家予以适当补助。1985年，实行县、乡分级管理，教育经费由县、乡分级筹措。20世纪90年代末至21世纪初，实行教育费附加税收，由市、区筹措。2006年起，免收义务教育阶段杂费，区政府按照小学每人105元、初中每人150元的标准投入255万元，弥补公用经费的不足。2007年，按照小学每人250元、初中每人375元的公用经费标准，投入557.24万元。2008年，按照小学每人270元、初中每人425元的公用经费标准投入，同时按照每平方米2元的标准，安排32.03万元的校舍维修资金。

### 2003—2008年高港区教育经费投入和使用情况一览表

表226　　单位：万元

| 年份 | 教育经费投入情况 | | | | | 教育经费使用情况 | | | |
|---|---|---|---|---|---|---|---|---|---|
| | 财政拨款 | | 事业收入 | 其他收入 | 合计 | 人员工资支出 | 日常公用支出 | 基本建设支出 | 合计 |
| | 教育事业费拨款 | 教育附加拨款 | | | | | | | |
| 2003 | 3754.1 | 169.4 | 812.9 | 1620.6 | 6357 | 4309.8 | 1726.4 | 320.8 | 6357 |
| 2004 | 4742.5 | 40 | 1693.4 | 413.4 | 6889.3 | 4867.4 | 1768.3 | 1249.5 | 7885.2 |
| 2005 | 5175.5 | 1563 | 1813.8 | 865.9 | 9418.2 | 5750.7 | 3326.2 | 368 | 9444.9 |
| 2006 | 5958.2 | 1428.8 | 2226.5 | 202.8 | 9816.3 | 6546.9 | 2732 | 354.3 | 9633.2 |
| 2007 | 9177 | 1595.3 | 956.1 | 315.1 | 12043.5 | 9510.6 | 2554.4 | 440 | 12505 |
| 2008 | 9450.6 | 2491.8 | 1251.5 | 253 | 13446.9 | 10497.6 | 2713.5 | 220 | 13431.1 |
| 合计 | 38257.9 | 7288.3 | 8754.2 | 3670.8 | 57971.2 | 41483 | 14820.8 | 2952.6 | 59256.4 |

说明：事业收入包括学费、杂费、住宿费、择校费等，其他收入含社会捐资等。

## 二、设施

图 24-2-11　白马中学多媒体电化教室（2006年摄）

新中国成立初期，多数农村学校借用寺庙、祠堂、民房做校舍。1958年，各地募集资金修建大批校舍。“文化大革命”期间，又兴建一批校舍。20世纪80年代初，校舍危房占较大比例，设备简陋，部分学校需学生自带桌凳。1984年，各校基本实现“校校无危房，班班有教室，人人有桌凳”。90年代中期，兴建许庄中心幼儿园、刁铺中心幼儿园、口岸中心幼儿园等6所中心幼儿园。1997年，高港区投资近1亿元，扩建乡镇中心幼儿园，购置电脑、图书、体育器材等设备，各幼儿园设有图书室、美工室、舞蹈室、多媒体电化教室和感统训练房。2002年，全区中小学、中心幼儿园校舍总面积13.65万平方米；对全区中小学投资508万元，建设计算机教室26个、多媒体教室15个。2004—2005年，全区15所学校安装校园电视演播系统。2006年，区政府投资560余万元，更新中小学课桌、板凳、讲台、电灯，为农村中小学配备物理、化学、生物、历史、地理实验设备，以及图书资料、体育和艺术教育器材等。2007年，投资558万元，建成各校田径场、理化生（物理、化学和生物）实验室、科学实验室、语音室、小气象园等，购置体育、音乐、美术、历史、地理、科学仪器及图书等。2008年，全区中学占地面积54.38万平方米，建筑面积23.01万平方米；小学占地面积28.29万平方米，建筑面积7.44万平方米；幼儿园占地面积6.22万平方米，建筑面积3.57万平方米。全区义务教育阶段学校拥有理化生实验室55个、科学实验室22个、学生网络教室39个、音乐室35个、美术室37个、舞蹈室13个。

### 2008年高港区中小学校舍情况一览表

表227

| 学　校 | 建筑物（幢） | 建筑面积（平方米） | 学　校 | 建筑物（幢） | 建筑面积（平方米） |
|---|---|---|---|---|---|
| 泰州市高港实验小学 | 5 | 19000 | 泰州市大泗学校 | 5 | 13557 |
| 泰州市口岸中心小学 | 22 | 11225 | 泰州市孔桥初中 | 10 | 4627 |
| 泰州市口岸第二中心小学 | 5 | 4775 | 泰州市胡庄中心初中 | 19 | 7648 |
| 泰州市刁铺中心小学 | 10 | 4668 | 泰州市汪群中学 | 18 | 4159 |

续表227

| 学 校 | 建筑物（幢） | 建筑面积（平方米） | 学 校 | 建筑物（幢） | 建筑面积（平方米） |
|---|---|---|---|---|---|
| 泰州市许庄中心小学 | 10 | 4121 | 泰州市许庄初级中学 | 14 | 7908 |
| 泰州市孔桥小学 | 11 | 3723 | 泰州市白马中学 | 11 | 11980 |
| 泰州市永安洲中心小学 | 9 | 7699 | 泰州市永安洲初级中学 | 8 | 8590 |
| 泰州市海军小学 | 5 | 2676 | 泰州市野徐初级中学 | 6 | 5614 |
| 泰州市胡庄中心小学 | 9 | 6217 | 泰州市高港实验学校 | 8 | 19768 |
| 泰州市汪群小学 | 4 | 3205 | 江苏省高港职业教育中心校 | 40 | 39454 |
| 泰州市野徐中心小学 | 8 | 7107 | 江苏省口岸中学 | 18 | 58000 |
| 泰州市高港中学 | 6 | 11839 | 泰州市刁铺中学 | 9 | 21000 |
| 泰州市口岸第二初级中学 | 15 | 9812 | 合 计 | 297 | 304519 |
| 泰州市刁铺初级中学 | 12 | 6147 | | | |

## 2008年高港区幼儿园园舍情况一览表

表228

| 幼儿园 | 建筑物（幢） | 占地面积（平方米） | 建筑面积（平方米） | 幼儿园 | 建筑物（幢） | 占地面积（平方米） | 建筑面积（平方米） |
|---|---|---|---|---|---|---|---|
| 大泗中心幼儿园 | 2 | 4800 | 2500 | 口岸中心幼儿园 | 4 | 4477 | 3775 |
| 口岸苗苗幼儿园 | 3 | 3263 | 1791 | 刁铺中心幼儿园 | 4 | 5100 | 2863 |
| 口岸第二中心幼儿园 | 2 | 4781 | 2792 | 金泰堡幼儿园 | 3 | 5743 | 5840 |
| 高港机关幼儿园 | 2 | 6600 | 3750 | 许庄中心幼儿园 | 6 | 6880 | 3558 |
| 胡庄中心幼儿园 | 1 | 3960 | 1608 | 永安洲中心幼儿园 | 2 | 3002 | 1600 |
| 汪群中心幼儿园 | 4 | 7200 | 1835 | 野徐中心幼儿园 | 3 | 4920 | 3095 |
| 白马镇中心幼儿园 | 1 | 1443 | 725 | 合 计 | 37 | 62169 | 35732 |

图 24-2-12　雕花楼内牡丹园盛开的牡丹

# 泰州市高港区志

## 第二十五篇　文化　体育

# 第二十五篇　文化　体育

明清时期，储巏、刘嗣季、吉人、王士祯、吴存义、马曰琯、马曰璐等文人在境内留下诗词歌赋。民国时期，民间文艺活动遍及各乡镇。新中国成立后，文化事业逐步繁荣。“文化大革命”期间，文化活动政治色彩浓厚，形式单调。中共十一届三中全会以后，文化事业得到恢复和发展。建区后，高港区将文化事业发展放在突出位置，保护地方文化遗产，开展文学艺术创作活动，发展群众文化，建立健全文化设施，强化文化市场管理；广播电视、史志档案工作同步发展。2008年，有国家级文物保护单位1处、省级文物保护单位1处、市级文物保护单位3处。

民国以前，境内有武术、甩石锁、划龙船、放风筝等传统体育活动。民国时期，田径、球类、体操等现代体育项目随着学校教育逐步展开。新中国成立后，体育教学受到学校重视。1954年后，部分工厂建立体育代表队。20世纪80年代后，群众体育蓬勃开展。建区后，全民健身服务体系逐步健全，职工体育、农民体育、社区体育、学校体育全面发展。

# 第一章　文化遗产

## 第一节　文化遗存

### 一、老街道

【庆元街】 位于口岸街道金港南路、向阳路之间，东西走向。南宋庆元年间（1195—1200），口岸以庆元桥为中心，逐步形成商业街。庆元桥横跨宣堡港，桥东称庆元东街（简称东街），桥西称庆元西街（简称西街，又称中大街），桥北至都天庙为北街和后街。庆元街区东有朝阳门，南有正阳门（上嵌“柴墟古镇”石额，今存于泰州市泰山公园内），西有纳阳门，街道路面为5块长条石铺设，路宽约4米。旧时，庆元街两侧商铺、饭店、旅馆林立。民国年间，较有名的商店（铺）东街有孔太和铁匠店、黄岗生药店、姚记照相馆、环银文化书店、立昌烟店、天成烟店、恒泰丰广货店、戴仰仪钱庄、文兴池浴室，西街有吴记钟表店、庆余堂药店、李家大门渔行、高益成茶业店、大隆布店、汤永丰布店、宝祥银楼、王记染坊、陈泰昌杂货酱油店、大观园浴室、赵福兴油行、蒋风翔钟表镶牙店等，北街和后街有孙仁和布店、茶食店、桃芝华杂货酱油店、邱同泰过载行、陈永丰杂货店、陆稿荐饭店、昇平楼茶馆、李信昌过载行等。另有扎匠店、灯笼店、弹棉花店、车匠店、烟酒店、皮匠店、裁缝店、理发店、绳网店、香烛店、旧货店、刻字社、广货店、窑货店、茶水炉子、茶食店、烧饼店、豆腐店、盐店、石灰店、箍桶店、棺材铺子、小猪行、草行、糠行、青果行、白果行、山竹行、鱼行、粮食行、砖瓦行等。街北有城隍庙和财神庙，街西南有武庙。临街两侧有雕花楼、戚氏武进士宅第、孙氏四方楼、李家大宅、姚氏木商厅等。新中国成立后，庆元街西街更名为解放街。1998年起，老街拆迁改造，改造后的庆元街长约800米，宽约4米。

【龙窝老街】 位于口岸街道龙窝口社区。清咸丰三年（1853），淮盐经泰州沿南官河南下至口岸镇龙窝口掣验开江，龙窝口商贸经济迅速发展，老街开始形成。老街全长约300米，路宽约2.5米，路面铺设条石。清光绪初年（1875后），从龙窝老街至口岸镇区沿南官河地带成为木材集散地。宣统二年（1910），大达轮船公司开设龙窝口码头后，宁口、镇口、锡常口、沪口、泰口、盐口、建口等航线班轮相继停泊，客货流量日益增多。码头有专业搬运工40余人，有到外江大轮装卸货物的大小木划船40余条、船工近200人。每年春节前后，客商人数剧增，遇大风、大雾天气，班轮受阻停航，滞留旅客多达三四千人。清末至民国初年的20余年间，龙窝老街有旅馆64个、饭店21个、过载运输行48个，还有粮行、油行、鱼行等。来往上海、苏南及本地商贩近千人。民国23年（1934），以老街为镇区建成龙窝镇。1953年，国家对木材实行统购统销，老街各木号均转业或歇业。1955年，因龙窝码头日趋淤浅，轮船码头西迁高港。1959年，口岸船闸建成，南官河船只进出长江口改道口岸船闸，由高港码头东侧新开河道出入长江，南官河从龙窝口入江通道废弃，老街逐渐萧条。

【木商街】 位于口岸街道老城区西侧、南官河下游东岸，呈南北向，南起龙窝口，沿龙窝老街西侧向北，一直延至金寿会馆（今向阳桥西、宣堡港北），全长约2100米。19世纪中叶至20世纪中叶，口岸凭借水运便利的优势，逐渐成为苏北里下河地区木材江河转运集散地。沿南官河下游东岸，在半坎半河的河边上，木商们顺河打桩架横梁，将部分待售的木材排开，根部放在河坎上，木梢搁在河心的横梁上。河岸上，路东为木材商的店面房及配套用房，房后为堆满木材的场地。龙窝口外江，从永安洲的窑墩至高港3里多的江边，停放有大量木排。南官河下游内港，除岸上和岸边排架上堆放有大量木材外，港内也停放着大量木排，常常挤塞航道。其时，港内做木排的钩业工人有1000余人，沿途各类商铺、饭馆、旅店近百个。木商经营户多为湖北金湖县（今大冶市部分地区）和寿昌县（今武汉市江夏区）人，大的木材商号有泰昌生、殷正记、赵福兴、王轶林、恒兴益等48个，还有小木行100余个，每年有20余万立方米木材在此交易集散。木商组织有金寿木帮公会，统一从长江上游采购湖广等地木材，至木商街后按资分拆销售。19世纪末，金寿木帮各木号在口岸原福星桥上首、济川河东岸购地10余亩，建成金寿会馆（又称木公所或木业公所）。民国28年（1939）12月14日，金寿会馆114间建筑毁于日本侵略军战火。木商街沿线尚留存有泰昌生木号、殷正记洋楼等建筑。

【西星街】 位于口岸街道西部、南官河西岸，呈直角形，南北长500米，东西长300米，通过福星桥（1956年因南官河拓宽而拆除）与柴墟路、庆元街相连。从明代开始，泰兴县在西星街一直设有口岸盐栈（遗址在原口岸农具厂旧地），驻有盐赋官员和武装兵丁10余人，有盐库30余间，以及办公、案堂、宿舍等20余间。清咸丰三年，因仪征天池港口淤涨，私盐贩运势力过大，加之太平军攻占扬州，淮南盐改道口岸镇龙窝口行掣。咸丰十年，在西星街设立口岸淮盐分栈，淮扬行盐岁定额1181239引，计18124吨。同治四年（1865），淮盐改道瓜洲的新河口出江，泰兴县仍在西星街设立口岸盐栈，驻有盐赋官员和武装兵丁，查禁私盐。民国期间的西星街，除了口岸盐栈外，还有杨恒康油坊、黄涌昌油坊、黄记槽坊、韩记槽坊、恒济生药店、龙坤药店、张小川诊所、周家米行、张家米行，以及各种饮食店、商铺等近50个，此外还有东岳庙。新中国成立后，撤销西星街口岸盐栈，在高港设盐栈。新中国成立初期，沿街设有口岸粮管所（后迁移至南官河东岸）、口岸义森泰锅厂、口岸农具厂（后更名为口岸建工机械厂）、口岸区综合厂、口岸机电排灌中心站。20世纪70年代末，沿街办泰兴县缝纫机零件厂。80年代，口岸机电排灌中心站、口岸建工机械厂、泰兴县缝纫机零件厂先后迁出，沿街厂房变为民居。至2008年，沿街留存有东岳庙和少许小商店。

【中大街和驿铺街】 两条街位于刁铺镇区，呈T形交叉，明清以来一直是刁铺的商业街。中大街位于关桥以东，又称关桥东街。驿铺街形成于明代。明初，官方修建泰兴至泰州的驿道，经古镇东侧，与形成于宋代连接渡口的东西向中大街相接。交叉街口设驿铺，故称驿铺街。南北向的驿铺街处于中大街东端，形似旧式农具塌耙的耙头，俗称塌耙街（新中国成立后称团结街），全长约600米。清同治二年（1863），中大街关桥东侧和驿铺街南北街头各建跨街箭楼一座。两条街均铺设麻石。至民国年间，沿街有杂货店、丝绸布店、百货店、茶食店、烟店、中药铺、西药铺、酱园、山竹石灰锅碗席行等。另有铜锡匠店、漆店、旅馆、浴室、酒家、茶馆、钱庄、银楼、当铺等。驿铺街南端西侧还建有关帝庙大戏台。民国26年（1937），驿道东移至新建的口泰路（今泰高路），古驿道废弃。20世纪80年代，中大街被扩建改造成新式街道。2002—2004年，驿铺街南段改造成8米宽的新型街道（即府东路），北段维持原状。

【粮行街】 位于刁铺镇区西侧，俗称西街，全长300余米，宽约4米，旧时为麻石街面，店面全为闼子板门。自明代至清代中叶，粮行街从关桥口（起凤桥）向西延伸约200余米。清道光时期，富绅赵良礼建一大批店面房出租给粮商，形成规模性的专业街。民国期间，刁铺镇48个粮行大多集中于此段街区。颇具规模的粮行商号有前街的公盛、公顺、公兴，后街的万太、万顺等，每天经销粮食数百石。颇具规模的油坊有赵福兴、公茂兴、益隆、蔡宝记、西永丰等商号，每天生产的食油有20余榨，除销本地外，大部分销往上海和苏南。颇有规模的槽坊有源泉、万泰、义和等商号，日产酒约20余石，一部分销本地和周边地区，一部分销往苏南。旧时刁铺水竹行也集中于此，最出名的有乾泰、永茂、泰记等商号。还有牲畜市场和当铺、银楼、药铺、茶馆、茶食店等店铺。1953年，粮油实行国家统购统销，沿街粮行均歇业或转行，街道亦更名为劳动街。之后，街道逐渐变为居民区。

【香绅街】位于刁铺镇区西北部，自西向东再拐向南，全长200余米，宽3米，街面由麻石铺设，是由西北进入镇区的主要通道。旧时，香绅街居民大多姓吉、翟、栾，共出秀才以上的文武生员60余人。自清代中期起，得名乡绅街。因“乡”与“香”谐音，乡绅街渐渐成香绅街。200余米长的街段有庙、桥、祠堂、牌坊、礼教会、慈善机构、学塾、学校等。街西首的准提庵建于明嘉靖年间。庙宇东侧的环溪支流上有接龙桥。清中晚期，沿街创办有粥局、恤嫠局等慈善机构。20世纪50年代初，改名生产街。1956年整治南官河通道时被截断，商店也因公私合营而撤并迁移，街道逐渐成为居民区。

## 二、古建筑

【雕花楼】位于口岸街道向阳支路1号。雕花楼东楼始建于清代乾隆四年（1739），面东而置，上下2层，面阔5间，底层前带四桁卷棚，木柱下鼓镜式石础上加垫木础，硬山屋面，青砖小瓦。楼主人初为姚姓木商。民国初年，易主李松如。李松如在旧楼的西侧仿建一座同样风格的后楼，而且还在新旧两楼间加建南北厢楼各3间，形成中间有天井的四方形楼屋，俗称四方楼。因该楼的木、砖、石等构件上雕刻有大量精美的花鸟鱼虫、飞禽走兽、人物故事等图案，故称雕花楼。抗日战争时期，2枚日本侵略军炮弹击中楼外园林，致使园林损毁惨重；解放战争时期，国民党军队驻在楼内，马匹、军车再次伤害园林；“文化大革命”期间“破四旧”，少数砖雕被毁。1987年，被认定为泰兴县文物保护单位。2002年10月，被认定为江苏省第五批文物保护单位。2004年10月，区政府投资近200万元，对雕花楼揭顶大修。

【城隍庙】位于口岸街道解放街西首，始建于北宋咸平二年（999），历代多次修缮，最后一次重修是清代光绪二十一年（1895），由栾启元、姚松琴等5人发起。该庙原有山门殿、审事厅、大殿、后殿共四进殿宇。现保存前殿、大殿和后殿三进。1987年，被认定为泰兴县文物保护单位。

【武庙】又称关帝庙，位于城隍庙前，武庙巷东侧，原有门厅、对神台、正殿、后殿等5进。庙中有多景楼和厢房等共30余间，庙西有紫微阁。门厅上书“武庙”庙额（存口岸影剧院内），门厅内有结构精巧、雕梁画栋的对神台（又称戏神台），二楼为戏台。至1953年，此处一直是京剧及地方戏的重要演出场所。1958年后，门厅、戏台、正殿等相继拆除，神像尽毁，只剩后殿。

【古寿佛寺】原名东岳庙，位于口岸街道南官河西侧。始建于明朝初年，后屡废屡建，鼎盛时有殿宇30余间，庙田99亩。庙内存有清光绪二十一年重修的正殿3间、厢屋2间。民国34年（1945），口岸大殿寺（寿胜寺）毁于战火，一些无庙可依的僧人和劫后仅存的佛像搬入东岳庙，由此，东岳庙加挂一块古寿佛寺的匾额。2007年，在原庙界址内重修古寿佛寺，占地约3亩。古寿佛寺作为东岳庙的衍生体与原东岳庙并存，形成一庙两址两名的格局。

【龙王庙】又称龙慧庵，位于刁铺街道环溪路19号。旧时有房屋30余间，南北两排正房，前排为山门殿，后排为龙王殿，两排之间为主院，东侧厢房将寺院隔为偏正套院。现存建筑为龙王殿，坐北朝南，面积216平方米。1987年，被认定为泰兴县文物保护单位。

【古东岳庵】位于刁铺街道通泰社区韩家河庄西，原名东岳庙。始建于清顺治年间，先为比丘道场，后改比丘尼道场。1993年起，修复大雄宝殿、药师宝殿、山门殿、前殿、诵经堂、斋房、居士宿舍楼等。

图 25-1-1　孙宅（2007年摄）

【孙宅】 位于口岸街道解放街44号，清朝晚期建筑民居，是地方名士孙功甫的住宅，坐西朝东，平面呈四方形（俗称小四方楼），东西两进二层小楼，面阔3间10米，东西长16米，两进小楼间有小天井呈回廊式，天井二层楼板外侧雕有“渔樵耕读”和福星、禄星、寿星等人物图案，狮子、凤凰、麒麟等动物图案，以及福、禄、吉、祥文字和梅、兰、竹、菊等花卉图案。天井的柱子上嵌挂木雕小花篮16只，楼上回廊四周是欧式铸铁护栏。

【戚宅】 位于口岸街道解放街70号，系明代戚世光中武进士后所建，有门厅、对厅、正厅、敞厅、起居厅，前后五进。正厅3间，梁架粗大，抬梁式结构，用雕刻的荷叶墩、栌斗装饰，柱下明式复盆式石础上加清式圆鼓形石础，中间北墙上挂一对贴金雕龙纹“圣旨诰命”龛盒，门前檐有一棵400余年的黄杨树。

【泰昌生木号】 位于龙窝北路108～109号。民国初年，湖北大冶木商刘汉舫建造。依水而建，三面环河，平面长方形，计有房屋30间、天井8个，建筑面积830平方米，有经营、居住双重功能。用青砖小瓦材料，东西两侧砌马头山墙。

【龙泉池浴室】 位于口岸街道龙窝北路1号，为清晚期建筑。主体坐东朝西，南北宽约16米，东西进深约17.4米。以煤炭、柴禾作为加热燃料，火膛设置有多道龙口，能让热量遍布池下各个方位，使池内蒸汽充足。至2008年，仍在营业。

## 三、遗址　墓葬

【明代驻军遗址】 境内有不少以营为通名的自然村。明初，泰兴营武属镇江卫（明代驻军的地点）领管，设于境内的有曹官营、王官营（后改为戚官营）、吴官营（后改为汪官营）、朱官营、翟官营、李官营、管官营、杨官营，每营各统军百人，十分之二守卫驻地，十分之八垦种土地，嗣后各营人口递增，聚居成村，遂以之为村名。

【南坝桥抗金遗址】 清宣统《泰兴县志》补卷二载：“南坝塘有南坝桥，宋岳飞战败金人处（宋史岳飞传，金陀粹编，系年要录）”。刁铺街道界牌村有南坝塘和南坝桥抗金遗址。南坝桥原为木结构，分三孔，上有桥栏，全长约30米。800余年来，曾多次修建。1956年，因南官河拓宽被拆除。次年，在原址建木桥。20世纪60年代中期，改建钢筋水泥桥，更名为南塘桥，全长60余米。

【明代砖室墓葬】 位于口岸街道蔡滩社区。2002年12月9日在蔡滩老圩组发现，系明代早期墓葬。墓葬方向为南偏东10度，砖室，双室墓，中有小龛形洞相连，无砖底，券顶共10砖成圈，非错缝，南北两侧墙上有梁洞，为架梁后起券，高178厘米，宽308厘米，长370厘米。共出土龙泉窑产青瓷器罐、盘、碗、盏20余件，其中完整的青瓷器11件，藏于泰州市博物馆。

## 附1：损毁或拆除的著名古建筑选介

图 25-1-2　重建古寿胜寺规划效果图

【寿胜寺】 位于江苏省口岸中学后小河北侧。该寺始建于南北朝，初称十方庵。唐代扩建，更名为大殿寺。南宋淳熙十年（1183），再次扩建、修缮，并更名为寿胜寺（亦名古寿胜禅寺）。寿胜寺占地一度达百余亩，建有寺前照壁、天王殿、大雄宝殿、藏经楼、钟楼、鼓楼、方丈室、禅室、斋堂、读书台等建筑。楼阁殿堂间有回廊连接，寺院内板石砌路，通道相连，古木参天。钟楼内的铜钟一人多高，外壁刻有“古寿胜禅寺”，内壁刻有《金刚经》全文。抗日战争期间毁于战火。

【岳忠武王祠】 又称岳王庙，位于口岸镇东南。南宋初年，为纪念岳飞南坝桥抗金而建，初名岳庙，后更名为岳武穆忠烈祠、岳忠武王祠，大殿更名为岳忠武王殿。明洪武九年（1376）、明嘉靖四十五年（1566）、清嘉庆二十一年（1816）3次修缮。抗日战争前，岳忠武王祠前后有河流，门前是广场，中间有殿宇三进。东面3间为竹隐庵（竹隐禅林），中间3间为文昌宫，西边3间为岳忠武王祠。祠门南向，门楼上嵌石刻“岳忠武王祠”。全部建筑为明式建筑，硬山屋面，青砖小瓦。抗日战争期间被日本侵略军摧毁。新中国成立后，旧址建成口岸中学。

【庆元桥】 位于今五一桥西，横跨宣堡港，始建于南宋庆元年间，初为木桥，连接庆元南北街。清道光八年（1828），由薛东三、戚英培等人易为石桥，长16米、宽约4米、高6米，麻石桥身，9级石阶。桥洞如满月，桥下可行船。桥中间设有专供独轮推车行走的平坡，桥两侧有由栏板和栏柱组成的高约1米的石栏杆，栏板雕刻有花卉、动物之类的吉祥图案，每根栏柱顶镌有1只小石狮。1972年整治宣堡港时，东移重建水泥桥，定名五一桥。

【跨街箭楼】 清同治二年（1863），刁铺镇在东南西北的街区尽头各建有1座跨街箭楼。箭楼上下3层，砖木结构，每层两面有箭孔，下有大门可关闭，外形似碉堡。民国16年（1927）春，毁掉3座，唯起凤桥头门楣嵌有“环溪古镇”石碑的箭楼幸存。至20世纪50年代初，因影响交通被拆除。“环溪古镇”石碑今存于刁铺街道文化馆。

【腾蛟桥】 明洪武初年，环溪河上架设木桥1座，名驿道桥。清嘉庆八年（1803），改建为石拱桥，更名为腾蛟桥。桥呈南北走向，全长15米，桥面宽4米，中间由5块长8米的巨石组成，两侧各有6根石栏柱、5块石栏板，栏板上雕刻云龙纹图案。中间石栏板外侧刻有“腾蛟桥”。腾蛟桥与起凤桥规模大小、石质石色、造型结构基本相同，仅雕刻图案有所区别，被誉为“环溪姐妹桥”。民国后期，桥两侧柱栏、栏板尽失，正桥桥面断去一块。新中国成立后，因路道、水道变迁，桥被拆除，断桥残石被埋入人民路南侧环溪河的石坝下。

【起凤桥】 俗称关桥。清嘉庆八年(1803),废除环溪河刁家渡口,建起凤桥,原架于环溪河上,用长7.9米、宽0.8米、厚0.4米的花岗岩建造。嘉庆二十四年重修,民国4年重建,民国6年(1917)竣工。桥身长13.4米,桥面宽3.5米,桥墩至桥面高3.8米。石料上有三个圆形图案,分别刻“起”“凤”“桥”三字,10块栏板上雕刻凸形花卉。桥身还刻有修建年代及“禁止焚化纸锞”等铭文。1987年,被认定为泰兴县文物保护单位。1995年市政建设时,因河塞桥废,拆除桥面部分,石料被移至环溪路西首南官河大桥北坡下,桥面下的遗石仍埋于原址路面下。

### 附2:《柴墟雕花楼记》

港建南唐,地崇北宋,华东形胜,江滋名区。

辉承牛女,近东海之沧波;势接岷峨,当万源之趋汇。工商繁盛,宝货云屯,物阜民殷,地灵人杰。

昔有姚氏,名著前清,本江南之巨族,因木业而素封。久钦高蹈之风,欲遂优游之志。乃兴土木,启城市之山林;爰集工师,极倕般之奇巧。联三苑以相辉,互为借景;建一楼而特立,独号雕花。刻镂之精,斯楼毕具;规绳之善,他处罕逢。初及其门,则贪皇典重;旋开其户,则绮错丽廔;仰视廊沿,则虫鱼曼衍;散步堂下,则蝠鹿交臻。图鹤雕龙,胜宋工之刻策;跃麟舞凤,过曹史之画屏。更有风云人物,历史盛衰,绘影绘神,允文允武。色润园花,侔自然之妙有;辉生顽石,与造化而同科。噫!技亦进乎道矣。

时至民初,园归李姓。增建西楼,与东楼而璧合;重修新阁,共旧阁而珠联。不让江南名苑,遂成吴下仙区。而季世陵迟,明夷入地;金瓯残破,梓泽为墟。颓垣断壁,感过客而泫然;晨雀昏鸦,噪荒林而凄切。

洎乎神州鼎革,万象更新。东国始基,百废待举。斯楼仅得维持,李园尚须规复。及至邓公引领,建改革之鸿猷;禹甸复兴,沾沛行之甘澍。高港获腾骧之会,李园逢来复之机。时维丙戌之年,乃擘划宏图,行臻德化之邦;发扬传统,共建文明之域。烝民之颙望治平,共期人杰;合邑之心倾艺术,长念前修。遂重修李园,以光桑梓;发皇古迹,用振邦家。垩也髹也,经之营之。踵事增华,轮奂其美。虽循前制,已过旧观。今乃宏张刻绘,以迎天下之嘉宾;尽展园林,用飨文坛之俊士。因略记源流,庶无忘斯苑沧桑;恭书册页,以彰显时贤劳苦云尔。

(四川大学历史文化学院教授何崝2007年作)

## 第二节　非物质文物遗产

### 一、民间传说

【“白马大将军”蒋子文的传说】 传说东汉蒋子文出生于泰州白马乡蒋家河,“少年有志,文武双全,从军屡立战功,官至秣陵(今南京)县尉”。后在追逐盗贼时中毒箭不治而亡,葬于今南京钟山。传说蒋子文死后,其部下曾在路上看见其“乘白马,执白羽,侍从如平生”,以为其已成神灵。

孙权定都建业(今南京)后,封蒋子文为“白驮将军”,民间称其为驱魔辟邪的“白马大将军”。为祭祀蒋子文,泰州建“白马将军庙”供奉“白马大将军”,长江流域多处立庙,凡遇瘟疫、水灾、火灾、虫灾,人们到庙中祭祀禳灾。

【张士诚的传说】 元末,张士诚聚集盐丁,在泰州白驹场起义,曾屯兵徐家庄(白马庙)一带,因其坐骑白马夜间出厩，践踏庄稼，张士诚缚马鞭笞，令人用铁钉钉入马蹄，以此严明军纪。张士诚逝后，白马忠主绝食而亡。百姓筹资在“白马庙”塑汉白玉石马像。民间传说夜间石马外出吃麦苗，凡石马踩过的麦田收成特好。焚香敬马祈求五谷丰登成为民俗。

## 二、传统技艺

【太平金橘嫁接技艺】 清道光年间，许庄官沟村太平庄杨日光掌握金橘嫁接技艺。历经五代传承，嫁接技艺已臻成熟，成活率由原来的20%左右上升至90%以上，并能当年挂果。一般用生长2～3年的香橼树为母本，二年生金橘枝做接枝。用生长2～3年的佛手树为父本，二年生香橼树与金橘树嫁接的枝做接枝。嫁接最佳时间一般为清明后谷雨前。嫁接方法一般采用切接法，工序为取枝、切削、切断、切插口、嫁接、扎、包、套、卸、松绑共10道。第二代传承人杨德普，第三代传承人杨植庭、杨桂鑫等，第四代传承人杨庆琦，今传至第五代。

图 25-1-3　太平金橘

图 25-1-4　口岸虎头鞋

【口岸虎头鞋制作技艺】 口岸虎头鞋品种有虎头鞋、猫头鞋、兔儿望月鞋等。造型有独特的地域特色，莲花脸、菊花眉、寿桃鼻，虎嘴里绣4颗牙齿表示四季平安，虎嘴上绣6根胡须表示六六大顺，鞋底上绣米字形样意为四平八稳，鞋面上有时绣9朵花表示九子落成。口岸虎头鞋穿法有独特喻义，孩子穿虎头鞋第一双穿蓝，即“拦”住灾难；第二双穿红，即辟邪；第三双穿紫，意为“子”落成。口岸虎头鞋必须选用苏州、杭州地区茧丝织造的花丝线。全部制作过程有十几道工序，每针每线都有严格要求，所绣作品摆布合理匀称，形象逼真。传承人先后有叶月英、吴和生、邓小华等。

【传统绳带编织技艺】 清代中期，田河一带机匠在织布的同时开始织造绳带。咸丰年间，田河孙家庄姚传祉的父亲终生织布织带，形成技艺。第二代传承人为姚传祉，第三代传承人为赵大旺和姚家贵。1968年，张马村办织带厂，聘请赵大旺为师傅，培养10余名青年工人。1969年，集成村办织带厂，聘请朱营村徐登明为师傅，培养20余名青年工人。第四代织带传承人有戴春珠、孙维新、戴永进、孙学仁。孙学仁采用新原料编织，革新编织工艺。第五代传承人褚菊华、杨爱菊，第六代传承人戴守益。田河传统编织带在20世纪60年代主要产品是卷烟带、晒图机带、梭边带。70年代，化纤原料取代棉线，产品又扩大到磨床带、糖果输送带。80年代，各厂又大批生产安全网、安全带，传统编织绳带成为田河地区的支柱产业。编织技师采用新型高强化纤原料，改革编织技艺，制成多型号高强精密吊绳。

【宫灯制作技艺】 清嘉庆年间，宫灯制作技艺从扬州传入境内。刁铺镇太平村雕花木匠张德隆开始制作宫灯。张德隆继子张泽枢、孙张允正、曾孙张振兴均从事灯艺。第五代传承人芮春生1983年创办华艺宫灯厂。宫灯适用于街道、广场、宾馆、酒楼、寺庙、园林、别墅等场所。产品有三角、四角、六角及多层造型，有吊灯、壁灯、斜角灯、吸顶灯、子母灯等，销往扬州、镇江、南京、苏州、北京、石家庄、西安、福州乃至国外寺庙、公园。工艺流程主要有选料，设计图样，制作灯架，雕刻梁、柱上端的龙头、凤首，雕刻框扇花板，打磨油漆框架，切割玻璃，在玻璃上绘画，绕制大红珠穗流苏，组装。

【刁铺羊肉制作技艺】 刁铺羊肉以1年生山羊为原料，经去膻工艺后，或焖或炖或炒或冷切或红烧或油浸，将羊肉及羊的眼、耳、心、肝、腰、脑、蹄、卵、鞭、肠、肚等每个部位都做成一道或数道佳肴。其中以扒乳羊、蟹黄羊肉狮子头、生爆羊球片、多子多福、豆腐烩羊脑、鳜鱼烧羊肉为代表。刁铺有羊肉馆30余个，规模较大的有万庄羊肉馆、三巴子羊肉馆、荣根羊肉馆、大马羊肉店、四宝子羊肉馆、云龙酒家等。万庄羊肉馆由万成周于民国34年（1945）创办，技艺传于其子万兆生、万玉生，万玉生传于女万婷婷。荣根羊肉馆创办于20世纪50年代，传承人为朱正锁。

【河豚烹饪技艺】 清明节前是捕食河豚的最佳时节。口岸地区河豚烹饪技艺传承百年。河豚肉鲜味美，其体内含有剧毒。河豚从选料至烹饪均需小心谨慎。选择活河豚，“独眼”“燕尾”河豚剧毒无比，弃用。宰杀时去尾和鳍，从嘴唇剖开、挖眼、破肚完毕后，清点眼睛、鱼肠、肝脏、鱼子、肾等，挤血、冲洗、漂。烹饪有红烧和白煨两种。红烧河豚分为熬、煨、放作料、炆4道工序。白烧河豚分为熬、煨、炆3道工序。烹饪作料的用量、熬制的时间都有严格的要求。红烧河豚色浓味香，口感细腻。白烧河豚汤似乳汁，形如白玉，肉质滑嫩。传承人有袁国湘等。

【大泗霍堡牛肉制作技艺】 大泗镇霍堡村牛肉加工已有120余年历史。所宰杀的牛主要来自云、贵、川、湘、鄂山区的水牛和来自鲁、豫、皖乡村的黄牛。“霍堡牛肉”从宰杀、蒸煮到烹饪都有特殊的工艺。宰杀肉牛有9道工序：选牛、杀牛、放血、剥皮、卸肉、净脂、清脏、剔骨、漂洗。蒸煮牛肉分5道工序：入锅、猛火烧开、小火慢炖、起肉、冷却。大泗“全牛席”菜品有烧牛头、烧牛尾、炒牛舌、烧牛鞭、金牛掌、九里香、铁板牛柳、牛仔排、生牛肉羹汤、什锦牛杂汤等。第一代手艺人李正如，第二代传承人李恒发、李恒源，第三代传承人李万茂、李万山（又名李富山）、纪如舜、纪成元等，第四代传承人李兴平、李兴红、纪祥翔等。

## 三、传统美术

【毛庄石雕】 明崇祯四年（1631）起，毛盛吾等从事石雕，300余年间，子承父业，师徒相传。新中国成立初，达到鼎盛时期，从业人员300余人。石雕加工分为粗工和细工。粗工指采石、装卸、搬运、劈石开料、錾凿成坯、安装架设，整套程序由多人组成的石工队协力完成。粗工所做石雕主要用于建造桥梁、牌坊等。细工雕刻主要用于立柱、栏杆图雕，块石上雕刻人物画像、花鸟虫鱼、飞禽走兽、龙凤字画等。其工艺流程有选料劈石、造型构思、粗凿成坯、细琢加工、打磨成型五大技术要点。口岸毛庄石雕代表作品有口岸福星桥、洗脚桥，泰州泰山庙毛泽东石像，扬州平山堂鉴真须弥底座，葛洲坝的神游洞、陆游泉亭，镇江金山寺的三山图、天王殿底座、藏经楼栏杆等，以及扬州古城的石雕修复，瘦西湖的二十四桥、大虹桥、小虹桥等的浮雕、立体雕。主要传承人有毛裕勤、毛洪生、赵维进、戴圣华、孙桂林等。其中孙桂林曾获国家级雕刻大师称号。

【高港根雕】 高港根雕以废弃树根、树干、树瘤为原料，利用自然形态，辅以人工雕饰。主要传承人有仇恨初、袁永亮。作品可分9类：抽象类，如《吼》；似象类，如《悬崖勒马》《日月壶》《虚怀若谷》；具象类，如《绝代双“蛟”》《沙漠之舟》；景观类，如《五行山》《绽放》；壁饰类，如《飞龙在天》《孔雀开屏》；根书类，如《寿》；组合类，如《鹬蚌相争》《龟兔赛跑》；两面类，如《双面虎》《一叶知秋》；实用类，如花架。

图 25-1-5 根雕创作

【刻纸】 高港刻纸以刻挂钱为主。挂钱俗称“花边”，一般用红纸刻制（间有黄纸，供服丧者使用）。刻制方法：在浇腊木盘上叠纸坯，最上放样张，四角固定，用锋利的小刀按图案镌刻即可。挂钱式样均为长方形，上空天头，下刻古铜钱图案加缨络，中间刻网络图案为衬托，并突出刻有“龙头”“凤凰”“如意”“万年青”“麒麟送子”“鲤鱼跳龙门”“福禄寿喜财”“天官赐福”“招财进宝”等吉祥图样或文字。至2008年，全区有刻纸艺人10余人。

## 四、民间曲艺

【说鼓儿书】 一般是一人演唱。艺人左手腕处挂一小铜锣，并用左手敲锣，右手敲鼓，双手协调，边敲边唱。内容通常为《隋唐演义》《罗通扫北》《薛仁贵征东》《薛丁山征西》等书目，唱腔有“云水调”“正板”“高腔”“平调”“淮北调”“侉侉调”。句式分7字、9字、10字、多字垛句等。

【唱书】 唱腔简单，无伴奏，纯属自娱性质，多在家庭中进行，有唱有说，但不表演。唱腔，句式分上下句，有7字、10字两种，唱本多为民间流传的《双珠凤》《玉蜻蜓》《玉如意》《荒年歌》等，其中广泛流传的是《玉如意》。

【唱道情】 道具为渔鼓简板，渔鼓是长型竹筒，底部蒙皮，竹筒表面雕刻花纹，油漆光亮。简板为2根狭长薄竹片。演唱者身着长衫，左臂环抱渔鼓，手持简板，右手4指并拢敲击渔鼓，配合简板击节作为唱句过门。击打节奏有长短、快慢的变化，通常是简板打板，渔鼓打眼，有“一板三眼”“一板两眼”“一板一眼”3种，唱腔有“耍孩儿”“浪淘沙”“步步高”“清江引”等曲牌。曲目有《白蛇传》《珍珠塔》《韩湘子》《吕纯阳三戏白牡丹》等。唱道情有“内档”“外档”之分。“内档”多在茶坊酒家固定场所演唱；“外档”多在街巷村户流动，多为即兴说唱，清明唱《西湖令》，端午唱《盗仙草》，中秋唱《游月宫》，冬季唱《踏雪梅》等。

【快板】 快板简洁灵巧，自由奔放，节奏明快，易于表演。道具为两块竹板或两串小竹片。两手配合，打出轻重缓急、抑扬顿挫诸多点子，说词合辙押韵，句式不分长短，灵活运用。一人说的叫“单口”，两人说的叫“对口”，三人说的叫“群口”，有人物故事情节的叫快板剧。

【唱凤凰】 由一人手持纸扎的五彩凤凰，辅以三五人敲锣击鼓，登门演唱。唱词不定，见眼生情，随口编词，内容多为祝颂吉祥之类。主人听了高兴，拿出香烟招待或分发红包奖赏。

【小调】 高港民间小调较多，优美流畅，有浓郁的乡土味。最流行的有“十二月调”“十恨调”“八段锦”“五更调”“哭七七”“四季歌”“杨柳青”“梨膏糖”等。旧时多为农村妇女传唱，许多盲人也以唱小调为职业，或走村串户，或流动在车站、码头、集市、广场等人群集中地点，内容以爱情居多。新中国成立后，仍运用小调宣传时事。20世纪80年代中期后，流行歌曲风靡城乡，地方小调演唱渐少。进入21世纪，民间不少人或会聚于公园、小区休闲场所，或自由组织文艺小分队，常将小调配以新编歌词演唱。

### 五、民间舞蹈

【荡花船】 即跑旱船，俗称摇花船。旱船用竹木扎成船形，上有顶篷，设有门窗，船楼蒙以丝布，显要部位缀以各色纸花。下部用花布围罩遮住双足，船舱里有一位姑娘，双手担着船帮行走，宛如船在水上漂行。船的前后各一人，在前者饰艄公，持竹竿撑船，在后者饰艄婆，摇橹前行，边走边唱。船内姑娘领唱，伴唱队在旁伴唱，配以锣鼓，艄公穿引棒槌，插科打诨，艄婆燕啭莺啼，有问必答。

【花担】 俗称唱花担。春节期间多流行于农村。花篮内放置各色纸花，选一容貌娇好女子，眼戴墨镜，肩挑花担，手持彩绢。演出时，该女踏步摆绢，花担上下颤悠。另有锣鼓手4人，执锣者刹板吟唱，或唱历史名人，或见眼生情随口编唱，多为恭贺祝福之语。有时，两副花担一齐出场，交错表演。

【舞龙灯】 多演于春节或重大喜庆之日。龙头、龙尾均用篾扎纸糊，龙身长短自定，内用篾圈节节支撑，外用布段（颜色自选）包裹，上画麟片，表演艺人各用木棒举起一节，一人持绣球，外加锣鼓队。在绣球的引诱下，龙灯翻腾起舞，并有“蛇脱壳”“翘荷花”“叠罗汉”“堆宝塔”等表演套路。正月初一到初五、元宵节，不少舞龙队到有名望、富裕的家庭或企事业单位舞龙灯。2007年，高港区举办庆祝建区10周年舞龙大赛。至2008年，每个镇、街道都有两三支舞龙队。

【打腰鼓】 新中国成立初期，从陕北引进。表演者腰系长型小鼓，双手执鼓棒敲击鼓面，随着大钹指挥，分轻重缓急打出各种点子。20世纪五六十年代盛行，70年代后一度销声匿迹。20世纪末到21世纪初，开始有村、社区建立腰鼓队。2008年，全区有腰鼓队12支。

【扭秧歌】 为北方民间舞蹈，新中国成立初期境内各地盛行，人数不限，队伍大小不等。表演者腰系一条长绸带，红绿均可，两手持绸带两端，或一手持折扇一手持绸带末端，表演时列队前进。大钹、大鼓敲节奏，表演者随着鼓点扭腰摆胯，三步一跳，前进后退，变换队形，双手前后、上下、左右舞动。进入21世纪后，各镇、街道都有秧歌队。

【舞狮子】 狮子有大、小两种，大的两人合作，一人舞头，一人舞身，两人配合协调，配着锣鼓节奏，能表演奔腾跳跃、盘绣球、踩天桥等动作。小狮子为一人一只，双手持头，能表演“九狮穿山”等复杂动作。

# 第二章　文学艺术

## 第一节　文　学

明代，王稚登作有《柴墟岳武穆公祠》，储巏著有《柴墟文集》，周崇儒作有《柴墟夕照》，何南金作有《柴墟道上万树桃花》，朱昶作有《柴墟夕照》。明末清初，王士祯作有《环溪观玉兰》。

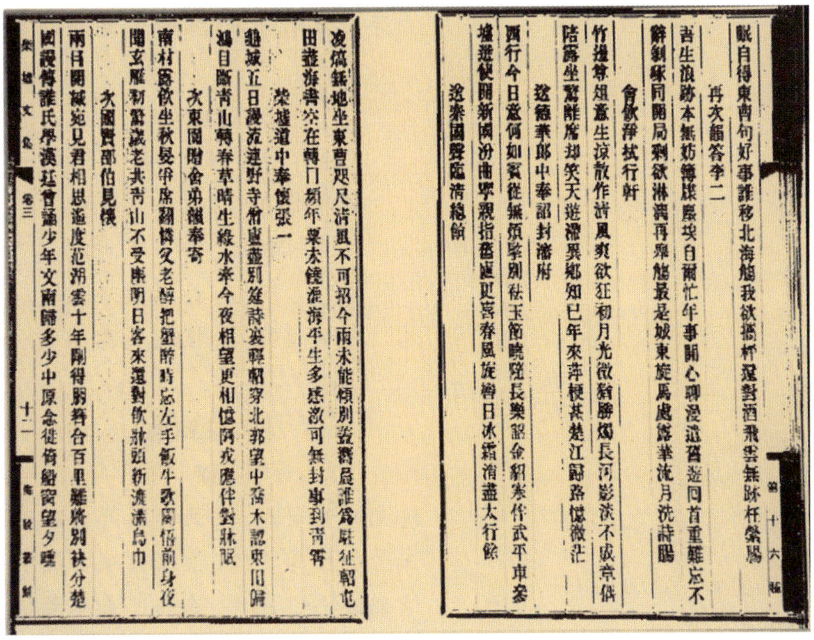

图 25-2-1 《海陵丛刻》收录的《柴墟文集》

清代，戚承训作有《柴墟八景》，朱芝松作有《柴墟道中》，赵智洪作有《柴墟夕照》《岳王祠》，季周孙作有《柴墟寿胜寺有怀储文懿公》，邓汉仪作有《宿柴墟竹隐庵》，黄云作有《宿柴墟竹隐庵赠真公》，洪揖侯作有《柴墟怀古》，姜任修作有《柴墟岳王祠题壁》，严爵作有《口岸观桃花》，王令树作有《和宋明府柴墟桃花歌》，何龙光作有《柴墟道上》，赵复作有《江上桃花歌》，孙枝蔚作有《岳王祠》，刘嗣季著有《四书汇解》《环溪堂文集》《环溪堂诗集》各10卷，吉人著有《杜芴草堂集》《东皋草堂诗抄》，程泰象作有《柴墟怀古》。

新中国成立后，高港籍作家主要有姚江滨、许凤仪、陈模、叶文彬、戚正欣等。姚江滨著有《东渡使者》《晁衡师唐》《万里行记》。许凤仪著有《擦亮“老字号”（许凤仪文集）》《出好复刊“试刊号”》《草原神马》《探寻神秘的皇陵》《扬州八怪与盐商》《一代枭雄葬何处》《唐招提寺：鉴真留下的日本国宝》《跨越千年的因缘》《浅谈名胜古迹的保护》《鉴真和尚与日本豆腐》《辛亥革命在扬州》《开在秦岭上的琼花》等。陈模著有《陈模儿童文学选》《陈模童话故事选》《奇花》《铁哥传奇》《失去祖国的孩子》等儿童文学作品28部、电视剧本4部、电影剧本1部。叶文彬著有诗集《飞向明天》、儿童作品集《有这样一个小宝》、《叶文彬诗选》等。

2008年1月，高港区作家协会成立，有理事24人，戚正欣任主席。

## 附：历代诗词辑录

### 一、柴墟岳武穆公祠

〔明〕王稚登[①]

落日荒祠古道边，断钟无篆鼎无燃。
金牌不是班师地，铁骑曾经破敌年。
折戟洗来沙半蚀，残骸耕出镞犹穿。
山僧好护阶前树，留待春风泣杜鹃。

### 二、自柴墟归海陵

〔明〕储 巏

北望江乡水国中，帆悬十里满湖风。

---

① 王稚登，字面榖，太原人，诗、词、古文俱佳。

白萍无数依红蓼，惟有逍遥一钓翁。

### 三、柴墟闲行

〔明〕储　巏

临流聊寄傲，信步到花村。
蜡屐惊眠犬，田家多闭门。
款茶谈稼穑，按筇数寒温。
不觉垂杨外，烟沉日已昏。

### 四、尝鲥鱼

〔明〕储　巏

江南四月笋蒲清，海错时鲜亦有声。
玉骨箸横犀角细，素鳞盘映水晶明。
官船载去唯充荐，渔网遮来不管征。
此日尝新增感慨，野人芹曝愧平生。

### 五、柴墟道中奉怀张东田

〔明〕储　巏

江城五日漫留连，野寺僧庐尽别筵。
诗里轻轺穿北郭，望中乔木认东田。
归鸿目断青山转，春草情深绿水牵。
今夜相望更相忆，阿戎应伴对床眠。

### 六、宿口岸寺[①]次壁间韵

〔明〕储　巏

古刹初留宿，平生漫好奇。
贝经翻旧叶，只树倚高枝。
月伴枯禅坐，秋欺病客肢。
清光不相负，此地一题诗。

### 七、岳鄂王庙在柴墟江上

〔明〕何南金[②]

（一）

莫话南迁事，心悲安可论。
将星沉浙水，兰酒酹中原。
气在霜天白，魂归江月昏。

① 口岸寺指口岸寿胜寺，宋淳熙十年（1183）建，储巏读书处。
② 何南金，字许卯，号两泉，明万历三十五年（1607）进士，官莆田县知县。

兔藏吾可斧，甘作楚王孙。

（二）

江乡赛村鼓，犹似望征旗。
誓击黄龙颈，终留元豹皮。
炎精虚左袒，青血化南枝。
三字非冤案，书生叩马词。

### 八、柴墟道上万树桃花

〔明〕何南金

桃源何处问，此地野人家。
竹里鸡栖树，篱根犬吠花。
平欺双鬓雪，淡抹晚江霞。
好共谋村醉，青帘映白沙。

### 九、八景诗次谢侯韵之柴墟夕照

〔明〕周崇儒[①]

绿树参差开，村墟带江澳。
斜日穿云林，春鸠啼竹屋。

### 十、船港春潮

〔明〕周崇儒

活活春潮生，带雨来何处。
幽人厌尘嚣，洗耳江门去。

### 十一、柴墟夕照

〔明〕朱　昶

草碧霜黄野烧红，负薪人散夕阳中。
镇兵鼓动烟生柳，贾客帆收岸隐枫。
稍喜桑榆留暮景，漫嗟萑苇入秋空。
百年我亦东归鹤，诗梦犹怀老蜕翁。

### 十二、柴墟镇

〔明〕李　寅[②]

日色才过午，行装且暂停。
人家隔岸少，鱼蟹满河腥。

---

① 周崇儒，泰兴人。明嘉靖十六年（1537）举人，江西临江府同知。
② 李寅，字白也，号东柯，扬州人，画家，善花卉，作《桃花杨柳图》，兼工山水。

水涨难通骑，村虚易数星。
回看昨来路，历历远山青。

## 十三、郊行问俗

〔明〕朱南雍[①]

春日行行江上程，麦田初秀午风轻。
树留残雪三分白，水入寒潮一带清。
风俗变迁悲古道，闾阎凋敝惜苍生。
何当慰我观民志，桃李阴中鸡犬声。

## 十四、县侯罗公初导新河邀与泛舟

〔明〕张　羽

官河晴雨纪巡游，茂宰新怀泽水忧。
犹有欢声传道里，城中下令缓征求。

## 十五、柴墟公馆[②]

〔明〕陈继畴[③]

旧馆迎寒早，枫林应候凋。
江连瓜步阔，险扼石城遥。
戍垒空前代，讴歌洽圣朝。
土风轻战斗，里社半萧条。
拂树荒烟白，当阶暝雾飘。
渔郎朝入市，贾客夜乘潮。
地僻居尘远，时平杀气销，
孤忠原自许，朽驭转难调。
逢世非资术，尊生但息嚣。
乾坤心万里，何待御扶摇。

## 十六、春日次柴墟公馆和韵

〔明〕陈继畴

紫陌搴惟半日程，官厨炊冷午风轻。
江寒落照兼天白，酒泛残梅入座清。
病与故人云外远，愁依芳草梦中生。
凭栏满目忧时泪，不问琵琶水上声。

---

① 朱南雍，字子肃，号越峥、月峥，又号越峥山人，山阴（今浙江绍兴）人。明隆庆二年（1568）进士，曾知泰兴县，官至顺天府尹、通议大夫。明著名书画家，能诗，山水木石法沈周、倪瓒，清劲绝俗。

② 明嘉靖二十三年（1544），知县谢谠建口岸公馆（即柴墟公馆）。

③ 陈继畴，字师洛，浙江上虞人，进士，明万历二十四年（1596）任泰兴县令。

## 十七、柴墟八景

〔清〕戚承训

（一）洲堤杨柳

重重叠叠柳成林，远岸微茫气郁森。
雨湿千行垂弱线，烟深十里结浓阴。
展眉向我原无意，青眼看人似有心。
只恐秋来憔悴甚，随风萧瑟和寒砧。

（二）芦岸桃花

为爱春光一径斜，层层开放小桃华。
只从芦岸看披锦，不向仙源再泛槎。
移到清樽供彩笔，催来羯鼓异寒笳。
无情最是前溪水，流出芳园几片花。

（三）新丰晓骑

荧荧残月半沈晖，茅店苍茫曙色微。
瘦马长嘶朝露滑，荒鸡再唱晓烟飞。
遥看平野星将堕，直指广陵路不违。
试问风尘名利客，穷年碌碌果轻肥？

（四）古渡归帆

贾舶纷纷似布棋，渔歌四起不须悲。
桃花水暖停篙处，杨柳烟寒唤渡时。
棹返休嫌波浪急，帆归每恨晚风驰。
潮来潮去无休歇，云树苍茫动客思。

（五）庆元返照

日落江天红满山，庆元掩映画图间。
一泓秋水明虚阁，百丈晴虹射远关。
题柱人堪挥彩笔，倚栏客讶见酣颜。
莫云欲界无仙境，只此行吟胜斗斑。

（六）江阁惊涛

风鼓宏涛满渡头，萧萧江阁几经秋。
无边浪影侵帘动，不尽潮声入幕愁。
拍岸奔腾惊海燕，兼天激荡起沙鸥。
澄清有志何时遂，极目东南十二洲。

（七）圌峰积雪

花开顷刻美神功，遥望圌峰积雪中。
玉骨崚峥疑拥絮，冰姿突兀耐迴风。
一江素练难争洁，两岸斜阳映不红。
变幻无端真莫测，青螺宛尔白头翁。

（八）寿胜疏钟

临江古寺乐旁迤，时听疏钟过远陂。
逸韵似檐鸣雨铎，清音如竹斗风枝。
声惊宿鸟霜初下，梦破羁人月正移。
此际凄凉眠不得，庭前树叶露垂垂。

## 十八、柴墟夕照

〔清〕赵智洪[①]

晴空一抹涌明霞，平楚苍苍望眼赊。
已近黄昏山欲晦，忽惊碧落日重华。
涵天万顷玻璃净，插水孤峰鬈画斜。
几点蒲帆归未晚，半依墟市半渔家。
徙倚吾庐吟眺时，眼前景物转迷离。
烟霞乍湧仙源路，楼阁旋成海市奇。
行过溪翁闲指点，飞来沙鸟亦参差。
入江翻壁谁能状，曾读惊人老杜诗。

## 十九、柴墟道中

〔清〕朱芝松

几簇炊烟扬远空，隰原高下亩西东。
秧分新绿粼粼水，麦绽微黄淡淡风。
鸦影参差遥浦外，舆声咿轧夕阳中。
何须更结云霞契，一出城闉便不同。

## 二十、柴墟道上

〔清〕何龙光

（一）

海角江壖地，居人寄水涯。
春风梳木叶，宿明醉桃花。
十里千行树，孤村一抹霞。
我来游汗漫，沾湿坐轻车。

① 赵智洪，字文中，泰兴人，清雍正二年（1724）生，著《淳树草堂集》。

（二）

岂是避秦地，家家面水涯。
陇风梳麦叶，海日醉桃花。
绕市千村树，兼天一抹霞。
我游真汗漫，道上几留车。

## 二十一、夜抵柴墟

〔清〕何龙光

川原行不到，前路已黄昏。
移棹闻张网，停车待叩门。
寒风穿老树，冷月挂空村。
有主堪留榻，何嫌漉酒浑。

## 二十二、口岸道中

〔清〕莫　栻

（一）

收拾轻装驾小车，柳枝低碍帽檐斜。
行来一路疑飞雪，垄畔齐开荞麦花。

（二）

棉子花开络纬秋，闲云树影盖山楼。
黄须赤颊田间叟，补笠桑阴未肯休。

## 二十三、口岸观桃花

〔清〕严　爵

此地桃花好，芳菲望不穷。
千村人似醉，两岸水俱红。
艳接云霞色，情移杨柳风。
渔郎如问讯，有路武陵通。

## 二十四、江上桃花歌

〔清〕赵　复

春江二月春色奢，暖风晴日催繁华。
东皇郁勃费全力，都归江上之桃花。
桃花江上於胡底，一路红霞数十里。
排空云锦围芳洲，接岸香风拂春水。
江村村路湾复湾，高低都被花回环。
寻常茅屋一点染，便觉气象非人间。
况复垂杨绿相接，菜花黄衬梨花雪。

迷离掩映何纷纷，越显乱红红倍烈。
我闻桃源风景殊，鸡犬桑麻俨画图。
惜为人世不到处，浪夸仙境知有无。
何如柴墟江上立，看花乘兴操舟入。
偶来此地一问津，中有主人能醉客。

## 二十五、古渡归帆

〔清〕戚　珍

江天冥漠日西斜，无数归舟水一涯。
贾客乱投沙作岸，渔人争指柳为家。
橹声咿哑摇新月，樯影翩翻背落霞。
多恐晚潮停不稳，棹歌惊起欲栖鸦。

## 二十六、洲堤杨柳

〔清〕戚　珍

极目长堤杨柳烟，断肠春色满晴川。
垂将弱线千重影，遮却斜阳一半天。
沙岸迷离风雨外，人家牵惹水云边。
欲携斗酒双柑去，好听莺声奏管弦。

## 二十七、柴墟寿胜寺有怀储文懿公

〔清〕季周孙

三月烟花道，驱车过柴墟。
缅思柴墟集，立马还踌躇。
广陵十先生，俯首必先储。
升进冠群英，蔚起为名儒。
大节在国史，奏议藏石渠。
得君过汉文，勇退同二疏。
宦达跻卿贰，伟抱未全舒。
著书拟尔雅，采摭穷绝殊。
把翰贵油素，百家纵畋渔。
赵宋迄元明，铅椠成储胥。
嗜奇一杨雄，叹息服应璩。
九邛与八索，大业非区区。
先贤早标榜，此乃经国余。
千秋重文献，名与董子俱。
煌煌郡乘在，后进奋前驱。
穷通贵述作，圣人亦吾徒。

### 二十八、岳王祠

〔清〕孙枝蔚[1]

将军异代丹青地，社稷曾经倚重时。
半壁江山归正朔，中原涕泪望王师。
长驱铁马心尤壮，痛饮黄龙事竟迟。
战迹于今光邑乘，荒村伏腊使人悲。

### 二十九、题岳鄂王庙

〔清〕何龙光

闻说柴墟古战场，耕夫尤拾断头枪。
黄龙未抵金人在，碧海难稽宋室亡。
孤愤应添文种怨，沉冤更胜曲端伤。
千年有泪瞻遗像，愧我无冠拜鄂王。

### 三十、谒岳王祠

〔清〕王令树[2]

高原夹路水潺潺，忠武遗祠墟市间。
风卷灵旗疑北向，尘蒙二圣不南还。
潮声未许侵残垒，云气犹看护远山。
我一停车重展拜，寒林萧飒暮钟间。

### 三十一、岳王祠二首

〔清〕赵智洪

（一）

近枕江流远面山，龙蛇古屋自斑斓。
谁知千载沧桑后，尚有孤祠水树间。
百战却凭三字死，九原犹望两宫还。
神州板荡无穷恨，凭吊何人不泪潸。

（二）

少保功勋岂未成，柴墟战绩最分明。
桥通驿路曾摧敌，村指官名尚记营。
倚重南都存半壁，长驱朔漠震先声。
只今入庙瞻遗像，风雨依稀铁马鸣。

---

① 孙枝蔚（1620—1687），清初著名诗人，字豹人，号溉堂，陕西三原人。因其家乡关中有焦获泽，时人以焦获称之，著有《溉堂集》。康熙年间授内阁中书。

② 王令树，字树人，别字桐孙。清康熙十八年（1679）进士，任礼部主事、刑部郎中、山西道察御史，著有《映日堂集》六卷。清光绪《泰兴县志》载，其墓在口岸镇。

### 三十二、过柴墟拜武穆王祠

〔清〕崔冕重

露树寒生碧瓦烟，重瞻遗像拜依然。
身擐昼夜中原甲，目惨东南半壁天。
树鸟似军常野哭，僧幡如纛尚空悬。
定知断镞沉荒土，雨藓尤存战血鲜。

### 三十三、拜岳忠武王祠

〔清〕张师孔①

柴墟古战场，险控淮南路。
消息来楚州，投鞭行问渡。
帐下军背嵬，神算夙已具。
旌旄委迅波，壁垒沉荒戍。
桃花江上村，怨魄啼春树。

### 三十四、岳忠武王祠前题诗

（一）

〔清〕张洪材

岳庙古江头，寒潮枕寺流。
八千云共杳，三字狱谁雠。
麻札功方奏，金牌事已休。
英雄无限恨，瞻拜泪难收。

（二）

〔清〕薛士材

谁使承州失楚弓，张刘援绝势孤穷。
炭村战鼓潮声里，南坝军营草色中。
无限生灵资捍卫，只宜题赞报精忠。
柴墟片土留祠宇，五国何人祀两宫。

### 三十五、题岳忠武王祠

（一）

〔清〕茅　默

涕泪交流随拜落，英灵当户逼人寒。
战云有意留深树，落日无情下远滩。
功业直从天气泯，丹青岂受雨风残。
村翁伏腊勤香火，莫作丛祠野庙看。

---

① 张师孔，字印宣，江都人。

（二）

〔清〕季高熊

古镇荒祠带夕曛，停车追忆背嵬军。
尘沙长负回銮恨，江渚曾留破敌勋。
铁骑三千开戍垒，金牌十二长妖氛。
南徐咫尺烟波隔，惆怅寒原牧马群。

（三）

〔清〕李元俊

千章秋树叶飞翻，少保岿然一庙存。
何处停车寻战垒，徒令挥泪洒江村。
风生沙渚涛声壮，雁落芦滩夕照昏。
最恨班师埋碧血，大功未蒇泣忠魂。

（四）

〔清〕李畹兰

报国精忠究若何，功绩一旦付风波。
朝堂宁竟迷三字，父老空闻泣两河。
屯纪官营留古迹，桥名南坝镇江沱。
莫嗟遗像常含泪，为复中原恨不磨。

（五）

〔清〕蔡　景

国步艰难日，纷纷议若何。
一心拼报主，万死不言和。
冤狱成三字，精忠动两河。
至今来此地，肃拜起长歌。

**三十六、柴墟岳王祠题壁**

〔清〕姜任修

荒祠古柏乌夜啼，战场日落风沙迷。
鄂王遗像犹生气，二帝蒙尘犹惨凄。

**三十七、柴墟怀古**

（一）

〔清〕恽　格

金牌旧恨泣鲛绡，江岸荒祠尚寂寥。
自昔河山征战地，至今风雨鬼神朝。

（二）

〔清〕程泰象

鸦噪高梧冷断霞，荒原凭吊一停车。
风生瓜步潮声远，日落圌山树影斜。
渔子轻舠依极浦，牧童短笛下平沙。
金牌十二骑箕去，万古中原咽暮笳。

（三）

〔清〕洪揖侯

圌山西接海东来，一线银涛并岸开。
武穆雄军曾驻扎，南唐旧邑半蒿莱。
英雄虽浪难淘尽，川岳生本漫见猜。
王道至今犹未泯，莫言乡处忘先灰。

## 三十八、岳王庙看花赠蔡子澍甘有序

〔清〕蒋文田

柴墟岳王庙有玉兰山茶两株，高耸拂云，枝条丰蔚，相传岳忠武手植。盖数两年故物也。乙未暮春，其花盛开若白雪朱霞，天然辉映。

蔡子澍甘邀予来游，左醪右茗，藉简而坐，嘱诸子诗，予亦从而和之。其为咏花欤？咏人欤？予亦不自知，惟我有心人当相视而笑也。

花下一壶酒，花间一片阴。
对兹已足乐，况有同心人。
同心有好言，臭味长相亲。
如彼玉兰树，以素全其真。
同心有和气，光彩无与伦。
如彼山茶树，以绚存其神。
云霞相辉映，文质何彬彬。
云是昔贤植，千载泽犹新。
金谷久销歇，兰亭亦废尘。
何期柴墟畔，尚有桃源民。
人歌我亦醉，醉后皆阳春。
坐久不知暝，落花盈我身。

## 三十九、宿柴墟竹隐庵[①]

〔清〕邓汉仪

结伴冲泥积雪余，支筇昏黑到精庐。
十年江海销金柝，满院松篁冷木鱼。

---

① 竹隐庵，僧竹隐结庵江滨，多植竹，因以自号。原址位于柴墟镇岳王庙、文昌宫侧，已毁。

却扫绳床留客舍，更开香积剪园蔬。
好来岳庙瞻遗像，此地曾经绕战旗。

## 四十、宿柴墟竹隐庵赠真公

〔清〕黄　云

旅行愁即次，江岸有禅关。
系马垂柳下，寻师乱竹间。
林光衔夕照，淡影动青山。
为问尘劳客，何如此地闲。

## 四十一、口岸阻雨

〔清〕孙继登

板桥茅店旧人家，几历星霜玩物华。
满月春光萦柳絮，一时风雨妒桃花。

## 四十二、过环溪

〔清〕闵　崋①

移门当竹径，插柳护山田。
野水明篱外，疏梅落槛前。
朝来课春作，客去理残编。
不信归林下，郎官正少年。

## 四十三、环溪观玉兰

〔清〕王士祯②

淮南二月好天气，八宝城中春鸟鸣。
溪阁客来寻旧约，辛夷花发值新晴。
回风雪霰当杯落，迟日云霞拂槛生。
杏叶柳枝俱仿佛，惊心祓禊逼清明。

## 四十四、过环溪

〔清〕乔　肃③

溪阁自嶙峋，辛夷不复春。
可怜黄叶树，曾识藐姑人。
耆旧今谁在，文章远更新。

---

① 闵崋，字廉风，一作莲峰，江都人，诗骨清秀有神，著有《澄秋阁诗集》十二卷。

② 王士祯，原名王士禛，字贻上，号阮亭，别号渔洋山人，因避清世宗胤禛讳，乾隆中赐名士祯，顺治进士，由扬州司理累官刑部尚书，明末清初中国诗坛领袖，著有《带经堂集》《渔洋诗文集》《精华录》等。

③ 乔肃，字敬哉，号休原，清宝应人，贡生，官凤台县训导。

瓣香吾有意，时拂壁间尘。

### 四十五、秋日泛舟过环溪，得航字

〔清〕马曰琯[①]

湖水涨溢风力强，倒牵逆挽浮小航。
当门剩见荷叶乱，隔院早闻岩桂香。
冷云半池作秋色，清露一杯浇渴羌。
此中直欲十日住，可能容我歌沧浪。

### 四十六、展上已集环溪草堂流觞宴会

〔清〕马曰琯

撰辰直溯永和上，禊饮重教展一旬。
南涧东堂添故事，疏花丛筱媚馀春。
波心潋滟杯浮槛，诗思缠绵月满身。
我亦年来纡郁甚，清流聊尔照乌巾。

### 四十七、环溪看桃花

〔清〕马曰璐[②]

春衫叶叶趁晴天，十亩闲园二顷田。
行过小桥南畔路，桃花开到竹林边。

### 四十八、环溪舟中坐雨

〔清〕吴存义[③]

篷背秋声碎，溪边倚醉听。
荻摇低岸白，山失隔江青。
柳重鸦难起，桥喧屐不停。
谁家临水住，烟外昼常扃。

### 四十九、一萼红

〔清〕杨夔生[④]

溯空明，好轻移吟鷁，迤逦过环溪。十里新晴，半汀残霭，兰桡细划秋漪。翠藤翳、凉穿水曲，见

---

① 马曰琯（1687—1755），字秋玉，号嶰谷，安徽祁门人，后迁江苏扬州。清代著名盐商、藏书家，为清代前期扬州徽商的代表人物之一，与弟马曰璐同以诗名，人称“扬州二马”。乾隆元年（1736）与马曰璐并荐博学鸿词，著有《沙河逸老集》。

② 马曰璐（1701—1761），清代诗人，字佩兮，号南斋、半槎道人，安徽祁门人。国子生，候选知州。好学、工诗、喜结客。著有《南斋集》。

③ 吴存义，泰兴城北人。清道光十八年（1838）进士，历任编修、学政太仆卿、通政史、礼部侍郎、刑部侍郎等职。

④ 杨夔生，初名承宪，字伯夔，号浣芗，金匮（今无锡）人。监生，曾官顺天蓟州知州，能诗，尤工倚声。著有《真松阁诗集》《真松阁词》《过云精舍词》等。

数点、烟际暝欧飞。载酒频来，棹讴唱彻，西塞鱼肥。极目沙边凝伫，渺云圆松髻，霞剪荷衣。侧帽吟商，当歌吹竹，幽思约上双眉。看暮色、苍然林表，好湖山、弹指入斜晖。只有西岩渔父，镇是忘归。

## 第二节　书画　摄影

### 一、书画

建区前，口岸、田河、刁铺、许庄等乡镇书画之风颇盛。建区后，2000年、2004年，曹明德、李俊先后加入江苏省美术家协会。2002—2007年，栾虎成、姚社成、曹茂良、孙志勇、曹明德、王文玉、薛余锦、杨广鹤、钱江桥、高小超相继加入江苏省书法家协会。2007年，孙志勇成为中国书法家协会会员。当年，高港区举办庆祝建区10周年书画展、纪念建军80周年书画展、“三泰啤酒”文化节书画展。2008年，在区建设局、老年活动中心举办书画展；举办口岸中学成立80周年书画展。

钱江桥花鸟作品2次入展省、国家级书画展。栾虎成书法作品先后获评江苏省中小学教师艺术作品展书法一等奖、第二届新世纪全国教师书法作品大赛中学毛笔书法三等奖、第四届新世纪全国教师书法作品大赛中学教师毛笔字作品一等奖。孙志勇书法作品先后获中国“冼夫人奖”书法大赛三等奖、第五届江苏青年书法篆刻大展一等奖，以及第八届江苏省“五星工程奖”美术、书法、摄影作品银奖，纪念改革开放30周年江苏省群众美术、书法、摄影作品金奖。

### 二、摄影

20世纪30年代，口岸、刁铺集镇设有照相馆。新中国成立后，照相业经过社会主义改造，改建为公私合营、合作经营的照相馆。70年代，许多单位配有照相机。1985年，口岸戚绳琪摄影作品《谦虚》入选全国性摄影艺术展。2000年，刁铺镇孙雅琴的作品《春晖》获江苏省第16届摄影展优秀奖。进入21世纪，各集镇设有照相馆，均为个体私营；不少单位和个人亦购置照相机，摄影爱好者颇多。2002年，刁铺文化站秦荣琛摄影作品《童真》在“美在江苏”摄影展中获金奖。高卫东、封纪根等人作品曾获市级以上奖项。

## 第三节　戏剧　舞蹈

### 一、戏剧

【京剧】 新中国成立前，口岸镇京剧爱好者组成正风票社，或登台客串，或聚会清唱，常趁各京剧团到口岸演出之机联欢演出，演出剧目有《窦娥冤》《上天台》《坐宫》等。时刁铺亦有环溪京剧团。新中国成立初，环溪京剧团解散，部分人连同服装、道具并入环溪票友社。1952年，正风票社更名为口岸文工团。1954年，环溪票友社解散，部分人被选入江苏省京剧团。“文化大革命”期间，境内京剧爱好者排演《沙家浜》《红灯记》《智取威虎山》《龙江颂》等样板戏。1989年，口岸、刁铺京剧协会成立，各有会员30人、40人。1997年，在泰州市首届艺术节文艺汇演中，口岸京剧协会演出的《红灯记》选段获一等奖。

图 25-2-2 《抬驴》剧照（2004年摄）

1999年1月，高港区京剧联谊会成立。2002年，高港区京剧联谊会新排练传统节目《苏三起解》、折子戏《智斗》等，与仪征市京剧联谊会进行演唱联谊活动。2007—2008年，区京剧联谊会送戏下乡10余场，并经常到泰兴、兴化、仪征等地交流。

【扬剧】 新中国成立初，口岸文工团演出的扬剧有《大丰产》《走上新路》《卖粮路上》《小二黑结婚》《应征前夕》等。20世纪50年代中后期至60年代，扬剧在境内流行，口岸文工团和刁铺文工团演出《耕耘记》《一秤三砣》《海山渔歌》《中秋之夜》《罗汉钱》《走上新路》《好战分子艾森豪威尔》等剧目。今中老年群众仍有不少人喜爱扬剧。

【话剧、歌剧】 新中国成立初，口岸先后排演现代话剧《白毛女》《拈井沉冤》等。“文化大革命”期间，口岸、刁铺演出《红烛泪》。1984年，刁铺文工团演出的独幕歌剧《月圆曲》（曹廷昌创作）在江苏省农村小戏调演中获创作二等奖。1992年，课本剧《蓝鼻子与红鼻子》（陈进东创作）获江苏省文化厅戏剧（录像）比赛创作二等奖。2004年1月，刁铺镇环溪小学的课本剧《抬驴》（章庆生创作、陈进东导演）获第五届江苏省“五星工程奖”金奖。

【木偶戏】 新中国成立前至“文化大革命”时期，境内盛行木偶戏。木偶戏，也称作“傀儡戏”，或“木头人戏”。木偶俗称“三根棒”：一棒支撑木偶头部，颈际接一肩板用以架衣，另两棒用以操纵两手。演出时表演者双手操纵木偶，合着胡琴锣鼓伴奏，边演边唱。民国年间，大泗、胡庄建有木偶戏班。木偶戏班多以家庭成员为主，也聘请多才多艺的人参加，一般在乡间流动演出，多在集市、庙会、打谷场等地。逢有红白喜事或许愿还愿，富裕之家多请木偶戏班演出。20世纪70年代起，随着影视业的发展，境内木偶戏逐步退出历史舞台。

## 二、舞蹈

1981年，口岸镇文化站集体创作舞蹈《打银杏》《打谷场》，分别获泰兴县、扬州市演出二等奖。1999年，许庄中心小学创作的舞蹈《鼓乐声声庆国庆》获泰州市首届“民歌、民乐、民舞”大赛民舞组三等奖。2003年，口岸、刁铺两支秧歌队获泰州市“盛扬杯”第二套健身秧歌比赛三等奖。2006年，舞蹈《马路音画》获“‘和谐江苏’文明社区环省行”泰州站活动一等奖。许庄中心小学创作的舞蹈《鼓娃》获江苏省中小学生艺术展演一等奖。舞蹈《召唤》获泰州市第四届教师艺术节活动一等奖。

# 第三章　群众文化

新中国成立初，大多数乡镇组建业余剧团、文化宣传队，部分乡镇建设大会堂（兼作影剧院），口岸、刁铺等乡镇建有新华书店、文化站、图书室等。“文化大革命”期间，不少传统文化娱乐形式消失。改革开放后，群众文化设施增加，传统的文化活动逐渐复兴，群众自由组合的娱乐与健身融为一体的活动增多。建区后，区政府加大投入，先后建成区文化馆、图书馆、影剧院。区、镇（街道）公共文化设施日趋标准化。社区文化、农村文化、家庭文化、企业文化、校园文化得到较好发展。

## 第一节　文化设施

### 一、文化馆（站）

1952年，口岸、刁铺等地建文化站。1953年，永安建文化站。各文化站逐步设有图书室、象棋室、乒乓球室、演艺室、科技展览室，承担乡镇文艺培训、扫盲辅导等。1997年，7个乡镇均有文化站。2000年3月，许庄、田河文化站分别并入刁铺、口岸，全区设5个文化站。2006年3月许庄街道设立后，恢复文化站。2008年，全区设口岸街道、刁铺街道、许庄街道、永安洲镇、大泗镇、白马镇、胡庄镇、野徐镇8个文化站。

2007年9月，区文化馆建成，位于银杏广场东侧，建筑面积3200平方米，主体建筑4层，设有文艺辅导部、艺术培训部、文艺创作部、美术摄影部、非物质文化遗产保护工程中心等，有健身、棋牌、乒乓球、舞蹈、古筝、书画等活动室。

### 二、图书馆（室）

【区图书馆】 2007年，区图书馆建成，与文化馆毗邻，建筑面积2100平方米。2008年，藏书6.5万册，订各种期刊240种、报纸120份。设有少儿图书外借部及阅读室、综合借阅室、报刊阅览室、电子阅览室。内设采编、外借、阅览等6个科室。

图 25-3-1　高港区图书馆（2008年摄）

【镇（街道）图书室】 1952—1953年，口岸文化站收藏图书约1000册，刁铺、永安文化站分别收藏约600册。建区后，各镇（街道）均有藏书5000册以上的图书室。2008年，全区各镇（街道）图书室藏书约4.5万册。

【企事业单位图书室】 20世纪60—80年代，境内各中小学始设图书室。90年代，各企业始办图书室。1997年，境内企事业单位有图书室48个，藏书40余万册。刁铺中学、口岸中学藏书均在4万册以上。2008年，全区企事业单位图书室藏书100余万册。

### 三、影剧院

图 25-3-2 口岸影剧院（21世纪初摄）

1953—1954年，刁铺、口岸、永安相继建成容纳800余人的大会堂，兼作影剧院。20世纪70—80年代，翻建为影剧院，多为钢筋混凝土结构，拥有座位1100余个。90年代，大泗、白马等乡镇建成影剧院。2000年后，许庄镇、胡庄镇建成影剧院。2008年，全区有镇（街道）影剧院（大会堂）7个。

2007年，高港大江剧院建成，总面积7800平方米，有680个座位，配备舞台音响、灯光设备，有演员化妆室、休息室。

## 第二节 文化活动

### 一、专题文化

1999年，区政府在口岸影剧院举办“让世界聆听扬子江涛声‘高港之夜’”文艺晚会。2001年10月25日，扬子江药业集团举办“辉煌三十年”文艺演出。2004年8月12—16日，高港区举办首届“中国·三泰啤酒文化节”活动。2005年，举办纪念海军诞生55周年文艺活动。2006年，举行“关爱生命，安全出行”“清廉颂”“学习张云泉，服务集中行”等演出活动50余场次。2007年，举行“我们在春天起航”文艺演出。同年8月，举办第二届“中国·三泰啤酒文化节”活动。11月，在大江剧院举行“口岸船舶·民乐名家会高港”大型民族音乐交流展演活动。

### 二、广场文化

20世纪90年代中期，广场文化起于群众自发的晨练。起初，只有一些小型广场演出和自娱自乐的舞蹈等。2004年，永安洲镇举行广场文艺活动，在镇政府广场和各村演出10余场，观众2万余人次。随着广场、公园、镇村小区休闲场地等的出现，广场文化活动有了比较理想的固定场所。2005年后，市民除晨练、晚锻、唱歌、操练乐器外，还不定期在广场自发组织文艺活动。周末或节假日，广场上经常有放风筝、溜旱冰的人群。区委、区政府举办的重大庆祝活动，部门、单位举办的展示等也多在广场举行。2007年，在大江剧院广场举行庆祝建区10周年舞龙大赛。2008年，全区有市级文化广场3处、区级12处，有晨、晚练队15支，活动参加人数800余人。

图 25-3-3　庆祝建区10周年文艺演出（2007年摄）

### 三、校园文化

20世纪60—70年代，境内多数学校自编自演小型文艺节目。80年代后，学校每年组织师生编排文艺节目参加春节文艺会（调）演。1997—2005年，各学校选手分别参加“扬子江杯”“环溪杯”“金港杯”“银杏苑杯”青年歌手大赛，举办各种文艺活动。在泰州市第二届少儿艺术节活动中，高港区选送美术作品31幅、现场书画表演作者8人、音乐舞蹈类节目5个。2006年，在泰州市第四届教师艺术节活动中，高港区选送书法作品13幅和文艺节目2个参赛。2007年，举办庆祝第23个教师节文艺演出和“我与高港同成长”少儿书画长卷比赛等文化活动。2008年，举办“小荷才露尖尖角”文艺演出和“我们从春天走来”纪念改革开放30周年诗文朗诵会等活动。

# 第四章　文化市场及管理

## 第一节　文化市场

### 一、出版物市场

1952—1982年，境内有国营刁铺新华书店、口岸新华书店。1983年，泰兴新华书店出资建口岸新华书店营业大楼。20世纪90年代后，集体和私营书店相继出现。1992年，实行书报刊经营许可证制度。1997年，全区有书店9个，各乡镇供销社都有新华书店零售店，另有印刷厂8个。1998年，新华书店由事业单位改为企业单位。1999年，改为股份制企业。2008年，区新华书店搬至港城路1号，有营业员10人。2008年，全区有书店23个，其中个体书店22个、集体书店1个，共有店面2万平方米、店员近100人。另有印刷厂11个，打字复印社26个。

20世纪80年代中期，境内音像市场兴起。主要进行音像制品零售、出租。1997年，全区有音像店2个。2008年，有46个。

### 二、娱乐市场

20世纪90年代，卡拉OK歌舞厅兴起，口岸文化楼舞厅为境内第一个正式获批的歌舞厅经营单位。1997年，全区有歌舞厅3个、录像放映厅2个。2008年，有歌舞厅9个，注册资金近27万元，营业面积2000平方米，营业额300余万元，其中口岸街道5个；有游戏机室7个，注册资金70余万元，营业面积500平方米，营业额200余万元；有台球室8个、棋牌室15个。

1985年，境内始有自发性电子游戏经营场所。2008年，全区有网吧21个，其中规模较大的“浪淘沙”网吧有电脑200台。

## 第二节　文化市场管理

建区后，高港区先后开展印刷企业、电子游戏室、歌舞娱乐场所、网吧、音像市场、校园周边环境专项整治活动。2003年，重点整顿音像市场、娱乐市场、互联网上网服务场所，查封有脱衣淫秽表演的歌舞厅1个，收缴非法音像制品1200余张（盒），查缴非法教辅材料360册、配套磁带60盒，查封无证经营的“黑网吧”2个，查扣电脑7台、集线器1台、调制解调器1台。2004年，查封无证经营的“黑网吧”1个，扣缴电脑18台，3个“黑网吧”自动歇业，查处违规接纳未成年人的场所2个，没收街头摊点赌博型电子游戏机4台。2005年，聘请44名“五老”人员担任网吧义务监督员。全年查缴盗版音像制品2060张、书刊101册，收缴赌博型电子游戏机32台并集中销毁。2006年，开展百日整治集中行动，取缔“黑网吧”6个，取缔“黑游戏室”3个，扣缴电脑17台，收缴色情光盘438张、色情图书550册、赌博游戏机18台。2007年，开展“扫黄打非”工作，共收缴盗版图书377册、光盘（软件）159张、赌博机3台。2008年，开展文化市场专项整治，收缴盗版图书224册、光盘（软件）108张、赌博游戏机2台。

# 第五章　广播电视

20世纪50年代，境内乡镇（公社）开始创办广播站。70年代，创办村、厂广播室。1998年4月，泰州市广播电视局高港分局（简称高港广电分局）成立，受泰州市广播电视局（台）统一管理。2001年4月，建成包括演播厅在内的4000余平方米广电业务大楼。2008年，共有镇（街道）广播电视站8个，村广播室46个。全区有线电视用户65281户。

## 第一节　广　播

1957年、1958年，刁铺、口岸先后创办广播放大站。1969年，各公社（镇）相继建立广播放大站，每天早、中、晚定时转播中央人民广播电台、江苏人民广播电台和县有线广播站的节目。20世纪70年代起，各站陆续自办一些节目，主要宣传毛泽东思想，播发当地党委、政府或者部门的通知及农村新人新事等，时办时停。1993年，村、厂广播室141个。1994年上半年，各乡镇广播放大站更名为广播电视站。建区后，区、镇两级均未设置专门广播机构。大部分村、厂广播室停办。

## 第二节　电　视

### 一、信号传输

【无线电视】 20世纪70年代末至80年代中后期，泰兴县、泰县相继建立电视差转台、电视发射塔后，口岸、刁铺、永安洲、大泗、胡庄等乡镇可收看中央电视台、江苏电视台及所在县自办电视节目。建区后，高港区能收看中央电视台、江苏电视台和泰州电视台的节目。

【有线电视】 1994年5月，口岸镇政府投资20余万元，建设口岸有线电视网络。1995年1月8日，口岸有线电视网络建成并通过验收，其带宽550兆，采用邻频传输方式，传输16套电视节目。其他乡镇广播电视站也相继开通有线电视信号。建区后，全区有线电视用户7717户。2003年初，境内各镇有线电视网实现联网。2004年10月，开通数字电视业务，传输中央、省、市视频节目64套、音频节目6套。2005年，投入350余万元，改造升级旧网络，发展有线电视用户5008户。至当年12月，全区有线电视网络实现“村村通”。2007年4月22日，永安洲镇建安村（原平安村）等5个村民小组接通有线电视信号。至此，全区实现有线电视网络“组组通”。2008年9月区划调整，10月21日，新划入地区正式接通泰州市区有线电视信号。全区实施模拟电视信号向数字电视信号转换，有线电视用户6.53万户，城乡综合入户率90.6%。

图 25-5-1　居民开通数字电视（2008年摄）

【接收系统】 1997年4月前，口岸、刁铺、白马镇区建有有线电视网络，有线电视网络前端信号源采取卫星接收与转播相结合。卫星接收采用直径2米的抛物面天线，接受中央和地方台卫星节目10套。1997年4月，全区7个广播电视站均设有电视转播机房，有线电视信号由泰州市有线电视台通过平线光缆利用1310纳米光设备传输到各乡镇转播机房，各机房通过光接机接收信号，进行光电转换后作简单处理，经二级光缆传送至各光节，通过350兆赫电缆分配网传送至用户家中。1998年4月起，高港有线电视传输系统被纳入泰州城区广播电视整体规划，区内各乡镇有线电视网络前端接收系统撤销，由泰州有线电视台中心机房通过光缆将信号传送至高港区，直接接入有线网络，高港广电分局建有有线电视播出监控机房。

### 二、电视节目

图 25-5-2 《高港新闻》节目（2006年摄）

1995年，口岸广播电视站开办有线电视频道，自办图像加配音的《口岸新闻》。1997年4月，《口岸新闻》更名为《高港新闻》。2002年10月，泰州广播电视台高港记者站成立，负责《高港新闻》的采编制作。2003年5月8日，《高港新闻》改版，新闻导语有播音员出镜，栏目时长10分钟。6月，开办服务大企业的专题节目《扬子江风采》，每月1期，集中对扬子江药业集团进行宣传，子栏目有《扬子江新闻》《奋进中的扬子江》《走近博士》《扬子江人》《杏林文化广场》等。

1998—2008年，共有66篇电视新闻作品获市政府新闻奖。电视新闻系列报道《我当代表为人民》获泰州市2004—2005年度"宣传人民代表大会制度好新闻"一等奖。《紧急营救》获2006年度市政府新闻奖电视新闻长消息一等奖。《刁铺兴办47家企业未征一寸地》获2007年度市政府新闻奖电视新闻短消息一等奖。《百姓议事园·高港篇》获2008年度市政府新闻奖电视新闻访谈类节目一等奖。电视系列片《扬子江——搏击市场大潮的雄鹰》获2008年度市政府新闻奖电视社教类节目一等奖。

# 第六章　史志档案

## 第一节　党史工作

建区前，境内各乡镇先后为《泰州革命史料》《泰兴革命烈士传》《中国共产党泰兴县组织史资料》《泰县革命斗争史料》《泰县革命烈士传》《中国共产党泰县组织史料》等搜集整理革命斗争史料和组织史料。建区后，高港区先后协助泰州市史志档案办公室搜集整理革命烈士资料，协助泰兴市、姜堰市做好1949—1978年地方党史资料征集工作。2005年，召开纪念抗日战争胜利60周年暨新中国成立前党史资料征集座谈会，邀请在外的高港籍离退休老干部16人回乡，看家乡巨变，讲革命故事。2006年4月，向有关学校赠送泰州市、高港区革命历史书籍。开展抗日战争期间人口伤亡和财产损失专题调研，形成7卷30万字的材料。2008年，举办“高港改革开放以来最具影响力的10件大事”评选活动。

## 第二节　地方志工作

### 一、志书编纂

1986年起，境内乡镇参加全国第一轮地方志编纂工作，负责向《泰兴县志》《泰县志》提供资料。1989年，高港港务局编印《高港港史》。2007年，高港区根据省、市统一部署，启动新一轮地方志编纂工作。调整了地方志编纂委员会组成人员，印发《泰州市高港区志》编纂实施方案，召开区志编纂工作启动会，组织修志业务培训。2008年，征集修志资料。

### 二、大事记编写

1999年1月起，区史志档案办公室按月编印《高港区大事记》。当年，编写1997年4月至1998年12月大事记。2003年，汇编30万字的《高港区大事记（1997.4—2003.5）》。2006年，汇编7万余字的《高港区大事记（2003.6—2005.12）》。至2008年，累计印发月度大事记131期。

### 三、地情书编纂

2000—2002年，搜集、整理地情资料，出版《高港概览》。2007年建区10周年，编印《十年辉煌》和《十年求索》。

## 第三节　档案工作

### 一、档案馆（室）建设

【区档案馆】 2000年，高港区档案馆设于区政府办公楼内。2007年，搬迁至区文化中心大楼。装有240立方米的密集架29组，档案橱柜4组，配备防火防盗自动报警器、触摸屏、湿温度表、红外线监控设备、空调、去湿机、吸尘器、厚层文件裁切机。

2000年，接收口岸、刁铺、田河、许庄、永安洲、野徐、白马7个乡镇1986—1996年文书档案进馆，共3557卷。2004年，对口岸、刁铺、永安洲、野徐、白马5个镇的6万份个人建房材料进行接收、整理、归档。2007年，将在泰兴档案馆保管的口岸、刁铺、田河、许庄、永安洲5个乡镇1957—1985年文书档案接收进馆，共801卷。2008年，开始接收区级机关、乡镇、街道1997—2001年文书档案进馆。当年，共接收21个单位1492卷的文书档案，其中永久保存776卷、长期保存716卷；

图 25-6-1 区档案馆（2008年摄）

接收电子文件目录25598条。馆藏档案共有9个全宗群、24个全宗、8331卷，包括文书档案、清房档案、建房档案、婚姻档案和会计档案等。

区档案馆利用馆藏档案服务社会，为经济建设、历史研究、编史修志、落实政策和解决纠纷等提供依据，产生良好的经济和社会效益。2005年4月，区现行文件利用中心向社会开放，至2008年，向区级机关征集政策性、法规性、公益性文件9566件，资料汇编4册。1997—2008年，区档案馆接待查档人员1500人次，查阅档案2500卷次，查阅、复印均免费。

【基层档案室】 1978年，口岸公社档案室建立。此后，境内各公社、乡镇陆续建立档案室。1993年，口岸镇档案室被评为扬州市二级标准乡镇档案室。1997年，全区有乡镇档案室7个。2000年6月，高港区城市建设档案室成立。2008年，有镇（街道）档案室8个、部门档案室55个，专兼职档案员110余人，保存文书档案近10万件。

## 二、监督指导

【业务指导】 1998年起，指导各单位开展档案收集、整理工作。1999年，指导7个乡镇、143个行政村完成建档工作；指导41个区级机关、15个驻区单位完成建档工作；指导区水利局完成引江河工程文件材料的归档工作。2001年，指导各单位由以卷为单位归档改为以件为单位归档。2006年12月，指导各单位制定新的文件材料归档范围和文书档案保管期限表。

【等级评审】 2001年起，开展机关档案工作等级评定。当年，区人民法院等7个单位达泰州市二级标准，中国农业银行高港分理处等4个单位达泰州市三级标准。2002年，区审计局达江苏省审计系统一级标准，为全区首个达省级标准的机关单位。至2008年，区公安分局达省特一级标准，区人民法院、人民检察院、财政局、机关工委、司法局、外经贸局和刁铺财政所、野徐财政所、白马财政所达省级标准。

# 第七章　体　育

新中国成立后，工厂、学校不断改善体育设施，经常开展各类体育活动。改革开放后，群众健身意识不断增强，经常参与体育锻炼的人口明显增多。建区后，区政府加大群众体育工作力度和体育设施建设力度。2008年，全区有中小学教练员51人，国家级裁判员44人，其中一级5人、二级33人、三级6人。

## 第一节 体育协会

1998年10月，区门球协会成立，会员120人。1999年，区信鸽协会成立，会员200余人，每年举办春季和秋季2次信鸽放飞比赛。2004年10月，泰州市钓鱼协会高港分会成立，有会员100余人，每年参加市组织的2次钓鱼比赛，至2008年承办3次市级比赛。2007年7月，区羽毛球协会成立，有会员45人，每年举办2次会员排位赛。2008年1月，区棋类协会成立，会员60余人。5月，区乒乓球俱乐部成立。至2008年末，高港区有体育协会5个；有区级社区体育健身俱乐部11个；有老年人体育运动协会11个，会员500余人。

## 第二节 体育设施

20世纪60—80年代，各公社（乡镇）中小学有简易的操场，体育设备较少。90年代，各中小学扩建操场。建区后，学校体育设施逐步完善。2006年，全区中小学添置乒乓球桌、单杠、双杠、垒球等体育器材。至2008年，各中小学共建运动场8个，其中，口岸中学、刁铺中学、高港职业教育中心各建成标准田径场1个，高港实验学校建成300米塑胶环形跑道田径场；共建篮球场26个、排球场13个、乒乓球室16个、室外乒乓球场地12个。

2008年，全区有全民健身点18个、区少儿业余体校1所、门球场10个、室内游泳池2个（海燕大酒店康乐中心游泳馆、步云楼天乐池）；各镇（街道）建有篮球场、健身房、乒乓球室、棋牌室数十处。

## 第三节 群众体育

### 一、职工体育

新中国成立后，工厂、学校、机关等单位开展有组织的体育活动。1954年5月，口岸镇工会选派职工参加口岸、泰兴、黄桥三镇篮球联赛。1978年起，口岸船舶修造厂、高港港务局每年举办运动会。1998年，高港区举办首届机关干部乒乓球赛。2001年4月，举办区直机关象棋赛；5月，举办区机关干部乒乓球赛。2006年10月，承办泰州市第二届运动会职工部象棋比赛，60名选手参赛。2007年4月，在区文化中心广场举行“全民健身与奥运同行腾飞高港”舞龙赛，口岸街道、扬子江药业集团、高港消防大队、永安洲镇、白马镇5个单位的7支舞龙队参加。

### 二、农民体育

20世纪50—70年代，农村普遍开展以基干民兵为主的军事体育活动。口岸农民篮球队1984—1986年连续3年获泰兴县冠军，1986年获扬州市冠军，1994—1995连续2年获泰兴农民篮球赛冠

图 25-7-1　全民健身展演（2005年摄）

军；白马乒乓球队曾获扬州市第三名。1996年10月，口岸镇被评为全国“亿万农民健身活动”先进乡镇。

1998年，举行全区首届农民“百人象棋赛”。当年起，每年组织一次全民健身周（月）活动，在农村建成健身点6个、体育场所10个。2007年，口岸街道举办农民趣味运动会，20个村代表队近千人参加；刁铺街道举办千人健身长跑活动和健身舞比赛，村、企业、学校的21支代表队参加。有3个晨晚练点获泰州市优秀全民健身晨晚练点称号。2008年，完成“万村体育工程”建设。

### 三、老年人体育

20世纪80年代后，境内部分乡镇开始组织老年人体育活动。区门球协会成立后，每年组织运动员参加省、市门球联谊比赛。1998—2001年，高港区连续4年组织老年人参加“高港区奔向21世纪万人健身长跑活动”。2008年，组织老年体育爱好者参加高港区首届全民健身运动会。各镇（街道）建有老年人扇舞队、剑术队、拳术队等健身队。当年，区老年活动中心建成，有门球场4片。

## 第四节　学校体育

新中国成立前，学校无专职体育教员，学生玩“滚铁环”“打陀螺”“踢毽子”“挤麻油”等活动。新中国成立后，境内各级各类学校开辟简易操场，添置体育器材，开设体育课，正常做广播体操。后来，各学校开始配置专兼职体育教师。体育活动有爬杆、拔河、跳高、跳远、障碍赛跑，各校也开始举办校运动会。1958年，口岸中学学生李希云、乔晔被选拔到江苏省田径队，后转送八一队。1973年，龙窝小学男子篮球队获扬州市小学生男篮赛亚军。1978年，各乡镇中心小学基本配齐体育教师，实施赛跑、掷铅球、仰卧起坐等项目达标训练。1987年，小学生体育达标率96%以上。1989年，大泗初级中学宏玉获省学生田径比赛400米冠军、800米亚军。建区后，各学校均修建符合教学要求的田径场，各类体育器材配备到位。2000年，刁铺中心小学成立高港区少儿业余体校，设有男子、女子乒乓球队和男子、女子篮球队。2001年，刁铺中心小学获泰州市中小学生乒乓球比赛小学组团体总分第一名，刁铺中学获高中组女子团体第三名。2002年，海军小学田径队获泰州市中小学生田径比赛团体第一名。2003年，永安洲中学获泰州市中小学生中国象棋比赛中学组第三名。2004年，刁铺中心小学获泰州市第二届全民健身运动会乒乓球比赛小学男子团体第三名、女子团体第五名，白马中学获学生部篮球比赛第二名。2005年，永安洲中心小学少儿门球队获江苏省少儿门球比赛第二名。

2008年1月，区少年体育学校学生吉炳尧与泰州其他两名学生共同获全国少儿乒乓球赛团体冠军。

## 第五节　体育赛事

1997—2008年，高港区共举办全区中小学生田径运动会11届、中小学生乒乓球比赛6届、中小学生篮球比赛5届、中小学生中国象棋比赛2届。2008年，举办首届全民健身运动会，共设12项比赛，分为学生部象棋比赛、乒乓球比赛、篮球比赛、校园集体舞比赛，职工部篮球比赛、乒乓球比赛、羽毛球比赛、扑克牌比赛、田径比赛、象棋比赛等，近千名运动员参加。

### 1997—2008年高港区体育赛事一览表

表229

| 竞赛时间 | 竞赛项目 | 运动员数（人） | 备　注 |
|---|---|---|---|
| 1997.10 | 首届中小学生田径运动会 | 242 | 14个项目 |
| 1998.10 | 第二届中小学生田径运动会 | 236 | 14个项目 |
| 1999.05 | 中小学生中国象棋比赛 | 112 | 6个组别 |
| 1999.10 | 第三届中小学生田径运动会 | 243 | 14个项目 |
| 1999.12 | 首届中小学生乒乓球比赛 | 126 | 6个组别 |
| 2000.10 | 第四届中小学生田径运动会 | 238 | 14个项目 |
| 2000.12 | 首届中小学生篮球比赛 | 260 | 6个组别 |
| 2001.10 | 第五届中小学生田径运动会 | 246 | 14个项目 |
| 2001.12 | 第二届中小学生乒乓球比赛 | 102 | 6个组别 |
| 2002.10 | 第六届中小学生田径运动会 | 228 | 14个项目 |
| 2002.12 | 第二届中小学生篮球比赛 | 281 | 6个组别 |
| 2003.07 | 第三届中小学生乒乓球比赛 | 96 | 6个组别 |
| 2003.09 | 第七届中小学生田径运动会 | 245 | 14个项目 |
| 2004.07 | 第三届中小学生篮球比赛 | 278 | 6个组别 |
| 2004.10 | 第八届中小学生田径运动会 | 246 | 14个项目 |
| 2005.07 | 第四届中小学生乒乓球比赛 | 98 | 6个组别 |

续表 229

| 竞赛时间 | 竞赛项目 | 运动员数（人） | 备　注 |
|---|---|---|---|
| 2005.09 | 第九届中小学生田径运动会 | 232 | 14 个项目 |
| 2006.07 | 第四届中小学生篮球比赛 | 260 | 6 个组别 |
| 2006.09 | 第十届中小学生田径运动会 | 236 | 14 个项目 |
| 2007.07 | 第五届中小学生乒乓球比赛 | 103 | 4 个组别 |
| 2007.10 | 第十一届中小学生田径运动会 | 203 | 14 个项目 |
| 2008.04 | 中小学生校园集体舞比赛 | — | 4 个组别 |
| 2008.05 | 第六届中小学生乒乓球比赛 | 109 | 4 个组别 |
| 2008.05 | 中小学生中国象棋比赛 | 98 | 4 个组别 |
| 2008.06 | 第五届中小学生篮球比赛 | 220 | 4 个组别 |
| 2008.06 | 高港区首届全民健身运动会 | 1000 | 12 个项目 |

2006年，高港区承办江苏省第三届“银星杯”退休人员中国象棋赛和省第29届“扬子江药业杯”老年门球赛。全省23个县级市（区）的24支代表队参赛，共有裁判员、教练员、运动员304人。

**附：高港籍运动员参加重要赛事获奖情况**

2001年，马小明获江苏省柔道冠军；2004年，获全国柔道比赛第三名。

2005年，散打运动员于锦获全国第十届运动会87.5公斤级冠军、全国锦标赛90公斤级冠军；2006年，获全国锦标赛90公斤级冠军、全国冠军赛90公斤级冠军；2007年，获重庆世界王中王搏击赛90公斤级冠军、全国冠军赛85公斤级冠军、世界武术锦标赛90公斤级冠军。

## 第六节　体育训练

建区后，高港区主要体育训练项目有古典式摔跤、乒乓球、游泳3项。

古典式摔跤为市队区办项目，2003年开始招生办班。训练场馆由高港中学的多功能教室改装，面积40平方米。至2008年，共培训学员50人。其中有12人被推荐到市体校，正常在训22人。

1999年起，高港区从每两年一届的中小学生乒乓球比赛中选拔优秀的苗子进乒乓球培训班训练。至2008年，共办5期培训班，培训近200人，其中35人被选拔到市体校训练。

2007年，扬子江药业集团海燕大酒店康乐中心建成室内游泳馆。每年夏、秋季训练学员。至2008年，共培训30人。

# 泰州市高港区志

## 第二十六篇　卫生　计划生育

# 第二十六篇　卫生　计划生育

历史上，境内春季多麻疹，夏秋多霍乱、疟疾，沿江地区血吸虫病流行，民众深受其害。清同治十三年（1874），境内开始布种牛痘。新中国成立前，境内主要是中医看病。新中国成立后，社会医生由个体行医逐渐走向联合。人民公社化后，逐步形成公社、大队两级医疗预防保健网络。20世纪60年代起，实行农村合作医疗制度。80年代，计划免疫工作全面开展，烈性传染病已经根除，传染病发病率达到控制指标，血吸虫病、血丝虫病达到消灭和基本消灭的标准。建区后，建立区、乡镇（街道）、村（社区）三级医疗预防保健网络，落实卫生初级保健达标各项措施，加快社区健康服务、医学专科建设。

1953年起，倡导节制生育。20世纪70年代末至80年代初，节制生育宣传工作全面展开，人口控制成效明显。出生率由1970年的30.49‰降至1987年的12.87‰。建区后，计划生育工作得到加强。

# 第一章　卫　生

新中国成立后，社会医生由个体行医逐渐走向联合。1952年，创办联合诊所。1958年，改称公社卫生院。1969年，每个公社建立1个卫生院，各大队成立合作医疗站。从此，公社卫生院体制相对稳定，人员、房屋、设备逐年增加，科室设置固定，医教、防保、行政三组齐全。建区时，全区有医疗单位111个，其中，区医院1个、乡镇卫生院7个，建筑面积2.9万平方米；村卫生室103个。其后，区政府加大卫生事业建设力度，建立健全医疗卫生机构，壮大卫生技术队伍，购置、更新医疗设备，卫生事业得到长足发展。2008年，全区有公办医疗单位80个，其中，区属医院1个，镇、街道卫生院10个，村卫生室69个，建筑面积16万平方米；核定病床748张；卫生技术人员599人；每千人拥有病床2.87张、卫生技术人员2人。有民办、个体医疗单位和厂、校医务室16个。

## 第一节　卫生机构与队伍

### 一、区属专科防治站（所）

【高港区公共卫生监督所（高港区皮肤病防治所）】 1997年7月组建，主要负责全区食品卫生、公共场所卫生、劳动卫生、学校卫生、环境卫生、放射卫生、药品安全等管理。2000年，高港区皮肤病防治所成立，与区公共卫生监督所合署办公。

【高港区疾病预防控制中心】 2004年4月成立，与高港区公共卫生监督所合署办公，原区皮肤病防治所在编人员整体划入。2004年12月，高港区疾病预防控制中心由合署机构改为独立机构，主要负责区域内疾病预防控制、公共卫生技术管理、健康教育促进、应用研究与指导、技术咨询与服务。

【泰州市戒毒治疗中心】 2000年7月建立，位于刁铺街道水厂路1号，是江苏省公安厅、卫生厅批准的泰州市唯一一所自愿戒毒医疗机构，占地1.6万平方米，戒毒病区床位64张，康复病区床位60张。

图 26-1-1　泰州市高港人民医院人民路旧址（21世纪初摄）

### 二、高港人民医院

1950年1月，口岸区卫生所成立，工作人员6人。1950年10月4日，改组成立

图 26-1-2 高港人民医院加盟上海仁济医疗集团签约仪式（2005年摄）

泰兴县卫生院口岸分院。1958年8月，泰兴县卫生院口岸分院与口岸中医联合诊所合并，成立口岸卫生院，有医务人员20人，核定病床10张。1959年，当地知名儿科中医刘慕云、妇科中医陈沐霖、内科中医许义松加盟，病床增至15张。1960年，更名为泰兴县口岸人民医院。1963年，口岸地区传染病流行，口岸人民医院治愈流行性脑膜炎70人、伤寒44人，抢救麻疹256人、白喉34人、百日咳174人。1966年，迁至柴墟西路26号，核定病床50张。1969年，搬至口岸镇人民路61号。1978年8月，建成两层819平方米门诊楼。1989年，建成1999平方米病房楼。1993年3月，更名为泰兴市第三人民医院。当年，适应高港港口对外开放需要，增设海员病房。1998年3月，更名为泰州市高港人民医院。2006年8月，迁至春江路98号，占地面积3.3万平方米，建筑面积3.8万平方米，绿化率60%，总投资1.5亿元。全院分为门急诊区、医技区、住院区、后勤区，配有中心吸氧、中心吸引、电视、空调、监控、传呼、通信、网络、物流、排污、消防共11个中心。2008年，有职工300人，其中，专业技术人员270人（高级职称28人，硕士研究生6人），泰州市名中医2人。设置临床、医技科室32个，病床300张，年门急诊16万人次，年出院5000人次。拥有螺旋CT、CR、PS800数字胃肠机、进口电子胃肠镜、彩色B超机、24小时动态心电监护仪、全自动免疫分析仪、全自动生化分析仪、进口麻醉机、呼吸机、电视腔镜系列等医疗设备。能开展心脏起搏术、电子胃肠镜下治疗、肿瘤插管化疗、重症胰腺炎治疗等手术。

## 三、镇（街道）医疗机构

【高港中医院】 1969年10月，口岸公社卫生院组建。1970年，建门诊用房11间。1975年2月，与口岸人民医院代管的口岸中医诊所"六二六"医疗站合并，设内、外、妇、中医、针灸推拿、药浴等科室。1978年，迁至柴墟东路4号。1983年后，先后更名为口岸乡卫生院、口岸镇卫生院。1984年，建门诊楼1幢。1993年，建783平方米综合楼1幢。同年，挂牌泰兴市中医儿科医院。1998年，更名为泰州市高港中医院。2008年，全院职工108人，设有内科、儿科、外科、骨伤科、妇科、产科、耳鼻喉科、肛肠科、脾胃科、针灸科等10余个临床科室和检验科、彩超室、胃镜室、放射科等医技科室，拥有DR、西门子彩超、奥林巴斯电子胃镜、美国GE全自动生化分析仪、德国产腹腔镜、前列腺气化镜、宫腔镜和妇科电脑治疗仪等医疗设备，设置病床60张。中医儿科、西医眼科为其特色专科。

【高港第二人民医院】 1952年1月，刁铺卫生所成立。1959年，撤所建院，中医内外科万少山、中医儿科秦廉泉声誉较高。1963年，更名为刁铺中心联合诊所。1969年，更名为刁铺公社卫生院。1980年，迁至水厂路1号。1984年扩建，人员增至20余人，设13个科室。1989年，建2170平方米病房楼。1995年，建筑面积增至3716平方米，核定病床45张。5月，通过扬州市一级甲等医院评审。1998年，更名为高港第二人民医院。2000年7月，建立泰州市戒毒治疗中心。2007年，加入泰州人民医院医疗集团，成为该集团的协作医院。拥有24小时动态心电图仪、微波治疗仪、麻醉呼吸机、脉氧仪、德国西门子彩超、500MA电视X光机、生化分析仪、血球计数仪、尿八项分析仪、心电监护仪等设备。2008年，与泰州市中医院建立协作关系。有门诊楼、病房楼及戒毒中心，总建筑面积8055平方米；设有内科、外科、儿科、中医科、针灸科、骨伤科、小针刀科、五官科、检验科、放射科、药剂科、B超室、心电图室、急诊室、美沙酮门诊等20余个临床医技科室；核定病床95张；职工77人，其中副主任医师2人；年门诊5万人次，住院1000人次。

图 26-1-3　高港第二人民医院（2006年摄）

【白马人民医院】1956年5月，白马公社马庄联合诊所成立。1961年，相继扩增白马、岱白2个联合诊所。1967年4月，由14名联合诊所人员组合成立白马公社卫生院。1970年1月，由当时城市下放的医务人员和白马公社卫生院人员组建成泰县白马地段医院，门诊开设内科、外科、妇科、儿科、中医科、五官科、放射科、化验室、心电图室、手术室等科室，设病床30张，能施行中、下腹部手术，业务辐射泰县塘湾、寺巷、鲍徐、野徐、大泗、蔡官等公社。1977年，设立泰县赤脚医生一年制大学白马分校，为周边公社培养赤脚医生200余人。1980年初，城市下放医务人员陆续返城。1987年，泰县白马地段医院更名为泰县白马中心卫生院，负责指导泰县西南片区塘湾、寺巷、鲍徐、野徐等乡镇卫生院业务。1994年，更名为姜堰市白马人民医院。1997年，更名为泰州市白马人民医院。1998年，通过一级甲等医院评审。2001年，占地面积2万平方米。2002年3月，迁入白马镇将军南路。2008年，有职工32人，年门急诊2.3万人次，年住院600余人次。

【口岸街道田河社区卫生服务中心】1958年8月，泰兴县德智医院成立，有职工6人。1959年4月，更名为田河中心联合诊所。1969年，更名为田河公社卫生院，职工18人，有病床4张。1983年，更名为田河乡卫生院。1993年，更名为田河镇卫生院，增挂泰兴市中医喉科医院牌子。1997年5月，更名为泰州市田河镇卫生院。2000年2月，更名为泰州市高港中医喉科医院。2005年，加盟泰州市人民医院医疗集团。2007年，更名为泰州市高港区口岸街道田河社区卫生服务中心。2008年，占地面积1.2万平方米，建筑面积4500平方米；服务区域主要是口岸街道东片（原田河镇辖区）11个行政村；有职工58人，卫技人员56人。戴氏喉科传承人有戴作善、戴月明、戴永星、张小冬等。

【许庄街道社区卫生服务中心】1958年，许庄中心联合诊所在周梓村组建。1960年，更名为许庄卫生院。1962年，许庄卫生院撤销，人员分流到各小公社联合诊所。1970年4月，重新成立许庄公社卫生院，职工5人。1971年，建成385平方米门诊部，设内科、外科、五官科、放射科、检验科、中西药房，核定病床12张，人员增至17人。1973年，联合诊所社会医生22人转为集体人员。1980年，有职工38人，房屋910平方米，科室12个。1991年，建病房楼960平方米，核定病床35张。1995年

图 26-1-4 许庄街道社区卫生服务中心门诊部

10月，通过扬州市一级乙等医院验收。2000年7月，许庄卫生院防保组并入刁铺卫生院预防保健所。2000年8月，更名为高港区许庄医院。2001年12月，原许庄卫生院防保组人员划归高港区许庄医院。2002年4月，与泰州市中医院合作开设肝胃病专科、心血管专科、肛肠专科、骨伤专科4个特色专科。2003年，成立高港区肝胃康复治疗中心。2004年10月，实行所有权和经营权分离的医疗体制改革。2007年，更名为泰州市高港区许庄街道社区卫生服务中心。2008年，有医护人员54人、病床70张。

【孔桥卫生院】 1952年，孔桥中心诊所成立。1962年，更名为孔桥联合诊所。1969年，更名为孔桥公社卫生院。1972年，迁入孔桥大街十字路东侧新址。1977—1978年，翻建病房楼。1992年，在乡政府西侧征地1万平方米重新规划医院。1996年，通过一级乙等医院达标验收。1998年，建成2400平方米门诊大楼及生活区用房。2002年，卫生院建筑面积2700平方米，设病床32张。2008年，孔桥卫生院划入高港区。

【大泗卫生院】 1956年，大泗、民康联合诊所成立。1958年，大泗民办医院成立。1973年，大泗公社卫生院成立。2008年，大泗卫生院划入高港区，占地约4667平方米，业务用房为1幢三层综合楼，总面积1600平方米。职工39人，其中中级职称11人，设置病床40张。

【永安洲卫生院】 1952年，永安盘头街成立3人联合诊所。1958年9月，改为永安公社卫生院，人员增至11人，租赁房屋9间。1962年10月，迁至上桥，更名为永安中心诊所。1963年8月，迁至公社所在地附近，房屋扩至14间343平方米，设病床10张。1969年，改为永安公社卫生院。1971年10月，工作人员31人，病床40张，设业务科室11个，购置简易手术床、30毫安X光机及一般化验器材，能开展常见病防治。1977—1991年，卫生院房屋数次新建、翻建、扩建。1994年11月，改为镇卫

图 26-1-5 永安洲卫生院（2006年摄）

生院。2008年，占地面积2万余平方米，建筑面积8000余平方米，建有独立的门诊综合楼、病房楼及相关辅助设施。有医护员工60人，床位80张。

【胡庄卫生院】 1956年，孔庄中心诊所成立。1959年，庵桥公社卫生院成立。1960年，迁至胡庄大队。1969年，更名为胡庄公社卫生院。1970年，推行合作医疗制度，下设20个医疗站。1972年，建设业务用房274平方米。1985年，更名为胡庄乡卫生院。1995年，新建复合式门诊楼1幢，建筑面积924平方米，通过一级乙等医院评审。2002年，设18个临床和医技科室，病床20张，职工43人，占地面积6203平方米，建筑面积2074平方米，固定资产77.8万元。2004年，实行租赁经营。2005年，汪群、胡庄两院合并，更名为泰兴市胡庄卫生院。2008年9月，划归高港区管理，更名为泰州市胡庄镇卫生院，职工22人，年门诊量2万人次，康复病区收治病人500余人次。

【汪群卫生院】 1959年，薛垛公社卫生院成立。1968年，设简易病床4张。1969年，汪群公社卫生院成立。1972年，能开展下腹部和计划生育手术。1984年，新建病房楼1200平方米。1985年，更名为汪群乡卫生院。1989年，被评为扬州市文明卫生院。1995年，建成一级甲等医院。1999年，新建1580平方米病房楼。2000年，更名为泰兴市汪群卫生院。2002年，有职工43人，设病床26张。2005年，并入胡庄卫生院。

## 四、村卫生室

20世纪50年代，境内各地未被联合诊所吸纳或不愿参加联合诊所的个体医生，多数人参加有别于个体行医的保健站。1963年，重新设置联合诊所，成为后来村级卫生组织的初始形式。1969年，永安公社率先办起农民合作医疗。一般疾病在医疗站治疗，重病、大病转公社卫生院或县级人民医院治疗。1970年，境内各大队办合作医疗站，医护人员由社会医生和赤脚医生组成，赤脚医生为群众推荐、大队审查、公社批准、经短期培训的具有初中以上文化知识青年。合作医疗经费由个人、大队、公社三级共同筹措，标准为每人每年1.5～2元。其时，群众看病免费，转院看病报销。后因资金筹措和管理制度不完善，合作医疗运行困难。1980年起，口岸举办赤脚医生培训班，参训人员系统学习1年，实习半年。1982年，卫生主管部门对农村赤脚医生进行业务考核。1984年，合作医疗站统称村卫生室，赤脚医生改称乡村医生，乡村医生报酬以村集体补助为主，享受相当于村干部副职或民办教师待遇，乡镇卫生院根据其任务完成情况，给予少量的业务收入补助。20世纪90年代，乡村医生开始自负盈亏。1997年，全区有村卫生室103个，乡村医生209人。2008年，有村卫生室69个、乡村医生197人。

## 五、其他医疗机构

【张勤眼科医院】 创办于2005年11月。2006年，迁至金港中路。2008年，医院手术量超2000台次，有员工49人，设白内障专科、青光眼专科、眼角膜及眼底病专科、泪道病专科、眼美容专科、斜弱视及视光专科、药剂科等科室。

【慕云儿童医院】 创办于2003年4月，位于金港中路336号，建筑面积2400平方米，日门诊量100余人次。2008年，有职工25人，床位30张，设中医儿科、西医儿科、检验、放射等科室。

【厂、校医务室】 20世纪50年代初，口岸中学建立医务室。1958年，高港港务局建立医务室。1978年前，境内一些单位自发设立医务室。1979年，对企事业单位医务室进行登记、整顿、逐个审批，境内保留高港港务局卫生所和口岸船厂卫生所。1997年，全区有合格厂、校医务室7个，工作人员11人，床位1张。2008年，有厂、校医务室9个，工作人员19人，床位5张。

【个体医疗机构】 1953年，组织个体开业医生资格考试，鼓励自愿结合组成联合诊所。1999年9月，3名个体医生取得泰州市卫生技术类考试合格证，开设个体诊所，持个体医疗机构执业许可证。2008年，全区有个体诊所5个。

### 六、卫技队伍

新中国成立前，境内卫生技术人员少，专业分科简单。新中国成立后，医疗机构逐渐增多，卫生人员队伍由小变大。1992年，卫生事业单位实行编制管理。1997年，全区在编卫生事业人员667人，其中，卫技人员473人，管理、工勤人员194人。2008年，全区卫技人员589人，平均每千人拥有2人。注册医师348人，其中执业医师266人、执业助理医师82人；注册执业护士189人。

## 第二节 医 疗

### 一、中医

民国期间，中医多为个体开业医生。知名中医有喉科戴恒程、戴兴震、戴嘉干，儿科刘慕云，妇科陈沫霖，内科江少侯、许义松，其他还有杨步章、张子周、戚兰甫等中医。1950年，口岸区医协会成立，同年成立口岸区卫生所。此后，社会个体行医者逐渐走向医疗联合体。乡镇卫生院创办后，不少卫生院设中医科，多数个体中医进入卫生院工作。1958年，不少中医参加泰兴县中医进修班，有的被送中医学院深造。1985年，各乡镇卫生院均设中医科、中药房。1997年后，高港区开展创建综合中医科和中医合格乡镇活动，普及中医适宜技术（中医传统疗法），推进中医事业的发展。高港人民医院有中医内科、中医妇科、中医针灸推拿科等科室，中医人员10余人，中医科有中医主任医师2人、副主任医师1人，申报市中医药适宜技术5项。高港中医院和高港慕云儿童医院以中医儿科为办院特色。2008年，许庄街道和刁铺街道社区卫生服务中心建成江苏省中医示范社区卫生服务中心。

图 26-1-6 戴氏中医喉科用药

### 二、西医

民国5年（1916），西医传入境内，但境内无西医医疗机构。新中国成立后，西医发展较快，机构、人员、床位逐年增加。20世纪70年代，口岸人民医院临床和医技科室逐步配套。80年代起，内、外等重点科室分离出相关的二级科室，专业分科更为细致。与此同时，乡镇卫生院西医内、外、妇、儿等临床科室及X光、心电图、超声波、检验等医技科室逐渐普及到位。

【综合外科】 20世纪50年代初，境内只能开展门诊小手术。1958年，口岸卫生院相继开展阑尾炎、消化道穿孔、肠梗阻、外伤性肠破裂等外科急腹症手术。1988年，口岸人民医院成立骨科病区，除一般骨骼和关节外伤治疗外，开展四肢骨折钢板或髓内钉内固定术、脊柱后路椎板减压椎弓根钉内固定术、周围神经损伤修复术。90年代后，乡镇（中心）卫生院外科水平均有提高，能开展胆囊切除术、子宫肌瘤切除术、剖宫产等手术。1994年，泰兴市第三人民医院选派闵廷明至上海长征医院胸心外科进修。1995年，该院成立胸外科，当年开展食管癌根治术（右胸上腹两切口、颈胸腹三切口）、肺癌根治术、贲门癌根治术及胸腹联合损伤的救治。至2008年，高港人民医院能开展四肢血管损伤修复术、腰椎间盘突出髓核摘除术。此外，高港中医院和部分镇、街道卫生院也开展常见骨科诊治。

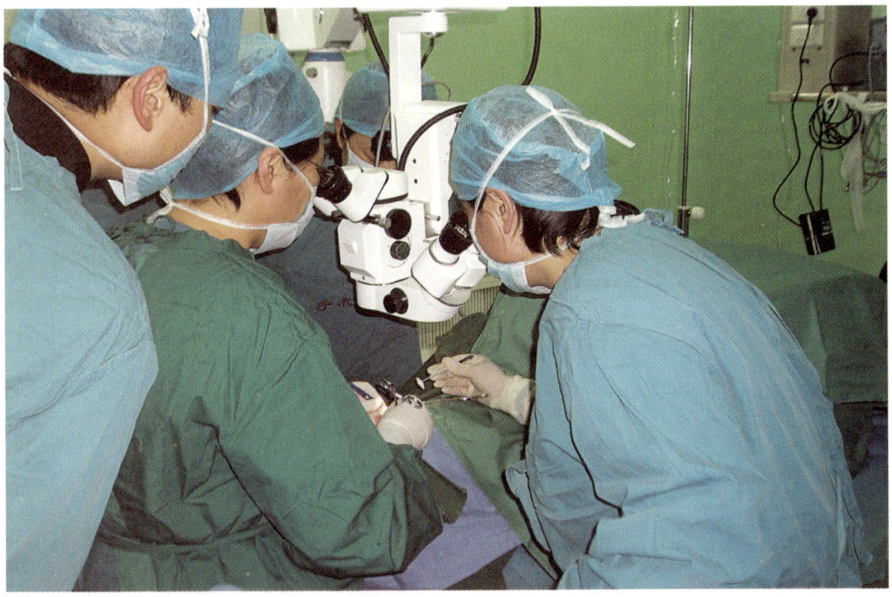

图 26-1-7　高港人民医院眼角膜移植手术（2006年摄）

【综合内科】 西医内科是境内医疗机构最早设置的临床科室。初期，采取“视、触、叩、听”的方法，借助体温表、听诊器、血压计、压舌板等简单器械诊断疾病。1985年，口岸人民医院购置第一台心电监护除颤仪和心脏起搏器，开展心脏电除颤、心电监护等治疗。1989年，口岸人民医院建立消化内科，开展内窥镜下取胃内异物术，运用纤维结肠镜进行息肉微波切除，利用硬化剂行食道静脉曲张止血，开展食管狭窄支架安置术、食道静脉曲张内窥镜下圈套结扎术及十二指肠镜下逆行胰、胆管造影术等。1992年，口岸人民医院设置心血管科。1995年起，相继开展动态血压监测、心脏食道调搏、尿激酶溶栓治疗急梗、心脏临时起搏器和埋藏式心脏起搏器安装等新技术。2003年，开展心脏彩超。2007年，开展肌钙蛋白测定诊断心肌损伤技术。2008年，开展永久起搏器安置术。各镇、街道卫生院设综合内科。

【妇产科】 1963年，口岸人民医院设妇产科，附属于外科，1993年独立建科，并开展笑气无痛人工流产、宫腔镜的检查、简单的腹腔镜检查及治疗、阴道镜检查宫颈及阴道疾病、微波治疗宫颈炎等技术。2006年8月，高港人民医院将妇产科划为独立病区。2008年，各镇、街道卫生院均建有妇产科，开展难产、剖腹产、子宫肌瘤、子宫切除等手术。

【医技科室】 20世纪60年代后期至70年代，各公社、镇卫生院均设有放射科（室），普遍配备30～50毫安X光机。至2008年，各镇、街道卫生院X光机普遍更新为500毫安机型，功能科室均能进行超声波、心电图检查，有的设有脑电图室、内窥镜室等。高港人民医院药剂科设中西药房、病区药房、急诊药房、制剂室、中药加工炮制室、煎药室；检验科分设临检、急检、生化、细菌、免疫室，拥有蛋白电泳仪、细菌培养鉴定仪、全自动生化分析仪、化学发光分析仪等设备，可进行细菌、生化等各项检查。各镇、街道卫生院均设立化验室，开展血、尿、粪三大常规和肝功能等相关检验。

### 三、护理

民国5年（1916），西医传入境内后，始有护理工作，但无专门护理人员。1958年后，境内卫生机构推行基础护理。“文化大革命”期间，强调“医护一条龙”，护理质量下降。1976年后，护理制度重新恢复，护理工作逐步规范，专科护理技术得到提高。1990年起，境内各级医院先后按标准健全手术室、供应室、治疗室、换药室、抢救室、传染病区，完善病区的各项设备和抢救设施，统一护理文件书写标准，规范护理操作规程。2008年，全区卫生医疗单位共有护理人员206人。其中，中级职称68人，初级职称98人；本科毕业生28人，大专毕业生75人，中专毕业生103人。

### 四、设施

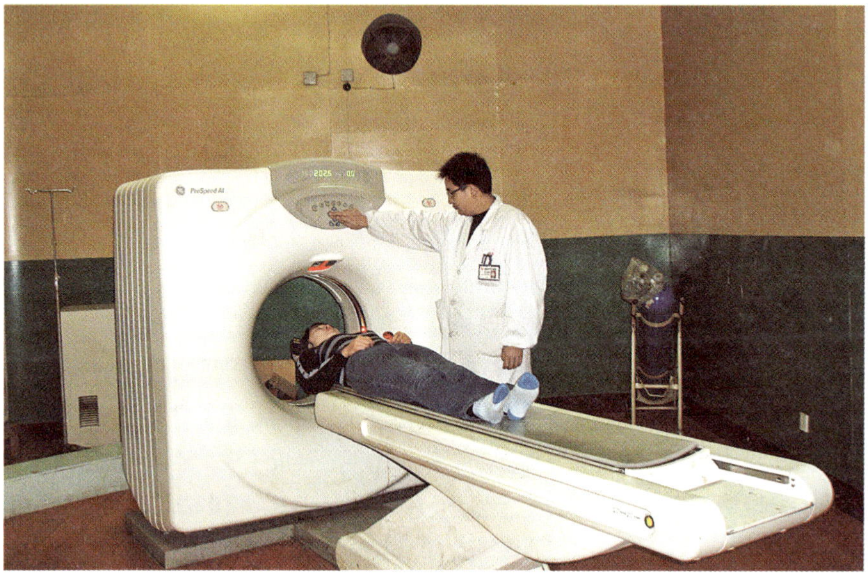

图 26-1-8　高港人民医院螺旋CT（2006年摄）

新中国成立前，境内医疗器械极其简陋。新中国成立后，各医疗单位逐步添置必需设备。20世纪80年代，中心卫生院和部分乡镇卫生院备有A超、B超、心电图机等器械，各乡镇至少有X光机1台，手术床、化验检查设备基本齐全。80年代末，各医疗机构筹集资金，购置医疗设施设备。90年代，中心卫生院和乡镇卫生院分期分批改建、新建医疗、生活及行政用房，病床按照统一要求配置，达到“一床、一盖、一垫、一柜、一凳”的标准，增添病员生活配套设施。区属医院陆续配备CT机、彩色B超、电子胃镜、模拟定位机、超速离心机、医用直线加速器等医疗设备，各镇、街道卫生院大多配有X光机、心电图机、B超、生化分析仪等。至2008年，区级医院建筑面积3.8万平方米，镇、街道卫生院建筑总面积3.21万平方米。全区医疗卫生单位10万元以上设备53件，其中CT机1台、500毫安及以上X光机7台、彩色多普勒超声仪6台、自动生化分析仪7台。全区卫生系统固定资产总值16679万元，其中区级医院13480万元、农村卫生院3199万元。

## 第三节　疾病防治

新中国成立前，境内春季麻疹、夏秋霍乱及疟疾多发。新中国成立后，建立健全卫生防疫机构，全面推行接种，采取多种措施预防。20世纪50年代，消灭天花。70年代起，境内各乡镇（公社）卫生院根据农村卫生工作需要，成立与医政、后勤相对等的“防保组”，配备专业人员负责计划免疫接种、学校卫生、妇幼保健、健康教育等工作。推行计划免疫和预防服药后，麻疹、霍乱、疟疾、流脑、乙脑、伤寒等传染病的发病率大幅降低，广为流行的疟疾、血丝虫病和小儿麻痹症消失。改革开放后，卫生防疫力量进一步加强，各种先进的防疫措施被应用到防病、治病中，传染疾病得到有效控制。

## 一、预防接种

明、清时期，民间采用向鼻腔内吹痘痂末的办法预防天花。民国期间，开始接种牛痘。民国36年（1947）起，境内部分地区接种霍乱、伤寒疫苗，但不能满足社会需要，疫病时有流行。20世纪50年代起，采用霍乱菌苗、霍伤类菌苗、百白破三联疫苗、流脑菌苗、乙脑疫苗、卡介苗、脊髓灰质炎（简称脊灰）疫苗、精制白喉类毒素等生物制品进行预防接种。1982年，停止接种牛痘疫苗。1987年，实行乡镇卫生院门诊接种点制度。1990年，口岸人民医院开设计划免疫接种与儿童保健体检相结合的双门诊。同年，将流动儿童的建卡、发证、接种纳入常住儿童考核管理。1992年，对4周岁以内儿童普服一轮两次糖丸疫苗，同时开展消灭脊灰的一系列监测工作。1995年起，一年两次对4周岁以内儿童实施脊灰强化免疫接种。1999年，实行计划免疫微机化管理。2005年，高港区加大儿童预防接种证查验工作力度。全区新入托入学或转学2434人，验证2415人，无证103人，实补证136人，应补种633人，实补种合格人数633人，其中，乙肝补种77人次，脊灰补种104人次，百白破补种92人次，白破补种24人次，麻疹补种108人次，乙脑补种146人次，流脑补种82人次。2006年，高港中医院、高港中医喉科医院和刁铺、许庄、野徐、白马医院（卫生院）通过泰州市计划免疫规范化门诊建设达标验收。2007年10月，永安洲卫生院通过验收。2008年7月，全区7个预防接种单位完成2005年1月1日以后出生儿童接种信息化管理。当年，常规免疫接种：卡介苗应种1507人，实种1482人，接种率98.34%；脊灰疫苗应种4482人次，实种4402人次，接种率98.21%；百白破疫苗应种4608人次，实种4526人次，接种率98.22%；麻疹疫苗应种1422人次，实种1393人次，接种率97.96%；流脑疫苗应种2595人次，实种2564人次，接种率98.81%；乙脑疫苗应种1526人次，实种1494人次，接种率97.9%。脊灰疫苗强化免疫：按照全市要求，开展2008—2009年脊灰疫苗强化免疫服苗活动，第一轮应种319人，实种319人，接种率100%；第二轮应种346人，实种346人，接种率100%。

**1998—2008年高港区预防疫苗接种情况一览表**

表230　　　　单位：人次

| 年　份 | 卡介苗 | 麻疹疫苗 | 脊灰苗 | 百白破疫苗 | 流脑疫苗 | 乙脑疫苗 |
|---|---|---|---|---|---|---|
| 1998 | 1422 | 1284 | 1362 | 1305 | 4745 | 5159 |
| 1999 | 1351 | 1482 | 1413 | 1443 | 3976 | 4659 |
| 2000 | 1297 | 1280 | 1346 | 1305 | 3914 | 4262 |
| 2001 | 1336 | 1362 | 1421 | 1367 | 3311 | 4470 |

续表230

| 年　份 | 卡介苗 | 麻疹疫苗 | 脊灰苗 | 百白破疫苗 | 流脑疫苗 | 乙脑疫苗 |
|---|---|---|---|---|---|---|
| 2002 | 1552 | 1480 | 1533 | 1546 | 2926 | 4271 |
| 2003 | 1358 | 1282 | 4263 | 4205 | 2751 | 5026 |
| 2004 | 1476 | 1520 | 3488 | 3430 | 3066 | 4376 |
| 2005 | 1099 | 1356 | 3973 | 4090 | 2995 | 3990 |
| 2006 | 1544 | 1616 | 4853 | 4817 | 4874 | 4175 |
| 2007 | 1368 | 1321 | 4762 | 4697 | 1986 | 4254 |
| 2008 | 1482 | 1393 | 4402 | 4526 | 2564 | 1494 |

## 二、传染病防治

【霍乱】 新中国成立前，境内时有霍乱流行，死亡率较高。新中国成立后至1993年，未发现真性霍乱。1994年，口岸及周边地区发病28例，血清分型为小川型，经及时预防、医治，无死亡。此后虽未发现病人，但继续以“不流行、不死亡、不发生二代病人”为防治目标，做到早报告、早送检、早治疗。2008年，全区腹泻病门诊登记病人826例，其中检索358例，无确诊和疑似病例发生。

【天花】 新中国成立后，政府连续两年免费普种牛痘。1953年，天花在境内绝迹。

【白喉】 1950年，开始白喉防治。1955年和1975年为发病高峰期。由于开展计划免疫接种，1982年后，白喉未发生。

【麻疹】 20世纪五六十年代，麻疹发病较多。1959年、1968年两次大流行。60年代后期，采用麻疹疫苗接种，对麻疹病人隔离治疗，疫情得到有效控制。1980年后，无一例死亡。2006年，全区报告疑似麻疹2例，其中1例为临床诊断病例，无死亡病例。2007年，报告疑似麻疹9例，其中2例为疑似病例、4例为临床诊断病例、3例为实验室确诊病例，无死亡病例。2008年，报告疑似麻疹5例，其中1例为排除病例、4例为实验室确诊病例，无死亡病例。

【乙型脑炎】 1957年，发生一次流行。经过预防接种，至20世纪80年代，疫情逐步得到控制。至2008年，发病率控制在1/100000以下。

【脊髓灰质炎（小儿麻痹症）】 20世纪60年代，发病人数较多。1978年，将口服小儿麻痹糖丸纳入计划免疫管理，有效控制脊灰病例的发生。1989年9月至1993年1月，连续3年对7周岁以内儿童未服或不全程服苗及流动儿童查漏补服糖丸；1991年1月，对4周岁以内儿童普服I型糖丸疫苗；1992年1月、12月及1993年1月，分别对4周岁以内儿童普服三价糖丸；1993年12月5—6日，进行第一轮一次强化服苗活动；1994年1月起，每年坚持一轮两次服用脊灰糖丸。1989年起，境内未发生脊灰病例。

【流行性脑脊髓膜炎】 1964年，境内发病较多。1970年后，使用流脑菌苗对儿童普遍接种，发病率逐年下降。1997年，全区报告疑似流行性脑脊髓膜炎3例，未发现实验室确诊病例，无死亡病例。至2008年，未发现实验室确诊病例，无死亡病例。

【结核病】 1979年，境内开展第一次全国结核病流行病学抽样调查，肺结核患病率897/100000。1985年，开展第二次全国结核病流行病学抽样调查。1987年，对在校中学生进行肺结核病普查，患病率264/100000。1997年后，高港区加强结核病防治工作督查，每年"3·24"世界结核病防治宣传日开展宣传活动。各医疗单位严格执行院内归口管理制度，建立结核病人发现、登记、报告、转诊制度，结核病人及时转市疾病预防控制中心，转诊到位率95%以上。通过电话、信件、基层防保网络等形式对非定点诊疗机构报告的结核病人进行追踪，追踪到位率90%以上。至2008年，全区逐步建立疾病预防控制机构、医疗机构、社区卫生服务机构"三位一体"的结核病防控模式。当年，结核病患病率23/100000。

【伤寒、副伤寒】 新中国成立后，境内仅有少数病例报告。1988年，境内各乡镇均有伤寒、副伤寒发生，饮用河水的发病率高于饮用井水的。1989年起，加强改水改厕和食品卫生监督，使伤寒病人数呈下降趋势。1994年，境内发生伤寒72例。次年起，推广伤寒Vi多糖疫苗，有效控制疫情。至2008年，无伤寒、副伤寒流行病例。

【病毒性肝炎】 1960年，境内开始建立肝炎病例登记报告制度。20世纪七八十年代，疫情呈上升趋势。1990年，境内肝炎疫情报告分甲型、乙型和未分型，当年发病为历史之最，发病率240/100000。1992年，加强病毒性肝炎防治。1993年起，乙肝疫苗接种纳入计划免疫管理。次年，刁铺被定为省监测点。1994年春，对散发疫情疑似病人、易感人群及有病人的学校、工厂等集体单位人员接种甲肝疫苗，有效遏制肝炎发病的春季高峰。1998年起，将乙肝疫点密切接触者和成人乙肝患者列入防治重点，乙肝发病数逐年下降。2007年起，全区开展乙肝免疫监测。2007年、2008年，分别对2000年1月1日以后出生的未接种或未全程接种乙肝疫苗的儿童查漏补种，接种率100%。2008年，全区接种甲肝疫苗2600人份、乙肝疫苗960人份。

【性病、艾滋病】 20世纪60—80年代，境内基本未发现性病。1991年，各中心卫生院建立性病监测点，开展防治宣传，协同上级防治监测中心开展特殊人群、高危人群检测和追踪调查。同年，对驾驶员进行性病检查。此后，将性病纳入传染病管理，开展健康教育，对重点人群采取预防措施。高港区成立后，每年的服务行业人员体检、高校招生体检、征兵体检均包含性病检查项目。2001年，高港区组织乡镇防保人员参加艾滋病防治专题培训2期。2007年，开展高危人群的行为干预工作，实施艾滋病免费自愿咨询检测工作。当年，发现首例艾滋病病毒感染者。至2008年，全区艾滋病免费自愿咨询检测2321人；共发现艾滋病病毒感染者3人，均落实规范化治疗管理。

【传染性非典型肺炎】 2003年，全国防治传染性非典型肺炎（简称"非典"）。高港区建立区、镇、村、组四级排查防控网络，卫生院每天向镇、区两级报告疫情。对从疫区返回的人员进行登记、检查，对可疑人员进行隔离观察，共体检返乡、外出

图 26-1-9　抗击"非典"医护人员签名活动（2003年摄）

人员8156人次，收留发热病人41人次。高港人民医院被定为“非典”定点救治医院，成立发热门诊，改建防治“非典”隔离病区，按三类发热门诊建设。永安洲卫生院为防治“非典”集中临床观察医院，3天内按规定要求改建到位，设床位30张。当年，全区未发生一例疑似和确诊“非典”病例。

【狂犬病】 建区后，高港区每年开展狂犬病防治业务培训，专项督查各医疗机构狂犬病处置门诊工作，确保狂犬病暴露人群的规范化处置。2005年、2006年，各报告狂犬病1例。至2008年，全区建成规范化狂犬病门诊11个，覆盖所有区属及镇、街道医疗机构。

2003—2008年高港区疫情分析情况一览表

表231　　　　单位：1/100000

| 年　份 | 病毒性肝炎 | 痢　疾 | 淋　病 | 梅　毒 | 肺结核 | |
|---|---|---|---|---|---|---|
| | 本期发病率 | 本期发病率 | 本期发病率 | 本期发病率 | 本期发病率 | 本期死亡率 |
| 2003 | 75.33 | 10.25 | 38.43 | 1.02 | 59.96 | 0 |
| 2004 | 95.83 | 10.25 | 54.32 | 2.05 | 85.58 | 0 |
| 2005 | 60.29 | 17.85 | 53.06 | 2.89 | 104.18 | 0 |
| 2006 | 66.69 | 13.53 | 32.86 | 4.35 | 102.94 | 0.48 |
| 2007 | 60.62 | 0 | 22.61 | 7.7 | 95.75 | 0.48 |
| 2008 | 64.74 | 0 | 20.09 | 21.37 | 71.44 | 0 |

## 三、血吸虫病防治

1952年，境内各地开始血吸虫病调查。境内属水网型血吸虫病流行区，沿江地区血吸虫病疫情严重，其中永安洲人群感染为48.18%、口岸为24.3%。20世纪50年代，永安洲家家有血吸虫病病人。永安洲北沙村患血吸虫病患者十有八九，南圩村18户60余人中有42人患血吸虫病，5年未生一婴。1969年8月，永安洲兴无大队九队的38名群众到龙窝二闸滩寻绿肥，全患急性血吸虫病。

1970年，平安大队调查显示：新中国成立初，南圩36户中28户有大肚子症状，到1970年，死绝11户，另有4户背井离乡下落不明。口岸高港村孙家墩10余户中有7户因血吸虫病致家庭主妇年轻守寡，被称为“寡妇墩”。至1979年，永安洲的血吸虫病患者累计为13724人，占当时总人口的51.1%。

钉螺是血吸虫的主要中间宿主。1952年起，境内每年开展查螺灭螺。1954年，开始使用锑剂治疗血吸虫病。1955年，用火烧、土埋、砒酸钙喷洒等方法灭钉螺。1958年起，永安洲连续3年开展火烧、耕翻、药物、人工土埋的江滩灭螺运动，同时查治病人。1958年末，泰兴县在永安洲跃进大队新二圩召开江滩土埋灭螺现场会。由于不切实际地宣布“消灭了”血吸虫病，血防人员减少，血防工作放松，钉螺继续繁殖，有螺面积不断扩大。1960年秋，试用五氯酚钠灭螺，有螺面积下降。1971年起，连续3年对口岸、永安洲的有螺江滩采用筑圩药浸的方法，消灭457.09万平方米的江滩钉螺。当年冬，发动4500名劳动力开展江滩筑堤围垦灭螺。1972年5月，扬州地区在永安公社召开江滩药物灭螺现场会。之后，每年秋季均对小块濒江滩面筑堤，药物浸杀灭螺。经过几十年防治，境内血吸虫病的传播得到有效阻断，但1999年在多块江滩查到活螺。1999—2008年，区内有7个年份查到活螺。其中，1999年4月6日，永安洲镇北沙村新二圩江滩发现活螺，有螺面积4.8万平方米；2006年，查出有螺江滩9块、有螺内河1条，有螺面积36.12万平方米；2008年，查出有螺江滩3块、有螺通江河道1条，有螺面积15.08万平方米。1999年起，对发现的有螺江滩及内河每年开展春季灭螺。2007年起，实施春、秋两季灭螺，每年血吸虫病秋季查病2000人左右。2008年起，对生活贫困确需住院治疗的晚期血吸虫病人实施治疗救助。1952—2008年，历年累计病人23848人，历年累计有螺面积776.64万平方米（江滩487.94万平方米、内陆288.7万平方米）。

## 四、寄生虫病防治

【疟疾】 境内疟疾以间日疟为主，由中华按蚊传播。新中国成立后，发病较多的年份是1960年、1971年、1972年。中医曾使用中药常山、槟榔和针灸法等治疗疟疾。西药传入后，使用金鸡钠霜控制症状。1973年起，使用氯喹、乙胺嘧啶、伯氨喹啶等清理复治、预防服药和休止期根治，疟疾发病率开始下降。1988年，境内发病率为1.07/10000。1989年起，疟疾发病率均保持在1/10000以下（基本消灭疟疾标准）。1990年起，疟疾防治重点为抓好疟疾病人及流动人群的管理，开展疟疾血检和监测，疟疾病人逐年减少。2002年起，各医疗单位开展疟原虫血检工作，每年完成疟疾血检1000人左右。2008年，高港区通过省卫生厅组织的基本消灭疟疾考核验收。

【丝虫病】 1955年后，通过普查，境内发现班氏丝虫病，经普服海群生药盐，并采取其他综合措施，丝虫病传播得到控制。1987年，达到基本消灭丝虫病的标准。1989年起，丝虫病防治转入巩固监测阶段。1997年的横向监测数据显示，防治效果得到巩固。2003年，加强病原监测，对基本消灭丝虫病后历次血检查出的3名微丝蚴血症者采用单耳双片法血检追踪观察。2004年，在刁铺镇圩岸村开展丝虫病病原虫监测，共监测502人，未发现阳性。后至2008年全区未发现丝虫病人。

【肠道寄生虫病】 境内农民有施用新鲜粪肥、赤脚下田劳动及生食萝卜、山芋、蔬菜等习惯，钩虫、蛔虫、鞭虫、姜片虫的感染率高。1958年，查出大量肠道寄生虫感染者。1959—1961年，使用槟榔粉、苦楝根皮驱虫，并用四氯乙烯胶囊治疗钩虫病。1962年春，许庄公社万家厦一带村民因生食出芽的山芋，爆发钩虫、蛔虫移行性哮喘症。1979年，永安公社钩虫阳性率为8.5%，蛔虫阳性率为79.7%，鞭虫阳性率为25.1%，姜片虫阳性率为15.4%。1990年9月起，中、小学生每年两次服药驱虫。1996年起，实施为期3年的全民肠道寄生虫病防治规划，全民普服驱虫药1次。1999—2001年，在刁铺镇圩岸村开展肠道蠕虫病感染率监测。1999年起，对重点人群开展服药驱虫，全区每年服药3万余人，未发生服药副反应。2002年起，在全区托幼机构儿童中开展蛲虫感染调查，2008年调查1294人，阳性18人，阳性率1.39%。2008年，在口岸街道开展肠道蠕虫病调查514人，查出钩虫阳性1人，阳性率0.19%。

## 五、慢性非传染性疾病防治

【肿瘤】 1996年，境内对1991—1995年消化道肿瘤发病及死亡状况组织回顾性调查，基本摸清肝癌、食管癌、胃癌、肠癌流行的有关危险因素，恶性肿瘤死亡率前三位依次为食管癌、肝癌、胃癌。2008年，高港区开展肿瘤发病及死亡相关数据的收集、整理、统计等基础性工作，尚未采取具体防治措施。

【糖尿病】 2008年，高港区启动糖尿病防治先期有关工作，拟定《泰州市高港区糖尿病社区综合防治工作规范》和《泰州市高港区糖尿病综合防治工作方案》。

### 六、碘缺乏病防治

1993年，境内开展以服碘油丸为主的防治工作。1996年起，实行全民食用加碘盐。1999年，开展新生儿甲状腺功能低下筛查（简称甲筛）近700人份，全面开展碘盐监测，育龄妇女、孕妇、0～2岁婴幼儿三种特需人群补服碘油丸，全年补服碘油丸11100余粒。对全区7个镇11所小学440名8～10岁学生进行甲状腺触诊检查，对132名学生进行尿碘检测，采集食盐440份及水样25份测定碘含量。2000—2008年，广泛开展碘缺乏病防治知识宣传，开展新生儿甲筛近1500人份；开展碘盐监测，育龄妇女、孕妇、0～2岁婴幼儿三种特需人群补服碘油丸7万余粒，孕妇和婴幼儿等人群尿碘检测近1万人。

### 七、疫情报告与疾病监测

【疫情报告】 1989年12月，境内卫生部门逐步建立住院、门诊、检验室等报告管理制度。1995年起，建立健全传染病管理监督、检查队伍。1996年起，执行门诊首诊负责制、病房报告医嘱制、检验室阳性结果提示制、外乡镇传染病报告双卡制（向上级防疫站及当地卫生院防保组报卡）、突发疫情电话报告等一系列疫情报告管理制度，并组织执法检查。2004—2008年，全区开展性病疫情管理工作，定期调查性病漏报情况，规范性病的登记报告。

【疾病监测】 1952年，境内开始疾病监测工作，以监测传染病为主。1955年，18种传染病列入监测，1956年增至25种。境内发生法定上报传染病，医疗单位在规定时间内填写报告卡逐级上报，县卫生防疫部门根据传染病流行趋势、流行特征采取防治措施。1981年、1982年，开展“重点人群中AFB摄入量与人类原发性肝癌死亡率关系”“人口自然变动情况和居民前10种主要疾病死亡原因”调查观察工作。1997年后，区卫生部门加强疾病监测工作。2007年，针对区内出疹性疾病发病数增多的情况，落实麻疹风疹等急性呼吸道传染病的监测、报告和防控措施，在全区范围内开展麻疹监测工作。同年，报告脊髓灰质炎病例2例，检测结果均为阴性。至2008年，全区无新生儿破伤风、百日咳和白喉病例。

## 第四节 妇幼保健

### 一、妇女保健

新中国成立前，妇女生养大多由接生婆接生，产妇和新生儿死亡率较高。新中国成立后，境内普及新法接生。1958年，推行住院分娩。1975—1979年，每年举办1期接生员培训班，乡村女医生装备产包、接生箱。1981年，全面推行孕产妇系统管理，开展围产期保健，新法接生率98%，住院分娩率14.4%。20世纪80年代后，宣传妇女劳动保护，推广女工卫生室、孕妇休息室。1993年，推行定点分娩，孕妇大多到医院分娩，住院分娩率和新法接生率均在99.5%以上，孕妇死亡率控制在4.26/10000以下，无一例新生儿破伤风。90年代，妇产医疗保健单位更加重视计划生育手术质量，严禁利用B超进行非医疗必需的胎儿性别鉴定。1997年起，高港区加强早孕建卡管理，提高保健质量，重点做好高危妊娠管理，做到早发现、规范管理、正规治疗。2008年，全区孕产妇保健管理率98.6%，住院分娩率100%，0～6岁儿童保健管理率95.1%。

### 1998—2008 年高港区孕产妇系统管理情况一览表

表 232

| 年　份 | 孕产妇产前检查率（%） | 孕产妇死亡率（1/100000） | 孕产妇中、重度贫血患病率（%） | 孕产妇保健管理率（%） | 住院分娩率（%） |
|---|---|---|---|---|---|
| 1998 | 96 | 0 | — | 90 | 100 |
| 1999 | 90 | 0 | — | 90 | 100 |
| 2000 | 98.8 | 0 | — | 86.2 | 100 |
| 2001 | 95.3 | 0 | — | 82.8 | 100 |
| 2002 | 95 | 0 | — | 71.5 | 100 |
| 2003 | 86.8 | 0 | — | 94.4 | 100 |
| 2004 | 92 | 0 | — | 92.3 | 100 |
| 2005 | 98.6 | 0 | — | 98.6 | 100 |
| 2006 | 97.5 | 0 | — | 97.5 | 100 |
| 2007 | 96.57 | 0 | — | 96.09 | 100 |
| 2008 | 98.59 | 0 | 1.77 | 95.67 | 100 |

## 二、儿童保健

1989年，境内全面实行婴幼儿系统保健管理，开展每年一度的儿童体检工作，建立季度例会制度。1996年，贯彻执行《江苏省托儿所、幼儿园卫生保健管理办法实施细则》，严格按照要求规范操作。1997年起，高港区独立开展儿童预防接种工作，并设立儿童保健门诊，定期对幼儿进行健康检查，发现体弱儿，及时采取相应措施，及早矫治。2008年，全区0～6岁儿童保健率95%以上。

### 1998—2008 年高港区婴幼儿系统保健管理情况一览表

表 233

| 年份 | 出生缺陷发生率（1/万） | 婴儿死亡率（‰） | 5岁以下儿童死亡率（‰） | 新生儿疾病筛查率（%） | 5岁以下儿童中、重度营养不良患病率（%） | 低出生体重发生率（%） | 6个月内婴儿母乳喂养率（%） | 7岁以下儿童保健管理率（%） |
|---|---|---|---|---|---|---|---|---|
| 1998 | — | 12.56 | 17.74 | — | 0.25 | — | — | 92 |
| 1999 | 5.95 | 11.8 | — | — | 1.27 | 1.22 | — | 92 |
| 2000 | 4.7 | 4 | 8.9 | — | 0.9 | 0.4 | — | 92.4 |
| 2001 | 2.4 | 8.3 | 10.4 | — | 0.3 | 0.4 | — | 94.5 |
| 2002 | 4.5 | 8.3 | 13.1 | 13.4 | 1.4 | 0.4 | — | 90 |

续表233

| 年份 | 出生缺陷发生率（1/万） | 婴儿死亡率（‰） | 5岁以下儿童死亡率（‰） | 新生儿疾病筛查率（%） | 5岁以下儿童中、重度营养不良患病率（%） | 低出生体重发生率（%） | 6个月内婴儿母乳喂养率（%） | 7岁以下儿童保健管理率（%） |
|---|---|---|---|---|---|---|---|---|
| 2003 | 3.6 | 9.9 | 5.5 | 70.1 | 0.8 | 0.4 | — | 90.8 |
| 2004 | 1.45 | 3.8 | 1.2 | 86.8 | 0.54 | 0.36 | — | 96.2 |
| 2005 | 4.2 | 3.4 | 3.4 | 89.7 | 0.83 | 0.76 | — | 92.2 |
| 2006 | 2.6 | 2.6 | 6.1 | 98 | 1.2 | 0.7 | — | 97 |
| 2007 | 6.6 | 5.72 | 11.44 | 95.14 | 0.61 | 0.95 | — | 95.05 |
| 2008 | 4.86 | 3.54 | 8.84 | 97.92 | 0.26 | 1.3 | 91.5 | 95.05 |

## 第五节　公共卫生

### 一、卫生监督

【食品卫生】 1962年，境内各乡镇开始对食品行业开展卫生监督，7—9月开展细菌学监测、化学监测、冷饮卫生学监测。1963年，口岸等地对食品工厂、企业、饮食服务业进行卫生审查登记发证。口岸体格检查648人，卫生审查89户，调离体检不合格人员137人。1981年起，对食品卫生实行监督，发放食品卫生许可证，查处违法行为。1994年，食品生产经营单位开展食品卫生一类单位创建活动。1997年后，高港区规范办理卫生许可证，审查生产经营场所的卫生条件和从业人员健康状况，对不符合卫生许可条件的，不予发证；推行食品卫生分级管理，对学校食堂实施食品卫生量化分级管理；建立健全区、镇（街道）、村（社区）三级卫生监督网络；元旦、春节、五一节、国庆节、中秋节期间，均组织节日食品市场和餐饮单位卫生检查。至2008年，全区发放食品卫生许可证1656份、公共场所卫生许可证220份，对5403名管理相对人进行卫生法律法规知识培训。

【劳动卫生】 农业合作化后，农药的购进、使用、保管由集体统管，很少发生农药中毒事件。1978年后，农村实行生产承包责任制，家家户户购、存、施药，同时，生产农药的厂家增加，生产防护条件较差，农药中毒事件时有发生。1987年后，各乡镇、村加强农药防毒知识教育，改善农药防护条件，推行农药购、存、用统一管理，很少发生中毒事件。

20世纪60年代起，工人生产卫生得到重视。1978年，县级卫生防疫部门普查各工业系统的尘害品种接触人群。1979年起，对尘毒污染严重的工厂开展铝、苯、氟监测和监护。1981年，增加汞、1605（乙基对硫磷）、矽尘监测，对县属工厂和公社办厂进行全面调查。1983年起，增加氯乙烯、噪声监测。此后，陆续增加对铬、石棉、水泥尘、电焊尘、煤尘、高温热辐射等项目的监测。

### 二、爱国卫生运动

【除“四害”】 1952年起，境内号召城乡居民大搞环境卫生，清除垃圾、污泥，加强粪便管理。发动群众灭鼠、灭蝇。1958年起，发动群众除老鼠、苍蝇、蚊子、麻雀、钉螺。20世纪六七十年代，以灭鼠、灭蚊、灭蝇为主。1991年，原属泰兴的乡镇开展创建省级灭鼠先进乡镇活动，规模使用邱氏灭鼠剂灭鼠。1996年，各乡镇整顿鼠药市场，收缴国家明令禁止使用的氟乙酰胺类鼠药，取缔鼠药无证经营摊点。1997年起，集中开展灭鼠、灭蟑、灭蝇、灭蚊的除“四害”群众性活动，重点对“四害”密度较高的垃圾处理场（填埋场）、垃圾收集点、楼房垃圾道、公共厕所、养殖场等地点，以及学校、医院、车站、农贸市场、宾馆、饭店等场所统一进行灭杀活动。区疾病预防控制中心承担“四害”密度监测工作，区卫生监督所承担餐饮行业的灭蝇监督工作。1997—2008年，共发放鼠药6200千克、灭蟑毒饵5.6万袋，“四害”密度不断降低。

【改水】 1997年前，城乡居民多饮用河水、井水。2002年，高港区推动全区改水工作。刁铺镇自来水厂接通长江水源。2003年起，制定农村改水工作方案。当年，新增农村自来水受益人口1.76万人。2002—2008年，全区累计新增农村自来水用户2.44万户，新增受益人口8.57万人。

【农村改厕】 1995年，境内乡镇开展农村改厕试点。1997年后，高港区在各乡镇（街道）举办农村改厕专题技术讲座，培训各乡镇（街道）文卫助理、各医院分管副院长、防保组组长等。2006年，区政府将农村改厕工作纳入农村实事工程，将农村改厕配套经费纳入全年财政预算，采取政府补助、群众自筹的方法，多方筹措改厕资金，专款专用。当年完成改厕4230座，2007年完成8779座，2008年完成6228座。

【城乡环境整治】 2003年起，高港区开展城乡环境专项整治。重点治理城乡结合部、各镇（街道）驻地及周边村、高速公路和主要交通干道两侧500米内的村居。合理设置柴草堆放地、垃圾投放点，垃圾定期清运、集中填埋。有条件的村居成立专职保洁队伍，其他村居实行“门前三包”并定期组织卫生大扫除。至2008年，全区新建卫生公厕10座、垃圾箱292个，安装路灯141盏，新增道路硬化面积4.37万平方米，河岸驳岸驳坎3.37千米，新增绿化面积2.68万平方米。

【卫生创建】 1999年起，高港区开展卫生镇、村创建工作。2007年，高港区通过国家卫生城市创建验收。2008年，全区创建成省级卫生镇1个（永安洲镇）、市级卫生镇4个（口岸街道、刁铺街道、永安洲镇、白马镇），省级卫生村5个、市级卫生村11个，省级爱国卫生先进单位2个、区级爱国卫生先进单位22个。

## 第六节　卫生管理

### 一、医疗卫生体制改革

2000年起，高港区加强村卫生室管理。许庄、野徐修订乡村一体化管理章程，中心站与医院统一调配人员、统一进药渠道、统一财务管理、统一建章立制、统一考核发放报酬。白马、永安洲实行中心站管理村卫生室，下设延伸点；口岸、田河、刁铺实行一村一室，田河从镇医院分流部分人员充实到村卫生室，口岸、刁铺对村卫生室药品、器械实行统一代购，定期盘药，不定期督查。2002年起，高港区实行农村卫生改革，卫生系统实行会计委派制。2003年，成立区药品集中采购管理办公室，实行药品、一次性耗材、中草药的全面招标采购，招标品种规格2300余个。2004年6月，全面启动卫生系统人事分配制度改革，对各医疗卫生单位重新定编、定岗、定责，精简内设机构，建立全员聘用合同制，规范各类用工制度；试行院长聘用制、中层干部竞争上岗制、职工双向选择上岗制度；职称评聘分开，继续教育与岗位聘任挂钩；改革内部分配制度，控制分配总额，原工资进入档案，探索按岗定酬、按任务定酬、按业绩定酬的办法；建立健全质量、效益考核指标体系，向临床一线科室倾斜，向贡献突出的科室倾斜，拉开分配档距。9月，卫生院实行所有权与经营权分离，在确保卫生院公有性质、功能任务不变的情况下，许庄医院、高港中医喉科医院进行两权分离试点改革。其后，永安洲卫生院、高港中医院、白马人民医院、野徐卫生院实施两权分离改革。通过改革，化解债务，有效解决医院班子工作压力和动力不足的矛盾。2008年，全区村卫生室实行执业准入制度，对乡村医生坚持“有进有退”原则，根据市卫生局对乡村医生统考的成绩，淘汰不合格人员。

### 二、医政管理

【医疗管理制度建设】 1951年，境内开始建立医疗管理制度。1962年，各卫生院执行查房、病历书写、病案讨论、查对、值班与交接班、手术审批、消毒隔离、抢救等10项制度，医疗管理开始走上正轨。“文化大革命”期间，实行“医护一条龙”，医疗秩序混乱。1978年，加强医政管理，重新修订、推行各项制度，医疗秩序逐步恢复。1979年，扬州地区统一社镇卫生院医疗文件书写规范，社镇卫生院对住院病人采用正规住院病历，卫生主管部门每年开展考核、检查。1984年，全面推行医疗卫生改革，乡镇卫生院普遍实行定人员、定床位、定任务、定收支、定消耗“五定”和考勤、考绩、考德、考质“四考”的责任制，把医疗质量管理作为主要考核内容。1995年，建立执业护士注册制度，加强护士管理，提高护理质量。至1996年，制度逐渐完善，且增加院领导查房、医疗差错事故登记等制度。1998年，高港区建立医疗质量互查制度。1999年，建立执业医师注册制度。2008年，建立医疗质量月度巡查制度，基本理论、基本知识、基本技能“三基”考试制度，以及两年一次的医师定期考核制度。

【依法行医管理】 建区后，高港区成立卫生系统打击非法行医领导小组，监督医疗市场，建立打防结合的监控网络，对区域内医疗市场非法行医行为进行专项整治、检查，并督促整改。2007年，打击无证行医单位10个，取缔以谋利为目的的义诊活动6次，没收医疗器械、药品5000余元；对医疗广告审批备案，严禁以性病门诊为内容的广告；打击坐堂行医、性病游医、解职乡村医生在家私诊等非法行医行为。2008年，取缔无证行医单位3个，没收药品、器械4箱，罚款1.8万元。

【医疗废弃物安全处置】 建区后，高港区先后制定《医疗废物安全处置的规章制度》《医疗废物事故报告及应急处理制度》《个人防护及消毒制度》。各医疗卫生单位一次性医疗废物用后毁形，分类收集。贮存地有严密的封闭措施，设兼职人员管理，设制医疗废物警示标识。医疗废物由泰州宇新固体废物处置有限公司统一处置。2007年，处理感染性废物12698千克、损伤性废物2875.2千克。2008年，处理感染性废物15856千克、损伤性废物3759千克。

## 第二章　计划生育

1972年起，境内社（镇）设立计划生育工作机构，落实节育措施。1975年8月，社、队等基层计划生育工作机构先后健全。1982年12月起，乡镇设计划生育专职干部，村及各企事业单位有计划生育兼职干部。建区后，高港区成立计划生育管理部门，建立、完善并贯彻落实各项政策及规章制度，计划生育工作取得显著成效。

## 第一节　宣传教育

图 26-2-1　全区人口和计划生育工作会议（2006年摄）

1953年，境内各乡镇开始宣传节育避孕知识。1971年，宣传、推行国务院提出的“一个不少，两个正好，三个多了”的生育政策。1978年，转为宣传“提倡一对夫妻生育子女数最好一个，最多两个，生育间隔三年以上”。1979年，改为宣传“一对夫妻只生一个”。1983年、1984年元旦和春节期间，境内配合全国计划生育宣传月活动，开展声势浩大的宣传。其后，计划生育宣传工作转为正常化，国家有关人口控制政策得到有效贯彻。1990年起，重点宣传《江苏省计划生育条例》。2002年，《江苏省人口与计划生育条例》颁布实施后，全区宣传新的方针政策。2006年，重点宣传国务院《关于全面加强人口和计划生育工作统筹解决人口问题的决定》。

1982年起，境内各乡镇陆续创办人口学校，宣传计划生育。2002年7月，区政府按照《泰州市乡镇人口学校示范校标准》，规范镇、村人口学校建设。各级人口学校每年开展青春期、新婚期、孕产期、育儿期、中老年期等教育培训。2008年，全区有镇级人口学校8所、村级人口学校96所。

1998年，区委宣传部、区人口计生委等8个部门联合印发《关于广泛深入开展婚育新风进万家活动的实施意见》，在每年“5·29计生协会成立日”“7·11世界人口日”“9·25公开信发表纪念日”“10·28男性健康日”“12·1世界艾滋病日”等纪念日，开展计划生育知识集中宣传。2002年11月，“高港人口网”开通，网站设置最新动态、政策法规、办事指南、人口论坛、网站留言、专家信箱等20余个栏目。2005年，高港区被中共中央宣传部、国家人口计生委等10部委评为全国婚育新风进万家活动先进区。2006年，被江苏省人口计生委评为江苏省婚育新风进万家活动项目区。

## 第二节　避孕节育

20世纪50年代初，境内无避孕药具，育龄妇女一段时期内采用安全期避孕。60年代后，避孕手段增多，普遍使用节育环和避孕药物，大多数育龄妇女采用放环避孕。1980年，口岸镇医院开始施行结扎手术。1982—1985年，境内开展大规模结扎活动。部分乡镇男性干部带头结扎，后来多为女性结扎。1987年，境内各乡镇绝育率在50%以上。1999年，全区采用节育环节育的育龄妇女2002人，采用服药及其他方法节育的妇女1820人，节育率91.28%。2008年，采用节育环的人数比1999年减少297人，采用服药及其他方法节育的妇女增加3173人，节育率91.52%。

## 第三节 晚婚晚育与优生优育

### 一、晚婚晚育

1971年起，境内各镇、公社贯彻执行计划生育政策并提倡晚婚晚育，鼓励未婚男女晚婚，育龄夫妇普遍采取节育措施。1974—1978年，推行"晚、稀、少"（晚婚年龄男为25周岁以上、女为23周岁以上，"稀"即生第二个孩子要间隔4年以上，"少"即一对夫妻只生育两个孩子）政策。开展算账对比活动，算人口账，算耕地账，算人均收入账，算百年之内实行晚婚晚育少生一代人账。1979年推行生育一胎后，晚婚晚育工作得到进一步加强，城镇青年晚婚晚育率高于农村。1975年、1979年、1983年、1987年，女性青年晚婚率分别为78.63%、88.6%、96.77%、76.19%。建区后，全区女性青年历年晚婚率保持在58.32%～70.2%之间。

1997—2008年高港区女性晚婚情况一览表

表234

| 年　份 | 晚婚（人） | 晚婚率（%） | 年　份 | 晚婚（人） | 晚婚率（%） |
|---|---|---|---|---|---|
| 1997 | 563 | 58.32 | 2003 | 638 | 68.31 |
| 1998 | 583 | 59.27 | 2004 | 634 | 64.28 |
| 1999 | 584 | 58.88 | 2005 | 657 | 65.21 |
| 2000 | 627 | 60.13 | 2006 | 655 | 70.2 |
| 2001 | 670 | 58.91 | 2007 | 594 | 61.3 |
| 2002 | 640 | 63.44 | 2008 | 653 | 63.28 |

### 二、优生优育

新中国成立后，境内各地贯彻实施《中华人民共和国婚姻法》，控制近亲结婚。20世纪70年代后，近亲婚配现象基本消除。1980年起，境内各地贯彻实施修订后的婚姻法，禁止直系血亲、三代以内旁系血亲结婚。

1974年后，境内各地实施儿童计划免疫。1998年，高港区开始出生缺陷一级干预工程，一级干预率95%以上。2002年、2003年，全区实施产前筛查服务2045人，其中早期妊娠551人、中期妊娠

1494人，共确诊染色体异常1例、脑积水1例、胎儿脊髓膜膨出1例、胎儿先天性心脏病1例、胚胎枯萎10例。2006年，区人口计生委委派医学专家对出生儿童进行随访，确认服务率100%。2007年，高港区完成市人口计生委下达的唐氏综合征产前筛查任务，完成率100%。2006—2008年，全区实施孕前优生健康检查，提供优生咨询指导4412人，发放优生营养素4520盒，组织唐氏综合征筛查2726人。

## 第四节　服务管理

### 一、服务机构

20世纪60年代前期，口岸镇医院施行计划生育手术。1978年，口岸镇医院设立计划生育技术指导组，开设技术指导门诊，培养技术人员。80年代起，境内各乡镇卫生院均能施行计划生育手术。1989年起，境内各乡镇先后组建计划生育服务站。1995年起，境内开展乡镇服务示范站和甲级、乙级服务站创建工作。"十五"期间，区内计划生育服务甲级、乙级服务站分别更名为服务中心、普通服务站，"十一五"期间，统一更名为世代服务中心。1998年，村中心卫生室与计生服务室二室合一，全区形成集宣传、教育、技术、服务、管理为一体的综合计生服务网络。1999年6月，区计划生育宣传技术指导站与区计划生育避孕药具站成立并合署办公。2001年，高港区计划生育宣传技术指导站和各镇服务站取得泰州市计划生育服务机构执业许可证。2008年，各镇、街道均设世代服务中心。

### 二、技术服务

1995年起，境内推行生殖保健。妇女在怀孕3个月内开始建卡，定期接受保健检查和优生优育指导。产后42天内，新生儿由儿保门诊建卡，进入婴幼儿保健管理系统，直到满6周岁。1997年，高港区各乡镇、村均建立计划生育服务室，开展以"双月查"为重点的孕前管理工作，每逢单月对育龄妇女查环查孕。1998年起，改"双月查"为"月服务"，3月、9月作为查环、查孕、查病的服务月，开展知识普及、知情选择、生殖健康、查病治病等服务。1997—2000年，区计生委为所有已婚妇女建立生殖保健服务手册，为已婚育龄妇女查环查孕服务10万人次。2000年，启动避孕节育和生殖保健系列工程。2001年，制定避孕节育和生殖保健系列工程措施，分步实施避孕节育知情选择、避孕节育随访服务、育龄妇女生殖道感染综合防治、男性生殖健康、青少年生殖健康、出生缺陷干预六大系列工程。2002年，在刁铺街道试点，开展已婚育龄妇女生殖道感染综合防治工程（RTI）。"十五"期间，共对已婚育龄妇女33774人次进行免费生殖健康检查，参查率74.42%，发病13047人次，发病率38.63%。2006年起，开展第二轮已婚育龄妇女免费生殖健康检查。2006—2008年，共对42743名已婚育龄妇女进行免费生殖健康检查，参查率84.99%，发病1.52万人次，发病35.51%。

### 三、专项活动

【关爱女孩】2004年9月，高港区开展"关爱女孩行动捐资助学活动"，对10名特困计划生育家庭的独生女提供每人1000元的就学资助。2006年起，开展"亲情牵手十百千工程"，每年帮助贫困女孩就医、就学、就业。2006年6月，开展“关爱女孩行动”宣传月活动。8月，开展“关爱女孩行动”知识竞赛。至2008年，全区帮助103名女孩解决就医、就学困难。

【出生人口性别比综合治理】 1997年，全区出生人口男、女性别比为119.6。2005年，出生人口男、女性别比为109.38。2007年，高港区成立出生人口性别比偏高问题综合治理工作领导小组，制定《关于综合治理出生人口性别比偏高问题的实施意见》。2008年，出生人口男、女性别比为107.64。

【计划生育村民自治】 2001年起，高港区推行计划生育村民自治。7月31日，区政府在野徐镇召开全区计划生育村民自治工作现场会。当年，全区有24个行政村开展计划生育村民自治工作，分别设立计生协会理事会，通过民主程序制定《计划生育村民自治章程》和《计划生育公约》，由群众对计划生育实行民主管理、民主决策、民主监督。2008年，高港区计划生育村民自治率90%以上，基本形成计划生育工作指导在区、服务在镇、管理在村、落实到户的工作格局。

## 1997—2008年高港区计划生育情况一览表

表235

| 年份 | 出生总数（人） | 孩次 | | 计划生率（%） | 自然增长率（‰） | 独生子女领证率（%） |
|---|---|---|---|---|---|---|
| | | 一孩（人） | 二孩及以上（人） | | | |
| 1997 | 1130 | 1088 | 42 | 97.73 | 0.1 | 67 |
| 1998 | 1257 | 1189 | 68 | 97.92 | −0.21 | 68.55 |
| 1999 | 1246 | 1194 | 52 | 98.17 | −0.43 | 69.32 |
| 2000 | 1298 | 1235 | 63 | 98.34 | −0.34 | 71.28 |
| 2001 | 1342 | 1267 | 75 | 98.86 | −0.29 | 73.67 |
| 2002 | 1309 | 1223 | 86 | 99.23 | −1.17 | 75.83 |
| 2003 | 1396 | 1301 | 95 | 99.51 | −0.64 | 77.36 |
| 2004 | 1534 | 1405 | 129 | 99.53 | −1.23 | 79.45 |
| 2005 | 1340 | 1205 | 135 | 99.48 | −0.31 | 82.13 |
| 2006 | 1201 | 1074 | 127 | 99.25 | −1.28 | 83.46 |
| 2007 | 1181 | 1005 | 176 | 99.32 | −1.34 | 84.83 |
| 2008 | 1196 | 989 | 207 | 99.16 | −1.31 | 85.54 |

# 泰州市高港区志

## 第二十七篇　人力资源管理

# 第二十七篇　人力资源管理

民国时期，工商业主与从业人员多为雇佣关系。新中国成立后，境内乡镇、企事业单位均有专人负责人事、劳动工作，有一定规模的企事业单位设立人事、劳动管理机构。1978年后，推行人事、劳动管理制度改革，由适应计划经济的体制机制向与市场经济相配套的体制机制转变，由单纯的行政管理向管理服务型转变。高港区成立后，实施人才强区战略，加强高层次人才队伍建设，推进行政管理机制创新和干部人事制度改革，规范人事人才管理服务，逐步建立起适应社会主义市场经济体制要求的劳动管理和就业机制。

# 第一章 人 事

新中国成立后，境内各乡镇党政机关和学校、医院等事业单位的人事工作均按上级要求开展。20世纪80年代，境内开始改革干部管理制度，实行精简定编；专业技术人员评定职称。90年代中期起，通过推行人员配备、工资保障等制度改革，营造公平竞争的择业用人环境，完善以干部调配任用为重点的配套管理制度，建立健全适应市场经济的用人机制和管理监督体系，围绕精简、效能、节约实施控制管理。建区后，人事管理制度逐步向公务员管理制度过渡。人才交流从信息提供向纵深拓展，与人才市场接轨；机关事业单位人员管理实施德、能、勤、绩定级考核与选拔任用相结合；建立机关事业单位工资制度与增资机制；国家公务员全面实施国家统一招录；严格实行机构编制制度。2008年，全区有行政编制人员634人、事业编制人员3168人。

## 第一节 编制管理

### 一、党政机关机构编制管理

新中国成立后，境内乡镇机关人员编制由上级机关核定，每个乡镇配编制3～7名。60年代，每个乡镇（公社）的行政机关编制约为10名。80年代初约20名。1997年，乡镇机关行政编制人员239人。1997年7月19日，市编委核定高港区乡镇行政编制270名。1997年12月29日，市委、市政府《关于高港区区级党政机构设置方案的批复》确定，高港区设区级党政工作机构25个（区委工作机构5个，区政府工作机构20个），部门管理机构3个，归口管理机构1个。1998年1月22日，市编委核定高港区区级党政群机关行政编制200名。4月2日，市编委增加高港区区级党政群机关行政编制60名，共计260名。1999年，市编委核定高港区政法系统专项编制139名。

2001年6月，市委、市政府印发《泰州市高港区党政机关机构改革方案》，高港区设区级党政工作机构23个（区委工作机构5个、区政府工作部门18个）、区委部门管理机构4个。全区区级党政群机关行政编制261名，乡镇机关行政编制由270名减为203名。

2004年12月28日，市委办公室、市政府办公室印发《泰州市高港区人民政府机构改革方案》，区政府工作部门由18个改为20个。区级党政群机关行政编制283名，乡镇机关行政编制183名。

2008年，高港区设区级党政工作机构25个（区委工作机构5个、区政府工作部门20个），区委部门管理机构4个，设区纪委、区人大常委会、区政协和群团机关。全区行政编制总数624名，其中区级党政群机关行政编制293名、镇（街道）机关行政编制183名、政法专项编制148名，实有行政编制人员574人，其中区级党政群机关287人、镇（街道）161人、政法系统126人。另有经批准使用的地方行政编制65名，实有人员60人。

### 二、事业单位机构编制管理

2001年起，全区事业单位进行法人登记，并逐年对事业单位法人证书进行年检。2004年，对全区经营性服务类事业单位进行改制，7个单位完成改制。2008年，全区有区属事业单位78个，其中，全额事业单位52个，核定编制483名，实有441人；差额补助事业单位6个，核定编制50名，实有37人；自收自支事业单位20个，核定编制128名，实有149人。镇（街道）所属事业单位56个，核定编制281名，实有255人。另有学校18所，核定编制1488名，实有1623人；医院9所，核定编制728名，实有663人。

## 第二节　干部管理

### 一、录用聘用与调配

【录用聘用】 1982年起，境内乡镇采用“公开报名，考察考核，择优录取”的办法招录干部。1983年，在乡镇机构体制改革中，推行干部选聘合同制，按照“革命化、年轻化、专业化、知识化”要求选聘乡镇机关工作人员，签订聘用合同。1987年，开展乡镇聘用干部续聘工作。1994年，在企事业单位中推行干部聘用制。1997年，高港区推行国家公务员制度，原有干部逐步过渡为公务员。另择优录用担任主任科员以下非领导职务的公务员。2008年末，全区行政机关共有公务员438人，其中通过公务员考试录用的136人。

1997—2008年高港区行政机关公务员人数一览表

表236　　单位：人

| 年　份 | 公务员数 | 年　份 | 公务员数 |
|---|---|---|---|
| 1997 | 287 | 2003 | 363 |
| 1998 | 374 | 2004 | 398 |
| 1999 | 392 | 2005 | 407 |
| 2000 | 382 | 2006 | 398 |
| 2001 | 362 | 2007 | 399 |
| 2002 | 354 | 2008 | 438 |

【调配】 1954年，刁铺区、永安区、口岸镇（县直属镇）建立整编办公室，共精简20人，占3个区、镇工作人员的11%。1957年6月，境内乡镇部分干部精简到农业生产第一线，少数安排到公私合营企业。1961年，境内又有一批干部精简到农业第一线，少数到工业企业、中小学等单位工作。1962年，境内公社精简各类人员30余人，转到集体单位、公私合营企业，或退职、解雇等。1969年，境内部

分机关干部带薪下放，部分去农场和“五·七”干校，少部分下放回原籍。“文化大革命”期间，人事管理体系混乱。1980年后，干部调配重点之一是解决干部夫妻分居问题。1982年起，干部调配工作重点转移到引进科技干部。1997—2008年，高港区行政机关共调配干部276人（不含区划调整划进人员），其中调进142人、调出134人。

## 二、考核与奖励

1997年起，高港区按照岗位职责要求，从德、能、勤、绩、廉5个方面考察干部，重点考核实绩。全区每年的考核合格率98%以上。考核结果分为优秀、称职、基本称职和不称职4个等次。1997—2008年，经考核被确定为优秀等次的机关干部1302人次、事业单位干部（职工）6554人次。

2000年起，高港区对年度考核优秀的公务员、参照公务员管理事业单位人员实施表彰奖励。2000—2008年，共表彰奖励611人，其中嘉奖528人、三等功61人、二等功22人。

## 三、干部教育

1997—1999年，全区先后组织438人次参加公务员学法培训和公务员过渡培训。2000—2002年，先后组织以现代科技、经济和世界贸易基本知识为主要内容的知识更新培训，累计培训416人次。2001—2005年，进行普通话、计算机应用及英语培训，累计培训566人次。2003年起，正常进行初任公务员培训工作，至2008年全区历年新进公务员初任培训合格率100%。2004—2005年，进行《中华人民共和国行政许可法》和《中华人民共和国公务员法》学习培训，累计培训公务员473人次。

## 四、军队转业干部安置

1952年起，境内乡镇接收军队转业干部。高港区成立后，区委、区政府按照“统筹兼顾、保证重点、妥善安置、合理使用”原则，做好军队转业干部及随军家属的安置工作。1997—2008年，全区接收军队转业干部53人、随军家属9人。其中团职10人、营职15人、连排职5人、技术干部23人。安置后进入机关55人、企业单位4人，自主择业3人。

### 1997—2008年高港区转业干部（含家属）安置情况一览表

表237　　单位：人

| 年　份 | 人　数 | 进入机关 | 进入企业 | 自主择业 |
|---|---|---|---|---|
| 1997 | 4 | 4 | — | — |
| 1998 | — | — | — | — |
| 1999 | 10 | 10 | — | — |
| 2000 | 5 | 3 | 2 | — |
| 2001 | 5 | 3 | 2 | — |
| 2002 | 1 | 1 | — | — |

续表237

| 年　份 | 人　数 | 进入机关 | 进入企业 | 自主择业 |
|---|---|---|---|---|
| 2003 | 3 | 2 | — | 1 |
| 2004 | 7 | 7 | — | — |
| 2005 | 8 | 8 | — | — |
| 2006 | 6 | 5 | — | 1 |
| 2007 | 6 | 6 | — | — |
| 2008 | 7 | 6 | — | 1 |
| 合　计 | 62 | 55 | 4 | 3 |

## 第三节　人才管理

### 一、人才资源管理

【毕业生就业】 20世纪五六十年代，分配到境内乡镇（公社）的大、中专毕业生数量较少，1980年后逐步增多。1982年起，部分大、中专毕业生被分配到乡镇企业，保留全民干部身份，工资待遇给予优惠。1990年起，分配到境内乡镇机关和企事业单位的大、中专毕业生增多。1993年，毕业生就业开始与市场接轨。1998年起，全区大、中专毕业生全部进入人才市场，实行双向选择。

1997—2008年，全区报到毕业生总数3308人，就业人数3177人，就业率96.03%。

**1997—2008年高港区毕业生就业情况一览表**

表238　　单位：人

| 年　份 | 报到毕业生总数（人） | 就业人数（人） | 年　份 | 报到毕业生总数（人） | 就业人数（人） |
|---|---|---|---|---|---|
| 1997 | 160 | 155 | 2003 | 350 | 335 |
| 1998 | 180 | 170 | 2004 | 495 | 477 |
| 1999 | 220 | 212 | 2005 | 310 | 290 |
| 2000 | 210 | 200 | 2006 | 360 | 350 |
| 2001 | 260 | 248 | 2007 | 245 | 240 |
| 2002 | 320 | 310 | 2008 | 198 | 190 |

【人才引进】 1998年起，区政府先后与南京中医药大学、江苏理工大学、上海大学、复旦大学、南京理工大学等8所高校就人才输送与培训、智力支持与合作等事项签订人才合作协议。先后引进南京中医药大学教授谈献到泰州市高港中药饮片有限公司，引进德国汉诺威大学教授牙雅克到高港花卉园艺中心。进入21世纪，人才政策日益完善，人才待遇不断提高。2003年，高港区制定《关于进一步加快我区人才资源开发的若干规定》和《关于进一步加强人才队伍建设的意见》。2005年，制定《进一步为民营经济提供人事人才服务的实施办法》等文件。2006年，高港区成立区青年干部培训中心（后更名为专门人才工作站）。至2008年，先后从江苏大学、苏州大学等高校选招36人，其中硕士研究生33人。

1997—2008年，全区引进人才4593人，其中高级人才302人。

## 二、专业技术人员管理

【职称评审】 建区初，高港区共有专业技术人员4830人，其中高级职称165人、中级职称1448人、初级职称3217人。区人事部门组建文教中、初级职称评审委员会，工程技术、农业、建设等初级职称评审委员会。2003年，职称评审范围扩大到非公有制企业、个体私营企业的技术人员和自谋职业的流动人员。2004年，高港区破格认定工程师31人，评审农村实用人才高级职称8人、中级职称19人。2005年，启动行政机关部分系列专业技术资格的评审申报、初级职称资格的初定工作，在公安系统试行刑事科学技术、技侦技术专业技术人员职称资格申报。2008年，全区有专业技术人员6776人，其中高级职称385人、中级职称2282人、初级职称4109人。

【职务聘用】 建区初，除了教育系统实行评聘结合外，其他行业均为评聘分开。1999年，深化职称制度改革，职称晋升不再实行指标控制，而是采取岗位设置总量控制和结构比例控制的办法，中、高级专业技术人员职称晋升按空岗数的一定比例申报。2002年，开展专业技术职务岗位年审工作，对人员编制、职能变化较大的事业单位适当调整岗位设置，在卫生、建筑设计等行业推行专业技术人员职称评聘公开制度。2006年，在事业单位推行聘用制度和岗位管理制度。

### 1997—2008年高港区专业技术人员职称结构一览表

表239　　　　单位：人

| 年　份 | 高级职称 | 中级职称 | 初级职称 | 年　份 | 高级职称 | 中级职称 | 初级职称 |
|---|---|---|---|---|---|---|---|
| 1997 | 165 | 1448 | 3217 | 2003 | 266 | 1756 | 3591 |
| 1998 | 180 | 1499 | 3267 | 2004 | 285 | 1827 | 3674 |
| 1999 | 196 | 1551 | 3319 | 2005 | 306 | 1925 | 3770 |
| 2000 | 214 | 1603 | 3375 | 2006 | 327 | 2032 | 3874 |
| 2001 | 231 | 1686 | 3436 | 2007 | 355 | 2150 | 3985 |
| 2002 | 251 | 1659 | 3506 | 2008 | 385 | 2282 | 4109 |

【继续教育】 1992年，境内实施继续教育证书制度，高、中级技术人员每年继续教育时间不少于12天（72学时），初级技术人员不少于7天（42学时）。专业技术人员在任期内未按规定接受继续

教育的，不予申报高一级技术职务。2000年起，对全区专业技术人员继续教育证书进行验核登记。2001年后，高港区把专业技术人员接受继续教育作为评定专业技术资格、聘任专业技术职务和职业（执业）资格再注册的必备条件。至2008年，全区参加继续教育7263人次，其中6776人次取得合格证书。

1997年起，高港区委托泰州市人事局开展机关事业单位技术工人各工种的专业培训和机关事业单位技术工人继续教育培训。1997—2008年，共培训技术工人186人。

## 三、人才市场

1998年9月，区人事局在江苏省口岸中学首次举办大中专毕业生就业招聘会，扬子江药业集团等30余个用人单位进场招聘。2000年区人才大楼建成后，区人事局每年都在人才大楼举办大中专毕业生就业招聘会。2005年起，随着进场招聘企业和应聘毕业生逐年增多，区人事局由集中办市场改为分期、分批、分散举办专业性人才市场。1998—2008年，进场单位共584个次，应聘人员9780人次，现场签订协议709人次。

### 1998—2008年高港区人才市场招聘情况一览表

表240

| 年份 | 进场单位数（个） | 应聘人数（人） | 现场签订协议人数（人） | 年份 | 进场单位数（个） | 应聘人数（人） | 现场签订协议人数（人） |
|---|---|---|---|---|---|---|---|
| 1998 | 37 | 220 | 21 | 2004 | 59 | 930 | 68 |
| 1999 | 40 | 280 | 33 | 2005 | 54 | 1050 | 70 |
| 2000 | 37 | 600 | 39 | 2006 | 62 | 1350 | 90 |
| 2001 | 40 | 400 | 31 | 2007 | 68 | 1540 | 113 |
| 2002 | 54 | 700 | 55 | 2008 | 78 | 1860 | 128 |
| 2003 | 55 | 850 | 61 | | | | |

## 四、人事代理

建区初，委托人事代理者甚少。2000年，结合事业单位推行聘用合同制，对新建、改制事业单位工作人员和事业单位新进、调动人员全部实行人事代理制度。2003年后，随着经济社会的发展，大、中专毕业生增多，人才流动渐增。代理服务内容也扩大到档案管理、人事户籍关系挂靠、聘用合同鉴证、代办保险、职称晋升申报等，代理服务对象拓宽到全区机关企事业单位流动人员。至2008年，区人才流动服务中心有人事代理单位77个，累计签订人事代理委托合同书3000余人次，办理档案委托管理3000余人次，办理人事、工资关系委托管理800余人次，办理保险、职称委托管理600余人次，开具工资证明300余份、档案证明500余份。

# 第四节　干部待遇

## 一、工资

1949年10月至1952年2月，境内各乡镇党政机关及学校大部分工作人员实行供给制，新参加工作的人员、教师和留用的部分原国民党政府工作人员实行工薪制。1954年6月，供给制改为包干制，除孩子保育费、保姆费仍由国家供给外，伙食费、服装费和津贴一律包干。1955年7月，机关工作人员全部实行工资制。1956年，实行等级工资制。取消工资分和物价津贴制度，实行直接按货币规定工资标准的制度。1963年，职工工资升级。1977年，调整工资，升级调资对象是1971年末前参加工作、工资在行政18级及其以下的职工。1985年6月，工资包括基础（岗位）工资、职务工资、工龄津贴和奖励工资4个部分，以职务工资为主。1989年，实行工资计划和工资基数管理。1993年，机关工作人员（工勤人员除外）实行职级工资制；事业单位专业技术人员主要执行专业技术职务等级工资，管理人员实行职员职务等级工资制；工人分别实行技术工人和普通工人工资制度。建立正常的增资机制和地区津贴制度。机关和事业单位工作人员工资正常晋级。机关干部基础工资标准，1993年10月为每月90元，1997年7月为每月110元，1999年7月为每月180元，2008年为每月230元；级别工资标准，按工作人员资历和能力确定，共分15级，一个职务对应若干个级别，上下交叉，一个级别一个工资标准。职务工资标准，2001年10月首次调整，2003年7月又作调整；工龄工资，工作年限每增加1年，每月工资标准增加1元。对优秀和称职工作人员发放年终一次性奖金，标准为当年度12月份的基本工资。

事业单位工作人员工资标准分别于1997年7月、1999年7月、2001年10月作调整。

2006年，工资改革，公务员基本工资构成由职务工资、级别工资、基础工资和工龄工资4项调整为职务工资和级别工资2项。公务员年度考核结果为称职及以上的，一般每5年可在所任职务对应的级别内晋升一个级别，每两年可在所任级别对应的工资标准内晋升一个工资档次。事业单位实行岗位绩效工资制度。岗位绩效工资由岗位工资、薪级工资、绩效工资和津贴组成，岗位工资和薪级工资为基本工资。中小学教师、护士的岗位工资和薪级工资标准提高10%。2006年7月1日起，年度考核结果为合格及以上等次的工作人员，每年增加一级薪级工资。

## 二、福利

1956年，按工资总额的3%提取乡镇干部福利基金，1958年降为1%，1963年提高到2%，1969年改为2.5%。主要用于集体福利设施、文化体育设施和文体活动费支出，干部的疗养费、医药费、体检费和各种福利性补贴支出等。1987年，机关、全民事业单位的福利费标准统一调整为每人每月2.5元，由各单位包干使用。1988年，事业单位实行二班制、三班制工作的职工，夜间工作超过3小时的，发给每人每日0.8元，超过6小时的，发给每人每日1.1元。1990年，调整机关事业单位工作人员遗属补助，农村户口每人每月35～40元，城镇户口每人每月40～45元。1991年10月起，机关事业单位工作人员享受年休假。1992年，机关事业单位工作人员及离退休人员的福利费，按每人每月4元标准提取。1993年4月1日起，因开放粮油价格，为不使城镇职工及有关人员实际生活受到较大影响，机关事业单位工作人员、退休退职人员每人每月发放补贴6元。

建区后，区政府设立年度目标管理奖。2003年，区级机关在职工作人员发考勤奖。2004年，建

图 27-1-1 机关工作人员体检

立优秀公务员（机关工作人员）健康休养制度。同年5月，解决区青年干部工作队队员生活补贴，每人每月260元。7月，调整区级机关工作人员出差包干补贴标准，由每人每月120元调整为200元。2006年7月，解决挂职干部生活补贴、通信补贴和交通费。

2004年10月，调整机关事业单位工作人员亡故后一次性抚恤金标准，被追认为革命烈士的按80个月工资、因公牺牲的按40个月工资、病故的按20个月工资。机关事业单位工作（含退休）人员死亡后，其遗属补助标准由每人每月160元提高到220元，2007年7月提高到420元。2008年4月，机关事业单位一次性抚恤金标准改按每人每月1000元的标准加上本人死亡当月基本工资作为计发基数。

## 第五节 离休 退休 退职

### 一、离休人员待遇

新中国成立前参加革命工作的干部离休后，基本政治待遇不变，其标准工资（含保留工资）照常发放，福利待遇不变。医疗、住房、用车、生活品供应等方面优先照顾。其他各项生活待遇及其去世后的丧葬费、遗属抚恤和生活困难补助等，均享受同级在职干部同等待遇。1997年10月，调整离休费。1998年10月至2001年10月，先后参照同职务、同条件在职人员调整基本离休费和生活补贴。2004年1月，调整离休干部交通补助费标准。

2008年，全区有离休干部54人，其中，80岁以上的32人、75～80岁的22人，享受部分地厅级干部待遇的2人，享受处级干部待遇的17人，享受科级干部待遇的35人。

### 二、退休人员待遇

1989年10月起，增加退休人员退休费。1993—2005年，在在职人员工资标准正常晋级的同时，相应提高退休人员的基本退休费或退休生活补贴。2005年10月，调整机关事业单位新中国成立前参加革命工作退休老工人的护理费标准。2006年7月，根据退休人员当时的基本退休费标准所对应的职务分别增加退休费。2008年4月，规范公务员津贴补贴，根据退休人员当时执行退休费标准所对应的职务（级）或技术等级及工作年限执行相应的生活补贴标准。

### 三、退职人员待遇

1978年前，因身体有病基本丧失工作能力和因辞去职务而领取一定数额退职费的人员，享受一次性补助费，一次性补助最多不超过本人30个月标准工资，原享受的公费医疗待遇随之停止。1978年，退职人员改为按月领取本人原标准工资40%的退职生活费。1983年，退职生活费的最低保证数由20元提高到25元。1988年2月，对20世纪50年代部分退职人员的生活补助每人每月增加5元。1993年6月1日起，调整部分20世纪50年代退职人员的生活补助，每人每月增加20元。1995年，对不享受工资待遇而领取生活费的各级政协委员、宗教职业者和国民党起义投诚人员增加生活费。2008年，机关退职人员的生活补助按同职级退休人员生活性补贴标准的70%执行。

# 第二章　劳　动

民国时期，用工制度有契约制和雇佣制两种，境内多为季节工、临时工、计件工、点工、拆账工。新中国成立后，政府对劳动就业进行管理。1978年后，推进劳动就业和劳动工资制度改革。1982年实施劳动合同制后，劳动就业变为劳动部门介绍就业、自愿组织就业和自谋职业"三结合"。20世纪90年代企业改制，出现职工下岗失业现象。高港区成立后，就业压力得到缓解，逐步形成国家政策指导、企业择优录人、个人竞争就业、市场调节需求、社会劳动合理配置和有序流动的就业新格局。企业工资由国家宏观指导，企业自主分配，逐步实行工资水平由市场调节的新型工资分配制度。同时，建立健全劳动仲裁、劳动保障和执法监察制度。职工工资福利及相关权益等得到保障。

1997年，全区有劳动力6.5万人。2008年，全区有劳动力12.69万人，其中女性5.99万人，从事第一产业1.96万人、第二产业5.28万人、第三产业5.45万人。

## 第一节　劳动力资源与市场

### 一、劳动力资源

【城镇劳动力】 1997年，全区城镇劳动力23568人。2006年，全区城镇劳动力32243人。2008年，全区城镇劳动力3.87万人，其中女性1.89万人；大专及以上学历0.32万人，高中（含中专、职校、技校、职高）2.22万人，初中以下学历1.33万人；16～25岁0.65万人，26～40岁1.31万人，41岁至法定退休年龄1.91万人；在业人员3.82万人，新成长失业人员0.02万人，就业转失业人员0.03万人。

1997—2008年高港区城镇劳动力基本情况一览表

表241　　　　单位：万人

| 年份 | 城镇劳动力 | 女性 | 高中以上学历 | 高中学历 | 高中以下学历 | 16～25岁 | 26～40岁 | 41岁至法定退休年龄 | 从业人员 | 新成长失业 | 就业转失业 |
|---|---|---|---|---|---|---|---|---|---|---|---|
| 1997 | 2.36 | 1.38 | 0.12 | 1.57 | 0.67 | 0.39 | 0.85 | 1.12 | 2.31 | 0.01 | 0.02 |
| 1998 | 2.39 | 1.4 | 0.15 | 1.71 | 0.53 | 0.41 | 0.87 | 1.11 | 2.36 | 0.01 | 0.02 |

续表 241

| 年份 | 城镇劳动力 | 女性 | 高中以上学历 | 高中学历 | 高中以下学历 | 16～25岁 | 26～40岁 | 41岁至法定退休年龄 | 从业人员 | 新成长失业 | 就业转失业 |
|---|---|---|---|---|---|---|---|---|---|---|---|
| 1999 | 2.45 | 1.43 | 0.17 | 1.76 | 0.52 | 0.44 | 0.88 | 1.13 | 2.42 | 0.02 | 0.03 |
| 2000 | 2.49 | 1.45 | 0.19 | 1.82 | 0.48 | 0.45 | 0.9 | 1.14 | 2.45 | 0.02 | 0.02 |
| 2001 | 2.54 | 1.48 | 0.21 | 1.89 | 0.44 | 0.47 | 0.93 | 1.14 | 2.51 | 0.02 | 0.02 |
| 2002 | 2.56 | 1.5 | 0.23 | 1.93 | 0.4 | 0.49 | 0.96 | 1.01 | 2.52 | 0.02 | 0.03 |
| 2003 | 2.59 | 1.53 | 0.24 | 1.96 | 0.39 | 0.52 | 0.98 | 1.09 | 2.55 | 0.02 | 0.03 |
| 2004 | 2.63 | 1.55 | 0.25 | 2.01 | 0.37 | 0.56 | 1.01 | 1.06 | 2.59 | 0.02 | 0.03 |
| 2005 | 2.67 | 1.63 | 0.27 | 2.06 | 0.34 | 0.58 | 1.05 | 1.04 | 2.62 | 0.02 | 0.03 |
| 2006 | 3.22 | 1.71 | 0.29 | 2.15 | 0.78 | 0.61 | 1.16 | 1.45 | 3.18 | 0.02 | 0.03 |
| 2007 | 3.44 | 1.78 | 0.31 | 2.18 | 0.95 | 0.63 | 1.28 | 1.53 | 3.39 | 0.02 | 0.03 |
| 2008 | 3.87 | 1.89 | 0.32 | 2.22 | 1.33 | 0.65 | 1.31 | 1.91 | 3.82 | 0.02 | 0.03 |

【农村劳动力】 1997年，全区农村劳动力4.14万人，外来劳动力0.24万人。2006年，农村劳动力6.97人，外来劳动力0.56人。2008年，农村劳动力8.82万人，其中女性4.1万人。输出劳动力7.01万人，占农村劳动力总数的79.48%。农村劳动力中，具有大专及以上学历的0.68万人，高中学历的2.19万人，初中及以下学历的5.95万人；16～25岁2.34万人，26～40岁3.52万人，41岁至法定退休年龄的2.96万人；全区农村劳动力就地转移4.18万人，劳务输出2.83万人。本省外市就业的有1.28万人，其中苏南地区就业的有0.84万人；外省就业的有1.55万人，相对集中在上海、广东、浙江等沿海省市。

### 1997—2008年高港区农村劳动力基本情况一览表

表 242 单位：万人

| 年份 | 农村劳动力 | 女性 | 高中以上学历 | 高中学历 | 高中以下学历 | 16～25岁 | 26～40岁 | 41岁至法定退休年龄 | 就地转移 | 劳务输出 |
|---|---|---|---|---|---|---|---|---|---|---|
| 1997 | 4.14 | 1.96 | 0.37 | 1.58 | 2.19 | 1.78 | 2.96 | 1.76 | 3.01 | 1.72 |
| 1998 | 4.18 | 1.98 | 0.38 | 1.61 | 2.19 | 1.81 | 3.01 | 1.82 | 3.12 | 1.84 |
| 1999 | 4.32 | 2.01 | 0.45 | 1.65 | 2.22 | 1.85 | 3.15 | 1.93 | 3.21 | 1.93 |
| 2000 | 4.41 | 2.09 | 0.46 | 1.71 | 2.24 | 1.92 | 3.21 | 2.01 | 3.38 | 2.03 |

续表242

| 年份 | 农村劳动力 | 女性 | 高中以上学历 | 高中学历 | 高中以下学历 | 16～25岁 | 26～40岁 | 41岁至法定退休年龄 | 就地转移 | 劳务输出 |
|---|---|---|---|---|---|---|---|---|---|---|
| 2001 | 4.85 | 2.18 | 0.48 | 1.79 | 2.58 | 1.97 | 3.25 | 2.1 | 3.42 | 2.12 |
| 2002 | 4.59 | 2.32 | 0.51 | 1.83 | 2.25 | 2.01 | 3.29 | 2.21 | 3.51 | 2.24 |
| 2003 | 4.68 | 2.51 | 0.55 | 1.88 | 2.25 | 2.14 | 3.31 | 2.33 | 3.62 | 2.33 |
| 2004 | 4.7 | 2.63 | 0.59 | 1.91 | 2.2 | 2.18 | 3.36 | 2.47 | 3.71 | 2.42 |
| 2005 | 6.72 | 3.75 | 0.63 | 1.95 | 4.14 | 2.21 | 3.41 | 2.53 | 3.83 | 2.53 |
| 2006 | 6.97 | 3.98 | 0.65 | 1.98 | 4.34 | 2.26 | 3.43 | 2.65 | 3.92 | 2.62 |
| 2007 | 8.52 | 4.02 | 0.67 | 2.08 | 5.77 | 2.31 | 3.49 | 2.88 | 4.01 | 2.71 |
| 2008 | 8.82 | 4.1 | 0.68 | 2.19 | 5.95 | 2.34 | 3.52 | 2.96 | 4.18 | 2.83 |

【城镇登记失业人员】 1997年，高港区城镇登记失业236人。2008年，城镇登记失业549人，其中无技能的300人，城镇登记失业率1.42%。

### 1997—2008年高港区城镇失业人员情况一览表

表243

| 年　份 | 登记失业人数（人） | 登记失业率（%） | 年　份 | 登记失业人数（人） | 登记失业率（%） |
|---|---|---|---|---|---|
| 1997 | 236 | 1 | 2003 | 392 | 1.51 |
| 1998 | 289 | 1.21 | 2004 | 445 | 1.69 |
| 1999 | 321 | 1.31 | 2005 | 452 | 1.69 |
| 2000 | 356 | 1.43 | 2006 | 421 | 1.31 |
| 2001 | 298 | 1.17 | 2007 | 510 | 1.48 |
| 2002 | 405 | 1.58 | 2008 | 549 | 1.42 |

## 二、劳动力市场

【区人力资源市场】 1997年，区人力资源市场建成，面积195平方米，无固定开放时间，主要应用工单位要求组织招聘活动。当年举办2场招聘会，进场求职人数不足500人，提供就业岗位986个，达成就业协议206人。1999年，举办3场招聘会，求职人数1497人，提供就业岗位1585个，现场达成就业意向315人。2002年，人力资源市场每周二下午常规化开放。全年举办3场专项招聘会，求职人数1800余人，提供就业岗位2166个，现场达成就业意向523人。2005年，将区劳动和社会保障局大楼一楼改造为人力资源市场，面积500平方米，分为信息发布查询区、招聘洽谈区、自助服务区、就业服务区，就业服务区设有求职登记、空岗申报、录用备案、技能培训、就业援助、农民工服务、职业指导、创业指导8个窗口。定期举办生产制造、商业服务、机械电子等各类专场招聘会。2007年，区人力资源市场被评为省三星级职业介绍机构。

1997—2008年，全区举办各类劳动力招聘会34场，进场单位1119个次，提供就业岗位2.56万个，进场求职3.31万人次，达成就业意向7064人。

**1997—2008年高港区人力资源市场专场招聘情况一览表**

表244

| 年　份 | 招聘单位数（个） | 招聘场次（次） | 招聘岗位（个） | 达成就业意向人数（人） |
|---|---|---|---|---|
| 1997 | 70 | 2 | 986 | 206 |
| 1998 | 79 | 2 | 1236 | 211 |
| 1999 | 80 | 3 | 1585 | 315 |
| 2000 | 81 | 3 | 1732 | 402 |
| 2001 | 83 | 3 | 1978 | 456 |
| 2002 | 86 | 3 | 2166 | 523 |
| 2003 | 89 | 3 | 2302 | 569 |
| 2004 | 96 | 3 | 2498 | 597 |
| 2005 | 98 | 3 | 2551 | 532 |
| 2006 | 113 | 3 | 2829 | 973 |
| 2007 | 116 | 3 | 2765 | 1287 |
| 2008 | 128 | 3 | 2936 | 993 |

【乡镇劳动保障服务所】 1988年，境内口岸、刁铺等乡镇设立劳动服务站，镇属集体事业单位，对本乡镇范围内城镇户口、未能继续升学的初、高中毕业生登记造册，发放“待业青年卡”。1992年，境内各乡镇均建立劳动服务站。1998年，劳动服务站改为劳动和社会保障服务所。2008年，全区建有口岸、刁铺、许庄、永安洲、白马、胡庄、大泗、野徐8个劳动和社会保障服务所。

【公共和私营职业介绍机构】 2005年，公共和私营职业介绍机构开始出现。2008年，全区有公共职业介绍机构6个，个人办职业介绍机构8个。2005—2008年，通过公共和私营职业介绍机构介绍，提供岗位12800个，解决就业4330人。

## 三、劳务派遣

2001年起，区劳动和社会保障局建立劳务输出中心，推行劳务派遣业务。根据用人单位需求，向其派遣各类人员。实际用人单位与劳务派遣组织签订劳务派遣合同，劳务派遣组织与劳务人员签订劳动合同。2001—2008年，高港区劳务输出中心与12个单位签订派遣协议，累计派遣人员1052人次。

## 第二节　劳动用工制度

### 一、形式

民国时期，用工按用工时间长短分为长期工、季节工、临时工。一般1年以上为长期工，多为工厂、商店聘雇。季节工以货店、布店为多，一般在秋收之后、生意进入旺季时雇用，期限3个月至5个月不等，吃了年三十夜“守岁酒”即行辞退。临时工时间一般1个月左右，以粮行雇用为多，旺季一过，即行辞退。按取酬方式分为计件工、点工、拆账工等。箩脚行帮助码头、工厂、商店等装卸搬运物资的工人计件取酬，多为计件工；港口排筏工作，做一天算一天，大多为点工；浴室业、理发业大多为拆账工，工资一般四六分成，业主得六成，职员得四成。

新中国成立后，用工形式有固定工、合同工、临时工等。固定工，亦称正式工，工作有保障，用人单位一般不得辞退。合同工，其特点是以合同形式对职工工作期限和工作任务等作出规定，工作期满或任务完成后，用人单位可以辞退。1986年用工制度改革后，用人单位招收的各类工人一般都是合同工，打破了铁饭碗、大锅饭。临时工，劳资双方不签订合同，用人单位根据需要临时雇佣。

### 二、管理

民国时期，工人为雇用，分为2种。一种是艺徒契约制。各行业招收艺徒，无统一标准。年龄一般在14～22周岁之间，须“中人”（即中间人，一般为亲朋好友）担保，订立契约，习艺期限多为3年，不发工资，只供伙食。一种是职员聘雇制。受聘雇员一般不立契约，但有的须“荐门”（有头面的人物）担保。业主按月发薪，数额由业主与雇员或中人议定。老板可随意解雇职员。

新中国成立后，用工实行计划管理，政府部门逐年下达招工指标。1964年后，临时增加少量职工，生产任务不足时，即予以辞退。计划内临时用工，凭户口所在地行政机构证明，与用工单位签订合同。待遇与同级固定工相同。1971年，全面清理单位临时工，部分生产骨干经批准保留，其余清退。1974年，全民所有制单位1971年6月30日前招入的计划内（合同）临时工转为正式工。1982年，开始实行劳动合同制。1984年，除分配的大、中专毕业生，技校毕业生和转业复员军人外，其余为劳动合同制。1986年4月，将1971年6月30日前的计划内合同工全部转为正式工。此后，新招工人全部实行劳动合同制，与固定工享受同等待遇。1988年起，企业招工一律实行招聘录用备案登记制度，凭招聘录用审批表办理合同签订。1990年后，压缩计划外用工，腾出岗位安置城镇待业青年。1995年，境内国有、集体企业实行全员劳动合同制。

1999年，国家职工变为企业职工，劳动部门不再负责审批招工计划、发录用通知书等工作，实行国家宏观调控、城乡协调发展、主体双向选择、市场调节供求、社会提供服务的劳动就业制度改革，劳动用工逐步走向市场化运行轨道。全区96个单位新招收932人，签订合同932份。2001年，区委、区政府实施“三置换一保障”改革。2002年5月，高港区在劳动工资增长机制、劳动争议解决机制等问题上取得进展，在充分维护职工合法利益的同时，兼顾企业的发展实际，有效协调劳资双方权益。2004年，推行集体合同制，50个企业与本单位工会签订集体合同或专项的工资集体协商合同。至2005年，完成“三置换一保障”改制任务，全区51个区属企业中有50个基本完成改革任务；累计置换职工身份13500人，占总数的99.8%。2006年7月，科技创业园和永安洲工业园先行试点劳动用工报备制度。2008年4月，劳动合同报备系统运行。5月，全省和谐劳动关系进社区工作会议在高港区召开。至2008年末，全区累计备案劳动合同2.5万份，列统企业劳动合同签订率100%，私营企业劳动合同签订率98%，个体工商户劳动合同签订率70%，500余个用人单位按规定建立基础台账。

## 第三节　劳动就业

### 一、就业渠道

1951年，境内各地组织集镇失业人员生产自救，并在资金、原材料和生产供销等方面予以支持。至1957年，基本解决集镇失业人员安置问题。1964年，凡退休、退职后能回农村的职工和因工死亡的职工，其家居农村的子女或其他赡养亲属可进城工作。1964—1965年，发展集体企业，开辟就业渠道，大部分城镇户口待业人员得到安排。1968年7月，停办职工顶替，1979年1月恢复，离、退休干部子女也实行顶替制度。1982年3月起，对夫妻双方都是城镇户口的工人，退休退职后不论是否迁回农村，一律不从农村招收子女进城工作。1983年9月，因病提前退休退职工人和离休、退休、退职干部的子女顶替制度取消。1988年，各用人单位继续承担上级劳动部门下达的就业安置任务。1990年3月，刁铺镇开展安置城镇待业青年就业试点，1991年全面推广。年产值1000万元以上的骨干企业和标兵企业为安置主渠道。年工业总产值5000万元以上的乡镇安置比例为100:1.2（乡镇总人口与安置人口比）；年工业总产值5000万元以下的乡镇，安置比例为100:1。1992年起，推进国家政策与就业服务相结合，企业安置、个人自谋职业与社会帮助安置相结合的市场就业机制。1993年，口岸镇开办劳动力市场，企业自主用工，个人自由选择。1994年起，各乡镇民政科行使劳动就业管理职能。1996年，境内全面启动再就业工程，多样化安置职工，鼓励下岗职工自主择业创业，开展转岗转业培训促进再就业，倡导企业兼并重组吸纳下岗职工。

1999—2001年，高港区落实税费减免、社会保险补贴等扶持政策，解决200人的就业问题。2002—2005年，开展“再就业援助月”和“充分就业社区”创建活动，400个零就业家庭实现动态清零，700名就业困难人员80%以上实现再就业。支持劳动者自主创业，个人小额贷款上限提高至6万元，规模较大的提高至12万元。平均每年1700人自主创业，4年累计贷款500余万元。2005—2008年，全面落实鼓励企业吸纳就业政策。区政府对吸纳就业困难人员的企业给予补贴，平均每年发放50万元补贴。对当年吸纳符合小额担保贷款申请条件的人员，并与其签订1年以上劳动合同的劳动密集型小企业发放贷款，累计发放贷款200万元。平均每年举办招聘会20场次。

1997—2008年，全区各企业及个体工商户共招聘36800人。其中，全民企业8990人，集体企业、外商独资企业6480人，中外合资企业3920人，股份制企业5630人，民营企业9000人，个体工商业2780人。

### 二、就业扶持

【下岗职工扶持】 1997年，高港区发放就业登记卡。1999年，发放就业登记证，当年为9300人办理就业登记证。就业登记证记载持证人就业与失业状况、参加并享受失业保险待遇的情况、享受就业服务与就业扶持的有关内容。达到就业年龄、初中以上文化程度需要就业的各类学校毕业者，凭身份证、户口簿、毕业证书等到户口所在地的就业管理机构进行失业登记，填写失业登记表，接受职业指导，领取就业登记证；当劳动者与用人单位终止或解除劳动合同时，凭《终止、解除劳动关系通知书》和身份证、户口簿等到就业管理机构进行失业登记，填写失业登记表，变更登记，并记录在就业登记证上。至2008年，累计为26580人办理就业登记证。

2000年5月起，高港区对全区下岗工人进行排查摸底，发放再就业优惠证。2000—2008年，累计为2071人办理再就业优惠证，其中622人享受税费减免、48人享受小额担保贷款贴息、870人享受社会保险补贴。

1998年，高港区国有、集体企业改制，实行“鼓励兼并、规范破产、下岗分流、减员增效、实施再就业工程”政策，企业内部建立下岗职工再就业中心，确保下岗职工基本生活。2000年1月，高港区通过差额购买就业岗位的办法，为失业特困对象提供就业岗位。2002年，高港区开展再就业培训，帮助下岗职工接续社会保险关系。2003年，全区从事个体经营的下岗失业人员免缴营业税、所得税、城市维护建设税等19项费用。为下岗人员创业提供小额贷款担保。至2008年，累计购买岗位352个。

2000年，全区企业富余人员分流不再进入再就业服务中心，一律与企业解除或中止劳动关系，享受失业保险。全区采取“保老、扶中、推青”的办法安置。“保老”，即对40岁以上的女性、50岁以上的男性劳动者实行保护性措施。对50岁以上的女性、55岁以上的男性下岗职工实行内部退养，其内退生活费和基本保险费由企业、政府、社会按“三三制”原则筹集；对符合退休和提前退休的人员作退休处理，到法定退休年龄时再办理退休手续；对50岁以下、40岁以上的女性劳动者，55岁以下、50岁以上的男性劳动者，采取开发公益性岗位、建立社区服务实体等再就业扶持措施进行安置。“扶中”，即对40岁以下、35岁以上的下岗职工采取经济补偿、与原企业解除劳动关系、实现与失业保险并轨等措施，通过再就业扶持政策予以安排。“推青”，即对35岁以下的下岗职工采取经济补偿一次性安置的办法，与原企业解除劳动关系，与失业保险并轨，鼓励其自谋职业、自主创业。2000—2008年，全区“保老”871人，“扶中”1301人，“推青”2314人。

## 2000—2008年高港区“保老、扶中、推青”情况一览表

表245　　　　单位：人

| 年份 | 保老 | 扶中 | 推青 | 年份 | 保老 | 扶中 | 推青 |
|---|---|---|---|---|---|---|---|
| 2000 | 343 | 363 | 495 | 2005 | 69 | 57 | 72 |
| 2001 | 65 | 137 | 497 | 2006 | 41 | 1 | — |
| 2002 | 287 | 743 | 518 | 2007 | — | — | — |
| 2003 | 36 | — | 723 | 2008 | 30 | — | 9 |
| 2004 | — | — | — | | | | |

图 27-2-1　永安洲镇农村劳动力培训班（2006年摄）

【农村劳动力转移】 1988年7月，口岸劳动服务公司成立高港作业队，作业人员100人。1995年起，境内外出和流入务工人员由县级劳动局发放流动就业证。建区初，高港区农村劳动力转移就业职能由区农委承担。2004年起，由区劳动和社会保障局承担。主要开展农民工培训、职业技能鉴定工作，为劳动者外出务工就业提供资格证明。2007年起，开展充分转移就业镇（街道）、村创建活动。至2008年末，全区有2个镇（街道）、17个村分别创成充分转移就业镇（街道）、村，建有市级培训基地1个、星级乡镇人力资源市场2个。全区有培训机构12个，其中劳动部门办2个、社会力量办10个，培训工种近30个，培训人员5万人。全区累计实现转移就业7.01万人，其中输出2.83万人、通过培训实现就业1.24万人。

### 1997—2008年高港区农村劳务输出输入情况一览表

表246　　单位：人

| 年　份 | 劳务输出 | 劳务输入 | 年　份 | 劳务输出 | 劳务输入 |
|---|---|---|---|---|---|
| 1997 | 934 | 955 | 2003 | 4599 | 2827 |
| 1998 | 1064 | 1154 | 2004 | 3958 | 3347 |
| 1999 | 1238 | 1391 | 2005 | 4897 | 2742 |
| 2000 | 1190 | 1298 | 2006 | 2312 | 2157 |
| 2001 | 1670 | 1734 | 2007 | 1772 | 2054 |
| 2002 | 3171 | 3065 | 2008 | 1496 | 2976 |

## 第四节　知识青年上山下乡与居民下放

### 一、知识青年上山下乡

境内知识青年上山下乡主要是到农村人民公社插队，接受贫下中农再教育，多数到知青组、点，也有到农场，少数回老家或投亲靠友。1968年，动员口岸、刁铺等集镇一批定量户口的知识青年上山下乡插队落户。1966届、1967届、1968届高（初）中毕业生共273人下乡插队。1969—1971年，又一批知识青年下乡插队。1972年起，知识青年上山下乡工作正常化、制度化。1979年后，不再动员知识青年下乡插队。

为做好上山下乡青年的安置工作，1968年起，国家补助每人每年200元，1973年后改为500元，用于建房、生产、生活、医药、学习等方面。1973年，有关知识青年上山下乡的各项政策逐步完善，下乡插队的青年可以升学、当兵、招工，或病退、困退。1979年后，插队知识青年陆续回城或就地安排工作。至1982年，插队知识青年的回城安置工作结束。

### 二、居民下放

1961—1970年，境内城镇定量户口居民部分下放回农村老家落户。对下放的居民，国家发给一定的补助经费，以解决建房、生产、生活等方面的实际困难。被精简的职工，由原单位或主管部门酌情发给安家补助费，标准为本人1～3个月的标准工资。1978年3月，按照“既解决问题，又稳定大局”的方针，对1969年冬至1970年春下放的居民分期分批安排到城镇。1975年前进单位的临时工，原在全民所有制企业工作的，以全民所有制正式工安排工作；原在大集体或镇办企业工作的，以大集体或镇办企业正式工安排工作。1958年后进单位的合同工，原在全民企业工作的，仍安排到全民企业；原在大集体企业工作的，仍安排到大集体企业；原在镇办企业工作的，仍安排到镇办企业，工作性质不变。1987年，对1961—1965年下放的居民作“农转非”处理，凡60年代初下放到农村、1957年末前为定量户口的职工，转为定量户口。

## 第五节　职业技能培训与鉴定

### 一、职业技能培训

【就业培训】 建区后，高港区执行“先培训，后就业”“先培训，后上岗”政策，开展就业前培训工作。主要对待业青年开展岗前培训，培训内容包括政治思想教育、社会主义职业道德教育、劳动就业指导、法律常识和劳动保护基础知识共5门课程。1997年，培训城镇待业青年211人。1998—2000年，举办车工、钳工、电工、焊工等培训班28期，培训下岗失业人员1280人。2001—2005年，区内一批民办职业培训机构开展电脑、烹饪、美容美发、家电维修、汽车维修等培训。全区累计培训110期，培训下岗职工3012人，培训合格率80%以上。2006—2008年，全面启动社区家政服务培训，共500余人参加家政服务培训。

【农村劳动力培训】 1997—1998年，高港区开展农村劳动力转移培训12期，培训450人。1999—2002年，劳动部在全国启动2期“百镇（乡）百万”农村劳动力开发就业培训工程，高港区采取专家讲座、现场观摩和视频教育等多种形式，对农村劳动力进行培训，每年培训农民超500人次。2003—2008年，由省发放培训券，农民凭培训券参加各种职业技能培训，全区共培训农村劳动力4580人，培训合格率95%，就业率90%。

### 二、职业技能鉴定

1997年，高港区成立职业技术考核委员会，统一组织全区工人技术考核工作。全年为730人办理鉴定证书。2000年，为1500人办理鉴定证书。起初，主要对接受职业技能培训的待业青年、新招用的合同制工人和出国劳务人员进行鉴定。2005年，鉴定范围扩展到对工人岗前培训鉴定、在岗工人的技能培训鉴定、职（技）校学生的技能鉴定和农村劳动力转移培训鉴定。2008年，为5000人办理鉴定证书。

## 第六节 劳动争议仲裁

建区前，境内劳动争议仲裁由所在县（市）劳动局负责。1998年5月，高港区劳动争议仲裁委员会成立。区劳动局劳动争议仲裁科增挂区劳动争议仲裁办公室牌子。2004年12月，区劳动争议仲裁办公室独立运行。2006年6月，区劳动争议仲裁院成立。2008年，各镇（街道）设立劳动争议调处中心，64个村、18个社区建立劳动争议调解工作站。

2002年4月起，劳动争议案件除法律规定不得公开审理的，其余都在开庭前3日向全社会公告案件当事人、案由、开庭时间、地点、仲裁庭组成人员及旁听事项。2004年起，高港区劳动仲裁案件分为简单案件、普通案件、复杂疑难或重大案件3类。简单案件3日内结案，普通案件30日内结案，复杂疑难或重大案件按规定处理。2004—2008年，通过快速仲裁机制共处理案件113件。

2004年初，区劳动争议仲裁委员会与区司法局联合制定劳动仲裁法律援助制度。2006年，成立农民工特别维权仲裁庭。2007年，农民工、接受法律援助部门援助的人员，以及享受最低生活保障人员的仲裁费用全免。2004—2007年，共援助劳动争议案件175件，涉及劳动者183人，减免仲裁费用10万余元。

2003年，江苏鸿泰机电有限公司因履行劳动合同约定义务与职工产生集体矛盾，经过区劳动争议仲裁委员会调解，380名职工与用工单位达成一致意见，8名职工因调解无效进入仲裁程序并作出裁决。2005年，原泰州市金马玻璃仪器厂因经营不善歇业，拖欠职工半年工资，引发职工集体上访，区劳动争议仲裁委员会引导职工通过法律途径维权，帮助职工填写劳动争议仲裁申请表，推动事件妥善解决。2008年，江苏三泰啤酒集团有限公司发生集体争议事件，区劳动争议仲裁委员会共受理该公司及相关公司的劳动者申诉用人单位的80件仲裁申请，案由包括解除劳动合同经济补偿金、办理档案关系转移、补缴社会保险费，涉案标的总额961万元，共裁决45件，调解18件，申请人撤诉17件。

### 1998—2008年高港区劳动争议案件处理情况一览表

表247

| 年 份 | 受理案件数（件） | 涉及人数（人） | 涉案标的（万元） | 立案受理数（件） | 案外调解数（件） | 以裁决方式结案数（件） | 调撤率（%） |
|---|---|---|---|---|---|---|---|
| 1998 | 11 | 13 | 33 | 3 | 8 | 0 | 100 |
| 1999 | 22 | 27 | 57 | 10 | 12 | 5 | 77.27 |

续表247

| 年　份 | 受理案件数（件） | 涉及人数（人） | 涉案标的（万元） | 立案受理数（件） | 案外调解数（件） | 以裁决方式结案数（件） | 调撤率（%） |
|---|---|---|---|---|---|---|---|
| 2000 | 29 | 40 | 90 | 17 | 12 | 12 | 58.62 |
| 2001 | 43 | 55 | 143 | 19 | 24 | 10 | 76.74 |
| 2002 | 110 | 126 | 236 | 30 | 80 | 15 | 86.36 |
| 2003 | 230 | 609 | 423 | 45 | 185 | 20 | 91.3 |
| 2004 | 339 | 379 | 896 | 50 | 289 | 18 | 94.69 |
| 2005 | 471 | 501 | 1134 | 75 | 396 | 38 | 91.93 |
| 2006 | 565 | 612 | 1726 | 69 | 496 | 23 | 95.93 |
| 2007 | 610 | 669 | 2634 | 72 | 538 | 30 | 95.08 |
| 2008 | 1536 | 1574 | 3440 | 291 | 1245 | 130 | 91.54 |

## 第七节　劳动监察

### 一、劳动保障年检

1998年，高港区劳动监察大队成立。当年起，高港区建立劳动保障年检制度，每年12月至次年的4月对各用人单位遵守劳动法律、法规、规章的情况进行全面监督检查。至2005年，共年检单位625个次，合格率87.4%。2005年，年检形式改为书面审查。2008年，共书面审查用人单位239个，合格率94.98%。

### 二、日常巡查和专项检查

1998年，巡查用人单位签订劳动合同、缴纳社会保险、支付加班工资、实施年休假制度等情况，同时开展维护劳动者合法权益执法检查和专项检查。至2008年，区劳动监察大队共检查用人单位3224个次，发现违反劳动法律法规行为52起。处理工资问题涉及员工2230人，金额315.8万元；处理风险抵押金涉及员工6人，金额0.4万元。

2001年起，每年4月组织开展劳动合同执法检查。至2008年，累计检查用人单位2387个次，涉及职工32万余人次；责令用人单位补签劳动合同3209份、补缴社会保险费23.79万元；责令32个用人单位限期改正；对18个用人单位实施行政处罚，共罚款3.12万元。

2001年起，每年4月开展贯彻实施《禁止使用童工规定》情况的执法检查。至2008年，以个体、私营企业为重点，共检查用人单位910个次，涉及劳动者1.7万余人次，查出童工2人，罚款8000元。

2002年起，每年对违规职业中介、砖窑、小作坊、服装、餐饮等企业进行日常巡查和专项检查。至2008年，共检查用人单位524个次，涉及职工1万余人次，取缔不规范小作坊1个，责令改正单位25个，罚款1.5万元。

2004年起，针对一些建筑单位拖欠和克扣农民工工资现象，对全区在建工地开展农民工工资发放情况专项检查。至2008年，共检查建筑单位60余个次，涉及农民工1.57万人次、工资835.2万元。受理投诉的农民工854人次，帮助农民工追讨工资187.5万元。

## 三、投诉举报专查

2001年，区劳动监察大队受理涉及未依法签订劳动合同的举报案件13件。2002年，受理拖欠工资投诉举报案件67件，为职工追讨拖欠工资近200万元。2003年，开展企业职工缴纳社会保险专项督查，到302个企业开展宣传活动，责令8个企业依法缴纳社保。2004年，对全区318个企业支付加班工资情况进行检查，为26名职工讨回3.2万元加班费。2005年，整顿劳务派遣市场，派遣工权益得到维护，基本实现同工同酬。2006年，指导35个未进行工资集体协商的企业建立工资集体协商制度。2007年，重点开展年休假制度专项检查。2008年，重点打击低于最低工资标准支付行为，为29名职工追回不足最低工资标准的差额近1万元。

## 四、劳动保障诚信企业评定

2005年起，高港区在全省率先评定劳动保障诚信企业。至2008年，经单位申报、职工测评、社会公示、有关部门评定，有28个企业被评定为劳动保障A级诚信企业。

### 2000—2008年高港区劳动监察情况一览表

表248

| 年份 | 立案数（起） | 结案数（起） | 工资支付 | | 其中：农民工工资 | | 补签合同（份） | 补缴社会保险 | |
|---|---|---|---|---|---|---|---|---|---|
| | | | 人数（人） | 金额（万元） | 人数（人） | 金额（万元） | | 人数（人） | 金额（万元） |
| 2000 | 21 | 21 | 20 | 2.2 | — | — | 102 | — | — |
| 2001 | 27 | 27 | 22 | 2.4 | — | — | 114 | — | — |
| 2002 | 36 | 36 | 58 | 6.5 | — | — | 316 | — | — |
| 2003 | 42 | 42 | 92 | 10.2 | — | — | 618 | — | — |
| 2004 | 47 | 47 | 143 | 28.1 | 102 | 24 | 912 | 1154 | 8.6 |
| 2005 | 63 | 63 | 952 | 104.7 | 408 | 63.4 | 258 | 1316 | 9.2 |
| 2006 | 116 | 116 | 518 | 73.8 | 217 | 33.4 | 315 | 220 | 2.02 |

续表248

| 年　份 | 立案数（起） | 结案数（起） | 工资支付 | | 其中：农民工工资 | | 补签合同（份） | 补缴社会保险 | |
|---|---|---|---|---|---|---|---|---|---|
| | | | 人数（人） | 金额（万元） | 人数（人） | 金额（万元） | | 人数（人） | 金额（万元） |
| 2007 | 164 | 164 | 168 | 18.9 | 94 | 13.5 | 240 | 146 | 1.4 |
| 2008 | 135 | 135 | 257 | 69 | 109 | 34.2 | 334 | 195 | 2.57 |
| 合　计 | 651 | 651 | 2230 | 315.8 | 930 | 168.5 | 3209 | 3031 | 23.79 |

## 第八节　职工待遇

### 一、工资

民国早期，境内主要集镇的职员由资方供伙的，月工资3～12元不等。机械、电器、五金工的日工资为4角。染纺、皮货、鞋帽、竹藤、小五金及车船运输工的日工资为3角。土木、油漆、装池工的日工资为2角5分。理发、浴室和杂役工的日工资为1角。女工和童工工资为同类工匠的三分之一至三分之二。不供伙的日工资高1角5分至2角5分。铜匠、皮匠、石匠、挑夫等以件计酬。学徒工每月发3角钱用以剃头、洗澡，3年满师后，第一年只发1～2元。职员工资不按月支付，平时预支，年终结账。日伪统治时期，每月以大米计发工资。

1951—1952年，境内企业职工工资以供给制为主。1952—1954年，实行供给制加津贴，后相继改为包干制、薪金制、工资制。1956年，执行八级（七级）等级制工资标准，调高工人工资，增幅为上年职工平均工资的14.5%。职工工资包括津贴、补贴。1972年，对低工资人员调资。1977年，对工作多年、工资偏低的职工调资。1979年，工人升级调资。1985年，调整企业职工工资起点标准。1989年10月起，企业职工浮动工资转为增加一级标准工资，其中，1987年后没有安排浮动工资升级的职工，结合企业实际，参照增加一级标准工资调资。1990年7月，改“工效挂钩”企业的浮动升级工资为固定升一级工资。1991年12月，企业职工标准工资经考核升一级。1993年1月，企业养老保险职工个人缴费增加半级工资；10月，职工标准工资升一级。

1994年1月，企业职工工资标准由等级工资标准套改为技能工资标准。此后，企业职工不再实行档案工资标准调整升级。1995年，对企业实行指导线宏观调控制度和实施最低工资保障制度，全面实施以月为基本时间单位的企业最低工资保障制度。国有企业主要实行企业工资总额同经济效益挂钩的办法，由企业编报工资总额同经济效益挂钩方案，经审核批准后执行。

2001年，建立小时工最低工资标准。2002年，最低工资包括企业最低工资标准和依法由个人缴纳的社会保险最低缴费额。2003年，高港区企业在执行最低工资标准时，劳动者个人缴纳的社会保险最低缴费额由企业另行支付。2004年，最低月工资标准为500元。2005年，调整为550元，最低工资标准含劳动者个人依法缴纳的社会保险费。2006年，调整为620元。2007年，调整为700元。2008年，仍为700元。

## 二、福利

民国时期，资方对职员生、老、病、死、伤、残概不负责。新中国成立后，国家制定一系列保护职工福利的法规，对职工生、老、病、死、伤、残的待遇有明确规定。1951年起，国营企业、邮电事业单位执行政务院《劳动保险条例》。随后，粮食、商业、供销合作社、金融等系统的单位也逐步执行该条例。1956年，企业职工福利费按职工工资总额的2.5%提取。1963年起，职工福利补助费开支的不足部分可以在企业奖金中弥补。20世纪70年代后，全民、县属集体企业职工享受病假、婚假、丧假、探亲、死亡抚恤、集体福利等待遇。1987年，全民、县属集体企业的劳动合同制工人享受劳动保险福利。1992年，企业职工享受夜班津贴，中夜班津贴为2.5元，大夜班津贴为3元。1995年，中夜班津贴为5元，大夜班津贴为6元。企业在上述标准范围内结合其工资制度自主执行。2008年，职工享受带薪年假。

## 三、奖励

20世纪50年代初期，全民和集体企业建立奖励制度，对超额完成任务的职工给予少量的物质奖励。1956年，实行定额超产奖、节约奖、质量奖和新产品试制奖等。1959年，工业、建筑、交通、农林、水利等系统普遍推行综合性奖励制度。奖金按职工月标准工资额的7%提取，分一、二、三等奖。“文化大革命”初期，各系统奖励办法被取消。1968年后，各企业把奖金改为附加工资，按每人每月3元左右或一个季度7～9元发给。后又随着工资调整逐步冲销（额内抵消），至1985年工资制度改革时，全部冲销结束。1978年下半年，恢复企业奖励制度，奖金提取比例为职工标准工资额的7%～12%，提取金额人均每月少于3.5元的按3.5元计算。1980年，全民、集体企业按月标准工资总额的8%～12%提取奖金，平均月工资不足40元的按40元提取。1984年，奖金与企业经济效益挂钩，由企业自行掌握发放。1988年后，国营企业、集体企业奖金由企业根据自身经济效益自行掌握发放。

## 四、退职与退休

【退职】 20世纪50年代至60年代中期，不具备国家规定退休条件，但因身体有病，基本丧失工作能力而辞去工作的企业职工，办理退职手续。1968年后停办，1978年后恢复。工人退职后，继续享受医疗待遇，按本人原标准工资的40%领取生活费。1986年规定，每月生活费低于35元的按35元发给，另外发给各项补贴36元。1997年规定，按缴费年限和缴费金额确定待遇，相对于法定退休年龄，提前1年减发2%的待遇。2007年规定，提前1年减发2%改为根据年龄延长相应的计发月数。2008年，全区有退职职工164人。

【退休】 1958年后，开始办理职工退休手续，根据其工种、工龄发给原工资40%～70%的退休费。1978年，退休费提高到原工资的60%～90%。1997年，按缴费年限和缴费金额确定待遇。2007年，按缴费年限、基数、缴费金额及退休年龄核定待遇。

【退职退休人员社会化管理服务】 2002年，高港区退休人员管理服务中心成立，负责退休人员社会化管理服务工作。退休人员档案由原企业移交退休人员管理中心统一管理，退休人员由所属地社区、村负责管理服务。当年共接收转到社区的退休人员3116人。2003年，建立退休人员基本信息库，向企业退休人员发放社会化管理服务卡，指导退休人员建立自我管理和互助服务组织，开展以社区为依托领取养老金资格认证工作。2004年起，退休人员2年享受1次免费体检，当年3875人参加。2005年，建立退休人员就医“绿色通道”，将小病诊治、医保结算、保健讲座、送药上门、家庭病床等10项为退休人员提供的医疗服务项目延伸到社区。2006年，高港区实现农村地区退休人员社会化管理工作全覆盖。

# 泰州市高港区志

## 第二十八篇　社会生活

# 第二十八篇　社会生活

新中国成立前，境内相对安定，但基层百姓负担较重。新中国成立后，国民经济复苏，社会保障及救助、救济体系逐步建立，百姓生活不断改善。1958年至“文化大革命”结束，经济建设几起几落、发展缓慢，百姓生活水平徘徊不前。中共十一届三中全会后，居民收入逐年增加，百姓生活质量逐年提升。建区后，经济社会发展加快，居民生活水平大幅提高，社会保障及救助、救济体系趋于完善。拥军优属和基层自治组织建设、民间组织管理、婚姻管理、殡葬管理、地名管理等社会管理工作有序开展。精神文明建设深入推进，公民思想道德建设不断加强，好人好事不断涌现，社会面貌焕然一新。宗教政策得到落实，宗教活动正常开展。良好的社会习俗得到传承和发展，新的社会风尚逐步形成。

# 第一章　居民生活水平

## 第一节　农村居民生活

### 一、经济收入

明初，实行“移民屯田”政策，苏南和苏北里下河等地“流寓者”陆续到境内入籍定居。洪武年间，每亩赋税九斗零一合。明朝中叶，赋役比洪武年间加重，除原有征派外，尚有“派养种马”“兵饷”“均徭”等各种杂差役。豪强、地主又屡以“飞洒”（地主勾结官府，将田地赋税化整为零，分洒到其他农户的田地上，以逃避赋税的一种手段）和“诡寄”（将自己的田地伪报在他人名下，借以逃避赋役的一种方法）等手段隐瞒躲避，一切赋役皆由农民负担，致使不少农民无力纳税而弃田逃亡。清前期，农民收入微薄，除缴纳正项赋税外，加派负担甚多。康熙年间，每年加派几乎与正项赋税相等，农民为应付赋税几乎“男女典鬻已尽，逃亡十室九空”。清中叶，地主富豪假借申报漕地、芦洲等手段兼并良田，部分农民因失地而沦为雇工、佃户。清末，农户一年两熟交租，余者不足温饱，若遇天灾人祸，则不得不忍受“春放秋敛、什一而息”的高利贷剥削。民国21年（1932），境内佃、雇农多，这些农民全靠种租田过活，全年租额占总收入的一半左右，永安洲甚至是倒四六分成（地主得六成）。民国26年，永安洲种租田者，每亩约收2石稻，交租1.4～1.5石，再除去种子5升，肥料2斗，牛工1斗，实际剩余不足3斗，沿江纯佃农每户种10亩租田才能勉强维持一家生计。在重租和苛捐的压榨下，难以谋生的佃雇农或去地主家出卖苦力，或去上海等大城市做苦工、做小贩，或在本乡借高利贷度命。解放战争时期，国民党统治区佃租繁重，加上苛捐杂税，物价飞涨，农民生活更为贫困。民国38年4月，境内春荒严重，农民吃“观音粉”（埋在土中的一种石粉，久食则腹胀而亡），人民政府拨粮救济。

新中国成立后，逐步完成土地改革，土地归农民私有，农民收入主要来源于种田和养猪。1949年，境内人均耕地1.57亩，人均产粮219.6千克，毛收入91元（不包括农民兼营的副业、手工业）。1952年土地改革结束时，人均产粮292.1千克，毛收入111元。1953—1957年第一个五年计划期间，农业社会主义改造运动全面展开，随着土地所有制不断变革，直接影响农民生活的分配制度也发生变化。在互助组阶段，土地属农民私有，收入归农民。初级社阶段，土地折股入社，分配时，评工记分按劳分配，保留土地分红。高级社时期，土地、农具等归集体所有，实行以劳动工分计酬的分配制度。1958年人民公社建立后，一度取消评工记分制度，实行半供给制，以生产队为单位大办公共食堂，“吃饭不要钱”。劳力分等定级，每月发给1～5元工资；不久，因难以为继而停发。1959年，大多数食堂停办。1960年春，口粮缺乏，农民营养不足，浮肿病、青紫症时有发生，仅口岸公社就有800余人患浮肿病。1959—1961年三年困难时期，因疾病、外流、死亡，农业人口每年递减。1960年起，纠正“一平二调”（人民公社内部实行平均主义的供给制、食堂制，对生产队的劳力、财物无偿调拨）和“共产风、浮夸风、瞎指挥风”，落实“三包一奖”政策和评工记分制度；口粮按劳动力和大人、小孩分等定量供应，保证农民的最低生活水准。执行大集体下“小自由”政策，划分社员自留地、饲料地，恢复家庭副业、饲养业，开放自由市场。1962年末，境内农民基本生活得到落实，人均口粮113.3

千克，30户住户调查人均纯收入67.88元。1963年，人均口粮138.9千克，1965年为185.4千克。1966—1976年"文化大革命"期间，部分自留地被收回，自由市场被关闭。分配上推行"大寨式记工"，家庭副业被当作"资本主义尾巴"割掉。中共十一届三中全会后，解放了农村生产力。1983—1987年，农民人均纯收入增长幅度较大，年均增长19.6%，农民从种植业中得到的纯收入占总收入的比重逐年下降，从工、商、副业中得到的纯收入不断增多。1983年人均口粮272.6千克，1987年人均口粮279.97千克。

建区后，全区农民收入稳步增加，工资性收入逐步成为农民收入的主要来源。1997年，农民人均纯收入2938元。1997—2001年为缓慢增长期，农民人均纯收入从2938元增加到3810元，年均增长6.71%。2002—2005年为较快增长期，农民人均纯收入从4011元增加到5286元，年均增长9.64%。2006年起，农民增收渠道和空间进一步拓展，农民收入进入快速增长期。2006—2008年，农民人均纯收入年均增长13.24%。2008年，农民人均纯收入7551元，其中，工资性收入4006元，占53.05%；家庭经营纯收入2843元，财产性收入80元，转移性收入622元。

### 1997—2008年高港区农民人均纯收入一览表

表249　　　　单位：元

| 年份 | 农民人均纯收入 | 其中 | | | |
|---|---|---|---|---|---|
| | | 工资性收入 | 家庭经营纯收入 | 财产性收入 | 转移性收入 |
| 1997 | 2938 | 1510 | 1222 | 19 | 187 |
| 1998 | 3263 | 1545 | 1285 | 26 | 407 |
| 1999 | 3450 | 1611 | 1369 | 38 | 432 |
| 2000 | 3553 | 1696 | 1472 | 90 | 295 |
| 2001 | 3810 | 1764 | 1584 | 22 | 440 |
| 2002 | 4011 | 1834 | 1711 | 3 | 463 |
| 2003 | 4269 | 2128 | 1736 | 36 | 369 |
| 2004 | 4754 | 2275 | 2048 | 14 | 417 |
| 2005 | 5286 | 2642 | 2192 | 16 | 436 |
| 2006 | 5888 | 3013 | 2354 | 18 | 503 |
| 2007 | 6652 | 3493 | 2505 | 68 | 586 |
| 2008 | 7551 | 4006 | 2843 | 80 | 622 |

## 二、消费支出

图 28-1-1 装扮新家迎新年

随着农民收入的增长，农民的消费支出不断增加。穿着方面：1957年，棉布凭证定量供应；1963年，仍有穿补丁衣裤或用回纺布成衣者；20世纪70年代，“绑带裹脚元宝口，两片瓦棉鞋到处走”的现象逐步被“尼龙袜子松紧口，格子褂子电光钮”取代；80年代，人们的穿着色彩从单一的蓝色、灰色变成五颜六色；90年代，服装开始时装化、休闲化、多样化。饮食方面：60年代，以粗粮为主，一度以瓜菜度日，一日三餐喝粥；70年代后期，有饭有粥。1982年，农民食品支出人均103.05元，1987年人均254.13元。

建区后，全区农民生活水平明显提高，人均消费支出从1997年的2648元增加到2008年的6960元。

**1997—2008年高港区农民人均生活消费支出情况一览表**

表 250　　单位：元

| 年份 | 人均生活消费支出 | 其中 | | | | | | | |
|---|---|---|---|---|---|---|---|---|---|
| | | 食品支出 | 衣着支出 | 居住支出 | 家庭设备用品支出 | 交通和通信支出 | 文教娱乐用品及服务支出 | 医疗保健支出 | 其他商品和服务支出 |
| 1997 | 2648 | 1365 | 139 | 318 | 172 | 102 | 172 | 90 | 290 |
| 1998 | 2919 | 1415 | 247 | 329 | 382 | 152 | 183 | 175 | 36 |
| 1999 | 3182 | 1543 | 277 | 356 | 417 | 165 | 195 | 187 | 42 |
| 2000 | 2923 | 1243 | 137 | 591 | 162 | 159 | 376 | 161 | 94 |
| 2001 | 2932 | 1276 | 177 | 599 | 152 | 262 | 317 | 99 | 50 |
| 2002 | 3072 | 1342 | 186 | 630 | 160 | 276 | 334 | 104 | 40 |

续表250

| 年　份 | 人均生活消费支出 | 其　中 | | | | | | | |
|---|---|---|---|---|---|---|---|---|---|
| | | 食品支出 | 衣着支出 | 居住支出 | 家庭设备用品支出 | 交通和通信支出 | 文教娱乐用品及服务支出 | 医疗保健支出 | 其他商品和服务支出 |
| 2003 | 3501 | 1551 | 153 | 384 | 202 | 430 | 600 | 131 | 50 |
| 2004 | 4262 | 1593 | 225 | 890 | 305 | 438 | 511 | 220 | 80 |
| 2005 | 4121 | 1379 | 285 | 1105 | 168 | 436 | 555 | 142 | 51 |
| 2006 | 4698 | 1547 | 314 | 639 | 327 | 729 | 660 | 284 | 198 |
| 2007 | 5612 | 1830 | 377 | 797 | 443 | 772 | 768 | 321 | 304 |
| 2008 | 6960 | 2202 | 446 | 939 | 562 | 850 | 1160 | 414 | 387 |

说明：1997年的“其他商品和服务支出”中包括公费医疗支出、金融媒介服务支出、自有住房服务支出、其他商品和服务支出。

## 第二节　城镇居民生活

### 一、经济收入

清代及民国时期，城镇居民以手工业和商业为生。城镇居民从商者多数充当店员和学徒，徒工多为贫家子弟，十二三岁即立下字据，到店家学做生意。文书上载明，学徒3年，倘有天命不测、病死残伤，均与店主无关。进店之后，名为学徒，实为奴仆，既无分文报酬，还需缴纳生活费，3年满师，升为店员，再帮师二三年。在此期间，老板供应伙食，月发工薪1～2元，无假日，有病自理。民国12年(1923)，城镇手工业、服务业从业人员逐年增多，主要从事织布、刨烟、做香、裁缝、皮匠、澡堂、做烧饼、理发、拉黄包车等行业，每月收入微薄，生活相当艰苦。民国35年，物价飞涨，货币贬值，之前能买1头黄牛的钱，当时买不到1只小鸡。民国38年，职工每月工薪当日尚可购买1石大米，次日仅能买15升。

新中国成立后，政府对私营企业实行扶持政策，对失业人员采取发放救济金、介绍就业、职业培训、还乡生产等安置政策。1952年，全民单位的职工人均月工资27.08元，1955年为34.41元，1957年为37.2元。三年经济困难时期，部分居民、职工被下放农村。1965年，全民职工人均月工资提升至42.2元，1978年为75.1元，1987年为108.82元。1987年，集体企业职工人均月工资为99.52元。20世纪90年代后，境内乡镇企业蓬勃发展，居民就业人数不断增加，收入也逐步提高，居民生活大为改善。

1997年，全区城镇居民人均可支配收入5395元，其中工资性收入3672元。2008年，城镇居民人均可支配收入16760元，其中工资性收入10945元。

### 1997—2008年高港区城镇居民人均可支配收入情况一览表

表251　　单位：元

| 年份 | 人均可支配收入 | 年份 | 人均可支配收入 |
|---|---|---|---|
| 1997 | 5395 | 2003 | 8161 |
| 1998 | 5804 | 2004 | 9198 |
| 1999 | 6472 | 2005 | 10550 |
| 2000 | 6713 | 2006 | 12238 |
| 2001 | 7129 | 2007 | 14309 |
| 2002 | 7463 | 2008 | 16760 |

## 二、消费支出

新中国成立后，境内居民随着收入的不断增加，消费也在不断提高。改革开放以后，城镇居民收入进一步增加，生活开支也逐步增加，人均生活费支出1985年为748.03元，1987年为873.39元。居民消费结构变化加快，消费选择性增加，食品消费在“吃饱”的基础上开始转向“吃好”，衣着消费由满足“穿暖”变为追求“穿好”。1985年和1987年，境内城镇居民人均食品支出分别为324.74元和501元，人均衣着支出分别为93.04元和123.48元。

1997年，城镇居民人均消费支出4328元。2008年，城镇居民人均消费支出9322元，吃、穿等消费比重逐年减少，住房、交通及通信、文教娱乐等消费比重逐年提高，消费领域不断扩大，消费水平全面升级。交通方式日益多样化，汽车等高档消费品进入寻常百姓家庭，拥有私家车已成为城镇居民的新追求。

### 1997—2008年高港区城镇居民人均消费支出情况一览表

表252　　单位：元

| 年份 | 人均消费支出 | 其中 | | | | | | | |
|---|---|---|---|---|---|---|---|---|---|
| | | 食品支出 | 衣着支出 | 居住支出 | 家庭设备用品支出 | 交通和通信支出 | 文教娱乐用品及服务支出 | 医疗保健支出 | 其他商品和服务支出 |
| 1997 | 4328 | 2004 | 406 | 344 | 607 | 129 | 285 | 61 | 492 |
| 1998 | 4822 | 2153 | 408 | 725 | 806 | 155 | 290 | 104 | 181 |

续表252

| 年份 | 人均消费支出 | 其中 | | | | | | | |
|---|---|---|---|---|---|---|---|---|---|
| | | 食品支出 | 衣着支出 | 居住支出 | 家庭设备用品支出 | 交通和通信支出 | 文教娱乐用品及服务支出 | 医疗保健支出 | 其他商品和服务支出 |
| 1999 | 5208 | 2184 | 449 | 767 | 862 | 174 | 343 | 121 | 308 |
| 2000 | 5523 | 2318 | 598 | 459 | 695 | 387 | 389 | 351 | 326 |
| 2001 | 5767 | 2348 | 628 | 509 | 755 | 397 | 399 | 375 | 356 |
| 2002 | 6355 | 2589 | 692 | 560 | 832 | 452 | 440 | 414 | 376 |
| 2003 | 5743 | 2429 | 555 | 579 | 388 | 542 | 550 | 395 | 305 |
| 2004 | 6967 | 2830 | 682 | 562 | 474 | 632 | 803 | 349 | 635 |
| 2005 | 7556 | 3231 | 809 | 545 | 559 | 721 | 1057 | 304 | 330 |
| 2006 | 8184 | 3436 | 934 | 615 | 437 | 926 | 1002 | 385 | 449 |
| 2007 | 8115 | 3279 | 816 | 763 | 622 | 826 | 1168 | 249 | 392 |
| 2008 | 9322 | 3706 | 1043 | 723 | 643 | 1104 | 1273 | 311 | 519 |

说明：1997年的“其他商品和服务支出”中包括公费医疗支出、金融媒介服务支出、自有住房服务支出、实有收入消费支出、对集体福利的消费支出、其他商品和服务支出。

## 第三节　小康社会建设

1995年，刁铺镇圩岸村、镇丰村、赵庄村、北栾村、界牌村、南塘村、长泰村、蒋庄村、庙湾村，口岸镇时仙村、灯湾村、江圣村、口岸村，永安洲镇盘头村、引江村被命名为泰兴市首批小康村。2003年1月5日，在高港区第二届人民代表大会第一次会议上，区政府工作报告提出，高港区力争在苏中地区率先实现“全面达小康”目标。2006年起，江苏省开展以县为单位的全面建设小康社会进程监测统计工作。2007年12月25日，在高港区第三届人民代表大会第一次会议上，区政府工作报告提出2009年实现小康目标。根据全面建设小康的动态监测，至2008年末，对照省定县级全面建设小康社会4大类18项25个指标，高港区已有21个指标达标，其中，经济发展类4个指标全部达标，生活水平类10个指标中有8个达标，社会发展类8个指标中有7个达标，生态环境类3个指标中有2个达标。2008年综合得分为98.75分。

## 2005—2008 年高港区全面建设小康社会进程一览表

表 253

| 指标名称 | 代码 | 单位 | 目标值 | 分值 | 2005年实现值 | 2006年实现值 | 2007年实现值 | 2008年实现值 | 实现程度 | 2008年得分 |
|---|---|---|---|---|---|---|---|---|---|---|
| 一、经济发展 | | | | | | | | | | |
| 1.人均地区生产总值 | 1 | 元 | ≥24000 | 10 | 18871 | 22570 | 28737 | 28147 | 100 | 10 |
| 2.二、三产业增加值占 GDP 比重 | 2 | % | ≥92 | 4 | 91.6 | 92.9 | 94.05 | 92.4 | 100 | 4 |
| 3.城市化水平 | 3 | % | 45 | 6 | 56.8 | 57.6 | 57.8 | 54.1 | 100 | 6 |
| 4.城镇登记失业率 | 4 | % | ＜5 | 4 | 1.7 | 1.6 | 1.95 | 3.2 | 100 | 4 |
| 二、生活水平 | | | | | | | | | | |
| 5.居民收入 | | | | | | | | | | |
| （1）城镇居民人均可支配收入 | 5 | 元 | ≥16000 | 7 | 10550 | 12238 | 14309 | 16760 | 100 | 7 |
| （2）农村居民人均纯收入 | 6 | 元 | ≥8000 | 8 | 5286 | 5888 | 6652 | 7551 | 94.39 | 7.55 |
| 6.居民住房 | | | | | | | | | | |
| （1）城镇人均住房建筑面积 | 7 | 平方米 | 30 | 3 | 31.7 | 49.9 | 51.46 | 51.98 | 100 | 3 |
| （2）农村人均钢筋、砖木结构住房面积 | 8 | 平方米 | 40 | 3 | 52.2 | 54.4 | 57.46 | 57.08 | 100 | 3 |
| 7.居民出行 | | | | | | | | | | |
| （1）农村村通灰黑公路（或航道）比重 | 9 | % | 100 | 2 | 100 | 100 | 100 | 100 | 100 | 2 |
| （2）城镇人均拥有道路面积 | 10 | 平方米 | 12 | 2 | 30.55 | 29.23 | 29.14 | 30.1 | 100 | 2 |
| 8.居民信息化普及程度 | | | | | | | | | | |
| （1）百户家庭电话拥有量 | 11 | 部 | 200 | 1 | 219.6 | 238.9 | 240.08 | 264.2 | 100 | 1 |
| （2）百户家庭电脑拥有量 | 12 | 台 | 40 | 2 | 18.2 | 23.8 | 31.9 | 42.8 | 100 | 2 |

续表 253

| 指标名称 | 代码 | 单位 | 目标值 | 分值 | 2005年实现值 | 2006年实现值 | 2007年实现值 | 2008年实现值 | 实现程度 | 2008年得分 |
|---|---|---|---|---|---|---|---|---|---|---|
| 9.居民文教娱乐服务支出占家庭消费支出比重 | 13 | % | 18 | 3 | 13.7 | 12.4 | 14.1 | 15 | 83 | 2.5 |
| 10.恩格尔系数 | 14 | % | ＜40 | 3 | 37.2 | 37.5 | 37.12 | 36.1 | 100 | 3 |
| 三、社会发展 | | | | | | | | | | |
| 11.R&D 经费支出占 GDP 比重 | 15 | % | ≥1 | 4 | 0.51 | 0.62 | 0.81 | 0.95 | 95 | 3.8 |
| 12.初中毕业生升学率 | 16 | % | ≥90 | 4 | 73.5 | 92 | 95.5 | 97.8 | 100 | 4 |
| 13.卫生服务体系健全率 | 17 | % | ≥90 | 4 | 68 | 100 | 95 | 100 | 100 | 4 |
| 14.社会保障 | | | | | | | | | | |
| （1）城镇劳动保障三大保险各自覆盖面 | 18 | % | ≥95 | 4 | 96.8 | 95.6 | 97.06 | 96.3 | 100 | 4 |
| （2）新型农村合作医疗覆盖面 | 19 | % | ≥85 | 5 | 85.3 | 94 | 99.8 | 99.8 | 100 | 5 |
| 15.人民群众对社会治安的满意率 | 20 | % | 90 | 3 | 97.3 | 95 | 96 | 98.6 | 100 | 3 |
| 16.城乡村（居）民依法自治 | | | | | | | | | | |
| （1）城镇社区居委会依法自治达标率 | 21 | % | 90 | 2 | 93 | 94 | 96 | 96 | 100 | 2 |
| （2）农村村委会依法自治达标率 | 22 | % | 95 | 2 | 98 | 99 | 100 | 99 | 100 | 2 |
| 四、生态环境 | | | | | | | | | | |
| 17.绿化水平 | | | | | | | | | | |
| （1）城市绿化覆盖率 | 23 | % | 40 | 3 | 35.6 | 38.6 | 36.7 | 38.6 | 96.5 | 2.9 |
| （2）森林覆盖率 | 24 | % | 20 | 4 | 13.78 | 15.5 | 18.36 | 20.5 | 100 | 4 |
| 18.环境质量综合指数 | 25 | 分 | 80 | 7 | 91 | 93.4 | 90 | 93.4 | 100 | 7 |
| 综合得分 | — | 分 | — | 100 | — | — | — | — | — | 98.75 |

# 第二章　社会保障

图 28-2-1　区劳动和社会保障局社会保险服务中心（2006年摄）

20世纪50年代，城镇职工享受医疗保险。60年代，农村实行合作医疗。80年代，先后实行"五保"供养、企业职工养老保险和失业保险。1992年，实行农村社会养老保险。1993年，实行事业单位养老保险。1994年，实行生育保险。1999年，实行工伤保险。2001年，区人事局的事业单位养老保险管理处和区民政局的农村社会事业养老保险处撤并至区劳动和社会保障局社会保险管理处，实行"'五险'合一，统一管理"。至2008年，全区累计征收社会保险基金（含农保、失地农民保障）4.82亿元，支出1.59亿元，累积余额5.31亿元。

## 第一节　养老保险

### 一、企业职工基本养老保险

1987年1月，境内国有、集体企业开始实行职工养老保险制度，由用人单位缴纳养老保险统筹费，每人每月2元。1992年起，用人单位缴费与个人缴费相结合，单位缴纳职工工资总额的19%，个人缴纳核定缴费基数的2%。1996年1月，缴费记入个人账户。1999年7月，养老保险待遇将统筹账户和个人账户结合计发。2000年10月，社会保险费由地税部门代为征收。2001年，扩大城镇企业职工养老保险覆盖范围，各类企业参加基本养老保险实行统一的28%缴费比例。2002年，根据"三置换一保障"改革需要，下岗失业人员采用基本生活费、失业保险金抵缴养老保险费的办法，接续养老保险。同时调整缴费比例，企业调整为22%，个人调整为8%。当年，下岗失业工人续保5280人。2003年，以养老保险数据网为基础，"五险"缴费实行信息化管理。2004年，高港区撤销原社会保险管理处和医疗保险管理处，建立"五险合一"的社会保险征缴中心、社会保险待遇审核中心和计划与财务中心。2005年，开展“社会保险促进年”活动，将私营个体企业、改制乡镇企业、外商投资企业、街道（社区）小企业作为扩面重点，将符合条件的失地农民和进城务工农民纳入养老保险范围。2007年，规范个体工商户和灵活就业人员参保缴费政策，将企业职工基本养老保险的参保范围覆盖所有企业，统一个人参保缴费基数为全省在岗职工社会平均工资的60%～300%，缴费率为基数的20%。

2008年，全区参保单位556个，参保人员25894人。全区养老金社会化发放率100%。

1997—2008年高港区企业职工基本养老保险金缴、发情况一览表

表254

| 年份 | 参保企业（个） | 参保职工（人） | | 基金收入（万元） | | | 月人均养老金（元） |
|---|---|---|---|---|---|---|---|
| | | 在职 | 离退休 | 征收总额 | 支付总额 | 累积余额 | |
| 1997 | 68 | 9892 | 2048 | 486 | 470 | 3 | 191 |
| 1998 | 75 | 9826 | 2086 | 793 | 840 | -44 | 336 |
| 1999 | 81 | 10576 | 2322 | 1085 | 1060 | -19 | 380 |
| 2000 | 85 | 11095 | 2369 | 1149 | 1182 | -52 | 416 |
| 2001 | 88 | 11692 | 2701 | 1487 | 1483 | -48 | 458 |
| 2002 | 98 | 12202 | 3116 | 1764 | 1869 | -153 | 473 |
| 2003 | 102 | 13392 | 4173 | 2431 | 2296 | -18 | 459 |
| 2004 | 112 | 14118 | 4663 | 2789 | 2847 | -76 | 509 |
| 2005 | 153 | 16630 | 5121 | 3229 | 3367 | -214 | 548 |
| 2006 | 445 | 19802 | 5351 | 7487 | 4510 | 2763 | 702 |
| 2007 | 518 | 23102 | 5897 | 12428 | 5453 | 9738 | 771 |
| 2008 | 556 | 25894 | 6465 | 21949 | 7099 | 24588 | 915 |

## 二、机关事业单位养老保险

1994年，境内各乡镇机关事业单位推行养老保险，参保范围为机关事业单位自收自支及差额拨款性质人员。

2000年10月，高港区机关事业单位养老保险实现全额缴拨、社会化发放。平均缴费比例为工资总额的23%，其中个人缴纳2%。2001年起，个人缴费3%。2002年起，单位按25%的比例缴费，每年提高1%的个人缴费比例。高港区参保范围和对象为：机关和全额拨款事业单位中正式在编人员和劳

动合同制职工（不包括有国家干部身份的公务员和固定职工）；差额拨款、自收自支事业单位的正式在编人员；实行人事代理人员中，符合机关事业单位参保条件的人员。2008年，缴费比例为33%，其中个人缴纳8%。

2008年，全区参保单位93个，参保在职人员1951人，参保离退休职工421人。

**1998—2008年高港区机关事业单位养老保险金缴、发情况一览表**

表255

| 年　份 | 参保单位（个） | 参保职工（人） | | 基金收入（万元） | | | 月人均养老金（元） |
|---|---|---|---|---|---|---|---|
| | | 在　职 | 离退休 | 征收总额 | 支付总额 | 累积余额 | |
| 1998 | 65 | 909 | 159 | 414 | 225 | 189 | 681 |
| 1999 | 65 | 1130 | 180 | 322 | 176 | 335 | 690 |
| 2000 | 68 | 1132 | 193 | 452 | 250 | 537 | 721 |
| 2001 | 70 | 1237 | 212 | 502 | 269 | 770 | 824 |
| 2002 | 85 | 1302 | 239 | 509 | 337 | 942 | 1410 |
| 2003 | 90 | 1372 | 272 | 563 | 375 | 1130 | 1370 |
| 2004 | 88 | 1367 | 290 | 802 | 452 | 1480 | 1370 |
| 2005 | 93 | 1961 | 327 | 766 | 498 | 1748 | 1520 |
| 2006 | 93 | 1982 | 368 | 978 | 577 | 2149 | 1560 |
| 2007 | 93 | 1992 | 392 | 1376 | 772 | 2753 | 1960 |
| 2008 | 93 | 1951 | 421 | 1098 | 779 | 3072 | 1850 |

## 三、农村社会养老保险

1992年起，境内各地男16～59周岁、女16～54周岁，未参加其他养老保险，且从事农副业生产的农村居民，参加农村社会养老保险。采用个人缴费、集体补助、政府补贴三结合的办法筹集保险费。1998年，辖区内的农村养老保险由泰兴市和姜堰市民政局系统转至高港区民政局。2002年，农村社会养老保险管理职能划归劳动和社会保障部门。2007年，《高港区农村社会基本养老保险实施细则》确定年缴纳养老保险费标准以全区上年农村最低生活保障为基数，最低不低于基数的60%，最高不高于基数的300%；区财政按全区上年农村最低生活保障标准的6%补贴，镇（街道）按全区上年农村最低生活保障标准的4%补贴。2008年，推进扩面征缴，全区农村社会养老保险参保人数2.57万人，领取养老金人数0.24万人，累积余额7864万元。

1998—2008年高港区农村社会养老保险金缴、发情况一览表

表256

| 年份 | 参保人数（人） | 领取养老金人数（人） | 基金征收总额（万元） | 基金支付总额（万元） | 累积余额（万元） |
|---|---|---|---|---|---|
| 1998 | 7623 | 76 | 1073 | 79 | 994 |
| 1999 | 8462 | 100 | 199 | 46 | 1147 |
| 2000 | 9200 | 190 | 571 | 43 | 1675 |
| 2001 | 14151 | 202 | 531 | 76 | 2130 |
| 2002 | 16982 | 146 | 89 | 45 | 2174 |
| 2003 | 19866 | 172 | 119 | 921 | 1372 |
| 2004 | 20116 | 220 | 124 | 56 | 1440 |
| 2005 | 20751 | 289 | 334 | 68 | 1706 |
| 2006 | 21103 | 340 | 391 | 91 | 2006 |
| 2007 | 16219 | 434 | 556 | 344 | 2218 |
| 2008 | 25700 | 2400 | 6167 | 521 | 7864 |

## 第二节　失业保险

1986年起，境内各地推行失业保险（时称待业保险）。1987—1989年，失业保险费按每人每月0.75元征收。1990年，按人员标准工资的1%征收。1991年，调整为工资总额的1%征收，全部由企业承担。1992年10月，失业保险的参保范围扩大到集体企业、中外合资企业、独资企业。

1999年1月，高港区将所有事业单位纳入参保范围，征收比例为单位2%、个人1%，农民合同制工人个人不缴纳失业保险金。2005年7月，农民合同制工人按照城镇职工的标准缴纳失业保险金。

失业保险待遇，1997年10月至1998年6月，因解除、终止合同而失业的职工月标准为158元，因开除而失业的职工月标准为156.5元。1998年7月1日起，失业职工在领取失业救济金期间，医疗费

按每月8元发给个人包干使用。1999年7月至2000年6月，失业保险金月标准为195元，门诊医疗费每月8元。2000年7月起，失业保险待遇与缴费适当挂钩，失业保险待遇发放标准为每月215～369元，门诊医疗费每月22～37元。2005年1月起，失业保险待遇发放标准调整为每月245～495元，门诊医疗费调整为每月25～50元。

2008年，全区21741人参加失业保险。

### 1997—2008年高港区职工失业保险金缴、发情况一览表

表257

| 年份 | 参保企业（个） | 参保职工（人） | 失业职工（人） | 基金征收总额（万元） | 基金支付总额（万元） | 累积余额（万元） |
|---|---|---|---|---|---|---|
| 1997 | 62 | 8640 | 115 | — | — | — |
| 1998 | 75 | 9830 | 405 | 78 | 23 | 55 |
| 1999 | 81 | 11300 | 360 | 109 | 75 | 89 |
| 2000 | 82 | 12000 | 710 | 103 | 76 | 116 |
| 2001 | 84 | 11760 | 5783 | 152 | 120 | 148 |
| 2002 | 83 | 14100 | 16102 | 212 | 235 | 125 |
| 2003 | 99 | 15800 | 8353 | 225 | 234 | 116 |
| 2004 | 102 | 17000 | 7879 | 273 | 170 | 219 |
| 2005 | 142 | 17600 | 327 | 277 | 82 | 414 |
| 2006 | 421 | 20000 | 529 | 315 | 112 | 617 |
| 2007 | 501 | 17802 | 157 | 472 | 101 | 988 |
| 2008 | 529 | 21741 | 116 | 900 | 103 | 1785 |

## 第三节 医疗保险

2008年3月，高港区将城镇居民医疗保险、新型农村合作医疗、少儿医疗保险三险合一，建立城乡一体的医疗保险制度。6月，全区参保16.98万人，其中，城镇职工参保3.54万人，城乡居民参加一类保险0.34万人、二类保险11.26万人，学生、儿童参加三类保险1.84万人。

## 一、城镇职工医疗保险

新中国成立后，境内机关事业单位实行公费医疗制度，全民、集体企业实行劳保医疗制度。职工患病可在本单位医务室或特约医疗单位就诊，医药费由单位报销。20世纪80年代，机关事业单位工作人员、企业职工就医分别由国家和企业负担。1990年，实行公费医疗改革，定点医疗，现金就诊，经费定额包干，与利益挂钩，结余部分转入下一年使用，超支部分财政给予适当补贴。1992年后，工商企业职工劳保医疗费按工龄随工资发放，癌症病人实报实销。由于医疗费用增长过快，单位难以承受，一些单位实行定额包干，每年随工资补贴200～300元，癌症和危重病人限报1.5万～2万元。1995年7月1日后，公费医疗一律改为劳保医疗。10月起，实行经费包干、全员管理、分级负担、节约奖励，安排一定数额设立癌症及重危病者专项资金，用于全额预算无收入单位癌症及危重病患者的补助。

2000年4月，高港区城镇所有用人单位及其职工均参加基本医疗保险，基本医疗保险费由用人单位和职工双方共同负担，实行社会统筹和个人账户相结合，建立保障职工基本医疗需求的社会医疗保险制度。用人单位按照职工工资总额的7%缴纳，职工按照工资收入的2%缴纳。职工医疗保险个人账户资金根据参保对象年龄和本人缴费基数按一定比例划入，主要用于支付门诊医疗费用和符合职工医疗保险支付范围的处方外配费用。基本医疗统筹用于支付住院医疗费用和特殊门诊医疗费用，住院医疗费用的支付，确定起付标准，超过起付标准部分分段支付，住院费用实行最高支付限额。大病救助统筹用于支付最高支付限额以上的医疗费用。2001年3月，公务员补助或企业补充医疗保险由用人单位按缴费基数的4%缴纳，用于提高参保对象的个人账户划入比例，报销符合基本医疗保险支付范围、应由参保对象个人自付的部分。2002年1月，企业和主管部门、区财政、社会筹集（解困资金）各解决三分之一，解决困难企业退休人员的参保问题。11月，高港区将城镇私营个体企业各类灵活就业人员纳入基本医疗保险覆盖范围。2004年8月，全区大病医疗救助基金的筹资标准由每人每年60元调整为96元，用人单位负担60元，个人缴纳36元。2006年，高港区将进城务工人员、镇（街道）用人单位从业人员纳入城镇职工医疗保险参保范围。2007年7月起，调整缴费比例，用人单位缴费比例为工资总额的9%，职工缴费比例为本人工资收入的2%。

2008年，全区3.54万人参加职工基本医疗保险，参保率98%。

**2000—2008年高港区城镇职工基本医疗保险金缴、发情况一览表**

表258

| 年份 | 参保单位（个） | 参保职工（人） | | 征收医保基金（万元） | 征收大病救助基金（万元） | 支付医保统筹基金（万元） | 个人账户基金收入（万元） | 支付大病医疗保险（万元） |
|---|---|---|---|---|---|---|---|---|
| | | 在职 | 离退休 | | | | | |
| 2000 | 98 | 3000 | 570 | 142 | 14 | 24 | 60 | — |
| 2001 | 110 | 6200 | 1500 | 182 | 26 | 86 | 160 | 4 |
| 2002 | 124 | 10035 | 2715 | 347 | 62 | 265 | 249 | 23 |

续表258

| 年　份 | 参保单位（个） | 参保职工（人） | | 征收医保基金（万元） | 征收大病救助基金（万元） | 支付医保统筹基金（万元） | 个人账户基金收入（万元） | 支付大病医疗保险（万元） |
|---|---|---|---|---|---|---|---|---|
| | | 在　职 | 离退休 | | | | | |
| 2003 | 133 | 13512 | 4457 | 478 | 109 | 369 | 417 | 88 |
| 2004 | 156 | 16185 | 4976 | 776 | 136 | 654 | 615 | 96 |
| 2005 | 177 | 19462 | 5229 | 1348 | 109 | 961 | 477 | 167 |
| 2006 | 292 | 25000 | 5600 | 1794 | 350 | 1173 | 822 | 333 |
| 2007 | 319 | 26733 | 6017 | 3731 | 309 | 1854 | 770 | 131 |
| 2008 | 584 | 28686 | 6678 | 6467 | 333 | 2408 | 2885 | 396 |

## 二、城镇居民医疗保险

2007年1月起，高港区无用人单位、尚未享受城镇职工基本医疗保险待遇的城镇老年居民、特困居民和其他一般居民参加城镇居民医疗保险（不含未成年人和学生），标准为每人每年400元，区财政对老年居民每人每年补助150元，对特困居民每人每年补助250元。当年7月起，居民医疗保险范围覆盖到年龄在3个月至18岁的儿童及在籍中小学生，缴费标准为每人每年30元，财政补助每人每年50元。居民医疗保险待遇有住院、门诊大病及普通门诊三部分。符合医疗保险结付规定的住院医疗费用实行确定起付标准、超过起付标准以上部分按比例支付和住院医疗费用封顶的办法。居民医疗保险基金结付比例为45%～60%。最高限额标准为4万元。患恶性肿瘤等5种重大疾病人员的门诊费用在100元以上、1000元以下的部分补偿35%。普通门诊补偿每人每年100元。至2008年末，高港区共有18408人参加城镇居民医疗保险，累计征收基金463万元，支付156万元。

## 三、农村合作医疗保险

1969年，永安公社实行合作医疗，大队和村民共同筹集合作医疗基金，村民个人每年缴纳1.5元。1970年，各公社（镇）大队均实行合作医疗。参加合作医疗者到合作医疗站看病，只需付挂号费、注射费，不付药品费，凡转医院治疗的，规定报销限额。1974年起，合作医疗由原来的大队办，改为社、队联办，经费由公社、大队、个人负担，收费标准不断修订，报销比例有所扩大，其经费一般在年终分配时一次筹集，交公社和大队合作医疗管理委员会。1981—1983年，农村实行联产承包责任制，农村部分保健医生报酬不落实，合作医疗开始解体。1991年，合作医疗列入初级卫生保健。2003年，高港区开展新型农村合作医疗试点工作，参加新型农村合作医疗保险的村32个，行政村覆盖率56.14%。2004年1月起全面实施，行政村覆盖率100%，参加新型农村合作医疗保险的农民8.52万人，参保率77.31%。2008年，新型农村合作医疗保险对象的个人缴费标准为每人每年20元，区财政补助每人每年55元，镇（街道）财政补助每人每年25元。当年，参加新型农村合作医疗保险的农民11.26万人。

2003—2008年高港区农村合作医疗保险金缴、发情况一览表

表259

| 年　份 | 参保数（人） | 基金征收总额（万元） | 基金支付总额（万元） | 年　份 | 参保数（人） | 基金征收总额（万元） | 基金支付总额（万元） |
|---|---|---|---|---|---|---|---|
| 2003 | 85000 | — | — | 2006 | 94900 | 489.01 | 481.31 |
| 2004 | 85178 | 355.31 | 321.67 | 2007 | 106014 | 634.23 | 645.8 |
| 2005 | 89342 | 422.31 | 443.16 | 2008 | 112607 | 1372.16 | 1124.83 |

## 第四节　工伤保险

2001年，高港区出台城镇企业职工工伤保险实施办法，规定城镇国有企业、集体企业、外商投资企业、私营企业和其他城镇企业以及与之形成劳动关系的劳动者均参加工伤保险，并规范工伤认定、劳动能力鉴定、工伤保险费征缴、待遇审批支付等事项。2004年1月起，高港区用人单位参加工伤保险共实行三类行业基准费率，其中一类行业基准费率0.5%、二类1%、三类2%。一类行业单位按行业基准费率缴费，不实行费率浮动；二、三类行业单位的费率实行0.2%～1%浮动。2008年，全区33414人参加工伤保险，参保率96.8%。2001—2008年，累计认定工伤案件1752件，工伤保险基金累计支付868.69万元。

## 第五节　生育保险

1994年6月，境内企业、机关事业单位及其职工参加生育保险，费率为职工工资总额的1.5%。1997年1月，调整为职工工资总额的1%。2001年12月，高港区出台城镇职工生育保险实施办法，企业及与之形成劳动关系的劳动者按照不低于1%的缴费比例参加生育保险。参保女职工可以享受生育津贴、报销生育医疗费用、一次性营养补助费等待遇。2004年7月，建立参保女职工定期免费妇科体检制度，对参保女职工（含参保后退休的女职工）至少每2年实施1次妇科检查，建立健康档案。2006年，对凡已参加城镇职工基本医疗保险的机关和企事业单位，实行生育保险与医疗保险统一参保、统一征缴、统一管理，分别确定费率、分别立账、分开支付待遇，生育保险缴费费率为1%，医疗保险缴费费率为9%。

1997—2008年高港区生育保险金缴、发情况一览表

表260

| 年　份 | 参保职工（人） | 基金征收总额（万元） | 基金支付总额（万元） | 累积余额（万元） |
|---|---|---|---|---|
| 1997 | 9892 | 32 | 10 | 22 |
| 1998 | 9826 | 42 | 19 | 45 |
| 1999 | 10576 | 38 | 17 | 66 |
| 2000 | 11095 | 36 | 21 | 81 |
| 2001 | 7848 | 32 | 19 | 94 |
| 2002 | 8943 | 35 | 22 | 107 |
| 2003 | 11498 | 48 | 16 | 139 |
| 2004 | 11801 | 42 | 7 | 174 |
| 2005 | 13090 | 45 | 16 | 203 |
| 2006 | 16000 | 81 | 23 | 261 |
| 2007 | 20290 | 156 | 36 | 381 |
| 2008 | 25134 | 316 | 75 | 622 |

## 第六节　被征地农民基本生活保障

2006年，高港区成立被征地农民基本生活保障服务中心，全面实施被征地农民基本生活保障制度。实施基本生活保障的对象按土地征收（流转）时年龄划分为4个年龄段：第一年龄段为男、女不满16周岁；第二年龄段为女年满16周岁不满45周岁、男年满16周岁不满50周岁；第三年龄段为女年满45周岁不满55周岁、男年满50周岁不满60周岁；第四年龄段为女年满55周岁、男年满60周岁及以上。被征地农民保障标准为：第一年龄段的人员不进入保障体系，一次性领取生活费5000元；第二年龄段人员连续2年每月领取140元，到达养老年龄领取养老金；第三年龄段人员连续2年每月领取120元，到达养老年龄领取养老金；第四年龄段人员每月领取170元。2008年1月，调整保障标准：第一年龄段的人员不进入保障体系，领取生活费1.8万元，分5年发放；第二年龄段人员每月领取150元，连续领3年，到达养老年龄领取养老金；第三年龄段人员每月领取140元，到达养老年龄领取养老金；第四年龄段人员每月领取200元，直至终身。

### 2006—2008 年高港区被征地农民基本生活保障金缴、发情况一览表

表 261

| 年 份 | 参保人数（人） | 生活补助领取人数（人） | 领取养老金人数（人） | 基金征收总额（万元） | 基金支付总额（万元） | 累积余额（万元） |
|---|---|---|---|---|---|---|
| 2006 | 4256 | 3230 | 874 | 258.25 | 64.56 | 193.69 |
| 2007 | 5538 | 2302 | 1054 | 1451.42 | 1297.46 | 347.65 |
| 2008 | 6946 | 2934 | 1774 | 5710.53 | 1232.78 | 4825.4 |

## 第七节 最低生活保障

1997年，高港区开始实行城镇居民最低生活保障，凡家庭人均月收入低于120元最低生活保障线的城镇居民均为保障对象。保障金发放采用“补差法”，即在保障对象原有收入的基础上补足至最低保障标准。1998年，高港区出台城乡居民最低生活保障暂行办法，城镇居民最低生活保障标准不变；农村居民保障标准为每人每年800元，保障金发放采用“补差法”。其后，城乡居民最低生活保障标准不断提高。2003年，城镇居民最低生活保障资金列入市、区财政预算，由市、区财政分担。农村低保工作列入全区农村“5+1”实事工程，市财政负担10%，区负担50%，镇（街道）负担40%。2007年，城乡居民最低生活保障标准建立自然增长机制，城镇居民最低生活保障金增幅不低于城市居民收入增幅；农村居民最低生活保障金增幅不低于农民人均纯收入增幅。

### 1998—2008 年高港区城镇居民低保金发放情况一览表

表 262

| 年 份 | 户数（户） | 人数（人） | 月最低生活保障标准（元） | 支出保障金（元） |
|---|---|---|---|---|
| 1998 | 24 | 44 | 120 | 31348 |
| 1999 | 29 | 56 | 120 | 43225 |
| 2000 | 66 | 120 | 156 | 102156 |
| 2001 | 36 | 99 | 156 | 54465 |
| 2002 | 73 | 171 | 164 | 93414 |
| 2003 | 85 | 184 | 180 | 113454 |

续表262

| 年　份 | 户数(户) | 人数(人) | 月最低生活保障标准(元) | 支出保障金(元) |
|---|---|---|---|---|
| 2004 | 95 | 209 | 180 | 143700 |
| 2005 | 133 | 292 | 210 | 239132 |
| 2006 | 166 | 385 | 210 | 510124 |
| 2007 | 223 | 505 | 1—6月为210元,7—12月为240元 | 617105 |
| 2008 | 268 | 553 | 1—6月为240元,7—12月为270元 | 742406 |

## 1998—2008年高港区农村居民低保金发放情况一览表

表263

| 年　份 | 户数(户) | 人数(人) | 月最低生活保障标准(元) | 支出保障金(元) |
|---|---|---|---|---|
| 1998 | 253 | 780 | 67 | 211929 |
| 1999 | 277 | 824 | 75 | 231536 |
| 2000 | 251 | 823 | 75 | 232428 |
| 2001 | 527 | 1529 | 84 | 512370 |
| 2002 | 463 | 1257 | 84 | 371794 |
| 2003 | 523 | 1440 | 84 | 462734 |
| 2004 | 1249 | 2727 | 84 | 849334 |
| 2005 | 1527 | 3470 | 90 | 1099885 |
| 2006 | 1786 | 3924 | 100 | 1523282 |
| 2007 | 1939 | 3987 | 1—6月为100元，7—12月为120元 | 2370749 |
| 2008 | 2183 | 4497 | 1—6月为120元，7—12月为140元 | 3537970 |

# 第三章　社会救助

## 第一节　灾害赈济

新中国成立前，境内每遇灾害，由政府或民间组织实施灾害救济。民国38年（1949）7月24日，境内各地遭受台风、暴雨与大潮夹击，沿江圩堤多处坍决。解放区人民政府发动未受灾地区群众献粮献草救济灾区。新中国成立后，党和政府对城乡社会困难户给予临时救济、定期救济，并组织生产自救，扶持贫困户治穷致富。1950年，境内发生春荒，其中永安洲最为严重，有的群众以“观音粉”（风化的石头）充饥。党委、政府一面发动群众生产自救，一面连续3次拨发救济粮。1953年春荒，政府拨发无息贷款购粮。1954年寒流袭境、雨雪封门期间，各级党政部门派员走访，发放救济棉被、棉衣、鞋帽、粮款等。1954年夏，大水，永安区灾民有400余户，泰兴县政府紧急集中3只轮船、100余只木船抢救并发动灾民开展编竹器、打芦苇、捕鱼等多种副业生产自救，支持粮种，恢复生产。1955年春荒，政府2次发放灾区居民救济款。1956年9月大雨，境内受涝严重，各级党委、政府发动群众排涝。10月初，发起募捐寒衣、棉被和钱款活动，救济灾民。1959—1961年三年困难时期，境内许多群众患浮肿病、青紫症，政府每年给病人拨出医药费、粮食、食油。1962年1—5月，4次拨发春荒救济款。1978年，增拨春荒救济费、下达无息贷款。1980年、1984年，境内遭受大风暴雨，不少农民房屋倒塌，农田受淹，国家发放救灾款，支持木材、毛竹，帮助受灾群众重建家园。1991年夏，遭受洪灾，各级党委、政府在机关、企事业单位发起募捐，分配农用薄膜、钢材、木材、水泥、白煤、粮票，入冬捐衣、捐被给灾民御寒。1998年雪灾，损害房屋38间，政府发放救济款30万元。1999年，大雨冲坏房屋32间，发放救济款6万元。2005年冰雹灾害，损坏房屋20间，发放救济款10万元。2008年雪灾，损害房屋80间，发放救济款30万元。

## 第二节　救济与补助

### 一、贫困救济

清代，刁铺、口岸设有同善堂、体善堂、粥局等，经费来源多为公捐，抗日战争时废。新中国成立后，党和政府对贫困居民实施救济。1952年1月，政府拨粮，解决无业居民生活困难。1957年起，城镇丧失劳动力、无依无靠、无生活来源的烈士家属和贫困市民享受定期定量补助。1994年8月，对城镇“三无”（无生活来源、无劳动能力、无赡养抚养人）孤老、孤儿、精神病人和麻风病人每人每月发放救济款75元，其中满80岁的每人每月增加10元。2001—2006年，高港区对“三无”精神病人每人每年发放救济款8280元，2007—2008年，调整为16560元。2008年起，对12名麻风病人每人每月发放救济款190元。

1997—2008年，全区发放贫困救济款76万元，救济困难户220户次。

## 二、精简职工补助

1958年之前参加工作，在1961年至1965年6月9日期间精简退职的职工，从1965年起享受一次性退职补助金。丧失劳动能力或长期患病、无依靠者，享受原工资40%的救济补助，并予报销三分之二的医疗费。1985年起，精简职工定补标准每人每月增加5元；从外地精简回家乡的，由民政部门每年年终实行一次性救济。1992年起，城镇户口定期生活补助费每人每月调整到35元（不含粮油补助），农村户口每人每月32元。1994年，城镇户口每人每月调整到70元，农村户口每人每月调整到60元（含1993年末前的各项粮、油、煤、水、电补助）。建区初，城市户口和农村户口的生活补助费补助标准统一为每人每月130元，全区有49人享受补助。2008年，补助标准为每人每月140元，全区82人享受补助，救助金额13.78万元。

## 三、老党员生活补助

1998年，高港区开始发放新中国成立前加入中国共产党的农村老党员和未享受离退休待遇的城镇老党员生活补助，抗日战争时期入党的每人每月35元，解放战争时期入党的每人每月20元。全区82名老党员享受生活补助，其中抗日战争时期入党的29人、解放战争时期入党的53人，发放金额2.49万元。2001年7月，调整补助标准，抗日战争时期入党的每人每月130元，解放战争时期入党的每人每月100元。2006年1月，调整补助标准，抗日战争时期入党的每人每月160元，解放战争时期入党的每人每月120元，已享受优抚补助的按省定每人每月50元的标准发放。2008年1月，调整补助标准，抗日战争时期入党的每人每月230元，解放战争时期入党的每人每月170元，已享受优抚补助的每人每月100元。当年，上半年发放41人，其中抗日战争时期入党的6人、解放战争时期入党的24人、优抚对象11人，发放金额19.5万元；下半年发放151人，其中抗日战争时期入党的18人、解放战争时期入党的111人、优抚对象22人，发放金额15.1万元。1998—2008年，累计发放107.62万元。

## 四、贫困户危房改造

2001年，高港区改造农村贫困户危房163户，补助资金32.6万元。2002年，改造155户，补助资金30.8万元，其中市、区补助资金各占50%。2003年，改造17户，补助资金3.4万元。2006年，改造17户，补助资金3.4万元。2007年，改造22户，补助资金5.5万元。2008年，改造64户，补助资金58.9万元。

## 五、农村扶贫

1984年起，民政部门和各乡镇每年筹集资金用于农村扶贫。财政部门每年投入周转资金用于扶贫，年初投放，年末回收，主要帮助农民增加收入、解决温饱，重点投放特困户。在扶贫规模较大的情况下，农业银行、信用社在乡镇的分支机构亦组织投放和回收。建区初，农村扶贫工作由区民政局牵头实施。1998年，全区扶持贫困户282户，投放扶贫周转金38万元。1999年，区老区经济建设促进会、扶贫开发协会成立，积极筹集扶贫资金。全区扶持贫困户293户，发放扶贫周转金45万元。2002年，农村扶贫工作改由区直机关党委牵头实施。2002年，扶持贫困户169户，发放扶贫周转金35万元。至2002年末，累计扶贫900户。至2007年末，全区人均纯收入2500元以下的贫困户6341户，贫困人口12081人。2008年起，由区农委牵头组织开展扶贫工作。当年，全区脱贫2118户、4658人。

# 第四章　慈善福利

## 第一节　收养　收容

### 一、收养

1952年起，境内弃婴由所在县弃婴收容所抚养。1965年起，农村弃婴由所在生产队就地作“小五保”供养。一般正常健康的弃婴多被患不育症的夫妇自愿领养。1997年后，区民政部门办理收养登记。领养人持身份证、户口簿、体检证明、婚姻状况证明、无生育能力证明和弃婴报警及公示报纸等有关材料办理手续，收养关系当事人各方或一方要求公证的，可以办理公证。1997—2008年，全区办理收养登记75起。

### 二、收容

1951年，永安洲北沙乡设有由泰兴县城迁入的游民改造所，有房屋5间，水田42亩，高田68亩。1953年，收容29人，备有耕牛、水车、农船各一。1954年秋，游民所迁回泰兴县城南门外。1960年5月，外流人口高港遣送站成立，由10余个市、县联合办公。当年，接收、劝阻、遣送回里下河地区的过境流浪人员2万余人。2003年，国家将收容遣送站改为救助管理站，高港区未设立救助管理站，在民政局内部职能科室设立救助引导点，负责登记、询问、提供就餐和到泰州市救助管理站的费用。1997—2008年，累计救助流浪乞讨人员120人次，救助支出1.2万元。

## 第二节　“五保”供养

1956年起，境内农村缺乏劳动能力、没有依靠、生活无法维持的残老孤幼，享受保吃、保穿、保住、保葬、（孤儿）保教“五保”供养，供养的标准是保证“五保”对象达到一般社员的生活水平。1958年，各公社办幸福院，集中供养“五保”老人。后因条件限制又分散供养，“五保”对象的供给由生产队在提留公益金中安排，大多生产队安排固定人员帮助“五保”对象料理生活。1982年，“五保”内容规定为保吃、保穿、保住、保医、保葬（孤儿保教）。1983年，“五保”对象落实全部供养、队供亲（属）养、队亲（属）联合供养、亲属供养4种供养办法，各公社、乡镇逐户发放“五保”供给证，签订供养协议书。1984年，“五保”供养逐步向敬老院集中供养发展。1987年，经费来源实行“乡镇统筹，分级负担”，采取集体供养、分散生活和敬老院集中供养2种供养形式。1998年，高港区“五保”集中供养标准为每人每年350元。2008年末，全区“五保”人员764人。其中敬老院集中供养272人、分散供养492人。“五保”人员年人均零用钱及过节费800元、医药费420元。

2005—2008年高港区“五保”人员供养情况一览表

表264

| 年　份 | “五保”人数（人） | 集中供养人 | | 分散供养 | |
|---|---|---|---|---|---|
| | | 人数（人） | 标准（元/年·人） | 人数（人） | 标准（元/年·人） |
| 2005 | 432 | 86 | 1600 | 346 | 1600 |
| 2006 | 401 | 88 | 2000 | 313 | 2000 |
| 2007 | 415 | 130 | 3180 | 285 | 2580 |
| 2008 | 764 | 272 | 3180 | 492 | 2580 |

## 第三节　慈善组织

清道光年间，迁善镇（刁铺）栾大琛等人设同善堂，有义田96.1亩，土地收益用于救济本镇贫民。迁善镇开明富豪赵良礼于晚年捐献千亩良田创办义庄，由其孙加外族名流共同掌管，以资助一方穷苦贫民。口岸镇开明富豪叶甘棠、叶荫棠捐献良田320.66亩设义庄，内设义仓、惜字所、书舍。清咸丰年间起，口岸镇办体善堂，有义田155.3亩，土地收益用于救济本镇贫民。

清光绪三年（1877），口岸镇薛天池等人、迁善镇翟鋈等人分别设粥局，专养城镇贫苦及残废衰疾之人和流浪客民中的老疾之人。

清光绪二十二年，迁善镇翟汝霖、翟邦桢等人设恤嫠局，经费由本镇富民商铺捐款，救济本镇贫民和附近数里内的无依节妇。

清光绪二十三年，泰兴知县郝炳纶等办义渡，为客办理渡江事务，经费由民间捐助。口岸外卡厘局月捐十二千，扬由关月捐六千，口岸盐旅月捐三千，浙宁公所月捐三千，江海关月捐三千，广帮木商月捐一百。光绪二十五年，泰兴知县郝炳纶在口岸镇东关铺建救生义渡修船厂，占地1.5亩，建正房4楹，厢房4楹，作为义渡局办公之用和过往渡客栖息之场所，并设有救生船，专事江上抢险救难。

2003年，扬子江药业集团成立扬子江慈善会，资助贫困学生、农村危房改造、因天灾人祸致贫的困难家庭、农村路桥建设等。2005年2月，高港区筹建慈善会。2006年6月，高港区慈善会成立，成立大会上收到个人、单位捐款150余万元。2007年起，机关事业单位人员每年开展“工资一日捐”活动。2006—2008年，高港区慈善会共发放救济和慰问款384.4万元，救助各类困难对象2.57万人次。

## 第四节　福利企业

1954年，口岸镇建立烈军属生产组。1958年，口岸、刁铺逐步建立和扩建福利生产单位。20世纪60年代初，境内福利企业被撤并。中共十一届三中全会后，开始恢复和发展福利生产。1984年，永安洲乡政府被扬州市政府评为福利生产先进单位。1984—1985年，境内各乡镇均建有社会福利企业1个。1997年，全区有福利企业18个，安置盲、聋、哑及肢体残疾人员911人，占职工总数的44.9%，全年完成产值15732万元，实现利润331万元，免税903.4万元。规模最大的为泰州市电光源材料厂，年产值3467万元，安排盲、聋、哑及肢体残疾人员209人，占职工总数的51.4%。2008年，全区有福利企业21个，安置盲、聋、哑及肢体残疾人员963人，全年完成产值12.81亿元，免税3183万元，实现利润653万元。规模最大的为江苏扬子江药业集团凯威药用包装有限公司，年产值11852万元，安置盲、聋、哑及肢体残疾人员146人，占职工总数的27.7%。

1997—2008年高港区福利企业情况一览表

表265

| 年　份 | 企业数（个） | 产值（万元） | 利税总额（万元） | 职工总数（人） | 残疾职工总数（人） | 参加养老保险残疾职工数（人） |
|---|---|---|---|---|---|---|
| 1997 | 18 | 15732 | 1234 | 2031 | 911 | 408 |
| 1998 | 19 | 16578 | 1368 | 2109 | 953 | 634 |
| 1999 | 20 | 16939 | 1462 | 2148 | 987 | 987 |
| 2000 | 18 | 17316 | 1285 | 2024 | 847 | 847 |
| 2001 | 16 | 18034 | 1133 | 1881 | 718 | 718 |
| 2002 | 17 | 26925 | 1759 | 1978 | 822 | 822 |
| 2003 | 18 | 49867 | 2288 | 2124 | 1278 | 1278 |
| 2004 | 21 | 65130 | 2420 | 2237 | 928 | 928 |
| 2005 | 21 | 74560 | 2964 | 2270 | 975 | 975 |
| 2006 | 22 | 100360 | 3401 | 2363 | 1038 | 1038 |
| 2007 | 22 | 103948 | 3012 | 2691 | 869 | 869 |
| 2008 | 21 | 128070 | 3183 | 2948 | 963 | 963 |

# 第五章　老龄工作

1999年10月，区老龄工作委员会成立。2002年，口岸街道、刁铺街道、永安洲镇先后成立老年人协会。口岸街道口岸村成立第一个村级老年协会。2008年，全区有镇级老年协会3个、村级老年协会19个。

## 第一节　维护老年人权益

1999年起，区老龄工作委员会每年集中举办1～2次法律宣传及咨询活动，印发宣传资料，接收群众法律咨询服务，维护老年人权益。至2008年，累计举办法律宣传及咨询活动21次，发放法律宣传资料6000余册，接收咨询9000余人次；为赡养、财产、婚姻等32件涉老案件提供法律援助。

## 第二节　老年人福利

1998年1月起，高港区对100周岁以上老年人每人每月发放100元营养补贴；70周岁以上老人可免费游览公园、景点，以优惠价格观看电影、戏剧，在窗口单位优先享受服务；对低保家庭成员中的70周岁以上老人提高10%救助标准。2008年6月起，按全省统一部署，为3079名60周岁以上老人办理“江苏省老年人优待证”。重阳节前后，区民政局组织1779名60周岁以上老年人免费体检。

## 第三节　老年人活动

1998年，高港区举办老年人文化艺术节，207名老年人表演京剧和太极拳。1999年，举办老年人文艺汇演。2000年，举办老年人太极拳（剑）表演活动，326人参加。2001年，举办老年人自行车踏青活动，从区政府骑行至白马镇参观海军诞生地纪念馆，109人参加。2002年，举办老年人太极拳（剑）表演活动，431人参加。2003年，组织老年人钓鱼比赛，136人参加。2004年，组队参加泰州市老年人乒乓球比赛。2005年，举办老年人象棋比赛，97人参加。2006年，举办老年人太极拳（剑）表演活动，530人参加。2007年，组织老年人钓鱼比赛，136人参加。2008年，组队参加泰州市老年人乒乓球比赛。

图 28-5-1　刁铺街道老年人活动中心

## 第四节　敬老院建设

1987年，境内首个敬老院野徐镇敬老院建成，占地面积1333平方米，有11间平房，供养“五保”老人7人。1997年，高港区所辖7个乡镇共有敬老院7个。2000年，田河敬老院更名为口岸敬老院分院。2005—2006年，新建胡庄敬老院、许庄敬老院、孔桥敬老院。2008年，全区有敬老院9个，集中供养“五保”老人272人。

2008年高港区敬老院情况一览表

表266

| 名　　称 | 建成年份 | 占地面积（平方米） | 建筑面积（平方米） | 床位（张） | 职工（人） | 实际收养（人） |
|---|---|---|---|---|---|---|
| 野徐敬老院 | 1987 | 1333 | 1200 | 24 | 3 | 25 |
| 大泗敬老院 | 1989 | 2801 | 890 | 60 | 4 | 53 |
| 口岸敬老院（含分院） | 1991 | 5336 | 2500 | 50 | 9 | 46 |
| 白马敬老院 | 1991 | 4202 | 2200 | 45 | 4 | 38 |
| 刁铺敬老院 | 1992 | 7004 | 780 | 14 | 4 | 14 |
| 永安洲敬老院 | 2001 | 2001 | 800 | 20 | 2 | 32 |
| 胡庄敬老院 | 2005 | 19181 | 3544 | 150 | 10 | 65 |
| 许庄敬老院 | 2006 | 4542 | 1100 | 20 | 5 | 40 |
| 孔桥敬老院 | 2006 | 3933 | 3260 | 220 | — | — |

说明：孔桥敬老院暂无“五保”老人入住。

# 第六章　优抚安置

## 第一节　优待抚恤

### 一、烈军属优待

1949—1955年，对烈军属优待方式有轮流代耕、工票制、包耕制、临时派工制和固定代耕制，绝大多数实行固定代耕。1956—1981年，优待形式为“优待劳动日”。优待方式：以全社每人平均劳动日数为标准，除去优待对象自做的部分，按照“缺多少，优待多少”的原则，不足部分由合作社以“优待劳动日”补足。1982年起，农村普遍推行家庭联产承包责任制，优待形式改为优待现金，以及划给一份责任田、免缴提留上缴钱粮、集体补助代耕费两种形式。对现役义务兵家属，按照当地一个整劳力全年总收入的50%～70%给予优待。1984年起，实行“乡镇统筹、平衡负担”的优待办法，对1984年以后入伍的义务兵，实行“先安置，后入伍，以工资收入为优待数额”的办法。1987年，军属优待由“以群众负担为主”向“以乡镇直接负担”过渡。1988年，农村义务兵家属年户均享受优待金346.95元。1992年6月，农村户口入伍的义务兵家属优待金为农民年人均纯收入的70%，城镇户口入伍的义务兵家属优待金为同年职工年标准工资的70%。当年，农村义务兵家属年户均优待金为564.8元。

1997年，高港区共发放农村义务兵家属优待金258户、38.1万元，户均1477元；发放城镇义务兵家属优待金64户、6.4万元，户均1000元。2006年，区政府对现役义务兵（含驻区部队）荣立三等功的一次性奖励不低于当年义务兵家属优待金的30%，二等功的不低于60%，一等功及以上的不低于80%，优秀士兵一次性奖励100元，连续2年获优秀士兵的再增加200元。当年起，非农业户口义务兵家属优待金每年按上年度城镇居民可支配收入的25%计发，农业户口义务兵家属优待金每年按上年度农民人均纯收入的70%计发。进藏现役义务兵的家属优待金按同年度现役义务兵家属优待金的4倍发给，立三等功、二等功、一等功及以上的分别一次性奖励当年普遍优待金的40%、80%、100%。农村户口入伍的进藏兵退伍后，享受城镇户口安置待遇，并按转业士官自谋职业补助金标准发放自谋职业补助金。进疆现役义务兵按同年度现役义务兵家属优待金的2倍发给。义务兵（含士官）在现役期间享受所在村（居）的村（居）民同等待遇，包括承包地、自留地、宅基地、土地征用补偿金分配、拆迁安置等，其子女享受所在村（居）同龄人员同等待遇。在职入伍的现役义务兵享受所在单位同等人员的有关工资、福利待遇。

1997—2008年，全区共发放农村义务兵家属优待金615.8万元，城镇义务兵家属优待金212.8万元；发放义务兵立功奖励金和优秀士兵奖励金10万余元。

### 1997—2008年高港区义务兵家属优待金发放情况一览表

表267

| 年　份 | 农村义务兵家属优待金 | | | 城镇义务兵家属优待金 | | |
|---|---|---|---|---|---|---|
| | 户数（户） | 金额（万元） | 户均（元） | 户数（户） | 金额（万元） | 户均（元） |
| 1997 | 258 | 38.1 | 1477 | 64 | 6.4 | 1000 |
| 1998 | 263 | 45.1 | 1714 | 67 | 9.7 | 1451 |
| 1999 | 248 | 49.3 | 1989 | 76 | 10.1 | 1325 |
| 2000 | 226 | 49.5 | 2192 | 80 | 14 | 1751 |
| 2001 | 164 | 41.6 | 2534 | 84 | 16.2 | 1926 |
| 2002 | 172 | 45.9 | 2667 | 75 | 15.3 | 2046 |
| 2003 | 168 | 47.2 | 2808 | 77 | 16 | 2078 |
| 2004 | 174 | 52 | 2988 | 79 | 16.9 | 2139 |

续表 267

| 年份 | 农村义务兵家属优待金 | | | 城镇义务兵家属优待金 | | |
|---|---|---|---|---|---|---|
| | 户数(户) | 金额(万元) | 户均(元) | 户数(户) | 金额(万元) | 户均(元) |
| 2005 | 178 | 57 | 3202 | 82 | 17.6 | 2142 |
| 2006 | 165 | 58.9 | 3571 | 86 | 23.9 | 2780 |
| 2007 | 172 | 62.7 | 3646 | 93 | 27.7 | 2975 |
| 2008 | 179 | 68.5 | 3826 | 102 | 39 | 3826 |

## 二、定期定量补助

1953年起，境内各乡镇对年老体弱丧失劳动力而又无依靠、生活困难的烈军属实行定期定量补助（简称定补），补助标准约为每人每月2.5元。1985年，烈属（包括因公牺牲和病故军人家属）的定补改为定期抚恤。从此，享受定补的主要对象是带病回乡不能经常参加劳动、生活困难的复员退伍军人。1987年，在乡复员军人的定补为每人每月15元，城镇孤老复员军人定补为每人每月20元。1997年起，高港区对曾经立功的在乡老复员军人发放立功荣誉金，特等功、一等功每月15元，二等功每月10元，三等功每月5元，当年发放40人、7200元。此项经费从2002年1月起列入定期补助按月发放。2005年作调整，特等功、一等功每月30元，二等功每月20元，三等功每月10元。2007年8月，调查、认定1954年10月31日后入伍并参战和涉核退役人员78人，每人每月享受100元生活补助。同月起，发放老复员军人遗孀生活补助，每人每月100元。2008年末，全区有复员军人211人、带病退伍军人159人。1997—2008年，全区共发放复员军人定期定量补助657.5万元、带病退伍军人定期定量补助199.15万元。

### 1997—2008年高港区复员军人定期定量补助发放情况一览表

表 268

| 年份 | 复员军人定补 | | 带病退伍军人定补 | |
|---|---|---|---|---|
| | 人数(人) | 补助金额(万元) | 人数(人) | 补助金额(万元) |
| 1997 | 197 | 15.8 | 103 | 3.95 |
| 1998 | 197 | 17.3 | 103 | 5.4 |
| 1999 | 197 | 19.2 | 103 | 7.8 |
| 2000 | 197 | 23.4 | 103 | 9.6 |
| 2001 | 197 | 27.9 | 103 | 11 |
| 2002 | 197 | 33.6 | 101 | 12.4 |

续表268

| 年　份 | 复员军人定补 | | 带病退伍军人定补 | |
|---|---|---|---|---|
| | 人数（人） | 补助金额（万元） | 人数（人） | 补助金额（万元） |
| 2003 | 193 | 40.8 | 101 | 13.1 |
| 2004 | 193 | 52.7 | 101 | 13.6 |
| 2005 | 193 | 63.4 | 101 | 14.7 |
| 2006 | 192 | 86.3 | 101 | 27.4 |
| 2007 | 191 | 127.5 | 101 | 35.6 |
| 2008 | 211 | 149.6 | 159 | 44.6 |

## 三、牺牲病故军人家属抚恤

1949年10月前，境内人民政权对革命烈士家属发放一次性抚恤。1949年10月后，政府对烈士和病故人员家属发放一次性抚恤。1985年起，对“三属”（烈士家属、因公牺牲军人家属、病故军人家属）除一次性抚恤外，将定补改为定期抚恤。1988年，按照《军人抚恤优待条例》规定，根据死亡性质和本人死亡前的工资收入，给予一次性抚恤金，标准为革命烈士40个月工资，因公牺牲军人20个月工资，病故军人10个月工资，立功受奖的按5%～35%的比例增发。1989年12月，“三属”定期抚恤由20元上调为38元。2004年10月起，革命烈士、因公牺牲军人、病故军人的一次性抚恤金标准分别提高到80个月、40个月和20个月的工资。2008年，高港区有“三属”66户。1997—2008年，全区发放“三属”抚恤金278万元。

### 1997—2008年高港区“三属”抚恤金发放情况一览表

表269

| 年　份 | 烈士家属、因公牺牲军人家属 | | 病故军人家属 | |
|---|---|---|---|---|
| | 户数（户） | 发放金额（万元） | 户数（户） | 发放金额（万元） |
| 1997 | 40 | 4.4 | 16 | 1.7 |
| 1998 | 40 | 5.2 | 16 | 2.3 |
| 1999 | 40 | 6.1 | 16 | 2.9 |
| 2000 | 40 | 8.3 | 16 | 4.1 |
| 2001 | 40 | 12.5 | 14 | 4.6 |
| 2002 | 40 | 13.8 | 14 | 5.1 |

续表269

| 年份 | 烈士家属、因公牺牲军人家属 | | 病故军人家属 | |
|---|---|---|---|---|
| | 户数（户） | 发放金额（万元） | 户数（户） | 发放金额（万元） |
| 2003 | 37 | 15.9 | 14 | 5.5 |
| 2004 | 35 | 17.8 | 14 | 5.9 |
| 2005 | 33 | 19.6 | 13 | 6.3 |
| 2006 | 33 | 22.4 | 13 | 6.9 |
| 2007 | 33 | 31.3 | 13 | 9.9 |
| 2008 | 47 | 48.4 | 19 | 17.1 |

## 四、革命伤残军人抚恤

1950年春，境内革命伤残军人凭残废证享受抚恤。伤残等级分特等，一等，二等甲、乙级，三等甲、乙级。1962年、1964年、1972年、1981年，4次检残换证，根据伤残人员残废情况变化，给予等级调整换证。除上述抚恤外，政府还对伤残军人给予一系列优待。包括：免费安装和修理假肢、配备轮椅等；在乡二等乙级以上伤残军人，享受公费医疗；在乡三等伤残军人伤口复发的医疗费，由民政部门报销；在职伤残军人伤口复发，按工伤对待；在乡特等、一等伤残军人的粮油和副食品，按干部定量标准由国家供应。1994年，因战、因公特等伤残军人护理费从每月51元提高到130元，因战、因公一等伤残军人从每月51元提高到110元，因病一等伤残军人从每月51元提高到90元。1997年优抚标准自然增长机制建立后，此项经费并入抚恤补助随之调整，一并发放。2008年末，全区有伤残军人132人，其中在职24人、在乡108人。1997—2008年，全区发放伤残军人抚恤（保健）金532.93万元，其中在职人员保健金52.32万元、在乡人员抚恤金480.61万元。

### 1997—2008年高港区伤残军人抚恤（保健）金发放情况一览表

表270

| 年份 | 总人数（人） | 其中 | | 总金额（万元） | 其中 | |
|---|---|---|---|---|---|---|
| | | 在职（人） | 在乡（人） | | 在职人员保健金（万元） | 在乡人员抚恤金（万元） |
| 1997 | 92 | 20 | 72 | 6.68 | 0.58 | 6.1 |
| 1998 | 92 | 20 | 72 | 11.7 | 0.7 | 11 |
| 1999 | 92 | 20 | 72 | 15.9 | 0.8 | 15.1 |
| 2000 | 92 | 20 | 72 | 19.4 | 1 | 18.4 |
| 2001 | 92 | 20 | 72 | 23.66 | 1.16 | 22.5 |

续表270

| 年　份 | 总人数（人） | 其　中 | | 总金额（万元） | 其　中 | |
|---|---|---|---|---|---|---|
| | | 在职（人） | 在乡（人） | | 在职人员保健金（万元） | 在乡人员抚恤金（万元） |
| 2002 | 92 | 20 | 72 | 27.89 | 1.38 | 26.51 |
| 2003 | 92 | 20 | 72 | 35.7 | 2.8 | 32.9 |
| 2004 | 91 | 19 | 72 | 43.5 | 3.7 | 39.8 |
| 2005 | 91 | 19 | 72 | 56.3 | 4.8 | 51.5 |
| 2006 | 91 | 19 | 72 | 73.7 | 6.3 | 67.4 |
| 2007 | 91 | 19 | 72 | 85.7 | 7.5 | 78.2 |
| 2008 | 132 | 24 | 108 | 132.8 | 21.6 | 111.2 |

### 五、医疗补助与帮扶

1997年起，区重点优抚对象到区内各医疗卫生单位看病享受优先挂号、优先就诊、优先取药、优先住院，住院费、三大常规检查费、外科换药费减半，免缴挂号费、注射费，特殊检查费优惠30%、药品费优惠10%。同年起，对慢性病复员军人实施疗养。1998年，高港人民医院和7个乡镇医院全部建立“双拥病房”。2003年起，优抚对象小病有补助，重点优抚对象全年最高可报销500元门诊费用；为重点优抚对象办理住院医疗保险，住院最高可报销3000～4000元；对优抚对象重病实施救助，区政府设立30万元重点优抚对象重病救助资金，最高可享受1万元救助。1997—2008年，全区各医疗卫生单位为重点优抚对象优惠、减免医药费30余万元，为重点优抚对象实施小病补助100余万元、重病救助24万元，组织老复员军人到姜堰复员军人疗养院集中疗养治疗100余人次。

1998年起，高港区机关、企业、学校、医院单位与重点优抚对象困难户，开展“一助一”结对帮扶活动。1998—2008年，帮扶优待对象320人次，投入帮扶资金100余万元。

## 第二节　退伍安置

1950年起，境内各地本着“随回随安置”原则，妥善安置复员军人。有技术有文化的推荐安排工作，缺乏生产资料的安排耕牛、农船、苗猪、水车、小车等，能力强的选拔担任乡、村干部。1984年起，实行“按系统分配任务、包干安置”，对城镇义务兵、士官、农村义务兵分别作安置。1997年起，入伍前系农业人口的士兵（含入伍后本人户口性质变迁人员）退伍后，回原乡镇自主就业。2000年，逐步扩大双向选择安置范围。2003年起，发给一次性生产、生活补助费，义务兵2年期满补助2000元，每增加服役1年增发200元。城镇退役士兵愿意自谋职业，服役满2年的发放一次性补助金1.2万元，服役2年以上、10年以下的，每增加服役1年增发1000元。满10年的转业士官或经全省集中交接不满10

年的转业士官，发给一次性补助金2.5万元；10年以上的，每增加服役1年增发1000元。自愿自谋职业的城镇二、三等伤残军人的一次性补助金分别为：二等甲级2.5万元，二等乙级2.2万元，三等甲级2万元，三等乙级1.8万元，并可享受在乡革命伤残军人待遇。2005年，城镇退役义务兵的一次性自谋职业补助金从1.2万元提高到1.5万元，转业士官自谋职业的一次性补助金从2.5万元提高到2.8万元。

# 第七章　社会管理

## 第一节　基层自治组织建设

### 一、村（居）民委员会选举

1992年，境内完成首次村（居）委会换届选举工作，按全省统一届次为第三届。村民委员会和集镇居民委员会成员由村民和居民选举产生，成员3～5人，设主任、副主任、委员，每届任期一般为3年，可连选连任。内设治安保卫、人民调解、妇女计生、科教文卫等工作委员会，下设村（居）民小组。1995年，完成第四届换届选举。

1998年8—10月，高港区开展第五届村（居）委会换届选举工作，全区132个村委会、14个居委会换届选举率100%，参选率97.5%。2001年8—10月，开展第六届村（居）委会换届选举工作，67个村委会、13个居委会换届选举率100%，参选率97.1%。2004年9—11月，开展第七届村（居）委会换届选举工作，67个村委会、17个居委会换届选举率100%，参选率96.6%。2007年9—11月，开展第八届村（居）委会换届选举工作，换届选举率100%，参选率96.3%。

2001年、2004年，高港区被江苏省民政厅评为村委会换届选举工作先进区。

1998—2007年高港区村（居）委会换届选举情况一览表

表271

| 届别 | 年份 | 村（居）民代表（万人） | 投票人数（万人） | 村（居）民参选率（%） | 选举结果 | | | 村（居）委会班子构成 | | | | | |
|---|---|---|---|---|---|---|---|---|---|---|---|---|---|
| | | | | | 主任（人） | 副主任（人） | 委员（人） | 平均年龄（岁） | 中共党员占比（%） | 大专学历占比（%） | 高中学历占比（%） | 初中学历占比（%） | 女性占比（%） |
| 五 | 1998 | 1.91 | 21.3 | 97.5 | 146 | 82 | 542 | 47.8 | 95.4 | 28.6 | 49 | 9.3 | 18.2 |
| 六 | 2001 | 1.9 | 22.1 | 97.1 | 80 | 58 | 427 | 47.4 | 96.6 | 38.2 | 41 | 8.7 | 19.6 |
| 七 | 2004 | 1.89 | 20.6 | 96.6 | 84 | 59 | 452 | 48.1 | 98.6 | 43.1 | 37.3 | 7.6 | 24.8 |
| 八 | 2007 | 1.91 | 21.2 | 96.3 | 65 | 34 | 242 | 43.7 | 80.5 | 45.2 | 42.3 | 7.1 | 27.5 |

### 二、村民自治创建活动

2005年起，高港区开展以“四民主，两公开”（民主选举、民主决策、民主管理、民主监督，财务公开、村务公开）为主要内容的村民自治示范村创建活动，推进基层村（居）民主法治建设。至2006年，各村（居）均落实“四民主，两公开”制度。2006年、2008年，刁铺街道万庄村、永安洲镇永兴村分别被评为江苏省民主管理示范村。

### 三、社区创建活动

2004年10月，全区首个社区——口岸街道新城社区成立。2006年，永安洲镇兴洲居委会、口岸街道新城社区、刁铺街道通太社区、许庄街道马厂社区开展社区规范化建设，完善社区办公和居民活动设施，建立健全居民自治规章制度，社区管理服务能力增强。当年，口岸街道新城社区被评为江苏省和谐示范社区。10月，许庄街道马厂社区成立全市首个农村社区股份合作社。2007年起，高港区开展星级示范社区创建活动。2008年，各社区设立便民服务站，15个社区达到星级示范社区标准，其中4个达市级标准；有市级以上和谐示范社区6个，其中省级2个、市级4个。

## 第二节　民间组织管理

### 一、社会团体登记管理

1998年9月至2000年10月，区民政局对社会团体进行清理整顿，共注销7个，合并3个，6个社会团体核准登记并颁发证书。2008年，全区有各类社会团体45个，其中，区级40个、镇级5个，学术性8个、行业性37个。

**2008年高港区部分社会团体一览表**

表272

| 登记时间 | 单位名称 | 地　址 | 主管单位 |
|---|---|---|---|
| 1998.10 | 高港区门球协会 | 口岸敬老院 | 区文教局 |
| 1998.12 | 高港区外商投资企业协会 | 区商务局内 | 区外经委 |
| 1998.12 | 高港区老区经济建设促进会 | 区政府办公楼 | 区农委 |
| 1998.12 | 高港区扶贫开发协会 | 区政府办公楼 | 区农委 |
| 1999.01 | 高港区党的建设学会 | 区政府办公楼 | 区委组织部 |
| 1999.01 | 高港区京剧联谊会 | 曙光无线电厂内 | 区文教局 |

续表272

| 登记时间 | 单位名称 | 地　址 | 主管单位 |
|---|---|---|---|
| 1999.10 | 高港区信鸽协会 | 区花卉园艺中心内 | 区文教局 |
| 1999.11 | 高港区燃料流通行业协会 | 区经信委内 | 区经信委 |
| 2000.01 | 高港区民营经济协会 | 区工商分局内 | 区工商分局 |
| 2000.06 | 高港区消费者协会 | 区工商分局内 | 区工商分局 |
| 2000.07 | 高港区计划生育协会 | 区计生委内 | 区计生委 |
| 2000.11 | 高港区企业家协会 | 区经贸局内 | 区经贸局 |
| 2000.11 | 高港区技术改造协会 | 区经贸局内 | 区经贸局 |
| 2003.02 | 高港区花卉协会 | 区花卉园艺中心内 | 区农委 |
| 2004.04 | 高港区体育器材行业协会 | 野徐农技站内 | 区经贸局 |
| 2004.05 | 高港区刁铺奶业协会 | 许庄街道马厂社区 | 区农委 |
| 2004.05 | 高港区水产养殖协会 | 永安洲镇农技站内 | 区农委 |
| 2004.05 | 高港区刁铺镇羊业协会 | 扬子江北路 | 区农委 |
| 2004.06 | 高港区经纪人协会 | 区工商分局内 | 区工商分局 |
| 2004.06 | 高港区野徐鸭业协会 | 野徐镇农技站内 | 区农委 |
| 2004.06 | 高港区政协之友联谊会 | 区政府办公楼 | 区政协 |
| 2004.06 | 高港区戴集育雏协会 | 口岸街道戴集村 | 区农委 |
| 2004.06 | 高港区烟花爆竹行业协会 | 金港北路 | 区供销社 |
| 2004.12 | 高港区再生资源行业协会 | 通扬路 | 区供销社 |
| 2005.05 | 高港区农机服务合作社 | 扬子江南路 | 区农委 |
| 2005.05 | 高港区安全生产管理协会 | 区行政服务中心 | 区安监局 |

续表272

| 登记时间 | 单位名称 | 地　址 | 主管单位 |
|---|---|---|---|
| 2005.09 | 高港区台属联谊会 | 金港中路人才市场 | 区委统战部 |
| 2005.12 | 高港区永安花木协会 | 永安洲镇引江东路 | 区农委 |
| 2006.01 | 高港区刁铺银杏果业经济合作社 | 扬子江北路 | 区农委 |
| 2006.01 | 刁铺庙湾土地股份合作社 | 扬子江北路 | 区农委 |
| 2006.03 | 高港区农机安全互济会 | 区农委内 | 区农委 |
| 2006.06 | 高港区书法家协会 | 区文化中心 | 区委宣传部 |
| 2006.06 | 高港区慈善协会 | 港城路 | 区民政局 |
| 2006.09 | 白马镇养鸭专业合作社 | 白马镇白马居委会 | 区农委 |
| 2006.09 | 白马庙土地股份合作社 | 白马镇白马居委会 | 区农委 |
| 2006.10 | 口岸田禾蔬菜生产合作社 | 振兴南路 | 区农委 |
| 2006.12 | 高港区总工会困难职工援助中心 | 区政府办公楼 | 区总工会 |
| 2007.07 | 高港区预防职务犯罪协会 | 区人民检察院 | 区人民检察院 |
| 2007.07 | 高港区羽毛球协会 | 港口西路 | 区体育局 |
| 2008.02 | 高港区交通协会 | 车站路 | 区交通分局 |
| 2008.02 | 高港区驾培协会 | 车站路 | 区交通分局 |
| 2008.07 | 高港区农学会 | 区农委内 | 区农委 |
| 2008.07 | 高港区棋类协会 | 金港中路 | 区体育局 |
| 2008.07 | 高港区老年体育协会 | 通河路 | 区体育局 |

## 二、民办非企业单位登记管理

1992年，境内始有民办非企业单位。2008年10月，区民政局开展民办非企业单位复查登记。全区43个民办非企业单位领取证书，其中教育类3个、文化类10个、民政类17个。

## 2008年高港区民办非企业单位一览表

表273

| 登记时间 | 单位名称 | 地　址 | 主管单位 |
|---|---|---|---|
| 1992.07 | 高港区刁铺镇家政服务中心 | 刁铺街道 | 区民政局 |
| 1992.07 | 高港区红光老年活动中心 | 刁铺街道 | 区文体旅游局 |
| 2004.09 | 高港区机关幼儿园 | 向阳北路 | 区教育局 |
| 2004.11 | 高港区英才职业技能培训学校 | 刁铺街道农经站 | 区劳动和社会保障局 |
| 2004.12 | 高港区峻峰家政服务中心 | 许庄街道许庄社区 | 区民政局 |
| 2005.01 | 高港区口岸育才老年活动中心 | 育才东路 | 区文体旅游局 |
| 2005.08 | 高港区少年儿童业余体校 | 刁铺中心小学 | 区体育局 |
| 2005.11 | 高港区口岸镇苗苗幼儿园 | 向阳南路朝阳村 | 区教育局 |
| 2006.01 | 泰州市高港区刁铺镇雅友活动室 | 刁铺街道建设街 | 区体育局 |
| 2006.03 | 泰州市高港区月明棋牌活动中心 | 前进巷 | 区体育局 |
| 2006.03 | 高港区口岸爱文老年活动中心 | 向阳支路 | 区文体旅游局 |
| 2006.08 | 泰州市高港区神州数码电脑培训学校 | 向阳南路 | 区劳动和社会保障局 |
| 2006.08 | 泰州市高港区福华电脑培训学校 | 永安洲镇兴洲东路 | 区劳动和社会保障局 |
| 2006.10 | 泰州市高港区天泰电脑培训学校 | 刁铺街道环溪路 | 区劳动和社会保障局 |
| 2006.11 | 泰州市高港区飞耀机械培训学校 | 白马镇工业园区 | 区劳动和社会保障局 |
| 2007.01 | 泰州市高港区成建培训学校 | 金港中路人才市场 | 区劳动和社会保障局 |
| 2007.01 | 高港区振宇职业技能培训学校 | 疏港东路 | 区劳动和社会保障局 |
| 2007.06 | 高港区扬子江人力资源培训学校 | 野徐镇野徐中路 | 区劳动和社会保障局 |
| 2007.07 | 高港区茂源服装培训学校 | 江平东路 | 区劳动和社会保障局 |
| 2007.09 | 泰州市寺巷新华幼儿园 | 泰州市寺巷镇新华村 | 区教育局 |

续表273

| 登记时间 | 单位名称 | 地　址 | 主管单位 |
|---|---|---|---|
| 2007.09 | 泰州市高港书画院 | 雕花楼西边阁 | 泰州市文学艺术界联合会 |
| 2007.09 | 泰州市高港区金领培训学校 | 许庄街道三星南路 | 区劳动和社会保障局 |
| 2007.11 | 新城社区居家养老服务站 | 府后人家小区内 | 区民政局 |
| 2007.11 | 口岸社区居家养老服务站 | 向阳支路 | 区民政局 |
| 2007.11 | 柴墟社区居家养老服务站 | 柴墟西路 | 区民政局 |
| 2007.11 | 育才社区居家养老服务站 | 口岸农贸市场 | 区民政局 |
| 2007.11 | 龙窝口社区居家养老服务站 | 龙窝南路 | 区民政局 |
| 2007.11 | 城东社区居家养老服务站 | 口岸街道城东社区 | 区民政局 |
| 2007.11 | 蔡滩社区居家养老服务站 | 金港中路步云楼西侧 | 区民政局 |
| 2007.11 | 城南社区居家养老服务站 | 口岸街道城南社区 | 区民政局 |
| 2007.11 | 王营社区居家养老服务站 | 口岸街道王营社区 | 区民政局 |
| 2007.11 | 关桥社区居家养老服务站 | 刁铺街道扬子江北路 | 区民政局 |
| 2007.11 | 通泰社区居家养老服务站 | 刁铺街道府东路 | 区民政局 |
| 2007.11 | 环溪社区居家养老服务站 | 刁铺街道环溪社区 | 区民政局 |
| 2007.11 | 三星社区居家养老服务站 | 许庄街道三星社区 | 区民政局 |
| 2007.11 | 马厂社区居家养老服务站 | 许庄街道马厂社区 | 区民政局 |
| 2007.12 | 泰州市高港艺术培训中心 | 区文化馆内 | 区文体旅游局 |
| 2007.12 | 泰州市高港区旭东电脑培训学校 | 金港中路人才市场 | 区劳动和社会保障局 |
| 2008.01 | 高港区棋类俱乐部 | 金港中路 | 区文体旅游局 |
| 2008.05 | 高港区祥云乒乓球俱乐部 | 柴墟东路 | 区文体旅游局 |

续表 273

| 登记时间 | 单位名称 | 地　址 | 主管单位 |
|---|---|---|---|
| 2008.05 | 高港区婚姻登记服务部 | 港城路 | 区民政局 |
| 2008.08 | 高港区残疾人安怡庇护安养所 | 许庄街道曹官营村 | 区残联 |
| 2008.09 | 泰州市高港陵园 | 野徐镇褚雅村 | 区民政局 |

## 第三节　婚姻登记管理

新中国成立前，包办、强迫、买卖婚姻和一夫多妻的封建婚姻较为普遍。1950年《中华人民共和国婚姻法》颁布后，境内婚姻登记由乡政府办理，离婚和复婚由区公所办理。1958年人民公社化后，婚姻登记由大队办理，离婚、复婚由人民公社办理。1963年，离婚和复婚登记批准权收归县人民委员会。"文化大革命" 期间，婚姻登记工作出现混乱。1980年起，逐步建立健全婚姻登记制度。1983年后，结婚、离婚、复婚登记改由乡镇办理，涉及港澳台胞的婚姻登记由县级民政部门办理。

新中国成立初期和 "文化大革命" 期间，早婚和结婚不登记现象较为普遍，结婚登记率只占6成。1986年，境内清理农村违法婚姻，对符合结婚条件的补办登记并发证。其余分别作 "暂不办理登记" "不予办理登记" 和其他形式处理。

1999年7月，取消各乡镇婚姻登记处，婚姻登记工作集中在区民政局婚姻登记处办理。2002年6月，婚姻登记工作又由各镇办理。2004年12月，再次归区民政局集中办理。2005年起，全区每年结婚登记合格率保持100%，每年登记结婚1400对以上，离婚人数亦增加。2008年，共登记结婚1873对，登记离婚235对。

### 1999—2008年高港区婚姻登记情况一览表

表 274　　单位：对

| 年　份 | 结婚登记 | 离婚登记 | 补领结婚证 | 年　份 | 结婚登记 | 离婚登记 | 补领结婚证 |
|---|---|---|---|---|---|---|---|
| 1999 | 1441 | 28 | — | 2004 | 1440 | 96 | 17 |
| 2000 | 2096 | 31 | — | 2005 | 1443 | 116 | 9 |
| 2001 | 976 | 51 | — | 2006 | 1770 | 186 | 31 |
| 2002 | 1332 | 55 | — | 2007 | 1548 | 162 | 28 |
| 2003 | 1426 | 70 | 20 | 2008 | 1873 | 235 | 36 |

## 第四节　殡葬管理

20世纪70年代前，境内大多实行土葬。70年代初，开始推行火葬。80年代，乡村将火葬列入乡规民约。1984年，各乡镇加大殡葬改革力度，火化率提高，其中永安洲乡火化率达95%。1989年，各乡镇火化率达90%以上。

建区后，高港区深化殡葬改革，并探索骨灰江葬、树葬、草坪葬等多样化处理途径。1998年，火化率达到99.8%。同时集中清理土坟，当年清理土坟20648座，复耕土地500亩。1999年，在野徐镇建成第一座区级墓园——高港陵园，占地1.33万平方米。2000年，清理整治丧葬用品市场，取缔非法出售丧葬用品的商户7户，要求停业整顿的3户。2000—2003年，继续清理私埋乱葬，按照“全部清除、不留死角、自迁为主、强制为辅”原则，清除城区内和主要交通干线两侧的大小坟头。共清理私埋乱葬坟墓816座，由坟主自迁520座，平毁无主坟107座，还田31亩，扩耕47亩。2003年，高港陵园、永安洲镇、口岸街道先后建立骨灰存放堂，免费存放骨灰盒。2008年，全区有镇、街道公益性墓园3个。

## 第五节　地名管理　勘界

### 一、地名管理

1980年、1982年，境内属于泰兴县和泰县的地区先后开展地名普查工作。1983年，境内共有660条地名被《泰兴县地名录》收录，其中，口岸182条、刁铺61条、许庄51条、田河81条、永安洲114条、汪群42条、胡庄48条、孔桥56条，企事业单位6条，公路9条、河流4条、桥梁4条、水利设施2条；151条地名被《泰县地名录》收录，其中野徐54条、白马52条、大泗45条。建区后，高港区地名管理工作由泰州市民政局负责。2006年，高港区45条地名被泰州市民政局编纂的《泰州印记》收录。1997—2008年，全区命名道路25条、住宅小区16个，设置道路名称标志牌200块。

### 二、勘界

1997年，高港区开展勘界工作。全区有市级界线2条、县级界线3条，其中，市级界线为扬泰线25千米、镇泰线24千米，县级界线为泰高线39.92千米、泰姜线20.74千米、海高线29.55千米。市界和县界于2000年全线勘定贯通。2000年，共设定5个界桩，姜高线1280005B号界桩位于白马镇南河村，扬泰线江高段12120018B号界桩位于刁铺镇万庄村，泰高线1279002号界桩位于口岸镇江干村，泰高线1279003号界桩位于永安洲镇复胜村，泰高线1279004号界桩位于永安洲镇北沙村。2008年，姜堰市的大泗镇、泰兴市的胡庄镇和泰兴市宣堡镇原孔桥地区划归高港区，未设界桩。

### 附：地名源流

【高港】 清末，港口因高氏聚居，遂称“高港”。

【刁铺】 由渡口和驿铺演变得名。很久以前，相传有一来自兴化的刁姓船工在此摆渡，数代相传，后人遂称之为“刁家渡”，渡口名称亦成为地名。明代初期，军方修建驿道经此设驿铺，明《惟扬志》中载称“刁家渡铺”，后简称“刁家铺”，铺名同作地名使用。

【唐家庄】 明洪武三年（1370）春，曾在苏州阊门以武略事的唐永泰，带着儿、孙、妻、媳一家五口在此扎根。后来，唐氏家族人丁兴旺，庄名遂为“唐家庄”。

【戴家集】 明初，苏州桃花巷人戴承政因避战乱，携眷迁居延令西城外十余里过船港。重孙戴宏道迁居此地，后来称“戴家集”。

【三姓庄】 位于今许庄街道曹官村。清光绪年间，此处旷无人烟，沟河交错，一片农田多由小营庄人耕种。光绪八年至九年（1882—1883），小营庄上李正寿、袁其旺、曹成海三户相继到此安家落户。因为小庄只有李、袁、曹三姓，自然成名“三姓庄”。

【万家厦】 明嘉靖三年（1524），刁铺南官河西的万家庄万姓一家搬迁到此垦荒，依水搭建一间草棚。后又有两家万姓迁来为邻，住房都是简易的草棚，当时称为草舍，“舍”的土音读为“厦”，渐称“万家厦”。

【王矮桥】 明朝，王氏一家迁至刁铺东北马场（今许庄街道马厂社区）定居。王家为方便种地，在居住地西侧的鸭子河上架起一座木桥，初称“王业桥”。后在后排太平庄鸭子河上又建一座木桥，由于桥和路平，路比田矮，称为“矮桥”。加之建桥的祖先身材矮而粗壮，“王矮桥”由此得名。

【陈家舍】 古时地处鸭子湖畔，最初陈姓农民到此垦荒耕耘，后由最初的几块田地发展到72块垛田。因陈姓人口不断繁衍，每块垛田上都建有陈姓农舍，故名“陈家舍”。

【孙家巷】 位于口岸柴墟西路北侧，原柴墟商场以北，南北走向。此地旧时为旅馆、客栈最为集中的地方。江湖帮派头子孙定清（外号“孙骡子”）曾长期住在巷内旅馆中，于是人们习惯称该地段为“孙家巷”。新中国成立后建通泰北路时拆除。

【柴墟】 口岸宋时称“柴墟”。因古时地处江边，江滩边遍长芦苇，名“柴”，旧时农村集市俗称“墟”，故名“柴墟”。明弘治十四年（1501），改名为“口岸”。

【古江边】 位于口岸宣堡港与南官河交汇处一带北侧，旧时柴墟港北为江岸线，后江岸线南移，人们遂称此地为“古江边”。

【木商街】 位于口岸街道老城区西侧，南官河东岸，南起龙窝口，北至金寿会馆（原福星桥东岸北）遗址，全长约2100米。清光绪元年（1875）至20世纪中叶，南官河东侧沿岸木商云集，故名“木商街”。

【香绅街】 位于刁铺街道商业街区。旧时，街区内居民主要由吉、翟、栾三大姓氏组成。三大家族殷实富有，文化层次较高，清代出过不少秀才以上的文武生员，街道因此取名叫“乡绅街”，后来读为“香绅街”。20世纪50年代初，曾改名为“生产街”。

【强盗圩】 永安洲有“强盗圩”，实为“抢倒圩”之谐音。江边倒圩后，村民们用门板、铺板把豁口堵起来，然后集中力量，抢在第二次大潮前把圩抢修好，不让潮水反复荡涤庄稼与房屋。

【黄鱼滩】 位于今口岸街道向阳桥西北岸的排筏站地段，东至向阳桥口，西临南官河。济川港形成后，每年大量的外地黄鱼船在此集散出售黄鱼。四镇八乡的群众都到此买黄鱼，久之，人们遂称此地为“黄鱼滩”。1956年疏通取直南官河，1972年拓宽宣堡港，“黄鱼滩”消失，然地名保留至今。

【乌龟滩】 口岸街道南官河与宣堡港交汇处的南岸，旧时人们习惯称该地为“乌龟滩”。关于乌龟滩名称的来历，一是该地形似乌龟，二是该地地处河滩，多产乌龟。

【二桥】 位于刁铺镇区西北约4千米处。旧时济川河边的支流西港由东向西穿过屠家桥和蒋家桥，后两村合并，因两村名中都有“桥”，故新村取名“二桥”。

【磨子巷】 地处刁铺街道劳动街中段北侧，宽约1米，长约50米，本是刁铺一处无名小巷，因磨坊多和地面用几十块圆形磨石铺设而得名。磨子巷所在街段古称“粮行街”，东西长约300米，由麻石铺设街面。

【氽氽滩】 在龙窝的东南部、永安洲的北面，有一块江滩随潮水起落时沉时浮，当地民众称之为“龙窝氽氽滩”。

【鸭子河】 从海陵区寺巷镇流经境内野徐镇、许庄街道、大泗镇，明中期以前称“鸭子湖”，时为一天然湖泊，因野鸭成群而得名。后湖面因淤涨逐渐变狭，遂成“鸭子河”。经疏浚，为农业生产发挥重要作用。20世纪70年代，部分河段经疏浚整理更名为“生产河”，但百姓仍习惯称之为“鸭子河”。

【小船浜】 地处刁铺古环溪河畔，因南下北上众多装货的小船聚集于此处的石阶码头进行交易而得名。1956年南官河裁弯取直时废弃，遗址在今团结街11号至15号之间。

【六百亩】 原口岸通扬公路西北处有一块约600亩的低洼田地，雨天积水后一片汪洋，宛若六百亩湖面，田地除种一熟稻谷外常年被水浸没，百姓称此地为“六百亩”。

【白马庙】 历史上叫徐家庄，后因纪念汉秣陵尉蒋子文（白马大将军），此地建白马庙，从此庙名成地名，并逐步发展成为白马乡、白马镇。

【体善巷】 旧时庆元桥东街的一条长巷，位于口岸雕花楼西北侧，宽约2米，长近百米，因巷内有一座慈善机构体善堂而得名。

【武庙巷】 位于口岸柴墟西路与宣堡港之间，呈南北走向，长不足百米，宽3米有余，因巷子南首武庙得名。

【圈门】 旧时口岸古镇庆元街上东、南、西各有一处圈门，三处圈门即庆元街的三个街口，街口上部有过街横牌如圈，分别称为“东圈门”“南圈门”“西圈门”。

【关桥口】 泛指以刁铺关桥（起凤桥）为中心的一片商业区域，因关桥而得名。1995年因市政建设需要拆除关桥，当地居民仍称桥所在地为“关桥口”。

【都天庙口】 因都天庙得名，泛指都天庙门前及其周边的庆元后街、庆元北街等地区，随着庙会的兴起而兴盛。“文化大革命”后期，都天庙虽被拆除，但都天庙口地区仍是口岸老镇区商业地带。

【永安洲】 明代，该地沙洲逐渐从江心淤涨出水，政府将其低价卖给富户，富户再加价转手卖给无田少地的穷人垦荒。至清末，该洲虽渐成陆地，但水灾倒圩的事常发生，百姓为求永远安宁，把该洲命名为“永生洲”，后又改称“永安洲”。

【迁善铺】 明末因避战乱，大批难民移居此地，繁衍生息，因姓氏众多，为和睦相处，清初由文人墨客取《周易·益》句“君子以见善则迁”之意，将原名“刁家铺”易名为“迁善铺”，亦称“迁善镇”。

【龙窝口】 相传，古代刁铺镇有袁姓少女，夏夜乘凉露宿室外，露水龙使之有孕，家人发现追查，袁女无以自解。父母认为有损家风，逐女出门。袁女哭诉无门，欲自沉于江，奔赴江边，竟产一子如龙。小龙离母即浮水而去，袁女更无生趣，即投江自尽。此后年年此日，龙必来出生地寻母，该地因名“龙窝口”。

【黄家大窅】 相传原宁都村（今口岸街道引江村）住着两大户，一户姓蔡，一户姓黄，蔡姓有一水塘，人称“蔡家大窅”。一次，一外乡人经此，不慎落入水塘而死。死者家属把蔡家告到泰兴县衙。蔡家请黄家老爹到县衙帮自己辩护。黄老爹帮蔡家赢了官司。蔡家为感谢黄家，将水面送给黄家，“蔡家大窅”此后改名为“黄家大窅”，一直沿称至今。

【曰吾庄】 地处刁铺街道西郊，紧靠南官河西岸。据传，自清嘉庆年间吉姓祖宗从东郊吉家庄到此落户至光绪年间，因人丁稀少，此处一直未有庄名。后庄中办私塾，坐馆先生因开馆急促，首日未有学生初学用的生字方块，便在黑板上书“曰，吾庄”三字，并反复教习。学生回家后告知家长当日所学，“曰吾庄”三字便在全庄打上深深的烙印。之后一日，庄上一孩童在随大人赶关帝庙会时走失，路人问其家住哪里，孩童答道：“我的庄，曰吾庄。”等家长赶到时，路人方知“曰吾庄”指的就是西街头的那个小庄子。自此，“曰吾庄”渐被人喊熟，遂正式成为庄名。

【烟墩】 位于口岸白马庙（今口岸小学）后小河边的一块地段，传说岳飞驻军柴墟时曾在此处设哨，发现敌情便及时燃狼烟报警，“烟墩”由此得名。

【泰州港】 历史上因长江岸线的变迁，港口数次易址，港名数次变更。最早为“济川港”“柴墟港”；明弘治十四年（1501）设口岸察院，遂改名为“口岸港”；清代中期，因港湾多处沙洲淤涨成陆，新的江岸线形成，河口南移，先后形成封庄、龙窝、高港等口岸港口群。地级泰州市成立后，更名为“泰州港”。

【车墩口】 清代中期，野徐庄后有几十亩田，地势较低洼，易受涝，主家为免涝灾，将旱田改为水田，试种水稻，因收成不理想，又改种旱田作物，不种水稻，留下水车车水的墩口，称“车墩口”。

【井儿头】 南宋庆元年间，柴墟南圈门内南街商户、居民日常用水较为困难，便商议集资在南圈门外开凿水井。后来，人们便把水井周围的地区称为井儿头。

【环溪】 北宋熙宁年间，为防江潮从内河直逼泰州，官方采用“三湾抵一坝”的治水法在刁铺境内开挖“九曲十八弯”的河道，因其“回曲如环”，被称为“环溪”。民国18年（1929）至1953年，“环溪”为镇名。

【双河】 明末清初，白马李家庄庄前有一条长200余米、宽四五米的龙埂，龙埂两侧各有一条河，双河夹龙埂，故庄名为“双河李家庄”。20世纪30年代初，以双河李家庄为中心，划进附近几个村庄，定新乡名为“双河乡”。此乡名一直沿用至泰州解放。

【盘头街】 永安洲境内的永福港西北角弯弯曲曲，像磨盘弯。清代金吉甫雇人在磨盘弯港头围圩，建房屋开店铺，造码头事水运。随着到此垦荒种田的人越来越多，生意越来越兴隆，逐渐形成一条街。由于是在永福港尽头的磨盘处形成的一条街，遂称“盘头街”。

【庙湾】 位于刁铺街道二桥村境内。南唐时期，在此建司徒庙，济川河经此南流入江，在庙东侧向庙前拐了一个大弯，“庙湾”地名由此而来。

【马厂】 高港境内有三处马场地名，均源于明代马政。南马场在口岸街道张马村；北马场在许庄街道马厂社区；第三处在刁铺街道西陈吉庄古江边，隶属于万庄村。“场”同“厂”音，北马场后来逐步演变为“马厂”。

【*官营】 明洪武年间，朝廷在各地屯兵建营，开垦荒地，发展生产。境内共屯有8个营，每营统军100人，屯地多以领班长官的姓氏命名，称为“*官营”，口岸境内有王官营、吴官营、朱官营，许庄境内有曹官营、管官营、李官营，刁铺境内有翟官营，胡庄境内有杨官营。8个营均属镇江卫。

## 第六节　移民安置

1957年，扬州地委决定由泰兴县迁移一部分农民到江浦县插社安家。境内刁铺区迁移120户，主要安插在江浦县的建设乡、大桥乡、白马乡、赵李乡、汤泉乡5个乡。移民工作从9月3日开始，至

10月10日结束。

1959年，根据省委动员青壮年支援新疆社会主义建设（简称支边）的决定，境内部分公社分两批落实任务。第一批从当年2月动员，至8月20日启运结束。动员对象为17岁以上、45岁以下的青壮年。支边名额为口岸公社285人、刁铺公社230人、永安公社100人。口岸设有集中站进行编队。第二批从1960年4月动员，至5月10日启运结束。动员对象为15岁以上、50岁以下青壮年。除口岸公社、永安公社外，境内各公社均有支边名额。支边人员大多安排在新疆军区建设兵团。

# 第八章　精神文明建设

境内向来有尊师重教、尊老爱幼、邻里互助等优良传统。建区后，全区不断深化精神文明建设，深入开展文明城市、文明行业、文明单位、文明家庭等创建工作，涌现出一批先进典型。1998年，设立区精神文明建设指导委员会（简称区文明委），下设办公室（简称区文明办），具体负责精神文明建设相关工作。

## 第一节　道德教育

### 一、公民思想道德教育

1997年，中国人民解放军海军诞生地纪念馆被省委宣传部命名为江苏省爱国主义教育基地。1998年，区文明委牵头在全区广泛宣传中共十四届六中全会提出的“爱岗敬业、诚实守信、办事公道、服务群众、奉献社会”基本道德规范。教育广大党员、干部树立正确的世界观、人生观、价值观；教育广大群众树立文明新风，做文明市民；教育广大企业职工岗位作贡献，家庭树新风。2000年，将市民的思想道德教育与文明小区、十星文明户和文明楼院的创建结合。2002年，结合文明创建，开展市民道德规范和行为规范教育，举办公民道德建设知识竞赛。2003年，在城区开展以“现代人、现代生活、现代城市”为主题的文明市民教育活动，在农村重点开展创业能力和创新精神宣传。2004年，印发《争做文明高港人》宣传手册。2005年，重点开展爱国主义教育。2006年，开展社会主义荣辱观宣传教育活动，邀请省、市专家学者巡回宣讲10场。2007年，永安洲供销社原支部书记刘绍安获全国道德模范提名奖。

### 二、青少年思想道德教育

1963年起，境内各地陆续开展“学习雷锋，争当五好青年”“学习南京路上好八连”“学习麦贤得”等活动。建区后，区教育局、团区委先后开展青少年文化节、读书节、庆祝新中国成立50周年、18岁成人宣誓仪式、“做一名合格的共青团员”专题讨论、“红心向党青春行”主题团日和“文明高港·青春行动”“知荣辱、树新风、促和谐”“绿色和谐，你我同行”“红领巾与光荣同行”“我与祖国同奋进”

等主题教育活动，引导全区青少年自觉树立正确的世界观、人生观和价值观。

1999年，区关心下一代工作委员会（简称区关工委）成立，组织老干部开展青少年思想道德教育、未成年人法治教育等工作。2008年，全区有镇（街道）关工委8个、村（社区）关工委88个、区直机关关工委5个、系统关工委1个、学校关工委22个、企业关工委7个。

2000年起，各中小学聘任法制副校长。2002年，高港区成立预防青少年违法犯罪工作领导小组。2004年，成立区未成年人思想道德建设老同志志愿者服务团，聘请老同志担任网吧义务监督员。许庄中心小学关爱留守儿童的做法得到省委书记李源潮的批示。2007年，区委、区政府将青少年法治教育工作作为“法治高港”建设的3件实事之一，制定《关于进一步加强全区青少年法制教育工作的意见》。2008年，组织开展青少年法治宣传活动，发放“五五”普法青少年读本，举办法治文艺演出、学生法治讲座，各校设立法治宣传专栏。

## 第二节　文明创建

### 一、文明城市创建

2002年起，高港区按照泰州市统一部署，开展文明城市创建活动。组织“万人签名”活动，印发《争当文明市民倡议书》，制作宣传栏、宣传牌，发动广大干部群众积极参与创建。2003年，开展“诚信在高港”创建活动，创建“诚信机关”“诚信企业”“诚信店（场）”“诚信户”；组织特色文化家庭、文明楼道和文明楼院创建评比活动。当年起，按照省、市文明委关于创建沿江文明带的要求，与扬中市开展结对共建活动，出台《高港—扬中共建沿江文明带的实施意见》，与扬中市共同举办以“扬子潮、文明颂”为主题的文艺汇演2场。2004年，口岸镇与扬中市新坝镇结对，高港—扬中汽渡开展技术比武和劳动竞赛，区地税分局、供电营业部等窗口单位到扬中学习交流。区电视台开辟《江南来风》栏目，及时传递两岸文明创建成果。2006年，组织区内10个获得市级以上荣誉称号的文明单位（行业）与10个新农村建设示范村开展“1+1”文明共建活动。2007年，将群众性精神文明创建活动同“法治高港”“平安高港”及和谐示范社区创建有机结合。2007—2008年，开展全国文明城市创建工作先进市创建活动。

### 二、文明单位创建

1998年起，高港区组织开展文明单位创建工作，每2年评比1次。1999年，江苏鸿泰机电集团公司、泰州市电光源材料厂、刁铺中心小学被省委、省政府评为1997—1998年度江苏省文明单位，23个单位被市委、市政府评为泰州市文明单位。当年，区委、区政府命名首批45个高港区文明单位。2001年，有35个单位被评为1999—2000年度泰州市文明单位，46个单位被评为高港区文明单位。2003年，江苏扬子江药业集团、口岸中学、高港供电营业部、泰州市电光源材料厂、环溪小学、国土资源分局、财政局、泰州市三泰船业有限公司被评为2001—2002年度江苏省文明单位，44个单位被评为泰州市文明单位，52个单位被评为高港区文明单位。2005年，有56个单位被评为2003—2004年度泰州市文明单位，50个单位被评为高港区文明单位。2007年，有41个单位被评为2005—2006年度泰州市文明单位，119个单位被评为高港区文明单位。至2008年，共评出省级文明单位11个次，市级文明单位199个次，区级文明单位312个次。

## 1997—2006年度高港区市级文明单位一览表

表275

| 年度 | 个数 | 单位 |
|---|---|---|
| 1997—1998 | 23 | 江苏扬子江药业集团、江苏鸿泰机电集团公司、江苏三泰金狮啤酒有限公司、江苏登月集团、泰州市环泰机器厂、昆仑集团、泰州市东方印刷版材厂、白马中心小学、刁铺中心小学、泰州市分析仪器厂、口岸中学、泰州市化学纤维厂、泰州市三泰船业有限公司、高港长江港监处、口岸自来水厂、泰州市洁乐医用敷料厂、刁铺中心初中、高港职教中心、田河中心小学、供电分局、高港人民医院、泰州市有机氟材料厂、野徐中学 |
| 1999—2000 | 35 | 江苏扬子江药业集团、江苏鸿泰机电集团公司、泰州市电光源材料厂、刁铺中心幼儿园、江苏华狮啤酒有限公司、泰州市环太电器厂、泰州市东方印刷版材厂、白马中心小学、江苏能建机电实业有限公司、口岸中学、泰州市化学纤维厂、泰州市三泰船业有限公司、泰州海事处、高港自来水有限公司、江苏洁乐医用敷料厂、刁铺中心初中、高港职教中心、口岸第二中心小学、区供电分局、高港人民医院、泰州市有机氟材料厂、野徐初级中学、刁铺派出所、口岸第二中心初中、白马中学、野徐中心小学、地税分局、国税分局、刁铺供电所、口岸闸管所、口岸中心幼儿园、江苏得意泰丝绸服装有限公司、泰州苏中天线集团有限公司、口岸文化站、高港汽渡公司 |
| 2001—2002 | 44 | 江苏扬子江药业集团、江苏鸿泰机电集团公司、泰州市电光源材料厂、刁铺中心小学、口岸中学、高港供电营业部、地税分局、国税分局、高港汽渡公司、刁铺派出所、口岸第二中心初中、白马中学、野徐中心小学、刁铺供电所、口岸闸管所、口岸中心幼儿园、江苏得意泰丝绸服装有限公司、泰州苏中天线集团有限公司、口岸文化站、泰州市环太电器厂、泰州市东方印刷版材厂、白马中心小学、泰州市分析仪器厂、泰州市化学纤维厂、泰州市三泰船业有限公司、高港自来水有限公司、刁铺中心初中、高港职教中心、口岸第二中心小学、高港人民医院、泰州市有机氟材料厂、野徐初级中学、国土资源分局、财政局、工商分局、交通分局、公安分局、刁铺中学、刁铺第二中心小学、高港中学、柴墟小学、口岸中心小学、刁铺中心幼儿园、高港运输管理所 |
| 2003—2004 | 56 | 扬子江药业集团、刁铺中心小学、口岸第二中心初中、口岸中学、白马中学、高港供电营业部、野徐中心小学、地税分局、刁铺供电所、国税分局、口岸闸管所、泰州港务有限公司汽渡分公司、口岸中心幼儿园、江苏奔仙丝绸服装有限公司、刁铺中学、泰州苏中天线集团有限公司、高港中学、口岸文化站、口岸中心小学柴墟分校、泰州市东方印刷版材厂、口岸中心小学、白马中心小学、刁铺中心幼儿园、泰州市分析仪器厂、高港运输管理所、泰州市化学纤维厂、人民法院、泰州市电光源材料厂、卫生局、泰州市三泰船业有限公司、物价局、高港自来水有限公司、中国外轮理货总公司泰州分公司、刁铺中心初中、高港中医院、泰州市环太电器厂、高港实验学校、高港职业教育中心校、环保局、口岸第二中心小学、建行高港支行、高港人民医院、口岸派出所、泰州市有机氟材料厂、泰州港务有限公司、野徐初级中学、永安洲派出所、国土资源分局、白马供电所、财政局、刁铺第二中心幼儿园、工商分局、泰州市东方齿轮有限公司、交通分局、泰州市华通消防装备厂、公安分局 |
| 2005—2006 | 41 | 扬子江药业集团、刁铺中心小学、口岸中学、供电营业部、地税分局、国税分局、泰州港务集团有限公司汽渡分公司、口岸闸管所、高港职业教育中心校、国土资源分局、财政局、工商分局、交通分局、公安分局、刁铺中学、高港中学、口岸中心小学、农行高港支行、高港运输管理所、人民法院、卫生局、物价局、泰州中理外轮理货有限公司、高港实验学校、环保局、建行高港支行、白马供电所、泰州港务集团有限公司、发改委、交警二大队、人保财险高港营业部、口岸财政所、刁铺财政所、刁铺街道办、信访局、野徐供电所、人事局、广电分局、泰州中联理货有限公司、口岸派出所、工行高港支行 |

## 三、文明行业创建

1998年起，高港区组织开展文明行业创建活动。当年，区委、区政府授予供电分局系统和邮电分局系统高港区首批文明行业称号。1999年，区供电分局系统被评为1999年度泰州市文明行业，地税分局系统、国税分局系统被评为高港区文明行业。其后，市级文明行业每2年评比1次。2001年，3个系统被评为1999—2000年度泰州市文明行业，2个系统被评为2001年度高港区文明行业。2003年，地税分局系统、国税分局系统被评为2001—2002年度江苏省文明行业，4个系统被评为泰州市文明行业，3个系统被评为高港区文明行业。其后，高港区文明行业每2年评选1次。2005年，7个系统被评为2003—2004年度泰州市文明行业，卫生系统被评为高港区文明行业。2007年，10个系统被评为2005—2006年度泰州市文明行业，8个系统被评为高港区文明行业。至2008年，共评出省级文明行业2个次，市级文明行业25个次，区级文明行业18个次。

### 1999—2006年度高港区市级文明行业一览表

表276

| 年　度 | 个　数 | 单　　位 |
|---|---|---|
| 1999 | 1 | 供电分局系统 |
| 1999—2000 | 3 | 供电分局系统、地税分局系统、国税分局系统 |
| 2001—2002 | 4 | 地税分局系统、国土资源分局系统、国税分局系统、财政系统 |
| 2003—2004 | 7 | 财政系统、交通分局系统、地税分局系统、农行高港支行系统、国土资源分局系统、工商分局系统、国税分局系统 |
| 2005—2006 | 10 | 财政系统、地税分局系统、国税分局系统、供电系统、工商分局系统、国土资源分局系统、公安分局系统、农行高港支行系统、交通分局系统、卫生系统 |

## 四、星级文明窗口创建

1998年，区文明委出台《关于在全区开展星级文明窗口达标评比活动实施意见》，以各部门直接面向群众和社会的院、所、站、店、场等单位为主要参加对象，每2年评选1次。考核分为五星级、四星级、三星级文明窗口。次年，有41个窗口单位被区委、区政府评为1997—1998年度星级文明窗口。至2008年，共评出星级文明窗口239个次。

### 1997—2006年度高港区五星级文明窗口一览表

表277

| 年　度 | 个　数 | 单　　位 |
|---|---|---|
| 1997—1998 | 2 | 刁铺农电站、地税刁铺中心所 |
| 1999—2000 | 5 | 刁铺供电所、地税刁铺中心所、国税计征所、地税口岸中心所、地税直属税务所 |

续表277

| 年　度 | 个　数 | 单　　位 |
| --- | --- | --- |
| 2001—2002 | 8 | 口岸工商所、永安洲供电所、刁铺供电所、地税刁铺中心所、地税口岸中心所、地税直属税务所、国税分局征收服务厅、国税分局综合科 |
| 2003—2004 | 9 | 野徐供电所、永安洲供电所、高港区中山艺术苑、口岸工商所、国税分局征收服务厅、国税分局综合科、地税分局稽核管理一科、地税分局稽核管理二科、地税分局计划征收科 |
| 2005—2006 | 11 | 野徐供电所、永安洲供电所、人保财险高港营业部、国税分局税源管理一科、国税分局办公室、国税分局征收服务厅、区公证处、地税分局稽核管理一科、地税分局稽核管理二科、地税分局稽核管理三科、地税分局计划征收科 |

## 五、文明村镇创建

1998年，区委宣传部出台《关于在全区深入开展文明村镇创建工作的意见》，每2年评选1次文明村镇。1999年，刁铺镇被省委、省政府评为1997—1998年度江苏省文明乡镇，口岸镇口岸村被评为江苏省文明村；刁铺镇被市委、市政府评为1998年度泰州市文明乡镇，田河镇朱营村、口岸镇口岸村、刁铺镇北栾村被评为泰州市文明村；区委、区政府命名首批高港区文明村27个。2002年7月，市文明办在刁铺镇召开全市文明村镇创建工作现场会。2003年，刁铺镇、口岸镇被评为2001—2002年度江苏省文明乡镇，口岸镇口岸村、刁铺镇大丰村、永安洲镇福沙村被评为2001—2002年度江苏省文明村；刁铺镇、口岸镇、野徐镇被评为2001—2002年度泰州市文明乡镇；口岸镇城南村等21个村被评为高港区文明村。2005年，刁铺镇被评为全国文明村镇创建工作先进单位，口岸镇、刁铺镇、野徐镇被评为2003—2004年度泰州市文明乡镇，12个村被评为泰州市文明村，16个村被评为高港区文明村。2007年，永安洲镇被评为2005—2006年度泰州市文明乡镇，7个村被评为泰州市文明村，33个村被评为高港区文明村。至2008年，共评出省级文明乡镇3个次，市级文明乡镇8个次；省级文明村4个次，市级文明村22个次，区级文明村121个次。

## 六、文明社区创建

2003年，刁铺镇迁善小区被评为2001—2002年度泰州市文明社（小）区。2005年，刁铺街道迁善社区、口岸街道港城花苑社区被评为泰州市文明社区。2006年，在全省文明社区环省行活动中，高港区代表队获一等奖、三等奖各1个。2007年，口岸街道新城社区被评为江苏省和谐示范社区，刁铺街道迁善社区、口岸街道港城花苑社区被评为2005—2006年度泰州市文明社区。至2008年，共评出市级文明社区5个次。

## 七、文明户创建

1998年起，高港区开展十星文明标兵户创建活动，十星标准为：思想品德好、遵纪守法好、履行义务好、劳动致富好、移风易俗好、家庭和睦好、环境卫生好、计划生育好、尊师重教好、学用科技好。1999年，共评出高港区十星文明标兵户10户。省、市文明办先后推广高港区创建十星文明标兵户工作经验。2004年起，开展“创业户、诚信户、特色文化户”创建活动。至2008年，共评出十星文明标兵户70户次、创业标兵户18户次、诚信标兵户13户次、特色文化标兵户9户次。

# 第九章　宗　教

## 第一节　佛　教

图 28-9-1　古东岳庵（2003年摄）

明清时期，境内佛教寺庙较多，佛教活动较盛。民国16年（1927），泰兴县佛教支会口岸办事处成立，地址在古寿胜寺内（今江苏省口岸中学后侧）。抗日战争爆发后，会务停顿。民国35年，恢复佛教会。新中国成立后，佛教活动一度中止。1978年后，境内部分佛教场所恢复活动。1986年1月和1988年6月，口岸镇和刁铺镇先后设立佛事活动点。高港区成立后，区内的佛教事务统一隶属于区民宗局管理。2007年11月，高港区佛教协会筹备组成立，聘请泰州光孝寺和尚印江负责高港佛教协会的筹备工作。2008年，全区登记的佛教场所有口岸古寿佛寺和刁铺古东岳庵、小龙王庙等4处，教职人员9人。

## 第二节　道　教

境内道教始于五代南唐，至宋代为最盛。旧时，境内有记载的道观15座。民国初期，境内道教人员应斋主之请，从事做经忏、放焰口等法事活动。1951年起，道教活动基本停止。“文化大革命”期间，境内道士完全停止宗教活动。1978年后，境内道教活动逐步恢复。2008年，全区道教活动场所有城隍庙、财神庙。

## 第三节　基督教

民国12年（1923），基督教传入境内，有信徒在口岸庆元街南首捐赠10间房为布道场所，后成为口岸基督教堂，隶属于泰州教区。口岸基督教堂为砖木结构，有十字尖顶、阁楼和神职人员起居室等，民国33年停止使用，现已拆迁无存。2002年，高港区设立口岸、白马、野徐3个基督教聚会点。2008年，有教职人员3人。

# 第十章　习　俗

## 第一节　衣食住行

### 一、服饰容饰

新中国成立前，男性外衣以长衫为主，冬着棉袍，春秋着夹袍，夏穿单长衫，颜色以灰白、淡青为主。平民多着对面襟短衫和折腰裤，冬天外加套裤，裤管用1寸半阔的黑布缠扎，衣料为土布或洋布。农家妇女外出时多系长至脚面的青布缠裙。衣着款式乡村差别不大，集镇少数人着学生装（单片领、三口袋）、中山装。

新中国成立初，口岸街上流行大红大蓝的“苏联花布”，服装款式多为列宁装。男性正装以蓝色和藏青色中山装为主，中老年女性以对面襟或右襟中装为主。质地以单卡、双卡、斜纹布等棉布为主。“文化大革命”期间，男女青年服装多为军绿色。

20世纪80年代后，城乡居民衣着开始变化，色彩呈多样化，质地多为化纤织物，棉织品退居其次。进入90年代，衣衫式样翻新速度加快，中山装、西装、牛仔裤、T恤衫以及各种夹克、裙子等式样纷呈，儿童服装多姿多彩。男士在春秋二季除了着西装外还有多种休闲服，夏季着T恤衫、衬衫，冬季流行皮装、羽绒服等。女士的春秋衫有西装、排纽对襟中装、运动服、蝙蝠衫等，夏季穿衬衫、连衣裙。

进入21世纪，衣料的质地、花型和款式继续翻新，并向个性化方向发展，基本一年一种流行款式。

### 二、饮食

新中国成立前，境内各地农村普遍贫穷，一日三餐以粥为主，只有节日、招待亲友或建房婚丧等事才吃米饭、荤食。农忙时节则增加“早茶”和“晚茶”，以“焦屑”“粯子粥”“酸粥”为主。冬闲季节，有些农家为节约，一天仅吃两餐。城镇居民通常一日三餐，以稀饭为主，极少吃米饭或面条。菜肴以蔬菜为主，间或有点猪肉和鱼虾。洽谈生意者和少数富裕人家早晨上茶馆吃早茶。

20世纪50年代后，多数农户逢年过节、人来客往时桌上有鱼肉。70年代前，农村如遇红白之事，一般都以“猪六碗”招待，即以猪肉和猪内脏为原料加工成的六道菜。八九十年代，饮食水平提高。进入21世纪，居民饮食中荤菜、油脂增多。遇有婚丧、建房、生小孩、考取大学或洽谈生意，多摆酒席。

### 三、造房

高港地区村民自建住房一般经过择基、备料、开工、平磉、上梁、装大门等程序。每道程序有其风俗。择基，要请风水先生“看风水”，挑选“吉祥宝地”。备料，请木匠到木行选梁柱木料，然后择日开工。开工时，请工匠吃开工酒。瓦（木）匠先钉“喜桩”，用石灰框好宅基，燃放鞭炮，主人在鞭炮声中动锹开挖第一锹土，表示正式开工。平磉，待到墙基砌出地平线，瓦匠便要平磉。磉是房柱下的石块，平磉是把每一块石磉平到同一水平线上，以便立柱。平磉后即开始竖柱，竖中柱时，要在中柱下撒上一些米、麦和茶叶。四周墙壁砌到顶，中柱边柱都已竖好，就准备上梁。上梁时，瓦木匠从梁上向人群撒糕馒，左邻右舍的大人、小孩都来庆贺，看热闹，争抢糕馒。上梁仪式结束当晚，主家办“上梁酒”款待工匠和亲朋。进入21世纪后，很多人家建好房子后再补办“上梁”仪式。

### 四、交通

新中国成立前，人们出行短途一般为步行，长途往往乘坐轮船，载货以独轮车为主。明国期间始有汽车。新中国成立后，木轮车逐渐改为橡胶轮车，少数条件好的家庭有自行车。20世纪70年代，自行车逐步普及，出现营业性“二轮车”（即在自行车后座绑一块长木板，旅客坐在木板上）。八九十年代后，摩托车、电动车成为群众的主要代步工具，出现营业的机动三轮车，俗称“小三卡”。建区后，少部分家庭购买小轿车。进入21世纪，城乡购买小轿车的居民不断增多。

## 第二节　人生礼俗

### 一、婚嫁

新中国成立前，男女婚姻多奉父母之命、媒妁之言。经媒人介绍后，双方调查对方的家庭、资财、容貌、品性、健康状况，称为访亲。满意后，男家通过媒人请女家出示年庚“八字”，男家接到帖子后，即由算命先生排“八字”，看能否结合，叫“合婚”。如合适，媒人至女家回复，提出订婚日期，并征询聘礼，男方给女方送去首饰、衣料、现金，行订婚礼，男方同时宴请媒人。

视家庭贫富，婚嫁礼仪繁简不一。一般结婚前一天，新娘请人用棉线拔脸上的汗毛，俗称“开脸”。女方办“别亲酒”，男方办“暖房酒”。当晚，要请一位未婚的童男陪伴新郎在新床上睡觉，谓之“压床”。

结婚当天，男方请人到女方搬取铺盖帐幔、橱盆桶等嫁妆。男方雇花轿往女方迎亲，花轿要到时，女家紧闭大门索要开门封儿钱。花轿进门后要吃3道茶。新娘顶红头盖，由舅父或兄弟抱上轿。花轿起身时，新娘的母亲要放声大哭，叫做“哭嫁”，且哭得越伤心越好，俗有“越哭越发”之说。起轿后，轿子要在门前转3圈。女家要向轿子泼水，谓之“嫁出门的姑娘，泼出去的水”。因“覆水难收”，意指姑娘别再恋家，安心去夫家生活。

花轿到了男方家，鞭炮迎接。轿子停置门外，抬轿的向主家索要喜钱。新娘由福奶奶（即儿孙满堂的奶奶）搀下轿，进门时不能脚踏泥地，双脚走在麻袋上，曰“传袋”，谐“传代”之音。新娘下轿后尝3道茶，行各种礼，进入洞房。境内各地均有闹洞房习俗。

第二天，新娘对男方长辈行拜见礼，平辈行见面礼，长辈赠予金钱，称为“叫钱”。第三天，女方迎姑娘、姑爷回门，设宴款待新婿，大会亲友。

新中国成立后，结婚礼仪简化，仪式新旧结合。迎亲花轿改为自行车、拖拉机、摩托车，20世纪

90年代后，多用汽车迎亲。婚宴在家或在饭店举行。进入21世纪，城镇新人举行婚礼，多由婚庆公司举办。

## 二、生育

新中国成立前，女儿出嫁后初次生育前，娘家要将婴儿用的毛衫、尿布、红糖、草纸和匾子等送去，称“催生”。婴儿出生3日内，向婴儿外婆家及其他亲戚送红蛋报喜。

婴儿出生第三天称“三朝”，主人邀请亲朋好友吃饭，并给婴儿洗澡、取名，称为“洗三”。从此开始，1个月内亲友上门探望产妇，馈赠老母鸡、蹄膀、肚肺、猪腰、茶馓、红糖之类，称“看月子”。至亲好友通常看月子2次，娘家必须看3次。

婴儿出生后1个月期满叫“满月”，宴请亲友，吃满月酒。

婴儿出生一百天称“过百岁”，外婆家要做一百个面饼，也有买现成的，去女婿家祝贺婴儿百日之喜。女婿将饼分发左邻右舍以示吉祥，姑姑或姨妈负责购买长命锁给孩子，以祝长命百岁。

孩子满周岁称“过周”。过周当日以笔、砚、刀、剪等各种文具或玩具放置小孩面前，由其任意抓取，以预测将来作为，称为“抓周”。

## 三、生日

年龄逢十的生日称为大生日，其余为小生日。旧时，10岁、20岁、30岁、50岁，全家中午吃面条、晚上摆酒席庆贺。40岁及小生日极少庆贺。自60岁起，逢十做生日称“做大寿”。富裕人家大生日祝寿礼仪隆重。事先送寿柬请亲友，设寿堂，张灯结彩，燃红烛与寿字香，寿星高坐寿堂，接受亲友祝贺及晚辈叩拜。亲友馈赠寿幛、寿烛、寿桃、寿面等各式礼品。中午备菜肴小酌，吃寿面。向左邻右舍分送寿面。晚上大摆筵席，有些人家还唱堂会。人民公社化后至20世纪70年代，物资匮乏，过生日淡化。

改革开放后，不论城乡，祝寿习俗依旧，但形式各异。乡村居民过大寿，儿子备寿宴。女儿办礼担，备衣服、金器、烟花爆竹等，进村时一路燃放爆竹。亲友均备红包。晚宴时，小辈依序向寿星敬酒拜寿，有的还包场放电影庆贺。城镇居民过大寿更为讲究，所有祝寿者均被请至酒店，设寿堂，请司仪，说说唱唱，气氛热烈。还有些子女们将寿星带到外地观光旅游。也有些家庭为讨吉利，在逢十的生日前一年“做九”。

## 四、取名

高港地区人名取名方式主要有按辈取名、五行取名、纪念取名、寄托取名等。

旧时，境内主要按家族辈分起名，名中带有规定的辈分用字，或偏旁相同的字，名字体现出其在家族世系中的辈分排行。新中国成立后仍有沿用。

按照五行相生相克的定律取名，农村更多见。根据出生者的五行中缺什么，取名时便将名字上加上什么。

新中国成立后，纪念取名盛行，多为纪念出生的时间、地点或重大事件，时代烙印明显。

寄托取名即通过取名寄托期待，希望孩子读书成才、知书懂礼、建功立业。

## 五、丧葬

境内各地丧葬习俗基本相同，略有差异。旧时一般行土葬。人逝后家人即派人向亲友报丧，俗称

"送信"。选择吉时入殓，由丧事司仪主持入殓。抬棺材境内方言称作"围重"，"围重"者常为8人。孝子孝女和参加破孝者环柩一周，瞻仰死者遗容，与死者属相相冲者回避，然后盖棺封钉。封钉时要将孝子少许头发挽在铁钉上，称为"挽钉"。入殓后，棺柩搁在堂屋中央，由司仪按辈分及亲疏关系、长幼次序依次发给孝布，至亲同辈一律戴黑孝，嫡亲晚辈穿白色孝衣、戴白色孝帽、佩黑色孝布，嫡亲孙辈穿戴红色孝衣孝鞋、戴红色孝帽。

出殡选择吉日。出殡前孝子要拜四方，并由有功名或有声望的绅士在灵牌"主"字上以朱笔"点主"，将灵牌请供在家主（专供家中亡人牌位）之上。抬棺前将死者生前用过的枕头撂至屋顶，摔碎灵前焚纸用的瓦盆。出殡时灵幡开路，吹鼓诵经，有一人位于长子之前，在经过十字路口、桥梁、河边、祠庙时抛撒铜钱状纸钱。亲友送葬至墓地。棺柩经过亲友门前或巷口，交情深厚者常路祭。至葬地后先"破土"，然后开墓穴、暖炕（以火把在炕内四周烘烤一遍）、下葬。送葬返回不按原路，进门前要跨越一燃烧的火堆，然后吃糕点糖果。出殡后第三天，家人至墓地拜扫，称为"复三"。

死者葬地须是自家的地，倘死者生前无地，其后人则要"买"块地安葬死者，以免"死无葬身之地"。买地后，在墓穴中随埋一块砖质"买地券"，上面写清买地的缘由、四址、价格等，其内容属象征性的。

人去世后，卒日起算每隔7天称为1个"七"，共7个"七"。自"头七"至"断七"必须"烧七"，"烧七"时须供饭、烧纸锞、念七经。境内有些地区第一个"七"的前一天晚上称"暗七"，包饺子祭供并邀请乡邻亲友吃饺子。包"头七"饺子所用蔬菜要偷别人田里长的菜，按照风俗说法，偷时若被主人骂，丧家就越发财兴旺。"六七"是整个"七"中最隆重的，除正常祭祀外，要烧纸扎的楼、库等，还要请亲友吃斋饭。由已出嫁的女儿置办饭菜祭供，称为"换饭"。如无女儿则由儿媳娘家代办。

传说回煞日死者的灵魂要回家，家人须按阴阳先生规定的时辰回避，不得冲撞死者灵魂。死者生前卧室的被服、物品要按原样摆放。

旧制守孝须有3年（实为27个月），脱孝不过三冬。服丧期间不得办喜事，穿戴一律素色，过年不贴红色而贴黄色对联，脱孝后恢复正常。每逢祖先去世之日都得祭祀，有些逢10周年还要大祭。不少人家还祭祀祖先冥寿。平时每逢清明、七月半、冬至均祭祖。

新中国成立后，移风易俗。1956年开始火葬后，治丧形式大为简化。20世纪六七十年代，人去世后，主家在门口贴治丧条通知亲友。亲友至死者家中送奠仪。遗体在家一般停留3天，家属亲友守灵，第三天上午送火葬场（殡仪馆）。遗体火化后骨灰盒或供奉在家，或当日安葬于墓地。80年代后，丧仪有所复旧，大门两侧放水碗、点七灯、请和尚念经、请戏班唱丧戏、烧纸锞、烧七等偶有出现。

## 第三节　信仰习俗

新中国成立前，人们敬畏自然，每当发生日食、月食时，有人鸣锣敲鼓打铜盆，说是吓走天狗以救日、月，民间多禁忌饮食和娱乐，以全食为不吉，兆歉年；以偏食为吉，兆丰年。禁忌面向太阳大小便，有"早不朝东，午不朝南，晚不朝西"之说。每年中秋有拜月的习俗。认为紫微星出现兆一方吉祥，扫帚星（彗星）出现兆灾荒、瘟疫和兵祸等。新中国成立后，上述习俗皆不存在。

新中国成立前，境内民众有鬼神崇拜习俗。春节、正月初五财神日凌晨，不少信众到寺庙争抢敬头香。改革开放后，供财神之风抬头，商家尤甚，在店堂里设佛龛专门供奉财神。今各大小私营店铺供奉财神较常见，以饭店居多。

旧时，沿江群众五月廿日祭祀龙王生日，凡遇旱灾，举行“龙王会”，祈求龙王降雨救旱。

农历七月三十（月小在二十九日）为斋孤日，百姓在路边、桥口焚烧纸钱，以“施舍孤魂野鬼”。此俗至今仍在民间流传。

新中国成立前，境内民众迷信方术，算命先生将人的出生年、月、日、时以天干、地支相配，再以所谓的“相生相克”之说推断人的一生命运。比较男女二人的“八字”是否相克，称“合八字”。有时算命先生还为人打卦以占卜吉凶。阴阳先生看风水主要关乎住宅、墓地、庙宇殿堂等的选址、向道、建设等。后来，娶亲嫁女、乔迁之喜、装门挂红、购选车船等也多请阴阳先生选择吉日。还有民众到寺庙拜神求签，以求趋福避祸。新中国成立后，迷信方术活动被禁止。20世纪80年代后，各类方术活动有所恢复，但往往以选择吉日为多，寄托民众的美好期望。

## 第四节　游艺习俗

新中国成立前至今，境内流行过的儿童游戏有跳房（又名“格房”“跳方阵”“跳方格”）、拾子（又名“拿卵”“抓子”“抓沙包”）、滚铁环、蹦白果、挤麻油、走五码、打钱墩、打石球、打枪、推纸三角、抛抢香烟壳儿（抛抢糖纸）、翻火柴面、跳绳、斗鸡、踢毽子、玩弹子、捉迷藏、藏手帕、石头剪刀布、跳橡皮筋、老鹰捉小鸡、放风筝、抽陀螺（又名“打不死”）、瞎子摸瘸子、万花筒、官兵捉强盗、套圈、玩小牌、手影、翻绳（又名“翻绷子”）、拔河、指眼睛鼻子、丢沙包、击鼓传花、堆雪人、放飏灯（孔明灯）、扳手腕、掼纸炮、玩洋画儿、下半面棋、翻东南西北、拔龟、画五官、跳马、吹肥皂泡、推手平衡、骑马打仗、跳远踩脚、板板脚（又叫“扳扳脚”）等几十种。有些游戏或因趣味性不强，或因不卫生，或因游戏原材料断缺而逐渐被淘汰，有些带有时代特征的游艺习俗随时代发展而自然消失，如20世纪七八十年代的有线电话、打钱墩等。90年代，市场儿童玩具丰富多彩，一些传统儿童游戏仅在学校里由教师组织开展，学校外、家庭内儿童游戏则以识字益智为主，如拼图、堆积木、打电玩等。进入21世纪，传统的儿童游戏逐步被电动玩具所代替。

高港地区牌类游戏丰富多彩。新中国成立前后流行玩纸牌、牌九、麻将等，现在玩牌的花式更是多样，如二十三张、杀散儿、争上游、斗地主、掼蛋、两千分、八十分、十一张、十三张、捉龟、扑克算命、算二十四、钓鱼、搓麻将等。

**附：传统儿童游戏**

【蹦白果】　白果即银杏果实。于地面画一横线，若干参加者夹白果于双足足尖间，从线内向前蹦起，按白果飞出远近，依次轮流互相蹦白果。若两白果相距为“一拃”（大拇指与中指之间的最大距离）时，蹦者为胜，败者退出，直至最后两名决胜后，游戏重新开始。

【挤麻油】　参加者分为两组，倚着墙根，合力将前面的人向对方挤去，被挤出行列者称为“小矮子”，不得再参加。保留人数多的一组为获胜方。

【走五码】 也称“螺螺码”，为二人博弈益智游戏。画出一尺见方的棋盘，棋盘内纵、横、斜向线条相互交错。棋子就地取材，如螺狮壳、豆粒、石子、草茎、砖角等，双方各执10枚，且应明显不同，以便区分。游戏前先在棋盘上靠自己的底线预设棋子5枚；按规则轮流走棋子，每形成同向线条上二夹一之势，则吃掉对方一子，若形成连吃之势，则可吃去数子，被吃棋子处安放胜者棋子。先吃光对方棋子或将对方棋子困毙为胜，少和棋。

【扳扳脚】 孩童四五人或更多席地而坐，两手放背后，双膝并拢着地，相互间大腿靠大腿，形成一个平面，由领队用右手从最左边孩童的大腿上依次逐个向右拍，同时嘴里还唱着儿歌：“扳扳脚、扳三脚、三脚扳、桃花眼、金金布、银银布、小脚帮、去三张、三张纸、贴四止”。最后一个“止”字落到谁的腿上，谁就出局，出局者代替领队重复游戏，最后留下者算赢家，下次游戏由其领队。此游戏安全，无危险，家长放心。今不多见。

【打钱墩】 打钱墩是境内春节期间传统儿童游戏。三五人成群，在一四方砖墩上放“孤儿”（铜钱或1分、2分、5分的硬币），大家商定“孤儿”数（类似成人下赌注，即每人出等值的铜钱或硬币），聚齐放在砖头墩上，或散放，或叠成柱形，做成钱墩。接着，每人手执一枚“打子”（较大、较重的铜板或铁板），从砖头墩处向距离2米左右处已预先划好的一道准线投去，按“打子”距准线远近确定打钱墩的先后次序，离准线最近者为头家，依此类推。参加者按序于准线后将“打子”掷向“孤儿”，被打落钱墩的“孤儿”归打者所有；一轮全部打完后，钱墩上如有残留的“孤儿”，则按先前次序作第二轮打“孤儿”，不过此时每人的站位为上轮打钱墩后“打子”所落的位置。每轮每人只打一次，“孤儿”全被打落后，一局结束，新的一局开始。输光者下次再来。打钱墩的技巧很多，有的用“打子”的面从钱墩上方或侧面使劲地打，有的用“打子”的侧边从侧面打，目的在于尽数将“孤儿”打落钱墩。

【推纸三角】 此玩法类似打钱墩，只不过钱墩被地面所画一圆圈代替，“孤儿”换成一张张纸叠的三角，“打子”换成由多张大纸、厚纸折叠成的四方形“推子”（一般外裹塑料纸以增加在地面滑动的能力）。规则是站在准线处，用“推子”将远处圆圈中的纸三角尽数推出圈外，推出的纸三角即为推者的“战利品”。

【抛抢香烟壳儿】 20世纪七八十年代，玩具匮乏，大人抽完烟扔掉的烟壳就成了小孩的玩具之一。将烟壳折成长约3厘米、宽约1.5厘米的长方形，根据烟的品牌、壳的质量、是否为过滤嘴等赋予烟壳一定的“价值”（如有过滤嘴的定值为10000，质地好的定值为5000，普通烟壳定值为1000等）。2人或3人或更多人开玩。石头剪刀布法确定庄家，由庄家定一次所出的值，每人将该值的长方形烟壳交于庄家，庄家将其叠放整齐，放在掌端，然后以上扔、快速翻转2个系列动作，用手背将空中烟壳接住。然后再次上扔，并将事先定好的1个或多个烟壳抢抓在手中即胜，此轮所有烟壳尽归赢家。接着进行二轮、三轮。90年代后渐消失。

【翻火柴面儿】 20世纪七八十年代，火柴面盒封面或封面上的贴花成了小朋友特别喜爱的玩具。一般2人1组玩，石头剪刀布法决定庄家，庄家定一次出的贴花数，聚齐后将贴花掼至地面，若有翻转的贴花即归为玩家的“战利品”，正面朝上的贴花玩家有一次机会用手掌风力将其掀翻，掀翻的则归玩家所得。仍正面朝上的贴花由另一玩家以手掌生风的方式尽力将其掀翻，以成为自己的“战利品”。

【斗鸡】 少年儿童（多为男性）用腿膝相斗的一种游戏。参加者单腿独立，双手抱住另一只腿，使其弯折，膝盖成为相斗的“武器”。一方用膝盖撞倒另一方或使对方散架为获胜。游戏有双人斗和小组斗两种。因存在安全隐患，今少见。

# 第五节　行业习俗

## 一、渔民习俗

新中国成立前后，渔民买船、钉船、开船都得烧香磕头，敬船神尤为虔诚。

龙窝渔民每年清明前后择吉日出江。一般为双日，但要避开“四”。出江之日，第一件事是祭船，祭祀用的猪尾巴由船老大（或船主）吃，传说船老大吃了便可把鱼往网中赶。第一次出江捕鱼，在江口要放鞭炮，以示消灾，平安返回。渔民有俗语“船是三块板，动身就要喊”。“喊”即打号子，渔民认为“喊”不仅能齐心协力，也能发吉兆，降福消灾。

渔船都以中舱靠岸，船头偏离岸边，不准女人跨船头。捕鱼时忌用簖箔，忌干沟取鱼或拾取死鱼，以避“断子绝孙”之嫌。逢龙王生日，渔民们禁捕，不出江。

## 二、船民习俗

船民除敬神灵外，还敬重“船老大”（船民心中的保护神）。每月初二、十六要供奉，逢时过节也要供奉。船过长江，事先要用6个铜钱占卜，问“船老大”能不能过江，上上签即走，下下签靠船，次日再问。船离家或回家都得烧纸。沿江一带做生意的大船多，尤其信奉“船老大”，平时不准提“船老大”三字，船头、挽锚桩、面梁等处都禁忌坐，尤其妇女不得靠近，以免冲犯“船老大”。每次开船，先把篙头抛上岸，喊声“开船了”，再抽跳板，以防把“船老大”丢在岸上。

春节，全体船员汇聚船头，船主燃香烛，手捧三牲（猪头、公鸡、鲤鱼）面向长江敬奉龙王、菩萨。然后杀公鸡，将鸡血从船头一直洒到船尾，叫“挂红”，以为吉兆。然后吃同心酒。之后，船主人带着船员在船上贴春联。

正月初五后，船民们请里下河的淮剧班子唱大戏，以酬谢龙王、菩萨的保佑。

船民结婚时用小船制作轿船。女方陪嫁一小船，从此新娘与父母分开，各自谋生。

## 三、接木排习俗

清朝中期起，每年春夏间，排筏随江水下漂至口岸。木排到高港时，岸上人们便摇旗呐喊，锣鼓齐鸣。当木排靠近龙窝口时，大木排上的人便迅速将几根手臂粗的篾缆抛给滩上人，捆绑至大树和大木桩上。此时，木排上的锣鼓声、欢呼声震天动地，人们共同庆贺大木排的安全抵达。大排停靠妥当后，木号老板设宴招待钩工师傅，并在口岸关帝庙邀请有名的戏班子唱戏，以示庆贺。

## 四、农事习俗

高港沿江水田地区的田面与水面高差不大，灌溉多用水车车水。20世纪60年代后，机电灌溉日渐普及，逐渐取代水车车水。

民国时期，每当麦子上场、黄秧落地、青苗发旺时，各地多举办青苗会，以“小戏”（木偶戏）、“说鼓儿书”等形式祭祀土地神，希望土地神保佑禾苗茂盛、五谷丰登。新中国成立后，此俗即废。

20世纪60年代，脱粒以在稻床上掼为主，间以连枷拍打、牛拖碌碡辗滚。60年代后，多以脱粒机或拖拉机打场。

### 五、中药铺习俗

旧时，药铺有前后作之分。后作加工药材，药工师傅按技术水平分头刀、二刀、三刀；前作负责销售，销售人员分头柜、二柜、三柜及外账收款。头柜地位最高，可坐高凳，有人侍候，可代老板陪客吃饭。头刀师傅次之。徒弟地位最低，3年满师后才可升雇员。上门为顾客制作膏丸丹方的叫“出鸽”。病家有从寺庙求得“仙方”的，由药店按方配药。每遇求“仙方”之日，店家常早开门配方，甚至连夜挑灯配方。农历每月初二、十六，老板敬“神农氏”，四月二十八为药王节。新店开张，多有亲友赠匾致贺。与外地同行“攀信”联谊，皆由老板署名。药店缺货，在药方上写“听”字，即“暂缺听信”，不写“缺货”。新年年货，必写“元宝贝”（大贝母）、“新大发”（胖大海）、“喜如意”（当归）、“满堂红”（薄橘红）以示吉利。门市配方，拉开药斗后即称“发市”，药斗拉开越多越好，打烊时方可关闭。

### 六、牛猪渔行习俗

旧时，牛行不属正行，招帖只能斜贴。各牛行有自己的经营范围，称“方”。外方人来，须交“落方钱”方能经营。买卖双方当场看牛议价，由牛行老板响鞭唱价成交，喝“响鞭酒”，以一方豆腐作下酒菜。卖主得为买家留下部分售款作抵押，3天后如未发现牛有病才能兑现余款。

旧时，猪行盈利大，经营万头猪可赚千头，故猪行有“黑老虎”之称。农家卖猪，需由猪贩与行家打交道，请猪贩吃“合食”。

旧时，渔行一般与渔船有联系，先给有业务往来的渔船送几只灯笼和四两茶叶，称“拜客”。相熟后，渔船上市所捕获的鱼时即各投其主。每天日落前，渔行即派人对号接船或认灯笼接船，若私拉他行所属渔船，则称为“钓客”。渔船主进渔行后，渔行招待其一日三餐，临走还让其带碗饭菜回去给小孩吃。渔行多坐地抽薪，渔船通过渔行卖鱼，渔行一般抽取10%的佣金，渔船卖鱼给小贩渔行则抽取5%的佣金，加上司秤的“挡手”以“抹秤”“划价”“换砣”等手法克扣斤两，渔行获利颇丰。

## 第六节　岁时习俗

农历正月初一俗称“过年”。除夕吃年夜饭后守岁到初一零时，家家燃放鞭炮。清晨，人人身着新衣，早饭吃枣儿茶（俗称“元宝茶”）、汤圆。之后是拜年活动，通常一户一族之中晚辈向长辈拜年，然后农村挨家挨户相互拜年，城镇则到左邻右舍拜年。有客拜年时，户主敬烟倒茶，待以糕点、枣儿茶，以花生、蚕豆、糖果、糕点等分发孩童。如村庄上有新婚之家，村民喜前往闹着讨要花生、豆儿。晚饭提早，吃完早睡，称之为早关财门。过年期间，说话要注意讨“口彩”，不说不吉利的话。

农历正月十三为“高灯”，又叫“上灯”。依习俗晚上吃圆子，饭后儿童点燃各色彩灯，在路边玩耍。青壮年则喜到田野等空旷处放飏灯。

农历正月十五日为元宵节，白天舞龙灯、荡花船，晚上多举行灯会。

农历正月十八日为“落灯”。晚上吃面条，旧时民间俗语有“高灯圆子落灯面，今年吃过望明年”。

“落灯”后，年节结束，农村生产劳动正式开始。

正月里，城乡居民有请吃“年酒”的习俗，相互间宴请至亲好友或亲族中的新女婿、新媳妇，有时宴请子女的师长，分别称为“待朋友”“待新女婿”“待新娘子”“待先生”等。

农历二月初二俗称“龙抬头”。按传统习俗各家接回初嫁之女，近年境内农村仍有此风。

清明节为扫墓祭祖之日。节前数日，晚辈为祖坟添培新土，并用彩色纸条压在坟顶，称为“标山”。清明早晨，人们用柳叶、螺蛳头拌面做饼，传说食之可以祛病免灾利于目。中午在家祭祖，下午到坟上祭扫。

公历5月5日、6日或7日为立夏，妇女多喜用皂角树叶插在发际，小孩食绿壳鸭蛋，传说食绿壳鸭蛋可防疰夏。立夏日有给小孩称体重的习惯。

入夏之初，娘家要为新出嫁的女子送过夏天的物件，谓之“送夏”。旧时，送夏的物品有蚊帐、凉席、凉帽、遮阳伞、凉匾、蒲扇、夏布、夏衣等。如今送夏的物品虽有变化，但习俗尚存。

农历五月初五为端午节。早晨，家家在大门上插上艾叶、菖蒲，在梁上挂钟馗像，以镇鬼魅。孩子们手腕上戴着百脚绳（用彩线编结成的细绳），脚穿虎头鞋，颈上悬挂用丝线网兜装着的咸鸭蛋及五彩香囊。早晨家家户户吃粽子。中午吃“五红”，即用5种食材烹调成的带红色的菜肴，饮雄黄酒，以驱除“五毒”。

农历六月初六，家家晒衣服，谓之“六月六，晒红绿”。妇女洗头，孩子们下河洗澡，谚曰“六月六，洗白肉”。当天，家家吃馄饨。

农历七月十五日为中元节，俗称“鬼节”。当日中午，家家办菜祭祖，焚化纸钱，至今城乡仍沿袭此俗。

农历八月十五日为中秋节，俗称“八月半”。接近“八月半”，家家户户做糖烧饼，至亲厚友互赠月饼。当日晚间，各家以月饼、石榴、荷藕、菱角等祀月。

公历10月1日为国庆节。20世纪90年代后，国庆节放假3天，加之调休，一般形成7天小长假，在外工作、上学者多于此时返乡探亲团聚，不少人外出旅游。

公历12月21日、22日或23日为冬至，又称“长至节”或“冬节”。民间盛行焚纸祭祖，有“早烧清明晚烧冬”之说。此俗今流行。

腊月二十四日（也有二十三日）为“送灶”日，“送灶”后，各家可以掸尘。进入21世纪，随着草锅灶的消失，此俗渐不存。

腊月初八为“腊八”。高港地区的腊八粥由米和青菜、芋头、山芋、花生米、茨菰、红小豆、白果等混合煮成。此俗今仍流行。

除夕，又叫大年夜。家家户户贴对联和挂钱、敬菩萨、接灶神、祭祖宗、打“元宝囤子”。打“元宝囤子”时，用小蒲包装上石灰粉，在家前屋后扫净的地面上打上诸多白色的“囤子”，以预示来年元宝满囤、五谷满仓。交子时分，各家放鞭炮，且通宵不眠，俗称“守岁”。1983年起，各家多爱收看中央电视台春节联欢晚会度过除夕之夜。

图 28-10-1 桃花绽放

# 泰州市高港区志

## 第二十九篇　方　言

# 第二十九篇　方　言

高港方言属汉语北方官话的江淮官话通泰片，留有吴方言痕迹。高港区由口岸、刁铺、许庄3个街道以及永安洲、野徐、白马、大泗、胡庄5个乡镇组成，区内方言总体上一致性较强。如：古全浊声母今清化；古知照系字与精组部分字今合流，声母为ts、tsʻ、s；古“深、臻、曾、梗”四摄部分字今合流，韵尾为-ŋ；古入声字今保留，入声韵尾为喉塞音-ʔ。高港方言也存在一定的地域差异。如：普通话声母为平舌音ts、tsʻ和翘舌音tʂ、tʂʻ的字（“资、次、知、耻”等），其声母口岸话统读平舌音，舌头不翘卷，胡庄话则统读翘舌音，舌头有上翘翻卷倾向；普通话韵母为uo的字（“过、货”等），其韵母口岸话读ɤɯ，白马话、大泗话则读u；普通话“擦、察”等字音节声母依次是平舌音tsʻ和翘舌音tʂʻ，口岸话统读平舌音tsʻ，许庄话则统读舌面音tɕ；普通话“吃”字音节声母是翘舌音tʂʻ，口岸话统读舌面音tɕʻ，白马话则读为平舌音tsʻ；普通话声母为n的字（“虐、努、农、鸟”等），在永安洲、口岸等境内偏南部方言中多发l声；普通话声母为l的字（“料、刘、略、论”等），在刁铺、许庄、野徐、白马等境内偏北部方言中多发n声。相对语音而言，高港方言的词汇、语法与普通话大同小异，其内部差异较小，一些特殊的词汇、语法随着时间的推移，正逐渐向普通话方面靠拢。在长期的生产生活过程中，高港人在形成方言的同时也形成颇具地方特色的谚语、歇后语。新中国成立前后，有些特殊行业还使用隐语。

改革开放后，境内与外地交流增多，机关工作人员提倡讲普通话，学校教学要求使用普通话，社会群众从电视传媒接受的普通话增多，普通话普及速度加快，高港方言向普通话靠拢的趋势日益明显，不少青少年、儿童有讲普通话习惯。

本志所记方言，以高港区口岸街道老派方言为主，兼顾其他街道、乡镇。记音采用国际音标。

# 第一章　语音　词汇　语法

## 第一节　语　音

### 一、声韵调系统

高港方言有p、p'、m、f、v、t、t'、n、l、ts、ts'、s、ʐ、tɕ、tɕ'、ɕ、k、k'、x、ŋ、ø共21个声母（含零声母），有ʅ、i、u、y、ɑ、iɑ、uɑ、yɑ、ɛ、iɛ、uɛ、ɔ、iɔ、er、ɤ、uɤ、ɤɯ、iɤɯ、ɛ̃、iɛ̃、uɛ̃、yɛ̃、ɑŋ、iɑŋ、uɑŋ、əŋ、uəŋ、yəŋ、oŋ、ioŋ、ii、iŋ、õ、yõ、æʔ、iæʔ、uæʔ、yæʔ、ʌʔ、iʌʔ、uʌʔ、ɔʔ、iɔʔ、əʔ、iəʔ、uəʔ、yəʔ、uʔ、yuʔ、iʔ共50个韵母，声韵母配合形成431个音节，有阴平、阳平、上声、去声、阴入、阳入6种声调。声母中，p、'、t、t'、k、k'发音音强较普通话p、p'、t、'、k、k'弱些；x发音部位较普通话x后些，接近h；ʐ发音不及普通话ʐ的翘舌度。韵母中，i作为单韵母发音，通常舌面与上腭有摩擦，听感接近ʅ，作为韵头发音，舌面与上腭一般没有摩擦；u作为单韵母发音，唇圆度不及普通话u，作为韵头发音，唇圆度较高；ɚ发音通常卷舌度不及普通话ɚ；ɑ、iɑ、uɑ、yɑ中ɑ的舌位偏前，接近a；ɛ、iɛ、uɛ中ɛ的舌位偏高，接近E；ɔ、iɔ中ɔ的舌位偏高接近o，唇圆度不高；ɤ、uɤ中的舌位偏前偏低，接近ə；ɤɯ、iɤɯ的发音动程较短；ɛ̃、iɛ̃、uɛ̃、yɛ̃的鼻化程度轻微；iŋ中i的实际发音为ɨ；əŋ、iŋ、uŋ、yŋ等鼻韵母中-ŋ的发音部位较普通话-ŋ偏前，且发音弱化；ʌʔ、iʌʔ、、uʌʔ中ʌ的舌位偏前，接近A。

【声母】

| | | | | |
|---|---|---|---|---|
| p　比布杯帮 | p'　皮怕盘胖 | m　米门马忙 | f　飞符费方 | v　闻围晚温 |
| t　到道灯当 | t'　体太同谈 | n　难能年女 | l　路来绿落 | |
| ts　糟招祖找 | ts'　从虫潮草 | s　事苏书生 | ʐ　认绕若软 | |
| tɕ　精节焦举 | tɕ'　秋全去穷 | ɕ　修旋扇线 | | |
| k　贵官光滚 | k'　开葵狂困 | x　灰花黄昏 | ŋ　我 | |
| ø　瓦言元鱼 | | | | |

【韵母】

| | | | |
|---|---|---|---|
| ʅ　自资知时 | i　批替以洗 | u　补赌故苦 | y　雨虚举去 |
| ɑ　疤怕蛇拿 | iɑ　野夏卸价 | uɑ　花瓜夸瓦 | yɑ　靴要瘸茄 |
| ɛ　盖开海摆 | iɛ　借戒写懈 | uɛ　乖怪快坏 | |
| ɔ　保刀桃烧 | iɔ　票条小桥 | | |
| er　二而耳儿 | | | |
| ɤ　杯妹偷后 | uɤ　桂贵亏会 | | |
| ɤɯ　过货左窝 | iɤɯ　酒秋修有 | | |
| ɛ̃　班胆闲简 | iɛ̃　奸简三限 | uɛ̃　关掼环幻 | yɛ̃　赚拴闩栓 |
| ɑŋ　帮党糖桑 | iɑŋ　讲墙想养 | uɑŋ　光筐慌望 | |
| əŋ　根庚肯坑 | uəŋ　棍困昏村 | yəŋ　军群训运 | |

oŋ　东动红翁　　ioŋ　窘穷胸用

iĩ　变年尖烟

iŋ　紧星灵行　　ʊ̃　短搬官穿　　yʊ̃　捐劝选愿

æʔ　辣夹瞎闸　　iæʔ　甲钾侠峡　　uæʔ　刮滑括　　yæʔ　刷

ʌʔ　落各剥摸　　iʌʔ　脚确学药　　uʌʔ　郭扩霍廓

ɔʔ　北鹿木国　　iɔʔ　菊曲欲蓄

əʔ　色直尺不　　iəʔ　吃七漆戚　　uəʔ　骨忽掘　　yəʔ　橘出撅噱

uʔ　合割渴　　yuʔ　决缺血月

iʔ　笔舌急铁

【声调】

阴平　　˨˩　21　　诗梯是坐天昏胸衣

阳平　　˦˥　45　　时题房田穷娘扶人

上声　　˨˩˧　213　　使体比九走好老五

去声　　˧　33　　世替救到付见盖要

阴入　　ʔ˧　3　　急出黑割百局说八

阳入　　ʔ˥　5　　六麦药袜毒十拔白

【语流音变】 **变调**　双音节词前字为阴平，该阴平字调值由21变成22，如“花心、花瓶、花朵、花钱”中“花”的调值通常由21变成22。双音节词前字为上声，该上声字调值通常由213变成24，如“海军、海洋、海藻、海岸”中“海”的调值由213变成24。双音节词后字为上声，该上声字调值通常由213变成24，如“英勇、年底、领导、信纸”中“勇、底、领、纸”四字的调值均由213变成24。双音节词前字为入声后字为浊音声母或零声母的，该入声字变读，通常阴入的变读成33，阳入的变读成21，如“作料、脚丫儿”中“作、脚”两字调值均由3变读成33；“十六、熟人”中“十、熟”两字调值均由5变读成21。

**轻声**　高港方言的轻声发音与普通话轻声发音不同。普通话轻声表现为音长短，音强弱，音高低。高港方言的轻声音长虽短，但音强不弱，音高也不低。如“梳子”的“子”的调值，普通话是2，高港方言是3；“儿子”的“子”的调值，普通话是3，高港方言是4；“凳子”的“子”的调值，普通话是1，高港方言是2。高港方言由入声字组成的双音节轻声词，读音规律是阴入后的轻声音高为3，如“瞎子”的“子”；阳入后的轻声音高为5，如“袜子”的“子”。高港方言与普通话比较，结构助词“的、地”的轻声语音形式有异，普通话统读ə，高港方言统读ti。

**儿化**　高港方言的儿化程度不够充分，即儿化卷舌音ɚ与词尾音节韵母的融合度不高，甚至ɚ有时成为一单独音节，使双音节儿化词变成三音节轻声词，如“黄豆儿、丝瓜儿、茶杯儿、竹竿儿”。高港方言儿化，有时还表现为助词等虚词发音卷舌，即句中带“呃”音的助词，发音时通常带有卷舌倾向，如“他坐儿（着）想儿（了）半天，才想起来儿（了）书藏儿（在）床底儿（下）。”

**“啊”音变**　港方言的“啊”音变发音有异于普通话。所有入声韵音节后面的“啊”，音变时读ka，如“吃啊、说啊、哭啊”。符合普通话音变为“na”情况的，部分读“ŋa”，如“金啊、银啊”。符合普通话音变为“ʅa”情况的，通常读“ʅa”，如“树枝啊、水池啊、准时啊”。

## 二、语音特点

1.声母20个（不含零声母）。与普通话比较，少了tʂ、tʂʻ、ʂ，多了v、ŋ。

2.无翘舌音。普通话含翘舌音声母（tʂ、tʂʻ、ʂ）的字，在高港方言里一律读平舌音声母（ts、tsʻ、s），如“之、持、使”分别与“资、词、死”读音相同。

3.边、鼻音声母有时不分。高港方言里边音声母l与单韵母i拼合时，通常l读作n，其他情况则有时相混有时不相混，如“梨”和“泥”声母合流都读n，而“路”和“怒”声母不合流，“路”是l，“怒”是n。

4.x（u）声母读f（u）声母。普通话音节xu在高港方言里读fu，如“虎xu”和“府fu”在高港方言里都读fu。

5.韵母50个。其中入声韵16个、非入声韵34个。

6.由双元音构成的复韵母通常单化。如普通话韵母ai、ei、ao、ou在高港方言里一律由双元音弱化成单元音，ai弱化成ɛ，ei弱化成ɤ，ao弱化成ɔ，ou弱化成ɤ。

7.由三元音构成的复韵母通常双化。如普通话韵母uai、uei、iao在高港方言里一律由三原音弱化成双元音，uai弱化成uɛ，uei弱化成uɤ，iao弱化成iɔ。

8.没有前鼻音韵母。表现为2种情况，第一是前鼻音韵母的韵尾或韵腹脱落或弱化。如普通话韵母an、uan的韵尾n在高港方言里脱落，韵腹a相应变成带轻微鼻化音的ɛ̃，如“班、关”的韵母依次为ɛ̃、uɛ̃。再如普通话韵母ian、ü an的韵腹在高港方言里脱落，如“变、捐”的韵母依次为ĩ、yõ。第二是前鼻音并入后鼻音。普通话两组前后鼻音韵母in、ing和en、eng，在高港方言里依次合并为iŋ和əŋ，如“金”“精”同音，韵母均为iŋ；“陈”“程”同音，韵母均为əŋ。类似的还有普通话前鼻韵母uen、ü n的韵尾n变读为ŋ，如“棍、训”两字韵母在高港方言里依次读为uəŋ、yəŋ。

9.声调6个。其中，“阴平、阳平、上声、去声”与普通话比较，特点是“调类相同，调值不同”。高港方言有入声，分阴入、阳入2类。

10.文白异读现象明显。一些常用字文读为去声，声母不送气，白读是阴平，声母送气，如“洞”“动”文读时调值都是33，声母为不送气音t，白读时调值都是21，声母为送气音tʻ。

11.基本音节431个。其中开口呼音节206个、齐齿呼音节100个、合口呼音节97个、撮口呼音节28个。高港方言的入声韵音节共117个。

12.有变调、轻声、儿化、“啊”变读等语流音变现象，具体音变与普通话不太相同。高港方言中入声字通常不音变，比如在普通话语流中需变调的“一、不”，在高港方言中不变调。

## 三、同音字汇

本字汇收录高港方言常用字4000个左右。根据高港方言音系排列，先按韵母分类，再按声母排序，声母、韵母相同的字按声调排序。文白异读或多音的，根据实际读音分别标注，不另作说明。有音节而字形不明的用“□”标示，必要时加小注解释。小注中用“～”代替被注字。阴平、阳平、上声、去声、阴入、阳入依次用①、②、③、④、⑤、⑥代替。

### ɿ

ts ①资兹姿滋咨恣孳之支孜龇知枝芝肢栀蜘 ②□象声词
③子紫籽梓姊仔指纸止址旨脂祉咫 ④字痔自至置致志制治智滞挚渍稚峙痣窒栉炙峙翅

tsʻ ①字痔痴嗤螭柿 ②雌词辞磁慈瓷祠糍池持迟池驰弛匙 ③此齿耻 ④次刺赐伺疵翅
s ①思斯丝司寺撕私嘶蛳厮市师诗事施狮尸柿是士 ②时 ③死使史始驶屎矢
④四似饲肆嗣祀试视世氏势示仕誓侍逝嗜恃

i

p ①屄 ③比彼鄙妣 ④闭匕陛
pʻ ①蓖披批坯砒 ②皮脾疲啤琵痺便 ③痞丕庇 ④屁纰媲
m ①咪眯 ②迷弥谜猕麋 ③米 ④秘
t ①低嘀 ③底抵邸诋 ④第帝娣地弟缔谛
tʻ ①弟梯涕嚏屉 ②题堤提蹄啼 ③体 ④递替剃
n ①昵呢例厉痢娌吏 ②泥尼倪妮霓离黎梨厘犁隶狸璃篱漓喱罹黎鹂
③拟里礼李理锂鲤俚 ④腻利丽莉励俐俪郦砺荔
tɕ ①机饥肌讥鸡基奇稽叽畸荠 ②□象声词 ③几己挤纪 ④寄既记计继季剂技际济忌妓悸
tɕʻ ①期妻欺凄栖 ②其齐旗奇骑棋崎祈祁岐鳍脐歧麒畦芪 ③起启企岂砌杞 ④气器弃汽契迄
ɕ ①西希溪稀熙嘻奚熹犀 ③洗喜禧囍徙 ④系戏细婿
ø ①依衣医 ②宜咦仪移疑怡遗夷颐谊姨彝胰爷 ③已以椅倚蚁
④易亿意义艺异议翼忆毅屹羿翳臆

u

p ③补捕 ④布怖埠部步
pʻ ①步簿部铺孵 ②蒲葡菩 ③哺普谱浦圃埔脯甫 ④铺店～
f ①妇夫父敷傅麸呼乎户互 ②肤符浮扶芙孚俘凫胡湖糊壶狐弧葫
③府辅抚斧腐俯釜腑虎唬浒琥□泼出 ④副付富负附户赴赋咐阜讣驸护沪户
m ④慕募暮
v ①乌污巫呜诬钨 ②无吴芜梧蜈 ③吾午五武舞伍侮妩 ④恶务误雾悟捂戊晤
t ①都 ②嘟象声词 ③赌肚堵睹 ④度杜渡镀妒
tʻ ②图涂途徒屠 ③土吐 ④兔
l ①噜路露 ②卢炉芦庐颅泸鲈鸬 ③鲁卤掳虏撸橹 ④璐鹭赂
ts ①租猪朱诸珠株诛 ③组祖阻诅主煮拄 ④驻蛀住注著助柱铸贮
tsʻ ①住粗初 ②除储厨雏橱锄刍躇 ③处楚础褚暑曙鼠 ④醋
s ①苏酥舒书树输疏竖梳抒枢殊 ③数署薯 ④素诉塑溯夙愫愬数恕庶漱戍蔬
ʐ ②茹儒濡孺蠕如 ③乳汝
k ①孤姑箍菇咕辜估 ②□象声词 ③古股鼓沽蛊 ④顾故固雇
kʻ ①枯骷 ②□隆起 ③苦 ④库裤
x ④贺
ø ①乌污巫呜坞诬 ②无芜吴梧 ③五武舞伍 ④误捂务雾戊

y

n ③女
l ②驴 ③屡履缕侣褛膂榈
tɕ ①驹矩拘沮疽 ③举 ④句剧据具距居巨聚俱拒惧锯炬踞飓
tɕ‘ ①区趋驱躯蛆岖句 ②渠瞿衢徐 ③取娶 ④去趣
ɕ ①需虚须嘘墟吁 ③许栩 ④序恤叙绪絮戌煦婿
ø ①遇瘀迂芋 ②于鱼余予渔瑜渝俞愚虞娱榆馀愉隅舆盂逾
③雨与语宇羽禹屿④预域御裕喻誉寓豫癒吁驭

ɑ

p ①吧巴扒芭叭疤 ③把靶 ④爸罢霸坝
p‘ ①趴啪 ②爬扒耙琶琶 ④怕帕
m ①妈骂吗嘛 ②麻蟆蔴 ③马码玛蚂 ④□～妈
t ①大 ③打 ④大
t‘ ①他它她
n ②拿 ③哪 ④那娜
l ①啦拉垃 ③喇旯
ts ①渣喳遮蔗 ③咱咋 ④蚱炸诈榨
ts‘ ①差叉嚓钗 ②查茶搽茬昨 ③衩 ④岔诧杈姹
s ①挲沙纱沙砂莎砂裟痧 ②蛇佘 ③洒傻 ④赦
ʐ ③惹
k ①家 ②□象声词 ④架嫁尬
k‘ ①搭□硬往里塞 ③卡咯咔
x ①下虾哈 ②还蛤 ③□不精明 ④下
ø ①啊丫 ②牙儿 ③哑 ④垩

iɑ

p ①□象声词
p‘ ①□象声词 ③□不正
m ①□象声词 ②喵
t ①爹 ③嗲
n ③□你
tɕ ①家佳加嘉茄稼 ③假贾姐□斜 ④架价借嫁驾
tɕ‘ ①谢 ②斜邪 ④□斜
ɕ ①夏虾谢些厦 ②霞遐暇瑕 ③写 ④泻卸下吓惬

ø ①夜鸦椰呀 ②芽牙 ③也雅野 ④亚

uɑ

ts ①抓 ③爪
s ③耍
k ①瓜呱 ③寡剐 ④卦挂褂
k ①夸 ②□刮 ③垮侉 ④跨挎胯
x ①话花哗 ②华桦划铧 ③□破烂之极 ④化画划
ø ①哇蛙 ②娃划 ③瓦 ④洼凹

y ɑ

tɕ‘ ②瘸茄
ɕ ①靴 ③耍
ø ①□～手儿

ɛ

P ③摆 ④拜败
p‘ ①败 ②牌排 ④派湃
m ①卖 ②埋霾 ③买 ④迈
v ①外歪 ③崴 ④外
t ①呆 ③逮歹傣 ④代带戴贷黛怠岱殆
t‘ ①袋胎苔待大 ②台抬 ③□向下突出 ④太泰态汰
n ③乃奶氖 ④耐奈柰
l ①赖 ②来莱 ④睐籁
ts ①灾栽斋哉 ③宰崽载 ④在再债寨
ts‘ ①在猜差车 ②才柴财材裁豺 ③睬采踩 ④蔡菜
s ①腮筛鳃 ④赛塞晒舍射社
k ①该街皆阶 ③改解 ④盖钙概丐溉介界届戒诫
k‘ ①开揩 ②□～口;打饱嗝儿 ③凯恺楷慨 ④忾隑斜靠
x ①害亥嗨 ②孩骸鞋 ③海蟹 ④骇害懈
ø ①哎艾唉哀 ②挨埃岩崖癌 ③矮野霭冶 ④爱碍液

i ɛ

tɕ ①街阶皆 ③解 ④借戒届界介械
tɕ‘ ③且

ɕ ①些 ②携谐鞋偕 ③写 ④谢懈

ø ③也冶野 ④液夜腋

uɛ

ts ④拽

ts' ①揣怀～ ③揣～测 ④踹

s ①衰摔 ③甩 ④帅率

k ①乖 ③柺拐 ④怪

k' ①扻 ③蒯傀 ④快块筷侩会

x ①坏 ②怀淮槐踝徊 ③□甩

ø ①喂叹词 ②喂叹词 ③喂叹词 ④喂叹词

ɔ

p ①包胞 ③饱保堡宝褒 ④报豹爆暴曝瀑

p' ①抱刨鲍泡抛 ②跑袍咆 ④泡炮疱

m ①冒帽 ②毛猫矛茅锚 ③卯铆 ④茂貌贸

t ①刀叨 ③倒岛捣蹈祷导 ④到道倒盗悼朵稻

t' ①稻蹈涛韬滔 ②掏桃逃陶淘萄 ③讨 ④套

n ①闹孬 ②挠 ③脑恼瑙

l ①唠 ②劳牢痨捞涝 ③老佬姥

ts ①糟遭昭招召沼钊 ③早澡枣藻蚤找笊 ④造燥灶噪躁皂照兆赵罩

ts' ①操超抄造赵 ②嘈朝曹槽巢潮嘲 ③草吵炒 ④糙钞

s ①骚搔臊瘙烧稍邵梢捎艄 ②绍韶 ③扫嫂少 ④哨扫少

ʐ ①绕 ②饶 ③扰

k ①高膏糕篙教叫 ③搞稿搅杲□苦难 ④告觉窖酵

k' ①敲 ③考拷烤 ④靠犒铐

x ①蒿薅号 ②毫嚎壕豪 ③好 ④好浩耗

ø ①哦 ②翱嗷熬鳌 ③咬袄懊 ④凹奥澳傲坳

iɔ

p ①标彪膘飚膘瞟 ③表婊裱

p' ①漂飘 ②嫖瓢剽 ③漂 ④票漂鳔

m ①庙 ②苗瞄描 ③秒渺 ④妙

t ①刁叼貂雕 ③屌 ④吊钓调掉悼

t' ①挑 ②调条笤 ③调挑 ④跳眺

n ①尿 ③鸟袅 ④.尿

l　①料撂廖　②辽疗僚燎撩聊　③了　④料
tɕ　①交姣焦蕉椒娇骄浇轿　③绞饺铰矫缴侥　④叫教校较
tɕʻ　①锹跷撬敲悄　②乔桥瞧侨憔　③巧　④窍翘俏
ɕ　①肖消霄箫宵□掀　②肴淆　③小晓　④笑孝校效
ø　①腰要邀妖幺杳夭吆　②摇遥姚窑　③舀　④耀要跃

ɚ

ø　①二贰　②儿而　③耳饵尔

ɤ

p　①碑背杯悲卑　④被备贝辈蓓
pʻ　①呸胚　②陪赔培裴　④配佩沛
m　①妹　②眉没梅枚煤酶媚霉媒脢嵋湄楣　③美每镁　④魅昧袂寐
f　①非飞妃菲斐扉绯痱　②肥　③匪诽翡蜚　④费肺废吠
v　①威微魏危巍煨　②为维围唯惟违韦　③尾伟委伪纬娓苇　④未位喂味卫胃谓畏蔚尉慰
t　①兜痘　③抖陡　④斗豆窦
tʻ　①偷豆　②头投　④透
l　①类蹓溜泪累漏　②雷擂娄楼偻　③垒磊儡篓缕楼搂吕铝旅　④累泪陋虑滤
ts　①州洲舟周　②□不正　③走肘　④奏揍邹咒奏皱骤昼宙
tsʻ　①抽　②愁酬稠仇筹绸踌惆　③瞅丑　④凑臭
s　①梭搜馊艘嗖馊收受　②□吸、抽出　③手首守　④瘦嗽寿授绶售兽
ʐ　②柔揉蹂
k　①沟勾钩歌哥戈　③狗苟　④个构购垢够
kʻ　①苛柯科棵抠　②口用心学习　③可口　④课扣叩寇
x　①后厚　②和何荷禾河侯猴喉　③吼　④后
ø　①欧殴鸥　②牛俄蛾娥峨讹　③呕偶藕　④沤

uɤ

t　①堆　④对队
tʻ　①推　②颓　③腿　④退蜕
ts　①追锥　③嘴　④最罪醉坠赘
tsʻ　①吹崔催炊　②垂锤捶随　③璀　④脆翠粹
s　①虽尿　②随隋髓　③水　④岁税碎睡祟
k　①归规龟闺　③鬼轨诡　④贵桂
kʻ　①亏盔柜跪　②奎魁葵逵傀　④愧溃刽
x　①会灰恢辉挥汇晖徽　②回茴蛔　③毁悔　④慧惠蕙绘卉烩讳秽晦荟会

### ɤɯ

p　①玻波菠播
p‘　①坡　②婆　③颇　④破剖
m　①磨　②磨蘑谋牟模摩魔　③母某亩拇姆牡沫　④墓慕募暮
f　③否缶
t　①多兜　③朵躲垛斗抖蚪陡　④逗剁惰斗
t‘　①拖　②驮陀驼佗跎鸵　③妥
n　①糯　②奴　③努弩　④懦怒
l　①啰　②螺罗逻箩萝脶　③裸虏掳
ts　②□不正　③左佐　④做
ts‘　①坐座搓蹉　④错锉
s　①梭搜馊艘嗖馊收受　③所琐锁
k　①锅　③果裹　④过
x　①祸　③伙火　④货
ŋ　③我
ø　①屙倭窝蜗涡饿卧

### iɤɯ

t　①丢
n　①妞溜遛　②牛流硫刘浏留瘤　③扭钮纽柳　④拗
l　①溜遛　②流硫刘浏留瘤　③柳
tɕ　①纠赳鸠揪　③九久酒韭　④救究疚
tɕ‘　①秋鳅邱丘蚯就舅旧　②求球裘囚酋　③糗
ɕ　①休修羞　③朽　④秀绣嗅
ø　①又右佑优忧悠幽　②尤犹由油邮游　③有友　④幼诱

### ɛ̃

P　①班斑扳颁般攀瘢　③板版坂　④扮办瓣绊
p‘　①攀　②□～本□～水　④盼绊
m　①慢蛮　②蛮　④漫曼谩蔓
f　①番翻犯饭范　②凡帆烦繁樊　③反返　④贩泛范犯乏
v　①万弯湾　②玩顽　③晚挽
t　①担丹单耽诞　③胆掸　④旦担淡但弹
t‘　①滩摊瘫淡蛋贪坍　②谈痰弹谭坛檀昙　③毯坦袒　④炭碳叹坍
n　①难　②难南男楠　④难

l ①烂滥 ②兰栏蓝篮拦 ③懒览揽缆两罱 ④滥
ts ①沾粘蘸詹瞻毡占 ③展斩崭盏攒辗 ④战绽栈湛赞暂站錾
ts‘ ①搀餐掺参餐 ②残蟾孱蝉缠 ③产铲惨 ④灿
s ①山三删衫杉汕 ③伞散闪陕 ④扇善擅赡鳝
k ①干间尴甘乾肝 ③拣感杆赶敢 ④干间
k‘ ①刊铅看堪 ②钳□夹住 ③槛砍侃坎 ④看嵌
x ①憨汗旱酣鼾陷 ②咸函衔含寒韩函涵 ③喊罕 ④焊憾汉撼捍
ø ①淹岸安按氨鹌 ②颜 ③眼 ④暗案

## iɛ̃

tɕ ①艰奸监劁 ③减碱简柬 ④监谏鉴舰
tɕ‘ ④嵌
ɕ ②娴闲馋 ④陷限

## uɛ̃

k ①关 ④惯
k‘ ①掼 ②环□弯
x ②还 ④患幻

## yɛ̃

tɕ ①□～腰；弯腰 ④赚
tɕ‘ ④□～进去；插进去
ɕ ①闩拴□追 ④栓涮

## ɑŋ

p ①邦帮傍梆 ③榜膀绑 ④泵磅谤
p‘ ①乓棒 ②旁螃 ④胖
m ②忙氓盲芒茫 ③莽蟒
f ①方芳枋妨 ②房肪防 ③访仿纺 ④放
t ①当裆 ②□象声词 ③挡档党 ④当荡
t‘ ①汤荡 ②唐塘糖堂螳棠膛 ③躺淌倘 ④烫趟
n ①囊 ②囊 ③齉 ④齉
l ①浪□晾晒 ②郎廊狼 ③朗 ④浪
ts ①张章樟獐彰脏蟑 ③掌涨长 ④帐胀障幛葬藏仗账扙丈杖
ts‘ ①丈仓苍舱昌娼 ②常肠场长藏 ③厂敞 ④唱畅倡

s　①伤丧桑商上尚裳　②尝偿　③赏嗓搡　④上尚
ʐ　①让　②瓤穰　③壤嚷攘
k　①钢纲刚冈缸江豇　③港讲　④杠
k‘　①康糠　②扛　③慷　④亢抗囥炕
x　①夯巷项□说话办事不正　②行航　④项
ø　①肮□吵　②昂　③□燃烧物体时有烟无焰　④盎

iɑŋ

n　①娘～～；姑母　②娘　④酿
l　①亮晾　②量良凉梁粮粱　③辆两仰　④谅晾量
tɕ　①江将浆僵疆姜缰　③讲奖蒋桨　④将酱匠降犟
tɕ‘　①枪腔呛像匠　②强墙祥详翔降　③抢强　④跄
ɕ　①乡香相箱厢镶　②降　③想响享晌　④向象相象像
ø　①央秧殃鸯样　②杨扬洋阳羊　③氧养痒　④样漾

uɑŋ

ts　①装庄桩妆　③奘　④壮
ts‘　①疮窗撞　②床噇　③闯　④创
s　①双霜　②□往下滴　③爽
k　①光胱　③广　④逛
k‘　①筐框匡眶诓　②狂　④矿旷况
x　①荒慌　②黄蝗皇煌惶　③谎　④晃幌
ø　①汪忘望枉　②王亡　③往网罔　④妄旺

əŋ

p　①奔锛　③本　④奔笨
p‘　①喷　②盆　④喷
m　①闷焖　②门们明　④闷
f　①分芬纷吩　②坟　③粉　④奋畚愤粪氛
v　①问温瘟　②文纹蚊闻　③吻稳　④问
t　①登瞪灯吨墩燉敦蹲　③等盹　④凳炖顿扽盾
t‘　①吞邓钝　②疼腾藤臀屯　④褪
n　①嫩　②能
l　①楞愣□说话吞吞吐吐　②轮沦伦仑　③冷　④论
ts　①增赠珍真针睁争正贞侦榛征　③怎整疹枕　④正证振震镇郑政症
ts‘　①撑称阵　②成诚城陈沉辰晨层蹲岑尘臣曾层澄橙乘程承盛　③惩　④趁秤称剩乘

s ①生牲甥声升深身申伸绅参 ②神绳盛 ③沈审婶省 ④圣胜肾渗
ʐ ①认任 ②人仁任仍 ③忍韧 ④任认
k ①根跟耕更今庚羹 ③梗哽埂耿 ④更
k‘ ①坑铿 ③肯啃恳垦 ④掯
x ①恨亨哼 ②痕恒衡 ③很狠 ④恨
ø ①恩嗯硬 ②□脾气倔 ③嗯 ④摁

## uəŋ

l ②轮沦伦仑 ④论
ts ①尊遵谆 ③准
ts‘ ①春村皴 ②存 ③蠢 ④寸衬
s ①孙顺□整理 ②纯寻 ③损笋吮榫 ④顺舜瞬
k ③滚磙 ④棍
k‘ ①昆坤 ③捆 ④困
x ①昏婚荤 ②浑魂馄 ③混 ④混

## yəŋ

tɕ ①军君均菌钧 ④俊竣
tɕ‘ ②群裙 ③蠢□吃饭时牙碜
ɕ ①熏勋 ②旬询徇巡 ③损笋吮榫 ④训汛讯迅
ø ①运闰晕 ②云芸匀 ④运韵熨

## oŋ

p ①崩绷嘣 ③□双方发生矛盾 ④蹦迸
p‘ ①烹砰怦嘭抨 ②彭鹏朋棚蓬澎硼篷膨 ③捧 ④碰
m ①梦懵 ②蒙盟萌朦濛 ③猛锰 ④孟
f ①风封峰丰峰疯锋枫蜂烽 ②冯逢缝 ③讽 ④凤奉俸
t ①东咚 ③董懂 ④动栋冻洞
t‘ ①动通洞 ②同铜童彤桐瞳佟 ③统桶筒捅 ④痛
n ①弄 ②农浓脓哝侬 ④弄
l ②龙隆笼聋珑窿珑胧 ③拢陇
ts ①宗综踪踪鬃中钟钟终忠衷 ③总种踵肿 ④纵粽重众
ts‘ ①仲聪葱匆冲充忡 ②从丛淙重虫崇 ③囱宠 ④舂憧冲
s ①松嵩 ②□精液 ③耸怂 ④宋送颂诵讼
ʐ ②绒戎茸 ③冗
k ①工宫公工功攻弓龚恭躬蚣 ③拱汞巩 ④共供贡

k‘　①空　③孔恐　④控
x　①轰烘　②红宏洪鸿虹弘　③哄　④讧
ø　①翁嗡　②横

## ioŋ

tɕ　③窘迥炯
tɕ‘　②琼穷
ɕ　①胸凶兄匈汹　②熊雄
ø　①用庸佣雍慵痈　②容融荣溶蓉熔雄　③永勇拥涌咏泳甬蛹踊允　④壅

## iĩ

p　①边编鞭蝙鳊　②扁匾　③辨辩变
p‘　①辫偏便卞　②平评凭瓶屏萍坪苹频贫嫔　③品　④遍骗片
m　①面　②绵棉眠　③免勉娩缅
t　①颠癫掂　②点典碘鼎顶　④店电殿奠甸踮钉订定锭
t‘　①天添佃垫定厅汀　②田甜填停庭亭廷婷　③舔挺艇听　④听
n　①念恋练　②年粘连帘联　③脸碾撵捻
tɕ　①尖坚占沾瞻肩煎兼搛　②剪茧检俭捡　③见剑荐建健键箭
tɕ‘　①千扦阡歼谦笺贱件签牵渐　②潜前钱黔钳缠秦　③浅践　④欠歉撳
ɕ　①先县仙鲜　②贤弦嫌　③险显　④现县献
ø　①验腌烟胭焰音因　②盐严言炎延沿研银吟淫寅　③演掩瘾引隐　④厌燕艳焰印

## iŋ

p　①兵冰斌彬宾滨鬓缤　③饼柄丙炳秉摒禀　④并殡病屏
p‘　①病乒拼姘并　②平评凭瓶屏萍坪苹频贫嫔　③品　④聘
m　①命　②酩铭名明鸣茗民　③冥敏闽抿悯皿瞑螟　④命
t　①丁钉叮疔盯　②□象声词　③鼎顶　④钉订定锭
t‘　①定厅汀　②停庭亭廷婷　③挺艇听　④听
n　①拎吝　②拎林琳邻临淋磷鳞麟灵玲零陵凌铃龄菱宁凝柠狞您咛泞　③凛领岭拧　④另令
tɕ　①侵今金津斤筋巾经精京惊晶　③紧仅谨警景井颈　④进尽禁锦晋浸劲静竟净镜敬径茎竞
tɕ‘　①亲近钦清轻青卿氢　②秦琴勤禽擒芹噙情擎晴　③寝倾请顷　④庆罄
ɕ　①心新鑫欣辛芯锌薪昕星杏腥惺　②型行形刑　③省醒　④信性兴姓幸
ø　①阴饮殷荫姻窨英鹰樱婴缨蝇莺罂　②垠龈赢营迎盈莹萤萦荧楹　③蚓影颖　④应映雁

ʊ̃

p ①搬 ④半伴
p‘ ①伴拌拚 ②盘 ④判叛
m ②瞒馒 ③满
t ①端 ③短 ④锻断段缎
t‘ ①断段缎 ②团坛
n ②南男 ③暖
l ①乱 ②峦 ③卵
ts ①专砖钻 ③转 ④转钻撰
ts‘ ①穿川 ②传船椽 ③喘 ④串窜篡
s ①酸 ④算蒜
ʐ ③软阮
k ①官观棺冠 ③赶管馆 ④贯灌罐
k‘ ①宽看 ③款 ④看
x ①欢换汗 ②含寒衔涵 ③唤 ④涣
ø ①豌 ②完 ③碗腕缓 ④案暗

yʊ̃

tɕ ①娟鹃捐绢 ③卷 ④券眷
tɕ‘ ①圈 ②全权拳泉颧骨 ③犬 ④劝
ɕ ①宣 ②玄悬 ③选 ④楦
ø ①院冤愿鸳 ②元圆园袁原源缘橼 ③远 ④怨

æʔ

p ⑤八捌
p‘ ⑥拔拔跋
m ⑥抹
f ⑤发法伐乏砝 ⑥罚阀筏
v ⑤挖 ⑥袜
t ⑤搭瘩答达沓哒嗒鞑
t‘ ⑤塌塔榻遢塌搨遢蹋 ⑤踏
n ⑤纳捺呐钠捺衲
l ⑤腊辣 ⑥瘌邋癞蜡
ts ⑤杂扎札眨轧砸匝
ts‘ ⑤插察擦 ⑥闸铡

s　⑤杀煞撒萨卅霎铩　⑥刹铡
k　⑤夹
k‘　⑤掐
x　⑤瞎辖　⑥狭窄匣
ø　⑤压鸭押阿　⑥压

iæʔ

tɕ　⑤甲钾颊
tɕ‘　⑤擦察
ɕ　⑤□限制　⑥侠峡

uæʔ

k　⑤刮剐括
k‘　⑥剐
x　⑤□麻利地翻过去　⑥滑猾

yæʔ

ɕ　⑤刷　⑥□～滑；做事麻利

ʌʔ

p　⑤剥驳膊博搏薄
p‘　⑤泊□喝□一～屎；量词　⑥薄箔
m　⑤寞莫幕漠　⑥膜摸
f　⑤缚
t　⑤夺踱□闲聊
t‘　⑤托拓　⑥踱
l　⑤乐洛烙络骆　⑥落
ts　⑤作着斫酌砸
ts‘　⑤绰错焯　⑥凿着
s　⑤索烁硕　⑥勺□歪
ʐ　⑤若弱诺　⑥□性交
k　⑤角各阁搁觉
k‘　⑤壳□打
x　⑤鹤
ø　⑤恶鳄

iʌʔ

n　⑤虐　⑥疟
l　⑤略掠
tɕ　⑤脚爵
tɕʻ　③确恰洽却雀鹊阙阕榷　⑥嚼
ɕ　⑤削　⑥学
ø　⑤约乐岳　⑥药钥

uʌʔ

ts　⑤捉桌卓浊
tsʻ　⑤戳　⑥镯
s　⑤朔嗍□瘦
k　⑤郭廓
kʻ　⑤扩
x　⑤霍□打　⑥□液体波动
ø　⑤□吐

ɔʔ

p　⑤北百伯柏佰
pʻ　⑤仆扑拍迫朴　⑥白
m　⑤牧目默木墨脉穆沐睦　⑥麦默
f　⑤复覆福幅服蝠匐腹　⑥伏服
t　⑤独笃督渎牍黩读犊
tʻ　⑤秃　⑥毒
l　⑤录禄鹿戮漉麓碌　⑥六陆绿
ts　⑤足竹筑烛粥烛竺逐卒祝瞩嘱
tsʻ　⑤促逐触畜族簇轴矗猝蹙蹴
s　⑤宿缩束速肃续叔淑俗属　⑥熟赎
ʐ　⑤辱　⑥肉褥
k　⑤国谷
kʻ　⑤哭酷
x　⑤或惑获豁　⑥□吵闹
ø　⑤屋握沃

iɔʔ

tɕ ⑤局锔鞠菊焗□趴在高处停留
tɕʻ ⑤曲局
ɕ ⑤蓄畜旭
ø ⑤育欲玉郁狱浴 ⑥□阻拦、包围

əʔ

p ⑤不
pʻ ⑤勃渤 ⑥□翻找
m ⑤没
f ⑤沸 ⑥佛拂
v ⑤勿物□动词,使弯曲 ⑥杌
t ⑤得德
tʻ ⑤突特凸
l ⑥勒肋
ts ⑤只帜织职执蛰仄则质责摘这泽植殖汁塞侧择宅窄 ⑥窄
tsʻ ⑤尺尺斥册赤测侧秩拆策 ⑥直值择翟贼昨
s ⑤饰适释虱蚀色式拭失适识湿虱室涩啬饰食 ⑥十拾石实食
ʐ ⑤日 ⑥热
k ⑤胳格格革隔虼疙旮
kʻ ⑤刻客咳克 ⑥刻
x ⑤黑吓赫 ⑥核
ø ⑤呃额厄扼 ⑥额呃

iəʔ

tɕʻ ⑤吃乞漆七

uəʔ

k ⑤骨
kʻ ⑤掘窟
x ⑤忽坏

## yəʔ

tɕ ⑤橘□挣扎卒
tɕʻ ⑤出缺
ɕ ⑤术述噱□欺骗、诱导
ø ⑤入

## uʔ

p ⑤拨钵
pʻ ⑤泼
m ⑤末
t ⑤夺□说
tʻ ⑤脱
n ⑤那
ts ⑤拙
tsʻ ⑤撮
s ⑤说
k ⑤割鸽割葛
kʻ ⑤阔磕瞌渴
x ⑤喝豁 ⑥合盒活
ø ⑤□一种烹饪方法□发霉 ⑥活

## yuʔ

tɕ ⑤决诀绝
tɕʻ ⑤缺 ⑥绝
ɕ ⑤血薛雪恤屑
ø ⑤阅悦月越

## iʔ

p ⑤笔笔必逼毕碧辟壁璧憋鳖币敝避臂碧弊蔽毙弼篦滗哔
pʻ ⑤撇瞥匹劈僻劈匹辟癖譬噼霹枇 ⑥荸别鼻
m ⑤密密蜜觅幂觅灭密蔑 ⑥篾蜜
f ⑤吠
t ⑤滴敌迪的涤嫡
tʻ ⑤踢笛剔惕铁

n ⑤逆匿溺
l ⑤力立历粒栗笠莅砾砺戾雳溧唳律
tɕ ⑤急及即级集极吉积籍击激疾迹绩藉脊寂鲫圾辑节接结洁捷截劫杰揭
tɕ‘ ⑤切戚泣窃妾怯
ɕ ⑤习息吸锡席悉袭惜夕膝析昔隙媳熄晰歇协泄胁蝎屑 ⑥折舌
ø ⑤逸一乙亦益译逸壹溢抑役疫 ⑥日热

## 第二节 词 汇

### 一、词汇特点

1.表示同概念的词语形式有些与普通话不同。如：元宝（饺子）；杲昃（东西）；落头（地方）；没得（没有）等。

2.部分词语的词形与普通话相同，但读音不相同。如："螃蟹" 读作 "②p‘ɑŋ ③xɛ"，"雄鸡" 读作 "②øioŋ ①tɕi"，"指头" 读作 "⑤tɕiʔt‘ɤ" 等。

3.部分词语的词形与普通话相同，但词义不相同。如："扎实" 相当于普通话副词 "很" 义，不表 "结实" 义；"跑" 相当于普通话动词 "走" 义，不表 "奔跑" 义；"口头" 相当于普通话方位词 "外面" 义，不表 "用嘴说" 义。

4.同一概念，在不同语境里可以有不同称说。如："父亲"，有 "爸爸、爹爹、爹唻、爹啦、拜拜、伢伢" 等称呼和说法；"妻子"，有 "爱人、老婆、女将、嬷嬷儿" 等称说；"饺子"，可以说成 "饺儿、元宝、扁食、馄饨" 等；"那里" 可以说成 "那块、那尖、那崩" 等；"地方" 可以说成 "落地、落头、身地" 等；"棉被" 可以说成 "被子、被单、被窝、布围" 等。

5.后缀 "子" 使用范围宽泛。如：更年子（今年）；昨朝子（昨天）；先头子（刚才）；吃下子（吃一下）；做下子（做一做）；耍下子（玩一玩）；贼子（偷盗者）；花子（乞丐）等。

### 二、词语举例

本词汇收录高港方言常用词语500余条，根据意义分成自然时空、各类人称、人体和疾患、生活习俗、行为性状、其他6类。词条右侧是与之意思相等或相近的普通话词条或解释。所有词条尽量用本字，本字不明的用同音或近音字或 "□" 加注音代替。为简明起见，同音代替或近音代替不作说明。词条原则上不注音，少部分音变较大的字用国际音标注音，阴平、阳平、上声、去声、阴入、阳入依次用①、②、③、④、⑤、⑥代替。

【自然时空】

| | |
|---|---|
| 亮月儿 | 月亮 |
| 丢点儿 | 开始下雨 |
| 落雨 | 下雨 |
| 落雪 | 下雪 |
| 落冰雹 | 下冰雹 |
| 霍闪 | 打闪 |

| | |
|---|---|
| 响雷 | 打雷 |
| 好天 | 晴天 |
| 变天 | 阴天 |
| 落天 | 下雨天 |
| 太阳堂堂 | 晴天 |
| 雨落沉沉 | 阴雨连绵 |
| 天干 | 天旱 |
| 天作变 | 天气转阴 |
| 早起/早上 | 早晨 |
| 中上 | 中午 |
| 夜上 | 夜里 |
| 这刻儿 | 现在 |
| 那刻儿 | 那时 |
| 哪刻儿 | 什么时候 |
| 先头子 | 刚才 |
| 朝朝/朝日咯 | 往日,以前 |
| 下晚 | 傍晚 |
| 更年子 | 今年 |
| 明年子 | 明年 |
| 更朝子 | 今天 |
| 昨朝子 | 昨天 |
| 明朝子 | 明天 |
| 后朝子 | 后天 |
| 回朝 | 多次,经常 |
| 先子/先朝子 | 前天 |
| 先先子 | 大前天 |
| 八大老早 | 很早 |
| 新新大头 | 春节期间,新年伊始 |
| 哪块 | 哪里 |
| 这块 | 这里 |
| 那块 | 那里 |
| 高头 | 上面 |
| 落头 | 地方 |
| 口头 | 与里头相对、靠外面的地方 |
| 顶里头/贴贴儿里头 | 最里面 |
| 堂屋家头 | 堂屋里 |
| 最高头 | 最上面 |
| 四转儿 | 周围 |
| 灶屋家头 | 灶屋里 |

【各类人称】

| | |
|---|---|
| 姆妈 | 妈妈 |
| 爹爹 | 爸爸 |
| 男将 | 丈夫或已婚男人 |
| 女将 | 妻子或已婚女人 |
| 妹子 | 妹妹 |
| 妹婿(④çi) | 妹妹的丈夫 |
| 兄弟 | 弟弟 |
| 弟新妇/弟娘子 | 弟弟的老婆 |
| 舅子 | 妻子的哥哥或弟弟 |
| 姨子 | 妻子的妹妹 |
| 姨爹 | 姨妈或姨娘的丈夫 |
| 姥姥 | 祖父 |
| 奶奶 | 祖母 |
| 婆姥姥 | 外祖父 |
| 婆奶奶 | 外祖母 |
| 舅姥姥 | 父亲或母亲的舅舅 |
| 舅奶奶 | 父亲或母亲的舅母 |
| 大大 | 伯父 |
| 大妈/□(④mɑ)妈 | 伯母 |
| 娘娘 | 父亲的妹妹 |
| 爷(②øi) | 叔叔 |
| 大爷(②øi) | 大叔 |
| 二爷(②øi) | 二叔 |
| 小爷(②øi) | 小叔 |
| 丫头 | 女儿,也指女孩儿 |
| 小伙 | 儿子,也指男孩子 |
| 乖乖肉 | 对子女、晚辈的爱称 |
| 相公 | 对男青年的尊称 |
| 先生 | 老师或医生 |
| 旁的人 | 别人 |
| 哪个 | 谁 |
| 嬷嬷儿 | 泛称已婚中年妇女 |
| 家伙 | 人或物的泛称 |
| 男的 | 男人 |
| 女的 | 女人 |
| 上人 | 长辈 |
| 下人 | 晚辈;伙计,佣人 |
| 少年王 | 调皮的青少年 |

| | |
|---|---|
| 双宝儿 | 双胞胎 |
| 下手把子 | 帮手 |
| 姑娘 | 指称别人的女儿 |
| 我叫 | 我们 |
| 你叫 | 你们 |
| 他叫 | 他们 |
| 私家/私咯 | 自己 |
| 侃家/侃咯 | 我家 |
| 乃家/乃咯 | 你家 |
| 讨债鬼 | 不学好的孩子 |
| 小兵瘪子 | 最普通的人 |
| 小皮瘪子 | 没有职位的普通人 |
| 麻木神 | 做事莽撞的人 |
| 乱摸神 | 做事慌张、丢三落四的人 |
| 覷小 | 过于精明的人 |
| 精公 | 技艺较精的人，聪明人 |
| 二显 | 行事原则有违常识的人 |
| 二愣子 | 行事原则有违常识的人 |
| 半吊子 | 知识不多而善卖弄之人 |
| 呆小 | 不聪明之人 |
| 三只手 | 小偷，掱手 |
| 瘦头 | 吝啬之人 |
| 肉头 | 脾气急、性格直的人 |
| 翻将 | 喜欢闯荡的人 |
| 凶将 | 泛指游戏技能的强者 |
| 泼将 | 做事大胆泼辣的人 |
| 消将 | 能力弱喜退缩或体质差的人 |
| 惹祸精 | 经常惹事的调皮孩子 |
| 死拿宝 | 斥责调皮的男孩 |
| 哭贼痞 | 儿童游戏中耍赖之人 |
| 死不清的 | 斥责做错事的孩子 |
| 打摆子的 | 斥责做错事的男孩子 |
| 抖头歪 | 遇到美事就神气的人 |
| 甩子 | 高傲自负之人 |
| 来尿精 | 经常尿床的小孩子 |
| 来尿宝儿 | 夜里常尿床的小孩子 |
| 馋猫儿 | 好吃的孩子 |
| 好吃宝儿 | 好吃的孩子 |
| 哭宝儿 | 好哭的小孩子 |

| | |
|---|---|
| 笑宝儿 | 好笑的孩子 |
| 掮马棒 | 举止轻浮的男子 |
| 坏（⑤xuəʔ）坯料 | 品行不端之人 |

【人体和疾患】

| | |
|---|---|
| 太阳心 | 太阳穴 |
| 眼睛泡儿 | 上眼皮 |
| 眼睛仁儿 | 眼珠 |
| 双箍儿眼 | 双眼皮 |
| 大拇指（⑤çiʔ）头 | 拇指 |
| 小拇指头 | 小指 |
| 膝头磨儿 | 膝盖 |
| 顺手 | 右手 |
| 继手 | 左手 |
| 觑觑眼儿 | 近视眼 |
| 喉咙屌儿 | 小舌 |
| 算盘珠儿 | 脊椎骨 |
| 脚拐儿 | 脚踝 |
| 手弯子 | 手腕 |
| 手膀儿 | 胳膊 |
| 嘴巴儿 | 面颊 |
| 屁股盘子 | 屁股 |
| 大块头 | 身材高大 |
| 偷鸡眼 | 麦粒肿 |
| 霍泡 | 皮肤起泡 |
| 做想梦 | 做梦 |
| 作泛 | 呕心欲吐 |
| 不安逸 | 有病，不舒服 |
| 打瞌冲 | 打瞌睡 |

【生活习俗】

| | |
|---|---|
| 晚茶 | 中晚餐之间的小餐 |
| 寿限 | 寿命 |
| 请人 | 请客 |
| 拿酒 | 遇事请客 |
| 上梁 | 房屋架正梁及其祝贺仪式 |
| 马子 | 马桶 |
| 棒儿 | 棍子 |
| 被（①p'i）单 | 被子 |
| 被窠 | 被窝 |
| 褂儿 | 上装，外衣 |

| | |
|---|---|
| 小褂儿 | 衬衫 |
| 加褂儿 | 外衣 |
| 裈裤 | 裤子 |
| 满裆裤 | 不开口的裤子 |
| 套鞋 | 雨天穿胶鞋 |
| 小屋 | 灶间，厨房 |
| 披儿 | 依正屋外墙搭的小房子 |
| 泡灰 | 草木灰 |
| 门塞子 | 门闩 |
| 大（①t'ɛ）斧 | 斧头 |
| 畚斗儿 | 簸箕 |
| 晾台 | 晒台 |
| 水窖 | 河边洗菜用的站台 |
| 淘篓儿 | 淘米篓 |
| 暖席 | 草席 |
| 踏板 | 床前放脚的一块平台 |
| 提梁儿 | 有提梁的小水桶 |
| 家计货 | 质好价廉实用物品 |
| 堂灰 | 灰尘 |
| 斲木头 | 砍木头 |
| 猪窠 | 猪圈 |
| 羊窠 | 羊圈 |
| 鸡窠 | 鸡窝 |
| 雀儿窠 | 鸟窝 |
| 狗窠 | 狗窝 |
| 茅缸 | 粪坑 |
| 窝节 | 囤积粮食用的外围物 |
| 窗篷 | 窗户 |
| 旮旯儿 | 角落 |
| 坟奶儿 | 乳状土坟 |
| □（③tɕiɔ）布 | 抹布 |
| 棉墩子 | 棉袄 |
| 打结搏 | 绳子打结 |
| 茶叶棒儿 | 茶叶梗 |
| 斗篷 | 斗笠 |
| 短膀儿 | 短袖衫 |
| 长膀儿 | 长袖衫 |
| 早茶 | 早点 |
| 镯头儿 | 镯子 |

| | |
|---|---|
| 杈（⑤ts‘ʌʔ）儿 | 梳子 |
| 索粉 | 粉丝 |
| 酸粥 | 菜粥 |
| 脚寸 | 鞋子的大小 |
| 脚子 | 剩余物 |
| 焦糈 | 炒熟的面粉 |
| 干面 | 面粉 |
| 恶水 | 泔水 |
| 角子 | 硬币 |
| 学堂 | 学校 |
| 毛猴子 | 水獭 |
| 蚱螂 | 螳螂 |
| 蟢蟢/蟢蟢蛛儿 | 蜘蛛 |
| 河蟮 | 蚯蚓 |
| 鱼秧 | 鱼苗 |
| 鱼芒 | 鱼刺 |
| 河歪 | 河蚌 |
| 鲫鱼头儿 | 小鲫鱼 |
| 贾娄 | 黑色个大的蝉 |
| 知鸢儿 | 绿色中等个的蝉 |
| 黄罐子 | 灰黄色个小的蝉 |
| 喷屎郎 | 屎壳郎 |
| 獾固儿 | 灰色个小的蛙 |
| 红豆儿 | 赤豆 |
| 肚里 | 里面 |
| 透水 | 开水 |
| 修宝塔 | 清明节前修坟 |
| 爬爬凳儿 | 小板凳 |
| 水洼塘儿 | 路面很小的低洼积水处 |
| 劖（①tɕiɛ̃）肉 | 肉圆 |
| 【行为性状】 | |
| 弄/糗 | 广泛的动作行为 |
| 搭 | 偷 |
| 蹓 | 跑 |
| 丢 | 放置，丢失 |
| 麻 | 辣 |
| 愷 | 斜靠 |
| 卓 | 竖立 |
| 滂 | 浮 |

| | |
|---|---|
| 蒯 | 不稳，左右晃动 |
| 园 | 藏 |
| 掇 | 挪，搬移 |
| 夯 | 呆，傻，笨；大力打砸 |
| 勩 | 器物久用磨损 |
| 晏（④øɛ̃） | 迟到 |
| 扚 | 拽，拔，摘，手掐 |
| □（①təŋ） | 扔 |
| 鬼 | 小气 |
| 抠 | 用手指或细小的东西挖 |
| 惹厌 | 小孩调皮 |
| 活劲 | 灵活 |
| 穷嘴 | 啰嗦 |
| 撩事 | 惹事 |
| 滴答 | 做事过于认真 |
| 滴细 | 细心 |
| 抖龙 | 癫狂，得意忘形 |
| 瞎糗 | 乱做，乱作为 |
| 撑饥 | 充饥，消除饥饿感 |
| 洋盘 | 买东西多花钱 |
| 等尔 | 近乎相等，差不多 |
| 卖呆 | 分神 |
| 醒睡 | 睡时易醒 |
| 癌揣 | 认死理 |
| 嫌像 | 不知趣，讨人嫌 |
| 现世 | 不中用的人 |
| 结嗐 | 无用的人 |
| 俏刮 | 女孩喜好打扮 |
| 瞎说 | 胡说 |
| 活嚼 | 胡说 |
| 作水 | 玩水 |
| 作火 | 玩火 |
| 作气 | 生气 |
| 作孽 | 做坏事 |
| 作死 | 寻死觅活 |
| 作兴 | 符合习俗 |
| 叽噪 | 话多惹人烦；声音嘈杂 |
| 着躁 | 着急 |
| 烦神 | 烦心 |

| | |
|---|---|
| 眍眼 | 眼窝深陷 |
| 格局 | 讲究 |
| 拿翘/拿乔 | 摆架子 |
| 蛮好 | 很好 |
| 侉糗 | 乱做 |
| 推板 | 蹩脚，差，不好 |
| 冲魂 | 闲逛 |
| 惶人 | 不给人面子 |
| 术滑 | 麻利 |
| 滑术 | 麻利 |
| 摸索 | 做事慢 |
| 眯马 | 做事慢，效率不高 |
| 厚实 | 稠，厚，丰厚 |
| 一当 | 有条理或表同意 |
| 捱□（③kɔ） | 受苦受难 |
| 异怪 | 很难看，丑 |
| 咂巴 | 说得太多 |
| 挺尸/挺觉 | 睡觉（贬义） |
| 坠责 | 认死理地追问 |
| 摸鬼 | 动作慢 |
| 斗搞 | 小孩相互打闹 |
| 掸眼 | 看见一眼 |
| 皮脸 | 小孩子调皮、玩 |
| 夯白 | 聊天 |
| 打阔 | 劝别人干某事 |
| 挑祸 | 搬弄是非 |
| 扯经 | 闲谈 |
| 讲经 | 争辩 |
| 搅沫 | 胡说 |
| 关会 | 叮嘱 |
| 关照 | 叮嘱 |
| 照会 | 告知，嘱咐 |
| 治（②tsʿʅ）鱼 | 宰杀鱼 |
| 对头 | 正确 |
| 谈谎 | 说谎 |
| 哇招 | 认错 |
| 呱呱叫 | 好 |
| 木竹 | 反应迟钝 |
| 向痴眼儿 | 注意力不集中 |

| | |
|---|---|
| 默人 | 糊弄人 |
| 糗劲 | 好生事 |
| 泛化 | 头脑灵活，敢想敢闯 |
| 犯气 | 不驯服，不听话 |
| 犯怪 | 不正常 |
| 犯跷 | 闹别扭，捣蛋，对着干 |
| 老相 | 指称年轻人没礼貌 |
| 嫩气 | 长相显年轻，不老到 |
| 脾家 | 脾气，习性 |
| 打等 | 停留 |
| 俯就 | 马虎，降低要求 |
| 淌汗 | 流汗、出汗 |
| 治攻 | 给他人以颜色、教训 |
| 蛮好 | 很好 |
| 时适 | 合适，看中 |
| 逼仄 | 空间不宽敞 |
| 穰咯 | 碎烂之极 |
| 局气 | 运气 |
| 软熟 | 松软 |
| 嫌相 | 所为不符场合或身份 |
| 格正 | 讲究，一本正经 |
| 瀽澡 | 用湿毛巾粗略地擦洗身子 |
| 讹着咯 | 数量等有讹错 |
| 嘟酸粥 | 说个不停 |
| 带夜作 | 熬夜工作 |
| 沙白的 | 很白 |
| 巴巴凑 | 还可以 |
| 砻呃过 | 将就着过 |
| 砻呃用 | 凑合着用 |
| 作嚎啕 | 趁势添乱 |
| 人来疯 | 趁势表演添乱 |
| 不作兴 | 不应该，不合时宜 |
| 不作算 | 不算数 |
| 猛一冲 | 突然一看 |
| 急口令 | 说话反映快 |
| 没得命 | 惊讶时的口头禅 |
| 不搭架 | 没有关系 |
| 勒嗓子 | 指称大喊大叫或高声唱歌 |
| 结愣子 | 说话结巴者 |

| | |
|---|---|
| 花头精 | 鬼点子 |
| 不亚于 | 不差于 |
| 烂奪皮 | 要无赖 |
| 了手位 | 父母把子女培养成人 |
| 活作泗 | 很脏,不讲卫生 |
| 隔壁戏 | 别人的趣闻 |
| 大呼隆 | 形容做事虚张声势,很少实效 |
| 鬼画符 | 乱写乱画 |
| 恨的穷 | 穷但花钱大方,不自量力 |
| 冲沟头 | 闲逛 |
| 把把戏 | 把戏,阴谋 |
| 呀呀乎 | 一点点 |
| 沾咸味 | 有一点关系 |
| 晃晃的 | 摇晃 |
| 不就料 | 在尺寸等方面不符合 |
| 作不得 | 嫉妒 |
| 等等的 | 急切盼望或快咽气 |
| 拍巴掌 | 拍手 |
| 凿骨子 | 用食指或中指关节敲头 |
| 跑快点 | 走快一点 |
| 捣鬼儿 | 小声耳语 |
| 奪淡话 | 说闲话 |
| 吁儿坠 | 反复追问认死理 |
| 一只鼎 | 很好 |
| 得得计 | 很实在 |
| 不啧声 | 不说话 |
| 滴点儿 | 一点儿 |
| 够煞咯 | 很烦、厌倦,很疲劳 |
| 水透了 | 水沸了 |
| 要赖皮 | 要无奈 |
| 拉呱儿 | 聊天,拉家常 |
| 推板些 | 稍差一些 |
| 没答煞 | 没必要理会 |
| 鬼形样子 | 难看 |
| 晏呃了 | 晚了 |
| 夜呃了 | 天黑入夜了 |
| 麻爪了 | 惹麻烦了,难处理了 |
| 邋遢咯了 | 后果严重了,难处理了 |
| 活伤形 | 不体面,出洋相 |

| | |
|---|---|
| 现洋相 | 出洋相，丢丑 |
| 嚼蛆子 | 胡说 |
| 拿鼻子闻 | 用鼻子闻 |
| 接咯把他 | 递给他 |
| 五点六点 | 因害怕而焦躁不安 |
| 干剥剥的 | 特别干 |
| 潮呃透呃 | 湿透了 |
| 打拦头板 | 阻拦 |
| 花瘪咯了 | 花谢了 |
| 扎实不错 | 很好 |
| 鬼吵呐喊 | 拼命喊叫 |
| 连跑带蹓 | 速度较快 |
| 等前伺后 | 等待 |
| 好丑不识 | 分辨力差 |
| 滴滴刮刮 | 彻底 |
| 一一当当 | 做事很有条理 |
| 局里局疤 | 不平整 |
| 半的不调 | 做事不符常规，半调子 |
| 吾儿禄山 | 糊里糊涂，乱成一气 |
| 爬上落下 | 频繁地上来下去 |
| 多事有事 | 不该过问的事不要过问 |
| 无的不故 | 没有缘故 |
| 丫五撬六 | 家庭或单位内部不和 |
| 冒的冒失 | 突然，莽撞 |
| 木的木穴 | 呆滞 |
| 瘊的疙瘩 | 粗糙，皮肤有较多小疙瘩 |
| 硬的巴浆 | 带杂质的硬 |
| 摇头活络 | 松动 |
| 滑的骨碌 | 很光滑 |
| 软的耷懈 | 软而下垂 |
| 油巴拉之 | 很油很脏 |
| 哭之拉呜 | 哭加伤心貌 |
| 糙之马猴 | 表面很粗糙 |
| 腥气不辣 | 腥味浓烈 |
| 黄之不蜡 | 脸色黄而消瘦 |
| 咸之不辣 | 太咸 |
| 臊气不辣 | 臊味浓烈 |
| 黏之搭之 | 脏而发粘 |
| 敞巴咧怀 | 胸部袒露兼随意貌 |

| | |
|---|---|
| 滋巴咧嘴 | 张大口笑且不严肃 |
| 粗巴拉哈 | 很粗糙 |
| 松巴拉基 | 很松 |
| 潮之邋遢 | 不清爽,有粘湿感 |
| 红白淡之 | 脸上气色好 |
| 急急屁儿 | 时间快到点了 |
| 匆急作忙 | 匆忙 |
| 嘘天怕地 | 小题大做,紧张地对待某事 |
| 一铺狼烟 | 室内物件摆放很乱 |
| 当着不着 | 形容不合时宜说话、做事 |
| 叉头官司 | 中途冒出的事情 |
| 费事巴巴 | 付出较大的气力 |
| 看斜头儿 | 在一旁看无关之事 |
| 昏头六冲 | 糊里糊涂 |
| 碍事绊脚 | 羁绊 |
| 腰肢懈怠 | 做事慢而乏力,不积极 |
| 甩而啪跐 | 趾高气昂的样子 |
| 麻里木秋 | 麻木 |
| 一敲一搭 | 两个人说话相互配合 |
| 霍的拐东 | 形容多管闲事 |
| 眼大无光 | 眼面前的东西看不见 |
| 打倒算盘 | 自我安慰 |
| 哈巴郎当 | 一共 |
| 谎撂白 | 说谎 |
| 亮头亮脑 | 天未黑之时 |
| 嘅油辣味 | 说风凉话 |
| 鬼门入橇 | 形容出歪点子 |
| 一冲之兴 | 未加以认真考虑 |
| 着的着忙 | 急急忙忙 |
| 嫌好识歹 | 对事物很挑剔 |
| 拗的拗蹩 | 拗口 |
| 新年大头 | 正月里 |
| 泡头肿脸 | 脸庞浮肿 |
| 饭皮肉壮 | 身体健壮 |
| 骨头骨榫 | 彻头彻尾 |
| 小打小敲 | 不过分的作为 |
| 四路八下 | 到处 |
| 怕怕失失 | 害怕 |
| 眼头见识 | 正确判断的能力 |

| | |
|---|---|
| 彳彳儿的 | 慢步悄声走 |
| 没摆子打 | 多此一举 |
| 没事做叻 | 没必要做某事 |
| 去你穷事 | 去做你的正事 |
| 有你事去 | 去做你的正事 |
| 及掐掐的 | 勉强符合尺寸或时间 |
| 虚的失张 | 害怕 |
| 拗的敝卜 | 别扭 |
| 杀得来了 | 恶事逼迫的情形 |
| 半的不调 | 事没做到位 |
| 三扒两噎 | 吃饭速度快 |
| 拙的拙巴 | 做事时手脚不灵巧 |
| 得高巴高 | 贪心 |
| 猫儿搭爪 | 跃跃欲试,招惹 |
| 叮叮挂挂 | 挂的东西多 |
| 瘤瘤蒯蒯 | 丰盛的瓜果悬挂貌 |
| 格的格局 | 讲究 |
| 眼泡六肿 | 睡眠太过,脸部浮肿 |
| 尖声挖气 | 女人说话声音尖 |
| 叠角展方 | 方方正正 |
| 哇乌夯酱 | 做的菜不清爽 |
| 前发后起 | 前赴后继 |
| 缩缩拢拢 | 手脚放不开 |
| 无事夯蒯 | 不明原因 |
| 滑的骨碌 | 表面相当光滑 |
| 瘊的疙瘩 | 表面不光滑 |
| 硬的巴僵 | 食品口感较硬 |
| 软的夯懈 | 物品受潮而不脆挺 |
| 哭之拉呜 | 哭得伤心的样子 |
| 淡儿挖刹 | 形容烧的菜淡而无味 |
| 敞巴咧怀 | 衣扣没扣好而露出胸部 |
| 龇巴咧嘴 | 形容说话者津津乐道 |
| 消嘴薄舌 | 形容人很会说话 |
| 倒霉磕冲 | 精神萎靡貌 |
| 撕洒落蒯 | 穿衣不正貌 |
| 揪儿窟儿 | 衣服不平复 |
| 泼泼洒洒 | 水溢出貌 |
| 认乎其真 | 认真 |
| 小气巴巴 | 吝啬 |

| | |
|---|---|
| 无的不故 | 没有缘由 |
| 眼屎吧嗒 | 早晨醒来未洗脸之貌 |
| 嘻大日缸 | 不够正经 |
| 哈腰驮背 | 后背未挺直 |
| 尖刁龊掐 | 过于精明 |
| 麻儿扯儿 | 喝酒后神智不够清楚 |
| 扯儿麻儿 | 牵扯不清 |
| 点点眼儿 | 一点点 |
| 屑屑岦儿 | 一点点 |
| 疯天煞地 | 形容女孩太不矜持 |
| 洋而蒯二 | 满不在乎貌 |
| 耳聋牵八 | 听力不太好 |
| 阴穴穴的 | 阴沉沉的 |
| 眉毛疙揪 | 对某事不满意之面部表情 |
| 歪的不斜 | 歪斜 |
| 蓬头散丝 | 头发乱蓬蓬之貌 |
| 肉膊膊的 | 光着身子 |
| 麻乎乎的 | 辣得很 |
| 插话头儿 | 抢话说 |
| 绿蒸蒸的 | 碧绿而鲜嫩 |
| 费事巴巴 | 形容所花气力多 |
| 就皮剥皮 | 按实际条件做事 |
| 小小不匀 | 一点点 |
| 腰肌懈怠的 | 形容动作缓慢 |
| 闷声大发财 | 取得成绩时不露声色 |
| 【其他】 | |
| 舞鬼 | 胡闹，乱来 |
| 作牵 | 纠缠不息 |
| 什的 | 什么 |
| 格曾 | 可曾，有没有 |
| 格会 | 会不会 |
| 格好 | 好不好 |
| 好在 | 幸好 |
| 骨什 | 对物的贬称 |
| 倒头 | 对事物不满时的评价 |
| 临了 | 最后 |
| 搞骚 | 打情骂俏或小孩打架 |
| 消强 | 个性或体质弱 |
| 封外 | 另外 |

| | |
|---|---|
| 隔斯 | 其他物品 |
| 怕的 | 大概，恐怕 |
| 辱决 | 讽刺挖苦 |
| 期朝 | 下一次 |
| 有得 | 有，富有 |
| 没得 | 没有，不富有 |
| 扎实 | 很，厉害 |
| 牢实 | 牢固结实 |
| 釜冠 | 锅盖 |
| 拿章程 | 出主意 |
| 不作兴 | 不时兴，不应该（做） |
| 关木三 | 鬼点子 |
| 鬼名堂 | 捣鬼 |
| 小金色 | 形容女子长得俊俏 |
| 息息儿 | 很小的间隙 |
| 豁嘴儿 | 唇裂 |
| 一庹长 | 两臂左右伸直的长度 |
| 哎哟喂 | 惊讶或疲劳时的口头禅 |
| 亦样的 | 也许 |
| 拿手戏 | 得意的技能 |
| 一对儿 | 一对 |
| 接头上 | 接着 |
| 做块儿 | 一起 |
| 数呃子 | 数一数 |
| 站呃下 | 立即，马上 |
| 要死叻 | 发火时的口头禅 |
| 要命欸 | 着急时的口头禅 |
| 咾包子 | 事情搞砸时的怨语 |
| 呀/伊呀 | 是的 |
| 一锅邋遢 | 总共 |
| 一道刮捞 | 总共 |
| 参前差后 | 受冷落，不受重视 |
| 走上海来 | 从上海来 |
| 做倒头梦 | 情绪不好时的口头禅 |
| 逼逼孔儿 | 无出路的狭小空间 |
| 适时浪怪的 | 羡慕他人物件时的样子 |
| 一刻儿功夫 | 一会儿 |
| 要人的（老）命 | 着急时的口头禅 |
| 跑得奔奔的 | 又急又快地跑 |

说不出个粳子搅米　　说不出所以然
米箩的跳到糠箩的　　跳槽到待遇差的单位
举手不打过头儿　　孩子长大了不宜粗暴家教

## 第三节　语　法

### 一、词法

1.方位词“上”应用范围广，有时作用相当于词缀。如：中上（中午）、夜上（夜里）、锅上（厨房里）、读上（读）、玩上（玩）、说上（说）、吃上（吃的方面）、穿上（穿的方面）。

2.词根加词缀“头”组成合成词的意思，有时不同于普通话。如：学头（学的价值）、做头（做的价值）、说头（说的价值）、吃头（吃的价值）、看头（看的价值）、听头（听的价值）、想头（想的价值）、比头（比的价值）、穿头（穿的价值）、买头（买的价值）、弄头（做的价值）。

3.词缀“子”的应用范围广。如：鸡子（鸡）、鸭子（鸭）、猪子（猪）、羊子（羊）、狗子（狗）、锅子（铁锅）、窗子（窗户）、妹子（妹妹）、肺子（肺）、胃子（胃）、腿子（腿）。

4.词缀“儿”的应用语境与普通话不完全相同。如：鹅儿（鹅）、猫儿（猫）、盆儿（盆）、杯儿（杯子）、狗儿（狗）、绳儿（绳子）、篮儿（篮子）凳儿（凳子）、点点儿（一点点）、抽屉儿（抽屉）、镯头儿（镯子）、落头儿（地方）、丝瓜儿（丝瓜）、豆儿（豆子）、锹儿（铁锹）、榔头儿（榔头）、棉袄儿（棉袄）。

5.动词、形容词加词尾“煞咯（ɕæʔkə）”，表动作、性状之极。如：吃煞咯、急煞咯、热煞咯、好煞咯、难煞咯、冷煞咯、疼煞咯、硬煞咯。

6.“呃ə”或“咯kə”是一泛虚词，使用频率高，相当于普通话动态助词“着、了、过”，或结构助词“得”，或介词“到、在”等。如：他捧呃（着）个碗；来呃（了）五个人；我读咯（过）课文了；她成绩好呃（得）没得命；跑呃（到）门口去等她；书放呃（在）桌上。

7.动词、形容词重叠“呃A”（或“咯A”）式相当于普通话的“A不A”式。如：呃走（走不走）、呃有（有没有）、呃好（好不好）、呃香（香不香）、咯学（学不学）、咯吃（吃不吃）。

8.动词重叠“A呃子”（或“A咯子”）式相当于普通话的“A一A”式、“AA”式、“A一下”式。如：等呃子（等一等；等等；等一下）、想呃子（想一想；想想；想一下）、看呃子（看一看；看看；看一下）、坐呃子（坐一坐；坐坐；坐一下）、吃咯子（吃一吃；吃吃；吃一下）、刮咯子（刮一刮；刮刮；刮一下）。

9.表性状的形容词重叠式多。如：ABB式（香喷喷）；BBA式（喷喷香）；AABB式（局局疤疤）；BBAA式（疤疤局局）；A里AB式（啰里啰唆）；A里不B式（啰里不唆）；A里不AB式（啰里不啰唆）；A里BC式（麻里木秋）；A之BC式（哭之拉乌）；A的AB式（拙的拙巴）；A的BC式（滑的骨碌）；ABCD式（吱巴咧嘴）。

10.句末语气词（兼动态助词）“了”出现频率高，可用“呃唻əlɛ”、“咯唻kəlɛ”或“唠lɔ”标示。如：他走呃唻（他走了），我走唠（我走了）；他来呃唻（他来了）；我好呃唻（我好了）；等。

11.由“小、子、头、宝、货、精、神、鬼”等虚语素构成表某类性质的人的名词。如：邋遢小（不讲卫生的人）、臭子（有狐臭疾患的人）、肉头（脾气生硬的人）、哭宝儿（爱哭的小孩）、瘟货（不听话的女孩）、惹祸精（经常闯祸的人）、麻木神（不够理智的人）、冻死鬼（怕冷的人）。

## 二、句法

1.双宾语中近宾语与远宾语位置与普通话不同。如：我送个桃子（把）你。（我送给你一个桃子。）你把点吃的他。（你给他一点吃的。）

2.反复问句表达形式特殊，其句式用虚词“呃（或咯）”加动词或形容词构成。如：你呃来？（你来不来？）他咯吃？（他吃不吃？）

3.人称代词复数表达形式特殊。如：ŋɤɯ$^{213}$叫（我们）；lŋ$^{213}$叫（你们）；他叫（他们）。

4.比较句有一种“A+形容词+过+B”格式。如：我强过你。（我比你强。）

5.口语中省略多。如：菜几钱斤？（这种蔬菜多少钱一斤？）桃子个人个。（桃子一个人分一个）。

6.口语中倒装句多。如：吃咯啦你，小张？（小张，你吃过啦？）上哪块去你？（你上哪里去？）

### 附1：单句举例

1.请你等呃子，我望呃子，他咯是不曾来。（请你等一下，我看一看，他是不是没有来。）

2.更朝子热煞咯唻，送个西瓜把你。（今天太热了，送你一个西瓜。）

3.说咯半天唻，你呃走啊？（说了半天了，你走不走啊？）

4.妈唻，你手上拿的什的果炅啊？（妈妈，你手上拿的是什么东西啊？）

5.你叫中午咯家去吃饭？（你们中午回不回家吃饭？）

6.我叫只欢喜玩，在吃上、穿上不考较。（我们只喜欢玩，在吃、穿方面不讲究。）

7.他混呃5年，人家都说他发咯财唻。（他干事干了5年，别人都说他发财了。）

8.一个月三百块，这工作有什的做头啊。（一个月拿三百块钱，这工作没有做的价值。）

9.这电视剧淡儿挖煞的，没得看头。（这部电视剧没多大意思，没有看的价值。）

10.这衣裳难看约咯唻，你说咯有穿头？（这衣服很难看，你说有没有穿的价值？）

11.你快点儿走楼上下来，有话要同你说咯。（你赶快从楼上下来，我有话对你说。）

12.她咯妹子肺子不好，胃子也不好。（她的妹妹肺不好，胃也不好。）

13.你先把窗篷擦下子，等一刻儿到厨房里烧一铫子水，再把小猪儿拿呃街上去卖。（你先把窗户擦一下，过一会儿再去厨房烧一壶水，最后把小猪拿到城里去卖。）

14.她用个筐儿把杯儿、盆儿、绳儿、榔头儿都放进去呃唻。（她用一个筐子，把杯子、盆子、绳子、锤子都放进去了。）

15.说呃一次又一次，他死活不听你的。（讲过一次又一次，他就是不听你的。）

16.送盆花把你，你闻看这花呃香？（送给你一盆花，你闻闻看这盆花香不香？）

17.外头冷煞咯唻，你这个冻死鬼呃曾穿棉袄儿啊？（外面相当冷，你这个怕冷的人有没有穿棉袄？）

18.这事你弄得怎呃说咯？把我等煞咯唻！（这事情你办得怎么样了？你把我等得不耐烦了！）

19.弄呃半天了，也不晓得你弄的什的果炅！（做了这么长时间了，也不知道你做的什么东西！）

20.小爷啊，把热水瓶摆呃桌上，歇下子再糗啊。（叔叔，你把暖瓶放在桌子上，休息一会儿再干吧。）

21.你不要啰里不唆的，等一刻儿他自然会把落头腾咯把你。（你不要啰唆了，等一会儿他自然会把地方腾给你。）

22.问：菜几钱斤？答：块钱3斤。（问：这种蔬菜多少钱一斤？答：这种蔬菜卖给你，你花一块钱可买3斤。）

23.你先坐呃子，等一刻儿我找个人把你望呃子，你如果合适就跟我说咯子。（你先坐一会儿，稍后我找来个人来让你看看，你若满意就跟我讲一下。）

24.他咯敢啊？他敢的话你就叫他后朝早上到贴贴儿里头的小屋家头来。（他敢不敢啊？他如果敢的话，你就叫他后天早上到最里头的小屋里面来。）

25.更朝我把这尖的事情弄呃好呃，明朝我就家去，呃好啊？（今天我把这边的事情解决好了，明天我就回家，好不好？）

26.只望见你一天到晚的糗，也不晓得你糗的什的果昃！（只看见你没日没夜地忙，就是不知道你忙的什么事情！）

27.你想看，我咯是这样的人？（你想想看，我是不是这样的人？）

28.稍微推板点儿，他就吵煞咯唻。（稍微差一点点，他就大声叫嚷开了。）

29.你望呃看，更朝晚上呃家来吃夜饭？（你考虑一下，今天晚上回不回来吃晚饭。）

30.昨朝一个贼子偷张老儿呃的果昃，一刻儿工夫贼子就被捉住呃唻。（昨天一个小偷偷老张家的东西，没多长时间小偷就被抓住了。）

## 附2：对话举例

女儿：姆妈，更朝早上我吃什的啊？（妈，今天早上我吃什么呀？）

母亲：你快点起来奥！等一刻儿，你吃昨朝的剩粥，还有柜儿的萝卜干儿。（你赶快起床吧！等一会儿，你吃昨天的剩粥，还有柜子里的萝卜干儿。）

女儿：这个太差唠，我不吃！我等呃子吃中饭。（这太差劲了，我不吃了！我等等吃午饭。）

母亲：这个不行噢！你不要命啊！（这怎么行啊！你不要身体啦！）

女儿：不要烦噢，人家都说我养得不丑，肥嘟嘟的。（不要担心，人家都说我养得好，胖胖的。）

母亲：丫头哎，你格曾听说咯，明朝厂里要把你叫一个个都喊呃去开会呀。（女儿哎，你有没有听说，明天厂里要把你们一个个喊去开会。）

女儿：我不曾听说，会没得开头。我只晓得伲咯的领导每天上班都是岌岌掐掐的，到呃下班最后一个才走。（我没听说，会没有开的必要。我只知道我们的领导每天都是离上班时间只差一点点时间才来，但下班他总是最后才走。）

母亲：这人怎呃说咯？（这个人怎么样？）

女儿：这人皮肤黑漆嘛乌的，脸上麻之麻啦的，头上蓬的辣疵的，手上糙的马猴的，衣裳穿咯身上撕索落蒯、救儿库二的。听呃说的他膝头磨儿还有问题，走路不蹜，整天的跩呃没得了。听呃说他工作还不丑吧。（这个人皮肤很黑，脸上有麻点，头发乱乱蓬蓬的，手粗糙得很，衣服穿在身上没样子。据说他膝盖还有毛病，走路不很快，整天自以为是。但据说他工作还可以。）

母亲：这人呃有女的啊？（这个人有没有老婆？）

女儿：你怎呃这样子问啊，我哪晓得咯！（你怎么这样问啊，我怎么可能知道！）

母亲：丫头哎，我望咯你也不小唠，你自己格曾望见个把欢喜的小伙儿？（女儿哎，我看你年龄也不小了，你自己有没有看中一两个你喜欢的男孩子。）

女儿：有个男儿我蛮欢喜的，不过呃他比我大。（有一个男孩子我喜欢，但他岁数比我大。）

母亲：这要什的紧咯，只要两个人合得来就行咯唻。（这不要紧，只要两人情投意合就行。）

女儿：姆妈，那你同我找个对象呃好啊？（妈妈，那么你替我找个对象可以吗？）

母亲：来啧，离伲家不远的旁边邻室咯有个小伙你望望看。（好啊，离我们家不远处一邻居家有个男孩子你可以看看。）

女儿：这男儿呃好啊？（这男孩子好不好？）

母亲：不丑噢，听人家说这小伙儿好呃没得命。（很好，听人说这男孩子相当好。）

女儿：呃是真的啊？他好呃哪个落头着？（是真的吗？具体好在哪里呢？）

母亲：大学毕业，人长得不丑，不像有的小伙长得死刑样子，皮肤白夆夆的，做事一事一当的，说话也不像有的小伙木的木穴的。（大学毕业，人长得没话说，不像有的男孩子长得难看，皮肤相当白，做事情非常有条理，说话不像有的男孩子那样呆板。）

女儿：这说还有望头嘞，就是不晓得他个子多高，做什的事情，呃有房子？（照这样说还有看的必要呢，不知道他个子有多高，做什么工作，有没有房子？）

母亲：个子高过你。才考上咯公务员，家里准备贷款同他买房子唠。（他个子比你高。工作嘛，刚刚考上公务员，他爸爸妈妈准备去贷款为他买房子。）

女儿：哎呀！什的都不丑，就是没得房子！（哎呀！什么都好，就是没有房子。）

母亲：我望咯你也不要翘嘎嘎的罢！好唠，不要说咖，我要买菜去唠。（我看你也不要孤芳自赏了！好了，不说了，我要去买菜了。）

女儿：更朝子下雨天，外头黑漆嘛乌的，路上滑煞咯唻，姆妈，你要小心嘎！（今天是下雨天，外面很暗，路上很滑，妈，你要小心啊！）

母亲：嗯噢，我晓得咯唠，你不要管我唠，快点起来噢，我走唠。（好啊，我知道了，你不要惦记我，你赶快起床吧，我走了。）

# 第二章　谚语　歇后语　隐语

## 第一节　谚　语

### 一、气象类

打了春，赤脚奔。

立春三天，百草拔芽。

春冷必有雨。

春霜不过三日雨。（春天下霜，下雨时间不会长）

春风裂石头，不戴帽子裂额头。

春天的汉子桃不动两个泥罐子。

清明断雪，谷雨断霜。（清明节气后不再下雪，谷雨节气后不再下霜）

吃饭三月，用钱腊月。（旧指人们三月春荒时节要吃饭，腊月期间为春节购物花钱最多）

三月三，是雀都生蛋。

吃了端午粽，才把棉衣送。

干千千万，干不掉五月十三。（无论之前天气多么干旱，农历五月十三这天也会下些雨）

时梅天，蓑衣斗篷不离肩。

莳的西风梅里雨，梅的西风暂时雨。（意谓如果黄梅季节吹西风，则预兆莳里下雨；如果莳里吹西风，则预兆少雨。）（“莳的”及“莳里”，指夏至到小暑）

时梅天的雾，等雨磨豆腐。（指梅雨季节下雾必有雨）

立秋三天分早晚。

秋天怕夜晴，夜晴日不明。（秋天夜里如是晴天，第二天必是阴雨天）

秋水如刀。

处暑萝卜白露菜。（处暑节气种萝卜，白露节气种菜）

八月初一把门开，脚带霜来。（农历八月初一起，天渐冷，开始下霜）

八月八，麻布褂儿不是法。（指八月天渐冷，需加衣御冷）

霜降小麦好穿针。（指霜降季节，小麦已播种出芽）

立冬种晚麦，小雪脱犁耙。（指立冬节气种的是晚麦，小雪节气秋播结束）

闰年不种十月麦。（闰年时候，在农历十月前即播种结束）

雨雪年年有，不在三九在四九。

长不过夏至，短不过冬至。

风凉茄儿藤乱瓜。（指茄儿苗栽得稀才会多结茄儿，瓜藤乱可多结瓜）

蚂蚁挡道，大雨要到。

蚂蚁搬家，大雨要下。

不怕初一落，就怕初二阴；不怕半月落，就怕十六阴。（指初一、十五下雨，当月多是晴天；初二、十六阴天，当月多是阴雨天）

长阴不过二十五，过了二十五，再从一上数。（指阴天不超过二十五天，如超过则会继续阴）

鸡子归家晚，明早天有变。（指鸡归窝晚，次日天气将会变化）

早上烧霞，等雨烧茶；晚上烧霞，热得哈哈。（指夏季早上出现霞光，预示将有雨至；晚上有霞光，预示明天天气晴热）

早上雷，饭后雨。（指夏日早上响雷预示中饭后即有雨）

落得早，不湿草。（指早上下雨一般不大）

太阳现了中，屋上烂个洞。（旧指雪雨季节太阳中午露脸，预示今后雨会持续不断，草屋顶多会腐烂致洞）

黄豆开花，捞鱼摸虾。（七月上旬黄豆开花时节，鱼肥虾壮，是捞鱼捕虾的好时候）

七月的天，小孩的脸。

夏至难碰端午节，百年难遇岁交春。（指端午节难逢夏至，19年遇1次；春节与立春也难相遇）

清明要明，谷雨要雨。（指清明时节天气要明朗，谷雨节气要下雨，预示风调雨顺）

日落乌云涨，半夜听雨声。（指太阳落山时若乌云满天，半夜里将会下雨）

云自东北起，必有听雨响。（指东北起乌云，必定有雨）

青蛙叫，大雨到。

水里泛青苔，必有风雨来。（指春夏之季，水中泛起青苔，必定有大风大雨）

蜻蜓成群绕天空，不过三日雨蒙蒙。

半夜无星，大雨将临。（指春夏之际，半夜乌云密布，预示大雨将至）

雨打黄梅尾，车水车断一双腿。（旧指梅雨季末尾时段下雨预示今后天旱，需经常车水灌溉）

雷声沉闷，其雨必大；雷声炸响，其雨将消。

若要晴，望山青；若有雨，望山白。（指在本地远望镇江圌、蒋二山，山影清晰预示晴天，山影模糊预示阴雨）

霜重见晴天。（早上霜重，预示天晴）

东虹日头西虹雨。（东方出彩虹则天晴，西方出彩虹则下雨）

暴雨隔节田，乌鸦湿半边。（指雷雨分区域，界线分明）

雷轰天边，大雨连天。（指雷声由远而近，则雨会下得很大）

雷声绕圈转，有雨不久远。（指响雷不断，只是暂时雨）

天上云成鱼鳞斑，明天晒草不要翻。（天上若出现鱼鳞状云，明天将是好天气）

直闪雨小，横闪雨大。（指雷电方向决定雨大雨小）

烟囱不冒烟，一定是阴天。（指气压低时明天必定是阴天）

早怕东南黑，晚怕北推云。（早上东南方向乌云密布，晚上北方乌云滚滚而来，则天要刮风或下雨）

石板脚转潮，必有雨水到。

二八雪雨风，过了二八好晴空。（指农历二月初八后都是好天气）

小暑头，日夜吼。（指小暑节气期间，天气极热）

小暑热得透，大暑凉飕飕。（指小暑热透了，大暑节气间不会再那么热）

早上朵朵云，下午晒死人。

东风急匆匆，半夜雨咚咚。（指东风刮了又停，必有雨来）

雨中闻蝉叫，预示晴天到。

月亮撑红伞，有大雨。（指月亮呈红色，明天必有大雨）

月亮撑黄伞，有小雨。（指月亮呈黄色，明天必有小雨）

月亮撑蓝伞，多风云。（指月亮呈蓝色，明天多半会有风和云）

月亮撑黑伞，大晴天。（指月亮呈黑色，明天必是大晴天）

久晴天射线，不久有雨见。（指长时间晴天后必定有雨）

夏至有风三伏热，重阳刮风一冬晴。

不刮东风不雨，不刮西风不晴。

麻雀囤粮落雪，狗进灶膛雪就到。（指麻雀集群觅食，狗儿躲进灶膛，预示大雪来临）

猫狗换毛早，冬季冷得早。（指猫狗换毛时间早，冬季就会冷得早）

月亮起毛，大雨滔滔。

日晕为风，月晕为雨。（指日变色要起风，月变色将下雨）

燕子低飞蛇过道，大风大雨就来到。

早刮东风不下雨，涝刮东风雨咚咚。（晴天刮东风不会下雨，下雨天刮东风则雨会越下越大）

早看东南、晚看西北。（早晨东南方如乌云接太阳，预示明日有雨，晚上则看西北方）

朝霞不出门，晚霞行千里。（早晨东方现彩霞白天会下雨，晚上西方现彩霞将接连晴天）

南闪火门开，北闪有雨来，北闪不过三日雨。（南闪预示天很热，北闪有雨，但不长久）

春寒必有雨，夏凉井底干。（春天寒冷必然要下雨，夏天凉爽则晴天不断）

春雪冻老牛。（春天下雪很寒冷）

喜鹊窝搭得高，预示年内有大水；喜鹊窝搭得低，预示年内有大风。
日暖夜寒东海也干。（日暖夜寒，天气往往晴干，久不下雨）
干咸菜滴水天要下雨，盐罐返潮大雨难逃。
地墙出汗烟筒闷烟，十天以内水连天。
热生风冷生雨。
今天热得很，明天下雨靠得稳。
早上乌云盖，无雨也风来。
云拦东，没有雨就有风。
雷轰天顶有雨不猛，雷轰天边大雨连天。
先雨后雷，其雨必大；先雷后雨，其雨必小。

## 二、农事类

种田不养猪，秀才不读书。（指种田人不养猪，犹如秀才不读书）
养猪不赚钱，回头望望田。（指养猪不赚钱，但猪粪撒入田中，最终会获得粮食丰收）
种田不上粪，等于瞎胡混。
冬前垩金，冬后垩银，过了年垩的不值钱。
冬垩金，春垩银，过了清明等于零。
稻田水多是糖浆，麦田水多是砒霜。
三年不选种，增产定落空。
好种出好苗，好树结好桃。
芒种不种，过后落空。（芒种时节应及时播种）
夏至无雨，囤里无米。（夏至节气无雨，则天旱）
清明晴，六畜兴；清明雨，损百果。
清明到，麦哨叫。（指清明到，大麦抽穗）
吃了清明饭，还有四十五天把麦掼。（指清明节后四十五天，大小麦成熟）
庄稼一枝花，全靠肥当家。
人哄地皮，地哄肚皮。（人勤耕细作，施肥于土地，土地会产粮，让人吃饱肚皮）
人勤地出宝，人懒地生草。
人不缺地工，地不缺人粮。
秋干出黄金，三春抵不上一秋忙。（秋天天干，庄稼会丰收，秋天是繁忙的）
青蛙开口早，早稻一定好。
立夏三天扯菜籽，六月初三得一瀑，海国天涯都打稻。（立夏后三天菜籽成熟，六月初三下一场大暴雨，预示水稻将迎来丰收）
谷雨前后三天粉，未来才见果（白果）挂杆。（指谷雨前后三天是给银杏树授粉的时候）
有钱买种，无钱买苗。
稻上百，麦上六，黄豆角儿三十六。（指丰收）
秧苗受了搁，到老不发着。（指秧苗不能缺水）
黄豆怕奶干，山芋怕水淹。（黄豆刚结嫩荚时怕旱，山芋则怕涝）
冬前三次雪，庄稼稳如铁。（冬雪能灭田间害虫，可保庄稼丰收）

寸麦不怕尺水，尺麦就怕寸水。（麦子初长时不怕水，长至一尺高时则怕水）

四月八日晴，油菜麦子长两成；四月八日落，油菜麦子光壳壳。（指四月八日晴雨决定油菜麦子收成）

## 三、健身养生类

吃米带点糠，老小都健康。

冬吃萝卜夏吃姜，不劳医生开药方。

吃饭防噎，走路防跌。

寒从脚上起，病从口中入。

白露身不露，着凉易泻吐。（白露时节冷空气日趋活跃，要注意防寒，不要着凉）

早早睡早早起，眼睛鼻子都欢喜。

美酒不过量，好菜不过食。

衣要看天穿，饭要按时吃。

小病不医，大病难治。

心静自然凉。

心静自然安。

睡前泡泡脚，胜服催眠药。

早饭吃好，中午吃饱，晚上吃少。

酒多伤人，色多伤身。

冻冻晒晒身体强，捂捂盖盖脸皮黄。

朝食三块姜，如喝人参汤。

脑子怕不用，身体怕不动。

脑子要多用，手脚要多动。

三分吃药七分调理。

要得小儿安，三分饥和寒。（要想幼童身体健康，喂食不要过分饱，穿衣不要过分暖）

站有站相，坐有坐相，睡觉要像弯月亮。

三天不吃青，两眼冒金星。（指饮食中要常吃蔬菜）

房宽地宽，不如心宽。

人有童心，一世年轻。

老来忙，寿命长。

“坐”到老不如“做”到老。

唱唱跳跳，永远不老。

## 四、教育类

桑树从小扔，到老笔笔直。（孩子要从小教育，长大才能成人成才）

从小一观，到老一半。（指人小时候的心性习惯一般到老都不会轻易改变）

清晨不起误一天，少年不学误一世。

活到老，学到老；活到老，学不了。

人误地一时，地误人一年；误了儿女害一世。

跟好人学好人，跟狐狸学妖精。
好书不厌百回读，熟读深思理自知。
人行千里路，胜读十年书。
读不完世间书，走不完天下路。
学无老少，能者为师。
学习不怕根基浅，只要迈步总不迟。
笨鸟先入林，慢船提前开。
三天不念口生，三天不做手生。
师傅领进门，修行在各人。
不懂装懂，永是饭桶。
数子十过，不如奖子一长。（指教育孩子要坚持多表扬、少批评）
做贼就从偷菜起。
不能正己，怎能正子。
栽秧要趁早，教儿要趁小。
老鸡不上灶，小鸡不乱跳。（喻指父母要为孩子做出好榜样）
成家子粪如宝，败家子钱如草。（成家的人勤俭节约，败家的人花钱如水）
不求金玉重重贵，但愿子孙个个贤。
垃圾烧灰能成肥，浪子回头金不换。
浇花要浇根，教子要教心。
当家才知柴米贵，养儿方晓报母恩。
生前不把父母敬，死后何必哭魂灵。
要求子孝，先敬爹娘。
靠着勤的，没有懒的；靠着馋的，没有攒的。（指跟什么人，就会学做什么样的人）
娘勤女不懒，爹懒儿好闲。
跟着啥人学啥人，跟着巫婆学跳神。
骗人家只有一次，害自己却是一生。
上梁不正下梁歪，中枢不正倒下来。（喻指父母的德行不正会影响子女）
少年学习记得深，好比石上刻道痕。
上人宁可自己讨饭，不忍下人睁眼瞎。
脑子越用越灵，手越用越巧。
好记性不如烂笔头。
听人教，武艺高。
一天不练手脚懒，三天不练成了门外汉。
人怕没志，树怕没皮。
屋不修易漏，人不学脑锈。
不吃饭则饥，不读书则愚。
补漏趁晴天，读书趁年轻。
读书不想，隔靴挠痒。（喻指读书时要勤于思考）
赌钱众人骂，读书众人夸。

吃不穷，穿不穷，算计不到一世穷。
八败命就怕死来做。（喻指只要勤劳就会有收获）
着忙不在早上，只要碰到巧上。

## 五、讽刺类

同吹一把号，同唱一个调。（指两个人的观念、喜好等一致）
秀才面前卖诗文，关公跟前舞大刀。
一步一个谎，三步两个骗。
七个当家，八个做主。
嘴上喊哥哥，袋里摸家伙。
没读一天“人之初”，就想成个孔夫子。
前怕狼后怕虎，被窝里头怕老鼠。
新娘进了房，媒人甩过墙。
眼睛一眨，老母鸡变雄鸭。
吃饭像条龙，做活像条虫。
狗行千里吃屎，狼行千里吃人。
马不知脸长，牛不知角弯。（喻指自己不了解自己）
朝中有人好做官，家里有狗好看门。（喻指倚仗权势）
得势的猫儿凶似虎，失势的凤凰不如鸡。
债多不愁，虱多不痒。（喻指麻木不仁）
馋婆娘盼时节，懒婆娘盼阴天。
有钱不过宿，有米不喝粥。（指不会算计着过日子）

## 六、生活类

撑船打铁磨豆腐，半夜湿了鞋子头。（喻指人起半夜，做事勤劳）
有着婆婆许猪羊，用不着婆婆推下江。
你没生过儿，不知娘的苦。
青布袋，麻布袋，一代不如一代。
你嫌它豆腐烂，还有人等它当中饭。
饱带饥粮，晴带雨伞。（指事前做好充分准备）
背后不商量，当面无主张。
不怕人不请，就怕艺不精。
馋人家里没饭吃，懒人家里没柴烧。
端人家碗，受人家管。
耳不听心不烦，眼不见嘴不馋。
瓜无滚圆，人无十全。
过头话少说，过头事少做。
好事不瞒人，瞒人没好事。
河长多滩，路长多弯。（喻指人生道路多有曲折）

虎吃人易躲，人吃人难防。
路湿早脱鞋，遇事早安排。
人多智谋广，柴多火焰扬。
日长事多，夜长梦多。
有事有人，无事无人。（有求于人时才敬重人，平时目中无人）
打也来，骂也来，蚀本的交易决不来。
邻室好，赛金宝。
学好三年，学坏三天。
外头有个挣钱手，家里有个堆钱斗。（喻指夫妻俩会治家过日子）
说千道万，不如自己买米煮饭。

## 七、明理类

没吃过驴肉，但听过驴叫。（喻指知道一点某事的情状）
会看戏的看门道，不会看戏的看热闹。
静时常思自己过，闲时莫议他人非。
理字没多重，万人抬不动。
欲知世事理，将人比自己。
家有千口，主事一人。（指一家只有一个当家的）
不经冬寒，哪知春暖。（喻指吃过苦的人才知道什么是幸福）
吃一回亏，学一回乖。
砍柴须得斧子快，磨刀不误砍柴工。
经一番挫折，长一份见识。
要知父母恩，怀里抱儿孙。
无理心慌，有理胆壮。
水退石头在，好人说不坏。（喻指按事实说话）
让人一寸，得理一丈。
有理说实话，无理乱扯扯。（喻指不讲理的人胡闹乱扯）
好酒不在酿，好人不怕讲。
理不短，嘴不软。
碾谷要碾出米来，讲话要讲出理来。
天无一月雨，人无一世穷。
月缺不改光，箭折不改钢。（指外在形态不影响事物的本质）
水往下流，人争上游。
只要自己上进，不怕人家看轻。
只怕不勤，不怕不精。
养儿防老，积谷防饥。
鸟往明处飞，人往高处走。
宁可人穷，不可志短。
有上不去的天，没过不去的关。

有山必有路，有水必有渡。
不向前抬腿，怎知道路远。
常说嘴上顺，常做手不笨。
长五月短十月，不长不短二八月。
弹琴知音，谈话知心。
鼓要打到点上，笛要吹到眼上。
马好不在叫，人好不在貌。
财来精神长，穷来瞌睡多。
赢钱三只眼，输钱奋奋痴。
一人不抵二人计，三人想个好主意。
三勤夹一懒，要懒不得懒；三懒夹一勤，要勤不得勤。
好人就怕坏人劝，瓷瓦片就怕金刚钻。
不怕逼债的狠，就怕差债的穷。
死得穷不得。
穷不及放火烧。（指人穷不可怕，可怕的是花钱大手大脚，那样再富也会很快变穷）
娘有爷有，不及自己有。
穷不了一世，富不过三代。
荒年饿不煞手艺人。
好货不便宜，便宜没好货。
有理不在声音大。
将人心比己心。
一口吞不了一个饼，一锹挖不出一个井。
心大的蜡烛不经点。（指贪心极大的人做事容易失败）

## 八、其他类

儿不嫌母丑，狗不嫌家穷。
秋后的蚂蚱，跳不了几天。
日里不做亏心事，半夜敲门心不惊。
老牛肉有嚼头，老人言有听头。
树老根须长，人老见识广。
养鱼塘里洗把澡，不捞鱼儿也有腥。（指遇事推脱不了干系）
要吃辣种胡椒，要吃鱼江里钓。
灯不亮要人拨，事不明要人说。
穿衣戴帽，各人所好。
木尺虽短，能量千丈。
不担三分险，难练一身功。
多下及时雨，少放马后炮。（用以讽刺那些事前无意见、事后才高谈阔论的人）
蜂多出王，人多出将。
逢恶不怕，逢善不欺。

更朝有酒更朝醉，明朝无米喝清水。
人家夸我一枝花，自己夸己人笑话。
要打当面鼓，莫敲背后锣。（指有话应该当面说）
没得三分胆，别上花果山。
在家不打上门客。
做贼的心虚，放屁的脸红。

## 第二节 歇后语

矮子过河——越淌越深
矮子爬楼梯——步步高升
八十岁的老太太打哈欠——一望无牙（涯）
八十岁的老头儿学吹打——上气不接下气
八十岁的公公挑担子——心有余而力不足
八十岁的妈妈扎红头绳——老来俏
八仙吹喇叭——神气十足
铜匠的担子——挑到哪儿响（想）到哪儿
背儿媳妇过河——吃力不讨好
鼻子里插大葱——装象（相）
苍蝇飞到瓶子里——四处碰壁
苍蝇闻到腥臭——不招自来
草帽烂了边儿——顶好
茅缸里的石头——又臭又硬
厕所里装电扇——出臭风头
茶壶里煮饺子——倒不出来
茶壶打了把儿——只剩下嘴了
嫦娥脸上长痣——美中不足
唱戏的喝彩——自己给自己捧场
看戏淌眼泪——替古人担忧
炒咸菜不放酱油——有言（盐）在先
六个鬼死掉个鬼——五（舞）鬼
扯胡子过河——牵须（谦虚）
城隍老爷搬家——神出鬼没
吃过晚饭赶路——越走越黑
吃饺子不吃馅——挑（调）皮
池塘里的藕——心眼儿多
丑媳妇见公婆——迟早的事

臭豆腐——闻起来臭吃起来香
出门戴口罩——嘴上一套
出头的椽子——先烂
厨房里的蒸笼——经常受气
除夕晚上盼月亮——没有指望
穿钉鞋拄拐杖——稳上加稳
穿鞋子没底——脚踏实地
窗户边上吹喇叭——鸣（名）声在外
窗口敲大锣——里外响当当
窗户里走人——没有门道
床单当毛巾——大大方方
床底下吹喇叭——底（低）声下气
床上的花枕头——置于脑后
葱叶炒藕——空空洞洞
打灯笼拾粪——找屎（死）
门缝里看人——把人看扁了
敲锣卖糖——各管各行
大姑娘上轿——头一回
大姑娘吃饭——细嚼慢咽
大姑娘相亲——忸忸怩怩
大年三十看历书——没有日子
大年初一送财神——见面说好
大年初一吃饺子——没外人
大树底下聊天——尽说风凉话
坐飞机吹喇叭——唱高调
大白天碰见阎王爷——活见鬼
大肚子走钢丝——铤而走险
大路旁的电线杆——靠边站
戴草帽亲嘴——隔得太远
戴斗笠打伞——多此一举
戴马桶坐大堂——赃官
稻草人点火——惹火烧身
灯草栏杆——靠不住
飞蛾扑火——自取灭亡
点心铺里买棺材——跑错了门
电线杆上晒衣服——架子不小
电锯开木头——当机立断
雕花的扁担——中看不中用
吊死鬼搽粉——死要脸

掉进油缸里的老鼠——油头滑脑
豆腐炖骨头——有软有硬
东北的二人转——一唱一和
冬天里喝冷水——点滴记心头
冬至已过——来日方长
斗败的公鸡——神气不起来
豆腐脑儿摔担子——倾家荡产
堵住耳朵偷铃铛——自己欺骗自己
瞎子坐牢——不分日夜
瞎子牵牛——丢不得手
瞎子看戏——凑热闹
抬棺材拾到钱——哭的哭、笑的笑
泥菩萨过河——自身难保
田鸡翻跟斗——白肚子
脱裤子放屁——多此一举
大斧插在屁眼里——作屎（死）
纸糊的琵琶——弹（谈）不得
聋子的耳朵——摆设
唱戏的胡子——假的
头顶害疮、脚下淌脓——坏透了
百个麻雀煮一碗——嘴多
四两棉花八把弓——细弹（谈）细弹（谈）
背后作揖——反礼
土地庙没顶——神气通天
蜻蜓吃尾巴——自吃自
一条裤子三条管——多管
驼子跌跟斗——两头不着实
肉馒头打狗——有去无回
小米和锅——没上没下
狗咬吕洞宾——不识好人心
六月里死了不生蛆——烂好人
放屁打灰尘——屁嘭嘭
包公断案子——铁面无私
王瞎子算命——不留情
跑路拾到膏药——小贴贴
偷嘴的猫儿——打不改
猫儿哭老鼠——假慈悲
坐井观天——一孔之见
死人堆里寻骨头——到处伸手

两驼子吹牛——彼此彼此
南郭先生吹竽——滥竽充数
一朝天子一朝臣——官官相护
只见楼板响不见人下地——说得好听
文不像个秀才，武不像个兵——吊儿郎当
码头上的蚊子——专吃客
张王庙（或狼山）的菩萨——照远不照近
无风的鹞子——满天飞
打肿脸充胖子——活受罪
小和尚化缘——多多益善
沙滩上撒种子——广种薄收
上膛的子弹——一触即发
小媳妇掌勺——逼上梁山
擀面杖吹火——一窍不通
日不作夜摸索——穷忙
外面画龙画凤，回家是条小虫——气（妻）管炎（严）
天亮了鸡才叫——白啼（提）
杨家桥的锣鼓——各打各
正月半送门神——新鲜花头
土豆下山——滚蛋
黄脸找老公——没人搭讪
郭呆子炒菜——淡而无味
双胞胎的脸盘——难分二样
王小二下面——看人使汤
携瞎子过桥——小心为妙
两公牛触角——争风吃醋
提着裤子过街——不像人样
王二娘拉家常——东扯西拉
鸡蛋里挑骨头——尽找麻烦
针材窝里打架——两派俱伤
瞎子吃馄饨——心中有数
往年的皇历——不中用
筛子当锅盖——眼儿不少
十字路口迷了道——不知东西
异乡做客——入乡随俗
老和尚敲木鱼——总是挨打的货
老爷子走山路——力不从心
一个女儿许两个婆家——弄不好
一分钱打发叫花子——把人不当人

上轿穿耳朵，下雨搭帐篷——迟了
阴天背稻草——越背越重
阴天驮穰草——越驮越重
秃子头上的虱子——藏不住
卖豆芽断了秤——乱抓
鸭子吞筷子——转不过弯
冷水发酵——没多大长头
小河塘捕鱼——一网打尽
公鸡打咯咯——卖巧
看公式做文章——千篇一律
俏媳妇戴凤冠——好上加好
强盗打官司——包输
青菜豆腐——一青二白
肉案上的买卖——斤斤计较
三花脸照镜子——鬼相
桑木扁担——宁折不弯
扫帚上戴帽子——不是人
舌头碰牙齿——免不了
寿星老儿的脑袋——宝贝疙瘩
孙猴儿的脸——说变就变

## 第三节 隐 语

新中国成立前，开店做生意多不标明价格，同行间谈生意都用暗语（俗称吐舌子）代表价钱、斤重等，蒙混顾客。如粮行说某粮价"每石小川价"意为每石二元三角；剃头收费"日角"意为收二角钱。新中国成立后，暗语渐废。

数量"1、2、3、4、5、6、7、8、9、10"在不同行业中的隐语分别为：

| | | | | | | | | | | |
|---|---|---|---|---|---|---|---|---|---|---|
| 粮 行： | 长 | 落 | 己 | 时 | 麦 | 从 | 春 | 伏 | 求 | 长 |
| | 尖 | 小 | 川 | 书 | 元 | 叉 | 条 | 刀 | 万 | 尖 |
| | 旦底 | 抽工 | 眠川 | 杀西 | 缺丑 | 断大 | 毛根 | 入开 | 未丸 | 早底 |
| 米 行： | 旦底 | 断工 | 眠川 | 横目 | 缺丑 | 断大 | 皂底 | 分头 | 丸空 | 田心 |
| 布 店： | 支 | 旦 | 羊 | 尼 | 磨 | 龙 | 铁 | 把 | 鸠 | 之 |
| | 立 | 千 | 秋 | 大 | 业 | 创 | 万 | 载 | 根 | 基 |
| 中药店： | 丁 | 冒 | 参 | 书 | 劳 | 庸 | 少 | 刀 | 万 | 串 |
| 茶叶店： | 狮 | 象 | 麒 | 麟 | 犼 | 虎 | 豹 | 鹿 | 狼 | 狮 |
| | 旦 | 竺 | 春 | 罗 | 语 | 交 | 皂 | 共 | 旭 | 旦 |
| 香 店： | 沉 | 檀 | 降 | 速 | 贡 | 丁 | 广 | 麝 | 乳 | 沉 |

| | | | | | | | | | | |
|---|---|---|---|---|---|---|---|---|---|---|
| 杂货店: | 旦底 | 抽工 | 眠川 | 杀西 | 缺丑 | 断大 | 毛根 | 分上 | 未丸 | 田心 |
| | 尖 | 小 | 川 | 书 | 元 | 叉 | 草 | 刀 | 万 | 尖 |
| 木　行: | 溪 | 贝 | 非 | 盘 | 坑 | 雍 | 皂 | 贩 | 进 | 溪 |
| 八鲜行: | 尖 | 小 | 坐 | 竖 | 言 | 叉 | 条 | 刀 | 万 | 夹 |
| | 由 | 申 | 人 | 工 | 大 | 王 | 主 | 井 | 羊 | 非 |
| | 长 | 落 | 鸡 | 子 | 麦 | 从 | 春 | 伏 | 仇 | 长 |
| | 兼 | 小 | 搓 | 搓 | 圆 | 差 | 草 | 刀 | 万 | 尖 |
| 理　发: | 溜 | 日 | 望 | 执 | 中 | 辰 | 心 | 张 | 爱 | 台 |
| 浴　室: | 溜 | 月 | 望 | 执 | 中 | 禅 | 仙 | 张 | 爱 | 台 |
| 缝　纫: | 绳 | 难 | 丈 | 书 | 某 | 劳 | 造 | 要 | 球 | 香 |
| 铜　匠: | 旦 | 衣 | 寸 | 口 | 丁 | 龙 | 青 | 戈 | 欠 | 田 |
| 鞋　匠: | 洞 | 花 | 财 | 油 | 风 | 顺 | 利 | 托 | 背 | 洞 |
| 补　锅: | 水 | 乃 | 扬 | 朱 | 满 | 龙 | 星 | 牌 | 晚 | 烛 |
| 艺　人: | 调 | 鹅 | 称 | 地 | 无 | 交 | 星 | 眉 | 珠 | 长 |
| 西药房: | 济 | 世 | 有 | 良 | 药 | 生 | 民 | 多 | 妙 | 方 |
| 香　火: | 条 | 夫 | 撑 | 方 | 无 | 交 | 心 | 拔 | 球 | 条 |
| 皮　坊: | 土 | 圈 | 谋 | 长 | 人 | 阜 | 木 | 别 | 王 | 土 |

# 泰州市高港区志

## 第三十篇 街道 镇

# 第三十篇　街道　镇

2008年，高港区辖口岸、刁铺、许庄、永安洲、白马、大泗、胡庄、野徐8个街道、镇。口岸历史悠久，商贸繁荣，经济发达，为全区政治、文化、经济中心，面积、人口、经济总量区内居首，多年位列泰州市十强乡镇；刁铺乡镇工业发达，经济总量一度领跑泰兴、苏中；许庄古银杏林园环境优美，省级开发区成为高港工业发展新引擎；永安洲曾有华东最大苗猪市场，今为全市沿江开发和生态保护主阵地；白马的历史传说、海军文化千古流芳；胡庄、大泗生态建设苏中有名；野徐消防器材、机电设备畅销国内外。

# 第一章　口岸街道

口岸街道为区委、区政府驻地。北接刁铺街道、许庄街道，东南连永安洲镇，东与泰兴市宣堡镇、马甸镇接壤，南临长江与扬中市三茅镇隔江相望，西与江都市嘶马镇交界。地势东北高，为高沙土区，西南低，为沿江地区。海拔2.4～5米。水陆交通便利，江平、泰高公路纵横交汇。泰州港高港港区（高港、杨湾作业区）位于境内，南官河、泰州引江河穿境而过。2008年，街道总面积70.66平方千米，其中建设用地面积6.65平方千米、耕地面积17.6平方千米、水域面积1025公顷。总户数24171户，户籍人口68406人，人口密度968人/平方千米。完成地区生产总值20.67亿元，其中第一产业1.04亿元、第二产业10.73亿元、第三产业8.9亿元；财政总收入1.23亿元，预算内收入1.11亿元；实际利用外资和港澳台资480万美元；农民人均纯收入9948元。

1988年，获批江苏省对外开放重点工业卫星镇。1991年，获江苏省百家名镇称号。1992年，获江苏省文化先进乡镇称号。1995年，获江苏省苏中农村综合实力百强乡镇称号。1996年，获全国亿万农民健身活动先进乡镇、江苏省科技先进乡镇称号。1997年，获江苏省新型示范小城镇、江苏省科普文明乡镇称号。1998—2004年，连续7年获泰州市十强乡镇称号。

## 第一节　建置区划

口岸街道古称柴墟镇，北宋太祖乾德二年（964）为泰兴县治所在地，时于四周垒土围城，肖龟，周九里，号为“龟城”。靖康年间（1126—1127），金兵来犯，城被毁坏殆尽。南宋建炎元年（1127），泰兴知县马尚就原址用土坯修筑县城。明代，弘治十四年（1501），柴墟更名为口岸，泰兴知县罗贤建口岸察院；嘉靖二十三年（1544），泰兴知县谢说建口岸公馆；万历二十四年（1596），泰兴知县陈继畴在口岸建实塞仓。清雍正十三年（1735），设立口辖，下设7个保。

民国16年（1927），泰兴县第七区成立，口岸系区公所驻地。民国31年，复原、双泰、生宁、故土4个乡划入江都杨桥区，民国38年1月复归口岸。民国33年，第七区改称口岸区。

1951年6月，口岸区改称临江区，增设口岸办事处，辖口岸、龙窝、环溪3个镇。1952年9月，撤销口岸办事处，口岸、龙窝、高港划归泰州市，1953年11月复归泰兴县，并增设口岸区。1954年10月，口岸区撤销，口岸、龙窝两镇合并为口岸镇，改为县属镇。1957年，撤区建乡，口岸镇仍为县属镇，下辖66个农业社、214个生产大队。1958年，口岸镇、刁铺乡、许庄乡、德智乡合并成立口岸人民公社，辖16个大队、109个生产队。1959年3—5月，先后从口岸人民公社分出刁铺人民公社、许庄人民公社、田河人民公社。田河人民公社辖21个大队、210个生产队。1963年5月，设口岸区，辖故土、天如、生宁、复原、时仙、临江、王营、朱营、张马、戴集、李庄、田河、大石、徐桥、江圣15个小公社，45个大队，433个生产队，口岸为区公所驻地。时口岸镇仍为县属镇，辖口东、口西、龙窝3个居委会，二闸、龙窝、口岸3个大队及高港一、二队。1969年，撤区建社，成立口岸、田河人民公社。口岸人民公社辖天如、宁都、故土、合乐、双复、长圩、生宁、复原、双泰、高港、时仙、虹桥、杨湾、江圣、三官、双新、光明、临江、太平、灯湾、许陈、蔡滩、王营、白杨树24个大队、230个生产队。田河人民公社辖田河、殷戚、南马、张周、朱营、东徐、西徐、戴集、戴东、戴西、李庄、栾庄、吴楼、集成、大石、乔垈、广胜、凌港、江干、徐桥、郎庄、东雅、西雅23个大队。口岸镇仍为县属镇。1974年，口岸镇并入口岸人民公社，下辖27个大队，口东、口西、龙窝3个居委会及高港一、二队。1977年6月，设立口岸区工作委员会，区公所驻口岸镇，辖口岸、刁铺、许庄、田河、马甸、永安6个人民公社。1981年，正式成立口岸区。1983年7月，公社改乡。1984年8月，口岸撤乡建镇，下辖27个村、6个居委会。1995年1月，田河撤乡建镇，下辖23个村。1996年10月，口岸区撤销。

1997年4月，口岸、田河两镇从泰兴市划归泰州市海陵区。8月，从海陵区划归高港区。2000年2月，田河、口岸两镇合并，辖口东、口西、口南、育才、龙窝、高港6个居委会和50个村；7月，南官河西的故土、合乐、双复、长圩、生宁、杨湾、复原、双泰、高港、时仙、虹桥11个村和高港居委会划归泰州经济开发区滨江工业园区管理。2001年4月，设引江、新明、东南、龙口、城南、城东、王营、大石、徐桥、郎庄、雅儒、吴楼、田河、集成、戴集、徐庄、张马、口岸、蔡滩、朱营20个村和口东、口西、口南、育才、龙窝5个居委会。2002年1月，设柴墟街道办事处（副镇级），辖口东、口西、口南、育才、龙窝、振兴6个居委会和口岸、蔡滩、王营、城东、城南、龙口6个村。2004年10月，成立新城社区。2006年1月，撤销口岸镇、柴墟街道办事处，成立口岸街道办事处。8月，调整行政村和居委会设置，龙口村与龙窝居委会合并成立龙窝口社区；育才居委会与口南居委会合并成立育才社区；口东居委会与口西居委会合并成立柴墟社区；蔡滩、王营、城东、城南、口岸5个村改为社区。2008年，口岸街道下辖14个村、9个社区。

### 2008年口岸街道村（社区）基本情况一览表

表278

| 村（社区）名 | 村（居）民小组（个） | 常住户数（户） | 常住人口（人） | 自然村名 |
|---|---|---|---|---|
| 引江村 | 21 | 678 | 2185 | 黄家十圩、十五圩、低三圩、翁老圩、甲圩、四圩、十一圩、二圩、管小圩、十六圩、二十一圩、沙小圩 |
| 新明村 | 21 | 739 | 2481 | 双港、新圩、双胜、立新、新一圩、新二圩、新三圩、新四圩、新五圩、双三、双四、双五、曹李庄、封家庄、石家园沟、松杨树、周家庄 |
| 东南村 | 22 | 648 | 2390 | 东港、白庙儿、李家园沟、吴园、曹园、夹路、太平桥、赵家庵、红庙头、苏家园沟、蒋家沟头、中芦垈、闵家园沟 |
| 大石村 | 18 | 504 | 1942 | 福兴庄、大石桥、张家庄、蔡家桥、乔家垈、板子桥、李园 |
| 徐桥村 | 20 | 951 | 3351 | 广安洲、徐家园、毛家花园、新庄子、曹家园沟、前园、蒋园、徐家桥、蒋家场、虞家庄、卞家桥 |
| 郎庄村 | 20 | 654 | 2163 | 孙郎家庄、董郎家庄、三姓庄、张家庄、薛郎家庄、庙郎家庄 |

续表278

| 村（社区）名 | 村（居）民小组（个） | 常住户数（户） | 常住人口（人） | 自然村名 |
|---|---|---|---|---|
| 雅儒村 | 14 | 645 | 2211 | 东雅儒庄、西雅儒庄、陈家庄、下后庄、奚家庄 |
| 吴楼村 | 18 | 667 | 2349 | 李家庄、贾家庄、苏家庄、吴家楼、野庙河 |
| 戴集村 | 18 | 602 | 1868 | 戴家集、新庄子 |
| 集成村 | 19 | 674 | 2306 | 后孙家庄、孙家庄桥东、东张家庄、栾家庄、牌坊张家庄 |
| 徐庄村 | 25 | 776 | 2620 | 东徐家庄、西徐家庄、蛤蟆地 |
| 张马村 | 23 | 897 | 3010 | 西张家庄、小张家庄、周家庄、南马、汪官营 |
| 田河村 | 22 | 679 | 2531 | 大田家河、小田家河、前孙家庄、殷家庄、戚家庄、港南戚家庄 |
| 朱营村 | 12 | 474 | 1442 | 朱官营 |
| 龙窝口社区 | 30 | 736 | 2420 | 栾家庄、道仁堂、老鸦桥、殷家住地、刘家墩子、袁家圩、五十四圩、五十六圩、四十一圩 |
| 城南社区 | 17 | 838 | 3494 | 三官殿、江家桥、尹家厦、曹家桥、毛家庄、五里墩、薛家桥、戴家坟、戚家坝、江圣庄 |
| 城东社区 | 21 | 886 | 3567 | 沈家岱、薛家庄、东湾、许东、许西、崔苏庄、小王庄、陈家庄 |
| 王营社区 | 15 | 610 | 2440 | 曹王庄、白杨树、东蔡庄、西蔡庄、戚王营 |
| 口岸社区 | 16 | 319 | 773 | 南元、跃进、前元、东兴、团结、曙光、光明、通太、前进、北一、溪元、新生、虹桥、北二、桥东、桥西 |
| 蔡滩社区 | 11 | 520 | 2020 | 十三圩、十五圩、十二圩、北岸、北东、二井、老圩、新生、如庄头、兴隆 |
| 育才社区 | 13 | 873 | 2976 | |
| 柴墟社区 | 23 | 1680 | 4807 | |
| 新城社区 | 26 | 2200 | 5208 | |

## 第二节　经　济

### 一、农业

【种植业】 新中国成立初，高沙土区以旱谷种植为主，沿江地区以种植水稻为主，一年稻麦两熟。亩产粮食250千克左右。1952年，高田地区扩种玉米，缩小高粱等小杂粮种植面积。1956年后，逐步实行旱改水。1970—1982年，扩大水稻面积，扩种双季稻，推广三熟制。1980年后，小杂粮不再种植。1985年，双季稻基本停止种植。1997年，口岸和田河两镇共有常用耕地39135亩，粮食播种面积66107亩，粮食总产量27229吨，油料总产量278吨，蔬菜9652吨。2000年后，生态、高效农业发展迅速。田河村有大棚蔬菜种植基地380亩，张马村有板蓝根和白术种植基地250亩，郎庄村有泰半夏种植基地325亩，城南村有草莓种植基地15亩，朱营、张马、戴集、集成、徐庄等村有无公害水稻种植基地7500余亩。2008年，口岸街道耕地26400亩，粮食播种面积51450亩，粮食总产量23016吨，油料总产量299吨，蔬菜总产量10719吨。生态、高效农业种植面积6000亩。

【银杏与林业】 口岸银杏栽培历史悠久。1982年，田河公社东雅大队有树龄50年以上的成片林。1987年，田河乡年产银杏148.8吨，占泰兴县总产量的10%，居全县第一位；口岸镇年产银杏47.7吨。1997年，田河、口岸共有林业面积9600亩，其中银杏树6500亩，银杏总产量282吨。2001年，田河村建有750亩花卉苗木基地。2006年，银杏总产量1626吨，为历年最高。2008年，全街道林业面积19120亩，银杏树8000亩，花卉苗木基地2466亩，银杏总产量802吨。

【养殖业】 1979年后，出现养殖专业户。1983年，万如兰成为泰兴县第一养鸡大户，中央电视台第七频道曾报道其养鸡事迹。1997年，口岸与田河两镇肉类总产量1613.91吨、禽蛋总产量1088吨。2000年后，引江村创办奶牛场。2002年、2004年，朱营村、张马村分别有生猪专业养殖户。2006年，朱营村、郎庄村有养鸭专业户，年上市26万羽。2008年，街道共有生猪养殖户21户，其中1000头以上2户、100头以上19户，年饲养量2万头。肉类总产量4620吨，牛奶总产量500吨，蛋禽总产量205吨。

【渔业】 新中国成立前后，口岸沿江一带村民在长江捕捞幼小鱼苗漂养。1958年，口岸公社成立渔管会，职工180余人，共有4个漂鱼组，鱼塘分布于口岸、龙窝及南官河西的6个大队。1962年起，鱼苗人工繁殖逐步取代长江张弶捕捞鱼苗的生产方式。1963年，成立口岸公社养殖场和龙窝养殖场（属口岸镇）。1967年，停止长江张弶捕捞。1997年，口岸、田河两镇水产养殖面积1942.5亩，水产品总产量395.77吨，总产值333.54万元。2008年，全街道水产养殖面积1880亩，水产品总产量716吨，总产值976万元。

## 二、工业

口岸工业起步于民国年间，先后有墟明电灯公司、华成织布厂、同光电灯公司和烟庄、银楼、印刷社、酱园、茶食房、染坊、铁匠铺、蜡坊等手工业作坊开业。新中国成立后，先后兴办米厂、锅厂等企业6个。至1965年，有工具厂、油石砂轮厂等企业5个。1966年起，从老企业中先后分出或新组建的企业有自行车零件厂、制药机械厂、船舶修造厂等近20个。1969年前，田家河榻耙街上仅有铁匠店1个。撤区建社后，田河先后创建社办厂20余个、村办厂30余个，驻地县办农具厂1个。1977年，口岸公社工业总产值1172.65万元（原口岸镇工业列入农村社队集体所有制统计），田河公社工业总产值207.27万元。1980年，田河公社集成大队8名在外办厂人员回乡创办绳网厂。1987年，口岸镇有工业企业120个，职工5985人，总产值6925.43万元。其中，驻镇国营工业企业有商业部口岸船舶修造厂、口岸米厂，县属集体企业有泰兴县口岸建工机械厂、泰兴县量刃具厂、扬州市扬子江制药厂、泰兴县自行车脚蹬厂、泰兴县合金粉末厂5个，镇办工业企业42个，村办工业企业67个。当年，泰兴壁纸厂建成投产。1990年，县属驻镇企业有口岸米厂、口岸酱品厂、口岸农机修配厂、商业部口岸船舶修造厂、高港港务局船舶修造厂、泰兴县建工机械厂、泰兴县口岸煤球厂、泰兴县量刃具厂、江苏省泰兴县自行车脚蹬厂、泰兴县合金粉末厂、扬州市扬子江制药厂、泰兴县口岸供销社糕点厂共12个。

1997年，口岸镇工业有机械、造船、铸造、电子纺织、服装皮革、橡胶、化工、建材、印刷、工艺美术、包装等20余个行业，工业总产值38550万元；田河镇工业总产值16994.8万元。2000年5月，口岸镇创建私营经济园区。2002年4月，开始筹建口岸镇工业园区。2008年，全街道工业企业708个，实现产值54.11亿元、利润1.81亿元、利税6.74亿元，技改投入4.25亿元，自营进出口5000万美元。列统企业39个，超亿元企业7个，产品涵盖光源材料、丝绸绣服、造船拆船、印刷版材、化纤、电子、建材、汽车天线、制药机械、橡胶机带、节能灯具等行业。

## 三、商贸服务业

历史上，口岸是泰州和里下河地区出入长江的门户，商贸及客货运输较为发达。清咸丰三年（1853），淮盐泰属十一场和通属九场出场盐船由口岸江口行掣。咸丰十年，口岸镇设立淮盐分栈收价发盐，直至同治四年（1865），淮盐在口岸镇出口12年。光绪初年至民国20年（1931），口岸成为苏北地区木材业经销集散地，有大小木号100余个，木材营业额最好的年份达300余万银元，出现专门从事木材交易的经纪行。伴随港口航运业的兴起，过载商行应运而生，最多时有48个。

抗日战争前的20余年，口岸商业发展较快，有旅馆40余个、饭店30余个、粮行50余个。至1949年，规模较大的商店有荣泰义记布店、大隆布店、恒大布店、恒太丰百货店，酱园坊有陈泰昌、桃之华、姚怡和，饭店有陆稿荐、醉乐园、得月楼、胡顺兴、同乐园、胜利园、复兴楼、得意园、一枝春、四海春等，旅社有大陆、滨江、陈大房、陈二房、夏裕记、王明远等，浴室有大观园、文兴池、龙泉池等。

新中国成立后，国有、集体商业迅速发展。1951年，口岸糖、烟、酒、物资、水产等批发部成立。1952年，口岸百货批发部成立。1953年，口岸粮食管理所成立，50个粮油行歇业。木材实行统购统销后，私营木商户停业改行，部分餐饮业歇业。1955年，口岸有私营业户358户、从业人员560人，私营餐饮服务业210户、从业人员457人，其他手工业者和拎篮小贩262户、从业人员407人。1956年，个体商业、小商小贩合并成立集体合作商店，所有私营个体旅馆组成合作旅社。1958年，合营合作个体商业全部并入人民公社商业和国营商业。合作旅社并入口岸、立新合作旅社。龙窝口因码头西迁，绝大多数旅馆歇业。公私合营后的陆稿荐饭店改为口岸第一合作饭店，其余几个饭店合营后改称口岸第二合作饭店。60年代初，建有红星饭店、口岸车站饭店、徐桥车站饭店和长江饭店。1962年，口岸五交化批发部成立。1972年，集体合作商店组成中心店3个，1982年合并成商业社。1985年，口岸镇建农贸市场，设摊位242个，其中个体户234

图 30-1-1　柴墟商场（2007年摄）

户，年成交额1.05亿元；创建口岸镇商业公司，营业面积2251.27平方米。1985年起，分两期开辟长近1000米的向阳路商业街。1990年，建成柴墟商场。1993年，有商业饮食服务网点853个，从业人员1404人，集体商业商品营业额1.2亿元。有口岸、田河2个农贸市场，总面积7.5万平方米，日成交额5万元左右。1995年，建成田河综合贸易市场。1998年，星地超市口岸店、苏果超市高港店开业。随后，华诚超市口岸店、华联超市口岸店相继开业。2002年，建成金港国际装饰城。至当年，国营、集体商业改制基本完成。2003年，建成海燕大酒店。2006年后，文峰千家惠百货商场、义乌小商品市场营业。2008年，全街道有个体工商户2137户；有旅馆216个，从业人员2250人；饭店100余个，浴室49个，从业人员2000人。

## 第三节　社会事业

### 一、教育

明清时期，境内办有私塾、义学、礼学。清康熙年间，始办崇化书院，光绪二十七年（1901）改为蒙养学堂，光绪三十二年改为崇正初级小学，民国15年（1926）改为私立口岸小学。民国30年，创办口岸初级中学。民国35年，口岸初级中学更名为私立柴墟初中，口岸小学更名为口岸镇国民中心小学。民国年间，还办有田河小学、戴集小学、大庙小学。1950年，柴墟初中与私立环溪初中合并，成立私立临江初级中学。1952年，临江初级中学改为公办，更名为口岸初级中学；口岸小学更名为口岸区中心小学。1956年，共办小学37所，同时办有口岸、复原、故土、龙窝、临江、田河、张马、徐桥等农业中学。1957年，创办口岸连队幼儿园。1958年，口岸初级中学更名为口岸中学，增设高中班，面向泰兴县招生；各大队办幼儿园。1959年，田河小学更名为田河中心小学。1970年，创办田河中学，设初中部和高中部。1978年，口岸区中心小学改为口岸镇中心学校，口岸幼儿园更名为口岸中心幼儿园。1983年，田河中学撤销高中部。1985年，口岸镇中心学校更名为口岸中心小学。1999年，口岸中学初中部撤出。2000年，田河中学更名为口岸第二初级中学，田河中心小学更名为口岸第二中心小学。2003年，口岸中学成为江苏省首批四星级高中，2005年更名为江苏省口岸中学。2008年，口岸街道有市直属学校1所（江苏省口岸中学），在校学生2735人，教职工253人；地方中小学6所，在校学生7949人，教师677人；幼儿园4所，在园幼儿1515人，教职工101人。

### 二、文化

民国期间，口岸集镇有武庙、同乐大戏院、金寿公馆等戏园子。1951—1953年，先后创办新华书店、文化站、大会堂。1956年，创办口岸广播站。1958年，组建电影放映队，常年在口岸及周边刁铺、田河、马甸、宣堡等地巡回放映。20世纪六七十年代，各村及大的工厂建有文艺宣传队，镇上建有业余文工团。1963年，成立口岸区文化站。1964年，新建口岸镇文化馆。1969年撤区建社，成立口岸、田河文化站。同年，创办田河广播站。1977年，口岸大会堂改建为影剧院。1981年，建立集文化站、影剧院、工人俱乐部、灯光球场、图书馆、阅览室及乒乓球室等为一体的文化中心，排演的淮剧《奇婚记》《公公做媒》等节目到各地演出。1984—1986年，口岸农民篮球队连续3年获泰兴县篮球赛冠军。1986年9月，口岸农民篮球队代表泰兴县参加扬州市农民篮球赛，获冠军。同年10月，代表扬州市参加在淮安举办的全省农民篮球赛，获第六名。1988年，投资24万元新建4层文化大楼。2000年，田河文化站并入口岸文化站，田河广电站并入口岸广电站。2000年12月，柴墟大鼓队《欢乐中国年》节目在泰州市首届农村文艺调演中获表演二等奖。2002年、2005年，先后实现有线电视村村通、组组通。2008年，全街道有文化广场4处、4400平方米，有健身活动场所26处、2600平方米，有健身点、健身房7处，歌舞厅8处，篮球、网球、门球场10处，网吧11处，电子音像碟片销售点8处，游泳池2处；有农村文化活动室11个，村级农民文化公园1个，文化中心户100户；文化站有图书1.3万册；有线电视用户19664户，综合入户率95%。

### 三、卫生

新中国成立前，口岸地区知名中医有刘慕云、陈沫霖、江少侯、许义松、戴作善、杨步章、张子周、戚兰甫等。1950年，创办口岸区卫生所。1958年，创办泰兴县德智医院，1959年改称田河中心联合诊所。1960年，口岸卫生院更名为口岸人民医院。20世纪60年代，以大队为单位，口岸成立农村合作医疗站27个，田河成立农村合作医疗站23个。1965年，将部分社会医生组织起来，成立口岸“六二六医疗站”，主要服务于当地村民，时属口岸人民医院代管。1969年10月，组建口岸公社卫生院，田河中心联合诊所更名为田河公社卫生院。1975年，“六二六医疗站”并入口岸公社卫生院（后更名为口岸卫生院）。1993年3月，口岸人民医院更名为泰兴市第三人民医院，为适应高港港对外开放需要，增设海员病房。1998年，泰兴市第三人民医院更名为泰州市高港人民医院，口岸卫生院更名为泰州市高港中医院。2000年，田河卫生院更名为泰州市高港中医喉科医院，后更名为田河社区卫生服务中心。2008年，口岸街道有医院、卫生院、社区卫生服务中心、村卫生室28个，医生455人，病床420张。

## 第四节　村居选介

### 一、田河村

田河村以田姓聚居及大、小田河环绕交错而得名，原为镇政府驻地。田许路纵贯村境。田河集镇道路南北走向有振兴路、振强路、振武路，东西走向有育才路、田河路、银杏路、集成路、殷戚路、江平路。2008年，全村有村民小组22个，常住居民679户，常住人口2531人，总面积3.5平方千米，耕地面积92.33公顷，经济总收入1亿元，农民人均纯收入8857元。

小田河以种植蔬菜而闻名，销往口岸、田河集镇，年销量占口岸、田河上市蔬菜的20%。2003年，开始生产无公害蔬菜，注册“田禾牌”商标。2008年，蔬菜种植面积380亩，其中，钢架大棚120个、60亩，水泥骨架大棚300个、120亩，露天菜地200亩，主要品种有大蒜、芹菜、苋菜、夏白菜、豌豆、黄瓜、茄子、笋瓜、西葫芦、韭菜等，蔬菜种植年收入35万元。

### 二、戴集村

戴集村地处口岸街道东北角。2008年，有村民小组18个，常住居民602户，常住人口1868人，总面积2.22平方千米，耕地面积97.27公顷，经济总收入8097万元，农民人均纯收入8003元。

育雏为该村传统产业。戴集村在传统育雏经验的基础上，创造出温室育雏“四化”新技术，即苗禽食宿蚕架化、饲料配合全价化、环境调节适宜化、苗禽疫病预防化。"四化"育雏新技术省时、省工，小鸡生长快、发育好、成活率高、个头大，市场销路好。雏鸡除销本地及周边县、市外，远销上海、浙江、安徽。2008年，该村有育雏专业户165户，年育雏近1000万羽，创收550万元。

### 三、引江村

引江村位于口岸街道西北、引江河两侧。2008年，全村总面积4.5平方千米，耕地面积968亩，有村民小组21个，常住居民678户，常住人口2185人，经济总收入707万元，农民人均纯收入7746元。

该村是奶牛养殖专业村。2000年，征地24亩创办奶牛场，建有牛舍、储藏室、饲料加工场所等70余间，建筑面积3200平方米。11月，从西安杨凌购进良种荷斯坦带胎奶牛20头。2008年，养牛165头，其中产奶牛70头(年产奶540吨)、后备母牛66头、小公牛29头；拥有鲜奶处理成套设备、德国进口的自动化挤奶输送装置和载重3吨的罐装汽车1辆；有牧草地70余亩。

# 第二章　刁铺街道

刁铺街道东与许庄街道接壤，南与口岸街道相连，西与江都市浦头镇毗邻，北与泰州经济开发区寺巷镇相邻。东西最长6.2千米，南北最长8.4千米。地势平坦，海拔3～5米，土壤多为高沙土，少数为红壤土。水陆交通便捷，336和231省道过境并与京沪高速公路刁铺互通出口相连；引江河、南官河穿境，南通长江，北与通扬运河连接。2008年，街道总面积27.02平方千米，其中建设用地面积6.58平方千米、耕地面积1161公顷、水域面积596公顷。总户数10018户，户籍人口32505人，人口密度1203人/平方千米。完成地区生产总值9.27亿元，其中第一产业0.5亿元、第二产业5.42亿元、第三产业3.35亿元；财政总收入6830万元，预算内收入3895万元；实际利用外资和港澳台资300万美元；农民人均纯收入8410元。

1987年，该镇为泰兴县工业亿元镇。1988年，获批江苏省对外开放重点工业卫星镇。1992年，该镇为全国亿元乡镇。1995年，获评江苏省苏中百强乡镇。1999年，获评江苏省文明乡镇。

## 第一节　建置区划

历史上因有刁氏摆渡，称刁家渡。明洪武年间，驿道经此设驿铺，更名为刁家渡铺，后称刁家铺。清康熙年间，外来人口骤增，取和睦相处之意，易名迁善铺，亦称迁善镇。民国元年(1912)实行地方自治，更名为迁善乡。民国18年，更名为环溪镇，属泰兴县第七区。民国38年7月，属口岸区。

1951年6月，属临江区。1952年9月，临江区改称刁铺区，下辖观五、唐家、朱家、大成、马厂、赵李、复原、双太、生宁、东万、翟界、二桥、集成、临江14个乡和环溪镇。10月，环溪镇改为泰兴县直属镇，镇区辖生产街、劳动街、解放街、团结街、建设街、民主街、通泰街。1953年6月区划调整，刁铺区辖22个乡镇，增加徐庄、仁德、许庄、张马、德智、故土、启化7个乡，环溪镇改称刁铺镇，下设

149个行政村。1954年10月，刁铺区辖20个乡镇，划出东万、复原2个乡。1956年，刁铺区辖11个乡镇，划出观五、朱家、唐家、张马、集成、临江、大成、翟界、生宁9个乡。1957年10月，撤区设刁铺乡（同时撤镇附设居委会），辖42个农业社、202个生产队。1958年10月，并入口岸人民公社。1959年3月，析出建刁铺人民公社。5月，划为刁铺、许庄人民公社。1963年5月，撤销刁铺、许庄人民公社，设刁铺区，辖16个小公社。1969年11月，撤区建社，刁铺人民公社辖24个大队和镇区居委会，共157个生产队、7个居民小组。1983年7月，公社改为乡，刁铺乡辖24个村和1个居委会。1985年7月，撤乡建镇，所辖村未变，设环溪、通泰、关桥3个居委会。

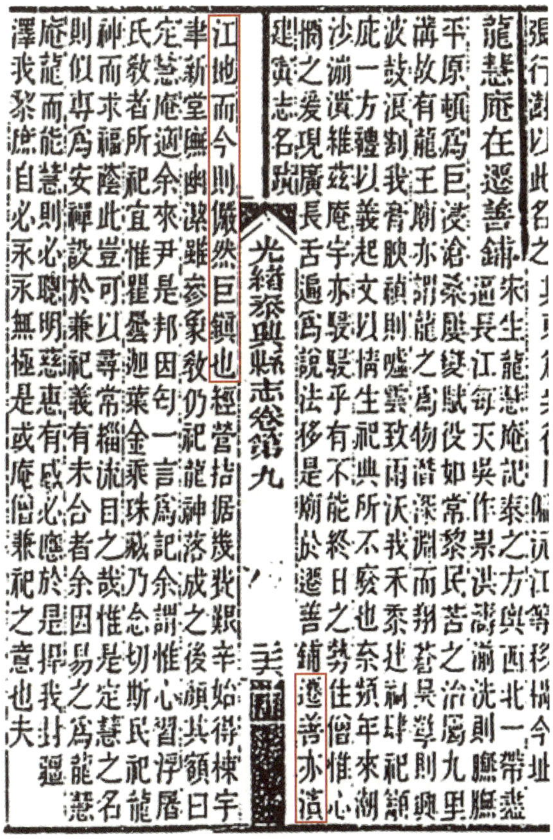

图 30-2-1　清光绪《泰兴县志》记载，清康熙年间泰兴知县宋生在《龙慧庵记》中赞迁善（刁铺）为滨江巨镇

1997年4月，刁铺镇从泰兴市划归泰州市海陵区。8月，从海陵区划归高港区。2000年3月，许庄镇并入刁铺镇，共辖4个居委会、45个村委会。2001年4月，行政村合并后有刁铺村、官河村、观五村、万庄村、界牌村、二桥村、大丰村、屠桥村、官沟村、老庄村、三旗营村、曹官营村、周梓村、唐家村、马厂村、许庄村。2002年1月，设环溪街道办事处（副镇级），辖环溪、通泰、关桥、三星4个居委会和刁铺、官河、观五3个村。2006年1月，撤销刁铺镇、环溪街道办事处，设立刁铺、许庄街道办事处，5月正式挂牌。8月，官河村与环溪居委会合并成立环溪社区，刁铺村与通泰居委会合并成立通泰社区，观五村与关桥居委会合并成立关桥社区。2008年，刁铺街道辖5个村和3个社区。

## 2008年刁铺街道村（社区）基本情况一览表

表279

| 村（社区）名 | 村（居）民小组（个） | 常住户数（户） | 常住人口（人） | 自然村名 |
|---|---|---|---|---|
| 大丰村 | 16 | 815 | 2534 | 栾家庄（北）、李家庄、霍家庄、王家庄 |
| 万庄村 | 18 | 906 | 3447 | 万家庄、陈吉庄、蔷薇沟、翟官营、栾家庄（南） |
| 界牌村 | 18 | 808 | 2619 | 界牌、薛家庄、南坝塘 |
| 二桥村 | 24 | 1070 | 3530 | 蒋家桥、庙湾、井丰 |
| 屠桥村 | 19 | 927 | 3208 | 屠家桥、太平庄、蒋家庄 |
| 环溪社区 | 21 | 1053 | 3151 | 生产街、劳动街、解放路（部分）、环溪路（西）、镇溪北路、赵家庄、曰吾庄、翟家庄、陆家庄、孙家庄 |

续表279

| 村（社区）名 | 村（居）民小组（个） | 常住户数（户） | 常住人口（人） | 自然村名 |
|---|---|---|---|---|
| 通泰社区 | 25 | 1919 | 7180 | 通泰街、建设街、团结街、民主街、人民路、吉家庄、朱家庄、史家庄、赵河、叶河、韩河、朱港 |
| 关桥社区 | 18 | 915 | 3546 | 扬子江北路（部分）、府东路（部分）、通港路、金港北路、观音堂、黄家庄、五里墩、潘家庄、圩岸、李家庄 |

## 第二节　经　济

### 一、农业

【种植业】 新中国成立前，刁铺以旱谷种植为主，西南少量低田种植水稻。1954年后，扩种玉米，缩小高粱、粟子等小杂粮。1966年后，逐步实行旱田改水田。1970—1989年，平田整地，实行土地方整化和旱改水。1991年，粮食亩产780千克左右。1997年，粮食播种面积25040亩，总产20678吨。2008年，粮食播种面积24117亩，总产21536吨。银杏产量791吨。

【养殖业】 20世纪50年代前，多数农户圈养1～2头猪，少数农户圈养或散养2～3只山羊。1958年，以生产队为单位办集体猪场，以公社为单位办"万头猪场"。后由于管理不善，猪场相继停办。1963年，养猪转向农户家庭养殖为主。80年代后，农民就业渠道拓宽，养猪户普遍减少，规模性的专业养猪户增多，其他养殖专业户亦快速发展。2004—2008年，先后出现养鸽大户、养鸭大户和山羊养殖大户。2008年，全街道有波尔（杂）山羊养殖户140余户，年出栏3000只；其他养殖专业户86户，饲养生猪21100头、山羊3500只，出栏家禽51万羽。

### 二、工业

民国年间，有5个油坊配置柴油发动机，实行半机械化生产。20世纪50年代，先后兴办铁木业生产合作社、木梳厂、地毯厂、童鞋厂、油酒厂、酱品厂、烟丝厂、丝织厂、印刷厂等11个集体企业。1960年，有社办企业10个。其后，新建社办综合加工厂、猪毛厂、五金厂、砂轮油石厂、排笔厂、毛发综合利用化工厂和队办庙湾织带皮件厂、圩岸织带厂等。1970年，成立公社工业办公室（后改称工业公司）。1975年，刁铺油酒厂开始产啤酒。1976年，刁铺公社制鬃厂水煮猪鬃出口创汇。1978年，有企业36个（其中社办企业12个），职工2743人，固定资产220.94万元，产值807.12万元，利税67.29万元。1979年至80年代中期，新建刁铺公社日用化工厂、毛纺厂、标准件厂和队（村、组）办纸管厂、同步齿形带厂等；生物化工厂生产的胱氨酸和砂轮厂生产的油石出口创汇；低压电器厂所产DW95开关被应用于国家重大科研项目。1985年，在扬州地区率先成立镇第二工业公司。1985—1986年，扬州美容化妆品厂生产的护肤霜被评为江苏省优质产品、农牧渔业部优质产品。1987年，刁铺成为泰兴县首个工业亿元镇。80年代末，体育器具厂生产的杠铃、长江标准件厂生产的M20螺母和泰申联合制鬃厂生产的水煮猪鬃出口创汇；美容化妆品厂生产的高效防冻健美霜被评为江苏省优质产品。1990年，有企业211个，其中，镇办27个，村、组办119个；职工9153人；固定资产7416.44万元；产值17973.03万元，在泰兴县42个乡镇中名列第一；利税1933.45万元。产值500万元以上的企业有镇办扬州美容化妆品厂、泰兴啤酒厂、泰申联合制鬃厂、低压电器厂、彩色印刷厂和村办同步齿形带厂、纸管厂。1995年，组建江苏三泰啤酒集团有限公司。90年代，刁铺乡镇工业在全省享有盛名，全国政协副主席费孝通，省领导韩培信、陈焕友、郑斯林等先后到该镇考察调研。

1998年，江苏虹雨集团停产。当年起，镇属企业和村属企业实行“三置换一保障”改制。2005年，全镇有工业企业498个，实现工业产值27.5亿元、销售27.02亿元、利润0.95亿元、利税2.45亿元，资产总额8.51亿元，职工总数10366人。2006年刁铺、许庄分设后，刁铺街道为居民生活集中区，工业发展受到制约。2008年，有工业企业769个，其中私营企业385个、个体企业384个，实现工业产值23.42亿元、销售21.85亿元、利润1.04亿元、利税2.68亿元，资产总额6.81亿元，职工总数7206人。有年产值500万元以上的规模企业27个，代表企业有江苏三泰啤酒集团有限公司、泰州市欣港电子材料厂、泰州市东方离合器有限公司、贺尔碧格东方齿轮（泰州）有限公司、江苏洁乐医用敷料有限公司、泰州市东方锻造有限公司、泰州市中义电缆厂、泰州市环太电器有限公司、泰州泰申鬃制品有限公司、泰州市环威带业有限公司、江苏三峡消防器材有限公司等。

## 三、商贸服务业

宋代已有集市，时称蚂蚁集。南宋时，以渡口为中心形成东西一条街。明洪武年间，驿道与东西向街道相交，逐渐形成丁字形商业街道。清康熙年间，刁铺为泰兴、泰州和江都交界处的商业集镇和粮食集散地。明清时代，粮商盛行。民国初期，店铺发展至200余个。民国时期，粮食由此批量船运销往上海和苏锡常地区，有40余个粮行和若干粮摊酒行（糟坊），大都集中在关桥以西劳动街。生猪部分销往江南，部分由本地肉店和火腿庄（腌腊行）加工成火腿和咸肉外销，火腿店主要有顾记和尉凤祥。屠家桥村和蒋家桥村家庭竹器手工业发达，有数百家专业户生产淘箩、篮子、筛子等竹器。竹业商从江西扎排水运至刁铺，颇具规模的水竹行集中在劳动街，有乾泰、永茂、泰记等。

新中国成立后，约2千米丁字形主街道上，布满前店后坊式的店铺。1952年，登记在册的纯商业户131户、从业人员285人，饮食服务业65户、从业人员178人，粮行45户、从业人员78人，农副产品加工52户、从业人员220人，其他产业30户、从业人员40人，另有游商或小摊贩200余人。1953年，撤销个体粮行45个，设立粮油点，由供销社代管；撤销个体肉店8个，成立刁铺食品站。1955年，刁铺粮管所挂牌营业。1956年公私合营，278户商户按行业性质合并门市部，主要有棉百、日杂、锅碗席、副食品、饮服业、水竹、中西药、农村商业网点等。1969年前，在关帝庙古戏台周围设露天农贸市场，部分菜农走街串巷提篮买卖。1970年，于东泉浴室南侧建6间敞棚式农贸市场。1978年，有商业网点64个，其中供销社15个、合作商店31个、个体商店18个；有商业人员312人，

图 30-2-2　21世纪初的刁铺环溪路

其中供销社86人、合作商店208人、个体商店18人。1983年，个体商店增至88个。

1999年8月，刁铺食品站改制为苏港食品有限公司，2001年又恢复食品站。2004年，粮管所门市歇业，个体粮油购销门市店增加。2008年，在金港北路新建果菜农贸市场，年交易额4.5亿元。全街道有个体商户1235户，其中餐饮店65个（不含季节性羊肉店）、旅馆11个、沐浴中心14个、理发店8个、超市18个、零售和各类服务商店1119个，从业人员3650人，主要分布在解放路、环溪路、镇溪路、扬子江北路，商业街总长近4千米。规模较大的超市集中在解放路和扬子江北路。较大的饭店有高港大酒店、夏威夷大酒店等，羊肉餐馆有荣根、万庄等，早餐馆有江南春等，药店有树德堂、同春堂、存仁堂、李元药店等11个。

## 第三节　社会事业

### 一、教育

清代至民国初，私塾较多。民国17年（1928），创办私立环溪小学。次年9月转为公办完全小学，学生100余人。民国26年，创立环溪小学幼稚班（后改为幼儿班）。民国31年，创办私立环溪初中补习学社。民国35年，环溪小学更名为泰兴县环溪国民中心学校，新中国成立后复称环溪小学。1950年，环溪初中补习学社合并至临江初级中学。1956年，设刁铺补习班，1959年更名为刁铺民办初级中学。1965年，刁铺民办初级中学与周梓初中合并，更名为刁铺初级中学。1969年，刁铺初级中学增设高中班，更名为刁铺中学。20世纪70年代初，基本达到村村有小学，有刁铺中学、大丰农业初级中学、二桥初中、观五初中、薛李初中5所中学。1979年，环溪小学改为刁铺中心小学，为泰兴县四所重点小学之一。1983年，刁铺中心小学幼儿班析出，成立刁铺中心幼儿园。至90年代末，初中全部撤并至刁铺中心初中，刁铺中学撤销初中部后更名为刁铺高级中学。至21世纪初，幼儿园、小学分别撤并至中心幼儿园和中心小学。2008年，刁铺街道有中小学3所，在校学生3408人，教职工355人；有幼儿园1所，在园幼儿321人，教职工29人。

### 二、文化

刁铺文化底蕴较深。清代，建有环溪草堂、东皋草堂。民国年间，常有京剧、淮剧、扬剧等剧团在关帝庙古戏台演出，本地民间文艺有龙灯、花船、唱凤凰、锣鼓棚子、连枪、唱道情（渔鼓）、唱小戏等，建有环溪京剧团。1952年文化站建立后，组建刁铺文工团。1954年，关帝庙殿改建为大会堂，后改为影剧院。1983年，刁铺文化站成立文艺宣传队，4年后解散。1985年，重建刁铺影剧院。1989年，成立刁铺京剧联谊会。1994年，刁铺镇被评为江苏省群众文化先进乡镇。1998年，建刁铺老年活动中心。2001年、2002年、2004年，刁铺人马小明先后获江苏省少年柔道比赛冠军、江苏省第15届体育运动会少年柔道比赛冠军、全国青少年柔道比赛第三名。2006年，刁铺街道被评为江苏省群众体育先进单位。2008年，有信鸽协会、钓鱼协会、体育协会、老年人门球协会、妇女健身队，有体育场地10处，各社区和村均安装健身器材。

### 三、卫生

民国末年，有中医8人、中药房4个，西医3人、西药房1个。1952年，成立卫生所。1956年，成立观五、环溪、二桥、万庄4个联合诊所。1963年，设防疫站。1959年，卫生所撤所建院，1963年更名为刁铺中心联合诊所，1969年更名为刁铺卫生院，1998年更名为高港第二人民医院。2008年，刁铺街道有医院1个，职工77人；有村（社区）卫生服务站8个，医生19人。参加新型农村合作医疗保险18000人，村（社区）覆盖率100%，参保率63%。

### 第四节　村居选介

万庄村地处刁铺街道西侧，西与江都市浦头镇接壤，宁通高速公路依村东西向而行，引江河南北贯穿而过。2008年，面积4.7平方千米，居民小组18个，常住居民906户，常住人口3447人，耕地107公顷。

“万庄全羊席”享誉周边县、市，每年重阳节后，顾客纷至。较有名气的羊肉馆有3个，日接待顾客40～50桌，每年秋冬季接待四五万人。高港城区和周边城市亦有“万庄全羊席”“刁铺全羊席”经营店。

## 第三章　许庄街道

许庄街道位于高港区北部，东与大泗镇、胡庄镇接壤，西与刁铺街道相连，南与口岸街道、泰兴市宣堡镇交界，北与野徐镇相邻。所在区域地势平坦，西南部较高，东北部较低，海拔4.4～5.6米，主要为中性偏沙土壤。境内有姜高路、塘许路、京沪高速、泰高公路经过，主要河流有许庄河、鸭子河和马厂中沟、周梓中沟、官沟中沟、太平中沟。江苏泰州高港高新技术产业园区、高港职业教育中心校、高港现代农业生态园均位于境内。2008年，街道总面积46.6平方千米，其中建设用地面积2.1平方千米、耕地面积2396公顷。总户数13968户，户籍人口42336人，人口密度908人/平方千米。工业经济以机械制造、服装加工、纺丝制管、汽摩配件、羽毛工艺、染料化工、矿工器材等为主。完成地区生产总值12.63亿元，其中第一产业0.84亿元、第二产业8.54亿元、第三产业3.25亿元；财政总收入4709万元，预算内收入3277万元；农民人均纯收入8055元。

### 第一节　建置区划

南宋绍兴十一年（1141），许庄境内有三旗营。明洪武三年（1370），有唐家庄；永乐元年（1403），有曹官营；永乐三年，有许家庄；永乐十七年，有周梓庄、肖家庄、宗家庄；嘉靖元年（1522），有万家厦。清雍正二年（1724），有王戚庄；嘉庆十七年（1812），有许家庄、曹官营、三旗营、周梓庄、唐家庄；光绪十一年（1885），增赵家庄、万家舍（厦）、斜里、丰乐庄、狄家里（佴）、庄家里（佴）、官沟、太平庄。民国元年(1912),隶属于泰兴县迁善乡。民国23年,朱家乡、唐家乡、解家乡、许庄乡、马厂乡隶属于泰兴县第七区(口岸区)管辖。民国38年7月,解家乡划归泰县管辖,隶属于宣堡区的仁德乡划归口岸区管辖。1952年,仁德乡、许庄乡划归孔桥区管辖,唐家乡、朱家乡、马厂乡归刁铺区管辖。1954年10月,许庄乡、仁德乡、朱家乡、唐家乡、马厂乡皆归刁铺区管辖。1956年秋,原属刁铺境内观五乡的曹官、小营划归许庄乡。1957年10月,撤区(刁铺)、乡(小乡),合并建立大许庄乡,下辖联社及61个农业社、205个生产队。1958年1月6日,撤销原有的区、乡镇建制,新建许庄乡,9月并入口岸人民公社。1959年5月,设许庄人民公社。1963年5月,许庄人民公社划分为朱家、唐家、老庄、官沟、马厂、曹官、许庄、赵王、乔杨9个小公社,属刁铺区。1969年11月,赵王、乔杨划入孔桥人民公社,唐家、老庄、官沟、马厂、曹官、许庄、朱家等合并成立新的许庄人民公社,许庄人民公社辖永太、庄佴、韩野、官沟、狄家、老宗、肖薛、丰乐、唐东、唐西、周梓、大东、三旗、万厦、马厂、王戚、曹官、小营、许东、许西、许南共21个大队,公社驻地王戚庄。1983年,撤公社建乡。

1997年4月,许庄乡从泰兴市划归海陵区。8月,从海陵区划归高港区。同年10月,新设三星居委会。1998年3月,撤乡建镇。2000年3月,并入刁铺镇。2006年1月,唐家、老庄、官沟、周梓、三旗营(其中河港自然村仍归刁铺)、曹官营、许庄、马厂8个村和三星居委会从刁铺划出,建立许庄街道办事处。3月,许庄街道办事处正式挂牌,与江苏泰州高港高新技术产业园区合署办公。2008年10月,原隶属于泰兴市宣堡镇管辖的孔桥、乔杨、管营、蔡庄、钱赵、明河、赵王7个村划归许庄街道代管。2008年,许庄街道下辖14个村和2个社区。

## 2008年许庄街道村(社区)基本情况一览表

表280

| 村(社区)名 | 村(居)民小组(个) | 常住户数(户) | 常住人口(人) | 自然村名 |
|---|---|---|---|---|
| 许庄村 | 26 | 1022 | 3176 | 许家庄 |
| 曹官营村 | 21 | 936 | 2999 | 曹官营、小营、凤阳庄、赵家庄、三姓庄 |
| 周梓村 | 17 | 836 | 2919 | 狄家佴、韩野庄、周梓庄 |
| 官沟村 | 28 | 1158 | 4020 | 官沟、庄家佴、太平庄、小官沟 |
| 老庄村 | 19 | 659 | 1989 | 老庄、宗家庄、肖薛庄、赵家厦、杨家厦、钱家厦、东窑、西窑 |
| 唐家村 | 23 | 1038 | 3363 | 唐家庄 |
| 三旗营村 | 13 | 669 | 2109 | 三旗营、大东、斜里 |
| 乔杨村 | 23 | 847 | 3037 | 乔杨、联合、栾王 |
| 明河村 | 15 | 568 | 2018 | 西明、东明、北明 |
| 钱赵村 | 22 | 1226 | 4142 | 西孔、晓潮、钱庄 |
| 管营村 | 12 | 561 | 1814 | 管营、仇巷 |
| 孔桥村 | 11 | 534 | 2105 | 孔桥、利民 |

续表280

| 村（社区）名 | 村（居）民小组（个） | 常住户数（户） | 常住人口（人） | 自然村名 |
|---|---|---|---|---|
| 蔡庄村 | 23 | 935 | 3119 | 蔡庄、二青、凡青 |
| 赵王村 | 24 | 924 | 3439 | 董庄、赵王、李王 |
| 马厂社区 | 18 | 1136 | 3856 | 王戚庄、万家厦、马厂 |
| 三星社区 | 6 | 934 | 3850 | 三星 |

## 第二节　经　济

### 一、农业

【种植业】 许庄历史上夏熟作物以大麦、小麦、元麦为主，秋熟作物以山芋、大豆、高粱、玉米、花生为主。1965年，官沟大队建成泰兴县西北乡旱谷地区首座内河电灌站。同年，官沟小公社首次在泰兴县高沙土地区试行旱改水种植方式，栽植水稻1000亩。1971年，进行大规模的农田水利建设，推广旱改水经验。1974年，旱改水面积4000亩。1978年，全公社基本实行旱改水种植方式，作物种植由单纯种植旱谷作物改为夏熟种植三麦、秋熟种植水稻。20世纪70年代，粮食亩产400千克以上。1983年，粮食亩产600千克。1984年，小麦亩产提高到300千克左右，秋熟水稻亩产提高到600千克。1987年，有耕地面积23557亩，粮食产量14467吨，油料作物产量467.78吨。1991年，万厦村种植红萝卜200余亩，曹官营村种植大白菜100亩。1992年，许庄乡开始栽植油菜800亩，油菜籽产量120吨。1997年，有耕地面积2.4万亩，粮食总产量10800吨。2008年，有耕地面积3.59万亩，粮食总产量16138吨，油料总产量1636吨。

【银杏与林业】 许庄是“大佛指”银杏主产区之一。1960年，有太平庄银杏林、凤阳庄银杏林、许庄刁陵角银杏林、许南银杏林4个成片银杏林，总面积205亩。1983年，银杏园林面积175亩，银杏总产量102吨。1987年，有银杏树1.2万株，挂果银杏树3609株，银杏产量142.7吨，居泰兴县第三位。各村在农田渠道、交通主干道两侧栽植水杉树。当年，许庄乡森林覆盖率14%，被评为江苏省农田林网化建设先进乡。1997年后，林业生产以美化、绿化中沟为主，在主干道两侧栽植香樟树、红叶李、高杆女贞、桂花树等，中沟两侧的桑树改栽植意杨树，砍伐杂树，保留果树和名贵树木。2006年，许庄街道森林覆盖率31.02%，获江苏省森林覆盖率达标乡镇称号。2008年，有银杏树12.3万株，其中挂果银杏树7.3万株，银杏产量2555吨，意杨树10.74万株，其他果树2346株，香樟、红叶李、高杆女贞等四季常绿树木1万余株，林业绿色通道125亩，成片银杏林45亩，森林覆盖率33.5%。

【养殖业】 1972年，每个生产队均有集体饲养的耕牛1～3头，王戚大队王四生产队、许西大队团结生产队兴办集体“百头猪场”。1975年，所有生产队办有30～100头的集体养猪场。1982年，王戚大队户均养羊1只。1987年，全乡饲养生猪19867头，出售或自宰生猪12538头，存栏羊1532只、兔296只。随着农业机械化程度的提高，至1997年，不再饲养耕牛，只有少数个体户饲养奶牛。2006年，有生猪饲养专业户16户，出栏生猪2496头。2008年，有猪、羊养殖户18户，饲养生猪6520头、羊348只。

1983年,农户养殖鸡、鸭、鹅3.9万羽。1997年,有家禽养殖户7户,养殖家禽3.85万羽。2000年,养殖家禽5.6万羽。2008年,有家禽养殖户5户,养殖家禽4.24万羽。

1997年,狄家村、唐东村共养蜂148箱,太平庄养殖菜花黄蛇4500条。2006年,许庄村养蜂240箱、养殖海狸鼠320只,三旗营村养殖地壁虫300千克,周梓村养殖孔雀68羽。2008年,全街道养蜂360箱,养殖地壁虫320千克,养殖孔雀80羽。

【渔业】 1975年,有水产养殖面积450亩,水产品产量83吨。1983年,有水产品养殖面积890亩,水产品产量108吨。1997年,利用沟、河养殖河蚌30亩,利用筑宁通公路时所挖沟、塘发展精养鱼池6个,面积250亩。当年,水产养殖面积1140亩,水产品产量285吨。2000年,水产养殖面积1140亩,水产品产量296吨。2008年,水产养殖面积1345亩,水产品产量345吨。三旗营村建205亩精养鱼池,养殖河蟹、青虾等水产品。

【高效农业】 1997年,发展高效农业面积20亩。1998年,高效农业面积45亩。2000年,在三旗营村征地1256亩,建设高效农业基地。2006年,在官沟村成立泰州福桂兰花有限公司,建花卉苗木基地1000余亩,有苗木品种20余个;在唐家村成立泰州市大唐养殖有限公司,流转土地150亩,投资500万元,建设"万头猪场"一期工程,3000头苗猪进场;在老庄村成立泰州市世海养殖有限公司,流转土地40余亩,实施规模养鸭,年出栏1万羽;在官沟村成立泰州博园农业开发有限公司,流转土地180亩,建成花卉苗木基地,栽植以太平金橘为主的苗木,亩均纯收入超2000元。位于三旗营村的泰州市金土地农业科技有限公司投入300万元,建成肉鹅和山羊养殖场,同时栽植冬枣、水蜜桃、葡萄树并套种"泰半夏"等。2007年8月,中央电视台《农广天地》栏目专题报道许庄街道高效农业模式。2008年,高效农业种植面积3000余亩,其中设施蔬菜面积280亩、经济林果面积520亩、花卉苗木面积1500亩。

## 二、工业

1963年,社办企业有许庄玻璃厂、许庄笔厂、朱家螺丝厂、唐家五金砂轮厂、万厦电镀厂、官沟五金厂、曹官织带厂、老庄麻纺厂。1969年,原小公社企业收归公社,成为社队联办企业。1970年后,创办许庄五金机械厂、许庄化工厂、许庄织带厂、许庄塑料厂、许庄电器厂。1978年,有企业27个(其中社办6个),职工1567人,固定资产60.21万元,产值338.07万元,利税31.7万元。1979年起,新建化纤筒管厂、木制工艺品厂和朝阳丝巾厂等。1981年后,先后创办许庄合金铸造厂、许庄种猪厂、许庄粮油饲料加工厂、高分子器材厂、羽毛工艺厂(后更名为礼品工艺厂)、许庄首饰盒厂。1987年,有企业191个,其中,乡办16个,村、组办126个,职工3632人,固定资产1016.32万元,产值6167.87万元,利税634.11万元。1990年,产值500万元以上的企业有乡办扬州市华泰煤机厂和扬州市苏中化纤器材厂,共完成工业产值1546.09万元。1995年,泰兴市海江染料化工厂生产的"银杏"牌系列染料被评为江苏省优质产品。1997年,有乡、村办工业企业204个,其中重点乡办骨干企业13个。1998年起,镇办企业基本改制为私营企业。2006年3月起,所有新办企业一律进入高港科技创业园。2008年,有工业企业272个,涵盖机械制造、船舶设备、羽毛工艺、服装加工、染料化工、电子信息等行业。

## 三、商贸服务业

1959年,许庄人民公社成立后,建立粮管所、邮电所、供销社、商业社,供销社在各大队设立供销点,商业社开办许庄饭店和旅馆。1986年,共有个体工商户429户,从业人员1287人。1991年,集镇有商业网点38个，饭店有商业社饭店、王戚饭店、粮管所饭店、农电站饭店、怡园酒店；旅社2个，照相馆1个，钟表修理店1个，裁缝店1个，山竹店1个，刻字店1个，家用电器修理店1个，自行车修理店2个。1996年，建2800平方米的简易钢架大棚农贸市场，设摊位86个，日人流量1500人次，日交易额12万元。1997年，共有商业网点208个。1998年，在泰高公路西侧、宁通公路北侧征地80亩，建成高港建材批发市场，摊位126个，年交易额3亿元。2006年，共有大小餐饮店64个，较大规模的饭店6个，较大规模的超市5个。商贸服务业经营户近1200户，从业人员4877人，营业总额4.89亿元。2008年，共有大小餐饮店88个，年营业额5280万元，其中较大规模的餐饮店8个；较大规模的超市6个，浴室6个，旅馆12个，照相馆3个，钟表修理店3个，眼镜店3个，刻字店2个，广告中介经营户4个，洗涤店3个，物流公司6个，汽摩车辆修理经销12个，快递公司2个。商贸服务业从业人员6923人。营业总额5.62亿元。

图 30-3-1　21世纪初的许庄三星街

## 第三节　社会事业

### 一、教育

民国30年（1941）秋，中共地下党员杨秀民创立许庄境内最早的小学。新中国成立初，创办万厦、唐家等农村小学。1958年，创办许庄中心小学、周梓初级中学。1969年，许庄中心小学更名为许庄中心学校，增设初中部。1971年，周梓中学增设高中班。1975年后，各大队相继开办幼儿园。1983年，周梓中学高中部迁至刁铺，学校更名为泰兴县许庄乡初级中学，并开始招收职业高中学生。同年，创办许庄幼儿园。1992年，职业高中与初中部分开办学，分设许庄中心初中和泰兴市许庄职业中学。1998年，泰兴市许庄职业中学更名为高港区职教中心。2001年，村级幼儿园全部撤并至许庄幼儿园。至2004年，村级小学均撤并至许庄中心小学。2004年，高港区职教中心创成国家级重点中等职业学校，并更名为江苏省高港职业教育中心校。2008年，许庄街道有区属职中1所，在校学生3596人，教职工321人；中小学2所，在校学生1946人，教职工175人；幼儿园1所，在园幼儿389人，教职工34人。

### 二、文化

1958年，许庄文化站建立。20世纪70年代，21个大队均成立文艺宣传队，每年进行一次文艺调演。1969年，新建许庄广播站。1983年，许庄文化站站长唐传银的作品《郑友慈写状》《鬼婚》获江苏省文艺创作二等奖。1984年，建成许庄影剧院。1998年，开始安装有线电视。2008年，许庄文化站站长、中国书法家协会会员孙志勇在泰州书画院举办个人书法作品展，其书法作品多次在省级以上书法展览和比赛中获奖。当年，许庄街道投入80万元，在各村、社区建成群众健身场，添置单杠、秋千、乒乓球桌等健身器材。有线电视用户入户率96%。

### 三、卫生

1958年，组建许庄公社中心联合诊所。1970年，组建许庄公社卫生院。1976年，村村办起合作医疗站。1991年，许庄公社卫生院新建病房楼。1997年，新建门诊综合大楼。1999年，撤销村卫生室，在唐丰片、官沟片、西北片、南片成立中心医疗站4个，共有乡村医生27人。2007年5月，许庄街道成立社区卫生服务中心。2008年，有社区卫生服务中心1个，医护人员54人，病床70张；有村居卫生服务站8个，乡村医生25人。新型农村合作医疗保险参保率99%。

## 第四节　村居选介

### 一、乔杨村

乔杨村原属泰兴市宣堡镇，2001年4月由乔杨、联和、栾王3个村合并而成，总面积3.78平方千米。2008年9月，划归高港区许庄街道。常住居民847户，常住人口3037人。

1965年，乔杨大队创办泰兴县首个队办企业。21世纪，发展村级工业经济，推行居民集中居住、土地集中耕种、村庄环境集中整治。2008年，有个体私营企业46个，产值10.2亿元；高效农业面积400亩；农民人均收入9578元。当年起，兴建高标准集中居住点，建生活污水处理站。

2007年，成立村务监督委员会。当年5月，村党总支被泰州市委、市纪委定为勤政廉政建设示范点。2008年，聘请区人大代表2人、政协委员1人为村务监督员。

该村先后获评江苏省卫生村、江苏省民主法治示范村、江苏省康居示范村、江苏省社会主义新农村建设先进村、江苏省管理民主示范村、泰州市十强村。

### 二、马厂社区

马厂社区于2001年4月由原马厂、万厦、王戚3个村合并而成。2008年，社区面积3.76平方千米，常住居民1136户，常住人口3856人。

行政村合并前，马厂、万厦、王戚3个村有村办企业16个，年产值1500万元。2002年，投资兴建标准化厂房，当年工业产值3500万元、利税230万元，村集体经济收入13万元，农民人均纯收入3000元。2006年，完成工业产值2.9亿元、利税1560万元，村集体资产420万元，村集体经济收入117万元，村民人均纯收入6895元。在高港区率先成立村级警务室和社会事业工作站。2007年，成立高港区首个村级党委、泰州市首个村级经济股份制合作社。2008年，有企业38个，实现工业总产值6.2亿元、销售5.8亿元、税收2500万元，村集体经济收入187万元，农民人均纯收入10102元。

马厂社区先后获评江苏省文明村、江苏省卫生村、江苏省民主法治示范村、泰州市十强村。

### 三、三星社区

三星社区地处许庄街道中心地带。1994年，许庄乡在集镇开发三星东西路、三星南北路、周梓路、中兴路、湖滨路。1997年，随着集镇规模扩大，经区政府批准，三星居委会成立。2008年，常住居民934户，常住人口3850人，暂住人口近1000人，有工业企业3个。有各类个体工商经营户608户，第三产业从业人员2601人，第三产业总产值7.27亿元，集体经济总收入60万元，农民人均纯收入9170元。

# 第四章　永安洲镇

永安洲镇位于高港区最南端，西临长江，与镇江扬中市隔江相望，东邻泰兴市马甸镇，南邻泰兴市滨江镇，北接口岸街道。平均海拔2.5米，地势平坦，是长江冲积平原的河漫滩地。境内河港纵横，水陆交通发达，古马干河横穿腹部，沿江高等级公路纵贯全境，泰州长江公路大桥北引桥从境内穿过。经济以工业为主，驻地企业有国电泰州发电有限公司、益海（泰州）粮油工业有限公司、泰州中航船舶重工有限公司、泰州三福船舶工程有限公司、江苏海企化工仓储有限公司等。2008年，全镇总面积36.98平方千米，其中耕地面积1224公顷。总户数8369户，户籍人口29178人，人口密度789人/平方千米。2008年，地区生产总值8亿元，其中第一产业7353万元、第二产业43447万元、第三产业29200万元；财政总收入1.41亿元，预算内收入7835万元；农民人均纯收入8913元。

先后获评全国群众体育先进单位、省级新型示范小城镇、绿色江苏建设先进单位、江苏省卫生镇和泰州市新型示范小城镇、泰州市经济工作十强乡镇。

## 第一节　建置区划

明天启二年（1622），永安洲开始露出水面。清嘉庆十八年（1813），有永昌洲。光绪二年（1876），有永安洲、永昌洲、临镇洲和鳗鱼沙4个四面环江的沙洲。面积最大的是永安洲，其次是永昌洲和临镇洲（即天雨洲），鳗鱼沙（即北沙洲）最小。光绪十年，始有人在此垦殖聚居。至民国元年（1912），逐步形成永安洲、永正洲、公益洲、广安洲、平安洲、永昌洲、天雨洲、北沙洲、同心洲、永福洲、六圩洲、盘头洲12个沙洲，大小圩231个，其中有名圩168个、无名圩63个，均系江滩筑堤圩而成。民国18年，分为永正乡、永安乡和永福乡，均属泰兴县第六区（宣堡区）。民国38年7月，设永安洲办事处（驻新桥），辖永安乡、永正乡、北沙乡、天雨乡、广安乡、上桥乡、盘头乡。1951年6月，永安洲办事处改为永安区公所（驻盘头街），管辖范围不变。1953年6月，永安区（驻上桥乡）辖7个乡，下设45个行政村。1954年10月，北沙乡并入盘头乡，永正、广安、上桥3个乡并为上桥、广安2个乡。1955年，永安区撤并为永安乡。1956年，为泰兴县直属乡。1957年10月，永安乡辖农业社22个、生产队192个。1958年9月，改为永安人民公社，辖4个生产大队、37个生产小队。1959年5月，广安洲划给口岸人民公社。1963年5月，永安人民公社成为泰兴县唯一的县属人民公社。1965年，泰兴县组织县内各公社内河渔业队的渔民在东夹江围垦江滩定居；1968年，将定居渔民划分为文胜、立新、五七3个渔业大队；1969年，划归永安人民公社，共辖18个生产大队、192个生产小队和1个生产农场。1977年6月，永安人民公社属口岸区。1978年，文胜、立新、五七3个渔业大队与永安人民公社脱钩；1980年12月，成立泰兴县第二捕捞公司，直属泰兴县多管局。1981年11月9日，因与江都县永安人民公社同名，经省政府批准改称永安洲人民公社。1983年7月，改为永安洲乡，辖明沟（新桥）、桥西、北沙、永福、同兴、天雨、胜利、盘头、新德（福利）、引江、永安、堂圩（团结）、新圩（大兴）、同联、平安、保健、兴无、永正（跃进）、福胜（幸福）19个村。1994年6月，撤乡建镇。1997年4月，从泰兴市划归泰州市海陵区。8月，从海陵区划归高港区。2001年4月，村（居）合并为8个村和1个居委会。2008年，泰兴市第二捕捞公司划归高港区农委，更名为高港渔业公司，由永安洲镇代管。2008年，共辖8个村、1个居委会、1个渔业公司、218个村（居）民小组。

### 2008年永安洲镇村（居）基本情况一览表

表281

| 村（居）名 | 村（居）民小组（个） | 常住户数（户） | 常住人口（人） | 自然村名 |
|---|---|---|---|---|
| 福沙村 | 21 | 927 | 3476 | 北沙、永福 |
| 新街村 | 24 | 890 | 3209 | 同兴、盘头 |
| 永兴村 | 26 | 975 | 3375 | 胜利、天雨 |
| 兴隆村 | 22 | 673 | 2190 | 福利、新圩 |
| 建安村 | 21 | 707 | 2372 | 平安、保健 |
| 永胜村 | 19 | 690 | 2363 | 永正、福胜 |
| 中心村 | 36 | 1222 | 4365 | 明沟、永安、同联、引江 |
| 上桥村 | 28 | 1191 | 4321 | 桥西、堂圩、兴无 |
| 兴洲居委会 | 7 | 277 | 1081 | — |
| 高港渔业公司 | 14 | 730 | 2069 | 永联、东江、新渔 |

## 第二节　经　济

### 一、农业

【种植业】 永安洲镇地处沿江农业区，粮食作物以水稻、小麦为主，经济作物以油菜为主。1997年，水稻种植面积19375亩，总产12862吨，亩产664千克；小麦种植面积17522亩，总产5619吨，亩产320.7千克；油菜种植面积492亩，总产86吨，亩产174.8千克。1999年后，缩粮扩经，油菜种植面积大幅增加。2008年，水稻种植面积15231亩，总产9435吨，亩产619千克；小麦种植面积14638亩，总产6238吨，亩产426千克；油菜种植面积955亩，总产157吨，亩产164千克。

20世纪90年代前，芋头种为永安洲的家庭副业之一。兴化、高邮、宝应、泰州、泰县等地农户常到永安洲购买芋头种。每当雨水、清明时节，永安洲长江边及穿心港、界港（又称萝卜港）、同心港等内河到处都是买芋头种的小船，通过掮客到永安洲农户家中进行芋头种交易。90年代，芋头种贩卖规模不断萎缩，直至基本消失。

20世纪70年代末，多数农户有竹园，品种主要是燕竹和篾竹。全镇竹林总面积近万亩。永安村8组，堂圩村3组、6组等都有几十亩的竹园。永安洲长出的篾竹柔韧性较好，能劈出9层篾。平均每村有篾匠近40人。1986年后，塑料制品逐步取代篾竹制品，竹业经营不断萎缩，从事竹器加工的手艺人大多数转行。

【养殖业】 1968年后，每个生产队至少发展"百头猪场"1个。1980年后，苗猪市场兴旺，外省人也到此采购苗猪，苗猪年交易量12万头。1985年，发生大规模口蹄疫情，全镇苗猪死亡率50%。1997年，全镇母猪存栏量7000头，创历史最高水平。1998年后，生猪养殖规模逐步萎缩。2004年后，大量土地被征用，农民搬入安置小区集中居住，传统养殖规模锐减。2008年，共有年出栏肉猪50头以上的规模养殖户45户，其中年出栏500头以上5户、1000头以上2户。

【渔业】 20世纪70—80年代，开始养殖青、草、鲢、鳙鱼等水产。90年代初，采用套养模式养殖螃蟹及河蚌。1990年，全乡珍珠蚌放养441亩，有精养鱼池292亩。1993年，特种水产养殖（主要是珍珠蚌）面积1200亩，为历史最高。1996年后，珍珠蚌养殖业日益减退。1997年，特种水产养殖面积550亩。至21世纪初，不再养殖珍珠蚌。2000年，上海、浙江、徐州、兴化、高邮等地的10余名养殖户共投资200余万元承包江圩1500余亩。当年，全镇螃蟹养殖面积1180亩，青虾养殖面积150亩，开发稻田养殖623亩，河沟套养特种水产品1000余亩。2004年后，随着沿江开发的不断深入，长江岸线资源逐步被开发利用，水产养殖规模不断萎缩。2008年，高港渔业公司特水养殖颇具规模。全镇有养殖面积10亩以上的专业户65户，养殖面积1877.5亩。

## 二、工业

1956年6月，永安乡在盘头街创办铁木五金合作工厂，2年后改为铁木农具修配厂。1958年，创建综合加工厂。1960年，永安人民公社有社办企业6个。至1969年，先后创办泰兴县棕架厂、永安农机修造厂（1978年9月分为泰兴电动阀门厂和永安工具厂）、永安桥南针织复制厂。20世纪50—70年代，先后创办永安农具厂和泰兴造船厂2个县属企业。70年代初，创办永安针织内衣厂、永安同兴五金化工厂。其时，主要产品有电动阀门、油漆、内衣、塑料零件等。1978年，创办企业31个，主要产品包括农机配件、胶木制品、白铁皮制品、砖瓦、建筑预制品、柳制品、玻璃酒瓶制品等。1979年起，先后新建社（乡）办分析仪器厂、五金钢锉厂（后改为泰兴县第三工具厂）、永安针织厂（后改为精细化工厂）、装饰工艺厂（后改为上海玻璃仪器一厂泰兴分厂），以及队（村、组）办北沙有机氟材料厂、盘头金属轧制厂等。1983年，泰兴电动阀门厂产值、销售、利税进入全县前六位。80年代末，泰兴县第三工具厂生产的组合工具、木柄改锥和上海玻璃仪器一厂泰兴分厂生产的玻璃仪器出口创汇。1990年，有企业162个，职工3011人，固定资产1151.1万元，产值3833.08万元，利税370.17万元，其中分析仪器厂产值578.5万元。工业产品主要有炉膛吊架、阀门电动装置、组合工具、有机硅腐植酸钾、玻璃器皿、覆铜板等。1992年，实行集体资产保值、增值承包制。1996—2000年，所有镇、村办企业改制为个人独资或股份合作企业。2001年，永安洲镇在天雨村（现永兴村）创建化工小区，泰州市高伟化机厂为首个入驻企业。2004年，开始建永安洲工业园，先后有84个企业入园。2008年，园区实现工业总产值61.07亿元。

图 30-4-1 永安洲集镇一角(2006年摄)

### 三、商贸服务业

改革开放初期,供销社下设12个营业点,商业社下设6个销售网点;全镇有个体商业户20户,20世纪80年代初期增至65户。1984年后,出现近百户以经营日杂百货、小型农具为主的个体工商户,各村都有商业网点。1994年,第三产业产值2060万元。1995年3月,建农贸市场,摊位数40个,年成交额500万元左右。1997年,有个体商业户200余户,集镇商业街近2000米。2001年,农贸市场迁至永安北路,摊位数约120个,年成交额1800万元左右。2008年,有个体商业户500余户,主要分布在引江东西路、永安北路、润洲东西路、双桥路、马船路和上桥村、渔业公司。有美容美发店5个,旅馆3个,照相馆3个,钟表店2个,家政公司3个,中介公司1个,洗衣店3个,浴室10个。餐饮服务业遍布镇区。有物流公司10余个,主要从事煤炭、建材销售,年销售额近20亿元。当年,筹建永安港务公司码头、梅兰散杂货码头、益海粮油专用码头和海企化工专用码头,共有码头15个,年吞吐量500万吨以上。全镇服务业总产值45亿元,利税3.8亿元,利润1.5亿元,从业人员3000余人。

## 第三节 社会事业

### 一、教育

抗日战争时期,创办境内第一所小学——三义殿小学。民国35年(1946),创办六圩桥中心国民学校,民国37年更名为泰兴上桥小学。新中国成立初期,先后创办天雨小学、大兴小学、北沙小学、三义殿小学(后改为兴东小学)等小学。1960年,创办永安初级中学。1968年秋,永安初级中学更名为永安中学,开始招收高中生。1972年,开始创办幼儿园。当年,《新华日报》以《教育革命谱新章》为题宣传永安人民公社办学经验。1979年,永安中学停止招收高中生,其后改称永安洲初级中学。20世纪80年代初,上桥小学更名为永安洲乡中心小学。1994年,永安洲中心初中有6名学生考取扬州中学,上桥初中和盘头初中共有3人考取扬州中学。21世纪初,所有初级中学撤并至永安洲镇初级中学,小学撤并至中心小学。2008年,永安洲镇有中小学2所,在校学生2034人,教职工177人;中心幼儿园在园幼儿345人,教职工26人。

### 二、文化

1953年,创办文化站。1966年,组建电影放映队。1968年起,组建宣传队到各大队巡回演出。20世纪60年代末,建广播站。80年代,开始在学校建文化中心。1991年,成立乡体育协会。90年代,每2年举办1次乡全民运动会。1996年，组建广播电视站。2004年，实现有线电视村村通。2007年，投入300万元建占地500平方米、建筑面积1800平方米的综合文化中心，内设活动室、图书室、乒乓球室、健康咨询室。当年，实现有线电视组组通。2008年，有标准篮球场1个、小型篮球场4个、网球场1个、室内乒乓球室13个、门球场1个、田径场2个、全民健身点9个。建有篮球队、乒乓球队、羽毛球队、门球队、象棋队、拔河队、田径队。有线电视用户6526户。

### 三、卫生

1952年，创办盘头街联合诊所。1955年，相继成立上桥、天雨联合诊所。同年，成立地方防治组，开展血吸虫病防治工作。1962年10月，上桥诊所改为中心诊所。1969年，中心诊所更名为永安卫生院。1989年，永安洲卫生院在原址扩建。2007年，在永安北路与迎宾大道西北交接处新建永安洲镇卫生院。2008年，有镇卫生院1个，医护人员60人，病床80张；村卫生室8个，乡村医生30人。新型农村合作医疗保险参保率95%以上。

## 第四节　村居选介

### 一、福沙村

福沙村地处永安洲镇南部，2001年4月由北沙村和永福村合并而成。辖21个村民小组，常住居民927户，常住人口3476人。总面积6.9平方千米，耕地面积117.5公顷。该村经济实力居全镇之首，为江苏省文明村。

20世纪80年代，创办泰兴县有机氟材料厂。90年代起，先后创办制衣厂、毛毯厂等14个企业。2000年后，泰州市亚星塑业有限公司、江苏泰氟隆科技有限公司、泰州市三星铁氟隆有限公司产值突破1000万元。2004年后，该村利用国电泰州发电有限公司、泰州中航船舶重工有限公司落户机遇发展服务业。将全村20～45岁的失地农民组织起来成立鑫桥劳务公司，将挖掘机、推土机、大型运输车辆集中起来成立信国运输队，承包装卸运输、清洁卫生、食堂劳务等业务。

2008年，全村经济总收入1.99亿元，村集体收入97万元，农民人均纯收入10204元。有工业企业17个，总产值1.52亿元；个体工商户34户，服务业从业人员740人，产值0.6亿元。

图 30-4-2　永安洲镇兴洲居委会

### 二、兴洲居委会

2001年，兴洲居委会由永安村1～7组和老集镇居户合并而成，总面积1平方千米，是全镇首个居民集中安置区。常住居民277户，常住人口1081

人。2003年，永安洲镇在兴洲居委会2组征地65亩建设兴洲花苑一区住宅小区，建成别墅37幢，安置国电泰州发电有限公司项目拆迁户。2005年，利用兴洲居委会2组、3组已流转的24亩土地建兴洲花苑二区，建成4层公寓楼10幢，安置太平洋钢管、益海粮油、三福船舶项目拆迁户。2005—2008年，先后征用5组、7组土地245亩，建设兴洲花苑三区、四区，建成5层公寓楼47幢。集中安置区共占地22.46万平方米，建成公寓楼57幢、别墅37幢。

随着大量居民的集中居住，兴洲居委会的商业也日渐兴旺。2004年，建成兴洲路、迎宾大道、永安北路商业街。2005—2008年，建成永安北路延伸段商业街。2008年，经济总收入10624万元，集体经济收入28.2万元，居民人均纯收入8867元。共有个体工商户146户，服务业从业人员500余人，产值1425万元。

# 第五章　白马镇

白马镇地处高港区东北部，东与姜堰市张甸镇接壤，南与大泗镇相连，西与野徐镇毗邻，北与泰州经济开发区凤凰路街道相接。全镇为平原高沙土区，海拔4.4～5.6米。姜高路、许塘路越境而过，主要河道周山河、秧田河、纲要河、西干河、东港河、直港河、前进河、西王港河均可通航。境内有中国人民解放军海军诞生地纪念馆、中国人民解放军第三野战军渡江战役指挥部旧址。工业产品主要有体育健身器材、液压机具器械、水处理设备、塑料包装袋等。2008年，全镇东西最长7.1千米，南北最长5.6千米，总面积25平方千米，其中集镇建成区面积3.8平方千米、耕地面积1324公顷。总户数7121户，户籍人口23462人，人口密度938人/平方千米。全镇实现地区生产总值3.04亿元；财政总收入2850万元，预算内收入2100万元；农民人均纯收入6698元。

## 第一节　建置区划

民国16年（1927），设白马乡，属泰县第三区。民国33年3月和民国36年10月，部分区域曾短暂划入泰兴县。民国37年，属中国共产党领导的泰兴县泰塘区。民国38年6月，划归泰州市。新中国成立初，有龙河、马陈、岱白、梅垛、白马、李王、三河7个小乡。1954—1956年，有王庄、马庄、前进、陈家、幸胜、大坝、增荣、黄河、南河、白马、青龙、李庄、穆庄、前港14个高级社。1957年12月，成立白马乡，有4个大队。一大队辖兴庄、陆河、南河、黄河，二大队辖白马，三大队辖陈家、双龙、陆家、大坝、增荣、前港、前进，四大队辖增产、李庄、马庄、王庄、朱穆。1958年9月，并入塘湾人民公社。1962年5月，从塘湾人民公社划出，成立白马人民公社，属泰州市，辖15个大队、134个小队。1964年10月，由泰州市划归泰县。1983年7月，成立白马乡，原有15个大队改为村，134个生产队改为村民小组。1996年1月，撤乡建镇，并设白马居委会。1997年4月，从姜堰市划归泰州市海陵区。8月，从海陵区划归高港区。2001年，15个村、1个居委会并为6个村、2个居委会。2008年7月，朱穆村划归泰州市周山河街区。全镇辖5个村和2个居委会，127个村（居）民小组。

2008年白马镇村（居）基本情况一览表

表282

| 村（居）名 | 村（居）民小组（个） | 常住户数（户） | 常住人口（人） | 自然村名 |
|---|---|---|---|---|
| 陈家村 | 20 | 966 | 3261 | 凹口、陈家、小庄、前港、金龙桥 |
| 陆家村 | 17 | 624 | 2129 | 双龙、陆家、李庄荡 |
| 岱白村 | 21 | 992 | 3222 | 大坝、增荣、岱白 |
| 黄河村 | 16 | 816 | 2684 | 黄河、南河、南桥、北桥 |
| 前进村 | 16 | 917 | 2900 | 袁家、王庄、匡家野、王家荡、五家垛 |
| 金马居委会 | 22 | 1560 | 4251 | 曹野、增产、马庄、李庄 |
| 白马居委会 | 15 | 714 | 2208 | 白马庙、东秧、北桥、西秧 |

## 第二节　经　济

### 一、农业

【种植业】 历史上以种植小麦、大麦、油菜、玉米、花生、山芋、胡萝卜、大豆、荞麦等为主。1966年后，逐步实行旱田改水田。1970—1982年，全公社开展大规模的平田整地，实行土地方整化，旱改水，扩大水稻种植面积。1991年，粮食亩产334千克。1997年，粮食播种面积32748亩，总产量12345吨。2008年，全镇粮食播种面积32403亩，总产量14014吨；蔬菜总产量0.8万吨；油料作物总产量638吨。

【养殖业】 1960—1980年，生猪养殖以集体饲养为主。1982年，集体猪场逐步解散，农户开始养殖生猪。1996—1997年，平均年出栏生猪1.5万头，栏存母猪600余头。2000年前后，散养户逐步减少，规模养殖发展加快。2004年末，饲养量减少。2007年6月，全镇母猪栏存量300头，下半年生猪栏存开始回升。2008年，全镇生猪上市量近万头。年出栏50头以上的规模户15户、100头以上的10户。

2000年后，发展蛋鸡、肉鸭养殖。2002年，白马居委会成立肉鸭养殖专业合作社。2002—2008年，全镇每年上市鸡蛋100余吨、肉鸭20余万羽。

2003年5月，泰州市众诚乳业有限公司在岱白村成立。2008年，栏存奶牛312头，年产鲜奶1000余吨。

【渔业】 1958年，各大队、生产队利用河沟发展集体水产养殖。1983年后，普遍实行承包养殖。1999年，白马村一村民流转土地13亩，办起金鱼养殖场。2008年，全镇有池塘养鱼面积440亩，年产量43吨；河沟养鱼面积698亩，年产量67吨。

## 二、工业

新中国成立后，白马境内有油坊、糟坊、磨坊等作坊。20世纪60年代初，创办铁木农具生产合作社。1965年后，陆续创办五金、粮油加工、磨具、白铁、轧钢、服装、磷肥、毛纺等社队企业。1977年，全社实现工业产值332万元、销售309万元、利润5万元。至80年代，社（乡）办泰县紧固件厂、泰县磨具二厂、白马电机五金厂等企业经营较好。1990年起，先后办起体育健身器材、医疗器械、水处理设备等企业，体育健身器材产业成为全乡工业的亮点。1997年，共有企业106个，职工人数1790人，固定资产2377.05万元，实现工业产值8738万元、销售6152万元、利润157万元。2000年后，逐步实施工业企业集聚区域规划，形成金马东街路南工业园点和姜高路沿线两侧（陆家村—前进村段）工业带，先后有45个企业落户，主要生产经营机械、液压工具、水处理设备、家具、生物标本、体育健身器材等。2008年，全镇实现工业总产值11.51亿元、销售8.75亿元、利润0.32亿元。工业企业总数211个，其中固定资产500万元以上的12个、产值500万元以上的11个。有服装、箱包产品出口。

## 三、商贸服务业

民国时期，集镇上有肉铺、熏烧店、烧饼店、茶食店。20世纪50年代，李家庄巷口设有供销社门市部。60年代，李家庄巷口、白马庙出现合作经营饭店。1962年，成立白马供销合作社。70年代初，白马供销合作社内增设招待所。1972年起，白马供销合作社在15个大队设立营业点。80年代中期，全乡有个体工商户42户。1993年，原农工商公司改建为白马宾馆。增产村兴办小型农贸市场，不久关闭。1995年，白马供销社逐步改制。1999年，李家村筹资40余万元，兴办室内农贸市场，年交易额935万元。2008年，全镇有个体工商户500余户，金马大街和将军路有餐饮、五金交化、体育器材、建材、服装、食品、摩托车配件、日用百货等商业店铺300余个。

1980年，白马人民公社兴办定期集市，每月的3日、8日、13日、18日、23日、28日为集市日，活动地域为白马供销社门前西侧路段和前进河东岸大堤（李庄大桥向南段）。集市办有苗猪市场，很快兴旺，带动粮油果蔬、活禽蛋品、水产品，以及铁木农具、竹木制品、鞋帽服装、花卉苗木、小五金、小百货等商品的交易。白马集市辐射周边塘湾、蔡官、大泗、寺巷等地。至2008年，每逢集市日，各类商品交易摊位500余个，人流量3500余人次，年交易额约2300万元。

# 第三节　社会事业

## 一、教育

20世纪20年代，白马境内仅李家庄有少数几家私塾。民国26年（1937），中共地下工作者丁翔雯在白马庙创办王氏私立广义小学，民国38年更名为白马小学。1952—1962年，泰州师范学校在白马办学，白马小学时为其附属小学。1960年，创办白马农业初级中学。1962年，塘湾初级中学从塘湾迁至白马。1968年，塘湾初级中学升格为完全中学，更名为泰县白马中学。当年起，各大队创办幼儿园。1969年，创办王庄初级中学。1992年，国务院副总理兼国防部部长张爱萍为白马中学题写校名。1993年，白马小学被确定为扬州市贫困地区率先实现“三配套”工程示范学校。至1997年，白马农业初级中学、王庄初级中学均已合并至白马中学。2004年，白马小学被泰州市政府命名为泰州市海军小学。之后，全镇小学先后撤并至海军小学。2007年，白马中学创办高港职业教育中心校白马分校。2008年，白马镇有中小学2所，在校学生1172人，教职工132人；中心幼儿园在园幼儿430人，教职工21人。

1962年3月，泰县中等农业学校迁至白马，同年12月停办，1965年恢复招生，改称江苏省泰县农业学校。1977年，改称江苏扬州地区畜牧兽医学校。1978年，更名为江苏省泰州畜牧兽医学校。1993年，主校区迁至泰州城区，老校区只有培训基地和试验基地。

### 二、文化

民国初期，有民间木偶戏班1个，有观音会、太阳会、关帝会等传统庙会，有舞龙队、舞狮队、高跷队、锣鼓队等表演团队。民国27年（1938）四五月间，组建泰县文化界抗战工作团白马分团。1950年，成立白马红星木偶京剧团，1953年解散。1967年，成立白马文化站和广播放大站。20世纪70年代后期，组织电影放映队，在各大队定时定点放映。1978年5月，举办首届农民体育运动会。1979年，扬州地区在白马公社白马大队召开全地区农村体育工作座谈会。1985年，白马文化站被扬州市文化局评为先进文化站。1988年，建成白马影剧院。1995年，白马广播站更名为白马广播电视站，自办《白马新闻》栏目。1996年，被江苏省文化厅评为文化工作先进乡镇。2000年、2004年，先后实现有线电视村村通、户户通。2006年，启动“万村体育工程”。2008年，白马文化站建成598平方米的3层楼房，建有老年门球队、中年妇女健身队、篮球队、乒乓球队、象棋队、文艺业余演出队、民乐队、腰鼓队、花船队、舞龙队、小学生号鼓队等；黄河村、陆家村、陈家村、白马居委会、金马居委会建有乒乓球室、棋牌室、室外健身场；全镇有线电视用户5683户，有线电视入户率98%以上。

### 三、卫生

1950年前后，有个体中医诊所3个。1959—1961年，先后创办马庄、白马、岱白联合诊所。1967年，创办白马公社卫生院。1970—1985年，泰县白马地段医院设于境内，由当时城市下放医务人员和白马公社卫生院人员组成，能施行中、下腹部手术，业务辐射塘湾、寺巷、鲍徐、野徐、大泗、蔡官等公社。1987年，成立泰县白马中心卫生院。1995年，白马中心卫生院更名为白马人民医院。1998年，白马人民医院通过泰州市一级甲等医院评审。2001年起，医疗卫生服务实行一村一室，先后建黄河、岱白、陆家、陈家、前进、朱穆、金马、白马8个社区卫生服务站。2008年，全镇有医院1所，职工38人；有社区卫生服务站7个，乡村医生19人。新农村合作医疗保险参保率98%以上。

## 第四节　村居选介

金马居委会为白马镇政府驻地，2001年由原白马居委会、李家村、马家村、增产村合并而成，东至迎宾大道，南接姜高路，西临王港河，北依周山河，总面积4.5平方千米。有居民小组22个，常住居民1560户，常住人口4251人。系江苏省民主法治示范村。2008年，实现经济总收入2.28亿元，集体收入21.45万元，居民人均纯收入6734元。

金马居委会为白马镇第一大村居，所辖中心区域为白马镇主镇区。辖区内设有镇工业集聚区。有金马大街、将军路2条商业街，各类店铺近400个。历史遗存有匡子龙烈士墓、青龙庵、观音庵、八角井。

# 第六章　大泗镇

大泗镇位于高港区东部，东邻姜堰市张甸镇，南与胡庄镇交界，西与许庄街道接壤，北和野徐镇、白马镇毗邻，属黄桥革命老区。相传有4条河汇于此，故名泗水，后更名为大泗。海拔4.5～6米，地势平坦，土质系通南高沙层。主要公路有姜泗公路、塘许公路、泗野公路，主要河道有西干河、南干河、生产河、大寨河、西前进河。2008年，全镇东西最长9.25千米，南北最长4.1千米，总面积30平方千米，其中集镇建成区面积3平方千米、耕地面积1820公顷。总户数9415户，户籍人口30018人，人口密度1001人/平方千米。完成地区生产总值28973万元；财政总收入1256万元，预算内收入1276万元；农民人均纯收入5514元。

## 第一节　建置区划

民国元年（1912），设大泗乡，属泰县。民国6年，属泰县第三区。民国23年，大泗设镇，隶属于泰县第二区。民国36年，划归泰兴县，并设大泗区。民国38年7月，撤销大泗区，改设大泗镇，属宣堡区。1950年5月，大泗镇划归泰县，同时增设大泗区。同年10月，大泗区辖大泗镇和佴霍、泗龙、双马、二陈、曹于、联朱、曹河、岱白、龙河、褚野、解家、南塘、三彭、单桥14个乡。1956年2月起，并区并乡，设大泗、曹于、双际、佴霍4个乡，属张甸区。1957年末，全面撤区并乡，设大泗乡、曹于乡。1958年5月，曹于乡并入大泗乡。9月，乡改人民公社。1959年3月，属泰州县。1960年2月，大泗人民公社辖大泗、时庄、野桥、康乐、马龙、大马、西陈、中陈、霍堡、佴陈、佴庄、东平、曹于、桥河、前进15个大队、131个生产队。1962年泰县、泰州分治，属泰县。1976年，大泗人民公社有30个大队、200个生产队。1983年7月，公社改乡，辖大泗、小庄、三星、时南、时庄、野桥、康乐、金龙、小马、大马、北田、周垛、陈北、三港、中陈、陈西、曹河、曹于、前程、桥河、佴陈、东平、河北、佴庄、佴西、佴南、东兴、霍堡、沙港、小霍30个村。1999年9月，设大泗居委会。同年10月，撤乡建镇。2001年3月，行政村合并，辖12个村、200个村民小组和大泗居委会。2008年9月，划归高港区管辖。

### 2008年大泗镇村（居）基本情况一览表

表283

| 村（居）名 | 村（居）民小组（个） | 常住户数（户） | 常住人口（人） | 自然村名 |
|---|---|---|---|---|
| 大泗村（居） | 24 | 951 | 3286 | 大泗庄、小庄、小小泗庄 |
| 时庄村 | 21 | 913 | 3005 | 前时、后时、野桥 |

续表283

| 村（居）名 | 村（居）民小组（个） | 常住户数（户） | 常住人口（人） | 自然村名 |
|---|---|---|---|---|
| 康乐村 | 13 | 508 | 1698 | 小泗庄、梧桐庄 |
| 马龙村 | 13 | 491 | 1622 | 钱家祠堂、小马庄 |
| 大马村 | 17 | 688 | 2285 | 大马庄、八十亩 |
| 北港村 | 18 | 676 | 2440 | 周垛、光明、三港 |
| 二陈村 | 19 | 720 | 2540 | 陈家岱东庄、西庄 |
| 曹于村 | 15 | 697 | 2327 | 红星、曹于 |
| 前进村 | 9 | 570 | 1936 | 前进、桥河 |
| 佴陈村 | 15 | 481 | 1670 | 小陈家岱、东平、王家庄 |
| 佴庄村 | 19 | 713 | 2310 | 佴庄、双桥、南也、东兴 |
| 霍堡村 | 18 | 763 | 2748 | 霍堡、沙港、永丰 |

## 第二节　经　济

### 一、农业

【种植业】 1958年，大泗公社在大马大队建万亩电灌站。1959年，在大马、西陈、马龙大队试种水稻，1960年后，在全社逐步推广。1970年后，开展大规模平田整地，实现大面积旱改水。1970年，种植水稻1806亩，亩产106千克，总产量191.4吨。此后，夏熟种植小麦、大麦、油菜，秋熟除零星小块种植玉米、花生、山芋、大豆外，大面积种植水稻。1977年，水稻种植面积2413亩，亩产283千克，总产量681.8吨。1980年，水稻种植面积2594亩，亩产457千克，总产量1184.5吨。1997年，水稻种植面积12601亩，亩产470千克，总产量5926.3吨。2008年，水稻种植面积16909亩，亩产512千克，总产量8657.4吨。

【银杏】 1993年，共有挂果银杏树1500株以上，年产银杏200余吨。2000年，共有挂果银杏树4.5万余株，年产银杏600余吨。2008年，共有挂果银杏树8万余株，其中百年老树近100株，年产银杏1200余吨。

【养殖业】 1958—1961年，生产队兴办集体养猪场。1962年，保留生产队集体养猪场，恢复社员家庭生猪、家禽养殖，生猪饲养量逐年上升。1979年，全社年出栏生猪3万余头。20世纪80年代后，农村集体养猪场全部解体。1990年后，出现一些养猪专业户。全镇逐步形成东有前进村养鸡、西有康乐村养兔、南有佴庄村养羊、北有大马村养鹅、中有霍堡村宰牛的特色。2008年，有养猪专业户19户，出栏5.6万头；养鸡专业户18户，出栏7.6万羽；养鹅专业户13户，出栏4.5万羽；养鸭专业户14户，出栏7.3万羽。年末栏存生猪15026头，大牲畜395头，山羊320只，兔560只，家禽25.4万羽。

【渔业】 1972年，创办大泗渔业站，将河道收归公社统一放养，年终给各大队分红。1986年，因生产河、西干河、前进河属交通水道，河面上设防的拦鱼网被取缔。大寨河、中心河、双马河、寺汤沟、扬子港等河道分别由所在村村民分段承包养殖。2008年，有养鱼户42户，养殖面积500亩，年产量74吨，产值74万元。

## 二、工业

1960年，创办集体性质的大泗农具厂。1961年，创办大泗织带厂。1969年起，先后兴办水泥制品厂、过滤布厂、塑料制品厂、印刷厂、猪鬃厂、五金厂、电炉厂、砖瓦厂、纸箱厂、织布厂、地毯厂、麦芽厂、汽修厂、食品厂、石粉厂、服装厂、被单厂、船厂等社办厂20余个。1970年后，公社、大队办厂逐渐增多。20世纪80年代，共有大队办厂55个，产品有五金、砂轮、锉刀、织带、服装、玻璃制品、医疗器材、猪鬃、塑料、造纸、体育器材、舞台设备等。大泗布厂“时光”牌床单为江苏省知名商标。90年代，受计划经济向市场经济转换的影响，许多工厂相继停业。1994年，创办大发铝材厂（今泰州市宇马铝业有限公司）。1999年，过滤布厂、砖瓦厂等10余个镇办企业改制。电炉厂、猪鬃厂、水泥制品厂、被单厂等企业因资不抵债，全部破产。2008年，全镇有工业企业80余个，注册资金50万元以上的私营企业和独资企业45个。形成服装加工、铝材产品、除尘产品、舞台设备、医疗器材、体育器材等支柱产业。工业总产值6.9亿元，利税3500万元。

1980年，创办大泗舞台用品厂。至2008年，全镇有舞台设备厂14个，其中时代舞台设备有限公司、声光影剧设备有限公司、泰州市南洋舞台设备厂、光耀舞台设备厂、大泗舞台设备厂产值超1000万元。舞台设备产业总产值超1亿元，销售额8500万元，利税560万元。

## 三、商贸服务业

民国初期，大泗有木行。新中国成立初，开办大泗苗猪市场，分布于3处：曹于村岔口，上市日为一、四、七；霍堡村桥口，上市日为三、六、九；大泗街，上市日为二、五、八、十。大部分苗猪来源于扬中、靖江、泰兴等地，每市交易量平均为60余头。1950年前后，商贩汇集在泗水街两侧，摆摊设点，经营百货，有烧饼店、水饺店、饭店、客栈、浴室、理发店、洗染店、日杂店、山地商店、烟酒店、药店、服装店等40余个，从业人员近200人。1954年，成立大泗粮站，粮食统购统销。1955年，成立大泗食品站，由大泗供销社代管。1956年，饭店、旅馆、浴室、杂货店、山地商店、烟酒店、肉店等参加公私合营。1957年，组建大泗综合商业社、供销社，代管时庄、康乐、大马、佴陈、霍堡、西陈、周垛7个下伸点。1958—1978年，大泗综合商业社隶属于大泗供销合作社。1963年，大泗粮管所内开办油厂。改革开放后，大泗木材市场规模较大，年销售额超1000万元。1980年后，每逢二、五、八、十办粮食自由市场。个体油坊相继开办，国营油厂倒闭。1982—1988年，生猪内销有余，外调江都、泰州和上海等地，生猪市场月均收猪超千头。1983年，建简易农贸市场，占地面积3000平方米，设摊位近90个。1997年，有个体商户60余户。2002年，大泗绿源农贸市场建成，经营面积3000平方米，摊位100余个。2008年，全镇有超市50余个，饭店、小吃店30余个，猪肉店40余个，羊肉店11个，牛肉店30余个。完成第三产业增加值8175万元，商品零售总额4.2亿元，集贸市场成交额2.3亿元。

## 第三节　社会事业

### 一、教育

抗日战争时期，大泗境内创办第一所初级中学——泰县县立第二初级中学，解放战争爆发后停办。新中国成立前，有私塾15个，塾师20余人。1951—1952年，私塾并为11所小学。1953年，创办大泗时庄民办补习班，1957年改为民办中学。1960年，创办大泗初级中学，撤除大泗民办初中。1975年，各大队开设幼儿班。1988年，各村幼儿班合并为12所幼儿园。1997年，全乡幼儿园撤并成9所。2004年，幼儿园合并为1所中心幼儿园（大泗金桥幼儿园），小学合并成2所（大泗中心小学和大泗第二小学）。2005年，大泗镇作为姜堰市教育工作试点，实施九年义务教育一贯制，全镇中小学合并为大泗学校。2008年，大泗镇有中小学1所，在校学生1420人，教职工125人；幼儿园1所，在园幼儿387人，教职工19人。

### 二、文化

民国时期，有木偶戏班。新中国成立初，有新民木偶京剧团。扬州木偶剧团组建后，新民木偶京剧团的主要演员被抽调到扬州，其余人员解散。1953年，建文化站。1963年，创办广播站。1969年，新建450平方米的影剧院。1992年，新建建筑面积400平方米的广播电视大楼。1994年，实施有线电视入户工程，广播站改为广播电视站。2003年、2004年，影剧院、文化站先后关闭。2005年后，村村建有文化活动室。2006年，大泗、霍堡、佴陈建立“农家书屋”。2007年，大泗籍体育运动员于锦获第九届散打世锦赛冠军。2008年，于锦在第四届散打世界杯比赛中再次夺冠。当年，全镇村村建有篮球场、健身场，有线电视用户近5000户。

### 三、卫生

1951年，大泗有4个私人药店和8个私人诊所。1956年1月，公私合营，组建民康、大泗联合诊所。1969年，全社30个大队全部建立合作医疗站，有赤脚医生75人。1973年，建大泗公社卫生院。2008年，有镇卫生院1个，病床40张，医疗人员39人；有社区卫生服务站12个，保健医生20人。新农村合作医疗保险参保28803人。

## 第四节　村居选介

### 一、大泗村

大泗村为大泗镇政府驻地。姜泗路、塘许路、泗野路贯穿境内，两泰官河、前进河为主要航道，大寨河、新跃河为排灌支河。总面积3.4平方千米，其中耕地面积148.13公顷。常住居民951户，常住人口3286人。为泰州市康居示范村。2008年，有工业企业22个，工业总产值1.9亿元。实现经济总收入8215万元，集体收入11万元，农民人均纯收入5688元。

新中国成立前后，大泗村是方圆数十里的集市中心，有一条宽3米、长不足200米的土街，为大泗集镇的雏形。新中国成立后，一直是大泗乡（人民公社、镇）政府驻地。大泗集市初为逢农历每月二、五、八，1978年后改为逢公历每月2、5、8、10。境内学校、文化、卫生、银行、电信等公共服务机构齐全。特色餐饮和名小吃有泗水人家全牛席、吴记空心小馄饨和陈记传统小炉烧饼。有旺旺、文峰、苏果3个规模较大的超市，有绿源农贸市场和100余个商铺。

### 二、霍堡村

霍堡村地处大泗镇中部，西邻大泗集镇。辖18个村民小组，常住居民763户，常住人口2748人。2008年，实现经济总收入1.09亿元，农民人均纯收入5931元。

霍堡村是远近闻名的牛肉加工村，宰牛和牛肉加工技艺已有120余年历史。改革开放后，霍堡村牛肉产业发展迅速，所宰杀的牛主要来自云、贵、川、湘、鄂山区的水牛和来自鲁、豫、皖乡村的黄牛。霍堡牛肉成为大泗镇的特色食品。2008年，全村有养牛户50户，从事贩牛、宰牛、牛肉销售、牛肉烹饪的有100余户。全村年销售生、熟牛肉近2000吨，主要销往苏中、苏南和上海市。

# 第七章　胡庄镇

胡庄镇位于高港区东部，东与泰兴市新街镇相连，南与泰兴市根思乡毗邻，西与许庄街道、泰兴市宣堡镇接壤，北与大泗镇、姜堰市张甸镇交界。地处沿江平原高沙土区域，海拔4.5～5.5米。古田线等公路过境，宣堡港、鳅鱼港、中心港等主要河流均可通航。2008年，全镇总面积58.3平方千米，其中集镇建成区面积3平方千米、耕地面积3267平方千米、水域面积1458公顷。总户数14522户，户籍人口47112人，人口密度808人/平方千米。实现地区生产总值34577万元，其中第一产业10509万元、第二产业11368万元、第三产业12700万元；财政总收入1088万元，预算内收入882万元；农民人均纯收入6036元。

## 第一节　建置区划

1949年，境内设薛垛乡、汪陈乡、刘荡乡、单野乡、庵桥乡、宗林乡、马李乡、杨营乡、孔庄乡、孔丁乡。1950—1955年，先后设汪陈乡、宗林乡、孔丁乡、刘陈乡、庵桥乡、薛垛乡、马李乡、单野乡、孔庄乡、杨营乡、庵桥乡、三河乡。1956年，设庵桥乡、单野乡、薛垛乡、孔丁乡。1957年10月，撤区建乡，设庵桥乡、薛垛乡。1959年5月，设庵桥人民公社、薛垛人民公社。1963年5月，设薛垛、孔丁、刘荡、宗林、海联、汪陈、周马、杨营、单王、孔庄、庵桥11个小公社。1969年11月，设汪群人民公社、胡庄人民公社，汪群人民公社由汪陈、薛垛、孔丁、刘荡、海联组建而成，胡庄人民公社由杨营、庵桥、孔庄、单庄、宗林、周马组建而成。1977年6月，属泰兴县宣堡区管辖。1983年7月，公社改为乡，汪群乡辖17个村，胡庄乡辖20个村。2000年，汪群乡、胡庄乡合并为胡庄镇，辖37个村。2001年，行政村合并，辖16个行政村和2个居委会。2008年9月，划归高港区管辖。

2008年胡庄镇村（居）基本情况一览表

表284

| 村（居）名 | 村（居）民小组（个） | 常住户数（户） | 常住人口（人） | 自然村名 |
|---|---|---|---|---|
| 赵市村 | 21 | 823 | 2626 | 赵狮、海潮、三和 |
| 薛垛村 | 14 | 545 | 1715 | 薛垛 |
| 戴陈村 | 22 | 891 | 3068 | 陈庄、戴荡 |
| 刘荡村 | 19 | 884 | 2708 | 刘东、刘西 |
| 单王村 | 27 | 1025 | 3152 | 单庄、单野、王元 |
| 刘园村 | 18 | 550 | 1968 | 刘元、吉野 |
| 胡庄村（居） | 24 | 1098 | 3620 | 胡庄、孔庄、淘沟 |
| 史庄村 | 18 | 707 | 2502 | 史庄、和丰 |
| 庵桥村 | 17 | 669 | 2275 | 庵桥、黄楝 |
| 周马村 | 22 | 954 | 3217 | 周元、马群、李元 |
| 宗林村 | 27 | 1165 | 4025 | 宗庄、肖林 |
| 丁庄村 | 21 | 962 | 3223 | 孔丁、大丁 |
| 田野村 | 16 | 767 | 2280 | 田厦、季野 |
| 陈隆村 | 16 | 646 | 2229 | 陈兴、三殿 |
| 汪群村（居） | 20 | 1030 | 3268 | 汪群、麻桥、合鹏 |
| 杨营村 | 32 | 1160 | 3604 | 杨营、于家、陆垛 |

## 第二节 经 济

### 一、农业

【种植业】 1970年实行旱改水，以种植稻、麦为主。1995年后，经济作物面积不断增加。2002年起，戴陈、薛垛、汪群、刘荡等村种植中草药2000亩，宗林村种植甜豌豆500亩。2005年，粮食作物面积32052亩，经济作物面积14109亩。2008年，粮食作物面积37870亩，经济作物面积25430亩。蔬菜大棚种植面积1500亩，亩产经济效益2000元以上。

【银杏】 胡庄是“大佛指”白果生产基地之一。有1株千年古银杏树，树干直径1.5米，高达36米，20世纪70年代曾被作为航标。1988年，银杏林面积占林业面积的61.4%。1993年，中心港、宣堡港两侧发展银杏成片林1000余亩。2008年，有银杏定植面积1.8万亩、34万株，占林业面积的71.64%，其中挂果树20万株，银杏年产量1337吨。

【养殖业】 2000年前，畜禽业以家庭分散粗放饲养为主，2005年后，向专业化集约饲养转变。2008年，全镇生猪养殖户46户，肉猪栏存9250头，母猪养殖户1560户，共有母猪8500头。养鸡专业户27户，其中，杨营村的陆垛自然村19户、养鸡3.5万羽，在上海、南京、常州等20余个大中城市设有销售点。有养鸭专业户21户，养鸽专业户5户，养羊专业户48户，养鱼专业户28户，养蜂专业户4户。

### 二、工业

1958年，创办薛垛乡农具厂、庵桥乡农具修配厂。1959—1960年，创办庵桥公社肉松厂等社办企业8个。1969年起，胡庄公社先后建社办化工厂和队办王园电热医用器械厂等。汪群公社先后建社办农机厂和队办海潮五金厂。1978年，两公社有企业47个（其中社办9个），职工1669人，固定资产27.23万元。1979年起，新建社（乡）办毛毯厂、家具厂、水泥制品厂和队（村、组）办季野丝毯加工厂等。1985年，两乡共有企业60个，年产值1577万元、销售1401万元、利润36万元。1989年，胡庄乡制鬃厂生产的漂白猪鬃出口创汇。1990年，两乡共有企业68个，其中，乡办25个，村、组办43个，职工1953人。产品主要有漂白猪鬃、耐磨绳、硫酸铅、医疗器械、织机配件、地毯、丝毯、家具、水泥制品等。年产值2376万元、销售1910万元、利润39万元。1990—1999年，先后创办聚氨酯、复合材料、民航器械、新型电子、皮革服装等企业21个。两乡共有企业147个，年产值9506万元、销售8576万元、利润126万元。2000年，建立镇工业园区，先后有茂尧聚氨酯制品厂、辉春医疗器械有限公司、中兴医疗器械有限公司、金昌机械有限公司、宇航航空器械等13个企业进园。2008年，全镇有列统企业3个、个体私营企业126个。企业营业性收入总额4.05亿元。医疗器械生产、经营企业40个，其中生产企业11个、经营企业29个，从业人员近1000人，年销售额1.5亿元。

### 三、商贸服务业

20世纪60年代，胡庄、汪群先后创办粮站（1974年改为粮管所）、供销社。1989年，两乡供销社经营额5000万元。1995年，胡庄、汪群各建农贸市场1处，总占地面积5200平方米，共有摊位60个。2003年，供销社全部改制为民营，粮管所实行承包经营。2008年，全镇有农户经营的兑换点453个，个体工商户128户，从业人员8016人。有餐饮店8个，旅馆4个，洗浴中心4个，超市12个，零售服务商店31个。2个农贸市场面积7500平方米，摊位110个，日客流量2000人次，年交易额1.2亿元。全镇商品销售总额5亿元。

## 第三节　社会事业

### 一、教育

清光绪三十三年（1907），丁家庄创立承化初等小学。宣统元年（1909），庵寺桥创立育英初等小学。民国14年（1925），创办东孔小学，后更名为泰北小学，民国32年后停办。民国36年，创办刘荡小学。1951年，东孔小学复校，后改为胡庄中心小学。1961年，创办第一所初级中学。1969年，刘荡小学更名为汪群中心小学。1988年，共有小学、初中35所，其中，胡庄乡小学15所、初中4所，汪群乡小学13所、初中3所。21世纪初，撤并为胡庄初级中学、汪群初级中学、胡庄中心小学、汪群中心小学、胡庄中心幼儿园和汪群中心幼儿园。2008年，胡庄镇有中小学4所，在校学生2481人，教职工221人；有幼儿园2所，在园幼儿677人，教职工31人。

### 二、文化

1969年、1970年，先后创办胡庄、汪群广播站。1979年，建成胡庄电影院。20世纪80年代起，每年举办农民运动会，每次有1000人左右参赛。1981年，建成胡庄影剧院。1998年，广播站改为广播电视站。2002年，被评为江苏省先进体育乡镇。2007年，投资700余万元将文化中心改扩建成宣传文化中心。2008年，胡庄文化站获评省百佳优秀文化站。全镇有民间业余文艺团队4个，人数近100人。有健身点9个。图书馆藏书3万余册。有线电视用户8200户。

### 三、卫生

1956年，各大队办诊所，实行全民医疗，共有医疗站37个。1959年，创办庵桥卫生院和薛垛卫生院。1969年，庵桥卫生院更名为胡庄卫生院，薛垛卫生院更名为汪群卫生院。1999—2000年，胡庄、汪群卫生院分别新建病房大楼，总建筑面积5000平方米，同时增设放射、B超、胃镜、心电图、激光、手术等室。2004年起，实行新型农村医疗合作保险。2008年，胡庄镇有卫生院2个，病床76张，医护人员113人。全镇新型农村合作医疗保险参保率98%。

## 第四节 村居选介

### 一、单王村

单王村位于胡庄镇东北部，2001年由王元、单庄、单野3个村合并而成。2008年，有27个村民小组，常住居民1025户，常住人口3152人。

20世纪70年代起，王元、单庄、单野3个自然村都办起村办厂，生产玻璃制品。80年代起，逐步向医疗器械方向发展。2002年，有生产医疗器械的企业9个，营销人员128人，产值6000余万元，利润1000万元。2008年，有生产经营医疗器械的企业19个，营销人员300余人，产值近1亿元，利润1500余万元。

### 二、薛垛村

薛垛村位于胡庄镇东南部。2008年，有14个村民小组，常住居民545户，常住人口1715人，耕地面积154.13公顷。

2001年，该村着手整治村庄环境，建成水泥路7.1千米、砂石路3.5千米、中沟桥梁3座，整治村庄河道11条，填塞废沟塘13条，新增精养鱼池50亩，建成260米长商业街1条，新增绿化乔木6万株，绿化覆盖率45%以上。2007年，一次性流转土地500余亩，发展高效农业。筹资60余万元修建路渠等设施，种植葡萄、蔬菜等，带动300余名劳动力就业。当年，被评为泰州市新农村建设先行村、康居示范村。至2008年，共发展高效农业面积800亩，其中，蔬菜大棚200亩，葡萄基地300亩，“青花菜—蘑菇—地刀豆”蔬菜基地300亩。该村发展高效农业效益显著，为高港现代农业园的建成打下基础。

### 三、宗林村

宗林村位于胡庄镇西南部，2001年由宗庄和肖林2个村合并而成，面积3.58平方千米，其中耕地面积291.13公顷。2008年，有27个村民小组，常住居民1165户，常住人口4025人。全村经济总收入6283万元，集体收入93万元；农民人均纯收入8002元，居全镇首位。

2006年，该村被列为泰兴市新农村建设示范村，先后投入200余万元改造环境。至2008年，新建、改造垃圾箱201个，垃圾集中收集；三格式化粪池改造率100%，无露天粪坑；新建、改造桥梁10座，道路硬质化率98%；安装路灯238盏。全村绿化覆盖率48%，其中村庄绿化覆盖率55%，建成林阴大道和1680平方米的绿化块、花池。有线电视入户率95%，自来水入户率100%，新型农村合作医疗保险参保率100%。有3000平方米的健身广场、600平方米的便民服务大楼。

2007年，被评为江苏省生态村。2008年，被评为江苏省康居示范村。

# 第八章　野徐镇

野徐镇位于高港区北部，北与泰州经济开发区凤凰路街道为邻，南与许庄街道、大泗镇隔生产河为界，东邻白马镇，西与泰州经济开发区寺巷镇相连。地处沿江高沙土地区，平均海拔5米。相传明代徐姓迁至此处，因四周旷野，取名野徐庄。主要河道有生产河、界河、小港河、永丰河、大寨河，主要公路有泰高路、姜高路、泗野路、野许路。2008年，全镇总面积19.93平方千米，其中集镇建成区面积3.39平方千米、耕地面积856公顷。总户数7725户，户籍人口21793人，人口密度1093人/平方千米。完成地区生产总值7亿元；财政总收入6698万元，预算内收入4714万元；农民人均纯收入7626元。

2005年，获评江苏省新型示范小城镇。

## 第一节　建置区划

新中国成立前，野徐境内先后属泰县第二区、塘湾区。1949—1954年，有马陈乡、陈蒋乡、沈坞乡、仲野乡、解家乡、褚野乡。1957年10月，成立野徐乡人民政府，隶属于泰县管辖，下辖三桥、解家、永丰、新联、联合、建设、野徐、仲联、汤联、陈庄、陈民、蒋庄、殷庄13个高级农业合作社。12月，划归泰州。1958年9月，野徐与寺巷、鲍徐合并成立寺巷人民公社，原野徐的13个高级农业合作社合并成4个农业生产大队，解家、永丰、新联合并为永丰大队；三桥、仲联、野徐合并为野徐大队；汤联、联合、建设合并为建设大队；陈庄、陈民、蒋庄、殷庄合并为陈庄大队。1959年7月，从寺巷人民公社划出，成立野徐人民公社，下设13个农业生产大队。1961年6月，野徐人民公社仲联生产大队划为仲联、仲南2个生产大队，红星生产大队划为殷庄、蒋庄2个生产大队，野徐生产大队划为野徐、野东2个生产大队。1964年9月，归泰县管辖。1976年，从仲联大队划出1、2生产队成立野徐农业技术推广站。1983年，撤社建乡。1996年，撤销农业技术推广站，辖地划归汤联村。1997年4月，野徐乡从姜堰市划归泰州市海陵区。8月，从海陵区划归高港区。1999年2月，撤乡建镇。2001年4月，14个行政村合并为7个村、1个居民委员会。2008年9月，陈庄村、殷蒋村划归泰州经济开发区凤凰街道办事处代管。全镇辖5个行政村和1个居委会。

**2008年野徐镇村（居）基本情况一览表**

表285

| 村（居）名 | 常住户数（户） | 常住人口（人） | 自然村名 |
|---|---|---|---|
| 解家村 | 910 | 3260 | 三桥、解家 |
| 褚雅村 | 778 | 2657 | 褚家、雅茶 |
| 永丰村 | 752 | 2421 | 永丰 |
| 新联村 | 346 | 1158 | 新联 |
| 仲联村 | 738 | 2630 | 仲联 |
| 城中居委会 | 1120 | 4056 | 汤联、野徐、野东 |

## 第二节　经　济

### 一、农业

【种植业】 新中国成立后，夏熟农作物有小麦、大麦、元麦、蚕豆、豌豆，秋熟有高粱、粟子、黄豆、花生、荞麦、山芋、胡萝卜、白萝卜等。1968—1972年，以仲联大队为平田整地典型，发动全公社8000余名劳动力平整出能灌能排的水田面积17643亩。旱改水后，夏熟以小麦、大麦为主，20世纪80年代前秋熟水稻有早稻、晚稻、中稻，80—90年代秋熟以中稻（杂交稻）为主。90年代后，夏熟种小麦，秋熟种粳稻。2008年，农作物播种面积2.77万亩，其中粮食播种面积2.33万亩，粮食总产量10359吨。

【养殖业】 1955年前，小部分农户养母猪、卖仔猪，一般养1～2头育肥猪。开糟坊、粉坊、豆腐店的专业户养猪较多，每圈养8～10头。每年出栏4000头左右。家禽饲养方面，户户养鸡，鸭、鹅饲养少。1958年10月，集体办“红旗猪场”，养猪400余头。后因经营不善拆掉猪舍，建材退赔给群众。1964年后，各生产队兴起集体养牛（耕田用）、猪、兔、羊等，至1980年渐止。2008年，全镇肉类总产量1101吨，禽蛋总产量152吨。

## 二、工业

1958年，创办野徐铁木竹生产合作社（后与泰县台钳厂和泰县传动机械厂合并）。1961年，创办野徐砖瓦厂、野徐锁厂。1965年，创办野徐船舶修造厂。1966年10月，创办野徐五金厂（台钳厂前身）。1967年，野徐砖瓦厂停产歇业。1968年，恢复野徐织带厂。“文化大革命”期间，队办工厂基本被取消。1970年，全公社仅剩6个工厂，即野徐铁木竹生产合作社、野徐五金厂、野徐织带厂、野徐油厂、野徐船舶修造厂和解家毛笔厂，职工总人数367人，工业总产值36.98万元。1975年，恢复野徐砖瓦厂。1976年，兴办野徐水泥制品厂。1977年，兴办野徐无线电厂，队办企业逐渐恢复。1978年，有社办工厂9个、队办工厂12个，职工总人数1517人，工业总产值502万元。1987年，泰县台钳厂、泰县传动机械厂成为泰县首批产值过千万元的企业。1997年，有工业企业132个，其中乡村集体企业68个、私营企业36个、个体企业28个，职工总人数2690人，工业总产值3.47亿元、增加值3911万元。至1998年，集体企业改制为私营企业或股份制、股份合作制企业。2001—2004年，先后建成第一、第二工业园区和姜高路经济带。2008年，全镇各类工业企业277个，其中私营企业273个。完成工业总产值23.23亿元，营业收入20.93亿元。职工总人数7053人。工业园区入园企业88个，主要产业为机械制造、消防装备制造、旅游用品制造、纺织和体育器材制造。

## 三、商贸服务业

新中国成立前后，集市以车墩口为基点，向南、向东直角形的两条小街道聚集店铺30余个。有每逢农历三、六、九的集市（1976年起改为公历3、6、9），每年农历三月初一、三月十八的大型集贸市场（庙会）。1954年，成立野徐粮站（1957年更名为粮管所）。1955年，组建合作商店、供销合作社。各村庄都有下伸点，其中陈庄村、永丰村为供销门市部。1956年，组建合作饭店。1980年前，饭店、客栈、理发店、浴室各有1个。1982年后，每个村都有个体小商店。1994年，建半室内、半露天的农贸市场，面积1800平方米。1996年，在人民北路建鸿兴农贸市场。2000年后，供销社改制。2004年，粮管所改制。2008年，镇区主要商业街有野徐中路、振兴路、新华路、人民北路。规模较大的饭店3个，各类排挡、小吃、面食、卤菜店等30余个，规模较大的超市3个，美容、理发店12个，旅馆5个，浴室8个。全镇社会商品零售总额4.6亿元，集贸市场经营额4亿元。

图 30-8-1　野徐集镇（2007年摄）

## 第三节　社会事业

### 一、教育

新中国成立前，每个村庄都有私塾。1950年，创办野徐庄小学、陈蒋小学。1958年，创办野徐农业初级中学，后改为野徐初级中学。1961年起，野徐小学开设附属幼儿班。1966年，野徐初级中学增设高中班，更名为野徐中学。1969年，推行各大队办学，共有小学11所。1976年，野徐中心小学开设幼儿园。1984年，野徐中学高中部撤销，改称野徐初级中学。1999年，创办民营中心幼儿园。经过撤并，2008年，全镇有中小学2所，在校学生1283人，教职工132人；幼儿园1所，在园幼儿320人，教职工19人。

### 二、文化

1965年，创办野徐广播电视站。1969年，成立野徐文化站。1972年，建立野徐电影放映队。1974年，建野徐大会堂，1977年扩建成900个座位的影剧院。1980年，文化站组建亦工亦艺宣传队，1986年解散。1998年，野徐镇获江苏省群众文化先进乡镇称号。泰州市政府拨款10万元在野徐文化娱乐楼内创办"万册图书馆"。2000年，图书馆转租给个人经营。2008年，图书馆复归文化中心管理；影剧院用房出售给个人，电影队随之解散。全镇有线电视用户4010户。人民广场有健身点1个，各村建成健身点21个。

### 三、卫生

1953年，创办联合诊所。1968年，14个大队全部建立合作医疗站。1969年，成立野徐卫生院。2000年，野徐卫生院病房楼建成。2006年，野徐卫生院改制，所有权归个人。

## 第四节　村居选介

新联村位于野徐镇东南部。2008年，全村辖8个村民小组，常住居民346户，常住人口1158人。工业总产值8500万元、销售7800万元、利税220万元。全村经济总收入7267万元，村集体收入65万元，农民人均纯收入7823元。

1997年起，该村先后流转土地163亩，培育花卉苗木，年收入过百万元，农民收入增加。兴办工业企业14个。实施道路硬质化改造，建成5米宽村级主干道4.3千米，道路两侧绿化带宽1米；建成2.5米宽村组道路和机耕道4.4千米；主干道及通组道路共安装路灯63盏；改建交通桥2座；疏浚整治河道12条；改厕313户，建标准化公厕1个，设垃圾箱37个，配有专职环卫人员；建成全镇首个电气化标准村。2005年，新建村民服务中心，建有老年活动中心、文娱活动室、健身房、图书室、篮球场、室外健身活动场地，配套社区卫生服务站、世代服务室、居家养老服务室。

2007年，被评为江苏省民主法治示范村、江苏省文明村创建工作先进单位。

图 30-8-2 许庄街道乔杨新村

# 第三十一篇 人 物

# 第三十一篇　人　物

高港名人辈出。古往今来，既有身居要职的政界官员，又有富甲一方的经营精英；既有声名显赫的武士将才，又有名闻遐迩的文人大师；既有令人感佩的革命英雄，又有民众称道的良人义士。北宋百官楷模潘及甫，元代进士屠申駉，明代武进士戚世光，清代抗倭保台名将徐左柱、好善乐施的赵良礼、急公好义的栾启元等流芳百世。当代，境内革命播火人曹起溍，著名新闻工作者赵易亚，毕生献给教育事业的李煦春、赵友琴，名医刘慕云、万少山，九华山知名法师仁德等熠熠生辉。一大批革命烈士、劳动模范、优秀科技文化教育工作者等，在各自的职业生涯中，为社会进步作出显著贡献，深受广大人民群众称道。

# 第一章　人物传略

本章收录高港籍和在高港区域内工作过的已逝知名人士37人、革命烈士21人。人物按卒年先后排列。

## 第一节　知名人物

### 蒋子文

蒋子文(生卒年不详),东汉末年人。清道光和民国《泰县志》载:“白马庙在泰州东南白马乡、蒋子文故里。”据民国《续纂泰州志》载,东汉蒋子文出生于泰州东南蒋家河旁的乡村,汉末为秣陵尉,追逐强盗至钟山脚下,战死。孙权封其为钟山之神,将钟山改名为蒋山。继而又加封“白驮将军”(民间俗称白马大将军)。东吴时期,民间建“白马将军庙”(俗称白马庙)供奉蒋王神侯塑像。唐代罗邺写有《蒋子文传》一卷。

### 潘及甫

潘及甫(1012—1093),字宪臣,刁铺人。青年时,师从胡瑗学习经学。胡瑗甚为器重,将其妹许配潘及甫。北宋庆历二年(1042)登进士科,被称为泰兴开科第一人。后历任怀仁县尉,筠州通判,分宁、霍邱、寿春知县,因有政声,改任秘书丞、楚王宫大学教授。潘及甫要求王室成员知礼奉法,深得宋神宗赞许,被提升为屯田员外郎、江州通判,授左朝散郎。

潘及甫告老还乡后,创办潘家庄学塾。当时,官员及后辈书生多奉其为楷模,乐与交往。其对亲族之中贫、寡、孤、幼者,能以恩德相待,收容抚慰。晚年患眼疾,不能阅读,便命子侄读给他听。谢世前一日,仍卧床听读《汉书》《北周书》,并口授诗篇,分赠亲友而终。逝后葬口岸伏龙原。著有《潘朝散文集》30卷,已佚。

在其影响下,从庆历二年至元丰五年(1082)的40年间,潘氏家族共有8人中进士,分别是庆历二年进士潘及甫、潘希甫(潘及甫二哥,同榜);治平四年(1067)进士潘颖(潘及甫第五子);熙宁三年(1070)进士潘晬(潘及甫次子)、熙宁九年进士潘顗;元丰二年进士潘颉、潘頳(潘颉弟,同榜)及元丰五年进士 潘熙(潘及甫长兄之子)。

## 岳 飞

岳飞(1103—1142),字鹏举,河南汤阴县人。南宋抗金名将。建炎四年(1130)七月,岳飞任通泰镇抚使兼泰州知州。十一月,金兵南犯,因泰州无险可守,岳飞屯兵柴墟,大败金兵于南坝塘南坝桥,歼敌数千,护难民至阴沙(今靖江市)。

## 马 尚

马尚(生卒年不详),陕西人。南宋建炎元年(1127)任泰兴县知县,廉能仁厚。县治设柴墟,四周有土城,被金兵摧毁。马尚为抗金御敌,就城墙原址用土坯筑城。修城事毕被"擢判泰州"。

## 屠申駉

屠申駉(1331—1401),字牧之,刁铺人。元末至正年间进士,仕至福建肃政廉访使,为人气宇可亲,有为有守,能屈能伸。为官清正,监察百官,政绩显著,后辞职归田。明成化二十二年(1486),泰州籍进士储巏对其敬仰,敬题申駉公墓志铭,铭曰:立朝未几,仕至廉访,德垂闽地,名重海邦。

## 储 巏

储巏(1457—1513),字静夫,号柴墟,泰州人。少时常居柴墟古寿胜寺读书。明成化十九年(1483)秋,乡试第一。次年春,会试第一,殿试二甲第一,授南京吏部考功清吏司主事。明弘治七年(1494),调任北京吏部考功清吏司郎中。弘治十年,在北京历任太仆寺少卿、太仆寺卿、都察院左佥都御史、户部右侍郎、户部左侍郎。明正德七年(1512),任南京户部左侍郎。次年,改任南京吏部左侍郎,不久病故于南京,归葬泰州。嘉靖二年(1523),赐谥文懿。著有《柴墟文集》。

## 戚世光

戚世光(1571—1655),字贵卿,号赓虞,口岸人。自幼喜习武,家人为其请名师授艺,武艺大进。成年后身材魁梧,性格豁达,举止有威。明天启二年(1622),中武科进士,官至镇淮参戎(明武官参将)。任内因业绩突出,先后两次受皇帝封赏。死后葬于泰州南门七里湾戚家庄。口岸街道解放街60号进士宅第即戚世光中武进士后所建。

## 徐左柱

徐左柱(1670—1725),字清值,号东亭,口岸人。康熙四十二年(1703),考取武进士,为康熙随从侍卫,两次护驾南巡。康熙四十四年,康熙第五次南巡时,徐左柱率领前卫队,负责开路清道,忠于职守。康熙赞其忠、慎、勤、敏，赐礼服蟒袍加身，封“昭勇将军”，授徐左柱为福建长福营游击。不久升为福州副将，继任福建督标中军副将、台湾陆路副将。雍正三年（1725），徐左柱调任福建漳州镇总兵，灭倭寇，保一方安定。雍正三年十二月四日，病逝于福建都督中军官署，部属护棺回乡安葬。朝廷追封其为荣禄大夫。

## 吉　人

吉人（1675—1744），字子琦，号默庵，刁铺人。清康熙三十八年（1699），中武举。初任溧阳县千总、徐河营千总，调护句容县知县，后又任杨河营守备。雍正二年（1724），加授明威将军。雍正八年（1730），句容特大洪水暴发，吉人利用蟒荡河分流抗洪。吉人性格耿直，因仗义执言遭诬告，被赐归故里，在环溪建造东皋草堂，聚集文人雅士吟诗作对。晚年以诗酒自娱，著有《拄笏草堂集》《东皋草堂诗抄》。

## 赵良礼

赵良礼（1768—1839），刁铺人。少时为优贡生，因脚疾未入仕途，回乡继承祖业。家有良田万顷，号称“赵百万”。赵良礼善经营，亦好施，遇水旱灾无不赈济。清道光十一年（1831），泰兴知县李震劝募修缮县城学宫，他“分任其事，捐资尤巨”。家乡有木桥不便行走，他出资购石建造赵家桥。赵良礼在家乡办育婴堂、讲塾，修建河堤，资助穷苦人。晚年捐献千亩良田办义庄。咸丰帝御赐“好善乐施”匾额，其重孙安徽滁州知州赵元善于同治年间在迁善镇建大型三门功德坊一座，上书“圣旨”“好善乐施”。

## 栾启元

栾启元（1837—1921），字佑之，口岸人。清同治年间，任詹事府主簿。清末废詹事府，他回归故里，以耕读为本，专事乡里义举。光绪十二年（1886），参与《泰兴县志》编修。光绪二十一年，主持重建口岸城隍庙。光绪三十年至宣统元年（1909），筹款建成福星桥。他曾受聘负责修建江堤，参与创立江边义渡局。民国元年（1912），创办了愿（鸟月）庙初等小学。民国8年，民国总统徐世昌题“急公好义”四字对其褒奖。

## 高森甫

高森甫（1844—1926），又名高元勋，口岸人。清光绪二十八年（1902），高森甫在高港创办“洋棚”（商轮售票处和候船室），代办旅客运输。初创时客源不足，高森甫派人到刁铺、寺巷、泰州、兴化兜售船票，接洽旅客业务。经高森甫等人多方努力，民国4年（1915），怡和公司轮船停靠高港码头；民国14年，太古轮船公司申汉线班轮停靠高港码头。高港洋棚周围发展有怡和、太古、招商、三北、宁绍、日清6个公司经营旅客运输业务，客流量每天几百人甚至上千人。

## 赵友琴

赵友琴（1881—1951），名鸣韶，字友琴，口岸人。清光绪三十四年（1908），考取两江师范学堂。民国16年（1927），任口岸私立小学校长。民国20年，经其争取，私立口岸小学转为泰兴县立口岸小学。民国29年春，口岸沦陷，赵友琴隐入乡间，做私塾老师。两年后，姚序东、孙功甫等人再次找到赵友琴，恳请其主持私立口岸初中的工作。民国32年秋至1951年，他未领过学校一次薪水，还多次为教师和学校捐款捐物。其时，学校经费困难，教师每学期仅能领到5个月薪水，职员、工友只有4个半月薪水，但在赵友琴带领下，教职员工们都能认真工作，毫无怨言。抗日战争胜利后，赵友琴招贤纳才，学校生源越来越足，规模也日益扩大。1951年冬，赵友琴因病辞世。

## 侯　俊

侯俊（1903—1951），字筱民，口岸人。民国11年（1922），到德国柏林工业中学土木工程科学习，后辍学至法国学军事。民国19年（1930）回国，任浙江省保安处兵工讲习所教官。民国20年，任国民党中央军校中校教官，兼德国顾问翻译。同年冬，调陆军大学。民国21年，升为上校。民国22年，随国民政府上将杨杰到欧洲考察军事，后至意大利陆军大学深造。抗日战争开始后，回国任第五战区少将参谋。民国27年春，随军参加台儿庄战役。民国29年，任第188师少将副师长，驻防桂、黔交界的左江县，多次抵抗日本侵略军。民国31年，转陆军大学任教官。民国36年，任监察院监察委员。民国38年，随国民政府到台湾。1951年去世。

## 马麟童　马秀英

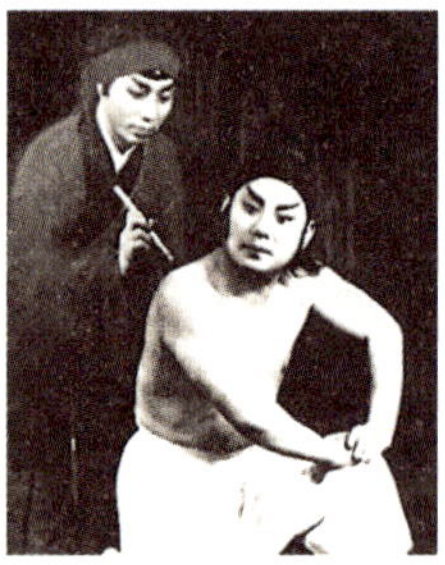

马麟童（1912—1952），原名马荣发，小名四九子，口岸人。淮剧“马派自由调”创始人。幼年随父马胜友练习武术。11岁进广州马戏团学杂技，随团赴广东省各地演出。15岁进淮剧武家班，拜武旭东为师，工文武老生。马麟童嗓音宽亮，体形魁梧，扮相威武，表演有粗犷豪放之气，将武林拳术揉于戏曲武打中。25岁时扬名沪上。民国26年（1937），组建马家班，他根据自身宽厚洪亮的嗓音，与琴师蒋正研究，创造风格独特的“马派自由调”，后成为淮剧主要流派唱腔。他讲究念白，吐字浑厚有力，对人对己从化妆到表演均严格要求。他热情扶持青年杜麟童、周筱芳、武筱凤、杨桂芳、李神童等。民国34年，与何叫天、筱文艳等组成联谊公司（同心公司）。民国35年，创建麟童淮剧团，与筱惠春、马艳琴等合作演出。1951年，整合麟童、联谊两个剧团，组成淮光淮剧团，马麟童任团长。1952年，淮光淮剧团升格为上海淮剧团。

马秀英（1932—2012），马麟童之女。1951年，加入淮光淮剧团，主工刀马旦和青衣花旦。马秀英嗓音清脆，中气充沛，在传承父亲唱法的基础上形成自己脆亮激越、吐字清晰的马派旦角特色。善于运用大段唱腔艺术刻画人物思想感情，尤擅长演唱乡土味浓郁的“老淮调”。曾主演《探寒窑》《吴汉三杀》《书房会》《金殿认子》《牙痕记》等10余个戏曲。1995年，获中国唱片公司第三届金唱片奖。

## 李松如

李松如（1887—1957），字寿成，号积善，口岸人。幼时家境贫寒，成年后初在宣堡从事酱园业，后赴上海进入鸿安轮船公司谋生。民国元年（1912），出任高森甫办的“洋棚”经理。李松如精通行情，熟悉业务，促进了高港航运业大发展。民国初期，口岸雕花楼主人姚氏日益没落，将雕花楼卖给李松如。李松如按原建筑风格续建西楼和厢房，使雕花楼成为“四方楼”。

## 李煦春

李煦春（1884—1962），字景阳，刁铺人。先后就读于南京两江师范学堂、北京高等师范学堂。民国6年（1917），到东北奉天省教学。次年，南返度假，途中因车祸负伤，伤愈后留在天津扶轮中学任教。民国17年暑假，李煦春回到刁铺，以庙宇为校舍，创办私立环溪高级小学和圩岸初级小学。民国18年，环溪小学升级为县立小学。抗日战争期间，日、伪企图利用其声望，多次令其组织“维持会”，均遭拒绝。民国31年，李煦春自筹资金，组织失学在家的大学生创办环溪初中补习学社。对一些家庭困难的学生减免学费。1950年，李煦春出席苏北人民政治协商会议，次年当选为泰兴县副县长兼任泰兴师范名誉校长，负责全县教育工作。1961年，任泰兴县政协副主席。

## 侯颂南

侯颂南（1898—1962），口岸人。早年留学日本，学习工业技术，后回国从商，组织收购家乡银杏销往日本、东南亚等地。民国年间，在口岸镇开设义隆木行。1953年，国家对木材实行统购统销，口岸各木号纷纷歇业改行，侯颂南联合4名木行老板和上海商人集资购买进口设备，高薪聘请技术工人，在口岸西星街开办义森泰锅厂。办厂期间，侯颂南组织开展劳动竞赛，注重生产质量管理，所产铁锅曾在省内同行业评比中名列第一。

## 姚序东

姚序东（1886—1969），原名姚宝球，后名厚高，字序东，口岸人。早年就读于江南武备学堂，毕业后在陈其美任都督的沪军中任连长，后转至内蒙古任口北镇守使署参谋长并兼任第36旅旅长。民国27年（1938），先后任江苏省民众自卫队通如区右翼指挥部参谋长、民众自卫队政治教官等职。7月该部被撤销解体后，回乡创办实业。民国29年初，泰兴县城沦陷，县国民政府迁移农村乡下。姚旭东任国民政府泰兴县县长兼泰兴保安团团长，任期1年。民国30年，姚序东辞去县长之职，回乡邀请孙功甫、李春锦等社会人士在泰昌生木号借用几间房屋创办私立口岸初中。民国32年12月至民国35年6月，担任校长。

## 刘慕云

刘慕云（1886—1975），泰县寺巷人，名中医。19岁至口岸镇行医并定居，初在口岸都天庙坐堂问诊。民国初年，刘慕云在口岸正阳门外曲溪园建造刘家大院，挂刘慕云中医幼科诊所牌子。刘慕云医术精到，为人慈祥、敦厚，周边地区的病患慕名远道前往求诊。民国30年（1941）秋，中共泰兴县委在口岸建立秘密联络线和交通站，在口岸镇内活动的中共地下工作者常以刘家大院为“落脚点”和联络处。刘慕云多次冒险掩护地下工作者，并在经济上给予援助。新中国成立后，刘慕云父子免费为儿童接种牛痘。1956年初，刘慕云加入口岸联合诊所。当选为泰兴县人大代表、政协委员。1958年，参与创建口岸人民医院。20世纪60年代初，刘慕云被评为泰兴县七大名老中医。

## 万少山

万少山（1901—1976），名金谷，道（医）号少山，行四，人称“四先生”，刁铺人，名中医。出身于中医世家，弱冠之年便开始独立行医。民国时期，霍乱、痢疾发病率极高，万少山根据中医原理，自制中药，愈者无不盛赞奇效。在外科方面，凡痈、疽、流痰之类，万少山以消散为主，不轻易切口。穷人分文不收，需吃汤药者，则在处方上签名，嘱其到定点药房刁铺树德堂中药房配药，药费归他结算。还为远道而来的病人供给饭菜和茶水，家穷无劳力者送医送药上门。万少山曾连任泰兴县第一届至第五届人大代表。20世纪60年代初，万少山被评为泰兴县七大名老中医。

## 栾长明

栾长明（1915—1993），许庄人。民国29年（1940）9月，参加新四军。11月，加入中国共产党。先后担任泰兴县抗日民主政府黄桥区区长、泰兴县文教科科长、泰县县长兼独立团团长、黄桥市市长、苏皖第一专员公署教育处副处长、第二野战军随营军政干部学校大队长兼大队党委书记、南京军管会高教处机关党支部书记、苏北行署文教处副处长、上海纺织工业学校校长、华东纺织工学院党委书记兼副校长。

## 栾仲丹

栾仲丹（1915—1993），刁铺人。民国26年（1937）8月，参加山西青年抗敌决死队，在第一纵队做宣传工作，并负责摄影。民国30年11月，加入中国共产党。历任干事、敌工科长、西南服务团四大队政委，参加过上党、晋南、平汉、洛阳、淮海等战役。新中国成立后，任昆明军区联络部副部长、昆明军区政治部副主任等职。荣获二级红星勋章、三级独立自由勋章、三级解放勋章。

## 吉彭信

吉彭信（1913—1994），刁铺人。民国29年（1940）1月，入职《大公报》。民国34年1月，调至《大公报》重庆办事处任记者。民国35年1月，调《大公报》武汉办事处任特派记者。5月8日，吉彭信受到中原军区司令员李先念和政治委员郑位三邀请，参加在宣化店举行的记者招待会。会后，报道揭露国民党不顾停战协议企图围歼中原部队的阴谋。民国36年5月4日，接受中原军区副司令员王震邀请，参加在武汉德明饭店举行的记者招待会。会后，据实报道中共主张。同年6月1日，武汉国民党军警数千人包围武汉大学，搜捕进步师生，打伤、逮捕多人，3名学生惨遭枪杀，吉彭信闻讯及时采访，连续向上海、天津《大公报》报道实情。新中国成立后，吉彭信调任扬州中学副校长。

## 蔡澧泉

蔡澧泉（1919—1999），又名同椿、礼泉，号君谟裔孙、守研斋主人，刁铺人。蔡澧泉一生收藏较多，且多为珍品。藏品有明清名人书画700余件，清代名人诗词尺牍手札130余件，古籍善本、原拓印谱近百件，墓志、塔铭、石刻造像、碑帖、拓片140余种，书籍800册，民国画册、杂志200册，名人信札110通。较珍贵的有宋曹、樊圻、吕潜、郑板桥、铁保、吴让之、任预、陈崇光、林则徐、邓石如、弘一法师、萧俊贤、齐白石、潘天寿、张书旗、宗其香、凌文渊、王雪涛等人的书法和绘画，有俞樾、李鸿章、韩国钧等人的信札，以及许多重要的古籍、碑帖等。1991年、1998年，蔡澧泉先后将其收藏的明崇祯御史宫伟鏐《行乐图》等9件文物捐赠给泰州博物馆。其去世前留下遗嘱，希望后人将其收藏捐给政府。2002年，其婿整理其收藏珍品，选出包括郑板桥、凌文渊、韩国钧、吴熙载、泰州宫氏族人等泰州籍历史文化名人的字画和印章共56件赠给泰州博物馆，吴熙载《重修泰州城隍庙正殿记》原迹亦列其中。

## 仁德法师

仁德法师（1926—2001），俗名李德海，白马人。民国25年（1936），在泰县太尉庵出家，其后到各地修学参禅。1965年，被推选为九华山佛教协会副会长兼秘书长。“文化大革命”期间，组织僧尼成立九华生产大队，创立综合加工厂，不仅做到自食其力，还吸收一些附近生产队贫穷社员进厂。中共十一届三中全会后，仁德法师多方募化筹资修复九华山寺庙、佛像。1980年，当选为中国佛教协会常务理事。1982年，邀请香港圣一法师至九华山开讲《地藏经》。1984年，仁德当选为安徽省暨九华山佛教协会会长。1986年起，先后到日本、美国、新加坡、韩国、加拿大和中国香港讲经布道。1986年，任九华山方丈，住持地藏菩萨道场。同年12月，在九华山举办僧伽培训班。1987年，任全国政协委员。1990年，九华山僧伽培训班迁至甘露寺，定名为安徽省九华山佛学院，仁德法师任佛学院院长。1993年，当选为中国佛教协会咨议委员会副主席。1995年春，仁德法师建议在九华山建造99米地藏露天铜像。工程于1999年9月9日动工，2001

年9月16日竣工。2001年，仁德法师在九华山圆寂。

## 徐大圣

徐大圣（1952—2001），口岸人。1983年起，徐大圣先后任朱营村村长、党支部书记。1993年，开发药用包装项目，创办凯威药用包装厂。创业之初资金缺乏，其以自家房屋抵押贷款，并向亲朋好友借款，安装设备。企业开办后，销售收入年均增长40%。1998年，全厂产值4500万元，实现利润540万元，壮大了村集体经济。村里修桥铺路、拉电接水等的费用全部由村负担，困难户、“五保”户都得到及时救助。1998年3月，徐大圣被中共泰州市委评为优秀共产党员。同年8月，中共泰州市高港区委作出在全区党员干部中开展向徐大圣学习的决定。1999年3月，徐大圣被中共江苏省委评为优秀共产党员。2001年，徐大圣因积劳成疾去世。

## 孙　滨

孙滨（1922—2002），刁铺人。民国27年（1938），投身抗日救亡运动。民国29年，加入中国共产党，参加黄桥决战支前保障工作。民国30年，转入新四军主力部队。在苏中战役中，因阻击援敌立功受奖。民国35年，调靖江独立团，历任营长、参谋长、副团长（代团长），其间共组织大小战斗109次，率独立团歼俘敌少将副师长以下5075人。1952年后，孙滨长期任解放军高射炮兵学校副校长。“文化大革命”期间，遭受不公正待遇，在贵州从事军工企业工作。1974年，调南京军区空军高炮第8师任副师长。1979年，因病提前离休，享受正师级干部待遇。2002年4月，在上海病逝。

## 赵易亚

赵易亚（1917—2002），刁铺人。“九一八”事变后，赵易亚在家乡开展抗日救亡活动。民国25年（1936），在环溪小学建立“新文字研究会”“妇女救国会”，创办秘密半月刊《五月》，刊发主张团结抗日的文章。民国27年2月，进入陕西泾阳安吴堡青训班学习。同年4月，加入中国共产党。民国28年1月参军，先后在抗大一分校，八路军一纵、山东纵队，新四军第3师、第4师，华中军区政治部，华中野战军政治部，山东兵团政治部，第三野战军第25军政治部，华东军区暨第三野战军政治部任职。1954年10月，奉命调北京，参加创办《解放军报》。先后任解放军报社副总编辑、解放军总政治部宣传部副部长、中央马列主义研究院党委副书记、解放军报社总编辑、解放军报社顾问。曾主持《星火燎原》丛书编辑工作。1955年，获二级独立自由勋章和一级解放勋章。1961年，晋升少将军衔。“文化大革命”中受到残酷迫害，被关押近8年，写出20万字的《评梅林著〈马克思传〉》。1985年，离职休养。2002年5月13日，在北京逝世，骨灰安葬于八宝山革命公墓。

### 戴作善

戴作善（1921—2004），口岸人。高港中医喉科医院创始人。17岁时随父戴泽臣学医，20岁时独自坐堂看病。行医60年，将其祖传的中医喉科发扬光大，并独创特色疗法。自创“戴氏生肌散”，外用于口腔、咽喉部位炎症及溃疡，有奇效；擅长中西医结合治疗新生儿与成人破伤风；自创“消瘰汤”治瘰疬、“引声汤”治慢胚、“肉桂果仁汤”治虚火口疮等。其医术精湛、医德高尚，在泰州、泰兴、姜堰地区较有名气。

### 李　民

李民（1917—2006），刁铺人。民国25年（1936），参加由共产党员沙千里领导的上海抗日救国联合会。民国27年2月，与赵易亚等人一起进入陕西泾阳安吴堡青训班学习。同年5月，加入中国共产党。民国28年1月参军，先后在抗大一分校、八路军第115师、南满军区、安东军区、第四野战军特种兵纵队任职。新中国成立后，长期从事解放军装甲部队人才培养，先后任解放军第一战车学校训练部部长，装甲兵学院宣传部部长，装甲兵科学研究院政治部副主任，装甲兵技术学院政委、党委书记、顾问。获二级红星勋章。1982年，离职休养。

### 姚江滨

姚江滨（1915—2007），字公振，口岸人。小学毕业后，考入高邮江苏省立界首乡村师范学校。在校期间，开始文学创作，代表作《珠湖一日》被收入茅盾主编的《中国的一日》。抗日战争爆发后，他创作反映全民抗战的长篇小说《新生第一年》。民国27年（1938）春，中华全国文艺界抗敌协会在武汉成立，其成为首批会员。民国31年，考入国民政府经济部农本局工作。次年，调入中国农民银行从事农业经济研究。著有《中国战后农业金融政策》《中国农业金融史》《中国农业企业》《中国农村经济建设问题》等，其中《中国农业金融史》曾被选为高校教材。新中国成立后，重返教育界。1957年，被打成右派。在封闭的工作环境中，创作长篇叙事诗《东渡使者》《梅花岭》《阎应元》。编写《农业经济研究》《苏联社会主义概述》《苏联社会主义经济建设》等农经著作。1978年，姚江滨被平反，回到扬州。1980年4月，《东渡使者》发行，该书被日本奈良唐招提寺供奉于鉴真坐像前。1987年起，姚江滨沿着当年鉴真、晁衡、吉备真备（唐时日本遣唐副使）等人的足迹，走遍全国13个省（自治区），写成百万字的长篇游记《万里行记》。2006年3月，《万里行记》正式发行。

## 第二节　革命烈士

### 曹起溍

曹起溍（1906—1931），化名陈君豪，扬州市人。民国16年（1927）5月，由恽代英介绍加入中

国共产党。历任中共扬州特别支部代理书记、中共扬州临时县委书记、中共扬州特别委员会执行委员。曹起溍是境内最早的革命点火人，民国16年冬，到江都、泰兴、泰县三县交界地区开展党的工作。民国18年4月，组建中共泰县临时县委，并任书记。8月，在泰州被捕。民国20年2月24日，在镇江北固山下就义。

## 樊　达

樊达（1917—1941），原名孔繁淦、孔凡达，许庄人。民国21年（1932）秋，从泰兴襟江小学毕业后，考入私立南通学校初中部。民国24年秋，升入该校高中师范科。民国27年3月，樊达在刁铺环溪小学任教。民国28年初夏，加入中国共产党。民国29年9月，任泰兴县抗日民主政府六区区长。民国30年3月，其组织成立六区区公所和警卫连，嗣后建立区委会。10月15日，一股日本侵略军从马甸出发到田河村、李庄村抢劫，樊达率领20余名干部和战士前去阻击，不幸中弹牺牲。

## 马宝元

马宝元（1918—1943），白马人。新四军第2团战士，民国30年（1941），负重伤复员后参加地方武装。民国32年8月16日上午，马宝元在野马庄田野上遇到大队伪军下乡扫荡，其立即钻进路边竹园里，等伪军从身边走过，对准伪军的后尾甩出一颗手榴弹，想给乡亲们报个信，不料是颗哑弹，其一口气又连甩三颗都未爆炸。敌人将其抓到塘湾据点，用铡刀杀害。

## 戴德智

戴德智（1925—1943），口岸人。民国29年（1940），考取无锡师范学校。民国30年秋，回到家乡，参加抗日宣传活动。当年，加入中国共产党，后任张马乡民兵队长。其发动群众，团结青年，组织民兵，一边抗税，一边到口泰公路上锯电话杆、扒公路。一次，戴德智组织3名民兵埋伏在西蔡村西边公路两侧，待3名伪军骑着自行车进入埋伏圈后，拿着手榴弹一跃而起，吓得敌人目瞪口呆，乖乖地放下自行车和武器。民国32年9月1日，戴德智带队到口泰公路上袭击伪军，由于甩出的手榴弹未爆炸，被伪军包围抓俘，狱中坚贞不屈。11月14日，在刁铺西街头被杀害，年仅18岁。

## 黄裕发

黄裕发（1915—1944），永安洲人。抗日战争期间，以卖芦柴、稻草为掩护，为党组织传送报纸及其他军需物资。民国33年（1944）3月，在家中被伪军抓走。敌人对黄裕发严刑拷打，追问其他同志和联络地点等情况，黄裕发守口如瓶。最后，敌人将黄裕发用刺刀刺死后投入长江。

## 吴正清

吴正清（1909—1946），刁铺人。先后就读于无锡国专、苏州太炎文学院，毕业后，初在寺巷口

无量寺办学，后回刁铺南坝塘办学。不久，到口岸大庙二圩徐绍林家做塾师。民国30年（1941）11月，加入中国共产党。民国33—35年，吴正清在私立口岸初级中学任党支部书记，公开身份为语文教师。民国35年春，吴正清调查口岸地区国民党当局违背停战协议的事实，安排民众代表准备发言，并组织口岸、刁铺的中小学教师和爱国青年做好欢迎军调小组和游行的准备。6月5日深夜，因叛徒出卖，吴正清等26人被捕，口岸党组织遭到严重破坏。入狱后，吴正清受尽酷刑，坚贞不屈。6月15日夜，在泰州被活埋。

## 赵鑫源

赵鑫源（1915—1946），乳名传章，字养正，口岸人。民国30年（1941）9月，加入中国共产党。不久，口岸镇秘密党支部成立，赵鑫源任支部书记，发展戴农等多名党员。次年10月，受中共泰兴县委派遣，化名洪涛，打入伪军部队，任补充第2连连长。民国33年上半年，任敌后武工队队长，活动在口岸、刁铺的敌据点之间，侦察敌情，镇压奸细，打击敌人。民国34年秋，到姜堰接管敌产，任姜堰胜利米厂经理。民国35年，在姜堰病故。

## 毛介寿

毛介寿（1906—1947），字加裕，幼名玉山，口岸人。民国26年（1937），加入中国共产党。民国27年，在刁铺环溪小学任教，从事地下工作。民国29年，在口岸白马庙小学高级部任教。民国32年后，任泰兴县抗日民主政府文教督学、蒋华区区长和曲霞区区长等职。民国36年3月17日，在泰兴姚家庄战斗中被俘。4月6日，于黄桥镇西郊被敌人活埋。

## 赵　莹

赵莹（1912—1947），原名贻秀，又名莹伍，白马人。民国27年（1938），参加泰县文化界抗战工作团，自编“凤凰词”300余首，宣传抗日救国道理。民国29年，加入中国共产党，历任中共塘湾区委宣传委员，塘湾、大沦区组织委员，泰县县委组织干事，塘湾区委副书记、书记等职。民国30年，塘湾、白马等地伪军经常下乡骚扰，群众深受其害。赵莹率“兄弟会”先后在穆家庄、白马庙、江家田、陈家庄等处收缴地主、伪乡保长的枪支，建起一支抗日游击队，多次打击下乡抢掠的伪军，捣毁他们设置的税所、税卡。伪军不敢轻易下乡，便强令乡保长征收苛捐杂税，群众苦不堪言。赵莹在褚野、陈蒋等乡组织数百群众到伪区公所请愿，迫使伪区公所让步。民国35年春，国民党军队占领塘湾地区，叛徒王雄复田倒租，残害翻身农民，赵莹率游击队深入据点将其处决。民国36年7月17日，赵莹等人遭曹于乡自卫队包围，突围时牺牲。

## 史宝志

史宝志（1921—1947），又名史志章，胡庄人。小时读过私塾，民国29年（1940）前后，参加庵桥乡基干民兵队。民国31年，被编入泰兴县独立团，任班长。民国33年1月，加入中国共产党。民国34年11月，任泰兴县独立团第6连指导员。民国36年8月1日，在大圵战斗中腿部中弹，被送到战区医疗处，因流血过多牺牲。

## 匡子龙

匡子龙（1920—1947），白马人。民国29年（1940）冬，参加革命。民国32年，加入中国共产党。先后任白马乡农抗会会长，塘湾区农抗会会长、副区长、区长等职。民国35年夏，国民党进攻解放区，塘湾区大部分乡被占领。国民党军第100军占领佴家庄后，匡子龙等人率领乡干和民兵破拆公路，致敌人2个月时间未能修好。在宣泰战斗中，主力部队攻打佴家庄敌据点时，其参与领导区游击连和三彭乡基干民兵，打垮国民党三彭乡自卫队、还乡团，活捉、公审、枪决反共头子。苏中战役后，匡子龙组织武工队深入敌占区——王庄荡，将谍报队队长等处决。同年11月中旬，带领塘湾区武装部队在北新街西袭扰国民党军整编第4师102旅306团，开创塘湾区地方游击队和民兵敢于打敌人主力部队的先例。民国36年8月1日，在国民党军队的“三角会剿”中壮烈牺牲。

## 徐荣堂

徐荣堂（1919—1947），口岸人。民国33年（1944），加入中国共产党。民国35年2月，任徐庄乡指导员。民国36年8月16日下午，口岸区委在孔桥乡晓潮庄小学操场公审顽乡长。其家属告密，驻大泗国民党军第102旅派人设伏于会场周围和要道两侧。当日下午1点左右，徐荣堂等7人在押送顽乡长去会场的途中遭敌袭击。徐荣堂果断枪决顽乡长，并开枪吸引敌人火力，不幸中弹，8月18日牺牲。

## 黄金玉

黄金玉（1926—1947），胡庄人。生前为泰兴县独立团第7连3排排长。民国31年（1942）4月，参加庵桥乡基干民兵队。民国32年，被编入泰兴县独立团。民国36年10月6日，在樊家堡战斗中不幸中弹，陷入河边茨菰塘淤泥中，中敌乱枪牺牲。

## 程　泽

程泽（1915—1947），大泗人。民国29年（1940），参加革命。次年，加入中国共产党。历任泰县张甸区通讯站站长、姜堰区公安局办事员、塘湾区组织科科长、泰塘区公安助理兼武工队队长等职。民国36年12月29日，国民党县保安队下乡扫荡，程泽带领区武工队在野徐大野塘阻击敌人。因敌众我寡，在撤退时牺牲。

## 李红章

李红章（1916—1948），白马人。民国29年（1940），加入中国共产党。历任游击队员、民兵队长、乡指导员、泰州情报站副站长。民国35年7月，李红章带领游击队深入敌占区，逮捕日、伪时期的6名恶霸。民国37年3月，国民党军队从姜堰、塘湾、宣堡、口岸四面包抄扫荡，李红章被俘。敌人将其带回塘湾据点，连夜审问，令其交出塘湾地下党名单，李红章始终回答"不知道"。敌人当夜将其押到李庄巷口南面，绑在路边的一棵杨树上，用菜刀杀害。

## 戴兴荣

戴兴荣（1918—1948），口岸人。少入私塾学习，民国30年（1941），加入中国共产党，参加抗日活动。民国31年，任泰兴县七区武装干事，并入淮安抗大分校学习。民国32年12月，任新设的德智乡乡队长，动员青壮年参加新四军，进行锄奸、扒路、割电话线等活动。民国33年，其被日、伪军困在小庄，临危不惧，冲出包围，化险为夷。民国36年6月北撤时，组织上动员其南下，其坚持原地斗争，复办戴集小学并兼任校长。民国37年3月16日，在戴家集被捕遇害。

## 魏富杰

魏富杰（1927—1948），野徐人。民国36年（1947）10月，参加革命，历任泰城区武工队员、南塘乡乡长。民国37年6月，仲野乡自卫队到陈庄收捐，区游击连急速行军，分三路包围，因鸣枪过早，敌逃窜，魏富杰勇猛地冲上前，活捉自卫队员2人，缴获长枪2支。同年7月，在侦察地形过程中，遭伏击被俘，后被杀害。

## 叶明章

叶明章（1920—1949），口岸人。民国29年（1940）入伍，次年加入中国共产党。历任游击连连长、营长、营教导员、团副参谋长等职。叶明章作战勇敢，苏中战役后主力北撤，他留在南线坚持敌后斗争，任分区特务第1营教导员。针对部队伤亡大、少数战士情绪低落的情况，他及时做思想工作，受到上级好评。民国38年4月10日，华东警备第6旅16团攻下龙窝口南首靴子圩的国民党驻军阵地，叶明章带领侦察参谋到阵地察看，踏雷牺牲。

## 吉长琛

吉长琛（1929—1951），刁铺人。民国38年（1949）6月入伍。1950年10月，随首批参战炮兵部队开赴朝鲜战场，因表现突出受到上级嘉奖，荣立一等功1次、三等功1次。1951年4月21日黄昏，在朝鲜江厚道金化郡与美军相互炮击战斗中牺牲。

## 刘哲民

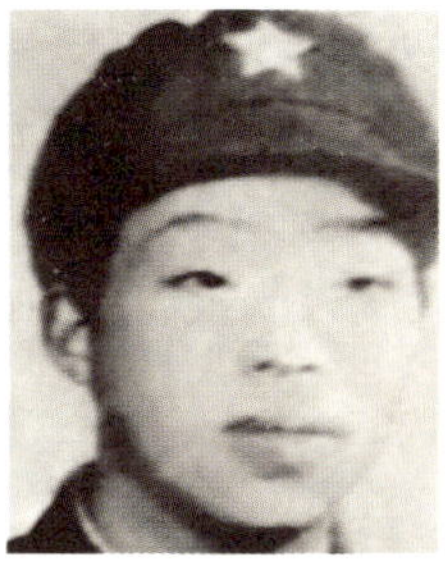

刘哲民（1951—1972），永安洲人。1969年5月入伍。1972年，加入中国共产党。历任南京军区守备第2师十船队3180艇轮机战士、副班长、班长。1972年8月29日，刘哲民奉命带领6名战士乘舢舨离艇上岛，被一只失去控制的木帆船顶着，向泊在码头的登陆艇冲去。在即将人亡船碎的危急时刻，刘哲民双手猛推登陆艇大门，使舢舨脱离险区，6名战友得救，而刘哲民却被木船撞断双腿，落入海中。获救后，因伤势过重，于9月4日晚10时牺牲；9月7日，被认定为革命烈士；11月27日，中共上海警备区委员会追记刘哲民一等功，并号召全区部队向其学习；12月29日，《人民前线报》报道“临危不惧的英雄战士”刘哲民的英雄事迹。1973年，泰兴县委在全县开展向刘哲民学习活动；3月9日，《解放军报》专题报道刘哲民的先进事迹。

## 周富荣

周富荣（1957—1979），许庄人。1977年1月参军。同年10月，加入中国共产党。1979年2月，参加对越自卫反击战。2月28日，周富荣所在的连队向盘踞在高平附近高巴岭上的越军发起进攻，雷场区使部队伤亡很大。周富荣主动要求参加突击队，冲锋中壮烈牺牲。

图 31-1-1　田河革命烈士陵园

# 第二章　人物表

本章表收录高港籍革命烈士540人，按所在街道、镇分别排列，同一街道、镇内按姓氏笔画排序；收录在高港区域内工作的市级以上（含市级）劳动模范和享受劳动模范待遇的先进工作者共108人次，排列以获得荣誉时间为序，同一年度的按姓氏笔画排序；收录部分高港籍地市级以上干部（含副地市级）共37人，收录部分高港籍在外知名教育、科技、卫生工作者共80人，均按姓氏笔画排序。

## 一、高港籍革命烈士表

表 286

| 镇街 | 姓 名 | 出生时间 | 参加革命时间 | 牺牲时所在单位及职务 | 牺牲时间、地点、原因 | 备 注 |
|---|---|---|---|---|---|---|
| 口岸街道（85人） | 于 忠 | 1921 | 1943 | 苏浙军区四纵第10支队1营1连1班战士 | 1945年浙江新登县因战牺牲 | 曾用名于仁波 |
| | 于 盛 | 1924 | 1942 | 泰兴独立团第2连战士 | 1944年泰兴蒋华镇因战牺牲 | 曾用名于仁美 |
| | 于生罗 | 1924 | 1944 | 第29军85师253团排长 | 1949年5月上海月浦因战牺牲 | 曾用名于仁康 |
| | 凡锦芝 | 1920 | 1942 | 泰兴独立团战士 | 1947年泰兴周家园子因战牺牲 | — |
| | 卞春林 | 1921 | 1944 | 华东野战军六纵班长 | 1948年12月淮海战役牺牲 | — |
| | 毛介寿 | 1906 | 1946 | 泰兴县曲霞区区长 | 1947年黄桥镇被捕牺牲 | 曾用名毛纪仁，中共党员 |
| | 毛庆生 | 1934 | 1957 | 黑龙江伊春木材厂职工 | 1971年4月因公牺牲 | — |
| | 王洪贵 | 1928 | 1949 | 志愿军第34师110团4营2连战士 | 1952年9月朝鲜因战牺牲 | — |
| | 叶 宏 | 1917 | 1942 | 口岸区游击连侦察班班长 | 1944年5月刁铺牛汪塘被捕牺牲 | — |
| | 叶明章 | 1920 | 1940 | 华东警备第6旅16团参谋长 | 1949年4月口岸靴子圩因战牺牲 | 中共党员 |
| | 叶荣高 | 1921 | — | 口岸区河民乡副乡长 | 1942年8月泰兴张河徐家汪被捕牺牲 | 中共党员 |
| | 叶德兴 | 1925 | 1941 | 高邮区宣教科科长 | 1947年高邮因战牺牲 | 中共党员 |
| | 孙 椿 | 1919 | 1941 | 泰兴独立团战士 | 1942年11月泰兴陆家庄因战牺牲 | 曾用名孙春龙 |
| | 孙天却 | 1927 | 1944 | 泰兴独立团副排长 | 1948年泰兴黄桥三里庄因战牺牲 | 中共党员 |
| | 孙克刚 | 1920 | 1942 | 新四军第6师18旅54团军需股长 | 1946年9月如皋因战牺牲 | 中共党员 |
| | 孙洪喜 | 1926 | 1943 | 某部队通讯员 | 1947年1月沈阳因战牺牲 | — |
| | 张文义 | 1917 | 1945 | 泰兴独立团战士 | 抗日战争后期失踪 | 曾用名张留山，1958年12月被追认为烈士 |
| | 张兆选 | 1924 | 1941 | 口岸区委委员 | 1944年泰兴蒋华余桥被捕牺牲 | 中共党员 |
| | 张红喜 | 1930 | 1949 | 第30军90师368团2营炮连2排战士 | 1949年失踪 | — |
| | 张宏生 | 1917 | 1941 | 泰兴独立团战士 | 1944年11月南通被捕牺牲 | — |
| | 张明登 | 1926 | — | 民兵 | 1944年12月口岸岳王庙被捕牺牲 | — |
| | 张春山 | 1907 | 1945 | 地下工作者 | 1947年泰兴被捕牺牲 | — |
| | 张春余 | 1918 | — | 口岸区张马乡民兵 | 1944年12月口岸岳王庙被捕牺牲 | 曾用名张民山 |
| | 张春棋 | 1919 | — | 民兵 | 1944年12月口岸汪官营被捕牺牲 | — |
| | 张春霞 | 1925 | 1943 | 泰兴独立团排长 | 1944年泰兴白马垛因战牺牲 | 曾用名张明山 |
| | 张维民 | 1919 | 1943 | 如皋独立团医务员 | 1944年3月如皋石庄因战牺牲 | 曾用名张喜岭 |

续表286

| 镇街 | 姓　名 | 出生时间 | 参加革命时间 | 牺牲时所在单位及职务 | 牺牲时间、地点、原因 | 备　注 |
|---|---|---|---|---|---|---|
| 口岸街道（85人） | 李六斤 | 1907 | 1942 | 口岸区委通讯员 | 1944年7月永安洲被捕牺牲 | — |
| | 李凤鸣 | 1922 | 1944 | 泰兴县团第2营2连战士 | 1947年5月泰兴司马墩因战牺牲 | — |
| | 李永成 | 1917 | — | 口岸区德智乡民兵 | 1944年4月泰兴戴家集小庄被捕牺牲 | — |
| | 李永修 | 1924 | 1942 | 泰兴独立团突击营战士 | 1947年3月泰兴麻布桥因战牺牲 | — |
| | 李季生 | 1923 | 1941 | 泰兴独立团第1营1连通讯员 | 1943年12月泰兴小刘庄因战牺牲 | — |
| | 李明德 | 1921 | 1942 | 泰兴独立团排长 | 1945年8月泰兴分界因战牺牲 | 中共党员 |
| | 李金成 | 1897 | 1946 | 泰兴独立团供给员 | 1947年11月泰兴樊家堡因战牺牲 | — |
| | 李登山 | 1923 | 1945 | 华东野战军六纵第18师54团1营3连副排长 | 1947年2月山东莱芜吐丝口因战牺牲 | 中共党员 |
| | 李福德 | 1928 | 1942 | 刁铺区税务所所长 | 1947年6月刁铺被捕牺牲 | 曾用名李福成 |
| | 杨秀山 | 1923 | 1944 | 泰兴独立团第2连7班班长 | 1948年2月泰兴野竹园因战牺牲 | — |
| | 杨绍生 | 1921 | 1944 | 乡主席 | 1945年8月口岸汪官营被捕牺牲 | — |
| | 杨绍明 | 1925 | — | 民兵 | 1945年1月口岸岳王庙被捕牺牲 | — |
| | 苏三小 | 1928 | 1943 | 泰兴独立团战士 | 1945年失踪 | 1958年12月被追认为烈士 |
| | 苏广丰 | 1924 | 1946 | 苏中军区某部副排长 | 1947年6月东台因战牺牲 | 中共党员 |
| | 陈艮山 | 1923 | 1941 | 泰兴独立团副营长 | 1947年泰县因战牺牲 | 曾用名陈实夫，中共党员 |
| | 周　礼 | 1923 | 1939 | 新四军某部指导员 | 1941年黄桥因战牺牲 | 中共党员 |
| | 侯炳林 | 1920 | 1947 | 泰兴独立团战士 | 1948年泰县大泗庄因战牺牲 | 曾用名侯保泉，中共党员 |
| | 姚留荣 | 1923 | 1941 | 泰兴独立团战士 | 1948年6月泰兴印家院因战牺牲 | — |
| | 封丙林 | 1902 | — | 民兵 | 1944年4月泰兴戴集小庄被捕牺牲 | — |
| | 胡德胜 | 1921 | 1944 | 泰兴独立团第1营1连战士 | 1946年6月泰兴野头庄因战牺牲 | — |
| | 赵　国 | 1929 | 1944 | 如皋独立团第3营见习医务员 | 1945年7月如皋宋家桥因战牺牲 | — |
| | 赵济生 | 1927 | 1944 | 泰兴独立团连长 | 1948年泰县因战牺牲 | 中共党员 |
| | 赵鑫源 | 1915 | 1940 | 姜堰胜利米厂经理 | 1947年6月姜堰病故 | 曾用名傅璋，中共党员 |
| | 唐保林 | 1918 | 1945 | 泰兴独立团战士 | 1947年3月泰兴姚家庄因战牺牲 | — |
| | 徐　达 | 1925 | 1943 | 泰兴独立团警卫营战士 | 1948年7月泰兴印家院因战牺牲 | 曾用名徐绍江 |
| | 徐文秀 | 1924 | 1944 | 华中野战军第6师18旅54团1营3连排长 | 1946年11月涟水因战牺牲 | 中共党员 |

续表286

| 镇街 | 姓 名 | 出生时间 | 参加革命时间 | 牺牲时所在单位及职务 | 牺牲时间、地点、原因 | 备 注 |
|---|---|---|---|---|---|---|
| 口岸街道（85人） | 徐网章 | 1923 | — | 口岸区集成乡联防队队员 | 1944年12月口岸岳王庙被捕牺牲 | — |
| | 徐承远 | 1926 | — | 口岸区集成乡联防队队员 | 1944年12月口岸岳王庙被捕牺牲 | — |
| | 徐绍修 | 1910 | 1943 | 新四军第1师1团1连5班战士 | 1945年兴化沙沟因战牺牲 | — |
| | 徐春和 | 1938 | 1956 | 0137部队战士 | 1956年11月辽宁因公牺牲 | — |
| | 徐荣堂 | 1919 | 1943 | 口岸区队排长 | 1947年8月泰兴孔桥牺牲 | — |
| | 徐福贞 | 1918 | — | 口岸区集成乡联防队班长 | 1944年12月口岸岳王庙被捕牺牲 | — |
| | 徐锡井 | 1922 | 1943 | 泰兴独立团战士 | 1945年8月失踪 | 曾用名徐留进，1963年5月被追认为烈士 |
| | 栾子玉 | 1929 | 1944 | 苏浙军区三纵排长 | 1945年浙江天目山因战牺牲 | 中共党员 |
| | 栾永余 | 1921 | 1942 | 新四军第1师1团战士 | 1946年泰兴宣堡因战牺牲 | — |
| | 栾永富 | 1936 | — | 口岸区集成乡乡队长 | 1944年5月泰兴戚家庄因战牺牲 | — |
| | 殷华顺 | 1958 | 1977 | 江苏省军区独立师第2团1营机炮连战士 | 1977年6月盱眙因公牺牲 | 追记三等功1次 |
| | 贾兴义 | 1921 | 1942 | 口岸区游击连战士 | 1948年4月泰兴唐家庄因战牺牲 | — |
| | 戚灯友 | 1919 | 1945 | 新四军某部战士 | 1945年5月泰兴黄桥因战牺牲 | 曾用名戚爱山 |
| | 戚修春 | 1922 | 1949 | 第29军85师255团1营2连战士 | 1951年失踪 | 曾用名戚寿春，1963年5月被追认为烈士 |
| | 戚琏瑚 | 1921 | 1938 | 华东野战军七纵第19师57团副政委 | 1948年11月淮海战役牺牲 | 中共党员 |
| | 董瑞成 | 1915 | 1943 | 泰兴独立团第4连班长 | 1945年9月泰兴城因战牺牲 | — |
| | 蒋超月 | 1951 | 1973 | 第24军72师215团1营1连副班长 | 1976年7月唐山因公牺牲 | 中共党员 |
| | 蒋超群 | 1914 | 1946 | 口岸区队排长 | 1948年4月泰兴张家河因战牺牲 | — |
| | 褚永芳 | 1928 | 1945 | 华东野战军一纵战士 | 1948年1月鲁南战役牺牲 | — |
| | 樊全洪 | 1923 | 1945 | 志愿军第20军59师175团指导员 | 1950年11月朝鲜因战牺牲 | 中共党员 |
| | 樊成仁 | 1926 | 1943 | 口岸区联防队班长 | 1946年7月泰兴宣堡因战牺牲 | — |
| | 樊成寿 | 1918 | 1942 | 华东野战军一纵班长 | 1947年7月山东因战牺牲 | — |
| | 薛凤鸣 | 1900 | — | 口岸区桃果乡治安员 | 1946年8月泰兴曹家河被捕牺牲 | 中共党员 |
| | 戴永豪 | 1917 | 1946 | 口岸区张马乡乡长 | 1947年3月口岸南马被捕牺牲 | — |
| | 戴兴彪 | 1929 | — | 口岸区德智乡民兵班长 | 1948年3月田河栾家庄被捕牺牲 | 曾名用戴兴标 |
| | 戴兴荣 | 1918 | 1942 | 口岸区德智乡戴家集小学校长 | 1948年6月泰兴徐家桥被捕牺牲 | 中共党员 |

续表286

| 镇街 | 姓　名 | 出生时间 | 参加革命时间 | 牺牲时所在单位及职务 | 牺牲时间、地点、原因 | 备　注 |
|---|---|---|---|---|---|---|
| 口岸街道（85人） | 戴守智 | 1927 | 1943 | 泰兴独立团排长 | 1944年泰兴宣堡纪家沟因战牺牲 | — |
| | 戴灯甫 | 1924 | 1944 | 华东野战军一纵排长 | 1948年山东因战牺牲 | 中共党员 |
| | 戴保荣 | 1926 | 1945 | 志愿军第20军59师177团3营营部通讯班班长 | 1950年11月朝鲜因战牺牲 | 立三等功1次，中共党员 |
| | 戴殿坤 | 1921 | — | 新四军某部排长 | 1945年口岸岳王庙被捕牺牲 | — |
| | 戴德林 | 1920 | 1944 | 口岸区张马乡乡队长 | 1947年泰兴马庄因战牺牲 | 中共党员 |
| | 戴德鸭 | 1923 | 1943 | 华中独立旅第1团1营2连战士 | 1945年8月泰县马沟因战牺牲 | — |
| | 戴德智 | 1925 | 1942 | 口岸区张马乡乡队长 | 1943年刁铺牺牲 | 中共党员 |
| | 丁鹏圣 | 1955 | 1976 | 37392部队副班长 | 1979年9月青岛因公牺牲 | 中共党员 |
| | 万福才 | 1923 | 1944 | 华东野战军一纵第2师5团2营5连2排机枪班副班长 | 1947年12月山东兖州因战牺牲 | — |
| | 王和山 | 1909 | 1945 | 江都独立团战士 | 1946年江苏东扬庄因战牺牲 | — |
| | 冯九山 | 1929 | 1949 | 第12军35师103团战士 | 1950年3月四川龙场因战牺牲 | — |
| | 生大师 | 1924 | 1944 | 泰兴独立团班长 | 1945年泰兴司马墩因战牺牲 | — |
| | 吉长琛 | 1929 | 1949 | 志愿军高炮第70营战士 | 1951年4月朝鲜江原道因战牺牲 | — |
| 刁铺街道（22人） | 孙正玉 | 1925 | 1944 | 济南铁路公安处事务长 | 1949年10月蚌埠伤口复发牺牲 | 曾用名刘成，1947年受伤，1950年被追认为烈士 |
| | 孙忠仁 | 1912 | 1947 | 志愿军第38军340团3连副班长 | 1951年2月朝鲜因战牺牲 | 立大功8次，中共党员 |
| | 朱永兴 | 1919 | 1942 | 新四军某部班长 | 1943年1月泰兴老叶庄因战牺牲 | — |
| | 吴正清 | 1908 | 1941 | 口岸初级中学党支部书记 | 1946年6月泰州被捕牺牲 | 中共党员 |
| | 吴德山 | 1925 | 1943 | 华东野战军十一纵第32旅95团3营排长 | 1946年7月海安李堡因战牺牲 | 中共党员 |
| | 张子仲 | 1926 | 1949 | 第20军58师173团战士 | 1951年4月朝鲜因战牺牲 | — |
| | 李淮东 | 1934 | 1950 | 志愿军兵站九大站政治处书记 | 1952年7月朝鲜因战牺牲 | 中共党员 |
| | 陆锦明 | 1914 | 1948 | 苏北第二军分区第11团7连3班班长 | 1949年龙窝口因战牺牲 | — |
| | 陈春占 | 1921 | 1945 | 江都独立团第7连1班班长 | 1948年7月江都乔树因战牺牲 | — |
| | 栾学官 | 1939 | 1961 | 6189部队43分队电话兵 | 1963年11月山东滕县岗村因公牺牲 | 1963年被追认中共党员 |
| | 栾厚芝 | 1907 | 1942 | 江都独立团第2营3排副排长 | 1944年4月江都扬庄镇因战牺牲 | 曾用名栾登小，中共党员 |
| | 曹茂桂 | 1927 | 1945 | 江都独立团班长 | 1948年江都因战牺牲 | — |
| | 黄网山 | 1918 | 1944 | 苏浙军区四纵第11支队2营6连2排5班战士 | 1945年4月杭州狄港因战牺牲 | — |

续表286

| 镇街 | 姓　名 | 出生时间 | 参加革命时间 | 牺牲时所在单位及职务 | 牺牲时间、地点、原因 | 备　注 |
|---|---|---|---|---|---|---|
| 刁铺街道（22人） | 蒋义留 | 1915 | 1944 | 江都独立团扬桥连副连长 | 1946年8月如皋西门因战牺牲 | 曾用名蒋义书，中共党员 |
| | 蒋元香 | 1908 | 1945 | 江都县嘶马区通讯站站长 | 1947年7月泰兴官沟因战牺牲 | 曾用名蒋挺 |
| | 潘寿泉 | 1923 | 1948 | 志愿军第60军175师236团2营5连战士 | 1951年朝鲜失踪 | 1966年12月被追认为烈士 |
| 许庄街道（89人） | 孔凡达 | 1917 | 1935 | 宣堡区区长 | 1941年泰兴因战牺牲 | 中共党员 |
| | 孔祥凯 | 1925 | 1945 | 泰兴县警卫团班长 | 1949年3月泰县因战牺牲 | — |
| | 王书青 | 1924 | — | 苏中三分区十四区第1营3连副班长 | 1945年盐城三墩子因战牺牲 | 特级战斗模范 |
| | 王友其 | 1921 | 1944 | 苏浙军区四纵第10支队3营9连战士 | 1945年6月天星桥因公牺牲 | — |
| | 王光明 | 1927 | 1941 | 苏浙军区四纵战士 | 1945年6月浙江孝丰因战牺牲 | — |
| | 王兴和 | 1921 | 1943 | 华东野战军六纵第18师52团1营排长 | 1948年安徽马家桥因战牺牲 | 中共党员 |
| | 王庆荣 | 1925 | 1943 | 华中野战军第6师18旅53团副班长 | 1946年如皋白蒲因战牺牲 | — |
| | 王连喜 | 1939 | 1948 | 工程兵第4团1营炊事员 | 1960年11月某海岛因战牺牲 | — |
| | 王桂生 | 1914 | 1943 | 泰兴县新街区通讯员 | 1943年6月泰兴谢家荡被捕牺牲 | — |
| | 王喜五 | 1925 | 1943 | 华中野战军某部战士 | 1946年如南战斗牺牲 | 曾用名王宝华 |
| | 王舜臣 | 1925 | 1944 | 泰兴独立团第6连战士 | 1947年3月泰州姚家庄因战牺牲 | 曾用名王同善，中共党员 |
| | 王福元 | 1923 | 1942 | 新四军第6师18旅54团战士 | 1946年9月盐城伍佑因战牺牲 | — |
| | 乔留福 | 1956 | 1976 | 35211部队第58分队副班长 | 1979年2月中越边境自卫还击战牺牲 | 中共党员 |
| | 吉连珠 | 1919 | 1945 | 华东野战军一纵第1师战士 | 1947年5月孟良崮战役牺牲 | 曾用名吉恒山、吉海山 |
| | 吉连益 | 1905 | 1947 | 宣堡区游击连战士 | 1948年12月泰兴王家园子因战牺牲 | — |
| | 孙才春 | 1921 | 1941 | 泰兴独立团战士 | 1943年失踪 | 1958年被追认为烈士 |
| | 孙其法 | 1924 | 1941 | 泰兴独立团班长 | 1944年4月泰兴老叶庄因战牺牲 | — |
| | 孙登青 | 1930 | 1951 | 志愿军第26军76师226团1营1连通讯员 | 1952年1月朝鲜三郡里因战牺牲 | — |
| | 吴九岑 | 1919 | 1947 | 华东野战军四纵第12师民运干事 | 1947年山东费县因战牺牲 | 中共党员 |
| | 吴井盛 | 1920 | 1941 | 华中野战军六纵第50团副排长 | 1946年11月涟水因战牺牲 | 中共党员 |
| | 吴玉仁 | 1921 | 1939 | 泰兴独立团连长 | 1948年5月泰兴花塘因战牺牲 | 中共党员 |
| | 吴顶山 | 1925 | 1941 | 泰兴独立团排长 | 1942年3月姜堰因战牺牲 | 中共党员 |
| | 张　宏 | 1920 | 1940 | 宣堡、口岸联合区所文书 | 1940年8月泰兴田河李家庄因战牺牲 | — |

续表286

| 镇街 | 姓　名 | 出生时间 | 参加革命时间 | 牺牲时所在单位及职务 | 牺牲时间、地点、原因 | 备　注 |
|---|---|---|---|---|---|---|
| 许庄街道（89人） | 张仁广 | 1919 | 1944 | 新四军某部战士 | 1947年失踪 | 1958年被追认为烈士 |
| | 张永山 | 1917 | 1941 | 口岸区税务所所长 | 1947年3月泰兴姚家庄因战牺牲 | 中共党员 |
| | 张玉如 | 1925 | 1943 | 第28军84师252团2营6连战士 | 1949年金门岛因战牺牲 | — |
| | 张华义 | 1927 | 1941 | 新四军第1师1旅3团战士 | 1946年1月山东郯城县因战牺牲 | — |
| | 张灯明 | 1924 | 1942 | 华东野战军十一纵第31旅91团副政指 | 1947年4月海安李堡因战牺牲 | 中共党员 |
| | 张志远 | 1927 | 1944 | 苏浙军区四纵第10支队2营5连战士 | 1945年5年浙江孝丰城因战牺牲 | — |
| | 张宝同 | 1920 | 1940 | 新四军某部排长 | 1944年如皋被捕牺牲 | 中共党员 |
| | 张松柏 | 1918 | 1944 | 泰兴独立团战士 | 1946年7月如皋扬花桥因战牺牲 | — |
| | 张绍九 | 1918 | — | 口岸区张河乡文书 | 1946年8月泰兴利民村被捕牺牲 | 中共党员 |
| | 张春林 | 1925 | 1942 | 华东野战军六纵第18师52团排长 | 1947年5月孟良崮战役牺牲 | 中共党员 |
| | 张洪德 | 1922 | 1944 | 华东野战军六纵第18师54团1营1连班长 | 1947年5月孟良崮战役牺牲 | 中共党员 |
| | 张桂其 | 1919 | 1942 | 新四军某部特务团第2营6连连长 | 1947年紫石县高家花园因战牺牲 | 中共党员 |
| | 张登富 | 1919 | 1940 | 华东野战军六纵第18师54团排长 | 1948年11月淮海战役牺牲 | 中共党员 |
| | 张登棋 | 1922 | 1938 | 宣堡区游击连战士 | 1942年口岸因战牺牲 | 中共党员 |
| | 张瑞林 | 1923 | 1945 | 华东野战军六纵第18师54团连长 | 1947年5月孟良崮战役牺牲 | 中共党员 |
| | 李广林 | 1927 | 1943 | 苏中三分区第12团团部班长 | 1945年9月泰兴镇因战牺牲 | — |
| | 李书城 | 1922 | 1943 | 新四军第1师1团1营1连副班长 | 1946年12月宿北战役牺牲 | 中共党员 |
| | 李克仁 | 1922 | 1944 | 华中野战军第1师机枪连战士 | 1946年失踪 | 1958年被追认为烈士 |
| | 李炳歌 | 1927 | 1942 | 新四军第18团特务连排长 | 1946年泰兴汪群溧儿望因战牺牲 | 中共党员 |
| | 李祥成 | 1924 | 1945 | 泰兴独立团战士 | 1947年3月泰兴姚家庄因战牺牲 | — |
| | 李祥登 | 1921 | 1943 | 新四军某部特务连班长 | 1945年淮阴车桥因战牺牲 | 中共党员 |
| | 李森山 | 1926 | 1950 | 志愿军第20军59师177团炮1连战士 | 1951年朝鲜因战牺牲 | 立四等功1次 |
| | 杨千清 | 1926 | 1945 | 第29军补训四大队战士 | 1949年4月失踪 | 曾用名杨炳华，1958年被追认为烈士 |
| | 杨圣庭 | 1927 | 1945 | 第23军炮团2营副排长 | 1949年3月口岸龙窝口因战牺牲 | 中共党员 |
| | 杨永珍 | 1917 | 1940 | 新四军陈玉生部战士 | 1942年失踪 | — |
| | 杨宝元 | 1918 | 1943 | 泰兴独立团战士 | 1946年如皋杨花桥因战牺牲 | — |

续表286

| 镇街 | 姓 名 | 出生时间 | 参加革命时间 | 牺牲时所在单位及职务 | 牺牲时间、地点、原因 | 备 注 |
|---|---|---|---|---|---|---|
| 许庄街道（89人） | 杨金生 | 1927 | 1947 | 志愿军第21军63师189团战士 | 1951年朝鲜因战牺牲 | — |
| | 杨桂轩 | 1929 | 1948 | 宣堡区战士 | 1948年8月泰兴唐家庄因战牺牲 | — |
| | 沈德骥 | 1927 | 1949 | 志愿军后勤汽车第5团司机 | 1951年7月朝鲜因战牺牲 | — |
| | 芦国其 | 1920 | 1945 | 口岸区区队班长 | 1946年12月泰兴宣堡因战牺牲 | — |
| | 邱志荣 | 1922 | 1943 | 新四军某部后勤部炊事员 | 1945年8月失踪 | 1962年1月被追认为烈士 |
| | 陆怀喜 | 1931 | 1951 | 志愿军第63军188师562团战士 | 1952年5月朝鲜开城因战牺牲 | — |
| | 陆贵松 | 1918 | — | 宣堡区三河乡联防队基干队员 | 1946年5月泰兴县王家庄因战牺牲 | — |
| | 陈兆才 | 1921 | 1944 | 第20军58师排长 | 1949年5月上海浦东洋泾因战牺牲 | 曾用名陈凤岗，中共党员 |
| | 陈绍基 | 1915 | 1942 | 泰兴独立团副班长 | 1946年泰兴渡子河因战牺牲 | — |
| | 陈炳坤 | 1916 | 1944 | 华东野战军六纵第18师54团排长 | 1948年豫东因战牺牲 | — |
| | 周凤章 | 1928 | 1947 | 华东野战军特务3团4营战士 | 1949年3月泰兴季黄线因战牺牲 | — |
| | 周龙春 | 1921 | 1946 | 第29军89师255团3营机关连副指导员 | 1949年2月沭河因战牺牲 | 中共党员 |
| | 周金平 | 1913 | 1945 | 靖江独立团战士 | 1948年失踪 | 1958年被追认为烈士 |
| | 周富荣 | 1957 | 1977 | 广西军区54207部队79分队战士 | 1979年2月中越边境自卫还击战牺牲 | 中共党员 |
| | 范 彪 | 1923 | 1941 | 泰兴独立团第1营3连班长 | 1942年10年靖江季市因战牺牲 | — |
| | 范少文 | 1926 | 1943 | 泰兴独立团第1营2连班长 | 1945年8月泰兴宣堡因战牺牲 | — |
| | 范少成 | 1920 | 1945 | 苏中三分区第14团1营3连副班长 | 1945年12月泰县马沟因战牺牲 | — |
| | 侯伟明 | 1928 | 1945 | 泰兴独立团卫生员 | 1947年6月泰兴虾子港因战牺牲 | — |
| | 侯国伟 | 1923 | 1942 | 泰县塘湾区队副队长 | 1944年3月泰县塘湾因战牺牲 | 曾用名侯荣甫 |
| | 侯德其 | 1924 | 1943 | 华东野战军六纵第18师54团3营9连战士 | 1947年6月泰兴虾子港因战牺牲 | — |
| | 胡同章 | 1943 | 1965 | 6501部队42分队战士 | 1966年8月因公牺牲 | — |
| | 胡宝金 | 1919 | 1940 | 新四军第1师2团战士 | 1943年失踪 | 1958年被追认为烈士 |
| | 赵正寿 | 1925 | 1945 | 泰县溱潼荣军学校 | 1952年7月泰州因公牺牲 | — |
| | 赵筱芳 | 1924 | 1945 | 某乡情报站站长 | 1948年4月野桥被捕牺牲 | 中共党员 |
| | 唐人武 | 1925 | 1941 | 泰兴独立团第6连副排长 | 1947年3月泰兴姚家庄因战牺牲 | 曾用名唐小武，中共党员 |
| | 唐传俊 | 1926 | 1942 | 苏中文工团团员 | 1945年2月兴化沙沟因战牺牲 | — |

续表286

| 镇街 | 姓　名 | 出生时间 | 参加革命时间 | 牺牲时所在单位及职务 | 牺牲时间、地点、原因 | 备　注 |
|---|---|---|---|---|---|---|
| 许庄街道（89人） | 唐福二 | 1915 | 1941 | 苏中警备团第2营5连战士 | 1945年6月兴化沙沟因战牺牲 | 曾用名唐中年 |
| | 夏寿根 | 1929 | 1948 | 志愿军第20军59师176团战士 | 1951年朝鲜因战牺牲 | — |
| | 徐希祥 | 1919 | 1943 | 新四军第1师炮兵连战士 | 1943年失踪 | 1958年被追认为烈士 |
| | 徐明虎 | 1925 | 1941 | 新四军第1师3旅7团1连通讯员 | 1941年东台三岔河因战牺牲 | 中共党员 |
| | 徐林高 | 1923 | 1942 | 华中野战军第6师18旅54团1营1连战士 | 1946年11月涟水因战牺牲 | — |
| | 栾灯荣 | 1920 | 1944 | 新四军第6师副班长 | 1945年10月盐城伍佑因战牺牲 | — |
| | 顾青龙 | 1919 | 1945 | 志愿军第20军59师176团战士 | 1950年11月朝鲜西中里因战牺牲 | — |
| | 程永明 | 1923 | 1943 | 华东野战军九纵第26师77团班长 | 1947年2月山东滕县因战牺牲 | — |
| | 蒋正清 | 1921 | 1943 | 泰兴独立团战士 | 1947年3年泰兴姚家庄因战牺牲 | 中共党员 |
| | 樊芝二 | 1918 | 1940 | 新四军某部特务团班长 | 1946年江都邵伯因战牺牲 | — |
| | 樊留章 | 1926 | 1944 | 泰兴警卫团战士 | 1946年6月泰兴北胡头因战牺牲 | — |
| | 薛　根 | 1920 | 1944 | 华中野战军七纵第55团战士 | 1946年7月郭家堡因战牺牲 | 中共党员 |
| | 薛宝成 | 1921 | 1946 | 华东野战军四纵第12师36团指导员 | 1948年11月淮海战役牺牲 | 中共党员 |
| | 戴伯光 | 1909 | 1942 | 华东野战军特派员 | 1947年2月泰兴宣堡因战牺牲 | 中共党员 |
| | 孔同生 | 1925 | 1943 | 山东野战军一纵第3旅8团班长 | 1946年12月山东兖州因战牺牲 | — |
| 永安洲镇（40人） | 王祥云 | 1911 | 1942 | 新四军原老1团战士 | 1947年泰兴十里甸因战牺牲 | 曾用名倪仁余，1963年被追认为烈士 |
| | 刘哲民 | 1951 | 1969 | 6385部队航运队班长 | 1972年9月上海因公牺牲 | 中共党员 |
| | 匡成富 | 1925 | 1949 | 志愿军第42军124师374团担架连战士 | 1951年朝鲜古城山因战牺牲 | — |
| | 华礼贵 | 1922 | 1949 | 志愿军第117师349团警卫连战士 | 1951年1月朝鲜因战牺牲 | — |
| | 朱子林 | 1926 | 1945 | 新四军第1旅1团战士 | 1945年10月泰县因战牺牲 | — |
| | 朱元高 | 1928 | 1950 | 志愿军第639团2连战士 | 1951年1月朝鲜因战牺牲 | — |
| | 严高林 | 1923 | 1944 | 新四军第1旅1团战士 | 1945年6月泰县因战牺牲 | — |
| | 吴正林 | 1922 | 1945 | 新四军某部战士 | 1946年8月海安李堡因战牺牲 | — |
| | 张学武 | 1929 | 1948 | 华东警备第6旅16团班长 | 1949年11月常州因战牺牲 | — |
| | 张明礼 | 1913 | 1941 | 泰兴县永福乡乡长 | 1945年10月泰兴永福乡因公牺牲 | 中共党员 |
| | 张德貮 | 1928 | 1949 | 第38军113师338团2营5连战士 | 1950年河南失踪 | 1961年12月被追认为烈士 |

续表286

| 镇街 | 姓　名 | 出生时间 | 参加革命时间 | 牺牲时所在单位及职务 | 牺牲时间、地点、原因 | 备　注 |
|---|---|---|---|---|---|---|
| 永安洲镇（40人） | 李　飞 | 1925 | 1946 | 泰兴独立团战士 | 1948年泰兴城北顿车因战牺牲 | 曾用名李建和 |
| | 李才文 | 1928 | 1943 | 泰兴独立团战士 | 1947年3月泰兴姚家庄因战牺牲 | 中共党员 |
| | 李元春 | 1916 | 1945 | 华中野战军第6师副班长 | 1946年8月如皋杨花桥因战牺牲 | — |
| | 杨忠诚 | 1932 | 1951 | 志愿军第601团1营1连战士 | 1951年11月朝鲜因战牺牲 | 曾用名杨忠信 |
| | 陈家福 | 1934 | 1950 | 扬中县团战士 | 1951年失踪 | 曾用名倪仁余，1963年5月被追认为烈士 |
| | 周进喜 | 1924 | 1946 | 志愿军第20军58师战士 | 1951年朝鲜因战牺牲 | — |
| | 季瑞林 | 1922 | 1943 | 华东野战军四纵第12师政治部指导员 | 1948年7月山东白堂集因战牺牲 | 中共党员 |
| | 林国忠 | 1926 | 1944 | 泰兴县盘头乡战士 | 1945年6月永安洲盘头街因战牺牲 | — |
| | 侯德章 | 1917 | — | 口岸区地下工作者 | 1945年3月永安洲西江被捕牺牲 | 中共党员 |
| | 姚连根 | 1916 | 1945 | 泰兴县蒋华区队战士 | 1947年2月泰兴因战牺牲 | — |
| | 姚茂顶 | 1901 | — | 民工 | 1949年10年扬中铁匠港因公牺牲 | — |
| | 祝明林 | 1919 | 1942 | 华东野战军十一纵第32旅通讯员 | 1947年10月盐城便仓因战牺牲 | — |
| | 倪大鱼 | 1920 | 1941 | 新四军老1团3营7连5班战士 | 1942年泰兴芮家庄因战牺牲 | — |
| | 倪仁财 | 1927 | 1946 | 志愿军第45军战士 | 1953年3月朝鲜失踪 | 1963年被追认为烈士 |
| | 唐万顺 | 1919 | 1944 | 新四军原11团1营2排战士 | 1944年7月山东麻沟因战牺牲 | — |
| | 唐彭庚 | 1922 | 1944 | 新四军九纵第75团3营3排战士 | 1945年8月江都宜陵因战牺牲 | 曾用名唐彭飞 |
| | 唐彭昌 | 1919 | 1945 | 新四军一纵第3旅8团2营副班长 | 1946年如皋因战牺牲 | — |
| | 奚志林 | 1926 | 1945 | 泰兴县城西区游击连指导员 | 1948年8月泰兴城北因战牺牲 | 曾用名奚春林，中共党员 |
| | 徐子通 | 1918 | 1945 | 新四军第1旅1团战士 | 1945年6月永安洲盘头街因战牺牲 | — |
| | 栾宝骏 | 1923 | 1944 | 第29军86师258团营政教 | 1950年7月福建大担岛因战牺牲 | 中共党员 |
| | 秦保如 | 1925 | 1944 | 扬中独立团战士 | 1947年7月兴化因战牺牲 | — |
| | 贾美林 | 1929 | 1949 | 第11军32师95团1营机枪连战士 | 1950年3月四川酉阳因战牺牲 | — |
| | 顾炳兰 | 1945 | 1959 | 新疆建设兵团农9师167团机修连战士 | 1971年1月新疆因公牺牲 | — |
| | 高士荣 | 1934 | 1957 | 4907部队战士 | 1961年2月病故 | — |
| | 黄裕发 | 1915 | — | 地下工作者 | 1944年被捕牺牲 | — |
| | 蔡三儿 | 1925 | 1949 | 志愿军第193师557团班长 | 1951年5月朝鲜海龙山因战牺牲 | — |
| | 蔡明贵 | 1926 | 1945 | 泰兴独立团战士 | 1947年3月泰兴姚家庄因战牺牲 | — |
| | 薛加成 | 1921 | 1943 | 志愿军第20军侦察营战士 | 1951年6月朝鲜金化因战牺牲 | — |

续表286

| 镇街 | 姓　名 | 出生时间 | 参加革命时间 | 牺牲时所在单位及职务 | 牺牲时间、地点、原因 | 备　注 |
|---|---|---|---|---|---|---|
| 白马镇（33人） | 丁世喜 | 1924 | 1944 | 新四军某部战士 | 1946年盐城因战牺牲 | — |
| | 于光宝 | 1911 | 1947 | 泰兴独立团排长 | 1948年泰兴虾儿港因战牺牲 | — |
| | 马宝元 | 1918 | 1940 | 泰县泰塘区游击连战士 | 1943年塘湾被捕牺牲 | — |
| | 马奎网 | 1918 | 1943 | 新四军六纵18师53团4连副排长 | 1945年盐城大冈因战牺牲 | — |
| | 王　清 | 1915 | 1940 | 泰兴独立团战士 | 1947年7月泰兴周家园因战牺牲 | — |
| | 王天庆 | 1927 | 1943 | 华东野战军七纵第55团3连司号员 | 1947年如皋因战牺牲 | — |
| | 王国香 | 1928 | 1945 | 华东野战军一纵第2师4团9连机枪手 | 1947年山东湘镇因战牺牲 | — |
| | 王秉植 | 1926 | — | 泰县泰塘区岱白乡副乡长 | 1948年7月塘湾被捕牺牲 | — |
| | 王厚子 | 1912 | 1945 | 华东野战军一纵第1师1团1连班长 | 1947年山东泗水河因战牺牲 | — |
| | 王厚国 | 1926 | 1945 | 中原野战军某部战士 | 1948年8月山东济南因战牺牲 | — |
| | 王炳才 | 1915 | 1943 | 泰县泰塘区游击连班长 | 1945年11月泰兴花逢庄因战牺牲 | — |
| | 王德宝 | 1912 | 1948 | 泰县泰塘区岱白乡民兵大队长 | 1948年塘湾被捕牺牲 | — |
| | 王德高 | 1917 | 1946 | 华东野战军四纵第35团副班长 | 1947年5月孟良崮战役牺牲 | — |
| | 匡子凤 | 1923 | 1944 | 泰县泰塘区游击连班长 | 1947年泰兴北新街因战牺牲 | 中共党员 |
| | 匡子龙 | 1920 | 1940 | 泰县泰塘区区长 | 1947年泰兴北新街因战牺牲 | 中共党员 |
| | 孙玉德 | 1916 | 1941 | 新四军第2团战士 | 1941年5月南通丰利坝因战牺牲 | — |
| | 朱德湖 | 1900 | 1940 | 泰县泰塘区游击连炊事员 | 1946年泰州被捕牺牲 | — |
| | 吴如发 | 1930 | 1947 | 泰县泰塘区二队战士 | 1948年3月塘湾区泗龙乡因战牺牲 | — |
| | 吴林山 | 1918 | — | 泰县泰塘区岱白乡基干队队长 | 1948年2月塘湾被捕牺牲 | 中共党员 |
| | 李红章 | 1916 | 1943 | 华东野战军某部通讯站干部 | 1948年3月白马李家庄被捕牺牲 | — |
| | 李时庆 | 1919 | 1947 | 泰县泰塘区龙河乡乡长 | 1948年5月塘湾被捕牺牲 | — |
| | 杨本余 | 1916 | — | 支前民工 | 1947年泰县梅垛因公牺牲 | — |
| | 杨本宽 | 1909 | 1944 | 泰县泰塘区情报站通讯员 | 1947年12月塘湾被捕牺牲 | — |
| | 陈德光 | 1916 | 1940 | 泰县泰塘区龙河乡民兵大队长 | 1942年泰县陈家舍被捕牺牲 | — |
| | 赵　莹 | 1912 | 1937 | 泰县泰塘区区委副书记 | 1947年岱白乡因公牺牲 | 中共党员 |
| | 徐元广 | 1927 | 1944 | 泰县泰塘区武工队队员 | 1948年8月泰兴娄子庄因战牺牲 | — |
| | 曹书银 | 1924 | 1942 | 泰县14团战士 | 1946年7月泰兴三叉河因战牺牲 | — |
| | 智　俊 | 1924 | 1945 | 志愿军第20军59师175团1连战士 | 1951年9月朝鲜因战牺牲 | — |

续表286

| 镇街 | 姓 名 | 出生时间 | 参加革命时间 | 牺牲时所在单位及职务 | 牺牲时间、地点、原因 | 备 注 |
|---|---|---|---|---|---|---|
| 白马镇（33人） | 智正机 | 1929 | 1944 | 华东野战军一纵第2师4团卫生员 | 1947年8月腾垛因战牺牲 | — |
| | 智华春 | 1921 | 1938 | 泰塘区岱白乡指导员 | 1947年8月岱白乡被捕牺牲 | 中共党员 |
| | 韩朋阳 | 1926 | 1940 | 新四军第2团战士 | 1945年塘湾因战牺牲 | — |
| | 蔡伯喜 | 1928 | 1944 | 新四军某部通讯员 | 1946年泰兴因战牺牲 | — |
| | 薛荣兵 | 1951 | 1973 | 第24军212团9连班长 | 1976年7月河北丰南因公牺牲 | 中共党员 |
| 野徐镇（35人） | 丁长松 | 1914 | 1944 | 华东野战军一纵第1师战士 | 1947年山东徒县因战牺牲 | — |
| | 万玉堂 | 1918 | — | 泰县陈蒋乡通讯员 | 1946年陈蒋乡被捕牺牲 | 中共党员 |
| | 于兴友 | 1927 | 1940 | 泰兴独立团战士 | 1947年泰兴姚家庄因战牺牲 | — |
| | 方元历 | 1930 | 1945 | 泰县反攻营战士 | 1945年泰县梁徐老坝口因战牺牲 | — |
| | 王进根 | 1914 | 1939 | 泰县塘湾区武工队队员 | 1941年塘湾区因战牺牲 | — |
| | 王宝春 | 1925 | 1944 | 志愿军某部战士 | 1950年朝鲜因战牺牲 | — |
| | 石云和 | 1925 | 1943 | 苏中军区司令部战士 | 1949年渡江战役牺牲 | — |
| | 帅志成 | 1920 | 1945 | 华东野战军某部战士 | 1947年口岸镇因战牺牲 | — |
| | 乔荣才 | 1949 | 1969 | 3009部队运输队班长 | 1972年长春因公牺牲 | — |
| | 朱得富 | 1922 | 1941 | 泰县塘湾区陈蒋乡乡长 | 1947年塘湾区褚野乡因战牺牲 | 中共党员 |
| | 朱瑞良 | 1913 | 1944 | 泰县塘湾区区中队队员 | 1947年塘湾被捕牺牲 | — |
| | 吴桂英 | 1909 | 1944 | 泰县塘湾区游击队秘密联络员 | 1946年塘湾被捕牺牲 | — |
| | 张圣权 | 1933 | 1948 | 1824部队通讯员 | 1951年鸭绿江因公牺牲 | — |
| | 张永如 | 1926 | 1948 | 志愿军第40军120师359团3营9连战士 | 1950年朝鲜因战牺牲 | 中共党员 |
| | 李为甫 | 1913 | — | 泰县陈蒋乡农会主任 | 1947年陈蒋乡被捕牺牲 | — |
| | 李兴采 | 1926 | 1945 | 泰县武工队班长 | 1948年泰兴许庄因战牺牲 | — |
| | 李兴鉴 | 1897 | — | 泰县塘湾区联朱乡民兵分队长 | 1948年野徐陈家庄被捕牺牲 | — |
| | 杨兆林 | 1927 | 1945 | 泰兴独立团战士 | 1945年12月郭村因战牺牲 | — |
| | 杨兆祥 | 1919 | 1946 | 泰县塘湾区仲野乡乡长 | 1947年3月泰兴福兴庄被捕牺牲 | — |
| | 杨桂栋 | 1925 | 1937 | 泰县泰塘区游击2连战士 | 1939年寺巷口因战牺牲 | — |
| | 陈 浩 | 1931 | 1944 | 志愿军第58师172团排长 | 1951年朝鲜因战牺牲 | — |
| | 陈开群 | 1924 | 1941 | 泰县塘湾区陈蒋乡指导员 | 1948年陈蒋乡因战牺牲 | 中共党员 |
| | 陈以保 | 1919 | 1942 | 新四军第2团战士 | 1945年泰兴西门因战牺牲 | — |

续表286

| 镇街 | 姓　名 | 出生时间 | 参加革命时间 | 牺牲时所在单位及职务 | 牺牲时间、地点、原因 | 备　注 |
|---|---|---|---|---|---|---|
| 野徐镇（35人） | 陈汝寿 | 1920 | 1939 | 新四军第1团战士 | 1942年因战牺牲 | — |
| | 陈桂和 | 1931 | 1945 | 苏中一分区第3团1营卫生员 | 1945年泰兴大杨庄因战牺牲 | — |
| | 周恒师 | 1923 | 1943 | 泰县仁德乡乡队长 | 1945年7月仁德乡被捕牺牲 | 中共党员 |
| | 赵连和 | 1929 | 1944 | 新四军第1团医务员 | 1946年因公牺牲 | — |
| | 殷正富 | 1919 | 1946 | 泰县陈蒋乡乡长 | 1948年陈蒋乡被捕牺牲 | — |
| | 袁圣斋 | 1919 | 1943 | 泰兴县口岸区游击队班长 | 1944年泰县顾高王野桥因战牺牲 | — |
| | 曹凤茂 | 1924 | 1941 | 解放军某部战士 | 1948年野徐关帝庙被捕牺牲 | — |
| | 蒋兆福 | 1923 | 1942 | 泰县武工队队员 | 1948年2月野徐被捕牺牲 | — |
| | 蒋录书 | 1915 | — | 泰县陈蒋乡通讯员 | 1948年泰县蒋家庄被捕牺牲 | — |
| | 薛国兴 | 1908 | 1945 | 泰县塘湾区仲野乡乡长 | 1948年仲野乡被捕牺牲 | — |
| | 薛国贤 | 1929 | 1945 | 泰兴独立团战士 | 1945年寺巷口因战牺牲 | — |
| | 魏富杰 | 1927 | 1947 | 泰县塘湾区游击队队员 | 1948年泰兴因战牺牲 | — |
| 胡庄镇（165人） | 丁家和 | 1920 | 1941 | 泰兴县六区游击连排长 | 1941年3月泰兴宣堡南街头因战牺牲 | 中共党员 |
| | 于宗堂 | 1920 | 1943 | 新四军第94团3营7连战士 | 1945年盐城因战牺牲 | — |
| | 于荣虎 | 1924 | 1945 | 泰兴独立团第1营3连副班长 | 1947年8月泰兴周家园子因战牺牲 | — |
| | 凡金圣 | 1920 | 1946 | 泰兴独立团第3连战士 | 1947年11月泰兴鞠家庄因战牺牲 | — |
| | 凡荣卿 | 1924 | 1941 | 泰兴独立团战士 | 1943年泰兴小刘庄因战牺牲 | — |
| | 凡德甫 | 1921 | 1947 | 泰兴独立团第8连2排3班战士 | 1947年9月泰兴樊家堡因战牺牲 | — |
| | 马庆祥 | 1928 | 1951 | 志愿军第26军226团8连战士 | 1952年2月朝鲜西方山因战牺牲 | 中共党员 |
| | 马伯泉 | 1929 | 1947 | 泰兴独立团第8连战士 | 1947年10月泰兴樊家堡因战牺牲 | — |
| | 马德生 | 1924 | 1942 | 新四军老2团班长 | 1944年泰县马沟因战牺牲 | — |
| | 卞荣生 | 1925 | 1946 | 华东野战军三纵第9师27旅短枪队侦察员 | 1947年山东鲁南因战牺牲 | — |
| | 孔令泉 | 1916 | 1943 | 泰兴独立团第3连2班班长 | 1947年海安野竹园因战牺牲 | — |
| | 孔希章 | 1922 | 1949 | 志愿军第20军58师173团炊事员 | 1950年11月朝鲜咸镜南道因战牺牲 | — |
| | 孔祥书 | 1920 | 1942 | 华中野战军第6师18旅52团2营战士 | 1946年盐城伍佑因战牺牲 | 中共党员 |
| | 孔祥芝 | 1911 | 1950 | 志愿军炮兵第17团司务长 | 1951年6月朝鲜因战牺牲 | 中共党员 |
| | 孔祥喜 | 1922 | 1946 | 泰县大泗区警卫连班长 | 1947年4月东台因战牺牲 | — |
| | 孔清平 | 1926 | 1945 | 华中野战军第1旅3团1营文书 | 1946年盐城伍佑因战牺牲 | — |

续表286

| 镇街 | 姓　名 | 出生时间 | 参加革命时间 | 牺牲时所在单位及职务 | 牺牲时间、地点、原因 | 备　注 |
|---|---|---|---|---|---|---|
| 胡庄镇（165人） | 毛天章 | 1917 | 1947 | 泰兴独立团战士 | 1948年泰兴八户庄因战牺牲 | — |
| | 王余庆 | 1926 | 1946 | 泰兴独立团第3营8连1排1班战士 | 1948年5月泰兴印家院因战牺牲 | — |
| | 王禧才 | 1927 | 1951 | 志愿军第24军70师炮团7连战士 | 1953年6月朝鲜因战牺牲 | — |
| | 冯云高 | 1918 | 1940 | 新四军老1团5营战士 | 1943年如皋因战牺牲 | — |
| | 冯兆卿 | 1920 | 1943 | 如皋警卫团班长 | 1947年12月如皋因战牺牲 | 中共党员 |
| | 卢春山 | 1931 | 1948 | 志愿军第26军227团3营战士 | 1951年9月朝鲜西方山因战牺牲 | — |
| | 史书山 | 1922 | 1940 | 新四军第1师2旅6团2营4连战士 | 1944年兴化唐子镇因战牺牲 | — |
| | 史纪琴 | 1921 | 1943 | 苏浙军区四纵第10支队1营2连1排4班战士 | 1945年6月浙江孝丰因战牺牲 | — |
| | 史宝托 | 1927 | 1944 | 华东警备第18团副排长 | 1950年5月上海因公牺牲 | 中共党员，立三等功1次 |
| | 史宝志 | 1921 | 1947 | 泰兴县西南大队班长 | 1947年8月泰县大坨因战牺牲 | 中共党员 |
| | 史宝明 | 1924 | 1942 | 新四军某部战士 | 1944年3月张望港因战牺牲 | — |
| | 史宝香 | 1926 | 1943 | 泰兴独立团第1营4连1排战士 | 1948年5月泰县塔子泥因战牺牲 | — |
| | 史宝翠 | 1928 | 1946 | 泰兴独立团突击营排长 | 1947年10月泰兴樊家堡因战牺牲 | 中共党员 |
| | 史金堂 | 1926 | 1940 | 新四军第1师1旅3团战士 | 1941年2月兴化唐子镇因战牺牲 | — |
| | 史根章 | 1916 | 1940 | 新四军某部副排长 | 1944年6月盐城大岗南因战牺牲 | — |
| | 史继田 | 1919 | 1945 | 泰兴县庵桥乡乡队长兼乡财委 | 1947年3月泰兴胡庄被捕牺牲 | — |
| | 叶茂清 | 1925 | 1945 | 新四军第1师1团战士 | 1946年10月山东博山因战牺牲 | — |
| | 叶桂芳 | 1924 | 1944 | 苏中特务团战士 | 1945年兴化因战牺牲 | — |
| | 叶富国 | 1919 | 1945 | 新四军某部特务团1营3连班长 | 1947年7月滨海盐官区因战牺牲 | — |
| | 叶嵩俊 | 1925 | 1940 | 新四军第1旅3团2营医务室长 | 1944年泰兴大洋庄因战牺牲 | 中共党员 |
| | 田加吉 | 1926 | 1942 | 新四军老2团战士 | 1945年黄桥因战牺牲 | — |
| | 田加锡 | 1913 | 1948 | 残废军人 | 1956年6月伤口复发牺牲 | 1956年10月被追认为烈士 |
| | 田汝升 | 1908 | 1946 | 泰兴县庵桥乡联络员 | 1948年2月泰兴胡庄被捕牺牲 | — |
| | 田汝殿 | 1921 | 1944 | 泰县大泗区游击连炊事员 | 1946年7月泰兴胡庄被捕牺牲 | — |
| | 田海山 | 1930 | 1947 | 泰兴独立团战士 | 1948年7月泰兴二甲八户庄因战牺牲 | — |
| | 任余和 | 1924 | — | 泰兴县汪陈乡农会会长 | 1946年11月泰兴宣堡因战牺牲 | 中共党员 |

续表286

| 镇街 | 姓　名 | 出生时间 | 参加革命时间 | 牺牲时所在单位及职务 | 牺牲时间、地点、原因 | 备　注 |
|---|---|---|---|---|---|---|
| 胡庄镇（165人） | 刘九凤 | 1921 | 1948 | 第23军69师200团1营3连1排战士 | 1949年4月渡江战役牺牲 | — |
| | 刘万镜 | 1912 | 1946 | 泰兴县宣堡区队班长 | 1947年泰兴肖林庄因战牺牲 | — |
| | 刘小书 | 1932 | 1948 | 泰兴独立团第7连战士 | 1948年9月泰县三里桥因战牺牲 | — |
| | 刘仁清 | 1933 | 1947 | 泰兴独立团第4连文书 | 1948年5月泰兴印家院因战牺牲 | 中共党员 |
| | 刘介珍 | 1913 | 1946 | 泰兴独立团战士 | 1946年泰兴樊家堡因战牺牲 | — |
| | 刘东书 | 1925 | 1941 | 新四军第1师1团1营3连班长 | 1946年5月山东大涧沟因战牺牲 | — |
| | 刘正江 | 1926 | 1942 | 华东野战军十一纵第32旅95团参谋 | 1948年淮海战役牺牲 | 中共党员 |
| | 刘龙珍 | 1928 | 1948 | 第23军67师200团1营3连战士 | 1949年浙江嘉兴因战牺牲 | — |
| | 刘达荣 | 1927 | 1943 | 新四军第1师2旅6团班长 | 1944年4月兴化白涂河因战牺牲 | — |
| | 刘余珍 | 1919 | 1946 | 新四军某部特务1团1连4班战士 | 1947年12月海安李堡因战牺牲 | — |
| | 刘寿光 | 1922 | 1942 | 志愿军第25军58师173团警卫连战士 | 1950年朝鲜因战牺牲 | — |
| | 刘宝俊 | 1933 | 1948 | 志愿军第23军67师200团3营8连战士 | 1951年朝鲜因战牺牲 | — |
| | 刘建生 | 1927 | 1945 | 泰兴独立团战士 | 1947年3月泰兴姚家庄因战牺牲 | 中共党员 |
| | 刘松成 | 1928 | 1945 | 新四军某部战士 | 1946年1月泰兴钱家庄因战牺牲 | — |
| | 刘金山 | 1926 | 1942 | 新四军老1团2营战士 | 1946年泰县运粮河因战牺牲 | — |
| | 刘荣山 | 1934 | 1950 | 志愿军第26军76师226团战士 | 1952年朝鲜因战牺牲 | — |
| | 刘荣松 | 1925 | 1947 | 泰兴独立团第8连战士 | 1947年泰兴樊家堡因战牺牲 | — |
| | 刘荣恭 | 1925 | 1947 | 泰兴独立团第2连1排3班战士 | 1947年3月泰兴姚庄因战牺牲 | — |
| | 刘荣海 | 1928 | 1947 | 新四军某部战士 | 1948年9月泰县因战牺牲 | — |
| | 吉寿成 | 1926 | 1947 | 泰兴独立团第6连2排4班战士 | 1948年5月泰兴印家院因战牺牲 | — |
| | 孙祝春 | 1919 | 1940 | 泰兴独立团第2连排长 | 1945年大信庄六十亩花园因战牺牲 | 中共党员 |
| | 朱照清 | 1929 | 1944 | 华东野战军三纵通讯员 | 1947年6月山东鲁南因战牺牲 | — |
| | 余志英 | 1925 | 1942 | 华东野战军一纵第1师1团通讯班班长 | 1948年12月淮海战役牺牲 | — |
| | 吴井堂 | 1921 | 1948 | 华东警备第10旅28团战士 | 1949年4月渡江战役牺牲 | — |
| | 吴圣田 | 1905 | — | 泰兴县宣堡区民兵中队长 | 1947年泰兴黄楝树被捕牺牲 | — |
| | 吴圣留 | 1917 | 1946 | 宣堡区游击连班长 | 1946年9月泰兴李家河因战牺牲 | — |

续表286

| 镇街 | 姓　名 | 出生时间 | 参加革命时间 | 牺牲时所在单位及职务 | 牺牲时间、地点、原因 | 备　注 |
|---|---|---|---|---|---|---|
| 胡庄镇（165人） | 吴如广 | 1890 | — | 宣堡区庵桥乡黄楝树村翻身组组长 | 1946年9月泰兴黄楝树被捕牺牲 | — |
| | 吴金生 | 1926 | 1941 | 华东野战军某部营通讯班班长 | 1947年豫东战役牺牲 | 中共党员 |
| | 张正春 | 1921 | 1940 | 新四军第2旅6团1营1连战士 | 1942年1月宝应东京堂因战牺牲 | — |
| | 张华山 | 1925 | 1948 | 第23军67师200团3营9连战士 | 1949年4月武进魏村因战牺牲 | — |
| | 张志祥 | 1923 | 1942 | 新四军老1团战士 | 1942年泰兴严徐庄因战牺牲 | — |
| | 张春广 | 1942 | 1960 | 第68军202师605团1营2连战士 | 1961年7月新海连（连云港）市因公牺牲 | — |
| | 李万太 | 1927 | 1946 | 泰兴独立团战士 | 1948年2月如皋周家岱因战牺牲 | 中共党员 |
| | 李士和 | 1925 | 1943 | 新四军某部特务团1营2连班长 | 1947年山东鲁南因战牺牲 | — |
| | 李连恒 | 1923 | 1943 | 泰兴独立团第2连1排1班战士 | 1948年6月泰兴印家院因战牺牲 | 中共党员 |
| | 李连祥 | 1915 | 1943 | 泰兴独立团第3营战士 | 1947年7月泰兴周家园子因战牺牲 | — |
| | 杨圣海 | 1920 | 1943 | 泰兴独立团第8连班副 | 1947年泰兴樊家堡因战牺牲 | — |
| | 杨春银 | 1933 | 1947 | 泰兴独立团第1营2连战士 | 1948年7月泰兴印家院因战牺牲 | — |
| | 沈树官 | 1928 | 1944 | 泰兴独立团第4连班长 | 1948年7月泰兴二甲因战牺牲 | — |
| | 邵万堂 | 1920 | 1940 | 新四军老1团排长 | 1948年济南马家沟因战牺牲 | 中共党员 |
| | 邵扣良 | 1921 | 1940 | 新四军老1团班长 | 1948年济南马家沟因战牺牲 | — |
| | 邵达理 | 1920 | 1944 | 泰兴县新闻记者 | 1947年5月泰兴北焦荡被捕牺牲 | 中共党员 |
| | 邵俊富 | 1918 | 1937 | 泰兴县宣堡区游击队战士 | 1940年泰兴朱司庙因战牺牲 | — |
| | 邵照章 | 1929 | 1941 | 新四军老2团战士 | 1941年失踪 | 1969年被追认为烈士 |
| | 陆克于 | 1950 | 1968 | 空军某部战士 | 1974年9月吉林交河县因公牺牲 | 中共党员，立三等功1次 |
| | 陈长吉 | 1921 | 1942 | 新四军第6师战士 | 1946年苏中战役如黄战斗牺牲 | — |
| | 陈长坤 | 1923 | 1941 | 新四军老2团战士 | 1942年4月泰兴宣堡因战牺牲 | — |
| | 陈玉梅 | 1931 | 1950 | 志愿军司令部门诊所卫生员 | 1953年朝鲜因战牺牲 | — |
| | 陈兴荣 | 1929 | 1947 | 泰兴独立团战士 | 1947年10月泰兴樊家堡因战牺牲 | — |
| | 陈步项 | 1925 | 1943 | 泰兴独立团战斗组组长 | 1944年11月泰兴丁家庄因战牺牲 | — |
| | 陈步群 | 1922 | 1940 | 华东野战军一纵第1师1团1营机枪连排长 | 1948年11月淮海战役牺牲 | 中共党员 |
| | 陈进芝 | 1919 | 1947 | 志愿军第26军76师226团3营10连战士 | 1953年1月朝鲜因战牺牲 | — |
| | 陈培泉 | 1925 | 1947 | 医务员 | 1948年11月泰县因战牺牲 | 中共党员 |
| | 陈康德 | 1925 | 1949 | 第29军86师文书 | 1950年7月福建大担岛因战牺牲 | — |

续表286

| 镇街 | 姓　名 | 出生时间 | 参加革命时间 | 牺牲时所在单位及职务 | 牺牲时间、地点、原因 | 备　注 |
|---|---|---|---|---|---|---|
| 胡庄镇（165人） | 陈景正 | 1925 | 1949 | 第29军86师358团战士 | 1949年福建大担岛因战牺牲 | — |
| | 单广士 | 1924 | 1943 | 泰兴独立团战士 | 1947年10月泰兴樊家堡因战牺牲 | — |
| | 单广余 | 1922 | 1947 | 泰兴独立团战士 | 1947年6月泰兴樊家堡因战牺牲 | — |
| | 单仁山 | 1922 | 1941 | 新四军老1团班长 | 1942年2月泰兴霍家庄因战牺牲 | — |
| | 单仁华 | 1917 | 1947 | 泰兴县新8连2排8班战士 | 1947年10月泰兴县樊家堡因战牺牲 | — |
| | 单兔华 | 1927 | 1947 | 泰县泰城区武工队班长 | 1948年1月泰县塘湾被捕牺牲 | — |
| | 单金贵 | 1915 | 1947 | 泰兴独立团队长 | 1947年泰县因战牺牲 | — |
| | 单福华 | 1922 | 1946 | 苏中三分区1团1连1排排长 | 1948年海安李堡因战牺牲 | 中共党员 |
| | 周凤珠 | 1878 | 1946 | 泰县大泗区农筹会副主任 | 1948年3月泰兴周家园子被捕牺牲 | 中共党员 |
| | 周庆圣 | 1924 | 1940 | 泰兴独立团战士 | 1943年泰兴纪家沟因战牺牲 | — |
| | 周春章 | 1917 | 1947 | 泰兴警卫团班长 | 1948年3月泰县因战牺牲 | 中共党员 |
| | 宗圣章 | 1916 | 1939 | 战士 | 1941年山海关因战牺牲 | — |
| | 宗怀富 | 1913 | 1945 | 泰兴县宗梅乡乡长 | 1947年1月泰兴宣堡被捕牺牲 | 中共党员 |
| | 封大明 | 1919 | 1941 | 华东野战军某部干部 | 1948年3月山东东平县因战牺牲 | — |
| | 封小明 | 1922 | 1942 | 苏中军区某部班长 | 1948年大丰白驹因战牺牲 | 中共党员 |
| | 胡顺海 | 1913 | 1940 | 兴化独立团第2营4连战士 | 1944年5月兴化洪家渡因战牺牲 | — |
| | 赵永扬 | 1919 | 1940 | 新四军某部班长 | 1940年12月宝应曹甸因战牺牲 | — |
| | 赵永香 | 1917 | 1944 | 苏浙军区三纵第7支队战士 | 1945年6月浙江孝丰县因战牺牲 | — |
| | 赵学珠 | 1928 | 1943 | 华东野战军六纵第18师54团战士 | 1947年山东凤凰山因战牺牲 | — |
| | 赵明山 | 1918 | 1943 | 泰兴独立团第1连1班班长 | 1944年8月泰兴马甸因战牺牲 | — |
| | 赵炳芝 | 1921 | 1940 | 新四军第3旅9团1营班长 | 1940年12月宝应曹甸因战牺牲 | — |
| | 唐仁海 | 1927 | 1946 | 志愿军第26军78师232团3营7连战士 | 1950年11月朝鲜失踪 | 1962年被追认为烈士 |
| | 夏世银 | 1922 | 1947 | 泰兴独立团班长 | 1948年泰兴印家院因战牺牲 | 中共党员 |
| | 夏银龙 | 1925 | 1946 | 泰兴县新兵8连战士 | 1946年12月泰兴樊家堡被捕牺牲 | — |
| | 徐　飞 | 1916 | 1946 | 志愿军战车4团修理连修理工 | 1952年10月朝鲜因战牺牲 | — |
| | 徐　植 | 1924 | 1940 | 华东野战军十一纵第32旅94团政治指导员 | 1946年涟水因战牺牲 | 中共党员 |
| | 徐五德 | 1924 | 1943 | 志愿军第20军59师177团班长 | 1950年11月朝鲜咸境南道因战牺牲 | — |
| | 徐余根 | 1924 | 1947 | 泰兴独立团第4连战士 | 1948年3月泰兴大马庄因战牺牲 | — |

续表286

| 镇街 | 姓　名 | 出生时间 | 参加革命时间 | 牺牲时所在单位及职务 | 牺牲时间、地点、原因 | 备　注 |
|---|---|---|---|---|---|---|
| 胡庄镇（165人） | 徐连星 | 1921 | 1940 | 新四军第9团2营2连3排战士 | 1941年1月兴化唐子镇因战牺牲 | — |
| | 徐连根 | 1898 | 1946 | 泰县杨管乡联络员 | 1948年3月大泗庄被捕牺牲 | — |
| | 徐恒进 | 1923 | 1946 | 华中野战军第1师3旅9团副排长 | 1947年失踪 | 中共党员，1958年被追认为烈士 |
| | 栾宝金 | 1921 | 1940 | 新四军挺进纵队第1团班长 | 1940年11月兴化安丰因战牺牲 | — |
| | 栾宝祥 | 1930 | 1951 | 志愿军第26军226团2营6连战士 | 1952年1月朝鲜因战牺牲 | — |
| | 栾建华 | 1924 | 1947 | 苏中军区某部特务团炮兵连班长 | 1948年9月如皋石庄因战牺牲 | — |
| | 栾绍射 | 1922 | 1938 | 新四军老1团班长 | 1940年8月靖江季家市因战牺牲 | — |
| | 栾绍晋 | 1929 | 1942 | 解放军独立支队战士 | 1949年失踪 | 1962年被追认为烈士 |
| | 贾春南 | 1924 | 1942 | 泰兴警卫团第1营2连班长 | 1948年8月泰兴陈家港因战牺牲 | — |
| | 贾春银 | 1914 | 1940 | 新四军第1师2旅6团班长 | 1941年1月曹镇因战牺牲 | — |
| | 郭成四 | 1923 | 1943 | 华东野战军四纵第10师28团班长 | 1948年2月陇海线因战牺牲 | — |
| | 郭成岳 | 1915 | 1947 | 泰兴独立团炊事员 | 1947年10月泰兴樊家堡因战牺牲 | — |
| | 郭成裕 | 1915 | 1941 | 泰兴独立团2营2连战士 | 1947年8月泰兴周家园子因战牺牲 | — |
| | 陶正华 | 1920 | 1940 | 新四军税警营副排长 | 1942年6月泰州因战牺牲 | 中共党员 |
| | 陶如海 | 1928 | 1947 | 泰兴独立团战士 | 1948年8月泰兴季家港因战牺牲 | — |
| | 陶国祥 | 1920 | 1943 | 华东野战军四纵班长 | 1947年5月孟良崮战役牺牲 | — |
| | 顾先芝 | 1925 | 1944 | 泰兴县宣堡区队班长 | 1948年泰兴周刘庄因战牺牲 | 中共党员 |
| | 常庆寿 | 1912 | 1942 | 新四军某部战士 | 1947年8月如皋石庄因战牺牲 | — |
| | 曹正贵 | 1926 | 1947 | 泰兴独立团战士 | 1947年3月泰兴姚家庄因战牺牲 | — |
| | 曹国贤 | 1915 | 1942 | 泰兴县宣堡区宗林乡乡队长 | 1943年3月泰兴宣堡梅家埝牺牲 | 中共党员 |
| | 梅仁清 | 1914 | 1940 | 新四军第2旅6团班长 | 1942年6月盐城古殿堡因战牺牲 | — |
| | 黄正田 | 1919 | — | 泰兴县宣堡区周王乡马群村村长 | 1947年8月泰兴马群村因公牺牲 | — |
| | 黄金玉 | 1926 | 1946 | 泰兴独立团第7连3排排长 | 1947年10月泰兴樊家堡因战牺牲 | — |
| | 黄俊焕 | 1945 | 1968 | 3893部队副排长 | 1969年4月因公牺牲 | 中共党员 |
| | 黄继国 | 1922 | 1945 | 华东野战军十一纵侦察员 | 1947年4月大丰因战牺牲 | — |
| | 焦长福 | 1923 | 1943 | 泰兴县宣堡税务所填票员 | 1946年10月泰兴宣堡被捕牺牲 | 中共党员 |
| | 焦沙云 | 1927 | 1943 | 苏中特务团战士 | 1945年兴化因战牺牲 | — |
| | 焦德成 | 1926 | 1942 | 泰兴独立团战士 | 1947年3月泰兴姚家庄因战牺牲 | — |

续表286

| 镇街 | 姓　名 | 出生时间 | 参加革命时间 | 牺牲时所在单位及职务 | 牺牲时间、地点、原因 | 备　注 |
|---|---|---|---|---|---|---|
| 胡庄镇（165人） | 蒋宝堂 | 1898 | 1941 | 泰兴县七区区公所炊事班班长 | 1946年6月泰兴孔桥被捕牺牲 | — |
| | 谢万世 | 1908 | 1941 | 新四军老2团战士 | 因战牺牲 | — |
| | 谢文甫 | 1927 | 1946 | 新四军某部战士 | 1948年11月泰县因战牺牲 | 立三等功3次 |
| | 韩吉魁 | 1914 | 1946 | 泰兴县宣堡区宗梅乡指导员 | 1947年1月泰兴宣堡被捕牺牲 | 中共党员 |
| | 韩伯林 | 1927 | 1946 | 泰州军分区战士 | 1947年4月海安李堡因战牺牲 | — |
| | 蔡元官 | 1924 | 1948 | 泰兴警卫团第1营1连战士 | 1948年8月泰兴黄桥因战牺牲 | — |
| | 蔡光明 | 1919 | 1944 | 新四军某部战士 | 1945年江都邵伯因战牺牲 | — |
| | 戴凤成 | 1922 | 1940 | 苏中一分区7团2营6连机枪手 | 1941年4月泰县野桥因战牺牲 | — |
| | 戴文甫 | 1919 | 1946 | 华东野战军六纵班长 | 1948年7月河南睢县陈小楼因战牺牲 | — |
| | 戴凤春 | 1921 | 1950 | 志愿军第23军67师199团班长 | 1953年6月朝鲜因战牺牲 | — |
| | 戴加玉 | 1925 | 1946 | 泰兴独立团战士 | 1947年泰兴五岔港因战牺牲 | — |
| | 戴庆龙 | 1923 | 1944 | 新四军第6师通讯员 | 1946年8月泰兴分界因战牺牲 | — |
| | 戴照发 | 1927 | 1945 | 新四军某部战士 | 1946年1月泰兴古溪周庄因战牺牲 | — |
| 大泗镇（71人） | 于　新 | 1904 | 1941 | 泰县岱白乡财经干事 | 1948年岱白乡被捕牺牲 | 中共党员 |
| | 于宗其 | 1920 | 1946 | 华东野战军一纵第2师4团3营8连战士 | 1948年兖州战役牺牲 | — |
| | 于宗官 | 1923 | 1942 | 泰县独立团特务连战士 | 1946年盐城因战牺牲 | — |
| | 于宗珠 | 1921 | 1943 | 泰县大泗区双马乡乡长 | 1948年大泗陈家岱因公牺牲 | — |
| | 于岳山 | 1919 | 1944 | 新四军一纵第1旅2团战士 | 1946年涟水因战牺牲 | 中共党员 |
| | 于贵宽 | 1923 | 1944 | 苏中军区某部排长 | 1948年姜堰因战牺牲 | — |
| | 于跃光 | 1920 | 1940 | 新四军第1师1旅1团2营机枪连班长 | 1942年淮安因战牺牲 | — |
| | 于跃昌 | 1930 | 1946 | 华东野战军一纵第2师4团3营8连战士 | 1948年兖州战役牺牲 | — |
| | 于跃勋 | 1929 | 1945 | 华东野战军一纵某部战士 | 1948年兖州战役牺牲 | — |
| | 卞广银 | 1923 | 1942 | 新四军第2团1营1连班长 | 1946年宿北因战牺牲 | 中共党员 |
| | 王加同 | 1918 | 1943 | 泰县泰塘区游击队队员 | 1945年寺巷因战牺牲 | — |
| | 王忠山 | 1921 | 1941 | 新四军第1师1旅2团战士 | 1942年高邮因战牺牲 | — |
| | 王德海 | 1924 | 1944 | 泰县泰塘区游击队队员 | 1945年寺巷因战牺牲 | — |
| | 叶加书 | 1892 | 1943 | 华中野战军一纵第1师1团1营3排战士 | 1947年盐城因战牺牲 | — |
| | 朱其改 | 1909 | 1944 | 泰县泰城区游击队队长 | 1947年泰城区因战牺牲 | — |

续表286

| 镇街 | 姓　名 | 出生时间 | 参加革命时间 | 牺牲时所在单位及职务 | 牺牲时间、地点、原因 | 备　注 |
|---|---|---|---|---|---|---|
| 大泗镇（71人） | 朱其高 | 1929 | 1944 | 泰县泰城区游击队队长 | 1946年泰兴宣堡区因战牺牲 | — |
| | 纪质元 | 1926 | 1946 | 泰兴县宣堡区队战士 | 1948年泰兴刘园因战牺牲 | — |
| | 纪泉永 | 1931 | 1947 | 志愿军第20军59师3营8连班长 | 1953年朝鲜因战牺牲 | — |
| | 张仁根 | 1931 | 1947 | 泰县泰塘区游击队队员 | 1948年泰塘区因战牺牲 | — |
| | 张布云 | 1927 | 1946 | 泰县大泗区公所通讯员 | 1947年泰兴因战牺牲 | — |
| | 张布桂 | 1918 | 1943 | 泰县泰城区通讯站站长 | 1948年泰县塘湾被捕牺牲 | — |
| | 张奎山 | 1906 | 1946 | 新四军第1师1旅2团战士 | 1945年泰兴因战牺牲 | — |
| | 张春山 | 1917 | 1940 | 解放军某部班长 | 1947年因战牺牲 | — |
| | 张春旭 | 1949 | 1970 | 空军368部队战士 | 1974年因公牺牲 | — |
| | 张春和 | 1917 | 1942 | 新四军第6师18旅54团骑兵连战士 | 1946年如皋杨花桥因战牺牲 | — |
| | 张春锅 | 1920 | 1942 | 泰县独立团战士 | 1948年泰兴因战牺牲 | — |
| | 张根太 | 1920 | 1942 | 新四军某部战士 | 1944年山东因战牺牲 | — |
| | 张维太 | 1909 | — | 泰县泰城区二陈乡农抗主任 | 1948年二陈乡被捕牺牲 | — |
| | 李义林 | 1923 | — | 泰县岱白乡农抗主任 | 1947年岱白乡被捕牺牲 | — |
| | 李士林 | 1927 | 1955 | 3605部队第8分队战士 | 1956年山东石马因公牺牲 | — |
| | 李长明 | 1917 | 1942 | 新四军某部通讯排排长 | 1946年盐城因战牺牲 | — |
| | 李长高 | 1919 | 1946 | 泰县塘湾区塘河乡乡长 | 1946年塘湾被捕牺牲 | — |
| | 李如南 | 1925 | 1940 | 新四军第1师1旅2团机枪手 | 1941年姜堰因战牺牲 | — |
| | 李庆德 | 1926 | 1943 | 泰县塘湾区游击连班长 | 1945年寺巷因战牺牲 | — |
| | 李茂生 | 1925 | 1942 | 华中野战军七纵第55团1营班长 | 1946年盐城因战牺牲 | — |
| | 李桂年 | 1905 | 1944 | 泰县情报站联络员 | 1946年泰县张甸杨家庄被捕牺牲 | 中共党员 |
| | 李康山 | 1926 | 1941 | 新四军某部战士 | 1947年泰县因战牺牲 | 中共党员 |
| | 李康和 | 1928 | 1946 | 华东野战军一纵第2师4团3营9连战士 | 1948年兖州战役牺牲 | — |
| | 杨国寿 | 1922 | — | 泰县岱白乡民兵中队长 | 1947年10月塘湾因战牺牲 | — |
| | 沈文井 | 1924 | 1941 | 泰兴县宣堡区游击连副排长 | 1947年泰兴虾儿港因战牺牲 | — |
| | 沈文镜 | 1918 | 1940 | 泰县佴霍乡乡长 | 1947年大泗佴家庄被捕牺牲 | 中共党员 |
| | 陆正章 | 1911 | 1941 | 泰县泰塘区游击队队员 | 1946年大泗小庄因战牺牲 | 中共党员 |
| | 陈子香 | 1926 | 1941 | 华中野战军七纵第55团1营班长 | 1945年邵伯因战牺牲 | — |

续表286

| 镇街 | 姓　名 | 出生时间 | 参加革命时间 | 牺牲时所在单位及职务 | 牺牲时间、地点、原因 | 备　注 |
|---|---|---|---|---|---|---|
| 大泗镇（71人） | 陈启家 | 1924 | — | 支前民工 | 1949年渡江战役牺牲 | — |
| | 周长其 | 1885 | — | 泰县曹河乡村农抗会主任 | 1946年塘湾因公牺牲 | — |
| | 周兴其 | 1923 | 1943 | 泰县独立团战士 | 1946泰兴望家桥因战牺牲 | — |
| | 胡维生 | 1925 | 1946 | 泰县塘湾区泗龙乡税务员 | 1948年3月大泗被捕牺牲 | — |
| | 倪玉章 | 1925 | 1941 | 新四军第6师18旅53团1营3连2排战士 | 1945年盐城伍佑因战牺牲 | 中共党员 |
| | 倪林寿 | 1944 | 1965 | 52835部队后勤处助理员 | 1976年唐山因公牺牲 | 中共党员 |
| | 钱正树 | 1927 | 1944 | 华东野战军六纵第18师侦察员 | 1947年孟良崮战役牺牲 | — |
| | 钱宝春 | 1924 | 1942 | 泰县泰塘区双马乡指导员 | 1946年塘湾被捕牺牲 | 中共党员 |
| | 高书银 | 1902 | 1942 | 泰县独立团副班长 | 1947年泰兴虾儿港因战牺牲 | — |
| | 程　泽 | 1915 | 1940 | 泰县泰塘区公安助理 | 1947年泰塘区被捕牺牲 | 中共党员 |
| | 程永珠 | 1924 | 1942 | 新四军某部副排长 | 1947年如皋因战牺牲 | 中共党员 |
| | 程桂山 | 1892 | — | 泰县曹河乡农抗主任 | 1945年曹河乡因战牺牲 | 中共党员 |
| | 程桂友 | 1924 | 1943 | 解放军某部副排长 | 1949年上海因战牺牲 | — |
| | 程海元 | 1906 | 1942 | 泰县泰塘区队通讯员 | 1947年泰兴吴风因战牺牲 | 中共党员 |
| | 程祥福 | 1925 | 1946 | 泰县曹于乡武装委员 | 1948年白马因战牺牲 | 中共党员 |
| | 谢井湾 | 1920 | 1943 | 泰县独立团战士 | 1947年泰兴虾儿港因战牺牲 | — |
| | 谢世彭 | 1918 | 1942 | 华东野战军一纵第2师4团战士 | 1948年兖州战役牺牲 | — |
| | 谢圣荣 | 1892 | 1943 | 泰县独立团机枪手 | 1947年泰兴虾儿港因战牺牲 | — |
| | 谢正余 | 1930 | 1946 | 泰县泰塘区游击连战士 | 1947年泰塘区因战牺牲 | — |
| | 谢守银 | 1910 | — | 泰县岱白乡村农抗会主任 | 1948年塘湾被捕牺牲 | — |
| | 谢庆友 | 1920 | — | 泰县泰城区马岱乡干部 | 1946年马岱乡被捕牺牲 | — |
| | 谢恒福 | 1919 | 1942 | 泰县泰城区组织科科长 | 1946年马岱乡被捕牺牲 | 中共党员 |
| | 谢贵山 | 1925 | 1942 | 解放军某部战士 | 1948年济南因战牺牲 | — |
| | 谢宽康 | 1920 | 1945 | 泰县大泗区游击队队员 | 1947年4月大泗因战牺牲 | — |
| | 谢根章 | 1920 | 1945 | 泰县塘湾区游击队队员 | 1947年塘湾区因战牺牲 | — |
| | 阚安庆 | 1923 | 1955 | 3818部队战士 | 1957年5月因公牺牲 | — |
| | 阚西江 | 1928 | 1943 | 新四军六纵第52团3连战士 | 1945年泰兴城因战牺牲 | — |
| | 鞠松高 | 1912 | 1943 | 志愿军某部战士 | 1951年朝鲜因战牺牲 | — |

## 二、在高港区域内工作的市级以上劳动模范和享受劳动模范待遇先进工作者

表 287

| 荣誉类型 | 姓　名 | 工作单位 | 荣誉称号 | 表彰时间 | 表彰单位 |
|---|---|---|---|---|---|
| 全国劳动模范 | 徐镜人 | 扬子江药业集团 | 全国劳动模范 | 2000 | 国务院 |
| | 栾福登 | 刁铺镇北栾村 | 全国劳动模范 | 2000 | 国务院 |
| | 吉寿如 | 扬子江药业集团 | 全国劳动模范 | 2005 | 国务院 |
| 江苏省劳动模范 | 李习言 | 口岸中学 | 江苏省先进工作者 | 1960 | 江苏省政府 |
| | 曹桂芳 | 胡庄镇汪群村 | 江苏省先进工作者 | 1960 | 江苏省政府 |
| | 周彩云 | 口岸供销社 | 江苏省劳动模范 | 1964 | 江苏省政府 |
| | 戴有德 | 刁铺税务所 | 江苏省先进工作者 | 1964<br>1965<br>1976 | 江苏省政府<br>江苏省革委会 |
| | 李宝如 | 高港港务局 | 江苏省劳动模范<br>江苏省劳动模范<br>江苏省劳动模范<br>江苏省工业学大庆代表<br>江苏省劳动模范 | 1969<br>1973<br>1976<br>1977<br>1979 | 江苏省革委会 |
| | 王长寿 | 田河乡政府 | 江苏省劳动模范 | 1973 | 江苏省革委会 |
| | 蒋桂鸿 | 高港港务局 | 江苏省劳动模范 | 1973 | 江苏省革委会 |
| | 帅志平 | 刁铺油酒厂 | 江苏省工业学大庆代表 | 1977 | 江苏省革委会 |
| | 许秀英 | 口岸合金粉末厂 | 江苏省工业学大庆代表 | 1977 | 江苏省革委会 |
| | 杜厚明 | 口岸船舶 | 江苏省工业学大庆代表 | 1977 | 江苏省革委会 |
| | 赵霞富 | 永安船厂 | 江苏省工业学大庆代表 | 1977 | 江苏省革委会 |
| | 丁泽夫 | 永安卫生院 | 江苏省劳动模范 | 1978 | 江苏省革委会 |
| | 王　汉 | 口岸人民医院 | 江苏省劳动模范 | 1978 | 江苏省革委会 |
| | 陆凤广 | 口岸建筑公司 | 江苏省工业学大庆代表 | 1979 | 江苏省革委会 |
| | 张　惠 | 白马中心小学 | 江苏省劳动模范 | 1984 | 江苏省政府 |
| | 周长生 | 刁铺公交公司 | 江苏省劳动模范 | 1985 | 江苏省政府 |
| | 尤俊明 | 虹雨集团 | 江苏省劳动模范 | 1985<br>1991 | 江苏省政府 |
| | 孙秀峰 | 口岸工商联 | 江苏省劳动模范 | 1987 | 江苏省政府 |
| | 曾杰生 | 口岸船舶有限公司 | 江苏省劳动模范 | 1991 | 江苏省政府 |
| | 钱宏山 | 区电信局 | 江苏省劳动模范 | 1997 | 江苏省政府 |
| | 万　军 | 区地税分局 | 江苏省劳动模范 | 2001 | 江苏省政府 |

续表287

| 荣誉类型 | 姓　名 | 工作单位 | 荣誉称号 | 表彰时间 | 表彰单位 |
|---|---|---|---|---|---|
| 江苏省劳动模范 | 刘桂兰 | 口岸街道 | 江苏省劳动模范 | 2001 | 江苏省政府 |
| | 朱连兵 | 口岸船舶 | 江苏省劳动模范 | 2001 | 江苏省政府 |
| | 李　璇 | 江苏鸿泰机电集团公司 | 江苏省劳动模范 | 2001 | 江苏省政府 |
| | 刘庆生 | 区卫生局 | 江苏省劳动模范 | 2006 | 江苏省政府 |
| | 孙田江 | 扬子江药业集团 | 江苏省劳动模范 | 2006 | 江苏省政府 |
| | 李　杰 | 区农委 | 江苏省劳动模范 | 2006 | 江苏省政府 |
| | 殷国庆 | 江苏三泰啤酒集团有限公司 | 江苏省劳动模范 | 2006 | 江苏省政府 |
| 享受省劳动模范待遇 | 刘明荣 | 口岸镇 | 人事部劳模 | 1991 | 人事部 |
| | 王俊泽 | 口岸船舶 | 内贸部、人事部劳模 | 1994 | 内贸部、人事部 |
| | 余龙弼 | 高港港务局 | 全国交通先进工作者 | 1956 | 交通部 |
| | 唐步衡 | 许庄初中 | 江苏省优秀教师 | 1956 | 江苏省政府 |
| | 王加根 | 白马卫生院 | 江苏省卫生先进工作者 | 1978 | 江苏省卫生厅 |
| | 王厚宏 | 白马中心校 | 全国优秀教师 | 1989 | 人事部、国家教委 |
| | 张伯珍 | 孔桥公社 | 全国三八红旗手 | 1960<br>1979<br>1983 | 全国妇联 |
| | 赵玉英 | 口岸中心幼儿园 | 全国三八红旗手 | 1983 | 全国妇联 |
| | 戚俊宏 | 泰兴县船舶修造厂 | 全国三八红旗手 | 1989 | 全国妇联 |
| | 曾杰生 | 口岸船舶 | 全国五一劳动奖章 | 1990 | 全国总工会 |
| | 李俊仁 | 口岸中学 | 全国优秀教师 | 1993 | 人事部、国家教委 |
| | 朱菊兰 | 刁铺中心小学 | 全国优秀教师 | 1998 | 教育部 |
| | 吉寿如 | 扬子江药业集团 | 全国五一劳动奖章 | 2002 | 全国总工会 |
| | 朱连兵 | 口岸船舶 | 全国五一劳动奖章 | 2002 | 全国总工会 |
| | 史彬文 | 江苏三泰啤酒集团有限公司 | 全国五一劳动奖章 | 2004 | 全国总工会 |
| | 刘振东 | 口岸街道 | 江苏省人民满意公务员 | 2008 | 江苏省政府 |
| | 张鸭红 | 区级机关事务管理局 | 全国三八红旗手 | 2008 | 全国妇联 |
| | 封六生 | 区委组织部 | 全国优秀工会工作者 | 2008 | 全国总工会 |
| | 徐良升 | 泰州永盛彩印包装有限公司 | 全国五一劳动奖章 | 2008 | 全国总工会 |

续表287

| 荣誉类型 | 姓 名 | 工作单位 | 荣誉称号 | 表彰时间 | 表彰单位 |
|---|---|---|---|---|---|
| 市级劳动模范 | 戚秀兰 | 口岸供销社 | 扬州市劳动模范 | 1989 | 扬州市政府 |
| | 尤宗明 | 江苏当家洗涤有限公司 | 扬州市劳动模范 | 1994 | 扬州市政府 |
| | 刘明铖 | 华新塑料编织有限公司 | 泰州市劳动模范 | 1999 | 泰州市政府 |
| | 陈 军 | 区人民政府 | 泰州市劳动模范 | 1999 | 泰州市政府 |
| | 陈来山 | 江苏三泰啤酒集团有限公司 | 泰州市劳动模范 | 1999 | 泰州市政府 |
| | 褚文早 | 区建管局 | 泰州市劳动模范 | 1999 | 泰州市政府 |
| | 刘庆生 | 高港人民医院 | 泰州市劳动模范 | 2003 | 泰州市政府 |
| | 江国辉 | 泰州市东方齿轮有限公司 | 泰州市劳动模范 | 2003 | 泰州市政府 |
| | 张学建 | 泰州市化学纤维厂 | 泰州市劳动模范 | 2003 | 泰州市政府 |
| | 李 杰 | 区农委 | 泰州市劳动模范 | 2003 | 泰州市政府 |
| | 赵春兰 | 泰州市金土地农业责任有限公司 | 泰州市劳动模范 | 2003 | 泰州市政府 |
| | 殷国庆 | 江苏三泰啤酒集团有限公司 | 泰州市劳动模范 | 2003 | 泰州市政府 |
| | 刘勇涛 | 泰州三福船舶工程有限公司 | 泰州市劳动模范 | 2007 | 泰州市政府 |
| | 孙冬林 | 许庄街道马厂社区 | 泰州市劳动模范 | 2007 | 泰州市政府 |
| | 许 敏 | 口岸中心小学 | 泰州市劳动模范 | 2007 | 泰州市政府 |
| | 张建霞 | 江苏华新塑料编织有限公司 | 泰州市劳动模范 | 2007 | 泰州市政府 |
| | 杨 春 | 泰州口岸船舶有限公司 | 泰州市劳动模范 | 2007 | 泰州市政府 |
| | 黄厚林 | 永安洲工业园管委会 | 泰州市劳动模范 | 2007 | 泰州市政府 |
| 享受市劳动模范待遇 | 王 汉 | 口岸人民医院 | 江苏省卫生先进工作者 | 1960 | 江苏省卫生厅 |
| | 王加根 | 白马卫生院 | 江苏省卫生先进工作者 | 1978 | 江苏省卫生厅 |
| | 单维群 | 区商务局 | 省政法系统先进工作者 | 1978 | 江苏省人事厅、政法委 |
| | 黄春景 | 刁铺中心小学 | 江苏省优秀教师 | 1991 | 江苏省人事厅、教育厅 |
| | 孔彩霞 | 登月集团 | 江苏省环保表彰代表 | 1991 | 江苏省人事厅、环保厅 |
| | 郭建东 | 区人民检察院 | 江苏省人民检察院先进工作者 | 1996 | 江苏省人事厅、人民检察院 |
| | 史彬文 | 江苏三泰啤酒集团有限公司 | 江苏省五一劳动奖章 | 1999 | 江苏省总工会 |
| | 李海峰 | 区水利局 | 泰州引江河先进工作者 | 1999 | 江苏省人事厅、水利厅 |
| | 杨海峰 | 区委政法委 | 全省社会治安治理先进个人 | 1999 | 江苏省政府 |
| | 邵荣华 | 区水利局 | 泰州引江河先进工作者 | 1999 | 江苏省人事厅、水利厅 |
| | 王瑞云 | 永安洲镇纪委 | 江苏省纪检监察先进工作者 | 2001 | 江苏省委、省政府 |
| | 夏春梅 | 高港人民医院 | 防治非典先进个人 | 2003 | 江苏省人事厅、卫生厅 |

续表 287

| 荣誉类型 | 姓　名 | 工作单位 | 荣誉称号 | 表彰时间 | 表彰单位 |
|---|---|---|---|---|---|
| 享受市劳动模范待遇 | 阙　进 | 区史志档案办公室 | 江苏省档案系统先进工作者 | 2003 | 江苏省人事厅、档案局 |
| | 包继春 | 高港区科技创业园 | 全省农业综合开发先进工作者 | 2004 | 江苏省人事厅、农业厅 |
| | 沈立新 | 区农机局 | 江苏省农机系统先进工作者 | 2004 | 江苏省人事厅、农机局 |
| | 万福龙 | 区人大常委会 | 全省建设系统先进工作者 | 2005 | 江苏省人事厅、建设厅 |
| | 李盛荣 | 区行政审批中心 | 泰州市人民满意公务员 | 2005 | 泰州市政府 |
| | 郭忠宏 | 区物价局 | 江苏省物价系统先进工作者 | 2005 | 江苏省人事厅、发改委 |
| | 韩　亚 | 区外经贸局 | 泰州市人民满意公务员 | 2005 | 泰州市政府 |
| | 于德宏 | 区关工委 | 全省审计机关先进工作者 | 2006 | 江苏省人事厅、审计厅 |
| | 印盛龙 | 区纪委 | 江苏省纪检监察先进工作者 | 2006 | 江苏省政府 |
| | 李　亚 | 区财政局 | 全省财政系统先进工作者 | 2006 | 江苏省人事厅、财政厅 |
| | 邵釜明 | 区文联 | 泰州市优秀党务工作者 | 2006 | 泰州市委 |
| | 葛　武 | 区供销总社 | 泰州市优秀共产党员 | 2006 | 泰州市委 |
| | 燕晓鸣 | 区人口计生委 | 省人口计划生育工作先进个人 | 2006 | 江苏省人事厅、卫生厅 |
| | 孙　琴 | 刁铺中心小学 | 省教育系统先进工作者 | 2007 | 江苏省人事厅、教育厅 |
| | 赵　俊 | 口岸供销社 | 江苏省供销系统先进工作者 | 2007 | 江苏省供销合作总社 |
| | 徐良升 | 泰州永盛彩印包装有限公司 | 江苏省五一劳动奖章 | 2007 | 江苏省政府 |
| | 张鸭红 | 区机关事务局 | 全省三八红旗手 | 2008 | 省妇联 |
| | 马才本 | 白马镇 | 泰州市模范党务工作者 | 2007 | 泰州市政府 |
| | 张万卿 | 区城管局 | 泰州市模范党务工作者 | 2007 | 泰州市政府 |
| | 季光明 | 永安洲镇 | 全省民政系统先进工作者 | 2007 | 江苏省人事厅、民政厅 |

## 三、部分高港籍地市级以上干部

表 288

| 姓　名 | 原籍地 | 工作单位 | 至2008年最高职务（军衔） |
|---|---|---|---|
| 毛金生 | 口岸街道 | 国家知识产权局发展研究中心 | 主任 |
| 毛继宏 | 口岸街道 | 中国电子科技集团公司第41研究所 | 党委书记兼副所长 |
| 王春生 | 刁铺街道 | 河南郑州炮兵学校 | 正师职（大校） |
| 史保东 | 胡庄镇 | 吉林省水利厅 | 副厅级待遇 |
| 石根荣 | 永安洲镇 | 解放军（天津）华北物资站 | 大校 |
| 孙玉明 | 口岸街道 | 西藏自治区科技厅 | 副厅长 |
| 孙龙山 | 口岸街道 | 江苏省粮食局 | 副局长 |
| 张晓明 | 永安洲镇 | 国务院港澳事务办公室 | 副主任 |

续表288

| 姓 名 | 原籍地 | 工作单位 | 至2008年最高职务（军衔） |
|---|---|---|---|
| 张寅生 | 大泗镇 | 解放军总装备部办公厅 | 主任 |
| 李 生 | 口岸街道 | 上海市铁路局 | 党委书记 |
| 李兆祥 | 刁铺街道 | 中国人民解放军海军航空学院 | 副院长（少将） |
| 沈德驹 | 口岸街道 | 94778部队 | 参谋长（大校） |
| 邱圣宏 | 口岸街道 | 南京军区政治学院政治部 | 主任 |
| 陆继马 | 胡庄镇 | 解放军总参谋部 | 副军级 |
| 陈冬元 | 口岸街道 | 镇江船舶学院 | 师级 |
| 单伯和 | 胡庄镇 | 解放军总政治部 | 副师级 |
| 周国章 | 永安洲镇 | 河南信阳空军第一军事学院政治部 | 主任 |
| 季长胜 | 胡庄镇 | 福州军分区 | 政委 |
| 宗国华 | 胡庄镇 | 浙江舟山驻军 | 大校 |
| 林达龙 | 永安洲镇 | 中国人民解放军国际关系学院行训部 | 副部长（大校） |
| 林志红 | 口岸街道 | 江西抚州军分区 | 参谋长 |
| 洪先本 | 胡庄镇 | 中国人民解放军第三军医大学 | 副校长（少将） |
| 赵传璐 | 口岸街道 | 中国人民解放军第二炮兵学院 | 院长兼党委书记（中将） |
| 赵易亚 | 刁铺街道 | 解放军报社 | 副总编（少将） |
| 徐 良 | 口岸街道 | 上海干休所 | 师级 |
| 徐郭平 | 口岸街道 | 江苏省安监局 | 局长 |
| 耿昌茂 | 口岸街道 | 中国人民解放军海军航空学院 | 博士生导师（少将） |
| 贾玉建 | 胡庄镇 | 陕西省工业技术厅 | 副厅长 |
| 贾瑞玉 | 口岸街道 | 南京军区后勤部 | 部长 |
| 曹阳春 | 口岸街道 | 上海崇明岛军用机场 | 副参谋长 |
| 曹官文 | 刁铺街道 | 南京大校场军用机场 | 副师级 |
| 黄发强 | 口岸街道 | 国家林业局 | 副司级 |
| 程祥圣 | 大泗镇 | 国家海洋局东海分局 | 副局长 |
| 谢兴凤 | 大泗镇 | 第二炮兵某基地 | 副司令员（少将） |
| 谢家宾 | 大泗镇 | 第二炮兵某基地 | 副军长（少将） |
| 谢紫东 | 大泗镇 | 信息产业部研究所 | 所长 |
| 韩松林 | 胡庄镇 | 江苏省文明办 | 副主任 |
| 潘明才 | 刁铺街道 | 国土部耕保司 | 司长 |

## 四、部分高港籍在外教育、科技、文化、卫生工作者

表 289

| 姓　名 | 原籍地 | 工作单位 | 至2008年最高职务（职称、学历） |
|---|---|---|---|
| 卜新章 | 许庄街道 | 南京师范大学 | 教授 |
| 万泉泉 | 刁铺街道 | 福建省林业科学研究院 | 党委书记 |
| 卞建春 | 口岸街道 | 中科院大气物理研究所 | 主任 |
| 卞留贯 | 口岸街道 | 上海瑞金医院脑外科 | 博士生导师 |
| 卞菊云 | 口岸街道 | 东南大学浦口校区 | 副书记 |
| 王荣明 | 口岸街道 | 北京航空航天大学研究所 | 博士生导师 |
| 王锡山 | 口岸街道 | 扬州市第23研究所 | 高级工程师 |
| 叶培建 | 胡庄镇 | 中国空间技术研究院 | 研究员（中科院院士） |
| 刘松平 | 许庄街道 | 南京第72研究所 | 副所长 |
| 刘荣茂 | 胡庄镇 | 南京林业大学 | 教授 |
| 刘晓娟 | 永安洲镇 | 泰兴人民医院眼科 | 主任医师 |
| 吉文林 | 野徐镇 | 江苏省畜牧兽医学院 | 党委书记 |
| 孙孔懿 | 刁铺街道 | 江苏省教育科学研究院基础教育研究所 | 研究员 |
| 孙成元 | 口岸街道 | 南京大学 | 教授 |
| 孙建东 | 刁铺街道 | 中国人民解放军坦克学院 | 教授、硕士生导师 |
| 孙建国 | 口岸街道 | 泰州学院旅游管理学院 | 院长、教授 |
| 朱步先 | 刁铺街道 | 英国牛津医学院 | 主任医师 |
| 江春平 | 口岸街道 | 南京大学医学院附属鼓楼医院 | 教授、主任医师 |
| 许凤仪 | 口岸街道 | 扬州日报社 | 总编 |
| 许世安 | 口岸街道 | 扬州市财政局 | 工程师 |
| 张　良 | 永安洲镇 | 中国电子科技集团公司第14研究所 | 研究员级高级工程师 |
| 张乔根 | 永安洲镇 | 西安交通大学 | 博士生导师 |
| 张志栋 | 大泗镇 | 电力部华东科学研究所 | 副所长 |
| 张曙光 | 永安洲镇 | 泰州广播电视大学 | 校长 |
| 李文江 | 永安洲镇 | 泰兴人民医院 | 院长 |
| 李玉静 | 口岸街道 | 天津环保研究所 | 所长 |
| 李兆林 | 刁铺街道 | 北京师范大学外语系 | 教授 |
| 李同玉 | 许庄街道 | 中国运载火箭技术研究院宇航部 | 研究员、部长 |
| 李向峰 | 刁铺街道 | 中国电力总公司广东分公司研究所 | 所长 |
| 李纪明 | 口岸街道 | 淮海工学院东港学院 | 院长 |

续表289

| 姓　名 | 原籍地 | 工作单位 | 至2008年最高职务（职称、学历） |
|---|---|---|---|
| 李春越 | 口岸街道 | 中国人民解放军第四军医大学 | 教授 |
| 李霞东 | 刁铺街道 | 北京航空研究所 | 工程师 |
| 杨永进 | 许庄街道 | 中科院沈阳金属研究所 | 所长 |
| 杨树林 | 白马镇 | 东南大学 | 党委副书记 |
| 邱圣宏 | 许庄街道 | 中国人民解放军南京政治学院 | 博士生导师 |
| 邱贵松 | 许庄街道 | 江苏省交通设计院 | 党委书记 |
| 陆春其 | 永安洲镇 | 无锡市交通职业学院 | 院长 |
| 陈　农 | 口岸街道 | 中科院生物研究所 | 博士 |
| 陈　模 | 口岸街道 | 北京市委宣传部 | 副部长 |
| 陈小明 | 口岸街道 | 扬州大学商学院 | 党委书记 |
| 陈锁明 | 大泗镇 | 北京师范大学人文学院 | 副院长 |
| 陈黎清 | 永安洲镇 | 南京交通技师学院 | 院长 |
| 周富华 | 胡庄镇 | 南京医学院二附院 | 教授 |
| 表邦玉 | 口岸街道 | 中央党校党建教研部 | 博士 |
| 施余兵 | 永安洲镇 | 北京政法大学 | 教授 |
| 赵华胄 | 刁铺街道 | 新华社国内新闻编辑部 | 主任编辑 |
| 凌世峰 | 许庄街道 | 第二军医大学长海医院 | 教授 |
| 唐　政 | 刁铺街道 | 日本富山大学工学部智能情报工学科 | 教授、学部主任 |
| 徐　亮 | 胡庄镇 | 东南大学 | 教授 |
| 徐千荣 | 野徐镇 | 上海师范大学 | 党委书记 |
| 徐亚明 | 口岸街道 | 武汉大学 | 副校长 |
| 徐茂宏 | 口岸街道 | 上海桑迪精细化工研究所 | 副所长 |
| 徐锡权 | 口岸街道 | 中国人民解放军三〇二医院 | 主任医师 |
| 栾长明 | 口岸街道 | 华东纺织工学院 | 党委书记 |
| 殷正丰 | 白马镇 | 第二军医大学东方肝胆外科研究所 | 教研员、博士生导师 |
| 袁盛茂 | 野徐镇 | 江苏大学附属医院 | 教授 |
| 贾瑞春 | 口岸街道 | 浙江大学 | 教授 |
| 郭余宝 | 永安洲镇 | 德国亚琛工业大学数学系 | 教授、博士生导师 |
| 钱元德 | 大泗镇 | 江苏测绘工程院遥感航测分院 | 院长 |
| 钱志勇 | 大泗镇 | 成都华西医院生物治疗国家重点实验室 | 博士生导师 |

续表289

| 姓　名 | 原籍地 | 工作单位 | 至2008年最高职务（职称、学历） |
|---|---|---|---|
| 顾瑞灏 | 刁铺街道 | 扬州大学法学院 | 硕士生导师 |
| 戚兆亚 | 口岸街道 | 扬州大学 | 教授 |
| 曹大富 | 永安洲镇 | 扬州水利学院 | 教授 |
| 曹必松 | 许庄街道 | 清华大学 | 教授 |
| 曹必武 | 许庄街道 | 泰州市测绘院 | 院长 |
| 曹华祝 | 永安洲镇 | 徐州财经高等专科学校 | 校长 |
| 董石竹 | 口岸街道 | 济南法制报社 | 总编 |
| 蒋根谋 | 永安洲镇 | 华东交通大学 | 教授 |
| 蒋留兆 | 永安洲镇 | 南京工业大学建工学院 | 党委书记 |
| 韩文君 | 永安洲镇 | 中央党校党建教研部 | 博士 |
| 褚平进 | 口岸街道 | 上海岩土工程设计研究院 | 总经理 |
| 蔡强康 | 刁铺街道 | 中国石油大学 | 教授、博士生导师 |
| 樊　冰 | 口岸街道 | 复旦大学附属中山医院心导管室 | 主任 |
| 潘连元 | 野徐镇 | 省畜牧兽医学院 | 教授 |
| 颜　悦 | 口岸街道 | 北京航空航天工业部材料研究所 | 博士生导师 |
| 薛德兵 | 野徐镇 | 浙江宁波附华医院 | 主任医师 |
| 戴干策 | 刁铺街道 | 华东化工学院 | 副院长、教授 |
| 戴永雨 | 口岸街道 | 卫生部北京医院口腔科 | 教授 |
| 戴荣平 | 胡庄镇 | 北京协和医院 | 博士 |
| 戴稼禾 | 口岸街道 | 上海医科大学 | 教授 |
| 鞠少杰 | 大泗镇 | 南通医学院 | 博士生导师 |

# 第三章　人物名录

## 第一节　地级市以上党代表、人大代表、政协委员名录

### 一、高港区出席江苏省历次党代会代表

**省第六次党代会代表：**

李宝如

**省第十次党代会代表：**

李　璇

**省第十一次党代会代表：**

张爱平

## 二、高港区出席泰州市历次党代会代表

**市第一次党代会代表（3人）：**

葛玉书　　张文彬　　刘时根

**市第二次党代会代表（26人）：**

丁建军　　马步忠　　邓灵童　　尹　杰　　叶海翔　　江淑萍
刘　鹏　　汤明东　　杨海峰　　李松珠　　李宝铭　　邱晓红
张　伟　　张鸭红　　陈明冠　　陈建国　　季章林　　胡冬生
倪郭明　　徐晓圣　　梅玉才　　曹余才　　曹春明　　葛玉书
蒋广荣　　谢树敏

**市第三次党代会代表（30人）：**

于德宏　　王　群　　任寿南　　刘　鹏　　刘时根　　刘振东
汤德荣　　李　杰　　李松珠　　吴国华　　邱小平　　张卫东
张鸭红　　张爱平　　张培成　　陈克勤　　陈国华　　陈建国
居山林　　封留才　　封新华　　胡万源　　顾国祥　　顾学群
钱爱群　　徐晓圣　　徐勤生　　唐书萍　　戚俊宏　　谢树敏

## 三、高港区出席历届全国人民代表大会代表

**第八届全国人民代表大会代表：**

尤俊明

**第十届、十一届全国人民代表大会代表：**

徐镜人

## 四、高港区出席历届江苏省人民代表大会代表

**省第五届人民代表大会代表：**

栾如寿

**省第七届人民代表大会代表：**

孙秀峰

**省第十届人民代表大会代表：**

张爱平　　戚俊宏

**省第十一届人民代表大会代表：**

张小兵　　戚俊宏

## 五、高港区出席历届泰州市人民代表大会代表

**市第一届人民代表大会代表（15人）：**

万永明　　朱凤英　　刘时根　　李伯和　　杨　峰　　吴荣成

| | | | | | |
|---|---|---|---|---|---|
| 何纪仁 | 张文彬 | 季章林 | 胡冬生 | 姚社成 | 徐镜人 |
| 葛玉书 | 蔡　汝 | 谭冬梅 | | | |

**市第二届人民代表大会代表（24人）：**

| | | | | | |
|---|---|---|---|---|---|
| 万永明 | 王俊泽 | 田圣华 | 孙宝泉 | 江国辉 | 吴荣成 |
| 张培成 | 李卫星 | 李金寿 | 陈　鼎 | 陈国华 | 陈明冠 |
| 施光文 | 胡冬生 | 徐伟全 | 徐克俭 | 殷美娟 | 袁明文 |
| 郭忠宏 | 陶幸蓉 | 葛玉书 | 谢树敏 | 褚文早 | 燕晓鸣 |

**市第三届人民代表大会代表（24人）：**

| | | | | | |
|---|---|---|---|---|---|
| 王　建 | 王　群 | 王红英 | 王俊泽 | 吉醒民 | 孙宝泉 |
| 张　蓉 | 张万卿 | 张小兵 | 张爱平 | 李国华 | 李金寿 |
| 苏　勤 | 陈文兰 | 陈克勤 | 陈荣成 | 陈新兵 | 封新华 |
| 施光文 | 胡万贵 | 胡欣荣 | 陶幸蓉 | 谢树敏 | 鞠建中 |

## 六、高港区担任政协泰州市历届委员会委员

**第一届政协委员（11人）：**

| | | | | | |
|---|---|---|---|---|---|
| 孙秀峰 | 张　久 | 张　勤 | 李乃华 | 李家生 | 陈炼百 |
| 季民衡 | 季维群 | 姚社成 | 胥利明 | 徐立俊 | |

**第二届政协委员（15人）：**

| | | | | | |
|---|---|---|---|---|---|
| 刘时根 | 汤德荣 | 李明荣 | 李　俊 | 李家生 | 李新美 |
| 杜环宇 | 邹贤平 | 季章林 | 季维群 | 姚社成 | 胥利明 |
| 骆　铮 | 徐卫明 | 褚平忠 | | | |

**第三届政协委员（20人）：**

| | | | | | |
|---|---|---|---|---|---|
| 马　翔 | 刘时根 | 刘荣富 | 汤德荣 | 吴红艳 | 李　俊 |
| 李家生 | 杜环宇 | 邵春宁 | 邹贤平 | 陈献华 | 季维群 |
| 姚家跃 | 胥利明 | 栾中岳 | 郭余庆 | 曹　斌 | 梅　娟 |
| 褚平忠 | 戴和平 | | | | |

# 第二节　区内高级专业技术职称人员名录

## 一、工程技术高级工程师

| | | | | | |
|---|---|---|---|---|---|
| 丁伯松 | 尹　杰 | 王守美 | 王崇健 | 冯建鹏 | 石晶萍 |
| 孙百胜 | 孙金祥 | 孙曙阳 | 朱永超 | 朱伯善 | 利　森 |
| 吴国兴 | 张　久 | 张志清 | 张苏闽 | 张明熙 | 张显根 |
| 张闻铃 | 李存堂 | 李茂堂 | 李彩云 | 杨　春 | 杨宏强 |
| 沈德祥 | 陈义康 | 陈伟勇 | 陈增泉 | 周　林 | 周锡鹤 |
| 宗同德 | 郑　璐 | 郑凤庚 | 相　婷 | 胡　森 | 赵文镜 |
| 骆崇文 | 夏琴谱 | 郭宏鹤 | 郭朝义 | 高士凯 | 黄书益 |

| | | | | | |
|---|---|---|---|---|---|
| 蒋小平 | 蔡　伟 | 蔡志雄 | 薛友梅 | 薛光彩 | 戴益民 |
| 何玉成 | 戚　正 | 戚道南 | 黄汉年 | 孙保科 | 李霞东 |
| 李振亚 | 李婉华 | 严锡瑞 | 霍祝寿 | 孙乃彦 | 毛恒光 |
| 李跃华 | 栾兆桂 | 周玉根 | 姜纯红 | 刘　德 | 张立新 |
| 倪　彬 | 黄　伟 | 吴守兵 | 田家容 | 许世安 | 朱大松 |
| 孙　洁 | | | | | |

## 二、林业高级工程师

毛　进

## 三、高级农艺师

| | | | |
|---|---|---|---|
| 戴兴达 | 樊金盛 | 王祝山 | 徐庆华 |

## 四、高级经济师

| | | | | | |
|---|---|---|---|---|---|
| 王俊泽 | 王晓波 | 史绍庆 | 吉寿如 | 杨屹峰 | 陈　海 |
| 陈建国 | 周瑞琴 | 徐志强 | 徐镜人 | 顾根山 | 戚俊宏 |
| 黄正东 | 鲁石峰 | 蔡年生 | 蔡志国 | 戴金林 | |

## 五、高级统计师

钱网晓

## 六、高级会计师

| | | | | | |
|---|---|---|---|---|---|
| 孔繁霞 | 王金云 | 刘克羊 | 朱纪富 | 李亚云 | 唐胜明 |
| 韩和芳 | | | | | |

## 七、主任医师

| | | | | | |
|---|---|---|---|---|---|
| 任云甫 | 沈汉屏 | 陆玲玉 | 金家忠 | 徐荣才 | 钱亚东 |

## 八、主任中医师

| | | |
|---|---|---|
| 田炳照 | 华乐柏 | 陆明山 |

## 九、副主任医（药）师

| | | | | | |
|---|---|---|---|---|---|
| 王　汉 | 王大荣 | 王长胜 | 王金胜 | 王雪明 | 史爱梅 |
| 叶炳华 | 吕长恕 | 李爱昀 | 杨传东 | 陆明山 | 陈长泉 |
| 周　峰 | 屈汉成 | 贺月红 | 赵志胜 | 顾文德 | 曹亚云 |
| 蒋玉华 | 蒋廷忠 | 戴长寅 | | | |

## 十、副主任中医（药）师

| | | | |
|---|---|---|---|
| 孔令正 | 叶兆金 | 陈　萍 | 秦仁生 |

## 十一、副主任麻醉师

蒋廷忠

## 十二、副主任护师

朱晓燕　　黄菊泉

## 十三、中学高级教师

| | | | | | |
|---|---|---|---|---|---|
| 马恒荣 | 孔维辉 | 王友传 | 王正宇 | 王晓鸿 | 王银山 |
| 王惠群 | 冯郭锁 | 包信忠 | 卢文明 | 史记敏 | 叶　红 |
| 叶国群 | 叶新和 | 乔桂红 | 刘伯珍 | 刘爱平 | 孙云生 |
| 孙冬萍 | 孙正明 | 孙玉山 | 孙则厚 | 孙学敏 | 孙晓明 |
| 孙翠英 | 朱月红 | 朱伯华 | 朱　敏 | 严永华 | 何元龙 |
| 何光荣 | 何维生 | 张正太 | 张存龙 | 张网先 | 张利华 |
| 张振余 | 张振林 | 时宏庆 | 李玉根 | 李光明 | 李　华 |
| 李伯平 | 李　纯 | 李国璋 | 李　明 | 李明兰 | 李政宏 |
| 李　敏 | 李萍萍 | 李　蓉 | 杨永久 | 杨昌奎 | 杨素云 |
| 邵金怀 | 陈晓芳 | 周纪国 | 周建国 | 周　健 | 周桂香 |
| 郑国生 | 姚圣建 | 姚光年 | 封　芹 | 倪永珍 | 凌宝圣 |
| 唐书萍 | 徐兴兵 | 徐江飞 | 徐培荣 | 徐　琴 | 徐腊梅 |
| 殷德明 | 翁志林 | 翁蓉蓉 | 袁　玲 | 袁荣熙 | 贾文杰 |
| 钱亚绪 | 曹炳华 | 曹新胜 | 程仁新 | 程宗武 | 童华林 |
| 蒋小亚 | 蒋继成 | 谢桂芝 | 韩　云 | 蔡梅富 | 薛文斌 |
| 薛丽芳 | 戴同兰 | 戴　斌 | | | |

## 十四、高级讲师

| | | | | | |
|---|---|---|---|---|---|
| 马建国 | 孔荣宗 | 王桂凤 | 刘兴无 | 刘贤达 | 刘菊美 |
| 孙晓峰 | 朱永秀 | 朱晓静 | 许明新 | 严　静 | 张亚琴 |
| 张铭锁 | 张福华 | 张蟒山 | 李龙山 | 李红日 | 李健勇 |
| 李爱明 | 李　锋 | 陆德芳 | 周东林 | 胡锋杰 | 唐小林 |
| 唐秋云 | 曹庆红 | | | | |

# 泰州市高港区志

## 附　录

一、革命斗争纪略

二、奇　观

三、人物轶事

# 附　　录

# 一、革命斗争纪略

## 一、第一次及第二次国内革命战争时期

民国16年（1927）3月24日，北伐军江右军部队攻克南京，军阀孙传芳的五省联军败退苏北。联军周荫人师在口岸、刁铺等地逼捐逼粮，抢劫强奸。中共地下党负责人沈毅在横垛召开两泰东乡地区党员骨干会议，动员农民组织自卫力量反击联军暴行。境内农民闻风而动，贴标语，散传单，有力地遏制联军的扰乱。时隔不久，北伐军进军苏北，盘踞在口岸、刁铺等地的军阀部队败退至两淮地区。4月12日，蒋介石发动反革命政变，国共分裂，中国共产党转入隐蔽斗争，并逐步组建工农武装。当年秋，王寿荃受江苏省委指派回到扬州，发展党员，建立中共扬州独立支部（特支），王寿荃为书记，曹起溍为组织干事。冬，中共扬州特支曹起溍、骆孟开等人至扬州东乡进行农村调查，并选定地处江都、泰兴、泰县三县交界的高汉庄、孙家墩、李家桥、姜小庄、刁铺一带，开展农运工作，组建农民协会，秘密发展党员。民国17年6月，永安洲发生“反丈田风暴”，国民党泰兴县政府逮捕农民协会会员黄万友等3人。6月10日起，800余名群众围困泰兴县城门两天两夜，迫使被捕人员获释，丈田阴谋破产。民国18年2月9日夜（除夕），因孙家墩支部负责人被捕后供出机密，扬州特支机关遭破坏，一些党员被捕，刁铺等地党组织活动被迫停止。民国20年“九一八事变”发生后，境内工人、教师、店员掀起捐款活动，支持东北军民抗战。民国23年，环溪镇进步青年栾仲丹、李民与上海的中共外围组织“救国会”取得联系，此后陆续收到“救国会”寄来的进步书刊，如《救国时报》《救亡日报》和中共中央发表的《八一宣言》等。受进步思想熏陶和影响，栾仲丹、李民、赵易亚和张曼君等人，以环溪小学为阵地，建立新文化研究会和妇女救国会，并于民国25年5月秘密出版境内最早的进步刊物《五月》。民国26年11月，以赵易亚为代表的部分爱国青年组成“战地服务团”，集体奔赴陕北参加革命。

### 附：永安洲“反丈田风暴”

永安洲原是江心涨起来的沙洲，旧时，沙田由大户向泰兴县沙田局报买承种。获得产权后，大户先是雇工栽上芦苇，等沙滩涨到相当高，再雇工筑圩，招佃开荒，佃农们要经过垦地平田付出很多的劳动，才能使荒滩变成熟田。永安洲圩田的形式是在离岸五六丈的地方开一条沟（取开沟的泥土筑岸），沟与岸之间几丈地方叫“挂脚”，沟以外是承种的“大田”，种田的佃户在“挂脚”上建屋居住，余下的隙地可以种一点蔬菜、树竹之类。给地主交租，只按大田面积，宅基边隙地不算田亩，不交租谷。历代传下的这种规矩使佃农得到了实惠，生活算过得去。民国17年（1928）6月，国民党泰兴县沙田局办理土地清丈。大地主陈壮吾勾结官府、地霸，以“九二五”尺（9尺2寸5分算1丈）重新丈量土地，多出的田卖给农户，每亩索要大洋12元，另加丈量费1角2分。泰兴县沙田局局长金鑫、洲总李志美首先在永安洲北沙丈田，并称：河内养鱼虾，河坎长菱藕，屋上牵番瓜，河面宅地都要丈量。如此，北沙地面将扩大1倍多，农民的地租也就增加1倍多，群众愤恨异常。女英雄“八把桨”召集群众不准丈田，金鑫、李志美等置之不理。知识分子黄万友等数人组织成立农民协会，召开群众大会，发

动农民阻止丈田。数以千计的农民将金鑫、李志美围困住。金鑫被推上大街，在脖子上套上粪桶，后金鑫、李志美乘乱逃走。愤怒的群众又放火烧毁李志美和大地主陈壮吾、姚立甫的庄房。李志美、陈壮吾向县政府告状，警察下乡逮捕黄万友、黄万朋、蒋锡九3人。黄万根和其他会员召集群众，围困泰兴城，营救黄万友等3人。6月10日起，800余名群众以农具为武器，围困泰兴城两天两夜。第三天，泰兴县县长丁作则假装仁义，散发烧饼给群众吃，答应放人。此后，黄万朋、蒋锡九获释，黄万友被李志美收买的衙役毒死于狱中，时年25岁。在农民反抗怒潮的冲击下，金鑫、陈壮吾、李志美清丈田亩的阴谋终未得逞。

## 二、抗日战争时期

民国27年（1938），新四军挺进江南茅山地区后，陈毅派惠裕宇回江都大桥，以新四军挺进纵队为依托，建立中共苏北工委。四五月间，泰县的黄克孚、盛坚夫、戴为然等组建泰县文化界抗战工作团，在白马设分团，运用报刊、戏曲、演讲等形式宣传抗日救亡。民国28年2月，惠裕宇派江都县委书记金求真到泰兴县组建中共泰兴县工委，并于当年秋建立中共泰兴县委，随后泰兴县各级党组织由东向西逐步发展。同月，中共泰县工委成立，俞铭璜任书记。泰县工委成立后，以抗战工作团为基础，积极开展革命活动，工委委员戴为然在白马一带发展党员，建立党的组织。泰县工委在建立党组织的同时，着手组织自己的武装。为使武装取得合法地位，通过李长江参谋季恺的关系，取得特务连番号，领取军饷、枪支和弹药，部队很快发展起来。特务连自设税卡，受理民事，剿匪、维护治安。该部队按人民军队纪律进行管理，深得群众拥护。部队与江苏省青抗队凌绍祖联系，挂上三民主义抗日青年第一支队第四大队番号，由共产党员黄克孚任大队长，盛坚夫任副大队长。白马等地建立“青抗”中队，一时间，“青抗”队声势浩大。民国28年12月，陈毅进泰州城，说服李明扬、李长江联手抗日。民国29年1月15日，日本侵略军由汉奸带引，在炮火掩护下，从龙窝口南首登陆，侵占口岸，炮击刁铺，与李明扬部驻刁铺部队形成对峙。对峙期间，日军轰炸机多次轰炸刁铺、寺巷口、泰州城，造成房屋被毁，军民伤亡。李明扬部在刁铺与日军对峙整整1年。6月30日，陈玉生带领的新四军队伍经刁铺、吴家桥，次日到达郭村参加战斗。7月26日，新四军从郭村东进黄桥，路经刁铺时，李明扬、李长江遵守承诺，电令驻军团长郭俊将部队退至三里之外的万家厦。陈毅路经刁铺时逗留海春饭馆。民国30年2月，刁铺至泰州一线沦陷。随后，伪第24师占领刁铺，伪第19师占领永安洲，并在马甸、徐家桥安下据点。同时修筑兴龙公路（泰兴至龙窝口），对共产党抗日游击区进行分割封锁，境内敌后抗日进入最艰苦的阶段。4月5日，泰县抗日武装袭击白马庙、李家庄、太平桥、大泗庄等据点。10月15日，口岸日、伪军100余人扫荡田河李家村，六区（宣堡区）区长樊达率部反击，战斗中不幸中弹牺牲。为适应对敌斗争的形势，中共泰兴县委于民国30年秋成立七区（口岸区）区委，中共泰县县委于民国30年冬成立二区（塘湾区）区委。为打破敌人的分割封锁，泰兴县委决定建立秘密交通线和交通站，担负信件、文件、通知的传递和来往人员的护送，境内圩岸村地处口岸和刁铺结合部，是重要的秘密通道。建立情报站，由高野夫任站长，陆续成立口岸、刁铺等情报分站，在较大的敌据点安插“内线”。在农村普遍建立抗日民主政权，发展农抗会、青抗会、妇抗会等群众组织，开展减租减息运动。当年冬，口岸等区初步建立区武工队，经常活跃在公路两侧，伺机袭击敌人，夺取武器，武装自己。民国31年春，伪第24师的1个营侵占孔桥并安下据点，将塘湾区与口岸区分成两块，对境内农村根据地构成威胁。日、伪平均每月扫荡三五次，并修建公路，构筑据点。境内革命根据地处在完全游击状态，斗争十分艰苦。泰兴、泰县县委在“清乡”区内坚持民族气节教育，争取若干动摇不定的伪乡保长，经过3个月的斗争，致使日、伪"清乡计划"破产。民国31年秋，根据地内普遍建立民兵组织，成立区民兵游击队。民国32年2月，泰州县委特派员张党驻塘湾区陈家庄（今属野除镇），领导塘湾、姜堰、白米的地下党组织，开展对敌斗争。2月15日，口岸区民兵游击队配合主力部队在南官河圩岸段伏击敌人，缴获三井洋行物资3船，约合法币300万元。夏，泰县塘湾区农抗会组织贫雇农300余人至白马庙两户大地主家中开展说理斗争，两户地主同意照章减租。民国33年3月3日，口岸区民兵游击队配合民兵攻克马甸伪据点，俘虏伪保安十一中队中队长以下48人，缴枪38支。9月7日，驻徐家桥据点的伪营长孙国政部强迫各乡群众每亩缴16斤粮。群众为了抗粮，配合民兵，袭击伪据点，毙伪军3人，缴小炮4门、炮弹20箱、掷弹筒3个。孙国政在混战中仓皇逃进泰兴城内。8日，伪第19师师长蔡鑫元率大批伪军到徐家桥收拾残局，企图稳定军心，结果徒劳，群众抗粮获胜。12月1日，泰兴县团配合三分区特务营，在刁铺东乡官沟村伏击大泗换防伪军。生俘伪营长以下200余人，缴获的武器弹药装满40辆农用小车。民国34年2月19日，宣堡区队配合泰兴县团袭击永安洲周家房伪据点，活捉伪分队长以下50余人，缴获步枪30余支。同日，口岸区队袭击永安洲姚家庄据点，毙伤伪军8人，生俘48人，缴获小炮2门、轻机枪11挺、长短枪43支。3月26日，大泗伪军1个团在口岸、宣堡、塘湾等区队的围困下，被迫撤往泰州城。次日，寺巷伪军逃往泰州城。6月26日，口岸区队与民兵夜袭伪区公所和警察局，俘伪警3人，缴获步枪9支、子弹千余发。8月30日，口岸、泰兴、黄桥地区日军开往口岸龙窝口待令投降。

## 三、解放战争时期

民国34年（1945）12月31日，国民党军第26师75团、77团进犯泰兴城后，派兵进占口岸、徐家桥、田河等村镇，并设据点。民国35年1月上旬，泰兴国民党军队侵占马甸、徐桥；龙窝口国民党军队侵占口岸、刁铺；泰州国民党军队侵占寺巷口、塘湾、张甸一线。建立一条由泰州经塘湾、白马至张甸的封锁线，将口岸区、塘湾区分割成南北两片。国民党军队不断从塘湾、白马、口岸、刁铺等据点派兵进犯，蚕食解放区。口岸中学秘密党支部负责人吴正清因揭露国民党反动派假和平、真内战的真相，遭特务逮捕而壮烈牺牲。6月12日起，国民党军队先后侵占宣堡、大泗、庵桥、佴家庄等地，砌碉堡，筑据点。一些逃跑在外的地主汉奸组织还乡团。区、乡游击队及民兵广泛开展游击战，割电线，扒公路，拆桥梁，破坏敌人的战备设施。苏中战役首战宣泰战斗打响后，境内区、乡干部及游击队与主力部队紧密配合，当向导，察敌情，随主力攻据点。宣泰战斗后，区、乡游击队用上新缴获的轻机枪、步枪、汤姆枪、卡宾枪，并增添新队员，战斗力大大增强。各乡陆续建立秘密党组织。7月下旬，区、乡干部和部分小学教师组成土改工作队，进行土地改革。8月中旬，各乡掀起"保田保家乡"参军热潮。8月下旬，国民党军队连续实行疯狂的"扫荡""清剿"，斗争形势日趋紧张，自卫战争全面爆发。10月，泰兴县委决定，口岸、城区、城西、宣堡、塘湾5个区联合组成口泰宣中心区委，同时成立口泰宣行政办事处、口泰宣游击营。中心区委由季解、沙克、冯策、宗毅、阚珠江5人组成，季解、沙克为正、副书记，冯策任行政办事处主任。游击营以宣堡区队为主，加上口岸区部分人员组成，冯策兼任营长，林醒显任教导员，沈荣宽为副营长。9月12日，华中野战军主力北上，境内逐步成为敌后游击区。民国35年11月至民国36年6月，共产党连续组织5次反"围剿"。民国35年12月22日，口岸区队在牌楼张家庄西首歼灭顽张马乡自卫队，活捉顽乡长以下10余人，缴获长短枪10余支。民国36年4月，开展对敌政策攻势，将大量标语送到口岸、刁铺、白马、大泗等据点，扰敌、瓦解敌人。5月1日起，国民党军队实行"会剿""搜剿""驻剿"三结合的"硬性会剿"。至10日，形成合击口泰宣中心区委态势。5月19—25日，国民党军队又一次全面"会剿"，并侵占唯一能公开坚持武装斗争的狭小地带。至此，国民党军队全面侵占口岸、宣堡、塘湾地区。口泰宣中心区委决定由沈战堤、戴新廉秘密领导内线斗争。他们和秘密党员戴贵山、张光华、张正廉等人通过细致工作，先后控制3名顽乡长、30名顽保长，发展一批"反蒋大同盟"成员，建立交通联络点。7月，塘湾区委副书记赵莹、区长匡子龙先后牺牲。下半年起，解放战争转入全国性反攻，境内也由内线坚持转入恢复阵地。8月13日，苏中一分区南线支队进军姜黄河以西一带，15日，攻占宣堡。8月17日，国民党军队重占宣堡，并对周围地区进行报复性"扫荡"。南线支队立即发起攻击，毙敌79人，伤150余人，生俘3人；缴获步枪30余支、盒子枪1支、子弹11箱。从此，南线支队在口岸、宣堡、塘湾地区站稳脚跟。9月12日，国民党七区区长拟将集成、张马乡自卫队调至口岸。中共秘密党员、顽张马乡乡长褚正达及时报告，泰兴县团1个连突袭紧靠口岸的弥陀庵据点，仅战斗5分钟，歼敌10人，缴长枪10余支。国民党自卫队纷纷逃往口岸、刁铺，境内农村根据地局面打开。9月21日，泰兴县团团长赵容率两个连在白马庙南伏击国民党泰县二区常备二中队，塘湾区农村政权逐步恢复。10月，全面开始土改复查运动。10月19日，苏中一分区特务第1团攻克大泗据点。12月11日，赵容率泰兴县团埋伏在白马庙大路两旁，待塘湾之敌向张甸进发时，发起猛攻，激战1个小时，歼省保安1个中队及泰县保安第五中队大部。

民国37年2月，泰兴县团在王官营、蔡家庄伏击驻刁铺国民党军队一部，缴获步枪20余支，并将缴获的轻机枪1挺发给口岸区队。同年春，口岸区及塘湾区游击连分别率群众1000余人，破拆口（岸）泰（州）、泰（兴）口（岸）、姜（堰）大（泗）公路及桥梁、电话线。4月初，驻泰州国民党军队对口岸、宣堡、塘湾地区实施军事、政治、经济"总体战"。为粉碎这一阴谋，区、乡召开党员、干部、群众会议，动员群众藏粮藏物，并把一部分群众撤到中心地区。区、乡游击队一部分监视敌人行动，一部分挺进边区伺机打击敌人。6日，国民党军队第4师59旅从姜堰出发，向泰塘、宣堡、口岸等地实施"总体战"。10日，刁铺、马甸的国民党军队分24路向口岸区"扫荡"，对58个中心村庄进行轮番搜索。区、乡干部始终和群众一道，坚持原地斗争，白天与敌人周旋，晚上安慰群众，组织群众反顽化。口岸区队在沈战堤、戴新廉率领下，转移到口岸附近公路上打击抢掠的顽自卫队，受到泰兴县团的通令嘉奖。5月17—26日，军分区特务1团及泰兴、靖泰县团会同口岸、泰塘等区队，发动口（岸）泰（州）线攻势，打通与二分区及江南的通道。11月27—28日，苏北军区长江纵队一部发动口泰线攻势，先后收复刁铺、龙窝口、口岸、寺巷口、塘湾，共歼国民党军队第230师一部分及3个保安中队，俘敌431人，毙伤300余人，缴获炮6门、轻重机枪19挺、步枪282支、电台1部及军用品。是役，歼灭敌人有生力量。民国38年1月，苏北军区长江纵队发起城黄线战斗。16日，泰县全境解放。22日，泰州城国民党守军弃城逃窜。24日，泰兴县城解放。溃逃的国民党军队退守到龙窝口至永安洲江边一线。1月25日泰兴县委机关进城后，对口岸、刁铺等镇开展接管工作。接受范围有机关、学校、医院等，被接受的人中，除了少数反动分子外，教师、医务人员和邮电职工均量才录用。至此，境内除龙窝口至永安洲一线的据点等待拔除外，其余地区均告解放。4月4日，根据中央军委决定的渡江战役计划，东线指挥部设于境内白马乡白马庙，由粟裕、张震直接指挥的第8兵团、第10兵团布置在扬州、江都、泰兴、靖江、如皋一线的长江北岸。境内陈兵5万余人，除渡江主力第8兵团第20军外，另有华东警备第6旅所属各团、第23军部分炮兵部队、战役指挥部机关直属部队。为防止因目标集中遭敌机轰炸，部队渡江前均以连队为单位，分散在农村，住庙宇、祠堂或借住民宅。第20军分驻口岸、田河、永安洲、马甸地区；警备第6旅分驻刁铺、许庄地区；东线指挥部机关直属部队分驻白马庙至寺巷口一线，大批船只隐藏内河汉港。境内组织民工磨军粮，做军鞋，架桥修路，帮助部队训练北方战士学游泳。4月10日，华东警备第6

旅在第23军炮火支援下，攻占龙窝口靴子圩据点。至4月19日，全歼平安洲、永安洲、北沙岛国民党守军，为大军渡江扫除障碍。至此，全境解放。4月21日晚，第20军从永安洲至杨家湾一线强渡长江。4月23日，解放军进占南京的当天，张爱萍在白马庙渡江战役指挥部宣告人民海军的诞生。

# 二、奇　观

## 一、长江忽竭

历史上长江高港至泰兴段曾出现两次竭底，一次是元朝至正年间，一次是1959年1月13日16时。

1999年12月10日，泰州师范高等专科学校课题组调查“江竭”现象，调查冯天成、吴家友、郭玉广、鞠解壮、张芪仁等老人（这几名老人都住在过船镇褚港村中心队，当年均为挑大堤的民工）。诸老验证了第二次江竭的真实性，口述资料证明江竭北到永安洲，南至泰兴天星港。

所谓“竭底”，并非人们通常所理解的江底朝天，干涸见底，而是江水陡落，露出很宽的江漫滩。关于1959年1月长江竭底现象出现的原因，泰州师范高等专科学校课题组倾向于可能是大风（龙卷风）、枯水期、低潮位、太阳黑子活动同时遭遇。

## 二、环溪清浊分明

环溪是古代泰州入江水道济川河流经刁铺镇区的一段古河名，10余里长，在3平方千米内回曲如环，有“九曲十八弯”之说。据光绪《泰兴县志》载，“环溪其北为麻田沟，水泉甘美，江流灌注，清浊各分”。当夏日江潮流经时，同一河道中的水流，一侧为清澈的河水，另一侧为浑浊的江水。年复一年，居民目睹为常，路人偶见皆称奇。1956年，因南官河裁弯取直，被废弃的环溪河无潮水涌入，“清浊各分，泾渭分明”的景观从此消失。

# 三、人物轶事

## 一、陈毅途径刁铺

民国29年（1940）7月26日，陈毅率新四军苏北指挥部从郭村东进黄桥，路经刁铺，中午在海春饭馆就餐，向地方人士宣传新四军的抗日救国主张。饭后，陈毅叫警卫员付饭钱。

## 二、陈玉生请姚序东看戏

1965年冬，省京剧团到口岸大会堂演戏，陈玉生路经口岸，晚上镇领导陪其到大会堂看戏。当陈玉生知道姚序东（原国民政府泰兴县县长）服刑期满回来后，立即提出请其看戏，很多人都不理解。陈玉生说，姚序东在抗日战争期间曾支持新四军枪支弹药，新四军东进黄桥时也曾给予帮助，姚序东虽然为国民党做过不利于人民的事，但他做的好事应该得到赞扬。两人相会时，陈玉生像遇见了久别重逢的老朋友，很热情地称姚序东为“老姚”，叙谈抗日战争时期的情景。

## 三、周总理关心日侨和田元子

和田元子，女，民国16年（1927）出生于日本茨城县水户市和田町。20世纪30年代末，随经商的父亲和田常之介到南京就读。民国34年8月日本投降后，其父从上海匆忙回到日本，和田元子与父亲失散。时隔不久，和田元子与在校园附近做香烟生意的刁铺小伙子吉彭岁相识，困境中得到他的帮助。日久生情，二人终成百年之好。婚后回到刁铺，和田元子先后改名为何来华、何月华。

20世纪50年代后期，和田元子的父亲以日本茨城县议员的身份随日本民间友好访问团访问中国，受到周恩来总理的接见。回国后，他写信给周恩来总理，请求帮助寻找爱女。周恩来总理高度重视此事，当即在信上批示：转公安部查办此事。江苏省公安厅于1961年春在刁铺找到和田元子（何月华）。从此，和田元子与日本家人公开通信，享受日侨待遇，并由农村户口转成城镇户口，在刁铺供销社工作。1975年，和田元子带亲生女回日本定居。临别前，将父亲从日本寄给她的汉字书法作品赠给友人，后又被友人转赠给淮安周恩来纪念馆收藏。

# 泰州市高港区志

## 索　引

# 索　引

1.本索引采用主题分析法提取，部分则选用关键词。由主题词索引、人名索引、表格索引、图照索引4个部分组成。全书除书名页、序言、志首图片、凡例、编后记及目录外，均可通过本索引进行检索。

2.本索引款目采用汉语拼音排序。

3.索引标目后的数字表示索引出处的页码。

4.表示篇、章、节名称的索引标目及页码以黑体字标识。

5.索引标目下设置副标目的，采用分行缩进的形式区分。

# 主题词索引

## A



## B

## C

## D

## E



## F

## G

## H

## J

## K

## L

## M

## P

## R

## S

## T

## W

## X

## Y

# 人名索引

## B

## D

## F



## G

## H

## J

## K

## L

## M

## N



## P



## Q

## R



## S

## T

## W

## X

## Z

# 表格索引

## F



## G



## H

## J



## K



## L



## M



## N

## P



## Q



## R



## S

## T



## W



## X



## Y



## Z

# 图照索引

## B



## C



## D

## F



## G



## H



## J

## K



## L



## M



## N



## P

## Q



## R



## S



## T

## W



## X



## Y

## Z

# 编 后 记

《泰州市高港区志》为高港区首部区志，上限尽力追溯事物源头，下限至2008年。编纂工作自2007年正式启动至2017年出版发行，前后历10年，大致可分为4个阶段。

第一阶段：准备阶段（2006年6月至2007年12月） 2006年下半年，高港区史志档案办公室根据江苏省人民政府办公厅《关于做好新一轮地方志编纂工作的通知》（苏政发〔2005〕84号）和泰州市人民政府《关于做好新一轮地方志编纂工作的意见》（泰政发〔2005〕134号）以及省、市地方志工作会议精神，开始筹划《泰州市高港区志》编纂工作。先后组织人员开展学习调研活动，制定区志篇目草稿及任务分解初步方案；召开区志编纂工作研讨会，就区志篇目及任务分解征求各方意见，对区志框架结构作修改完善。2007年8月，区委、区政府调整了地方志编纂委员会组成人员。区委办公室、区政府办公室出台《关于印发〈高港区志〉编纂实施方案、任务的通知》，明确编纂的指导思想，工作体制、体例，结构、步骤和措施，编纂要求，以及84个承编单位的编写任务。8月29日，区政府召开区志编纂工作动员会议，区长作动员讲话，分管副区长作具体部署，区志编纂工作正式启动。会后，区史志档案办公室组织精干力量，成立专门修志工作班子；举办全区首期地方志业务培训班，邀请专家授课；不定期编写《修志工作简报》，通报修志工作情况，交流先进单位工作经验，介绍修志业务知识。各承编单位相应建立修志工作领导小组，落实撰写人员。至当年12月，准备阶段各项工作结束。

第二阶段：资料征集和部门（园区、镇街）志稿编纂阶段（2008年1月至2013年9月） 2008年1月，区史志档案办公室成立业务指导小组，对各承编单位资料搜集、初稿撰写工作进行跟踪指导。因高港建区前为乡镇建置，资料多散轶在扬州市、泰州市、泰兴市、姜堰市等地，区史志档案办公室组织人手帮助各单位到上述地区外调资料，共查阅四地图书馆、档案馆图书档案资料近2000卷（册），收集文字资料80余万字、图片近4000幅。同时，区史志档案办公室完成大事记、政区、人物志、附录等区志公共部分的资料搜集和整理任务。这当中，2000—2002年，区史志档案办公室着力编纂《高港概览》，积累了一部分富有参考价值的基础性资料。2009年10月21日，区政府召开修志工作督查推进会，着力解决“部分单位重视不够”“资料征集和部门志稿编纂进展较慢”等问题。2011年、2012年，区委、区政府出台区志工作考核细则，引入大比分考核机制。区史志档案办公室充实修志班子，改进工作方法，经常性开展学习活动，进一步优化指导方案、细化资料征集整理报送要求。2012年8月10日，区委、区政府再次召开编纂工作推进会，通报区志编纂进程，指出存在的问题，区委分管常委对区志编纂工作作再动员讲话。8月11日，区史志档案办公室集中各承编单位修志人员召开培训会，分析各部门（单位）稿件存在的共性问题，并提供切实可行的解决办法。培训会后，编辑人员分头到各承编单位开展个性化辅导，提供个性化样稿。一系列举措使征编工作取得突破性进展，至2012年10月，除工业、商贸服务业、金融业、供电、泰州长江公路大桥、渡江战役与人民海军诞生等少数篇章外，绝大部分篇目的资料征集基本到位，各承编单位开始部门（园区、镇街）志稿编纂。其间，区史志档案办公室编辑人员加大与各承编单位编写人员的对接力度，在每一篇部门（园区、镇街）志稿件纸质版或电子版上均标注明细的修改指导意见，对接的轮次少则10余次，多则上百次。至

2013年9月，绝大部分承编单位基本完成部门（园区、镇街）志稿编纂任务，文字总量近800万字。

第三阶段：分纂、总纂和初审阶段（2013年10月至2015年10月） 2013年10月起，开展志稿分纂工作。区史志档案办公室成立由主任、分管副主任、业务骨干和外聘专家组成的4人分纂组，分别负责基础、经济、政治、社会人文4个部类的编纂工作，从观点正确、结构合理、资料齐全、归类得当、特色鲜明、撰写规范和文字标点准确等方面进行严格细致的把关。针对仍需修改补充的稿件，区史志档案办公室牵头开展部门（园区、镇街）志稿评审活动，力促承编单位完善稿件。特别是调拨专门力量，克服重重困难，开展实地走访调研，帮助有关单位进一步征集资料，完善工业、商贸服务业、渡江战役与人民海军诞生、泰州长江公路大桥等篇章的编纂。其中工业篇编纂历时6个月，共走访列统企业200余个。其间，区委、区政府分管领导多次帮助协调解决突出矛盾和问题。至2014年8月，基本完成分纂任务，启动总纂工作。由外聘专家和分管副主任组成2人总纂小组，按照文风统一的要求进行编辑，集中解决交叉重复、畸轻畸重等问题，增补或删减篇下序、章下序。至2015年初，形成总纂初稿，文字总量300万字。2015年3月，启动初审工作，组织各部门（单位）审核总纂初稿。制定初审任务分解表，区委办公室、区政府办公室印发开展区志初审工作的通知，区史志档案办公室举办初审业务培训班。各部门（单位）成立由最熟悉情况人员组成的审稿小组，开展审稿工作，分管负责人和主要负责人层层把关。经济综情、工业、建筑业、商贸服务业、社会生活、方言等篇由区史志档案办公室外聘专家开展审核工作。对涉及多部门的稿件，召开相关单位联合审稿会。至2015年6月，初审工作完成。在开展初审工作的同时，针对区志稿件较为粗放、结构不够合理等问题，聘请省方志办专家进行二轮总纂。至2015年10月，二轮总纂工作完成。

第四阶段：复审、终审、验收、出版阶段（2015年11月至2017年12月） 2015年11—12月，开展复审工作。由区地方志编纂委员会办公室函请有关新老领导和社会知名人士分类审阅复审稿。同时组织各承编单位新老负责人审核相关稿件。12月，多批次召开志稿复审会议。区史志档案办公室组织人员对复审意见逐一梳理分析，对稿件进行修改完善。按照中国地方志指导小组颁布的《地方志书质量规定》，逐篇、逐章、逐节、逐目过堂，进一步优化篇目、增补资料、规范记述，经反复校对修改，至2016年6月，形成终审送审稿。2016年7月，区史志档案办公室向泰州市党史方志档案办公室提交《泰州市高港区志（终审稿）》，泰州市党史方志档案办公室组织10人专家组开展审稿工作。9月20日，泰州市党史方志档案办公室在高港区召开终审会，同意《泰州市高港区志》通过终审。会后，区史志档案办公室根据终审意见，对区志稿件作进一步修改完善。2017年，适逢建区20周年，区委、区政府主要领导和分管领导对区志编纂工作更为重视。3月10日，召开全区党史地方志档案工作会议，副区长主持会议，区委副书记对区志编纂工作提出新要求。4月，区委、区政府将《泰州市高港区志》出版发行列入建区20周年系列活动，协调解决了区志出版经费等事项。区史志档案办公室也进一步加大工作力度，做到多管齐下，致力打造精品良志。包括：将区志稿送方志出版社审稿；聘请泰州市方志专家对区志稿件进行再统稿，对框架、内容、文字再把关；结合方志出版社和泰州市方志专家意见，集中力量精编精纂；组织力量开展配图、文字校对、排版设计等工作；集体讨论凡例、总述、编后记和相关人员名单。6月，区志通过方志出版社审定。10—11月，通过泰州市党史方志档案办公室验收和江苏省地方志办公室审核。11月，定稿，总字数211.6万字。经区委、区政府批准，12月出版发行。

十年磨一剑，砺得梅花香。《泰州市高港区志》的编纂出版，离不开历届区委、区人大常委会、区政府、区政协领导的大力支持，离不开全体修志人员的倾力付出，离不开各承编单位的全力配合，离不开上级主管部门的精心指导，离不开社会各界和周边县市兄弟单位的关心帮助。谨向吉祥、陈华、刘扣林、张士林、申俊才、陈维、张斌、张越善、申万霞、殷勇、葛崇烈、陆建华、徐新、徐强、王宇清、丁沪建、何广见、何春龙、俞扬、王立中、孙乃庆、鞠介华、许俊宝、贾美明、高晓星、徐小兵、刘士定、戚正欣、肖云鹏、韩裕善、陈德润、朱长顺、魏清荣、章庆生、何尔富、姜世亚、栾宝源、黄贤圣、戴兴达、唐人家、戴荷生、唐传银、朱济霖、李喜霖、张长荣、刘冬生、马永红、钱正宝、霍康桂、杨恒祥、王义超等省市方志专家、相关行业专家和地方文史爱好者致以诚挚的谢意。本志所录图片由各承编单位提供，特别是区委宣传部高卫东提供了大量图片，一并表示感谢。

《泰州市高港区志》为通代志书，时间跨度长，资料搜集难，编辑人手少，加之编者水平有限，书中难免有疏漏和不足之处，敬请广大读者批评指正。

编　者

2017年12月

图 编后记-1　高港区志编纂工作动员会议（2007年摄）

图 编后记-2 长江美景（2006年摄）